Mächler • Hilfe und Ohnmacht

Beiträge zur Geschichte und Kultur der Juden in der Schweiz
Band 10

Schriftenreihe des Schweizerischen Israelitischen Gemeindebunds

Stefan Mächler

Hilfe und Ohnmacht

Der Schweizerische Israelitische Gemeindebund und
die nationalsozialistische Verfolgung 1933–1945

Für die freundliche Unterstützung dankt der SIG
folgenden Stiftungen und Organisationen:

Adolf und Mary Mil-Stiftung, Zürich
Augustin Keller Loge (AKL), Zürich
Georges und Jenny Bloch-Stiftung, Rüschlikon
Schweizerische Israelitische Emanzipations-Stiftung, Basel
Stiftung Irene Bollag-Herzheimer, Basel
The Rich Foundation, Luzern

Herausgeber: Schweizerischer Israelitischer Gemeindebund
Verantwortliche: Gabrielle Rosenstein
Wissenschaftlicher Beirat: Regula Ludi, Thomas Maissen und Jacques Picard
Koordination und Sekretariat: Pia Graf
Lektorat: Claudia Sandkühler, München

Umschlaggestaltung: Thea Sautter, Zürich
Umschlagfoto: die drei SIG-Exponenten Jules Dreyfus-Brodsky, Saly Mayer und Saly Braunschweig (von links) auf der Londoner Hilfskonferenz für deutsche Juden im Herbst 1933 (Archiv für Zeitgeschichte, ETH Zürich)

© 2005 Chronos Verlag, Zürich
ISBN 3-0340-0727-2

Inhalt

Abkürzungen	8
Vorwort des SIG-Präsidenten Alfred Donath	9
Geleitwort der SIG-Kulturverantwortlichen Gabrielle Rosenstein	11
Dank	15
Einleitung	17

Die Jahre 1933–1937

Nach Hitlers Machtantritt 31
Schock und Besorgnis 31 – Ein freundlicher Empfang 35 – Weder Boykott noch Bündnis 37 – Institutionelle Voraussetzungen 41 – Prägende Figuren und institutionelle Deutungsmuster 43

Anfänge der Flüchtlingshilfe 55
Die ersten Flüchtlinge 55 – Internationale und nationale Prämissen 60 – Flüchtlingshilfe in der Praxis 65

Gegen den Antisemitismus 69
Aktion nach aussen 69 – Aktion nach innen 79 – Unterlegenheit und Konformismus 86

Harmonie, Störungen und Gerüchte: der SIG und die Bundesverwaltung 93
Ein konstruktives Programm 93 – Erzählt die Fama 95 – Dem Antisemitismus vorbeugen 98 – «Objektiv und korrekt» 100 – Freundliche Herrschaft 102 – Auftrag erledigt 108

Schutz eigener Rechte im In- und Ausland 111
Der Bundesrat soll einschreiten 111 – Keine deutschen Gefühle verletzen 114 – Gegen die «Nürnberger Gesetze» protestieren? 117 – Von Fall zu Fall, mit Prämissen 121 – Mythos der Macht, reale Ohnmacht 124 – Ein neuer SIG-Präsident 128

Flüchtlinge nach Nürnberg 131
Ernüchternd: die erste gemeinsame Aktion der Schweizer Hilfswerke 131 – Verschärfungen beim jüdischen Hilfswerk 135 – Flüchtlingshilfe und «geistige Landesverteidigung» 140 – Anfang 1938: ein Rück- und Ausblick 144

Die Jahre 1938–1941

Nach dem «Anschluss» Österreichs 151
Vorboten und Visionen: erste Flüchtlinge aus der «Ostmark» 151 – Lächelnd ablehnen: «Arisierungen» und Schweizer Diplomatie 152 – Systematische Austreibung 156 – Grenzsperre und Nötigung des Gemeindebunds im August 1938, 161 – «Ein Fall höherer Gewalt»: drei Sammelaktionen in einem Jahr 167 – Neuorganisation und Alltag im VSIA 169 – Perspektiven der aufgenommenen Flüchtlinge 178 – Der J-Stempel und die Reaktion des Gemeindebunds 182

Nach dem Novemberpogrom 191
Hilfe für Landsleute und Verwandte im «Reich» 191 – Im Dilemma 194 – Hauptmann Grüninger: «ein eingehender Bericht» 200 – Freiwild: helvetische Entrechtung der Staatenlosen 208 – «Das oberste Ziel aller Bemühungen»: Weiterwanderung 212

Nach Kriegsausbruch 221
Kollektive Prüfung 221 – Arbeitslager: eine umstrittene Entlastung 224 – Panik im Mai 1940, 228 – Lähmung und Desorientierung in der Schweiz: Zerreissprobe im SIG 232 – Die Nächsten in Not: Hilfe für Gurs 236 – Patriotismusbeweise aus New York 241 – Schützenhilfe und Erziehung durch Rothmund 245 – «Solidaritätsabgabe» der «Schicksalsgemeinschaft» 248 – Eine Pressestelle ohne Standpunkt 252

Die Jahre 1941–1945

Während die «Endlösung» beginnt 259
Bedrohte Gleichberechtigung und interne Krise: Ordre public in Frankreich 259 – Jüdische Flüchtlingshilfe: praktische Anstrengungen und zögerliche Modifikationen 265 – Ferienzüge ohne jüdische Kinder 267 – Saly Mayer als Vertreter des Joint 269 – Vereinte Gleichgültigkeit: der blockierte Dollartransfer 272 – Emissäre und Hilfskomitees in der Schweiz 274 – «Schlafen unsere Brüder im Ausland?» Nachrichten und Hilferufe aus dem Osten 281

Fragmentierte Welten 293
«Verrückt»: die Agenda eines Einzelkämpfers 293 – Gisi Fleischmann und «Wilhelm» 296 – Verschärfung einer «Farce» 298 – Die Aufnahme der Familie Popowski 301 – Rothmund an der Grenze und im Büro 303 – Improvisieren, zaudern, hoffen: Mayer in den Tagen nach der Grenzschliessung 308 – «Ins

ungeheure Elend zurückgestossen» 311 – Rothmund vor dem Centralcomité 314 – Privater Besuch auf dem Mont Pèlerin 317 – Das «volle» Rettungsboot 321 – Isoliert, verstummt und überfordert: Mayer im Spätsommer 1942, 323 – Mayer, Fleischmann und 20 000 Menschenleben 327 – Zaungäste der eigenen Geschichte: ein Blick auf die Debatten im Rettungsboot 328 – Nähe und Distanz: behördliche Beschwichtigungen und Täuschungen 334 – «Gegen die künstliche Stimmungsmache»: eine vaterländische Kampagne 338 – Eingeschüchterte Hilfswerke, isolierter Gemeindebund 341 – Helfen und notdürftig korrigieren: der VSIA und die Betreuung der aufgenommenen Flüchtlinge 347 – Illegalität: die Haltung des Gemeindebunds 355 – Heimkehr der restlichen jüdischen Auslandschweizer 361 – Fleischmann, Mayer und der Europaplan 363 – Zuspitzung der internen Krise, Machtwechsel ohne Folgen 365 – Kinderflüchtlinge, Flüchtlinge aus Italien und doch noch ein anderer Flüchtlingsbegriff 373 – Weiterhin beschränkte Auslandshilfe und erste öffentliche Stellungnahme 376 – Fragmentierte Welten: ein Fazit 381

Bis zum Kriegsende 399
Verhandlungen mit der SS und Abschiebung der Geretteten aus der Schweiz 399 – In engen Grenzen: Mitbestimmung der Flüchtlinge 408 – Zurückkehren, weiterwandern, bleiben? 417 – Kriegsende und Beginn einer langwierigen Nachgeschichte 424

Zusammenfassung und Schlussbetrachtungen 435
Die Leistungen des SIG und seines Hilfswerks 1933–1945, 435 – Grundbedingungen des Handelns 448 – Rationalität von Macht und Ohnmacht 453

Anmerkungen	457
Quellen und Literatur	541
Register	553

Abkürzungen

Archivsignaturen siehe Quellenverzeichnis im Anhang

BRB	Bundesratsbeschluss
BSJ	Bund Schweizer Juden
CC	Centralcomité des SIG
CIMADE	Comité inter-mouvements auprès des évacués
DDS	Diplomatische Dokumente der Schweiz
DV	Delegiertenversammlung
EIF	Éclaireurs israélites de France
EJPD	Eidgenössisches Justiz- und Polizeidepartement
EPD	Eidgenössisches Politisches Departement
GA	Geschäftsausschuss
GL	Geschäftsleitung
GV	Generalversammlung
HICEM	Hias-Ica-Emigdirect
HIJEFS	Hilfsverein für jüdische Flüchtlinge in Schanghai (später: ... im Ausland)
ICZ	Israelitische Cultusgemeinde Zürich
IGCR	Intergovernmental Committee on Refugees
IKRK	Internationales Komitee vom Roten Kreuz
IW	Israelitisches Wochenblatt der Schweiz
JDC	American Jewish Joint Distribution Committee
JUNA	Jüdische Nachrichtenagentur
MJS	Mouvement de la jeunesse sioniste
ORT	Organisation, Reconstruction, Travail
OSE	Œuvre de secours aux enfants
RELICO	Committee for Relief of the War-Stricken Jewish Population
SAK	Schweizerische Arbeitsgemeinschaft für kriegsgeschädigte Kinder
SARCIS	Service d'aide aux réfugiés civils internés en Suisse
SHEK	Schweizer Hilfswerk für Emigrantenkinder
SIG	Schweizerischer Israelitischer Gemeindebund
SNB	Schweizerische Nationalbank
SRK	Schweizerisches Rotes Kreuz
SRK, KH	Schweizerisches Rotes Kreuz, Kinderhilfe
SVV	Schweizerischer Vaterländischer Verband
SZF	Schweizerische Zentralstelle für Flüchtlingshilfe (heute Schweizerische Flüchtlingshilfe, SFH)
VS	Vorstand
VSIA	Verband Schweizerischer Israelitischer Armenpflege(n) (ab Mitte 1943 VSJF)
VSJF	Verband Schweizerischer Jüdischer Flüchtlingshilfen/Fürsorgen (bis Mitte 1943 VSIA)
WJC	World Jewish Congress (Jüdischer Weltkongress)
WRB	War Refugee Board
ZL	Zentralleitung der eidgenössischen Arbeitslager

Vorwort

Die Chronik eines jeden Landes, aber auch einer jeden Institution hat Sonnensowie Schattenseiten aufzuweisen. In bewegten Zeiten, in Perioden des Krieges sind alle Geschehnisse und Erfahrungen komplexer und schwerer durchschaubar. Erst Jahre danach wird es jeweils möglich, die Ereignisse distanzierter und gelassener zu analysieren; erst dann darf man sich an ihre Beurteilung wagen.

Die Schweiz hatte den Mut, eine unabhängige Historikerkommission zu berufen, die sich mit der Vergangenheit unseres Landes auseinander setzte und sein Verhalten im Verlauf des letzten Weltkrieges sowie der Nachkriegsjahre untersuchte. Darüber hinaus hat die Schweiz, wenn auch nicht ganz ohne äusseren Druck, den notwendigen Schritt vollzogen, die von ihr während und nach dem Krieg eingenommene Rolle teilweise fundamental zu revidieren, die Verantwortung dafür wahrzunehmen und einige Konsequenzen für die Zukunft daraus zu ziehen.

Man darf also vom *Schweizerischen Israelitischen Gemeindebund (SIG)* nicht minder erwarten, dass er sich seiner eigenen Vergangenheit in jener bewegten Epoche annimmt, dass auch er die Rolle untersucht, die er damals spielte, und dass er die Haltung seiner damaligen Führungskräfte beleuchtet. Auch für den SIG selbst ist es eine Notwendigkeit, jene vom Schmerz geprägte Zeit zu studieren, in der so viele Menschenleben von den in der Schweiz getroffenen Entscheidungen abhingen.

Die Studie von Stefan Mächler zeichnet detailliert nach, mit welchen Haltungen und Handlungsweisen der SIG in den Jahren der nationalsozialistischen Vormacht in Europa auf die Geschehnisse reagierte. Wenn wir bei den damals leitenden Gremien einen gewissen Mangel an Mut in einer objektiv bedrohlichen Lage, zugleich aber einen enormen praktischen Einsatz für die verfolgten Glaubensgenossen feststellen, dann begegnen wir damit auch der Situation der gesamten jüdischen Gemeinschaft und den Herausforderungen, vor denen diese stand.

Die Geschichte und die Tragik dieser Epoche zeigen uns, dass man im Nachhinein immer klüger ist. Sie lehren uns aber auch, dass es sehr viel Mut braucht, um in Situationen existenzieller Bedrängnis nach Wegen jenseits von Kompromiss und Anpassung zu suchen.

Das Werk von Stefan Mächler wird, so umfassend es ist, ohne jeden Zweifel Diskussionen nach sich ziehen und zahlreiche Reaktionen provozieren, die vielleicht neue Sichtweisen auf jene schmerzliche Zeit eröffnen. In jedem Fall aber trägt seine sorgfältige Arbeit das Verdienst in sich, eine wichtige Seite der Geschichte des Schweizer Judentums zu beleuchten.

Die Begleitung dieser Forschungsarbeit und deren Publikation in unserer SIG-Schriftenreihe lagen in der Verantwortung von Gabrielle Rosenstein. Ihr, Stefan Mächler und allen Beteiligten sei an dieser Stelle herzlich gedankt.

Alfred Donath, SIG-Präsident

Geleitwort

Mit diesem Buch legt Stefan Mächler eine umfassende Darstellung der Geschichte des SIG während der Zeit der nationalsozialistischen Herrschaft in Deutschland und in vielen anderen europäischen Staaten vor. Es erscheint als zehnter Band der SIG-Schriftenreihe *Beiträge zur Geschichte der Juden in der Schweiz*. Dies unterstreicht den Stellenwert dieser Arbeit und drückt zugleich ein langjähriges Bemühen des SIG aus, seine eigene Geschichte und diejenige seiner Gemeinden in das Bewusstsein der Gegenwart zu bringen, insbesondere die schwierigen Jahre zwischen 1933 und 1945. Tatsächlich begann für den SIG und für sein Hilfswerk, den *Verband Schweizerischer Jüdischer Fürsorgen (VSJF)*, die Aufarbeitung der Vergangenheit schon lange, bevor er 1992 diese Publikationsreihe initiierte.

Bereits in der Festschrift zum fünfzigjährigen Bestehen des SIG im Jahr 1954 finden sich Berichte, in denen einzelne Repräsentanten versuchten, sich Rechenschaft über die Tätigkeiten während der NS-Bedrohung abzulegen. In jenem Band sind nicht nur Beiträge über die Abwehr des Antisemitismus und über die Leistungen des VSJF zur Betreuung der Flüchtlinge zu lesen, sondern auch über die Problematik, die vierzig Jahre später unter der Bezeichnung «nachrichtenlose Vermögen» die schweizerische Öffentlichkeit beschäftigen sollte. Auch in der Festschrift zum hundertjährigen Bestehen des SIG (2004) findet man – wie es zum Genre solcher Publikationen gehört – Rechenschaftsberichte und Reflexionen, diesmal über die frisch durchlebten Debatten des vergangenen Jahrzehnts. Im Gegensatz zu ihrer Vorgängerin enthält diese jüngere Festschrift zahlreiche Beiträge von Historikern und Historikerinnen, auch kulturgeschichtlichen oder philosophischen Zuschnitts, was deutlich macht, dass inzwischen der zeitliche Abstand erheblich gewachsen ist und zahlreiche wissenschaftliche Forschungen vorliegen.

Benjamin Sagalowitz, seit der Vorkriegszeit Leiter der SIG-Medienstelle JUNA, hatte bereits 1955 zahlreiche Dokumente aus den Archiven des Gemeindebunds und der Gemeinden zusammengestellt, um Carl Ludwig wichtige Quellen zu seinem amtlich beorderten Bericht von 1957 zu liefern. Ein Jahrzehnt später floss seine Arbeit fast vollständig ein in Alfred Häslers Buch *Das Boot ist voll*. Im Jahr 1982 ergriff Georges Bloch, selbst während der fraglichen Zeit ein engagierter Flüchtlingshelfer, die Initiative, um einen Bericht über jüdische Hilfen und Haltungen angesichts des Holocaust schreiben zu lassen. Beim SIG nahm man seine Anregung offen auf, doch erste Schritte zur Verwirklichung eines solchen Vorhabens versandeten. Einer der Gründe dafür war der Zustand des SIG-Archivs, das unerschlossen und schwer zugänglich in einem engen Keller ruhte. In den frühen 1990er Jahren kam es dann zu einem Durchbruch, zu dem, wie meist bei einem Umschwung, vielerlei Faktoren verholfen haben dürften: Im *Archiv für Zeitgeschichte an der ETH Zürich,* wo unter anderem seit längerem einzelne JUNA-Bestände lagerten, wurde die *Dokumentationsstelle Jüdische Zeitgeschichte* eingerichtet und mit Drittmitteln finanziert, um die Archive der wichtigsten jüdischen Verbände auf nationaler Ebene nachhaltig zu sichern, zu erschliessen und zugänglich zu machen. Dabei spielte der VSJF eine bedeutende Rolle: Sämtliche Dossiers der Flüchtlinge, die das Hilfswerk des SIG betreut hatte, wurden systematisch bearbeitet und auf einer elektronischen Datenbank erfasst. Sie stellen nun einen weltweit einmaligen Fundus dar, und das neue Angebot wird bereits rege genutzt. Mehrere Historiker und Historikerinnen einer jüngeren Generation legten zur Geschichte und Kultur der Juden in Europa sowie zur Geschichte der Shoah Forschungen mit neuen Fragestellungen vor, die auch für die Schweiz und die hiesigen Juden von Belang sind. Auch sonst erschienen in der Schweiz vermehrt Beiträge über einschlägige Themen zur Nazi-Ära. Am Horizont zeichneten sich die Auseinandersetzungen um die «nachrichtenlosen Vermögen» ab, die, begleitet von Polemiken in den Medien (auch gegen die Schweizer Juden und deren Haltungen in der Vergangenheit), zu einer breiten und offiziellen Beschäftigung mit der Schweizer Geschichte während der Zeit des Nationalsozialismus führen sollten.

All diese kurz- und langfristigen Faktoren trugen dazu bei, dass der SIG Stefan Mächler den Auftrag erteilte, über den Gemeindebund und die Opfer des Nationalsozialismus einen Bericht zu schreiben. Abgedeckt werden sollten die Jahre 1933 bis 1962, also die Periode vom Machtantritt Hitlers in Deutschland bis zur Verabschiedung des Meldebeschlusses bezüglich «erbloser Vermögen» durch das Schweizer Parlament. Im Verlauf der Recherche erwies sich jedoch, dass der Historiker eine enorme Fülle an erstmalig zugänglichen Materialien zu sichten hatte. Er erachtete es daher zu Recht als angemessen, sich angesichts der ihm zur Verfügung stehenden Zeit auf die Jahre bis zum Kriegsende zu beschränken. Es bleibt aber ein Desideratum der Wissenschaft, auch die spätere Geschichte des Gemeindebunds und einzelner seiner Mitgliedgemeinden zu erforschen. Gerade die Jahre und Jahrzehnte unmittelbar nach 1945 wären aus Sicht des SIG ein Kapitel seiner Geschichte, das der Erhellung bedarf.

Da diese Untersuchung – im Unterschied zu anderen Bänden dieser Schriftenreihe – aus einem Auftrag des SIG selbst hervorging, ernannte die Geschäftsleitung einen wissenschaftlichen Fachbeirat, der aus Regula Ludi (University of California, Los Angeles), Thomas Maissen (Universität Heidelberg) und Jacques Picard (Universität Basel) bestand und der allein für inhaltliche Aspekte zuständig war. Diese Einrichtung garantierte Stefan Mächler die notwendige Unabhängigkeit bei seiner Forschung und ermöglichte dem Projekt eine fachlich fundierte, zielsichernde Begleitung. Dem Beirat sowie Pia Graf, der Koordinatorin des Buchprojekts beim SIG, sei an dieser Stelle herzlich für ihre Arbeit gedankt. Die SIG-Geschäftsleitung dankt dem Autor Stefan Mächler für die sorgfältige und umsichtige Forschungsarbeit.

Wir wünschen dem Leser, der Leserin dieser Studie eine anregende Lektüre, die die Einsicht vertiefen mag, dass Geschichte niemals eindimensional zu verstehen ist: Sie geht immer aus komplexen Faktoren hervor, die das menschliche Handeln in allen seinen zeitgenössischen Erwartungen und Unwägbarkeiten bestimmen, ohne dass sie schon so und nicht anders geordnet und bewertet erscheinen, wie dies erst im Rückblick möglich ist.

Gabrielle Rosenstein, Geschäftsleitungsmitglied des SIG, Kultur

Dank

Bei der Arbeit an diesem Buch ist mir vielfältige Hilfe zuteil geworden. An erster Stelle gilt mein Dank der Geschäftsleitung des SIG, die mir für diesen Auftrag das Vertrauen schenkte und mir schon im Voraus jede Unabhängigkeit zusicherte, obwohl sie eine Untersuchung finanzierte, die einen heiklen Kernbereich der eigenen Geschichte betrifft. Ihre vorbehaltlose Unterstützung meiner Forschung war für mich grundlegend. Besonders erwähnen möchte ich Gabrielle Rosenstein, die als Kulturverantwortliche innerhalb der Geschäftsleitung das Projekt souverän und mit grosser Offenheit betreute, sowie Pia Graf vom SIG-Sekretariat, die mir in der hektischen Produktionsphase nach Abschluss des Manuskripts mit Umsicht und Ruhe beistand. Danken möchte ich auch dem früheren Generalsekretär Martin Rosenfeld, ohne dessen Initiative ich dieses Werk überhaupt nicht begonnen hätte.

Der Fachbeirat – bestehend aus Regula Ludi, Thomas Maissen und Jacques Picard – begleitete meine Forschung von den ersten Konzeptentwürfen bis zum fertigen Text. Die Hinweise dieser Fachleute erleichterten mir, die richtigen Fragen zu stellen und Teilprobleme zu lösen; ihre wohlwollend-kritischen Anregungen verschafften mir in vielem mehr Klarheit. Eine angenehme und fruchtbare Erfahrung war die mehrstündige Schlussbesprechung, die mir erlaubte, das Manuskript noch wesentlich zu verbessern. Dem gesamten Gremium bin ich sehr zu Dank verpflichtet, ganz besonders aber Jacques Picard, da er mir vorschlug, die Studie auch als Dissertation an seinem Lehrstuhl einzureichen.

Einen bedeutenden Teil meiner Arbeitszeit verbrachte ich in zahlreichen Archiven, die alle aufs Freundlichste mit mir kooperierten. Ihnen allen bin ich dankbar. Dies gilt nicht nur für grosse Institutionen wie das Schweizerische Bundesarchiv in Bern, sondern auch für kleinere Archive jüdischer Gemeinden, etwa in St. Gallen, wo mich Sabine Schreiber betreute, oder in Bern, wo mir Susanne Eisner den Zugang zu den Akten ermöglichte, obwohl diese noch ungeordnet waren und kurz vor der Überführung ins Staatsarchiv standen. Am wichtigsten für meine Untersuchung wurden die Bestände des Archivs für Zeitgeschichte in Zürich, das mir komfortable Arbeitsbedingungen bot. Mein Dank richtet sich an all seine Mitarbeiter und Mitarbeiterinnen, ganz speziell aber an Jonas Arnold, Elisabeth Eggimann, Michael Funk, Zsolt Keller und Ursula Meier, die stets Verständnis für meine Anliegen aufbrachten und mich auf manche Akten hinwiesen, auf die ich ohne sie kaum gestossen wäre. Ausserdem erhielt ich Dokumente und Fotos aus dem Privatbesitz zahlreicher Personen: von Marianne Bloch, Thérèse Blum-Bigar, Arno Boritzer, Madeleine Erlanger, Eva Faberoff, Roger Guth, Katia Guth, Robert Wieler und vielen anderen. Bei der Recherche und Auswahl der Bilder waren mir zudem Alex Anderfuhren, Katri

Burri, Letizia Enderli, Roland Gretler, Sara Kadosh, Lukas Kobel und Cornelia Mattich behilflich. Auch ihnen allen möchte ich danken.

Bei Einzelfragen war ich immer wieder froh, auf kompetente Gewährsleute zu treffen, die ich in meinen Dank einschliessen möchte: Was kulturelle Aspekte des Judentums anbelangt, konnte ich mich stets auf das Wissen von Itta Shedletzky und Hanna Zweig verlassen. Letztere gab mir überdies manche Orientierung bezüglich der lokalen Begebenheiten der jüdischen Gemeinschaft in der Schweiz. Unentbehrlich waren mir schliesslich Pessi Schmelczers Übersetzungen wichtiger Texte aus dem Hebräischen.

Viele Freunde und Bekannte nahmen sich die Zeit, das entstehende Manuskript in Teilen oder als Ganzes zu lesen. Es waren dies May B. Broda, Anne Broger, Uriel Gast, Regina Gehrig, Daniel Gerson, Claudia Hoerschelmann, Annette Hug, Karin Huser, Christoph Mathys und Hanna Zweig. Ich danke ihnen herzlich für ihre Gesprächsbereitschaft und für ihre Anmerkungen, die mir Ungeschicklichkeiten zu beseitigen oder Irrtümer zu korrigieren halfen.

Zu grossem Dank verpflichtet bin ich einem Wohltäter, der mit einer beträchtlichen Geldsumme die vom SIG geleistete Finanzierung meiner Arbeit ergänzte, so dass ich mein Forschungsvorhaben zeitlich ausdehnen konnte. Seine einzige Bedingung war, ungenannt zu bleiben. Sein Name ist nicht einmal mir bekannt.

Claudia Sandkühler hat wie gewohnt mit äusserster Sorgfalt, intellektueller wie sprachlicher Präzision und beharrlichem Engagement mein Manuskript lektoriert und es damit in Argumentation und Stil deutlich bereichert. Für ihren Einsatz bin ich ihr sehr dankbar. Mein Dank gilt auch Carl Freytag für seinen hilfreichen und kompetenten Beitrag in der Schlussphase der Endredaktion. Natürlich bleiben, um mit der üblichen Formel zu schliessen, alle Fehler die meinen.

Zürich, im Januar 2005   *Stefan Mächler*

Einleitung

Die vorliegende Arbeit befasst sich mit der Haltung des *Schweizerischen Israelitischen Gemeindebunds (SIG)* gegenüber der nationalsozialistischen Verfolgung. Sie ist damit gewissermassen die verspätete Erfüllung eines Postulats, dem der SIG im Jahr 1959 nicht nachkommen wollte. Jenem abschlägigen Beschluss waren Enthüllungen über die frühere Politik der Schweizer Regierung vorausgegangen, die einen Skandal ausgelöst und auch die Juden nicht gleichgültig gelassen hatten: Ende März 1954 hatte die Öffentlichkeit erfahren, dass die helvetischen Behörden im Jahr 1938 massgeblich an der Einführung des Judenstempels durch Nazi-Deutschland beteiligt gewesen waren. In der anschliessenden Parlamentsdebatte nahm Bundesrat Markus Feldmann den immer noch amtierenden Polizeichef Heinrich Rothmund in Schutz, der als Erfinder der rassistischen Markierung bezeichnet worden war. Der Bundesrat verwahrte sich gegen ein «Kesseltreiben», eine «Kopfjägerei» und eine «düstere ‹Mystik› der Sündenböcke» sowie dagegen, dass Rothmund «in recht hemmungsloser Weise gewissermassen als Urheber und Träger eines angeblichen Antisemitismus schweizerischer Behörden hingestellt» werde. Um seine Position zu untermauern, bediente Feldmann sich «eines unverdächtigen Zeugen», wie er es nannte, und verlas ein Schreiben von 1943, in dem der eben als Gemeindebundspräsident zurückgetretene Saly Mayer dem Polizeichef in den wärmsten Tönen für die harmonische Zusammenarbeit gedankt hatte. Zur Bewältigung der Krise gab die Regierung anschliessend bei Rechtsprofessor Carl Ludwig ein Weissbuch in Auftrag, das die Schweizer Flüchtlingspolitik in der NS-Zeit untersuchen sollte. Knapp vier Jahre später wurde es vom Parlament diskutiert – wobei der behördliche Antisemitismus, eigentliche Grundursache der ganzen Affäre, bemerkenswert unterbelichtet blieb. Der Gemeindebund, obwohl fundamental betroffen, hielt sich in allen öffentlichen Auseinandersetzungen gänzlich zurück.[1]

Kurz darauf, im Mai 1958, forderte die *Israelitische Cultusgemeinde Zürich (ICZ)* die Geschäftsleitung des SIG dazu auf, sie möge überprüfen, wie «schweizerische jüdische Stellen und Personen» am Vollzug der Flüchtlingspolitik von 1933 bis 1945 mitgewirkt hätten und wie die Schweizer Juden in diesem Kontext behandelt worden seien. Zweck einer solchen historischen Erforschung sei es, für das schweizerische Judentum «eine politische Linie» zu entwickeln. Im Gemeindebund tat man sich schwer mit dem Anliegen der ICZ – nicht zuletzt, weil interne kritische Stimmen von eigenem Versagen und eigener Schuld sprachen, von fehlender Zivilcourage und mangelnder Fantasie in Bezug auf das Schicksal der abgewiesenen Flüchtlinge. Nach fast einjährigem Schweigen beantragte die Geschäftsleitung die Ablehnung des Postulats – mit der Begründung, die damals leitenden Männer seien nicht mehr am Leben, und es sei überhaupt schwierig, eine Situation retrospektiv richtig zu beurteilen. Das Centralcomité stimmte diesem Antrag einhellig zu. Dass sich hinter diesen dürftigen Argumenten andere Überlegungen verbargen, enthüllte der Präsident des Centralcomités, Charles Liatowitsch, wenig später Robert Wieler, der sich bei ihm über den ablehnenden Entscheid beklagt und die Wahrnehmung «unserer Verantwortung vor der Geschichte» angemahnt hatte. Carl Ludwig habe sich, erklärte Liatowitsch seinem Freund, in seinem Report bezüglich des jüdischen Sektors «eher zurückhaltend» geäussert, eine «Untersuchung könnte daher im Ergebnis nur dazu führen, dass einige zusätzliche Schatten hängen» bliebe. «Nur um der historischen Wahrheit willen hat es keinen Sinn, politischen Goodwill zu gefährden. Bis jetzt stehen – verglichen mit der Haltung der Fremdenpolizei und des Bundesrates – die jüdischen Instanzen in der Öffentlichkeit nicht schlecht da. Es ist kaum unsere Aufgabe, nachträglich Saly Mayer oder andere Exponenten der Kriegsjahre vor dem Publikum mit einer Note zu bedenken, die nach meiner Auffassung nur im Fleiss eine 1 verdient. Vielleicht ist eine spätere Zeit besser dazu berufen, in den Archiven nachzuforschen, und weniger in Gefahr, mit ihrem Bericht Schaden zu stiften.»[2]

Liatowitsch – und man darf annehmen: auch das von ihm präsidierte Comité – stellte also den früheren Verantwortlichen insgesamt ein schlechtes Zeugnis aus und bestritt eigentlich die Berechtigung einer Untersuchung nicht. Indem er sie dennoch ablehnte, gewichtete er die Rücksicht auf die nichtjüdische Aussenwelt höher als die Chance, durch eine historische Selbsterforschung eine eigene «politische Linie» zu entwickeln, wie es im ICZ-Postulat geheissen hatte. – Der fremde Blick, die befürchtete externe Verurteilung als Gesichtspunkt, der eigenes Handeln und Positionieren entscheidend beeinflusste: Das entsprach einem zentralen Verhaltensmuster, das schon die SIG-Politik in den Jahren 1933 bis 1945 mitbestimmt hatte. Und es war nicht das einzige sich nun wiederholende Muster; es gab davon in den Debatten der fünfziger Jahre noch weitere, zum Beispiel die Zurückhaltung der jüdischen Verantwortlichen in der Judenstempel-Affäre, die konsequent an die frühere Politik, stets mit grösster Zurückhaltung zu agieren, anschloss. In diesem Fall war das erneute Schweigen die Spätfolge eines weiteren Mechanismus, der bei machtlosen Minderheiten generell nicht selten zu beobachten ist und der beim Schweizer Judentum ebenfalls schon in der NS-Zeit gewirkt hatte: Damals hatten sich die leitenden Juden ohnmächtig und politisch unbedarft in ihre eigene Unterwerfung verstrickt – mit der Folge, dass sie zu einer Politik, die eine antisemitische war, öffentlich permanent schwiegen. Als nun zehn Jahre später Bundesrat Feldmann Mayers Brief verlas, der genau diese Verstrickung dokumentierte, schwiegen die jüdischen Repräsentanten erneut – wodurch sich das frühere Zusammenspiel von Unterwerfung und Schweigen erneut in Gang setzte.

Die Leitung des Gemeindebunds schreckte freilich nicht nur aus Angst vor einer fremden Verurteilung davor zurück, die eigene Vergangenheit zu erforschen: Die Hemmung, über frühere Exponenten zu urteilen, verrät, dass sie auch innere Konflikte fürchtete. Die eigene Erinnerung und ein Blick auf die internationale jüdische Gemeinschaft konnten sie in diesen Bedenken nur bestärken: Schon während des Krieges hatten im NS-Machtbereich die führenden Juden, insbesondere die Judenräte, unter heftigem Beschuss der eigenen Leute gestanden; vielfach waren sie als «Verräter» beschimpft und für die jüdische Katastrophe verantwortlich gemacht worden. Nach Kriegsende strengten Überlebende und jüdische Gemeinden Ehrentribunale gegen solche Personen an. In diesen Kontext gehörten auch die bekannten Prozesse in Jerusalem, in denen der als «Verbrecher» apostrophierte Rezsö Kasztner seine Ehre verteidigen wollte und die in einer äusserst feindseligen Atmosphäre stattfanden – kulminierend in Kasztners Ermordung auf offener Strasse im Jahr 1957. Auch die jüdischen Gemeinschaften, die nicht unter nationalsozialistischer Herrschaft standen, waren bereits in der Kriegszeit Angriffen ausgesetzt gewesen: Juden innerhalb und ausserhalb des deutschen Machtbereichs warfen ihnen vor, sie unterliessen die notwendige Hilfe für ihre bedrängten Glaubensgenossen und beteiligten sich an einer «Verschwörung des Schweigens». Was die jüdische Gemeinschaft der Schweiz betraf, gab es sogar schon seit 1933 kritische innerjüdische Gerüchte – hauptsächlich über die Zusammenarbeit des SIG mit den Behörden. Und auch nach dem Krieg wurde das Schweizer Judentum von derartigen Auseinandersetzungen erfasst: Im Herbst 1945 musste sich ein Schiedsgericht des SIG mit ehrverletzenden Äusserungen von orthodoxer Seite über den Aktivisten Georg Mantello befassen. Und dem ehemaligen Präsidenten Saly Mayer wurde 1948/49 anlässlich der Nürnberger Kriegsverbrecherprozesse aus den gleichen Kreisen vorgeworfen, er habe vier Jahre zuvor in seiner Funktion als Vertreter des amerikanischen Hilfswerks Joint ihre Freikaufverhandlungen mit Himmler (Aktion Musy) torpediert. Ähnliche Beschuldigungen musste sich Mayer während der erwähnten Jerusalemer Prozesse auch von Seiten Rezsö Kasztners gefallen lassen, mit dem er zur Rettung der ungarischen Juden zusammengearbeitet hatte. Anlässlich desselben Gerichtsfalls behaupteten zudem orthodoxe Stimmen, die Leitungen des Gemeindebunds und seines Hilfswerks seien «in grossem Masse mitverantwortlich» gewesen «für die Zurückweisung der in die Schweiz flüchtenden Juden».³ – Angesichts all dieser massiven Konflikte eröffnete die Idee einer Geschichtsaufarbeitung den SIG-Verantwortlichen wenig erbauliche Aussichten, würde diese doch nur alte und noch längst nicht verheilte Wunden aufreissen und erneut an den Kern des eigenen kollektiven Selbstverständnisses rühren.

Die erbitterten innerjüdischen Kontroversen um das Verhalten der eigenen Eliten und des sogenannten Weltjudentums während der NS-Verbrechen (die sich in der Historiographie bis in die Gegenwart fortsetzen sollten) waren seit ihren Anfängen immer auch Versuche, ein ungeheures kollektives Trauma zu bewältigen. Deswegen leugneten die Beteiligten häufig gerade dasjenige Faktum, das besonders unerträglich und Furcht einflössend war: die eigene Hilflosigkeit, Ausgeliefertheit und Ohnmacht während der Zeit der NS-Verfolgung. An die Stelle einer bitteren Einsicht in die tatsächliche Lage traten dann fantastische Vorstellungen jüdischer Handlungs- und Einflussmöglichkeiten – Vorstellungen, die bereits im Begriff «Weltjudentum» mitschwangen, der eine nicht vorhandene Einheitlichkeit und Geschlossenheit suggerierte, Vorstellungen auch, die den antisemitischen Wahngebilden über die Allmacht der Juden ähnlich waren.

Im Kontext der J-Stempel-Affäre vernachlässigten auch die Schweizer Juden die zentrale Bedeutung der eigenen Ohnmacht. Während Charles Liatowitsch noch davon sprach, dass bezogen auf die Flüchtlinge «sehr viele» hiesige Juden versagt hätten, behauptete Otto H. Heim, amtierender Präsident des jüdischen Hilfswerks und seinerzeit enger Freund des verstorbenen Saly Mayer: Abgesehen von Ausnahmen, habe die «Schweizer Judenheit als solche Schuld auf sich geladen». Seine Meinung über die frühere Flüchtlingspolitik resümierte er überspitzt mit dem Titel eines damals aktuellen Films gegen die Todesstrafe: «Nous sommes tous des assassins.» Indem Heim auf diese Weise symbolisch alle zu «Mördern» machte, ignorierte er jegliche Kompetenzunterschiede zwischen Gemeindebund und Behörden, jedes Machtgefälle zwischen Juden und Nichtjuden. Damit vertrat er gewiss eine Extremposition, aber es war durchaus symptomatisch für die internen Diskussionen jener Jahre, die den begrenzten Handlungsspielraum und die fehlenden Handlungsalternativen der eigenen Kleingemeinde während der NS-Zeit gänzlich ausblendeten. Ob das Eingeständnis eigener Schuld überhaupt angebracht war, obwohl man doch weitgehend ohne Macht und Einfluss hatte agieren müssen, tauchte als Frage gar nicht auf.[4] Die der eigenen Haltung zugrunde liegende Logik ging vielmehr in die entgegengesetzte Richtung: Insofern die führenden Juden ihre Vergangenheit tabuisierten, weil sie selbst von eigenem Versagen und von einer eigenen Schuld überzeugt waren, bestätigten sie implizit die ihrer Gemeinde unterstellte Mitverantwortung. Indirekt legitimierten sie so auch deren Missbrauch durch die Behörden und verlängerten die Mechanismen der eigenen Unterwerfung und der moralischen Einschüchterung in die Zukunft hinein.

Als ich im Mai 2001 mit dem Gemeindebund übereinkam, eine Studie zu seiner Geschichte zu erstellen, war uns das ICZ-Postulat von 1958 unbekannt, und wir definierten meinen Auftrag umfassender als damals vorgeschlagen: Untersucht werden sollten die Haltung und Praxis des SIG gegenüber den NS-Verfolgten überhaupt. Deshalb behandle ich in der vorliegenden Arbeit nicht nur die Reaktion des Gemeindebunds auf die hierzulande Asyl suchenden jüdischen Flüchtlinge, sondern auch seine Politik bezüglich der jüdischen Landsleute und Glaubensgenossen im Ausland. Es geht damit auch um die Fragen, inwiefern der SIG die Rechte der jüdischen Auslandschweizer verteidigte und inwieweit er dem ausländischen Judentum Hilfe leistete. Da alle seine Tätigkeiten stark von der eigenen Position in der Schweiz abhingen, thematisiere ich auch seinen Umgang mit dem einheimischen Antisemitismus und seine Verteidigung der eigenen Gleichberechtigung. Schliesslich schenke ich auch dem *Verband Schweizerischer Israelitischer Armenpflegen* (*VSIA*, später *VSJF*) grosse Aufmerksamkeit, da dieser im Auftrag des SIG die praktische Flüchtlingshilfe ausführte. Dabei kann ich allerdings die konkrete Tätigkeit des Hilfswerks nur punktuell beleuchten, nicht zuletzt, weil die entsprechenden institutionellen Akten teilweise vernichtet sind.[5]

Die Vielschichtigkeit des Gegenstands hat zur Folge, dass sich meine Studie auf zahlreiche Arbeiten der nationalen und internationalen Historiographie stützen kann. Im nationalen Kontext elementar sind die Forschungen zur Schweizer Flüchtlingspolitik während der NS-Zeit, die unterdessen einen solchen Umfang erreicht haben, dass ich hier nur wenige Aspekte herausgreifen kann: Zuverlässig ist noch immer der Bericht Carl Ludwigs von 1957, in dem die chronologische Entwicklung der amtlichen Zulassungspolitik ausführlich dargestellt wird. André Lasserre erweiterte dieses Wissen 1995 mit seinem minutiösen Blick ins Landesinnere: auf die Aufenthaltsbedingungen in den Lagern und Heimen. Wie die meisten anderen Historiker verzichteten allerdings auch diese beiden Autoren darauf, die Perspektive der Opfer systematisch einzubeziehen – was mir in der vorliegenden Untersuchung ein Grundanliegen ist. Erstaunlicherweise wurden auch die behördlichen Entscheidungsprozesse, die zu den antijüdischen Grenzschliessungen führten, und die Bedingungen, die diese durchsetzbar machten, noch nie eingehend analysiert – was ich hier ebenfalls nachzuholen versuche. Sehr lange hat die Historiographie auch den antisemitischen Gehalt der Schweizer Flüchtlingspolitik ignoriert. Abgesehen von Alfred A. Häslers bereits 1967 erschienener populärwissenschaftlicher Darstellung *Das Boot ist voll*, war Jacques Picards Dissertation von 1993 die erste Publikation, die diesen Mangel korrigiert hat. Überdies erweiterte Picard den Horizont um die entscheidende internationale Dimension der helvetischen Migrationsgeschichte, die vorher in der Literatur ebenfalls vernachlässigt worden war. Unterdessen hat die antisemitisch konnotierte Überfremdungsbekämpfung breitere Beachtung gefunden. Zu erwähnen wären etwa Uriel Gasts materialreiche Studie zur Genese der *Eidgenössischen Fremdenpolizei* und Patrick Kurys Dissertation zur «Überfremdung», die ausführlich die Genese und Persistenz dieses xenophoben Diskurses nachzeichnet – und damit eine Kontinuitätsthese bestätigt, die ich in einem früheren Aufsatz selbst vorgeschlagen habe. In der vorliegenden Arbeit verfolge ich nun die Absicht, ergänzend zum bereits Bekannten aufzuzeigen, wie dieser Diskurs Selbstwahrnehmung und Handeln der betroffenen Juden sowie ihre Interaktion mit dem nichtjüdischen Umfeld beeinflusste. Um deren Hauptaktivität, die Flüchtlingshilfe, verstehen zu können, muss man auch die Politik der übrigen Hilfswerke berücksichtigen. Aufschlussreich sind diesbezüglich die Werke zu den Kommunisten und Sozialdemokraten von Björn Lupp, zum Protestantismus von Hermann Kocher, zur katholischen Caritas und zum

Dachverband der Flüchtlingswerke von Jonas Arnold sowie zur Kinderhilfe von Antonia Schmidlin. Nützlich waren mir auch die in neuerer Zeit erschienenen Publikationen der *Unabhängigen Expertenkommission Schweiz – Zweiter Weltkrieg*, speziell ihre Untersuchungen zu rechtlichen Aspekten der behördlichen Politik gegenüber Flüchtlingen und Auslandschweizern sowie zur zeitgenössischen Darstellung der Asylpolitik in den Zeitungen.[6]

Was den internationalen Kontext und damit hauptsächlich die Forschungen zum Holocaust betrifft, sei hier zunächst Yehuda Bauer genannt, der die Aktivitäten des *American Jewish Joint Distribution Committee* eingehend durchleuchtet hat. Seine Erkenntnisse waren mir wichtig, weil der Joint, wie man diese Organisation abgekürzt nennt, ab 1938 für den Gemeindebund zur unersetzlichen Stütze wurde und weil in dessen Dienst auch SIG-Präsident Mayer zentrale Aufgaben übernahm. Das Schweizer Judentum war nicht die einzige unter den jüdischen Gemeinschaften der freien Welt, die sich zur Zeit des Nationalsozialismus mit der Not ihrer verfolgten Glaubensgenossen konfrontiert sah. Aber trotz der erwähnten innerjüdischen Auseinandersetzungen über die umstrittene Rolle der führenden Personen gibt es zu diesen frei gebliebenen Gemeinden – wenn man von Studien zu den USA und zu Palästina absieht – nur wenige Untersuchungen. Dies gilt speziell für die nationalen jüdischen Flüchtlingshilfen und ihre internationale Zusammenarbeit. Ebenfalls noch in den Anfängen stecken länderübergreifende Vergleiche zur behördlichen und jüdischen Migrationspolitik, wie sie von Frank Caestecker und Bob Moore gegenwärtig angestrebt werden. Immerhin liegen inspirierende Einzelstudien vor, etwa zum britischen Judentum von Pamela Shatzkes, zum französischen von Vicki Caron und zum US-amerikanischen von Gulie Ne'eman Arad.[7]

Was die Schweiz angeht, existiert bisher keine Monographie, die sich der Haltung des Gemeindebunds gegenüber den NS-Verfolgten in den Jahren 1933 bis 1945 widmet. Eine Ausnahme macht die erwähnte Dissertation von Jacques Picard, die zwar nicht den SIG ins Zentrum stellt, aber dennoch systematisch dessen Politik berücksichtigt. Die Bedeutung seiner Arbeit für mein Buch geht, Schicksal eines Standardwerks, ohne Zweifel über das hinaus, was in den Anmerkungen sichtbar bleibt. Hilfreich waren mir ausserdem Studien, die Teilaspekte der SIG-Geschichte beleuchten, insbesondere von Michael Funk zur Öffentlichkeitsarbeit der *Jüdischen Nachrichtenagentur*, von Noëmi Sibold zur Flüchtlingshilfe der *Israelitischen Gemeinde Basel* und von Hanna Zweig zur Biographie des jüdischen Nationalrats David Farbstein.[8] Nicht unerwähnt bleiben soll, dass ich im *Archiv für Zeitgeschichte der ETH Zürich* zu den gesamten umfangreichen Aktenbeständen des SIG und seines Hilfswerks Zugang hatte. Zur Zeit meiner Recherche war die Erschliessung dieser institutionellen Archive allerdings noch nicht beendet, so dass ich in dieser Veröffentlichung nur vorläufige Signaturen verwenden kann.

Meine Fragestellungen beschränken sich auf den Gemeindebund und sein Hilfswerk. Dies sei mit Nachdruck gesagt, denn wiewohl sich der SIG als Repräsentant des Schweizer Judentums verstand, darf man von einer Darstellung seiner Politik nicht unbesehen auf die Einstellungen und Aktivitäten aller hiesigen Juden und Jüdinnen schliessen: Dies verbietet sich allein schon aufgrund der Tatsache, dass die jüdische Gemeinschaft sehr heterogen war und sich aus vielen kleinen Kommunen und zahllosen Vereinen zusammensetzte, die nicht immer anstandslos den Direktiven des SIG gehorchten. Beispielsweise kommen die Aktivitäten der Zionisten oder der Agudisten, die von der Linie des Gemeindebunds deutlich abwichen, hier nur am Rande vor. Ausserdem beruhen meine Ausführungen zu einem Grossteil auf Akten der leitenden Gremien, die das Denken, Fühlen und Handeln der einzelnen Personen in den Gemeinden nur bedingt vermitteln. Ganz besonders gilt dies für die Frauen, die – wenn wir von Ausnahmen beim jüdischen Hilfswerk VSIA (beziehungsweise VSJF) absehen – von allen entscheidenden Ausschüssen ausgeschlossen waren. Diese Leerstelle ist umso gravierender, als doch die Frauen einen Hauptteil der immensen, aber in den meisten Quellen unsichtbaren ehrenamtlichen Arbeit leisteten. Ein weiterer Vorbehalt zur Generalisierbarkeit meiner Ausführungen erwächst aus dem Umstand, dass wir nicht einmal genau wissen, in welchem Ausmass sich die jüdische «Basis» tatsächlich in jüdischen Organisationen engagierte.

Die hier behandelten Ereignisse besitzen unübersehbar eine starke geographische Dimension. Man stelle sich vor: Hier das winzige Schweizer Judentum, das einem schwachen Kleinstaat angehört, in dem es nicht vorbehaltlos willkommen ist – dort, nur durch den Rhein getrennt, das Furcht erregende NS-Regime, dessen Gewalt nicht allein ungezählte fremde Glaubensgenossen, sondern auch viele Verwandte hiesiger Juden direkt ausgeliefert sind. Hier das wegen der Flüchtlingshilfe bei weitem überforderte Schweizer Judentum – dort jenseits des Atlantiks die grosse amerikanische Schwestergemeinde, die ihm helfend mit Geld beispringt, ohne die Ereignisse auf dem alten Kontinent wirklich zu begreifen. Hier das unterdessen ringsum von faschistischem Terror umgebene Schweizer Judentum – dort in der fernen Slowakei verlorene Glaubensgenossen, die verzweifelte Hilferufe an die letzte bedeutende Judengemeinde schicken, die in Kontinentaleuropa frei geblieben ist. – Die Frage nach den Implikationen, die diese Verhältnisse von Nähe und Distanz für die Politik des SIG hatten, gehört so auch zu den Leitmotiven dieser Abhandlung.

Nähe und Distanz auch im Lokalen: Eine der auffälligen Besonderheiten bestand darin, dass die Zahl der verantwortlichen Akteure sehr beschränkt war – und zwar sowohl innerhalb des Gemeindebunds wie auch bei seinen externen Ansprechpartnern. Intern blieb das Feld der Akteure unter anderem deshalb so begrenzt, weil die ehrenamtliche Arbeitsweise auch der Führungskräfte nur einigen wenigen wohlhabenden Männern einen permanenten Einsatz erlaubte. Extern hatte die Zusammenarbeit mit den Bundesbehörden eine Vorrangstellung, die umso folgenreicher war, als sich der Gemeindebund ansonsten weitgehend isoliert von der Mehrheitsgesellschaft bewegte. Dabei kam dem Verhältnis zwischen SIG-Präsident Saly Mayer und Polizeichef Heinrich Rothmund tatsächlich eine Schlüsselfunktion zu. Es lässt sich in seinen Mechanismen und Auswirkungen keineswegs begreifen, wenn wir uns allein auf das Studium der jüdischen Gemeinschaft beschränken. Vielmehr ist auch das gesellschaftliche Umfeld dieses Verhältnisses zu beleuchten. Und besonders wichtig ist es, die Strategien und Praktiken des institutionellen Antisemitismus in der *Eidgenössischen Fremdenpolizei* selbst zu untersuchen. Dabei mag die Omnipräsenz, in der Rothmund in meiner Darstellung vorkommt, auf den ersten Blick verblüffen – oder gar zu der Kritik veranlassen, ich würde hier unter Missachtung der strukturellen Aspekte einen Sündenbock kreieren. Nach meiner Ansicht ist jedoch das Gegenteil der Fall: Die Allgegenwart und der Einfluss des Chefbeamten – ein Phänomen, das damals nicht zufällig in der Asylpolitik vieler Länder vorkam – waren gerade Effekte der strukturellen Bedingungen. Dazu zählte in erster Linie eine antisemitisch konnotierte Überfremdungsbekämpfung, die zum Gemeingut geworden war und deshalb durch den Polizeichef repräsentiert und umgesetzt werden konnte, ohne dass die überwiegend desinteressierte Gesellschaft Einspruch erhob. Die Bedeutung Rothmunds liegt also weniger in seiner Person als in seiner administrativen, politischen und gesellschaftlichen Funktion. Dass gerade er (und damit ausgerechnet der Polizeichef) als ständiger Ansprechpartner des SIG fungierte, und nicht etwa die Bundesräte oder die Schweizer Öffentlichkeit, ist überdies symptomatischer Ausdruck der isolierten und schwachen Position der hiesigen Juden. Rothmunds Bedeutung zu ignorieren oder mit Hinweis auf den letztlich hauptverantwortlichen Bundesrat zu relativieren, wie das in der Forschung bisher gerne getan wurde, verfehlt genau den strukturellen Kern des Problems.

Bei meiner Arbeit stand ich vor zwei Herausforderungen,[9] die eng miteinander verwoben waren: Wie vermeide ich eine teleologische Geschichtsinterpretation? Und wie kann ich einer Trübung der Analyse durch retrospektiven Moralismus vorbeugen? Eigentlich sind dies klassische Probleme, die sich einem Historiker bei jeder Arbeit stellen. Aber die Ermordung des europäischen Judentums war ein derart ungeheurer Vorgang, dass seine Folgen – die sechs Millionen Toten, das unermessliche Leiden auch der Überlebenden und ein moralischer Abgrund, der sich dadurch aufgetan hat – unvermeidlich und gebieterisch am Anfang jeder historischen Untersuchung stehen. Was auch richtig ist, denn das Thema bleibt ein hochmoralisches. Das Wissen um dieses Ende verführt nun aber leicht dazu, dass wir auch das Handeln der Akteure nur von diesem Ende her denken. Bezogen auf das Schweizer Judentum (oder auf jede andere Gruppe der «Unbeteiligten», die man im Englischen als «Bystander» bezeichnen kann, weil sie nicht eindeutig den Opfern oder Tätern zugehörten), fragen wir dann nur: Was haben die Akteure getan und erreicht, um die Vernichtung von

Millionen unschuldiger Glaubensgenossen zu verhindern? Wir interpretieren unwillkürlich all ihre Handlungen und Unterlassungen nur vor dem Hintergrund dieses Grossverbrechens – nach der verständlichen Logik, dass angesichts des Extremen doch alles Tun und Lassen durch ebendieses Extreme bedingt sein musste. Damit ignorieren wir jedoch unter Umständen, was die Akteure zu bestimmten Zeiten tatsächlich zu diesem oder jenem Verhalten motivierte, was sie wussten, wie sie ihre Situation einschätzten, welche Zukunft sie erwarteten, vorausahnten oder befürchteten, was sie planten und beabsichtigten, welche Handlungsmöglichkeiten sie besassen, welche Werte sie hochhielten, welche Normen sie bekämpften, welchen Routinen sie automatisch gehorchten und so fort. Kurzum: Wir ignorieren alles, was uns ihr Handeln und den Verlauf der Geschichte erklären könnte. Besonders blind bleiben wir für diejenigen Aspekte ihres Verhaltens, die nicht direkt mit den NS-Verbrechen zusammenhingen. Dies jedoch bedeutet mehr als eine gravierende Verkürzung, denn tatsächlich lässt sich zeigen, dass die Politik des Gemeindebunds nicht nur von der monströsen Gegenwart, sondern auch vom eigenen Habitus, von der eigenen institutionellen Tradition beeinflusst war. Wir werden also sehen, wie ältere Normen, Routinen, Strategien und Weltdeutungen den Umgang mit den NS-Verbrechen vorstrukturierten und wie die Akteure unter anderem aufgrund ebendieser Voraussetzungen folgenschwere Vorgänge zwar erlebten, aber nicht wirklich begriffen und nicht «angemessener», nicht radikaler darauf reagierten. Die Katastrophe geschah zwar vor ihren Augen und in der Tageshelle. Aber sie blieb dennoch – würde Ernst Bloch sagen (der damals als Flüchtling in der Schweiz unerwünscht war) – im «Dunkel des gelebten Augenblicks».[10]

Der ungeheuren Dimension der Verbrechen steht eine radikale Unschuld der Opfer gegenüber. Dies ist ein moralisches Urteil, das man bei diesem Gegenstand nicht aus dem historischen Diskurs ausschliessen kann. Die Herausforderung besteht darin, dass man sich von diesem Urteil nicht zu einer dichotomen Betrachtungsweise verleiten lässt. Denn in einer Logik, in der moralische Kategorien so dominieren, dass nur die absolute Schuld der Täter und die absolute Unschuld der Opfer in den Blick geraten, bleiben die kleinen Schritte und die alltäglichen Zusammenhänge, die Herrschaft und Verbrechen erst ermöglichen, meist vergessen. Auch ist in einer solchen Logik die Versuchung gross, dass man die Bystander einfach der einen oder anderen Seite zuschlägt: Sie erscheinen dann entweder als heroische Helden oder als üble Versager, ja gar feige Verräter. Es entstehen Schwarzweissbilder, die die realen Ambivalenzen, Widersprüche und Grautöne ausblenden. Wir begegnen diesem Mechanismus auch in dichotomen Interpretationen der Jahre 1933 bis 1945 in der historischen Diskussion der Nachkriegsschweiz, sei es in Bezug auf die Rolle der einheimischen Juden, die entweder verurteilt oder verklärt oder tabuisiert wird, sei es in Bezug auf die gesamte Flüchtlingspolitik, bei der man häufig den negativ gezeichneten Behörden eine humane Bevölkerung gegenüberstellt.

Eine weitere Herausforderung ergibt sich durch den bereits erwähnten Umstand, dass das Feld der Akteure auffällig beschränkt war. Die zahlreichen und vielfältigen Tätigkeiten des SIG wurden also nur von einem kleinen Personenkreis ausgeführt. Oder anders gewendet: Eine einzelne Person war manchmal gleichzeitig von vielen disparaten Aufgaben in Beschlag genommen, bei denen eigentlich jede für sich schon die volle Aufmerksamkeit verdient hätte – insbesondere, wenn sich das Geschehen krisenhaft zuspitzte. Eine Geschichtsschreibung, die in üblicher Manier die Wirklichkeit in einzelne Themen segmentiert, um die Analyse einfacher vertiefen zu können, würde in diesem Fall die Lebensrealitäten und die Handlungsbedingungen der Akteure völlig verfehlen. Es entstünde das Trugbild einer wohl strukturierten, arbeitsteiligen und schlagkräftigen Organisation – wo doch in Wirklichkeit dem Gemeindebund, pointiert gesagt, über weite Strecken nicht viel mehr zu Gebote stand als ein einfaches Einmannbüro mit einigen freiwilligen Helferinnen und Helfern.

Die genannten Herausforderungen haben methodische Konsequenzen: Sie zwingen uns dazu, uns der Geschichte im Moment ihres Entstehens zuzuwenden, zwingen uns, von der ungeschiedenen Wirklichkeit auszugehen und die Akteure in ihren subjektiven Perspektiven radikal ernst zu nehmen: Wir entdecken ihre Blindheit nur, indem wir ihr Sehen betrachten. Wir erkennen ihre Feigheit oder ihren Mut nur anhand ihrer Ängste. Wir verstehen, um mit Reinhart Koselleck zu sprechen, ihren «Erwartungshorizont» nur, wenn wir auch ihren «Erfahrungsraum» verstehen. Und um ihren Erfolg oder ihr Scheitern zu beurteilen, müssen wir ihr Wollen und Planen kennen. Um ihre Leistung einzuschätzen, müssen wir den ihnen vorgegebenen Handlungsspielraum bemessen. – Das ist keineswegs eine Preisgabe des Vorteils der späteren Einsicht, kein Verzicht auf die Analyse der grundlegenden Strukturen. Aber damit wir die Welt der Akteure transzendieren können, müssen wir zuerst in sie eintauchen. Damit wir die Strukturen erfassen können, müssen wir zuerst erfahren, wie die Akteure diese erleben, perpetuieren oder verändern. Die Sicht und Situation der Akteure ernst zu nehmen heisst auch, sich befremden zu lassen und unser Wissen über das monströse Ende temporär zu suspendieren. Allem voran müssen wir uns vor der falschen Vorstellung hüten, dass es eine lineare Entwicklung hin zu Auschwitz gegeben hätte. Wir müssen uns also in Erinnerung rufen, dass diese Entwicklung von Beschleunigung und Stillstand, von Widersprüchen und Täuschungsmanövern, von Versuchen und «Irrtümern», von Planung und Improvisation geprägt war – eine «twisted road» in den Worten Karl Schleunes, die den Akteuren unmöglich von Anbeginn an klar vor Augen liegen konnte.[11] Oder noch konkreter: Wir müssen zeitweilig «den jüdischen Flüchtling» vergessen, der heute wegen seiner späteren Ermordung im KZ zum Opfer par excellence, ja zum universellen Meistertopos des Leidens geworden ist, der überall und bei allen unwillkürlich Schreckensbilder evoziert – nur so bleiben wir offen für die Wahrnehmung der damaligen Akteure, die diesen Flüchtling und das ihm drohende Schicksal nur unter grössten mentalen Schwierigkeiten allmählich erkannten.

Diese Postulate haben auch formale Konsequenzen für dieses Buch. Wir können sie unter den drei Stichworten Multiperspektivität, Anschauung als Exploration und simultane Chronologie resümieren: Erstens scheint es mir sinnvoll, konsequent auch in der Darstellung die Perspektiven der Akteure aufzugreifen – freilich nie ungebrochen und distanzlos. Das ist zwangsläufig ein Ansatz, der sich nicht auf eine einzige Gruppe beschränkt, sondern die unterschiedlichen Situationen und Sichtweisen der Opfer, Täter und Bystander einbezieht – wobei diese subjektiven Welten auch unverbunden, ja abgründig getrennt nebeneinander existieren können. Zugleich – und in Kontrast zum eben Gesagten – verlieren diese unterschiedlichen Rollen aber manchmal eine sich gegenseitig ausschliessende Eindeutigkeit. Beides ist dann kein Zufall, sondern vielmehr Ausdruck grundlegender Mechanismen, die wir nicht ignorieren sollten.

Zweitens scheint es mir methodisch fruchtbar, auch in der Darstellung möglichst von der konkreten Anschauung auszugehen. Nicht, um mit Human Touch oder mit pikanten Details eine trockene Geschichte effektvoll zu illustrieren, sondern weil sich aus dem Handfesten, Materiellen und Lebensnahen die Handlungsbedingungen und die Erwartungshorizonte der Akteure am besten erfassen und herausdestillieren lassen: eine dichte Beschreibung also als Weg der Exploration und Erkenntnis.

Drittens scheint es mir zweckmässig, meinen Gegenstand möglichst chronologisch zu ordnen, um die Geschichte im Vorgang ihres Entstehens und unter Einbezug der sich wandelnden Situationslogiken analysieren zu können. Dieser dritte Punkt ist der problematischste – nicht etwa, weil eine streng chronologisch strukturierte Geschichtsschreibung manchmal falsche oder reduktive Kausalzusammenhänge zwischen dem Vorher und dem Nachher suggeriert. Dem kann man entgehen, indem man sich nicht auf eine lineare Schilderung beschränkt, sondern zusätzlich das Wissen ex post facto sowie die Erkenntnisse der Sozialwissenschaften verwendet (im untersuchten Kontext vor allem neoinstitutionalistische und andere konstruktivistische Ansätze). Gravierender scheint mir vielmehr, dass eine chronologische Darstellung eine der fundamentalsten Erfahrungen unserer Akteure nicht wiedergeben kann: die überwältigende und überfordernde Erfahrung einer Welt des Chaos und des Unvorhersehbaren, der Gleichzeitigkeit des Ungleichzeitigen, des Nebeneinanders von Normalität und Katastrophe. Ein rein chronologisches Beschreiben wird den dramatischen Erschütterungen, den schockartigen Zusammenstössen des Unvereinbaren, die unseren Gegenstand wie keinen anderen bestimmen, nie gerecht. Nun lässt sich aber die Gleichzeitigkeit der Ereignisse nicht angemessen darstellen, da die Sprache immer sukzessiv ist und nie zugleich von mehreren Dingen reden kann. Eine historische Arbeit bleibt jedoch einer argumentativen Logik verpflichtet. Sie kann nicht wie ein postmoderner Roman auf einen linearen Plot verzichten und das Problem der Undarstellbarkeit in den Text hineinnehmen, indem sie die Schreibweise selbst danach ausrichtet. Als Kompromiss werde ich deshalb einzelnen Akteuren und einem bestimmten Thema abschnittsweise folgen, werde also Handlungsstränge hintereinander ordnen, die eigentlich simultan zu beschreiben wären. Wobei allerdings relativ schnell – abhängig auch von der Kadenz der Ereignisse – von einem Strang zum nächsten gewechselt wird, so dass eine lineare Chronologie dennoch erhalten bleibt. Diese Darstellungsweise ist gegenüber einer klassischen Gliederung in einzelne Themen weniger übersichtlich – doch gerade diese Unübersichtlichkeit lässt sich heuristisch nutzen, weil sie mit der Erfahrung der Akteure korrespondiert. Für den eiligen Leser, der sich nur für bestimmte Sachverhalte interessiert, verweise ich auf die detaillierten Register.

Dieses Buch handelt von Ereignissen und Taten, die monströs waren, oder – wenn man an Bystander-Nationen wie die Schweiz denkt – zumindest monströse Folgen hatten. Auch in der Geschichtsschreibung sind wir versucht, uns dieses Ungeheuerliche mit einer moralistischen Betrachtung als ganz Anderes bequem vom Leibe zu halten. Mein Vorgehen ist der alternative Versuch (man mag ihn Historisierung nennen), uns die Ereignisse durch eine konkrete, kleinschrittige Analyse zugänglich zu machen – als Stachel im Fleisch unserer Geschichte, auch der helvetischen und jüdisch-helvetischen, der bleibt.

Die Jahre 1933–1937

Ein Fröntler verkauft in den dreissiger Jahren in Zürich den «Eisernen Besen». (Photograph: Emil Acklin; Gretlers Panoptikum zur Sozialgeschichte, Zürich)

Nach Hitlers Machtantritt

Schock und Besorgnis

Die Sitzung war dringlich. Die Männer waren zum letzten Sonntag im März 1933 telegraphisch nach Basel, dem Wohnort ihres Präsidenten, gerufen worden. Sie bildeten, ein Dutzend an der Zahl, das Centralcomité des *Schweizerischen Israelitischen Gemeindebunds (SIG)* und vertraten damit eine kleine Gemeinschaft, in der seit Wochen Verunsicherung, Angst und Empörung herrschten.[1]

Von den Umwälzungen im Nachbarland hatte man in der Schweiz sogleich aus Presse und Radio erfahren. Als Juden waren sie besonders aufgewühlt; viele hatten Verwandte in Deutschland; und von den Flüchtlingen, die bereits eingereist waren, bekamen sie aus erster Hand Zeugnisse von den Schrecken. Ihr Optimismus der ersten Tage war schnell zunehmendem Entsetzen gewichen. Nach Hitlers Ernennung zum Reichskanzler am 30. Januar 1933 hatte das *Israelitische Wochenblatt für die Schweiz* noch geschrieben, man brauche «keine weitergehenden Befürchtungen zu hegen», «offene Pogrome» seien «nicht zu erwarten», die Macht der Nazis sei «einstweilen beschränkt». In den Märzausgaben des gleichen Blatts war bereits die Rede von der unaufhörlichen «Ausmerzung der Juden aus möglichst vielen Positionen des Wirtschafts-, Kultur- und Verwaltungslebens», dem Boykott jüdischer Geschäfte, Anpöbelungen und Gewalttaten, sich ins nahe Ausland flüchtenden Juden, Selbsttötungen aus Verzweiflung und von zahllosen unüberprüfbaren schlimmen Gerüchten. Nicht weniger beängstigend waren die Hetzreden, die auch die Juden in der Schweiz direkt am einstrahlenden deutschen Rundfunk mitverfolgen konnten.[2]

Die Presse des Schweizer Bürgertums wird hingegen noch monatelang wohlwollend über die «nationale Revolution» in Deutschland berichten, ungeachtet der Verfolgung von Juden und Linken – vielleicht gerade weil es vorläufig die Kommunisten, konstante Schreckgespenster der bürgerlichen Schweiz des 20. Jahrhunderts, am schlimmsten traf. Die Genugtuung über den vom neuen Regime proklamierten Kampf gegen Sozialismus und Bolschewismus machte blind für seinen verbrecherischen Charakter.[3]

Die versammelten Mitglieder des Centralcomités, kurz CC genannt, werden durch den Präsidenten über die bereits getroffenen Massnahmen aufgeklärt: Der Geschäftsausschuss habe beschlossen, mit den Schweizer Behörden Kontakt aufzunehmen; bereits lägen vom Bundeshaus «beruhigende Erklärungen vor, wenn auch die Interessen des Landes als Ganzes im Vordergrund» stünden. Auch mit den jüdischen Verbänden im Ausland habe man Gespräche aufgenommen, und SIG-Sekretär Saly Mayer habe schon brieflich und telefonisch aus London berichtet. Mit Juden in und aus Deutschland stehe man ebenfalls in Verbindung. «Aus allen diesen Berichten geht hervor, dass gemeinsames Vorgehen angestrebt wird und Einzelaktionen unerwünscht erscheinen.» Der präsidiale Rapport schliesst mit der Feststellung, «dass auch dem Judentum in der Schweiz Gefahren drohen».[4]

Diese Gefahren müssen den Anwesenden nicht erläutert werden. Sie drohen von den Fronten, der helvetischen Spielart des Faschismus, deren Anhänger seit 1930 mit brennenden Fackeln, Bannern mit langschenkligen Schweizerkreuzen und dem Schlachtruf «Juda verrecke» durch die Strassen ziehen. Im Windschatten der nazistischen Revolution erhalten sie nun besonderen Zulauf, träumen auch hierzulande von einer «nationalen Erweckung» und werden, so die jüdische Befürchtung, mit ihrem Radau-Antisemitismus vielleicht auch den Mittelstand affizieren.[5]

Das Centralcomité spricht sich über die vielen drängenden Themen aus: die Beunruhigung der jüdischen Bevölkerung, die mangelhafte Organisation des SIG, seine fehlende Informationspolitik und seine angebliche Untätigkeit trotz der brisanten Lage. Was wird mit den in die Schweiz kommenden Flüchtlingen geschehen? Wie viele werden von den Behörden eingelassen? Wer wird für sie sorgen – in erster Linie wohl die Behörden, nehmen die Versammelten an; die Mitwirkung der jüdischen Organisationen könnte aber erwünscht sein. Geht es überhaupt um die Unterbringung in der Schweiz oder vielmehr darum, die Flüchtlinge in andere Länder weiterzuschaffen? Wie soll man auf die Aufrufe zum Boykott Deutschlands reagieren, nachdem selbst deutsche Juden zur Zurückhaltung mahnen? Erfolgten deren beruhigende Erklärungen, deren Zurückweisungen angeblicher Gräuelmärchen etwa unter Zwang? Soll man eine Sammlung zugunsten der bedrängten Glaubensgenossen veranstalten? Wie soll man in der Schweiz der antisemitischen Hetze entgegentreten? – Die stundenlangen Diskussionen führen zu keinen Entscheiden. Das CC beschliesst nur, die Gespräche mit den eidgenössischen Behörden und den ausländischen Organisationen fortzuführen und sich dann wieder zu treffen.

Die Kontaktpflege mit der Schweizer Regierung war die Domäne des SIG-Präsidenten. Seit 1915 versah dieses Amt Jules Dreyfus-Brodsky, mit 74 Jahren bereits ein betagter Mann. Er entstammte einer der ersten jüdischen Familien aus dem Elsass, die sich zu Beginn des 19. Jahrhunderts in Basel niederlassen durften. Vollkommen assimiliert und ein patriotischer Schweizer, konnte er sich rühmen, als einer der ersten Juden in der Armee einen Offiziersrang zu bekleiden. Als einer der bedeutendsten Privatbankiers der Schweiz und als Philanthrop – er hatte eigens jüdische Stiftungen gegründet und amtierte in manch anderen, auch nichtjüdischen Wohltätigkeitsinstitutionen, etwa in der renommierten *Pro Juventute* – war er über die eigene Gemeinde hinaus geachtet. Den Gemeindebund leitete er ehrenamtlich und mit autoritärer Hand, bedacht, jede Publizität zu vermeiden, insbesondere, was den Verkehr mit Behörden betraf. Er hatte im Bundeshaus Zugang zu den höchsten Magistraten, denen er

Jules Dreyfus-Brodsky, langjähriger Präsident des Gemeindebunds, im Jahr 1939. (Privatbesitz, K. Guth)

immer wieder viel Vertrauen entgegenbrachte. So hatte er schon anlässlich der antisemitischen Hakenkreuzwelle im Winter 1923/24 seine Glaubensbrüder beruhigt, dass sie auf den Schutz durch die Behörden zählen könnten. Sein Führungsstil stiess im CC nicht auf ungeteilte Zustimmung. Die Delegierten aus Zürich, die ein Drittel aller in der Schweiz wohnenden Juden vertraten und deren Gemeinde im Begriff war, die innerjüdische Vorrangstellung von Basel zu übernehmen, warfen ihm bereits 1923 eine «Kulissenpolitik» vor. «Jegliche Geheimdiplomatie zur Wahrung der berechtigten Ansprüche der Juden in der Schweiz» sei jedoch zu verwerfen, stattdessen seien alle Fragen in Presse und Versammlungen offen zu behandeln.⁶

Ende März 1933 traf sich der SIG-Präsident mit dem Vorsteher des *Eidgenössischen Justiz- und Polizeidepartements (EJPD)*, dem freisinnigen Bundesrat Heinrich Häberlin. In der Sitzung des Centralcomités hatte sich keine klare Verhandlungsposition des Gemeindebunds ergeben. Die Vertreter der *Israelitischen Cultusgemeinde Zürich* entwarfen jedoch gleichzeitig eine Eingabe an den Bundesrat, die sie später mit einer Delegation persönlich überbringen wollten. Diesem Entwurf zufolge war es für die Zürcher zum einen denkbar, dass die jüdischen Flüchtlinge vorübergehend oder dauerhaft Asyl erhielten, und zum anderen, dass die Behörden sich an der Fürsorge beteiligten. Dass auch die einheimischen Juden ihren Anteil leisten würden, verstand sich von selbst.⁷ Vorerst ging Dreyfus-Brodsky jedoch allein ins Bundeshaus. Sah er als

Repräsentant einer kleinen Minderheit überhaupt eine Möglichkeit, dort etwas zu verhandeln?

Sein Gespräch mit dem Bundesrat wurde vermutlich nicht protokolliert, jedenfalls kennen wir den Inhalt nur aus indirekten Quellen. So erinnerte sich Häberlin gegenüber einer sozialdemokratisch-gewerkschaftlichen Delegation, die ihn wenig später ebenfalls wegen der Flüchtlingsfrage aufsuchte, er habe Dreyfus-Brodsky gesagt, «dass die Juden für uns auch Menschen seien und dass wir bei uns keine antisemitischen Probleme kennen. Aber ich habe beigefügt, er möchte dafür besorgt sein, dass seine Schützlinge abgeschoben würden, nach Paris, nach Holland oder ins Elsass. Bei diesen Abschiebungen spielt eben die Sprachenfrage auch eine Rolle. Dem deutschsprachigen Juden stehen eigentlich nur das Elsass und Österreich offen, wobei wir von letzterem nicht wissen, wann es unsicher werden wird. Der israelitische Vertreter sagte mir, er habe die Drainage angeordnet, und zwar sogar bis nach Palästina.»[8]

Dreyfus-Brodsky stellte Häberlins Abschiebeforderung kaum in Frage, jedenfalls versicherte er, dass der Gemeindebund «diese Leute sobald wie möglich in andere Länder – europäische Grossstaaten und namentlich nach Übersee» – verbringen würde. Auch die eben noch im CC diskutierte Hoffnung, die Behörden würden die Flüchtlingshilfe unterstützen, zerschlug sich. Wir wissen nicht einmal, inwiefern der SIG-Präsident überhaupt einen entsprechenden Wunsch vorgebracht hat. Sicher ist allein sein Angebot, dass der Gemeindebund sich der Flüchtlinge annehmen würde. Die Verantwortung für die Flüchtlingshilfe lag also statt bei den Behörden ausschliesslich bei den Juden.[9]

Die Schweiz war für die Zuflucht suchenden Juden nur ein Durchgangsland, und der Gemeindebund hatte für deren Unterhalt zu sorgen. Damit waren zwei Prämissen gesetzt, die in den nächsten zwei Jahrzehnten unabsehbare Folgen zeitigen sollten.

Am 31. März 1933, kurz nach Dreyfus-Brodskys Besuch im Bundeshaus, teilte das EJPD der Öffentlichkeit mit, dass den «einreisenden Israeliten [...] in der gegenwärtig für sie schweren Zeit ein vorübergehender Aufenthalt nicht verwehrt werden wolle. Es könne sich aber im Hinblick auf die Lage des schweizerischen Arbeitsmarktes und die bereits bestehende Überfremdung des Landes nur um eine vorübergehende Zuflucht handeln, ohne Ausübung einer Erwerbstätigkeit.» Für die Behandlung der politischen Flüchtlinge würde man demnächst eine besondere Weisung erlassen. Merkwürdigerweise verlor das EJPD kein Wort darüber, warum es die Juden implizit schon jetzt von dieser Flüchtlingskategorie ausschloss. Hatte es noch keine plausible Begründung parat, oder schien ihm diese im Gegenteil für eine Erwähnung zu selbstverständlich?[10]

Für die Behörden war die Mitteilung von Ende März eine vorausschauende Massnahme, denn unterdessen hatten in Deutschland die Nazis zum 1. April den Boykott der jüdischen Geschäfte beschlossen – angeblich als Vergeltung für die antideutschen Proteste und Boykottdrohungen.

Auch die Juden in der Schweiz reagierten – gelähmt, fassungslos. Diese Diskriminierungen waren nach ihrer Ansicht schlimmer als die mittelalterlichen Verfolgungen, sie waren neuartig, der Beginn einer wirtschaftlichen Vernichtung. Dass dies nur der Anfang einer präzedenzlosen Entwicklung war, konnten jedoch auch die Schweizer Juden nicht ahnen.

Währenddessen verliessen schon ganze Familien das Deutsche Reich, Hals über Kopf und in Scharen. Sie flüchteten in die Nachbarländer, viele auch in die Schweiz, vor allem nach Basel, wo innerhalb einer Woche fast 4000 Juden einreisten.[11]

Die CC-Mitglieder, die sich am 5. April erneut in der Rheinstadt zu einer Sitzung trafen, konnten am Bahnhof hilfsbereite Männer der *Israelitischen Armenpflege* und des *Jüdischen Turnvereins* beobachten, die jeden ausländischen Zug abwarteten, die jüdischen Ankömmlinge empfingen und bei Bedarf mit Privatautos zu Unterkünften brachten.[12]

Ein freundlicher Empfang

Mit der praktischen Seite der Zusammenarbeit zwischen Gemeindebund und Behörden, die Dreyfus-Brodsky Bundesrat Häberlin angeboten hatte, war zwei Tage vor dieser CC-Sitzung Joseph Messinger betraut worden, der in Bern nur wenige Gehminuten vom Bundeshaus entfernt wohnte und über gute Beziehungen zu den Behörden verfügte. Der Prediger und Kantor kämpfte, vom Glauben an die Kraft aufklärerischer Argumente beseelt, seit langem und teilweise im Auftrag des SIG gegen den Antisemitismus. Nicht ohne Erfolg in Einzelfällen. So soll er bereits vor zehn Jahren mit persönlicher Überzeugungsarbeit dazu beigetragen haben, dass sich der Industrielle Henry Ford von seinem antisemitischen Bestseller *Der Internationale Jude* distanzierte.[13] Am 3. April 1933 wurde Messinger nun von Heinrich Rothmund, Häberlins Untergebenem und Chef der *Eidgenössischen Polizeiabteilung*, empfangen. Er war sogleich telefonisch eingeladen worden, nachdem er sich schriftlich angemeldet hatte. Über diese Audienz rapportierte er am selben Tag dem SIG-Sekretär Saly Mayer: «Herr Dr. Rothmund freute sich, dass wir zu ihm kamen, und er möchte auch für die Folge mit uns in Verbindung bleiben. Er will mir auch noch alle Bestimmungen über den Aufenthalt der in die Schweiz kommenden deutschen Juden schriftlich zukommen lassen. Ebenso bittet er den tit. Gemeindebund, ihm die in Gang zu setzenden Hilfscomités in den in Betracht kommenden Gemeinden mit Namen und Adressen zu dem Zwecke zu bezeichnen, damit den Eintreffenden rascheste Hilfe gebracht werde. Er erzählte mir in diesem Zusammenhang, dass der Polizeikommandant aus dem Thurgau ihn telefonisch um Rat anrief für einige eingetroffene Israeliten [...]. Er fügte noch hinzu, dass die Schweiz allen Flüchtenden ihre gastfreundlichen Tore öffnen werde. Eine Niederlassung oder irgend welche Erwerbstätigkeit kann in der gegenwärtigen grossen Krisenzeit, unter der die Schweiz selbst zu leiden habe, leider gar nicht in Frage kommen. Er sagte mir noch, dass noch vor 10 Jahren im gleichen Falle und in der gleichen Lage die Schweiz gar nicht im Stande gewesen wäre, Tausenden von Fliehenden schützendes Obdach zu gewähren, weil damals der heute bestehende, vorzügliche Kontrollapparat noch gar nicht existierte. Heute aber habe die Zentrale von Bern aus einen Überblick über alle Kantone in der Schweiz.»

Anschliessend gibt Messinger dem SIG-Sekretär einige Detailinformationen – um zum Schluss die Blickrichtung und den Tonfall gänzlich zu wechseln: «Ich möchte nicht versäumen, Sie auf die Tatsache hinzuweisen, dass alle Pressetelegramme der Deutschen Regierung, soweit sie auf Juden und Judentum bezugnehmen, a u s s e r o r d e n t l i c h   s c h a r f   a n t i s e m i t i s c h   und p r o p a g a n d i s t i s c h formuliert sind und das unverkennbare Ziel verfolgen, die Juden aller Welt zu diffamieren und ihre eigenen Juden, soweit sie auswandern, bis in die fernsten Länder mit dem Fluch des Antisemitismus zu verfolgen und zu treffen. Ob nicht von jüdischer Seite, rein aufklärend, also nicht angreifend, die Presse in der Schweiz auf diese Hasstendenz aufmerksam gemacht werden sollte, ist gewiss eine Frage, die schnellstens entschieden werden sollte.»[14]

Die Sperrschrift mit den klaffenden Abständen verrät Entsetzen und Fassungslosigkeit darüber, dass die Regierung Deutschlands den schlimmsten Antisemitismus betreibt, sowie Unsicherheit, ob im Gemeindebund denn der Ernst der Lage begriffen worden sei. Wenn die Nazis mit ihrem Fluch die Juden bis ans Ende der Welt verfolgen, wie sollten da wir in der benachbarten Schweiz nicht auch gefährdet sein?, so lautet indirekt die drängende Warnung Messingers. Eine derartige Gefährdung war umso näher liegend, als doch bekanntlich auch die eigene Gleichberechtigung als jüdische Staatsbürger weitgehend parallel zur Emanzipation in den deutschen Staaten errungen worden war.

Im Kontrast zu seiner schockierenden Erkenntnis über die Absichten der deutschen Behörde steht Messingers Erfahrung mit deren schweizerischem Pendant: Obwohl einer politisch und numerisch bedeutungslosen Minderheit angehörig, wird er sofort empfangen. Freundlich, hilfsbereit. Offensichtlich ist dem Polizeichef die Not der Zuflucht Suchenden nicht gleichgültig. Würde dieser sonst etwa bedauern, dass die Schweiz «leider» ihre «gastfreundlichen Tore» infolge der Weltwirtschaftskrise nur temporär öffnen kann? Da schlägt einem, kann der Besucher erleichtert feststellen, nichts von dem Rassenhass entgegen, den die Deutschen überall zu säen trachten. Diese kontrastierende Wahrnehmung steht nicht explizit in Messingers Brief. Aber sie geht aus dem Ton seines Schreibens hervor, aus dem Gesagten wie dem Ungesagten, aus der Art, wie Messinger die deutschen Massnahmen und Rothmunds Empfang schildert, wie er nicht die leiseste Kritik an den Schweizer Behörden übt und gleichzeitig scharf vor den deutschen Bestrebungen warnt.

Messinger ist als Vertreter einer stigmatisierten, von den einheimischen Fröntlern wie den deutschen Nazis verfolgten Minderheit für Wohlwollen, Fairness, gar Anerkennung höchst empfänglich. Denn das Selbstbewusstsein als Mitglied dieser Gruppe ist gering, die kollektive Unsicherheit gross. Die empfundene Wertschätzung durch den Polizeichef hebt nun das Bild seiner malträtierten Gruppe: Wenn man von einem Mächtigen korrekt behandelt wird, kann der Status der eigenen Gruppe so schlecht nicht sein. Zumal diese Anerkennung von einem Mann kommt, der als Fremdenpolizeichef schon von Amts wegen perfekt die Schweiz repräsentiert, das Kollektiv also, dem man auch als Schweizer Jude angehört – und angehören möchte. Durchaus keine Selbstverständlichkeit. Denn genau diese nationale Zugehörigkeit der Juden wird – nicht nur durch militante Antisemiten – immer wieder in Frage gestellt. Ein wohlwollender Empfang durch den Polizeichef hebt so nicht allein das kollektive Selbstbild als Jude, sondern auch als jüdischer Schweizer – gleichgültig übrigens, ob sich Messinger in seiner Einschätzung des Polizeichefs täuscht oder nicht, denn für jeden Akteur zählt nur seine subjektive Wahrnehmung.

Die Zusammenarbeit in der Flüchtlingsfrage hat jedenfalls gut begonnen, und Messinger ist zufrieden. Er äussert keine Bedenken gegen die Prämissen, die der gesamten Behördenpolitik zugrunde liegen: kein Daueraufenthalt und keine Arbeitserlaubnis für die Flüchtlinge aus Gründen der «Überfremdung». Aber wie sollte er auch zu diesem Zeitpunkt die verheerenden Folgen ebenjener Prämissen absehen?

Weder Boykott noch Bündnis

Zu Beginn der Sitzung des Centralcomités, die zwei Tage später stattfindet, berichtet der zurückgekehrte Sekretär Saly Mayer zuerst über seine Gespräche im Ausland. Seit fast einem Monat habe er sich permanent mit der Lage in Deutschland befasst. Bei seinen Reisen sei es auch darum gegangen, sich zu erkundigen, wer bei den jüdischen Verbänden überhaupt verantwortlich sei. Die Schwesterorganisation des Gemeindebunds, erklärt Mayer den offenbar unkundigen Zuhörern, sei in England der *Board of Deputies of British Jews*, in Frankreich das *Consistoire Central des Israélites de France*. An den Sitzungen in London hätten auch Vertreter aus Holland, Belgien und der Ostjuden teilgenommen. Anschliessend habe man in Paris mit der Hias, der Ica und der Emigdirect beraten. «Diese drei Organisationen», klärt der Sekretär die Anwesenden auf, «bildeten unter dem Namen Hicem seit 1927 eine Organisation, welche die Aus- und Einwanderung von Juden in verschiedenen Ländern reguliert. Die Hicem hat auch bereits direkt die Arbeit für die deutschen Flüchtlinge aufgegriffen».[15]

Über die Aufrufe der amerikanischen Juden, die deutschen Waren zu boykottieren, sei bislang keine der europäischen Landesorganisationen glücklich. Das

Consistoire und der Board wollten den Boykott nicht offiziell proklamieren, sondern der Initiative Einzelner überlassen. Die *Europäische Jüdische Konferenz* – darunter versteht Saly Mayer die Versammlung in Paris – habe verschiedene Beschlüsse gefasst: Erstens wolle man die Proteste und den Boykott nicht stoppen. Zweitens verlange man die Aufhebung aller antijüdischen Restriktionen. Drittens seien die Juden der ganzen Welt zu einer breit angelegten und zweifellos langfristigen Hilfsaktion aufgerufen. Viertens weise man dem Pariser Comité – gemeint ist wohl die HICEM – eine zentrale Rolle zu. In der folgenden Diskussion zweifelt eine Mehrheit der Votanten, ob ein Boykott durchführbar und ohne kontraproduktive Folgen für die deutschen Juden wäre. Das Centralcomité macht sich schliesslich die Position der anderen Landesverbände zu Eigen und nimmt Abstand «von einem offiziellen Boykott deutscher Waren. Ein solcher soll jedem Einzelnen ins freie Ermessen gestellt sein.»[16]

Armand Brunschvig aus Genf wäre nicht nur in puncto Boykott weiter gegangen: In seiner Gemeinde habe man gegen die Passivität des Gemeindebunds protestiert, erklärt er. «Die Juden sollen sich die Gelegenheit nicht rauben lassen, gegen die Hitlerpolitik zu kämpfen. Die ganze demokratische Welt werde ihnen dankbar sein. Es handle sich um die Freiheit der Völker, um die Gelegenheit, die demokratischen Rechte zu verteidigen. Wenn wir dies nicht tun, so haben wir die antisemitische Welle auch in der Schweiz. Unser Protest gegen die deutsche Regierung geschieht zur Rettung unserer eigenen Existenz. Wir Juden sind schuld, dass die öffentliche Meinung in der Schweiz nicht lebhafter auf die Judenverfolgungen in Deutschland reagiert. USA, Frankreich, Holland, Belgien, England haben besser gearbeitet, weil die Juden öffentlich protestiert haben.» Brunschvigs Forderung, der Gemeindebund solle «ähnlich Frankreich in allen Städten Protestversammlungen durchführen, unter Teilnahme von Nichtjuden und unter Veröffentlichung der gefassten Resolutionen», findet jedoch keine Zustimmung. Man ist nur mit der Veröffentlichung eines kurzen Communiqués einverstanden, in dem der SIG «in tiefer Entrüstung seine Empörung» erklärt «über die Vorgänge in Deutschland, wodurch den deutschen Juden ihre natürlichsten menschlichen Rechte persönlicher Freiheit und Ehre geraubt werden».[17]

Brunschvig begründet seine Forderungen auch damit, dass den Schweizer Behörden «mit einer Taktik der Behutsamkeit nicht gedient» sei. Dies verweist auf ein Argument, das im Sitzungsprotokoll gar nicht explizit auftaucht, aber vermutlich die Abneigung des CC gegenüber Massendemonstrationen und Boykottdeklarationen wesentlich mitbestimmt hat: die Rücksichtnahme auf die eigene Regierung, das Gefühl der Schweizer Juden, sich den eigenen Behörden gegenüber loyal zeigen und jede aussenpolitische Komplikation vermeiden zu müssen. Ihr Dilemma ist nicht einzigartig: Vergleichbare Verpflichtungsgefühle bringen in den gleichen Tagen sogar die amerikanischen Initianten der Protestaktionen von ihren ursprünglichen Plänen ab. Für den Gemeindebund ist die aussenpolitische Rücksichtnahme auf die Regierung nicht neu: Der Präsident Dreyfus-Brodsky hat sie bereits seit seinen ersten Amtsjahren gepflegt.[18]

Das Centralcomité wird auch über die Gespräche mit den Bundesbehörden unterrichtet: Die Flüchtlinge könnten ungehindert einreisen, Asyl erhielten sie gemäss den bereits veröffentlichten behördlichen Weisungen. «Die deutschen Juden sollen nicht anders behandelt werden, als alle übrigen Ausländer». Niemand geht in der Sitzung darauf ein, dass diese Gleichbehandlung in Wirklichkeit eher eine Ungleichbehandlung ist, da sie im Verständnis der Behörden implizit eine Behandlung der Juden als asylwürdige politische Flüchtlinge ausschliesst und zudem aus «Überfremdungsgründen» nur einen vorübergehenden Aufenthalt erlaubt. Niemand kritisiert das Arbeitsverbot für die Flüchtlinge. Nur Armand Brunschvig deutet an, dass man sich in Genf «an der neuesten Weisung des Bundesrates stosse». Mehr ist dazu nicht protokolliert. Vermutlich sind viele schon zufrieden mit dem Umstand, dass die Regierung wenigstens einen befristeten Aufenthalt bewilligt; zumindest Einzelne halten dies gar für eine grosszügige Haltung. Weiter erfährt das Centralcomité von den Abmachungen, die Dreyfus-Brodsky mit den Bundesbehörden getroffen hat: Der Gemeindebund habe angeboten, «sich der Flüchtlinge sozial und wenn nötig auch materiell anzunehmen […]. Die Mitarbeit des SIG und seiner Organe wird geschätzt und als willkommen bezeichnet.» Den Grenzorganen habe der Gemeindebund bereits mitgeteilt, dass er für die Verpflegungskosten aufkommen werde.[19]

Das Centralcomité steht vor vollendeten Tatsachen. Die von den Zürcher Kollegen geplante Audienz bei der Regierung ist damit hinfällig geworden. Im Protokoll heisst es lapidar, deren Anliegen sei «gegenstandslos» geworden, «nachdem sich die Herren überzeugt haben, dass die Verbindung mit unserer Landesbehörde bereits hergestellt» worden sei. Das eigenmächtige Vorgehen des Präsidenten stösst auf keine Kritik; jedenfalls ist keine protokolliert. Auch das Kernstück seiner allein mit Häberlin getroffenen Abmachung, die gänzliche Übernahme der Fürsorge durch den Gemeindebund, ist so selbstverständlich, dass sich niemand dazu äussert. In der Tat wäre eher das Gegenteil ungewöhnlich, denn in der Schweiz gibt es – mit Ausnahme der Unterstützung in den zwanziger Jahren für die Opfer der Russischen Revolution – noch keine Tradition staatlicher Flüchtlingshilfe. Und die SIG-Spitze hat bei den internationalen Treffen der vergangenen Tage wahrscheinlich erfahren, dass die ausländischen Schwesterorganisationen ihren Regierungen analoge Angebote machen.[20]

Die jüdische Gemeinschaft war in der Schweiz nicht nur klein, sondern innerhalb der Mehrheitsgesellschaft auch isoliert. Bemerkenswert deshalb, dass das Centralcomité in dieser Sitzung eine Anfrage der *Sozialdemokratischen Partei der Schweiz* beantworten muss, ob sich der SIG mit ihr «ins Benehmen setzen möchte».[21] Die Sozialdemokratie hatte sich traditionell für ein liberales Asyl- und Ausländerrecht eingesetzt, gerade in den vergangenen Jahren – zum einen zugunsten der antifaschistischen Flüchtlinge aus Italien, zum anderen anlässlich der Auseinandersetzungen um das vom Geist der Überfremdungsabwehr geprägte neue Gesetz über *Aufenthalt und Niederlassung der Ausländer (ANAG)*, das im Parlament vor zwei Jahren verabschiedet worden war. Und nun, zur Zeit der besagten Anfrage, muss auch den Männern im SIG schon bekannt sein, dass die Schweizer Linke die Verfolgung ihrer Genossen in Deutschland mit Sorge und Pessimismus beobachtet. Bereits Anfang März haben der *Schweizerische Gewerkschaftsbund* und die *Sozialdemokratische Partei* öffentlich aufgerufen, Deutschland zu boykottieren und gegen die Nazis zu protestieren. Und ein Hilfswerk für die gesinnungsverwandten Flüchtlinge haben sie ebenfalls schon gegründet.

In dieser Angelegenheit sprachen Vertreter dieser beiden Organisationen auch bei Häberlin vor, kurz nachdem schon Dreyfus-Brodsky vom gleichen Bundesrat empfangen worden war. Die Delegation äusserte damals den Wunsch, mit den Behörden zusammenzuarbeiten; man sehe auch ein, dass die Flüchtlinge nicht den Arbeitsmarkt belasten dürften; den Grundsatz der Legalität werde man hochhalten und die Flüchtlinge bei den Behörden anmelden. Zu sprechen kamen sie auch kurz auf die Juden, deren Behandlung durch die Deutschen sie unmoralisch nannten und deren Schicksal tragisch. Allerdings würden sie selbst sich mit «den flüchtigen Juden [...] nur ausnahmsweise befassen müssen, nämlich dann, wenn es sich um politisch hervortretende Elemente handelt. Alle übrigen werden wir einfach dem jüdischen Hilfsverein überweisen.»[22]

Die Interessen des Gemeindebunds und der Linken überschneiden sich offenkundig: in der Flüchtlingshilfe und Asylpolitik sowie in der Abwehr der deutschen und schweizerischen Faschisten. Die sozialdemokratische Anfrage hat jedoch weniger ideelle als pragmatische Motive: Offenbar geht es darum, die Arbeit der betroffenen Hilfswerke zu koordinieren, um Missbräuche durch Unterstützung suchende Flüchtlinge zu verhindern. Die Reaktion der Versammelten ist eindeutig und knapp: Saly Braunschweig, Präsident der *Israelitischen Cultusgemeinde Zürich*, «möchte unter keinen Umständen in irgend eine politische Verbindung mit dieser Partei gebracht werden. Zürich lehne strikte ab. Es sollten sich auch alle Flüchtlinge von politischen Aktionen fernhalten. Dreyfus-Brodsky sekundiert dem Vorredner. Dr. Häberlin hat speziell wegen einreisender kommunistischer und sozialdemokratischer Flüchtlinge grosse Bedenken. Wir dürfen gar nichts unternehmen, das auch nur einen Schimmer von Linksorientierung aufweist.»[23] Damit ist die Anfrage erledigt. Für das ausschliesslich bürgerlich zusammengesetzte Centralcomité sind die Berührungsängste gegenüber der – damals noch – klassenkämpferischen Linken unüberwindbar. Dass der Gemeindebund bei der Lösung seiner Probleme mit dieser Seite kooperieren könnte, steht von vornherein nicht zur Debatte.

Institutionelle Voraussetzungen

Der *Schweizerische Israelitische Gemeindebund* war 1904 mit dem Zweck gegründet worden, die «allgemeinen Interessen des Judentums in der Schweiz zu wahren und zu vertreten». In den ersten Jahrzehnten beschäftigte er sich vor allem mit den Folgen des Schächtverbots, das das (damals nur männliche) Stimmvolk der Schweiz 1893 in einer Vermengung von tierschützerischen und antisemitischen Motiven durchgesetzt hatte. Zum einen ging es der neuen Dachorganisation darum, trotz Verbot die Versorgung mit Koscherfleisch zu gewährleisten, zum anderen versuchte sie, diese Diskriminierung politisch zu beseitigen – was freilich bis heute scheiterte.[24]

Die jüdische Bevölkerung der Schweiz umfasste im 20. Jahrhundert konstant 18 000 bis 20 000 Personen, nur knapp fünf Promille der gesamten Einwohnerzahl von vier Millionen. Sie lebte hauptsächlich in den Städten, am zahlreichsten in Zürich, gefolgt von Basel, Genf, Lausanne und Bern, die zusammen über zwei Drittel des schweizerischen Judentums beherbergten. Aussergewöhnlich viele Juden, beinahe die Hälfte von ihnen, besassen keinen Schweizer Pass. Einer lokalen jüdischen Gemeinde gehörte nur ein Teil an. Der Gemeindebund wiederum kannte keine individuelle Mitgliedschaft; er konstituierte sich ausschliesslich aus ganzen Gemeinden. Bei seiner Gründung waren es 12 Gemeinden mit 1 500 Mitgliedern, im Jahr 1933 hatte sich der Bestand verdoppelt und umfasste nun 25 Gemeinden mit circa 3 000 Mitgliedern. Da in der Regel nur das männliche Familienoberhaupt Mitglied in einer der lokalen Gemeinden war, repräsentierte der SIG nun etwa 12 000 Personen.[25]

In der jüdischen Gemeinschaft lebten säkularisierte Juden, die ohne Synagoge auskamen, neben religiösen orthodoxer oder progressiver Schule, Zionisten neben Nichtzionisten oder Antizionisten, Einheimische neben den kulturell stark divergierenden Zuwanderern aus West und Ost. Der praktizierte Ritus war überwiegend konservativ. Daneben gab es orthodoxe Gemeinden in Zürich, Basel, Luzern und Lugano, ostjüdische in Zürich und Genf. Reformgemeinden waren nicht vertreten. Diese Vielfalt, die sich auch in einer unüberblickbaren Zahl von lokalen, nationalen und internationalen Organisationen und Vereinen widerspiegelte, zeigte sich nicht als harmonisches Idyll, sondern war vielmehr geprägt von mannigfachen Abgrenzungen und heftigen Auseinandersetzungen über den «richtigen» jüdischen Weg. Sie entstand einerseits als Folge verschiedener Migrationsbewegungen, andererseits als Effekt von Säkularisierung und Emanzipation, die die Anpassung vieler Juden an ihre nichtjüdische Umwelt gefördert hatten. Während sich im Verlauf dieses Prozesses manche von ihrer Religion ganz gelöst hatten, entwickelten andere eine Konzeption von Jüdischsein, die sich von einer ethnischen Zugehörigkeit auf eine rein religiöse reduzierte und aus «Juden» im Rückgriff auf den alttestamentlichen Begriff wiederum «Israeliten» machte. Bezeichnenderweise begnügte sich auch der Gemeindebund mit dem Attribut «Israelitisch», das – für unser heutiges Sprachempfinden überraschend – damals weniger «nationale» Konnotationen als das Wort «jüdisch» zu enthalten schien (und auch weniger mit negativen Stereotypen verbunden wurde). Kurzum: Die Juden der Schweiz bildeten eine äusserst heterogene Gruppe. Und auch wenn sich der Gemeindebund als Repräsentant aller Juden verstand, hiess dies noch lange nicht, dass er auch alle Interessen und Strömungen in gleichem Masse vertrat und in allen Milieus die gleiche Autorität besass.[26] – So unterschied sich auch in der Schweiz die Realität des Judentums gänzlich von der antisemitischen Vorstellung eines homogenen, nach aussen abgeschlossenen «Volkes», das willfährig den Ideen seiner «Weisen» folgte. Für uns heisst dies, dass wir die Politik des Gemeindebunds überhaupt nur verstehen, wenn wir die Heterogenität und politische Bedeutungslosigkeit seiner Basis stets mitbedenken.

Dass die jüdischen Gemeinden nur knapp zwei Drittel der Juden erfassten, hing stark damit zusammen, dass sie nur Vereine privatrechtlicher Natur waren. Im Gegensatz zu den Landeskirchen der Schweiz und zu jüdischen Gemeinschaften in anderen Ländern, die einen öffentlich-rechtlichen Status besassen, war damit nicht nur die Mitgliedschaft freiwillig, die lokalen Gemeinden hatten meist auch keine Einsicht in die Steuerregister und nirgends das Recht, durch den Staat Steuern eintreiben zu lassen (wie das die Landeskirchen taten).[27] Um ihre beträchtlichen Aufwendungen für religiöse, kulturelle und soziale Institutionen zu finanzieren, war die jüdische Gemeinschaft deshalb auf freiwillige Spenden und auf Beiträge, die auf Selbsteinschätzungen beruhten, angewiesen. Fehlten dem SIG schon hier alle Zwangsmittel, kam noch hinzu, dass die einzelnen Gemeinden auch ihre Autonomie hüteten und sich ungern bevormunden liessen.

Infolge seiner kleinen Mitgliederzahl und seiner vergleichsweise jungen Geschichte – der *Board of Deputies of British Jews* war beispielsweise bereits 1760, das *Consistoire Central des Israélites de France* schon 1808 gegründet worden – verfügte der Gemeindebund Anfang der dreissiger Jahre nur über schwache Strukturen. Die Vertreter der Gemeinden trafen sich alljährlich zu einer Delegiertenversammlung, die als eine Art Legislative funktionierte. Exekutive war das Centralcomité, das 1933 ein gutes Dutzend Männer aus verschiedenen Gemeinden umfasste. In den Jahren vor der Machtübernahme Hitlers hatte es sich jeweils nur alle paar Monate versammelt. Überdies arbeiteten seine Mitglieder ehrenamtlich; und nicht nur für den Gemeindebund, denn sie standen zugleich in ihrer lokalen Gemeinschaft in führender Stellung. Sie mussten also ihre jüdischen Angelegenheiten in oftmals kräftezehrenden Abendstunden und am Sonntag erledigen – dessen ungeachtet entstand beim SIG-Sekretariat mitunter der Eindruck, sie würden als lokale Funktionäre nur «à discrétion» für den Gemeindebund arbeiten und die Abläufe ungebührlich verzögern.[28] Die konsequente Ehrenamtlichkeit, die langsame Kadenz der Sitzungen und der Umstand, dass die Männer aus fast allen Regionen der Schweiz anreisen mussten, machten das Centralcomité schwerfällig. Das exekutive Zentrum der Organisation bildeten daher ihr Präsident und ihr Sekretär.

Prägende Figuren und institutionelle Deutungsmuster

Die eigentlich prägende Figur im Gemeindebund war zu jener Zeit Saly Mayer, der 1929 zum Aktuar gewählt worden war[29] und seither mit grossem Einsatz, aber ohne Besoldung die institutionellen Alltagsgeschäfte erledigte. Seine Gestaltungsmöglichkeiten waren beträchtlich, einerseits weil sich der alternde Präsident zunehmend passiv und bloss reaktiv verhielt, andererseits weil Mayer als einzigem CC-Mitglied mehr als nur die Stunden des Feierabends für den Gemeindebund zur Verfügung standen: Vermutlich um seine ganze Arbeitskraft seinem Amt widmen zu können, hatte er sich aus dem Erwerbsleben zurückgezogen und lebte fortan vor allem von seinem ansehnlichen Vermögen. Seinen Einsatz für die jüdische Sache leistete er jedoch von einem primitiv ausgestatteten Büro aus, wie sich seine spätere Sekretärin erinnert.

Saly Mayer wurde 1882 als drittes von sieben Kindern in Basel geboren, wuchs jedoch in St. Gallen auf, wohin seine Familie fünf Jahre nach seiner Geburt gezogen war. Die Eltern stammten aus dem Badischen – die Mutter aus Gailingen, der Vater aus Tairnbach bei Wiesloch – und liessen sich, als Saly dreizehn Jahre alt war, im sankt-gallischen Stein einbürgern. Der Umzug nach St. Gallen hatte vor allem geschäftliche Gründe, denn die Familie war – wie zahlreiche andere ansässige Juden – in der Textilbranche tätig, und ihre neue Heimatstadt war bis zum Ersten Weltkrieg international führendes Zentrum der Stickereiindustrie. Bis 1912 besassen die Mayers ausserdem eine Zweigniederlassung in London. Die Söhne blieben dem elterlichen Metier treu und besassen Agenturen, die Stickereien herstellen liessen und exportierten. Auch Saly Mayer wurde zum Textilkaufmann ausgebildet, zunächst in einer kaufmännischen Lehre in St. Gallen, dann in einem mehrjährigen Aufenthalt in England. Zusammen mit seinem damals in London lebenden Bruder Max gründete er 1912 eine eigene Firma, die er nach dessen Tod 1911 allein weiterführte. Im selben Jahr heiratete er Jeanne Ebstein aus Basel. 1912 bekam das Paar einen Sohn: Max, der ein Einzelkind blieb.

Saly Mayer war ein observanter Jude, der koscher ass, den Sabbat respektierte und meistens das populäre rabbinische Traktat *Pirke Avot* (hebr. für *Sprüche der Väter*) bei sich trug. Er engagierte sich für das Gemeinwohl und hatte Funktionen in zahlreichen öffentlichen Institutionen inne, in jüdischen wie der Heilstätte für Lungenkranke *Etania* oder in nichtjüdischen wie dem *Schweizerischen Roten Kreuz* und der Stiftung *Pro Juventute*. Er war ausgesprochen bürgerlich, konservativ und patriotisch eingestellt; von 1921 bis 1933 vertrat er die *Freisinnig-Demokratische Partei* im St. Galler Stadtparlament.

Trotz seiner geradezu begeisterten Vaterlandsliebe bewahrte er sich ein Leben lang eine Neigung zu allem Angelsächsischen, die bei seinen frühen Londoner Aufenthalten entstanden war: Er liebte die englische Literatur und kleidete sich meist nach englischem Stil in dunkle, gestreifte Hosen und schwarzen Veston, auch der Zylinder fehlte nicht. In seinen englischen Jahren wurzelte wohl auch seine für damals keineswegs selbstverständliche Zusammenarbeit mit dem nordamerikanischen Judentum, der wir noch begegnen werden.

Das Schicksal seines Sohns nahm im Erwachsenenalter eine tragische Wendung, da sich der junge Max mit Syphilis ansteckte, in der Folge geisteskrank wurde und schliesslich hospitalisiert werden musste. Von diesem quälenden, das Familienleben überschattenden Unglück erfuhren die wenigsten aus dem Bekanntenkreis, was wohl dem sozial verpönten Sachverhalt, vielleicht aber auch Saly Mayers schweigsamer und distanzierter Natur geschuldet war, denn trotz seiner Karriere in der jüdischen Öffentlichkeit war er ein einsamer Mensch mit sehr wenigen Freunden. Mit den Jahren und den einschneidenden Enttäuschungen, über die noch zu berichten sein wird, wurde er zunehmend misstrauisch, verhärtet und eigenbrötlerisch. Seine Überempfindlichkeit machte den Umgang mit ihm anstrengend, sein autoritäres Einzelgängertum strapazierte die Zusammenarbeit, seine ausschweifenden, dunklen Monologe überforderten die Zuhörer – eine laute Abschottung des eigentlich introvertierten, sensiblen Menschen, noch verstärkt durch seine Schwerhörigkeit, die ihm nach Ansicht seiner Umgebung manchmal auch bequem war.[30]

Von diesen Neigungen war jedoch noch wenig zu merken, als er 1920 mit viel Elan dem Centralcomité des SIG beitrat. Seine Leidenschaft für die jüdische Sache und seinen Drang, die Organisation nach eigener Vorstellung zu gestalten, erkennt man an seiner Bemerkung zum Amtsantritt als SIG-Aktuar. Er habe damals, erinnert er sich später, die Gunst der Stunde erkannt, die «Gelegenheit nämlich, den schon 1920 gehegten Plan» zu verwirklichen und den Gemeindebund zu einem «nicht nur dem Kosherfleisch gewidmeten Landesverband» auszubauen. Heute sei man mit dem gemeinsamen Friedhof in Davos und der voranschreitenden Einrichtung einer Pensionskasse für die Kultusbeamten schon ein Stück weiter. «Das Gefüge» des SIG, relativiert er jedoch, «ist noch [zu] schwach, um dort die naturgemäss auseinanderstrebenden Faktoren wie Sprache, Religionsnuancen, Ost & West, um nur einige zu nennen, unter einen Hut zu bringen und dann zusammenzuhalten. Dies und noch vieles anderes kann nur geschehen, wenn man sich voll und ganz dafür einsetzt.» Er selbst werde immer «für den Khalgedanken» – so bezeichnete Mayer in eigenwilliger Schreibweise die Interessen der *jüdischen Gemeinschaft* (hebr. *Kahal Israel*) – seine «Pflicht und Schuldigkeit tun».[31]

Saly Mayer konstatierte diese institutionellen Schwächen im Februar 1933, als die neuartigen und enormen Herausforderungen, vor die die Geschichte den Gemeindebund stellen würde, noch nicht absehbar waren. Doch auch ohne

Saly Mayer, zuerst Sekretär, dann bis 1943 Präsident des SIG. Aufnahme aus den vierziger Jahren, als er noch immer den Joint vertrat. (JDC, New York)

Ahnung der kommenden Entwicklungen ist den Mitgliedern des Centralcomités, die sich am 5. April 1933 versammeln, klar, dass einige grundsätzliche Entscheidungen getroffen werden müssen: Bezogen auf die Flüchtlinge, beschliesst man, «dem in Paris gegründeten Europ. Hilfscomité» beizutreten, bei der Privatbank des SIG-Präsidenten einen Kredit von 100 000 Franken aufzunehmen, eine Sammelaktion zu lancieren und die organisatorische Gesamtverantwortung für die Flüchtlingshilfe an die Vertreter aus Zürich zu delegieren. Ein kleines Gremium aus nur einer Stadt erscheint für letztere Aufgabe geeigneter als das überregional zusammengesetzte Centralcomité, schon allein wegen der sonst nötigen Reisen. Um den aufkommenden Antisemitismus abzuwehren, beschliesst man unter anderem, für die französische Schweiz einen Journalisten mit Aufklärungsarbeiten zu betrauen, eine Broschüre in Auftrag zu geben, um vor den Gefahren zu warnen, die dem deutschen Judentum drohen, sowie die jüdischen Warenhausbesitzer – soweit dies noch nicht geschehen – vertraulich zur Mässigung ihrer Expansionspolitik zu mahnen, um damit antisemitischen Anwürfen vorzubeugen.[32]

Am 7. April 1933 forderte das *Eidgenössische Justiz- und Polizeidepartement* alle «politischen Flüchtlinge» öffentlich auf, sich bei den Behörden zu melden. Waren die Juden nun tatsächlich von dieser Aufforderung ausgenommen, oder fielen auch sie in diese Kategorie? Sekretär Mayer bittet Joseph Messinger, bei Polizeichef Rothmund «dessen Interpretation über ‹Politische Flüchtlinge› entgegenzunehmen». Er gibt dem Prediger das Schreiben eines Anwalts mit, der sich Folgendes überlegt hat: «Es ist anzunehmen, dass den politischen Flüchtlingen von der schweiz. Behörde leichter und eventuell länger das Asylrecht gewährt wird als anderen Zureisenden. Andererseits bestehen aber Befürchtungen, dass diejenigen Personen, die sich als politische Flüchtlinge bezeichnen, in ihrem Heimatstaat für sie nachteilige gesetzgeberische Erlasse zu erwarten haben.» Als Ausweg aus diesem Dilemma schlägt der Anwalt vor, die Behörden sollten neben der Kategorie für «politische Flüchtlinge» eine zweite Kategorie für Flüchtlinge schaffen, die wegen ihrer Zugehörigkeit zu einer «Rasse» oder «Religion» Asyl suchen. – Eine ungewöhnliche Idee: Im klassischen Verständnis, das sich seit der Französischen Revolution international etabliert hat, gilt nur als Flüchtling, wer von seinem Heimatstaat aufgrund seines persönlichen politischen Engagements verfolgt wird. Vielleicht hat sich der Anwalt für seinen Vorschlag von den früheren völkerrechtlichen Abmachungen inspirieren lassen, die ganze Gruppen von Staatenlosen betrafen (Weissrussen, Armenier usw.). Vielleicht kennt er die angelsächsischen Bestimmungen der zwanziger Jahre, die verfolgten Ostjuden Schutz gewähren. Jedenfalls begreift er früher als die meisten seiner Zeitgenossen, dass in Deutschland eine neuartige Verfolgung begonnen hat, der das gewohnte Asylrecht nicht gerecht wird.[33]

Saly Mayer nimmt jedoch diesen Vorschlag nicht auf. Er beschränkt sich auf den traditionellen Begriff des politischen Flüchtlings, der, meint er, allerdings nur auf die «wenigsten Deutschen» zutreffe. «Nach meiner Auffassung», gibt er Messinger auf den Weg, «können die vielen Besuche von Angehörigen und alle sich selbst verpflegenden Deutschen nicht unter diese Rubrik fallen. Nur wer sich selbst als p. F. ausgibt, soll als solcher bezeichnet werden. Es könnten auch durch eine andere Auffassung ganz phantastische Zahlen veröffentlicht werden, die eine ganz falsche Statistik ergeben würden. Auch die s. Z. Rückkehr könnte erschwert werden».[34] Demnach sind für Mayer zwei Überlegungen ausschlaggebend. Mit der einen nimmt er Rücksicht auf die Zukunft der Flüchtlinge, deren Rückkehr nach Deutschland er nicht gefährden will. Nebenbei erfahren wir so auch, dass Mayer – wie so viele seiner Zeitgenossen – das nazistische Regime noch als ein vorübergehendes Phänomen einschätzt; ein Albtraum zwar, aber er würde nur Monate dauern. Die andere Überlegung gilt der schweizerischen Öffentlichkeit, die er mit Zahlen über jüdische Flüchtlinge nicht beunruhigen will. Eine Sorge, die noch eine machtvolle Dynamik entwickeln wird.

Der Anwalt hat in seinem Schreiben den Gemeindebund dazu aufgefordert, bei den Bundesbehörden eine Flüchtlingsdefinition «auszuhandeln», Mayer spricht nur noch von «entgegennehmen». Das ist realistischer: Die Fremdenpolizei hat ihre Definition bereits vor einigen Tagen festgelegt und vom Bundesrat absegnen lassen, als Messinger vorspricht. Rothmund habe ihm «ausdrücklich» erklärt, berichtet Messinger seinem Auftraggeber, dass «die Bezeichnung ‹Politischer Flüchtling› sich nur auf diejenigen Persönlichkeiten beziehe, die in ihrem Heimatlande als Politiker linksstehender Parteien sich betätigt haben oder von ihrem Heimatlande aus als solche gesucht oder bezeichnet worden seien. Diejenigen Flüchtlinge aber, die hauptsächlich infolge des am 1. April offiziell eingesetzten Boykotts gegen die Juden Deutschlands in die Schweiz gekommen sind, um hier einige Zeit in Ruhe und Ausspannung, fern von all den Geschehnissen in ihrer Heimat, Aufenthalt zu nehmen, gehören zu den Flüchtlingen aus ökonomischen Gründen, und dazu gehört der allergrösste Teil, und stehen überhaupt nicht unter dem Begriff ‹Politische Flüchtlinge›.» Diese Begriffsklärung wird sich später für die jüdischen Flüchtlinge als fatal erweisen. Vorerst waren sich jedoch die Spitzen des Gemeindebunds und der Regierung in ihrer Definition einig – womit sie allerdings keine Ausnahmen bildeten, da es damals abgesehen von den Kommunisten keine namhaften gesellschaftlichen Kräfte gab, die eine andere Position vertreten hätten.[35] Die Polizeiabteilung hatte freilich für ihre Ansicht eigene Gründe, die sich nur erschliessen, wenn wir uns dieser Seite genauer zuwenden. Den besten Zugang bietet ihr Chef Heinrich Rothmund, der nicht nur die langjährige Politik seiner Institution, sondern auch eine dominante gesamtgesellschaftliche Strömung perfekt verkörperte.

Heinrich Rothmund war eine auffällige Erscheinung, gross gewachsen, blond, attraktiv. Er wurde 1888 geboren und stammte aus einem alten St. Galler Geschlecht. Auf elterlichen Wunsch studierte er Rechtswissenschaften und promovierte an der renommierten Leipziger Universität – mehr schlecht als recht und ohne juristisches Interesse. Seine eigentliche Begabung war die Musik; er spielte vorzüglich Klavier – wenn man seiner ersten Ehefrau glauben darf, gelegentlich auch im Duo mit dem genialen und berühmten Edwin Fischer, der mehrfach bedauert haben soll, dass Rothmund keine Pianistenlaufbahn eingeschlagen habe. Längst Polizeichef geworden, pflegte dieser später sein musikalisches Interesse unter anderem, indem er Clara Haskil unterstützte: Für die rumänische Jüdin, die 1941 in die Schweiz geflüchtet war und die in der Nachkriegszeit als Pianistin zu Weltruhm gelangen sollte, organisierte er Privatkonzerte, da sie nicht arbeiten durfte. Verantwortlich für ebendieses Erwerbsverbot war in seiner Funktion als Polizeichef letztlich der Wohltäter selbst.

Hilfsbereitschaft und unerbittliche Konsequenz: Symptome eines widersprüchlichen Charakters. Er konnte seine Gesprächspartner mit Charme, Witz oder Jovialität für sich einnehmen, im Handumdrehen kanzelte er sie ab, launisch, arrogant, barsch. Hinter seinem selbstbewussten, autoritären und hochfahrenden Auftreten verbargen sich Hemmungen und Gefühle von Unsicherheit, Überforderung, Minderwertigkeit. Er kultivierte von sich das Bild eines unerschrockenen, pflichtbewussten und selbstlosen Beamten, den keine noch so harte, mitunter auf die Person zielende Kritik vom rechten Weg abbringen konnte; in Wirklichkeit war er jedoch empfindlich bis zur Wehleidigkeit, und jedes Anzeichen von Illoyalität konnte ihn erschüttern. Der Mann, der ein Leben lang zwanghaft das vermeintlich drohende gesellschaftliche Chaos mit der «rechten Ordnung» bekämpfte, heiratete in zweiter Ehe eine exzentrische

Balletttänzerin und Choreographin, die es sich nicht nehmen liess, bei einem diplomatischen Anlass mit ihren Persianerkatzen aufzutreten.[36]

Er war konservativ und patriotisch. Aber der «jugendliche Überschwang», mit dem nach seiner Ansicht die Fröntler gegen das «verhockte Parteiunwesen» vorgingen, erfreute ihn ebenso, wie die frische Dynamik der Nationalsozialisten ihn beeindruckte – allerdings nur in den Anfängen; deren Gewalttaten empörten ihn, ihren Antisemitismus lehnte er ab. Nur sein eigener blieb ihm zeitlebens verborgen; darüber später mehr. Nicht untypisch für seine Haltung war sein Eintreten für das *Cabaret Cornichon*, das er im Mai 1942 gegenüber Otto Carl Köcher, dem deutschen Gesandten in Bern, verteidigte, als dieser über eine jüngst gegebene, deutschlandkritische Conférence erbost war. Köcher soll Rothmund, wie dieser seinem Vorgesetzten Bundesrat von Steiger einige Wochen später berichtete, gefragt haben, «ob eigentlich das Cornichon eine jüdische Angelegenheit und ob namentlich der Leiter ein Jude sei. Ich habe ihm ganz trocken geantwortet: nein, nein, Dr. Walter Lesch ist Schweizer, Arier, und ein Freund von mir, worauf das Gespräch nicht weitergeführt wurde.» – Zum einen verwendete der Polizeichef ohne weiteres die übliche Rassenterminologie, um die Existenz eines jüdischen Emigrantentheaters zu bestreiten (das er selbst auch nicht wünschte). Zum anderen gefiel es ihm, sich als Freund eines Kabaretts darzustellen, das wegen seiner antifaschistischen Spitzen bei der deutschen Gesandtschaft unbeliebt war. In der Tat kannte Rothmund dessen Leiter Lesch aus gemeinsamer Zeit als Singstudenten. Er hatte sogar wesentlich dazu beigetragen, dass dieser 1934 das *Cornichon* auf die Beine stellen konnte, da er für die Aufenthaltsbewilligungen des Deutschen Otto Weissert sorgte, der das Gründungskapital für das Kabarett beibrachte und in diesem alsbald auch eine wichtige Rolle einnehmen sollte. Die Freundschaft der beiden ungleichen Männer mag auf den ersten Blick erstaunen – aber nur, wenn man einer verklärten Vorstellung aufsitzt, wie sie sich in der Nachgeschichte etabliert hat, und das *Cornichon* auch als Hort eines innenpolitischen Widerstands ansieht. In Wirklichkeit war das Kabarett zwar klar antifaschistisch, zugleich jedoch ausgesprochen patriotisch und stets bemüht um ein gutes Verhältnis zu den eigenen Behörden. Es übte vorsichtige Selbstzensur, und Lesch legte Rothmund sein Programm teilweise im Voraus zur freiwilligen Begutachtung vor. Im Übrigen war Lesch – ebenso wie Rothmund – ein eifriger und einflussreicher Verfechter einer «Verschweizerung» des hiesigen Theaters; sein *Cornichon* wurde nicht zufällig – die ausnahmsweise Beteiligung des Ausländers Weissert sollte nicht darüber hinwegtäuschen – zum Schweizer Nachfolger der *Pfeffermühle* von Erika Mann, die bei der Fremdenpolizei, dem Bürgertum und den einheimischen Schriftstellern als «Emigrantenkabarett» verpönt war.[37]

Rothmund trat 1916 in den Dienst der Bundesverwaltung, bereits 1919 übernahm er die Leitung der *Eidgenössischen Fremdenpolizei*, 1929 wurde er zusätzlich Chef der *Eidgenössischen Polizeiabteilung*. Während sich fünf Bundesräte

Polizeichef Heinrich Rothmund (vorne links) auf einem Ausflug seiner Abteilung im Jahr 1941. (Privatbesitz)

als seine Vorgesetzten ablösten, verblieb er kontinuierlich auf seinem Posten und beherrschte die Netzwerke und Mechanismen der bürokratischen Macht bald besser als jene. Deshalb gab es in seiner über 35-jährigen Amtszeit – sein Rücktritt erfolgte Ende 1954 – kaum einen wichtigen Entscheid in der Ausländerpolitik, der nicht seine Handschrift trug. Ausserdem verstand er – im Gegensatz zu seinen Vorgesetzten, meinte er – etwas von derjenigen Wissenschaft, von der angeblich die Zukunft der Nation abhing: von Bevölkerungspolitik.[38]

Denn Rothmund war ein Visionär. Wie vormals für Partituren schlug sein Herz nun für Statistiken und Ordnungskonzepte. Mit Begeisterung und Hingabe baute er die neue Institution der *Eidgenössischen Fremdenpolizei* auf. «Mein eigentliches Kind» wird er sie Jahrzehnte später nennen; wird sie bei ihrer gelegentlichen Gefährdung mit Tränen in den Augen verteidigen; wird umgekehrt davon schwärmen, wie er 1919 zusammen mit einer «Horde» von 500 jungen, dynamischen Angestellten, den Schreck des Generalstreiks «noch in den Knochen», begonnen habe, «mit eisernem Besen» die Schweiz zu säubern. Ihr Schlachtruf hatte «Kampf der Überfremdung» geheissen, zum prototypischen Feind hatten sie alsbald «den Juden» erkoren, insbesondere denjenigen aus dem «Osten».[39]

Die Vorstellung einer angeblich überfremdeten Schweiz war um 1900 aufgekommen. Sie korrespondierte mit einer gesamteuropäischen Entwicklung, denn im ausklingenden 19. Jahrhundert entstanden in vielen Ländern Ängste vor den angeblich subversiven Gefahren der Ausländer, und man bemühte sich um deren verstärkte Kontrolle. Wie andernorts beschränkte sich diese Besorgnis auch in der Schweiz vorerst auf Eliten und Experten.[40] Dies änderte sich mit den enormen sozialen und politischen Umwälzungen, die Europa in den folgenden Jahrzehnten erfassten. Als gegen Ende der vormals unvorstellbaren Massenschlächterei, die später Erster Weltkrieg genannt werden sollte, fast überall die traditionellen Ordnungen zerfielen und die grossen Imperien – das deutsche Kaiserreich, die Doppelmonarchie Österreich-Ungarn, das zaristische Russland – untergingen und in der Schweiz das panisch erschreckte Bürgertum in der streikenden einheimischen Arbeiterschaft die Vorboten einer bolschewistischen Revolution zu sehen glaubte, war die «Überfremdung» fast explosionsartig zum Schlagwort eines breiten Diskurses geworden.

Zum überragenden Muster des kollektiven Sprechens und Denkens wurde nun die Polarisierung von Ausländern und Inländern. Auf dieser Basis etablierten sich Interpretationen der Wirklichkeit, die von einem Grossteil der Gesellschaft geteilt und für wahr gehalten wurden: Ausländer sind ein Problem. Die Schweiz ist überbevölkert und überfremdet. Ausländer können sich bei uns nur integrieren, wenn sie sich assimilieren, wenn sie also ihre kulturelle Identität radikal ausmerzen. Es gibt Menschen, wie die Ostjuden, die sich a priori nicht assimilieren lassen. Das nicht Assimilierbare ist eine Gefahr für die soziale Ordnung. Und so fort. All diese Überzeugungen erhielten seit den zwanziger Jahren in der Schweiz in allen Schichten und bei fast allen einheimischen Bevölkerungsgruppen den Status kollektiv geteilter Wahrheiten. Es waren Deutungen, die eine gemeinsame Sicht auf die Wirklichkeit schufen und so selbstverständlich wurden, dass ihre Konstruiertheit bald vergessen war und sie ihre eigene Performativität entwickelten. Denn sie bestimmten das Denken und Handeln genau so, als ob sie «objektive Realitäten» gewesen wären – selbst wenn die vorgebrachten Argumente und die zugrunde liegenden Ängste wenig mit den Fakten korrespondierten. So sprach man beispielsweise in unserer gesamten Untersuchungsperiode vom Problem der «überfremdeten Schweiz», obwohl die Zahl der Ausländer seit 1914 kontinuierlich zurückging.

Der Diskurs der Überfremdung wurde so erfolgreich, weil er funktional war und scheinbar überzeugende Erklärungen für zahlreiche Probleme der Gegenwart anbot. Denn indem man den imaginären Fremden für die unterschiedlichsten sozialen, wirtschaftlichen und politischen Krisensymptome verantwortlich machte, liessen sich die eigenen Konflikte externalisieren. Indem man negative Bilder der Fremden zeichnete, schuf man sich ein positives kollektives Selbstbild, eine klare Zugehörigkeit und interne Geschlossenheit. Dies war überaus bedeutsam für eine Gesellschaft, die zahlreichen dissoziierenden Tendenzen ausgesetzt war, etwa der Kluft zwischen der Deutschschweiz und der Westschweiz, die infolge entgegengesetzter Sympathien für die sich im Ersten Weltkrieg bekämpfenden Staaten entstanden war, oder den sozialen Gegensätzen, die im Landesstreik von 1918 mit Gewalt unterdrückt, aber keineswegs aufgelöst worden waren. Darüber hinaus bot der Diskurs mit seiner klaren Dichotomie zwischen innen und aussen, uns und den anderen eingängige und beruhigende Antworten auf die Unsicherheiten und Verwerfungen der Moderne überhaupt. Besonders wichtig war zudem, dass er konkrete Auswirkungen auf die alltäglichen Verteilungskämpfe hatte, am deutlichsten sichtbar in der Kampagne gegen «wirtschaftliche und berufliche Überfremdung», die die einheimischen Arbeiter und Unternehmer vor ausländischer Konkurrenz schützen sollte. Nicht zufällig erhielt gerade diese Argumentationslinie in der Öffentlichkeit einen dominanten Stellenwert, nachdem mit einiger Verzögerung 1933 auch die Schweiz von der Weltwirtschaftskrise eingeholt worden war.

Die Einrichtung der *Eidgenössischen Fremdenpolizei* im Jahr 1917 war ein Ausdruck davon, dass sich der Überfremdungsdiskurs endgültig durchgesetzt hatte. Die Gründung war eine Entwicklung von enormer Bedeutung, ein qualitativer Sprung vom Diskurs zur politischen Strategie und zur fremdenpolizeilichen Praxis. Mit einem Verfassungsartikel (1926) und einem Bundesgesetz (1931) verliehen Stimmvolk und Parlament der neuartigen zentralstaatlichen Institution zudem die gesellschaftliche Lizenz für ihren Feldzug gegen alles Fremde. In den behördeninternen Ausführungsbestimmungen zum neuen Gesetz hiess es: «Da die Schweiz übervölkert und überfremdet ist, steht jedem nicht zweifellos nur vorübergehenden Aufenthalt eines Ausländers *der allgemeine Gegengrund der Überfremdung* im Wege». Für eine ausnahmsweise Zulassung massgebend sei unter anderem die «Assimilierbarkeit».⁴¹ Diese Weisungen traten erst Anfang 1934 in Kraft. Die Behörde orientierte sich jedoch schon im Frühjahr 1933 an diesen Inhalten, als sie die einreisenden Juden nicht als «politische Flüchtlinge», sondern als gewöhnliche «Ausländer» definierte und sie, da angeblich «wesensfremd», von einem längeren Aufenthalt ausschloss.

Die Fremdenpolizei erfreute sich nicht von Anfang an allgemeinen Rückhalts – im Gegenteil: Wie Krähen hätten zuerst die meisten auf sie eingehackt, erinnert sich Rothmund später.⁴² Widerstand gegen die zentralstaatliche Fremdenpolizei kam vor allem von den um ihre polizeiliche Autonomie fürchtenden Kantonen und der um ihre ausländische Kundschaft bangenden Tourismusbranche. Rothmunds Legitimationsbedürfnis war noch immer erkennbar, als er Joseph Messinger bei seiner Audienz am 3. April 1933 erklärte, dass die Schweiz den «Tausenden von Fliehenden» nur deswegen «schützendes Obdach» gewähren könne, weil es neuerdings eine zentrale Fremdenpolizei mit einem «vorzüglichen Kontrollapparat» gebe. Die Fremdenpolizei ist nach dieser Argumentation nicht etwa eine Gegnerin der Flüchtlinge, sondern deren unentbehrliche Helferin. Schon darum, lautet die unausgesprochene Botschaft an den Gemeindebund, habt ihr allen Grund, mit uns zusammenzuarbeiten.

Die Behörden sahen in den jüdischen Flüchtlingen also seit der allerersten Stunde ein Problem der Kontrolle und der Ordnung, ausserdem, wie ihre erste Mitteilung verriet, ein Problem der Überfremdung – was sich auch auf die wirtschaftlichen Verhältnisse bezog und die Abschottung des eigenen Arbeitsmarktes implizierte. Eine Wahrnehmung mit Konsequenzen, wie sich noch zeigen wird. Denn eine Institution kann und will nur die Probleme lösen, die sie wahrnimmt. So tauchte beispielsweise in den Überlegungen der Fremdenpolizei nie der Gedanke auf, dass die Flüchtlinge auch für sie ein Problem der Humanität oder der menschlichen Würde und Rechte darstellen könnten.

Diese Wahrnehmung ist weder zufällig, noch ist sie primär Rothmunds persönlicher Einstellung geschuldet, sie ist vielmehr konstitutiv beeinflusst durch sein Amt. Rothmund denkt durch die Fremdenpolizei, die Fremdenpolizei denkt durch ihn. Bei seiner ersten Wahrnehmung der Fluchtbewegung greift er automatisch auf das Wissen, die Erklärungen und Handlungsmuster zurück, die sich in seiner Institution etabliert und bewährt haben und daher künftige Handlungsoptionen vorstrukturieren und andere ausblenden. Schon in seinen ersten Amtsjahren als Fremdenpolizeichef hatte er verhindert, dass angeblich nichtassimilierbare Ostjuden zureisten. In einer Weisung vom 31. März 1933 heisst es nun: «Wir dürfen von unserer bisherigen fremdenpolizeilichen Praxis trotz der heutigen Ereignisse nicht abweichen und müssen uns vor allem gegen eine Festsetzung wesensfremder Elemente mit allen uns zu Gebote stehenden Mitteln wehren.»⁴³

Als nichtassimilierbare Ausländer dürfen die Juden nicht bleiben – das ist die eiligst publizierte Lösung. Merkwürdigerweise bleibt Rothmund zu diesem

Zeitpunkt die Erklärung schuldig, weshalb er die Juden als Ausländer und nicht als politische Flüchtlinge behandelt. Die Begründung dafür liefert er erst Tage später in einem internen Memorandum, in dem er mit dem traditionellen Flüchtlingsbegriff argumentiert. Zuerst die Lösung, dann die Analyse der Situation – ein Ablauf, der wohl kaum unserer idealtypischen Vorstellung von Rationalität entspricht. Fassen wir es nochmals zusammen: Das Konstrukt einer überfremdeten Schweiz, das Rothmund mit einem Grossteil der Gesellschaft teilt, bestimmt im Voraus, was er in den 1933 einreisenden Menschen sieht: nichtassimilierbare Ausländer, die er wieder abschieben will. Dementsprechend dürfen sie nicht als politische Flüchtlinge gelten, die ein Bleiberecht hätten. Oder anders gesagt: Rothmund entdeckt in der Wirklichkeit vorgefertigte Bilder, die er über diese Wirklichkeit gelegt hat und mit denen er nachträglich seine Handlung begründet und legitimiert. Denken und Tun in fortgesetzter Zirkelbewegung.

Nun ist generell zu konstatieren, dass eine Institution Denken, Fühlen, Wahrnehmen und Handeln ihrer Akteure massiv beeinflusst.[44] Auch der Gemeindebund macht hier keine Ausnahme. Viele seiner ersten Reaktionen auf die aktuellen Entwicklungen erfolgten so auch in traditionellen Mustern: Der SIG-Präsident suchte, wie er es schon früher getan hatte, sofort den Kontakt zu den Behörden. Er suchte auch deren Zusicherung, dass sie für die Juden einstehen würden. Die grosse Zurückhaltung vor Schritten in die Öffentlichkeit war ebenso wenig neu wie die Distanz zu den Linken. Schliesslich beruhte auch die spontane Bereitschaft zur Hilfe für die Flüchtlinge auf alten jüdischen Traditionen und auf der «Zedaka», der wichtigen religiösen Pflicht zur Wohltätigkeit.

Es wäre jedoch falsch, aus diesen Beobachtungen einen Determinismus abzuleiten. Auch wenn bewährte Deutungen und Erklärungen, Routinen und Instrumente die Kognition und Aktion in Institutionen vorstrukturieren, behalten die Akteure doch die Freiheit, sich gegenüber diesen Vorgaben in spezifischer Weise zu verhalten. Und sie sind – vielleicht – lernfähig und offen für neue Entwicklungen. So entschloss sich etwa der Gemeindebund, erstmals die Verbindung zu ausländischen Schwesterorganisationen aufzunehmen. Übrigens auch eine Aktion mit Vorgeschichte, denn zunächst musste die Befürchtung der Vergangenheit überwunden werden, dass man mit solchen Kontakten dem antisemitischen Vorwurf des «jüdischen Internationalismus» Munition verschaffen könnte.[45]

Anfänge der Flüchtlingshilfe

Die ersten Flüchtlinge

Der damals bekannte jüdische Schriftsteller Efraim Frisch berichtete im Mai 1933 einem Namensvetter in Texas, warum er zusammen mit seiner Frau im Vormonat geflüchtet war: «Der Druck des Terrors war unerträglich, die unmittelbare Bedrohung quälend bis zum Aeussersten. Das Leiden der Menschen in der Nähe, das Wissen um Gewalttätigkeiten und Brutalitäten schlimmster Art schufen eine Atmosphäre, in der man nicht atmen konnte. Natürlich bin ich aus den Schriftsteller- und Berufsorganisationen, denen ich angehörte, hinausgestossen und in der Ausübung meiner beruflichen Tätigkeit völlig lahm gelegt. Die Aussichtslosigkeit unter den herrschenden Verhältnissen, die sich immer mehr verschlimmern in Berlin oder sonst in Deutschland, weiter zu arbeiten oder auch nur zu leben, hat mich schliesslich bewogen, das Land zu verlassen und zunächst einmal hier in der südlichen Schweiz, wo ich Freunde habe, Aufenthalt zu nehmen.»[1]

Unter den ersten jüdischen Flüchtlingen befanden sich viele Persönlichkeiten aus dem Geistes- und Kulturleben. So flohen – um einige weitere Beispiele zu nennen – bereits im Februar der Sozialphilosoph Max Horkheimer und seine Mitarbeiter vom Frankfurter *Institut für Sozialforschung* nach Genf; sein Haus in Kronberg war schon am Tag von Hitlers Machtantritt durch die SA besetzt worden. Mitte des gleichen Monats reiste Alfred Kerr – Schriftsteller, berühmter und gefürchteter Theaterkritiker und ab 1939 Vorsitzender des *Deutschen PEN Clubs* im späteren Londoner Exil – von Berlin über Prag und Wien in die Schweiz. Dort musste er bald von seiner fristlosen Entlassung durch seine Zeitung «wegen staatsfeindlicher Gesinnung» erfahren, dem Publikationsverbot in Deutschland, der Aberkennung seiner deutschen Staatsbürgerschaft, der Aussetzung eines Preisgelds auf seinen Kopf und der Konfiskation seines Besitzes. Im März floh auch der Philosoph Ernst Bloch, schon steckbrieflich gesucht, zusammen mit seiner Lebensgefährtin nach Zürich. Dorthin emigrierte im April auch die Lyrikerin Else Lasker-Schüler, die sich in Deutschland ebenfalls nicht mehr sicher fühlte. Sie kannte die Stadt von vielen früheren Besuchen und hatte hier bereits Freunde gefunden. Nach Zürich begab sich im Mai auch der Schauspieler und Regisseur Leonard Steckel, der zusammen mit seiner Ehefrau Jo Mihaly, Tänzerin, Schriftstellerin sowie erklärte Sozialistin und Pazifistin, und seiner erst fünf Monate alten Tochter aufgebrochen war, nachdem sie in der *Künstlerkolonie Berlin* Razzien befürchtet hatten. Mit der sofortigen Verfolgung der prominenten Juden, Linken und Demokraten aus Kultur und Wissenschaft signalisierten die Nationalsozialisten unmissverständlich, dass sie die vollständige Eliminierung dieser Gruppen aus dem kulturellen Leben intendierten – ein Transformations- und Gleichschaltungsprozess mit tief greifenden Folgen.²

In den Monaten nach dem Geschäftsboykott am 1. April 1933 waren etwa 20 000 Menschen, hauptsächlich Juden, grossenteils junge Männer, panikartig in die Schweiz aufgebrochen. Genaue Zahlen kannte niemand, nicht einmal die Behörden. Die meisten waren nach wenigen Wochen wieder ausgereist, mehrheitlich zurück ins Herkunftsland, andere in Drittländer, vor allem nach Spanien und Frankreich, das damals fast die Hälfte aller Flüchtlinge aus Deutschland aufnahm. Ende 1933 befanden sich noch rund 2 500 Flüchtlinge in der Schweiz, davon etwa 2 100 Juden.³

Die Ausreisen aus der Schweiz erfolgten meistens freiwillig – gefördert freilich durch die fehlende Asylmöglichkeit und das Erwerbsverbot, das sich in der damaligen europäischen Hochpreisinsel besonders gravierend auswirkte. Alfred Kerr, dem seine Familie nach Zürich gefolgt war, schrieb schon Anfang April 1933 in einem Bettelbrief: «In wenigen Tagen werden meine Kinder hungern, und wir fliegen aus dem Hotel. Dazu ist meine kleine Tochter schwer krank.» Mangels Existenzperspektive in der Schweiz zog er schon im Herbst aus freien Stücken nach Paris, wo er publizieren konnte, und zwei Jahre später weiter nach London. Ernst Bloch jedoch werden die Schweizer Behörden 1934 zum Weggehen zwingen; Kommunisten galten ihnen nicht als asylwürdig. Max Horkheimer und seine Mitarbeiter, die im Gegensatz zu ihrem Leiter keine Schweizer Aufenthaltsbewilligung erhalten hatten, reisten im gleichen Jahr in die USA. Lasker-Schüler, Steckel und Frisch blieben in der Schweiz: die Dichterin bis zu ihrer Emigration nach Palästina, der Schauspieler bis nach dem Krieg, der Schriftsteller bis zu seinem Tod 1942.⁴

Bei der ersten Fluchtwelle kümmerten sich jüdische Lokalcomités spontan um die Ankommenden. In Basel und Zürich, wo der Zustrom am grössten war, wurde je ein provisorisches Heim eingerichtet; viele Einheimische nahmen auch Flüchtlinge bei sich zu Hause auf. Da der erste Ansturm mit Pessach zusammengefallen war, durfte die *Flüchtlingshilfe Zürich* anschliessend konstatieren, es sei «rührend» gewesen, wie viele Familien sich darum bemüht hätten, «Flüchtlinge während der Feiertage als ihre Gäste bei sich zu haben». Allerdings besassen die meisten Eingereisten noch eigenes Geld, und nur ein Bruchteil war auf fremde Hilfe angewiesen. Im gesamten ersten Kalenderjahr musste die jüdische Flüchtlingshilfe in der Schweiz insgesamt rund 2 500 Personen temporär unterstützen, etwa weitere 1 000 hatte sie nur beraten, am Jahresende unterstützte sie noch circa 200 Flüchtlinge.⁵ Schon im März 1933 hatten unter Zürichs Juden die Vorbereitungen begonnen, um für die ganze Schweiz Massnahmen zu organisieren, falls es zu einer Massenflucht kommen sollte. Am 2. April, einen Tag nach dem Boykott in Deutschland und noch bevor das SIG-Centralcomité offiziell ein entsprechendes Mandat vergeben sollte, bildete sich das *Centralcomité für Flüchtlingshilfe*.

Vorsitzender wurde Saly Braunschweig, der seit 1931 bereits der *Israelitischen Cultusgemeinde Zürich (ICZ)* vorstand. Der Mann, der in den kommenden Jahren eine der führenden Figuren im Schweizer Judentum werden sollte, wurde 1891 in Solothurn geboren; drei Jahre später siedelte seine Familie nach Zürich um. Sein Vater Simon und seine Mutter Rosalie, eine geborene Weil, stammten beide aus Pferdehändlerfamilien, die im Elsass sesshaft waren, bevor sie im 19. Jahrhundert in die Schweiz einwanderten. Simon wechselte als junger Mann das Metier und verdiente sein Einkommen fortan als Reisender für Strick- und Wirkwaren. Seine Ehefrau verstarb sehr früh – für den kaum achtjährigen Saly ein umso einschneidenderer Verlust, als der Vater für den Rest seines Lebens um sie trauerte, streng religiös wurde und nicht mehr heiratete, so dass der Sohn mit vierzehn Jahren zur weiteren Erziehung zu einer Tante nach Freiburg im Üechtland geschickt wurde. Auch seinen Vater verlor Saly durch einen tragischen Unfall sehr früh, bereits mit achtzehn Jahren. Daraufhin wurde er von den Behörden vorzeitig für mündig erklärt, damit er zusammen mit seinem älteren Bruder Alfred das elterliche Kurzwarengeschäft übernehmen konnte. Dieses gaben die beiden aber schon bald auf und gründeten zusammen eine Fabrik für Knabenkleider. Salys grosser ehrenamtlicher Einsatz für die jüdische Sache wurde später nur möglich, weil sein Bruder ihn im Erwerbsleben wesentlich entlastete. Trotz seiner umfangreichen Tätigkeiten blieb er zeitlebens ein Bonvivant, den man nie ohne eine Zigarre sah, und ein begeisterter Fischer und Wanderer. Vor allem aber faszinierten ihn die Künste; er war sehr musikalisch, las mit Leidenschaft und schrieb für sich Gedichte. Zum Freundeskreis der Eheleute Saly und Elsa Braunschweig gehörten bezeichnenderweise der Komponist Max Ettinger und die Schriftstellerin Margarete Susman, die 1934 aus dem Ausland nach Zürich zurückgekehrt war. Und in ihrem Haushalt lebte im Frühjahr 1933 für kurze Zeit die mit Existenznöten kämpfende Familie des Starkritikers Alfred Kerr, bevor sie nach Küsnacht weiterzog. Bei den Schwiegereltern, wenige Häuser weiter, wohnte im folgenden Herbst der ebenfalls aus Berlin geflüchtete Schriftsteller Alfred Döblin. Auch die Aufnahme des im April 1933 aus Berlin zugereisten jungen Komponisten Bruno Einhorn manifestierte Saly Braunschweigs künstlerische Neigungen. Die Beherbergungen zeugten aber – bei gleichzeitig durchaus konservativer und patriotischer Gesinnung – vor allem von seinem offenen, extrovertierten Charakter, denn in diesen Jahren gewährte seine Familie immer wieder bekannten und unbekannten Flüchtlingen Quartier. Ihr Haus habe zeitweise einem Taubenschlag geglichen, erinnert sich später Salys Tochter Roselies. Dies war damals bei hiesigen Juden keineswegs ungewöhnlich, doch anders als die meisten Glaubensgenossen hatten die Braunschweigs kaum Verwandte im Ausland, so dass sie fremde Flüchtlinge leichter aufnehmen konnten. Saly Braunschweig verfügte über grosse Schaffenskraft, rhetorisches Talent und die Gabe zur Vermittlung in Konflikten. Zudem hatte er sich autodidaktisch viel Wissen, analytisches Können und organisatorisches Geschick angeeignet.[6]

Saly Braunschweig, Präsident der Israelitischen Cultusgemeinde Zürich, zusammen mit seiner Ehefrau Elsa 1938 in Ascona. (Privatbesitz, M. Erlanger)

Diese Fähigkeiten sollten sich nun als sehr nützlich erweisen, denn das Schweizer Judentum war, wie die anderen jüdischen Gemeinden Westeuropas, auf die Massenflucht gänzlich unvorbereitet. In einzelnen Städten – Zürich, Basel, Genf, Bern, St. Gallen und Luzern – entstanden Lokalcomités, denen die praktische Aufgabe der Betreuung und Beratung oblag. Das *Centralcomité für Flüchtlingshilfe* hatte eine koordinierende Funktion: Es gab Richtlinien heraus, wie die Flüchtlinge behandelt werden sollten, und baute ein Kontrollsystem auf, um alle Unterstützten zu erfassen; zudem war es verantwortlich für die Zusammenarbeit mit dem Ausland. Als erste Aktion rief das Comité gemeinsam mit dem Gemeindebund die jüdische Öffentlichkeit zur Spende auf, denn die neuen Aufgaben waren nicht mit den herkömmlichen Mitgliederbeiträgen zu finanzieren. «Noch nie haben wir Juden uns abseits gestellt, wenn es galt, Not und Elend zu lindern», hiess es im Aufruf. «Heute gilt es von neuem, trotz unserer eigenen wirtschaftlichen Not, unsere Pflicht zu erfüllen.»[7]

Anfänge der Flüchtlingshilfe 59

Silvain S. Guggenheim, zuerst Kassierer, dann Präsident des VSIA, Mitte der vierziger Jahre. (Privatbesitz, M. Bloch)

Die praktische Arbeit übernahmen überall Freiwillige, vielfach die gleichen Personen, die schon vorher in der lokalen Armenhilfe tätig gewesen waren. Es dürfte sich zu einem grossen Teil um Frauen gehandelt haben; jedenfalls war es kein Zufall, dass der *Bund Schweizerischer Israelitischer Frauenvereine* schon zur Gründung des *Centralcomités für Flüchtlingshilfe* hinzugezogen worden war. In den leitenden Gremien, auf die ich meine Untersuchung beschränke, hatten jedoch allein Männer das Sagen. Zur überragenden Gestalt in der Flüchtlingshilfe sollte dabei ein Mann werden, der an Schweigsamkeit kaum zu überbieten war: Silvain Samuel Guggenheim.

SSG, wie man ihn häufig nannte, wurde 1882 im aargauischen Baden geboren und zog mit seiner Familie 1895 nach Zürich, wo er zwei Jahre später eine Lehre in einer bedeutenden Seidenfirma antrat, deren Teilhaber er später wurde. Er brachte es zum wohlhabenden Seidenhändler, was ihm schon früh erlaubte, sich philanthropisch zu betätigen. So war er unter anderem 1925 an der Gründung des *Verbandes Schweizerischer Israelitischer Armenpflegen (VSIA)* und ein Jahr später an der Einrichtung des jüdischen Kinderheims in Heiden beteiligt. Er blieb Junggeselle, pflegte jedoch eine enge Freundschaft mit Berty Guggenheim-Wyler, die über viele Jahre dem *Frauenverein der Israelitischen Cultusgemeinde Zürich* vorstand und ebenfalls karitativ aktiv war, nicht zuletzt in der Flüchtlingshilfe, so dass sich institutionelle und persönliche Beziehungen vielfach verschränkten.

Silvain S. Guggenheim leistete seit 1933 einen enormen Einsatz in der Flüchtlingshilfe, stand jedoch nicht gerne im Rampenlicht. Else Lasker-Schüler, der er immer wieder materiell und als Mäzen beistand, nannte ihn den «wahren uneigennützigen Wohltäter der Schweizer Judenschaft» – um gleich fragend anzufügen, ob er es ihr nicht nachtrage, dass sie seinen Namen nenne. 1936 bekennt sie: «Ich komm nur mit grossem Schmerz, da Sie so viel viel schon für mich taten. Ja es sieht aus, als ob ich Sie plündern wollte, mir von Ihnen abpflücken wollte. Aber wenn an den Zweigen ein Licht brennt, sieht man sie eben. Es geht mir schaurig schlecht.» Guggenheim war in der Tat «ein Licht» für viele geworden: Er hatte 1934 beschlossen, das mit seinem Bruder Fritz gemeinsam geführte Geschäft diesem allein zu überlassen, um sich ganz der Flüchtlingshilfe zu widmen. Damals sei, kommentierte er später, aus einem glücklichen Menschen ein unglücklicher geworden. Konfrontiert mit dem Leid der entwurzelten und verfolgten Glaubensgenossen, hätten sich wohl noch manche so geäussert. Bei Guggenheim kam hinzu, dass sich hinter seinem zurückhaltenden, steifen Verhalten eine grosse Sensibilität, ja Zerbrechlichkeit verbarg.[8]

Bereits im Oktober 1933 stellte er fest, dass einem die Arbeit über den Kopf wachse und vom *Centralcomité für Flüchtlingshilfe* nicht mehr rein ehrenamtlich bewältigt werden könne. Da man in der Schweiz keine ausgebildete jüdische Fürsorgerin fand, stellte man Thea Meyerowitz aus Berlin an. Die junge Frau war die erste und für längere Zeit auch die einzige Person, die die Flüchtlinge in der (deutschen) Schweiz – diese Ausdehnung hatte ihr Arbeitsgebiet – professionell betreute.[9]

Internationale und nationale Prämissen

Prämissen der konkreten Flüchtlingsarbeit waren die nationalen und internationalen Bedingungen – nicht als «objektive Realitäten», sondern als ein historischer Prozess, der für unsere Akteure nur in ihren subjektiven Interpretationen zugänglich war. Was Deutschland betraf, durchschaute 1933 kaum jemand die Absichten des neuen Regimes, und natürlich konnte niemand, nicht einmal die Machthaber selbst, die spätere Entwicklung voraussehen. Anschaulich zeigen dies die beständigen Versuche der Zeitgenossen, die aktuellen Ereignisse mit den Erfahrungen der Vergangenheit – den mittelalterlichen Verfolgungen oder den russischen Pogromen Anfang des 20. Jahrhunderts – zu vergleichen. Es gab zwar eine dumpfe Ahnung des Kommenden – Saly Mayer sprach schon im Herbst 1933 von einer «Schicksalswende» –, aber doch nicht mehr. Wer vor der drohenden Vernichtung warnte, meinte noch nicht Menschenleben, sondern die ökonomische, soziale und kulturelle Zerstörung des deutschen Judentums. Diese Einschätzung finden wir auch bei Mayer, der 1933 für April bis Oktober einen Rückgang der jüdischen Bevölkerung Deutschlands um vier

Prozent konstatierte und besorgt ausrechnete, dass «das jüdische Volk bis zum Jahre 1970 auf die Hälfte seines Bestandes zurücksinken» würde. Einen solchen Niedergang galt es zu verhindern, darin waren sich die jüdischen Leader einig, international und in Deutschland selbst. In Deutschland auszuharren erschien allen – gleichgültig, ob der Orthodoxie oder dem Reformjudentum, der Linken oder Rechten, den Zionisten oder Nichtzionisten angehörig – nicht nur als ein Recht, sondern als eine moralische und religiöse Pflicht. Überdies war es ein Testfall für die Abwehr des Antisemitismus in anderen Ländern. Selbst die Zionisten sprachen sich vorläufig gegen eine Auswanderung aus, da Palästina auf eine Masseneinwanderung nicht vorbereitet war, und planten eine stufenweise Emigration über zwei und mehr Jahrzehnte.[10]

Besondere Sorge – und auch dies galt nicht nur für den Schweizer Gemeindebund – bereiteten die desolaten Lebensbedingungen, die die Auswanderer im Exil antrafen. Die Wirtschaftsnot, gepaart mit antisemitischen Impulsen, führte in allen Nachbarstaaten Deutschlands zu protektionistischen Massnahmen gegen die Einreisenden, die daher keine Möglichkeit fanden, sich eine ökonomische Existenz aufzubauen. Selbst in Frankreich, das anfänglich grosszügig die Tore geöffnet hatte, begann schon nach wenigen Monaten eine restriktivere Politik, und es herrschten derart miserable Zustände, dass die Flüchtlinge schon 1933 zu Tausenden nach Deutschland zurückströmten. Wenn schon Hungers sterben, dann lieber zu Hause.[11]

Diese Verelendung in den Exilländern wollten die jüdischen Verantwortlichen unbedingt stoppen. Zum einen beobachteten sie die demoralisierenden Effekte, die eine Situation ohne Erwerbs- und Lebensperspektive auf die Flüchtlinge hatte. Besonders gefährdet schienen die jungen Leute, die noch nie die Erfahrung einer produktiven Tätigkeit hatten machen dürfen und deren Verfassung nach einigen Monaten Auslandsaufenthalt erbärmlicher war als bei ihrer Abreise. Liess sich diese Entwicklung nicht aufhalten, drohte die Schreckensvision eines jüdischen Armenproletariats. Hinzu kam, dass die Unerwünschten von Stadt zu Stadt und von Land zu Land geschoben wurden. Noch 1936 klagte Alfred Goetschel, der als Fürsorgepräsident der stark frequentierten *Israelitischen Gemeinde Basel* eine drastische Anschauung besass: «Ein Teil dieser Flüchtlinge wird herumgejagt wie wilde Tiere. Bereits mehrere solcher Flüchtlinge, sogar mit Frau und Kindern, haben schon 2–3 Mal die Reise um ganz Europa gemacht. Eine Fürsorgestelle gibt ihnen das Billet zur nächsten, mit einigen Franken für die dringendsten Bedürfnisse, ein Land schiebt solche zum anderen. Dies ist das traurige Los vieler Flüchtlinge. Insbesondere Leute von über 40 Jahren haben schwer, in irgendwelchem Lande unterzukommen. Seit 1–2 Jahren besteht das Bestreben, diese Flüchtlinge, insbesondere jüngere Leute, nicht mehr diesem Wanderleben anheim fallen zu lassen, das letztendlich auch den besten Menschen moralisch zu Grunde richtet, um in einigen Jahren auf der Basis des Berufsschnorrers zu landen.»[12]

Zum anderen mussten die Hilfswerke in den verschiedenen Zufluchtsstaaten feststellen, dass schon die Leistungen, mit denen sie alltägliches Überleben sicherten, gewaltige Summen verschlangen. Für eine aufbauende und langfristige Hilfe, die allein Aussicht auf Besserung versprochen hätte, blieben kaum noch Mittel übrig. Abgesehen davon glaubte man, dass die jüdischen Gemeinschaften solche Auslagen nicht lange würden tragen können. Dies wäre, meinte Saly Braunschweig mit Blick auf die Schweiz, wie wenn man ein Glas unter einen Wasserfall hielte.

Eine weitere Sorge thematisierte Braunschweig im Herbst 1933 auf einer Konferenz in London, bei der sich 44 jüdische Landesorganisationen und grosse Gemeinden aus der ganzen Welt versammelten. Nicht nur in Deutschland seien die Juden gefährdet, warnte er, sondern überall in Europa. «Nicht nur aus menschlichem Gefühl des Mitleids und der Bruderliebe, sondern aus Gründen unserer eigenen Existenzerhaltung müssen die Juden Europas mit aller Energie dem deutschen Juden-Problem zu Leibe rücken. Die Ausstossung der deutschen jüdischen Brüder aus ihrem jetzigen Lebensraum muss zu politischen Schwierigkeiten in den anderen Ländern führen, wenn nicht durch planmässige constructive Methoden die Auswanderung geregelt wird.» Unter diesen Schwierigkeiten, die die Flüchtlinge in ihren Exilländern auszulösen drohten, verstand Braunschweig – und auch seine Zuhörerschaft – antisemitische Reaktionen gegen die einheimischen Juden.[13]

Die Lösung Braunschweigs, die auch von den ausländischen Schwesterorganisationen befürwortet wurde, hiess «geplante Emigration». Die wilde Auswanderung sei zu stoppen, Unterstützung sollten nur noch Flüchtlinge erhalten, die von den jüdischen Institutionen in Deutschland für die Aussiedlung ausgewählt und empfohlen worden seien. Letztlich war dies Teil einer Gesamtstrategie, mit der die Juden versuchten, durch Planung Herr ihrer Lage zu bleiben, das Gespenst des Chaos zu bannen und sich nicht widerstandslos vom Strom der auf sie einstürzenden Ereignisse treiben zu lassen. «Geplante und kontrollierte Emigration» lautete sinngemäss auch die Devise, die unter Berufung auf ebendiese Londoner Konferenz vom *Centralcomité für Flüchtlingshilfe* verkündet wurde.[14] Die Schweizer hatten sich an den internationalen Diskussionen von Anfang an beteiligt und waren bestrebt, gemeinsame Lösungen mit den jüdischen Organisationen anderer Länder zu finden. Ihre Praxis kann daher nicht ohne den beschriebenen internationalen Kontext verstanden werden.

Daneben spielte der nationale Kontext eine entscheidende Rolle. In der Schweiz war die enge Flüchtlingsdefinition der Regierung die erste Prämisse. Die zugrunde liegende Kategorisierung von «politischen» und «wirtschaftlichen» Flüchtlingen entsprach in etwa der Unterscheidung, wie sie 1933 auf den Konferenzen der jüdischen Landesorganisationen und überdies auch von den Regierungen der anderen Nachbarländer Deutschlands gebraucht wurde. Es wundert daher kaum, dass auch der Gemeindebund damals die amtliche

Blick in eine ungewisse Zukunft: Jules Dreyfus-Brodsky, Saly Mayer und Saly Braunschweig (von links) auf der Londoner Hilfskonferenz für deutsche Juden vom 29. Oktober bis 2. November 1933. (AfZ)

Definition nicht in Frage stellte. Erstaunlicher ist auf den ersten Blick, wie lange er die Unterscheidung intern selbst anwenden und darauf verzichten wird, von den Behörden eine Revision des Begriffs zu verlangen. Darüber später mehr. Unzufriedenheit mit der amtlichen Politik artikulierte 1933 nur die Genfer Gemeinde, doch ihre Kritik fand – wie schon ihr Protest gegen die Passivität des Gemeindebunds – keinen Niederschlag in der offiziellen jüdischen Haltung.

Der Gemeindebund erhob auch gegen die anderen behördlichen Prämissen – die Transitmaxime, die Privatfinanzierung und das Erwerbsverbot – keine Einwände. Diese Haltung ist weniger erstaunlich, als es zunächst erscheinen mag, denn sie war auf nationaler Ebene damals die einzig übliche: Auch die Sozialdemokratie akzeptierte alle vier Prämissen, obwohl sie doch von ihrem traditionellen Selbstverständnis her weit weniger behördenkonform war als der SIG (allerdings bemühte sie sich seit 1933 um Arbeitsbewilligungen für *ihre*

Flüchtlinge und um staatliche Subventionen für *ihr* Hilfswerk – beides aber mehr aus finanzieller Not als aus prinzipieller Überlegung). Die einzige gesellschaftliche Gruppierung, die damals eine grundsätzlich andere Politik vertrat, waren die Kommunisten, die die Aufnahme auch der religiös oder kulturell Verfolgten und die Gleichstellung aller Flüchtlinge mit den Schweizern verlangten. Diese Forderungen waren aber Ausdruck einer klassenkämpferischen Fundamentalopposition, die nicht damit rechnete, im politischen Alltag bei der bürgerlich dominierten Mehrheitsgesellschaft ein Entgegenkommen zu finden. Entsprechend fanden die abstrakten Postulate auch keinen Niederschlag in praktischen Anstrengungen der kommunistischen *Roten Hilfe Schweiz* zugunsten der «nur» aus rassistischen Gründen Verfolgten. Nach Ansicht des Gemeindebunds hätte es überdies – wie wir noch sehen werden – nichts Gefährlicheres gegeben, als in den Geruch einer Gesinnungsverwandtschaft mit den Kommunisten zu geraten.[15] Was seine eigene Position betrifft, deutet alles darauf hin, dass die führenden Mitglieder damals mit den Behörden einverstanden waren und weder heimlich opponierten noch nach Handlungsalternativen suchten (die ohnehin schwer zu finden gewesen wären). Etwa wenn Präsident Dreyfus-Brodsky und Sekretär Mayer öffentlich feststellten, die Schweiz sei wegen der «wirtschaftlichen Schwierigkeiten [...] zu solchem Verhalten genötigt». Oder wenn Walter Bloch, der Leiter der Berner Flüchtlingshilfe und in den ersten Jahren einer der wichtigsten jüdischen Gesprächspartner Rothmunds, begründete, warum sein Hilfswerk stets vermieden habe, den Arbeitsmarkt durch deutsche Flüchtlinge zu «belasten»: «Wir waren froh, bei den Behörden das Entgegenkommen zu finden, dass die Flüchtlinge bis zu ihrer Emigration unbehelligt, aber ohne Erwerbsarbeit in der Schweiz sein durften.»

In der Tat schärften die jüdischen Verantwortlichen den Flüchtlingen bei jeder Gelegenheit ein, sich streng an die behördlichen Weisungen zu halten. Für strikten Gehorsam zu sorgen sei man «unserer Regierung schuldig infolge ihrer wohlwollenden Handlung», schrieb etwa im April 1933 der Präsident der *Israelitischen Cultusgemeinde Bern*. Das *Centralcomité für Flüchtlingshilfe* legte wenig später nach: «All diese Versuche der Erwerbstätigkeit sind im allgemeinen Interesse striktest zu bekämpfen. Das Centralcomité würde sich nicht scheuen, derartige Fälle der Fremdenpolizei zu übergeben».[16] Das hätte harte Busse und Ausweisung bedeutet. Die Polizei hatte diese Strafe für den Fall einer Zuwiderhandlung angekündigt und auch gleich alle Flüchtlinge ein Formular unterzeichnen lassen, mit dem diese bestätigten, dass sie die Drohung zur Kenntnis genommen hatten. Die Behörden meinten es ernst, wie sie schon im April mit ersten Ausweisungen bewiesen.[17]

Nach den amtlichen Vorschriften war es möglich, dass einzelne Flüchtlinge in sogenannten Mangelberufen ausnahmsweise eine Arbeitsbewilligung bekamen. Wer neue Arbeitsplätze schaffen würde, hätte sich sogar in der Schweiz niederlassen dürfen. Theoretisch. Erstere Erlaubnis gaben die Behörden nur sehr selten, letztere praktisch nie. Eine der glücklichen Ausnahmen war Leonard Steckel, der schon im Mai 1933 ein Engagement am Zürcher Schauspielhaus annehmen durfte. Für die meisten jedoch begann eine so lähmende wie entwürdigende Untätigkeit in armseligen materiellen Verhältnissen. Als «Dichterin der Juden doch bei guten Zeiten stets hoch verehrt», sei sie «nun zum gemeinsten Bettler herab gezwungen» – so bitter beschrieb sich Else Lasker-Schüler, als sie Silvain S. Guggenheim wieder einmal um Geld bat. Umso mehr verletzte sie die unbeholfene Reaktion ihres Wohltäters, der, als sie ihm einmal eines ihrer Gedichte vorgelesen hatte, verschwand und mit einigen Geldscheinen zurückkehrte. Auch Efraim Frisch musste von der Wohltätigkeit leben, für ihn zahlte das jüdische Hilfswerk.[18]

Flüchtlingshilfe in der Praxis

Frisch war der Normalfall, denn alle bedürftigen jüdischen Flüchtlinge, übrigens zeitweise auch Lasker-Schüler, erhielten Hilfe von der jüdischen Wohlfahrt. Ausnahmen bildeten die «Politischen», für die sich der Gemeindebund «nicht in erster Linie» verantwortlich fühlte, die jedoch damals von der kommunistischen *Roten Hilfe* oder der gewerkschaftlich-sozialdemokratischen *Schweizerischen Flüchtlingshilfe* unterstützt wurden. Die «konfessionslosen» und getauften Juden unter den «unpolitischen» Flüchtlingen fielen anfänglich vermutlich durch das soziale Netz, jedenfalls lehnte das jüdische Hilfswerk deren Betreuung ab, und bei den Christen stiessen sie teilweise auf Misstrauen, zudem hatten sich die christlichen Hilfsorganisationen noch kaum etabliert. Eine gewisse Zusammenarbeit mit den anderen Hilfswerken wird sich ergeben, nachdem man 1936 den Dachverband *Schweizerische Zentralstelle für Flüchtlingshilfe* gegründet hat – dazu unten mehr. Im Alltag waren die jüdischen Kontakte zu den anderen Organisationen spärlich – nicht allein aus Berührungsängsten wie gegenüber den Linken, sondern auch, weil sich alle Gruppierungen nur in den engen Bahnen ihrer Binnensolidarität bewegten.[19]

In Anbetracht dieser Situation reagierten die Hilfswerke bis 1938 regelmässig so wie Walter Bloch, der 1933 von einer einreisewilligen jungen Berlinerin um Hilfe angeschrieben worden war und dieser nun riet, «wenn irgend wie möglich in Deutschland zu bleiben, solange Sie nicht durch die Behörden oder durch Belästigung von Privaten gezwungen werden, auszureisen. Es ist besser, im Lande die ruhigeren und besseren Zeiten abzuwarten, als im Ausland heimatlos und den Entbehrungen ausgesetzt, herumzuirren.» Das jüdische Hilfswerk war in den ersten Jahren der Ansicht, dass nur die wenigsten wegen politischer Verfolgung aus Deutschland ausreisen mussten; bei «wirtschaftlich gescheiterten Existenzen» sei die Ausreise mangels Ansiedlungsmöglichkeit zwecklos, ganz besonders in Richtung Schweiz. Der *Hilfsverein der deutschen Juden* forderte das Schweizer

Centralcomité ebenfalls dazu auf, die Leute zum Bleiben zu bewegen. Wer von den «Unpolitischen» trotzdem kam, wurde zurückgeschickt. Die Situation sei, so die Schweizer Einschätzung, nicht so bedrohlich, als dass man dies nicht verantworten könnte. Um eine «planlose» Flucht zu stoppen, entzog man den Betreffenden die Unterstützung. Auf der Londoner Hilfskonferenz vom Herbst 1933 berief man sich auf die guten Erfahrungen der Schweizer (und Holländer) mit diesem Vorgehen, als man beschloss, nur noch Flüchtlinge zu unterstützen, die von den Partnerorganisationen in Deutschland einzeln geprüft und zur Auswanderung bestimmt worden seien.[20]

Kandidaten für die Aussiedlung aus Deutschland auszuwählen und Nichtausgewählte von der Ausreise abzuhalten oder sie aus einem Ankunftsstaat zurückzuschicken gehörte zur Strategie der «kontrollierten Emigration», die vom Schweizer Centralcomité wie auch von der Londoner Konferenz propagiert wurde. Davon betroffen waren auch die vielen Flüchtlinge, die in Deutschland gelebt hatten, ohne die deutsche Staatsbürgerschaft zu besitzen: Das Centralcomité beschloss, diese Flüchtlinge, vorwiegend Ostjuden, aus der Schweiz in ihren Heimatstaat zurückzuschicken – «so schwer diese Massnahme ist», räumte es ein. Dass die Juden in Osteuropa schrecklichen Lebensbedingungen ausgesetzt waren, konnte ihm nicht entgangen sein. Bis Ende 1933 hatten dann tatsächlich alle nichtdeutschen jüdischen Flüchtlinge die Ausreise angetreten. Das Centralcomité versuchte die Migrationsbewegungen auch zu kontrollieren, indem es die einzelnen Lokalcomités aufforderte, alle Betreuten zu melden. Es wollte verhindern, dass Flüchtlinge sinnlos von einem Ort zum nächsten geschoben wurden oder dass sie an verschiedenen Orten Fürsorgeleistungen bezogen, auf die sie kein Anrecht hatten. Ausserdem antwortete das Centralcomité mit dem Kontrollsystem auch auf die nach seiner Darstellung häufigen Problemfälle unter den Eingereisten: Störenfriede, Schwindler, Nazi-Spitzel, Berufsschnorrer.[21]

Am meisten Sorgen verursachte ihm aber die Frage, wo es all die Menschen platzieren sollte, die es nicht nach Deutschland oder in ihre osteuropäischen Heimatstaaten zurückschicken konnte. In der Schweiz durften sie aufgrund der Transitmaxime nicht auf Dauer bleiben, zudem erlebten die Verantwortlichen in ihrer praktischen Arbeit hautnah die moralischen und materiellen Schäden, die das Erwerbsverbot bei ihren verzweifelten Schützlingen anrichtete. Auch Leute wie Efraim Frisch oder Else Lasker-Schüler harrten – immer der Willkür der Beamten ausgeliefert, bei denen sie ihre Aufenthaltsbewilligung alle paar Monate verlängern lassen mussten – nur mangels Alternative aus. Wohin sollten sie als deutschsprachige Schriftsteller sonst gehen? Nach Österreich, wo der Faschismus auch schon auf dem Vormarsch war?

Die meisten Flüchtlinge zogen selbständig weiter. Das jüdische Hilfswerk tat alles, um auch die übrigen wegzubringen, und beförderte in den ersten beiden Jahren über tausend Personen ins Ausland; die meisten in andere europäische Länder, vor allem nach Frankreich, Italien und Österreich. Da die Weiterwanderung innerhalb Europas wegen der allgemeinen Abwehrhaltung jedoch keine Existenzperspektiven eröffnete, blieb als sinnvolle Alternative nur Übersee. Die Auswanderungen dorthin waren aber, schrieb das jüdische Hilfswerk später, «von Anfang an ein Schmerzenskind». Im ersten Jahr konnten nur gut hundert Flüchtlinge Europa verlassen; die meisten gingen nach Palästina, das damals ebenfalls als Übersee bezeichnet wurde.[22]

Auch wenn der Gemeindebund und das *Centralcomité für Flüchtlingshilfe* unabhängig blieben und über ihre internen Angelegenheiten frei entscheiden konnten, nahmen sie seit den Märztagen 1933 von den internationalen Konferenzen Richtlinien entgegen, wie die Probleme zu lösen seien. Man findet in ihren Papieren immer wieder Formulierungen wie «Paris verfügt», die «Londoner Weisungen» oder «Direktiven der Hicem über einheitliche Massnahmen». Dies mag nicht zuletzt auch als eine rhetorische Strategie eingesetzt worden sein, mit der sie sich bei den eigenen Mitgliedern die notwendige Autorität für ihre Anordnungen verschaffen konnten. Aber es war mehr: Die Schweizer hatten sich seit 1933 immer aktiv für eine gemeinsame Politik eingesetzt und ihrem Anliegen Ausdruck gegeben, dass sich die Landesorganisationen an die international abgesprochenen Grundsätze hielten.[23] Es war schliesslich allen Verantwortlichen klar, dass auf die Politik Nazi-Deutschlands und die dadurch verursachten chaotischen Fluchtbewegungen keine jüdische Organisation im Alleingang reagieren konnte. Bei den Bemühungen um Weiterwanderungen waren die Schweizer nun besonders auf die internationale Zusammenarbeit angewiesen.

Die wichtigste Partnerin war von Anfang an die HICEM. Sie verschickte Richtlinien über die Behandlung der Flüchtlinge, liess sich über Entwicklungen in den einzelnen Ländern berichten, informierte ihrerseits regelmässig über die Auswanderungsmöglichkeiten in andere Länder – dies umfasste sogar konkrete Hinweise auf einzelne Stellenangebote, die für jüdische Emigranten in Frage kamen – und half mit bei der praktischen Abwicklung einer Migration, für die sie auch die beträchtlichen Kosten übernahm.[24]

Die grösste Hoffnung setzte der Gemeindebund von Anbeginn an auf die Ansiedlung in Palästina. Saly Braunschweig und später auch Silvain S. Guggenheim reisten dorthin, um sich einen persönlichen Eindruck zu verschaffen. Braunschweig erzählte seiner Gemeinde, wie er 1934 in «Erez Israel» eine «Reihe von Menschen» getroffen habe, die er «Monate früher bei uns noch als trostlose, seelisch zermürbte und verzweifelte Emigranten gesehen» habe. Da habe er «das Unermessliche verstehen» können, «das in diesen Menschen vorgegangen» sei. «Sie, die sich hier nur als Emigranten, in ihrer frühern Heimat als Parias erniedrigt sahen, sie waren wieder erfüllt vom Glauben an eine Zukunft.» Diese Chance werden in den nächsten Jahren jedoch nur wenige Hundert Flüchtlinge aus der Schweiz bekommen. Auch diese Auswanderungen bezahlte die HICEM. Zentral war hier zudem die Zusammenarbeit mit der 1933 in Basel gegründeten Zweigstelle des *Palästina-Amtes*, dem deshalb zwei Jahre später auch Saly Mayer als SIG-Vertreter beitrat. Dessen konstruktive Hilfe für den Gemeindebund schlug sich jedoch nicht in entsprechenden Subventionen nieder. Nur beschämende tausend Franken habe er 1935 vom SIG erhalten, obwohl er mit diesem unzählige Male verhandelt habe, klagte Neviasky, der das Büro im Alleingang und unter prekären Bedingungen leitete. «Wir sind das wichtigste Palästina-Amt in Europa. Sympathien haben wir genug. Geld gibt uns keiner.»[25]

In Saly Braunschweigs Bericht über die schier wundersame Verwandlung resignierter Parias in zukunftsfrohe Siedler spiegelt sich deutlich die grosse Frustration über die eigene Tätigkeit in der Schweiz. So erging es auch den Verantwortlichen in den Lokalcomités, die den Flüchtlingen nichts anbieten konnten ausser einer Nothilfe für ihren Aufenthalt, bis sie anderswohin zogen. Eine sinnlose, planlose und unbefriedigende Arbeit, fanden sie, besonders dann, wenn sie einen grossen Teil ihrer Finanzen für ergebnisloses Hin- und Herschieben der Flüchtlinge ausgeben mussten. Sie versprachen sich Verbesserungen von der auf Ende Oktober 1933 angesetzten internationalen Konferenz in London, von der bereits die Rede war. Aber schon vorher beschäftigte sich der Gemeindebund mit einem Thema, das er als dringlicher und gefährlicher einschätzte als das Flüchtlingsproblem.[26]

Gegen den Antisemitismus

Aktion nach aussen

Wiederum eiligst nach Basel einberufen. Dieses Mal trafen sich Anfang Mai 1933 alle Delegierten der jüdischen Gemeinden – zusammen mit den Gästen rund hundert Männer –, um geschlossen auf die allerjüngste Entwicklung zu reagieren.

Wenige Tage zuvor hatten sich, bestrebt, in der gesamten Schweiz Fuss zu fassen, verschiedene faschistische Gruppierungen zur *Nationalen Front* vereinigt und in Zürich gemeinsam eine Kundgebung abgehalten. Ein im Saal anwesender jüdischer Beobachter protokollierte, wie ein Redner die Menge dazu brachte, begeistert «zum Graus des Feindes» aufzuspringen und «Harus!» zu schreien, bevor sie mit heftigem Applaus Oberstdivisionär Emil Sonderegger empfing. Der pensionierte Offizier sprach mit ruhiger Stimme: Die Schweizer Fronten seien «nur ein ganz kleiner Teil» der grossen Bewegung, die im «gegenwärtig tobenden Weltenkampf zwischen Bürgertum und jüdischem Marxismus» stünde, welcher sich auszeichne durch «Materialismus, Internationalismus, Feindschaft gegen alles Nationale und gegen Wehrhaftigkeit». Der Redner erklärte diesen Kampf der Kulturen mit Anleihen bei Oswald Spenglers Visionen vom *Untergang des Abendlandes*, um schliesslich den Juden besondere Wirtschaftsstärke, Weltbeherrschungspläne und Freimaurer-Verbindungen sowie die Verantwortung für traditionszersetzende Gleichmacherei zu unterstellen. Dann forderte er – betonend, «dass ihm persönlich jeder Rassenhass unbekannt sei» – Massnahmen gegen die jüdische Gefahr. Dazu gehörten «ein Gesetz zum Schutz des Kleingewerbes und des Mittelstandes gegen den jüdischen Grosshandel», ein «Gesetz zur Abwehr volksfremder Elemente», ein «Verbot, Juden einzubürgern», der Entzug des passiven Wahlrechts für die Schweizer Juden – dies zumindest! – sowie die schleunigste Ausweisung der jüdischen Flüchtlinge.[1]

Nun war Sonderegger augenscheinlich kein bedeutungsloser jugendlicher Wirrkopf: Als einer der ranghöchsten Schweizer Offiziere hatte er im Generalstreik von 1918 mit seinen Truppen Zürich militärisch besetzt und war so zu einer Galionsfigur des Bürgertums in dessen Kampf gegen den «Bolschewismus» geworden. Und jetzt lief dieser Mann zu den Fronten über. Für die Juden der Schweiz war dies besonders Besorgnis erregend: Drang der Antisemitismus nun auch noch in seiner militanten Form in den Mittelstand ein, zu dem man auch sich selbst mehrheitlich zählte?

In der Resolution, die von der ausserordentlichen Delegiertenversammlung des SIG einstimmig verabschiedet wurde, hiess es: «Die Vertreter des schweizerischen Judentums legen hierdurch feierliche Verwahrung ein gegen die Angriffe auf die staatsbürgerlichen Rechte der Schweizer Juden. Oberstes verfassungsmässiges Recht ist die Gleichheit des Bürgers vor dem Gesetz. Dieses Grundrecht ist der Inbegriff der Demokratie. Die antisemitische Bewegung ist unschweizerisch und undemokratisch. Die Schweizerjuden lehnen es ab, für die derzeitige Wirtschaftskrise verantwortlich gemacht zu werden.»

Bedroht sahen die Juden also ihre Gleichberechtigung, ihre grundlegenden Rechte in der Schweiz. Die Situation sei, hatte SIG-Kassierer Lucien Levaillant schon vor der Versammlung gemahnt, «äusserst ernst. Es handle sich um Sein oder Nichtsein.» Die Delegierten beschlossen nun umfassende Abwehrmassnahmen, die sie sogleich als «Aktion» einleiteten.[2] Die Schweiz wurde in sieben Kreise eingeteilt, die jeweils von einem Lokalsekretariat betreut werden sollten. Die unbezahlten Obmänner der einzelnen Sekretariate erhielten die Befugnis, je eine bezahlte Hilfskraft einzustellen – eine Abkehr von der traditionellen Ehrenamtlichkeit, die die Bedeutung und Dringlichkeit der beschlossenen Massnahmen signalisierte. Aktionschef wurde Saly Mayer, der ebenfalls einen besoldeten Mitarbeiter einstellte, selbst aber weiterhin auf eine Entlohnung verzichtete. Die Lokalsekretariate entfalteten sofort eine hektische Aktivität, oftmals bis tief in die Nacht hinein – allen voran, unermüdlich: Saly Mayer. Nach nur einem Monat hatten sie bereits tausend Geschäfte erledigt.[3] Ihre Aufgabe war es, gegen antisemitische Vorkommnisse vorbeugend und reaktiv vorzugehen, über Antisemitismus aufzuklären, die eigene Stellung im Kontakt mit Nichtjuden zu verbessern sowie die eigenen Reihen zu schliessen und zu disziplinieren. Betrachten wir das umfangreiche Programm im Einzelnen:

SCHUTZSUCHE BEI DEN BEHÖRDEN: Der Gemeindebund hatte schon traditionell in den Behörden die wichtigste Versicherung der jüdischen Integrität und Gleichberechtigung gesehen und sich an den Bundesrat gewandt, wenn er – etwa während der antisemitischen Welle von 1923/24 – in Bedrängnis geriet. Zu diesem Schritt entschloss er sich nun auch angesichts des triumphierenden Frontismus. Präsident Dreyfus-Brodsky hatte persönlich im Bundeshaus vorgesprochen, bereits 1932 und wiederholt seit März 1933. Sein Gesprächspartner war nicht nur Heinrich Häberlin, sondern auch der für die Aussenpolitik zuständige, katholisch-konservative Bundesrat Giuseppe Motta, mit dem er besonders häufig verkehrte. Das letzte Mal hatte er die beiden Bundesräte nur Tage nach der Hetzrede Sondereggers besucht. Danach berichtete er – wie schon nach früheren Audienzen –, er habe die «beruhigendsten Zusicherungen» bekommen. Ferner habe er «die absolut klare Darlegung» erhalten, «dass innerhalb des Schweizervolkes, seiner Behörden und seiner Verwaltung der Geist des Antisemitismus, wie er der ausländischen Presse zu entnehmen» sei, «absolut nicht vorhanden» sei. Dieses Vertrauen in die offizielle Schweiz teilten auch andere CC-Mitglieder. Solange «in Bund und Kantonen die Behörden am Ruder bleiben», versicherte Sekretär Mayer, «gibt es in Bezug auf die Verfassung keine Judenfrage».[4]

Antisemitische Aufkleber aus Basel, Genf und Zürich aus den Jahren 1934 bis 1936. (AfZ)

Die Standhaftigkeit ihrer Schutzherren war jedoch nicht für alle über jeden Zweifel erhaben. «Man dürfe sich nicht auf die Behörden als Sicherheit berufen», warnte Kassierer Levaillant. «Die antisemitische Welle könnte stärker sein als sie.» Besondere Sorgen bereitete einigen die Tatenlosigkeit der Regierung, die die Schweizer Situation mit Deutschland verglich und hierzulande überhaupt keine Gefahren sehen wollte. Wenn der SIG dennoch die jüdische Bevölkerung beruhigen wolle, beschied ihm der Bundesrat, könne er eine Resolution veröffentlichen, auf die man reagieren werde. Die Resonanz der Regierung erfolgte wie versprochen sogleich nach der Delegiertenversammlung: «Der Bundesrat betrachtet es als selbstverständlich, dass er gemäss der Verfassung seine Staatsbürger ohne Unterschied von Konfession und Rasse behandelt.» – Keine direkte Antwort an den Gemeindebund, lediglich ein lapidares Pressecommuniqué, daraus zitierbar nur ein einziger Satz. Präsident und Sekretär des SIG fanden die Antwort dennoch «erfreulich», nur einige CC-Kollegen waren weniger überzeugt. Im folgenden Herbst kam auch Saly Mayer zur Erkenntnis, der Einsatz der Behörden – er meinte allerdings wohl vor allem kantonale Amtsträger – gegen die Antisemiten sei erlahmt. Eigentlich war dieser Einsatz aber auf allen Ebenen schon vorher ausgeblieben; er sollte, allen Anstrengungen des SIG zum Trotz, auch künftig unterbleiben.[5]

ANRUFUNG VON GERICHTEN: Auch bei seiner zweiten Strategie, der gerichtlichen Abwehr des Antisemitismus, musste der Gemeindebund fast vollständig auf die Unterstützung durch die eidgenössischen und kantonalen Behörden verzichten. Hinzu kam, dass für diesen Kampf die gesetzlichen Grundlagen sowohl auf nationaler wie kantonaler Ebene fehlten. So konnte der SIG nur in einzelnen Kantonen gegen Schmähschriften erfolgreich juristisch vorgehen. Sein Hauptproblem bestand darin, dass er keine Legitimation für eine Ehrverletzungsklage besass, weil in den meisten Strafgesetzen der Tatbestand der Kollektivbeleidigung fehlte. Immerhin fanden individuell angegriffene Juden bei den Gerichten durchaus Rückhalt. Dies galt jedenfalls für Zürich, wo praktisch alle antisemitischen Täter verurteilt wurden – solange Juden überhaupt klagten, was nach 1935 (vielleicht infolge der Einschüchterung durch die nazi-deutsche Entwicklung) kaum mehr der Fall war.

Zur grössten, auch international beachteten Abwehraktion geriet ein Prozess, mit dem die Schweizer Juden die *Protokolle der Weisen von Zion* gerichtsnotorisch als Fälschung entlarven wollten: Im Sommer 1933 reichte der Gemeindebund zusammen mit den lokalen Gemeinden in Basel und Bern gerichtliche Klagen gegen einige Schweizer Faschisten ein, die diese berüchtigte Schrift über die angebliche jüdische Weltverschwörung verbreitet hatten. Bald vertagten die Kläger den Basler Prozess aus taktischen Gründen, um alle Kräfte auf den Berner Gerichtsfall zu konzentrieren, der sich über Jahre hinziehen sollte. Im Mai 1935 verurteilte der Richter die angeklagten Fröntler und bezeichnete die Schriften als Fälschung, womit er dem eigentlichen Hauptanliegen der Kläger entsprach – auch in der öffentlichen Meinung ein Sieg der jüdischen Seite. Aus formaljuristischen Gründen endete die Berufung 1937 jedoch mit einem Freispruch für die Angeklagten. Da die gerichtlichen Schritte ein enormes Mass an Energien und Finanzen banden und in ihrem Ausgang wie in ihrer öffentlichen Wirkung unabsehbar waren, strengte der Gemeindebund nach 1934 keine weiteren Prozesse an.[6]

STILLER BOYKOTT, KEINE ÖFFENTLICHEN PROTESTE: Der Gemeindebund lehnte nicht nur in den ersten Wochen der Nazi-Herrschaft, sondern auch später einen offenen Boykott Deutschlands ab. Nach Aktionschef Mayer wurde es jedoch von Anfang an als eine Selbstverständlichkeit betrachtet, «alle deutschen Rohprodukte, Brennmaterialien, Fertigwaren, Textilien, pharmazeutischen Artikel und andere Erzeugnisse, auch Literatur und Musik zu boykottieren. Die Durchführung geschieht im Stillen, ohne offiziellen Beschluss. Die Propaganda dafür und die Kontrolle darüber sind deshalb nur durch ausgesuchte Vertrauensleute zu besorgen. Es ist eine dringende Anordnung, dass der Boykott durchgeführt wird.»[7] Mit dem diskreten Vorgehen brachte der Gemeindebund den Boykott jedoch um seine genuine Wirkung: moralischen und politischen Druck durch eine breitere Öffentlichkeit auszuüben. Demgegenüber blieb der ökonomische Schaden, den einige tausend Schweizer Juden dem deutschen Regime zufügen konnten, folgenlos. Aber die öffentliche Wirkungsmacht stand nicht im Blickpunkt des Gemeindebunds. Unausgesprochen ging es ihm vielmehr um eine symbolische Handlung, durch die er gegenüber der jüdischen Gemeinschaft sein Selbstverständnis und seine moralische Position manifestieren und beglaubigen konnte. Explizit mit dieser symbolischen Dimension des Handelns argumentierte Saly Braunschweig, als er später erklärte: «Nicht nur den Juden in Deutschland, sondern uns selbst sind wir es nach 2 1/2 Jahren Abwehrarbeit schuldig, dass wir heute etwas unternehmen: denn es geht auch um uns selbst.»[8] Diese Mahnung richtete er an den Gemeindebund, als er nach Erlass der Nürnberger Rassengesetze versuchte, ihn für eine öffentliche Protestversammlung zu gewinnen. Allerdings vergeblich: Der SIG scheute davor zurück, als Veranstalter aufzutreten. In der gesamten Nazi-Ära sollte es, wie wir noch sehen werden, von seiner Seite nie zu öffentlichen Protestveranstaltungen kommen, weder gegen antisemitische Vorgänge im Ausland noch im Inland.

Die Zurückhaltung des Gemeindebunds erwuchs zum einen aus der Besorgnis, dass sich derartige Massnahmen für die deutschen Glaubensgenossen kontraproduktiv auswirken könnten, und zum anderen aus der Rücksicht auf die Neutralitätspolitik der Schweiz. Hinzu kam noch die Befürchtung, jede öffentliche jüdische Reaktion könnte den Antisemitismus auch hierzulande verschärfen – so wie neuerdings in Deutschland die gegen die Nazis gerichteten Proteste diesen nur als Vorwand für neue antijüdische Massnahmen dienten. Vergleichbare Bedenken findet man bereits in früheren Jahrzehnten. Daran erinnerte Elias Sternbuch, als er im Mai 1933 im *Israelitischen Wochenblatt* kritisierte, die «schweizerische Judenheit» hätte «seit Jahr und Tag» «eine Politik der Lauheit» verfolgt. Aus schierer Angst. «Wir wollten ja nicht, dass man sich in der Schweiz mit dem Juden oder gar mit dem Judentum beschäftigt. Während wir uns aber so ducken, abseits stehen, und glauben, dass vielleicht mit einem gelegentlichen diplomatischen Schritt alles getan sei, drängen uns die Antisemiten in eine unnötige Defensivstellung. Es ist endlich Zeit, dass wir offen auftreten, öffentliche Versammlungen veranstalten». Der orthodoxe Jude aus St. Gallen traf sich in dieser Analyse mit zionistischen Linken – aber die daraus abgeleitete Forderung sollte im Gemeindebund weder jetzt noch in den kommenden Jahren eine Mehrheit finden.[9]

PUBLIZISTISCHE GEGENMASSNAHMEN: Wie die provisorische Anstellung eines Journalisten in Genf im April 1933 zeigte, war sich das Centralcomité von Anfang an bewusst, dass man unbedingt publizistisch reagieren musste. Die Lokalsekretariate beobachteten die Presse hinsichtlich antisemitischer Auswüchse, intervenierten bei Redaktionen, bedienten diese mit Dokumentationen oder schrieben Entgegnungen. Der SIG gab zudem einige Druckschriften heraus, die er direkt an die potenzielle Leserschaft verschickte, teilweise an ausgewählte Adressen – Parlamentarier, Geistliche, Intellektuelle, Ärzte, Wirtschaftsführer, Studenten –, teilweise flächendeckend an alle Haushalte in gewissen Kantonen. Am wichtigsten war wohl die Verbreitung einer Broschüre zu den «Protokollen», die immerhin an 250000 Privatadressen und 300 Zeitungsredaktionen ging. Aber auch in diesem Bereich pflegte er meist die traditionelle ängstliche Zurückhaltung, mit der er jede Provokation vermeiden wollte. Die Schriften erschienen selten im Namen des Gemeindebunds, und ein eigenes Zeitungsprojekt versandete ebenso wie die Tätigkeit des Genfer Dokumentationsbüros. Die innerjüdische Kritik, die den fehlenden öffentlichen Protesten gegolten hatte, wiederholte sich gegenüber dem publizistischen «Niedrigprofil» – und sie blieb genauso folgenlos. Zu einer systematischen und wirksameren Pressearbeit sollte es erst mit der Einrichtung der *Jüdischen Nachrichtenagentur (JUNA)* im Jahr 1936 kommen.[10]

BEOBACHTUNG ANTISEMITISCHER VORGÄNGE: Neben der Presse beobachteten die Lokalsekretariate auch alle Veranstaltungen, die in irgendeiner Weise Juden betrafen. Vorrangige Aufmerksamkeit widmeten sie den Fronten und den Universitäten, an denen diese Bewegung besonders rege war, doch sie besuchten auch die Zusammenkünfte der bürgerlichen Parteien und sogar der Sozialdemokratie. Für den Fall, dass die jüdischen Vertreter selbst das Wort ergriffen, erhielten diese Instruktionen und Argumentationshilfen, um ihrer schwierigen Aufgabe besser gewachsen zu sein.[11]

KONTAKTPFLEGE ZU NICHTJÜDISCHEN FÜRSPRECHERN: Angesichts seiner gesellschaftlich schwachen Position hatte der SIG schon früher Schützenhilfe von nichtjüdischer Seite begrüsst. Wegen der generellen Gleichgültigkeit der Schweizer Mehrheitsgesellschaft gegenüber den zunehmenden antisemitischen Ausfäl-

Gegen den Antisemitismus

Die Juden in der Schweiz waren regelmässig Zielscheibe des antisemitischen Hetzblatts «Der Stürmer». Karikatur aus der Ausgabe vom 4. Januar 1935. (Institut für Zeitgeschichte München-Berlin, Archiv, Z 1013)

ligkeiten sahen sich die Juden nun von einer gefährlichen Isolation bedroht, und verschiedene Stimmen forderten, Kontakte zu nichtjüdischen Kreisen zu schaffen. Dass er ohne nichtjüdische Fürsprecher wenig erreichen konnte, war dem Gemeindebund von Anfang an klar. Er fand auch einzelne Persönlichkeiten, die er veranlassen konnte, gegen den Antisemitismus Stellung zu beziehen, etwa den Berner Schriftsteller Carl Albert Loosli oder den renommierten Völkerrechtler William E. Rappard, einen der beiden Gründer des angesehenen *Institut universitaire de hautes études internationales* in Genf. Es gelang dem Gemeindebund jedoch nicht, seine Isolation zu durchbrechen – die Quellen lassen allerdings

Zweifel aufkommen, ob er diesbezüglich wirklich grosse Anstrengungen unternahm. Nicht zu unterschätzen sind indes die massiven gesellschaftlichen und mentalen Barrieren, die damals zwischen unterschiedlichen Milieus, etwa auch zwischen Katholiken und Protestanten oder Bauern und Arbeitern, bestanden und – für uns heute kaum noch vorstellbar – als selbstverständlich hingenommen wurden. Der Gemeindebund verfügte auch über keine engen Verbindungen zu den Landeskirchen und den grossen Verbänden – von Ausnahmen abgesehen, auf die wir noch zu sprechen kommen. Seine parteipolitischen Beziehungen blieben ebenfalls beschränkt und einseitig. Abgesehen von den christlichen, waren die Juden zwar in allen Parteien vertreten, besonders stark in der freisinnig-demokratischen und in der sozialdemokratischen, dennoch schloss der Gemeindebund ein Zusammengehen mit der Linken, die doch von allen Parteien den Antisemitismus am ehesten bekämpfte, von vornherein kategorisch aus. Sekretär Mayer erklärte im April 1933, die Juden könnten sich nur bei den Freisinnigen engagieren; Fühlungnahmen mit dieser Partei hätten bereits ergeben, dass sie die neuen intoleranten Bewegungen ablehne. Ausgerechnet freisinnige Politiker unternahmen jedoch nur Wochen später in Zürich erste Vorstösse, um für die anstehenden städtischen Wahlen ein Bündnis zwischen bürgerlichen Parteien und Frontisten herbeizuführen, das dann auch zustande kam.[12]

Bei den Katholiken scheint der Gemeindebund in den dreissiger Jahren nur in Bischof Alois Scheiwiler von St. Gallen einen verlässlichen Fürsprecher gefunden zu haben. Es war Saly Mayer selbst, der mit ihm spätestens seit August 1933 in Verbindung stand. Scheiwiler vertrat zwar zeitlebens eine unversöhnlich antiliberale und antisozialistische Haltung und war in früheren Jahren gegen die «Verjudung der Sozialdemokratie» und die «jüdische Weltherrschaft» angetreten, dennoch reagierte er nun sensibel auf das den Juden zugefügte Unrecht. Schon 1935 verurteilte er öffentlich den Antisemitismus und die deutsche Judenverfolgung – als einzige prominente Stimme im Katholizismus; nach seinem Tod im Juli 1938 sollte den Juden für Jahre fast jede Unterstützung von dieser Seite fehlen.[13]

Ein wenig offener war der Protestantismus. Im September 1933 bat der Rabbiner der *Israelitischen Cultusgemeinde Zürich*, Martin Littmann, den *Zürcher Kirchenrat* um eine Stellungnahme gegen den Antisemitismus, die dann – nach einigem Zögern und vorsichtig jeden Angriff auf Deutschland vermeidend – in einer Neujahrsbotschaft erfolgte. Zu den treibenden Kräften gehörte Ludwig Köhler, Professor für Altes Testament an der Universität Zürich, der schon 1923 die *Protokolle der Weisen von Zion* als «elendes Machwerk» bezeichnet hatte und sich nun auch beim aktuellen Gerichtsprozess als Sachverständiger zur Verfügung stellte. Zur Zeit der «Endlösung» sollten die evangelisch-reformierten Landeskirchen dann zu den wichtigsten Verbündeten des SIG im Kampf für eine humanere Asylpolitik werden.[14]

Da den Gemeindebund die Gefahr einer antisemitischen Expansion im bürgerlichen Lager stark beschäftigte, suchte er seit April 1933 Rückendeckung beim *Schweizerischen Vaterländischen Verband (SVV)*. Dieser Verein rechts stehender Notabeln war aus den bewaffneten Bürgerwehren hervorgegangen, die sich anlässlich des Generalstreiks von 1918 formiert hatten, um den vermeintlich geplanten gewaltsamen bolschewistischen Umsturz zu verhindern. Der Kampf gegen Sozialismus und Kommunismus blieb auch in den nächsten Jahrzehnten sein Hauptanliegen, verfolgt mit Konsequenz und Eifer, zuweilen mit paranoider Besessenheit. Er baute dafür einen eigenen Nachrichtendienst auf, zu dem ein viele Regionen umfassendes Denunziantennetz sowie über die Landesgrenze hinausreichende Kontakte gehörten. Seit den Anfängen arbeitete er mit den Behörden zusammen, insbesondere mit Armee, Bundesanwaltschaft und Fremdenpolizei, mit denen er auch vertrauliche Informationen austauschte. Den befürchteten Umsturz betrachtete der Verband als Import der kommunistischen Internationalen und leitete daraus wiederum ein Junktim zwischen Ausländern und Kommunisten ab, die er zu einem einzigen Feindbild verschmolz. So hatte er sich seit der ersten Stunde auch dem Kampf gegen die «Überfremdung» verschrieben. Sein beträchtliches Gewicht im Inland beruhte darauf, dass seine antibolschewistische Stossrichtung *der* politischen Konstante des Schweizer Bürgertums entsprach und zu seinen Mitgliedern und Sympathisanten viele einflussreiche Männer aus Armee, Wirtschaft und Politik gehörten. In den ersten Jahren spielte der SVV überdies eine wichtige Rolle unter den gesinnungsverwandten Vereinigungen in Europa; er musste sich auch bereits während der Hakenkreuzwelle von 1923 Kontakte zu Hitler vorwerfen lassen, was im Übrigen seinem guten Ansehen keinen Abbruch tat.[15]

Der SVV konnte – so die Hoffnung des Gemeindebunds – vielleicht Schützenhilfe leisten, um Oberstdivisionär Sonderegger von seinen antisemitischen Feldzügen auf den rechten Weg zurückzuholen oder ihn wenigstens zu neutralisieren. Vermutlich war es Saly Mayer persönlich, der in dieser Sache sogleich bei der sankt-gallischen Verbandssektion intervenierte. Hierauf erteilte der regionale SVV-Obmann dem bisherigen Kampfgefährten Sonderegger eine scharfe Rüge: Die alteingesessenen Juden, belehrte er ihn, «haben ihre zivilen, bürgerlichen & militärischen Pflichten immer getreulich erfüllt & stehen durchaus auf nationalem Boden. Sie müssen daher Ihre Ausführungen als schwere Kränkung & Beleidigung empfinden. Aber mit ihnen empfindet auch der Grossteil der christlichen Bevölkerung die Judenhetze in der Schweiz als ungerecht & unschweizerisch». Eine mit ihm, Sonderegger, in St. Gallen vorgesehene Veranstaltung komme deshalb vorerst nicht in Frage. Den alten Haudegen konnte diese Massregelung allerdings ebenso wenig bekehren wie die Intervention, die der Gemeindebund in der gleichen Sache beim Bundesrat vornahm. Da bei der Landesregierung auch der *Bund Schweizer Juden* – den wir gleich kennen lernen werden – vorstellig wurde und direkt bei Sonderegger noch weitere Juden vorsprachen, präzisierte der Fröntler seinen Standpunkt schriftlich: «Was ich verlange, ist nur, dass man den Zuzug von weiteren fremden Juden, die man ja alle als politisch verdächtig

halten muss, verhindert, d.h. dass man ihnen nicht die Aufenthaltsbewilligung erteilt und sie nicht einbürgert. Zweitens, dass man den bereits naturalisierten fremden Juden die Wählbarkeit in die eidgenössischen und kantonalen Behörden entzieht. Von diesem Entzug sollten die alteingesessenen Juden nicht betroffen werden. Damit aber die Trennung aufrechterhalten werden könne, ist es notwendig, dass die Eingesessenen sich von den Fremden gehörig distanzieren.»
Saly Mayer betrachtete diese Präzisierung Sondereggers bereits als eine merkliche Mässigung. Doch das Centralcomité hielt die Erklärung immer noch für schlimm genug, um eine Veröffentlichung, die man offensichtlich erhofft hatte, auszuschliessen.[16]

Umso drängender wurde für den SIG daher die Frage, inwiefern er auf den Rückhalt des SVV zählen konnte. So wandte er sich an den Mann, der diesen Verband gegründet hatte und noch immer dominierte: Dr. Eugen Bircher, Nationalrat der konservativen *Bauern-, Gewerbe- und Bürgerpartei*, Oberstdivisionär in der Milizarmee, Präsident der *Schweizerischen Offiziersgesellschaft* und der *Schweizerischen Ärztegesellschaft* sowie wichtiges Mitglied der rechtsbürgerlichen Erneuerungsbewegung *Bund für Volk und Heimat*. Der reaktionäre und deutschfreundliche Politiker hatte im Mai 1933 in der *Schweizer Mittelpresse*, die als grosse Nachrichtenagentur die Spalten vieler Zeitungen füllte, gegen die «in böswilliger Weise zum Schaden des Reiches» ausgestreuten «Schauermärchen» von angeblichen «Judengreueln» protestiert. Zwar habe das deutsche Judentum eine «harte Strafe getroffen», dies sei jedoch «verständlich», da «in der sozialdemokratischen Partei Deutschlands und damit in der Regierung wie im Geschäftsleben meist erst nach dem Krieg eingewanderte Juden alles an sich gerissen und damit ungezählte Existenzen abgewürgt» hätten. Bircher war sich auch nicht zu schade, die alten Verschwörungstheorien der deutschen Rechtsextremen und Nazis über eine angebliche jüdische Urheberschaft bei den Münchner Revolutionswirren aufzuwärmen: «Der grosse Hass in weitesten Volkskreisen aber rührt aus der Revolution von 1918 und aus den späteren Unruhetagen in München her, wo Leute wie Levi [Levien], Leviné, Niessen und zahlreiche andere die schändlichsten Greueltaten verübten, neben denen sich die schlimmsten Auftritte bei der gegenwärtigen und viel grösseren Umwälzung geradezu harmlos und bescheiden ausnehmen.»[17] – Blutsauger, Umstürzler und Gräueltäter, die Juden sind einmal mehr selbst schuld an ihrem «Unglück».

Mit diesem Mann sprach nun Isidor Nordmann, der Präsident der jüdischen Gemeinde Freiburg, der dank seinem Rang als Oberstleutnant der Armee dazu besonders geeignet schien. Unbekannt ist, ob er bei dieser Unterredung auch Birchers Lügenartikel zur Sprache brachte, Hauptthema war jedenfalls die jüdische Beunruhigung über den Antisemitismus in den Fronten. Bircher versicherte seinem Gesprächspartner zuhanden des Gemeindebunds, dass die Schweizer Juden sich unnötig Sorgen machten, sie hätten nicht die gleichen

Verfolgungen wie ihre Glaubensgenossen in Deutschland zu befürchten. Über diese Mitteilung zeigte sich der SIG gegenüber Bircher «sehr erfreut», zumal er sie als die offizielle Haltung des *Schweizerischen Vaterländischen Verbandes* und des *Bundes für Volk und Heimat* verstand. Saly Mayer bat den Politiker, diesen Standpunkt auch öffentlich bei der bevorstehenden *Schweizerischen Jugendtagung* zu vertreten, die von diesen beiden Organisationen veranstaltet wurde und bei der Bircher als Hauptredner auftreten sollte. Er liess ihm zu diesem Zweck eine Übersicht zukommen, «welche Aufschluss gibt über die Stellung des Judentums in der Schweiz und aus welcher vor Allem hervorgeht, dass bei uns die Verhältnisse ganz anders liegen als im Ausland». Dieser Darstellung konnte Bircher etwa entnehmen, dass es im einheimischen Judentum nur einen einzigen führenden Financier gab, dass der Grossteil der überhaupt politisch Tätigen bürgerlichen Parteien angehörte und dass nur ein Viertel bis ein Fünftel aus dem Osten eingewandert war. – Anders als im Ausland, hiess also Mayers Hauptargument der Verteidigung.

Und wenn das «Ausland» in die Schweiz kommt? Oberst Bircher dazu öffentlich: «Ich habe mich davon überzeugt, dass die Juden in der Schweiz weder in der Wirtschaft noch in der Politik eine Rolle spielen. Wir kennen keine Judenfrage; aber wir werden auch dafür sorgen, dass wir keine bekommen: denn wenn es mit der Einwanderung so weitergeht, dann haben wir sie in 10 Jahren.»[18] – Der unselige Prophet wird nichts unterlassen, um «Recht» zu behalten.

Die Argumentationslinie des SIG-Sekretärs, die die Differenz zur jüdischen Situation im Ausland betonte, führte neben der Abwehr gegen aussen zwingend zu einer zweiten Strategie, die sich mit den jüdischen Verhältnissen in der Schweiz befasste: zu einer Abwehr gegen innen.

Aktion nach innen

JÜDISCHE EINGLIEDERUNG IN DIE MEHRHEITSGESELLSCHAFT: Als Reaktion auf den antisemitischen Grundvorwurf, die Juden seien Fremdkörper in der Gesellschaft, propagierte der Gemeindebund engere Beziehungen zur Mehrheitsgesellschaft. Die Strategie war nicht neu – und bedeutete nicht Integration, sondern Anpassung, Assimilation. Bereits 1901 behauptete Charles Bollag, der später für Jahrzehnte im Centralcomité des SIG eine wichtige Rolle spielen sollte: «[W]ir sind nicht frei geworden, damit wir ein Volk im Volke bilden, sondern damit wir im Volke aufgehen, immerhin unter Wahrung unseres von den Vätern überkommenen Glaubens und unter Beibehaltung unserer wichtigsten religiösen Gesetze». Und nun forderte der Aktionschef Mayer: «Schaffung natürlicher Beziehungen zu den politischen Parteien und zur Gesamtbevölkerung durch Eintritt in Parteien und Vereine, Besuch der Versammlungen und Bekundung von Interesse». Natürliche Beziehung hiess bei Mayer vor allem Anpassung.

Wie weit diese gehen konnte, zeigte sein persönliches Beispiel: Saly Mayer war – wann, wissen wir nicht – dem *Schweizerischen Vaterländischen Verband* als Mitglied beigetreten. Damit war er kein Einzelfall, denn in St. Gallen zählten die Vaterländischen mehr Juden als jede andere Sektion: fast zwanzig Männer, darunter auch Willi Burgauer, den Präsidenten der Kultusgemeinde.[19]

Anstoss nahm die SIG-Spitze hingegen daran, wenn sich Juden mit der extremen Linken einliessen. Nicht verwunderlich, da dem Schweizer Bürgertum schon die Sozialdemokratie als systemfremd galt. Der sankt-gallische SVV-Obmann unterstützte den SIG in dieser Haltung und übergab dessen Sekretär im Sommer 1933 Informationen, die sein Spitzeldienst erstellt hatte. Kommunisten hätten für ihren Kampf gegen Faschismus und Antisemitismus von Juden Geld erhalten, vertraute er Mayer an. Diese Unterstützung sei auszuschalten, denn wenn sie an die Öffentlichkeit dringe, könne sie «für die Gesamtheit der St. Galler Israeliten recht unliebsam werden». Daraufhin mahnte der SIG-Sekretär seine Leute mehrfach und mit Nachdruck: «Es kann nicht genug gewarnt werden vor parteipolitischer Verbindung nach dieser Seite, vor Eingehen auf deren Ziele und vor finanzieller Unterstützung derselben.»[20]

EINGLIEDERUNG DER JUGEND: Erhebliche Sorgen bereiteten die Jungen, besonders der Umstand, dass sie sich in Bewegungen ausserhalb der jüdischen Gemeinden organisierten. Laut dem unterdessen zum SIG-Vizepräsidenten avancierten Charles Bollag war die Anteilnahme der Jugend an Politik und Leben in der Schweiz gering. Er zielte damit auf die jungen Zionisten, die «nicht am hiesigen Staate, sondern an Palästina und am Weltjudentum» hingen und eine beträchtliche Anhängerschaft hatten. Auch dieser Vorwurf war so wenig neu wie das zugrunde liegende Motiv, die Angst nämlich, dass die Antisemiten diese Haltung als mangelnden Patriotismus, als doppelte Loyalität auslegen würden. Der SIG wollte daher, so Mayer programmatisch, die Jugendlichen «zusammenfassen und zur Mitarbeit am Judentum und Vaterland heranziehen» und sie «zu nützlichen Gliedern der schweizerischen Volksgemeinschaft, aber auch der Gemeinden» heranbilden, «damit der Vorwurf dahinfällt, dass sie im Schweizerlande Fremde seien». Das hiess auch verbesserte Integration ins Gemeindeleben, etwa indem in verschiedenen Städten Jugendheime gegründet wurden. Es galt auch, formale Hindernisse zu beseitigen, da junge Männer gar nicht in allen Gemeinden ohne weiteres Mitglied werden konnten.[21]

Das entgegengesetzte Problem hatte der SIG mit den jungen Superpatrioten aus der Region Zürich, die im Juni 1933 den *Bund Schweizer Juden (BSJ)* gegründet hatten. Die ungestümen und zornigen Männer hielten die Abwehrreaktion des Gemeindebunds für lahm und defensiv, das Centralcomité für vergreist und verkalkt; und dass die oberste Landesbehörde einen Teil der Bürger nicht aktiv schützte, konsternierte und empörte sie. Nachdem ihnen der reaktionäre *Bund für Volk und Heimat* die Aufnahme als Mitglieder verweigert hatte – mit dem Argument, als christliche Organisation hätte er für Juden keinen Platz –,

1935–1937 fanden in Bern zwei Prozesse wegen der Verbreitung der «Protokolle der Weisen von Zion» statt. Zweiter von rechts in der ersten Zuschauerreihe Benjamin Sagalowitz, ganz links Saly Mayer. (AfZ)

gründeten sie kurzerhand einen eigenen Bund und zählten schon nach wenigen Wochen beachtliche zwei- bis dreihundert Verbündete.[22]

Die Männer betonten entrüstet und verletzt ihre wahre Vaterlandsliebe, ihr alteingesessenes Schweizertum, ihre getreue Erfüllung ziviler und militärischer Pflichten sowie ihren dezidierten Antibolschewismus. In diesem Sinne forderten sie auch den Gemeindebund auf, eine Protestkundgebung abzuhalten und «öffentlich ein Treuebekenntnis zum schweiz. Heimatland» abzulegen. Ihr stolz und offensiv vorgetragener Rechtspatriotismus sollte den Fröntlern Paroli bieten – er richtete sich jedoch zugleich gegen die zugewanderten linken und ostjüdischen Glaubensgenossen. Der BSJ schuf damit in den eigenen Reihen exakt die Spaltung, die Sonderegger & Co. einforderten. Dies empfand auch der Gemeindebund als gefährlich, der zudem in der Schweizer Öffentlichkeit der einzige Repräsentant der Juden bleiben und keine separatistische Bewegung dulden wollte. Mit Mühe konnte er den Bund schliesslich im November 1933 dazu bewegen, auf öffentliche Auftritte zu verzichten und sich in die Zürcher Abwehrorganisation einzugliedern, wo seine Bedeutung bald verblasste.[23]

Einen Spezialfall bildeten die jüdischen Studierenden an den Schweizer Universitäten. Nach Ansicht des SIG hatte sich deren ausländischer Anteil durch die Flüchtlingswelle noch vergrössert, so dass von den insgesamt 1100 Personen lediglich 100 Einheimische waren. Statt auf Integration setzte man hier auf Isolation. Um keine Reibungsfläche zu bieten und Antisemitismus vorzubeugen, propagierte der Gemeindebund nämlich die Entfernung der jüdischen Studierenden aus den öffentlichen Lesesälen und Bibliotheken. Und die jüdischen Gemeinden errichteten mit dessen finanzieller Unterstützung als Alternative in den Universitätsstädten eigene Studentenheime.[24]

VERÄNDERUNG DER BERUFSSTRUKTUR (UMSCHICHTUNG): Für noch dringlicher hielt man die berufliche Umorientierung des Nachwuchses. Die Zahl jüdischer Akademiker habe schon in normalen Zeiten nachdenklich gestimmt, meinte die SIG-Spitze, heute jedoch müsse «jungen Leuten vom Studium unbedingt abgeraten werden». In Reaktion auf die antisemitischen Vorwürfe, dass die Juden gewisse Gesellschaftsbereiche dominierten, verschaffte sich der Gemeindebund eine Übersicht über die jüdische Berufsstruktur und fand im Ergebnis ausser dem Anteil der Akademiker auch denjenigen der Kaufleute bedenklich hoch. Man intensivierte daher eine Strategie, die schon jahrzehntealt war, und versuchte, diese Verteilung zu ändern und die Erwerbstätigen umzuschichten. Konkret bemühte man sich darum, die männliche Jugend in Handwerk und Landwirtschaft umzuleiten. Und für Mädchen propagierte man den Beruf des Dienstmädchens.

Derartige Bemühungen stiessen jedoch nicht nur mangels Einfluss und Finanzen des Gemeindebunds auf enge Grenzen; sie waren auch grundsätzlich prekär, wie Saly Mayer seinem Präsidenten schrieb: «Sind wir irgendwo stark vertreten, so ist es nicht recht; sind wir schwach vertreten, so wird uns auch hieraus ein Strick gedreht.» Diese Einsicht hinderte ihn und andere CC-Mitglieder jedoch nicht daran, überhaupt von «Verjudung» und von «verjudeten» oder «judenreinen Berufen» zu sprechen – womit sie implizit, wenn auch in der Verneinung, die antisemitische Behauptung anerkannten, dass die jüdische Präsenz per se ein Problem darstelle.[25]

SCHLIESSUNG DER EIGENEN REIHEN: Unmittelbar nach dem Beschluss zur «Aktion» richtete der Gemeindebund «an alle Juden der Schweiz einen Generalappell: Ohne jeden Unterschied religiöser Observanz, Herkunft, gesellschaftlicher Stellung, ob Jung oder Alt, muss Jeder auf seinem Platz mithelfen, um unserer ‹Aktion› einen vollen Erfolg zu sichern.» Dieser Aufruf hatte einen zweifachen Hintergrund. Einmal stellten die Abwehraktion und die Flüchtlingshilfe für den SIG in jeder Hinsicht weit grössere Herausforderungen dar als alle früheren Aufgaben, nicht zu vergleichen mit der Schächtfrage, die ihn bisher hauptsächlich beschäftigt hatte. Der noch junge Verein musste zudem erstmals in umfassendem Sinne die Interessen aller im Land anwesenden Juden vertreten. Seine Legitimation als alleiniger Repräsentant der gesamten heterogenen Gemeinschaft wurde zwar – sieht man vom Intermezzo mit dem *Bund Schweizer*

Juden ab – von niemandem grundsätzlich in Frage gestellt, fusste aber weder auf organisatorischer noch auf politischer Erfahrung und musste – da augenscheinlich nicht selbstverständlich – öffentlich betont werden. Um ein Missverständnis zu vermeiden: Die Fähigkeit, die Juden der Schweiz zu repräsentieren, ist natürlich keineswegs gleichbedeutend mit der Fähigkeit, die Politik aller jüdischen Gemeinden und Gruppierungen nach der eigenen Strategie auszurichten. Dies vermochte der Gemeindebund nicht. Hinzu kam, dass er nur über eine kleine Basis verfügte. So bestand eine der Anstrengungen darin, die Zahl der Mitglieder zu vergrössern und alle abseits stehenden Juden systematisch zum Eintritt in Gemeinden zu bewegen. Die Resonanz blieb jedoch beschränkt: Einerseits stiess der SIG bei einem Teil der Juden, die nur das Niederlassungsrecht, aber kein Schweizer Bürgerrecht besassen, auf taube Ohren – ein konfliktreiches Feld, wie wir noch sehen werden. Andererseits gingen viele jüdische Gemeinden durchaus selektiv vor, da sie kein Interesse an denjenigen Juden hatten, die als Mitglieder potenziell ihre Armenkasse belasten würden.[26]

SICH SELBST DISZIPLINIEREN: Bereits 1932 hatte sich die SIG-Leitung an eine weitere traditionelle Strategie erinnert und die Gemeindemitglieder zu einer «in der heutigen Zeit doppelt gebotenen Zurückhaltung und Disciplin» aufgerufen, «damit dem Antisemitismus nicht die erwünschte Gelegenheit geboten wird, Einzelvorkommnisse breitzuschlagen und zu verallgemeinern. Es liegt in der Hand jedes Einzelnen, zur Besserung der Lage beizutragen.» Da man nach dieser Logik der Selbstbeschuldigung den Antisemitismus durch das eigene Verhalten vermindern konnte, schien es nur konsequent, die Disziplinierung der «inneren Schädlinge» von Beginn an auf das Aktionsprogramm zu setzen. «Es soll keinem Juden irgend etwas vorgeworfen werden», zitierte der Berner Aktionsobmann den «strikten Befehl» des Gemeindebunds.[27]

Die interne oder innere «Schädlingsbekämpfung», wie sie auch genannt wurde, stellte das moralische und soziale Verhalten unter eine Art Generalverdacht und fokussierte jegliche Handlungsweisen, die für unliebsames Aufsehen hätten sorgen können. So versuchten die damit Beauftragten etwa, Streitereien unter Juden zu verhindern oder im Stillen zu regeln, Ostjuden von ihrem täglichen Kartenspiel in Restaurants abzuhalten oder einen Sexualarzt zur Entfernung seines Praxisschilds zu veranlassen – Letzteres sozusagen eine prophylaktische Reaktion auf die Zerschlagung der Sexualreform-Bewegung in Deutschland, die die Nazis fast unmittelbar nach ihrer Machtübernahme eingeleitet hatten.[28]

Vorrangiges Augenmerk erhielt die politische und geschäftliche Konformität. Als wirksamstes Gegengift gegen den antijüdischen Vorwurf des Internationalismus und der Illoyalität und damit als beste Verteidigung der Gleichberechtigung galt der offen gezeigte Patriotismus. «Die Hauptsache sei», meinte Vizepräsident Charles Bollag, «dass man in den politischen Parteien, in denen man sich betätige, sein Schweizertum bekunde.» Beachten wir Bollags Nuance – er sprach von Bekunden, nicht von Fühlen oder Handeln, und meinte damit keineswegs ein

Lippenbekenntnis: Dass man als guter Schweizer patriotisch *war*, galt für Bollag und seine CC-Kollegen als ebenso selbstverständlich wie damals für die meisten nichtjüdischen Schweizer und bedurfte keiner eigenen Aufforderung. Zionistische Aktivitäten passten freilich nicht in dieses Konzept, so dass Saly Mayer schon im Mai 1933 eine Vortragsreise Zeev Vladimir Jabotinskys, des Gründers der nationalistischen revisionistischen Bewegung, zu verhindern suchte.²⁹

Sehr ernst nahm der SIG, wie bereits gesehen, die starke antisozialistische Stimmung im Schweizer Bürgertum. Die Juden sollten auf keinen Fall mit den Linken zusammenarbeiten, um dem antisemitischen Stereotyp des jüdischen Bolschewisten nicht weitere Nahrung zu geben. Intern drückte sich diese Abgrenzung dadurch aus, dass in der untersuchten Periode Linke in den leitenden Gremien des Gemeindebunds eine marginale Rolle spielten. Nur im Centralcomité waren sie zeitweilig durch eine Einzelperson vertreten, und zwar durch den Sozialdemokraten Max Gurny von 1941 bis 1943 und durch den parteilosen Linkszionisten Veit Wyler ab August 1944. Auch in den institutionellen Kontakten und Korrespondenzen tauchten Linke höchst selten auf. Bezeichnend für deren Marginalisierung ist der Umstand, dass einige wenige Sozialisten, die in keinen SIG-Gremien sassen, als treibende Kräfte bei der internen Oppositionsbewegung von 1942/43 auftraten, auf die wir noch zu sprechen kommen.³⁰

Durch die generelle Distanzierung von den Linken konnte natürlich die antisemitische Propaganda nicht verhindert werden, die mit dem angeblichen jüdisch-bolschewistischen Einfluss im Ausland argumentierte und die wenigen prominenten jüdischen Politiker unter den Schweizer Linken als Beleg für die Gefahr im eigenen Land nahm. Einer der Fälle, die die jüdische Gemeinschaft immer wieder beunruhigten, war Nationalrat Jacques Dicker, der nicht nur dem Kommunismus, sondern auch dem Atheismus anhing. Bereits im Mai 1933 wurde Mayer deshalb gebeten, «an Herrn Dicker als Mensch und Juden [zu] appellieren, dass er auf die jetzige Situation des Schweizer Judentums mehr Rücksicht nehmen solle».

Anfang 1934 fragte der besorgte SIG-Sekretär die *Israelitische Kultusgemeinde Wien*, ob es stimme, dass die österreichische Sozialdemokratie (die in ebendiesen Tagen vom an die Macht gekommenen Dollfuss-Regime blutig zerschlagen wurde) zu neunzig Prozent jüdisch und überdies mit der Gottlosenbewegung verbunden sei. Zugleich bat er um Rat, wie man in der Schweiz mit Leuten wie Dicker umgehen solle, der doch keinen Kontakt zum Judentum habe, aber jüdischer Abstammung sei und in der Öffentlichkeit konstant als Jude bezeichnet würde. Der Vizepräsident der Wiener Gemeinde antwortete, als Jude zu bezeichnen sei nur, wer sich zum jüdischen Volk bekenne und ausserdem der jüdischen Religionsgemeinschaft angehöre; das Kriterium der Abstammung sei nationalsozialistisch und abzulehnen. – Die Definitionsmacht lag jedoch, wie die Zukunft zeigen wird, nicht bei den Juden. Jean-Paul Sartre sollte dies zehn

Jahre später auf den erhellenden Punkt bringen: «Der Jude ist ein Mensch, den die anderen als solchen betrachten. Das ist die schlichte Wahrheit, von der man ausgehen muss!»[31]

Die grössten Anstrengungen unternahm der Gemeindebund im Kampf gegen den sogenannten Geschäftsleuteantisemitismus. «Das ist *der* Antisemitismus, den nicht unsere Gegner, sondern den wir selbst machen», behauptete Lucien Levaillant, der neben der SIG-Kasse auch den Basler Aktionskreis betreute. Was man selbst verursacht, kann man auch selbst beheben. Sekretär Mayer hoffte daher, mit Massnahmen in diesem Bereich die öffentliche Meinung über Juden zu verbessern und in der Schweiz einem Boykott, wie er in Deutschland erfolgt war, vorzubeugen. Die verantwortlichen Abwehrleute hatten den Auftrag, allen Klagen und Gerüchten nachzugehen, die kommerzielle Auswüchse und unlauteres Geschäftsgebaren bei Juden betrafen. Die Fehlbaren sollten diszipliniert und etwaige Streitereien durch interne Schiedsgerichte geregelt werden.[32]

Einen Sonderfall bildeten die Warenhäuser, mit denen die Juden laut einem schon jahrealten, nun durch die Weltwirtschaftskrise verschärften Vorwurf den mittelständischen Einzelhandel zugrunde richten würden. Tatsächlich lagen diese neuartigen Geschäfte zu einem beträchtlichen Teil in jüdischen Händen, und die Forderung, man müsse gegen deren Ausbreitung vorgehen, gelangte auch aus eigenen Kreisen an den Gemeindebund. Dieser sah sich in einer verzwickten Lage. Einerseits musste er die Identifizierung der Warenhäuser als jüdisches Werk und die Unterstellung, dass die Juden für die Wirtschaftskrise verantwortlich seien, zurückweisen. Zudem konnte er als Repräsentant aller Juden nicht Partei gegen jene Gemeindemitglieder ergreifen, die Warenhäuser besassen, und der Öffentlichkeit das Schauspiel eines Streits von Juden gegen Juden bieten. Andererseits führten Pamphlete tagtäglich vor, wie einfach sich die Warenhausfrage gegen *alle* Juden instrumentalisieren liess. Der SIG verweigerte in diesem Dilemma die geforderte öffentliche Stellungnahme und bearbeitete stattdessen seit April 1933 die einzelnen Geschäftsinhaber immer wieder persönlich, damit sie weder ihre bestehenden Betriebe ausbauten noch neue gründeten.[33]

«Ungeheure Kleinarbeit verursachte die Schädlingsbekämpfung in eigenen Reihen», konstatierte Saly Mayer nach einem Jahr «Aktion». Nach seiner eigenen Einschätzung galt die Hälfte der Abwehrtätigkeit internen Angelegenheiten – ein Verhältnis, das manchem sauer aufstiess. In verschiedenen jüdischen Gemeinden gäre es, schreibt das *Israelitische Wochenblatt*. «Man hat dort den Eindruck, dass der Gemeindebund seine Abwehr ausschliesslich nach innen, gegen die Juden selbst richtet, indem er sie von Einzelhandlungen mit aller Gewalt abhält, ohne selbst aber sichtbare Zeichen seiner Existenz und seiner Tätigkeit zu geben.»[34]

Unterlegenheit und Konformismus

Der Gemeindebund betrachtete den Antisemitismus nicht als eine einheimische Erscheinung, sondern primär als Import aus dem Ausland. Diese Erklärung war im Centralcomité schon in früheren Jahren gängig gewesen, sie erhielt 1933 aber kräftige Bestätigung durch die erschreckenden Ereignisse in Deutschland und die unverhüllte Strategie der Nazis, ihre Wahnideen in alle Länder zu exportieren und dabei ihre ausländischen Gesinnungsgenossen auch mit Propagandamaterial und Finanzen zu unterstützen. «Gegenüber dieser unmittelbaren Nähe des Krankheitsherdes», stellte Mayer fest, «kann das sprachverwandte Nachbarland, die Schweiz, nicht immun bleiben.»[35] Diese Import-These ermöglichte dem Gemeindebund, den Antisemitismus als unschweizerisch, ja als antischweizerisch zu bekämpfen. Wenn die Juden ihre Gleichberechtigung verteidigten, verteidigten sie somit gleichzeitig die Schweiz in ihren wesentlichsten Eigenheiten: die Demokratie, den liberalen Rechtsstaat und die Vielvölkernation, die keine Diskriminierung einzelner Volksgruppen kannte. Die bereits zitierte Resolution der Delegiertenversammlung brachte dies deutlich zum Ausdruck.

Indem die Juden – aus tiefster Überzeugung notabene – auf diese Weise argumentierten, vermieden sie die Kritik, nur ihre partikularen Interessen auf Kosten der nationalen zu vertreten. Ein Vorwurf, der nur zu gut ins antisemitische Bild des vaterlandslosen internationalen Juden gepasst hätte, das nicht nur bei den Fröntlern Konjunktur hatte: Unterschwellig prägte es nicht zuletzt die Wahrnehmung des Bundesrats, der den SIG-Präsidenten schon bei seiner ersten Audienz nach Hitlers Machtübernahme mahnend darauf hingewiesen hatte, dass die «Interessen des Landes als Ganzes im Vordergrund» bleiben müssten. Welche Sicherheit dem Gemeindebund die Argumentation mit den nationalen Interessen gab, verrät der Umstand, dass er nie offensiver auftrat, als wenn er den Antisemitismus im eigenen Land als Nachahmung ausländischer Fehlentwicklungen denunzierte.[36]

Die gleiche Strategie hatte jedoch eine gefährliche Schwäche: Sie ignorierte denjenigen Antisemitismus, der einheimischen Traditionen und Köpfen entstammte. Bezeichnend das erwähnte Bild der Schweiz, die unvermeidlich, also ohne eigenes Zutun, von der fremden Krankheit angesteckt wird. Welche Blindheit diesbezüglich im Centralcomité herrschte, zeigte sich ausgerechnet bei Saly Mayer und Charles Bollag, die in der Bekämpfung des Antisemitismus seit Jahren federführend waren. Beide nahmen im Mai 1934 die Behörden gegen den Vorwurf einer antijüdischen Haltung in Schutz. Bollag bezog sich dabei in zustimmendem Sinne auf Max Ruth, der als langjähriger Spitzenbeamter in der Polizeiabteilung die Schweizer Ausländerpolitik wesentlich mitgestaltete. Ruth konnte als einer der übelsten Antisemiten in der Verwaltung überhaupt gelten, was in seinem Kommentar zum neuen *Gesetz über die Niederlassung und den Aufenthalt von Ausländern* besonders deutlich wurde – und gerade daraus zitierte nun Bollag: Er entnahm ihm zuerst die beruhigende Feststellung Ruths, dass der Antisemitismus Barbarei sei. Dann resümierte der SIG-Vizepräsident unkritisch die Ansicht des Kommentators, die Juden seien «als wurzeloses Volk [...] nicht leicht assimilierbar». Dies erkläre auch, so Bollag weiter, warum die «Ostjuden bei den Behörden nie besonderes Entgegenkommen erwarten konnten, aber auch andere schwer assimilierbare Ausländer nicht. [...] Die Hauptsache ist, wenn keine tendenziöse Ablehnung gegenüber Juden vorliegt. Man wird sich immer richten nach Überfremdung, Wirtschaftslage und persönlicher Eignung.»

Die Ablehnung der Juden als Wurzelose und schwer Assimilierbare liess nach Bollag also noch keine antijüdische Tendenz erkennen, sondern war nur dem Kampf gegen die «Überfremdung» geschuldet, dessen Legitimität er stillschweigend voraussetzte. Damit teilte Bollag nicht nur den Common Sense, sondern entsprach auch der Erwartung, die man explizit an die Schweizer Juden richtete. Sie hatten nämlich, wie sie etwa im Herbst 1933 in der *Neuen Zürcher Zeitung* lesen konnten, am Kampf gegen die «Überfremdung» teilzunehmen. Nur wenn sie «ihre schweizerische Gesinnung dem Gedanken der Rassenzugehörigkeit vorgehen» liessen und die «Assimilierbarkeit» der jüdischen Flüchtlinge überprüften, «werde es auch fernerhin bei uns keine Judenfrage geben».[37] Exakt in diesem Ausschluss des «Nichtassimilierbaren» aus Gründen der «Überfremdung» verbarg sich jedoch ein Kerngehalt des Antisemitismus. Wer wie Bollag den Antisemitismus nur als ausländischen Import betrachtete, blieb blind gegenüber dieser einheimischen Gefahr.

Die Weigerung, die helvetische Tradition des Antisemitismus in den Blick zu nehmen, manifestierte sich auch in einer zweiten Erklärung, die nicht weniger problematisch war: Wenn Mayer gegenüber Bircher betonte, die Verhältnisse in Deutschland seien anders als in der Schweiz, akzeptierte er indirekt die Behauptung, dass eine Ursache für den Antisemitismus bei den Juden selbst liege. Gleiches traf auf die Logik der Selbstdisziplinierung zu: Wer für die Umschichtung der Juden plädierte, setzte voraus, dass ihre derzeitige Berufsstruktur tatsächlich einen Makel oder gar eine soziale Gefahr darstellte. Wer ihre Anpassung an die Gesellschaft forderte, klassifizierte sie implizit als unangepasst oder gar als Fremdkörper. Wer ihre Geschäftspraktiken korrigieren wollte, erachtete diese für korrekturbedürftig oder gar verwerflich. Und wer die Juden zur Distanz von der Linken aufforderte, behauptete implizit, dass sie linksgerichtet waren und eine linke Gesinnung überdies als unmoralisch zu gelten hatte.

Damit übernahmen die leitenden Juden das wahnhafte Fremdbild teilweise als ihr Selbstbild. Sie unterwarfen sich der Vorstellung, die sich andere von ihnen machten. Deren Kritik mündete in Selbstkritik, Unterwerfung in Selbstunterwerfung. Der «Goi» brauchte nicht mehr laut zu sagen, was er dachte, er sass und sprach im eigenen Kopf. Dieser Verinnerlichung zwangsläufig eingeschrieben war auch die Tendenz, analog zum Fremdvorwurf die eigenen Reihen in gute und schlechte Juden zu unterteilen. Das jüdische Bild des *schlechten* Juden entsprach dabei dem Bild, das der Antisemitismus von *dem* Juden schlechthin entwarf. Am augenfälligsten zeigte sich dieser Mechanismus beim *Bund Schweizer Juden*, mit dem sich die alteingesessenen Rechtspatrioten von den linken, zugewanderten Ostjuden absetzten, um sich so selbst vom Stigma der jüdisch-bolschewistischen Gefahr zu befreien. Obwohl der Gemeindebund diese Aufspaltung explizit ablehnte, lag sie in subtilerer Form auch seinen eigenen Aufforderungen zur Selbstdisziplinierung zugrunde.

Für diese Internalisierung der antisemitischen Stereotype gibt es mehrere Gründe. Einmal lässt sich bei allen Minderheiten häufig der Mechanismus beobachten, dass sie sich den Normen der Mehrheitsgesellschaft unterwerfen, um als zugehörig anerkannt zu werden.[38] In der Schweiz verstärkte sich dieser Anpassungsdruck durch den Siegeszug des Überfremdungsdiskurses: Im ersten Jahrzehnt des 20. Jahrhunderts waren die Politiker noch davon ausgegangen, dass sich ein Ausländer automatisch an das Schweizertum assimilieren würde, *nachdem* man ihm das Bürgerrecht gegeben hätte. Assimilation als *Folge* der Einbürgerung. Im Verlauf des Ersten Weltkriegs kehrten sie ihre Argumentation um und postulierten nun Assimilation als *Vorbedingung* der Einbürgerung. Seither galt Zugehörigkeit als Ergebnis des eigenen Verhaltens, der eigenen Leistung, der eigenen Qualität – und war abhängig von den Herrschenden, die allein die Kompetenz hatten, eine Assimilation als genügend oder ungenügend zu beurteilen.[39]

Das Spezifische am Anpassungsdruck auf die jüdische Minorität entstand durch den Antisemitismus, das haben wir schon an der spiegelbildlichen Ausprägung der jüdischen Abwehrreaktion gesehen. Dieser Antisemitismus war in der Schweiz in allen Schichten ebenso verbreitet wie in anderen europäischen Ländern, und er speiste sich ebenfalls aus der traditionellen christlichen Judenfeindschaft und den antisemitischen Lehren, die als Reaktion auf die Verwerfungen der Moderne entstanden waren. Er artikulierte sich – mit breiter gesellschaftlicher Akzeptanz – auch im Schweizer Diskurs über die «Überfremdung», in dem der prototypische Fremde zumeist «der Jude» war. Die Ablehnung des Fremden oder Jüdischen wurde dabei in aller Regel nicht mit der Rasse, sondern mit der Kultur begründet – eine biologistische Argumentation wäre weder mit dem Selbstverständnis der Schweiz als Vielvölkerstaat noch mit der christlichen Glaubenslehre, die neodarwinistische Evolutionstheorien ablehnte, kompatibel gewesen. Der Fremde war fremd, weil er vollkommen das Produkt seiner Kultur war. Für besonders wesensfremd hielt man die Ostjuden – hoffnungslos jeder Versuch, diese Einwanderer zu korrigieren oder zu erziehen, zumindest bei der

---

Im Juli 1933 verteilte das Zürcher Lokalsekretariat der «Aktion» ein Flugblatt an alle städtischen Haushalte, in dem es die frontistische Übernahme der antisemitischen Hetzmethoden aus Deutschland denunzierte. Einige Exemplare kamen, versehen mit einschlägigen Kommentaren, zum Absender zurück. (AfZ)

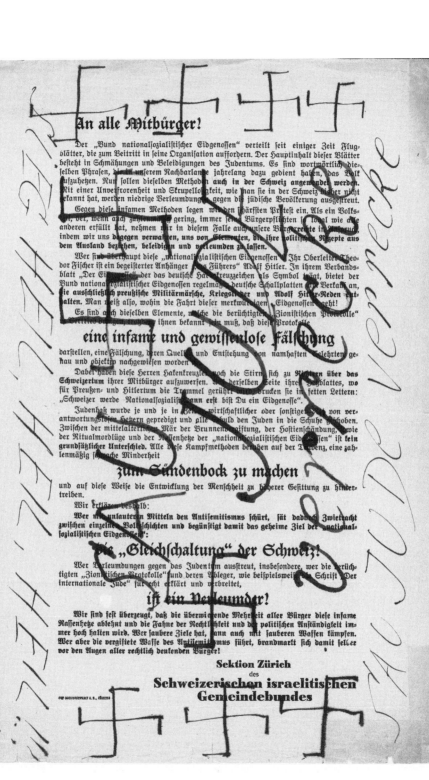

An alle Mitbürger!

Der „Bund nationalsozialistischer Eidgenossen" verteilt seit einiger Zeit Flugblätter, die zum Beitritt in seine Organisation auffordern. Der Hauptinhalt dieser Blätter besteht in Schmähungen und Beleidigungen des Judentums. Es sind wortwörtlich dieselben Phrasen, die in unserem Nachbarlande jahrelang dazu gedient haben, das Volk aufzuhetzen. Nun sollen dieselben Methoden auch in der Schweiz angewendet werden. Mit einer Unverfrorenheit und Skrupellosigkeit, wie man sie in der Schweiz bisher nicht gekannt hat, werden niedrige Verleumdungen gegen die jüdische Bevölkerung ausgestreut.

Gegen diese infamen Methoden legen wir den schärfsten Protest ein. Als ein Volksteil, der, wenn auch zahlenmäßig gering, immer seine Bürgerpflichten so loyal wie alle anderen erfüllt hat, nehmen wir in diesem Falle auch unsere Bürgerrechte in Anspruch, indem wir uns dagegen verwahren, uns von Elementen, die ihre politischen Rezepte aus dem Ausland beziehen, beleidigen und verleumden zu lassen.

Wer sind überhaupt diese „nationalsozialistischen Eidgenossen"? Ihr Oberleiter Theodor Fischer ist ein begeisterter Anhänger „des Führers" Adolf Hitler. In ihrem Verbandsblatt „Der Eidgenoss", der das deutsche Hakenkreuzzeichen als Symbol trägt, bietet der Bund nationalsozialistischer Eidgenossen regelmäßig deutsche Schallplatten zum Verkauf an, die ausschließlich preußische Militärmärsche, Kriegslieder und Adolf Hitler-Reden enthalten. Man weiß also, wohin die Fahrt dieser merkwürdigen „Eidgenossen" geht!

Es sind auch dieselben Elemente, welche die berüchtigten „Zionistischen Protokolle" verbreiten, trotzdem ihnen bekannt sein muß, daß diese Protokolle

eine infame und gewissenlose Fälschung

darstellen, eine Fälschung, deren Quelle und Entstehung von namhaften Gelehrten genau und objektiv nachgewiesen worden.

Dabei haben diese Herren Hakenkreuzler noch die Stirn, sich zu Richtern über das Schweizertum ihrer Mitbürger aufzuwerfen. Auf derselben Seite ihres Hetzblatts, wo für Preußen- und Hitlertum die Trommel gerührt wird, drucken sie in fetten Lettern: „Schweizer werde Nationalsozialist, dann erst bist Du ein Eidgenosse".

Judenhaß wurde je und je in Zeiten wirtschaftlicher oder sonstiger Not von verantwortungslosen Hetzern gepredigt und alle Schuld den Juden in die Schuhe geschoben. Zwischen der mittelalterlichen Mär der Brunnenvergiftung, der Hostienschändung, sowie der Ritualmordlüge und der Rassenhetze der „nationalsozialistischen Eidgenossen" ist kein grundsätzlicher Unterschied. Alle diese Kampfmethoden beruhen auf der Tendenz, eine zahlenmäßig schwache Minderheit

zum Sündenbock zu machen

und auf diese Weise die Entwicklung der Menschheit zu höherer Gesittung zu hintertreiben.

Wir erklären deshalb:

Wer mit unlauteren Mitteln den Antisemitismus schürt, sät dadurch Zwietracht zwischen einzelnen Volksschichten und begünstigt damit das geheime Ziel der „nationalsozialistischen Eidgenossen":

die „Gleichschaltung" der Schweiz!

Wer Verleumdungen gegen das Judentum ausstreut, insbesondere, wer die berüchtigten „Zionistischen Protokolle" und deren Ableger, wie beispielsweise die Schrift „Der internationale Jude" für echt erklärt und verbreitet,

ist ein Verleumder!

Wir sind fest überzeugt, daß die überwiegende Mehrheit aller Bürger diese infame Rassenhetze ablehnt und die Fahne der Rechtlichkeit und der politischen Anständigkeit immer hoch halten wird. Wer saubere Ziele hat, kann auch mit sauberen Waffen kämpfen. Wer aber die vergiftete Waffe des Antisemitismus führt, brandmarkt sich damit selber vor den Augen aller rechtlich denkenden Bürger!

Sektion Zürich
des
Schweizerischen israelitischen Gemeindebundes

ersten Generation. Der Makel war ursprünglich, inhärent und substanziell, und daher weder abzuwischen noch zu reparieren. Kultur als Schicksal, Herkunft als Bestimmung.⁴⁰

Georges Brunschvig, der dem Berner Aktionskreis vorstand und zudem als Anwalt im Prozess um die *Protokolle der Weisen von Zion* die Klägerseite vertrat, notierte im Februar 1934 in sein Tagebuch, dass in der jüdischen Gemeinschaft eine bedenkliche Entwicklung stattfände: Angesichts der Verhältnisse in Deutschland und der gemeinsten Anschuldigungen in der Schweiz, auf die die Behörden nicht reagierten, käme «der Jude» immer mehr zur Ansicht, er sei tatsächlich anders und zu den Christen bestehe ein grosser Unterschied. «Es geht dies soweit, dass er Minderwertigkeitsgefühle erhält.» Den gleichen Effekt wie die täglichen Anfeindungen des Antisemitismus hatten die Erfahrungen mit den Verheissungen der Assimilation. «Werde wie wir, dann gehörst du zu uns», lautete die Botschaft. Wer aber allen Anstrengungen zum Trotz immer wieder abgelehnt wird, sucht schliesslich den Fehler bei sich selbst, in einem grundlegenden eigenen Makel. Der Ausgeschlossene ist damit auch noch um sein Recht gebracht, sich moralisch über das erlittene Unrecht zu empören.⁴¹

Wie tief verwurzelt das Gefühl der eigenen Minderwertigkeit war, offenbarte die wiederholte Zitierung einer Aussage Gottfried Kellers aus dem Jahr 1862, der bei vielen Juden das Ansehen eines nichtjüdischen Freundes besass: «Was der verjährten Verfolgung und Verachtung nicht gelang, wird der Liebe gelingen; die Starrheit dieses Volkes in Sitten und Anschauungen wird sich lösen, seine Schwächen werden sich in nützliche Fähigkeiten, seine mannigfachen Begabungen in Tugenden verwandeln». Indem die Juden Kellers Text im Sinne einer Fürsprache zitierten, bestätigten sie unwillkürlich nicht nur die Behauptung ihrer eigenen Rückständigkeit und der Notwendigkeit einer Korrektur durch die Mehrheitsgesellschaft, sie verrieten zugleich ihre Sehnsucht nach Anerkennung und Zuwendung, wie sie der Nationaldichter der modernen Schweiz mit seiner Gegenüberstellung von Verachtung und Liebe empathisch einforderte. Diesen Text verwendeten Juden nicht nur zu Zeiten der aufkommenden Barbarei. Noch in der Landesausstellung von 1964 wird ihn Georg Guggenheim, immerhin einer der kritischsten Köpfe im Schweizer Judentum, als «zukunftsweisend» und «von Humanität und echtem Liberalismus erfüllt» würdigen.⁴²

Der eigentliche Schock, den die nationalsozialistische Verfolgung auslöste, bestand darin, dass auch Anpassung – die sogenannte deutsch-jüdische Symbiose, die viele Juden selbst zutiefst bejahten – nicht vor Entrechtung schützte. Selbst ein «jahrhundertealtes Verwachsensein» mit dem deutschen Volk hätte den Juden «keine Garantie» geboten, erklärte Saly Mayer 1933 den versammelten SIG-Delegierten. In der Schweiz gebe es nicht einmal diese Verbundenheit, die hiesigen jüdischen Gemeinden seien dafür viel zu jung.⁴³ Ungeachtet dieser Einsicht sah Mayer dennoch keine andere Abwehrstrategie als noch mehr Anpassung. Denn durch die aktuelle antisemitische Bedrohung war das eigene Bedürfnis nach

Zugehörigkeit noch virulenter, noch mächtiger geworden. Aus jüdischer Sicht drohte jedoch ebendieser Antisemitismus die Juden in der Vorstellung der Mehrheitsgesellschaft noch wesensfremder und minderwertiger und damit für eine Integration noch ungeeigneter zu machen – was der Gemeindebund wiederum mit gesteigerter Selbstdisziplin und intensivierter interner «Schädlingsbekämpfung» zu beantworten gedachte. Einen Ausweg aus diesem Teufelskreis fanden nur die Juden, die stattdessen eine selbstbewusste Resistenz entwickelten, aber sie bildeten im SIG eine fast einflusslose Minderheit.

Der Schlüssel zu diesem zirkulären Mechanismus der Unterwerfung lag im Konzept der Assimilation, das die Definitionsmacht der nichtjüdischen Mehrheitsgesellschaft zusprach. Folgerichtig galt auch die Aufnahme als zugehöriges Mitglied immer nur provisorisch. Schon wollten die Fröntler die Gleichberechtigung, die wenigstens der Hälfte der ansässigen Juden zugebilligt worden war, widerrufen. Die Antwort des Gemeindebunds gehorchte der gleichen Logik: Um die Gleichberechtigung zu verteidigen, sollten sich die Juden ihrer als würdig erweisen. Sie mussten sich – im Gegensatz zu den nichtjüdischen Schweizern – ihre staatsbürgerlichen Rechte ständig neu mit öffentlicher Anpassung, Wohlverhalten und Pflichterfüllung verdienen.

Die Akten vermitteln den Eindruck, dass dieses Gefühl der Minderwertigkeit von einer Art doppeltem Bewusstsein getragen wurde: Insgeheim war jedem Juden klar, dass er in einer Gesellschaft lebte, in der Antisemitismus in mehr oder weniger subtiler Form als normal galt. Im Alltag beachtete man als Jude diese Ablehnung, Ausstossung oder Feindseligkeit schon kaum mehr. Genauer: Man nahm sie sehr wohl wahr, langjährige Erfahrungen hatten dafür ein Sensorium ausgebildet. Aber sie waren zu so selbstverständlichen und vertrauten Grundbedingungen der eigenen scheinbar unaufhebbaren Fremdheit geworden, dass man darüber kein Wort verlor. Wenn man explizit von Antisemitismus sprach, meinte man nur dessen neuartige, aggressivere, brutalere Ausprägungen, wie sie nun von den Fröntlern oder Nazis induziert wurden. Hier nahm das Übliche und Vertraute plötzlich die Farbe einer Bedrohung an – und das konnte überall geschehen.

Dieses doppelte Bewusstsein wirkte wie ein Resonanzkörper, der die Juden lähmte, ihre Handlungsfähigkeit beschränkte und die Hoffnung, in der nichtjüdischen Aussenwelt ehrliche Hilfe und Anerkennung zu finden, im Keim erstickte. Gepaart mit dem Wissen um die reale jüdische Ohnmacht, bestimmte dieses Bewusstsein auch die Politik des Gemeindebunds: Das umfassende Gefühl des Ausgestossenseins verdrängte die externen Möglichkeiten von vornherein aus seinem Gesichtsfeld, sie blieben wie hinter einem naturgegebenen Schleier verborgen und tabuisiert. Und aus dem fundamentalen Gefühl der Unterlegenheit verzichtete er a priori darauf, die Grenzen seiner Möglichkeiten auszuloten, zu sehr befürchtete er den negativen Ausgang solcher Versuche. Auf dieser Grundlage generierte seine Abwehr gegenüber dem Antisemitismus nur Vermeidungsstrategien, primär defensiv und nach innen gerichtet. Statt eine offensive Politik und Öffentlichkeitsarbeit zu betreiben, suchte er – für eine schwache Minderheit typisch – von Anfang an den Anschluss an Autoritäten, indem er sein Handlungsfeld auf die Zusammenarbeit mit den Behörden reduzierte und Verbündete nur im Umfeld der Bürgerlichen oder gar Reaktionären zu finden hoffte. Seine Abhängigkeit von diesen Kreisen verschärfte sich noch dadurch, dass er nie ernsthaft die Möglichkeit erwog, in der demokratischen Öffentlichkeit – die Linke fiel dabei ohnehin weg – einen Rückhalt zu finden, der seine eigene Machtlosigkeit in einem gewissen Mass kompensiert hätte.

Schon nach wenigen Monaten zeigten sich in der «Aktion» erste Ermüdungen. Teilweise rührten sie davon her, dass einigen die verfolgte Strategie allzu vorsichtig erschien. Mehr wog jedoch die erleichternde Beobachtung, dass die Fronten nach ihrem im Frühjahr 1933 erfolgten Aufschwung stagnierten, im Jahr darauf verschiedentlich Wahlniederlagen einstecken mussten und sich 1935 in einem beschleunigten Abstieg befanden. Gleichzeitig spitzte sich beim SIG – ausgelöst durch die enormen Aufwendungen für die Flüchtlinge – die finanzielle Lage bedrohlich zu. Anfang 1934 musste er deshalb die Beiträge für die «Aktion» radikal zusammenstreichen, so dass sich die Teilnehmer der Aktionskreise bald auf die ehrenamtlichen Obmänner reduzierten und nur in Zürich und Genf bis 1936 professionelle Lokalsekretariate weiterarbeiteten.

In ihrer Grundstrategie blieb die Abwehr aber bestehen. Sie war die Antwort auf eine real existierende antisemitische Gefährdung, die seit 1933 noch massiv zugenommen hatte. Diese Abwehr beruhte jedoch zu einem wesentlichen Teil auf Wahrnehmungen und Verhaltensmustern, die sich beim Gemeindebund schon viele Jahre früher eingespielt hatten. Schon angesichts dieser Tradition wäre es verfehlt, sie als das Resultat einer in der aktuellen historischen Situation bewusst gefällten Entscheidung zu verstehen. Zudem bestand, wie beschrieben, eines ihrer Hauptmerkmale im Konformismus. Diesen zeichnet laut Hilge Landweer nun gerade aus, dass man sich keine Rechenschaft darüber ablegt, warum man in einer bestimmten Weise agiert. Unreflektiert macht und sieht man die Dinge so wie die anderen, weil man zu ihnen gehört oder gehören möchte – was sich für Juden in der Schweiz weniger denn je von selbst verstand.[44]

Dieses Verhaltensmuster beeinflusste auch die eigene Flüchtlingshilfe.

Harmonie, Störungen und Gerüchte: der SIG und die Bundesverwaltung

Ein konstruktives Programm

Die am 2. November 1933 zu Ende gegangene *Londoner Hilfskonferenz für deutsche Juden* hatte als gemeinsame Strategie eine konstruktive Hilfe beschlossen, die unkoordinierte und unproduktive Notmassnahmen ersetzen sollte. Einerseits wollte man die bisherige «wilde» Auswanderung aus Deutschland eindämmen und kontrollieren, andererseits für die künftig ausgewählten Auswanderer langfristige Berufs- und Existenzperspektiven in anderen Ländern schaffen.[1]

Auf diese Beschlüsse berief sich fortan in seiner Politik auch der Gemeindebund, faktisch konnte er jedoch weiterführen, was er schon vorher selbst in die Wege geleitet hatte. Während er in der Flüchtlingshilfe seit längerem zurückhaltend war, hatte er nur Tage vor der Konferenz zusätzlich eine *Kommission für Aufbau* gegründet, die sich mit der Weiterwanderung und Ansiedlung sowie der Berufsbildung – Berufslehre, Umschichtung, Ausbildung auf landwirtschaftlichen Lehrgütern – befasste. Das neue Gremium vergab auch Subventionen ins Ausland: an je eine Kolonie von Kindern und Jugendlichen in Palästina und vor allem an ein Mustergut in Italien, wo in einer sogenannten Hachscharah (hebr. für *Ertüchtigung*) Pioniere für Palästina ausgebildet wurden. Die Finanzen waren von Anfang an knapp, so dass die Hilfe auf Einzelfälle beschränkt bleiben musste. Bereits 1934 konnte nicht alles budgetierte Geld beansprucht werden, da die Fürsorge der Flüchtlinge mehr Mittel als geplant verbrauchte; 1935 gingen die Ausgaben nochmals zurück, und ein Jahr später wurde die Arbeit der Kommission in das Flüchtlingshilfswerk integriert.[2]

Schon wegen der beschränkten Ressourcen lag die Hauptaufgabe nicht im Ausland, sondern in der Schweiz, und dazu war der Gemeindebund auf die Zusammenarbeit mit den Behörden angewiesen. So traf es sich vorzüglich, dass Saly Mayer durch Heinrich Rothmund zu einer Berichterstattung über die Londoner Konferenz vorgeladen wurde, wie sich der SIG-Sekretär ausdrückte. Am 22. November 1933 präsentierte er dem Polizeichef, mit dem er seit April in Verbindung stand, ein ausführliches, über zwei Dutzend Punkte umfassendes Programm für eine konstruktive Hilfe. An einigen Anliegen Mayers fand Rothmund durchaus Gefallen. Etwa daran, dass die Behörden Flüchtlinge, die nicht als «politische» galten oder die nicht über genügend eigene Existenzmittel für einen längeren Aufenthalt in der Schweiz verfügten, schon an der Grenze zurückweisen sollten. Oder daran, dass Studenten jüngerer Semester fernzuhalten seien. Oder an der Bereitschaft des Gemeindebunds, «Hand in Hand mit den behördlichen

Organen zu handeln» und die «bestehenden Vorschriften zu respektieren und die beteiligten Personen zu deren Einhalten anzuhalten».

Mit den meisten seiner Wünsche stiess Mayer beim Polizeichef jedoch auf Ablehnung. Im Detail ist uns ihre Unterredung nicht bekannt, da sie nicht protokolliert wurde, nach anderen Quellen verlief sie in der Quintessenz jedoch etwa so:[3]

Im Namen des Gemeindebunds möchte ich anfragen, ob die Schweiz sich dazu verpflichten könnte, ein ihrer Aufnahmefähigkeit angemessenes Kontingent von Einwanderern aufzunehmen. – Leider sind uns die Hände gebunden; wir versuchen seit Jahren systematisch, die Gefahr der Überfremdung einzudämmen, und diese langfristige Politik darf keine Änderung erfahren. Man wirft uns deshalb gelegentlich Antisemitismus vor. Zu Unrecht, wir führen nur eine Praxis fort, die wir schon vorher allen Ausländern gegenüber angewendet haben. Daher können wir israelitischen Flüchtlingen nur in Einzelfällen einen längeren Aufenthalt erlauben, nämlich wenn besonders enge Beziehungen zur Schweiz bestehen, wenn ein Israelit in grösserem Umfang Arbeitsplätze schafft oder wenn es sich um wohlhabende alte Leute ohne Kinder handelt, so dass das Überfremdungsmoment ausgeschaltet ist. Ein Kontingent würde zu stark beansprucht werden. Nein.

Für Personen im Erwerbsalter wünschen wir uns in beschränktem Umfang Arbeitsbewilligungen; die Folgen jahrelangen Nichtstuns wären kaum auszudenken. – Leider geht dies aus Gründen der beruflichen Überfremdung und wegen der Wirtschaftskrise nicht. Bei Mangelberufen und wo unauffällige Platzierungen möglich sind, können wir wohlwollend einzelne Ausnahmen machen. Grundsätzlich jedoch nein.

In Deutschland haben jüdische Kinder und Jugendliche wegen des Gesetzes gegen die Überfüllung deutscher Schulen und Universitäten düstere Zukunftsperspektiven. Zur Erziehung und Ausbildung könnten einige von ihnen in Schweizer Familien oder Ausbildungsinstituten untergebracht werden. – Leider bestehen Bedenken, ob man sie später in ihr Heimatland zurückbringen kann. Nein.

Ein grosses Problem haben wir mit den Flüchtlingen, die keine gültigen Ausweispapiere besitzen oder staatenlos gemacht worden sind; ihnen sollte die Behörde neue Dokumente ausstellen, damit sie überhaupt weiterreisen können. – Leider haben wir mit dem Nansenpass schlechte Erfahrungen gemacht, da die Flüchtlinge aus allen Ländern in die Schweiz kamen und uns bis heute auf der Tasche liegen. Es ist schon ein sehr grosses Entgegenkommen, dass wir die Einreise von Emigranten ohne Ausweis überhaupt dulden. In Ausnahmefällen können wir Identitätspapiere ausstellen, grundsätzlich jedoch nein.

Es wäre erwünscht, dass die Behörden wohltätige jüdische Institutionen, die Ausländer unterstützen, subventionieren würden; hilfreich wäre dies etwa für Flüchtlingswerke, Altersasyle, Waisenhäuser oder Spitäler. – Das Schweizer

Armenwesen hat 1932 bereits die enorme Summe von 87 Millionen Franken beansprucht; da ist an eine öffentliche Unterstützung für Ausländer nicht zu denken. Leider nein.

Von Mayers umfangreichem Programm blieb nur wenig übrig. Zumindest mit zwei Anliegen war er teilweise erfolgreich: Da die jüdische Gemeinschaft sich ihrer Glaubensbrüder annehmen müsste, wenn diese in Not gerieten, sollten sich die Behörden jeweils mit dem Gemeindebund absprechen, bevor sie einem Juden die Einreise oder den Aufenthalt erlaubten. Dies schien Rothmund einzuleuchten, jedenfalls wurde es künftig zur Praxis. Der SIG-Sekretär beklagte sich zudem darüber, dass manche neu zugezogenen «Stammesgenossen» sich weigerten, die jüdische Wohlfahrt zu unterstützen. Ob die Behörden ihre Bewilligungen für diese Leute nicht an die Auflage knüpfen könnten, dass sie der lokalen Kultusgemeinde beitreten oder zumindest Spenden entrichten würden? Rothmund versprach, das Anliegen zu prüfen.

Das Gespräch hatte bereits den ganzen Vormittag gedauert und sollte, da noch nicht alles beredet war, nach der Mittagspause fortgesetzt werden. Der Polizeichef ist viel beschäftigt und seine Abteilung stark umstritten, dachte Mayer. Dennoch hat er meine Wünsche «in anerkennenswerter Weise ruhig zu Ende» gehört und mir «die grundsätzlichen Schwierigkeiten und Hemmungen» auseinander gesetzt, «offen und bei allem Verständnis für die menschliche Seite des ganzen Problems». Eine gelöste Stimmung, Mayer scheint ziemlich zufrieden zu sein.[4]

Erzählt die Fama

Am Nachmittag ist alles wie verwandelt. Rothmund beginnt die Sitzung mit dem Verlesen eines Briefs, den er in der Zwischenzeit von einer Schweizer Jüdin erhalten hat. «Beruht das wirklich auf Wahrheit, dass Sie, geehrter Herr Dr., ein ‹arger Judenfeind› sind?», liest er Mayer vor. «So erzählt die Fama, & darum erlaube ich mir, eine Bitte an Sie zu richten [...]. Ich erachte es als ‹Judenpflicht›, Sie zu ersuchen, die so bitter ernste Flüchtlingsfrage mit den Augen der Gerechtigkeit zu prüfen & in der Lausanner Konferenz mitzuwirken, [...] den bedrängten Juden, die Hilfe, die man schon aus rein menschlichen Gefühlen jedem Schutzbedürftigen angedeihen lässt, auch auf die Spezialklasse der Staatenlosen zu übertragen. Der Pfarrer in der Kirche predigt seinen Getreuen oft über das Thema der Nächstenliebe – ich bin zwar kein Pfarrer – sondern nur eine unbedeutende Frau, erbitte mir aber dessen ungeachtet Ihr Wohlwollen in dieser Angelegenheit». Die Schreiberin, eine Frau Hemerdinger, erwähnt in ihrem Brief weiter, dass ihr Anliegen ein «rein persönliches» sei, ohne dieses jedoch auszuführen.[5]

Eine kleine Jüdin erinnert mich an Menschlichkeit, Gerechtigkeit und christliche Nächstenliebe – mochte der höchste Polizist der Nation denken. Sie bedeutet ihm damit, dass er diese fundamentalen Tugenden in der bevorstehenden Lausanner Sitzung des *Hochkommissariats für Flüchtlinge aus Deutschland*, eines Gremiums des Völkerbunds, in dem er die Schweiz vertreten sollte, von sich aus nicht beachten würde – weil er ein Judenfeind sei. Währenddessen kann der zuhörende Mayer noch nicht wissen, dass Hemerdinger durch leidvolle Erfahrungen von Verwandten zu ihrem Brief veranlasst worden ist. Dennoch bemüht er sich, Rothmund davon zu überzeugen, dass dem unerhörten Vorwurf «einzig und allein der Helferwille zu Grunde lag» – was dieser schliesslich «in wirklich generöser Weise», wie Mayer meint, akzeptiert. Da ist es ihm vorher gelungen, dem Schweizer Polizeichef seinen «Respekt vor Ordnung und Gesetz» sowie sein Verständnis für die amtliche Politik zu zeigen.[6] Stillschweigend hat sich zwischen den beiden eine Norm etabliert, wie ein Jude denken und fühlen, reden und handeln soll, damit er vom Chefbeamten akzeptiert wird. Und nun diese Störung: eine Enthüllung, ein handfester Beweis, dass man in der jüdischen Gemeinde anders denkt und redet. Indem Rothmund den Brief vorliest, bedeutet er Mayer, dass er ihn als Repräsentant der Juden für das Verhalten der Frau verantwortlich macht. Verantwortlich für die Unterstellung, der Polizeichef sei Antisemit. Zwischen der Norm, die Mayer zu erfüllen hat, und der Realität, die er repräsentiert, öffnet sich eine Kluft. Enttäuschte Erwartungen, gebrochene Versprechen: Die landläufige Skepsis ist bestätigt – und Mayer beschämt. Eine Lektion.

Mayer bekräftigt mit seiner Bemühung, Frau Hemerdinger zu entschuldigen, nicht nur Rothmunds Sichtweise, sondern auch dessen vermeintliche moralische Autorität und Überlegenheit über die Reklamantin und über ihn selbst. Verglichen mit der Situation *vor* der Unterredung, ist Mayer am Ende noch kleiner, noch unterlegener geworden: In künftigen Interaktionen muss er erst recht beweisen, dass er die Erwartungen, die man in einen guten Schweizer Juden doch wird setzen dürfen, nicht enttäuscht. Die Position des Polizeichefs ist hingegen noch mächtiger, seine Sichtweise noch gültiger geworden. Er hat den jüdischen Antisemitismusvorwurf nicht nur entkräftet, er hat ihn sogar als Waffe verwendet, um seinem Gegenüber den ungenügenden moralischen Standard einer Glaubensgenossin und zugleich seine eigene Grosszügigkeit vorzuführen, da er selbst diese schmählichen persönlichen Anwürfe versteht und verzeiht.[7]

Der SIG-Sekretär liess bei dieser vermutlich ersten persönlichen Begegnung mit dem Polizeichef in dessen Büro seine eigenen Unterlagen liegen, so dass sie ihm nachgeschickt werden mussten – «ungelesen natürlich», merkte Rothmund an. Ein symbolischer Vorfall.

Abschliessend ermahnte Mayer Frau Hemerdinger, künftig seine «Arbeit, mit vollem Verständnis für die ganz grosse Sache, nicht durch irgendwelche Zwischenakte» zu erschweren. Dem Polizeichef schrieb er ebenfalls: Er werde es «nicht unterlassen, an der nächsten Sitzung [des Centralcomités] darüber zu referieren, dass es auch für uns überzeugende Motive sind, welche das vom Unterzeichneten entworfene Programm nicht restlos durchführen lassen».[8]

Das Centralcomité trifft sich wenige Tage später. Nachdem der SIG-Sekretär seine Verhandlungsergebnisse referiert hat – laut Sitzungsprotokoll tatsächlich von den Inhalten überzeugt, also ohne Rothmund zu kritisieren –, entbrennt eine grosse Diskussion über die Haltung der Behörden und des Gemeindebunds. Über beide kursieren in den jüdischen Gemeinden bereits negative Gerüchte. Aktuar Mayer sieht sich veranlasst, im Protokoll besonders hervorzuheben, dass *«kein Mitglied des CC und keine offizielle Stelle des SIG sich dahin geäussert hat, es sollen an keine Juden mehr Einreise-, Aufenthalts- und Arbeitsbewilligungen erteilt werden»*. Gegenüber den Behörden erweise «sich äusserste Vorsicht als notwendig, weil die Gefahr besteht, dass selbst private Äusserungen für offiziell ausgegeben werden, um dahinter eine antisemitische Gesinnung zu verschanzen. In Amtsstellen befinden sich Frontisten, und gewisse Postulate der Fronten finden bis weit hinauf Anklang, sodass Vereinzelte zwar nicht als antisemitisch, aber als unzuverlässig bezeichnet werden müssen.»[9] – Zwar antisemitische Gesinnung in Ämtern, aber keine Antisemiten, nicht einmal vereinzelte: Behalten wir die Nuancen im Gedächtnis.

Zu denjenigen Beamten, die sich in ihrer Argumentation auf den Gemeindebund bezogen, zählte auch Heinrich Rothmund, der damals dem Bundesrat folgendermassen berichtete: «Die Polizeiabteilung steht in enger Verbindung mit Herrn Dr. Walter Bloch, Fürsprecher, dem Leiter der Hilfsstelle in Bern. Der Zusammenarbeit mit diesem vertrauenswürdigen Manne, der als guter Schweizer unsere Landesinteressen vollauf versteht und danach handelt, verdanken wir es, dass die Grosszahl der hilfsbedürftigen israelitischen und andern (nicht politischen) Flüchtlinge weiter reist, ohne dass die Fremdenpolizei einschreiten muss. Diese Einstellung der schweizerischen massgebenden jüdischen Kreise verdient hervorgehoben zu werden. Sie ist allerdings auch bedingt in den Bedenken, die in diesen Kreisen bestehen im Hinblick auf antisemitische Tendenzen, die durch vermehrten israelitischen, meist unassimilierbaren Zuzug aus dem Ausland Nahrung erhalten könnten. Für die Fremdenpolizeibehörden ist sie aber deshalb von nicht zu unterschätzender Bedeutung, weil das durch die Ereignisse in Deutschland auf den Plan gerufene Problem in aller Stille, ohne die Schaffung besonderer staatlicher Organisationen und ohne internationales Aufsehen gelöst werden kann.»[10]

Rothmunds Ausführungen sind in mehrfacher Hinsicht bemerkenswert: Seine Betonung, dass Bloch und seine Leute als gute Schweizer im Interesse des Landes handelten, zeigt, dass diese Haltung bei Juden nicht als selbstverständlich vorausgesetzt wurde. Das innerjüdische Postulat, den eigenen Patriotismus zu manifestieren, beruhte nicht auf eingebildeten Prämissen, sondern war die Abwehrreaktion auf ein tatsächliches Misstrauen. Weiter macht Rothmund gegenüber seinen Vorgesetzten keinen Hehl daraus, wie nützlich und praktisch die jüdische Flüchtlingshilfe war, die dem Staat viel Arbeit und sogar aussenpolitische Komplikationen ersparte. Dies sollte noch lange so bleiben. Rothmunds Bemerkung über die Furcht der Juden vor einem aufkommenden Antisemitismus verrät zudem, dass er deren Befindlichkeit aufmerksam verfolgt – in eigenem Interesse, wie wir gleich sehen werden.

Dem Antisemitismus vorbeugen

Das Argument, die blosse Anwesenheit von Juden würde zwangsläufig Antisemitismus erzeugen, war in der gesamten Schweizer Gesellschaft verbreitet – nicht erst in der Nazi-Ära. Es wurde seit Jahrzehnten immer wieder vorgebracht, besonders im Zusammenhang mit der ostjüdischen Einwanderung. Aus aufgeklärter Sicht ist das Argument unhaltbar: Eine jüdische Präsenz muss so wenig zu Antisemitismus führen, wie deren vollständiges Fehlen ihn ausschliesst. Für die historischen Akteure hatte dieser Irrglaube jedoch den Status einer Tatsache, über deren Wahrheitsgehalt sie sich nicht mehr verständigen mussten. Damit trat der Mechanismus in Kraft, der nach seinem Entdecker Thomas-Theorem genannt wird: «Wenn Menschen Situationen als real definieren, dann sind sie real in ihren Folgen.»[11] Wenn also die Schweizer in den Juden selbst die Verursacher von Antisemitismus sahen, dann resultierten aus diesen Wahrnehmungen nicht nur weitere Fantasien, sondern reale Handlungen, veränderte Realitäten.

Die folgenreichste dieser Handlungen war der fortwährende Versuch, die Anwesenheit und den Einfluss von Juden einzuschränken. Gerhart M. Riegner, der 1934 als deutscher Flüchtling nach Genf kam und später das dortige Büro des *Jüdischen Weltkongresses (WJC)* leiten sollte, nannte dies im Rückblick treffend einen «prophylaktischen Antisemitismus». Man findet diese Haltung überall, etwa implizit in Birchers bereits zitierter Warnung, dass eine jüdische Einwanderung eine Judenfrage verursachen würde. Oder in der katholischen Zeitung *Hochwacht*, die im Juli 1933 die einheimischen Juden der Kurzsichtigkeit bezichtigte, da sie ihren Glaubensgenossen, denen in Deutschland bisher zumeist «kein Haar gekrümmt» worden sei, hierzulande Stellungen zu verschaffen suchten – und warnend fragte, ob es «nachher nicht gleich um alle Juden in der Schweiz geschehen» sein könnte.[12]

Der allgemein akzeptierte Irrglaube sagte im Kern nichts anderes, als dass die Juden selbst am Antisemitismus schuld seien. Opfer und Täter in vertauschten Rollen. Für die Juden bedeutend, dass man ihnen letztlich jedes moralische Recht absprach, sich gegen Antisemitismus zu wehren und über diesen zu empören. Die Antisemiten, und zwar nicht nur militante Fröntler, sondern auch die distinguierteren Anhänger der Überfremdungsbekämpfung, wurden damit als defensive Opfer der schädlichen jüdischen Präsenz exkulpiert. Für ihr eigenes

Verhalten trugen sie keine Verantwortung, dieses konnte als eine automatische und gesunde Reaktion gelten, zu der sie letztlich berechtigt waren.

Besonders wirkungsmächtig war dieser Irrglaube in der *Eidgenössischen Fremdenpolizei*, die seit ihrem Bestehen die Einwanderung und Einbürgerung von Juden zu beschränken suchte – und dabei erfolgreich blieb. Im gleichen Sinne argumentierte Max Ruth auch in seinem schon erwähnten Kommentar von 1934 zum neuen Ausländergesetz: «Bei irgendwie beträchtlicher Zulassung von Juden würde höchst wahrscheinlich auch bei uns das Unkraut des Antisemitismus aufwuchern. Unsere Schweizer Juden wissen selbst am besten, wie stark die östliche Vorkriegseinwanderung in dieser Richtung gewirkt hat.» In den folgenden Jahren wird die Fremdenpolizei ihre antisemitische Abwehrpolitik zunehmend mit der Vermeidung von Antisemitismus begründen. Ging also der Glaube tatsächlich der Praxis voraus? Oder war es vielleicht umgekehrt? Folgte die Argumentation erst nachträglich, weil die Verantwortlichen sich ihre Praxis selbst erklären und gegenüber Dritten legitimieren mussten?[13] Damit wäre das Thomas-Theorem auf den Kopf gestellt: Die Praxis bestimmte die Einbildung, antisemitisches Handeln erzeugte antisemitisches Denken. Diese Frage lässt sich aus den Quellen nicht eindeutig klären. Sicher ist, dass die Fremdenpolizisten ihre Argumente nicht nur rhetorisch, sondern auch aus persönlicher Überzeugung einsetzten. Dies entlastete ihr Gewissen – umso effektiver, je unmenschlicher sie ihre Praxis gestalteten.

Wenn Adjunkt Ruth und sein Vorgesetzter Rothmund zu erwähnen pflegten, dass auch die Juden selbst sich vor einem provozierten Antisemitismus fürchteten, hätten ihnen viele Betroffene beigepflichtet – nicht nur SIG-Vizepräsident Bollag, der Ruths Kommentar positiv gewürdigt hatte.[14] Denn in den jüdischen Gemeinden war dieses Gefühl in der Tat verbreitet. Davon zeugten bereits die allgemeine Strategie der Selbstdisziplinierung oder der konkrete Beschluss, jüdische Studenten von öffentlichen Lesesälen und schliesslich von der Schweiz selbst fernzuhalten. Allerdings zogen auch die einheimischen Juden, die diese Angst teilten, daraus nicht unwillkürlich den Schluss, jede jüdische Zuwanderung oder gar jede Hilfe für Flüchtlinge sei zu verhindern. Dies belegt unter anderem das Dementi des Centralcomités. Aber der Beistand für die Flüchtlinge und die Verteidigung der eigenen Position, die ohnehin von Anfang an untrennbar miteinander verbunden waren, wurden durch den verinnerlichten Irrglauben noch tückischer und unentwirrbarer verquickt.

Dies zeigte sich vor allem im Verhältnis des Gemeindebunds zu den Behörden. Unschwer sich vorzustellen, was in den Köpfen der jüdischen Verantwortlichen vorging, die mit Chefbeamten wie Rothmund oder Ruth das Gespenst des provozierten Antisemitismus zu bannen suchten: Hatten denn jene nicht ein offenes Ohr für ihre Ängste? Machten sie die über den Juden schwebende Gefahr nicht zu ihrer eigenen Sorge? Und richteten sie ihre Politik nicht danach aus? Wenn sogar jene gut informierte Seite die eigene Einschätzung teilte, konnte man selbst keiner Täuschung unterliegen: Die Gefahr war tatsächlich gross. Umso mehr sahen die leitenden Juden sich veranlasst, sich mit flüchtlingspolitischen Forderungen gegenüber den Behörden zurückzuhalten. Kooperation und Niedrigprofil schienen der beste Schutz und ohne Alternative. So beeinflusste das umarmende Verständnis der Behörden diese Juden gleich doppelt: Das Gefühl ihrer Gefährdung stieg und ihre Abhängigkeit von den Schutzherren ebenfalls. Dass sich die Behörden darauf beschränkten, die angeblich Antisemitismus hervorrufenden Flüchtlinge abzuwehren, während sie zugleich gegenüber den realen Antisemiten passiv blieben, war paradoxerweise für die führenden Juden erst recht ein Grund, bei jenen Schutz zu suchen.[15]

«Objektiv und korrekt»

Das Gerücht über den Gemeindebund und seine Zusammenarbeit mit der Fremdenpolizei verstummte nicht. Der Mann, der in der Delegiertenversammlung vom Mai 1934 dazu Auskunft verlangte, hiess Georg Guggenheim und wurde auf ebendieser Veranstaltung als Vertreter der *Israelitischen Cultusgemeinde Zürich* in das Centralcomité des SIG gewählt – wo er mit der Zeit zum wichtigsten Gegenspieler Saly Mayers werden sollte. Er entstammte einer alteingesessenen Schweizer Familie; die väterliche Linie ging zurück nach Lengnau, einem der zwei Aargauer Dörfer, die den Juden bis zur Emanzipation als allein erlaubte Wohnsitze zugewiesen waren. Sein Vater Hermann Guggenheim-Nordmann hatte einst den Gemeindebund als Gründungspräsident geleitet. Vielleicht blieb es nicht ohne Einfluss auf den Sohn, dass sich Hermann Guggenheim 1923, acht Jahre nach Rücktritt von seinem Amt, deutlich von der auf Beschwichtigung angelegten Linie seines Nachfolgers Dreyfus-Brodsky abwandte und eine offensivere Bekämpfung des Antisemitismus forderte. Wie sein Vater war auch Georg Guggenheim promovierter Jurist, was ihm in diesen Jahren sehr zustatten kam, da er sich ebenfalls intensiv gegen die antisemitische Hetze und für die Verteidigung der jüdischen Gleichberechtigung einsetzte. Daneben stand er dem *Verband Schweizerischer Israelitischer Armenpflegen* vor, eine Funktion, von der er nach seiner Wahl ins CC zurücktreten sollte.[16]

Der liberale, die Gerechtigkeit liebende Mann, der auch scharfzüngig und laut werden konnte, wenn ihm etwas missfiel, wollte nun in der Delegiertenversammlung wissen, welche Haltung der Gemeindebund gegenüber der Fremdenpolizei bezüglich des Aufenthalts deutscher Juden bisher vertreten hatte und welche Stellung er künftig dazu einnehmen würde. Um seinen Fragen mehr Nachdruck zu verschaffen, erwähnte er einen Fall, in dem Bundesrat Häberlin ein jüdisches Gesuch mit Berufung auf Äusserungen eines offiziösen SIG-Vertreters abgelehnt habe.[17]

Georg Guggenheim um 1934, als er in das SIG-Centralcomité gewählt wurde, in dem er sich bald als eines der kritischsten Mitglieder profilierte. (AfZ)

Saly Mayer antwortete als Erster, da er mit der Fremdenpolizei in engem Kontakt stand und indirekt angesprochen war. Er bestritt, dass ein legitimierter Vertreter des SIG die kolportierte Aussage gemacht haben könne. Was die künftige Politik betraf, nach der Guggenheim ebenfalls gefragt hatte, lehnte er es ab, den SIG auf eine klare Linie zu verpflichten: «Welche Stellung das CC in Zukunft einnehmen wird, lässt sich nicht bestimmen, da jeder Fall anders liegt.» Die Beantwortung der Frage zur bisherigen Haltung des Gemeindebunds begann Mayer mit einer Verteidigung der Behörden. Diese stünden vor keiner leichten Aufgabe, hätten aber bislang mehr getan als manch andere Länder. Sie hätten versprochen, das Problem wohlwollend zu behandeln, hätten sich in der Tat bisher «absolut objektiv und neutral» verhalten und würden die jüdischen Aufenthaltsbegehren auch dem Gemeindebund zur Begutachtung unterbreiten. Dabei befürworte das Centralcomité zum «Schutz von Selbstinteressen» gewisse Gesuche nicht. Das Protokoll sagt nicht, ob Mayer hier so deutlich wurde wie wenig später in einer anderen, kleineren Gesprächsrunde, wo er erklärte, dass der Gemeindebund Gesuche von Ausländern ablehnte, deren persönliche und geschäftliche «Nicht-Assimilation» Antisemitismus schüren und so die «Schweizer Judenheit» gefährden würde.[18]
Da der Basler Delegierte Werner Bloch, wie Guggenheim ebenfalls Rechtsanwalt, der Fremdenpolizei Antisemitismus vorwarf, gab Mayer der Versammlung Kenntnis von einem Schreiben Rothmunds, in dem sich dieser genau dazu äusserte. Es handelte sich um einen Brief an Hemerdinger, in dem sich der Polizeichef auf den SIG-Sekretär berief: Mayer «wird Ihnen bestätigen können, dass die

Fama mir unrecht tut, wenn sie mich als ‹argen Judenfeind› bezeichnet. Ich kann Sie dahin beruhigen, dass ich die ganze Frage in aller Objektivität behandle.» Mayer werde ihr «sicher gerne» Auskunft über seine, Rothmunds, Aufgabe und Einstellung geben. Er «habe ihn über alles genau informiert». Mayer ergänzte vor den versammelten Delegierten, dass es sich eben um die «Überfremdungsfrage im Allgemeinen» handle. Womit er wohl die fremdenpolizeiliche Praxis – in der auch er selbst keine antijüdische Tendenz erkannte – vom Antisemitismus absetzen wollte. «Im Übrigen», belehrte er die Kritikaster, «ist der Gemeindebund nicht für den Einzelfall da, sondern für das Ganze.» Gerügt waren damit Rechtsanwälte wie Guggenheim und Bloch, die, so Mayers Suggestion, die Fremdenpolizei und den SIG unter Beschuss nähmen, weil sie Partikularinteressen ihrer Klienten verträten, statt an das jüdische Gemeinwohl zu denken.[19]

Saly Braunschweig, der Leiter des *Centralcomités für Flüchtlingshilfe*, «unterstützte Herrn Mayer in allen Punkten und betonte nochmals, dass alle Gesuche, soweit sie ihm bekannt seien, unbeeinflusst und korrekt erledigt werden». Er ging ebenfalls auf die schwierige Aufgabe Rothmunds ein, der im *Verwaltungsrat des Hochkommissariats für Flüchtlinge* eine weichherzige Haltung zeigen, jedoch «in der Schweiz selbst einen gegenteiligen» Standpunkt vertreten müsse. «Es besteht eine starke Stimmung gegen jede Einwanderung, namentlich gegen eine jüdische. Um die deshalb notwendige Härte ihrer Massnahmen zu begründen, versteckt sich eine Behörde gerne hinter eine ihr passende Äusserung, die aber sicher nicht von kompetenter Seite erfolgt ist.»[20] – Vorsichtige Kritik an der missbräuchlichen Argumentation der Behörden, hingegen Verständnis für ihre harten Massnahmen.

Für den Berichterstatter des *Israelitischen Wochenblatts* blieb nach der Delegiertenversammlung die Frage weiterhin «unabgeklärt», warum sich die Behörde auf einen «offiziösen Vertreter des Gemeindebunds» hatte berufen können. Das Gerücht über eine sie selbst kompromittierende Haltung führender Juden sollte nie mehr verstummen – bis in die Gegenwart.[21]

Freundliche Herrschaft

Was war geschehen? Rekapitulieren und analysieren wir die Ereignisse. Es treffen sich Heinrich Rothmund und Saly Mayer, Repräsentanten zweier höchst ungleicher Institutionen: hier der *Eidgenössischen Fremdenpolizei*, in Ausländerfragen mächtig und einflussreich, ausgerüstet mit einem professionellen Verwaltungsapparat, geführt von dynamischen jungen Leuten, beseelt von der Überzeugung, die «Überfremdung» bekämpfen zu müssen – dort des *Schweizerischen Israelitischen Gemeindebunds*, ohne Macht und Einfluss, mit einer schwachen ehrenamtlichen Struktur, geleitet von älteren, politisch unerfahrenen Männern, bemüht, die Interessen der Juden in der Schweiz zu wahren. Rothmund agierte – zumindest in der Wahrnehmung Mayers, und diese soll für uns zählen – mit Freundlichkeit, Wohlwollen und Offenheit. Er erlaubte dem SIG-Sekretär, ausführlich seine Anliegen vorzubringen, und bot seine Zusammenarbeit an. Für Mayer erschien das vielversprechend: Er erhielt so überhaupt einmal die Gelegenheit, die Situation der jüdischen Minderheit mit ihren Schwierigkeiten und Bedürfnissen der Instanz darzulegen, von deren Gunst sie weitgehend abhängig war – keine Selbstverständlichkeit in dieser Zeit: Die Ereignisse im Nachbarland führten es vor Augen, Tag für Tag. Intuitiv gehorchte er vielleicht dem Wissen, dass Entscheidungsträger eher die Interessen von ihnen nahe stehenden oder bekannten Menschen berücksichtigen als von abstrakten und entfernten Fremden.[22]

In einzelnen für die Juden existenziellen Punkten, so eine weitere Hoffnung Mayers, würde es ihm vielleicht gelingen, die Behörden in ihren Entscheidungen zu beeinflussen – bezogen auf die Aufenthaltsgesuche jüdischer Zuwanderer anscheinend mit erstem Erfolg. (Die «Mitsprache» des SIG hatte eine gewisse Parallele in der Politik des *Schweizerischen Schriftsteller-Vereins*: Aus eigener Initiative verfasste dieser seit Juni 1933 zuhanden der Fremdenpolizei geheime Gutachten zu deutschen Berufskollegen, die von den Beamten bei der Erteilung von Aufenthalts- oder Arbeitsbewilligungen tatsächlich auch berücksichtigt wurden – leider, muss man sagen, denn der Verein ging ebenfalls von der üblichen Unterscheidung zwischen politisch und wirtschaftlich Verfolgten aus, und seine Stellungnahmen fielen aus Protektionismus und aus Gründen der «kulturellen Überfremdung» häufig negativ aus.[23])

Die Zusammenarbeit des SIG mit den Behörden, die schliesslich über das Gewaltmonopol verfügten und für die Einhaltung der Gesetze zu sorgen hatten, versprach zudem einen gewissen Schutz gegen den Antisemitismus – eine Notwendigkeit angesichts der eigenen schwachen Position in der Gesellschaft. Ganz unabhängig von ihren Resultaten fungierte die Kooperation mit den Behörden auch als ein wichtiger symbolischer Akt. Die Schweizer Juden konnten durch diese Partnerschaft bekunden, mit wem sie sich verbunden sahen, für welche Werte sie sich einsetzten und wie sie sich selbst definierten – die, wie sie hofften, wirksamste Vorbeugung dagegen, im eigenen Vaterland als illoyale Bürger und schädliche Fremdlinge zu gelten. Entsprechend gehörte die Kontaktpflege mit den Behörden auch zu den SIG-Strategien in der Bekämpfung des Antisemitismus. Zudem konnte die Zusammenarbeit mit den Behörden vielleicht gegenüber der eigenen heterogenen Basis bewirken, dass die Autorität des Gemeindebunds stieg; man war schliesslich nahe bei der Regierung, erhielt Informationen und einen gewissen Einfluss.

Auch Polizeichef Rothmund konnte sich einiges von der Zusammenarbeit mit Mayer beziehungsweise dem Gemeindebund versprechen: Zunächst einmal wurde er von kompetenter Seite über die Situation der Flüchtlinge in der Schweiz informiert. Das war nicht wenig, denn solange Deutsche ohne Visa einreisen durften, was auch in den nächsten Jahren der Fall sein sollte, konnte sein Amt nur die Ausländer registrieren, die sich selbständig und gesetzeskonform bei der Polizei anmeldeten. Um diesen Mangel zu kompensieren und für 1933 ihre Statistiken über die Flüchtlinge erstellen zu können, musste die *Eidgenössische Polizeiabteilung* die entsprechenden Daten beim *Centralcomité für Flüchtlingshilfe* verlangen.[24] Die Behörde erhielt von dieser Seite ausserdem Unterstützung bei ihrer Kontrollaufgabe, da das jüdische Hilfswerk seine Klienten stets zur polizeilichen Anmeldung drängte. Besonders praktisch für Rothmund war es, dass die jüdischen Organisationen seine Politik, die die Schweiz für Juden nur als Transitland definierte, in der Praxis konsequent unterstützten. Gegenüber dem Bundesrat bemerkte er 1934 anerkennend, sie täten alles Erdenkliche, um die Israeliten von der Flucht in die Schweiz abzuhalten und die dennoch Eingereisten wieder zurückzuschicken oder weiterzubefördern.[25] Schliesslich erkannte der Polizeichef, dass die Zusammenarbeit mit den Juden für die Legitimation und das Ansehen seiner Politik nützlich sein konnte. Dies zeigte sich zum Beispiel im Verhältnis zum *Hochkommissariat für Flüchtlinge (Israeliten und andere) aus Deutschland* – so der vollständige und umständliche Name –, bei dem die Schweiz wegen ihrer hartherzigen Politik in Misskredit geraten war. Da der Gemeindebund mit Hochkommissar James G. McDonald in Verbindung stand, verlangte Rothmund im Herbst 1934, dem Amerikaner gegenüber nicht nur einen Schweizer Standpunkt zu vertreten, sondern ihn «fühlen» zu lassen, «dass SIG und Schweizer Behörden zusammenarbeiten».[26]

Nicht zuletzt zog Rothmund auch noch einen persönlichen Gewinn aus dieser ungleichen Partnerschaft: Erinnern wir uns an seine Anstrengung, mit einer veritablen kleinen Inszenierung Mayer zur Versicherung zu veranlassen, dass er kein Judenfeind sei. Die Bestätigung aus dem Munde eines der höchsten Vertreter der Schweizer Juden – eine überzeugendere Verteidigung konnte er kaum finden. Für einen Beamten wie Rothmund, gequält von Unsicherheit und Verantwortungsgefühlen, war dies weit mehr als nur angenehm, mehr als Taktik, es war elementar. Ein Antisemit zu sein liess sich mit seinem Selbstbild nicht vereinbaren. Sein Gewissen suchte immer wieder entsprechende Entlastung und Bestätigung – je antisemitischer seine Politik ausfiel, desto mehr. Die Beziehung zu «seinem Juden» ermöglichte Rothmund, zu unterscheiden zwischen seiner Beamtenrolle und seinem Selbst, zwischen seinem Tun und seinem Sein. Aus Pflichtgefühl ein harter Polizeichef, gleichwohl ein guter Mensch.[27]

Mayer konnte diese Mechanismen schwerlich durchschauen. Er wurde hier mit einem fundamentalen Phänomen konfrontiert, das auch die Sozialwissenschaften erst begreifen sollten, nachdem er und sein mächtiges Visavis längst verstorben waren: der Trennung von rassistischem Verhalten und individueller Einstellung in Institutionen. Mayer und seine Zeitgenossen nahmen noch an, Rassismus entstehe nur aus individuellen Vorurteilen und Ängsten. Wenn es den Rassisten allein an Einsicht oder Wissen gebrach, versprach Aufklärung Besserung. Entsprechend hielt der Gemeindebund an seinem heute fast naiv wirkenden Vertrauen in die Kraft der Argumente fest. Es kann jedoch in einer Gesellschaft oder einer Institution auch Rassismus auftreten, ohne dass ihre Mitglieder bewusst oder unbewusst von rassistischen Motiven geleitet werden. Dieser Rassismus ist in Prämissen und Zielen, Welterklärungen und Wissen, Routinen und Instrumenten der gesamten Institution verankert – zumeist so selbstverständlich, dass er für die Agierenden kaum noch als solcher wahrnehmbar ist. Dieser Rassismus bildet dann nicht die pathologische Ausnahme, sondern den Normalfall, der das institutionelle Fundament durchwirkt. Dabei können, wie Louis L. Knowles und Kenneth Prewitt 1969 erstmals feststellten, rassistische Handlungen *ohne bewusste* rassistische Überlegenheitsvorstellungen entstehen, und die Akteure können diesen Rassismus sowohl absichtsvoll wie auch absichtslos maskieren.[28]

Genau dies war bei der *Eidgenössischen Fremdenpolizei* der Fall. Rothmunds übliche Entgegnung, seine Politik sei kein Antisemitismus, sondern nur die konsequente Fortsetzung einer bewährten und legitimen Praxis, war nicht bewusst gelogen – doch diese Praxis war seit ihren Anfängen antisemitisch, was er selbst nie wahrhaben wollte. Und ebenso wenig Saly Mayer, der Rothmund und dessen Überfremdungsbekämpfung vom Vorwurf des Antisemitismus ausnahm. Dabei war Mayer das Phänomen, dass es Antisemitismus unabhängig vom Bewusstsein der Täter geben konnte, nicht völlig unbekannt: Schliesslich hatte das CC-Protokoll, für das er als Aktuar verantwortlich zeichnete, eine «antisemitische Gesinnung» in Ämtern, jedoch keine Präsenz von Antisemiten festgestellt. Dies wirkte auf Mayer jedoch nicht etwa irritierend oder alarmierend, sondern eher beruhigend.

Tatsächlich wird institutionelle Diskriminierung von den Involvierten kaum je durchschaut, zumal sie in der Regel eingebettet ist in Werte und Maximen, formale Rechte und unreflektierte Gewohnheiten, wie sie der Schweizer Überfremdungsdiskurs umfassend und in der Mitte der Gesellschaft etabliert hat. Um die Diskriminierung als solche überhaupt wahrzunehmen, bedarf es eines Blicks, Protests oder moralischen Einwurfs von aussen. So waren es etwa Frau Hemerdinger und die jüdischen Rechtsanwälte, die jenseits des institutionalisierten Einvernehmens ihre Stimmen erhoben und Mayer in seiner Zusammenarbeit mit der Polizeiabteilung empfindlich störten. Die Juristen kannten und vertraten die Interessen von Menschen, die stumme Opfer der Diskriminierung waren. Und Hemerdinger wiederum empörte sich, weil die Behörden, angeblich auf Geheiss Rothmunds, ein mit ihr verwandtes junges Ehepaar – einen ausländischen Juden, der in der Schweiz eine Anstellung in Aussicht gehabt hatte, und eine alteingesessene Lengnauer Jüdin, die durch die Heirat ihr Schweizer Bürgerrecht verlor – ins Elend ausgewiesen hatten, worüber die Ehefrau krank und schwermütig wurde.[29]

Der durch konkretes Leiden aufgewühlten Hemerdinger antwortete Rothmund mit dem Rat, sich doch bei Mayer über «unsere Aufgabe und unsere Einstellung zu diesem Problem» zu orientieren – ausgedeutscht hiess das: Mit Ihrem begrenzten Horizont ignorieren Sie das Gesamtproblem und kritisieren und fordern ohne Grund. Analog argumentierte Mayer, als er den Rechtsanwälten vorwarf, sie hätten im Gegensatz zum Gemeindebund nicht die Gesamtinteressen der Juden im Auge. Beide Vorgänge stehen für die Kraft der Institution, sich gegen moralische Vorhaltungen mittels angeblich objektiver Argumente – die Wirtschaftskrise, die Überfremdung, unsere korrekten Verfahren und so fort – zu immunisieren.

Dass auch Mayer dieser Immunisierung erlag, verweist auf einen zweiten bedeutenden Prozess: den Wechsel seiner Perspektive. Der Polizeichef wusste schon, warum er so ausführlich und geduldig mit dem SIG-Sekretär sprach. Dieser sollte seine Sicht nicht nur verstehen, sondern auch teilen und gegenüber seinen Glaubensgenossen vertreten – eine Übertragung, die Rothmund so umfassend erreichte, dass Mayer gegenüber Hemerdinger und den SIG-Delegierten buchstäblich als sein Fürsprecher und Sprachrohr auftrat. Rothmunds Erfolg liess sich schon vorher in Mayers Versicherung ablesen, dass auch ihm die «Motive» einleuchteten, aufgrund deren sich sein Programm «nicht restlos» – wie er höflich-euphemistisch bilanzierte – verwirklichen lasse.

Es war nicht nur für Rothmund wichtig, was sein Gegenüber dachte. Auch Mayer schien viel daran gelegen, dass sich der Polizeichef das richtige Bild von ihm machte. Genauer: dass er dessen Bild entsprach – warum sonst hätte er ihm seine Einsicht umgehend schriftlich mitteilen sollen? Ein Bedürfnis mit Hintergrund: Mayer und andere jüdische Vertreter erhielten von Rothmund immer wieder Lob für ihr Verantwortungsgefühl gegenüber den Schweizer Gesamtinteressen. Schmeichelhaft und verführerisch für Menschen, denen das Stigma fehlender Loyalität anhaftete. Es musste ihnen schwer fallen, sich dieser wohltuenden Zuschreibung zu entziehen, die Erwartungen zu enttäuschen, ihr positives Fremdbild zu zerstören, indem sie primär auf ihren jüdischen Interessen insistierten – wozu sie als jüdische Repräsentanten eigentlich verpflichtet waren. Manipulation, Herrschaft und Unterwerfung durch Wertschätzung, Lob und Erwartungen.[30]

Nun deckten sich Rothmunds Erwartungen vielfach mit denjenigen, die die jüdischen Verantwortlichen an sich selbst stellten, da sie, wie ihre Strategien zur Selbstdisziplinierung gezeigt haben, die Normen der Mehrheitsgesellschaft weitgehend teilten. Wenn man jedoch verinnerlichte Ideale in den Augen anderer nicht erfüllt, reagiert man mit Scham – damit unwillkürlich sein Versagen eingestehend, die fremde Norm anerkennend, sich der beurteilenden Autorität unterwerfend. Beschämung lässt sich auch provozieren, Rothmunds Verlesen des Briefs führte dies vor. Herrschaft durch Beschämung wirkt besonders effizient, denn ihr Mechanismus bleibt für den Beschämten undurchschaubar, unkontrollierbar und unbewusst.

Rothmund versprach Mayer in einzelnen Punkten ein Entgegenkommen für seine Zusammenarbeit; er überzeugte ihn, dass die Juden teilweise zum Wohl des Vaterlandes zurückzustehen hätten; er vermittelte ihm das Gefühl, dass er sie als Partner und Bürger ernst nahm. Ob bewusste Taktik oder Intuition, Rothmunds Herrschaftsstrategie beruhte auf Verlockung, Überzeugung und scheinbarer Wertschätzung. Das wirkte nachhaltiger als Abweisung, Drohung oder Zwang. Es machte die Interessen der Juden lenkbar, ihre Bedürfnisse ausbeutbar und ihren potenziellen Widerstand produktiv.

Die durch freundliche Zusammenarbeit instrumentalisierten Juden realisierten kaum, welche Rolle sie dabei spielten, wie ihnen geschah, was sie verloren und nicht gewannen. Als Mayer die Optik der Fremdenpolizei übernahm, gab er nicht nur jüdische Interessen preis, er entfremdete sich zugleich von einem Teil der eigenen Basis. Was er – und das ist wesentlich – keineswegs so empfand: Das Problem lag aus seiner Sicht vielmehr bei den Opponenten, die eben nicht so gut wie er informiert waren und keinen Überblick hatten, was der jüdischen Gemeinde am besten zum Wohl gereichte. Mit dieser Haltung stand Mayer zu diesem Zeitpunkt nicht allein; ein Berner Delegierter notierte sich: «Die Zürcher sind alle Josephs: sie dünken sich mehr als die anderen.» Das war gemünzt auf Georg Guggenheim, den Sohn des ersten SIG-Präsidenten, der sich erkühnt hatte, eine Sonderrolle zu spielen, indem er die Behörden und die Zusammenarbeit des SIG mit jenen kritisierte.[31]

Ein weiterer Effekt der Herrschaft durch Freundlichkeit bestand darin, dass sie für die faktische Diskriminierung blind machte. In der Delegiertenversammlung vom Mai 1934 hatte der bereits erwähnte Basler Rechtsanwalt Werner Bloch vor dem Hintergrund seiner beruflichen Erfahrung gewarnt, dass die fremdenpolizeiliche Praxis antisemitisch sei, auch wenn sie «formell korrekt sein mag. Es darf keine jüdische Vertretung Hand dazu bieten, dies zu verwedeln.»[32] Genau diese Korrektheit diente nun als das Schlüsselargument, mit dem Saly Mayer («absolut objektiv und neutral») und Saly Braunschweig («unbeeinflusst und korrekt») die Praxis der Polizei verteidigten. Dabei war ihnen das Resultat dieser «Korrektheit» sehr wohl bekannt, Mayer verkündete es in ebendieser Versammlung: Bisher hatten nur 6 jüdische Flüchtlinge eine Niederlassungsbewilligung erhalten – von insgesamt über 600 Gesuchstellern.[33]

Ziehen wir ein Fazit: Für die Verantwortlichen der diskriminierten Gruppe reichte es, sich von den Behörden freundlich und korrekt behandelt zu fühlen, um deren diskriminierende Perspektiven, Werte und Regeln übernehmen zu können. Es reichte, dass den leitenden Juden das Verfahren als korrekt und gerecht erschien, dann nahmen sie auch vollkommen ungerechte Resultate widerstandslos hin. Braunschweig und Mayer akzeptierten – so meine These – ihre Unterwerfung ohne Kritik oder zumindest stilles Aufbegehren ebendeshalb, weil sie von Rothmund so behandelt wurden, dass sie sich als geachtet und zugehörig betrachten konnten. Noch nie hatten Schweizer Juden dies nötiger als in jenen Jahren, nie war ihre kollektive Identität gefährdeter, ihr Selbstbild schlimmeren Angriffen ausgesetzt, ihre Zugehörigkeit zur Schweiz mehr bestritten. Darum konnte ihre wohlwollende Behandlung durch eine Autorität des Kollektivs, dem sie zugehören wollten und dessen Schutzes sie bedurften, eine solche Wirkung entfalten.[34]

Diese Entwicklung hatte sich schon angekündigt, als Prediger Joseph Messinger so positiv von seinem Treffen mit Rothmund gesprochen und darob die Prämissen und Konsequenzen von dessen Politik ignoriert hatte. Messinger stand unter dem doppelten Eindruck, dass in jenen Tagen die deutschen Behörden ihren jüdischen Bürgern radikal jede Zugehörigkeit und Achtung absprachen und dass er zugleich von Rothmund als Partner freundlich empfangen wurde. Es war diese kontrastive Wahrnehmung, die dem oben beschriebenen Mechanismus einen zusätzlichen, entscheidenden Drall gab.

Auftrag erledigt

Mitte Mai 1934 erfuhr die Öffentlichkeit, die jüdische Flüchtlingshilfe sehe sich leider gezwungen, ihre «Büros zu schliessen und die Arbeit weitgehendst einzuschränken», die Mittel des Centralcomités seien «erschöpft». Merkwürdigerweise hatten es die Verantwortlichen vermieden, in der unmittelbar vorangegangenen SIG-Delegiertenversammlung diesen Entscheid anzukündigen, obwohl er bereits vorher gefallen war. Befürchteten sie, dieser Reduktion der Flüchtlingshilfe würde Opposition erwachsen?[35]

Die Finanzen waren von Anfang an ein Schwachpunkt in der Politik des Gemeindebunds. Die Not der deutschen Juden, meinte Saly Braunschweig, stelle die Schweizer Glaubensgenossen vor «ungeheure Aufgaben». Gemessen an früheren Jahren, die immer ein ausgeglichenes und bescheidenes Budget gekannt hatten, ging es nun tatsächlich um gänzlich neue Dimensionen. Man erhöhte 1933 die ordentlichen Jahresbeiträge, die ein Einzelmitglied an den SIG zu entrichten hatte, von vier auf zehn Franken, mehr war statuarisch nicht zulässig; aber damit allein hätte man nur einen Bruchteil der Ausgaben für die Flüchtlingshilfe decken können – abgesehen davon, dass auch die teure Abwehraktion und die ordentlichen Verpflichtungen zu finanzieren waren. Die jüdische Öffentlichkeit wurde deshalb mehrfach zu Spenden aufgerufen. Die ersten Sammlungen liefen jedoch eher schleppend an. Nach Braunschweigs Ansicht fehlte es den Gemeinden, abgesehen von Zürich und Genf, am nötigen Einsatz. Nach einem Jahr waren jedoch immerhin über eine halbe Million Franken zusammengekommen. Jedes zweite Mitglied hatte einen Beitrag entrichtet. Einzelne Gemeinden hatten sogar mehr gespendet, als sie im ganzen Jahr für ihre regulären lokalen Bedürfnisse ausgaben. Aber die enormen Unterschiede zwischen den Gemeinden sorgten für Missstimmung, und Braunschweig betrachtete das Ergebnis gar als «Misserfolg».[36]

Besondere Verärgerung lösten vielerorts die erst kürzlich aus Deutschland in die Schweiz gezogenen Juden aus. Sie würden, so die Klage, die Appelle ignorieren – obwohl man sie mehrmals daran erinnert habe, schriftlich und durch persönliche Besuche. Unhaltbar, dass die «Outsider» sich am Schicksal ihrer Landsleute desinteressiert zeigten und «kostenlos die Vorteile des Schweizerasyls» genössen, während die altansässigen Schweizer Juden Geld spendeten! «Sie sollten ihre Sicherheit erkaufen müssen», meinte Braunschweig. Notfalls müssten sie «mit Hilfe der Behörden» zur Solidarität gezwungen werden. Über Mayers diesbezüglichen Vorstoss bei Rothmund haben wir schon berichtet. Und nun zirkulierte bereits das Gerücht, die Regierung wollte selbst bei den wohlhabenden Flüchtlingen eine Steuer einführen. Aber so weit kam es noch nicht.[37]

Geldmangel war nicht der alleinige Grund für die Schliessung der Hilfsbüros. Gegenüber Rothmund erklärte eine SIG-Delegation, auch taktische Erwägungen hätten eine Rolle gespielt, die Schweiz sollte nämlich «nicht als Magnet dienen». Der SIG hatte sich offenbar überlegt, dass sich potenzielle Einwanderer aus Deutschland durch seine Bekanntmachung abschrecken lassen würden. Auf den ersten Blick glich seine Massnahme derjenigen der französischen Juden, die nur Monate vorher die Einstellung ihrer Hilfe beschlossen und angekündigt hatten – und diesen Beschluss im Sommer 1934 trotz massiver Proteste tatsächlich auch ausführen sollten, mit katastrophalen Folgen für ihre bisherigen Schützlinge. Schwankend zwischen Angst vor Antisemitismus und Sympathie mit den Verfolgten, zwischen Loyalität zu Frankreich und Solidarität mit ihren Glaubensgenossen, hatten sie sich für ihr Vaterland entschieden und die «Fremden» im Stich gelassen.[38]

War das mehr als eine zufällige Koinzidenz? Liess sich der Gemeindebund von der Politik seiner benachbarten Glaubensbrüder inspirieren? Opferte auch er die jüdische Hilfe der patriotischen Treue? War sein Finanzargument also nur ein Vorwand? – Nein. Es gibt keine Hinweise auf einen Loyalitätskonflikt als entscheidendes Motiv. Wie auch? Solange der SIG das Transitprinzip respektierte, tangierte seine Flüchtlingshilfe die nationalen Interessen nicht, und sie leistete auch dem befürchteten Antisemitismus keinen Vorschub. Sein Motiv war wohl ein anderes: Der Entscheid passte zur bisherigen Strategie, die Juden in Deutschland wenn möglich von ihrer Flucht abzuhalten. Bekanntlich hatten die jüdischen Organisationen dies als gemeinsames Vorgehen international vereinbart – von daher erscheint die Gleichzeitigkeit mit der französischen Massnahme nicht zufällig. Indirekt hatte Mayer die Schliessung schon im Herbst 1933 angekündigt, als er im Anschluss an die *Londoner Hilfskonferenz* erklärte, dass die Unterstützung zu einem bestimmten Datum eingestellt werden sollte.[39]

In der Schweiz kam es im Gegensatz zu Frankreich zu keiner Verelendung der Flüchtlinge, es waren hier eben nicht viele Tausende, sondern nur eine gute Hundertschaft von der Schliessung der Hilfsbüros betroffen. Zudem sollten «wirkliche Flüchtlinge», also solche, die von den Nazis nicht «nur» ökonomisch und sozial diskriminiert wurden, auch weiterhin Hilfe erhalten. Allerdings wollte man die Dauerfälle allmählich ganz abbauen und die Betreffenden in einem

Drittland platzieren. Die verbleibende Betreuung oblag den lokalen Fürsorgen, die sie im Konkreten ja schon bisher geleistet hatten. In der Praxis änderte sich somit wenig. Die erhoffte Signalwirkung scheint dennoch nicht ausgeblieben zu sein, jedenfalls wurden im September 1934 in der Schweiz nur noch zwanzig bis dreissig vollständig Mittellose betreut.[40]

Im Oktober 1934 betrachtete das *Centralcomité für Flüchtlingshilfe*, das trotz der ostentativen Büroschliessung weiter bestanden hatte, seinen Auftrag als «durchgeführt». – War man optimistisch geworden, weil die Deutschen dieses Jahr offiziell nur wenige antijüdische Massnahmen getroffen hatten? Sein Leiter Saly Braunschweig beantragte, die restliche Arbeit den lokalen Comités des *Verbands Schweizerischer Israelitischer Armenpflegen (VSIA)* zu übergeben. Da jene mit den bereits involvierten örtlichen Fürsorgen praktisch identisch waren, ergab dies durchaus Sinn, und Anfang 1935 übernahm der Verband offiziell einen entsprechenden Auftrag.

Der VSIA war 1925 gegründet worden, es gab jedoch schon vorher eine Organisation gleichen Namens, und der erste nationale Wohltätigkeitsverein war sogar schon im 19. Jahrhundert, also noch vor dem Gemeindebund, entstanden – Ausdruck der traditionellen Bedeutung der jüdischen Wohltätigkeit. Der VSIA hatte sich vor 1933 mit der Unterstützung von jüdischen Kranken und Armen ausserhalb der Gemeinde befasst, vor allem von Tuberkulösen in Davos. Seine Hauptaufgabe bestand jedoch seit langem in der Hilfe für sogenannte Passanten, zumeist bedürftige ostjüdische Migranten oder Bettler, die von Ort zu Ort zogen. Die lokalen jüdischen Fürsorgen standen ihnen temporär bei, kontrollierten sie und schoben sie baldmöglichst in «Zielorte» ausserhalb der Schweiz ab, da sie bei den einheimischen Juden nicht eben willkommen waren.[41]

Als der VSIA mit der Flüchtlingshilfe beauftragte wurde, stellte er einen losen Verband ohne eigene finanzielle Mittel dar und umfasste erst neun Lokalcomités, die sich in Ortschaften mit grösseren jüdischen Gemeinden befanden. Sein geographisches und strukturelles Wachstum sollte im nächsten Jahrzehnt parallel zur Entwicklung im Flüchtlingswesen erfolgen. Ehrenamtlicher Präsident war seit Sommer 1934 der Zürcher Erwin Hüttner, der hauptberuflich eine Versicherungsgesellschaft leitete. Wichtigster Mann war jedoch Silvain S. Guggenheim, der zu dieser Zeit die Kasse führte. Das Geld für die neu übernommene Aufgabe erhielt der VSIA vom Gemeindebund; nur unter dieser Bedingung hatte er sich bereit erklärt, das Mandat überhaupt zu akzeptieren.[42]

Schutz eigener Rechte im In- und Ausland

Der Bundesrat soll einschreiten

Da Martin Littmann nicht nur Rabbiner seiner Zürcher Gemeinde war, sondern auch ehrenamtlicher Leiter der lokalen Flüchtlingshilfe, arbeitete er mit Thea Meyerowitz zusammen, die seit Ende 1933 hauptberuflich für die gesamte jüdische Flüchtlingshilfe der Schweiz zuständig war. Anfang 1935 wurden beide zur Zielscheibe des antisemitischen Wochenblatts *Der Stürmer:* Der Artikel, der schon im Titel die Rabbis als hinterlistig denunzierte, begann mit der Sage vom Prager Rabbi Löw, der aus Lehm ein lebendiges Wesen, den Golem, geschaffen haben soll, um – so die üble Umdeutung des Schreiberlings – bei den verwerflichsten jüdischen Schandtaten Schützenhilfe zu leisten. Überhaupt würden die Rabbis zu Recht generell gefürchtet, da sie gefährlich wie Schlangen und Skorpione seien. Und nun hätten von diesen auch mehrere in der «schönen Stadt Zürich» Asyl erhalten, fährt das Blatt fort, wobei es seinen Erguss nicht nur wie gewohnt mit sexuellen Anspielungen garniert, sondern auch mit Klammerbemerkungen, die Insiderwissen suggerieren sollen:

«Eine solche Hebräerpflanze ist auch der Oberrabbiner Dr. Littmann, Zürich, Tödistrasse 21, vielfacher Millionär, nebenberuflich Politiker und Spezialist in Vernichtungsplänen gegen Deutschland. Alle Stänkereien, Greuelmärchen gehen durch seinen ‹rosch› (Kopf), alle jüdischen Spionagefäden Deutschland-Ausland via Schweiz durch seine ‹Jad› (Hand). Er ist auch ‹ehrenamtlicher› (??) Verwalter der Emigrantengelder und sonstiger Spezialfonds!!!» Wie der Prager Rabbi den Golem habe sich auch sein Zürcher Nachfolger einen Gehilfen geschaffen. «Zwar nicht aus Lehm, sondern aus Fleisch und Blut. Eine jüdisch-deutsche ‹Dame›, Fräulein Mayrowitsch aus dem Rheinland! (Die Emigranten heissen sie den ‹Rabbisocken›!). Der Socken, pardon: der weibliche Golem bekommt auf Wunsch des hohen Rabbi Littmann in der Schweiz sogar Daueraufenthalt. Begründung: ‹Im Interesse der jüdischen Schweiz. Religionsgesellschaft!!!› – ‹B'silo› (Jungfrau??) Mayrowitsch ist zwar nicht so schön wie Mata Hari oder Simi Simon, aber die Rolle als Spionin spielt sie ebensogut!» Sie überbringe, heisst es im Machwerk weiter, allwöchentlich Nachrichten aus Deutschland in die «talmudische Giftküche des ‹Meisters›», wo diese zu «Lügengeweben» verarbeitet und dann an «Mephistolehrlinge wie Prediger Messinger, Bern», ausgeliefert würden.[1]

Das Hetzblatt, das regelmässig gegen die hiesigen Juden geiferte (siehe Abbildungen S. 75 und 113), war zu dieser Zeit auch noch in der Schweiz erhältlich, obwohl sich der Gemeindebund seit September 1933 bei den einheimischen Behörden um ein Einfuhr- und Verkaufsverbot bemühte. In Deutschland selbst erfreute es sich rasant wachsender Beliebtheit, es sollte 1935 eine Auflage von

Der Berner Prediger und Kantor Joseph Messinger (in der Mitte) und der Zürcher Rabbiner Martin Littmann (ganz rechts) im Jahr 1938 am Heidesee in Graubünden. (Privatbesitz, E. Farberoff)

einer halben Million erreichen und war überdies im ganzen «Reich» in öffentlich zugänglichen Vitrinen ausgestellt, so dass es auch von Passanten gelesen werden konnte.² – Was ging in Menschen vor, die derart infam, unter Angabe von Namen und vollständiger Wohnadresse, der Öffentlichkeit als Objekt der Entwürdigung und der Hetze vorgeworfen und anempfohlen wurden? Was ging in ihren Schweizer Glaubensbrüdern und -schwestern vor, die ebenfalls mit diesen Schmähschriften konfrontiert waren? Konnte ihr Selbstbild von derartigen Angriffen unberührt bleiben? Konnten sie ihre eigene Gefährdung ignorieren? Wie sollten sie die Untätigkeit der Behörden diesen Anwürfen gegenüber interpretieren? Wie reagierten sie darauf? Mit welchen Gefühlen, mit welchem Verhalten?

Am 17. Dezember 1934, nur Wochen vor den zitierten Verleumdungen des *Stürmers*, hatte eine SIG-Delegation dem neuen Vorsteher des *Eidgenössischen Justiz- und Polizeidepartements*, dem freisinnigen Johannes Baumann, die Befindlichkeit der eigenen Gemeinde geschildert: Die Situation spitze sich immer mehr zu; Ungewissheit und Erregung, gepaart mit Unzufriedenheit über die Passivität der Behörden, bemächtigten sich der Mitglieder. Es empöre sie, dass die nationalsozialistischen Umtriebe in der Schweiz geduldet würden und die eigenen Staatsangehörigen den Attacken schutzlos ausgeliefert seien, während ausländische Staatsoberhäupter vor vergleichsweise harmlosen Presseangriffen

Joseph Messinger wurde wiederholt vom «Stürmer» attackiert. Im reproduzierten Artikel vom 15. April 1936 unterstellt ihm das Blatt, dass er sich «bei jeder nur passenden Gelegenheit in den gemeinsten Hetzereien gegen Deutschland» ergehe. (Institut für Zeitgeschichte München-Berlin, Archiv, Z 1013)

aus der Schweiz Schutz erhielten. Die Jugend lasse sich angesichts der Provokationen auf der Strasse nur schwer zügeln; und dem Gemeindebund werfe man zu viel Rücksichtnahme vor (wohl in seinem Verhältnis zu den Behörden). «Wir sind der Ansicht», erklärte die Delegation, «dass eine Wegleitung von Oben nötig geworden ist. Die Behörden und Gerichte schützen die Pressefreiheit, Versammlungsfreiheit und dergleichen so weitgehend, dass daraus ein Schutz des Missbrauches entsteht.» Der Bundesrat werde ersucht, Massnahmen gegen die Verhetzungen zu ergreifen. Einen Monat später, am 18. Januar 1935, wiederholte der SIG seine Forderungen mit einer Eingabe, die ausführlich die antisemitischen Vorfälle, Publikationen und Organisationen dokumentierte.[3] Die Antwort des Bundesrats liess vorläufig auf sich warten.

Auf den Schutz ihrer Behörden waren unterdessen noch dringlicher auch die Schweizer Juden angewiesen, die sich in Deutschland befanden.

Die Diplomatie breitet ihre Massnahmen zum Schutz von Landsleuten normalerweise nicht vor der Öffentlichkeit aus. Anhand eines Aufsehen erregenden Falls, der nicht Schweizer Bürger, sondern einen staatenlosen Juden betraf, konnten hellhörige Zeitgenossen jedoch schon 1935 auf die Haltung der helvetischen Aussenpolitik schliessen. Es handelte sich um die Geschichte des Schriftstellers und Journalisten Berthold Jacob, der den deutschen Machthabern ein Dorn im Auge war, da er über die geheime Aufrüstung Deutschlands publiziert hatte. Im März 1935 entführte ihn die Gestapo in einer dreisten Aktion von Basel nach Deutschland, was die Schweizer Behörden dank der sofortigen Verhaftung eines der Täter schnell umfassend aufklären konnten. Die Beweise, dass deutsche Amtsstellen direkt verwickelt waren und damit das Nazi-Regime das Völkerrecht und die Souveränität eines fremden Staates krass verletzt hatte, waren erdrückend. Bundesrat Motta trat dezidiert auf und verlangte unter Beifall von Parlament und Presse die Rückgabe des Entführten, die Bestrafung der Verantwortlichen und die Zusicherung, dass Ähnliches nicht mehr vorkomme. Ende August machte er jedoch eine abrupte Kehrtwendung und offerierte dem «Reich» eine elegante Lösung, wie es sich der peinlichen Affäre ohne weiteren Gesichtsverlust entledigen konnte: Jacob durfte in einer zunächst geheim gehaltenen Aktion in die Schweiz zurückkehren, und im Gegenzug wurde der dort verhaftete Gestapo-Helfer nur als kleiner ziviler Straftäter abgeurteilt.[4] – Gute Beziehungen zum grossen Nachbarn wogen für den Aussenminister offensichtlich deutlich mehr als die Verteidigung völkerrechtlicher und moralischer Prinzipien.

War das die Strategie, mit der die Schweiz auch die Interessen ihrer jüdischen Landsleute in Deutschland zu behandeln gedachte?

Keine deutschen Gefühle verletzen

Um aussenpolitische Schwierigkeiten zu vermeiden, hatte die *Nationalsozialistische Deutsche Arbeiterpartei* die in Deutschland lebenden ausländischen Juden in ihrem ersten Aufruf zum Boykott vom 1. April 1933 explizit von den Massnahmen ausgenommen. Schon im zweiten Aufruf erwähnte sie diese Ausnahme nicht mehr – woraufhin Minister Paul Dinichert, der Schweizer Gesandte in Berlin, beim deutschen *Auswärtigen Amt* nachfragte, ob denn seine jüdischen Landsleute weiterhin unbehelligt blieben, was ihm versichert wurde. Die klare Trennung zwischen deutschen und ausländischen Juden war jedoch – dieser Auftakt deutete es an – für die Nazis nicht von vordringlichem Interesse und sollte mit den Jahren immer mehr verwischt werden.[5]

Übergriffe auf jüdische Ausländer hatten praktisch mit Hitlers Machtübernahme begonnen, wie der Schweizer Geschäftsreisende Willy Guggenheim am Abend des 8. März in Magdeburg erfahren musste, als er zusammen mit den anderen Gästen eines jüdischen Speiselokals von einer Horde bewaffneter und uniformierter Nationalsozialisten überfallen und niedergestochen, glücklicherweise jedoch nicht schwer verletzt wurde. Ein anderes Schweizer Opfer war Heinrich Sacks, der als wissenschaftlicher Assistent an der Universität Leipzig arbeitete und im Sommer 1933 die Kündigung erhielt, da das «Gesetz zur Wiederherstellung des Berufsbeamtentums» die Weiterbeschäftigung eines «Nichtariers» nicht zulasse. Entsetzlich erging es dem deutsch-schweizerischen Doppelbürger Leopold Obermayer, der als Weinhändler in Würzburg gewohnt und sich im Oktober 1934 bei der Polizei beklagt hatte, dass seine Post geöffnet worden war. Er wurde daraufhin ohne Grund verhaftet, sass unter widerwärtigsten Bedingungen, sogar der Folter ausgesetzt, jahrelang unschuldig in Gefängnissen und Konzentrationslagern und kam schliesslich, trotz stetem selbstbewusstem und hartnäckigem Widerstand, im Jahr 1943 im KZ Mauthausen elendig zu Tode.[6]

Für Guggenheim und Sacks hatten sich die Schweizer Diplomaten noch eingesetzt. Bei Obermayer waren sie ebenfalls orientiert; das Leben eines Juden, der zudem homosexuell und nur «zur Hälfte» Schweizer war, schien ihnen aber vermutlich zu wenig wertvoll, um deswegen einen Konflikt mit Deutschland zu riskieren – zumal nach geltendem internationalem Recht ein Doppelbürger nicht vom einen Heimatstaat gegenüber dem anderen geschützt werden durfte. Soweit es den Quellen zu entnehmen ist, hatte sich der SIG bei diesen und anderen frühen Verfolgungen, die Schweizer Juden in Deutschland betrafen, nicht eingeschaltet. Erstmals beteiligt war er, und auch dies eher zufällig und nur am Rande, als die Nazis Simon Pikards Familie in den Ruin trieben:

Die aus Endingen, dem neben Lengnau zweiten Aargauer Judendorf, stammende vierköpfige Familie lebte seit sechzig Jahren, somit schon in der zweiten Generation, in Säckingen, wo sie ein blühendes Konfektionsgeschäft führte. Anfang August 1935 tauchte in der Nähe ihres Hauses die übliche rote Reklametafel des *Stürmers* auf: «Wer beim Juden kauft, ist ein Volksverräter». Gemeint sein konnten nur die Pikards, es gab keine anderen Juden in Säckingen. Kunden, die sich nicht an den Aufruf hielten, wurden eingeschüchtert, indem man sie zuweilen beim Geschäftseingang photographierte. Etwa zwei Wochen später, am Vorabend von Mariä Himmelfahrt, spielte Simon Pikard mit Bekannten in einem Restaurant Skat und Billard, als sich ein SA-Mann ans Klavier setzte, um für eine anwesende Kraft-durch-Freude-Gruppe aufzuspielen. Damit begann ein Vorfall, den die Zeitung *Der Alemanne* unter dem Titel «Unglaublich: Jude und Judenknechte provozieren KdF-Urlauber» wie folgt rapportierte: «Als die Urlauber anfingen zu tanzen, legte der Jude das Queue hin und engagierte ein deutsches Mädchen zum Tanze. Darob empörten sich natürlich die Urlauber und anwesenden Gäste und bildeten einen Sprechchor: ‹Der Jud muss raus!› Jedoch der Jude, der anscheinend keine Spur eines Anstandsgefühls besitzt, blieb ruhig sitzen und mit ihm die Judenknechte». Unmittelbar nach diesem Hetzartikel verkündeten Zeitungsanzeigen und Plakate, dass Juden der Zutritt zur städtischen Badeanstalt am Rhein verboten sei, was zwar eine allgemeine

NS-Massnahme war, aber wiederum auf die Familie Pikard zielte, die eifrige Badegäste gewesen waren.[7]

Simon Pikards Ehefrau hatte bereits vor diesem Zwischenfall das Schweizer Konsulat in Mannheim um Hilfe ersucht. Der Konsul beschied ihr jedoch, ihm seien die Hände gebunden: Die Schweizer Gesandtschaft in Berlin habe im September 1933 festgelegt, dass sie nur intervenieren könne, wenn der Boykott «nichtarischer Schweizer» von staatlichen Behörden, nicht aber, wenn er von Privatleuten ausgehe, was in ihrem Fall zutreffe. Da sich unterdessen die Kampagne gegen die Pikards verschärft hatte und die verzweifelte Familie nicht mehr imstande war, selbst um Hilfe zu rufen, geschweige denn sich zu wehren, nahm sich der ebenfalls in Säckingen lebende Landsmann Fritz Hüssy ihrer an. Er wandte sich am 20. August 1935 entrüstet und in seinem Gerechtigkeitsgefühl verletzt an das Konsulat und schrieb, Pikard sei «geschäftlich und moralisch erledigt. Diesen seelischen Druck hält kein Mensch auf die Dauer aus.» Das deutsche Verhalten verstosse gegen die Niederlassungsverträge zwischen Deutschland und der Schweiz; die Gesandtschaft in Berlin müsse sich um die Angelegenheit kümmern, zumal sie vielleicht kein Einzelfall sei. Als Hüssy daraufhin von der zurückhaltenden Position der Gesandtschaft erfuhr, verschärfte sich sein Ton. Im Namen der Schweizer Landsmannschaft, die sich grossenteils mit den Pikards solidarisierte, verlangte er wütend, die Diplomaten hätten gefälligst «ihre Pflicht und Schuldigkeit» zu tun, ihre Haltung sei «absolut unverständlich. Es weiss doch jeder, und unsere Gesandtschaft sollte dies doch auch wissen, dass neben den staatlichen Behörden eine ebenso mächtige, wenn nicht noch mächtigere, Partei-Behörde existiert. Die Partei ist der Staat! Also kommt der Boykott von staatlicher Stelle aus.» Im Übrigen gab er zu verstehen, dass eine diplomatische Intervention nicht aussichtslos wäre: «Ich weiss aus eigener Erfahrung, dass in Norddeutschland eine grosse Anzahl polnischer Juden ihre Geschäfte noch ohne die geringste Störung betreiben können, und dass alle Massnahmen, die etwa von den Parteistellen aus gegen derartige Geschäfte unternommen wurden, sofort unterdrückt wurden. Man hat eben mit Polen einen Freundschaftsvertrag und möchte das Verhältnis mit Polen nicht trüben.»[8]

Im Bundeshaus diskutierte man unterdessen anhand von Fällen wie diesem, wie man gegenüber Deutschland reagieren sollte. Max Ruth von der Polizeiabteilung vertrat die Ansicht, der bilaterale Niederlassungsvertrag biete keine gute Grundlage, um die Schweizer Juden in Deutschland von den antijüdischen Massnahmen auszunehmen. Man müsse zwar gegen deren Diskriminierung intervenieren, von einem Gang an ein internationales Schiedsgericht sei jedoch aus taktischen Gründen abzuraten.[9] In Berlin schätzte Minister Dinichert die Aussicht, aufgrund des Niederlassungsvertrags für die Juden Rechtsschutz zu erhalten, optimistischer ein, sprach sich aber dennoch auch dagegen aus, Deutschland notfalls vor ein Schiedsgericht zu ziehen. Er verabscheute jedoch die Nazis, und es bereitete ihm, obwohl gegen antisemitische Einfälle nicht immun, sichtliches Unbehagen, «praktisch ohnmächtig» dem «Ruin unserer Landsleute mehr oder weniger tatenlos zusehen» zu müssen. Er gelangte «zum Schluss, dass in jedem einzelnen Fall untersucht werden muss, ob gegen allgemeine Massnahmen gegen die Juden, wodurch unsere Landsleute geschädigt werden, eine Intervention möglich erscheint». Damit sollte – in Abkehr von der bisherigen Praxis – eine Intervention auch erwogen werden, wenn die Diskriminierung nicht von staatlicher Seite erfolgte.[10]

Sein Chef in Bern, Bundesrat Motta, schloss sich am 12. September diesem Standpunkt an – jedoch nur grundsätzlich, brachte er doch einen bemerkenswerten neuen Gesichtspunkt ein: «Wir sind auch damit einverstanden, dass gegen direkte Massnahmen gegen einzelne Unternehmungen von Schweizern eine Intervention angezeigt sei. Voraussetzung dafür ist natürlich, dass nicht der Betroffene selbst durch sein unangebrachtes Verhalten dazu Anlass gab, wie dies [...] im Fall Simon Picard [sic] zutrifft. Es muss von unsern Landsleuten verlangt werden, dass sie sich die unter den gegebenen Verhältnissen dringend gebotene Zurückhaltung auferlegen und auch nicht durch ein an und für sich zwar nicht fehlbares Verhalten, das aber geeignet ist, die heute im Gastland bestehenden Gefühle zu verletzen, die antisemitischen Elemente herausfordern. Durch eine Intervention in solchen Fällen würden unsere Vertretungen nur unnötig ihren Kredit aufs Spiel setzen, gerade zum Nachteil derjenigen, die deren Hilfe und Schutz besser verdienen.»[11] Vor einer Intervention war also zu prüfen, ob die Betroffenen sich ihr «Unglück» nicht etwa, wie angeblich Pikard, selbst zuzuschreiben hatten.

Als Giuseppe Motta seine «sensible» Empfehlung abgab, hatte in Nürnberg gerade der Parteitag der NSDAP begonnen.

Gegen die «Nürnberger Gesetze» protestieren?

Obwohl seit Wochen neue antijüdische Massnahmen befürchtet worden waren – schon im Juli hatte ein Pogrom in Berlin weiteres Unheil angekündigt –, kamen die in Nürnberg erlassenen Rassengesetze unerwartet, und sie erschütterten in ihrer Radikalität die Juden weltweit. Auch in der Schweiz. Unmittelbar nach Beendigung des Parteitags verlangte die *Israelitische Cultusgemeinde Zürich (ICZ)*, dass in allen grösseren Städten Protestkundgebungen gegen die deutschen Massnahmen abzuhalten seien. Am 18. September 1935 trifft sich auch das Centralcomité des SIG, um seine Reaktion zu beraten.[12] Saly Braunschweig, der den Antrag seiner Gemeinde vorbringt, erhält im durch Abwesenheiten reduzierten Gremium nur von zwei Seiten Unterstützung: vom Genfer Armand Brunschvig und vor allem von – Saly Mayer. Der Protest müsse in jüdischen und nichtjüdischen Versammlungen, in den kantonalen und nationalen Parlamenten laut werden, fordert Mayer. Die Presse (die sich bisher in der Schweiz nicht besonders über die Entrechtungen empört hatte) würde unweigerlich nachfolgen. Es handle sich um die Rechte der Juden in der ganzen Welt, nicht nur in Deutschland. «Von uns wird ein Protest erwartet, gleichgültig, ob er Erfolg haben wird oder nicht.» Die anderen CC-Mitglieder stimmen zwar zu, «dass etwas geschehen» müsse, mahnen aber zur Vorsicht. Es seien die negativen Folgen eines Protests für die deutschen Glaubensgenossen zu bedenken. Eine Einmischung in gesetzgeberische Angelegenheiten des Auslands sei gefährlich, man brauche dazu die Zustimmung des Bundesrats. Überhaupt klingt immer wieder das Motiv der Rücksichtnahme auf die Behörden und deren Neutralitätspolitik durch, die fast alle Redner einfordern. Repräsentativ das Votum des Präsidenten Dreyfus-Brodsky: Es sei mit Bern offiziös Fühlung zu nehmen. Die Regierung verhalte sich reserviert und wolle mit Deutschland auf gutem Fusse stehen, das habe der Fall Jacob gezeigt. Die Aufrollung der Judenfrage sei, zumal angesichts der bevorstehenden Nationalratswahlen, gegenwärtig nicht erwünscht. Proteste nützten nichts, mit öffentlichen Kundgebungen solle man sich besser noch zurückhalten. Im Übrigen habe man in eigenen Kreisen zu wirken, da noch immer Fehler begangen würden.

Das Centralcomité beschliesst mit fünf zu drei Stimmen, keine Protestveranstaltungen durchzuführen, stattdessen solle man die Lage nochmals in den Gemeinden besprechen, um vielleicht später doch noch vor die Öffentlichkeit zu treten. Braunschweig ist konsterniert und aufgebracht. Er werde sich sein weiteres Vorgehen und sein Verbleiben im CC vorbehalten, erklärt er in seiner Enttäuschung, zieht dann diese Drohungen wieder zurück und gibt nur zu Protokoll, «er betrachte die Abstimmung als symptomatisch und bedaure, dass damit eine verschleppende Taktik eingeschlagen werde».

Angesichts der generellen jüdischen Ohnmacht und aus Verzagtheit und patriotischer Rücksichtnahme sah das Comité keinen anderen Weg, als an den Völkerbund zu appellieren, der das «Weltgewissen» vertrete. Jules Dreyfus-Brodsky beantragte, Bundesrat Motta, der zurzeit die *Kommission für Minderheiten im Völkerbund* präsidierte, um eine Audienz zu ersuchen und «die Sachlage mit ihm mündlich zu besprechen». Absicht war es, beim Bundesrat zu sondieren, ob über den Völkerbund Gegenreaktionen erfolgen könnten. Das Centralcomité stimmte diesem Vorgehen zu. Braunschweig verlangte, man müsse Motta zusätzlich eine schriftliche Botschaft übergeben – womit, was allerdings nicht gesagt wurde, die ohnehin zahme Intervention sich nicht gänzlich im Unkontrollierbaren, Unverbindlichen und Unsichtbaren abspielen und vielleicht nicht folgenlos verpuffen würde.[13] Auch diesem Antrag gab man statt. Die beschlossene Stellungnahme, die eiligst telegraphisch übermittelt wurde, jedoch vertraulich bleiben sollte, hatte folgenden Wortlaut: «Der Deutsche Reichstag hat Gesetze erlassen, die auf die Juden in der ganzen Welt gefährliche Wirkungen auszuüben drohen. Diese Gesetze heben die bürgerliche Gleichberechtigung der Juden auf, legalisieren Rassenhass, erschüttern die soziale und wirtschaftliche Existenzmöglichkeit der jüdischen

Bevölkerung und stellen die Errungenschaften der Kultur und Humanität ernstlich in Frage. Wir verwahren uns als Schweizer und Juden gegen die diffamierende Unterstellung, als sei Bolschewismus identisch mit Judentum, das Judentum der Träger der Volkszersetzung und sittlich minderwertig. Wir gestatten uns, an Sie, sehr geehrter Herr Bundesrat, die dringende Bitte zu richten, mit allen Ihnen zu Gebote stehenden Mitteln alle Bestrebungen zu unterstützen, die geeignet sind, die verletzten Menschenrechte und Menschenwürde der deutschen Juden wieder herzustellen.» Fünf Tage später erhielt der Gemeindebund von Motta eine höfliche Antwort, deren Inhalt sich auf das nichts sagende Versprechen beschränkte, er würde dem Telegramm seine volle Aufmerksamkeit schenken.[14]

In den um eine Stellungnahme gebetenen jüdischen Gemeinden herrschten geteilte Meinungen. In Bern war man nicht nur gegen Protestveranstaltungen, man verurteilte sogar aus Rücksicht auf die Regierung das Telegramm an Motta, weil es als unzulässige Einmischung in fremde Staatsangelegenheit interpretiert werden könne – dabei hatte man es dem Bundesrat nur vertraulich zugeschickt. In St. Gallen erhielt Saly Mayer eine Abfuhr von seiner eigenen Gemeinde. Er hatte die «Nürnberger Judengesetze» als Rückfall ins finstere Mittelalter gegeisselt, dann eindringlich gewarnt, dass sich auch die Schweiz in der Gefahrenzone befinde, allein schon wegen der Nähe zu Deutschland sowie der 250 000 naturalisierten und der 160 000 nicht naturalisierten Deutschen im eigenen Land, und schliesslich eine Kundgebung als einzig mögliche Reaktion gefordert. Der örtliche Vorstand war jedoch nicht zu überzeugen. Er bestritt die Notwendigkeit einer öffentlichen Aufklärung und erklärte stattdessen «an Hand von einigen krassen Beispielen», dass «im Verhalten der sich in den letzten 2 Jahren in der Schweiz niedergelassenen Juden eine viel grössere Gefahr für das Aufflackern des Antisemitismus» liege als in der «Nähe zu Deutschland». Ganz anders die Stimmung in Zürich, wo eine Minderheit seit 1933 vergeblich Proteste verlangt hatte und nun die Verärgerung über die aktuelle Passivität des Gemeindebunds so hohe Wellen schlug, dass sich der Gemeindepräsident gezwungen sah, in der Westschweiz kursierende Gerüchte zu dementieren, denen zufolge die ICZ aus dem SIG austreten und mit den Sozialdemokraten zusammen zum Boykott Deutschlands aufrufen werde. Sich dem beschlossenen Schweigen zu unterwerfen kam für die ICZ jedoch nicht in Frage, und sie beantragte, das CC solle in der nächsten Sitzung auf seinen Entscheid zurückkommen. Überdies liess sie durchblicken, dass man die Organisation einer Zürcher Kundgebung, notfalls unter fremdem Patronat, bereits in Angriff genommen habe, man sich also auch von einem erneuten Nein des SIG nicht würde zurückhalten lassen.[15]

Das Centralcomité revidierte schliesslich auf dem Zirkularweg seine Ablehnung, und es kam Mitte November in Basel und Zürich zu Veranstaltungen, die gut besucht und von der Öffentlichkeit stark beachtet wurden. Der SIG beteiligte sich indirekt mit je einem jüdischen Redner aus den lokalen Gemeinden, in Basel mit Oskar Meyer, einem der Klägeranwälte im dortigen Prozess um die angeblichen *Protokolle der Waisen von Zion*, in Zürich mit Saly Braunschweig. Seinen Namen gab der Gemeindebund jedoch nicht, stattdessen zeichnete in Basel die *Europa-Union* für die Organisation verantwortlich, in Zürich die *Schweizerische Vereinigung für den Völkerbund*.[16]

Parallel zu den Protestkundgebungen hatte man im Gemeindebund auch etwaige Boykottmassnahmen diskutiert. Dominantes Argument war auch hier die Rücksichtnahme auf die nationalen Interessen. Präsident Dreyfus-Brodsky erklärte, Bern mahne zur Zurückhaltung und wolle keinen offiziellen Aufruf. «Den Behörden, die bisher immer Verständnis für uns bewiesen haben, dürfen wir keine Schwierigkeiten in den Weg legen.» Analog der Sekretär: «Alles aber muss in Loyalität gegenüber den schweizerischen Behörden geschehen.» Ein Boykott sei nicht öffentlich zu beschliessen, sondern im Stillen zu vollziehen. Das entsprach der bisherigen Praxis, es wurde nun auch zur Antwort auf Nürnberg.[17]

Sowohl beim Boykott wie bei den Protestveranstaltungen ging es nicht um die konkrete Wirkung auf Deutschland; in dieser Hinsicht machte man sich keine Illusionen. Zur Debatte stand vielmehr das jüdische Selbstverständnis, die eigene Position. Saly Braunschweig brachte dies auf den Punkt, als er erklärte, bei der Kundgebung handle es sich «in erster Linie um eine geistige Aufklärung, die für unser Land bestimmt ist, um geistige Landesverteidigung – um Kopfklärung». Also um eine Strategie, die sich ebenso nach innen richtete («Kopfklärung») wie nach aussen («für unser Land bestimmt»): nach innen, um die jüdische Solidarität zu manifestieren – deshalb wurde die Nichteinhaltung des Boykotts gelegentlich als «Verrat» oder «Selbstmord» bezeichnet; nach aussen, um die vaterländische Treue zu beweisen – deshalb dominierte das Argument der nationalen Interessen.[18]

Darin artikulierten sich gegensätzliche Bedürfnisse. Als Lösung lenkte man die Widersprüche, die man nicht öffentlich mit der Schweizer Regierung oder mit Deutschland austragen wollte, nach innen. Statt einen Streit mit den Behörden zu riskieren, die sich in ihrer Anpassungspolitik gegenüber dem NS-Regime nicht durch Protestaktionen im eigenen Land stören lassen wollten, stritt man sich intern. Statt die Nazis mit einem öffentlichen Boykott moralisch zu denunzieren, disziplinierte man mit der stillen Selbstbeschränkung die eigenen Reihen. Der Kompromiss erlaubte scheinbar, alle Bedürfnisse zu versöhnen: Im Untergrund protestierte und boykottierte man als solidarischer Jude, in der Öffentlichkeit blieb man neutral als loyaler Bürger. Diese Lösungsstrategie – die in ihrer Anlage der bisherigen Abwehrpolitik entsprach – hatte, wie die aktuelle Entwicklung zeigte, die grundsätzliche Schwäche, dass sie zwangsläufig die von aussen nach innen gewendeten Konflikte verschärfte, je mehr sich die äusseren Umstände radikalisierten. Diese Konflikte wiederum bargen massiven Sprengstoff, da sie allesamt die kollektive Identität der jüdischen Gemeinschaft betrafen.

Von Fall zu Fall, mit Prämissen

Die jüdischen Organisationen ausserhalb Deutschlands machten sich Sorgen, ob die deutschen Behörden ihre Rassengesetze auch auf die im «Reich» ansässigen ausländischen Juden anwenden würden. Das beschäftigte auch die Zürcher Juden, und so holte in deren Auftrag der Berner Georges Brunschvig, der uns bereits als lokaler Aktionschef und als Klägeranwalt im Prozess um die *Protokolle der Weisen von Zion* begegnet ist, beim EJPD nähere Auskünfte ein. Man antwortete ihm, die Rassengesetzgebung habe nur für Deutsche Gültigkeit. Wenn jüdische Schweizer gezwungen würden, nichtjüdische Dienstmädchen zu entlassen – einer der neuen NS-Erlasse verbot die Anstellung von «arischen» Frauen unter 45 Jahren in jüdischen Haushalten –, sollten sie ihr Konsulat um Schutz ersuchen. Brunschvig teilte seine Ergebnisse den Zürchern mit und schloss mit der Feststellung, dass man als Jude diesbezüglich auch den eigenen Ämtern gegenüber eine eindeutige Stellung einnehmen müsse. «Wir dürfen auf keinen Fall zulassen, dass unsere Behörden auch nur daran denken können, solche Pariagesetze auf Schweizerbürger anwenden zu lassen. In meiner heutigen Besprechung habe ich für diesen, unseren Standpunkt jedenfalls volles Verständnis gefunden.»¹⁹

Wahrscheinlich hatte er nicht mit Max Ruth gesprochen, oder er hatte das Thema der Eheschliessung nicht angeschnitten. Nur wenige Tage später machte sich der Adjunkt der Polizeiabteilung nämlich Notizen, welche Konsequenzen das «Gesetz zum Schutze des deutschen Blutes und der deutschen Ehre» für die Schweiz haben könnte. Der gewissenhaft vorausschauende Beamte kam zur Erkenntnis, dass die Eheschliessungen zwischen Ariern und Juden (wie viele seiner Zeitgenossen übernahm er die Rassenbegriffe ohne weiteres) auch in der Schweiz ungültig seien, wenn sie zur Umgehung der deutschen Gesetze *hierzulande* erfolgten und die Brautleute im Ausland ständigen Wohnsitz hätten; dies gelte selbst dann, wenn eine der beiden Personen das Schweizer Bürgerrecht besitze – kurzum, Ruth sah die Schweiz bedenkenlos als Erfüllungsgehilfin bei der Durchsetzung der Rassengesetze. Anders schätzte der Jurist den Fall ein, wenn ein Schweizer Jude *in Deutschland* eine Jüdin heiraten würde. «Da können wir wohl nichts machen», konstatierte er. Sein bedauernder Ton hatte kaum damit zu tun, dass er innerjüdische Eheschliessungen verhindern wollte, dagegen hatten ja selbst die Nazis nichts einzuwenden; er dürfte vielmehr davon herrühren, dass in diesem Fall die ausländische Jüdin durch die Heirat das Schweizer Bürgerrecht erhalten und so in der Ruth'schen Optik die Schweiz potenziell noch mehr «verjuden» würde. – Immerhin waren all diese Überlegungen noch provisorisch: «M. E. ist die Sache noch zu wenig klar für sichere Schlüsse», schloss der Beamte, dem mit seinem Exposé wohl das zweifelhafte Verdienst zukommt, als Erster die helvetische Gesetzgebung im Lichte der deutschen Rassengesetze neu gedacht zu haben. Die partielle Ablehnung «gemischtrassiger» Ehen wurde für die Schweizer Zivilstandsbeamten schliesslich bis zum Kriegsende zur Praxis. Dabei beriefen sie sich – Werte des eigenen Ordre public ignorierend – auf ein internationales Abkommen von 1902, demzufolge Ausländer nur heiraten durften, wenn der Heimatstaat der Brautleute die Ehe anerkannte.[20]

Zu einem Präzedenzfall dafür, wie die Schweizer Behörden mit dem deutschen Rassismus umgehen sollten, entwickelte sich schon vorher die Geschichte der Pikards, deren Situation sich unterdessen verschlimmert hatte. *Der Alemanne* hetze weiterhin, schrieb der unermüdlich sich für die Familie einsetzende Hüssy dem Konsul. Die Kundschaft traue sich nicht mehr in ihr Geschäft, obwohl die Stürmer-Plakate abgehängt worden seien. Seelisch sei Simon Pikard schon jetzt «total erledigt», und demnächst auch finanziell. Da Hüssy bei den helvetischen Diplomaten nur einen, so seine Einschätzung, «jämmerlichen und für die Schweiz beschämenden» Erfolg erzielte, wandte er sich schliesslich an seinen Geschäftskollegen Willi Burgauer, den Präsidenten der *Israelitischen Kultusgemeinde St. Gallen:* Angesichts der desinteressierten oder ahnungslosen «Herrschaften» helfe nur eine Intervention im Bundeshaus. «Dazu dürfte doch am besten die Organisation der schweizerischen Nichtarier imstande sein. Es befinden sich doch dabei sehr einflussreiche Männer, die wieder Beziehungen zu den Behörden in Bern haben. Die Schweiz kann doch schliesslich nicht ihre Landsleute im Ausland derart zugrunde gehen lassen.»[21]

Während sich Saly Mayer über den Fall aufklären liess, gab Pierre Bonna, der Chef der *Abteilung für Auswärtiges* im Schweizer Aussenministerium, der Gesandtschaft in Berlin Anfang Oktober 1935 seine Direktiven. Sie verdienen ausführlich zitiert zu werden, zeigen sie doch nicht nur, dass es vermutlich Bonna gewesen war, der bei der Bemerkung seines Vorgesetzten Motta über Pikard die Feder geführt hatte. Sie enthüllen zudem die Grundmotive der Schweizer Diplomatie beim Rechtsschutz für die Juden: Eine Demarche beim *Auswärtigen Amt* Deutschlands wegen Pikard sei, meinte Bonna, mindestens zurzeit nicht möglich. «Es muss vermieden werden, dass dieses mit dem Einwand kommt, unser Landsmann hätte durch herausforderndes Benehmen die Bevölkerung in Aufregung versetzt und die Boykottpropaganda damit selbst verursacht und verschuldet. Dadurch würden auch Ihre Bemühungen zugunsten von andern Landsleuten erschwert. [...] Selbstverständlich kann grundsätzlich keinem Schweizer der diplomatische Schutz verweigert werden, auch wenn er ausser dem Heimatschein nichts Schweizerisches an sich hat. Immerhin hat dem Einzelinteresse das allgemeine Interesse vorzugehen. Die Gesandtschaft darf nicht zum Nachteil aller übrigen schutzwürdigen Schweizer ihren Kredit aufs Spiel setzen zugunsten von Elementen, die durch ihr eigenes Verschulden oder durch unschweizerisches, herausforderndes Verhalten selbst Anlass zu den ihnen erwachsenen Schwierigkeiten geben. Es muss auch der Eindruck vermieden werden, dass die Schweiz sich in besonderem Masse, weit mehr als andere Länder, als Beschützerin der Juden gegenüber dem Nationalsozialismus aufspiele, zumal durch die Art und Weise, wie der Fall Jacob in einer gewissen Presse behandelt wurde, der Schweiz diese Rolle angedichtet worden ist.»[22]

Der Chef der *Abteilung für Auswärtiges* gebrauchte also gleich mehrere Argumente: Erstens waren Juden wie Pikard an ihrer Verfolgung selbst schuld. Zweitens waren sie keine vollwertigen Schweizer, ihr Schweizertum beschränkte sich auf den Heimatschein, ihr Verhalten war unschweizerisch. Drittens galten die Interessen der jüdischen Schweizer nur als partikular; die Verteidigung ihrer Gleichbehandlung und mithin die verfassungsmässige Gleichheit aller Bürger war also nicht von allgemeinem Interesse. Vielmehr, und damit viertens, behauptete Bonna, die Verteidigung der jüdischen Minderheit würde der nichtjüdischen Mehrheit schaden (die vielleicht 500 Juden in Deutschland machten nur etwa ein Hundertstel aller dortigen Schweizer aus). Fünftens erklärte er implizit, sich besonders für selbstverständliche Rechte der Juden einzusetzen sei überheblich und einem selbst abträglich: Es hüte sich die Schweiz, in den Geruch einer Judenbeschützerin zu geraten – was nichts anderes bedeuten konnte, als dass für Bonna diese Schützlinge selbst als anrüchig galten.

Schuldhaft, unschweizerisch, minderwertig, schädlich, anrüchig – das Judenbild, das Bonnas aussenpolitischer Argumentation zugrunde lag, entsprach den landläufigen antisemitischen Stereotypen. Diese Grundhaltung war entscheidend, als die Schweizer Behörden die Weichen stellten, wie sie die Rechte ihrer jüdischen Auslandschweizer verteidigen wollten. Dabei hatten sie grundsätzlich zwei Optionen: Sie hätten sich entweder auf den Niederlassungsvertrag mit Deutschland berufen können – was sie jedoch von vornherein ausschlossen, obwohl etwa Paul Dinichert die Erfolgschancen als gar nicht schlecht einschätzte. Oder sie hätten die völkerrechtlichen Mindeststandards geltend machen können, die sich damals in der westeuropäischen Staatenwelt als Gewohnheitsrecht durchgesetzt hatten – auch diesen Weg schloss das Departement Mottas schon im September 1935, ohne lang zu argumentieren, als «ausserordentlich schwierig» aus.[23] Dass beide Weichenstellungen zuungunsten der Juden ausfielen, dürfte stark durch die antisemitische Grundeinstellung beeinflusst worden sein.

So lehnte die Schweizer Aussenpolitik prinzipielle Interventionen ab – obwohl im Gegensatz zu späteren Jahren noch Erfolgschancen bestanden. Zum einen, weil bei zwischenstaatlichen Verhältnissen das Prinzip der Reziprozität galt und ein Staat die fremden Staatsbürger so behandeln konnte, wie die eigenen Landsleute durch den anderen Staat behandelt wurden: Gegenüber Deutschland hatte die Schweiz zu dieser Zeit die besseren Karten, da dreimal mehr Deutsche in der Schweiz als Schweizer in Deutschland lebten, wobei sich das Verhältnis durch die Rückwanderung von Schweizern zudem immer mehr zuungunsten des «Reichs» verschob. Zum anderen gab es Aussicht auf Erfolg, weil – wie das von Hüssy zu Recht erwähnte Beispiel Polen zeigte – Deutschland in den ersten Jahren des Hitlerregimes durchaus auf ausländische Pressionen reagierte.[24] Die Schweiz beschränkte sich jedoch auf eine Politik der Intervention je nach Fall.

Was die Pikards betraf, war deren Existenz in Deutschland zerstört. Ein Bruder Simons hatte unterdessen sogar einen Zusammenbruch erlitten, so dass er in eine Nervenheilanstalt eingeliefert werden musste. Es konnte nur noch darum gehen, ob die Familie bei der Rückkehr in die Schweiz etwas von ihrem restlichen Vermögen mitnehmen durfte. In dieser Situation entschloss sich der Gemeindebund, im Bundeshaus zu intervenieren. Die Bevollmächtigten Walter Bloch und Saly Mayer figurierten aber bei diesen Verhandlungen, die zwischen eidgenössischer Verwaltung, helvetischer Diplomatie und Deutschland stattfanden, nur als machtlose und bestenfalls halbwegs orientierte Zaungäste. Ende November 1935 schrieb der SIG-Sekretär an Fritz Hüssy, dass nach Auskunft von Walter Stucki vom *Eidgenössischen Volkswirtschaftsdepartement* ein Transfer des Vermögens nur sehr begrenzt erzielt werden könne. Es sei ganz ausgeschlossen, für die vielen Hundert Rückkehrer den Clearingverkehr zu benützen. Im Dezember meinte Mayer, es «scheint einige Hoffnung zu bestehen für das Mitnehmen eines einmaligen grösseren Betrages». Dabei sollte es auch bleiben: Die Rückkehrer, zu denen 1938 auch die Familie Pikard gehörte, mussten den weitaus grössten Teil ihres Vermögens in Deutschland zurücklassen – angesichts der Wirtschaftskrise, die auch in der Schweiz noch immer herrschte, ein schweres Handicap.[25]

Mythos der Macht, reale Ohnmacht

Vor der gleichen Schwierigkeit standen nicht allein die Juden aus der Schweiz, sondern alle Juden, die Deutschland verlassen wollten. Deshalb hatten die Zionisten schon im August 1933 mit der deutschen Regierung das Haavara-Abkommen geschlossen, das Emigranten aus dem «Reich» den indirekten Transfer ihres Vermögens nach Palästina ermöglichte.[26] Da diese Vereinbarung nicht auch für die Auswanderung in andere Länder galt, hatte der Basler Oskar Meyer beim SIG wiederholt angeregt, es müsse eine «internationale, vom Völkerbund oder von den Grossmächten geschützte Treuhandorganisation ins Leben» gerufen werden. Im November 1935, zehn Tage, nachdem er als Redner bei der Basler Protestkundgebung die jüdische Seite repräsentiert hatte, erinnerte er Saly Mayer wieder einmal an seine Forderung: «Die Fälle mehren sich täglich, in denen selbst unglaublich reiche Leute mit nichts herüber kommen und sich keinen Rat mehr wissen, wie sie ihr Vermögen liquidieren sollen.» Mayer antwortete, allein schon die Rückwanderung der jüdischen Schweizer aus Deutschland sei eine «derart schwere Sache», dass der Gemeindebund sich der Treuhand-Idee nicht auch noch annehmen könne. Diese liesse sich nur durch die internationale Zusammenarbeit der grossen jüdischen Organisationen realisieren. Zugleich schätzte der SIG-Sekretär jedoch eine solche Kooperation nicht sehr positiv ein: Der Gemeindebund habe sich bisher ohne Erfolg für eine jüdische Weltorganisation – die Vereinigung aller Landesverbände – eingesetzt.

Im Dezember schilderte Mayer dem Basler Rechtsanwalt nochmals seine Einschätzung der Lage: «Ich bin vollständig mit Ihnen einverstanden, dass es ein eigentümlicher Zustand ist, dieser Zerstörung und Zertrümmerung von Lebensarbeiten einer oder mehrerer Generationen ohnmächtig zusehen zu müssen. Es übersteigt jedoch unsere Kräfte, neben den vielen sonstigen mannigfachen Geschäften, auf diesem Gebiete noch mehr zu leisten oder gar zu erreichen. Es darf auch nicht vergessen werden, dass wir nicht die Einzigen sind, die sich dieser Aufgabe widmen. Ich habe in Genf gehört, dass die wirklich grossen und prominenten Juden des Auslandes diesbezüglich ihre Hände nicht müssig in den Schooss legen. Man wird hierüber gelegentlich mehr erfahren können.» Damit spielte Mayer auf ein ambitioniertes Projekt jüdischer Bankiers an, die in jenen Wochen eine mit dem Haavara-Abkommen vergleichbare Vereinbarung auch für andere Länder erreichen wollten. Was er jedoch bald erfahren musste, war das Scheitern dieser Pläne.²⁷

Kurz zuvor, am 12. November 1935, bekam der Gemeindebund eine weitere negative Nachricht, als sich der Schweizer Bundesrat bequemte, die vor fast einem Jahr erhaltene Eingabe gegen den Antisemitismus zu beantworten: Die Regierung sehe sich ausserstande, aufgrund der Bundesverfassung besondere Schutzmassnahmen zu ergreifen; für alle vom SIG geschilderten Vorfälle würden die kantonalen Gesetzgebungen ausreichen, und die Kantone hätten bislang «bei allen antisemitischen Angriffen stets geeignete und genügende Massnahmen getroffen». Resigniert musste der Gemeindebund einmal mehr feststellen, dass er von jeder Instanz, bei der er rechtlichen Schutz einforderte – Bund, Kantonen oder Gerichten –, auf die anderen verwiesen wurde. Die enttäuschende Antwort hinderte Saly Mayer jedoch nicht daran, sich auch weiterhin zu den «der Regierung nahe stehenden Kreisen» zu zählen.²⁸ – War dies naive Überzeugung, angstvolle Autosuggestion oder beschwörender Appell?

Fast gleichzeitig erhielten die Juden eine weitere deprimierende Botschaft: Am 27. Dezember 1935 verkündete James McDonald seinen Rücktritt. Der Hochkommissar legte in seinem Aufsehen erregenden Demissionsschreiben dar, wie sich die Lage in Deutschland in den vergangenen zwei Jahren katastrophal verschlechtert hatte und wie sein Flüchtlingskommissariat auf verlorenem Posten stand, da die internationale Staatenwelt sein Amt aus Rücksicht auf Deutschland von Anfang an abgetrennt vom Völkerbund eingerichtet hatte.²⁹ Eine weitere Hoffnung, auf die viele Juden gesetzt hatten, war erloschen.

In den Köpfen vieler Nichtjuden spukten seit langem fantastische Vorstellungen über Einfluss und internationale Macht der Juden – nicht nur bei Antisemiten, wie Hüssys Bemerkung über die Berner Beziehungen der Schweizer «Nichtarier» verriet. Auch wenn die Juden selbst diesem Mythos nicht aufgesessen waren, wurden sie nun weltweit durch die Ereignisse der letzten Jahre auf schmerzhafte Weise an ihre reale Machtlosigkeit erinnert. In ernüchterter Gemütsverfassung befanden sich auch die Verantwortlichen im SIG: Sie selbst sahen sich zu einer offensiven Aktion gegen die Rassengesetze nicht in der Lage. Von den Behörden erhielten sie keinen Schutz, obwohl sie selbst jede erdenkliche Rücksicht auf diese nahmen. Die jüdischen Organisationen arbeiteten zwar auf philanthropischem Gebiet transnational zusammen, was neu und keineswegs selbstverständlich war. Von einer effizienten Hilfe für die Juden in Deutschland und von einer engen Kooperation, wie sie dem Gemeindebund vorschwebte, liess sich aber wenig entdecken. Und die einzelnen Staaten wurden von den jüdischen Verantwortlichen als egoistisch wahrgenommen, nur auf ihre eigenen Vorteile bedacht, desinteressiert an jeder internationalen Zusammenarbeit. Schliesslich erlebte man – angesichts der Schwächen des Hochkommissariats – auch den Völkerbund als unfähig zu einer aktiven Politik zugunsten der deutschen Juden.[30]

Diese düstere und lähmende Perspektive spiegelte sich auch in zwei Ereignissen wider, die sich in der Schweiz abspielten und die Weltöffentlichkeit bewegten: Am 4. Februar 1936, zwei Tage vor der Eröffnung der Olympischen Winterspiele in Deutschland, ermordete der aus Jugoslawien stammende jüdische Medizinstudent David Frankfurter in Davos den Leiter der *Landesgruppe Schweiz der NSDAP*, Wilhelm Gustloff. Reichskanzler Hitler liess die auf allen deutschen Radiosendern übertragene Begräbnisfeier als pompösen Staatsakt inszenieren, machte aus Gustloff einen heroischen Märtyrer und aus dem Nachruf eine Kampfansage an die Juden. Obwohl die systematischen Umtriebe der grossen nazistischen Organisationen im «Gau Schweiz» kein Geheimnis waren, fühlte sich Bundesrat Johannes Baumann bemüssigt, für Gustloff Partei zu nehmen und die angebliche Hetze der Schweizer Presse für dessen Ermordung verantwortlich zu machen – kein beruhigendes Omen für den SIG, schliesslich war der EJPD-Vorsteher einer seiner wichtigsten Ansprechpartner.

Dem Gemeindebund kam das Attentat so wenig gelegen wie dem Bundesrat, so dass Saly Mayer den Fall «wie ein rohes Ei» (Peter O. Chotjewitz) behandelte. Als Strategie für den Gerichtsprozess gegen Frankfurter, der im Dezember 1936 stattfinden sollte, liess er intern verlauten, dass neben dem Interesse des Angeklagten denjenigen der Schweiz und der Juden Rechnung getragen werden müsse. Im Bestreben, die Gefahr der antisemitischen Ausschlachtung einzudämmen, wollte er in der Öffentlichkeit den Eindruck vermeiden, dass das Schweizer Judentum auch nur das Geringste mit der Tat zu tun habe. Gleichzeitig bemühte er sich darum, die juristische und publizistische Verteidigung möglichst selbst zu kontrollieren und die Einmischung anderer jüdischer Gruppierungen zu verhindern. Besonders ungelegen kam ihm das Interesse der *Ligue contre l'antisémitisme*, die gleich nach dem Attentat zur Gründung eines internationalen Verteidigungskomitees für Frankfurter aufgerufen hatte und auch bereit gewesen wäre, den Prozess finanziell zu unterstützen. Von einer Zusammenarbeit mit diesem linken Pariser Komitee, das für die Nazis den Inbegriff der jüdischen Weltverschwörung darstellte, hatte Mayer schon früher nichts wissen wollen. Eng kooperierte er hingegen mit dem *Jewish Central Information Office* in

Prozess gegen den Gustloff-Attentäter in Chur im Dezember 1936. Der Angeklagte David Frankfurter, zwischen zwei Polizisten, im Gespräch mit Anwalt Veit Wyler, der dem offiziellen Verteidiger Eugen Curti assistiert. (AfZ)

Amsterdam, mit dem er auch sonst in regelmässigem Kontakt stand und das nun die für diesen Prozess benötigte Dokumentation zu den antisemitischen Verfolgungen in NS-Deutschland zusammenstellte. Ungeachtet der fieberhaften internen Anstrengungen wollte der Gemeindebund in der Öffentlichkeit nicht mit der Verteidigung in Verbindung gebracht werden: Er sprach sich dagegen aus, dafür Geld zu sammeln, und beteiligte sich selbst weder finanziell noch mit einem Mandat. Er lehnte es zudem ab, dass ein jüdischer oder linker Anwalt Frankfurter verteidigen sollte, und postulierte stattdessen explizit die Beiziehung eines «rechtsstehenden Nichtjuden». Veit Wyler, ein junger Linkszionist, der mit dem Bruder des Angeklagten befreundet war und den dessen Familie für diese Aufgabe ausgewählt hatte, schlug deshalb als Kompromiss vor, den angesehenen Nichtjuden Eugen Curti mit der Verteidigung zu betrauen, während er selbst nur assistieren sollte. So geschah es. Die Strategie der Entpolitisierung fand nach dem Prozess eine Fortsetzung, indem der SIG eine Revision des Urteils (lebenslänglicher Landesverweis, 18 Jahre Zuchthaus) verhinderte und den *Jüdischen Weltkongress* von einer entsprechenden Resolution abhielt.[31]

Zu einer zweiten Verzweiflungstat war es bereits einige Monate nach dem Davoser Attentat gekommen: Während am 3. Juli 1936 in Genf der Völkerbund tagte, erschoss sich auf der Tribüne des Plenarsaals der jüdisch-tschechische Pressephotograph und Schriftsteller Stephan Lux. Er wolle mit seinem «bewusst und überlegt gewählten Tode» die Aufmerksamkeit der Welt auf die drohende Katastrophe lenken, schrieb er in Abschiedsbriefen an den englischen König Edward VIII., seinen Aussenminister Anthony Eden, den Generalsekretär des Völkerbunds, Joseph A. Avenol, und an führende englische Zeitungen. Deutschland habe unter Missachtung aller internationalen Verträge aufgerüstet, die «Weltenexplosion» stehe unmittelbar bevor, warnte er Eden. England müsse sich endlich bewusst werden, dass die deutsche Regierung «ausnahmslos aus nackten Verbrechern» bestehe. «Schauen Sie den Tatsachen ins Gesicht, werfen Sie die tödliche Apathie von sich, halten Sie sich nicht auf mit nebensächlichen Formalitäten.» Noch könne England durch ein Bündnis mit Frankreich, Italien und der Sowjetunion die deutschen Machthaber in Schranken weisen, «denn sie sind ja, wie alle Verbrecher, feige und weichen sofort zurück, wo sie entschiedener Energie und festem Willen begegnen». Er hoffe, dass mit seinem Tod das Wunder geschehe und sich «etwas Klarheit und Wahrheit» verbreite.[32]

Die Gleichgültigkeit der Welt affizierte auch die Juden in der Schweiz und gewöhnte sie an den Skandal eines salonfähig gewordenen Antisemitismus, so dass Georges Brunschvig in der Delegiertenversammlung Ende November 1936 eine Lethargie in den eigenen Reihen konstatieren musste: «Man sei sich nicht bewusst, welch weiten Weg man schon zurückgelegt habe. Früher nahm man am Ausdruck ‹Jude› in der Zeitung Anstoss. Heute horche man kaum mehr auf. Manche seien froh, wenn auf ihren Schaufenstern nur Zettel ‹Kauft nicht bei Juden› angeklebt und die Scheiben nicht eingeschlagen seien. Vor Jahren brachte ein Schmutzblatt den Ausdruck ‹Rassenschande›. Später erschien derselbe immer mehr in rechtsradikalen Blättern, mehr humoristisch auch in bürgerlichen Zeitungen. Heute gehört dieses Wort schon zur Umgangssprache. Man solle nicht glauben, dass von der Verhetzung in Büchern, Pamphleten, in Presse, Vorträgen und Radioübertragungen, auch aus Deutschland, nichts hängen bleibe. […] Besprechungen mit kantonalen und eidgenössischen Behörden ergeben, dass man sich auch dort an ein gewisses Maass von Antisemitismus gewöhnt hat und denselben als eine gewissermassen berechtigte, unabänderliche Tatsache betrachtet.»

Zwei Wochen später – in Davos hatte eben der Prozess gegen Frankfurter begonnen – kam es zu einem Sprengstoffanschlag auf eine Synagoge in Zürich, was vom deutschen Rundfunk sogleich als jüdischer Trick bezeichnet wurde. Auf den Strassen verteilten die Fröntler Flugblätter mit Boykottaufrufen, ein Bethaus wurde besudelt und beschmutzt sowie der jüdische Friedhof beschädigt.[33]

Ein neuer SIG-Präsident

Bereits in den Wochen nach Nürnberg hatte Jules Dreyfus-Brodsky angekündigt, dass er für keine weitere Amtsperiode mehr kandidieren und nach über zwanzig Jahren als SIG-Präsident zurücktreten werde. Es war schon damals kein Geheimnis, dass sowohl Saly Mayer wie Saly Braunschweig sich für den Posten, der erst in der Delegiertenversammlung im Frühjahr 1936 neu besetzt werden sollte, interessierten.[34]

Mayer hatte faktisch die Präsidialgeschäfte bereits seit einigen Jahren geführt und bot Gewähr für Kontinuität nach dem Machtwechsel. Er sagte von sich selbst, dass er zwanzig Jahre durch die Schule Dreyfus-Brodskys gegangen sei und dessen Politik fortsetzen wolle, die sich stets nach den Interessen des Gemeindebunds und des ganzen Landes ausgerichtet habe.[35] Ohne Zweifel wollte Mayer auch die enge, auf persönlichen Kontakten beruhende Zusammenarbeit mit den Behörden weiterführen. Der bisherige Präsident hatte dabei allerdings nicht viel Wert auf Transparenz, offene und öffentliche Auseinandersetzungen sowie demokratische Entscheidungsfindungen gelegt. Würde Mayer auch hier in seine Fussstapfen treten? Würde zudem auch Mayers Sozialisation im kleinräumigen St. Gallen seine künftige Politik beeinflussen? Eine Herkunft, die für einen ausgesprochenen Konservativismus und Patriotismus stand, für eine abgeschottete und, schon rein geographisch, eher marginale Existenz in der Schweiz.

Braunschweig kam aus einer anderen Tradition. Er leitete die weitaus grösste jüdische Gemeinde der Schweiz, die sich im ökonomischen und kulturellen Zentrum des Landes, mithin einem von St. Gallen gänzlich unterschiedlichen Umfeld, befand. Die verschiedenen Strömungen und Konflikte der Moderne fanden in Zürich häufig ihren ersten Ausdruck – sinnfällig der Umstand, dass einerseits die Stadt seit 1928 in den Händen der Roten war und dass andererseits hier auch der helvetische Faschismus am meisten Anhänger fand. Während der Nazi-Ära erhielt Zürich, ohnehin seit dem 18. Jahrhundert eine bedeutende Literatenstadt, eine zusätzliche Strahlkraft, da es bald zum letzten deutschsprachigen Kulturzentrum wurde, in dem zahlreiche namhafte Künstler und Intellektuelle aus dem faschistischen Europa, nicht wenige davon jüdisch, vorübergehend Zuflucht fanden. Der urbane Charakter des Umfelds spiegelte sich in den verschiedenen jüdischen Gemeinden der Stadt wider, vor allem in der lokal dominanten ICZ, die den Charakter einer Einheitsgemeinde mit verschiedenen Strömungen und Fraktionen hatte. Zwar stand vermutlich ein beträchtlicher Teil der kritischen, vorwiegend aus Osteuropa stammenden und in der Stadt ansässigen jüdischen Intelligenzija ausserhalb der Gemeinden. Dennoch gab es in diesen einige kritische und konfliktbereite Mitglieder, die grundsätzliche Diskussionen lancierten, scheinbare Selbstverständlichkeiten in Frage stellten und nicht jedem Anpassungsdruck nachgaben. Zu diesen Männern gehörten unter anderen der sozialistische und zionistische Nationalrat David Farbstein, der spätere sozialdemokratische Oberrichter und Kantonsrat Max Gurny, der langjährige Präsident des *Schweizerischen Zionistenverbands* Jacob Zucker sowie die beiden Anwälte Vladimir Rosenbaum, dessen Haus Treffpunkt für bedeutende Künstler aus dem In- und Ausland war, und Veit Wyler, der als junger linker Verteidiger im Frankfurter-Prozess Curti assistierte und später im Zionismus ebenfalls zentrale Funktionen übernehmen sollte. Auch wenn der bürgerliche Braunschweig keineswegs dieser Fraktion angehörte, hatte er doch als Mitglied und dann als Präsident der ICZ gelernt, dass in einem grösseren und heterogenen Gemeinwesen demokratische und transparente Strukturen und Abläufe unentbehrlich waren – andernfalls liessen sich gravierende Probleme kaum vermeiden. Aus dieser Einsicht hatte er bereits 1933 gefordert, den SIG organisatorisch zu reformieren und die einzelnen Aufgaben und Kompetenzen klar zu definieren und an verschiedene Ressorts zu delegieren.[36] Mit derartigen Anliegen fand er jedoch bei Dreyfus-Brodsky und Mayer, die beide gern alle Fäden in der Hand behielten, wenig Unterstützung.

Zur Wahl standen also nicht nur unterschiedliche Persönlichkeiten, sondern verschiedene Führungsstile und disparate Vorstellungen von der Aufgabe und Funktionsweise des Gemeindebunds. Braunschweig wollte sich – vielleicht weil in diesen schwierigen Zeiten alle Männer vor Konflikten zurückscheuten und die Bewahrung der Einheit als Gebot der Stunde empfanden – von Anfang an nicht auf eine Kampfkandidatur gegen Mayer einlassen. Dennoch wurde er nominiert – und erhielt in der Delegiertenversammlung am 21. Mai 1936 nur ein gutes Fünftel der Stimmen. Gewählt wurde mit überwältigender Mehrheit Saly Mayer, was man durchaus auch als Bestätigung der bisherigen, von ihm wesentlich mitgestalteten Politik auffassen konnte.

Die in ihrem Anspruch zurückgewiesene ICZ durfte zumindest mit Saly Braunschweig einen der beiden Vizepräsidenten und mit Georg Guggenheim den Aktuar stellen, zudem erhielt sie – langfristig wichtiger – die Erlaubnis, in Zürich ein professionelles Pressebüro für die Abwehr einzurichten. So entstand im Oktober 1936 die *Jüdische Nachrichtenagentur (JUNA)*, die die bisherige Tätigkeit der verschiedenen Aktionskreise ersetzte und zum einzigen Abwehrinstrument des Gemeindebunds wurde. Mit beträchtlichen Folgen, wie wir später sehen werden. Vorläufig allerdings waren das der JUNA zugebilligte Budget und damit ihre mögliche Wirkung sehr bescheiden.[37]

Es fehlte einfach an Finanzmitteln – was sich auch in der Flüchtlingshilfe schmerzlich bemerkbar machte.

Flüchtlinge nach Nürnberg

Ernüchternd: die erste gemeinsame Aktion der Schweizer Hilfswerke

Hauptgrund für die seit 1933 immer wieder leeren Kassen war stets die Zahl der zu betreuenden Flüchtlinge; nun hatte sich diese nach dem Erlass der Nürnberger Gesetze massiv erhöht. Der *Verband Schweizerischer Israelitischer Armenpflegen (VSIA)* konnte diese Entwicklung kaum beeinflussen, da die Ursachen allein im Nachbarland lagen. Immerhin wäre er ihr weniger hilflos ausgeliefert gewesen, wenn ihm die helvetischen Behörden mit ihrer Politik entgegengekommen wären.

Im Gegensatz zu den jüdischen Verantwortlichen nahm Georgine Gerhard gegenüber den Behörden kein Blatt vor den Mund. Die Leiterin der Basler Sektion des konfessionell neutralen *Schweizer Hilfswerks für Emigrantenkinder (SHEK)* betrachtete die amtliche Abwehrpolitik als «schmähliche Haltung» und machte bereits im März 1935 Heinrich Rothmund gegenüber die unmissverständliche Bemerkung, «dass wir Schweizer es ja meisterhaft verstehen, die Notleidenden von uns fernzuhalten». Im Juli verfasste sie im Namen des SHEK und elf weiterer Hilfswerke, darunter auch des jüdischen, eine Eingabe an den Bundesrat, die drastisch schilderte, wie sich die Lage der Emigranten von Monat zu Monat verschlimmere. Die Unglücklichen hätten vielfach «nur die Wahl zwischen Selbstmord und einem illegalen Dasein», und die Anstrengungen der privaten Hilfsstellen seien «ganz unzulänglich». Eine Lösung der Flüchtlingsfrage lasse sich zwar nur durch den Völkerbund finden, diesbezügliche Forderungen könne die Schweiz jedoch nur dann mit der notwendigen Autorität vertreten, wenn sie selbst die Ansprüche angesichts dieses internationalen Problems erfülle, was gegenwärtig fraglich sei. Das war eine deutliche Sprache. Die Transitmaxime, die die Flüchtlingsproblematik in der Schweiz bestimmte, erwähnten die Hilfswerke jedoch mit keinem Wort – offenbar lag eine Kritik daran noch immer ausserhalb des Denkbaren, oder sie schien gänzlich inopportun. So baten sie den Bundesrat nur darum, beim Völkerbund für eine internationale Lösung einzutreten, vor allem, um das unwürdige Hin- und Herschieben der Flüchtlinge zu beenden. Zugleich verlangten sie staatliche Subventionen für die Hilfswerke und einige konkrete Verbesserungen in der Schweizer Praxis, unter anderem befristete Arbeits- und Aufenthaltsbewilligungen für eine bestimmte Anzahl von Flüchtlingen, auch für Eheleute, bei denen die Frau durch die Heirat mit einem Ausländer ihre Schweizer Staatsbürgerschaft verloren hatte.[1]

In seiner internen Stellungnahme zuhanden seines Vorgesetzten, Bundesrats Baumann, empörte sich Rothmund zwar darüber, dass Deutschland Menschen schriften- oder staatenlos mache, dies sei «der heutigen Zivilisation unwürdig» und eine «Schande für einen Kulturstaat», zudem «eine hanebüchene Rücksichtslosigkeit den anderen Ländern gegenüber», namentlich «wenn den mit allen unaufrichtigen Mitteln vertriebenen Juden nicht einmal erlaubt wird, ihr Vermögen oder nur einen Teil desselben mit ins Ausland zu nehmen». Die Forderungen der Hilfswerke lehnte er jedoch fast alle ab – mit seinen üblichen Begründungen.

Aufschlussreiches findet sich in zwei seiner Nebenbemerkungen: «Wir haben mit dem israelitischen Gemeindebund, der mit seinen nicht unbeträchtlichen eigenen Mitteln und ausländischen Verbindungen beträchtliche Erfolge gehabt hat bei der Placierung deutscher jüdischer Flüchtlinge im Ausland, sehr gute Erfahrungen gemacht.» Indem der SIG sich bisher mit viel Aufwand und loyal gegenüber der amtlichen Politik für die Flüchtlinge einsetzte, verschaffte er sich offensichtlich Ansehen bei Rothmund (und dieser sah sich zugleich in seiner antisemitischen Klischeevorstellung von der Finanzkraft und internationalen Macht der Juden bestätigt). Wer sich jedoch gegenüber den Behörden auch nur vorsichtige Kritik und bescheidene Forderungen erlaubte, wurde vom Polizeichef sogleich disqualifiziert. Empfahl er doch seinem Departementschef im gleichen Memorandum, die Hilfswerke zu einer Audienz einzuladen – dies wäre «eine Gelegenheit, ihnen den Weg zu weisen, auf dem sie Nützliches leisten können, und sie aus Utopia zurückzuholen».² Unschwer, sich vorzustellen, wie Rothmund die Vertreter der Hilfswerke abqualifiziert hätte, wenn sie grundsätzliche Kritik geübt hätten.

Die Eingabe an den Bundesrat fiel in die unheilschwangere Zeit vor Nürnberg, daher war es kein Zufall, dass der SIG Mitte August 1935, noch bevor der Bundesrat geantwortet hatte, seine eigenen Gemeinden alarmierte und sie aufforderte, die lokalen Zeitungen auf die drohende Entwicklung aufmerksam zu machen. Es könne der Schweiz nicht gleichgültig sein, «eines Tages tausende, vielleicht zehntausende von Flüchtlingen aufnehmen zu müssen. *Einmal* habe durch den jüdischen Gemeinsinn unter enormen finanziellen Opfern und mit unendlicher Arbeit der Ansturm bewältigt werden können. [...] Eine in noch grösserem Umfange erfolgende Wiederholung der Massenflucht wäre für die Juden der Schweiz aber einfach nicht mehr tragbar und deren Bewältigung müsste der Öffentlichkeit überlassen werden.»³

Für den 28. August wurden die «Utopisten» zur Audienz bei den Bundesräten Motta und Baumann geladen. Die jüdische Seite, die immerhin die grösste und am meisten betroffene Klientel zu betreuen hatte, war bei diesem ersten gemeinsamen Auftritt der Schweizer Hilfswerke ebenfalls vertreten – allerdings ohne merklich in Erscheinung zu treten und erst, nachdem einer der christlichen Initianten der Eingabe sie speziell aufgefordert hatte, doch nicht abseits zu stehen. Vermutlich setzten die Juden zu dieser Zeit mehr auf direkte bilaterale Verhandlungen mit dem Bundeshaus als auf ein ungewohntes gemeinsames Vorgehen mit anderen einheimischen Gruppierungen. Da diese Organisationen alle nichtjüdisch waren, dürften auch die bereits beschriebenen Berührungsängste zu dieser Zurückhaltung beigetragen haben.⁴

Gleich am Anfang der Audienz zerstörte Aussenminister Motta alle Hoffnungen auf eine wirksame Politik der internationalen Staatengemeinschaft. Der Völkerbund, erklärte er, mache eben gegenwärtig eine Krise durch. Dann beantwortete sein Amtskollege Baumann die innenpolitischen Anliegen – abschlägig, wobei er sich wie Rothmund auf die «gebieterischen» nationalen Interessen berief, die kein Entgegenkommen erlaubten: Arbeits- und Aufenthaltsbewilligungen gebe es nur in Ausnahmefällen, auch dort, wo die Ehefrau geborene Schweizerin sei, denn gerade diese Fälle seien «viel zu zahlreich, als dass wir überall entgegenkommen könnten» (eine bemerkenswerte Einschätzung, da es sich um eine maximal dreistellige Zahl gehandelt haben dürfte); Subventionen für die Hilfswerke seien wegen der Finanzlage des Bundes ausgeschlossen usw. Kurzum, die Magistraten gaben sich kühl und desinteressiert, ihre Antworten fielen ernüchternd und lähmend aus – weder von der eigenen Regierung noch von der Staatengemeinschaft konnten die Hilfswerke konstruktiven Beistand erwarten. In Georgine Gerhards Erinnerung wird sich später die Erfahrung dieser Audienz zur völlig abweisenden Figur Mottas verdichten, die mit ihrer Gestik den Eindruck erweckt, sie müsse dauernd ein lästiges Insekt verscheuchen.⁵

Die Nürnberger Rassengesetze waren für die *Eidgenössische Polizeiabteilung* Anlass, ihre Politik zu überprüfen. Auf ihre Art. Auf einer Konferenz der kantonalen Polizeidirektoren im Oktober 1935 blickte Rothmund mit gutem Gewissen zurück: Man habe bisher sein Möglichstes getan, versicherte er seinem Publikum, habe die Grenze offen gelassen und Mitgefühl gezeigt – das pure Gegenteil der so oft unterstellten antisemitischen Politik. Nach den neuen deutschen Erlassen habe sich die Situation aber geändert. Die Juden flüchteten nicht mehr wie 1933 «Hals über Kopf über irgend eine Grenze, nur um befürchteten schlimmen Ereignissen auszuweichen. Es handelt sich heute um wohlüberlegte Auswanderung. Natürlich nach dem einzigen gleichsprachigen Land mit demokratischen Freiheiten! Die Gründe dafür sind uns nur zu verständlich. Wer könnte angesichts des menschlichen Elends, das in unzähligen Einzelfällen vor uns steht, unberührt bleiben! Ich brauch das nicht auszuführen. – Verlieren wir uns aber nicht an Sentimentalitäten. Wir haben eine grosse Verantwortung auf dem Buckel. Wollen wir, dass die Überfremdung, der wir in den letzten 15 Jahren doch mit einigem Erfolg entgegengetreten sind, heute wieder zunimmt? [...] Wenn solche Ausländer auch nur vermeintlich dem einheimischen Arbeitslosen im Wege stehen würden, so könnte kein Mensch mehr von ihm verlangen, dass er sich ruhig in sein Schicksal findet. Wir kennen ja die natürliche Zurückhaltung des Schweizervolkes den Israeliten gegenüber. Es ist gewiss nicht von Gutem, wenn sie sich in attackierenden Antisemitismus verwandelt».⁶

Hauptmotiv für Rothmunds aktuelle Sorgen war seine Wahrnehmung eines spezifisch jüdischen Auftretens, die er einige Monate später Bundesrat

Baumann eindringlich schildert: Es sei «ausserordentlich schwer, der uns ungewohnten Gewandtheit dieser Ausländer entgegenzutreten». Zum einen, weil es ihnen «ausnahmslos – ich übertreibe nicht» – gelinge, einen schweizerischen «Verfechter ihrer Interessen den Behörden gegenüber einzuspannen». Dabei würde sich ein solcher Fürsprecher «mit einer bemerkenswerten Energie einsetzen», wie wenn er dem «hinter ihm stehenden Ausländer zeigen wollte, dass er ebenso gewandt, weltmännisch und ‹unvoreingenommen› sei den Behörden gegenüber wie sein Auftraggeber». Zum anderen könne man den jüdischen Emigranten nur schwer entgegentreten, weil sie selbst «bemerkenswert zäh, ausdauernd und, was dazu gehört, von jahrelanger Geduld» seien und nicht lockerliessen, bis sie endlich ihr Ziel, einen Platz im Erwerbsleben, erreicht hätten. – In den Augen des Polizeichefs machte sich ein Fürsprecher durch seinen Einsatz für jüdische Flüchtlinge also implizit zum Handlanger eines Ausländers: Er war manipuliert, der Schweizer Art entfremdet, den Behörden gegenüber illoyal. Offenbar sah Rothmund für engagierte Fürsprecher der Flüchtlinge nur zwei gleichermassen negative Qualifikationen vor: Utopismus oder Mangel an Patriotismus.

Die Feststellung Rothmunds über die angebliche Infiltration der Juden in der Schweiz korrespondierte mit seiner Interpretation der Ereignisse im Nachbarland: «Gerade die deutschen Juden haben die fürchterliche Reaktion ausgelöst in Deutschland, weil sie sich zusammengetan und gewisse wichtige Gebiete des Erwerbslebens unter Ausschluss der Christen mit Beschlag belegt haben. Das war nur möglich wegen der falschen Politik Deutschlands. Schon lange vor dem Weltkrieg wurden die Juden aus Ostpreussen vertrieben und in die Städte gedrängt, wo sie durch Ausdauer und Intelligenz bald hoch kamen. Wir müssten die gleiche Entwicklung erwarten bei uns. Dafür können wir aber die grosse Verantwortung unsern Nachfahren gegenüber nicht übernehmen. Abgesehen davon müssten wir bestimmt die rasche Verbreitung des aussterbenden Antisemitismus erwarten und würden diese für unser Land unwürdige Bewegung provozieren, anstatt deren Ansätze durch eine sehr strenge Handhabung der fremdenpolizeilichen Abwehr im Keime zu ersticken.» Der Rückblick zeige und die Weitsicht verlange, dass die behördliche Praxis noch «umsichtiger und strenger» als bisher werden müsse.[7]

Fassen wir Rothmunds Behauptungen zusammen. Erstens: Die Juden sind von einer unkontrollierbaren Kraft, mit der sie die Gesellschaft infiltrieren und die einheimischen Christen verdrängen und dominieren. Zweitens: Der nazistische Antisemitismus entstand als Reaktion auf diese Übermacht. Drittens: Einer gleichen Reaktion in der Schweiz beuge man vor, indem man die jüdische Gefahr eindämme. – Eine dreifache Phantasmagorie als Grundlage einer «weitsichtigen» Politik. Prophylaktischer Antisemitismus à la Rothmund. Zur antisemitischen Verschärfung seiner Asylpolitik kam der helvetische Polizeichef also nicht mangels Aufmerksamkeit für die deutschen Verfolgungen, sondern gerade weil er ihren abscheulichen und die soziale Ordnung bedrohenden Charakter gewahrte und fürchtete – und die Ursache dafür den Juden selbst anlastete.

Wenn man die Flüchtlingspolitik der anderen Nachbarländer Deutschlands vergleicht, könnte man zum Schluss kommen, überall sei in den dreissiger Jahren die Wirtschaftskrise und nicht der Antisemitismus die wichtigste Ursache für die antijüdischen Restriktionen gewesen. Die einzelnen Regierungen hätten die Flüchtlinge nicht als Juden, sondern als ökonomische Konkurrenten abgewehrt, weil sie unter entsprechendem Druck ihrer Arbeiterschaft und der Mittelschicht standen.[8] Obwohl glimpflicher in ihren Auswirkungen als im Ausland, herrschte tatsächlich auch in der Schweiz eine schwere Wirtschaftskrise; sie machte weiten Teilen der Bevölkerung, vor allem den kleinen Leuten, enorm zu schaffen und gab Anlass zu vielerlei Sorgen. Entsprechend betonten auch hierzulande die Behörden die wirtschaftlichen Aspekte der Asylpolitik, und sie betrachteten die jüdischen Zuflucht Suchenden während der dreissiger Jahre stets als unerwünschte Wirtschaftsflüchtlinge. Die Argumentation Rothmunds zeigt jedoch, dass diese sozioökonomische Wahrnehmung antisemitisch vorstrukturiert war: Am Anfang standen, nicht nur in den Berner Amtsstuben, seit Jahrzehnten tradierte Bilder von der angeblichen wirtschaftlichen und sozialen Gefährlichkeit der Juden. Dabei warnte Rothmund vordergründig vor einer antisemitischen Reaktion der Schweizer Bevölkerung, die er nicht weiter eingrenzte. Liest man seine Ausführungen genauer, klassifiziert er aber die einheimischen Eliten als am meisten bedroht, da die Juden – unwiderstehlich und unaufhaltbar – gesellschaftliche Positionen eroberten. Vor Konkurrenz zu fürchten hätte sich also diejenige Schicht, der der Polizeichef selbst angehörte. So irreal diese Vorstellung war und so wenig die in kleiner Zahl einreisenden Flüchtlinge ökonomisch ins Gewicht fielen: Die reale Wirtschaftskrise und die verbreiteten Existenzängste verschafften ihr den Anschein von Objektivität. Dadurch erhielt die bereits seit längerem praktizierte «Verjudungsbekämpfung» neuen Auftrieb und eine plausible Legitimation.

Verschärfungen beim jüdischen Hilfswerk

Die Juden innerhalb und ausserhalb Deutschlands realisierten damals kaum, dass Nürnberg ein weiterer Meilenstein auf dem Weg in die Katastrophe war – was auch damit zusammenhing, dass einerseits die verschiedenen Instanzen der deutschen Behörden und der NSDAP keine kohärente Judenpolitik betrieben und andererseits Perioden von Härte und Feindseligkeiten abwechselten mit Perioden, in denen der Druck auf die Juden nachliess. In jener Zeit agierte das NS-Regime ausserdem bewusst zurückhaltend, da es die im Sommer 1936 in Berlin stattfindenden Olympischen Spiele nicht durch weitere Provokationen gefährden wollte. Überdies wirkten die Rassengesetze, obwohl sie für die Juden in Deutschland ein fürchterlicher Tiefschlag waren, paradoxerweise nicht nur in diesem Sinne: Da nun eine weitere Verschärfung kaum mehr vorstellbar war, boten die Entrechtungen anstelle der immer unkalkulierbarer gewordenen Lebensumstände eine Art Rechtssicherheit, eine scheinbar verlässliche, wenn auch schreckliche Aussicht, wie das jüdische Leben in Deutschland weitergehen konnte. So herrschte in der *Reichsvertretung der Juden in Deutschland*, wie die jüdische Gesamtorganisation nun heissen musste, einerseits die Überzeugung, dass man das jüdische Weiterleben in Deutschland sichern müsse, und andererseits die pessimistische Ansicht, dass Emigration die einzige Lösung sei – zwei politische Prämissen, die sich offensichtlich widersprachen, aber dennoch nebeneinander existierten. An der Strategie der kontrollierten und geplanten Auswanderung änderte sich nichts, ausser dass ihre Dringlichkeit zugenommen hatte und nun mehr Juden denn je emigrieren wollten.[9]

Die Folgen schlugen sich sogleich auch in der Schweiz nieder: Nach Erlass der Nürnberger Gesetze erhöhte sich die Zahl der Flüchtlinge so stark, dass der VSIA im letzten Quartal von 1935 seine Aufwendungen verdoppeln musste. Am Jahresende waren die Finanzen erschöpft, und da die Sammlung nicht die erwarteten Einnahmen brachte, sah man sich gezwungen, einen Kredit aufzunehmen. Es drohte «ein Débâcle des Flüchtlingswerkes», die Schliessung der Büros. Von einer Hilfe durch die öffentliche Hand, die der SIG für den Fall einer neuen Flüchtlingswelle als unerlässlich reklamiert hatte, war dennoch nirgends mehr die Rede. Die Fürsorgerin Thea Meyerowitz wird später ihrer Tochter erzählen, die jüdische Gemeinde hätte damals auf eine staatliche Finanzunterstützung verzichten wollen, um nicht auf die in der Schweiz anwesenden Flüchtlinge aufmerksam zu machen und so Antisemitismus zu provozieren. Um das Schlimmste abzuwenden, versuchte der VSIA stattdessen im Februar 1936, seine Ausgaben besser in den Griff zu bekommen. Zum einen sollten die Unterstützungssätze der Flüchtlinge nur noch in den dringendsten Notfällen ausgeschöpft werden. Zum anderen wollte man – wiederum wie früher in Absprache mit der HICEM und dem *Hilfsverein der deutschen Juden* – die bestehenden Richtlinien zu den verschiedenen Personenkategorien strenger handhaben. Ausgangspunkt blieb die Unterscheidung zwischen «wirklichen Flüchtlingen» einerseits und den «Wirtschaftsflüchtlingen» und «Passanten» andererseits. Die «wirklichen Flüchtlinge» sollten weiterhin unterstützt, die «Personen, die Deutschland nur aus wirtschaftlichen Gründen verlassen haben», hingegen nach wie vor zurückgeschickt werden, und zwar sofort, damit sie nach ihrer Rückkehr nicht aufgrund einer längeren Abwesenheit verfolgt würden. Diese Massnahme stiess bei den Betroffenen – begreiflicherweise – auf Unverständnis, wie sich Regina Boritzer Jahrzehnte später erinnern sollte. Boritzer hatte seit Februar 1936 beim VSIA die einzige vollamtliche Stelle inne. Sie ersetzte Thea Meyerowitz, die im vergangenen Dezember, frustriert von der Perspektivlosigkeit und den anscheinend unverrückbaren Bedingungen ihrer hiesigen Arbeit, nach Palästina

Die Fürsorgerin Regina Boritzer, um 1941, im Büro des VSIA, der sich vordringlich mit der immer schwerer zu realisierenden Weiterwanderung der Flüchtlinge beschäftigte. An der Wand eine Weltkarte der Reiseagentur Danzas. (Privatbesitz, A. Boritzer)

ausgewandert war. In jener Zeit habe sie, erzählt Boritzer, Order erhalten, Flüchtlinge mit dem Argument nach Deutschland zurückzuschicken, dass sie hier keine Existenzaussichten hätten, dort jedoch ziemlich sicher seien. «Sie haben mich angestarrt, als ob ich verrückt geworden bin. Sie haben alle das Gefühl gehabt, was wird ... Dasselbe Gefühl, das ich im Jahre 1935 hatte, darum bin ich ja weggegangen.» Tatsächlich besass Boritzer einschlägige Erfahrung: Sie hatte als ausgebildete Fürsorgerin für die Stadt Leipzig gearbeitet – was den Nazis nicht gefiel, zumal sie auch noch Sozialdemokratin war. Sie verlor ihre Stelle, nachdem *Der Stürmer* gegen die Jüdin gehetzt hatte, die bei «Ariern» von Amts wegen Hausbesuche machte. Hierauf arbeitete sie für die jüdische Gemeinde, fühlte sich jedoch unsicher und emigrierte nach Paris, wo sie sich in der internationalen Flüchtlingshilfe betätigte, bis sie in die Schweiz kam.[10]

Etwa zwei Drittel aller Flüchtlinge zählte der VSIA damals zur Kategorie der sogenannten Passanten. Diese waren wie bisher direkt an ihre «Zielorte» weiterzubefördern oder zu repatriieren. Ihre Betreuung hatte schon zu den Aufgaben des Hilfswerks gehört, bevor dieses vom SIG den Auftrag für die Flüchtlingshilfe übernahm. Deshalb kam hier der SIG auch nur für etwa die

Hälfte der Kosten auf (während er für die «Flüchtlinge» alles bezahlte). Diese «Passanten» stammten noch immer meist aus dem Osten, überwiegend aus Polen (wobei unklar ist, wie viele von ihnen vor der Einreise in die Schweiz bereits länger in Deutschland gelebt hatten). In Polen war die Lage der Juden äusserst schwierig. Etwa eine Million, ein Drittel der jüdischen Bevölkerung, lebte an der Hungerschwelle oder darunter – ein Elend, das noch verschlimmert wurde durch Attacken und Terror, seit 1936 zusätzlich durch Boykotte und gesetzliche Initiativen (Arierparagraph, Rückgängigmachung der Einbürgerung usw.). In der jüdischen Presse standen diese Zustände ganz oben auf der Themenliste, auch im SIG sprach man 1936 von der «unbeschreiblichen Not in Polen», und es galt keineswegs als ausgemacht, dass die Juden dort weniger gefährdet waren als in Deutschland. Im Gemeindebund schenkte man Polen damals jedoch keine vorrangige Aufmerksamkeit, und im VSIA schien man sich noch nicht von den traditionellen Bildern gelöst zu haben, in denen einerseits eine Ostjudenfeindschaft mitschwang und andererseits die Vorstellung, die «Passanten» kämen im Grunde freiwillig und ohne Not, nur, um im Westen ihr Glück zu machen. Jedenfalls widersprach niemand, als VSIA-Präsident Hüttner noch Ende 1936 öffentlich und mit despektierlichen Untertönen behauptete: «Die Lage des jüdischen Volkes ist in der ganzen Welt so schwer, dass es nicht mehr möglich ist, den Durchwanderern aus blosser Wandersucht, wenn ich so sagen darf, zu helfen. Menschen, die aus irgendwelchen Gründen zu uns kommen, weil sie glauben, hier können sie einige Mittel erraffen, – diese Art Passanten müssen wir strenger unter die Lupe nehmen, als es vielleicht früher der Fall gewesen ist, und wir tun es auch.»[11]

Es wäre jedoch verfehlt, das Wegschicken der «nicht verfolgten Flüchtlinge» und «Passanten» eindimensional auf Sparbemühungen, Vorurteile oder das Desinteresse für ihr wirkliches Schicksal zurückzuführen, denn die jüdischen Hilfswerke standen tatsächlich vor unlösbaren Aufgaben – europaweit, nicht allein in der Schweiz: Auf der einen Seite gab es in Deutschland und in Osteuropa Hunderttausende von Juden, deren Lebenssituation immer unerträglicher wurde, so dass sie auszuwandern suchten. Auf der anderen Seite war kein Land bereit, jüdische Emigranten für länger aufzunehmen und bei sich arbeiten zu lassen. Die privaten Hilfswerke wiederum mussten die Unerwünschten betreuen, ohne ihnen eine Existenzperspektive bieten zu können und ohne für ihren Unterhalt langfristig über genügend Mittel zu verfügen. Zu dieser trostlosen Situation kam hinzu, dass das Herumschieben der Flüchtlinge von Ort zu Ort mit jedem Jahr zunahm. Auf diese Weise würden jene, klagte Walter Bloch, langsam, aber sicher verelendet und zu «gewöhnlichen Schnorrern herabgewürdigt».[12]

Diese Verhältnisse herrschten noch immer, als sich Vertreter aus verschiedenen Ländern Mitte November 1937 in Wien zur *Wanderfürsorge-Konferenz* trafen. Im Tagungsbericht des VSIA, der durch Silvain S. Guggenheim vertreten worden war, hiess es, die «starke Zunahme des Wanderstromes belastet die

Gemeinden, besonders der Durchgangsländer, in bald unerträglicher Weise». Die Konferenz forderte erneut – wie schon frühere internationale Versammlungen – eine kontrollierte Emigration. Die «wilde, planlose Wanderung» müsse eingedämmt werden, insbesondere diejenige aus Polen. Die HICEM sollte zentrale Kartotheken für die Flüchtlinge einrichten. Die Organisationen in den einzelnen Staaten sollten nur noch dann Flüchtlinge in ein anderes europäisches Land schicken, wenn sie die Zustimmung der Verantwortlichen in den Ankunftsländern eingeholt hatten. Sie sollten die Flüchtlinge ohne Belastung der Durchgangsländer direkt an ihre Zielorte befördern. Und schliesslich sollten sie Flüchtlinge, die ohne zwingende Gründe aus Deutschland ausreisten, repatriieren, sofern das ohne Gefährdung derselben möglich war. Beim VSIA – der nun als die «bestgeleitete Landeszentralorganisation Europas auf dem Gebiet der jüdischen Flüchtlingshilfe und Wanderfürsorge» galt – entsprachen diese Beschlüsse weitgehend seiner bisherigen Strategie und Praxis. Offenbar war das in anderen Ländern nicht der Fall. Jedenfalls hiess es, dass auch dort Organisationen «nach dem bewährten schweizerischen Muster zu schaffen» seien, damit eine kontrollierte Emigration durchgeführt werden könne.[13]

Da beim VSIA jedoch alle restriktiven Massnahmen nichts an der Finanzmisere änderten, wandte sich Präsident Hüttner in der Not an das *American Jewish Joint Distribution Committee (JDC)*. Der Joint, wie das JDC gemeinhin genannt wurde, war 1914 in den USA aus dem Zusammenschluss dreier Hilfswerke entstanden. In den ersten Jahren unterstützte er vor allem das osteuropäische Judentum. Seit 1933 schüttete er auch beträchtliche Mittel an die Opfer des Nationalsozialismus aus, unter anderem über die HICEM, wobei er das einzige philanthropische Werk war, das Hilfe von Seiten der amerikanischen Juden brachte. Obwohl der Organisation auch linke und orthodoxe Mitglieder angehörten, vertrat sie eine nichtorthodoxe und liberale Ausrichtung; ihre praktische Politik wurde von der Rücksichtnahme auf die Interessen der eigenen Regierung bestimmt. Die leitenden Männer waren amerikanisierte Juden der Oberschicht, die alle der «jüdisch-deutschen Aristokratie» (Yehuda Bauer) entstammten; unter den Gründern figurierte beispielsweise Felix M. Warburg aus der berühmten Hamburger Bankiersfamilie. Anfang 1937 fuhr Erwin Hüttner nach Paris zu Bernhard Kahn, dem Europadirektor des Joint. Die helvetischen Behörden würden einigen Emigranten, die wegen Krankheit, Alter oder anderen Gründen nicht weiterreisen könnten, den Aufenthalt erlauben, wenn der VSIA für ihren Unterhalt einstehe, erklärte der Bittsteller. Die im Ausland kursierende «Legende», dass in der Schweiz kein Notstand herrsche, sei zu korrigieren; die wenigen dort ansässigen Juden könnten auf Dauer die hohen Flüchtlingsausgaben nicht verkraften. Hüttner kehrte mit der Zusicherung zurück, vom Joint 25 000 bis 30 000 Franken an Subventionen zu erhalten. Daraus wurden schliesslich 3 000 Dollar für das Jahr 1937 – nur gerade halb so viel wie versprochen, womit die Finanznot nicht behoben war.[14]

Flüchtlingshilfe und «geistige Landesverteidigung»

Im Februar 1936 ergriff die *Schweizerische Flüchtlingshilfe*, so hiess damals die gewerkschaftlich-sozialdemokratische Hilfsorganisation, die Initiative zum Zusammenschluss aller nationalen Flüchtlingswerke, der am 17. Juni unter der Bezeichnung *Schweizerische Zentralstelle für Flüchtlingshilfe (SZF)* auch offiziell zustande kam. An der Neugründung beteiligten sich alle einheimischen Flüchtlingswerke, obwohl sie sich weltanschaulich, konfessionell und grössenmässig sehr unterschieden. Die einzige bedeutende Organisation, die separat blieb, war die kommunistische *Rote Hilfe Schweiz*, die ausgebootet worden war, da weder die katholische *Caritas* noch die gewerkschaftliche *Flüchtlingshilfe* mit ihr kooperieren wollten und sich ohne deren Beteiligung auch das SHEK und der VSIA zurückgezogen hätten. Der VSIA zögerte mit seinem Beitritt übrigens nicht nur wegen der Zusammensetzung der geplanten Dachorganisation. Er begründete seine anfängliche Zurückhaltung auch damit, dass die Flüchtlingsfrage weit über humanitäre Aspekte hinausgehe. Sie sei ein «besonders gelagertes jüdisches Problem», bei dessen Lösung die internationale Zusammenarbeit Priorität habe, womit das *Hochkommissariat für Flüchtlinge* und jüdische Organisationen wie die HICEM gemeint waren.[15]

Die Ausgrenzung der *Roten Hilfe* war symptomatisch, da sich die Hilfswerke in ihrer grossen Mehrheit als unpolitisch definierten und, anders als die Kommunisten, auch nicht in grundsätzlicher Opposition zur Regierung standen, sondern im Gegenteil ernsthaft an einer konstruktiven und nicht nur taktischen Zusammenarbeit mit den Behörden interessiert waren. Deshalb nahm der neue Dachverband sogleich Kontakt zu Polizeichef Rothmund auf. Dieser machte den Hilfswerken von Anfang an klar, was er als Grundbedingungen einer Kooperation erwartete: Loyalität, Orientierung an den nationalen Interessen und politische Enthaltsamkeit. Konkret mussten sie sich strikt dazu verpflichten, erstens alle Betreuten zur Anmeldung bei der Polizei zu veranlassen und keine Illegalen zu unterstützen; zweitens den Flüchtlingen zu erklären, dass ihnen weder ein längerer Aufenthalt noch die Arbeitsannahme noch eine politische Tätigkeit gestattet sei, und drittens der Fremdenpolizei bei der Abklärung der Einzelfälle mit Informationen zu helfen.

Die meisten Forderungen spiegelten die geltenden Prämissen der aktuellen Asylpolitik wider. Sie stiessen bei den Hilfswerken auf keinen grundsätzlichen Widerspruch – ausser bei der geforderten Anmeldepflicht. Wobei es auffälligerweise nur drei Juden waren, die hier explizit opponierten: zwei Vertreter der kleinen *Basler Hilfsstelle* sowie Silvain S. Guggenheim vom VSIA. Im Kontrast dazu schlug der Sekretär der linken *Schweizerischen Flüchtlingshilfe* sogar vor, die Zentralstelle solle bei den Passanten «die dubiosen Elemente herausgreifen und der Polizei» melden. Worauf Guggenheim entgegnete, dafür könne seine Organisation die Verantwortung nicht übernehmen. In der ersten Generalversammlung der *Schweizerischen Zentralstelle für Flüchtlingshilfe* Anfang November 1936, in der Rothmund nochmals ausführlich seine Vorstellung von Partnerschaft referierte, gab jedoch auch der letzte Opponent seinen Widerstand gegen die Anmeldepflicht auf. Der Polizeichef hatte sich auf der ganzen Linie durchgesetzt.[16]

Mit der SZF hatte sich ein Forum etabliert, in dem die Hilfswerke ihre Anliegen besprechen und gemeinsam gegenüber den Behörden vertreten konnten. Faktisch war die asymmetrische Zusammenarbeit vor allem für Rothmund ein Gewinn, dem auf diese Weise die Kontrolle der Flüchtlinge und die Durchsetzung seiner Politik erleichtert wurde. Den Hilfswerken, die im Interesse ihrer Schützlinge auf den Goodwill der Behörden angewiesen waren, blieb nichts anderes übrig, als ihren Part in einem Spiel zu erfüllen, in dem sie keine der Regeln mitbestimmten. Der VSIA wiederum nahm innerhalb der SZF in den kommenden Jahren keine auffällige Rolle ein. Er schätzte es, dass er hier seine Anliegen gemeinsam mit anderen vertreten konnte, ohne sich exponieren zu müssen. Daneben verhandelte der VSIA beziehungsweise der SIG aber weiterhin direkt mit den Behörden. Dabei ging es nicht um die Grundlinien der Asylpolitik, sondern um konkrete Einzelfälle, in denen der VSIA ein Entgegenkommen der Behörden suchte und manchmal auch fand.

Die bereitwillige Zusammenarbeit der Hilfswerke mit den Behörden war keine Ausnahmeerscheinung. Vielmehr reflektierte sie die schon damals als «geistige Landesverteidigung» bezeichnete allgemeine mentale Haltung, mit der die Schweizer Gesellschaft auf die sich immer mehr verschlechternde internationale Lage und vor allem auf die nationalsozialistische Bedrohung reagierte. Ein bestimmendes Merkmal dieser Abwehrreaktion war der Zusammenschluss divergierender gesellschaftlicher Kräfte, was sich besonders deutlich bei der Linken zeigte: Die Sozialdemokratie strich 1935 die «Diktatur des Proletariats» aus ihrem Programm und anerkannte die Notwendigkeit der militärischen Landesverteidigung. Zwei Jahre später leitete ein Friedensabkommen zwischen Unternehmern und Gewerkschaften in der Metallindustrie die Ära der Gesamtarbeitsverträge ein. Die Linke bemühte sich offensichtlich, die noch vom Generalstreik herrührenden Gräben zuzuschütten, sich vom Stigma des Unpatriotischen zu befreien, sich den Bürgerlichen als vertrauenswürdig zu empfehlen und sich in die nationale Gemeinschaft zu integrieren. Ausdruck dieser neuen Strategie war nicht zuletzt der Versuch der Sozialdemokraten, sich an der Regierung zu beteiligen, der allerdings erst 1943 gelang.[17] Sie manifestierte sich auch im erwähnten Verhalten des gewerkschaftlich-sozialdemokratischen Flüchtlingswerks. Anders lässt sich kaum erklären, dass Linke nicht nur die nationale Koordination aller Hilfsstellen initiierten, sondern sich sogar mit Denunziationen «dubioser Elemente» der Polizei andienen wollten.

Wir können hier das vielschichtige und widersprüchliche Phänomen der geistigen Landesverteidigung nicht ausführlich würdigen. Wichtig für uns ist, dass wir sie nicht auf ein ideologisches Konzept verkürzen, das nur aus einem Abgrenzungsbedürfnis der Schweiz gegenüber Nazi-Deutschland entstand und das seine Inhalte ausschliesslich aus der eigenen nationalen Kultur entwickelte. Eine derart reduktive Vorstellung würde verdecken, dass manche Elemente dieser Schweizer Selbstverteidigung transnationale Erscheinungen waren und auch in der Ideologie des «Dritten Reiches» heimliche Parallelen fanden, von dem man sich doch dezidiert absetzen wollte. Ursula Amrein[18] hat diese Übereinstimmungen und Komplizenschaften am Beispiel der völkisch-nationalen Auffassung von Literatur und Theater überzeugend herausgearbeitet. Sie waren umso gravierender, als sie nicht nur von den Politikern und Behörden, sondern auch von namhaften Vertretern der Bildungseliten geteilt wurden.

Auch in der Fremdenpolitik gab es eine paradoxe, verdeckte Verwandtschaft «über den Rhein» – sie war für den SIG besonders folgenreich: Die geistige Landesverteidigung betonte nämlich das Schweizerische, indem sie alles Fremde zurückwies und sich auf die Idealvorstellung einer bodenständigen, tief in der Vergangenheit und im Christentum wurzelnden ländlichen Gemeinschaft berief. Neu war diese Vorstellung nicht, aber seit 1933 erhielt sie als Gegenbild zum völkischen, rassisch definierten Nationalstaat, den man als existenzielle Bedrohung empfand, eine besondere Attraktivität. Zugleich diente dieses Ideal jedoch der Abgrenzung von der urbanen, kapitalistischen und individualistischen Moderne. Gegenüber diesem Selbstbild erschien der stereotype Jude fremder und unschweizerischer denn je. Ja, er wurde zunehmend als Gefahr wahrgenommen. Rothmund etwa Anfang 1939: «Die Übernahme grösserer Mengen ausländischer Juden wäre aber zum Schaden unseres Landes. Sie bringen den Antisemitismus mit sich und stecken damit auch unsere Leute an. Genauer gesagt, sie entfachen den auch bei uns vielfach latent vorhandenen Antisemitismus zur hellen Flamme des typisch neudeutschen grundsätzlichen und hemmungslosen Antisemitismus. Hierin liegt zunächst eine schwere kulturelle Gefahr, wie in jeder Einstellung, die im anders gearteten Menschen nicht mehr den Menschen sehen will. Mit ihr ist aber eine dringendere politische Gefahr verbunden. Der neudeutsche Antisemitismus bildet die Brücke zu landesfremden Anschauungen.»[19] – Angeblich schleppten die Juden also nicht nur die Krankheit Antisemitismus in die Schweiz ein, sondern sogar den landesfremden Nationalsozialismus. Mit der Abwehr dieser «Krankheitserreger» – und, wie wir noch sehen werden, mit ihrer Isolation, dort wo ihre Abwehr gescheitert war – bekämpfte man nicht allein den Antisemitismus, sondern den Nationalsozialismus selbst. Antisemitismus als Antinazismus. Man findet diese Haltung keineswegs nur bei Rothmund. Die geistige Landesverteidigung, so das paradoxe Fazit, richtete sich nicht nur gegen das nazistische Regime, sondern auch gegen dessen tatsächliche und potenzielle Opfer diesseits und jenseits des Rheins.

In dieses Bild passt auch die Landesausstellung von 1939 in Zürich, die Landi, die als emotionaler Höhepunkt und Inbegriff dieser Abwehrhaltung in die kollektive Erinnerung einging. Sie wies drei bedeutsame Lücken auf, die zusammen eine kohärente Verwerfung bildeten: Erstens hatte der VSIA im Vorfeld der Landi und auf Geheiss der Behörden möglichst viele seiner Schützlinge aus der Stadt Zürich entfernt. Vordergründig ging es darum, für die Besucher der Ausstellung in den Hotels und Pensionen Platz zu schaffen. Schon vorher hatten die Behörden jedoch kein Geheimnis daraus gemacht, dass sie die Flüchtlinge, es handelte sich fast nur um Juden, unsichtbar machen wollten, um die Öffentlichkeit nicht zu provozieren. Zweitens hatten die Hilfswerke von sich aus entschieden, dass ihr Dachverband SZF in der Landi nicht präsent sein sollte, da bei der «öffentlichen Erwähnung der Flüchtlingshilfe in der Schweiz grösste Vorsicht und Diskretion am Platze» sei. Drittens fehlte, im Gegensatz zu den Landeskirchen, auch der Gemeindebund, dieser allerdings unfreiwillig, hätte er sich doch gerne beteiligt.[20] – Die dreifache Abwesenheit enthüllt: Jüdisches Leben, zumal Zuflucht suchendes, war in der mentalen Landesfestung nicht vorgesehen. Mit dieser Selbstverständlichkeit hatten sich die jüdischen Verantwortlichen bei all ihrem Bemühen und Taktieren zu arrangieren. Ein besonders tückischer Sachverhalt, weil ihnen nur diese gleiche geistige Landesverteidigung die Hoffnung geben konnte, dass die Schweiz unabhängig und damit die eigene jüdische Existenz erhalten bliebe.

Folgenreich war für den SIG auch ein zweiter Grundzug der geistigen Landesverteidigung: Mit der äusseren Gefahr wuchs im Innern der Druck, sich den allgemeinen Interessen – oder was von den Meinungsführern als solche definiert wurde – unterzuordnen. Wer wie der SIG eine marginale Gruppe vertrat, geriet schnell in den Verdacht, illoyal oder zu wenig patriotisch zu sein. Dem sah sich der Gemeindebund umso mehr ausgesetzt, als die Hälfte der einheimischen Juden und natürlich alle anwesenden Flüchtlinge Ausländer waren, mithin die Mehrheit seiner gesamten Klientel. Besonders schnell witterte vermeintlich illoyale Machenschaften übrigens der *Schweizerische Vaterländische Verband (SVV)* – der nun ohnehin Aufwind spürte. Nicht zufällig wählte ihn der katholisch-konservative Bundesrat Philipp Etter als sein Publikum, vor dem er im Januar 1937 erstmals Ideen proklamierte, die ein Jahr später in die für die geistige Landesverteidigung wegweisende bundesrätliche *Botschaft zur schweizerischen Kulturwahrung und Kulturwerbung* einfliessen sollten. Schon 1936 warnte der SVV den Bundesrat davor, dass marxistische Emigranten unter der Tarnkappe des antifaschistischen Kampfes die Schweiz infiltrieren und einen neuen Generalstreik vorbereiten würden. Ein Jahr später sah sich der Verband zur Abklärung bemüssigt, inwiefern auch das *Schweizer Hilfswerk für Emigrantenkinder* ein linkes Tarnunternehmen sei, nachdem er entdeckt hatte, dass das SHEK von «Semiten» wie Silvain S. Guggenheim, Rabbiner Littmann, Marie Dreyfus-Brodsky, Georges Bloch usw. unterstützt wurde und zu achtzig Prozent jüdische Flüchtlingskinder betreute.[21]

So verstärkte die geistige Landesverteidigung den Anpassungsdruck noch weiter, dem die Juden in der Schweiz ohnehin stark ausgesetzt waren und den sie, wie wir gesehen haben, auch verinnerlichten – ohne seine Grundwidersprüche zu thematisieren. «Manches Vorurteil» könnte beseitigt werden, mahnte Saly Mayer im März 1938, «wenn auch die letzten Juden durch die Tat beweisen würden, dass in der heutigen Zeit alle Sonderinteressen zurückstehen müssen gegenüber den Gesamtinteressen von Land und Volk». Es sei «heute doppelte Pflicht eines Jeden, sich der Wohltaten der Emanzipation bewusst zu sein und durch treue Arbeit am Volkswohl sich die bürgerlichen Freiheiten immer aufs neue zu verdienen». Den Konformitätsdruck spürten auch die Flüchtlinge, die in der Schweiz Zuflucht fanden und dabei ein isoliertes Leben als Fremde in Kauf nehmen mussten. So klagte etwa der seit 1938 im helvetischen Exil lebende Robert Musil: «Diese Schweizer Einsamkeit, es gibt gewiss Schlimmeres in der Welt, aber wenig, was lähmender wäre. Täglich zu erfahren, dass dem Landesgeiste alles, was nichtschweizerisch ist, recht eigentlich überflüssig vorkommt, deckt auf die Dauer alle Unternehmungslust mit nasser Asche zu, die spirituelle wie die materielle.»[22]

Anfang 1938: ein Rück- und Ausblick

Als Erwin Hüttner am 13. Februar 1938 als Präsident des VSIA zurücktrat und seinem Nachfolger, dem bisherigen Quästor Silvain S. Guggenheim, Platz machte,[23] ging gleichzeitig die Aufbauphase des Hilfswerks zu Ende, und ungleich grössere Herausforderungen standen vor der Tür. Aber das konnte noch niemand wissen, und die Verantwortlichen schätzten die Lage ganz anders ein.

Rückblickend konstatierte man damals im Gemeindebund, dass die Juden in der Schweiz 1933 jäh aus einem stark nach innen gerichteten Dasein aufgeschreckt worden seien. Hatten sie sich vormals auf das Lokale und Religiöse fokussiert, sahen sie sich nun plötzlich konfrontiert mit existenziellen Fragen: der eigenen bedrohten Gleichberechtigung, der Not fremder Glaubensgenossen und der Zukunft des Judentums in seiner Gesamtheit. Im Fortgang der Jahre stellten sie dann den ursprünglich dominanten Kampf gegen den Antisemitismus in den Hintergrund und ersetzten die mit viel Aufwand betriebene «Aktion» durch die JUNA, ein Einpersonenbüro, das seit 1936 die Presse beobachtete und regelmässig Nachrichtenbulletins verschickte.[24] Ursache für diese Veränderung war zum einen der Niedergang der Fronten, die wegen ihrer Verwandtschaft mit dem Nationalsozialismus durch die geistige Landesverteidigung zunehmend isoliert wurden. Zum anderen reichten für eine aufwändige und langfristige Abwehrarbeit die materiellen und personellen Ressourcen nicht aus, da diese immer mehr von der Flüchtlingshilfe absorbiert wurden.

Bis Ende 1937 hatten insgesamt 6 500 Flüchtlinge bei den jüdischen Hilfsstellen Beratung oder Unterstützung gesucht. Die meisten von ihnen hielten sich gezwungenermassen nur kurzfristig in der Schweiz auf. Der VSIA hatte – mit organisatorischer und auch finanzieller Hilfe der HICEM – alles getan, um sie zur Ausreise zu bewegen, und stets nach der Maxime der kontrollierten Emigration gehandelt, die eine konstruktive Hilfe ermöglichen sollte. Dies gestaltete sich allerdings aufgrund der weltweiten Abwehrhaltung gegenüber jüdischen Emigranten immer schwieriger. Besonders gravierend war, dass auch Palästina, die wichtigste Emigrationshoffnung, zunehmend ausser Reichweite geriet, da Grossbritannien ab Winter 1935/36 auf arabische Proteste hin die Einwanderungsquoten heruntersetzte. Bis Ende 1937 konnte der VSIA insgesamt nur rund 1 500 Flüchtlinge in ein Drittland weiterleiten, vier Fünftel davon überdies nur in eine andere europäische Destination. Nach der Massenflucht von 1933 waren die Flüchtlingszahlen zunächst zurückgegangen, um dann nach Nürnberg wieder anzusteigen. Wenn sich ein Beobachter Anfang 1938 einen Überblick über die aktuellen Verhältnisse verschaffen wollte, konnte er dies anhand der vorjährigen Zahlen tun: Im Jahr 1937 hatte der VSIA insgesamt 841 Flüchtlinge betreut, hinzu kamen 1 759 sogenannte Passanten. Von den Flüchtlingen erhielten 720 finanzielle Hilfen; diese Betreuung verteilte sich jedoch über das ganze Jahr, am Stichdatum des 31. Dezember wurden 86 Personen unterstützt, davon 22 als Dauerfälle.[25]

Nach eher mühsamen Anfängen hatte sich die Flüchtlingshilfe auch organisatorisch konsolidiert. Als Hauptträger figurierten noch immer die ehrenamtlichen Lokalcomités des VSIA; ihre Zahl war seit der Mandatierung durch den SIG von neun auf dreizehn angewachsen. Mit Regina Boritzer beschäftigte das Hilfswerk nach wie vor nur eine einzige hauptamtliche Fürsorgerin, übrigens nicht nur für die Flüchtlinge, sondern auch für die einheimischen Kranken ausserhalb der jüdischen Gemeinden. Immerhin betrug wegen der ständigen Fluktuation die Zahl der zu betreuenden Flüchtlinge jeweils nur etwa hundert. Sie habe, meinte Boritzer rückblickend, damals durchaus noch Zeit und Musse gehabt, um ihre Schützlinge individuell zu beraten, manchmal bei einem Tee oder gar einem Essen.[26]

Hauptaufgabe blieb bis Anfang 1938 die Passantenhilfe, die den Verantwortlichen zugleich am meisten Sorgen bereitete und die Arbeit, so Silvain S. Guggenheim, ungeheuer komplizierte und belastete. Als grösstes Problem empfanden die Hilfswerke dabei die sinnlose Abschiebung der Flüchtlinge von einer Stadt zur anderen, von Grenze zu Grenze, von Gefängnis zu Gefängnis. Dass Flüchtlinge oder «Passanten» im Interesse einer geordneten Emigration wenn möglich zurückzuschicken waren, wurde im VSIA nicht hinterfragt, jedenfalls findet man in den Akten keine entsprechenden Hinweise. Noch im Februar 1938 konnte sich der scheidende Präsident Hüttner beklagen, dass es leider immer noch Menschen gebe, «die ohne Überlegung einfach von Deutschland weglaufen und unsere Hilfe in Anspruch nehmen». Er schien noch nicht zur Kenntnis genommen zu haben, dass sich seit dem vergangenen Herbst die Situation im Nachbarland dramatisch verschlimmert hatte und im Bewusstsein neuer Gefahren nun auch die Reichsvertretung Notmassnahmen für die Emigration traf.[27]

Die andere Hauptsorge verursachten nach wie vor die Finanzen, an denen es auch nach den Beschlüssen von 1936 zur Verschärfung der eigenen Praxis weiterhin fehlte. Bei den Einnahmequellen musste man sich primär auf den kleinen Kreis der wenigen Tausend Juden in der Schweiz beschränken, deren Spenden überdies freiwillig waren und – im Gegensatz zu anderen wohltätigen Spenden – nicht einmal von den Steuern abgesetzt werden konnten. Abgesehen davon, dass man von den zugezogenen Juden noch immer wenig Solidarität erfuhr, war man mit zwei weiteren Erschwernissen konfrontiert: Die meisten einheimischen Juden hatten verwandtschaftliche Beziehungen nach Deutschland oder zu eingereisten Flüchtlingen, was ihnen – aus moralischer Verpflichtung – beträchtliche materielle Lasten verursachte. Zudem war auch die jüdische Bevölkerung stark von der Wirtschaftskrise betroffen, viele Juden litten unter Armut und mussten von der eigenen Fürsorge unterstützt werden. Deshalb zahlten beispielsweise im Jahr 1937 in der *Israelitischen Cultusgemeinde Zürich*, der grössten und finanzstärksten jüdischen Gemeinde in der Schweiz, von 1 100 Mitgliedern nur 400 Beiträge an den SIG. Als Folge des Abkommens zwischen Rothmund und der SZF erhielt der VSIA zusammen mit den anderen Hilfswerken vom Staat seit 1937 Subventionen, aber diese hatten nur symbolischen Charakter und betrugen für den VSIA im ersten Jahr lediglich 5 600 Franken. Das war nicht einmal halb so viel, wie er vom amerikanischen Joint erhalten hatte.[28]

Unter den Verantwortlichen herrschte deshalb weiterhin die Meinung, wie schon 1935, dass die Flüchtlingshilfe langfristig eine private Institution überfordern müsse, ja den Gemeindebund selbst gefährden könne, da für seine eigentlichen Aufgaben letztlich kein Geld übrig bleibe. In der Tat gab man in diesen Jahren für die Flüchtlinge regelmässig das Zwei- oder Dreifache des regulären Budgets aus. Eine Alternative zur Fortführung der Arbeit durch den VSIA kam aber nicht in Sicht, obwohl seit 1936 interne Stimmen forderten, die Flüchtlingshilfe entweder ganz abzukoppeln oder sie überhaupt einzustellen. Mit dem bisher Geleisteten konnte man jedoch zufrieden sein – immerhin hatte man als kleine Gemeinde fast aus dem Nichts eine Hilfe aufgebaut, die mehr Flüchtlinge betreute als alle anderen Schweizer Hilfswerke zusammen.[29]

Allerdings sollte uns dieser Leistungsausweis nicht zur Annahme verführen, die Flüchtlingshilfe habe in jenen Jahren in der jüdischen oder der nichtjüdischen Öffentlichkeit einen Stellenwert gehabt. Vielmehr hatte abgesehen von den direkt Involvierten kaum jemand bemerkt, dass Tausende von Flüchtlingen in der Schweiz betreut worden waren und das Land wieder verlassen hatten. Der SIG und der VSIA hatten an einer breiteren Aufmerksamkeit ohnehin kein Interesse, ebenso wenig an einer grundsätzlichen Auseinandersetzung über die amtliche Politik. Auch ihre leitenden Gremien hatten sich in den vergangenen fünf Jahren jeder Kritik an den Behörden enthalten. Stattdessen anerkannten sie «dankbar», wie Hüttner sich im Dezember 1936 ausdrückte, dass man mit diesen einen «Modus Vivendi» gefunden habe. Auch als er zwei Monate später intern bedauerte, dass «geeignete» Flüchtlinge in der Schweiz keine Niederlassungsbewilligung erhielten, vermied er jede grundsätzliche Kritik an der Transitmaxime und machte statt der zuständigen Behörden «fremdenpolizeiliche Gesetze» für diesen Missstand verantwortlich. Im Zeichen der geistigen Landesverteidigung zeigte man sich auch stets als loyaler Bürger. Unter anderem sah sich der Gemeindebund, so Saly Mayer Anfang 1938, angesichts der «von der Schweiz neuerdings proklamierten integralen Neutralität» gezwungen, «im Jüd. Weltkongress eine wohlüberlegte reservierte Stellung einzunehmen». Ein Jahr später wird er gar vorschlagen, dass der SIG aus dem WJC austreten und jener seinen Sitz von Genf ins Ausland verlegen solle, wozu es jedoch nicht kommen wird.[30]

Diese konforme Haltung machte die Verantwortlichen jedoch angreifbar, zumal die Behörden nach wie vor ihre Massnahmen unter Berufung auf jüdische Interessen oder Aussagen rechtfertigten, was den Präsidenten des Gemeindebunds wiederholt veranlasste, «die in manchen Kreisen üblich gewordene Auffassung» zu dementieren, «dass der SIG und der VSIA damit einverstanden seien, dass Juden nicht mehr in die Schweiz einzulassen seien». Im Februar 1938 ging er zusammen mit dem Berner Fürsorger Walter Bloch sogar extra ins Bundeshaus, um den Namen eines jüdischen Offiziellen zu erfahren, auf den man sich dort in diesem Sinne berufen hatte – zu Unrecht, wie er schnell herausfand.

Für 1937 hatte der VSIA 150 000 Franken an Ausgaben budgetiert, die Einnahmen betrugen jedoch nur 100 000 Franken, so dass man drastisch sparen musste – und dies, obwohl die Flüchtlingszahlen nicht zurückgegangen waren. Im Jahr 1938 beabsichtigte man, an diesem Sparkurs festzuhalten, und budgetierte nur noch 80 000 Franken.[31] Man wollte also weniger denn je seit der Machtübernahme Hitlers für die Flüchtlinge ausgeben. So weit der Plan.

Die Jahre 1938–1941

Nach dem «Anschluss» der «Ostmark» im März 1938 werden in Wien Juden durch erzwungene Strassenreinigungen erniedrigt. (Keystone)

Nach dem «Anschluss» Österreichs

Vorboten und Visionen: erste Flüchtlinge aus der «Ostmark»

Als sie in Scharen in der Schweiz, vor allem in Zürich, eintrafen, stand ihnen das Entsetzen noch ins Gesicht geschrieben: Ihre ungezügelte Verfolgung hatte in Österreich schon eingesetzt, bevor die deutsche Wehrmacht auch nur die Grenze überschritten hatte. Massenhaft wurden die Juden seit diesem 12. März 1938 malträtiert, ausgeplündert, enteignet, entlassen, verhaftet, in den Tod getrieben. Die jüdischen Institutionen wurden besetzt, verwüstet, geschlossen, die führenden Leute eingesperrt. Am schlimmsten aber war die öffentliche Demütigung durch kürzlich noch freundliche Nachbarn, die nun Orthodoxen die Bärte schoren oder die angesehensten Bürger, auch Frauen (die in Deutschland bisher von körperlichen Misshandlungen zumeist verschont geblieben waren), sadistisch zwangen, mit Zahnbürsten die Strassen zu reinigen. «Wir wollen in der Ostmark in einer Woche nachholen, wozu wir im Altreich fünf Jahre gebraucht haben», war das offen deklarierte, in brutale Praxis umgesetzte Ziel.[1]

Der unmittelbar nach dem «Anschluss» Österreichs einsetzende Andrang der Flüchtlinge war durch den VSIA noch zu bewältigen. Es dürfte sich im März auch nur um einige hundert Personen gehandelt haben, die das Hilfswerk aufsuchten. Andere blieben selbständig, kamen bei Verwandten unter oder reisten sogleich weiter. Zudem hatte auf Antrag des *Eidgenössischen Justiz- und Polizeidepartements (EJPD)* der Bundesrat nach nur zwei Wochen beschlossen, für Inhaber österreichischer Pässe zum 1. April die Visumpflicht einzuführen. Das zentrale Argument für diese neue Praxis kleidete das EJPD in die heute so bekannte wie berüchtigte Formulierung: «Wenn wir einer unseres Landes unwürdigen antisemitischen Bewegung nicht berechtigten Boden schaffen wollen, müssen wir uns mit aller Kraft und, wo es nötig sein sollte, auch mit Rücksichtslosigkeit der Zuwanderung ausländischer Juden erwehren, ganz besonders von Osten her.» Man müsse, hiess es weiter, an die Zukunft denken, kurzfristige Vorteile bei der Zulassung solcher Ausländer würden «sich ohne Zweifel bald in die schlimmsten Nachteile verwandeln».[2]

Anfang April traf sich Heinrich Rothmund, der Vordenker dieses Beschlusses, mit Silvain S. Guggenheim, den er aufgrund fünfjähriger Zusammenarbeit als «vernünftig, loyal und gut schweizerisch eingestellt» charakterisierte. Vom neuen VSIA-Präsidenten wurde ihm mitgeteilt, dass sich in Wien etwa 300 000 unter den Arierparagraphen fallende Personen befänden, die Getauften und Halbjuden eingeschlossen – eine Zahl, die den Polizeichef in seiner weitsichtigen Abwehrstrategie, so seine Einschätzung, nur bestätigen konnte. Rothmund stiess bei seinem Gesprächspartner auf keine Einwände. Jedenfalls schrieb er in einer Notiz, er habe «das ganze Problem mit Herrn Guggenheim sehr eingehend besprochen und, wie erwartet, sein volles Verständnis gefunden für unsere Lage und unsere Massnahmen».³

Rothmunds Bemerkung könnte zu der Annahme verleiten, die jüngsten Geschehnisse hätten die jüdischen Verantwortlichen gleichgültig gelassen – sie waren jedoch im Gegenteil schockiert und erschüttert wie ihre ganze Schweizer Gemeinschaft. Ihre Schreckensvisionen beschränkten sich allerdings noch immer auf die wirtschaftliche, soziale und kulturelle Vernichtung des Judentums – die physische Auslöschung lag jenseits ihres Vorstellungsvermögens. Bald hätten 200 000 Juden Deutschland verlassen, noch irrten Zehntausende ziellos durch die Welt, konstatierte ein fassungsloser, schier verzweifelter Saly Braunschweig vor seiner Gemeinde. Die Zeit sei nicht fern, in welcher es im «Nachbarland nur noch eine vollständig verarmte und politisch entrechtete Judenschaft» gebe. Dennoch wollte man als Gegenmassnahme – darin war man sich auch mit der *Reichsvertretung der Juden in Deutschland* und mit der *Israelitischen Kultusgemeinde Wien* einig – nach wie vor nur eine kontrollierte, legale Emigration betreiben und die in Not geratenen Juden vor Ort unterstützen.⁴

Angesichts der Zustände in Wien rechneten der SIG und der VSIA mit einem massiven Zustrom von Flüchtlingen, sobald die Visumpflicht wieder aufgehoben werden sollte. Dem sah man sich finanziell schon jetzt nicht gewachsen und suchte Unterstützung bei den grossen jüdischen Organisationen im Ausland. Zudem beschloss man, eine sofortige Geldsammlung bei den eigenen Mitgliedern durchzuführen.⁵

Lächelnd ablehnen: «Arisierungen» und Schweizer Diplomatie

«Wie werden wir die Juden los? Keine Einzelaktionen, keine Gewalttaten – sondern schematische wirtschaftliche Ausmerzung!» So lauteten Titel und Untertitel des Frontartikels in der Wiener Ausgabe des *Völkischen Beobachters* vom 26. April 1938. Innerhalb von vier Jahren müsse «das jüdische Element in Wien ausgemerzt und zum Verschwinden gebracht sein», hiess es weiter. Aber nicht mit «überschäumendem Radikalismus» (offenbar drohte der seit Wochen wütende Pöbel der Kontrolle der Machthaber zu entgleiten), sondern mit gesetzlichen Mitteln: «denn – das merke sich jeder – Deutschland ist ein Rechtsstaat». Trotz dieser Lügen war dies ein aussagekräftiger, da programmatischer Artikel: Am selben Tag veröffentlichte die Regierung eine Verordnung, die von Juden die Anmeldung all ihrer Vermögenswerte verlangte. Kein Zweifel: Das war ein

Am 14. März 1938, zwei Tage nach dem Einmarsch der deutschen Truppen in Österreich, begrüsst eine jubelnde Wiener Bevölkerung den eintreffenden Adolf Hitler. (Keystone)

weiterer Schritt zur vollständigen Vernichtung der wirtschaftlichen Existenz des deutschen Judentums. – Und die in Deutschland lebenden *ausländischen* Juden? Sollten sie von der systematischen Zerschlagung durch die Nazis ausgenommen bleiben? Würden die betreffenden Staaten ihre Landsleute gegen eventuelle Schädigungen verteidigen und in Berlin intervenieren? Die einzelnen Landesorganisationen sahen sich durch ihre eigenen Gemeindemitglieder und durch ausländische Partnerorganisationen aufgefordert, bei ihrer Regierung vorstellig zu werden. So auch in der Schweiz.[6]

Auf Drängen der beiden Zürcher Saly Braunschweig und Georg Guggenheim, der sogleich einen Schutzverband von direkt Betroffenen organisiert hatte, beauftragte der SIG Robert Fazy mit einem Gutachten. Der international renommierte Völkerrechtler und Vizepräsident des Schweizer Bundesgerichts war durch Georg Guggenheims Bruder Paul vermittelt worden, der ebenfalls Völkerrechtler war und in den kommenden Krisen noch eine wichtige Rolle spielen sollte. Fazy kam – tatkräftig unterstützt durch Paul Guggenheim und Gerhart Riegner vom *Jüdischen Weltkongress*, auch er ein völkerrechtlich ausgebildeter Jurist – schnell zu einem konzisen Ergebnis: Dass die in Deutschland niedergelassenen Schweizer Juden ihr Vermögen anmelden mussten, sei eine schikanöse Sondermassnahme und verletze sowohl den geltenden deutsch-schweizerischen Niederlassungsvertrag wie auch die völkerrechtlichen Mindeststandards. Eine diplomatische Intervention zugunsten der Betroffenen in Deutschland habe gute Chancen; notfalls werde ihnen wahrscheinlich auch von einem internationalen Schiedsgericht Recht zugesprochen, oder von dem *Ständigen Internationalen Gerichtshof*. Mitte Juni 1938 legte der Gemeindebund dem *Eidgenössischen Politischen Departement*, wie das Aussenministerium damals genannt wurde, dieses Gutachten vor und bat dringlich um ein Gespräch. Schon vorher hatte Saly Mayer bei denselben Beamten angeregt, dass die Schweiz gemeinsam mit anderen Staaten gegen Deutschland vorgehen sollte.[7]

Das Schweizer Aussenministerium hatte bis zu diesem Zeitpunkt an seiner Politik «von Fall zu Fall» festgehalten und immer von grundsätzlichen Interventionen abgesehen. Von Deutschland hatte es nur die Zusage bekommen, dass Schweizer Rückkehrer einen Vermögensanteil von maximal 50000 Reichsmark mitnehmen durften. So lautete die im August 1937 getroffene Regelung, aber seither war es nur in ganz wenigen Fällen gelungen, derartige Transfers abzuwickeln, und es stand zu befürchten, dass die jüdischen Schweizer in Deutschland bei ihrer Heimkehr einen grossen Teil ihres Vermögens verlieren würden. Der Schweizer Gesandte Dinichert hatte noch im Mai erwogen, das deutsche Regime wegen seiner völkerrechtlichen Verpflichtungen anzumahnen. Aber dies stand in diesen Junitagen ohnehin nicht mehr zur Debatte, da er auf seinem Berliner Posten soeben von Hans Frölicher abgelöst worden war, der als ausgesprochen deutschfreundlicher und gegenüber dem Nazi-Regime willfähriger Diplomat in die Geschichte eingehen sollte.

Die Aussicht, dass ausgeplünderte Heimkehrer der Öffentlichkeit zur Last fallen würden, war auch für die Schweizer *Abteilung für Auswärtiges* Grund genug, sich wegen der massiven Transferschwierigkeiten zu sorgen. Seit Anfang Mai 1938 überlegten sich die Beamten, ob sie nicht das Transferrisiko, zu dem auch die Gefahr gewaltiger Kursverluste gehörte, dem SIG aufbürden könnten. Schliesslich schlugen sie vor, dass die einheimischen Juden ihre zurückkehrenden Glaubensbrüder und -schwestern für eine Dauer von bis zu zehn Jahren bevorschussen sollten. Der Gemeindebund lehnte jedoch das Ansinnen mit Verweis auf das Risiko und die fehlende Organisation ab.[8]

Wie haben die Juden diese amtlichen Wünsche gelesen? Als Zeichen dafür, dass man im Bundeshaus schnell bereit war, ihre Gleichberechtigung preiszugeben? Zumindest dürften sie geahnt haben, wie wenig man sich in Bern für die Verteidigung ihrer Rechte interessierte. Saly Mayer und Georg Guggenheim mussten dies spätestens am 22. Juni realisieren, als sie im Bundeshaus von Robert Kohli und Walter Hofer, zwei Beamten des *Politischen Departements*, zur gewünschten Audienz empfangen wurden.[9] Einleitend erinnerte der SIG-Präsident ausführlich an die «stets staatstreue Haltung des Gemeindebunds»: Man sei von jeher bestrebt gewesen, sich den Anordnungen der Behörden unterzuordnen; habe den Bundesrat wenig behelligt, obwohl man schweren Provokationen ausgesetzt gewesen sei; habe sich gegenüber Deutschland aus aussenpolitischer und wirtschaftlicher Rücksicht zurückgehalten, und schliesslich habe man die Flüchtlingshilfe freiwillig und selbstverständlich, «allerdings contre coeur», auf sich genommen und dafür bereits fast eine Million Franken ausgegeben. Wenn man diese Tatsachen würdige, möge man «Verständnis dafür erweisen, dass wir uns heute für die Rechte der Juden wehren», meinte Mayer weiter. «Unser Vorgehen möge beim Polit. Departement kein anderes Gefühl erwecken, als dass der Gemeindebund lediglich seine Pflicht erfüllt: a) aus rein grundsätzlichen und b) aus humanitären Erwägungen.» Zum einen dürfe das in der Bundesverfassung festgelegte Prinzip der Gleichheit aller Schweizer Bürger «unter keinen Umständen eine Einschränkung erfahren», zum anderen hätten Öffentlichkeit und Judentum «ein grosses Interesse daran, dass allfällige jüdische Rückwanderer nicht vollständig verarmt in die schweizerische Heimat zurückkehren» müssten.

In materieller Hinsicht bestritt Kohli die Auffassung des Experten Fazy nicht, bezweifelte jedoch, dass die Deutschen überhaupt das Vermögen der jüdischen Auslandschweizer konfiszieren wollten. Zudem machte der Beamte grundsätzliche Unterschiede zwischen einem rechtlichen Gutachten und der völkerrechtlichen Praxis geltend. Im Einzelfall wolle die Eidgenossenschaft den Betroffenen durchaus helfen. Sie halte es jedoch «für schädlich, irgendwelche Grundsätze zu propagieren oder sich in eine Front mit anderen Staaten einspannen zu lassen». Dies werde sie mit Bestimmtheit unterlassen. Auch sei es fraglich, ob der Bundesrat wegen 500 Juden an ein Schiedsgericht gelangen wolle. Dies sei ein politisches Instrument, dem die Magistraten sehr reserviert gegenüberstünden.

Die zitierten einleitenden Ausführungen Mayers, mit denen er die Verteidigung elementarer jüdischer Rechte legitimierte, ja geradezu entschuldigte, scheinen die beiden Beamten in ihrer Herablassung und ihren Vorurteilen eher noch bestärkt zu haben. Darauf lassen jedenfalls weitere Details schliessen: Als Guggenheim fragte, ob das *Politische Departement* die Öffentlichkeit, speziell die jüdische, mit einem Pressecommuniqué beruhigen würde, lehnte Kohli «mit einem Lächeln rundweg ab»; zudem betonte er, dass «die heutige Verhandlung als rein persönlich und konfidentiell» zu betrachten sei. Und im Verlauf des Gesprächs liess der ausgebildete Rechtsanwalt Hofer sogar die Bemerkung fallen, «dass im übrigen laut Bundesverfassung vom Jahr 1848 die Juden auch nicht gleichberechtigt gewesen seien und Grundeigentum nicht frei hätten erwerben können». – Im Klartext: Die existenziellen Sorgen der Juden waren im *Politischen Departement* nur ein Lächeln wert; die jüdische Gleichberechtigung galt dort keineswegs als Selbstverständlichkeit, worüber sich die Juden längst im Klaren sein müssten, und eine offizielle Eingabe zu genau dieser Frage verdiente nicht mehr als eine informelle Antwort.

Am nächsten Tag liess Pierre Bonna verlauten, dass sich die Schweizer Juden der deutschen Anmeldepflicht zu unterziehen hätten. Anstatt mit prinzipiellen Argumenten zu intervenieren, wurde also die Politik von Fall zu Fall unverändert fortgesetzt – wobei der Leiter der *Abteilung für Auswärtiges* nicht vergass, auch seinen neuen Gesandten in Berlin gelegentlich darauf hinzuweisen, dass er sich nur für diejenigen jüdischen Landsleute einsetzen solle, «die Sie Ihrer Unterstützung für würdig erachten». Immerhin gab es dennoch beherzte helvetische Diplomaten vor Ort, etwa den Gesandten in Wien, Walter von Burg, die sich von der Lauheit ihrer Zentrale nicht anstecken liessen und sich stark für die Interessen der jüdischen Schweizer engagierten.[10]

Systematische Austreibung

Mehr Aufmerksamkeit als den Rechten ihrer Landsleute schenkte die Schweizer Diplomatie indessen den ausländischen Juden, die in der Schweiz Zuflucht finden wollten – was noch immer unerwünscht war, so dass man sich seit April 1938 mit zusätzlichen Abwehrmassnahmen beschäftigte. Im Mai hatte Paul Dinichert bei seinem Chef Bonna angeregt, vielleicht einen «auf die nichtarischen deutschen Staatsangehörigen» beschränkten Visumzwang einzuführen. Diese Lösung würde zwar den eigenen Grundsätzen widerstreben, «würde aber damit gerechtfertigt werden können, dass es auch im Interesse der schweizerischen Juden liege, einen weiteren Zustrom von ausländischen Juden abzuwehren». Und am 22. Juni 1938, fast zur selben Stunde, in der Mayer und Guggenheim mit ihren Anliegen im Bundeshaus auf herablassendes Desinteresse stiessen, protestierte Heinrich Rothmund bei einem Mittagessen mit dem deutschen Diplomaten und NSDAP-Vertreter in der Schweiz, Hans Sigmund Freiherr von Bibra, dagegen, dass Deutschland seine Juden neuerdings mit der Drohung, sie bei einer Rückkehr in ein Konzentrationslager zu werfen, über die Schweizer Grenze schicke.[11]

Tatsächlich änderte das NS-Regime in diesen Wochen seine Praxis radikal. Bisher hatte es auf die Strategie der jüdischen Organisationen zur kontrollierten Emigration Rücksicht genommen, da es nicht mit einer forcierten, unvorbereiteten Auswanderung die Aufnahmeländer vor den Kopf stossen wollte. Nun verfolgte es jedoch in der «Ostmark» eine Politik der rücksichtslosen Vertreibung, so dass seit Juli 1938 vermehrt Flüchtlinge in die Schweiz kamen, die meisten wiederum nach Zürich, wo sich viele ausländische Konsulate befanden, die für eine Weiterreise aufgesucht werden mussten. Ein grosser Teil fuhr sogleich weiter nach Frankreich oder Italien. Diejenigen, die blieben, wurden vom VSIA betreut – sofern sie sich gemeldet hatten, was vor allem bei den Mittellosen der Fall war. Sie erhielten Zimmer in jüdischen Familien, denen das Hilfswerk dafür ein kleines Entgelt gab, und verköstigten sich an Freitischen, die einheimische Juden gratis für sie einrichteten. Mitte Juni waren die Zürcher Kapazitäten erschöpft, und der VSIA rief andere Lokalcomités auf, einen Teil der Flüchtlinge zu übernehmen. Einen Monat später hatten allein Basel und Zürich etwa 500 Personen zu betreuen.[12] Mehr als jemals zuvor, ein Vielfaches der bei der Jahresplanung erwarteten Zahl. Und das Jahresbudget hatte man bereits aufgebraucht.

Unterdessen war am 15. Juli 1938 in Evian die internationale Flüchtlingskonferenz, zu der der amerikanische Präsident Franklin D. Roosevelt 32 Staaten geladen hatte, zu Ende gegangen; feierlich, mit hehren Resolutionen, faktisch jedoch ohne irgendein positives Ergebnis. Jedes Land verwehrte den verzweifelt Schutz suchenden Juden mit diplomatischen Worten die Aufnahme, auch die Schweiz, deren Delegierter Rothmund sich einmal mehr seiner stereotypen Argumente – Überfremdung und Arbeitslosigkeit – bediente. Selbst eine persönliche Unterredung mit Josef Löwenherz, dem Leiter der Wiener Kultusgemeinde, der inzwischen als Geisel Adolf Eichmanns die Ausplünderung und Vertreibung seiner eigenen Glaubensgenossen organisieren musste, konnte ihn nicht erweichen. Rothmunds Ausführungen stiessen allerdings in der Schweizer Öffentlichkeit auf keine Kritik, auch nicht in der jüdischen: Die *Jüdische Pressezentrale Zürich* attestierte ihm vielmehr eine «warmherzige und humanitäre Betrachtungsweise» und konstatierte befriedigt, dass die Schweiz an der bisherigen, von einem Geist «echter Menschlichkeit getragenen» Flüchtlingspolitik festhalten wolle. Überhaupt fiel es den Juden, die so grosse Erwartungen in Roosevelts Initiative gesetzt hatten, zunächst schwer, sich von ihren Illusionen zu verabschieden. Noch selten habe er, meinte der Berichterstatter des *Israelitischen*

Wochenblatts, auf einer bedeutenden internationalen Konferenz «die Delegierten so von Optimismus erfüllt gesehen wie am Schlusstage von Evian».[13]

Saly Mayer hatte bereits mehrmals mit Rothmund über ein längerfristiges Programm gesprochen: Alte oder mit Schweizern verwandte Zuflucht Suchende sollten dauernd in der Schweiz bleiben dürfen, junge Leute während ihrer Ausbildung und bis sie nach Übersee auswandern konnten. Die Prinzipien der offiziellen Flüchtlingspolitik würden damit, abgesehen von der Verwandtenaufnahme, nicht tangiert – sofern die Weiterreise der Jungen in ein Drittland gewährleistet wäre und, was Rothmund ebenfalls zur Bedingung gemacht hatte, keine zusätzlichen Flüchtlinge kämen. Beides schien jedoch nach Evian weniger sicher denn je. So schlug der SIG-Präsident in einer weiteren Unterredung Ende Juli von sich aus vor, die Beratung über ein «Programm à la longue» vorläufig zurückzustellen. Zu lösen seien zunächst dringendere Probleme: Verteilung der Flüchtlinge auf weitere Städte neben Basel und Zürich, Beendigung des sinnlosen Hin- und Herschiebens innerhalb der Schweiz, Organisation der Weiterwanderung ins Ausland, Beendigung der Ausweisungen ohne Verständigung der jüdischen Organisationen, Abmilderung der Folgen der Untätigkeit sowie die Vorbereitung auf eine eventuell weitere Flüchtlingswelle. Und was die Finanzierung betraf, meinte Mayer vorsichtig, sei zu untersuchen, ob die jüdischen Organisationen weiterhin alles allein bezahlen müssten. Der Polizeichef seinerseits sah, was ein «Programm à la longue» betraf, nur die legale Durchreise durch die Schweiz als realistisch an, die wiederum mit den jüdischen Organisationen in «Deutsch-Österreich» abzusprechen sei. Dazu sollte man vielleicht schon jenseits der Grenze Auffangstellen schaffen. Die Finanzierung der Flüchtlingshilfe müsse man den jüdischen Organisationen der Schweiz und des Auslands, bei noch grösserem Umfang der Staatengemeinschaft überlassen. Eine Subventionierung durch die eigene Behörde blieb also illusionär.[14]

Dass Mayer gegenwärtig kein langfristiges Programm diskutieren will, hängt vermutlich nicht nur mit dem Scheitern von Evian zusammen, das noch kaum als solches erkannt worden ist, sondern vor allem mit der jüngsten Entwicklung in der «Ostmark»: Seit Ende Juli gewahrt man in der Schweiz mit Entsetzen, wie sich die Deutschen systematisch und unverfroren der Juden entledigen, denen sie in den letzten Monaten mit Menschenhatz, Terror, Entlassungen und «Arisierung» jede Lebensgrundlage entzogen haben. Nun nehmen die Gestapo und die SS den Elenden die letzten Barschaften ab, versehen sie teilweise mit falschen Papieren oder wertlosen Rückkehrgarantien und schieben sie heimlich – an unbewachten Stellen, in der Nacht – oder sogar schamlos und provokant in aller Öffentlichkeit über die Grenze ab, immer mit der Drohung, nur nicht zurückzukehren. Tag für Tag strömen Hunderte von Flüchtlingen in die Schweiz, mit zerrissenen Kleidern, ohne Reiseutensilien, völlig mittellos, abgehetzt, verängstigt. Die Behörden weisen die illegal Einreisenden nicht zurück, da SIG und VSIA dagegen Protest angemeldet haben und für ihren Unterhalt und ihre baldmöglichste «Weiterreise» (so auch künftig der allgemein verbreitete euphemistische Sprachgebrauch) einstehen. Saly Mayer ist für dieses Entgegenkommen dankbar. Das menschliche Verständnis, lobt er, sei bei allen Beamten, von den Polizeiorganen bis ins Bundesdepartement, kaum zu überbieten.[15]

Die Ankommenden – drei Viertel sind männlich, die meisten zwischen 16 und 40 Jahre alt, nur wenige im Kindesalter – konzentrieren sich in Zürich, Basel und St. Gallen.[16] Besonders viele, bis zu 200 an einem Tag, begeben sich nach Zürich, wo sich vor dem VSIA-Büro eine lange Schlange vom Treppenhaus bis zur nächsten Strassenecke bildet, so dass die Polizei einen Ordnungsdienst einrichtet. In den beiden Räumen des Hilfswerks arbeitet man fieberhaft, improvisiert, vom frühen Morgen bis spät in die Nacht: Personalien werden erhoben, Instruktionen bezüglich polizeilicher Anmeldepflicht und Arbeitsverbot erteilt, Interventionen getätigt zugunsten der von der Abweisung bedrohten Flüchtlinge, Garantien für den Unterhalt und die Wiederausreise abgegeben, erste Schritte zur Legalisierung unternommen, Quartiere gesucht, Unterstützungen gezahlt, Kleider vermittelt, die Wiederausreisen organisiert. Bei der immensen Arbeit stehen der Fürsorgerin Boritzer die lokalen Kultusbeamten und Lehrer der jüdischen Religionsschule zur Seite, vor allem jedoch Gemeindemitglieder, die sich – trotz der Ferienzeit, in der manche verreist sind – in grosser Zahl freiwillig eingefunden haben. In Basel und St. Gallen herrschen ähnliche Verhältnisse.

Besondere Schwierigkeit verursacht die Unterkunft. In Zürich bleibt man bei individuellen Lösungen mit Privatzimmern, Pensionen und Hotels. In Basel eröffnet der Kanton auf Kosten und unter der Leitung des VSIA Anfang August das erste Heim für fünfzig Personen; die anderen Flüchtlinge kommen vorläufig bei der Heilsarmee, in kleinen Gasthäusern oder ebenfalls privat unter. Am schwierigsten gestaltet sich die Situation im kleineren St. Gallen, wo man die Flüchtlinge in Gasthäusern einquartiert, jedoch bestrebt ist, sie möglichst aus der Stadt herauszubringen. Zu diesem Zweck acquiriert die Kantonspolizei am 10. August eine leer stehende Spinnerei im Grenzort Diepoldsau und richtet, ebenfalls auf Kosten des VSIA, ein Massenlager für 300 Flüchtlinge ein.

In dieser dramatischen Lage – schon 1 500 vollständig mittellose Flüchtlinge sind zu betreuen, die Basler Aufnahmestelle ist bereits überfüllt, der VSIA an allen Ecken und Enden überfordert – treffen sich am 10. August 1938 Vertreter von SIG und VSIA, um Notmassnahmen zu besprechen. Das von Saly Mayer hastig niedergeschriebene Protokoll atmet die Hektik der Ereignisse, es dokumentiert ihre Unübersichtlichkeit und Ungeheuerlichkeit, den enormen Druck, unter dem die jüdische Führung steht. Fremdenpolizeichef Rothmund, heisst es im Protokoll, sei «persönlich bemüht für die Regelung dieser für alle unerwarteten Invasion. Er ist im täglichen Kontakt mit seinen Organen und hat für die Situation das nötige Verständnis, Interesse und Mitgefühl.» Es könne grundsätzlich nur um Transit gehen; gegenwärtig stehe der ungehinderten Einreise jedoch kaum eine

Ausreise gegenüber. «Um eine geregelte Arbeit durchführen zu können, muss der ungeregelten Einreise ein Ende bereitet werden, auch von unserer Seite muss alles geschehen, um den heutigen Zustand abzustoppen.» Der oberste Grundsatz für die Juden laute «Disciplin», wozu auch die Meldepflicht bei der Polizei gehöre. «Die Finanzierung dieser 1500 Flüchtlingskosten ist für die Schweiz eine Unmöglichkeit, falls sie länger als einige Wochen dauern soll oder die Anzahl sich noch erhöht. Auch wenn wir noch soviel Unterstützung vom In- und Ausland erhalten sollten, ist ein Budget von wöchentlich 1500 mal 20.– gleich Frs. 30000 nicht aufzubringen. Der weitere Zustrom muss abgestoppt werden und die Anzahl der durch jüdische Organisationen zu Unterstützenden [ist] stark und rasch zu reduzieren. Es darf deshalb unsererseits keine Massnahme ergriffen werden, welche diese vorgesehene Regelung verunmöglicht, noch mehr Flüchtlinge in die Schweiz bringt und in ganz kurzer Zeit zu einem Chaos führen wird.»

Mit der Behauptung, die Finanzierung der 1500 Flüchtlinge sei «für die Schweiz eine Unmöglichkeit», meint Mayer eigentlich den SIG als Belasteten und nicht die Schweiz. Dass er es so formuliert, ist jedoch kein Lapsus; diese rhetorische Verschiebung findet sich auch an anderer Stelle.[17] Offensichtlich vermischt er nationale und institutionelle Interessen und sieht – beeinflusst von der mehrjährigen Ablehnung jeder Finanzhilfe durch die Behörden, gebunden durch ebenso weit zurückgehende Verpflichtungen, gefangen in aktuellen Handlungszwängen, eingeschränkt durch internalisierte Wahrnehmungsmuster – die Aufgabe der Flüchtlingshilfe ausschliesslich auf den Schultern des Gemeindebunds lasten. Eine Wahrnehmung mit Folgen.

Am nächsten Tag ruft Mayer den Postenchef der Grenzpolizei Buchs an: Die Einreisen seien unter allen Umständen zu stoppen. Für schwarz Einreisende sei dies unmöglich, wird ihm entgegengehalten. Gleichentags eine telefonische Besprechung mit dem VSIA Zürich: Man kommt überein, die zahlreichen sich noch im österreichischen Grenzort Feldkirch befindlichen Flüchtlinge nicht in die Betreuung aufzunehmen; künftig will man sich nur noch mit den bereits in der Schweiz Anwesenden befassen. Zwei Tage darauf beschliesst der VSIA Zürich, überhaupt keine weiteren Flüchtlinge mehr anzunehmen und stattdessen die polizeiliche Internierung der Ankommenden zu akzeptieren. Wenig später stoppt auch St. Gallen.[18] Und Basel, das dritte wichtige Komitee, kann schon seit einer Woche niemanden mehr aufnehmen.

In dieser Zeit stehen die Spitzen von VSIA und SIG in ständigem Kontakt mit den lokalen, kantonalen und nationalen Behörden. Mayer ist dauernd unterwegs zu Grenzorten, jüdischen Gemeinden und Fürsorgekomitees sowie zu Behörden aller Ebenen, häufig im Auftrag von Rothmund, dem er immer wieder per Telefon oder direkt in dessen Büro rapportiert. Eine Verwischung der institutionellen Grenzen, Vermengung der Interessen, Kollusion der Rollen – durchaus nachvollziehbar, da geplant: In der Konzeption des Polizeichefs sind die Juden nach wie vor allein für die Aufnahme und Weiterbringung der

Flüchtlinge zuständig. Er will diese auf all diejenigen Ortschaften in der Schweiz verteilen, in denen es jüdische Gemeinden gibt, die für Ordnung sorgen und gegenüber der Polizei die Verantwortung übernehmen.[19]

Aber nun werden Rothmunds Pläne durch den anhaltenden Zustrom, die unzureichenden Ausreisen und die Überlastung des VSIA durchkreuzt. Die mehrfachen offiziellen Proteste bei den Deutschen gegen ihr regelwidriges, schamloses Verhalten haben nichts bewirkt. Deshalb fragt er am 10. August seinen Vorgesetzten Johannes Baumann, ob er die Flüchtlinge wieder ihren Peinigern ausliefern soll, obwohl deren «unmenschliche, ausgeklügelt grausame Behandlung» nur zu bekannt sei. «Sie könnten wohl nicht alle in Gefängnisse und Konzentrationslager gesteckt oder hingemacht werden», spekuliert er. Vielleicht könnte man Deutschland auf diese Weise zur Vernunft bringen, und es würde die Juden dulden, bis eine legale Auswanderung möglich wäre. Er verwirft aber den Gedanken sogleich wieder: «Wir können aber das Wagnis nicht unternehmen, weil wir uns sonst teilhaftig machen würden an der Schande, die über das ganze deutsche Volk kommt. Auch würde ein solches Vorgehen in allen zivilisierten Ländern die grösste Entrüstung gegen die Schweiz auslösen.» Dennoch dürften sich die illegalen Einreisen auf keinen Fall fortsetzen. Sonst habe man damit zu rechnen, «dass Zurückschiebungen, illegale Weiterschiebungen, scharfe polizeiliche Massnahmen gegen unkontrollierte und unkontrollierbare Elemente eingreifen müssen, dass die öffentliche Meinung der Schweiz Deutschland, die schweizerischen Behörden und die Juden angreift, dass ein unwürdiger Antisemitismus in unserem Lande sich von den Fronten auf die vernünftige Bevölkerung ausdehnt, und dass wir nicht nur mit Deutschland schwere Unstimmigkeiten haben werden, sondern dass auch gefährliche Kritiken aus den zivilisierten anderen Ländern über uns herfallen werden.»[20]

Grenzsperre und Nötigung des Gemeindebunds im August 1938

Zum 16. August bestellt Rothmund Mayer und Guggenheim nach Bern. Sie treffen schicksalhafte Abmachungen – allerdings nur mündlich, es existieren zu diesem Gespräch weder Notizen noch Protokolle. Indirekt können wir dennoch rekonstruieren, dass der Polizeichef die beiden Juden gefragt haben muss, ob ihre Organisationen weiterhin allein für die Betreuung und Weiterreise der Flüchtlinge sorgen und bezahlen würden. Andernfalls sehe er sich gezwungen, die illegal Anwesenden wieder auszuweisen. Die jüdischen Zusagen sind nach Rothmunds Einschätzung die Voraussetzung dafür, dass die Kantone einen «erwerbslosen Aufenthalt» der Flüchtlinge dulden würden. Den beiden Männern bleibt keine Wahl, und sie akzeptieren die Verpflichtungen. Nach einer späteren Darstellung Rothmunds schränkt VSIA-Präsident Guggenheim allerdings ein, «sie wollten für die sich jetzt in der Schweiz Aufhaltenden schon sorgen, wenn aber der

Zustrom der letzten Tage weiter anhalte, sehe er keine andere Möglichkeit als eine Sperrung der Einreise».[21]

Rothmunds Vorschlag stellt eine zweifache Nötigung dar: Erstens zwingt er den Juden die finanzielle und fürsorgerische Verantwortung für die anwesenden Flüchtlinge auf – in einem Moment überdies, in dem er über ihre Überforderung genau im Bilde ist. Zweitens stellt er ein Junktim her zwischen ihrer Leistungsfähigkeit und der behördlichen Asylpolitik, denn es hängt nun allein von ihnen ab, ob die Anwesenden bleiben dürfen und Neuankömmlinge eingelassen werden oder nicht. Er zwingt sie also in eine moralische Verantwortung für eine Politik, bei der ihnen jede Mitbestimmung verwehrt bleibt. Die jüdische Verstrickung hat damit eine neue Qualität erreicht – mit weitreichenden Folgen.

Während die Juden verzweifelt ihre finanziellen Kapazitäten zu erweitern suchen, trifft sich Rothmund am 17. August mit den kantonalen Polizeidirektoren. Die Versammelten beschliessen, die anwesenden Flüchtlinge – auf der Basis der jüdischen Garantien – zu dulden, weitere Einreisen von Flüchtlingen ohne Visum, das heisst von Juden, jedoch zu unterbinden. In der Diskussion dominiert das Argument, dass eine (jüdische) «Überfremdung» zu verhindern sei, ebenso eine antisemitische Bewegung, die durch die Ansiedlung von «zuviel fremden Juden» entstehen würde. «Dieser Ansicht sind auch die schweizerischen Juden selbst», erklärt zum zweiten Punkt der eidgenössische Polizeichef. Zwei Tage später stimmt Bundesrat Motta in Vertretung des verhinderten Baumann der Sperrmassnahme zu. Das bundesrätliche Beschlussprotokoll, ohne Zweifel von Rothmund vorformuliert, zählt nochmals die Gründe für den Entscheid auf: die Wirkungslosigkeit der diplomatischen Interventionen bei Deutschland, die Unmöglichkeit, eine noch grössere Zahl an Flüchtlingen zu beherbergen, und eine Erklärung der leitenden Schweizer Juden, «die Sache wachse ihnen finanziell über den Kopf».[22]

Saly Mayer weiss noch nichts von diesem Beschluss, als er am 18. August dem Centralcomité von der Abmachung mit dem Polizeichef berichtet: «Dem Gemeindebund und dem Verband Schw. Isr. Armenpflegen wurde vor 2 Tagen von der Fremdenpolizei die Verpflichtung auferlegt, für die Flüchtlinge in der Schweiz und für ihre Ausreise soweit möglich zu sorgen, indem die Regierungen der Asylländer an der Konferenz von Evian ausdrücklich jede finanzielle Verpflichtung für die unfreiwillig Ausgewanderten abgelehnt haben.» Zwar seien zurzeit die VSIA-Kassen leer, weil man inzwischen in sechs Wochen so viel ausgebe wie vorher in sechs Monaten. Dennoch stehe man «unter einer schweren Verantwortung. Falls nicht die nötigen Garantien für die Durchhaltung der Flüchtlinge gegeben werden können und die bisherige Organisation nicht aufrechterhalten werden kann, macht man behördlicherseits alle Vorbehalte für zu treffende Massnahmen und lehnt man jede Verantwortung für die Folgen ab. Die Ruhe des Landes nach innen und aussen muss gewahrt werden. Im Hinblick auf die allgemeine politische Lage in Europa und die Lage der Juden in

verschiedenen Ländern müssen alleräusserste Anstrengungen gemacht werden.»
Die Zahl der Flüchtlinge könne sich vervielfachen, der Gemeindebund werde
seine Pflicht jedoch auch in Zukunft erfüllen. «Gegenüber der heutigen Lage sind
seine Mittel und Kräfte aber unzureichend. Die jüdischen Gemeinden, die Vermögenden und jeder Einzelne müssen sich ihrer Verpflichtung und der Gefahren
des Versagens bewusst sein. Sie müssen für die neue Aktion einen ganz anderen
Massstab der Hilfe anlegen. Auch das ausländische Judentum trifft eine schwere
Verantwortung. Um bei niemandem Zweifel aufkommen zu lassen, besteht die
Instruktion, ausdrücklich mitzuteilen, dass sämtliche illegal Anwesende als letzte
Folge eines allfälligen Versagens des Judentums an die Grenze gestellt werden.
Was das bedeutet, braucht nicht in Worte gekleidet zu werden.»

Nachdem auch VSIA-Präsident Guggenheim den Ernst der Lage unterstrichen hat, scheut sich jeder, in der eröffneten Diskussion das Wort zu ergreifen; niemand will wissen, wie es denn zu dieser Verpflichtung mit ihren so
schwerwiegenden moralischen und finanziellen Konsequenzen gekommen ist;
niemand fragt nach alternativen Lösungsstrategien, etwa einer Aussprache mit
den anderen Hilfswerken und den wichtigen politischen Parteien oder gar einem
Gang an die Öffentlichkeit; niemand fragt nach den rechtlichen Grundlagen der
Verpflichtung oder analogen Beispielen aus früherer Praxis; niemand weist die
Verpflichtung zurück und stellt fest, dass dies schliesslich Aufgabe des Staates
und nicht der Schweizer Judenheit sei. Nur ein Redner weitet später den Kreis
der Verantwortung aus – aber nicht etwa auf die offizielle Schweiz: Vielmehr
erklärt er, «dass dies eine Sache des Judentums der ganzen Welt sei, nicht desjenigen der Schweiz». – Warum diese schweigende Hinnahme? Fühlt man sich
derart ohnmächtig, dass man im Voraus resigniert? Ist das jahrelang geübte
Bezahlen zur unhinterfragbaren Selbstverständlichkeit geworden? Hat man als
Laiengremium gegenüber den vollzeitlich engagierten Präsidenten Mayer und
Guggenheim einen so grossen Wissensrückstand, dass man nur noch ein Fait
accompli absegnen kann? Macht die jüdische Isolation in der Mehrheitsgesellschaft es undenkbar, nach Alternativen zur ausschliesslichen Zusammenarbeit
mit den Behörden zu suchen? Befürchtet man, die Beanspruchung öffentlicher
Gelder würde Antisemitismus provozieren?

Statt sich mit grundsätzlichen Fragen zu beschäftigen, beginnt die Versammlung zu erörtern, wie die riesigen finanziellen Lasten zu tragen seien. Eindringlich
wird dabei immer wieder daran erinnert, dass man die Versorgung der Flüchtlinge «unter allen Umständen durchhalten» müsse. Es drohe die Rückweisung,
wenn die Beschaffung der Mittel nicht gelinge. Diese sei jedoch durchführbar,
es komme schliesslich auf zehn Juden in der Schweiz nur ein einziger Zuflucht
Suchender. Man fasst einige Beschlüsse – die sogleich von den Ereignissen
überholt werden: «Es trifft telefonische Nachricht ein, dass weitere Flüchtlinge
illegal eingetroffen und noch mehr zu erwarten sind, so dass die Anforderungen
steigen. Der Bundesrat werde nun eine vollständige Grenzsperre einführen und

Grenzschutztruppen dafür verwenden. Inzwischen verlangen die Behörden die Übernahme der Hinzugekommenen durch die jüdischen Organisationen. Neue Flüchtlinge werden strikte zurückgewiesen werden.» Dem Protokoll sind keine Proteste gegen die eben bekannt gewordene Grenzsperre zu entnehmen. – Wie auch? Nach den wiederholten stundenlangen Gesprächen zwischen Rothmund und dem Duo Mayer-Guggenheim war sie vorauszusehen. Vor allem aber haben die Behörden die Juden, indem sie ihnen die gesamte Verantwortung aufgebürdet haben, überfordert und kritikunfähig gemacht: Wie sollen sie von Bern weitere Aufnahmen fordern, nachdem sie doch bereits in den letzten Tagen die daraus folgenden Verpflichtungen nicht haben einhalten können? Nachdem sie schliesslich selbst schon vor einer Woche intern die Abstoppung eines «weiteren Zustroms» gefordert haben? Und nachdem genau der Zustand eingetroffen ist, der nach Guggenheims früherer Erklärung zu einem Einreisestopp führen musste? So akzeptiert die Versammlung die Sperre gegen die Juden als unvermeidliche Härte.

Das Centralcomité beschliesst nun, erstens einen Bankkredit aufzunehmen, zweitens sofort jüdische Organisationen in Amerika und England um Geld zu bitten und, drittens, eine «enge Fühlung» aufzunehmen mit den jüdischen Organisationen, die die Schweiz durch «Auswanderungen» entlasten könnten. Saly Mayer «erinnert die Anwesenden nochmals an das, was er bezüglich der Verantwortung des Judentums angesichts der heutigen Lage gesagt hat, und schliesst die Sitzung».[23]

Die führenden Männer versuchen, die Grenzsperre intern wie extern zu kommunizieren. Beim VSIA Zürich hat Guggenheim Mühe, seinen Leuten die Massnahme verständlich zu machen. Ansonsten findet man jedoch intern keine Kritik an der Grenzschliessung – verständnisvolle oder zustimmende Stimmen, die zugleich die bitteren Konsequenzen für die Abgewiesenen beklagen, indes schon.[24]

Sogleich nach der CC-Sitzung fordert der VSIA-Präsident die *Israelitische Kultusgemeinde Wien* telegraphisch auf, «unter allen Umständen jeden Versuch illegalen Schweizer Grenzübertritts» zu verhindern. Die Initiative dazu ist vermutlich vom EJPD ausgegangen, das die jüdischen Organisationen der Schweiz gebeten hat, ihre Kollegen im Ausland zu orientieren. Gleichzeitig wirbt der SIG-Präsident bei der *Jewish Telegraphic Agency* – der hauptsächlichen Nachrichtenquelle für die englischsprachige Presse der amerikanischen Juden – telefonisch und schriftlich um Verständnis für die helvetische Politik: «Die von der Schweiz ergriffenen ausserordentlichen Massnahmen sind als Notwendigkeit für Aufrechterhaltung der Ordnung und für die Durchführung der Beschlüsse von Evian aufzufassen (Letztere bezwecken eine geordnete Emigration, wofür ein systematischer Plan, Gewährung von Ausreisefrist und Mitnahme der nötigen finanziellen Mittel Voraussetzungen sind). Die Massnahmen der schweizerischen Behörden sind in Anbetracht der Sachlage gerechtfertigt und sollen nicht kritisiert werden.» Eine Woche später bringt in den jüdischen Zeitungen auch SIG-Vizepräsident Saly Braunschweig Verständnis für die Sperre auf – «vom staatlichen Standpunkt aus» und mit Verweis auf die völkerrechtswidrige Praxis Deutschlands. In den gleichen Tagen schickt die *Israelitische Cultusgemeinde Zürich* einzelne Glaubensgenossen, die bereits eingereist sind, zurück in ihren Verfolgerstaat. In der CC-Sitzung vom 19. September spricht der SIG-Präsident «dem Chef der Eidg. Polizei-Abteilung, den eidgenössischen und kantonalen Behörden und den Grenzorganen seine Hochachtung aus für das immer von Neuem bewiesene Verständnis für die unfreiwillig Ausgewanderten, trotz unvermeidlicher Härte». Im November verteidigt auch der SIG-Kassierer Alfred Goetschel vor seiner Basler Gemeinde die «Massnahmen der Behörden gegen die Masseninvasion» und stellt «ausdrücklich fest, dass diese nur dem Selbsterhaltungstrieb der Schweiz, nicht aber antisemitischen Tendenzen entsprungen» seien. Er wird sich noch im März 1939 öffentlich mit Dankesworten an die Behörden vernehmen lassen.[25]

Die Haltung der führenden Juden entsprach der Meinung der Schweizer Öffentlichkeit. Die meisten Zeitungen entrüsteten sich zwar über die deutschen Verfolgungen und Abschiebungen, dies ging jedoch nirgends einher mit einer Kritik an der Schweizer Abwehrpolitik. Selbst die Sozialdemokratie, bedacht, ihre angestrebte Integration in die Regierung nicht zu gefährden, hütete sich vor einem Angriff auf die Behörden und lehnte es im August und September 1938 in internen Diskussionen ab, eine Aufnahme der jüdischen Flüchtlinge zu fordern. Die *Berner Tagwacht*, eines ihrer Parteiblätter, schrieb: «Wie gesagt, dass sich unsere Behörden wehren, das halten wir für richtig. Wir wissen auch, dass die jüdischen Kreise der Schweiz mit den Behörden einverstanden sind; wir können diesen Massenzustrom nicht unterbringen.» Die *Jüdische Nachrichtenagentur (JUNA)* kam von vornherein nicht in Versuchung, sich abweichend von der offiziellen Linie ihres Arbeitsgebers zu äussern, da die einzige Stelleninhaberin, die Juristin Jenny Meyer, vollkommen von der Mithilfe im VSIA-Büro absorbiert war und vorläufig keine weiteren Bulletins erstellen konnte. Auch die beiden jüdischen Zeitungen der Deutschschweiz zeigten – nur in den ersten Wochen allerdings – Verständnis für die Massnahme. Die *Jüdische Pressezentrale Zürich* behauptete gar, «dass die Schweizer Behörden mit einem Höchstmass von Rücksicht vorgingen» und «im Gegensatz zur Praxis anderer Länder darauf verzichteten, diese Unglücklichen wieder in ihre Hölle zurückzujagen». In Wirklichkeit trieben die Grenzbeamten in dieser Phase (der Artikel erschien am 2. September) die Flüchtlinge mit zum Teil brutalen Methoden zurück, worauf die lokale Bevölkerung, die erschütternden Szenen vor Augen, mit Protest gegen die Täter und Mitgefühl für die Opfer reagierte.[26]

Die anderen Hilfswerke waren wesentlich geringeren Zwängen ausgesetzt als die jüdischen Organisationen. Dennoch opponierten auch sie nicht grundsätzlich gegen die Grenzschliessung, weder jetzt noch in späteren Jahren. Angekündigt wurde diese Haltung bereits durch ein Statement auf der Konferenz der Polizeidirektoren vom 17. August. Dort fragte Robert Briner, der der Kantonalzürcher Polizeidirektion vorstand und dem rechten Flügel der *Demokratischen Partei* angehörte: «Können wir unsere Grenzen nicht besser verschliessen? Die Entfernung der Flüchtlinge ist schwieriger als ihre Fernhaltung. Es ist gut, wenn wir bald wissen, welche Länder Flüchtlinge abnehmen. Das wäre eine grosse Beruhigung, um so eher wären wir bereit, Flüchtlinge im Transit aufzunehmen.» Es war nun ausgerechnet dieser das Transitprinzip hochhaltende und für die Fernhaltung der Unerwünschten plädierende Redner, der zehn Tage vorher zum neuen Präsidenten der *Schweizerischen Zentralstelle für Flüchtlingshilfe* gewählt worden war; Ende September wird er das zusätzliche Amt antreten – und dort künftig die gleiche Position vertreten.[27]

Noch vor seinem Antritt, am 7. September 1938, diskutierte die SZF einen Antrag von Georgine Gerhard, dass der Bundesrat ersucht werden solle, die Massnahme aufzuheben und denjenigen Flüchtlingen Visa zu erteilen, denen die Einweisung ins Gefängnis oder Konzentrationslager drohte. Statt zu einer prinzipiellen Kritik konnten sich die Hilfswerke jedoch nur zu einigen vagen, von Verständnis für die Behörden geprägten Verbesserungswünschen durchringen. Daraufhin handelte Gerhard ohne die SZF. Zusammen mit anderen Persönlichkeiten – darunter keine Vertreter der wichtigen Hilfswerke und keine Juden – bat sie Bundesrat Motta, doch wenigstens in Notfällen, bei «Gefahr für Leben und persönliche Freiheit», die Einreise zu erlauben. An der Transitmaxime und der grundsätzlichen Berechtigung der Grenzsperre rüttelte man jedoch nicht. Nur einen Tag später wandte sich auch der *Schweizerische Vaterländische Verband* an die Regierung. Obwohl seine Eingabe vermutlich nicht erst durch Gerhards Bittschrift (die dem SVV immerhin vorlag), sondern durch dissidente regierungskritische Sozialdemokraten provoziert worden war, illustriert sie doch, mit welchen Argumenten selbst eine mässige Opposition sich konfrontiert sah: Man wolle, schrieben die Vaterländischen, dem Bundesrat den Rücken stärken gegen die «öffentlichen Schreier für Öffnung der Grenze», da die «heutige Überschwemmung der Schweiz mit 4–5 000 Flüchtlingen» eine grosse Landesgefahr bedeute – nicht nur bezogen auf den Arbeitsmarkt, sondern vor allem in politischer Hinsicht, da diese Elemente über Generationen nichtassimilierbar seien und sich häufig konspirativ betätigten, und zwar derzeit noch geschickter als 1918. Zudem sei aus aussenpolitischen Gründen die Konstruktion «einer bis heute in unserem Lande nicht existierenden Judenfrage» zu vermeiden. Wenig später begannen im SVV interne Beratungen, wie man künftig im eigenen Verband die Mitgliedschaft von Juden verhindern könne. Aktueller Anlass waren angeblich sich häufende Eintrittsgesuche jüdischer «Neubürger». Schliesslich beliess man es bei nur informellen Abwehrmassnahmen. Man wolle, lautete die Begründung, «nicht in den Ruf kommen, ins gleiche Horn zu stossen wie die Frontisten».[28]

«Ein Fall höherer Gewalt»: drei Sammelaktionen in einem Jahr

Nur Tage nach der Verriegelung der Schweizer Grenze gründete Eichmann in Wien die *Zentralstelle für jüdische Auswanderung*, in der die Juden binnen Stunden durchgeschleust, um ihr Vermögen gebracht und mit Stempeln, Papieren, Visa und Pässen ausgerüstet wurden, die für ihre Abschiebung ins Ausland nötig waren. Vertreibung als Fliessbandarbeit.[29] Viele Opfer erreichten trotz der Grenzsperre Schweizer Territorium und begaben sich zu den Büros des VSIA, wo sich die Zahl der zu betreuenden Mittellosen stündlich erhöhte.

Bald begann man im Gemeindebund, die Abmachung zwischen Mayer, Guggenheim und Rothmund als «gentlemen's agreement» zu bezeichnen, da sie nur mündlich getroffen worden war. Der Verzicht auf Schriftlichkeit lag durchaus auch im Interesse der verantwortlichen Juden, die vor einem doppelten Problem standen: Sie mussten erstens Verpflichtungen eingehen, die in den Statuten ihrer Organisationen nicht vorgesehen waren und für die sie keine Vollmachten besassen. Zweitens implizierte diese Abmachung auf Jahre hinaus Folgen, die sowohl für die Flüchtlinge wie auch für das materielle Weiterbestehen des SIG und des VSIA desaströs ausfallen konnten. Mit der rein mündlichen Form vermied man eine rechtliche Verbindlichkeit, bewahrte man sich mehr Flexibilität und wappnete sich besser für die völlig unabsehbaren Risiken. Diese Vorteile galten – mit gänzlich anderen Voraussetzungen freilich – teilweise auch für den Polizeichef.[30]

Die enorme moralische Verantwortung der Juden blieb aber bestehen, und das Gebot der Stunde hiess: mehr Geld, Geld in ganz neuen Dimensionen! Saly Mayer hatte schon vor der Abmachung mit Rothmund die britischen und amerikanischen Juden angeschrieben: Man brauche dringend Hilfe, die Mittel seien vollständig ausgeschöpft. Am 23. August 1938 sprach er persönlich bei Bernhard Kahn in Paris vor. Der Europadirektor des Joint sicherte grundsätzlich die Übernahme von zwei Dritteln der Auslagen für die Flüchtlingshilfe zu, vorausgesetzt, die Schweizer Juden würden selbst das restliche Drittel beisteuern. Konkret versprach er vorläufig 20 000 Dollar Subventionen pro Monat. Mayer hatte seit seinem ersten Appell die Verantwortung des angelsächsischen Judentums betont. Als er jedoch im Oktober vom Joint eine Verdoppelung der Beiträge erbat, hatte er aus den Reaktionen eine ernüchternde Lehre zu ziehen: «Wir müssen uns selbst helfen, denn überall ist gleiche oder noch grössere Not.» Die Unterstützung aus den USA wird dennoch für Jahrzehnte nicht mehr versiegen. In dieser Phase, in der die Schweizer Juden erstmals richtig realisierten, dass das Flüchtlingswerk keine vorübergehende Aufgabe war, erfolgte die Hilfe jedoch nur kurzfristig und erlaubte keine beruhigende langfristige Planung.[31]

Das Schweizer Judentum hatte im Frühjahr 1938 bereits 80 000 Franken für die ordentlich budgetierten Flüchtlingsausgaben und 142 000 Franken für die Notaktion nach dem «Anschluss» Österreichs gespendet. Mit dem nun notwendig gewordenen dritten Aufruf musste der Gemeindebund jedoch weit mehr Geld auftreiben – eine «für die kleine schweizerische Judenheit gigantische Summe», meinte Mayer. Wie viel genau, war allerdings im Spätsommer noch nicht absehbar – schlussendlich werden sich die VSIA-Ausgaben für das ganze Jahr auf 1 633 000 Franken belaufen und damit diejenigen des Vorjahres rund vierzehnmal übertreffen. Entsprechend stieg der moralische Druck, den die Leitung auf die einzelnen Gemeinden ausübte. Als Richtgrösse erwartete sie durchschnittlich 300 bis 500 Franken pro Gemeindemitglied, das Zehnfache des ursprünglich vorgesehen Individualbeitrags – für Angestellte etwa ein Monatsgehalt. Das eigentliche Sammeln erfolgte systematisch. Zuerst rief man – jedenfalls in Zürich und Basel – die kapitalkräftigsten Mitglieder zusammen und bläute ihnen im kleinen Kreis die absolute Unverzichtbarkeit ihres persönlichen Beitrags ein. Anschliessend bearbeitete man mit Zirkularen und persönlichen Besuchen die anderen Juden – auch jene, die keiner Gemeinde angehörten. Die Spendenbereitschaft war überwältigend, und das Resultat übertraf alle Erwartungen: Die beiden früheren Sammelaktionen im gleichen Jahr dazugerechnet, kam das Schweizer Judentum auf eine Summe von 1 800 000 Franken – in den vorangegangenen fünf Jahren hatte es insgesamt nicht halb so viel zusammengebracht. Dazu kamen 415 000 Franken vom Joint und 205 000 Franken aus der ersten allgemeinen Sammlung der *Schweizerischen Zentralstelle für Flüchtlingshilfe* – dies war zugleich der einzige bedeutende Beitrag von nichtjüdischer Seite.[32]

Allein das enorme Spendenaufkommen war ein Indiz dafür, dass es zu jenem Zeitpunkt nicht nur im Centralcomité, sondern auch in den einzelnen Gemeinden keine namhafte Opposition gegen das Gentlemen's Agreement gab. Lediglich in Basel wurde die Verpflichtung als jüdische Sondersteuer angeprangert, doch auch dort erhoben sich nur isolierte Stimmen. Angesichts der Gesamtlage und der imperativen Appelle an die jüdische Verantwortung kann diese Akzeptanz nicht erstaunen. «Für die Juden der Schweiz liegt ein Fall höherer Gewalt vor; sie haben die Einreise der Flüchtlinge in keiner Weise verschuldet. Trotzdem besteht für sie die moralische Pflicht, für dieselben unter allen Umständen zu sorgen», mahnte der SIG-Präsident in einem Rundbrief. Ein finanzielles Versagen des Judentums hätte «unabsehbare Folgen», womit er nicht allein Ausweisungen, sondern auch eine Belastung der öffentlichen Hand und einen dadurch entstehenden Antisemitismus meinte. Das pekuniäre Abseitsstehen der Behörden verteidigte Mayer gegenüber den Gemeinden ebenso wie vorher im CC: mit Verweis auf Evian. Nicht Bern trug also die Verantwortung für die jüdische Zwangslage, sondern die internationale Staatenwelt. Indem er die jüdische Verpflichtung einen «Fall höherer Gewalt» nannte, entrückte er sie zudem dem Bereich der Politik und immunisierte sie gegen jede Kritik.[33]

Auch gegen diejenige aus den eigenen Reihen. Dadurch zeitigten die Herrschaftsmechanismen in den Köpfen der Unterworfenen einmal mehr ihre tückische Wirkung. Wenn die führenden Schweizer Juden in dieser Phase jede

Kritik an der Finanzverpflichtung unterliessen, kann man dies zunächst als Taktik und als Folge der eigenen Ohnmacht interpretieren. Wenn sie aber bei jeder Gelegenheit – auch intern, wo man nicht nur taktisch argumentierte – die Behörden verteidigten und deren menschliches Verständnis lobten, deutet dies auf etwas Zweites hin: Vermutlich blieb der Charakter der Nötigung, Erpressung und Rassenhaft, den Jacques Picard zu Recht konstatiert, für sie undurchschaubar – zumindest in seiner empörenden Dimension. Oder sie wollten ihn nicht durchschauen – zur eigenen Entlastung, weil eine Einsicht ohne entsprechende Handlungsmöglichkeiten sie nur zermürbt und gelähmt hätte. Mit diesem Nichtsehen oder Nichtsehenwollen korrespondierte die Haltung Rothmunds, der die moralische und finanzielle Ausbeutung der Juden als humanes Entgegenkommen der Behörden darstellte – eine weitere Variante, wie man den Opfern die Grundlage für ihre moralische Empörung entziehen konnte. Die Bundesverwaltung gebrauchte vermutlich schon damals das schlagende Argument, dass es im Interesse der einheimischen Juden selbst läge, auf eine staatliche Finanzierung zu verzichten, da sie sonst Antisemitismus provozieren würden. Darauf verweist zum einen, dass sowohl der Gemeindebund als auch «Bern» (womit vermutlich die Polizeiabteilung gemeint war) es im September für falsch hielten, einen Spendenaufruf an Nichtjuden von jüdischer Seite ausgehen zu lassen; dies müsse vielmehr durch die SZF geschehen. Zum anderen riet man gleichzeitig im Gemeindebund «entschieden» davon ab, «Geld aus öffentlicher Hand entgegenzunehmen», nachdem sich bereits in zwei Städten eine entsprechende Unterstützung angebahnt hatte.[34]

Bezeichnend war, dass Mayer im erwähnten Rundschreiben glaubte, ein jüdisches Verschulden an der Flüchtlingswelle bestreiten zu müssen. Die anwesenden Schutz Suchenden bedeuteten in seiner Wahrnehmung nicht nur eine ungeheure Last und eine Gefahr für die ansässigen Juden, sondern auch für das Landeswohl – und für dessen Bedrohung würde man, wie er befürchtete, zuletzt noch die einheimischen Glaubensgenossen verantwortlich machen. Es wundert nicht, dass Mayer, gefangen in diesem Labyrinth repressiver Wahrnehmungen, die ihm jede offensive Selbstverteidigung verboten, weinend zusammengebrochen sein soll, als er mit Rabbiner Littmann besprach, wie man in den Synagogen die Bevölkerung zu Spenden aufrufen konnte.[35]

Neuorganisation und Alltag im VSIA

Die Zahl der Flüchtlinge, die der VSIA zu betreuen hatte, wuchs nach der Grenzsperre im August 1938 nicht nur wegen der dennoch ankommenden Illegalen ständig weiter an, sondern auch wegen der Personen, die schon seit einiger Zeit in der Schweiz weilten und nun ebenfalls fürsorgebedürftig wurden. Es handelte sich um Flüchtlinge, die aufgrund von Massnahmen der deutschen Machthaber keine

Unterstützungszahlungen aus dem «Reich» mehr erhielten oder deren mitgebrachte Vermögen nun aufgebraucht waren. Infolge dieser Entwicklung betreute der VSIA 1938 insgesamt fast 9000 Personen. Die meisten von ihnen blieben wegen der internationalen Abschottung auf unbestimmte Zeit in der Schweiz blockiert, so dass das Hilfswerk im Dezember rund 3000 materiell unterstützen musste, schätzungsweise weitere 5000 erhielten sich selbst oder wurden durch Verwandte versorgt. Die aktuelle Belastung des VSIA überstieg bei weitem diejenige im vorherigen Dezember, in dem er nur 86 Personen zu unterstützen hatte, und dies zudem meist nur vorübergehend. Die neuen Grössenordnungen erzwangen organisatorische Anpassungen in rasanter Geschwindigkeit.[36]

Die Flüchtlinge verteilten sich unterdessen auf weitere Lokalcomités; in Schaffhausen hatte man im Sommer sogar über Nacht zuerst eines gründen müssen. Die Hauptlast trugen aber nach wie vor Zürich, Basel und St. Gallen; in Mayers Wohnkanton befanden sich Anfang 1939 sogar anderthalbmal so viele Zuflucht suchende wie einheimische Juden. Regina Boritzer konnte die professionelle Arbeit für die gesamte Schweiz längst nicht mehr allein bewältigen, und so wurden seit August an verschiedenen Orten weitere bezahlte Mitarbeiter und Mitarbeiterinnen angestellt. In Zürich, das nach wie vor auch als nationales Hauptquartier fungierte, beschäftigte der VSIA bald zehn besoldete Büroangestellte; in der Schweiz waren es später, 1940, insgesamt fast siebzig Angestellte. Dazu kamen die Freiwilligen, hauptsächlich Frauen, allein für den Zürcher Bürodienst ebenfalls zehn, für die gesamte dortige Flüchtlingshilfe viele Dutzende, für die ganze Schweiz noch weit mehr. Es bedeutete für den VSIA eine merkliche Erleichterung, dass er nicht nur auf die Unterstützung durch Einzelpersonen, sondern auch durch bestehende Organisationen, insbesondere Frauenvereine, zählen konnte. Auch Flüchtlinge halfen mit; teilweise erhielten sie für ihren Einsatz ein Taschengeld; einige von ihnen avancierten mit der Zeit zu festen und entlohnten Angestellten (was rechtlich problematisch war, da sie damit gegen das Arbeitsverbot verstiessen).[37]

Die Aufgaben des Hilfswerks gestalteten sich vielfältig und komplex. Es galt, Tausende von Menschen in allen Lebensbelangen zu unterstützen: bei ihrer Unterbringung und Verpflegung, ihren fremdenrechtlichen Anträgen, ihrer Suche nach einer Existenzperspektive irgendwo auf der Welt. Ausserdem bedurfte es bei dieser Anzahl von Betreuten einer strukturierten Verwaltung, und es mussten systematisch Personendossiers und Karteien angelegt werden. In manchen Arbeitsbereichen – Unterstützungssätze, Verkehr mit der HICEM, mit den Behörden – gab es Richtlinien oder Hilfen durch die Zentrale, in anderen arbeiteten die einzelnen Komitees nach eigenem Gutdünken und gemäss den örtlichen Bedingungen. Da Noëmi Sibold mit ihrer Studie über die Basler Flüchtlingshilfe eine anschauliche Darstellung der lokalen Tätigkeit vorgelegt hat,[38] beschränke ich mich im Folgenden auf einige allgemeine Bemerkungen, mit Fokus auf Zürich.

Ein elegantes Emigrantenpärchen aus Österreich, das im September 1938 in Diepoldsau flaniert. Die Flüchtlingshilfe versuchte mit Isolations- und Disziplinierungsmassnahmen zu verhindern, dass ihre städtisch geprägten Schützlinge in den dörflichen Verhältnissen unliebsames Aufsehen erregten. (Photograph: Ernst Brunner; Gretlers Panoptikum zur Sozialgeschichte, Zürich)

Die Komitees organisierten, je nach Grösse in unterschiedlichem Ausmass, Einrichtungen, die die einzelnen Flüchtlinge bei der Befriedigung ihrer elementaren Bedürfnisse unterstützten: Gemeinschaftsküchen, Kleiderkammern, Flick- und Nähateliers, Wäschereien und Büglereien, Schuhmachereien. Auch bei diesen Institutionen war man auf die Mithilfe von einheimischen Freiwilligen angewiesen, wobei jüdische Frauenvereine einen Grossteil der Arbeit übernahmen. Die ansässigen Juden wurden überdies dazu aufgefordert, gratis Kleider und Schuhe abzugeben. Der VSIA wollte mit derartigen Strukturen in erster Linie kostengünstige Angebote machen, was dringend nötig war, da sich die Unterstützungssätze aus Finanzmangel ständig an der Grenze des Zumutbaren bewegten. Erst mit den Jahren gewahrten die Verantwortlichen, dass diese kollektiven Massnahmen weitere positive Effekte hatten und ausgedehnt werden sollten: als Möglichkeit zur sinnvollen Betätigung, Hilfe zur Selbsthilfe, Stärkung der Selbstachtung sowie als Schutz vor gänzlichem Unselbständigwerden und vor Vereinsamung und Lethargie.[39]

Seit Sommer 1938 richtete der VSIA in der deutschen und rätoromanischen Schweiz Heime und Lager ein; Ende des Jahres waren es 13 an der Zahl für fast 900 Flüchtlinge. Die Massenunterkünfte wurden unterschiedlich geleitet, von den Flüchtlingen selbst, von einheimischen Juden und Nichtjuden oder vereinzelt von der Polizei. Im Kanton Zürich standen im März 1939 einem ehrenamtlichen Gesamtleiter, der zehn Heime koordinierte, fünfzig einheimische Freiwillige bei, ebenfalls ehrenamtlich.

Das zwangsweise gemeinsame Leben vieler Menschen auf engem Raum brachte für die Migranten einerseits erhebliche Unannehmlichkeiten und Nachteile mit sich, auch Belastungen und Anspannungen, zumal sie zur Untätigkeit verdammt waren und selten eine schnelle Änderung der persönlichen Verhältnisse in Aussicht hatten. Andererseits verschlangen kollektive Unterkünfte für Miete und Verpflegung weniger Kosten als individuelle, sie lösten das Problem des Zimmermangels und erleichterten gemeinsame Ausbildungen.[40] Diese Vorteile waren auch Motive für die Errichtung der Lager gewesen – nicht aber das Hauptmotiv. Dieses bestand vielmehr in der Angst vor zunehmendem Antisemitismus. Sowohl die Hilfswerke als auch die Behörden befürchteten, dass die konzentriert in den Städten auftretenden Flüchtlinge bei der Bevölkerung negative Gefühle auslösen und Anlass für judenfeindliche Kampagnen liefern könnten. Ende 1938 war Heinrich Rothmund fest davon überzeugt, dass die «Grosszahl der Schweizer» von den Juden nichts wissen wollte und sie als politische und wirtschaftliche Gefahr betrachtete. Er schätzte die anwesenden jüdischen Emigranten auf 10 000 bis 12 000, was vermutlich übertrieben war, und behauptete: «Fürs Auge hat sich also das schweizerische Judentum bereits verdoppelt. Die Gefahr einer plötzlich aufflammenden antisemitischen Welle deutscher Prägung ist damit nahe gerückt.» Mit dieser Sorge korrespondierten die Ängste der leitenden Juden, die deshalb ihre eigenen Leute mehr denn je zur Konformität ermahnten. So appellierte Saly Braunschweig im März 1939 an seine Gemeinde: «Nicht auffallen wollen, ist eine Forderung, die man heute stellen muss. Meine Herren!» Noch mehr galt dies für Flüchtlinge; sie waren, zumal es sich momentan mehrheitlich um junge Männer handelte, «aus dem Stadtbild zu entfernen» (Georges Bloch). Ganz in diesem Sinne richtete man deshalb die Lager möglichst ausserhalb der Städte und fern von der Bevölkerung ein. Die diesbezüglichen internen Überlegungen hatten bereits mit dem Einsetzen der neuen Fluchtbewegung begonnen. So riet Paul-Maurice Blum, Präsident der *Communauté Israélite de La Chaux-de-Fonds*, den Fürsorgen von Zürich und Basel im August 1938, keine Ansammlung von Flüchtlingen zuzulassen, da selbst ein harmloses Verhalten «uns schädigen könnte». Als Gegenmassnahme schlug er vor, sich an den Kriegsinternierungen von 1916 bis 1918 zu orientieren: «Anders gesagt, wir organisieren eine Art Lager in leer stehenden Hotels oder Schulen, unter unserer Verantwortung und Aufsicht, aber mit einwandfreier Disziplin. Aus Rücksicht auf unsere eigene Zukunft als Schweizer Israeliten ist es nötig, diese Leute eng zu beaufsichtigen; und indem wir sie zu Gruppen zusammenziehen, haben wir sie viel besser unter Kontrolle.»

Dass die Präsenz der Flüchtlinge tatsächlich antisemitisch instrumentalisiert werden konnte, war keine Fiktion: Im November 1938 verlangte der *Vaterländische Verband* von den Bundesbehörden dringend, die «jüdischen Emigranten unserem Volkskörper vollständig ferne» zu halten, indem man sie in isolierte Lager einweise. Andernfalls sei die Entstehung einer gefährlichen Judenfrage unvermeidlich, denn es werde «von guten Schweizern nachgerade als unerträglich bezeichnet, auf Schritt und Tritt ausländischen Juden mit ihrem auffälligen Gehaben zu begegnen». Die Behörden handelten ganz im postulierten Sinne und verstärkten seit dem Herbst ihren Druck auf den VSIA, die Flüchtlinge ausserhalb der Städte unterzubringen. Ihre Forderungen weisen im Übrigen Parallelen auf zu der Politik, die die anderen Nachbarländer Deutschlands in der gleichen Zeit verfolgten, wobei jene teilweise noch strenger agierten und einen Lagerzwang verfügten.[41] In der Schweiz blieb jedoch der grössere Teil der Flüchtlinge vorläufig in individuellen Unterkünften – nicht zuletzt wegen der fehlenden Kapazität des VSIA zur Führung weiterer Heime. Das änderte sich erst, als der Bund 1940 selbst Lager einrichtete.

Unter dem Eindruck der drohenden Gefahren tat der VSIA sein Möglichstes, um all seine Schützlinge zu einem konformen, quasi unsichtbaren Verhalten zu bewegen. Entsprechend zahlreich waren die Vorschriften: nicht politisieren, nicht auffallen, nichts Unübliches tun, nicht laut werden, nicht kritisieren, keine unbekannten Personen ansprechen, keine Gruppen bilden, die limitierten Ausgehzeiten und Ausgehzonen einhalten, Bars, Cabarets und Weinstuben nicht betreten, sich nicht schminken, sich nicht auffällig kleiden, nicht betteln, keine Extras aushandeln, nicht die Bauern wegen Lebensmitteln bestürmen, keine Geschäfte machen, nicht arbeiten, den Gottesdienst regelmässig besuchen. Und so fort. Die Disziplinierungen erfolgten mündlich oder durch Einzelschreiben, Rundbriefe, Reglements; manchmal zusammen mit den anderen Hilfswerken, teilweise in Absprache mit den Behörden, die zudem noch ihre eigenen Vorschriften aufstellten. Was die Tonlage betrifft, findet man alles: freundliche Hinweise, bekundete Enttäuschungen über Fehlverhalten, scharfe Mahnungen sowie Drohungen, die vom Fürsorgeausschluss bis zu polizeilichen Massnahmen reichten, Einsperrung und Ausweisungen inklusive. Die Disziplinierungen divergierten je nach Zeit und Ort, sie hingen von den einzelnen Mitarbeitern ab (es gab einfühlsame, tolerante und sture), von den lokalen Verhältnissen (das grössere Zürich scheint liberaler gewesen zu sein als Basel und St. Gallen), von den organisatorischen Kapazitäten (während der Überforderung vom August 1938 lagen viele Nerven blank, da konnte gelegentlich ein unüberlegter Ausspruch fallen) und von den politischen Umständen (je näher der Krieg rückte, desto schärfer und umfassender fielen die Massregelungen aus; man glaubt aus den Akten förmlich zu spüren, wie sich Tag für Tag die kollektive Bedrückung und Ungewissheit vergrösserten und in der Kontrolle der ungeladenen Gäste ein Ventil suchten).[42]

Massiv zu schaffen machte dem VSIA das strikte Erwerbsverbot für Emigranten, das bis weit in die Nachkriegszeit hinein praktiziert werden sollte, obwohl in der Schweiz die Arbeitslosigkeit seit 1936 stetig zurückging und 1943 praktisch verschwand. Das Verbot trieb Tausende von Flüchtlingen überhaupt erst in die Fürsorgeabhängigkeit mit all ihren Folgeproblemen und war damit das eigentliche Grundübel – von den Hilfswerken hingenommen aus Ohnmacht und aus Einsicht in die angebliche Unvermeidbarkeit. Was konnte man gegen die Untätigkeit unternehmen, die in der Bevölkerung Missgunst erregte und die die Betroffenen unselbständig, lethargisch, depressiv oder delinquent machte? Diese Frage quälte den VSIA fast so sehr wie die Geldsorgen. Da für sinnvolle Beschäftigungen und Umschichtungen die eigenen Kapazitäten fehlten, verhandelte man seit Anfang 1939 mit der ORT, ausgeschrieben: *Organisation, Reconstruction, Travail*, einer 1880 in Russland gegründeten und inzwischen international verbreiteten jüdischen Bewegung, die die «Selbsthilfe durch Arbeit» propagierte. Teilweise wirkte die ORT dann tatsächlich mit an den verschiedensten Kursen, die in den Heimen stattfanden und die von Flüchtlingen selbst oder von auswärtigen Lehrern erteilt wurden. Unterrichtet wurden einerseits schulische Fächer, vor allem Fremdsprachen, andererseits gab es Kurse für handwerkliche Berufe wie Landwirt, Gärtner, Schuhmacher, Schneider, Schreiner, Schaufensterdekorateur, Radiotechniker, Haushaltshilfe, Haarschneider usw. Diese Umschichtungen waren sinnvoll, da die potenziellen Einwanderungsländer an den mitgebrachten Ausbildungen – fast die Hälfte der Flüchtlinge setzte sich aus Kaufleuten oder Akademikern zusammen – kein Interesse zeigten. Die Behörden – unterstützt vom Gewerbe und den Gewerkschaften, die alle eine zusätzliche Konkurrenz befürchteten – erlaubten jedoch keine vollwertigen Berufsausbildungen, insbesondere keine Praktika, was elementar gewesen wäre. Die Kurse boten, wie sich der VSIA eingestehen musste, mehr eine Beschäftigung als eine wirkliche Ausbildung. Zudem konnten sie nur von einem Bruchteil der unterstützten Flüchtlinge besucht werden, bis Juni 1939 gerade von einem Zehntel. Insgesamt eine deprimierende Situation, die sich erst 1940 mit den eidgenössischen Arbeitslagern verändern sollte, allerdings nicht nur zum Guten.[43]

Nach dem «Anschluss» Österreichs

Das Massenlager von Diepoldsau / SG im September 1938, das für jüdische Flüchtlinge in einer leer stehenden Spinnerei eingerichtet wurde. (Photograph: Ernst Brunner; Gretlers Panoptikum zur Sozialgeschichte, Zürich)

Gemäss dem Transitprinzip hatten die Flüchtlinge die Schweiz schleunigst wieder zu verlassen. Das wurde ihnen von den Behörden schon bei der Einreise eingetrichtert, später in standardisierten Mahnschreiben immer wieder. Allein ihre amtliche Bezeichnung «Emigrant» stellte klar, dass sie aus helvetischer Sicht eben nicht Einwanderer, sondern Auswanderer waren, nur vorübergehend geduldet. Die Hilfswerke unterstützten die Transitmaxime auch nach der «Reichskristallnacht» noch immer mit den üblichen, auch von der Öffentlichkeit in aller Selbstverständlichkeit gebrauchten Argumenten: Vermeidung der «Überfremdung» und «Überbevölkerung» sowie der Konkurrenz für einheimische Arbeitslose.[44] Die Zustimmung des jüdischen Hilfswerks war zusätzlich motiviert durch die auf die Dauer unhaltbare Überlastung und die Angst um die eigene Position. Für die Weiterflucht liess sich aber auch im ureigenen Interesse der VSIA-Schützlinge argumentieren: Wer garantierte denn, dass der eigene Kleinstaat vom benachbarten Aggressor verschont bleiben würde?

So setzte der VSIA alles daran, möglichst viele rasch weg- und weiterzubringen. Für seine Mitarbeiter und Mitarbeiterinnen bedeutete das konkret: sich laufend über die Einwanderungsmöglichkeiten in allen Kontinenten zu erkundigen, die Flüchtlinge bei der Auswanderung zu beraten, deren mögliche Verwandte irgendwo auf der Welt um Finanzhilfen anzuschreiben, Kontakte mit der HICEM und den Organisationen des anvisierten Ziellandes aufzunehmen, die zahlreichen nötigen Papiere zu beschaffen, die komplizierten und langwierigen Reisen zu organisieren. Um die unentbehrlichen und so schwer erhältlichen Bewilligungen für Ein- und Durchreisen zu erlangen, musste man auch zu unkonventionellen Methoden greifen – wie Silvain S. Guggenheim und Regina Boritzer, die nachts gewisse Konsulate aufsuchten, um Pässe bearbeiten zu lassen, in die sie Geldnoten eingelegt hatten. Oder wie die elegante Berty Guggenheim-Wyler, die Flüchtlingsfrauen regelmässig mit ihrem reichlich vorhandenen Schmuck ausstattete, wenn diese persönlich auf dem nur an wohlhabenden Immigrantinnen interessierten amerikanischen Konsulat vorsprachen.

Die alltägliche Fürsorgearbeit beschränkte sich jedoch nicht auf Aspekte der Weiterwanderung, Verpflegung, Unterkunft und Beschäftigung. Weitere Aufgaben waren insbesondere der zeitraubende ständige Verkehr mit den Behörden sowie Beratungen bei all den Nöten und Sorgen, die mit dem erzwungenen Exil unwillkürlich auftauchten und hauptsächlich die Familie, die körperliche und seelische Gesundheit oder die Finanzen betrafen. Nur: Für persönliche Betreuung fehlte den Fürsorgerinnen konstant die Zeit – trotz Arbeitswochen von sechzig Stunden, trotz Heimarbeit über Nacht und Wochenende. Es fehlte auch das spezifische Wissen – nicht nur, weil die wenigsten Angestellten eine entsprechende Ausbildung hatten: Die Profession selbst wird das nötige Knowhow, erzwungen durch die traumatischen Auswirkungen der sich anbahnenden Katastrophe, erst noch entwickeln müssen.[45]

Der Mangel an Ressourcen jeder Art machte den VSIA gänzlich von der Mithilfe Dritter abhängig. Glücklicherweise meldeten sich in der Schweiz Hunderte von Freiwilligen – Ausdruck der generell grossen Hilfsbereitschaft der jüdischen Bevölkerung (was negative Erfahrungen der Flüchtlinge allerdings nicht ausschloss, dazu unten mehr). Das Engagement bemass sich auch nach

Büglerei der jüdischen Flüchtlingshilfe am Neumarkt 10 in Zürich, um 1941. (Photograph: Waldemar Tachauer; AfZ)

den individuellen Möglichkeiten: Silvain S. Guggenheim kam, erinnert sich Boritzer, jeden Morgen wie ein Angestellter pünktlich um acht Uhr und ging abends um sechs. Georges Bloch, ein reicher und grosszügiger Zürcher, der einen Zwischenhandel mit Tapeten und Vorhangstoffen betrieb und später als Kenner und Sammler des Graphikwerks von Picasso bekannt werden sollte, setzte damals nach eigenem Bekunden mehr als seine halbe Arbeitszeit für den VSIA ein. Walter J. Bär, ein Mitglied der gleichnamigen Bankiersfamilie, erkundigte sich laut Boritzer immer wieder telefonisch, ob man seiner Hilfe bedürfe. Aus den Akten ersieht man zudem, dass die Bärs eine eigene Kartothek führten, um die Übersicht zu bewahren über die vielen Bedürftigen, die sie unterstützten. Allgemein fällt auf, dass jüdische Repräsentanten immer wieder grosse Privatleistungen für das Hilfswerk erbrachten, sei es, dass sie ihre Büroräume und die Arbeit ihrer Angestellten gratis zur Verfügung stellten, dass sie aus der eigenen Tasche dem stets finanzschwachen VSIA mit grossen Krediten aushalfen oder dass sie zusätzliche Gelder beschafften für Notaktionen, die am Geldmangel zu scheitern drohten.[46]

Diese Darstellung entwirft jedoch ein einseitiges und unvollständiges Bild: Es fehlen in den Akten die Namen der zahllosen sich aufopfernden Frauen, ohne die keine Fürsorgeeinrichtung funktionierte; es fehlen die weniger Prominenten und die anonym Gebliebenen, die sich ebenso engagierten; es fehlen die gering Bemittelten, die sich oftmals besonders grosszügig zeigten, in späteren Jahren auch mit der Aufnahme von Fremden in ihren Haushalt; es fehlen die Namen der Familien, und hier müsste man wohl die meisten aufzählen, die Verwandte finanziell im In- und Ausland unterstützten oder im eigenen Haus versorgten, oder beides zugleich taten. Nicht zu vergessen sind auch die zahlreichen Kontaktpersonen in den Grenzregionen, die Ankommende betreuten, als deren Interessenvertreter mit den Behörden verhandelten und einen enormen, häufig lebensrettenden Einsatz leisteten. Zu erwähnen wären schliesslich auch die vielen jüdischen und nichtjüdischen Fachleute: Rechtsanwälte, Psychiater, Ärzte und Zahnärzte, die ihre Dienste den Flüchtlingen gratis oder zu Minimaltarifen anboten.[47]

Perspektiven der aufgenommenen Flüchtlinge

Für einen Flüchtling selbst stellten sich – 1938 und auch in den kommenden Jahren – der Aufenthalt in der Schweiz und die Betreuung durch den VSIA noch einmal anders dar. Jäh aus Existenz und Beruf gerissen, ohne die Verwandten und Freunde, die man zurückgelassen hatte, die Zukunft unsicher und düster – das wären Belastungen genug gewesen. Aber nun befand man sich auch noch als ungebetener Gast in einer Gesellschaft, die einen als Gefahr ansah und baldmöglichst wieder loswerden wollte – und daraus keinen Hehl machte. Die Folgen dieser ungeduldigen Duldung beschäftigten einen Tag für Tag: die horrende Anfangskaution; das bange Ersuchen um eine Verlängerung der Toleranzbewilligung alle drei Monate; die jedes Mal dafür zu entrichtenden hohen Gebühren; die ständigen Mahnungen der Behörden, endlich «weiterzureisen»; ihr prüfendes Nachfragen nach den Bemühungen um Weiterwanderung; die Isolation und Fernhaltung von der Bevölkerung.

Hauptbeschäftigung war die Suche nach einem Drittland. Als Emigrant durchstöberte man ausländische Telefonbücher nach potenziellen Verwandten, schrieb Hilfskomitees in fernen Ländern an, eilte für Transit- und Einreisevisa auf Konsulate und Botschaften, bildete sich zur Erhöhung der Aufnahmechancen weiter, suchte nach Ersatz für fehlende Schriften und Reisepapiere, bemühte sich um einen der immer teurer werdenden Schiffsplätze, organisierte sich Zeugnisse, Berufszertifikate, Krankengeschichten, Nachweise von Impfungen, Rufbriefe von bereits im Einwanderungsland lebenden Verwandten, Vermögens- und Einkommensnachweise, Bürgschaften (Affidavits), Vorzeigegelder und Landungsdepots.[48]

Je mehr sich die Weiterreise verzögerte oder als aussichtslos herausstellte, desto belastender wurden die Schweizer Aufenthaltsverhältnisse. Besonders

Betreut von der ORT, betreiben jüdische Flüchtlinge an der Kanonengasse in Zürich eine Schuhmacherei. Aufnahme um 1941. (Photograph: Waldemar Tachauer; AfZ)

verheerend wirkten der Ausschluss aus der Arbeitswelt, die vollkommene Rechtlosigkeit, die soziale Degradierung und Isolation, die Abhängigkeit von Behörden und Hilfswerk. Eindrücklich veranschaulicht dies die Korrespondenz von Abraham Halbert, der, seine nichtjüdische Familie in Hamburg zurücklassend, zuerst nach Wien und 1938 in die Schweiz emigriert war, wo er vom VSIA Zürich betreut wurde. Halbert war Schriftsteller; vor seiner Flucht konnte er in Wien noch den grossen Erfolg seines Emigrationsdramas *Die Grenze* erleben; Ende 1938 schrieb er im Schweizer Exil zusammen mit Rudolf Frank das nie aufgeführte Stück *Kraft durch Feuer*, eine Auseinandersetzung mit dem Novemberpogrom in Deutschland. Halbert durfte nicht arbeiten, und die Hoffnung auf eine Ausreise in die USA erwies sich als illusionär.[49] Eine Momentaufnahme – es handelt sich um einen Auszug aus einem Brief Halberts vom Januar 1939 – zeigt, wie sich seine materielle und psychische Lage zusehends verschlechterte:

«1) Die jüd. Kultusgemeinde hat ein grosses Warnplakat ausgehängt: Sämtliche Emigranten müssen ihre Wohnungen, Pensionen usw. zum 1. Februar kündigen. Wahrscheinlich aus dem Grund, dass alle in ein Lager kommen sollen. Ob auch ich, mit meinen 58 Jahren, weiss ich noch nicht. –

2) Die jüd. Fürsorge zieht jetzt vom kargen Wochengeld 5 Franken ab – sie muss es tun. Wie man noch karger leben soll, als ich's tue, weiss der liebe Herrgott. – 3) Die Polizeibehörde macht darauf aufmerksam, dass im Mai die Landesausstellung eröffnet wird – sie werde freie Quartiere, Hotels usw. für die Ausstellungsgäste brauchen. Wahrscheinlich ist das auch der Grund für Massnahme 1 der Kultusgemeinde. Also: Anfang vom Ende. – 4) Seit dem 1. Januar dürfen mir meine Töchter auch die 10 Mk. monatlich nicht mehr schicken. Man wird also immer mehr auf Almosen angewiesen. – 5) Meine Aufenthaltserlaubnis reicht bis zum 15. Februar 39. Weitere Verlängerungen werden nur gegeben, wenn amtliche Dokumente vorgewiesen werden, dass die Einreise in ein anderes Land spruchreif wird in absehbarer Zeit. – Was ist bei mir absehbar? Wo habe ich solche Dokumente?»[50]

Nachdem der VSIA im Juni 1940 als allgemeine Sparmassnahme den Unterstützungssatz nochmals, nun auf wöchentlich siebzehn Franken, gekürzt hat, schreibt Halbert seiner Fürsorgerin Regina Boritzer, dass er innerhalb Jahresfrist zehn Pfund abgenommen habe und es ihm infolge der Entbehrungen gesundheitlich immer schlechter gehe. «Achtzehn Franken die Woche heisst für mich (da ich 10 Fr. Miete bezahle) etwas mehr als einen Franken pro Tag für Essen, Wäsche, Schuhe usw. Kann ein Mensch davon leben? Ich esse einmal im Tag. Genügt das?» Ob Boritzer das «Schematische dieser Fürsorge» gutheisse? Er arbeite schwer, auch «für die Sache, die uns alle angeht», und befinde sich schon «sieben Jahre auf der abschüssigen Bahn der Flucht – meinen Sie nicht liebes Fräulein Boritzer, dass es an der Zeit wäre, sich etwas mehr und eindrücklicher um solche schaffenden Menschen zu kümmern?»

Einige Monate später bittet er, unterdessen hoffnungslos und depressiv geworden, Bekannte brieflich um Hilfe. Die *Israelitische Fürsorge Basel* reklamiert daraufhin bei der Zürcher Zentrale: «Es hat den Anschein, dass hier ein ganz besonders krasser Fall von Bettelei vorliegt, gegen den mit aller Schärfe eingeschritten werden sollte.» Boritzer ersucht Halbert, derartige Bettelaktionen zu unterlassen, da sie Missverständnisse verursachten. Zugleich gibt sie ihrem Entsetzen über seine schlechte seelische Verfassung Ausdruck. Sie habe bis heute geglaubt, die tägliche Not könne seiner Vitalität und seinem Lebensmut nichts anhaben. Der VSIA bemühe sich nun um einen Kuraufenthalt für ihn in Davos. Ihrem einfühlsamen Schreiben legt die sonst für ihre Resolutheit bekannte Fürsorgerin ein kleines Präsent bei.[51] Boritzer und Halbert verstanden sich offensichtlich gut, vielleicht hatte er als bekannter Intellektueller sogar einen privilegierten Zugang zum Hilfswerk. Dennoch wusste er an anderer Stelle aus eigener Erfahrung präzise das Problem zu schildern, das viele Emigranten quälte: «So nobel, so menschlich diese Fürsorge in der Schweiz aufgezogen ist, – sie hat den grossen Fehler der Massenleistung. [...] Wenn jemand aus einem Leben ausgeschieden ist und hilfeheischend zu anderen Menschen kommt, darf er nicht als Bettler behandelt werden. *Unterstützung* – ist schon ein falscher

Begriff. *Stützung* muss man diesen armen, haltlosen Menschen geben. Man wirft ihnen einen Brocken zu – und überlässt sie sich selbst. Vor sich selbst und ihren Gedanken und Zukunfts-Ängsten haben sie ja die meiste Angst. – Ihr Menschen einer friedlichen, angstfremden Welt ... Sprecht mit ihnen, lasst sie einmal mit Euch und Euren Frauen und Kindern ein Abendbrot essen, hört sie an, lasst sie sich als Menschen und nicht als Bettler – als Gleichwertige und nicht Ausgestossene und Verdammte fühlen».[52]

Der Schriftsteller sprach hiermit zwei Grundschwächen der Betreuung an, die aus zeitlicher Distanz auch Regina Boritzer einräumte: Die jüdische Bevölkerung sei zwar sehr hilfsbereit gewesen. Der VSIA habe jedoch Mühe gehabt, sie zu persönlichen Kontakten mit den Flüchtlingen zu bewegen. Diese Unnahbarkeit hätten viele Flüchtlinge den Einheimischen sehr verübelt. Aus den Akten ersieht man, dass die Verantwortlichen immer wieder zu solchen Begegnungen aufriefen, hauptsächlich für Feiertage – offenbar seit 1938 mit abnehmendem Erfolg, jedenfalls meinte der VSIA im August 1942: «Während in den ersten zwei Jahren das persönliche Verhältnis zwischen den ansässigen Juden und den Flüchtlingen ein enges war, hat es sich im Laufe der letzten Jahre ausserordentlich gelockert.» Boritzer erklärte diese Haltung mit der Verängstigung der Einheimischen selbst, die nicht wussten, ob morgen Hitler einmarschiere, mit der Sorge um die eigenen Verwandten, die die Hilfsbereitschaft für andere in den Hintergrund rückte, und mit der habituellen Zurückhaltung gegenüber Fremden, die man generell in der Schweizer Bevölkerung finde, nicht nur in der jüdischen. Eine plausible Argumentation, die sich um die Vermutung ergänzen lässt, dass unter den Schweizer Juden die xenophoben Überfremdungstheorien kaum weniger verankert und wirksam waren als in der übrigen Gesellschaft. Hinzu kam, dass viele einheimische Juden die fremden Glaubensgenossen als eine Gefährdung ihrer eigenen Position wahrnahmen, was sich ebenso in subtiler Distanzierung äusserte wie in Bemühungen, die Emigranten zu disziplinieren und möglichst von der Bevölkerung fernzuhalten. Nicht wenige Flüchtlinge empfanden dies als vorwurfsvolle Ablehnung, an die sie sich später zuweilen bitter erinnern sollten.[53]

Das zweite von Halbert angeschnittene Problem betraf das Hilfswerk selbst: Der VSIA behandelte die Betreuten als Objekte einer Massenabfertigung und war nicht imstande, ihnen den Status von Partnern in einem gemeinsamen Projekt zu gewähren. Dies lag nicht allein an den fehlenden Kapazitäten und dem Druck von Seiten der Behörden, denen Ordnung und Kontrolle über alles ging, sondern auch am zeitgenössischen Fürsorgeverständnis. Selbstkritisch meinte Boritzer später, man hätte die Flüchtlinge mehr über die Zwangslage des Hilfswerks aufklären, sie in den Gremien einbeziehen und ihre Selbsthilfe fördern sollen.[54] Diese Versäumnisse, könnte man anfügen, erhöhten auch die Risiken von Konflikten und Missverständnissen. Nur zu schnell konnte beispielsweise ein Flüchtling die Hilflosigkeit des Hilfswerks als mangelnde Hilfsbereitschaft verstehen, Sparzwänge als Herzlosigkeit, tatsächliches Unverständnis als Bösartigkeit, Ohnmacht gegenüber behördlichen Entscheiden als Gleichgültigkeit und notwendige Kooperation mit den Ämtern als Verrat.

Der J-Stempel und die Reaktion des Gemeindebunds

Saly Mayers Agenda im August und September 1938 ist weiterhin gefüllt mit Telefongesprächen, Sitzungen, Erkundungsfahrten, Berichterstattungen über die Flüchtlinge. Die wichtigsten Stichworte betreffen Rückweisungen und dadurch ausgelöste Kontroversen, die Organisation von Unterkünften, das Problem der erzwungenen Untätigkeit, die Geldsammlung. Am 13. September notiert er: «Besetzung Sudetengebiet. Kriegsgefahr» – eine Angst, die in den nächsten Monaten niemanden mehr loslassen wird.

Zwei Wochen später: «Zürich berichtet über Judenpass».[55] In der Presse kursiert das Gerücht von einem Geheimabkommen der Schweiz mit den Achsenmächten, das den Juden nun auch die *legale* Einreise in die Schweiz verwehren soll (die Grenzsperre gilt bisher nur für die Flüchtlinge ohne Visum). Führt die Schweiz ebenfalls den Arierparagraphen ein? Ein schlimmer Verdacht. Das sei nicht denkbar, schreibt das *Israelitische Wochenblatt* Ende September. Am 4. Oktober gibt der Bundesrat jedoch bekannt, er habe nach Verhandlungen mit Deutschland eine Visumpflicht für «Nichtarier» eingeführt. Die technische Lösung dafür ist das im Pass eingestempelte grosse, rote J, aber davon erfährt die Öffentlichkeit erst Wochen später. Sogar erst 1954 wird sie erfahren, dass die helvetische Regierung entscheidenden Anteil an der getroffenen Lösung besass und sich nicht gescheut hatte, die reziproke Diskriminierung der eigenen jüdischen Landsleute durch den Judenstempel in Kauf zu nehmen – zumindest als Option für Deutschland, das deren Umsetzung allerdings nie einforderte.[56]

Die Regierung hatte guten Grund, den Schweizer Anteil zu verheimlichen, immerhin verschaffte sie nun den Nürnberger Rassenkategorien Einzug in das eigene Verwaltungsrecht und in die eigene Behördenpraxis. So war man – wie etwa Bundesrat Baumann im Dezember 1938 – peinlich darauf bedacht, die Einführung des Judenstempels als eine ursprünglich interne deutsche Massnahme darzustellen, und behauptete heuchlerisch, man beuge sich mit der Visumpflicht für «Nichtarier» nur widerwillig einem Sachzwang. Guten Grund hatte die Regierung auch, den Einbezug der Schweizer Juden in die Vereinbarung totzuschweigen. Denn sie verstiess damit gegen das Gleichheitsprinzip der Verfassung und akzeptierte, dass die nazistischen Rassenkategorien auch auf Schweizer angewandt wurden. Ein Arierparagraph für die eigenen Landsleute. Der Zufall wollte, dass die helvetischen Diplomaten ihre Verhandlungen in Berlin am gleichen Tag abschlossen, an dem Frankreich, Grossbritannien und Italien in München das tschechoslowakische Sudetengebiet der deutschen Expansionsgier opferten, um den «Frieden für unsere Zeit» (Neville Chamberlain) zu retten: der 29. September, ein Tag der Opportunisten.⁵⁷

Das Abkommen war durch das Schweizer Aussenministerium und die *Eidgenössische Polizeiabteilung* vorangetrieben worden, die beide den Zustrom von Juden abwehren wollten. Die internen Erwägungen hatten, wie wir gesehen haben, im April 1938 begonnen, sie waren jedoch nur die Fortsetzung einer viel weiter zurückreichenden Politik: Die Juden seien seit Bestehen der Fremdenpolizei als «Überfremdungsfaktor» betrachtet worden, erklärte Polizeichef Rothmund seinem Vorgesetzten Baumann während der aktuellen Verhandlungen mit Berlin. «Es ist uns bis heute gelungen, durch systematische und vorsichtige Arbeit die Verjudung der Schweiz zu verhindern.»

Dennoch wehrte sich Rothmund dezidiert gegen den Vorschlag, die aktuellen Abwehrprobleme mit einem Judenstempel zu lösen. Er hätte eine Visumpflicht für alle vorgezogen, auch für die «nichtarischen» Deutschen, bei der die Schweiz dann selbst die Juden «ausgesiebt» hätte. Nicht moralische, grundrechtliche oder menschenrechtliche Bedenken waren für ihn dabei massgeblich, sondern taktische: Er zweifelte, ob die Deutschen das J konsequent in die Pässe einstempeln würden; sie wollten die Juden schliesslich loswerden, und deren Markierung erschwere ihnen die Abschiebung ins Ausland. Er vermutete auch, Deutschland wolle mit einer nur für die Juden geltenden Visumregelung die Schweiz in den Antisemitismus hineintreiben.⁵⁸ Weiter befürchtete er, dass die Schweiz mit einem Judenstempel-Abkommen (das die antijüdische Stossrichtung deutlicher offenbaren würde als eine nur informelle eigene «Aussortierung» der Juden) ihrem internationalen Ansehen schaden könnte.

Besonders vehement sträubte sich Rothmund gegen die Bereitschaft von Mottas Departement, eine Diskriminierung der eigenen jüdischen Landsleute in Kauf zu nehmen. Dort, wo man selbst mitzureden habe, dürfe man dies unter keinen Umständen zulassen. «Es genügt schon, dass wir eine Sonderbehandlung der in Deutschland wohnenden Schweizerjuden ertragen müssen.» In der Tat hatte Rothmund schon früher gegenüber der *Abteilung für Auswärtiges* den Standpunkt vertreten, die Schweiz müsse prinzipiell und nicht nur von Fall zu Fall zugunsten der jüdischen Landsleute intervenieren.⁵⁹ Seine Verteidigung der jüdischen Schweizer war ehrlich gemeint – und gehorchte einer ihm eigenen paradoxen Logik: Wir werden später sehen, dass gerade sie es ihm erlaubte, eine generell antisemitische Politik zu verfolgen und zugleich zu glauben, er sei kein Antisemit. Die Vermutung, dass Rothmund tatsächlich Gewissensbisse hatte, wird durch eine zeitgenössische Aussage erhärtet: Nachdem sich der Gesamtbundesrat über die Einwände des Polizeichefs hinweggesetzt und dem Abkommen mit Deutschland einstimmig zugestimmt hatte, bemerkte Motta süffisant: «Herr Rothmund kann sich seiner kleinen Skrupel, die ihn noch quälen, also geruht entledigen.» Der Bundesrat hätte kaum von Skrupeln gesprochen, wenn der Polizeichef nur taktische Bedenken gehegt hätte.⁶⁰

Gleichwohl verteidigte Rothmund die jüdische Gleichberechtigung auch mit taktischen Argumenten, wie eine weitere Bemerkung aus seinem Schreiben an Baumann zeigt: «Heute haben wir unser Teil in der Obsorge für Emigranten auf uns genommen und wollen das menschlich, aber mit strengster Ordnung fremdenpolizeilich abwickeln. Die schweizerischen Juden helfen uns dabei und sehen damit auch ihr Interesse. Wenn wir nun mit besonderen, für sie diskriminierenden Massnahmen kommen, so drängen wir sie von der gesunden Richtung ab. Wenn sie anfangen, sich international zu beklagen, anstatt, wie es heute der Fall ist, in ihren Kreisen für die von uns getroffenen Massnahmen zu plädieren, so riskieren wir, die ganze zivilisierte Welt gegen uns zu haben.» Abgesehen davon, dass Rothmund den Einfluss der Juden einmal mehr überschätzte und zugleich die jüdische Zwangslage ausblendete, war seine Aussage über die Zusammenarbeit korrekt. Wie eng sie war, illustriert der Zufall, dass Saly Mayer auch an diesem 15. September, an dem Rothmund seine Vorbehalte niederschrieb, in dessen Büro Bericht erstattete.[61]

Dort fand er sich auch am 12. Oktober ein, diesmal zusammen mit Silvain S. Guggenheim. Auf der Agenda stand das Abkommen, dessen Existenz mittlerweile publiziert und dem Gemeindebund im Auftrag Rothmunds zudem direkt mitgeteilt worden war. Laut einem Bericht des Polizeichefs an Baumann soll der SIG-Präsident erklärt haben, die «internationale Judenschaft» würde die neue Regelung als Anfang «einer Rassengesetzgebung» in der Schweiz interpretieren. Zudem sei der einheimischen Hotellerie mit dieser Massnahme ein «arger Schlag» versetzt worden. Die schweizerischen Juden versuchten im Ausland um Verständnis für das Vorgehen zu werben, jedoch vergeblich, da es als eine «gegen die Juden ganz allgemein» gerichtete Massnahme angesehen werde.[62] – Zunächst fällt auf, dass Mayer und Guggenheim nur ausländische, nicht aber ihre eigene Kritik formulieren und die Schweizer Massnahme sogar verständlich machen möchten. So hat es jedenfalls Rothmund überliefert. Aber ist seine Darstellung vollständig? Und dürfen wir ihr vertrauen?

Zumindest zwei Mitglieder des SIG-Geschäftsausschusses ärgerten sich darüber, dass Mayer ohne Konsultation seiner Kollegen und ohne deren Mandat im Bundeshaus interveniert hatte. Der Vorwurf der Eigenmächtigkeit war nicht neu, er tauchte seit Mayers erster Amtshandlung als SIG-Präsident gelegentlich auf, wurde bisher aber nie offiziell oder mit Protokollierung diskutiert; so verfuhr man auch diesmal.[63]

Nach der Besprechung mit Rothmund ersuchte der Gemeindebund seine Mitgliedsgemeinden um Meldung, wie die neue Regelung praktiziert werde. Zugleich traf sich Jules Dreyfus-Brodsky, seit seiner Demission Ehrenpräsident des SIG, mit Bundesrat Motta. Verlauf und Ergebnis dieser Audienz sind unbekannt. Dreyfus-Brodsky dürfte nicht gewusst haben, dass der «wahre Freund der jüdischen Sache», so Saly Mayer über Motta, die treibende Kraft beim Abkommen gewesen war. Der Aussenminister seinerseits mochte sich gewiss weder zur Preisgabe der jüdischen Gleichberechtigung noch zu den eigenen Verhandlungsbeiträgen äussern – vermutlich versicherte er die Juden wie eh und je seines vollkommenen Schutzes.[64]

Der Geschäftsausschuss besprach den Regierungsbeschluss erst zwei Wochen später, am 27. Oktober. Laut Sitzungsprotokoll hatten mittlerweile nur wenige Gemeinden ihre Beobachtungen gemeldet. Dennoch verlange die «Stimmung in jüdischen Kreisen der Schweiz» Schritte gegen die Regelung. Damit ging das Gremium einig. Allerdings war die Diskussion von einer merkwürdigen Ambivalenz durchzogen, einem beharrlichen Schwanken zwischen Kritik und Einverständnis. Dessen irritierende Wirkung wird noch verstärkt durch den für die Ära Mayer typischen Protokollstil: vage, nur resümierend, häufig die individuellen Positionen ignorierend, etwaige Konflikte ausblendend. Als Leser erhält man zuweilen den Eindruck, die Unschärfen und Mehrdeutigkeiten hätten Methode, vor allem wenn Mayer selbst das Protokoll führte, was vermutlich auch hier der Fall war.[65]

«Über die Tatsache», heisst es da, «dass zufolge Zurückziehung des Grenzschutzes etwas geschehen musste, um einer zweiten Invasion analog der vom August 1938 entgegenzutreten, ist man sich einig.» – Klar ist mit diesem Satz immerhin, dass man einer «zweiten Invasion entgegentreten» müsste. Aber wie? Wer? Mit welcher Massnahme? Mit der Rückweisung von Juden? Nur der Illegalen? Eine staatliche Aufnahme der Flüchtlinge ist jedenfalls kaum gemeint. Der Protokollführer schreibt weiter: «Die Formulierung des Beschlusses hat aber begreiflicherweise im In- und Ausland grosse Erregung und Enttäuschung darüber erweckt, dass ausgerechnet die Schweiz auf Grund der Nürnberger Gesetze operiert. Es bleibt auch unsererseits unbestritten, dass aus finanziellen Gründen, wie auch wegen der Proportion der jüdischen Bevölkerung zur Landesbevölkerung angesichts der anwesenden Tausenden von Flüchtlingen die Verhinderung der Einreise weiterer Juden verständlich erscheint.» – Die Einreiseverhinderung *scheint* also verständlich. Dieser Anschein gilt im Gemeindebund als unbestritten. Aber auf *wen* bezieht sich dieser Anschein? Auf die hier versammelten Juden oder auf jemand anderen? Das Protokoll sagt es nicht. Die Wendung «auch unsererseits» impliziert zunächst andere, die offenbar so denken: die öffentliche Meinung oder, noch näher liegend, die Behörden. Über deren Position müsste man aber bestimmt nicht mutmassen, schliesslich ist diese seit langem klar. Bezogen auf sie, ergibt das «erscheint» keinen Sinn. Es kann daher nur darum gehen, dass die Einreisebeschränkung «auch unsererseits», also in der SIG-Leitung, «unbestritten erscheint». Aber auch in diesem Fall ergibt das «erscheint» nur dann einen Sinn, wenn man an anderer Stelle eine Gegenposition verzeichnete, nach der der Anschein trüge und es sich in Wahrheit *anders* verhalte. Davon findet man im Protokoll jedoch keine Spur. – Offensichtlich dient das «erscheint» lediglich dazu, die Einreiseablehnung durch den SIG und damit eine angreifbare Position zu verdecken. Diese Interpretation wird bestätigt durch den vorangehenden Satz: Im Ausland stösst nicht der Beschluss von Einreisebeschränkungen auf Empörung, sondern dessen Formulierung, will sagen: dessen rassistische Basis. Diese Deutung erklärt auch die Ambivalenz des Gesprächsprotokolls: Die SIG-Spitze ist empört über den Einzug der Nürnberger Kategorien in die Schweizer Behördenpraxis, sieht aber weiterhin keine Alternative zu einer Einreisesperre, da man sonst die anwesenden Flüchtlinge und die einheimischen Juden gefährdete. Eine solche Position wird noch verständlicher, wenn man beachtet, was die jüdischen Verantwortlichen unter Einreisesperre verstehen: eine Beschränkung auf eine steuerbare legale Einreise, was eigentlich der bisherigen Strategie der kontrollierten Emigration entspricht. Aber diese Strategie hat unterdessen ihr Fundament vollends verloren, da die gesetzeskonforme Migration gleich von mehreren Seiten torpediert wird: von der Schweiz, die mit dem Judenstempel auch jede legale Einreise verhindern will, von allen anderen Staaten, die ihre Grenzen aus analogen antisemitischen Motiven ebenfalls verschliessen, und von «Grossdeutschland», das mit seinen radikalisierten Austreibungen den anderen Regierungen noch ein zusätzliches Argument für ihre rigide Abwehr liefert.[66]

Der Geschäftsausschuss entscheidet sich für eine Eingabe beim Bundesrat, rechnet jedoch nicht damit, den Regierungsbeschluss rückgängig machen zu können. Daher will er einen generellen Protest einlegen und zugleich abschwächende Modifikationen fordern: Die Behörden sollen nur von den im «Reich» wohnenden Juden ein Visum verlangen, nicht aber von den ausserhalb lebenden. Zumindest sollen sie Letzteren die Einreise erlauben, ohne auf einem J-Stempel in ihrem Pass zu bestehen. Der SIG-Präsident entwirft ein Protestschreiben an den Hohen Bundesrat,[67] das so beginnt:

«Gestatten Sie uns, im Anschluss an wiederholt gepflegte Besprechungen mit Organen der Eidgenöss. Fremdenpolizei, Ihnen folgende Ausführungen zu unterbreiten: Der von Ihnen am 4. Oktober beschlossene Visumzwang für deutsche nichtarische Reichsangehörige mit deutschem Pass hat, wie nicht anders zu erwarten war, tiefe Enttäuschung und einen Sturm der Entrüstung ausgelöst. Wir bedauern aufs Äusserste, dass auch in der Schweiz zu einer ursprünglich nicht beabsichtigten Diskriminierung geschritten wurde, die durch alle ins Feld zu führenden Gründe nicht zu beschönigen ist. Grundsätzlich wird in erster Linie beanstandet, dass überhaupt der Unterschied zwischen Ariern und Nichtariern eingeführt wird, und es werden daraus Befürchtungen für die Rechtsgleichheit in der Schweiz abgeleitet. In zweiter Linie wird beanstandet, dass für die Bezeichnung als Arier oder Nichtarier deutsche Gesetze als massgebend erklärt werden, dass sich also schweizerische behördliche Massnahmen nach ausländischen Gesetzen richten und dazu nach diskriminierenden. In dritter Linie wird die Anwendung auf den Grenzübertritt aus Italien und Frankreich kritisiert. Im Weiteren ist darauf hinzuweisen, welch eigentümlichen Eindruck der Beschluss im Ausland erweckt und wie sehr er geeignet ist, zu ganz abwegigen Auslegungen zu führen».

Der Beschluss, moniert Mayer weiter, sei ausschliesslich gegen die Juden gerichtet, die legal einreisen wollten. «Während der deutsche Nationalsozialist, Spitzel, Spion, Aufwiegler, Industrieritter und Verbrecher frei einreisen kann, wenn er arisch ist und einen gültigen deutschen Pass besitzt, und dann unter Umständen nicht mehr leicht wegzubringen ist, was er auch in der Schweiz angerichtet haben mag, darf der nichtarische anständige Bürger deutscher Staatsangehörigkeit über keine Grenze mehr in die Schweiz gelangen, ausser er besitzt einen mit ‹Jude› abgestempelten deutschen Pass und das unter Umständen nur schwer oder überhaupt nicht erhältliche Visum eines Schweizerkonsulates. Dieser sich Jedem aufdrängende Vergleich ist es, der am Meisten Unwille erregt. [...]

Wenn der Bundesratsbeschluss bei den in Deutschland wohnenden Juden in ihrer unbeschreiblich schrecklichen Lage schon grosse Hoffnungen zerstört, so wirkt er sich auf die ausserhalb Deutschlands niedergelassenen deutschen Juden als eigentliche Chicane aus. [...] Man fühlt sich um einige Generationen zurückversetzt und es steigen Erinnerungen an die Zustände im zaristischen Russland auf, wo es auch Judenpässe gab.» Es sei dringend nötig, den Beschluss aufzuheben oder durch einen Visumzwang für alle Deutschen zu ersetzen. Für den Fall, dass dies unterbleibt, schlägt Mayer die schon erwähnten Modifikationen vor.

Scharf und deutlich, belehrend und moralisch, verärgert, empört: eine verblüffende Attacke – zumal wenn man Mayers stilistische Angewohnheiten und sonstigen Umgang mit den Behörden bedenkt. Der Geschäftsausschuss ist mit diesen Tönen und Inhalten nicht einverstanden und beauftragt am 1. November 1938 Georg Guggenheim, der dem Gremium ebenfalls angehört und zudem Jurist ist, mit einer Neufassung.[68]

Im Übrigen bestätigt der Entwurf unsere bisherige Deutung: Als Hauptärgernis gilt der rassistische Charakter des Beschlusses, nicht aber die Tatsache als solche, dass Juden aus «Grossdeutschland» abgewiesen werden. Implizit akzeptiert Mayer sogar Abwehrmassnahmen an der deutschen Grenze, da er nur die Anwendung des Beschlusses auf Flüchtlinge aus Italien und Frankreich kritisiert.

Vielleicht hat Mayer seiner Empörung auch deshalb so freien Lauf gelassen, weil er um die Kritik der Polizeiabteilung am Beschluss (die auch unter Parlamentariern kein Geheimnis blieb) wusste. Jedenfalls nahm er in seinem Brief an, dass die Diskriminierung «ursprünglich nicht beabsichtigt» gewesen sei. Rothmund wird bei ihm nicht gänzlich geschwiegen haben, schon allein, weil er sich der Juden weiterhin bedienen wollte. Zudem ist nicht auszuschliessen, dass er gegenüber seinen Partnern, so verstand er die Beziehung, ein schlechtes Gewissen hatte – gerade weil er die zugestandene Diskriminierung auch der Schweizer Juden für sich behalten musste.

Daneben hatte sich Mayer, wie er im Entwurf schreibt, auch mit anderen Bundesbeamten besprochen. Am wichtigsten war ihm Max Ruth, den er aus gemeinsamer St. Galler Kindheit kannte und mit dem er nun befreundet war oder zumindest sehr freundschaftlich verkehrte. Am 2. November besuchte er den Adjunkt in seinem Büro und legte ihm seinen Entwurf vor, obwohl dieser vom Geschäftsausschuss abgelehnt worden war und Guggenheim bereits an einem neuen arbeitete. Ruth habe den Entwurf für «vollständig gut» befunden, «unter Anbringung weniger redaktioneller Änderungen», notierte Mayer zuhanden der Akten.[69]

Durch einen glücklichen Zufall sei es bei dieser Gelegenheit zu einer Unterredung mit Bundesrat Baumann gekommen, dem er seinen Entwurf mündlich vorgetragen habe; ob in gleicher Schärfe und mit den gleichen Argumenten, schreibt Mayer nicht. Baumanns Reaktion verschweigt er erstaunlicherweise ebenfalls. Er erwähnt nur eine Mitteilung des Magistraten, dass Modifikationen vorgenommen worden seien. Tatsächlich hatten die Behörden inzwischen gewisse deutsche Juden von der Stempelpflicht ausgenommen, allerdings nur solche in westlichen Staaten, von denen sie annahmen, dass sie sich nur kurzfristig in der Schweiz aufhalten wollten. Die grossen jüdischen Bevölkerungen in den Oststaaten blieben diskriminiert, natürlich auch die Juden aus dem «Reich», deren Zuflucht zur Schliessung des Abkommens geführt hatte. Die Erleichterungen waren kaum deshalb zustande gekommen, weil der SIG sie bei Rothmund gefordert hatte. Den Ausschlag gegeben hatte vermutlich eher die gewichtigere Hotellerie, die gleichzeitig mit kommerziellen Argumenten bei Baumann interveniert hatte.

Mayer hielt es nun, «nachdem Erleichterungen schon zugestanden» worden seien, für fraglich, ob man überhaupt noch eine Eingabe machen solle. Falls ja, müsse sie auf Grundsätzliches fokussieren, nämlich auf die Unterscheidung zwischen Ariern und Nichtariern; auf den Umstand, dass sich die Schweiz dabei auf die deutsche Gesetzgebung abstütze; auf die Tatsache, dass Deutschland sich der Schweizer Konsulate als «Werkzeuge» bediente, um die Pässe mit einem Judenstempel zu markieren, und auf mögliche Rückwirkungen auf die Gleichberechtigung der jüdischen Schweizer.[70]

Mit Mayers eigenmächtiger Aktion war der Protest des Gemeindebunds gleichsam ohne Widerhall und Wirkung in Baumanns Büro verklungen – wohl nicht zur Erbauung der gesamten Geschäftsleitung. Es kam in den SIG-Gremien zu keinen weiteren Schritten, der Entschluss zu einer schriftlichen Eingabe wurde nicht umgesetzt, und von einem Zusammengehen mit der in dieser Sache kritischen Sozialdemokratie oder gar von einem öffentlichen Protest war nie die Rede. Die Öffentlichkeit hätte sich allerdings auch kaum dafür interessiert, wie das Schicksal einer Interpellation im Parlament vermuten lässt: Nachdem der sozialdemokratische Nationalrat Guido Müller am 9. November 1938 von der Regierung eine Begründung verlangt hatte, warum die Schweiz bei Juden die spezielle Kennzeichnung der Pässe fordere, und nachdem Bundesrat Baumann am 7. Dezember geantwortet hatte, blieb in der Presse fast jedes Echo aus.[71]

Eine Resonanz findet man hingegen bei Rothmund: Er glaubte sich durch Müller des Antisemitismus gezogen und empfahl dem Nationalrat brieflich, sich doch mit den Präsidenten von SIG und VSIA in Verbindung zu setzen, mit denen er seit fünf Jahren «auf der Basis gegenseitiger Loyalität und persönlicher Hochschätzung» zusammenarbeite. Den Polizeichef kümmerte nicht allein sein persönlicher Ruf, sondern weiterhin auch das nationale Ansehen im Ausland: Noch am gleichen Tag, an dem Baumann im Nationalrat die Angelegenheit mit Halbwahrheiten entsorgte, schickte Rothmund dessen Interpellationsantwort Silvain S. Guggenheim nach, der sich in Paris befand, damit dieser die bundesrätliche Argumentation rechtzeitig vor seinen Besprechungen zur Kenntnis nehmen könne. Gleiche Post ging an Saly Mayer.[72] Statt selbst zu protestieren, sollten die Schweizer Juden weiterhin ihre Behörden gegen Proteste verteidigen.

Es war allerdings nicht allein der jüdischen Ohnmacht und Isolation, Mayers Eigenmächtigkeit und politischer Unbedarftheit sowie dem vorenthaltenen Hintergrundwissen geschuldet, dass die Kritik des Gemeindebunds am J-Stempel wirkungslos und fast spurlos versandete. Dazu trugen auch aktuelle Ereignisse bei, die erneut das ganze Judentum erschütterten und alle Kräfte absorbierten.

Nach dem Novemberpogrom

Hilfe für Landsleute und Verwandte im «Reich»

«Unsagbares ist geschehen», überschreibt das *Israelitische Wochenblatt* seinen Bericht. Brennende Synagogen, verwüstete Geschäfte, geplünderte Wohnungen, Verhaftete, in den Freitod Getriebene und Getötete in noch unbekannter Zahl. Aber das Pogrom vom 9. und 10. November 1938 ist nur ein Auftakt. In den folgenden Wochen bis zum Januar 1939 widerfährt den Juden das Verbot der eigenen Presse, das Verbot der Tätigkeiten in der Gesundheitspflege, das Verbot sämtlicher Geschäftstätigkeit, der Zwangsverkauf der Unternehmen und Grundstücke, der Zwangsverkauf der Aktien und Kunstwerke, der endgültige Ausschluss aus den Schulen, der Ausschluss aus dem allgemeinen Wohlfahrtssystem, die Zugangsbeschränkung zu öffentlichen Plätzen und so fort – in kürzester Zeitspanne vernichten die Nazis vollständig alle noch verbliebenen Lebensmöglichkeiten für Juden in Deutschland und zerstören definitiv jede Hoffnung auf eine Rückkehr zur Normalität. Das «Dritte Reich» ist für Juden zu einer tödlichen Falle geworden. Es bleibt nur noch die verzweifelte sofortige Flucht für alle, auch für Kinder, Alte, Frauen, Gebrechliche – nicht mehr wie bisher vorwiegend für junge Männer, die sich am ehesten in einem fremden Land eine Zukunft hatten versprechen können.[1]

Die internationale Presse kommentiert das Pogrom äusserst ablehnend. Die besonders betroffenen Juden reagieren weltweit mit Entsetzen und Abscheu über die Taten, mit Mitgefühl für die Opfer. Der Geschäftsausschuss des SIG ruft für den 20. November zu Trauergottesdiensten in all seinen Gemeinden auf, betonend, dass diese aus «Rücksicht auf die Lage der Juden in allen Ländern und die Stellung der Schweiz gegenüber dem Auslande [...] frei von politischer Polemik sein müssen und einen ruhigen, sachlichen und würdigen Charakter zu tragen haben».[2]

Rücksicht. Aussenminister Mottas Hauptanliegen. Er fand es zwar «besonders betrübend», dass auch Schweizer Juden zu Schaden gekommen waren. Seinem Brief, den er am 21. November an seinen Berliner Gesandten Frölicher richtete, lag jedoch eher gequältes Pflichtgefühl als Einsatzwille für die Opfer zugrunde. Der diplomatische Schutz werde den Betroffenen, schrieb der Bundesrat, «soweit die Schadensdeckung nicht anderweitig zu erreichen ist, nicht verweigert werden können. Wir glauben, Sie jedoch nicht beauftragen zu sollen, allgemeine, grundsätzliche Vorbehalte anzubringen. Solche Schritte, die zudem als eine Stellungnahme zu den Massnahmen Deutschlands gegen die Juden missdeutet werden könnten, bieten erfahrungsgemäss kaum irgendwelche Erfolgsaussichten.» Nicht nur grundsätzliche Kritik und Parteinahme galten als inopportun, auch bei der Verteidigung seiner jüdischen Landsleute liess sich die *Abteilung für Auswärtiges* Zeit. Erst am 24. April 1939 teilte sie dem Gemeindebund mit, dass geschädigte Juden Rechtsansprüche anmelden könnten. Es blieben gerade noch sechs Tage, bis die entsprechende Frist der deutschen Behörden ablaufen würde.³

Direkt geschädigt wurden durch das Pogrom vermutlich nur wenige der jüdischen Schweizer. Dennoch hatten sie in Deutschland keine Zukunft – was den helvetischen Diplomaten schon länger hätte klar sein können, unter anderem, weil sie im März 1938 beim deutschen *Auswärtigen Amt* dagegen intervenieren mussten, dass ihre jüdischen Landsleute in Sachsen für eine Judenkartei erfasst wurden – im Auftrag der Gestapo, was ihnen vielleicht nicht bekannt war. Nach der «Reichskristallnacht» legte nun selbst Frölicher den Schweizer Juden nahe, «ihre Rückkehr in die Schweiz ins Auge zu fassen». Bereits im Vormonat hatte sich der SIG gegenüber dem *Politischen Departement* bereit erklärt, den Heimkehrenden beizustehen. Man könne, hatte Mayer argumentiert, sich nicht gegenüber dem Schicksal der eigenen jüdischen Landsleute gleichgültig zeigen, wenn man sich gleichzeitig für die ausländischen Flüchtlinge einsetze.⁴

Den Heimatgemeinden oblag die gesetzliche Pflicht, ihren Bürgern in materieller Not zu helfen, weshalb sie die Auslandschweizer generell mit wenig Begeisterung empfingen. Zudem erschienen den Einheimischen die Rückkehrer, die vielfach im Ausland geboren und des Dialekts nicht mächtig waren, fremd. Und nun waren einige auch noch jüdisch – freilich nur eine verschwindende Minderheit der Zehntausende, die in diesen Jahren zurückkehrten. Georges Bloch, der im VSIA für dieses Ressort verantwortlich war, behauptete, die jüdischen Rückkehrer würden noch viel mehr als Ausländer empfunden als die christlichen, «die doch zum grössten Teil irgend eine Verbundenheit zu ihrer Heimat» hätten. Deshalb sah sich der VSIA – ähnlich wie bei den Flüchtlingen – zur Vorsicht veranlasst und verfolgte die Strategie, die grossen Städte zu entlasten und gleichzeitig «aus politischen Gründen» auch die kleinen Gemeinden zu «schonen», vor allem, wenn die Rückkehrer arm waren. Zudem gewährte der VSIA Hilfsbedürftigen materielle Unterstützung, und der SIG half ihnen bei der Stellensuche.⁵

Die meisten Heimkehrer gingen dennoch nach Zürich, wo sie die besten Chancen hatten, sich wieder ins Berufsleben zu integrieren. Verglichen mit den Flüchtlingen, handelte es sich nur um wenige Personen: In Zürich zählte man bis Mai 1939 fünfzig, bis November kamen infolge des Krieges weitere neunzig hinzu. Inzwischen waren wohl die meisten der in Deutschland lebenden jüdischen Schweizer – insgesamt ohnehin nur einige Hundert – in ihre alte Heimat zurückgekehrt. Vermutlich hatten sich auch einige der 129 in Italien ansässigen jüdischen Landsleute zur Rückkehr entschlossen, denn ihre Aussichten waren düster, seitdem das Mussolini-Regime im September 1938 mit einer Serie antisemitischer Ausnahmedekrete begonnen hatte: Unter anderem wurden die ausländischen Juden bis März 1939 zum Verlassen des Landes aufgefordert – ein Vorhaben, das allerdings teilweise scheiterte, weil die Betroffenen nicht in andere Staaten einreisen konnten, in ihren Herkunftsstaaten unerwünscht waren und auch von der italienischen Bürokratie die notwendigen Bewilligungen nicht rechtzeitig erhielten. Nach dem Kriegseintritt Italiens im Juni 1940 sollte den ausländischen Juden die Internierung drohen, ab September 1943 die Deportation nach Auschwitz.[6]

Auch nach der Machtübernahme durch die Nazis war die jüdische Bevölkerung in der Schweiz stets im Kontakt mit ihren Glaubensgenossen in Deutschland geblieben. Es gab kaum eine Familie, in der nicht Berichte über die sich verschlimmernde Lage kursierten. Nach der «Reichskristallnacht» versuchten die einheimischen Juden nun, ihre Verwandten und Freunde in die Schweiz zu holen. Sie beantragten bei der Fremdenpolizei Bewilligungen für die Einreise und garantierten mit Kautionen. Der Basler Anwalt Oskar Meyer schilderte Ende November 1938 einem Kollegen, wie er sich um Einreisen für Verwandte bemühte, und schrieb dann: «Es sind nun schon bald 3 Wochen, dass meine Vetter in unwürdiger Haft im Konzentrationslager schmachten. Sie wurden kahl geschoren, tragen nur ein Hemd und Drillichkleidung darüber, müssen ohne Kopfbedeckung sich im Freien aufhalten und sich jede Schikane gefallen lassen […]. Es ist nicht nur eine Frage der Ehre und der sittlichen Pflicht, für Verwandte und Freunde in solchen Zeiten einzutreten und jedes Opfer zu bringen: es ist weit mehr. Das Geschick Nahestehender ist ein Teil des eigenen Lebens, das unwert erscheint, solange die Hilfe nicht oder nicht rasch gebracht werden kann.»[7]

VSIA und SIG, die von ihrer Basis zu Taten gedrängt wurden, baten die Behörden, nahen Verwandten von Gemeindemitgliedern die Einreise zu erlauben, wenn die Wiederausreise gesichert sei und die Angehörigen für den Lebensunterhalt aufkämen. Die Fremdenpolizei erklärte sich zu einer wohlwollenden Praxis bereit und bewilligte Einreisen, wenn die Betreffenden mit einheimischen Juden im ersten oder zweiten Grad verwandt waren und wenn die geforderten Kautionen bezahlt wurden – und genau darin lag die Krux, denn die kantonalen Behörden verlangten häufig Tausende oder gar Zehntausende von Franken und verhinderten mit ihren exorbitanten Kautionsforderungen viele Einreisen. Rechtsanwalt Meyer erwähnte das Beispiel einer Klientin, die mit ihrem kargen Dienstbotenlohn von monatlich 80 Franken eine Kaution von 10 000 Franken für ihre betagten Eltern hätte aufbringen sollen. Zumindest im Kanton Zürich erzwangen die Fremdenpolizisten auch die Unterschrift unter einer Erklärung, wonach die hinterlegten Summen verfielen, falls die Betreffenden nicht in den abgemachten kurzen Fristen wieder ausreisten. Eine höchst fragwürdige Drohung, waren die Kautionen doch gesetzlich nur für den Fall der Fürsorgebedürftigkeit vorgesehen.[8]

Unter den leitenden Juden stand es ausser Frage, dass sie die Verwandtenhilfe unterstützen wollten – allein schon, weil niemand ein einseitiges Engagement für die fremden Flüchtlinge verstanden hätte. Solange die einheimischen Bittsteller oder ihre einreisewilligen Angehörigen über genügend Geldmittel verfügten, war dies auch kein Problem. Doch was geschah, wenn die privaten Gesuchsteller die Kautionen nicht bezahlen konnten? Sollte in solchen Fällen der VSIA – beziehungsweise der SIG als sein Geldgeber – einspringen? Die Behörden hätten Garantien durch das jüdische Hilfswerk gerne gesehen. Angesichts der prekären Finanzsituation blieb der VSIA jedoch zurückhaltend und unterschrieb keine derartigen Verpflichtungen. Am 13. November legte der SIG-Geschäftsausschuss das Vorgehen folgendermassen fest: «Von den Behörden vor die Frage gestellt, ob unbemittelte Flüchtlinge ohne Visum einzulassen seien, haben die Juden diese Frage weder zu bejahen, noch zu verneinen, da dieser Entscheid ausschliesslich durch die Behörden zu treffen ist. Falls wir jedoch von den Behörden angefragt werden, ob wir die dadurch entstehenden finanziellen Lasten übernehmen würden, ist die Frage zu bejahen. [...] Vorsichtige Ausdrucksweise ist am Platze, da die Behörden dazu neigen, sowohl für ein entgegenkommendes, wie für ein ablehnendes Verhalten die Verantwortung auf uns abzuwälzen.»[9]

Die moralischen Konflikte bei der Verwandtenhilfe waren jedoch nur Teil eines grösseren Dilemmas, das sich seit dem Novemberpogrom noch verschärft hatte.

Im Dilemma

Die «Reichskristallnacht» hatte eine Massenflucht aus Deutschland ausgelöst – auch in die Schweiz, wo, schrieb Saly Braunschweig, «eine ungeheure Flüchtlingswelle» eingebrochen sei, die alles Bisherige überboten habe. Alle betroffenen Staaten hatten seit vergangenem Sommer ihre Grenze geschlossen und suchten nun weiterhin illegale Einreisen zu verhindern. Die helvetische Abwehr der Flüchtlinge wurde am 18. November 1938 in einem Pressecommuniqué durch das Schweizer Aussenministerium mit den üblichen Argumenten begründet. Neu war nur, was die Regierung an erster Stelle anführte, nämlich, dass die anwesenden Emigranten für die Hilfsstellen «eine sehr schwere Last» bedeuteten, «die kaum noch vergrössert werden» könne.[10] Der VSIA wurde nicht explizit genannt, aber von allen Hilfswerken unterstützte er seit Jahren weitaus am meisten Flüchtlinge.

Wie sehr diese Belastung die Haltung des Gemeindebunds im vergangenen August bestimmt hatte, haben wir gesehen. Ebenfalls erhellend für die zugrunde liegenden Mechanismen ist eine Aktion zur Rettung von Kindern, die nun vom *Schweizerischen Hilfswerk für Emigrantenkinder* durchgeführt wurde. Wir sind dem SHEK bereits in Gestalt Georgine Gerhards begegnet, der unerschrockenen Leiterin der Basler Sektion, ausserdem im Zusammenhang mit der paranoiden Vermutung des *Schweizerischen Vaterländischen Verbands*, das Kinderhilfswerk sei ein kommunistisches Tarnunternehmen. In Wirklichkeit handelte es sich um eine parteipolitisch und konfessionell neutrale Organisation, deren Anfänge auf 1933 zurückgingen und die fast ausschliesslich von Frauen geführt wurde. Die meisten Mitwirkenden hatten einen christlichen Hintergrund, die Gesamtleiterin Nettie Sutro-Katzenstein war jüdischer Herkunft, praktizierte ihre Religion aber nicht. Mit Ausnahme der Buchhalterin, die als allein erziehende Mutter auf ein Einkommen angewiesen war, arbeiteten alle ehrenamtlich. Seit 1934 holte das Hilfswerk erholungsbedürftige Kinder aus Frankreich für einen temporären Aufenthalt in die Schweiz. Da die meisten dieser Kinder aus nach Paris geflüchteten jüdischen Familien stammten, suchte das SHEK seit Mai 1935 eine engere Zusammenarbeit mit jüdischen Frauenvereinen. Zum wichtigsten Verbindungsglied zur jüdischen Gemeinschaft wurde jedoch ein Mann: Georges Bloch, der 1936 im SHEK das Amt des Kassenwarts antrat und den ich bereits wegen seiner Mithilfe im VSIA erwähnt habe.[11]

Die Klientel des Hilfswerks war seit 1935 zu etwa neunzig Prozent jüdisch, da der VSIA die Kinder jeweils dem SHEK überweisen durfte. Der VSIA blieb so nur für die Erwachsenen zuständig, was für ihn eine wesentliche Entlastung bedeutete. Nach dem «Anschluss» Österreichs hatte auch das SHEK mehr Schützlinge als vorher zu betreuen, allerdings verlief die Entwicklung nicht so dramatisch wie beim VSIA. Nach dem Pogrom in Deutschland wurde das SHEK durch die *Israelitische Fürsorge Basel* auf die gefährliche Lage der Kinder im jüdischen Waisenhaus von Frankfurt hingewiesen, worauf es unverzüglich Heinrich Rothmund um die Erlaubnis bat, 250 bis 300 verlassene Kinder von dort und aus dem deutschen Grenzgebiet in die Schweiz zu retten. Der Geschäftsausschuss des SIG unterstützte dieses Vorhaben einmütig, er war auch zu einem Protest bereit, falls die Behörden ablehnen würden. Der Polizeichef verlangte als Bedingung für eine Zusage, dass der VSIA für die Weiterreise der Kinder bürgen würde – eine Aufforderung, der Silvain S. Guggenheim sogleich nachkam. Ab Januar 1939 konnten dann tatsächlich 250 Kinder einreisen; die meisten wurden in den jüdischen Heimen *Wartheim* in Heiden und *Waldegg* in Langenbruck untergebracht, da die *Eidgenössische Fremdenpolizei* die Einquartierung in Gastfamilien, von denen sich damals mehr als genug gemeldet hatten, untersagte. Nur ein Drittel der Kinder konnte jedoch wie verlangt weiterreisen, der Rest sollte den Krieg in der Schweiz überstehen.[12]

Anders als für das SHEK hatte für den SIG die Aufnahme dieser Flüchtlinge keine finanziellen und auch keine organisatorischen Konsequenzen. Dies dürfte ausschlaggebend dafür gewesen sein, dass der Gemeindebund so klar und einhellig Stellung bezog und dem Unternehmen zustimmte. Andere Motive – das zeitgenössische Argument, fremde Kinder trügen weniger als Erwachsene zur «Überfremdung» bei, und vor allem eine gegenüber Kindern besonders stark empfundene humanitäre Verantwortung – dürften zusätzlich hineingespielt haben. Ebendiese materielle Belastung, die hier weggefallen war, bildete für den SIG auch weiterhin ein gewichtiges Argument. Das zeigte sich nur Wochen später in den internen asylpolitischen Diskussionen.

Nach dem Novemberpogrom praktizierte das NS-Regime auch im «Altreich» die radikalisierte Vertreibungspolitik, die es nach dem «Anschluss» in der «Ostmark» vorweggenommen hatte. Saly Mayer schilderte die Situation in Deutschland als verheerend: «Die Ungewissheit über das Wohin ist drückend. Der Drang, fort zu kommen, entwickelt sich zu einer Psychose. Zahlreichen Personen ist eine Frist zur Ausreise gestellt; andernfalls droht ihnen die Internierung. Auf Januar, Februar und März wird Schlimmes befürchtet. Es fehlt an Helfern und auch diese möchten auswandern.» Diese Zustände wirkten sich direkt auf die anderen europäischen Staaten aus, wo die unkontrollierten Einreisen überall das lokale Judentum überforderten: finanziell, organisatorisch, politisch. Auch in der Schweiz wussten die jüdischen Verantwortlichen infolge der starken Zunahme der Zahl der Flüchtlinge nicht aus noch ein. Um die Lage zu besprechen, trafen sich am 14. und 15. Dezember 1938 in Paris Repräsentanten des Joint, der HICEM und verschiedener Landesorganisationen. Der Gemeindebund war durch Saly Mayer vertreten. Die Versammelten hielten weiterhin an der Idee einer kontrollierten Auswanderung fest, die, um ein Chaos zu vermeiden, in jüdischen Händen bleiben sollte. Da die Hilfskapazitäten beschränkt und die Ausreisemöglichkeiten gering waren – Hoffnungen auf Massenaussiedlungen nach Übersee hatten sich zerschlagen –, postulierte man Ausleseverfahren nach Alter sowie nach gesundheitlicher und beruflicher Eignung; ebenfalls bevorzugt werden sollten Insassen von Konzentrationslagern, Obdachlose, Kinder, Insassen zerstörter Altersasyle und «verdiente Persönlichkeiten». – Diese Strategie der kontrollierten Emigration war angesichts der tatsächlichen Lage in Deutschland nicht mehr sehr realistisch. Aber was wäre die Alternative gewesen? Verzweiflung und Untätigkeit? Oder eine Haltung, wie sie der Pariser Grossrabbiner einnahm? Dieser hatte im Monat zuvor öffentlich verkündet, Frankreich könne keine Flüchtlinge mehr aufnehmen, das Consistoire sei ausserstande, auch nur «den mindesten Beitrag» zur Flüchtlingshilfe zu leisten.[13]

In den gleichen Tagen besprachen auch die Verantwortlichen des Schweizer Judentums ihre Probleme, am 13. Dezember der Geschäftsausschuss, am 18. Dezember das Centralcomité des SIG, beide Male erweitert um Vertreter des VSIA.[14] In beiden Sitzungen ging es explizit um die Grundfrage, ob für das schweizerische Judentum eine weitere Zunahme der Flüchtlinge «finanziell, politisch und sozial tragbar» wäre. Beide Male kam man mit gleichen Argumenten zum gleichen Ergebnis:

Die Juden sahen sich mit Entwicklungen konfrontiert, die sie nicht steuern konnten, deren Folgen sie jedoch tragen mussten. Gegenwärtig hatten sie bereits 3 000 unbemittelte Flüchtlinge zu unterstützen. Dazu kamen, schätzten sie, in der Schweiz bis zu 7 000 weitere, die selbständig oder auf Kosten von Verwandten lebten. Momentan. Aber wie lange noch? Wie viele von diesen würden ebenfalls bald der Fürsorge zur Last fallen? Die Ausreisen waren blockiert, alle Länder riegelten sich ab. Zudem fanden neuerdings vermehrt Personen Einlass, bei denen kaum Chancen auf eine Weiterreise bestanden. Und selbst wenn Ausreisen zustande kämen, würden sie ungeheuer viel Geld verschlingen, so dass sie keine Entlastung bedeuteten. Täglich trafen weitere unbemittelte Flüchtlinge ein, da sich die beiden Kantone Basel-Stadt und St. Gallen nicht an die eidgenössischen Anordnungen hielten und oft ein Auge zudrückten statt zurückzuweisen; ausserdem halfen «Passeure», wie man Schlepper damals nannte, bei illegalen Einreisen. Schliesslich musste man angesichts der Zustände in Deutschland jederzeit mit weiteren «Invasionen» rechnen.

Die Verwendung dieses Begriffs, der eigentlich einen *feindlichen Einfall* bedeutet, enthüllt, als wie bedrohlich die versammelten Männer die Ereignisse erlebten: Tatsächlich war die Situation für den VSIA schon jetzt organisatorisch unhaltbar; es fehlte an Unterkünften und an Helfern; man war nicht einmal imstande, in Abkehrung vom Prinzip der Ehrenamtlichkeit genügend besoldetes Personal zu finden. Auch drohte die Flüchtlingshilfe alle anderen jüdischen Fragen zu verdrängen, etwa in St. Gallen, wo, was allerdings in diesen Dezembersitzungen nicht thematisiert wurde, der lokale Leiter der Flüchtlingshilfe sich in der misslichen Lage befand, seine Arbeit ohne Unterstützung durch den Gemeindepräsidenten verrichten zu müssen, da sich dieser heftig dagegen wehrte, dass das ganze Gemeindeleben und alle Kräfte von der Emigrantenbetreuung absorbiert wurden.[15]

Was für das Gemeindeleben galt, traf erst recht auf die Finanzen zu. Im laufenden Jahr beliefen sich die Ausgaben für die Flüchtlinge auf mehr als das Doppelte der ordentlichen Budgets aller Gemeinden zusammen. Im nächsten Jahr würden sie schätzungsweise das Dreifache ausmachen, nämlich 3,6 Millionen Franken – eventuelle zusätzliche Flüchtlinge noch nicht einberechnet. Selbst wenn der Joint seine Beiträge erhöhte – womit man nicht sicher rechnen konnte, denn er hatte Verpflichtungen in anderen Ländern und zahlte schon jetzt für die Schweiz überdurchschnittlich viel –, müssten die Schweizer Juden ihre Eigenleistungen nochmals erhöhen. Dabei hatte man den Grossspendern im Spätsommer 1938 explizit versprochen, dass jene Sammlung eine einmalige Aktion bleiben würde.[16] Das Versprechen konnte man nicht leichthin ignorieren, schliesslich besass der SIG keinerlei Zwangsmittel, um Geld einzutreiben; jeder Franken wurde freiwillig gegeben. So wie es jetzt aussah, waren jedenfalls die Finanzen nur bis Ende März 1939 gesichert. Was dann?

Die an den beiden Dezember-Versammlungen geäusserten Sorgen betrafen nicht nur materielle Aspekte. SIG-Präsident Mayer war der Ansicht, dass die Schweiz bereits zu viele jüdische Flüchtlinge aufgenommen habe, die Verhältnisse stimmten nicht: «Die Bevölkerung sieht auf die Gesamtzahl und vergleicht sie mit der Zahl der ansässigen Juden und mit der Grösse des Landes. Daraus ergeben sich für uns schwere Bedenken.» Da sich dieses «Missverhältnis», wie die Sachlage an anderer Stelle genannt wurde, nicht nur auf die 18 000 einheimischen Juden bezog, sondern auch auf die Gesamtbevölkerung von 4 Millionen Menschen, gehorchte das Argument der Logik des Überfremdungsdiskurses und des «prophylaktischen Antisemitismus» (Riegner).[17] Weitere Stimmen warnten vor den innen- und aussenpolitischen Gefahren, die aus der Anwesenheit so vieler Flüchtlinge erwüchsen. Was genau damit gemeint war, liess der Protokollführer offen.

Was tun? Laut den Protokollen diskutierte man hin und her: Können wir nicht einfach noch mehr bei den Ausgaben sparen? Haben wir wirklich schon jeden finanzkräftigen Juden erfasst? Liesse sich nicht noch mehr Geld eintreiben, etwa bei Banken und Versicherungen, bei der Grossindustrie? Dürfen wir der Entwicklung einfach zuschauen, bis im Frühjahr das Geld aufgebraucht sein wird? Bis unsere Institutionen ruiniert sein werden? Wollen wir den Kopf in den Sand stecken? Dürfen wir untätig zusehen, wie ein weiterer Zustrom von Flüchtlingen die eigene Existenz und diejenige der bereits Aufgenommenen gefährdet? Soll der VSIA keine mittellosen Flüchtlinge mehr übernehmen? Können wir von den Behörden die vollständige Rückweisung aller unbemittelten Juden verlangen? Dürfen wir die Kantone auffordern, bei Illegalen endlich keine Ausnahmen mehr zu machen? Aber lüden wir uns damit nicht einen Makel, eine moralische Schuld auf? Schlügen die Behörden daraus nicht sofort politisches Kapital? Würde eine solche jüdische Stellungnahme von den Nichtjuden verstanden? Und von den eigenen Leuten?

Im Verlauf der Diskussion im Centralcomité meint VSIA-Präsident Guggenheim: «Auch diejenigen Kantone, welche in der Hereinnahme von Flüchtlingen ziemlich large waren, haben eingesehen, dass Halt gemacht werden muss. Der Bestand der Gemeinden, des Gemeindebunds, des VSIA und des Judentums der Schweiz überhaupt muss gesichert bleiben. – Es liegt von keiner Seite ein Antrag vor, die Grenze zu schliessen: aber man muss sich beschränken auf nahe Verwandte, Kinder und um das Judentum verdiente Persönlichkeiten und kann ein unkontrolliertes Eindringen Unbekannter nicht länger über sich ergehen lassen.» SIG-Vizepräsident Saly Braunschweig «sieht eine Katastrophe voraus, wenn die Behörden nicht rechtzeitig auf die unhaltbare Lage aufmerksam gemacht werden, da bei ihnen und besonders beim Volk die Meinung herrscht, den Juden sei Alles möglich. Es ist aber ausgeschlossen, dass 3 000 erwerbende Juden noch 3 000 unbemittelte nebenbei dauernd erhalten können. Es ist keine Erklärung abzugeben, aber ein eingehender Bericht an die Behörden zu richten, aus dem diese selbst ihre Schlüsse ziehen können.»

Das CC beschliesst, in diesem Sinn einen «einlässlichen Bericht» zuhanden der Polizeiabteilung zu erstellen. Zudem soll «unsere Seite» nur noch die Einreise von Angehörigen und verdienten Persönlichkeiten fördern, nicht jedoch «von noch mehr Unbemittelten».[18]

Überblickt man die beiden Sitzungen, fällt auf, dass gewisse Themen völlig ausgeklammert blieben. Der Protokollführer mag gewisse Statements unterschlagen haben, aber auch dann wären Gewichtungen und Unterlassungen im Text bedeutungsvoll, da sie kaum gegen den Willen des SIG-Präsidenten zustande gekommen sein dürften. Die Lücken in den Texten waren jedenfalls nicht zufällig: Niemand thematisierte grundsätzlich die finanzielle Verpflichtung der Juden; sie wurde weder in Frage gestellt, noch diskutierte man die Konsequenzen einer Aufkündigung.[19] Mied man den Gegenstand, weil man noch immer von den gleichen Überlegungen und Befürchtungen wie im Sommer gehemmt war (Gefahr von Ausweisungen, Anwachsen von Antisemitismus, jüdische Verpflichtung als Selbstverständlichkeit, Schweigen aus Ohnmacht)? Niemand erwähnte das behördliche Erwerbsverbot, das schliesslich die Mittellosigkeit der Flüchtlinge überhaupt erst zur erdrückenden Last für den VSIA machte. Niemand äusserte Kritik an den eidgenössischen Behörden – wo unspezifisch «Behörden» angegriffen wurden, waren Kantone gemeint, und zwar diejenigen, die mit ihrer «zu entgegenkommenden» Praxis den VSIA noch mehr in Schwierigkeiten brachten. Niemand meldete Widerspruch an, wenn vor den innenpolitischen Gefahren der Flüchtlingspräsenz gewarnt wurde, womit wohl ein drohender Antisemitismus gemeint war. Waren die Juden mehr denn je eingeschüchtert durch Vermutungen à la Rothmund, dass angesichts der vielen Flüchtlinge ein barbarischer Antisemitismus demnächst aufflammen konnte?

Fassen wir zusammen: Ausgeklammert oder unkritisiert blieben das Gentlemen's Agreement, das Arbeitsverbot, der «prophylaktische Antisemitismus» und allgemein die Haltung der eidgenössischen Behörden. Unwidersprochen blieb also ausgerechnet die Politik, die innerhalb der Schweiz – der eigentliche Verursacher Deutschland stand ausserhalb des eigenen Handlungsfelds – die Not von SIG und VSIA entscheidend vergrösserte. Offenbar waren die Juden derart umfassend verstrickt in die Flüchtlingshilfe – finanziell, organisatorisch, moralisch, personell, existenziell –, dass sie zu den etablierten Mechanismen weder auf Distanz gehen noch sie durchschauen konnten. Vorgeschichte, aktueller Handlungsdruck und Verantwortungslast sowie natürlich die eigene Ohnmacht spielten unheilvoll zusammen.

Die Prämissen und Spielregeln der Asylpolitik einmal akzeptiert und weitgehend internalisiert, hatten die jüdischen Entscheidungsträger subjektiv, in ihrer damaligen Wahrnehmung also, nur die Wahl zwischen verhängnisvollen Alternativen: Sie konnten die Schliessung der Grenze verlangen und sich moralisch schuldig und politisch ausbeutbar machen – oder umgekehrt die partielle Durchlässigkeit der Grenze akzeptieren und die vollständige Überlastung des eigenen Hilfswerks, die Ausweisung der anwesenden Flüchtlinge und einen (immer gemäss damaliger Wahrnehmung) die eigene Existenz gefährdenden Antisemitismus riskieren. Sie konnten die Finanzierung durch die öffentliche Hand einfordern und damit Antisemitismus provozieren, auch noch auf die Wahrscheinlichkeit hin, dass das Subventionsbegehren nicht erfüllt würde, was wiederum den Flüchtlingen zum Verhängnis geriete – oder umgekehrt an einer ausschliesslich jüdischen Finanzierungspflicht festhalten und dabei den Ruin der eigenen Institutionen und ein Desaster für die Flüchtlinge riskieren.

Es gehört in diese Logik, dass den Juden in ihren internen Diskussionen nur diejenigen Drittparteien einfielen, die als Akteure zu diesen Spielregeln passten: erstens die internationalen jüdischen Organisationen, die analog zur Schweizer Politik an der Strategie einer legalen, kontrollierten Emigration festhielten und denen zugleich die Sicherstellung der Finanzierung und der Ausreise zugedacht war; zweitens die *Schweizerische Zentralstelle für Flüchtlingshilfe*, sie wurde bezeichnenderweise nur mit der Feststellung erwähnt, dass sie ebenfalls eine Verschärfung der Abweisungspraxis befürworte – was aus den gleichen Gründen wie beim SIG (Geldmangel, Angst vor Antisemitismus) tatsächlich zutraf.[20] Ungenannt blieben hingegen alle Dritten, die potenziell das etablierte Spiel hätten durchbrechen können, etwa die demokratische Öffentlichkeit oder die Sozialdemokratie. Eine Zusammenarbeit mit nichtjüdischen Partnern oder gar eine Solidarität von dieser Seite lagen offenbar noch immer ausserhalb des Denkbaren. Es ist indessen auch aus heutiger Warte keineswegs sicher, dass der Gemeindebund auf eine flüchtlingsfreundliche Haltung gestossen wäre. SIG und VSIA unternahmen auch keine Anstrengungen, um die Zeitungen aufzurütteln, die sich bisher fast alle hinter die offizielle Abwehrpolitik gestellt und zumeist auch die brutale Rückweisungspraxis an den Grenzen ignoriert hatten. Wie der ohnehin empfindliche Rothmund reagiert hätte, wenn Informanten aus dem Kreis, mit dem er eng zusammenarbeitete, eine Pressepolemik gegen seine Politik initiiert hätten, konnten sie sich allerdings leicht ausmalen.

Hauptmann Grüninger: «ein eingehender Bericht»

Störenfriede in dieser eingespielten Politik der Rücksichten, Ausblendungen und Abhängigkeiten waren hauptsächlich die Grenzkantone St. Gallen und Basel-Stadt, die beide die eidgenössischen Vorschriften verletzten und nach der Sperre vom August 1938 weiterhin illegal eingereiste Juden tolerierten. Ihre Haltung lässt sich teilweise dadurch erklären, dass in beiden Kantonen Regierungsräte für die fremdenpolizeiliche Praxis zuständig waren, die der Sozialdemokratie angehörten, derjenigen Partei also, in der sich damals viele Mitglieder für die Aufnahme der Juden einsetzten (allerdings, wie erwähnt, ohne die Parteileitung überzeugen zu können). In Basel war es Polizeidirektor Fritz Brechbühl, der die Gefahr des wachsenden Antisemitismus für eine heraufbeschworene «Angstpsychose» hielt und sich bis zum Kriegsausbruch – als die Kantone die meisten asylpolitischen Kompetenzen an den Bund verloren – offen den Berner Befehlen widersetzte. In St. Gallen erfolgte der Widerstand nur verdeckt: durch Paul Grüninger, den Kommandanten der Kantonspolizei, der mit Wissen seines Vorgesetzten, des Regierungsrats Valentin Keel, Hunderte von illegal eingereisten

Der Leiter der Israelitischen Flüchtlingshilfe in St. Gallen, Sidney Dreifuss (Bildmitte), lud oftmals, wie hier an einem Sonntag im April 1939, Flüchtlinge in das familieneigene Wochenendhäuschen in Teufen ein. (Gretlers Panoptikum zur Sozialgeschichte, Zürich)

Flüchtlingen vorschriftswidrig aufnahm. Grüninger legalisierte die Ankommenden, indem er ihre Einreise in den Akten zurückdatierte, wozu er auf die Mithilfe der *Israelitischen Flüchtlingshilfe St. Gallen* angewiesen war.[21]

Spätestens seit 1942 kursiert das Gerücht, Hauptmann Grüninger sei ausgerechnet von jüdischer Seite verraten worden. Immer wieder genannt wird der «eingehende Bericht», den das Centralcomité der *Eidgenössischen Fremdenpolizei* zustellen wollte. Sicher ist, dass Heinrich Rothmund seit Anfang 1939 detaillierte Zahlen über illegal eingereiste mittellose Flüchtlinge besass, mit denen er Regierungsrat Keel am 6. Januar konfrontierte. Keel erinnerte sich folgendermassen an diese Unterredung mit dem Polizeichef: «Die Zahlen, erklärte er mir, habe er von der Zentralstelle der israelit. Flüchtlingshilfe erhalten. So dürfe es nicht weitergehen, denn die Belastung für die Juden sei jetzt schon kaum tragbar. Wenn sie noch grösser würde, könnte sie die Aufgabe nicht mehr erfüllen und dann müsste der Staat einspringen. Das könnte nach Meinung der Israeliten einen Antisemitismus rufen, [w]as die schweiz. Juden unter allen Umständen verhindern wollen.» Rothmund habe diese Auffassung geteilt, und auch Saly Mayer persönlich habe sie ihm, Keel, gegenüber in seinem eigenen Büro wiederholt.[22]

Ausgerüstet mit diesen Zahlen, forderte Rothmund den St. Galler Regierungsrat zu einer Untersuchung gegen Grüninger auf, die schliesslich zu dessen Absetzung führen sollte. Keel hielt nachträglich ausdrücklich fest, dass Rothmund von der VSIA-Zentrale und nicht von der St. Galler Flüchtlingshilfe orientiert worden sei. In der Tat standen die Spitzen von SIG und VSIA in diesen Wochen regelmässig mit dem eidgenössischen Polizeichef in Kontakt. Unter anderem präsentierten sie im Januar 1939 mündlich die Anliegen, die sie dann noch schriftlich als «eingehenden Bericht» nachreichen wollten. Dieser wurde dann auch fertig gestellt, ist aber heute in den Akten nicht auffindbar. Allerdings ist Stefan Keller, der den Fall recherchiert hat, zuzustimmen, wenn er meint, dass Grüningers Praxis auch durch Aussagen aus anderen (nichtjüdischen) Quellen, die dem EJPD teilweise seit Anfang Dezember 1938 vorlagen, aufgedeckt werden konnte.[23]

Wie stand die *Israelitische Flüchtlingshilfe St. Gallen* zu Grüningers Rettungsaktionen? Die Akten verraten darüber nur wenig. Gewiss ist, dass dieses Lokalcomité noch am 27. Oktober 1938 überaus herzliche Dankesworte an den Polizeihauptmann richtete und dass der Leiter des Comités, Sidney Dreifuss, mit ihm bis Januar 1939 kooperierte. Zu dieser Zeit wurde gegen Grüninger bereits ermittelt. Im März verriet Dreifuss den Verdächtigten beim Untersuchungsrichter, nachdem Grüninger mit ihm ihrer beiden Zeugenaussagen hatte koordinieren wollen. Während der Untersuchung stellte er es so dar, als hätte er sich selbst nur mit Bedenken den vorschriftswidrigen Anordnungen des Hauptmanns gebeugt.[24] Aber vielleicht hatte er sich nicht immer so passiv verhalten und wollte nun einfach seine eigene Haut und die Reputation seiner Hilfsstelle retten.

Bereits in der CC-Sitzung vom 18. Dezember 1938 waren die Praktiken in Basel und St. Gallen zentraler Gegenstand der Diskussion gewesen. Sidney Dreifuss hatte damals berichtet, dass die Handhabung der St. Galler Polizei «eher zu entgegenkommend» sei, so dass sich die Zahl der Flüchtlinge wieder erhöht habe. «Es kamen unerwünschte Elemente herein und alte Leute, deren Emigration fast unmöglich erscheint.» Damit ging er – vermutlich erst zu diesem Zeitpunkt, da die jüdische Überlastung seit dem Novemberpogrom dramatisch zunahm – auf Distanz zu Grüninger, dessen Name im Protokoll allerdings keine

Erwähnung fand. Saly Mayer legte nach und machte «darauf aufmerksam, dass gewisse Behörden immer wieder versuchen, ihren Entscheid über Einlass von Flüchtlingen davon abhängig zu machen, ob wir sie übernehmen. Sie spielen die Humanen und überlassen uns die Verantwortung. Dadurch entstehen unhaltbare Verhältnisse. Es erheben sich schwere Bedenken, ob die Mittel auch weiterhin aufgebracht werden können. Es erscheint unmöglich, die Hand dazu zu bieten, dass weiterhin ganze Gruppen illegaler Flüchtlinge in die Schweiz eingelassen werden. Es entstehen daraus Gefahren für die Gemeinden, den Gemeindebund und die jüdischen Institutionen.»[25]

Schon diese zwei Bemerkungen lassen erahnen, dass bei den verantwortlichen Juden die Aktivitäten des Hauptmanns zu jenem Zeitpunkt ungern gesehen wurden. Rund ein Jahr später wird Mayer gegenüber dem Joint behaupten, Grüninger habe die Einreisepraxis allzu sehr vereinfacht und nach der Devise gehandhabt: «Ich mache Ihnen einen Grossistenpreis». Er habe der Versuchung nicht widerstehen können, ganze Familien, sechs und mehr Personen zählend, in der Schweiz wieder zu vereinigen. Dabei habe ihn nicht gekümmert, wie diese Gruppen, die doch so heterogen waren bezüglich Alter, Beruf und Gesundheit, wieder als ganze emigrieren könnten. Diese Praxis habe er fortgesetzt, bis die Zentrale ihn entlassen und die Einreise wieder auf den gut ausgewählten Einzelfall reduziert habe. Mit anderen Worten: Grüninger sei vorzuwerfen, dass er kein Verständnis für eine dosierte, kontrollierte Emigration besessen habe – in Mayers Zwangslage eine verständliche Optik. Sie verleitet ihn aber zu einer Darstellung der Motive Grüningers, die, wiewohl launig gemeint, unterschwellig ziemlich geringschätzig anmutet; fast könnte man meinen, der Hauptmann sei nicht von Mitleid geleitet, sondern durch fragwürdige Geschäftsmöglichkeiten versucht worden. Auf wenig Verständnis hat schon Mayers Unterstellung schliessen lassen, gewisse Behörden würden die Humanen (nur) *spielen* – womit er höchstwahrscheinlich Grüninger und Keel meinte, von denen damals bekannt war, dass sie es nicht übers Herz brachten, die Verjagten in ihr Elend zurückzustossen. – Wem die wirklichen Ursachen der eigenen Misere unantastbar oder undurchschaubar sind, dem werden Nahestehende zu Objekten der Abwehr und Erbitterung. Wer aus Ohnmacht oder Unterlegenheit bedenkliche Kompromisse eingeht, empfindet Ressentiment gegen diejenigen, die sich den Luxus einer unbeschränkten Menschlichkeit leisten können oder wollen – aber gut nachvollziehbar in diesem Fall, wo ja tatsächlich, wie Mayer richtig moniert, allein seine Gemeinde für die Folgekosten dieser Menschlichkeit aufkommen muss.[26]

Die illegalen Aktionen verschärften beim SIG und beim VSIA das Gefühl, von einer übermächtigen Bewegung überrollt zu werden. Selbst die Einreisen der Verwandten würden so ganz ausserordentlich erschwert, beklagte man sich am 13. Dezember 1938 im Geschäftsausschuss. Schon aus diesem Grund erstaunt es nicht, dass man in der gleichen Sitzung «mit allem Nachdruck» bestritt, die eigene Flüchtlingshilfe würde illegale Zureisen unterstützen. Selbst wenn die leitenden Juden nicht geglaubt hätten, dass ihre Interessen mit denjenigen der illegalen Helfer kollidierten, hätten sie sich natürlich gehütet, ungesetzliche Praktiken zu befürworten, solange sie gleichzeitig auf Gedeih und Verderb mit den Behörden zusammenarbeiten mussten, mit einem Rothmund überdies, der den Fluchthelfern nur üble Motive unterstellte: «falsch angebrachte Rassensolidarität und Mangel an schweizerischem Empfinden», Eitelkeit, Gewinnsucht – selbst den grossherzigen und selbstlosen Grüninger wird er später als «korrupt» bezeichnen.[27]

Die Ablehnung der illegalen Einreisen durch die leitenden Juden korrespondiert jedoch auch mit ihrer bisher behördenkonformen Haltung. Man findet weiterhin – wir haben dies schon für frühere Jahre konstatiert – selbst in ihren internen Papieren keinerlei Kritik an der *Eidgenössischen Polizeiabteilung*, immerhin leise Enttäuschung über die *Abteilung für Auswärtiges*. Dieses Schweigen erklärt sich teilweise durch die Zusammenarbeit zwischen Rothmund und dem Duo Guggenheim-Mayer, die sich während der dramatischen letzten Monate sehr intensiviert hatte. Beide Seiten lobten direkt und vor Dritten das Verständnis und Vertrauen der Partner, Rothmund attestierte man zudem viel Menschlichkeit, was dieser mit Lobesworten für den jüdischen Patriotismus vergalt. So schreibt der Polizeichef dem SIG-Präsidenten zum Jahreswechsel 1938/39: «Trotz der schweren seelischen Belastung, die durch das Problem der Emigranten auf Ihnen liegt, haben Sie immer voll und ganz Ihre Pflicht als Schweizerbürger erfüllt. Dass Sie darüber hinaus es fertig gebracht haben, auch für unsere ja nicht leichte Aufgabe immer wieder das nötige Verständnis aufzubringen, dafür bin ich Ihnen ganz besonders dankbar. Ihre opferwillige Mitarbeit wie auch die Ihrer schweizerischen Religionsgenossen ermöglichen es unserem Lande, einen verhältnismässig sehr grossen Beitrag zu leisten an dem Menschenwerk, vor das es durch das Problem der Flüchtlinge gestellt worden ist.»[28]

Ähnliche gegenseitige Dankesbezeugungen findet man auch zwischen Guggenheim und Rothmund. Ihr Verhältnis war jedoch nie so eng wie dasjenige zwischen Mayer und Rothmund, in dem der Polizeichef so weit ging, den SIG-Präsidenten als «unermüdlichen Optimisten und Philosophen und guten Freund» zu bezeichnen, während dieser ebenfalls von «Freundschaft» sprach und offensichtlich vom charismatischen Chefbeamten regelrecht fasziniert war. Odette, die Ehefrau des früheren Berner Aktionschefs Georges Brunschvig, erinnert sich noch heute lebhaft, wie Mayer regelmässig nach seinen Besuchen im Bundeshaus bei ihnen zu Hause vorbeigekommen sei und in pausenlosen Reden von seinen Eindrücken berichtet habe – begeistert und beeindruckt von dem Gehörten, stolz und optimistisch bezüglich seines eigenen Gewichts.

Rothmund versuchte sich selbst und andere immer wieder von der Humanität seiner Politik zu überzeugen, auch im eben erwähnten Brief scheint dieses Muster auf. Er sah es schon als eine stolze Leistung an, dass er, wie er sich ausdrückte, im Sommer formale Bedenken ignoriert und Illegalen das Entrinnen aus der «Wiener Hölle» ermöglicht hatte; es befielen ihn sogar schon bald Zweifel, ob er nicht unüberlegt zu grosszügig gewesen wäre. Auch diese Selbsteinschätzung dürfte auf seine Partner nicht ohne Wirkung geblieben sein – zumal sie in den letzten Jahren hatten lernen müssen, wie die jüdischen Existenzbedingungen auf vorher unvorstellbare Weise zerstört werden konnten.[29]

Die Politik des Gemeindebunds und seine Haltung gegenüber den Behörden waren Themen der Delegiertenversammlung vom 26. März 1939. Am Vormittag brachte Saly Braunschweig auf den Punkt, wie die leitenden Juden ihre Situation wahrnahmen, gebunden und gehemmt durch sich widersprechende Loyalitäten und Ängste. Zuerst konzedierte er, dass im Bundeshaus nicht alles so gemacht werde, wie man es vielleicht selbst gerne sehen würde, manches widerspräche dem «rein menschlichen und jüdischen Empfinden». – Meinte er damit den J-Stempel, der auf der gesamten Tagung nie erwähnt wird? Wir wissen es nicht, denn der Redner wird nicht deutlicher, sondern nimmt diesem Anflug von Kritik gleich empathisch die Spitze: «Bern wird geleitet von der Staatsraison, und so, wie wir manches Mal 2 Seelen in einer Brust haben, so müssen auch in Bern Massnahmen ergriffen werden, die nicht unserem und die nicht ihrem persönlichen und menschlichen Wunsche entsprechen. Auch für uns selbst trifft das zu, denn unsere eigene Erhaltung ist ebenfalls eine zwingende Notwendigkeit. Wenn wir durch die politischen Fragen, die mit dem Flüchtlingsproblem im engen Zusammenhang stehen, den Boden unter unseren Füssen verlieren würden, könnten wir unsere eigenen Pflichten nicht mehr erfüllen. Wir müssen auch an die Erhaltung unserer eigenen Situation denken.»[30]

Am Nachmittag kam dann der Repräsentant des so verständnisvoll geschilderten Bern selbst zu Wort, nun vor einer Schar von zweihundert Personen, da für diesen Programmteil neben den siebzig Delegierten auch das Personal des VSIA und die Grossspender eingeladen waren. Rothmund kam in einem ausführlichen Referat auch auf die Grundsätze seiner Arbeit zu sprechen: «Bevölkerungspolitische Massnahmen können nur auf lange Sicht, unter ständiger Beobachtung als richtig erkannter Richtlinien und infolgedessen unter Anwendung von Geduld und Ausdauer durchgeführt werden, wenn schwere Erschütterungen vermieden werden wollen. Die Fremdenpolizei darf deshalb auch nicht für den Tag arbeiten. Sie muss ständig die Entwicklung auf Jahre und Jahrzehnte hinaus im Auge behalten, obgleich sie sich Tag um Tag mit dem Einzelfall befassen muss. Im Jahre 1919 beginnend hat sich ihre Abwehrtätigkeit nach allen Seiten durchgeführt, in steiger Abwägung auch der Interessen der sehr zahlreichen im Ausland wohnenden Schweizer. Im Jahre 1933 wurde sie überrascht durch die jüdische Emigration aus Deutschland. Sie durfte sich durch diese Überrumpelung in ihrer Aufgabe nicht stören lassen. Der Bundesrat hat ihr deshalb die Weisung erteilt, sich dem Festsetzungswillen dieser Emigranten entgegenzustellen». Die Fremdenpolizei sei der humanitären Tradition der Schweiz aber treu geblieben, indem sie eine temporäre Zuflucht erlaubt habe. Das Publikum würde, meinte der Redner, aber wohl zustimmen, dass man im Sommer 1938 früher hätte absperren müssen, wenn man die Schwierigkeiten der Weiterreisen vorausgesehen hätte. Rothmund kam auch auf die jahrelange Zusammenarbeit mit Guggenheim und Mayer zu sprechen, die gegenseitig freundschaftlich sei. Die loyale Zusammenarbeit der jüdischen Organisationen mit den Behörden in der Emigrantenfrage zeige, dass die Juden ebenso gute Schweizerbürger seien wie die Christen. Dies trage mehr zur Eindämmung des Antisemitismus bei als die vom Bundesrat neulich verabschiedete Massnahme, die Aufhetzung gegen Rasse, Religion und Staatszugehörigkeit unter Strafe stelle.[31]

In der anschliessenden Diskussion kam der Referent nochmals auf sein Verhältnis zu den beiden jüdischen Präsidenten zurück: «Die Basis ist das absolute Vertrauen. Die Fremdenpolizei hat dem VSIA seine Schäflein überlassen und sie aus der üblichen Kontrolle ausgeschieden, weil der VSIA mit ihr den Fremdenpolizisten macht.» – In der gesamten Diskussion erhebt sich keine kritische Stimme zu der offiziellen Politik, zu Rothmunds aktuellen Ausführungen oder zur Politik des Gemeindebunds – Gleiches gilt übrigens auch für den Vormittag. Auch die Zürcher Delegierten scheinen sich nicht zu Wort gemeldet zu haben, obwohl Georg Guggenheim in einer Vorbereitungssitzung angeregt hatte, man könne ruhig gewisse Fragen zum «irreführenden Schlagwort der Überfremdung» und zur Behandlung der jüdischen Angehörigen in Deutschland stellen.[32] Schweigen hiess aber nicht unbedingt Einverständnis, jedenfalls nicht bei allen. Rothmunds Bemerkung, dass Guggenheim den Fremdenpolizisten mache, war selbst Elias Benzion Sadinsky als unsensibel aufgefallen. Dabei hielt der frühere Präsident der *Agudas-Achim*, einer orthodoxen Gemeinde in Zürich, den Polizeichef für einen «wahrhaft demokratischen Staatsmann» und «vorurteilslosen Menschen».

Die generelle Stimmung war aber gewiss nicht von Widerstand geprägt, eher von einem umfassenden Gefühl der Ohnmacht und Unterlegenheit, wie man es in einer persönlichen Betrachtung Sadinskys ausgedrückt findet. Als er Rothmunds Auftritt beobachtet habe, schreibt Sadinsky, seien ihm folgende Gedanken durch den Kopf gegangen: «Dieser prächtige, hochgewachsene ‹Arier› mit dem blonden Scheitel! Ein ‹gesunder Goi›, mit beiden Füssen in seinem Staat stehend, mit seinem Boden pflanzenhaft verwachsen, ohne Sorgen für seine und seines Volkes Zukunft, weil sein Volk physisch nicht untergehen kann. Ein ‹gesunder Goi›! Und um ihn herum eine Schar ‹kranker› Juden, innerlich unsicher, bangend für ihre Emanzipation, von zermalmender Sorge für ihre Zukunft, dazu noch vor einer übermächtigen Aufgabe stehend, der zerfallenen, zerschundenen und der Vernichtung preisgegebenen Judenheit ringsherum mit der Anspannung der letzten Kräfte beistehen zu müssen, bei der Gefahr des *eigenen* Zerfalls helfen zu müssen. O, dieser Vergleich zwischen dem ‹gesunden Goi› und dem ‹kranken Jid›, der sich mir bei dem Anblick Rothmunds mitten unter den Unsrigen am

Vorstandstisch aufdrängte, hat in mir ein schmerzliches Gefühl zutiefst aufgewühlt und momentweise hatte ich eine Empfindung, als würde mir das Herzblut langsam austropfen ...»[33]

Am 24. Januar 1939, zwei Wochen, nachdem eine jüdische Delegation im Bundeshaus ihre «sozialen, politischen und finanziellen» Bedenken vorgebracht hatte, konstatierte der SIG-Geschäftsausschuss, dass die Bundesbehörde unterdessen mit der St. Galler und der Basler Kantonsbehörde «scharfe Abrechnung» wegen ihrer vorschriftswidrigen Praxis gehalten habe und die «Gruppeneinwanderungen» nun «endlich gestoppt» worden seien. Im VSIA selbst galt künftig die Richtlinie, keine Flüchtlinge mehr aufzunehmen und Illegale nur mit einem einmaligen Beitrag zu unterstützen.[34]

Wenn Rothmund in dieser Phase die Rückweisungen begründete, verwies er immer wieder auf die Notlage der Schweizer Juden, die Enormes leisteten, obwohl sie nur wenige Tausend Personen zählten. Sie seien nun am Ende ihrer Kräfte und hätten ihn «dringend ersucht, dafür zu sorgen, dass ihnen keine neuen mittellosen Flüchtlinge mehr zugeführt» würden. Wiederholt warnte er davor, deren bereits «ausserordentlich hohe» und auf die Dauer «unerträgliche Belastung» zu vermehren, sonst breche noch das «ganze schöne, für die schweizerischen Juden und für unser Land würdige Hilfswerk» zusammen. Dem renitenten Regierungsrat Keel erklärte er, der Kanton St. Gallen könne ja die jüdische Flüchtlingshilfe finanziell unterstützen, der Bund habe jedoch kein Geld dafür. Die Argumentation mit der jüdischen Not hatte den Vorteil, dass Rothmund seine Kritiker leicht zum Verstummen bringen und sich überdies einbilden konnte, ohne «falsch empfundene Menschlichkeitsüberlegung» – die er jenen unterstellte – wirklich im Dienste der anwesenden Juden, der einheimischen wie der eingereisten, zu handeln. Wie weit diese Entlastung des eigenen Gewissens auf Kosten der Juden gehen konnte, illustriert sein Umgang mit einer Intervention des Berner Regierungsrats Robert Grimm. Dieser wehrte sich im April 1939 dagegen, eine Jüdin und ihre beiden Kinder, ein- und dreijährig, zurückzuweisen, die illegal in die Schweiz eingereist waren, wo sich der Familienvater bereits in Sicherheit befand. Rothmund legte den Fall dem zufällig auf Besuch weilenden Saly Mayer vor, der sich «unter dem Druck der Verhältnisse» mit der Ausweisung einverstanden erklärte. Dem SIG-Präsidenten fiel nur die hilflose Geste ein, die jüdische Fürsorge in Vorarlberg zu bitten, sich der Unglücklichen anzunehmen.[35]

Die von Rothmund mit derartigen Argumenten disziplinierten Kantonsbehörden reagierten entsprechend. Regierungsrat Keel in St. Gallen kolportierte enttäuscht die jüdische Haltung, und sein Amtskollege Brechbühl in Basel beklagte sich bei der lokalen jüdischen Gemeinde, dass der SIG von Bern verlangt habe, die Hereinlassung von Emigranten zu stoppen.[36] In diesem Kontext entstand auch ein Argument, das orthodoxe Kreise später in ihren Abrechnungen mit Saly Mayer anführen werden, insbesondere die Familie Sternbuch, von der wir bereits Elias kurz kennen gelernt haben, als er 1933 den Schweizer Juden «Lauheit» vorgeworfen hatte. Recha Sternbuch, Tochter des Antwerpener Oberrabbiners Mordechai Rottenberg und Ehefrau des in St. Gallen wohnhaften Isaac, eines Bruders von Elias, hatte damals eine illegale Fluchthilfe über die Grenze aufgezogen, weswegen sie im Mai 1941 von der Polizei verhaftet, ein Jahr später jedoch mangels Beweisen freigesprochen wurde. Verantwortlich für ihre Verhaftung – und auch für diejenige Grüningers – sei der SIG-Präsident gewesen, lautete der Vorwurf orthodoxer Juden. Belege dafür lieferten sie allerdings keine, und es sieht eher danach aus, als hätte man im Nachhinein aus Mayers Ablehnung der Illegalität kurzschlüssig ein Denunziantentum abgeleitet.[37]

Valentin Keel wurde im März 1939 als Regierungsrat wieder gewählt, obwohl die St. Galler Sektion des *Vaterländischen Verbandes* gegen ihn eine Kampagne wegen «Emigrantenschlepperei» inszeniert hatte. Polizeikommandant Grüninger wurde von seinem Vorgesetzten Keel fallen gelassen, im Mai 1939 fristlos entlassen und Ende 1940 wegen angeblicher Amtspflichtverletzung verurteilt. Von seinem sozialen Abstieg sollte er sich – von den meisten früheren Freunden und Bekannten im Stich gelassen, auch vom Gemeindebund, dessen Präsident sich immerhin anfänglich um eine Anstellung für ihn bemühte – nie mehr erholen. Erst im November 1995, über 23 Jahre nach seinem Tod, wurde er durch das St. Galler Bezirksgericht rehabilitiert.[38]

Freiwild: helvetische Entrechtung der Staatenlosen

Unruhe, Angst, Panik. Seit Mai 1939 herrschte unter den in der Schweiz ansässigen jüdischen Polen eine verzweifelte Stimmung. Die polnische Gesandtschaft in Bern hatte begonnen, jüdische Staatsbürger auszubürgern oder deren Pässe nicht mehr zu verlängern. Das war die direkte Folge zweier polnischer Gesetze vom März und Oktober 1938, mit denen die Regierung die Heimkehr verarmter Juden verhindern wollte. Die stetige Verstärkung des Antisemitismus in Polen schlug nun auch direkt auf die Landsleute in der Schweiz durch; es drohte ihnen das elende Schicksal der Staatenlosigkeit.[39]

Die Schweizer Behörden reagierten sofort – aus egoistischen Gründen und nach innen wie aussen: Angesichts der antijüdischen Entwicklung im Osten sah sich Rothmund vom gleichen Gespenst verfolgt wie so manche seiner Zeitgenossen, von einem Szenario, das noch mehr Ängste weckte als die Flüchtlinge aus Deutschland: «Es ist sehr schwer», klagte er, «das Eindringen ausländischer Juden zu verhindern. Der Druck, dem sie in Zentral- und Osteuropa ausgesetzt sind, wird immer unerträglicher. Das Vorgehen Deutschlands, sie restlos aus dem Land zu vertreiben, findet langsam und teilweise Nachahmung auch in vielen andren Staaten, Polen, Ungarn, Rumänien, Italien, die zusammen ca. 5 Millionen Juden beherbergen. Eine ungeheure Westwanderung dieser Judenmassen bereitet sich vor oder ist schon im Gang.» Der befürchtete Andrang war mit aller Kraft abzuwehren: Seit November 1938 durften die Schweizer Auslandsvertretungen jüdischen Polen nur noch in Absprache mit der Fremdenpolizei Visa erteilen, ab Januar 1939 galt dann für die potenziellen Flüchtlinge aller Nationalitäten eine Visumpflicht.[40]

Rothmund ging es bei diesen Abwehrmassnahmen nicht nur um die Quantität, sondern auch um die Qualität der Einwanderer, da «die Ostjuden eben nicht assimilationsfähig seien», wie er Tytus Komarnicki, dem Gesandten Polens, vorhielt, bei dem er erreichen wollte, dass der Schweiz keine polnischen Juden «aufgeladen» würden. Seine Hauptsorge war die angebliche Überfremdung – auch bezüglich der bereits in der Schweiz anwesenden Polen: Er wollte möglichst all diese Juden, immerhin etwa 4000 Personen, «in die blosse Toleranz versetzen», sie sollten also – selbst wenn sie bereits in der Schweiz geboren oder seit Jahrzehnten hier wohnhaft waren – auf einen ähnlich prekären Status herabsinken, wie ihn die Flüchtlinge innehatten: ohne Gleichberechtigung auf dem Arbeitsmarkt und nur mit befristeter Aufenthaltserlaubnis. Mit dieser Zurückstufung könne man, argumentierte der Polizeichef, die Betreffenden auf dem Arbeitsmarkt dorthin «schieben», wo sie keinem Schweizer im Wege stünden. Damit verhüte man eine «Ausländerhetze». «Prophylaktischer Antisemitismus» in neuer Variante. Im Herbst 1939 entzogen die Bundesbehörden dann tatsächlich den ehemaligen polnischen Staatsbürgern – und anderen Ausländern, deren Staatsbürgerschaft gefährdet oder aberkannt war – die Bewilligung zum Aufenthalt oder zur Niederlassung und zwangen sie, sich um eine Toleranzerlaubnis zu bemühen, die jederzeit widerrufbar war, ein Arbeitsverbot nach sich ziehen konnte und die Auflage enthielt, sich um die Auswanderung zu bemühen. Diese Massnahme war moralisch bedenklich und widersprach in ihrem rassistischen Gehalt Grundwerten der schweizerischen Rechtsordnung. Überdies folgten die eidgenössischen Fremdenpolizisten nun der Devise, möglichst alle ausländischen Juden «auf Toleranz zu setzen». Das ging über ihre bisherige Praxis hinaus, die Herabstufung auf diesen Status als Disziplinierungsmittel gegen unliebsame Ausländer zu verwenden – dies missfiel selbst Max Ruth.[41]

Die Kantone hatten schon vorher, im Mai 1939, begonnen, gegenüber den jüdischen Polen einen härteren Ton anzuschlagen, von ihnen hohe Kautionen einzufordern oder in Einzelfällen gar Ausreisefristen anzusetzen. Elias Benzion Sadinsky, den wir durch seine Gegenüberstellung von «gesundem Goi» und «krankem Jid» kennen gelernt haben, warnte, dass in seiner Gemeinde *Agudas-Achim Zürich* über die Hälfte der Mitglieder polnische Pässe besässen und damit gefährdet seien. Seine Leute lebten in «heller Angst vor ihrer Zukunft», ein Erwerbsverbot fürchtend oder das «Los der Unglücklichen, die in die ‹Niemandsländer›» zwischen den staatlichen Hoheitsgebieten geworfen würden. Bereits ginge das Gerücht, die Behörde wolle die Betreffenden loswerden – vielleicht sogar, indem sie «sie heimlich über eine Grenze» schaffe «und mit ihnen sozusagen Fussball» spiele. Die Verängstigten hatten das Schicksal ihrer rund 20 000 jüdischen Landsleute vor Augen, die Ende Oktober 1938 von Deutschland über die polnische Grenze abgeschoben, von ihrem Heimatstaat nicht akzeptiert und tagelang in strömendem Regen und ohne Verpflegung zwischen den Fronten hin und her getrieben worden waren.[42]

Auch wenn sich die schlimmsten Befürchtungen schliesslich nicht bewahrheiteten, war der Statusverlust gravierend genug, insbesondere wegen der Kautionsforderungen, die jeder Kanton individuell handhaben konnte. Zürich verlangte beispielsweise 5 000, Basel-Stadt «nur» 500 bis 2 000 Franken pro Person – Summen, die ein Grossteil der Betreffenden nicht aufzubringen vermochte. In Zürich überstiegen die verlangten Kautionen bei mehr als zwei Dritteln der Personen deren jährliches Einkommen. In ihrer Not baten die Betroffenen ihre Gemeinden um Unterstützung, die sich wiederum an den Gemeindebund wandten und Gegenmassnahmen oder eine Gesamtbürgschaft forderten. Saly Mayer vertrat jedoch von Anfang an den Standpunkt, dass dies Sache der einzelnen Gemeinden sei, da jeder Kanton die Angelegenheit unterschiedlich regle. Zudem schätzte er im Juli 1939 das Risiko der Ausweisung als nicht so hoch ein, da möglicherweise einige tausend Personen betroffen seien: So viele Juden könne man kaum abschieben. Diese Einschätzung war durchaus realistisch: Mayer wusste, dass alle Regierungen gegenüber Staatenlosen eine abweisende Haltung einnahmen, weil sie diese letztlich nirgendwohin abschieben konnten. Auch ein Jahr später hielt er diese Gefahr für unwahrscheinlich: Der *Eidgenössischen Polizeiabteilung*, die inzwischen dafür verantwortlich gewesen wäre, sei ein so weitgehender Schritt nicht zuzutrauen.[43]

Es blieb schliesslich den einzelnen Gemeinden überlassen, mit ihren lokalen Behörden eine möglichst milde Lösung auszuhandeln. In Zürich, wo vermutlich von allen Schweizer Städten am meisten Juden betroffen waren, lehnte es die Israelitische Cultusgemeinde ab, Garantien zu übernehmen. ICZ-Präsident Saly Braunschweig hielt es für unmöglich, eine Gesamtbürgschaft zu stellen, die für die ganze Schweiz etwa 1,5 Millionen Franken betragen würde, so viel wie die Gesamtausgaben für die Flüchtlinge im Vorjahr. Stattdessen handelte er mit der städtischen Fremdenpolizei eine «humane» Einzelbehandlung und eine Bezahlung in Raten aus. In Basel wurde die jüdische Gemeinde hingegen von der kantonalen Fremdenpolizei genötigt, als Institution die Übernahme der Unterstützungsleistungen für Juden aus Polen zu garantieren, falls diese fürsorgebedürftig würden, andernfalls würden sie keine Toleranzbewilligung erhalten.

Die beiden Präsidenten des VSIA und des SIG waren mit der Basler Verpflichtung nicht einverstanden. Ohne Zweifel spielten dabei die finanziellen Sorgen eine Rolle. Es ging jedoch um mehr, um Grundsätzliches: Man müsse sich dagegen wehren, meinte Saly Mayer, dass Menschen, die seit dreissig Jahren in der Schweiz lebten, wie Flüchtlinge behandelt würden. In der Tat hatte der SIG allen Grund, dagegen aufzubegehren, dass ein Teil der Juden – und ein beträchtlicher Anteil der Mitglieder seiner Gemeinden – willkürlich entrechtet, ins Elend gestossen und eventuell gar ins Ausland vertrieben wurde, weil Bund und Kantone die Gunst der Stunde nutzten, um das alte Projekt der Überfremdungsbekämpfung mit einem zusätzlichen Instrument voranzutreiben. Es ist allerdings fraglich, ob der SIG-Präsident in Bern dezidiert und mit prinzipiellen Einwänden auftrat, denn er schenkte 1940 den fremdenpolizeilichen Behauptungen Glauben, die «Korrektur der Überfremdung» werde «ohne Rücksicht auf die Konfession durchgeführt», womit er die antisemitische Fundierung und eigentliche Triebfeder dieser Politik ignorierte. Stattdessen setzte er sich – teilweise mit Erfolg – für Einzelfälle ein. Gegenüber dieser Strategie war der Genfer Zionist Erwin Haymann skeptisch. Es gehe nämlich, meinte er in der SIG-Delegiertenversammlung im April 1942, «um den Grundsatz, welchem unter Umständen sogar das vereinzelte Entgegenkommen schade». Die Behörden hätten begriffen, dass die Juden – und nun hier die Staatenlosen, denen jeder diplomatische Schutz fehle – die «schwächste Widerstandsstelle» bildeten. «Man solle nicht nachgeben und sich nicht als Bürger minderen Rechtes und Menschen zweiten Grades fühlen, gegenüber denen man sich erlaube, was man anderen gegenüber nicht wagen würde.» Mayer sah sich zur Replik veranlasst, es gebe in der Schweiz weder Bürger zweiter Klasse noch schutzlose Juden. Die Massnahmen der Behörden beschränkten sich nicht auf Juden und erfolgten im «Rahmen der Bestrebungen um Reduktion der Überfremdung» – waren also, mussten die Zuhörer schliessen, grundsätzlich legitim.

Den gefährdeten Juden hätte nur die Einbürgerung Schutz geboten. Aber diese war von der *Eidgenössischen Fremdenpolizei* seit ihrer Institutionalisierung immer mehr behindert worden, mit den gleichen antisemitischen Motiven. Künftig würden diese Erschwerungen noch zunehmen, schrieb ein illusionsloser Mayer im Dezember 1940 an Haymann, als sich dieser erstmals über die fremdenpolizeiliche Behandlung der Staatenlosen beklagte. Dass Max Ruth ab Herbst 1941 verwaltungsintern einen Numerus clausus von maximal zwölf jüdischen Einbürgerungen pro Jahr für die gesamte Schweiz einführen und sein Chef Rothmund kurz darauf sogar alle entsprechenden Gesuche unbearbeitet zu den Akten legen sollte, konnte er natürlich nicht wissen. Aber er war pessimistisch genug, Haymann zu raten, neben der Einbürgerung als zweite Lösung «im Interesse der Betroffenen eben doch die Auswanderung ins Auge» zu fassen.[44]

Die Entrechtung der ansässigen Ostjuden – die Polen waren 1939 und in den Folgejahren nicht die einzigen, aber die zahlreichsten Opfer – sollte nicht die letzte Aktion dieser Art bleiben: Nachdem das NS-Regime im November 1941 die im Ausland lebenden deutschen Juden kollektiv ausgebürgert und damit staatenlos gemacht hatte, wiederholten die helvetischen Behörden ihre Massnahme. Ein Mann, der nach 25-jähriger Existenz in der Schweiz «auf Toleranz gesetzt wurde», meinte rückblickend, man sei fortan bis in die persönlichsten Angelegenheiten hinein allen fremdenpolizeilichen Schikanen ausgesetzt gewesen und sich in der «sogenannten freien Schweiz wie ein Freiwild» vorgekommen, «auf das man nach Belieben Jagd machen» konnte. Er sprach für Hunderte, vielleicht für Tausende. Es liegen jedoch keine genauen Zahlen vor, wie viele Juden derart entrechtet wurden und wie viele von ihnen dadurch die Arbeit verloren oder gar ausreisen mussten.[45]

«Das oberste Ziel aller Bemühungen»: Weiterwanderung

Während die Juden «Grossdeutschlands» 1939 verzweifelt versuchten, die Gefahrenzone zu verlassen, verengten sich ihre Fluchtwege immer mehr. Kein Land war bereit, sie aufzunehmen. Auch in die hermetisch geschlossene Schweiz gelangte fast niemand mehr. Rothmunds Verweis auf die aktuellen gefährlichen Umstände – drohende antisemitische Unruhen, jüdische Finanznot, bevorstehende Flüchtlingswelle aus dem Osten – verschleierte, dass es dem helvetischen Polizeichef in erster Linie um effektive Legitimationen für sein altes Projekt der «Verjudungsbekämpfung» ging – in einem Moment, in dem er befürchtete, die jüdischen Flüchtlinge würden der Schweiz aufgezwungen und sie brächten sein Amt um die Früchte zwanzigjähriger Arbeit. Sich im Nachhinein für längst beschlossene Ziele der Argumente zu bedienen, die die gegenwärtigen Umstände anboten, war eine bewährte Taktik. Rothmund wird sie auch künftig einsetzen. Schon der im September 1939 ausbrechende Krieg wird ihm für seinen Feldzug neue Munition liefern: zum einen das Argument, dass man die «Judenfrage» selbst lösen müsse, um Deutschland keinen Grund für eine Einmischung zu bieten; zum anderen das Argument, dass die mobilisierte Milizarmee für Antisemitismus besonders anfällig sei: Daher dürfe man die an die Grenze gestellten Schweizer Wehrmänner weder mit staatlicher Finanzhilfe für die «vielerorts doch recht unsympathisch wirkenden jüdischen Flüchtlinge» provozieren noch mit einer Lockerung der Erwerbsverbots, die Ängste um den eigenen Arbeitsplatz auslösen würde. – Nachgereichte Legitimationen, die die eigentlichen und ursprünglichen Motive verdeckten, aber aus heutiger Warte unschwer zu durchschauen sind. Für die Zeitgenossen waren die Argumente jedoch nicht leichthin zurückzuweisen, denn sie fanden ihre scheinbare Bekräftigung in der Wirklichkeit: Oder war es denn nicht so, dass die Nazis andere Länder mit dem Aufhalsen mittelloser Juden in den Antisemitismus treiben wollten? Dass Schweizer Antisemiten die Anwesenheit von Juden für ihre Politik missbrauchten? Dass im Osten für Millionen Juden die Abwanderung die einzige Hoffnung war? Dass eine weitere Belastung das Schweizer Judentum in den Ruin treiben würde? Dass die Bevölkerung noch immer Angst vor der Arbeitslosigkeit hatte? Und dass der Antisemitismus auch in der Schweiz latent grassierte?[46]

Obwohl sich der Anteil der Ausländer in den letzten zwanzig Jahren mehr als halbiert hatte, auf nunmehr sieben Prozent der Wohnbevölkerung, war Rothmund im Jahr 1939 noch immer der Überzeugung, dass die Schweiz an einer «einzigartigen Überfremdung» leide und sich in einer weit schlimmeren Lage als alle anderen Transitländer befinde, da sie im Gegensatz zu diesen als Binnenland über keine Kolonien verfügte, wohin sie die jüdischen Flüchtlinge abschieben könnte. – Wobei die Objekte seiner Sorge, wenn man seine hoch gegriffene Schätzung von 10 000 bis 12 000 jüdischen Flüchtlingen akzeptiert, nicht mehr als 0,25 Prozent der aktuellen Einwohnerschaft ausmachten. – Der Abwehrwille könne nicht gross genug sein, warnte er, und abgesehen von wohlhabenden Alten müssten alle anderen anwesenden jüdischen Emigranten, die Kinder eingeschlossen, wieder weg. Aus diesem Grund erhöhten die Behörden ihren Druck auf die Flüchtlinge und die Hilfswerke; sie verschärften die polizeilichen Kontrollen, drohten mit Ausweisungen und setzten Ausreisefristen an. Die Flüchtlinge, die sich allen Bemühungen zum Trotz in der Schweiz blockiert sahen, reagierten nervös, verängstigt und panisch, bis sich die Hilfswerke, auch der VSIA, über die neuen, intoleranten Töne der Behörden beklagten. Robert Briner, der als Präsident der *Schweizerischen Zentralstelle für Flüchtlingshilfe* die doppelte Strategie verfocht, einerseits gegenüber Einlass begehrenden Flüchtlingen rigide, andererseits gegenüber den bereits anwesenden menschlich zu verfahren, warf den Bundesbehörden eine harte, «verhängnisvoll provokatorische» Haltung vor und stritt sich sogar mit dem Polizeichef.[47]

Das Transitprinzip blieb jedoch überall unbestritten, auch bei den Hilfswerken, denen Rothmund überdies bei der Weiterbringung der Flüchtlinge eine zentrale Rolle zudachte – was sie auch akzeptierten, unter anderem, indem die SZF bereits im Oktober 1938 auf dessen Vorschlag hin eine Beratungsstelle für die Weiterwanderung einrichtete. Die führenden Schweizer Juden unterstützten die Maxime ebenfalls: Die Auswanderung sei bei jeder Gelegenheit, mündlich wie schriftlich, als obligatorisches «oberstes Ziel aller Bemühungen» zu propagieren, forderte der SIG-Präsident im April 1939. Für die schnellstmögliche Beseitigung der «übergrossen Belastung» brauche es die Mithilfe aller, nicht nur der Flüchtlinge selbst, sondern auch der ausländischen jüdischen Organisationen und der einheimischen Juden, die über Verwandte und Bekannte im Ausland Einreisemöglichkeiten schaffen sollten. Als ein Jahr später eine nationale Volkszählung bevorstand, wiederholte Mayer seine Forderung, diesmal mit dem Argument, dass die Flüchtlinge «nicht zu auffällig» in der Statistik erscheinen dürften. Mayers Motive sind uns bereits bekannt, die Furcht vor Antisemitismus eingeschlossen.[48]

Um sich den Spielraum für eine restriktive Flüchtlingspolitik zu bewahren, war die Schweiz seit 1933 so wenige internationale Verpflichtungen wie nur möglich eingegangen, auch 1938 in Evian, wo sie dem neu gegründeten *Intergovernmental Committee on Refugees (IGCR)* als einziger Staat ferngeblieben war. Die anschliessende Entwicklung belehrte Rothmund jedoch, dass seine Taktik nicht aufging. Denn nun befanden sich Tausende von Flüchtlingen in der Schweiz, die man, so befürchtete er, nur wieder loswurde, wenn man auf die internationale Zusammenarbeit zählen konnte, von der man sich distanziert hatte. Zudem hatte Grossbritannien, eines der wichtigsten Aufnahmeländer, der Schweiz eine unmissverständliche Quittung für ihr Desinteresse gegeben, indem es seine Tore für ihre Flüchtlinge schloss. Veranlasst hatten dies die grossen jüdischen Organisationen Grossbritanniens, die damit die Schweizer Absage an das IGCR sanktionierten. Sie waren dazu imstande gewesen, weil sie noch immer die gesamte britische Hilfe für jüdische Flüchtlinge aus dem eigenen Etat finanzierten und auf die behördliche Aufnahmepolitik Einfluss nehmen konnten. Rothmund hatte deshalb allen Grund, sich mit dem Intergovernmental Committee wieder gut zu stellen und an dessen vierter Zusammenkunft, die im Juli 1939 in London stattfand, teilzunehmen.[49]

Rothmund bat Mayer darum, ihn anlässlich dieser Konferenz bei prominenten Vertretern des *Council for German Jewry*, der entscheidenden jüdischen Hilfsorganisation in Grossbritannien, einzuführen. Mayer, der in diesen Monaten selbst angestrengt nach Einreisemöglichkeiten für die Flüchtlinge in Grossbritannien, Palästina und weiteren Ländern suchte, konnte sich davon nur Vorteile versprechen. So reiste das «seltsame Paar» (Picard) gemeinsam nach London und führte im Vorfeld der Konferenz Gespräche mit verschiedenen namhaften Repräsentanten des britischen Judentums.[50] Rothmund bemühte sich, den jüdischen Organisationen – wie anschliessend auch der IGCR-Konferenz – die angebliche Schweizer Notlage verständlich zu machen, die die Weiterbringung auch des allerletzten Flüchtlings verlange. Dabei gefiel es ihm, seine enge Zusammenarbeit mit dem VSIA und dem SIG zu präsentieren, die vom gemeinsamen Wunsch beseelt sei, für die jüdischen Flüchtlinge definitive Niederlassungen zu finden. Saly Mayer, bei den meisten Gesprächen anwesend, ohne oft das Wort zu ergreifen, sah gewiss keinen Anlass, den harmonischen Eindruck des gemeinsamen Auftritts zu korrigieren, war er in diesen Wochen doch selbst der Ansicht, dass die Beziehungen des Gemeindebunds zu den Behörden von Offenheit und Verständnis geprägt waren wie noch nie zuvor.

Während die Diplomaten verschiedener Länder Rothmund wenig Hoffnung machten, dass sich seine Wünsche nach Aufnahme beziehungsweise Abschiebung der Unerwünschten realisieren würden, signalisierten die Leiter des *German Jewish Committee* und des *Council for German Jewry* immerhin ihren Willen, sich in Grossbritannien für die Einreise von Flüchtlingen aus der Schweiz einzusetzen. Den wärmsten Empfang erhielt Rothmund jedoch auf dem Rückweg, als er in Paris Zwischenstation machte und durch Mayer bei Morris C. Troper eingeführt wurde, der Bernhard Kahn als Europadirektor des Joint abgelöst hatte. Der Joint wolle alles für die Schweiz tun, was in seiner Möglichkeit liege, versicherte Troper. «Die Schweiz kann dieser Organisation befehlen und alles wird getan werden.» Rothmund, der bestens Bescheid wusste, wie unentbehrlich die Hilfe des Joint für den Gemeindebund bereits geworden war, konnte mit diesem Versprechen zufrieden sein.[51]

Bei den Gesprächen in London und Paris war es Rothmund und Mayer auch ein Anliegen, sich eine Berücksichtigung der Schweiz bei Kolonisationsprojekten zu sichern, die in diesem Jahr intensiver denn je diskutiert wurden. Neu waren derartige Pläne freilich nicht. Seit 1933 hausierten Ingenieure, Anwälte, reiche Philanthropen, Idealisten, Fantasten, Geschäftemacher mit ihren Ideen, wo und wie sie jüdische Flüchtlinge sesshaft machen könnten. Zuhauf entdeckten sie auf allen Kontinenten unbewohnte Landstriche, entlegene Inseln und vom Dschungel überwucherte Täler, priesen deren klimatische, geographische, soziale und materielle Vorzüge, dank denen es ein Leichtes zu sein schien, die vorwiegend urban geprägten Juden in agrarische Pioniere zu verwandeln. Auch jüdische Organisationen planten notgedrungen eifrig mit; vor allem jedoch verschiedene Regierungen, allen voran Grossbritannien und die USA, die unter anderem Pläne schmiedeten für die Dominikanische Republik, Britisch-Guinea (heute Guyana), Zypern, die Philippinen, Belgisch-Kongo, Ecuador, Mexiko, Chile, die Mandschurei, Brasilien, Haiti, Suriname, Äthiopien, Angola, Kenia, Borneo, Alaska und Rhodesien. Zu Ehren kam einmal mehr (und nicht zum letzten Mal) auch Madagaskar, die Insel vor der ostafrikanischen Küste, deren tropisches Klima seit dem ausgehenden 19. Jahrhundert manche Köpfe für unerwünschte europäische Juden als besonders geeignet erachteten. Die wenigsten dieser Pläne waren seriös und durchdacht, meist fehlte es an den finanziellen Mitteln und politischen Voraussetzungen, und die kaufmännisch-akademische Berufsstruktur der potenziellen Agrarpioniere wurde ohnehin stets vernachlässigt. Gut gemeinte Träumereien, mit denen man wirklich helfen wollte. Oder idealistische Hirngespinste, zynische Betrügereien, heuchlerische Abwehrstrategien, mit denen man Menschen in Not vertrösten, ausbeuten und von den eigenen Gestaden fernhalten oder wieder vertreiben konnte.[52]

Auch dem SIG wurden seit 1933 immer wieder Kolonisationsprojekte angetragen, in Südamerika, aber auch Afrika – die aber bis 1938 alle versandeten. Wobei der Gemeindebund nie die materiellen und personellen Ressourcen besass, um diese Ideen gründlich zu prüfen, geschweige denn durchzuführen, weshalb er die Initianten meistens an die HICEM in Paris verwies. Obschon der SIG diese Arbeitsstrategie beibehielt, verstärkte sich sein Engagement seit der Flüchtlingswelle von 1938. So kam Saly Mayer bereits kurz nach dem Novemberpogrom in Kontakt mit dem holländischen Industriellen Daniel Wolf, der die *International Jewish Colonisation Society* gegründet hatte und ein gigantisches Alternativprojekt zu Palästina verfolgte – in erst noch zu findender Weltgegend, ohne konstruktive Folgen für den Gemeindebund. Gleichzeitig begann sich der VSIA intensiv mit einem Bolivien-Projekt zu befassen, das von der Wiener *Makkabi*, einer zionistischen Sportorganisation, lanciert und vom Joint finanziell unterstützt wurde – im März 1940 aber in einem Fiasko enden sollte, weil die Juden von der bolivianischen Regierung an der Nase herumgeführt worden waren. Ab April 1939 sondierten Silvain

S. Guggenheim und Sidney Dreifuss Kolonisationspläne in Ecuador für 400 Personen – die aber ebenfalls scheiterten, bereits im Sommer gleichen Jahres, diesmal am Widerstand der dortigen Regierung. Seit Frühjahr 1939 verhandelte der Gemeindebund zudem mit jüdischen Organisationen Frankreichs, mit dem Ziel, 3000 eigene Schützlinge dem Nachbarland zu übergeben; wobei man vermutlich die Idee hatte, diese in den Agrarkolonien unterzubringen, die die französische Regierung und die jüdischen Organisationen damals im Süden des Landes für jüdische Flüchtlinge planten – auch dieses Projekt kam nie zustande. Im Juni 1939 traf sich Silvain S. Guggenheim ausserdem mit Hermann Fürnberg von der Wiener *Gildemeester Auswanderer-Hilfsaktion*, der im italienisch besetzten Abessinien eine Kolonie für 20 000 Menschen erträumte – das Mussolini-Regime sollte sich jedoch davon nicht überzeugen lassen. Schliesslich befasste sich der Gemeindebund seit Frühjahr 1941 mit einem fantastischen Projekt für einige Millionen Kolonisten in Angola – um ein Jahr später zu erkennen, dass «bodenlose Idealisten» (Saly Braunschweig) dahinter steckten.[53]

Bei vielen dieser Projekte waren in unterschiedlicher Form auch die Bundesbehörden involviert; ihnen lag schliesslich alles daran, die Flüchtlinge loszuwerden. Sie wären auch bereit gewesen, dafür beträchtliche Mittel auszugeben. Gleichzeitig nahmen sie jedoch dem SIG finanzielle Garantien ab, die auch eine längere Unterstützung der Kolonisten an ihrem neuen Aufenthaltsort umfasst hätten. Die Schweizer Juden waren dazu – der Not gehorchend – bereit, da sie wussten, dass der Unterhalt der Emigranten in jedem anderen Land billiger als in der Schweiz zu stehen gekommen wäre. Von all diesen Projekten waren jedoch nur zwei – zumindest in bescheidenem Masse – erfolgreich. Das eine wurde seit 1939 vom Joint vorangetrieben, der auf San Domingo eine landwirtschaftliche Massenansiedlung von 200 000 jüdischen Emigranten plante, dazu mit dem dominikanischen Diktator Rafael L. Trujillo einen Kontrakt abgeschlossen und die Schirmherrschaft des IGCR gewonnen hatte. Aus der Schweiz konnten im Sommer 1940 tatsächlich die ersten fünfzig Siedler aufbrechen. Nicht ohne vorgängiges Bangen, denn ihre Abreise gelang erst, nachdem Rothmund Druck auf Frankreich ausgeübt hatte, das zunächst den Transitweg blockiert hatte – eine Hilfestellung des Polizeichefs, die, wiewohl eigennützig, im Gemeindebund immer wieder dankbar erwähnt wurde. Rothmund hoffte zu diesem Zeitpunkt, dass er im kommenden Frühjahr 500 Familien nachschicken konnte, schliesslich waren es jedoch nur weitere 70 Personen – immerhin ein beträchtlicher Anteil an der neuen Kolonie, denn diese sollte statt der geplanten Massen am Ende nur einige Hundert Siedler umfassen.[54]

Die zweite einigermassen realistische Kolonisationsidee betraf Palästina, das im Gemeindebund seit Hitlers Machtübernahme als grösste Hoffnung galt – noch im Januar 1939 meinte Saly Mayer, es sei für die Flüchtlingsfrage «eine Lösung par excellence». Von 1933 bis 1937 erreichten aus der Schweiz jedoch nur gut 200 Emigranten das nahöstliche Ufer. Haupthindernis war die Politik der britischen Regierung, die bereits im Winter 1935/36 aus Rücksicht auf arabische Widerstände die jüdische Einwanderung in ihr Mandatsgebiet eingeschränkt hatte. Und ausgerechnet jetzt, im Mai 1939, als der Auswanderungsdruck für Juden grösser war denn je, veröffentlichte sie ein Weissbuch, das die Immigrationsquote für die nächsten fünf Jahre auf jährlich 15 000 Personen beschränkte. Die jüdische Gemeinschaft erhob weltweit heftigen Protest, aber ohne Erfolg. Für Tausende, die sich dennoch in Palästina ansiedeln wollten, blieb nur der illegale Weg – ein mühseliges und gefährliches Abenteuer: Die Schiffe waren oft seeuntüchtig und massiv überfüllt, die hygienischen Zustände an Bord miserabel, es gab dauernd Konflikte mit den britischen Seepatrouillen, teilweise wurden die Passagiere von kriminellen Bootsbesitzern ausgenützt, viele ertranken unterwegs oder starben aufgrund anderer Ursachen. Laut Saly Mayer war man im Mai 1939 bei den jüdischen Partnerorganisationen in London und Paris der Ansicht, dass man statt privater Aktionen die Transporte des Hechaluz, einer linkszionistischen Jugendbewegung, unterstützen sollte, obwohl sie teurer waren. «Bisher seien die Leute in den Händen übelster Piraten gewesen, die sie ausnützten und z. T. furchtbar behandelten.»[55]

Die wichtigste jüdische Gruppierung, die heimliche Unternehmungen durchführte, war jedoch der revisionistische Flügel der Zionisten, der eine extrem nationalistische Politik verfolgte und so viele jüdische Verfolgte wie möglich nach Palästina bringen wollte. Seine Aktionen fanden, wie diejenigen der anderen Organisationen auch, in zwangsläufiger Zusammenarbeit mit den Nazis statt – die einen wollten die Juden loswerden, die anderen möglichst viele von ihnen retten. Im Januar 1939 machte die revisionistische Jugendorganisation *Betar* dem Gemeindebund und der *Eidgenössischen Polizeiabteilung* einen umfassenden Vorschlag. Ihr Sprecher, der nach Tel Aviv ausgewanderte Schweizer Rudolf (Reuben) Hecht, Sohn eines Basler Reeders, bot an, «sämtliche in der Schweiz sich befindlichen jüdischen Flüchtlinge in grösseren Sammeltransporten nach Palästina zu transferieren». Der Gemeindebund sollte für die Übersiedlungskosten aufkommen, statt in der Schweiz für die Flüchtlinge auf unbestimmte Zeit hin sorgen zu müssen. Wir wissen nicht, wie der SIG und die Polizeiabteilung dieser nicht sehr realistisch anmutenden Idee gegenüberstanden, immerhin ist unwahrscheinlich, dass sie dem Unternehmen zu diesem Zeitpunkt Steine in den Weg legten. Im Frühjahr, noch bevor Hechts Pläne weiter gediehen waren, kam eine andere illegale Aktion zum erfolgreichen Abschluss, die von der Zürcher Splügenstrasse ausgegangen war. Dort hatten Juden ihr Büro, die der *Misrachi*, einer thoratreuen Fraktion der Zionisten, nahe standen. Sie brachten – sicherlich mit Wissen des Gemeindebunds und der helvetischen Behörden – über 200 Auswanderer aus der Schweiz in die damals italienische Hafenstadt Fiume (Rijeka) und von dort in einer aufreibend langen Schifffahrt nach Palästina.[56]

Während seines Londoner Aufenthalts im Juli 1939 kam Rothmund jedoch zur Ansicht, dass die illegalen Manöver zu stoppen seien. Er hatte unterdessen erfahren, dass die klandestinen Einwanderer der Einwanderungsquote für Palästina zugerechnet wurden, also auf Kosten der legalen Einreisen gingen. Vor allem aber dürfte er sich zu dieser Zeit gewisse Hoffnungen auf eine Kooperation mit Grossbritannien und den dortigen jüdischen Organisationen gemacht haben und darauf bedacht gewesen sein, auf die Briten einen guten Eindruck zu machen. Statt die englische Regierung mit der Duldung von Aktionen zu verärgern, die ihre Politik unterliefen, liess er von London aus telefonisch die illegalen Unternehmen in der Schweiz abstellen; nach seiner Rückkehr befahl er Hecht, sein Schweizer «Emigrationsbüro» zu schliessen. Saly Mayer hielt er vertraulich über seine Schritte auf dem Laufenden. Zwei Monate später erwog der Polizeichef sogar, das andere illegale Unternehmen – an der Splügenstrasse – bei der britischen Regierung zu denunzieren, um ihr zu demonstrieren «dass die schweizerische Judenschaft und ganz besonders die schweizerischen Behörden sich durchaus loyal» verhielten.[57]

Der Gemeindebund und die Behörden hofften jedoch vergeblich auf britische Emigrationsplätze. Auch von der *Jewish Agency*, einer Art De-facto-Regierung der Juden in Palästina, erhielten sie keine Zertifikate für die legale Einwanderung. Der Polizeichef war konsterniert, dass sich keine Ausreisemöglichkeiten eröffneten, und änderte seine Haltung. Man wolle doch bei der ganzen Geschichte, meinte er im November 1939, letztlich nicht der Dumme sein. «Nachdem wir mit der Weiterwanderung unserer Emigranten vollständig aufgeschmissen zu sein scheinen und die Leitung der schweizerischen Judenschaft, im Einvernehmen mit der *Jewish Agency for Palestine*, diese Transporte unter der Hand fördern möchte, habe ich erklärt, wir hätten keine Veranlassung, dies heute noch zu verhindern, wollten aber davon nichts wissen.» Sein Nichtwissenwollen war lediglich vorgetäuscht, auch als aussenpolitische Vorsichtsmassnahme. Aktuell ging es um einen Plan des Gemeindebunds, ein Schiff mit 800 Flüchtlingen aus der Schweiz von der italienischen Hafenstadt Triest auslaufen zu lassen. Das Unternehmen kam aber nicht zustande. Überhaupt unterblieben nach Kriegsbeginn von der Schweiz her alle illegalen Transporte nach Palästina. Die helvetischen Anstrengungen zeitigten damit magere Ergebnisse: Von 1938 bis 1943 konnten insgesamt nur knapp 300 Flüchtlinge nach «Erez Israel» ausreisen.[58]

Im SIG und im VSIA setzte man zwar noch bis zum Frühjahr 1940 Hoffnungen auf Palästina, aber ansonsten konnten die Verantwortlichen bereits seit langem nicht mehr die Augen davor verschliessen, dass die Aussichten für Auswanderungen generell düster waren. Seit Evian hatte sich die Situation nur verschlimmert, viele Staaten rund um den Erdball hatten Visumbeschränkungen errichtet und legten ihre Einreisebestimmungen immer enger aus, regelmässig mit antijüdischer Stossrichtung. Die internationalen Konferenzen hatten nichts als wohltönende Deklarationen produziert, die Projekte zur Massenansiedlung waren, wie Mayer im Dezember 1939 feststellte, «nebelhaft», «mit phantastischen Kosten verbunden» und bestenfalls über Jahre und Jahrzehnte zu verwirklichen. Einzige Alternative blieb die enorm schwierig gewordene Einzelauswanderung, die der VSIA so auch mit aller Energie und mit der tatkräftigen Unterstützung der HICEM betrieb.[59]

Mit dem deutschen Überfall auf Polen begann am 1. September 1939 der seit Jahren befürchtete, zuletzt in fiebriger Anspannung erwartete Krieg – wodurch die Emigrationshindernisse mit einem Schlag fast unüberwindlich wurden. Frankreich und die meisten überseeischen Länder schlossen ihre Grenzen, England und die USA verschärften ihre ohnehin schon restriktive Einwanderungspolitik. Gleichzeitig wurden die Reisen gefährlicher, umständlicher und teurer: Während man in früheren Zeiten für eine reguläre Schifffahrt nach Palästina dreieinhalb Tage gebraucht hatte, dauerten die notwendigen Umwege jetzt Monate, und man zahlte 3000 statt nur 200 Franken – wenn man überhaupt das Glück gehabt hatte, einen der überaus raren Schiffsplätze zu ergattern und die aberwitzigen bürokratischen Formalitäten rechtzeitig zu erledigen, denn die unzähligen, von allen Staaten errichteten formalen Hindernisse, vom Durchreisevisum bis zum Landegeld, waren ein Albtraum. Die Kriegsumstände und die Zensur erschwerten auch die internationale Zusammenarbeit, die für die Migration unentbehrlich war. Ausserdem blieb der Verkehr mit der HICEM anfänglich unterbrochen, denn diese musste ihre Büros von Paris nach Brüssel verlegen, sonst hätte sie sich nicht mehr mit den Juden in «Grossdeutschland» befassen können, da Frankreich Kriegspartei geworden war.

Trotz all dieser Schwierigkeiten war der VSIA dank seinem ungeheuren Einsatz noch recht erfolgreich, freilich vor allem in der Vorkriegsphase. Es gelang ihm, 1938 und 1939 für insgesamt über 2300 Personen die Weiterwanderung zu organisieren, immerhin für rund 800 mehr als in den fünf vorangegangenen Jahren zusammen.[60]

Nach Kriegsausbruch

Kollektive Prüfung

Die Schweizer Regierung erklärte am 31. August 1939, dass das Land im Kriegsfall neutral bleiben werde, zwei Tage später mobilisierte sie die Armee; die deutsche Wehrmacht fiel unterdessen in Polen ein. Noch bevor Ende September die Waffen verstummten und ein monatelanges Warten begann, mahnte SIG-Präsident Mayer alle Verantwortlichen in den Gemeinden: «An uns ist es, darüber zu wachen und dafür zu sorgen, dass nicht Einzelne an sich allein denken und die Taten eines Jeden auch der strengsten Prüfung Stand halten. Auch ohne Uniform ist heute Jedermann mobilisiert und hat Jeder seine patriotische Pflicht zu erfüllen.» – Ihre Pflicht zu erfüllen hatten auch die Nichtjuden, aber Mayers Appell verrät, dass die Kriegsbedrohung für die Juden etwas grundsätzlich anderes bedeutete: eine kollektive Examinierung ihrer Loyalität, ihres Patriotismus, ihres Schweizertums. Deshalb rief der SIG beispielsweise nicht nur, wie das andere Gruppierungen ebenfalls taten, zum freiwilligen Engagement im militärischen Hilfsdienst auf, sondern sondierte vertraulich, wie viele Juden sich dafür meldeten. Man figuriere ehrenvoll neben den anderen Konfessionen, war die Feststellung, die von der Angst befreite, dass Antisemiten (wie bei der berüchtigten «Judenzählung» des deutschen Heeres im Herbst 1916) die Zahl der Einsatzfreudigen nachrechnen und das Vorurteil der «jüdischen Drückebergerei» bestätigen könnten. Das Bemühen um höchste Konformität drückte sich auch darin aus, dass Saly Mayer von der Pressestelle JUNA verlangte, sie müsse die politische Neutralität respektieren und ihm künftig die Nachrichtenbulletins, die sie regelmässig an Zeitungsredaktionen verschickte, im Entwurf zur Kontrolle vorlegen. Er tat dies unaufgefordert, schon drei Tage bevor die Bundesbehörden am 8. September 1939 die Presse zur Selbstzensur verpflichteten, um die Neutralität der Schweiz und ihre innere und äussere Sicherheit zu gewährleisten. Ins gleiche Bild passt, dass der SIG seit Kriegsausbruch keinen Mitgliederbeitrag mehr an den *Jüdischen Weltkongress* zahlte, zu dem seine Führung seit längerem auf Distanz gegangen war. Diese glaubte, dass sich das politische Selbstverständnis des WJC nicht mit der Neutralität vereinbaren lasse, die der Gemeindebund der eigenen Regierung schuldig sei.[1]

Ganz anders reagierte Paul Dreyfus-de Gunzburg, der Sohn des vorherigen SIG-Präsidenten. Er schlug Mitte September dem Gemeindebund vor, angesichts eines vermutlich länger dauernden Krieges die Strategie zu wechseln und gegenüber den Bundesbehörden unbedingt «scharf zu schiessen». Man müsse erklären, dass man für die Flüchtlinge bald nicht mehr allein aufkommen könne, und solle zudem nichtjüdische Parlamentarier zu einer Aktion mobilisieren, um eine mildere Asylpraxis zu erreichen. Aber Mayer reagierte gänzlich negativ – und Dreyfus-de Gunzburg blieb eine isolierte Stimme.²

Kurzum: Der Krieg änderte nichts an der Strategie des Gemeindebunds, die seit 1933 aus einem Niedrigprofil in der Öffentlichkeit, einer Disziplinierung der eigenen Reihen, einer kritiklosen Zusammenarbeit mit den Behörden und einem massiven Einsatz für die Flüchtlinge bestand. Nur dass die verinnerlichten Normen nun noch verstärkt wirkten, da sich die Juden durch den Krieg erst recht auf den Prüfstand gesetzt sahen und noch konformer und vorsichtiger als bisher agierten. Hinzu kam der bekannte Mechanismus, dass in Zeiten äusserer Gefährdung die Bürger eines Landes häufig ihre Loyalität gegenüber der Regierung erhöhen – wozu das Judentum der Schweiz noch weit mehr Anlass hatte als die nichtjüdische Bevölkerung, war doch seine Existenz umfassend vom Überleben des demokratischen Kleinstaats abhängig, eine deutsche Besetzung hätte seine Vernichtung bedeutet. «Unser Schicksal ist verkettet mit der Schweiz und den Schweizern. Solange die Schweiz Schweiz bleibt, werden wir unsere bürgerlichen Rechte auf Grund der Verfassung verteidigen», erklärte Mayer 1941 und drückte damit eine Abhängigkeit aus, die alle Juden besorgt bedachten.³

Die regierungstreue Haltung des Gemeindebunds wurde durch einen weiteren Umstand gefördert: Seit Sommer 1938 geriet er zunehmend unter den Einfluss des *Joint Distribution Committee*, das, wie wir wissen, grosse Finanzhilfen leistete. Das amerikanische Hilfswerk war nun seinerseits äusserst bestrebt, sich konform zur eigenen Regierung zu verhalten. Mit dem Kriegsausbruch in Europa und dann mit dem Kriegseintritt der USA Ende 1941 nahm diese Loyalität, die es geradezu kritikunfähig machte, nochmals zu. Gleichzeitig empfahl der Joint seinen europäischen Partnerorganisationen von Anfang an eine enge Kooperation mit ihren eigenen Landesregierungen – was die vom SIG verfolgte Linie nur bestätigte und Gedanken an Alternativen noch weniger aufkommen liess als zuvor.⁴

Der Joint hatte 1939 seine Monatsbeiträge an den Gemeindebund nochmals verdoppelt. Dies war auch dringend nötig, denn die Schweizer Juden hatten den grossartigen vorjährigen Sammelerfolg nicht wiederholen können. Im Januar 1940 kündigte der Joint dem SIG jedoch drastische Beitragskürzungen an, da er selbst unter einem Spendenrückgang und einem bedrohlichen Defizit litt. Der Gemeindebund hätte als Alternative zu Gesuchen an den Joint einzig an die Verantwortung der öffentlichen Hand appellieren können, aber da konnte er sich keine grossen Hoffnungen machen: Zwar hatte er bisher noch nie ein eigenständiges offizielles Finanzgesuch an die Bundesbehörden gerichtet – und intern wurde ihm des Öfteren vorgeworfen, dass er sich diesbezüglich zu wenig engagiere; aber es war kein Geheimnis, dass entsprechende Bitten der Hilfswerke noch immer kategorisch abgelehnt wurden.⁵

Am 11. Februar 1940 trafen sich der Joint-Europadirektor Morris C. Troper und eine Delegation des SIG mit Rothmund im Bundeshaus. Im Zentrum des

Joint-Europadirektor Morris C. Troper. (JDC New York)

Gesprächs standen die prekären Finanzen, was durch den Umstand unterstrichen wurde, dass gleich alle drei jüdischen Bankiers, die in der Schweiz eine Rolle spielten, anwesend waren. Rothmund sprach einleitend von der Flüchtlingshilfe als einer «heiligen Mission», vermied es jedoch, eine staatliche Subvention, die über die Mitfinanzierung der Weiterwanderung hinausgegangen wäre, auch nur zu erwähnen. Stattdessen fragte er Troper, ob die Schweizer Juden weiterhin mit der so unentbehrlichen Joint-Hilfe rechnen könnten. Der Angesprochene lobte den Polizeichef und sein menschliches Verständnis in den höchsten Tönen und gab seiner Hoffnung Ausdruck, dass die Schweiz den Status quo aufrechterhalte und weiterhin Asyl – nur befristetes, wie er betonte – gewähre. Er stellte ausführlich die grossen Verpflichtungen dar, die der Joint europaweit zu erfüllen habe und die nun durch den Krieg enorm angewachsen seien; allein im deutschbesetzten Polen unterstütze er Juden an 1 200 Orten. Bisher habe man den jüdischen Landesorganisationen stets geraten, nur als allerletzten Schritt ihre Regierungen um Finanzhilfen zu bitten – was nun jedoch unvermeidlich sei. Glücklicherweise hätten neulich die belgische und die britische Regierung mit ihren Finanzzusagen positive Präzedenzfälle geschaffen. Das war eine deutliche Botschaft an Rothmund. Aber im Verlauf des gesamten Gesprächs wurde ihm nie explizit die Frage nach Bundesbeiträgen gestellt. Die SIG-Delegierten richteten sich vielmehr an Troper und betonten, dass der Joint unbedingt seine Hilfe fortsetzen, die Schweizer Juden entlasten und bei der Wegbringung der Flüchtlinge unterstützen müsse – bis der Bankier Armand Dreyfus schliesslich sein Mitgefühl für Troper äusserte, weil er die Zielscheibe aller Redner sei. Rothmund schloss die Sitzung, ohne dass eine Schweizer Bundessubvention auch nur zum expliziten Thema geworden wäre. Dafür gab er den Juden die ermutigenden Worte mit, wo ein Wille sei, sei auch ein Weg.[6]

Die Schweizer Juden mussten beim Joint für 1940 und 1941 jeweils hart um ihre Subventionen kämpfen, blieben dabei jedoch erfolgreich. Vorerst fanden sie Unterstützung bei Troper, der ihre Situation und Befindlichkeit aus eigener Anschauung kannte und die Zentrale in New York, die auch mental weit entfernt war von den Ereignissen auf dem alten Kontinent, in ihrem Sinne zu beeinflussen suchte. Bereits vor der Konferenz im Bundeshaus hatte er das Hauptquartier eindringlich davor gewarnt, die Hilfe für die europäischen Landesorganisationen zu reduzieren. Die leitenden Kreise der französischen, belgischen, holländischen und schweizerischen Judenheit seien auf der Hut: Das Gleichgewicht, das sie zwischen Regierung, Flüchtlingen und Bevölkerung aufrechterhielten, könne jeden Moment durch eine «Explosion» zerstört werden – die Folgen wagten sie nicht auszudenken. Genau aus dieser Sorge entschied das Centralcomité des SIG am 21. Mai 1940 einstimmig, dass «gerade jetzt» an den Bund kein Subventionsbegehren zu stellen sei, umso mehr, als jener unterdessen mit den Arbeitslagern ein erfreuliches Engagement eingegangen sei. Dieses «gerade jetzt» verweist auf eine Zuspitzung der Lage, auf die wir noch zurückkommen werden.[7]

Arbeitslager: eine umstrittene Entlastung

Gesucht seien in erster Linie kräftige Handwerker – körperlich und moralisch geeignet, dem «Namen des jüdischen Emigranten» und dem Judentum Ehre zu machen, teilte der VSIA am 12. März 1940 seinen Lokalcomités mit. Der Bundesrat habe heute die Schaffung von Arbeitslagern für Emigranten beschlossen; der VSIA bitte deshalb um sofortige Personenvorschläge. Frauen wurden dabei nicht erwähnt – die eidgenössische Massnahme betraf vorerst in aller Selbstverständlichkeit nur arbeitsfähige Männer, erst später kamen für Frauen Flickstuben dazu.

Die Wochenendbeilage des Zürcher «Tages-Anzeigers» vom 16. August 1941 berichtet über die Brennstoffgewinnung aus Torfmull, die wegen des Kohlenmangels wieder nötig geworden ist. Bei den abgebildeten Arbeitern handelt es sich um Internierte des Arbeitslagers im aargauischen Murimoos – aber dies unterschlägt die Reportage, vermutlich, um die Flüchtlingsfrage zu tabuisieren. (Gretlers Panoptikum zur Sozialgeschichte, Zürich)

Torf
und
Torfmull
sehr gefragt!

Während des letzten Krieges war die Torfgewinnung in der Schweiz sehr gesteigert worden, aber nach dem Krieg vernachlässigte man diesen Brennstoff wieder stark, da sein Heizwert nicht allzu groß, sein Volumen aber im Verhältnis dazu geradezu enorm ist. Der neue Krieg mit seiner Kohlenverknappung hat uns aber dazu gezwungen, nach allem Brennmaterial zu greifen, dessen wir im eigenen Lande habhaft werden können, und so ist Torf plötzlich wieder ein begehrter Artikel geworden und seiner Gewinnung wird daher erhöhte Beachtung geschenkt. Die Methoden der Gewinnung sind inzwischen verbessert worden, namentlich hat die maschinelle Ausrüstung für diese

Tätigkeit bedeutende Fortschritte gemacht. Man verwendet heute z. B. im Murimoos (Aargau), woher unsere Aufnahmen stammen, große Maschinen mit Bagger, die elektrisch angetrieben werden (siehe unteres Bild rechts). Die ausgebaggerte Torferde wird am laufenden Band zur Presse befördert und auf dem Wege dahin mit Wasser übergossen, damit sie ganz naß in die Presse kommt (oberstes Bild links). Der gepreßte Torf kommt unten zur Maschine als zusammenhängendes Band heraus und wird dort in die üblichen Briketts zerschnitten (oberes Bild rechts). Diese Briketts werden dann mittels Rollwagen wegtransportiert und zum Trocknen ausgebreitet (nebenstehendes Bild).

Die Hilfswerke hatten sich seit zwei Jahren mit der Idee von Arbeitslagern befasst und verschiedentlich entsprechende Vorschläge an die Behörden herangetragen. Sie wollten damit zum einen das Problem der langen Untätigkeit lösen, das verheerende Auswirkungen auf die Flüchtlinge selbst hatte und auch deren Image in der Bevölkerung beeinträchtigte. Zum anderen erhofften sie sich eine deutliche Entlastung ihrer Finanzen, um die es durch die Blockade der Weiterreisen immer schlechter bestellt war. Die Kriegsgefahr und der angeblich bedrohlicher werdende Antisemitismus lieferten ihnen weitere Argumente: Durch die Schaffung von Lagern konnte man die Flüchtlinge aus den Grenzregionen entfernen, wo sie selbst besonders gefährdet waren. Zugleich konnte man die Unerwünschten – Auslöser von Antisemitismus für die einen, Gefahr einer fünften Kolonne für andere – aus den Städten herausnehmen und besser kontrollieren. Ausserdem wurden die Arbeitslager aus dem Militärkredit finanziert und erschienen so den Steuerzahlern nicht als Subventionierung der Flüchtlinge. Der Beschluss des Bundesrats wurde deshalb von den Hilfswerken, auch vom jüdischen, einhellig und lebhaft begrüsst. Während von den Flüchtlingen viele – insbesondere solche, die die deutschen Konzentrationslager aus eigener Erfahrung kannten – gar nicht begeistert waren, äusserten andere ihre Zustimmung. Manche hatten bereits zur Zeit der Mobilmachung ihre Bereitschaft erklärt, sich freiwillig für die Schweizer Behörden und Bevölkerung einzusetzen. Auch der Schriftsteller Abraham Halbert, dessen deprimierende Verhältnisse wir bereits kennen gelernt haben, meldete sich bei seiner Betreuerin Boritzer, als er von den Arbeitslagern erfuhr. Für den Strassenbau sei er zwar zu alt, aber er könnte seine «organisatorischen und propagandistischen Kräfte vielleicht in den Dienst der Arbeit stellen. Wollen Sie darüber nachdenken und mit mir darüber sprechen. Ich habe doch weiss Gott grosse Betriebe hoch gebracht – warum soll ich jetzt bei lebendigem Geist verfaulen? Ich will nicht weiter Bettler spielen! Ich will auch kein unbequemer Emigrant sein, verstehen Sie mich, bitte!»[8]

Im VSIA hatte man seit der Flüchtlingswelle aus Österreich auf einen eidgenössischen Arbeitsdienst gehofft. Die Regierung zögerte jedoch lange; noch im Januar 1940 hatte Bundesrat Johannes Baumann eine entsprechende Forderung der SZF abgelehnt. Den Gesinnungswandel bewirkt haben dürften schliesslich – neben der düsteren Finanzperspektive aller Hilfswerke und der Unmöglichkeit der Weiterwanderung – militärische und ökonomische Überlegungen, die durch den Krieg bedingt waren: Bereits im September 1939 zeigte sich die Armee beunruhigt über die zu Hunderten in der Grenzstadt Basel lebenden jüdischen Flüchtlinge – man schätzte diese wohl als innere Gefahr, als potenzielle Spione ein. Und als Folge der allgemeinen Mobilmachung fehlten nun in der Schweiz Arbeitskräfte, so dass die Dienste der Flüchtlinge erwünscht waren, zunächst für den Strassenbau und ab November 1940 für die Landesversorgung.[9]

Die Hilfswerke hatten noch im Herbst 1939 gehofft, sie könnten die angekündigten Arbeitslager selbst leiten – nach eigenen Kriterien und indem sie ihre eigenen Erfahrungen mit den Emigranten nutzen würden. Der Bundesrat übertrug diese Aufgabe jedoch der *Zentralleitung für Arbeitslager (ZL)*, die er wiederum der *Eidgenössischen Polizeiabteilung* unterstellte. Damit war die ZL, obgleich eine private Institution, vollkommen von deren Direktiven abhängig. Das Lagerleben wurde in der Folge von Anfang an von dem Geist geprägt, der in Rothmunds Amt höchsten Stellenwert besass: vom Geist der Ordnung und Disziplin. Auch wenn die Hilfswerke kein Mitbestimmungsrecht erhielten, wollten die Behörden dennoch nicht auf ihre Dienste verzichten: Sie mussten für die persönliche Ausrüstung und Bekleidung der Flüchtlinge aufkommen, für deren Urlaubsspesen und Taschengelder und für gewisse Arztkosten – Auslagen, die eine beträchtliche Belastung bedeuteten, so dass einzelne Hilfswerke auf diese Vorgaben der Behörden mit Unmut reagierten. Hinzu kam, dass in dieser Phase, die erst mit der Fluchtbewegung von 1942 enden sollte, nur ein kleiner Bruchteil ihrer Schützlinge in die Lager eingewiesen wurde. Im Jahr 1940 betraf es beispielsweise beim VSIA nur etwa ein Siebtel der Flüchtlinge, die er damals unterstützte. Für den Unterhalt derjenigen Schützlinge, die «frei lebten» (wie man es damals nannte), war der VSIA weiterhin allein zuständig, ebenso wie die anderen Hilfswerke auch.[10]

Die Arbeitslager gerieten schon nach kurzer Zeit unter massiven Beschuss – auch durch Juden, seit Anfang 1941 zudem durch die Presse: Die Emigranten würden, monierte man, unbesehen ihrer tatsächlichen Fähigkeiten für die harte körperliche Arbeit eingezogen, teilweise, etwa bei Musikern, mit schädlichen Folgen für ihre spätere Berufslaufbahn. Die Kriterien der Einweisungen seien unklar: Beispielsweise würden auch Studenten, die gar nicht als Emigranten eingereist seien, aufgeboten, oder Lehrlinge mit einer Stelle oder bemittelte Personen, die sich selbst erhalten könnten, oder Betagte, die für körperliche Arbeiten zu schwach seien. Die Lagereinweisung behindere die Ausbildung oder die Weiterwanderung der Flüchtlinge. Der Tagessold von nur einem Franken, wovon ein Viertel für die Emigration zurückbehalten wurde, sei zu niedrig. Der gewährte Urlaub sei zu kurz, die Lagerordnung mit ihren Ausgangsbeschränkungen, der Briefzensur und den Strafmassnahmen zu rigide; ausserdem würden die Insassen wie Sträflinge behandelt. Es sei allen Beteiligten völlig unklar, wie lange die Einweisung dauere, was sich auf die Insassen lähmend auswirke und zu einer Art «Lagerpsychose» führe. Gewisse Lagerleiter seien überfordert und verhielten sich ungeschickt, schikanös oder gar antisemitisch usw. Später, als die ab Sommer 1942 zu Tausenden ankommenden Flüchtlinge wiederum in Lager gesteckt wurden, sollte sich die Kritik nochmals wiederholen – um weitere Punkte vermehrt, wie wir sehen werden. Die Hilfswerke – auch der VSIA und der SIG – bemühten sich bei der ZL und den Behörden ständig um Korrekturen der Missstände, waren aber nur in einzelnen Punkten, kaum jedoch in prinzipiellen Dingen erfolgreich. In monatelangen Verhandlungen erreichte der Gemeindebund immerhin, dass im November 1940 ein erstes rituell geführtes

Lager eingerichtet wurde, das orthodoxen Juden die Respektierung des Sabbats und der Speisegebote erlaubte.[11]

Die Verantwortlichen im VSIA und SIG räumten ein, dass die Arbeitslager viele Mängel aufwiesen, verteidigten sie jedoch trotzdem vehement und baten um Nachsicht für die Behörden, die, so Saly Mayer, nur gute Absichten verfolgten. Neben den seelischen und moralischen Vorteilen für die Flüchtlinge und den finanziellen für das Hilfswerk, die die Verteidiger nun als Argumente wiederholten, sahen sie weitere: Die körperliche Tätigkeit würde die Emigrationschancen für die künftigen Kolonisten erhöhen, sie wirke erzieherisch, verschaffe Anerkennung bei den zivilen und militärischen Behörden, finde den Dank der massgebenden Kreise in den USA und verbessere das Verhältnis der Juden, auch der einheimischen, zur nichtjüdischen Bevölkerung, indem sie das Bild der Juden als «nicht arbeitender Bevölkerungsteil» (Mayer) korrigiere. Die wegen der Arbeitslager kritisierten Behörden versäumten es ihrerseits nicht, auf die Zustimmung der Hilfswerke zu verweisen. So erklärte der neue Vorsteher des EJPD, Bundesrat Eduard von Steiger, am 23. Februar 1941 öffentlich, die «jüdischen Hilfsorganisationen selbst» hätten zur Beschäftigung der Emigranten die Lager empfohlen. Dafür, dass er nur die «Empfehlung» der Juden erwähnte und die gleich lautende Haltung der anderen Hilfswerke unterschlug, gab es keinen objektiven Grund.

Durch ihre Verteidigungsreden und die organisatorische und finanzielle Einbindung des VSIA in den gesamten Lagerbetrieb – Einweisung, Teilfinanzierung, fortgesetzte externe Betreuung – kamen die jüdischen Repräsentanten selbst unter Beschuss. Zwar lagen die entscheidenden Verantwortlichkeiten und Kompetenzen bei der ZL und den Behörden. Doch es half wenig, dass Silvain S. Guggenheim betonte, die Flüchtlingsfrage in der Schweiz sei «kein ausschliesslich jüdisches Problem» und nur zwei Drittel der «Arbeitsdienstler» würden durch sein Hilfswerk gestellt. Ironisch monierte er, aufgrund der auch in jüdischen Kreisen heftig geäusserten Kritik könne man meinen, die Einführung der Arbeitslager sei durch den SIG und den VSIA beschlossen worden; er möchte aber daran erinnern, dass weder Saly Mayer noch er im Bundesrat sässen.[12]

Panik im Mai 1940

Es ist der 10. Mai 1940. Einen Monat nach seinem Einfall in Dänemark und Norwegen greift Deutschland mit Belgien und Holland zwei weitere Kleinstaaten an. Erschrocken gewahrt die Schweizer Bevölkerung, in diesen Tagen ununterbrochen mit einem Ohr am Radio, wie die Deutschen von Sieg zu Sieg eilen und auch die Neutralen nicht verschonen. Am selben Tag mobilisiert der Bundesrat zum zweiten Mal die Armee. In der Nacht auf den 15. Mai scheint

Angesichts des befürchteten Einmarschs der Deutschen in die Schweiz im Mai 1940 versuchen viele Einheimische, wie hier in Zürich, ihre Ersparnisse bei der Bank einzulösen. (Keystone)

dann ein Angriff auch auf die Schweiz unmittelbar bevorzustehen – ein deutsches Täuschungsmanöver, wie sich später herausstellen wird. In Panik flüchten massenhaft Bewohner der nördlichen Grenzkantone Richtung Süden, mit voll bepackten Autos die Wohlhabenden, in überfüllten Zügen die anderen.[13]

Die einheimischen Juden sind sich ihrer besonderen Gefährdung nur zu bewusst. In begüterten Familien ist die Auswanderung ein häufiges Thema, einige wenige sind unterdessen tatsächlich nach Übersee emigriert, die meisten jedoch im Land geblieben. Bereits im März 1939 hatte ein Delsberger Jude dem Gemeindebund vorgeschlagen, für den Fall einer Katastrophe einen Fonds zu bilden, damit die Schweizer Juden auf ihrer Flucht nicht als Mittellose der Welt zur Last fallen würden, wie sie das seit Jahren bei ihren ausländischen Glaubensgenossen beobachten mussten. Der Gemeindebund überliess es jedoch den Individuen und Einzelgemeinden, Vorsorgemassnahmen zu treffen.

In der Panik vom Mai 1940 reist ein Teil der jüdischen Bevölkerung ins Welschland, in die Innerschweiz oder ins Berner Oberland. Andere harren aus. Die Koffer sind vielerorts gepackt; Saly Mayer hat die wichtigsten Papiere immer neben seinem Bett liegen; gerade die Prominenteren müssen damit rechnen, dass sie von den Deutschen sogleich abgeholt werden; einige, die sich nicht lebendig ergeben wollen, haben sich für diesen Fall Gift beschafft. Es würde die Schweizer Juden nicht beruhigen, wenn sie wüssten, wie sie der *Sicherheitsdienst (SD) des Reichsführers SS* bereits ausspioniert und aktenmässig erfasst hat – geleitet von abstrusen Vorstellungen über ihre Macht und Verbindungen.[14]

Angst, Desorganisation und hektische Notmassnahmen auch bei den jüdischen Organisationen: Die Gemeinden sind vielfach führungslos, ihre Vorstände wegen der Abwesenheiten beschlussunfähig. Einige Gemeinden bringen ihre Kultusgegenstände und heiligen Schriften in die Westschweiz. Da teilweise auch die Rabbiner und Kultusbeamten flüchten, machen die Gottesdienste an diesem Wochenende auf die Zurückgebliebenen einen trostlosen, beklemmenden Eindruck. Besonders prekär ist die Situation beim jüdischen Hilfswerk: Um bei einem Einmarsch mit der Zentralkasse anderswo einsatzbereit zu bleiben, nimmt in Zürich eine Mitarbeiterin seit Tagen das Geld jeden Abend mit nach Hause, begleitet von zwei kräftigen Flüchtlingen, die sie am nächsten Morgen wieder abholen. Grösste Aufregung und Nervosität herrschen unter den Flüchtlingen, besonders in den Grenzregionen, wo der VSIA schon vor Monaten von einer «Angstpsychose» gesprochen, aber die diskutierten Evakuierungen nie durchgeführt hat, auch auf Abraten der Behörden, die die Flüchtlinge diesbezüglich nicht anders behandeln wollten als die Einheimischen, die sonst verstimmt würden. Angst verbreitet sich auch im Landesinnern, etwa in Zürich. «Was soll geschehen, wenn der Wolf, der jetzt die Welt verwüstet, hier einbricht?», schreibt Abraham Halbert an Boritzer. «Als Verfasser der bewussten Stücke habe ich kaum Schonung zu gewärtigen. Soll ich still abwarten?»

Als die geflüchtete Bevölkerung nach wenigen Tagen zurückkehrt, schlagen ihnen von Seiten der Daheimgebliebenen heftige Vorwürfe, Verachtung und Empörung entgegen. Auch in den jüdischen Gemeinden. In der *Israelitischen Cultusgemeinde Zürich* will man den Rabbiner Zvi Taubes und weitere Beamte, denen man «feiges und pflichtvergessenes Verhalten» vorwirft und zu denen man das Vertrauen verloren hat, zunächst gar entlassen.[15]

Das Centralcomité des SIG trifft sich am 21. Mai. Es beschliesst, eine Exekutive zu bilden, die nur noch aus dem Präsidenten Saly Mayer und den beiden Vizepräsidenten Saly Braunschweig und Pierre Bigar besteht. Alle drei stattet man mit Generalvollmachten aus, so dass im Notfall jeder allein im Interesse des SIG entscheiden und handeln kann. Bigar übernimmt zudem nun die Kasse. Die Zukunft wird zeigen, dass diese Massnahmen die Geschäftsleitung faktisch ausser Kraft setzen und alle Macht im neuen Gremium konzentrieren. Ein Vollmachtenregime, das nicht den Statuten entspricht. Zudem wird der Antrag von Silvain S. Guggenheim eingebracht, der nicht einmal dem CC angehört und nur als Gast der Sitzung beiwohnt – offenbar lässt die alarmierte Stimmung juristische oder politische Bedenken erst gar nicht aufkommen. Weiter beschliesst man, den Sitz und das Archiv des SIG vorläufig nach Lausanne und die Kasse nach Genf zu verlegen. Der VSIA hat bereits am Vortag entschieden, einen Teil der Büros und

Pierre Bigar, einer der wenigen Freunde von Saly Mayer, übernahm im Mai 1940 die Kasse des Gemeindebunds. (Privatbesitz, E. Bally)

die Zentralkartei nach Lausanne zu transferieren, und auch die JUNA hat ihr Archiv schon nach Genf verschickt. Laut Mayer erfolgt der Ortswechsel von SIG und VSIA sogar «auf Anordnung aus dem Bundeshaus».

Die Veränderungen sind auch personell bedeutsam: Das Exekutivmitglied Bigar ist ein sehr konservativer, behördentreuer Mann, was vielleicht Mayers Affinität zu ihm begründet, zu dessen einzigem Vertrauten im SIG er sich bald entwickeln wird. 1889 im elsässischen Colmar geboren, wuchs Bigar in der Schweiz auf, wo sich schon seine Eltern hatten einbürgern lassen. Er besass in Genf ein Hotel und vor allem ein grosses Warenhaus, zog sich aber schon früh aus dem Geschäftsleben zurück. Ab Juni 1942 wird er für fast zwei Jahre vollzeitlich das Amt für Kriegswirtschaft des Kantons Genf leiten – auf eigenen Wunsch ohne jede Entlohnung, was so ungewöhnlich ist, dass es landesweit für öffentlichen Gesprächsstoff sorgt und die Fröntler zu hinterhältigen Kommentaren veranlasst. In der neu gebildeten SIG-Exekutive fehlen hingegen die zwei übrigen Mitglieder der bisherigen Geschäftsleitung: Alfred Goetschel und Georg Guggenheim. Goetschel, der bis jetzt die Kasse geführt hat, ist ein effizienter Pragmatiker, bürgerlich-konservativ eingestellt. Er war ursprünglich Viehhändler und gehört inzwischen zu den führenden Schweizer Fleischimporteuren (die seit Kriegsbeginn massiv darunter leiden, dass der Fleischimport gestoppt und der Handel mit Schlachtvieh durch ein Staatsmonopol ersetzt worden ist). Zugleich steht er seit 1938 der Gemeinde Basel vor, aus der hin und wieder kritische Stimmen zur politischen Linie des Gemeindebunds zu vernehmen sind. Und mit Georg Guggenheim wird der unabhängigste, aber auch streitbarste Kopf des Centralcomités aus dem engeren Machtzirkel eliminiert. Der Zürcher Jurist ist ausgerechnet bei dieser entscheidenden Sitzung wegen seiner militärischen Dienstpflicht verhindert, so kann er sich auch nicht dagegen wehren, dass man – ebenfalls statutenwidrig – gleichzeitig das Amt des Aktuars abschafft, das er selbst innehat. Er ist zuvor nicht einmal konsultiert worden, was ihn nachhaltig verletzt. Die Errichtung der Dreierexekutive führt somit nicht nur eine fast diktatorische Führungsstruktur ein, sie verstärkt auch personell Mayers Linie.

Es passt ins Bild, dass man in der gleichen Sitzung einstimmig den schon erwähnten Beschluss fällte, «gerade jetzt» auf ein Subventionsbegehren beim Bund zugunsten der Flüchtlingshilfe zu verzichten.[16]

Lähmung und Desorientierung in der Schweiz: Zerreissprobe im SIG

Belgien erobert; die Alliierten in mehreren Schlachten vernichtend besiegt; das als unüberwindbar geltende Frankreich überrannt; Paris kampflos besetzt; die politische Landkarte Westeuropas über den Haufen geworfen; Italien ebenfalls Kriegspartei an deutscher Seite; die Schweiz von den Achsenmächten fest umschlossen: Die Schweizer Bevölkerung war seit Mai 1940 schockiert, gelähmt, desorientiert – aber der Bundesrat schwieg beharrlich, sieben Wochen lang. Es breiteten sich defätistische und verschwörerische Tendenzen aus, Bewegungen, die eine innere Erneuerung hin zu einer autoritären Demokratie forderten oder Anpassung an das neue Europa oder unbedingten Widerstand – oder alles in einem. Eine Radioansprache des freisinnigen Bundespräsidenten Marcel Pilet-Golaz, der als Nachfolger des verstorbenen Motta zugleich Aussenminister war, trug nichts zur Klärung bei. Im Gegenteil. Er sprach am 25. Juni, drei Tage nach dem Waffenstillstand zwischen Frankreich und Deutschland, vage von «innerer Wiedergeburt», von einer erforderlichen «Anpassung an die neuen Verhältnisse» und kündigte die partielle Demobilisierung der Armee an. Ausgerechnet jetzt. Würde die Regierung das Land einem Angreifer kampflos übergeben wollen? Die Rede liess es offen. – Die Schweiz befand sich in ihrer grössten Krise seit dem Generalstreik von 1918. Eine tief verunsicherte Gesellschaft, die den Zusammenbruch befürchtete.[17]

Anlass genug für einen Beamten der *Eidgenössischen Polizeiabteilung* – vermutlich einmal mehr Max Ruth, der schon auf die Nürnberger Gesetze pflichteifrig reagiert hatte –, sich in einem Memorandum ohne Verfasserangabe Gedanken über die Bevölkerungspolitik im «Neuen Europa» zu machen: Welche Absichten werden die Deutschen wohl verfolgen, fragte er sich. Wird man selbst in Zukunft an der Überfremdungsabwehr festhalten können? Wird Deutschland aus der Schweiz einen «Abfallkübel» machen und die Juden und politisch Unerwünschten abschieben wollen? Dies wäre das Schlimmste, meinte der Schreiber – man werde Deutschland sagen müssen: «Eure ungefreuten Leute wollen wir nicht, auch wenn sie bloss für Euch ungefreut sind. Soweit wir für Euch (und meist auch für uns) ungefreute Leute haben, helft uns sie abschieben.» Es begegnet uns in diesem Elaborat die typische Geisteshaltung eines Kollaborateurs, wie ihn Jean-Paul Sartre analysiert hat: Er betrachtet die Ereignisse im Lichte der Zukunft, als wären sie bereits Vergangenheit, und verschleiert so, dass sie unerträglich sind. Statt die unerträgliche Realität zu bekämpfen, fügt er sich dem, was er für vollendete Tatsachen hält, und «statt die Tatsache im Lichte des Rechts zu beurteilen, gründet er das Recht auf die Tatsache». – Zu weiter gehenden Überlegungen und Entwürfen für ein Schweizer Judengesetz, dies sei hier erwähnt, findet man in den Archiven jedoch keine Spuren.[18]

Unterdessen schrieb Regina Boritzer dem Halt suchenden Abraham Halbert: «Die Verhältnisse sind für uns jetzt ungeheuer schwierig geworden, schwieriger, als ich es Ihnen schildern kann und darf». Die jüdischen Verantwortlichen waren paralysiert, verängstigt; sie witterten ein unaufhaltsames Fortschreiten des Antisemitismus, berechneten Rückwirkungen der Ereignisse auf ihre eigene Situation, antizipierten die kritisch prüfenden Blicke der Umwelt auf ihr Verhalten. Am 25. Juni, nur Stunden nach der Radioansprache Pilet-Golaz', versammelte sich das Centralcomité, ergänzt durch Männer der im Gremium nicht vertretenen Gemeinden, zu einer langen und emotionalen Sitzung.[19] Man befinde sich «in einer Zeit der Umwälzung», Gefahr drohe nicht allein von aussen, sondern auch von innen, erklärte Präsident Mayer in seiner einleitenden Lageanalyse. Zweck der Sitzung sei es, Panik zu vermeiden und vorbeugende Massnahmen zu treffen, wobei die Frage der Flüchtlinge von grosser Bedeutung sei. Tatsächlich drehten sich die Diskussionen an diesem Nachmittag fast ausschliesslich um dieses Thema, genauer: um die weitere Finanzierung des jüdischen Hilfswerks, die nur noch für den kommenden Monat gesichert war.

Die einzelnen Vertreter berichteten, mit wie viel Geld aus ihren Gemeinden bei der anstehenden Sammlung zu rechnen sei – und kamen auf eine Summe, die nur für die nächsten vier Monate ausreichen würde. Die Männer erklärten ihre geringen Erwartungen damit, dass die Spendenfreudigkeit der Gemeindemitglieder wesentlich gedämpft sei durch die eigene unsichere Lage und durch neue Verpflichtungen zur Unterstützung von Verwandten, nun nicht mehr allein in «Grossdeutschland», sondern auch in Frankreich, insbesondere im Elsass. Auf diese Einschätzungen reagierten die massgeblichen Leute konsterniert und tief enttäuscht. Der VSIA werde sein Mandat für die Flüchtlingshilfe an den Gemeindebund zurückgeben, verkündete Silvain S. Guggenheim. Auch er werde die Konsequenzen ziehen und von seinem Amt zurücktreten, drohte Mayer. Es schien ihnen beiden vollkommen undenkbar, dass der SIG zu diesem Zeitpunkt vom Bund Subventionen verlangen würde. Beide vertraten seit längerem die Ansicht, dass sich die Juden mit ihrer Flüchtlingshilfe Anerkennung verschafft hätten und auf keine andere Weise ihre Emanzipation besser verteidigen könnten.[20] Ein nachlassender Einsatz hatte nach dieser Logik den gegenteiligen Effekt, wobei Mayer zuerst an die Behörden dachte: Es wäre «beschämend, im Bundeshaus bekennen zu müssen, [...] dass Schweizerjuden ihr Schweizertum nicht höher einschätzen». Man könne unmöglich mit einem negativen Ergebnis vor den Chef der Fremdenpolizei treten. «Es scheint, nachdem man der grössten Gefahr entronnen sei, sei man zu Opfern nicht mehr bereit, was sich als Schäbigkeit ausnimmt. Man könne sich vorstellen, dass das, was man verhindern wollte, nun geschehen könne, d. h. dass ein Druck auf die Juden erfolgen würde. Es könnte z. B. eine grundlegende Änderung im bisherigen Verkehr mit den Behörden eintreten, der nicht ein Parteienverkehr, sondern einer zwischen Partnern war.» Der SIG-Präsident warnte also, um das vage Protokoll auszudeuten, vor der Einführung einer Zwangsmassnahme gegen die Juden: vor einem vielleicht «angestrebten Judengesetz», wie er laut einer anderen Quelle sagte.[21] Der neue Kassierer Pierre Bigar hatte schon vorher ins gleiche Horn gestossen und an einem Beispiel gezeigt, «dass es besser ist, freiwillig und im Voraus zu leisten, was man später gezwungen werden könnte zu tun, und zwar in höherem Betrage».

Angst hatten die Spitzenleute auch vor den negativen Reaktionen in der Bevölkerung: «Es würde sofort Antisemitismus entstehen, wenn der Bund die Flüchtlingshilfe übernehmen müsste», war Bigar fest überzeugt. Er verwies in der Diskussion gleich zwei Mal darauf, dass eben die ansässigen Juden zur Hälfte Ausländer seien, die keinen militärischen Grenzdienst leisten müssten und stattdessen weiterhin ihren Geschäften nachgehen könnten. Deshalb würden Bundessubventionen für die Juden Anstoss und Aufsehen erregen – umso mehr, als auf zehn einheimische Juden doch «nur» ein einziger zu unterstützender Flüchtling komme und die verlangte Jahresspende im Durchschnitt «nur» hundert Franken ausmache. Diese Argumentation traf sich mit einer Warnung von berufener Seite, die im Sitzungsprotokoll nur gestreift, andernorts aber mehrfach deutlich referiert wird: Sie seien mehr denn je der Ansicht, hatten die Behörden und offenbar vor allem Rothmund den Juden erklärt, dass man unter allen Umständen eine öffentliche Diskussion der Emigranten- und Judenfrage vermeiden müsse – wozu aus der Sicht der Akteure staatliche Beihilfen unweigerlich geführt hätten.[22]

Bigar forderte stattdessen ein Vierpunkteprogramm: Bezahlen sollen erstens die Schweizer Juden, damit sie sich als Schweizer fühlen dürften, zweitens die ausländischen Juden, damit sie hier bleiben dürften, drittens die ins Ausland gezogenen Schweizer Juden, damit sie zurückkehren dürften, und viertens die wegziehenden ausländischen Juden, damit auch sie einmal hierher zurückkehren dürften. Kurz, alle Juden sollten zahlen – nur von einer Verpflichtung der Nichtjuden war keine Rede. Und niemand widersprach. Der einzige Sitzungsteilnehmer, der dafür plädierte, Bundesbeiträge einzufordern, war der als Gast anwesende Paul Dreyfus-de Gunzburg. Und der Einzige, der die Flüchtlingsfrage als sekundär bezeichnete und damit implizit daran zweifelte, dass die automatische und alleinige Fokussierung auf dieses Thema das Problem der eigenen Gefährdung löse, war der Berner Georges Brunschvig. Aber auch er glaubte, die Flüchtlingshilfe würde dazu beitragen, «dass wir unsere Heimat behalten können».

Die Versammlung endete ohne besondere Vorkommnisse, allerdings auch ohne Beschluss – laut offiziellem Protokoll. Alfred Goetschel berichtete hingegen seiner Gemeinde, «schwerwiegende Demissionen» hätten nur dadurch vermieden werden können, dass man die Diskussion auf Anfang Juli vertagt habe. Eine solche Fortsetzung ist jedoch nirgends dokumentiert. Stattdessen riefen die Leitungen von SIG und VSIA bereits zu diesem Datum zu einer neuen Sammlung auf, betonend, dass die «Flüchtlingshilfe gerade jetzt unter allen Umständen aus eigenen, jüdischen Kräften weitergeführt werden» müsse. Auch die Behörden hätten dringend davon abgeraten, jetzt an sie Ansprüche zu stellen – nicht aus finanziellen, sondern aus psychologischen und politischen Erwägungen, die im jüdischen Interesse lägen. Es gelte, die durch die bisherigen Leistungen erworbene Position unter allen Umständen zu halten und zu vermeiden, dass «Zwangsmassnahmen ins Auge gefasst werden müssten».[23] – Müssten! Offenbar fiel keinem der Unterzeichner des Aufrufs auf, dass sie damit indirekt eine Judensteuer als Antwort auf ein angeblich jüdisches Versagen legitimierten. War es ihnen so selbstverständlich geworden, dass sie als Juden ihre Sicherheit und rechtliche Gleichheit nur mit fortwährender Sonderleistung erkaufen konnten?

Im Herbst 1940 fasste die Schweizer Bevölkerung allmählich wieder Vertrauen in ihre Institutionen, wobei hierzu die unterdessen erfolgreich gewordene militärische Abwehr Grossbritanniens indirekt einen wesentlichen Beitrag geleistet haben dürfte. Im Bewusstsein der Schweizer und Schweizerinnen verkörperte nun vor allem General Henri Guisan, den sie seit dem Sommer von einer fast sakralen Aura umgeben sahen, den Widerstandswillen der Nation. Damit wurde das Fundament für einen militärischen Mythos gelegt, der für viele Jahrzehnte verdecken sollte, dass die Schweiz ohne ihre wirtschaftliche Verflechtung und Kooperation mit Deutschland, die sich seit 1940 intensivierten, den Krieg kaum so schadlos überstanden hätte.

Pilet-Golaz' vieldeutige Junirede fand am 10. September 1940 eine eindeutige Interpretation, nachdem drei Frontenführer, die von ihm empfangen worden waren, in einem unautorisierten Communiqué hatten durchblicken lassen, dass sich der Bundesrat ihrem Erneuerungsprogramm angeschlossen habe. Auch im Gemeindebund war man empört – und beunruhigt. Überhaupt schien inzwischen bei den Juden der Pessimismus eher noch gewachsen zu sein. Jedenfalls beobachtete Saly Mayer Ende November 1940 mit Sorgen, wie «auch neutrale und uns sogar wohlgesinnte Kreise» begännen, in den Emigranten und den Juden überhaupt eine Gefahr zu sehen; die Arierparagraphen verschiedener Länder hätten eben ihre Auswirkungen. Immerhin sei den Juden versichert worden – wohl durch die Schweizer Bundesbehörden –, «dass neben den in der Presse veröffentlichten Bedingungen» in internationalen Abkommen keine antijüdischen Vorbehalte eingeräumt worden seien. Wie gross die Verunsicherung war, verdeutlichte die Generalversammlung des VSIA im folgenden März, in der Silvain S. Guggenheim eine im Monat zuvor erfolgte Erklärung des Bundeshauses besonders hervorhob, in der es hiess, «dass die Schweiz eine Ausnahmegesetzgebung unter allen Umständen ablehne». Und Mayer unterstrich auf der gleichen Veranstaltung die glückliche Tatsache, dass man heute überhaupt habe zusammenkommen können. Beides verstand sich also – freilich nicht nur aus innenpolitischen Ängsten – nicht von selbst.[24]

Die Nächsten in Not: Hilfe für Gurs

Ende Oktober 1940 schreibt die 27-jährige Jüdin Marie Grunkin ihrer Schwester Rosa, die in die Schweiz geheiratet hat und nun in Riehen bei Basel wohnt: «Heute sind es acht Tage her, dass wir von zu Hause weg sind. Wir sind in Südfrankreich in einem Lager in der Nähe der spanischen Grenze.» Sie und ihre Mutter Fanny seien leider nicht mit dem Bruder Seppi zusammen, da man Frauen und Männer getrennt habe. «Mama geht es gar nicht gut und ich befürchte das Schlimmste, sollte nicht bald eine Änderung eintreten.» Sie bräuchten dringend warme Kleider, Lebensmittel und etwas Geld. – Das ist das erste Lebenszeichen, das Rosa von ihrer Familie erhält, nachdem diese von einer Stunde auf die andere verschwunden ist. Bis zu diesem Zeitpunkt lebten die Grunkins in der süddeutschen Stadt Lörrach, sie hatten seit Jahren erfolglos versucht, von den helvetischen Behörden eine Einreisebewilligung für die Schweiz zu erhalten.[25]

Am 22. Oktober 1940, es war Laubhüttenfest, wurden in einer von langer Hand geheim vorbereiteten Aktion die 6500 Juden der Gaue Baden und Saarpfalz nach Gurs deportiert. Den Festgenommenen blieb kaum Zeit, um das Notwendigste zu packen – erlaubt waren ein Koffer von fünfzig Kilo und maximal hundert Reichsmark –, schon warf man sie unter den Augen der passiv bleibenden Bevölkerung auf Lastwagen und dann in Sonderzüge, die nach zwei Reisetagen, qualvoll für die Insassen, in einer unwirtlichen Gegend am Fusse der Pyrenäen ankamen. – Während in der Schweiz die nichtjüdische Tagespresse in ein «unheimliches Schweigen» verfiel, wie das *Israelitische Wochenblatt* mehrfach konstatierte, berichteten die jüdischen Zeitungen ausführlich von den Vorgängen. Zudem schickten die Unglücklichen sogleich zahlreiche Postkarten und Briefe aus dem Lager, so dass sich die Schweizer Juden schon Anfang November 1940 ein Bild von den Zuständen machen konnten: Die Deportierten waren Gefangene in einer von Stacheldraht umzäunten Barackensiedlung, die für ihre Beherbergung in keiner Weise eingerichtet war – der Boden Morast, die hygienischen Verhältnisse fürchterlich, die Behausungen ohne Fenster und überfüllt. Die Menschen litten unter Hunger und Kälte, Epidemien und Ungewissheiten. Es war zum Verzweifeln, und die Todesrate stieg dramatisch. Eine Katastrophe, die vom Vichy-Regime, das sich höchst unwillig zeigte über die ungefragte Aufbürdung dieser Juden, vorsätzlich in Kauf genommen wurde.[26]

Die neuen Nachrichten trafen die Juden in der Schweiz genauso unerwartet wie damals diejenigen über die «Reichskristallnacht», aber diesmal waren auf einen Schlag Tausende eigene Verwandte betroffen, denn sehr viele einheimische Westjuden stammten selbst aus dem nun «judenrein gesäuberten» Gebiet. Das machte das Leid noch nachfühlbarer, erschütternder und bedrohlicher, und die jüdischen Institutionen der Schweiz wurden von den Betroffenen bestürmt, zugunsten der Abgeschobenen Hilfsmassnahmen zu ergreifen. Schon in der zweiten Novemberwoche mussten SIG und VSIA erregte Vorwürfe hören, sie unternähmen zu wenig. Tatsächlich verzichtete der Gemeindebund auf Protestmassnahmen – anders als die *Reichsvereinigung der Juden in Deutschland*, die weitaus exponierter war.[27] Die kritisierten Leiter zweifelten indessen nicht etwa an der Notwendigkeit von Hilfe, sondern sahen sich vielmehr in einem zwar nicht neuen, aber nun ausweglos scheinenden Dilemma gefangen:

Eigentlich galt es für das Schweizer Judentum als traditionelle Verpflichtung, Not leidenden Glaubensgenossen im Ausland zu helfen. Besonders wichtig war – nicht erst seit Beginn der Nazi-Ära – die Solidarität mit Osteuropa; sie ging hauptsächlich von in kleinen Hilfsvereinen organisierten Ostjuden aus, die verwandtschaftliche Bindungen zu den Elendsgebieten hatten. Der Handlungsbedarf war noch einmal gestiegen, nachdem Deutschland im September 1939 Polen erobert hatte und nun die systematische Pauperisierung – ab 1940 auch Ghettoisierung – der Juden betrieb. Der Gemeindebund hatte sich zuvor, auch noch nach 1933, mit kleineren Beiträgen oder mit Spendenappellen an jener Hilfe beteiligt. Die Solidarität mit dem Ausland geriet jedoch aus zwei Gründen bald in Konkurrenz zu den Finanzbedürfnissen für die eigene Flüchtlingshilfe: Zum einen verfügte man selbst nur über beschränkte Mittel, Ressourcen für weitere Aufgaben neben der Unterstützung des VSIA fehlten. Zum anderen war der Kreis der potenziellen Spender äusserst klein und für alle jüdischen Anliegen derselbe; mit einer Häufung von Sammelaktionen gruben sich die Initiatoren gegenseitig das Wasser ab. Diese Problematik hatte sich einmal mehr im Herbst 1939 gezeigt, als der SIG von Ostjuden aus Zürich zur dringend nötigen Hilfsaktion für Polen aufgefordert worden war, wo er doch selbst nicht einmal wusste, wie er das Geld für den VSIA aufbringen sollte. Würde man zudem nicht riskieren, dass der Joint seine Unterstützung aufkündigte mit dem Argument, man könne sich ja sogar Auslandshilfen leisten? Der Gemeindebund zögerte zunächst, erklärte sich aber schliesslich dennoch einverstanden mit einer Sammelaktion unter seiner Ägide, die sich allerdings auf ostjüdische Spender beschränken sollte.[28]

Nach der Oktoberdeportation stand er vor dem gleichen Dilemma. Die Flüchtlingssammlung war noch nicht abgeschlossen, die Polenaktion ebenso wenig. Das Geld fehlte noch immer. Der VSIA sah sich nicht einmal in der Lage, die Kautionen aufzubringen, die 150 bereits in die Schweiz geflüchteten Männern erlaubt hätten, ihre Familien nachkommen zu lassen. Und der Erhalt der Joint-Beiträge war unsicherer denn je, vielleicht wurden sie bald ganz eingestellt. Saly Mayer argumentierte zudem mit der neuen Sorge, dass später auch der Bund etwaige Subventionen mit Verweis auf die jüdische Fähigkeit zu Auslandsaktionen ablehnen könnte. Es stand für die Oberen des SIG deshalb von Anfang an fest, dass weder eine grössere Hilfsaktion aus eigenen Mitteln noch eine Geld- oder Naturaliensammlung in Frage kamen; stattdessen musste die Unterstützung ausschliesslich von den Verwandten selbst geleistet werden. Was der SIG anbieten konnte, waren technische und organisatorische Dienste. Immerhin spendete er dem IKRK sofort 5000 Franken für Medikamentensendungen; zudem bewilligte er für den Notfall vorsorglich einen einmaligen Kredit von 20000 Franken, der allerdings nie voll ausgeschöpft werden sollte. Die organisatorische Leitung der Hilfe wurde dem CC-Mitglied Armand Brunschvig übertragen, der dafür sogleich sein eigenes Büro zur Verfügung stellte. Der Genfer ist uns bereits im Zusammenhang mit öffentlichen Protesten gegen die NS-Politik begegnet, zu denen er den SIG 1933 und 1935 – freilich ohne Erfolg – aufgefordert hatte. Obwohl er eine eigene kleine Krawattenfabrik führte, widmete er einen beträchtlichen Teil seiner Zeit der jüdischen Sache. Er besass gute Verbindungen nach Frankreich, die ihm nun bei seiner engagierten Arbeit nützlich werden konnten. Seine Zentralstelle wurde überdies dem *Committee for Relief of the War-Stricken Jewish Population (RELICO)*, einer Hilfsabteilung des *Jüdischen Weltkongresses*, angegliedert. Der Gemeindebund nahm sich vor, alle Hilfsaktivitäten aus der Schweiz bei sich zu koordinieren – ein Anspruch, der ihm von einem orthodoxen Initiativkomitee aus Luzern zunächst streitig gemacht wurde und den er nur mit einiger Anstrengung durchsetzen konnte.[29]

Die Leistungen aus der Schweiz bestanden hauptsächlich in Sendungen von Geld, Lebensmitteln und Kleidern sowie der Hilfe zum Verlassen von Gurs und den weiteren Lagern, die bald hinzukamen. Gelder konnten anfänglich einem IKRK-Delegierten mitgegeben werden, der sie persönlich an die Adressaten verteilte. Vor allem aber erreichte der SIG, dass Geld über die *Schweizerische Verrechnungsstelle* nach Frankreich transferiert werden konnte. Die Verschickung von Esswaren und Textilien gestaltete sich hingegen als sehr mühsam: Sie stiess auf den Widerstand des *Eidgenössischen Kriegsfürsorge-Amts*, das den Export von Schuhen und Kleidern, auch von gebrauchten, infolge des Mangels im eigenen Land untersagte und auch bei den Lebensmitteln strenge Mengenbeschränkungen festlegte. Ausweg war der «Liebesgabenpaket»-Versand von Portugal, Jugoslawien oder Frankreich aus, der mit Geldern aus der Schweiz finanziert wurde. Gerade hier – aber überhaupt bei all diesen Aktivitäten – war die Zusammenarbeit mit jüdischen und nichtjüdischen Organisationen im In- und Ausland unentbehrlich. Von der Schweiz aus leistete die *Schweizerische*

Arbeitsgemeinschaft für kriegsgeschädigte Kinder (SAK) bedeutende Hilfe in den Lagern. Bis heute unvergessen blieb das Wirken ihrer Mitarbeiterin Elsbeth Kasser, des «Engels von Gurs». Die SAK setzte sich aus 17 verschiedenen Organisationen zusammen, doch weder der SIG noch der VSIA gehörten dazu; sie standen nur punktuell mit ihr in Kontakt, vor allem über Georges Bloch vom SHEK.

Die beste Hilfe war natürlich die Auslösung aus dem Lager: Die Insassen konnten mit Unterstützung eines französischen Anwalts befreit werden, wenn man für sie eine private Unterkunft in der Gegend bezahlte. Armand Brunschvig mietete für den SIG zu diesem Zweck im Frühjahr 1941 das Schloss Idron bei der Stadt Pau. Bald beherbergte es auf Kosten der Verwandten in der Schweiz etwa dreissig ältere oder kranke Personen, die man aus Gurs hatte herausholen können.[30]

Besonders gefährdet waren die Kinder, von denen viele an Unterernährung starben. Deshalb fragte das *Œuvre de secours aux enfants (OSE)* im Sommer 1941 beim Gemeindebund an, ob er sich nicht wenigstens dieser Opfer annehmen könne. Das OSE war eine jüdische philanthropische Gesellschaft, die 1912 in Russland gegründet worden war und sich inzwischen international verbreitet hatte; seit 1933 befand sich seine internationale Zentralverwaltung in Frankreich. Es hatte – in Zusammenarbeit mit anderen Organisationen – bereits im Januar 1941 begonnen, die Kinder aus den südfranzösischen Lagern zu befreien. Der Leiter dieses Programms, der elsässische Arzt Joseph Weill, stand auch mit Armand Brunschvig und Saly Mayer in regelmässigem Kontakt. Das Centralcomité erinnerte sich im Februar 1942 an das Anliegen des OSE, als es beschloss, sich auf die Kinderhilfe für Frankreich zu beschränken, da, wie sich Saly Braunschweig ausdrückte, die 18 000 Juden der Schweiz unmöglich «die 3 [sic] Millionen Juden Europas auch nur aus der dringendsten Not befreien» konnten. Materiell blieb jedoch auch hier das Engagement des SIG limitiert. Es bestand hauptsächlich aus der Übernahme von Patenschaften für fünfzig Kinder, für die in Südfrankreich Heime eingerichtet wurden. Er beteiligte sich damit an einer grösseren Aktion, die auf Schweizer Seite unter der Schirmherrschaft von Georges Bloch stand, dem Kassierer des SHEK, das sich seinerseits seit seinen Anfängen in Frankreich betätigt hatte. Vier Fünftel des benötigten Geldes sammelte Bloch allerdings bei Privatleuten, wobei er durch Silvain S. Guggenheim tatkräftig unterstützt wurde. Überhaupt fällt bei dieser Aktion einmal mehr auf, wie viele namhafte Beiträge gerade von jenen kamen, die sich auch sonst unermüdlich für jüdische Flüchtlinge einsetzten. Am 2. Juni 1942 konnte Bloch seinen Spendern von einem grossen Erfolg berichten: «In den Lagern von Gurs und Rivesaltes verbleiben jetzt nur noch 29 Kinder (wovon 9 Säuglinge), deren Eltern sich von ihnen nicht trennen wollten.»[31]

Um die Deportierten aber wirklich in Sicherheit zu bringen, blieb nur die Ausreise aus Frankreich. Ungezählte – bereits im November 1940 waren es

Hunderte – schrieben Einreisegesuche an die Schweizer Behörden, auch die eingangs erwähnte Familie Grunkin, die die gleiche Erfahrung machen musste wie die meisten Bittsteller: Obwohl ihre Verwandten in der Schweiz für ihren Unterhalt aufzukommen versprachen, lehnte die helvetische Fremdenpolizei ihre Einreise ab. «Begründung: Die Weiterreise ist nicht gesichert.» Nach einem Wiedererwägungsgesuch durfte zumindest die betagte Mutter einreisen und zu ihrer Tochter nach Riehen bei Basel ziehen. Ihre Aufnahme war indirekt auch ein Verdienst der SIG-Leitung, die sich immer wieder darum bemüht hatte, dass wenigstens ältere Flüchtlinge, für deren Unterhalt gesorgt war, akzeptiert wurden; erst Ende Januar 1941 hatte Mayer wieder einmal in diesem Sinne beim Berner Emigrantenbüro interveniert.[32]

Der Gemeindebund leistete zweifellos wertvolle technische Dienste – die entscheidende Hilfe war jedoch, wie wir gesehen haben, privaten Initiativen zu verdanken: von Einzelpersonen und Frauenvereinen oder kleinen Hilfscomités, die sich in vielen jüdischen Gemeinden spontan gebildet hatten; sie alle taten – ziemlich unkoordiniert – ihr Bestes. Bis Dezember 1940 hatten sich bereits tausend jüdische Familien in der Schweiz gemeldet, die ihren Verwandten und Freunden in Südfrankreich beistehen wollten. Nach nur drei Monaten hatte man 3 000 Pakete, 11 000 Kleidungsstücke und 1 600 Geldanweisungen, alles zusammen in einem Gesamtwert von 70 000 Schweizer Franken, an Verwandte verschickt, dazu kamen unadressierte Hilfeleistungen im Wert von nochmals 170 000 Franken. All diese materiellen Unterstützungen retteten Leben und linderten Not. Nicht minder wichtig war für die aus der Welt Ausgestossenen jedoch jeder seelische Zuspruch, jedes Zeichen, dass man nicht vergessen war – ausgedrückt in zugeschickten Naturalien, Briefen oder Büchern. Zahllose Dankesschreiben zeugten von dieser psychologischen Wirkung.[33]

Angesichts der namenlosen jüdischen Not in Südfrankreich – und in Polen – glaubten viele, dass das bisher glücklich verschonte Schweizer Judentum eine besondere moralische Verpflichtung zur Auslandshilfe habe. Der SIG sah sich deshalb konfrontiert mit innerjüdischen Solidaritätsideen, die, so glaubte die Dreierexekutive, seine eigenen Kapazitäten bei weitem überstiegen und von seiner Strategie abwichen, in patriotischer Pflicht zuerst und vorläufig ausschliesslich die grosse Aufgabe der Flüchtlingshilfe im eigenen Land zu bewältigen. Angesichts derartiger Initiativen, die vermutlich vor allem ostjüdischer Provenienz waren, erhielt für den Gemeindebund ein altes und regelmässig diskutiertes, bisher aber nie befriedigend gelöstes Anliegen neue Dringlichkeit: Um eine Schwächung seiner eigenen Spendenkampagnen zu verhindern, waren die zahlreichen anderen Sammelaktionen für die Flüchtlings- und Auslandshilfe, die die jüdischen Haushalte stark belasteten, zu koordinieren und zu kontrollieren. Da traf es sich gut, dass seit dem 28. Februar 1941 in der Schweiz alle gemeinnützigen Sammlungen durch das *Eidgenössische Kriegsfürsorge-Amt* bewilligt werden mussten. Saly Mayer reagierte umgehend und überzeugte das Amt davon, dass der SIG die repräsentative Dachorganisation war, die kompetent über die Zweckmässigkeit einer jüdischen Aktion Auskunft geben konnte. Besonders gewichtig für das Amt war gewiss das Argument des SIG-Präsidenten, seine eigene Sammlung würde «seit 1938 auf Anordnung der Eidgenöss. Fremdenpolizei durchgeführt», damit «die jüdischen Flüchtlinge nicht der Öffentlichkeit zur Last» fielen. Fortan wurde der SIG – wie systematisch, lässt sich nicht rekonstruieren – bei anderen jüdischen Initiativen um seine Meinung gebeten, und das Amt scheint sich in seiner Bewilligungspraxis darauf gestützt zu haben – unter anderem, als es im Herbst 1941 eine Zürcher Hilfsaktion für Gurs zunächst ablehnte und, nach einem Rekurs, schliesslich nur mit der Einschränkung auf einen orthodoxen Spenderkreis bewilligte.[34]

Wo die Bemühungen des Gemeindebunds weniger mit den nationalen Interessen konform gingen, reagierten die Bundesbehörden nicht so kooperativ: Im Juni 1941 hob die *Schweizerische Verrechnungsstelle* die Bewilligung auf, Geld frei nach Frankreich zu transferieren, so dass sich Armand Brunschvig gezwungen sah, mit seiner Tätigkeit aufzuhören. Im folgenden Winter verweigerten die Bundesbehörden dem Gemeindebund zudem die Erlaubnis, warme Kleider und Lebensmittel nach Gurs zu schicken. Fortan musste sich der SIG auf einen Medikamentenversand und die erwähnte Hilfe für die Kinder beschränken. Die Unglücklichen, denen die Abreise aus den französischen Lagern nicht gelungen war, blieben nun mehr denn je sich selbst überlassen.[35]

Am 9. August 1942 schrieb Josef Grunkin an seine Schwester in der Schweiz: «Ich muss Dir eine unangenehme Mitteilung machen. Vergangene Woche wurde Camp de Gurs geräumt. Alle kamen fort, auch unsere Marilie! Wohin weiss bis jetzt niemand.» Zwei Wochen später schrieb er erneut nach Riehen: «Gestern, Dienstag 24/8/42 wurde auch ich für die Reise eventuell nach dem Osten abgeholt. Im Augenblick kann ich allerdings noch gar nichts sagen. Wenn ja, dann hoffe ich zu Marilie zu kommen, und insofern bin ich gar nicht traurig. Wenn einigermassen möglich, werde ich Euch auf dem Laufenden halten. Hoffet auf ein baldiges Wiedersehen und keine Angst!» – Das waren die letzten Nachrichten der Geschwister Grunkin.[36]

Patriotismusbeweise aus New York

Es war für ihn eine merkwürdige Reise. Lissabon war überfüllt mit Flüchtlingen; an den Schaltern seiner Schifffahrtsgesellschaft kämpften und bettelten Tausende um eine Koje, wo doch das Schiff längst überbelegt war; an Bord befanden sich dann fast nur Juden aus vielen europäischen Ländern, die optimistisch auf ein neues Leben in den USA hofften – Pierre Bigar und Familie waren vermutlich die einzigen, die Rückfahrkarten in der Tasche hatten. An Silvester 1940 traf man in New York ein – der Stadt, in die neulich auch Bigars Bruder emigriert war.

Seit Herbst 1938 hatten sich einige in der Schweiz wohnhafte Juden, in der Mehrheit niedergelassene Ausländer, aber auch Einheimische, zur Emigration entschlossen, meist nach Übersee, häufig nach New York. Insgesamt waren es wenige Hunderte in diesen Jahren, denn nur Wohlhabende konnten sich die Auswanderung leisten oder die kostspieligen Bedingungen der Einreiseländer erfüllen. Bei vielen Zurückgebliebenen stiess der Wegzug durchaus auf Verständnis; die eigene Gefährdung war schliesslich allen bewusst. Deshalb riet Silvain S. Guggenheim einem nach New York ausgereisten Freund, den «die Sehnsucht nach der Schweiz» zurücktrieb, im Herbst 1940 «selbstverständlich» von einer Rückkehr ab. Teilweise löste die Abwanderung aber auch Kritik und Sorgen aus. Man sah sie als Ausdruck des Verzagens oder gar der Drückebergerei an und befürchtete, Nichtjuden würden sie als Beleg dafür verwenden, dass Juden angeblich keine Patrioten seien. Vor allem aber sorgte man sich um die finanziellen Konsequenzen, da ausgerechnet die steuerkräftigsten Gemeindemitglieder wegzogen, besonders im Kanton Zürich, wo im Herbst 1939 bereits ein Drittel des jüdischen Steuerkapitals abgewandert war. Geschwächt wurden so nicht allein die ordentlichen Budgets, sondern vor allem auch der VSIA, denn bei der Sammlung von 1938 stammte ein Drittel der gesamten Einnahmen von nur 47 wohlhabenden Spendern, was den Verantwortlichen sehr wohl bewusst war. Und von jenen Personen hatten nun die meisten die Ausreise angetreten. Auch die Behörden beobachteten den Wegzug mit Missvergnügen: Schliesslich wollte man für die Flüchtlingshilfe nicht selbst aufkommen. Die Kantonalzürcher Regierung diskutierte bereits im November 1939 Gegenmassnahmen und dachte dabei an eine Bundesfluchtsteuer, zwar allgemein gehalten, im Kern jedoch, befürchtete Saly Mayer, nichts anderes als ein «Judengesetz».[37]

Der SIG bemühte sich immer wieder um die neuen Adressen der Weggezogenen, die auch im Ausland zu einem Beitrag für seine Sammlung aufgerufen werden sollten. Dies war auch der Anlass für die aktuelle Reise: Bigar hatte sie im Auftrag des Gemeindebunds und in Absprache mit Rothmund angetreten. Zum 15. Januar 1941 lud er die jüdische Landsmannschaft in New York zu einer Veranstaltung ein, auf der er sein Anliegen vorbrachte. Unterstützt wurde er von Armand Dreyfus, einem Vizedirektor des *Schweizerischen Bankvereins*, der bei den früheren Sammlungen in der Schweiz tatkräftig mitgeholfen hatte und unterdessen selbst in die USA ausgewandert war. Zu den Teilnehmern gehörten auch Bernhard Kahn, aus Europa zurückgekehrt und inzwischen Ehrenvorsitzender des Joint, sowie Morris C. Troper, der am Vortag ebenfalls in New York eingetroffen war. Letzterer sollte nach diesem Abend Rothmund telegraphieren, dass er bei Bigars Treffen das «noble Werk» des Polizeichefs gewürdigt habe und dass die Schweizer ihrer Verantwortung wie immer nachkommen würden, davon sei er überzeugt. Die Botschaft passte in Tropers Strategie, der sich schon früher um den Chefbeamten bemüht, ihn als «guten Freund» angesprochen und gleichzeitig betont hatte, dass in diesen Zeiten eben fast nur noch auf Freundschaften Verlass sei.[38]

Die Juden der Schweiz, die angesichts ihrer besonderen Gefährdung durch das NS-Regime auswanderten, mussten mit negativen Reaktionen der zurückbleibenden Landsleute rechnen. Pierre Bigar, dessen Familie ebenfalls derartige Pläne diskutierte, wurde das abgebildete Titelblatt des populären Satireblatts «Nebelspalter» vom 19. September 1941 zugeschickt. «Es gibt alte und neue Schweizer», heisst es im klein gedruckten Kommentar, «die in dieser Gefahrenzeit das Land in aller Stille verlassen und ihr Vermögen, also einen Teil unseres Nationalvermögens, mitnehmen.»

Der SIG-Kassierer schilderte den zahlreich erschienenen Zuhörern die Lage in der Schweiz: Der Antisemitismus nehme, auch unter dem Einfluss Vichy-Frankreichs, zu; die helvetischen Behörden täten allerdings alles, um eine Judenfrage zu vermeiden; ein gutes moralisches Verhalten der Juden selbst helfe, die Gleichberechtigung zu verteidigen. Für die Flüchtlingshilfe dürften die Schweizer Juden im eigenen Interesse keine Bundessubventionen verlangen, was auch verkraftbar sei – wenn sie auf die Hilfe der jüdischen Auslandschweizer zählen könnten. Sie hätten es bei der Verteidigung ihrer Gleichberechtigung beträchtlich leichter, wenn sie nach Bern melden könnten, dass auch die Ausgewanderten ihre patriotischen Pflichten weiterhin erfüllten und, was er nicht genug empfehlen könne, die Steuern für die Schweiz und die Spenden für die Flüchtlingshilfe weiterhin bezahlten.

Bigar sammelte bei seinen Landsleuten über 100 000 Franken. Zwar hatte er sich am Vortag vom Joint höflich sagen lassen müssen, dass dieser eigentlich keine derartigen Aktionen auf seinem eigenen Spendenmarkt dulden könne, aber für dieses Mal würde ihm eine Ausnahme bewilligt. Das hielt den SIG-Kassierer nicht davon ab, anschliessend ein Komitee zu gründen, das unter jüdischen Auslandschweizern bis Kriegsende zusätzliche Spenden im Gegenwert von 750 000 Franken sammeln sollte – allerdings zugunsten des *United Jewish Appeal*, der seinerseits hauptsächlich den Joint unterstützte. Der SIG wollte auf diese überseeischen Finanzquellen jedoch ungern verzichten und konzipierte einen weiteren Spendenappell, der parallel zum amerikanischen erfolgte und die Auslandschweizer in ziemlich imperativem Ton individuell aufforderte, in ihrem eigenen Interesse mit einer zusätzlichen Spende «Anhänglichkeit» für die Heimat zu beweisen. Ihre temporäre Abwesenheit habe oft Anlass zu scharfer Kritik gegeben, aber man habe die «zuständigen Orte» auf Bigars Sammlungsergebnissen vom Januar 1941 hingewiesen, was «allerorts eine unerwartete günstige Stimmung ausgelöst» habe. Wer einmal in die Schweiz zurückkehren wollte, lautete also die implizite Botschaft, sollte mit Finanzleistungen schon jetzt etwaigen Bestrafungsaktionen vorbeugen. Gewiss eine eigennützige Warnung, dabei jedoch nicht ohne Realismus: Gegen Ende des Krieges sollte es im Zürcher Kantonsparlament, angestossen durch einen Vertreter des *Vaterländischen Verbandes*, tatsächlich zu einem derartigen «Heimzahlungs»-Versuch kommen, der jedoch keine Mehrheit fand.

Drei Tage nach seiner Fundraising-Veranstaltung schifften sich Pierre Bigar, seine Ehefrau und sein Sohn wieder nach Europa ein, obwohl auch sie in den letzten Jahren beständig eine Auswanderung in die Staaten diskutiert und geprüft hatten. Im Gegensatz zur Hinreise waren sie nun die einzigen Juden an Bord. In seinem geistigen Gepäck führte Bigar eine Fülle von Eindrücken von den New Yorker Landsleuten mit, die alle mit moralischer, philanthropischer und kommerzieller Unterstützung oder mit daheim aufgehängten Guisan-Porträts ihre ungebrochene grosse Vaterlandsliebe bezeugen würden. Eindrücke, die er den Juden in der Schweiz wortreich mitteilen wollte, um falsche Vorwürfe zu korrigieren und um daran zu erinnern, dass einem im Fall der Katastrophe enge Beziehungen zu der Schweizer Auslandskolonie noch nützlich sein konnten.[39]

Schützenhilfe und Erziehung durch Rothmund

Am 16. Februar 1941 präsentierte Oberstleutnant Isidor Nordmann dem Centralcomité ein Machwerk, das unter Offizieren seit sechs Wochen im Umlauf war. Dessen Entdeckung hatte ihn schockiert. Nun sorgte es auch bei den Versammelten für grosse Empörung, und sie beschlossen einhellig, dass eine Delegation des SIG beim Vorsteher des Militärdepartements, Bundesrat Karl Kobelt, Protest einlegen sollte; schliesslich handelte es sich um ein offizielles Dokument einer Armeestelle, um eine Nummer des sogenannten *Wehrbriefs*, der regelmässig von der Propagandaabteilung *Heer und Haus* herausgegeben wurde und der den Kommandanten als Leitfaden für Gespräche mit ihren Kompanien dienen sollte. Darin hiess es unter anderem, es gebe auch in der Schweiz ein Judenproblem; die Juden hätten sich seit zwei Jahrtausenden nicht integrieren können, sie seien nichtassimilierbar und bildeten einen «îlot ethnique», was Saly Mayer im zeitgenössischen Jargon als «völkische Zelle» übersetzte. Propagiert wurde zudem indirekt eine Rückkehr zum voremanzipatorischen «Judenstatut», das gegenseitige Rechte und Pflichten gewährleistet habe, zutiefst von einem christlichen Geist inspiriert gewesen sei und Antisemitismus verhindert habe.

Am nächsten Tag meldete sich Mayer in Bern zu einer Audienz bei Bundesrat Kobelt an, den er als St. Galler Parteikollegen persönlich kannte. Zugleich legte er Rothmund den Wehrbrief mit der Bemerkung vor, dies habe ihm und seinen Leuten den Atem verschlagen. Der Polizeichef intervenierte sogleich telefonisch bei *Heer und Haus* und verlangte vom verantwortlichen Oberstleutnant Müllener eine schriftliche Begründung, die umgehend eintraf. Rothmund reagierte auf dessen Schreiben mit einer achtseitigen Epistel, die er in einer vertraulichen Kopie auch Mayer zukommen liess. Dieser Text erhellt wie kein anderer seine Haltung zum Antisemitismus und zu den Juden; er führt uns die ideologische Landschaft vor, in der sich die Leiter des SIG bewegen mussten, und die Erwartungen, denen sie tagtäglich ausgesetzt waren:[40]

Einleitend legitimierte Rothmund seine Intervention bei Müllener mit seinem Standardverweis auf seine zwanzigjährige Bekämpfung der «Verjudung der Schweiz» und seine «engsten Kontakte» mit der «schweizerischen Judenschaft» – Gründe, weshalb er sich in diesem Fragenkomplex ein Urteil erlauben dürfe. Zunächst kritisierte er die falsche Politik Deutschlands, das einerseits seit dem letzten Weltkrieg mehrere Hunderttausend Ostjuden zur Einwanderung zugelassen habe, worauf diese die ihnen gewährte Freizügigkeit missbraucht und sich gewisser Berufssparten exklusive bemächtigt hätten. Andererseits mache man die Juden – schutzlos, da von keinem Staat verteidigt – für alles zum Sündenbock, auf eine bequeme und für ein Kulturvolk unwürdige Weise. «Mitverantwortlich an dem für das deutsche Volksganze abträglichen Einsatz des jüdischen Elements, namentlich des nicht lange ansässigen, im wirtschaftlichen und geistigen Leben Deutschlands war das Unvermögen des deutschen Volkes, diese fremden Elemente zu assimilieren, d. h. dem Einzelnen die Verantwortung gegenüber dem Volksganzen einzuimpfen und durch spontane Reaktion gegen Auswüchse aufzutreten.»[41]

Anders die eigene Politik. Der Schlüssel zu einer schweizerischen Lösung der «Judenfrage» war, so Rothmund, der Zwang zur Assimilation, die, ganz besonders bei den Ostjuden, ein sehr langer Prozess sei. «Der Jude, der sich nicht assimilieren kann, der also seine ausländische Eigenart behält und seine Sitten und Gebräuche – namentlich auch im Geschäftsleben! – den unsrigen nicht anpassen kann oder will, wird von den Kreisen der Bevölkerung, mit denen er zu tun hat, abgelehnt.» Da «jede jüdische Ausschliesslichkeit» strikt zurückgewiesen würde, hätten die meisten nichtassimilierbaren Juden das Land wieder verlassen müssen. Deshalb gebe es auch die strenge Transitpolitik für die jüdischen Emigranten und würden auch andere jüdische Ausländer bei einer Verfehlung wieder «abgestossen». Bleiben dürften nur die Angepassten und dem Volksganzen Nützlichen, und zum Schweizer Bürger werde nur, wer sich auch innerlich anpasse. – Mit anderen Worten: Rothmund vertrat das altbekannte und verbreitete Erziehungsprojekt, das Juden a priori als andersartige, schädliche, asoziale Wesen definierte und das sie auf den Hierarchiestufen der Menschen so lange unten ansiedelte, bis sie das verordnete Veredelungsprogramm, das implizit ihre «Jüdischkeit» gänzlich austilgte, bestanden hatten.

Durch seine Kontakte mit den führenden Schweizer Juden, fuhr Rothmund fort, seien seine Thesen vollkommen bestätigt worden: Jene nähmen dem Staat nämlich die Flüchtlingshilfe ab, disziplinierten die Emigranten, erzögen ihre eigenen «Leute zu Pflichtmenschen gegenüber dem Staat» und stellten dank ihren jüdischen Kontakten die Schweizer Flüchtlingspolitik im Ausland vorteilhaft dar. Allerdings war nach Rothmund der Erziehungsauftrag noch nicht erfüllt, jedenfalls gab ihm die «Fühlungnahme mit der schweizerischen Judenschaft» ständig «Gelegenheit, sie auf die Schattenseiten des jüdischen Mitbewohners aufmerksam zu machen».

Der inkriminierte Wehrbrief kollidierte mit dieser Konzeption, weshalb Rothmund zu einer scharfen Kritik ausholte: Das Rundschreiben stelle die verfassungsmässige Gleichstellung der schweizerischen Juden mit den Nichtjuden als unzweckmässig dar, verschweige den entsprechenden Artikel in der Bundesverfassung und hebe stattdessen das frühere Judenstatut hervor. Zudem mache es keinen Unterschied zwischen ausländischen und schweizerischen Juden und behaupte im Gegenteil ganz allgemein deren «Unassimilierbarkeit». Die Leser könnten das nur so verstehen, dass die «heutige Regelung der Judenfrage in der Schweiz» unbefriedigend sei und «der nationalsozialistischen angeglichen werden» müsse.

Diese Angleichung verwarf Rothmund dezidiert, weil die Schweiz dann selbst ihre «staatliche Eigenart» verlasse und das Recht auf ein «selbständiges Dasein» aufgebe. Im Zentrum seiner Kritik stand die Preisgabe der jüdischen Gleichstellung, die er implizit bereits mit seiner Erziehungstheorie verteidigt hatte, denn diese versprach ja, dass ein Jude am Schluss seines Läuterungsprozesses hin zur vollkommenen Anpassung mit der Staatsbürgerschaft belohnt würde. Wenn man die Gleichstellung hingegen aufgäbe, wäre das Versprechen der Assimilation verlogen oder unattraktiv, da die Anstrengungen der Anpassung ohne Belohnung blieben. Auf Letzteres verwies er nicht explizit, aber es folgt zwingend aus seiner Theorie. Die mögliche jüdische Gleichstellung war aus seiner Sicht ein notwendiges Element der assimilatorischen Erziehungstheorie und somit eine Vorbedingung der eigenständigen Art und Weise, wie die Schweiz die «Judenfrage» löste. – Wir können es auch anders ausdrücken: Das Festhalten an der jüdischen Gleichberechtigung, die natürlich nie eingelöst wurde, da sie nur auf Bewährung galt, war Conditio sine qua non, damit Menschen wie Rothmund antisemitisch handeln und von sich zugleich das Gegenteil behaupten und wohl auch glauben konnten. Es war zugleich die unentbehrliche Voraussetzung, um eine «Verjudungsbekämpfung» genuin schweizerischer Art, die sich also von der nazi-deutschen absetzte, praktizieren zu können.

In dieser Logik des assimilatorischen Versprechens wird es auch verständlich, dass sich Rothmund für die angepassten Schweizer Juden einsetzte und Müllener vorhielt, der Vorwurf der «Unassimilierbarkeit» sei für die jüdischen Soldaten ein Schlag ins Gesicht. «Wie reimt sich das zusammen mit dem Umstand», fragte er rhetorisch, «dass unter den auf Jahresende Beförderten sich auch jüdische Offiziere befinden, die sich offenbar über den Durchschnitt bewährt haben? Dabei ist doch neben der Volksschule gerade die Armee, bei der Rekrutenschule angefangen, die Institution, die am hervorragendsten zur Assimilation beiträgt. Der Dienst in der Armee ist zudem ein Ehrendienst, der demjenigen, der das Ehrenkleid trägt und darin seine volle Pflicht tut, den Anspruch darauf gibt, als vollwertiger Schweizer zu gelten. Ich würde mich schämen, wenn die Schweiz je dazu kommen sollte, einen Teil solcher Männer als Staatsbürger zweiter Ordnung oder sonstwie zu diskriminieren, bloss weil sie jüdischen Glaubens oder jüdischer Rasse sind.»

Rothmund verlangte von *Heer und Haus* eine Richtigstellung und schloss mit der Bemerkung, dass er, um nicht falsch verstanden zu werden, weiterhin gegen die «Gefahren einer Verjudung der Schweiz» kämpfen werde. «Wir schützen das Interesse unseres Landes auch in diesem Punkt mit unerbittlicher Konsequenz. Auf der anderen Seite müssen und dürfen wir aber dem jüdischen Schweizer das volle Vertrauen entgegenbringen wie dem nichtjüdischen und können noch nicht völlige Assimilation auch nur auf diesem Wege vervollständigen. Dadurch ermöglichen wir den leitenden vollkommen schweizerisch empfindenden Persönlichkeiten der schweizerischen Judenschaft die Aufgabe, die sie sich selbst gestellt haben und die in die gleiche Richtung geht. Ich geniere mich übrigens nicht, soweit nötig auch meinerseits diesen Mitbürgern mit rücksichtsloser Offenheit den Weg zu weisen, den sie im Interesse unseres Landes und Volkes gehen müssen. Sobald einmal die Zeit dazu gekommen sein wird, muss das Problem in der Öffentlichkeit behandelt werden, wo auch die Kritik an der schweizerischen Judenschaft einsetzen muss und darf, was leider heute mit Rücksicht auf internationale Auswirkungen nicht möglich ist.»

Seht, wie ich euch gegen den Antisemitismus verteidige!, war die unausgesprochene Botschaft Rothmunds, als er dem SIG-Präsidenten seine Abkanzelung Mülleners zustellte. Vordergründig. Implizit war es jedoch ebenso eine Lektion für die Juden selbst: Gewiss, ich verteidige euch nach Kräften; aber eure Gleichberechtigung will verdient sein, es gibt sie nur um den Preis eurer vollkommenen Anpassung, die noch nicht erreicht ist! Mayer hatte diese Botschaft ernst zu nehmen, zumal sie – in seiner subjektiven Wahrnehmung – vom wichtigsten und mächtigsten Partner des Schweizer Judentums kam und überdies wohl auch von der Schweizer Gesellschaft mehrheitlich geteilt wurde. Angesichts der Handlungszwänge und Abhängigkeiten, denen seine Gemeinschaft unterworfen war, befand er sich kaum in einer Position, aus der er sich offen hätte verwahren können gegen Rothmunds Geringschätzung der Juden, gegen seine herablassende Haltung, die durch seine Vertrauensbekundungen nur schlecht kaschiert wurde. Dennoch hätte er die in dieser Botschaft ausgedrückte Pervertierung der Gleichberechtigungsidee, ihre Verlogenheit, ihren Antisemitismus zumindest vertraulich unter seinesgleichen denunzieren können. Es gibt jedoch keine Hinweise auf eine klare kritische Stellungnahme oder wenigstens eine Andeutung, dass ihm das Erziehungsprogramm des Polizeichefs und die Rolle, die ihm und seinen Kollegen dadurch zugeschrieben wurde, missfallen hätten – die Quellen deuten eher darauf hin, dass er diese Konzeption weitgehend akzeptiert und sich zu Eigen gemacht hatte.

In der aktuellen Angelegenheit war Rothmunds Schützenhilfe ohne Zweifel hochwillkommen und zeitigte Wirkung, zusammen mit den Protesten der Juden selbst: Mitte März konnten die jüdischen Verantwortlichen ihren Gemeinden mitteilen, dass die zivilen und militärischen Vorgesetzten von *Heer und Haus*, bis hinauf zu Bundesrat Kobelt, das Vorkommnis bedauert, gegen die Fehlbaren ein Disziplinarverfahren eingeleitet und einen korrigierenden Rundbrief verschickt hätten.[42]

«Solidaritätsabgabe» der «Schicksalsgemeinschaft»

Die Juden hätten sich selbst die Schlinge um den Hals gelegt; sie seien es gewesen, die diese Massnahme «inszeniert» und damit den Schweizer Behörden eigenhändig vorexerziert hätten, wie man ein antijüdisches Sondergesetz machen könne, beklagte sich Helmut Kossodo, der ein bedeutender Verleger war und als deutscher Jude im Genfer Exil lebte, kurz nachdem er im März 1941 zur «Solidaritätsabgabe» verpflichtet worden war. – Nun kamen die Klagen also von der anderen Seite: von den Emigranten. Zuvor, schon seit 1933 und fast ohne Unterlass, waren es die einheimischen Juden gewesen, die ihren ausländischen Glaubensgenossen, Flüchtlingen wie Niedergelassenen, vorgeworfen hatten, dass sie ihr Hilfswerk bei weitem nicht so stark unterstützten wie sie selbst. Ihre Enttäuschung sei unaussprechlich gross, konstatierte etwa 1935 die *Kultusgemeinde St. Gallen*, nachdem all ihre Appelle ungehört verhallt waren. Es «hätte doch zum allermindesten erwartet werden dürfen, dass gerade die deutschen Juden, welche das Glück hatten, ihrer früheren heimatlichen Hölle zu entkommen, mit offenen Armen für ihre leidenden Brüder einspringen». Auch Bigar berichtete in seinem New Yorker Referat von negativen Erfahrungen: Vier Fünftel der im Kanton Genf wohnhaften Juden seien Ausländer, dennoch hätten sie im Jahr 1939 bei der lokalen Sammlung fast nichts beigetragen, lediglich 5 000 von insgesamt 250 000 Franken.[43]

Seit 1933 wurde der Gemeindebund aus den eigenen Reihen aufgefordert, von den Behörden geeignete Zwangsmassnahmen zu verlangen. Schliesslich war man dringend auf das Geld angewiesen. Aber entsprechende Anfragen Mayers bei Rothmund blieben ohne Folgen – bis sich 1938 die finanziellen Lasten der Flüchtlingshilfe vervielfachten, der Gemeindebund seine Appelle an die begüterten ausländischen Juden intensivierte und die Behörden erneut bat, diesen nur noch gegen Spendenleistungen einen Aufenthalt zu bewilligen. Im Oktober 1938 liess es Rothmund noch bei einem Brief an Mayer bewenden, in dem er Beiträge als «eine selbstverständliche Pflicht dieser Ausländer» bezeichnete. Bei seinem Auftritt in der SIG-Delegiertenversammlung vom März 1939 versprach er dann immerhin, künftig einen «gelinden Zwang», gemeint war die Androhung der Ausweisung, auszuüben; eine eigentliche Vorschrift wollte er jedoch nicht aufstellen. Auch auf dieser Veranstaltung forderten verschiedene Redner nachdrücklich Zwangsmassnahmen. Besonders beeindruckt zeigte sich Rothmund von einer feurigen Rede eines welschen Patrioten, der zuerst die Schweizer Juden dazu aufrief, sich ihrer Gleichberechtigung würdig zu erweisen und diese mit eifrigem Einsatz für das öffentliche Wohl zu verdienen, und der dann auch auf die angeblich im Luxus lebenden Ausländer zu sprechen kam. Er bat den Fremdenpolizeichef darum, dem SIG die Adressen und Vermögensverhältnisse der gut situierten Ausländer mitzuteilen, so dass man diese noch systematischer bearbeiten und zu der Pflichterfüllung, die sie nicht begreifen wollten, zwingen könne.[44]

So geschah es. Zwei Wochen später erhielt der SIG von der *Eidgenössischen Fremdenpolizei* erstmals Listen mit streng vertraulichen Angaben zu ausländischen Juden. Mayer liess in den Gemeinden die Betreffenden hinsichtlich ihrer

Spenden überprüfen und gegebenenfalls anmahnen, dann rapportierte er seine Ergebnisse detailliert nach Bern. Aber die Bilanz im Herbst fiel erneut enttäuschend aus. Saly Braunschweig erwog daher, die Namen der Fehlbaren zu veröffentlichen; Bigar schlug vor, den vermögenden Glaubensgenossen vor Augen zu führen, dass «in Frankreich die Juden nicht [als «feindliche» oder «unerwünschte Ausländer»] in Lager verbracht worden wären, wenn Alle von jeher ihre Pflicht erfüllt hätten», und auch Mayer plädierte für «schärfere Mittel».

Genau dafür hatte die Regierung unterdessen eine Grundlage geschaffen: Aufgrund des Bundesratsbeschlusses vom 17. Oktober 1939 war es der Fremdenpolizei erlaubt, die Gewährung der Toleranzbewilligung bei wohlhabenden Flüchtlingen (auch bei nichtjüdischen) davon abhängig zu machen, ob sie «angemessene Beiträge» an die Flüchtlingswerke leisteten. Nach der Darstellung Rothmunds wollte man damit den Hilfswerken bei ihrer «dornenvollen» Finanzierungsarbeit «unter die Arme greifen». Saly Mayer bat das Centralcomité nun, den Geschäftsausschuss zur Durchführung der neuen Vorschrift zu ermächtigen – der SIG als interessierter Erfüllungsgehilfe bei einer Behördenmassnahme, nun jedoch mit gesetzlicher Grundlage. Faktisch änderte sich allerdings nichts an der bisherigen Praxis der Geldeintreibung und der Zusammenarbeit mit der Fremdenpolizei. Auch blieben die Ergebnisse weiterhin unbefriedigend; zudem zog das willkürliche Verfahren zwangsläufig Proteste und Rekurse nach sich. Deshalb nahmen die Behörden am 18. März 1941 das Heft schliesslich ganz in die eigene Hand und beschlossen eine «Solidaritätsteuer». Obwohl bisher nur mässig an diesen Finanzfragen interessiert, begannen sie sich kurz vor der Beschlussfassung sogar zu sorgen, ob sie nun zu spät kämen. Würden die Juden, verängstigt durch die sich zuspitzende aussenpolitische Lage, sich selbst oder ihr Vermögen ins «sichere Ausland» bringen, bevor man ihre Abgaben einkassiert hatte? Eilig forderte Rothmund deshalb die Kantone auf, bevorstehende Abreisen rechtzeitig anzugeben. Mayer hatte schon seit Monaten ungeduldig darauf hingewiesen, dass «zufolge der Verzögerung wahrscheinlich schon Viele ausgewandert» seien.[45]

Die Regierung hatte so lange gezögert, weil sie seit Jahren um die Fragwürdigkeit einer derartigen Massnahme wusste – «rechtlich unmöglich», ein «absurdes Unicum», lautete das interne Verdikt des Juristen Max Ruth. Hauptproblem waren diejenigen Ausländer, die einen legalen Aufenthaltsstatus besassen und durch Niederlassungsverträge zwischen der Schweiz und ihrem Herkunftsstaat eigentlich davor geschützt waren, schlechter als die Inländer behandelt zu werden. Da aber fast alle Personen, die nun die «Solidaritätsabgabe» zu entrichten hatten, von ihren Heimatstaaten verfolgt wurden und teilweise bereits ihrer Staatsbürgerschaft beraubt worden waren, musste das Bundeshaus nicht mit Reaktionen des Auslands rechnen. «Wir haben übrigens», erklärte Ruth seinem Departementsvorsteher, «die Probe auf das Exempel: Deutschland interveniert nicht und wird nicht intervenieren.» Da die Massnahme zumeist

Juden betraf, besass sie zudem den Charakter einer Judensteuer. Das *Eidgenössische Justiz- und Polizeidepartement* beziehungsweise sein Mitarbeiter Ruth pflegten diesen Vorwurf jedoch mit der Behauptung abzuwehren, es handle sich nicht um «Judenverfolgung», sondern um «Judenhilfe». Moralisch bedenklich war die Steuer auch, weil sie ausgerechnet Menschen schröpfte, die ihre wirtschaftliche Existenz verloren hatten, in der Schweiz keinem Erwerb nachgehen durften und das Land baldmöglichst wieder verlassen mussten. Für das EJPD stellte das Schicksal der Betroffenen jedoch kein Hindernis dar, ganz im Gegenteil: Die Besteuerung der bemittelten Flüchtlinge sei gerechtfertigt, schrieb es im März 1941, weil jene «durch die gleichen Verhältnisse zur Auswanderung bestimmt worden [seien] wie die unbemittelten, sie sind im engsten Sinne Schicksalsgenossen».[46]

Die Bundesbehörden trieben die Abgaben nun selbst ein und verteilten sie in den folgenden Jahren an die Hilfswerke. Obwohl sie dabei das meiste Geld von jüdischer Seite erhielten, gaben sie dem VSIA nur einen unterproportionalen Anteil. Nach Ruth lag diese Umverteilung von den Juden zu den Nichtjuden im jüdischen Eigeninteresse – eine weitere Variante des «prophylaktischen Antisemitismus». Wahrscheinlich liess er sich dabei auch von der Praxis der *Schweizerischen Zentralstelle für Flüchtlingshilfe* inspirieren, die die bei ihren Sammlungen erlangten Mittel schon früher zuungunsten der Juden verteilt hatte. Es gibt keine Hinweise darauf, dass die verantwortlichen Juden je gegen derartige Benachteiligungen protestiert hätten; 1946 verzichteten sie sogar zugunsten anderer Hilfswerke auf sieben Prozent ihres zugesprochenen Anteils. Von den bis 1947 insgesamt verteilten 2,4 Millionen Franken erhielten sie nur 1,6 Millionen.[47]

Der Steuersatz der Abgabe war progressiv und extrem hoch; zudem legten die Behörden bei ihrer ersten Einschätzung im Frühjahr 1941 einen strengen Massstab an. Prompt erhoben von den anfänglich 500 Betroffenen zwei Drittel gegen ihre Taxierung Einspruch – mit unterschiedlichen Begründungen: weil sie den Behörden ursprünglich ein fiktives Vermögen angegeben hatten, um überhaupt Einlass in der Schweiz zu finden; weil sie Verwandte unterstützen mussten; weil ihr Vermögen im Ausland blockiert war; weil es durch die erzwungene Erwerbslosigkeit in der Schweiz und durch reguläre Steuerabgaben aufgebraucht war oder weil sie es für ihre eigene, behördlich erzwungene Weiterwanderung benötigten.

Hinzu kam die rechtliche Diskriminierung. Sie empörte viele Betroffene, rief aber in der Öffentlichkeit kaum Reaktionen hervor. Nur in der *National-Zeitung* flackerte unter dem Titel «Das Prinzip des Rechtsstaates gilt für Alle!» kurz Kritik auf, die bemängelte, dass die Sondersteuer in der Durchführung willkürlich sei, bestehende Niederlassungsverträge verletze und nur einverlangt werden könne, weil sich kein Staat für die Emigranten einsetze. Daraufhin entgegnete ein Autor namens Fernand Lang – von der Redaktion explizit als Schreiber aus «jüdischen Kreisen» eingeführt: Die Betroffenen hätten ihre Heimat «aus utilitaristischen, meist aus materiellen Gründen» verlassen; die «jüdischen Flüchtlinge und ihre hiesigen Stammesangehörigen» bildeten «eine Schicksalsgemeinschaft, der man sich weder durch die Taufe noch durch materielle Vermögen entziehen» könne; und die «Berufung auf das Recht» verletze auf unmoralische Weise die «moralischen Interessen anderer».

Der Gemeindebund schwieg dazu und äusserte sich auch sonst nicht öffentlich. In jüdischen Versammlungen bestritten seine Oberen jedoch tatsachenwidrig das «Gerücht», dass das Gesetz durch sie oder ihre Organisation angeregt worden sei. Immerhin verhehlte Mayer seine Überzeugung von der Notwendigkeit der Abgabe nicht. Ein analoges Gesetz sei auch für die Schweizer Juden denkbar – und dies bedeute einen «Ansporn»: «In unserer Hand liegt es, dass es nicht dazu kommen wird.» Und Braunschweig erklärte, er habe kein Mitleid mit den deutschen und österreichischen Flüchtlingen. Die Solidarität sei von diesen selbst und nicht von den Schweizer Juden gebrochen worden. Was die juristische Fragwürdigkeit anbelangte, lehnte er indirekt jede Verantwortung ab: Man sei schliesslich nicht der Rechtsberater des Bundes.[48]

Eine Pressestelle ohne Standpunkt

Fernand Langs Diffamierung der Emigranten in der *National-Zeitung* war einer der Gründe, warum Benjamin Sagalowitz, dem Geschäftsführer der *Jüdischen Nachrichtenagentur (JUNA)*, einen Monat später der Kragen platzte: Durch sein öffentliches Schweigen überlasse der Gemeindebund das Feld Unberufenen aus den eigenen Reihen, und deren Äusserungen würden als jüdische Stellungnahmen verstanden. Das bedeute eine nicht zu unterschätzende Gefahr. Sagalowitz' Kritik war Teil einer umfassenden Klage, die er am 15. Mai 1941 zuhanden seiner Vorgesetzten schriftlich formulierte – und die die Gemüter erhitzte: Saly Mayer verlangte, kaum hatte er den Text erhalten, ultimativ den Rücktritt des Autors bis zum nächsten Morgen um zehn Uhr, andernfalls werde er selbst dessen Entlassung oder die Streichung des JUNA-Budgets beantragen.[49]

Der inzwischen vierzigjährige Benjamin Sagalowitz stammte aus der weissrussischen Stadt Witebsk und war 1914 zusammen mit seiner Familie in die Schweiz gekommen. In Zürich hatte er das Gymnasium besucht und an der dortigen Universität Jura studiert. Er war ein wachsamer und sensibler Zeitbeobachter, scharfsinnig, kämpferisch und selbstbewusst. Politisch engagierte er sich bei den Sozialisten und Zionisten, was die Fremdenpolizei dazu veranlasste, ihm nur eine Toleranzbewilligung zu geben und ihn erst 1953 einzubürgern – erst bei seinem dritten Versuch, den der damalige SIG-Präsident Georges Brunschvig mit einer persönlichen Vorsprache bei Rothmund unterstützte. Nach seinem Studium schlug er eine journalistische Laufbahn ein und schrieb als fester oder freier Mitarbeiter für jüdische und nichtjüdische Zeitschriften. Seiner Arbeit kamen

Benjamin Sagalowitz, langjähriger Leiter der Jüdischen Nachrichtenagentur. (AfZ)

neben seinen journalistischen und analytischen Fähigkeiten auch seine zahlreichen Beziehungen zugute, darunter zu Redakteuren der wichtigsten Schweizer Zeitungen. Seit Ende 1938 leitete er die JUNA, die, wie dargestellt, drei Jahre zuvor an die Stelle der «Aktion» als Abwehrinstrument getreten war. Sagalowitz hatte im ansonsten noch immer rein ehrenamtlich funktionierenden SIG – wenn wir von Mayers Privatsekretär absehen – die einzige besoldete Anstellung, was ihm ermöglichte, die JUNA innerhalb kürzester Zeit zu einem professionellen Kompetenzzentrum auszubauen, das Auskunft gab zu jüdischen Fragen und das die Presseerzeugnisse systematisch beobachtete und auswertete. Hauptprodukt waren die regelmässig erscheinenden Nachrichtenbulletins, in denen Sagalowitz gezielt andere Pressetexte zitierte, auch und gerade solche, die von der Zensur gerügt worden waren – was ihm erlaubte, ebendiese Zensur systematisch zu unterlaufen («wir zitieren ja nur, was man nicht schreiben darf»).[50]

So geschickt Sagalowitz Aufklärungsarbeit leistete und judenfreundliche Journalisten mit Informationen versorgte – durch die Politik des Gemeindebunds, der sich inzwischen vollends aus der Öffentlichkeit zurückgezogen hatte, befand er sich in einer desolaten Lage, worüber er sich nun in seiner Eingabe beklagte: Mit dem Präsidenten des SIG bestehe fast keine Zusammenarbeit, obwohl er sich doch immer wieder darum bemüht habe und seinerseits über alle wichtigen Vorgänge informiere. Seine Anfragen würden nur ausweichend, schleppend oder überhaupt nicht beantwortet. Er erhalte keine Protokolle der CC-Sitzungen, sei noch nie zur Ausarbeitung einer Pressenotiz aufgefordert worden, und selbst bei der Berichterstattung über die Delegiertenversammlung werde er übergangen. Auch der Informationsfluss mit dem VSIA gehe nur in eine Richtung. Kurz: Die JUNA leiste zwar Abwehr- und Pressearbeit, sei aber weder die Abwehr- noch die Pressestelle des SIG. Diese stiefmütterliche Behandlung resultiere aus einer bestimmten Haltung des Präsidenten und anderer jüdischer Persönlichkeiten:

«Der Grundton ist eine gewisse Scheu, jüdische Fragen in der Öffentlichkeit zu diskutieren. Man glaubt im Gegenteil, im persönlichen Kontakt mit einer Amtsstelle, einer Parteileitung, einer Redaktion usw., also gerade durch die Ausschaltung der Publizität mehr erreichen zu können. Das setzt das Bestehen oder die Schaffung bestimmter Beziehungen, einer Atmosphäre der persönlichen Hochschätzung und Sympathie voraus. Einige jüdische Persönlichkeiten besitzen dank ihren Qualitäten einen gewissen Einfluss bei den Behörden, ihre Stimme hat Gewicht, und sie können daher in der zwanglosen Aussprache von Mann zu Mann gar manches, das nicht unterschätzt werden darf, erreichen. Ein Hinaustragen der Diskussion vor ein grösseres Gremium oder gar vor die Öffentlichkeit sehen sie meist ungern, weil sie davon eine Beeinträchtigung oder eine Gefährdung ihres stillen Wirkens befürchten. Der gleiche Beamte, so glauben sie festgestellt zu haben, der gegen eine öffentliche Kritik sehr empfindlich sei, lasse sich unter vier Augen gar manches sagen, ohne Anstoss zu nehmen. Man begreift die besondere Abneigung dieser jüdischen Persönlichkeiten gegen Publikationen in der Presse. Diese drohen ihre Kreise zu stören.» An anderer Stelle erwähnt Sagalowitz gleich ein Beispiel für diese Strategie: Er habe gegenüber Mayer bemängelt, dass die JUNA nicht über die Wehrbrief-Affäre informiert worden sei, worauf dieser erwidert habe, dies sei alles andere als ein Mangel, denn gerade deshalb werde sich die Angelegenheit günstig erledigen lassen.

Sagalowitz fährt fort: «Diese Einstellung hat aber auch ihre Schattenseiten. Indem die persönliche Beziehung in den Vordergrund rückt, wird das Gefühl, Repräsentant einer jüdischen Gemeinschaft und nur dies zu sein, gelockert. In der letzten Auswirkung dieser Entwicklung wird der Wortführer zum Fürsprecher, der die Juden weniger vertritt als sich für sie einsetzt. Durch das ihm von oben entgegengebrachte Vertrauen fühlt er sich vielfach selbst der eigenen Wahlbehörde und den Mitarbeitern gegenüber zur Diskretion verpflichtet, was ihn der jüdischen Seite zwangsläufig in einem gewissen Sinne entfremdet. Er steht sozusagen zwischen den beiden Verhandlungspartnern und wird daher begreiflicherweise geneigt sein, die Interessen beider Seiten zu vertreten.»[51]

Eine derartige Politik sei gewiss oft klug, es gebe «aber Augenblicke, in denen man das Wort ergreifen sollte, andernfalls das Schweigen anfängt ‹beredt› zu werden. Wenn andere sich öffentlich für Juden einsetzen, wir Juden selbst aber dieser Diskussion teilnahmslos zusehen, so wirkt eine solche Haltung suspekt. Zudem muss es auf die Freunde der jüdischen Sache lähmend wirken, wenn sie sehen müssen, dass die Juden selbst abseits stehen oder gar den Massnahmen, gegen die die Opposition sich richtet, ihren Segen erteilt haben. Oder schweigen wir etwa, weil wir glauben, wenn wir uns öffentlich für eine Besserbehandlung der jüdischen Emigranten einsetzen, könnten wir dem Antisemitismus Argumente liefern und uns selber damit schaden? Die Erfahrungen der Judenheit in anderen Ländern sollten uns belehrt haben, dass wir uns damit einer gefährlichen Illusion hingäben.» Als Beispiele für diese Politik nennt Sagalowitz unter anderem die Zustimmung des Gemeindebunds zu den Arbeitslagern und sein Schweigen zur «Solidaritätsabgabe».

Mit diesen Auslassungen stellte Sagalowitz Eckpfeiler der bisherigen SIG-Politik in Frage: die vertrauliche enge Zusammenarbeit mit den Behörden, den Verzicht auf jede Kritik und jede Öffentlichkeit, die autoritären Entscheidungen im kleinen Kreise – kein Wunder also, dass Saly Mayer, unterstützt von Saly Braunschweig, den JUNA-Leiter sogleich entlassen wollte. Dessen Angriff wirkte umso massiver, als diese Strategie keine neue Errungenschaft war, geschuldet allein der aktuellen Bedrängnis, sondern tief in der institutionellen Geschichte wurzelte – und in den führenden Persönlichkeiten selbst. Sagalowitz hatte also die Kühnheit, am Selbstverständlichsten und Fundamentalsten zu rütteln – überdies als einfacher Angestellter, was Mayer und Braunschweig geradezu als unverschämt empfanden. Mehr noch: Er behauptete, mit dieser Strategie schützten die führenden Juden nicht die jüdischen Interessen, wie es ihr deklariertes Ziel war; vielmehr gefährdeten sie diese, indem sie sich von ihrer Basis entfremdeten, ihre nichtjüdischen Helfer vor den Kopf stiessen und die jüdischen Anliegen zugunsten der behördlichen aus den Augen verlören. Implizit drückte Sagalowitz mit seiner Eingabe zudem aus, dass das «beredte Schweigen» auch in der jüdischen Gemeinschaft selbst verheerende Auswirkungen haben konnte, da es ausgerechnet in dieser Krisenzeit Spekulationen über die Haltung der eigenen Führung Tür und Tor öffnete.

Sagalowitz' Entlassung konnte durch Georg Guggenheim, der in Zürich als ehrenamtlicher Ressortleiter der JUNA sein direkter Vorgesetzter war, mit Mühe abgewendet werden. Zugleich kam Guggenheim mit dem SIG-Präsidenten überein, dass er selbst künftig monatlich durch diesen informiert würde. Es zeigte sich jedoch bald, dass faktisch alles beim Alten blieb: Weder wurde diese Vereinbarung eingehalten, noch verbesserte sich das Verhältnis zwischen Sagalowitz und der SIG-Spitze, und auch die kritisierte Politik wurde nicht reformiert – dies allerdings stand bei den Verantwortlichen auch nie zur Debatte.[52]

Die Auseinandersetzung um die JUNA war nur Symptom eines grundsätzlicheren Konflikts, der schon seit Jahrzehnten geschwelt, im Mai 1940 neue Nahrung erhalten hatte und neuerdings offen züngelte: Im März 1941 hatten Männer wie Alfred Goetschel, Georg Guggenheim und Georges Brunschvig, die im Centralcomité eine liberale Tendenz vertraten, erstmals die Abschaffung der Dreierexekutive und die Rückkehr zum vorherigen Geschäftsausschuss gefordert. Unterstützung fanden sie beim sozialistisch-zionistischen Max Gurny aus Zürich. Sie kritisierten nicht nur den statutenwidrigen aktuellen Zustand, sondern auch den Arbeitsstil des Präsidenten, dem sie mangelnde Information, fehlende Zusammenarbeit, Eigenmächtigkeit und eine autoritäre Führung vorwarfen. Die Rede war von Unzufriedenheit, Malaise und gar von einer «Diktatur der Exekutive» (Brunschvig). Saly Mayer verwahrte sich gegen die Vorwürfe, beklagte sich seinerseits über Unhöflichkeiten, die «sich selbst ein bezahlter Präsident nicht gefallen lassen würde», forderte mehr Respekt für die SIG-Leitung (sowie die Behörden!) und drohte mit seinem Rücktritt. An der Dreierexekutive wollte er festhalten, da sie sich bewährt habe und handlungsfähiger sei als ein fünfköpfiger Ausschuss. Schützenhilfe erhielt er insbesondere von den beiden Vizepräsidenten Braunschweig und Bigar, die noch immer mit ihm zusammen das umstrittene Gremium bildeten. – So zeigten sich hier die gleichen Fronten wie schon in der JUNA-Affäre: Auf der einen Seite standen liberale Nichtzionisten und linke Zionisten, auf der anderen die konservativen Kräfte. Auch in diesem Fall waren persönliche Animositäten und gegensätzliche Persönlichkeiten nur vordergründig die Ursachen der Spaltung. Die eigentlichen Divergenzen wurzelten weit tiefer, sie betrafen das Selbstverständnis des Gemeindebunds und die Grundsätze seiner Politik.

Erst nach mehreren Diskussionen konnte sich das Centralcomité Anfang November 1941 dazu durchringen, wieder den früheren Ausschuss einzusetzen. Die Fronten aber blieben bestehen, ihr Zusammenstoss sollte den Gemeindebund noch gewaltig erschüttern.[53]

Die Jahre 1941–1945

Sammlungsappell vom April 1943, mit dem SIG und VSIA die Juden der Schweiz zur Erfüllung «ihrer Pflicht» und zur Spende von 1 Million Franken für die Flüchtlingshilfe aufriefen. (Zeichnung: Gregor Rabinovitch; AfZ)

Während die «Endlösung» beginnt

Bedrohte Gleichberechtigung und interne Krise:
Ordre public in Frankreich

Zur Verschärfung der inneren Krise trug eine Angelegenheit bei, mit der der SIG praktisch gleichzeitig konfrontiert wurde. Sie betraf das Schicksal der jüdischen Schweizer in Frankreich, die damals mit mindestens 500 Personen die grösste Landsmannschaft dieser Konfession im Ausland bildeten. Diese waren – wie andere ausländische Juden auch – seit dem Zusammenbruch Frankreichs sowohl in der besetzten wie der unbesetzten Zone diskriminierenden Massnahmen unterworfen, unter anderem einer Meldepflicht für ihre Unternehmen, mit der im Oktober 1940 der Raubzug auf ihre Vermögen begonnen hatte. Das Schweizer Aussenministerium vertrat bezüglich der Interessen seiner jüdischen Staatsbürger noch immer eine defensive Linie und empfahl eine frühzeitige Liquidierung ihrer Geschäfte.[1]

Informiert über die französische Entwicklung, wollte der sozialdemokratische Nationalrat Ernest-Paul Graber am 12. Juni 1941 in einer kleinen Anfrage von der Schweizer Regierung wissen, wie sie die betroffenen Schweizer gegen die «Arisierungen» zu schützen gedenke. Bundesrat Marcel Pilet-Golaz antwortete ihm in einer Parlamentssitzung Ende September mit folgenden Worten: «Auch in anderen Staaten unterstehen die Juden besonderen Rechtsverhältnissen, die überall zum ‹ordre public› gehören und aus diesem Grunde auch auf ausländische Staatsangehörige Anwendung finden. Obwohl die Juden schweizerischer Staatsangehörigkeit gegenüber denjenigen des eigenen Staates nicht eine Sonderbehandlung beanspruchen können, bemühen sich unsere Vertreter im Ausland, solchen bei der Wahrung ihrer Interessen, soweit immer Gesetze und Verwaltungsvorschriften es zulassen, behilflich zu sein.» – Die jüdischen Schweizer in Frankreich durften also genauso diskriminiert werden wie die jüdischen Franzosen. Mit anderen Worten: Sie hatten eine Sonderstellung gegenüber den übrigen Schweizern. Damit stellte der Bundesrat die verfassungsmässige Gleichheit seiner jüdischen Staatsbürger grundsätzlich in Frage.[2]

In der jüdischen Gemeinschaft war man entsetzt. Die beiden Juristen Georg Guggenheim und Benjamin Sagalowitz forderten eine Stellungnahme des Gemeindebunds und ein Gutachten eines Rechtsexperten, wobei sie an Georgs Bruder Paul dachten, der seit über zehn Jahren am Genfer *Institut universitaire de hautes études internationales* Völkerrecht lehrte. Mitte Oktober erhielt Paul Guggenheim vom SIG einen entsprechenden Auftrag. Vom Naturell her humorvoll, jovial und agil, war er damals die intellektuell überragende Figur unter den Schweizer Juden. 1899 in Zürich geboren, hatte er in Genf, Rom und Berlin studiert und sich dabei auch mit Klaus Bonhoeffer und Hans von Dohnanyi angefreundet, die später mit Wilhelm Canaris und anderen zusammen einen Widerstandskreis gegen Hitler bilden sollten. Prominente Kontakte pflegte er auch nach seiner Rückkehr in die Schweiz: Als sich die erste Generation der *Frankfurter Schule* 1933 ins Genfer Exil begab und dort die *Société internationale de recherches sociales* gründete, wurde Guggenheim Mitglied der Gesellschaft und beriet sie auch in Rechtsfragen. Mit dem Institutsleiter Max Horkheimer und dessen Mitarbeiter Friedrich Pollock verkehrte er noch bis Anfang der vierziger Jahre, obwohl diese längst nach New York übersiedelt waren. Guggenheim, den man als linken Freisinnigen bezeichnen könnte, besass auch beste Beziehungen zum Schweizer Bürgertum, etwa zum früheren Bundesrat Felix-Louis Calonder, Bundespräsident während des Generalstreiks von 1918 und bald darauf im Auftrag des Völkerbunds langjähriger Präsident der *Gemischten Kommission für Oberschlesien*, oder zu Max Huber, damals Präsident des *Internationalen Komitees vom Roten Kreuz (IKRK)*. Nach dem Zweiten Weltkrieg wuchs Guggenheims Reputation in der Schweiz weiter an, und er galt bald als führender Experte für völkerrechtliche und neutralitätspolitische Fragen. Innerhalb des Gemeindebunds spielte er bis 1941 keine aktive Rolle, und aus der *Israelitischen Gemeinde Genf* war er 1934 gar im Streit ausgetreten. Dafür arbeitete er schon in den dreissiger Jahren mit Gerhart M. Riegner zusammen, dem Genfer Sekretär des *Jüdischen Weltkongresses*. Die biographische Skizze zeigt: Guggenheim gehörte in jeder Hinsicht – Ausbildung, Bekanntenkreis, Habitus, politische Einstellung – einer gänzlich anderen Welt an als die leitenden Männer des Gemeindebunds. Das sollte nicht ohne Folgen bleiben.[3]

Aber vorerst schrieb der Rechtsprofessor – assistiert von seinem «alten Freund» Riegner, wie er gegenüber Mayer ausdrücklich anmerkte – in kürzester Zeit eine Expertise, die die juristische Unhaltbarkeit der bundesrätlichen Antwort überzeugend nachwies. In seiner Hauptargumentation legte er dar, dass der Niederlassungsvertrag zwischen der Schweiz und Frankreich eine Gleichbehandlung aller Schweizer Staatsbürger verlangte. Anschliessend zeigte er, dass die in Frankreich praktizierte Diskriminierung der jüdischen Schweizer auch gegen das geltende Völkerrecht verstiess. Kurz gefasst: Der Bundesrat hatte nicht nur moralisch und politisch versagt, sondern sich auch juristisch grobe Fehler geleistet.

Mitte November führte Paul Guggenheim gegenüber dem Centralcomité aus, dass es für den Gemeindebund nicht um den konkreten diplomatischen Schutz durch die Schweiz gehen könne, denn nach seiner Einschätzung gebe es daran wenig auszusetzen (von den behördeninternen Diskussionen mit antisemitischer Schlagseite wusste er damals so wenig wie die anderen Juden, ganz zu schweigen von der verletzten jüdischen Gleichberechtigung im J-Stempel-Abkommen). Es gehe vielmehr um die grundsätzliche Einstellung des Bundesrats. Man müsse vermeiden, dass dessen Antwort auf Graber als Präjudiz wirken und die Gleich-

Paul Guggenheim, Rechtsprofessor und juristischer Berater des Jüdischen Weltkongresses. (Privatbesitz, D. Guggenheim)

stellung der jüdischen Staatsbürger in der Schweiz selbst untergraben könnte. Es handelte sich nicht um eine akademische Übung: Auch wenn Guggenheim nicht explizit davon sprach, war ihm ohne Zweifel bewusst, dass die Bürgerrechte faktisch die unabdingbare Basis für die elementarsten Menschenrechte bildeten (obwohl Letztere von ihrem universellen Anspruch her eigentlich unbesehen der nationalen Zugehörigkeit gelten sollten). Schliesslich war Guggenheim einer der bedeutendsten Experten auf diesem Gebiet, und zudem musste er nur einen Blick über die nahe Grenze werfen, um zu entdecken, wie die Menschen, die man der staatsbürgerlichen Rechte beraubte, in ihrer nackten Existenz bedroht waren und wie «Untermenschen» behandelt wurden.[4]

Saly Mayer hatte unterdessen parallel zu Guggenheim auch seinen Jugendfreund und persönlichen Anwalt Marcus Wyler-Schmid mit einem Gutachten beauftragt. Dieser Jurist beurteilte die Schweizer Rechtsposition gegenüber Frankreich gänzlich pessimistisch, und als ihm Mayer wenig später Guggenheims Entwurf nachreichte, lobte er zwar die «vorzügliche Arbeit», wandte aber ein, sie kranke am Umstand, dass sie von Verhältnissen ausgehe, die heute auch in der Schweiz nicht mehr bestünden. Der SIG-Präsident ersuchte noch einen anderen Freund um seine Einschätzung: Max Ruth von der *Eidgenössischen Polizeiabteilung*. Der Adjunkt vertrat in einem ausführlichen Exposé für Mayer die Ansicht, dass Frankreich die Schweizer Juden in gleicher Weise wie die einheimischen diskriminieren dürfe – und widersprach damit Guggenheims Argumentation. Er riet dem Gemeindebund deshalb davon ab, so «borniert» zu sein und (wie Guggenheim) mit dem Niederlassungsvertrag zu argumentieren.

Dies wäre auch eine «politische Dummheit», denn Frankreich würde einfach den Vertrag kündigen. Man sollte zudem den Bundesrat nicht öffentlich kritisieren, dieser werde nämlich «sicher tun, was sich im Interesse der Schweizerjuden tun» lasse.

Mit dieser Haltung war der Experte Ruth vermutlich nicht weit entfernt vom Laien Mayer, der schon vor der Anfrage Grabers die Erfolgsaussichten schweizerischer Interventionen im Ausland als «illusorisch» bezeichnet hatte, da es um ausländische Gesetzgebungen ginge. Der SIG-Präsident geriet mit einer solchen Position jedoch in Konflikt mit den eigenen Juristen, die in dieser Sache das Heft in der Hand hatten und das Prinzipielle ebenso hoch gewichteten wie das Pragmatische. Folgt man Georg Guggenheim, so hatten Mayer und auch Kassierer Pierre Bigar «den Sinn und die tiefgehende Tragweite» einer SIG-Stellungnahme gegen die bundesrätliche Politik «absolut nicht begriffen». «Es wurde immer damit operiert», beklagte sich Guggenheim, «es komme auf das Praktische an, d. h. wie die Schweizer Juden in Frankreich effektiv geschützt würden, die rechtliche Grundlage sei völlig irrelevant.» Überhaupt sei es nach Auffassung Mayers nicht Aufgabe des Gemeindebunds, sich mit solchen juristischen Fragen zu befassen. Und er habe wörtlich gemeint, dass dem Bundesrat ohnehin nichts anderes übrig bliebe, als «seine Untertanen heimzuberufen».[5]

Die grundsätzlichen Divergenzen entzündeten sich am Konkreten: Paul Guggenheim zerstritt sich mit Mayer, weil er die Einholung eines weiteren Gutachtens als Misstrauenskundgebung gegen sich selbst empfand und erst recht nicht verstand, dass ausgerechnet Ruth, den er als judenfeindlich einschätzte, um Rat gefragt worden war. Nachdem Mayer in einem erhitzten Telefongespräch einfach den Hörer aufgelegt hatte, sah sich Guggenheim – noch bevor die Eingabe fertig gestellt war – ausserstande, weiter mit diesem zu verkehren. Auch im erst kurz zuvor wieder eingesetzten Geschäftsausschuss kam Missstimmung auf: Mayer wollte die Eingabe zunächst nicht unterschreiben, da er sie als zu gelehrt und zu weit gehend beurteilte. Als am 28. November 1941 endlich ein Konsens in Aussicht stand und Georg Guggenheim die Eingabe als Aktuar neben dem Präsidenten mit unterzeichnen wollte, erhob Bigar erregt Einspruch und warf jenem vor, mit der Unterschrift seine Karriere fördern zu wollen. Der Eklat führte zum Abbruch der Sitzung. Der Geschäftsausschuss war seither tief zerstritten, an eine konstruktive Arbeit war auch nicht im Entferntesten mehr zu denken. Alle Vermittlungsversuche von Saly Braunschweig, Alfred Goetschel und Georges Brunschvig scheiterten, so dass das Centralcomité nach vier lähmenden Monaten, am 25. März 1942, den Ausschuss dispensierte. Saly Mayer führte nun die Geschäfte bis zum Dezember allein, zusammen mit dem Centralcomité, das allerdings in diesen Jahren etwa zwanzig Männer umfasste und für eine Exekutivtätigkeit viel zu schwerfällig war.[6]

Trotz der gehässigen internen Querelen war es dem Gemeindebund gelungen, am 8. Dezember 1941 an den Bundesrat eine Eingabe, bestehend aus einer Mantelnote und dem Gutachten Guggenheims, abzuschicken. In der Mantelnote gab er der tiefen Sorge Ausdruck, dass die eigenen «Landsleute und Glaubensgenossen den fremdstaatlichen Massnahmen schutzlos preisgegeben werden sollen». Zudem betrachte man die bundesrätliche Antwort auf Graber als Verletzung der verfassungsmässigen Gleichberechtigung, die man nicht stillschweigend hinnehmen könne. Die Regierung werde ersucht, die bisherige Praxis in der Anwendung des französisch-schweizerischen Niederlassungsvertrags fortzusetzen. Sie solle auch prüfen, wie sie den Eindruck der damaligen bundesrätlichen Stellungnahme auf die Öffentlichkeit beheben könne.[7]

Für ihre Antwort liess sich die Regierung bis zum 27. März 1942 Zeit. Das zuständige *Politische Departement* hatte unterdessen auch die Stellungnahme des *Justiz- und Polizeidepartements* eingeholt, die von Ruth verfasst wurde und den bisherigen Standpunkt unterstützte. In seinem Antwortschreiben an den SIG erklärte der Leiter der *Abteilung für Auswärtiges*, Pierre Bonna, die Rechtsauffassung Guggenheims schlicht für unzutreffend, unterliess jedoch jede Begründung. Eine Intervention bei Frankreich sei zudem aus politischen Gründen ausgeschlossen. Zur drängenden Sorge der Juden um ihre Gleichberechtigung kein Wort! Damit war die Eingabe des Gemeindebunds vorläufig gescheitert. Was tun? Paul Guggenheim sprach mit einem Gewährsmann, der mit den Interna des *Politischen Departements* bestens vertraut war und ihm mitteilte, in der Verwaltung habe man wenig Sympathie für die Juden, man schätze sie gering und erachte sie als «nicht erstklassig schutzwürdig», zugleich sei man aber nervös, weil man in Wirklichkeit Guggenheims vorzüglichem Gutachten juristisch wenig entgegenhalten könne. Beide Parteien steckten offensichtlich in einer Sackgasse. Der Gewährsmann, dessen Namen Guggenheim nicht enthüllte, schlug diesem deshalb die Vermittlung durch eine «erstklassige aussenstehende Persönlichkeit» vor, die im freisinnigen alt Bundesrat Edmund Schulthess, einem Bekannten Guggenheims, auch gefunden wurde. Tatsächlich erreichte Schulthess, der in früheren Regierungen eine dominante Rolle gespielt hatte, eine Audienz Mayers bei Pilet-Golaz.[8]

Schon vorher hatte auch Mayer selbst im Departement sondiert, so dass er am 11. Mai vom Vorsteher Pilet-Golaz empfangen wurde. Der Bundesrat nahm dem Gemeindebundspräsidenten, der allein erschienen war, gleich zu Beginn das Versprechen ab, dass dieser seine Mitteilungen vertraulich behandeln würde. Dann erklärte er, die Antwort an Graber bedeute kein Präjudiz und die bisherige Praxis würde fortgesetzt. Er selbst, Pilet-Golaz, habe die Stellungnahme verfasst – aus aussenpolitischen Gründen und vor allem im Interesse der Juden selbst. Das Völkerrecht gelte eben nur in Friedenszeiten. Und ein Gutachten müsse nicht nur einen akademischen, sondern auch einen praktischen Wert haben. Der einzig richtige Weg bestehe darin, jede Publizität und alle «internationalen Machinationen» – der Magistrat dachte wohl an jüdische – zu vermeiden.

Obwohl damit das Gespräch ganz im Sinne des SIG-Präsidenten verlaufen war, hatte es ein langwieriges Nachspiel: Da man wegen Mayers Alleingang ins Bundeshaus bezüglich der bundesrätlichen Versprechen weder über Zeugen noch über Dokumente verfügte, entwarf Paul Guggenheim einen Brief an Pilet-Golaz, der die entscheidenden Gesprächsinhalte bestätigen sollte. Unter anderem wollte er festhalten, dass – zur Vermeidung von Folgeschäden – die Regierung ihre Antwort auf Grabers Anfrage nicht schriftlich veröffentlichen würde. Als Guggenheim seinen Entwurf dem Departement inoffiziell vorlegte, musste er sich jedoch sagen lassen, dass sich der Bundesrat gerade in zentralen Punkten anders als Mayer erinnerte: Man habe, erklärte Pilet-Golaz, weder über eine spätere Korrespondenz in dieser Sache noch über den nichtpräjudiziellen Charakter und eine Nichtpublikation der bundesrätlichen Antwort gesprochen. – Es sollte Herbst werden, bis ein offizieller Briefwechsel in Guggenheims Sinne und zur allgemeinen Zufriedenheit endlich abgeschlossen war. Wie schwer es dabei dem SIG-Präsidenten fiel, gegenüber dem Bundesrat eine fordernde Haltung einzunehmen, zeigt eine Episode, die sich Ende Mai abspielte: Mayer sprach mit alt Nationalrat David Farbstein über den vertraulichen Charakter der Audienz und fehlinterpretierte dabei eine Bemerkung derart, dass er glaubte, Farbstein zufolge sei der von Guggenheim vorgeschlagene Brief an Pilet-Golaz «Landesverrat». (Nach Farbsteins glaubwürdiger Darstellung hatte er gegenüber Mayer die Eingabe Guggenheims nicht etwa beanstandet, sondern unterstützt. Seine Bemerkung zum «Verrat» bezog sich vielmehr auf den Fall, dass Mayer vertrauliche Mitteilungen des Bundesrats Dritten erzählte.)[9]

Man könnte die Lehre aus der ganzen Affäre auf zwei Sätze zuspitzen: Zum einen führte die einseitige Strategie der Kooperation mit den Behörden zu einer mentalen und politischen Selbstverstümmelung, so dass schon eine schriftliche Forderung bezüglich der eigenen Gleichberechtigung in den Geruch von Landesverrat geraten konnte. Zum anderen blieb man als gewichtslose Minorität auch mit den stärksten rechtlichen Argumenten vollkommen vom Goodwill der antijüdisch voreingenommenen Mächtigen abhängig. Paul Guggenheim, der durch sein Engagement einen vertieften Einblick in die Intima des Gemeindebunds und in dessen Verhältnis zur Bundesverwaltung erhalten hatte, skizzierte noch während der Affäre, im Frühjahr 1942, einen möglichen Ausweg aus diesem Teufelskreis von Ohnmacht und Selbstunterwerfung: Er schlug Saly Mayer, mit dem er sich offenbar inzwischen wieder zusammengerauft hatte, vor, der Gemeindebund müsse sich aktiv einen Kreis von (nichtjüdischen) Fürsprechern schaffen, und zwar in der gesamten Gesellschaft, vom Parlament bis zur Presse, von den Kirchen bis hin zu den Wissenschaften. Und in der Delegiertenversammlung des SIG forderte er einen Ausbau der JUNA, da der Kontakt mit der jüdischen und nichtjüdischen Öffentlichkeit zu den wichtigsten Aufgaben des Gemeindebunds gehöre. Auf den zweiten Vorschlag reagierte der Präsident reserviert.[10] Ob er auch zum ersten Stellung genommen hat, wissen wir nicht. Sicher hätte er widersprochen und die aktuelle Erfahrung als Beleg dafür angeführt, dass man nur durch vertrauliche Kontakte und Verzicht auf Öffentlichkeit zum Erfolg kommen könne.

Jüdische Flüchtlingshilfe: praktische Anstrengungen und zögerliche Modifikationen

Ab September 1941 mussten die Juden in Deutschland einen Stern tragen, im Oktober wurde ihnen die Auswanderung verboten – zunächst aus dem «Reich», in den folgenden vier Monaten auch aus den besetzten Gebieten. Obwohl die Schweiz durch den Siegeszug der Achsenmächte in Europa neben Spanien, Portugal und Schweden zur letzten Rettungsinsel für NS-Verfolgte geworden war, dachte ihre Regierung nicht daran, ihre restriktive Asylpolitik aufzugeben, und wies in den Jahren 1938 bis 1941 Tausende von Juden ab, die Einreisegesuche gestellt hatten; nur wenige Hunderte fanden einen legalen oder illegalen Zutritt. Nachdem im Oktober 1941 die Nazis mit den Massendeportationen ihrer Opfer in den Osten begonnen hatten, wurden die Schweizer Behörden von jüdischen Einwohnern und Flüchtlingen bestürmt, damit sie deren Verwandten und Bekannten die Einreise bewilligten. Auch jetzt wich die *Eidgenössische Fremdenpolizei* nicht von ihren Prinzipien ab, erlaubte jedoch wenigstens den nächsten Verwandten den Zuzug – falls die Kantone einem Aufenthalt ebenfalls zustimmten und die Hilfswerke bei Mittellosen für den Unterhalt aufzukommen versprachen.[11]

Der SIG und der VSIA standen nach Ansicht ihrer Leiter nach wie vor in einem sehr guten Verhältnis zu den eidgenössischen Behörden; sie lobten vor den eigenen Leuten bis zum Sommer 1942 deren «vollstes Verständnis», erwähnten das «gegenseitige Vertrauen» und fühlten sich für deren «Entgegenkommen» zu «grossem Dank» verpflichtet. An den Grundzügen der behördlichen Asylpolitik setzten sie nichts aus, auch die – eher seltenen – Zurückweisungen an den Grenzen und die – häufigen – administrativen Abweisungen waren nie ein Thema; übrigens auch bei den anderen Hilfswerken nicht und ebenso wenig in der Öffentlichkeit: ein Schweigen, das Rothmund als Zustimmung interpretierte. Es galt weiterhin die Transitmaxime, was den VSIA im Frühjahr 1940 sogar veranlasste, auf die Aufnahme von fünfzig Kindern aus Prag zu verzichten, weil er ihre Weiterreise als unsicher ansah – dabei hätte die Fremdenpolizei die Einreise zugelassen. Währenddessen war die sogenannte Weiterwanderung noch immer eine Hauptaufgabe des Hilfswerks – und noch immer eine äusserst schwierige und wenig erfolgreiche, denn der Bestand der eigenen Schützlinge nahm nur wenig ab. Unter anderem bemühte man sich auch, die USA, die zum Ärger Rothmunds und des VSIA eine äusserst strenge Quotenpolitik betrieben, zu Lockerungen für die Einreise von Flüchtlingen aus der Schweiz zu bewegen.

Mayer und Rothmund bearbeiteten im Sommer 1941 auch Morris C. Troper, damit er bei seiner Regierung in diesem Sinne intervenierte. Der Polizeichef klärte ihn auf, dass Flüchtlinge, die man nicht «loswerde», der um ihre Unabhängigkeit kämpfenden Schweiz sonst noch sehr gefährlich werden könnten. Troper und seine amerikanischen Glaubensgenossen hatten freilich in Washington nicht den Einfluss, der ihnen von Europa aus zugeschrieben wurde.[12]

Wie erinnerlich, war der SIG Ende 1938 sehr zurückhaltend geworden, was die Aufnahme von mittellosen Flüchtlingen durch das eigene Hilfswerk betraf. Diese Position gab er, soweit ersichtlich, erst drei Jahre später auf, nachdem im «Grossdeutschen Reich» Mitte Oktober 1941 die Massendeportationen nach Osten begonnen hatten. Damals wurde er von Rothmund gefragt, ob er die finanzielle Unterstützung zusichere, wenn man Kindern, Ehegatten oder Eltern von jüdischen Einwohnern und Flüchtlingen die Einreise erlaubte. Das Centralcomité beschloss daraufhin am 2. November, «alle Flüchtlinge, für die der Staat die Einreisebewilligung erteilt [...], grundsätzlich zu unseren Lasten zu übernehmen», hegte aber noch immer politische und vor allem finanzielle Bedenken, da es nicht wusste, mit wie vielen Flüchtlingen zu rechnen war. Deshalb betrachtete es seine neuen Richtlinien «nur als intern gültig» und machte den Behörden absichtlich nur eine mündliche und keine schriftliche Zusage. Diese Bedenken erwiesen sich schon bald als unbegründet, da fast gleichzeitig das deutsche Auswanderungsverbot in Kraft trat: Bis Mai 1942 konnte nur ein einziger Verwandter aus Frankreich einreisen, aus Deutschland überhaupt keiner; 200 von den Schweizer Behörden zugestandene Einreisen mussten unterbleiben.[13]

Der VSIA befasste sich jedoch schon seit langem nicht nur mit den Flüchtlingen im eigenen Land. Fast täglich nahm er Aufträge der Berliner Reichsvereinigung entgegen, die Juden die Ausreise aus Deutschland ermöglichen wollte, und er versuchte auf der ganzen Welt bei Verwandten und Freunden der Betreffenden die nötigen Devisen für deren Flucht aufzutreiben. Ende 1941 erweiterte sich das Tätigkeitsfeld des VSIA dann nochmals, da er für ganz Europa die HICEM-Generalvertretung übernahm.

Wie zermürbend und langwierig diese Arbeit war und wie abhängig von den damals nur bruchstückhaft bekannten Ereignissen, zeigt etwa die Geschichte der in Berlin wohnhaften Gertrud Schild, jüdisch, staatenlos.[14] Seit März 1939 hat sich der VSIA um ihre Auswanderung bemüht, bisher ohne Erfolg – dabei hat er mit enormem Einsatz nach einem Land gesucht, das Schild aufnehmen würde, hat Verwandte in verschiedenen Ländern mit einbezogen und von einer Zürcher Cousine einen namhaften Reisebeitrag bekommen. Im Jahr 1941 gelingt es ihm, bei der unterdessen nach New York ausgewanderten Cousine auch noch das Geld zu organisieren, das Schild für ein Visum für Kuba benötigt. Im Oktober 1941 bittet Schild das Hilfswerk, sich an zwei Personen in der Schweiz zu wenden, die 200 Dollar zur Schiffspassage beitragen sollen – aber die eine ist inzwischen ebenfalls emigriert, die andere kann nicht helfen. Am 22. Oktober

1941 schreibt die zuständige Mitarbeiterin des VSIA, Ella Dym, an Schilds Sohn, der sich in Frankreich befindet: «Von Ihrer Mutter kommt nun ein Expressbrief mit der Bitte um rascheste Hilfe, da es sonst zu spät wäre. Ich fürchte daher, dass auch sie wegfahren muss. Wir haben unzählige solcher Briefe, aber kein Geld, um irgendwie zu helfen, und es ist auch sehr fraglich, ob die Ausreise noch gestattet wird. Haben Sie Beziehungen, an die Sie sofort noch schreiben oder telegraphieren könnten? Möglicherweise ist es aber auch schon zu spät. Es tut mir wirklich sehr leid, dass ich Ihnen dies schreiben muss, aber ich muss Ihnen doch wahrheitsgemäss berichten.» Eine Woche später erhält der VSIA die Nachricht, dass Gertrud Schild das Visum für Kuba bereits erhalten hat und damit noch immer Aussicht auf Rettung besteht. Ein Schreiben mit Datum vom 9. November 1941 zerstört jedoch diese Hoffnung:
«Meine sehr liebe Frau Dym!
Sie werden sich gewundert haben, noch keine Antwort auf Telegramm und Karte erhalten zu haben, immer zögerte ich, weil ich hoffte, Definitives schreiben zu können. Es hat sich inzwischen so vielerlei verändert, dass es leider vorläufig unmöglich ist, klare Antwort zu geben. Ich kann nur Gott bitten, dass es doch noch gelingen möge, denn sonst, meine liebe Frau Dym, nehme ich für immer Abschied von Ihnen und Ihren Lieben – in jedem Fall war ich ganz erschüttert von Ihrer grossen Güte, noch niemand hat mir in so schneller Weise beigestanden und geholfen und ich habe geweint darüber, dass es doch noch Menschen gibt, die so uneigennützig für einen eintreten und in höchster Not da sind. Ich werde Ihnen das bis zu meinem letzten Atemzug nicht vergessen und ich bete zu Gott, dass er Ihnen und Ihrem Gatten noch eine glückliche Zukunft bereit hält. Mögen Sie und Ihre Lieben dann später hie und da meiner gedenken, wenn ich nicht mehr bin. Meine Herzkrankheit hat sich in letzter Zeit so verschlimmert, dass ich mit dem Leben abgeschlossen habe. [...] Ich danke Ihnen und Ihrem Verein nochmals für die Grosszügigkeit der Hilfe und grüsse Sie und alle Lieben aus tiefstem Herzen, möge Gott über Sie Alle seine schützende Hand halten.
In innigster Dankbarkeit Ihre Gertrud Schild».
Damit verstummte die Korrespondenz.

Ferienzüge ohne jüdische Kinder

Im Juni 1941 entdeckte der SIG, dass von den Zügen, die zu Tausenden Kinder aus Frankreich für einen dreimonatigen Erholungsurlaub in die Schweiz brachten, die «Nichtarier» ausgeschlossen waren: ausgerechnet diejenigen Kinder, die unter besonders schrecklichen Lebensumständen zu leiden hatten. Ausgerechnet bei der Aktion, die doch allgemein als überparteiliches «Liebeswerk» des ganzen Schweizer Volkes an Notleidenden galt. Ausgerechnet bei dem Werk, das doch in früheren Jahren sehr vielen jüdischen Kindern geholfen hatte.

Erste Kinderzüge waren auf Initiative aus gewerkschaftlichen Kreisen schon gegen Ende des Ersten Weltkriegs in die Schweiz gefahren. In derselben Zeit begann auch der *Israelitische Frauenverein Baden*, jüdische Kinder aus Deutschland, Österreich und später auch aus Ungarn einzuladen. In den dreissiger Jahren wurde die Aufnahme von Ferienkindern aus Frankreich, zumeist jüdischen, zur Haupttätigkeit des *Schweizer Hilfswerks für Emigrantenkinder* – bis diese Aktionen im September 1939 durch den Krieg ein Ende fanden und sich das SHEK fortan auf die Hilfe im Inland beschränkte. An seine Stelle trat die *Schweizerische Arbeitsgemeinschaft für kriegsgeschädigte Kinder (SAK)*, die im November 1940 das erste Mal junge Erholungsbedürftige aus dem unbesetzten Frankreich in die Schweiz holte. Ein Jahr später hatten bereits über 7 000 Kinder ihren Urlaub im Land verbracht – und die Bevölkerung hatte sich in ihrer Hilfsbereitschaft förmlich um sie gerissen.[15]

Nur jüdische Kinder waren seit 1940 nicht mehr dabei! Die *Eidgenössische Fremdenpolizei* vertrat die Ansicht, dass bei diesen Kindern – auch bei denjenigen mit französischen Pässen – die Rückreise nicht gesichert sei. Saly Mayer reagierte im Juni 1941 auf diese Nachricht jedoch so, als hätte er für die Argumentation der Behörden Verständnis, und er verwies auf die vierhundert sich bereits im Land aufhaltenden Kinder, von denen die Hälfte ohne Eltern war. Es deutet nichts darauf hin, dass er sich in den folgenden Monaten intensiv für eine Veränderung der Situation eingesetzt hätte. Erst im Februar 1942 beschloss das Centralcomité, alles zu unternehmen, damit fünfzig bis hundert jüdische Ferienkinder (in welchem Zeitraum wird nicht gesagt) zugelassen würden. Das war eine geringe Anzahl, wenn man an die abertausend eingeladenen nichtjüdischen Kinder oder an die besondere Notlage jüdischer Kinder in Frankreich denkt. Vermutlich schätzte das CC nicht allein die Bereitschaft der Behörden pessimistisch ein, sondern auch die Möglichkeit, innerhalb der eigenen Gemeinschaft mehr als fünfzig Gastplätze zu finden. Die Diskriminierung wurde gleichzeitig auch in der jüdischen Öffentlichkeit bekannt, und im folgenden April verabschiedete die Delegiertenversammlung des SIG auf Antrag der *Israelitischen Cultusgemeinde Zürich* eine Resolution, die das Centralcomité dazu aufforderte, «die gebotene Berücksichtigung auch jüdischer Kinder herbeizuführen». Eine explizite Kritik an den Behörden wurde dabei sorgsam vermieden.[16]

Unterdessen waren die Kinderzüge unter den Einfluss des *Schweizerischen Roten Kreuzes (SRK)* geraten, das eine regierungstreue Linie vertrat und personell eng mit Behörden und Militär verflochten war. Die Bundesbehörden hatten nämlich die prestigeträchtige Kinderhilfe nicht länger allein der SAK überlassen wollen, in der Pazifisten, Linke und eigenwillige Frauenvereine eine tragende Rolle spielten. So entstand Anfang 1942 eine gemeinsame Organisation von SAK und SRK: die *SRK, Kinderhilfe* – eine geradezu ideale Verschmelzung zweier humanitärer Traditionen zu einem nationalen Gemeinschaftswerk und zu einem wirkungsmächtigen Sinnbild der wohltätigen Schweiz: geistige Landesverteidigung von ihrer edelsten und emotionalsten Seite. So dachten gewiss nicht allein die Behörden.

Dieses schöne Bild drohte jedoch Schaden zu nehmen, als seit Februar 1942 einzelne Schweizer Zeitungen begannen, sich mit dem Ausschluss der jüdischen Kinder zu befassen – gleichzeitig mit den Diskussionen im SIG, was wohl nicht zufällig war, denn der erste Artikel erschien im *Israelitischen Wochenblatt*. Die Resonanz dieser Pressekritik blieb allerdings gering. Nach Benjamin Sagalowitz lag dies darin begründet, dass die Zeitungen (wie auch er selbst) durch die SIG-Leitung in keiner Weise informiert worden waren. Saly Mayer hatte dazu gewiss andere Ansichten – und Erfahrungen: Er verhandelte in den gleichen Monaten mit Rothmund und musste sich von diesem sagen lassen, dass der SIG aus Rücksicht auf Frankreich auf öffentliche Forderungen zugunsten jüdischer Kinder verzichten solle. Und wenn die Fremdenpolizei jüdische Kinder zulassen würde, erwartete er Mayers Schützenhilfe für den Fall, dass schweizerische Pflegeeltern die ihnen anvertrauten Gäste nicht mehr zurückgeben wollten – und zwar Schützenhilfe auch dann, wenn sich unterdessen die antijüdischen Gesetze in Frankreich verschärft hätten. Er müsse mit der Unterstützung des SIG-Präsidenten rechnen können, falls der Fremdenpolizei dann Unmenschlichkeit vorgeworfen würde. Kurzum: Die Juden hatten zur antijüdischen Diskriminierung nicht nur zu schweigen, sondern sie gegebenenfalls auch noch öffentlich zu verteidigen. Von Mayers Reaktion ist nur bekannt, dass er umgehend in der Delegiertenversammlung des VSIA erklärte, weniger Publizität in dieser Sache wäre mehr.[17]

Die einzige konkrete Konzession des Polizeichefs war bescheiden: Im Mai 1942 erlaubte er versuchsweise, zwei Prozent jüdische Kinder in die Züge zu integrieren. Schon im Herbst – die Deportationen aus Frankreich hatten unterdessen begonnen – fiel diese Möglichkeit wieder weg, da die Deutschen die Beteiligung von jüdischen Kindern nun verboten.

Dass sich die Situation im westlichen Nachbarland zuspitzte, war auch dem Gemeindebund nicht entgangen. Schon am 8. Mai hatte Mayer die Schweizer *Abteilung für Auswärtiges* aufgesucht und die Beamten darum gebeten, ihre jüdischen Landsleute aus Frankreich in ihre Heimat zurückzurufen, wie das die USA schon getan hätten. Abteilungschef Pierre Bonna war jedoch der Ansicht, dies sei nicht die Aufgabe der Behörde; die Betreffenden müssten ihre Entscheidungen selbst und von Fall zu Fall treffen.[18]

Saly Mayer als Vertreter des Joint

Im Jahr 1942 wurde Saly Mayer in der Hilfe für die Juden im nationalsozialistischen Machtbereich zu einer Schlüsselfigur, und er sollte dies bis 1945 bleiben. Am Anfang dieser zweiten Karriere neben derjenigen im Gemeindebund stand ein Besuch des Joint am 12. Mai 1940 in St. Gallen, zwei Tage, nachdem die deutschen Truppen zu ihrem Überfall auf die Benelux-Staaten angesetzt hatten. Europadirektor Morris C. Troper und Joseph Schwartz, der 1941 dessen Nachfolge antreten sollte, suchten die Arbeit ihrer Organisation zu sichern, die durch den Krieg gefährdet war, und fragten Mayer, ob er bereit wäre, den Posten eines Joint-Vertreters in der Schweiz zu bekleiden. Dieser sagte zu, und seither arbeitete er ehrenamtlich, also ohne jede Bezahlung, für das grosse Hilfswerk. Wenig später und nur drei Tage vor dem Einmarsch der Deutschen in Paris, seinem bisherigen Domizil, verlegte der Joint sein europäisches Hauptquartier nach Lissabon, wo Schwartz, anders als geplant, weiterhin ausharren wird.

In den ersten zwei Jahren war Mayer kaum in die Arbeit der amerikanischen Organisation involviert. Er wurde aber von Schwartz kontinuierlich, vor allem telefonisch, über die laufenden Ereignisse informiert, und so entwickelte er bald eine vertraute Beziehung zu seinem Partner. Schwartz, ein lautstarker, humorvoller und energischer Mann, wurde in der Ukraine geboren, war aber in den USA aufgewachsen. Er hatte eine Ausbildung zum Rabbiner gemacht – um schliesslich festzustellen, dass ihm dieser Beruf nicht lag; später praktizierte er auch die Religion nicht mehr. Da sich wegen der Weltwirtschaftskrise seine Pläne für eine akademische Karriere – er hatte zusätzlich Orientalistik studiert – zerschlugen, wendete er sich in den dreissiger Jahren leidenschaftlich der jüdischen Sozialhilfe zu. So kam er schliesslich zum Joint.

Nachdem Deutschland und Italien am 11. Dezember 1941 den USA den Krieg erklärt hatten, erhielt Mayer für den Joint plötzlich eine enorm wichtige Funktion: Die amerikanischen Philanthropen durften nun im besetzten Europa nicht mehr selbst Hilfe leisten, denn die alliierten Regierungen verboten Aktionen, die direkt oder indirekt dem Feind zugute kommen konnten. Eine Vorgabe, die der Joint schon darum nicht ignorieren wollte, weil er mehr denn je daran interessiert war, bei den eigenen Behörden als patriotisch und gesetzestreu zu gelten. So drohte die nationale Loyalität mit der jüdischen Solidarität zu kollidieren. Einen Ausweg aus diesem Dilemma bot die verstärkte Zusammenarbeit mit Mayer, denn dieser war Staatsbürger eines neutralen Landes.[19]

Mayer selbst hatte den Joint schon 1941 aufgefordert, in der Schweiz einen Fonds für eine «Europahilfe» einzurichten, hatte dafür jedoch bisher kein Gehör gefunden. Am 24. Februar 1942 machte er nun Joe, wie er Schwartz nannte, telefonisch den Vorschlag, dass der Joint seine Subventionen an den Gemeindebund verdoppeln solle. Man würde dann von der Schweiz aus das zusätzliche Geld – genauer: einen gleich hohen Betrag aus den SIG-eigenen Einnahmen – für die Juden unter NS-Herrschaft verwenden. So könnte man eine direkte Verletzung des *Trade With the Enemy Act* vermeiden. Schwartz begrüsste den Vorschlag und erreichte auch das Einverständnis der New Yorker Zentrale, so dass die neue Methode unter dem Titel «Europahilfe» angewendet werden konnte. Allerdings musste es offiziell so aussehen, als würde alles amerikanische Geld in der Schweiz bleiben.

Joseph Schwartz, der seit 1940 von Lissabon aus die Tätigkeiten des Joint in Europa leitete. (JDC New York)

Am 13. März 1942 erhielt Mayer von Schwartz die Direktive, dass er auf diese indirekte Weise Mittel des Joint für die Slowakei, Kroatien, Serbien, Polen, Italien und Griechenland einsetzen durfte. So wurde er in der Hilfe für die erwähnten Länder – ausserdem für Rumänien, die Niederlande und Belgien – zur zentralen Figur. Nur wenig involviert war er vorläufig in Frankreich, obwohl der Joint sich dort bereits stark engagierte, unter anderem für die Lager in den Pyrenäen und für das OSE. Aber diese Aktivitäten konnte Schwartz von seinem portugiesischen Standort aus über Spanien weiterhin selbst betreuen, und Mayer, der, wie wir wissen, ebenfalls mit dem OSE in Kontakt stand, betätigte sich hier für seinen amerikanischen Auftraggeber erst ab Mai 1943 in grösserem Stil.

Die Funktion als Joint-Beauftragter veränderte Mayers Stellung in verschiedener Hinsicht: Innerhalb des Gemeindebunds wurde er noch mächtiger als bisher, da er nun einen exklusiven, von seinen Kollegen nicht durchschaubaren Zugang zu genau dem Geldgeber hatte, von dem das Schweizer Judentum wegen der Flüchtlingshilfe völlig abhängig war. Gegenüber den Behörden wurde seine Position ebenfalls aufgewertet, nicht allein wegen der realen Bedeutung der auswärtigen Finanzhilfe, sondern auch weil unter den Beamten fantastische Vorstellungen von den Einflussmöglichkeiten der amerikanischen Juden auf ihre Regierung kursierten. Am meisten veränderte sich jedoch Mayers Position gegenüber dem geknechteten europäischen Judentum und seinen Helfern in der freien Welt – aber dies war erst recht eine zweischneidige Angelegenheit:

Mayer hatte vom Joint keine Vollmachten und Kompetenzen erhalten, stattdessen musste er Anweisungen aus Lissabon entgegennehmen, die wiederum auf Vorgaben aus New York basierten. Das galt natürlich besonders beim Einsatz von Geldern, dem wichtigsten Hilfsmittel überhaupt. Diese Gelder wurden nun aber – wie wir noch sehen werden – in den entscheidenden Momenten nicht bereitgestellt, oder Mayer war es untersagt, sie zu gebrauchen. Die massiven Einschränkungen seiner Handlungsfähigkeit durften jedoch nicht nach aussen dringen, weil dies seine eigene Arbeit gefährdet hätte. Dazu kam noch seine persönliche Neigung, lieber allein als im Team zu arbeiten, niemandem Einblick in seine Karten zu gewähren sowie alles selbst zu kontrollieren und allein zu entscheiden. Aus diesen Gründen entstand für Aussenstehende, vor allem für die verzweifelten Hilfesuchenden im Osten, bald ein Zerrbild: Mayer war der reiche «Onkel Saly», wie sie ihn mitunter nannten, der eigentlich über die finanziellen Möglichkeiten verfügen würde, um sie aus grössten Nöten zu retten – dies jedoch aus unverständlichen Gründen nicht tat und sie regelmässig hinhielt, indem er nur ausweichend, schroff und autoritär antwortete oder überhaupt nicht reagierte.[20] So gesellten sich zu den seit längerem und immer schärfer ertönenden Vorwürfen aus dem Inneren des Gemeindebunds bald die bittersten Klagen von aussen.

Vereinte Gleichgültigkeit: der blockierte Dollartransfer

Saly Mayer durfte erwarten, dass er ab März 1942 erstmals über bedeutendere Mittel verfügen würde, um zugunsten der Notleidenden reagieren zu können. Aber schon eine Woche nach der Zustimmung des Joint zu seinem Verrechnungsplan tauchten erste Schwierigkeiten auf: Die *Schweizerische Nationalbank (SNB)* weigerte sich, eine Transaktion aus Übersee zu akzeptieren. Mayer musste gewärtigen, dass er ohne Geld blieb, denn er war auf die SNB angewiesen. Die Ursache dafür lag im Beschluss der USA vom Sommer 1941, die Guthaben der kontinentaleuropäischen Länder einzufrieren. Seither erlaubte das amerikanische Finanzministerium nur noch über die SNB gewisse Transaktionen in die Schweiz. Der Joint hatte also die zu transferierenden Summen in New York bei der SNB einzuzahlen, die ihrerseits in der Schweiz den Gegenwert an Mayer auszahlte. Allerdings musste die SNB dabei die Dollar in Schweizer Franken umtauschen, woran diese kein Interesse hatte, da die so erhaltenen Gelder in den USA blockiert blieben und damit nur ein nutzloses Guthaben vergrösserten. Das war genau das Argument, mit dem die Nationalbank nun den Transfer verweigerte. Sie wäre einverstanden gewesen mit einer Transaktion in blockierten Franken, aber davon wollte wiederum das amerikanische Schatzamt nichts wissen.

Zur Deblockierung bearbeitete die New Yorker Joint-Zentrale die Schweizer Diplomatie, die SNB und das Schatzamt. Mayer verhandelte in der Schweiz ebenfalls mit der SNB und sondierte auch, ob es nicht Ausweichmöglichkeiten mit anderen Währungen gab. Mitte Oktober 1942 reiste sogar Schwartz in die Schweiz und suchte zusammen mit Mayer die Nationalbank, verschiedene andere Banken und Polizeichef Rothmund auf. Die energischen Interventionen rieben die Nerven auf und kosteten Zeit und Kraft, verpufften aber alle wirkungslos: Am 11. Mai erhielt Mayer zum letzten Mal für 1942 eine Geldanweisung aus New York. Damit standen ihm für das ganze Jahr nur 235 000 Dollar zur Verfügung. Die Hälfte davon ging in die Kasse des VSIA, die andere Hälfte musste ausreichen, um den Juden unter NS-Herrschaft zu helfen. Angesichts der schreienden Not eine winzige Summe, und dies ausgerechnet in dem Jahr, in dem das von den Nazis als «Endlösung» deklarierte Grossverbrechen die grösste Zahl an jüdischen Opfern forderte! Schon wenige Millionen Dollar hätten unendlich viel helfen können – für den Währungshaushalt der Schweiz oder der USA wären sie hingegen bedeutungslos gewesen. Schwartz kommentierte im Herbst 1942 illusionslos, dass die Haltung der amerikanischen Behörden nichts anderes ausdrücke, als deren «Interesselosigkeit an unserem ganzen Projekt». Das Gleiche hätte er über die *Schweizerische Nationalbank* und das Berner Bundeshaus sagen können. Auch die *Eidgenössische Polizeiabteilung*, die sich früher immer ostentativ um die jüdische Finanzkraft gesorgt hatte, zeigte sich unterdessen gleichgültig – aus Gründen, auf die wir noch zu sprechen kommen. Jedenfalls brauchte sie fast vier Monate, um einen wichtigen Brief in dieser Sache, den Mayer am 27. Oktober 1942 abgeschickt hatte, überhaupt nur zu beantworten. Rothmund selbst stellte sich zudem bis Dezember 1943 gegen das jüdische Transferanliegen. – Mayer erhielt im Februar 1943 erstmals wieder Geld, aber nur in unzureichender Menge, denn es dauerte weitere Monate, bis sich in den Bürokratien diesseits und jenseits des Atlantiks ein Einstellungswandel vollzog. Erst im Jahr 1944 war es dem Joint wieder möglich, ohne finanzielle Einbussen Geld zu transferieren.[21]

Während der Dollarblockade konnte Mayer nur im eigenen Land und in den Notgebieten selbst zu Mitteln kommen. In der Schweiz absorbierte jedoch die eigene Flüchtlingshilfe fast alle Spenden – zumal nun der Transferstopp auch hier ein klaffendes Loch in die Kasse riss. Diese prekäre Situation macht nachvollziehbar, dass sich der SIG-Präsident 1942, wie schon im Vorjahr, um möglichst grosse Einnahmen aus der «Solidaritätssteuer» bemühte und nun zu diesem Zweck bei den Behörden sogar Personen denunzierte, die möglicherweise noch nicht erfasst worden waren. Ausserdem versuchte er – allerdings vergeblich – via Max Ruth Auskünfte bei der *Eidgenössischen Steuerverwaltung* über die Juden Basels zu erhalten, denen im Gemeindebund seit einigen Jahren regelmässig vorgeworfen wurde, zu wenig zu den Geldsammlungen beizutragen. Was die Finanzbeschaffung im Ausland betraf, blieb Mayer nur die sogenannte «Abwicklung danach»: Er bat Personen in den von den Nazis besetzten Gebieten vertraulich darum, dem Joint für seine Tätigkeit Geld gegen das Versprechen anzuvertrauen, dass es ihnen nach dem Krieg zurückgezahlt würde.[22]

Emissäre und Hilfskomitees in der Schweiz

Eine zentrale Funktion für ihre bedrohten Glaubensgenossen im deutschen Machtbereich erhielten auch einige ausländische Emissäre, die sich vorübergehend in der Schweiz, und zwar zumeist in Genf, eingerichtet hatten. Die Wahl dieses Standorts war nicht zufällig: Die neutrale Schweiz eignete sich als vom Krieg verschonte Insel inmitten des faschistisch dominierten Europa sowohl als Ausgangspunkt für Hilfsaktionen wie auch für Nachrichtentätigkeiten (die natürlich die Geheimdienste aller Seiten betrieben). Zudem war die Stadt Calvins als Sitz vieler internationaler Institutionen – unter anderem des Völkerbunds und des *Internationalen Komitees vom Roten Kreuz* – ein beliebter Treffpunkt. Dass das Kongressland Schweiz auch für die Geschichte des modernen Judentums und seiner internationalen Organisationen ein bedeutender Schauplatz war, hat Jacques Picard dargelegt.[23] Im Folgenden interessieren uns jedoch nur die Institutionen, die direkt oder indirekt die Politik von SIG und VSIA wesentlich beeinflussten – genauer: wir werden uns einigen ihrer Vertreter zuwenden, denn hinter den grossartig und mächtig klingenden Namen verbargen sich meist nur Einzelpersonen, die lediglich ein bescheidenes Büro führten.

Zum indirekt wichtigsten Emissär für den Gemeindebund entwickelte sich Nathan Schwalb (später Dror), der 1908 in Galizien geboren wurde und die *Weltzentrale des Hechaluz* in Genf leitete – seit Sommer 1940 allein; vor der militärischen Niederlage Frankreichs im Juni hatten sie das Büro noch zu viert besetzt. Der *Hechaluz* (hebr. für *Pionier*) war der Dachverband der linkszionistischen Pionierbewegungen, die die Auswanderung nach «Erez Israel» förderten und dazu überall in Europa Büros sowie landwirtschaftliche und handwerkliche Ausbildungsstätten unterhielten. In diesem Sinne sollte auch die Genfer Vertretung die Verbindungen zwischen Palästina und den Jugendorganisationen in Mittel- und Osteuropa pflegen und die dortigen Zionisten mit Propagandamaterial versorgen. Angesichts der NS-Expansion stellte Schwalb zunehmend auf Notaktionen um und versuchte mit Lebensmittelpaketen, Geld und (falschen) Dokumenten Leben zu retten. Dabei errichtete er ein weit verzweigtes Netz, das über Kuriere und verschlüsselte Briefe den Kontakt zu den Glaubensgenossen im deutschen Herrschaftsbereich aufrechterhielt. Er rief die Juden zum Untertauchen auf und initiierte 1941 eine Fluchtroute von Polen nach Ungarn sowie 1942 von den Niederlanden und von Belgien in die Schweiz. Von seinem Hauptquartier in Palästina erhielt Schwalb allerdings keine Unterstützung, weder materiell noch politisch, sogar seine Briefe wurden nur selten beantwortet – hauptsächlich, weil man in Jerusalem vorerst weder das Ausmass der jüdischen Katastrophe begriff noch die Tatsache, dass trotz allem weiterhin Hilfe möglich war. So befand sich Schwalb in einer prekären Lage – die er selbst noch dadurch verschlimmerte, dass er jede regelmässige Zusammenarbeit mit den anderen Emissären in Genf verweigerte.

In dieser Situation erhielt seine Beziehung zu Mayer, mit dem er seit Mai 1941 in Kontakt stand, eine besondere Bedeutung. Der SIG-Präsident war zwar keineswegs zionistisch eingestellt, entwickelte jedoch schnell Sympathien für den Repräsentanten des Hechaluz, der tatkräftig für die bedrohten Glaubensgenossen eintrat und konkrete Hilfe leistete. Insofern Schwalb die Auswanderung jüdischer Flüchtlinge aus der Schweiz nach Palästina betrieb, fand er ohnehin ein offenes Ohr bei seinem älteren Gegenüber, dem die Weiterwanderung ein dringendes Anliegen war. Schwalb wurde von Mayer beraten, mit welchen Argumenten er vom Joint Subventionen bekommen konnte und wie er Rothmund behandeln sollte, der seinerseits an den zionistischen Bemühungen ebenfalls Gefallen fand – wenigstens insofern, als sie ihm halfen, die Flüchtlinge loszuwerden. Schwalb wiederum gab seine zahlreichen Berichte, die er durch sein Nachrichtensystem aus dem deutschen Machtbereich erhielt, umgehend an Mayer weiter – nicht ohne Eigeninteresse, da er so vom Joint-Vertreter Subventionen erwirken wollte. Tatsächlich schickte Mayer erstmals Geld direkt ins Feindesland, nachdem er von Schwalb im März 1942 aufwühlende Informationen über das Elend der Juden in Polen erhalten hatte. So wurde ausgerechnet der junge Einzelgänger aus Genf zu Mayers wichtigstem Brückenkopf in den jüdischen Osten, und zwar sowohl in Bezug auf Nachrichten wie auch auf Geldsendungen, die nur über geheime Kurierwege (wie sie Schwalb zur Verfügung standen) an ihren Bestimmungsort zu schmuggeln waren.[24]

Zu den Zionisten gehörte auch Richard Lichtheim, der 1885 in Berlin geboren wurde und seit 1939 das in Genf eben erst eröffnete Büro der *Jewish Agency for Palestine* betrieb. Auch er hatte gegenüber seinen Vorgesetzten eine schwache Position: Seine Briefe, in denen er analytisch und hellsichtig die internationale Lage und das unaufhaltsam fortschreitende jüdische Verhängnis beschrieb, wurden in Jerusalem nur vom Sekretär beantwortet, und nach seiner eigenen Einschätzung galt er in seiner Organisation als zu eigenwillig. Unter den lokalen zionistischen Emissären war er ebenfalls isoliert, nicht nur wegen seiner Introvertiertheit, sondern auch, weil er im Gegensatz zu den meisten anderen nicht der Mapai nahe stand, der jüdischen Arbeiterpartei in Palästina. Engen Kontakt hatte er hingegen zu Gerhart M. Riegner, dessen Büro auf der gleichen Etage wie seines lag.[25]

Riegner stammte ebenfalls aus Berlin. Mit nur 25 Jahren wurde er 1936 von Nahum Goldmann als Sekretär für den eben in Genf gegründeten *Jüdischen Weltkongress* angestellt, der sich als Repräsentant der weltweit 16 Millionen Juden verstand. Nach dem Fall Frankreichs im Jahr 1940 stufte der WJC die Bedeutung der europäischen Vertretung herab und verlegte sein Hauptquartier nach New York; nur Riegner blieb zusammen mit Alfred Silberschein und zwei Teilzeitangestellten zurück. Eine seiner wichtigsten Aufgaben bestand darin, weiterhin die Entwicklung in Europa und die Verbrechen an den Juden zu dokumentieren – weniger als Basis für Interventionen in der Gegenwart als im Sinne

Der als Schwarzseher geltende Richard Lichtheim vertrat in Genf die Jewish Agency for Palestine. (Central Zionist Archives, Jerusalem)

einer Bestandsaufnahme, die nach dem Krieg Entschädigungsforderungen stützen und legitimieren würde. In der gleichen Phase begann sich seine Beziehung zu Saly Mayer zu verschlechtern. Das lag zum einen an der neutralitätspolitischen Vorsicht, die der SIG-Präsident wahrte und die ihn auf Distanz zum politisch agierenden WJC gehen liess. Zum anderen vertraten die beiden Männer mit dem politischen Weltkongress und dem sich als unpolitisch-wohltätig definierenden Joint zwei Institutionen, die sich als Gegner verstanden. Es passte zu dieser Konstellation, dass Riegner mit mehreren Personen freundschaftlich verbunden war, die alle innerhalb des Gemeindebunds gegen Mayer opponierten: am intensivsten mit Professor Paul Guggenheim, der zudem als Rechtsberater des WJC amtierte, aber auch mit Benjamin Sagalowitz, Erwin Haymann und Veit Wyler. Es war gewiss auch kein Zufall, dass sich die Beziehungen zwischen SIG und WJC mit Mayers Rücktritt als Gemeindebundspräsident wieder schlagartig verbessern sollten. Riegners Büro befand sich im Palais Wilson, der als eigentliches Zentrum der Hilfe und Information fungierte: Er beherbergte zahlreiche weitere Organisationen, die sich für jüdische NS-Verfolgte einsetzten, etwa indem sie sich ab 1942 am Menschenschmuggel aus Frankreich in die Schweiz beteiligten – worauf wir noch zu sprechen kommen.[26]

In Genf lebte seit 1939 auch Alfred Silberschein (der später den Vornamen Abraham annahm). Geboren 1882 in Lemberg, gehörte er zu den Gründern der

Gerhart M. Riegner, Sekretär des Jüdischen Weltkongresses in Genf, war unter anderem mit Paul Guggenheim und Benjamin Sagalowitz befreundet. (Central Zionist Archives, Jerusalem)

zionistischen Bewegung in Galizien und vertrat die *Zionistisch-Sozialistische Partei* im polnischen Parlament. Schon wenige Wochen nach dem deutschen Überfall auf Polen gründete er innerhalb des Weltkongresses das Hilfswerk RELICO, das die Juden im besetzten Osteuropa unterstützen sollte. Anfänglich machte diese Hilfe einen bedeutenden Teil der Arbeit aus, die das Genfer WJC-Büro beschäftigte. Im April 1941 verbot die Zentrale in New York jedoch strikt jede weitere Unterstützung für die Glaubensgenossen in Feindesgebiet, da man, so das Argument, den Goodwill der britischen Regierung gegenüber den Juden nicht noch mehr strapazieren wollte. Hintergrund war die Blockadenpolitik Grossbritanniens, das keine Abweichung vom 1939 erlassenen *Trading with the Enemy Act* duldete. Riegner beugte sich, wenn auch widerwillig, dem Diktat, worauf es zum Konflikt und Bruch mit Silberschein kam, der seine Landsleute nicht im Stich lassen wollte und der, nachdem er das gemeinsame Büro hatte verlassen müssen, seine Tätigkeit unter dem Namen RELICO II und ohne Geld aus den USA fortsetzte. Angespannt war nicht nur Silberscheins Beziehung zum WJC, sondern auch die zu Saly Mayer. Bereits 1940 beklagte sich Silberschein über dessen Umgangston. Für Missstimmung sorgte damals vermutlich die Weigerung des SIG-Präsidenten, aus der Kasse des Gemeindebunds substanzielle Mittel für die Polenhilfe zur Verfügung zu stellen, da dieser nicht wusste, wie er das eigene Flüchtlingswerk finanzieren sollte. Ihr Verhältnis wurde später durch Mayers Joint-Funktion zusätzlich belastet: Im März 1942 erhielt dieser von seinem New Yorker Hauptquartier nämlich die Order, Silberscheins Hilfswerk materiell nicht zu unterstützen; er dürfe auch kein Geld verwenden, um zur Rettung von Juden falsche südamerikanische Papiere zu kaufen – eine Methode, die Silberschein ebenfalls anwendete (weswegen er im Spätsommer 1943 auf Veranlassung Rothmunds für kurze Zeit in Untersuchungshaft genommen wurde). Einen Draht fand Silberschein hingegen zu einer anderen zentralen Figur im lokalen Judentum: zu Regina Boritzer vom VSIA, mit der er zusammenarbeitete und sich befreundete und der er auch Nachrichten über die «Endlösung» weitergeben sollte.[27]

Ein weiterer wichtiger Informant für den Gemeindebund war der aus einer chassidischen Familie in Galizien stammende Julius (Juliusz) Kühl, der als junge Halbwaise zum Studium in die Schweiz gekommen war und seit 1940 in der polnischen Botschaft in Bern als Konsulatsreferent arbeitete. Dort konnte er den Telegraphen benutzen und so chiffrierte Nachrichten über die Judenverfolgung weiterleiten, nicht zuletzt an seine eigene Regierung im Londoner Exil und an das polnische Generalkonsulat in New York, die diesbezüglich eine wichtige Übermittlungsfunktion für die freie Welt ausübten. Kühl bemühte sich auch konkret darum, jüdische Leben zu retten – unter anderem, indem er polnische Identitätspapiere für Staatenlose ausstellte oder südamerikanische Gefälligkeitspässe organisierte. Dabei kooperierte er auch mit Alfred Silberschein – und vor allem mit der Familie Sternbuch, der wir bereits im Zusammenhang mit Rechas Verhaftung als Fluchthelferin begegnet sind, für die man Saly Mayer die Schuld gab. Die Schweizer Regierung wollte Kühl wegen der Gefälligkeitspässe auf «Toleranz setzen» und seine weitere Mitarbeit in der Gesandtschaft verhindern. Kühls Missionschef Aleksander Ładoś, der Sympathien für die Juden hegte, hielt jedoch an ihm fest. Ładoś hatte kein Verständnis für die helvetischen Obstruktionen und machte gegenüber Bundesrat Pilet-Golaz – entgegen den diplomatischen Gepflogenheiten – ganz offen «l'antisémitisme de Rothmund» dafür verantwortlich. Seit 1941 stand Kühl auch mit Mayer in Verbindung, da er sich für die jüdischen Angehörigen der polnischen Armee einsetzte, die in der Schweiz interniert waren; vielfach ging es dabei um Massnahmen gegen den in dieser Truppe grassierenden Antisemitismus. Eng befreundet war Kühl mit Georges Brunschvig, der sich ebenfalls an der Beschaffung falscher Pässe beteiligte und dessen Sekretärin er 1943 heiratete. Auch mit Saly Braunschweig machte er sich bekannt, und zwar «als Überbringer von Mitteilungen über die Verfolgungen der Juden in Polen», wie jener explizit festhielt.[28]

Bedeutende Rettungs- und Informationsarbeit leistete auch die Familie Sternbuch, die hier Erwähnung findet, obwohl sie nicht zu den ausländischen Emissären zählte. Isaac Sternbuch, der Ehemann der schon genannten Recha, und sein Bruder Elias stammten aus einer chassidischen Familie, die nach dem blutigen Judenpogrom von 1903 in ihrer bessarabischen Heimatstadt Kischinjow nach Basel emigriert war. Die Sternbuchs liessen sich dort einbürgern, siedelten dann aber – ebenso wie schon Saly Mayers Familie – bald nach St. Gallen über, da sie in der Stickereibranche tätig waren. Angesichts der deutschen Bedrohung im Zweiten Weltkrieg zog Elias mit seiner Familie vom grenznahen St. Gallen an den Genfersee nach Montreux, während sein Bruder Elias am alten Ort ausharrte. Die Sternbuchs gehörten dem Schweizer Zweig der orthodoxen und antizionistischen *Agudath Israel* (hebr. für *Vereinigung Israels*) an; seit 1943 war Elias sogar deren Leiter. Die Familie engagierte sich sehr für strenggläubige Glaubensgenossen im deutschen Machtbereich. Treibende Kraft war Recha, eine charismatische Frau, die sich Tag und Nacht für die Rettung der Verfolgten einsetzte. Im Jahr 1941 gründete sie zusammen mit ihrem Mann Isaac den *Hilfsverein für jüdische Flüchtlinge in Schanghai (HIJEFS)*, mit dem sie Rabbiner und Talmudstudenten unterstützte, die sich in die besagte, damals japanisch besetzte Metropole geflüchtet hatten. Dabei arbeiteten sie mit dem *Va'ad Hahatzalah* zusammen, einem kleinen agudistischen Hilfswerk mit Sitz in New York, dessen Schweizer Vertretung sie übernahmen. Im gleichen Jahr begann Elias Sternbuch auch damit, südamerikanische Pässe zu beschaffen, dank deren sich Juden, die sich unter deutscher Herrschaft befanden, eine andere Nationalität zulegen konnten. Eine erfolgreiche Methode, denn das NS-Regime respektierte die Schutzpapiere tatsächlich, da es auf Austauschaktionen mit gefangenen deutschen Staatsbürgern spekulierte. Und so wurde das Verfahren bald auch von anderen, von Juden wie Nichtjuden, nachgeahmt. Dass die Sternbuchs sich nicht nur illegaler Mittel bedienten, sondern zudem ihre Hilfe bis Ende 1943 hauptsächlich auf orthodoxe Eliten konzentrierten, belastete ihr Verhältnis zu Mayer noch zusätzlich, da dieser stets auf der Orientierung am Gesamtwohl, an der «Kahal Israel», beharrte und keine partikularen Interessen mit Joint-Geldern unterstützen wollte. Die Sternbuchs hatten allerdings nicht nur mit Mayer ständig Querelen: Insbesondere Isaac stiess auch innerhalb der eigenen orthodoxen Gemeinschaft mitunter auf Widerstand.[29]

Der vielleicht ungewöhnlichste Aktivist war George Mantello (György Mandl), ein Financier und Textilindustrieller aus Bukarest, der dem revisionistischen Zionismus anhing. Im Jahr 1939 befreundete er sich mit dem Generalkonsul von El Salvador in Genf und erhielt dadurch einen diplomatischen Pass dieses Landes. Anfang 1942 liess er sich endgültig in Genf nieder und wurde bald darauf Erster Sekretär im Konsulat seines Freundes. Er setzte sein beträchtliches Vermögen, das er noch rechtzeitig in die Schweiz hatte transferieren können, selbstlos zur Rettung jüdischer Leben ein. Zum einen sorgte er dafür, dass wichtige Nachrichten über die Judenverfolgungen aus dem Osten in die Schweiz gelangten. Zum anderen übernahm er schon im Sommer 1942 die Idee, mit südamerikanischen Papieren Juden zu schützen. Bislang waren derartige Zertifikate sehr teuer gewesen, man bezahlte bis zu 3 000 Franken pro Dokument. Mantello begann nun, salvadorianische Pässe zu Tausenden gratis und auf eigene Kosten abzugeben, womit er ungezählte Leben retten konnte. Im Mai 1944 sollte er gleiches Ungemach wie Silberschein (mit dem er zusammenarbeitete) erleiden: Er wird vorübergehend eingesperrt, weil die Schweizer Behörden eine Untersuchung gegen ihn einleiten, nachdem ihn andere jüdische Passfälscher, deren Geschäfte durch seine Gratisabgabe eingebrochen sind, als «Profiteur» denunziert haben.[30]

Zu erwähnen ist schliesslich noch das *Œuvre de secours aux enfants (OSE)*, dessen Kontakte mit dem SIG wir im Zusammenhang mit der Hilfe für Kinder in Frankreich bereits beschrieben haben. Abgesehen von den Verbindungen mit Vertretern des OSE im Nachbarland, verkehrte der Gemeindebund mit Boris Tschlenoff, der früher der internationalen Zentralverwaltung des OSE vorgestanden hatte und seit 1933 in Genf eine bescheidene Zweigstelle dieser Organisation leitete. Der bereits betagte Russe gehörte zu den wenigen Emissären, die auch künftig eine konfliktlose Beziehung mit Mayer pflegen sollten. Sein Büro, das sich ebenfalls im Palais Wilson befand, erhielt ab Sommer 1942 durch die sich verschärfende Situation in Frankreich zusätzliche Bedeutung als Verbindungsstelle zum Schweizer Judentum.[31]

Insgesamt gab es 1942 in der Schweiz weit über ein Dutzend internationale jüdische Vertretungen und kleine Komitees, die sich für ihre gefährdeten Glaubensgenossen im Ausland einsetzten. Am meisten Hilfe leisteten sie wohl mit dem Versand von «Liebesgabenpaketen», allerdings waren sie dabei durch den Mangel an finanziellen Mitteln stark eingeschränkt. Zudem wurden sie durch die Ein- und Ausfuhrbestimmungen der Schweiz sowie durch die Blockadepolitik der Alliierten behindert. Schliesslich machten auch die Verhältnisse in den besetzten Gebieten selbst die Hilfe unmöglich. So erlaubten die Deutschen im Generalgouvernement nur noch Sendungen an die *Jüdische Unterstützungsstelle (JUS)* in Krakau, über die bald das Gerücht in Umlauf kam, dass es sich dabei um ein nazistisches Täuschungsmanöver handle und die Hilfe die Bedürftigen gar nicht erreiche.[32]

Bei der Koordination der Tätigkeiten hatte man, wie schon die obigen Ausführungen erahnen lassen, noch keinerlei Fortschritte gemacht. Im Gegenteil, praktisch jedes Komitee arbeitete isoliert für sich, und nicht selten kam es zu Rivalitäten, Eifersüchteleien und Konflikten, sogar innerhalb der eigenen Gruppierung. So stand, um nur ein weiteres Beispiel anzuführen, die *Agudath Israel* mit allen anderen Organisationen auf Kriegsfuss; im Frühsommer 1942 stritt sich etwa ein entnervter Mayer mit dem eigenwilligen Elias Sternbuch, der sich angesichts der Typhuskatastrophe im Warschauer Ghetto bei seiner Medikamentenhilfe nicht durch Absprachen einengen lassen wollte. Und auch intern zerfiel die kleine agudistische Gemeinschaft der Schweiz in einzelne Fraktionen, die kaum zueinander fanden. Verantwortlich für die allgemeine Malaise unter den jüdischen Gruppierungen waren einerseits ideologische, politische und habituelle Gegensätze, die tief in den einzelnen Milieus oder in den internationalen Organisationen wurzelten, andererseits persönliche Unverträglichkeiten, Machtinteressen und Eigenarten der einzelnen Protagonisten. Es sollte Herbst 1943 werden, bis der SIG endlich – und nur auf wiederholte externe Aufforderungen – einen ersten Anlauf unternahm, die verschiedenen Organisationen an einen Tisch zu bringen und ihre Tätigkeiten zu koordinieren. Der Versuch scheiterte ebenso kläglich wie ein weiterer ein Jahr später, bei dem es laut SIG-Geschäftsleitung darum gegangen wäre, die «Zersplitterung der Kräfte, viel Leerlauf und unnötige Kosten» zu vermeiden. Ein weiteres «Fiasko» wollte der SIG nicht mehr riskieren, und er gab seine diesbezüglichen Bemühungen auf.[33]

Soweit es sich bei diesen kleinen Hilfskomitees um Ableger internationaler Organisationen handelte, konnten sie, wie wir gesehen haben, in der Regel auch nicht mit der Unterstützung ihrer Zentralen in Palästina oder in den USA rechnen. In den dortigen jüdischen Gemeinschaften hatte sich seit Sommer 1940 nämlich die resignative Meinung durchgesetzt, man könne für die europäischen Juden nicht viel mehr tun als das Ende der Feindseligkeiten abwarten. Eine Haltung, die in die gleiche Richtung wirkte wie die Politik der Alliierten, die trotz ihres umfangreichen Wissens über die nazistischen Massenverbrechen in der Rettung der europäischen Juden kein primäres Kriegsziel erkannten, weil sie unbedingt den Vorwurf aus der eigenen Bevölkerung vermeiden wollten, dass sie den Krieg nur im Interesse der Juden führten.[34] Zur lokalen Zersplitterung und eigenen Schwäche gesellten sich somit die Gleichgültigkeit und Hilfeverweigerung von aussen – eine prekäre, ohnmächtige Lage. Ausgerechnet diese derart geschwächten jüdischen Repräsentanten in der Schweiz waren inzwischen zu den einzigen erreichbaren Adressaten für ihre Glaubensgenossen unter NS-Herrschaft geworden. Und deren Not nahm immer entsetzlichere Dimensionen an.

«Schlafen unsere Brüder im Ausland?»
Nachrichten und Hilferufe aus dem Osten

Zwischen Herbst 1939 und Herbst 1941 ging das NS-Regime von der erzwungenen Auswanderung zur sogenannten «Endlösung» über, zum systematischen Versuch also, alle Juden, deren es habhaft wurde, zu ermorden. Diesem ungeheuerlichen und unvorstellbaren Schritt waren mehrere andere vorangegangen, mit denen die Nazis ihren Wahn eines «judenfreien Lebensraums» zu realisieren versuchten – wobei sie sich diese selbst gestellte «Aufgabe» durch ihren militärischen Siegeszug in Europa und die damit verknüpfte Vervielfachung der Anzahl unerwünschter Juden im eigenen Machtbereich noch zusätzlich «erschwerten». Entsprechend waren bisher alle «Lösungsversuche» gescheitert: die Austreibungspolitik der dreissiger Jahre, die Pläne einer Abschiebung in ein «jüdisches Reservat» im ostpolnischen Distrikt Lublin und die Idee, fünf bis sechs Millionen Juden nach Madagaskar zu verschiffen. Auch die Errichtung von Ghettos in Polen, in denen sie ihre Opfer unter entsetzlichsten Bedingungen zusammenpferchten, verstanden sie nicht als endgültige «Lösung», sondern nur als Vorstufe für eine geplante Vertreibung nach Osten.

Als Deutschland im Juni 1941 gegen die Sowjetunion ins Feld zog, rückten die Einsatzgruppen nach, die aus SS- und SD-Leuten und Polizeieinheiten gebildet wurden und in enger Zusammenarbeit mit der Wehrmacht und lokalen Kräften den «Vernichtungskrieg gegen Juden und Bolschewisten» in die Tat umsetzen sollten. Schon zwischen Juli und August begannen sie, auch jüdische Frauen und Kinder systematisch und zu Tausenden zu ermorden – womit der entscheidende Sprung vom selektiven zum totalen Massenmord getan war. Nach Christopher Browning, auf dessen Darstellung ich mich hier berufe, gab Hitler nun das Signal für die «Ausarbeitung eines nach dem Ende des Russlandfeldzuges umzusetzenden Programms für die Ermordung der europäischen Juden». Die Radikalisierung erfolgte also im Siegestaumel, in der Euphorie eines vermeintlich bevorstehenden Endsieges, die dazu verführte, bereits die Nachkriegsordnung eines «Grossgermanischen Reiches» zu planen.[35] Schon Ende Oktober hatte das Konzept der «Endlösung» Gestalt angenommen – sichtbar auch am bereits erwähnten Verbot der Auswanderung aus dem «Reich» und den gleichzeitig beginnenden Deportationen. Es galt nur noch, die technischen und logistischen Probleme zu lösen, etwa die Entwicklung effizienter Methoden, um die Opfer massenhaft «zuzuliefern» und zu töten. Nach einer Phase der Initiativen, Experimente und Vorbereitungen war man dann im März 1942 so weit: Die fabrikmässige Ermordung in den Gaskammern der Vernichtungslager konnte anlaufen.

Die NS-Führung bemühte sich darum, die «Endlösung» gegenüber der Öffentlichkeit und den künftigen Opfern zu verbergen, was ihr weitgehend auch gelang. Dennoch war man in der Schweiz nicht ahnungslos, was die Zustände im «Reich» betraf – wenn man sich dafür interessierte. Schon aus den allgemein zugänglichen Informationen in der Presse konnte man sich ein düsteres Bild machen, erst recht, wenn man regelmässig das *Israelitische Wochenblatt* las, das seit Beginn der NS-Herrschaft Ausgabe für Ausgabe detailliert und offensichtlich gut orientiert über die antijüdischen Verfolgungen und Entrechtungen in den einzelnen Gebieten berichtete. Informationen über die «Endlösung» waren dies jedoch noch nicht. Dass dieser beispiellose Vorgang in der freien Welt allmählich bekannt und – freilich nur allzu zögerlich – begriffen wurde, ist ganz wesentlich den erwähnten jüdischen Emissären in der Schweiz zu verdanken. Der Umstand, dass sie bedeutungsschwere Nachrichten empfingen und weiterleiteten, beeinflusste auch die Wahrnehmung und Politik des Gemeindebunds:

Ende Dezember 1941 erhielt Saly Braunschweig mündlichen, wenig später auch schriftlichen Bericht von George Mantello über die Lage der grossen jüdischen Gemeinde in Rumänien. Der SIG-Vizepräsident vernahm in allen schrecklichen Details, wie Ion Antonescus Militärregime versuchte, durch Vertreibung und Massaker die Juden loszuwerden: Allein in Bukarest seien 2 000 Juden wie Vieh im lokalen Schlachthaus hingeschlachtet worden. Als Rumänien im Juni 1941 an der Seite des verbündeten Deutschland von der Sowjetunion Bessarabien zurückerobert habe, seien dort etwa 92 000 Juden hingemetzelt worden. Und in der Bukowina hätten sich alle Juden, insgesamt 170 000 Menschen, binnen einer Stunde auf den Bahnhöfen einfinden müssen, worauf sie in Zügen an die russische Grenze transportiert worden seien – unter schlimmsten Bedingungen: Ein Viertel sei während des Transports umgekommen, während man die Überlebenden zu einem fünf- bis sechstägigen Fussmarsch zur weissrussischen Stadt Mohilev gezwungen habe; wer nicht habe mithalten können, sei auf der Stelle erschossen worden.

Mantello verlangte zum einen dringend Hilfslieferungen von Lebensmitteln und Medikamenten, zum anderen forderte er – umso nachdrücklicher, als nach seiner Ansicht im übrigen Einflussbereich der Nazis die Deportationen auf die gleiche Weise erfolgen würden – eine politische Strategie: Das «Weltjudentum» müsse die Türkei davon überzeugen, dass sie die rumänischen Juden vorübergehend aufnehme, wobei es über die amerikanische Regierung intervenieren und gegenüber den Türken die Garantie abgeben solle, dass die aufgenommenen Flüchtlinge wieder ausreisen würden. Diese Aufforderungen verknüpfte Mantello mit dem Vorwurf an das «Weltjudentum», dass es bisher überhaupt keine Reaktion gezeigt habe; die Juden in Rumänien fragten sich täglich: «Schlafen unsere Brüder im Ausland?» Dabei wäre, behauptete Mantello, mit energischen Massnahmen ein Grossteil der dortigen Juden noch zu retten. «Man kann», schloss er, «doch nicht annehmen, dass es keine Humanität mehr gibt, und wird die gesamte Judenheit der Welt doch bestimmt alles unternehmen, um den Leuten aus dieser Situation zu helfen.» Als Braunschweig den Notruf an Saly Mayer weiterleitete, schrieb er in seinem Begleitbrief, dass sich Mantellos Mitteilungen teilweise durch Zeitungsnotizen belegen liessen, überprüfen könne er sie jedoch nicht. Dessen Schlussfolgerungen seien aber «sicher nicht richtig». – Meinte Braunschweig damit dessen Glauben, dass das «Weltjudentum» den Willen und die Macht für eine erfolgreiche Intervention besitzen würde? Mantellos Bericht ging auch an andere Organisationen: ohne vernehmbares Echo. Mayer selbst lehnte Ende Januar 1942 ab, Hilfe in Rumänien zu leisten, da dies nicht erlaubt sei.[36]

«Nicht erlaubt» war es von Seiten des Joint. Dabei hatte Mayer erst Ende 1941 die amerikanischen Philanthropen einmal mehr dazu aufgefordert, ihre Politik radikal zu ändern und zu einer systematischen Hilfe für die Juden unter NS-Herrschaft überzugehen. Mit initiiert wurde sein damaliger Aufruf von Josef Blum, dem Joint-Vertreter in der Slowakei. Vergeblich. Mayer musste sogar in die eigene Tasche greifen, um gewisse Nothilfen bezahlen zu können – es sollte nicht bei diesem einen Mal bleiben. Er war der Meinung, dass Hilfe noch immer möglich sei, aber die Zentrale in New York überhaupt nicht begriffen habe, welche enorme Verantwortung dem amerikanischen Judentum zukäme. Deshalb und um spätere «Vorwürfe und Beschämung» zu vermeiden, wollte er Mitte Februar 1942 Alarm schlagen und die überseeischen Glaubensgenossen über verschiedene Kanäle aufrütteln. Mayer konnte gerade noch durch Joseph Schwartz von provokanten Schritten abgehalten werden, und so liess er nur über diesen dem Hauptquartier eine «SOS-Botschaft» zukommen, hinter die sich auch Josef Blum sowie die Schweizer Pierre Bigar, Silvain S. Guggenheim und Saly Braunschweig stellten. Die Beteiligung der führenden Männer im SIG war kein Zufall – und ihr Vorstoss beschränkte sich nicht auf einen humanitären Appell. Dies geht aus einem Brief hervor, den Boris Tschlenoff gleichzeitig an Schwartz schrieb: Sich auf ein Gespräch mit Mayer berufend, schlug der OSE-Repräsentant nämlich vor, dass die Schweizer Juden, namentlich die Mitglieder des Gemeindebunds, eine zentrale und neutrale Hilfsorganisation für die leidenden Juden in Europa gründen sollten. Die benötigten grossen Mittel dazu müssten vom Joint zur Verfügung gestellt werden, da das Schweizer Judentum diese nicht aufbringen könne. Mit dieser umfassenden Idee, die der Joint-Politik gegenüber den sich in Not befindlichen europäischen Juden eine neue Dimension verliehen hätte, stiessen die Petenten jedoch auf taube Ohren. So präsentierte Mayer eine Woche später die bescheidenere Bitte eines «special agreement» bezüglich der «Europahilfe», der, wie wir wissen, alsbald stattgegeben wurde. Mayers Unzufriedenheit mit New York war damit aber nicht beseitigt. Verärgert über die anhaltende Untätigkeit seiner Zentrale und zusätzlich frustriert durch die unterdessen aufgetauchten Schwierigkeiten mit dem Dollartransfer, bekannte er in einem Telefonat mit Schwartz Anfang April 1942, dass er sich am liebsten dem RELICO und dem WJC anschliessen würde; diese machten zwar nichts ausser Lärm, aber wenigstens verschafften sie sich Gehör.[37]

Zu diesem Zeitpunkt hielt er einen Bericht in Händen, der über Palästina zu Nathan Schwalb nach Genf gelangt war und von einem polnischen Augenzeugen stammte, der die Ghettos von Warschau und Lodz besucht hatte und ein Szenario «schlimmer als die Hölle» beschrieb: Folter, Epidemien und Hunger; Galgen auf Rädern; Leichen in den Strassen; lethargische Bevölkerung angesichts des Massensterbens; bereits 230 000 Tote in den Ghettos. Auch hier schlossen die Schreckensnachrichten einerseits mit Hinweisen auf Hilfsmöglichkeiten – durch Lebensmittelpakete über neutrale Länder, durch Medikamentensendungen über das *Polnische Rote Kreuz* –, andererseits mit einer vorwurfsvollen Warnung: «Wie könnt Ihr in Euren Restaurants tanzen und singen, wie ich Euch tun gesehen habe, wenn Eure Brüder gemartert und getötet werden?» Wenn das so weitergehe, werde in Polen kein Jude übrig bleiben.[38]

Etwa gleichzeitig, Anfang März 1942, scheint Richard Lichtheim von der *Jewish Agency* in Genf geahnt zu haben, dass die Morde an den Juden nicht nur eine Folge- und Begleiterscheinung des Krieges waren, und er sprach erstmals – ohne dass er davon etwas Konkretes wissen konnte – von einem «Plan der Nazis, alle Juden in Grossdeutschland zu vernichten». Zugleich hoffte er, massive Warnungen der Alliierten könnten die Deportationen wenigstens in einigen Ländern stoppen. Er dachte auch an Interventionen durch den Papst in der katholischen Slowakei, wo der faschistische Priester Jozef Tiso regiert. Am 17. März suchte er zusammen mit Gerhart M. Riegner und Saly Mayer den päpstlichen Nuntius in Bern, Monsignore Filippo Bernardini, auf, um den Vatikan zu entsprechenden Schritten zu veranlassen. Das Memorandum, das Riegner und Lichtheim am Folgetag nachreichten, beschrieb anhand von statistischem Material die NS-Verfolgungen im «Reich» sowie in den besetzten und verbündeten Ländern. Die Autoren machten deutlich, dass *allen* europäischen Juden die Vernichtung drohte – eine bemerkenswert frühe Erkenntnis! Sie lieferten auch erstmals genaue Zahlenangaben über die bereits zu Tode gebrachten Juden: insgesamt etwa 400 000. Obwohl die drei Bittsteller bei Bernardini auf viel Verständnis stiessen, bewirkte ihre Intervention nichts.

Schon in diesem Memorandum hatten die beiden Genfer Emissäre von der bevorstehenden «Konzentration» aller slowakischen Juden in Lagern oder Ghettos in der Nähe der polnischen Grenze geschrieben.[39] Zwei Monate später, am 17. Mai 1942, brachte ein von Josef Blum beauftragter Kurier detaillierte Informationen über die jüngsten Ereignisse nach St. Gallen, die er für Mayer, den er nicht persönlich antraf, schriftlich niederlegte: «Ich bringe den dringendsten Hilferuf aus der Slowakei. Die Slowaken wollen die Vertilgung des Judentums in den kommenden Wochen durchführen! Es handelt sich um etwa 60 000 Seelen. In den vergangenen Wochen wurde eine Anzahl von rund 28 000 Menschen erledigt. Etwa 6 000 Mädchen wurden im ganzen Lande in Züge gedrängt und abtransportiert. Es geht das Gerücht, dass sie in die Feldbordelle kommen, aber bestimmtes weiss man nicht. Man hat von ihnen gar keine Nachricht und niemand von ihnen ist wiedergekommen. – Ca. 8 000 junge Männer wurden desgleichen eiligst abtransportiert, man weiss nicht wohin. Keine Nachricht mehr von ihnen. – Etwa 15 000 Seelen, Familien, wurden eingefangen, und ohne Rücksicht auf die familiarische [sic] Zusammengehörigkeit deportiert und im Bereiche von Lublin auseinandergelassen [sic]. Sie stehen dort ohne Geld, ohne Hab' und Gut, – denn sie dürfen nichts mitnehmen –, laufen hungernd herum und haben gar keine Lebensmöglichkeit. Sie sind dem baldigen Hungertod ausgesetzt. – In der letzten Woche hat man die Räumung der Juden im östlichen Teil des Landes fortgesetzt. Es kann sein, dass inzwischen auch weitere 10 000e deportiert worden sind.» Der Kurier übermittelte zudem eine Reihe von Bitten an die freie Welt: Die Alliierten sollen den zahlreichen in den USA wohnhaften Slowaken mit Repressalien drohen; die englischen und amerikanischen Radiostationen sollen über die Gräueltaten berichten; der Papst solle zugunsten der nach Ungarn geflüchteten slowakischen Juden intervenieren; und das Rote Kreuz solle Kommissionen aus neutralen Staaten schicken. «Herr Blum bittet um dringendste, wirksame Hilfe, Hilfe!! – solange es noch nicht zu spät ist.»[40]

Während Mayer Hilfe zu organisieren suchte, wobei nicht nur seine finanziellen Mittel beschränkt, sondern auch die technischen Hindernisse enorm waren (wo befanden sich die Deportierten, wohin sollte man Hilfsgüter senden, würde das IKRK helfen?), schickte die BBC am 2. Juni den Bericht des im polnischen Untergrund tätigen *Allgemeinen Jüdischen Arbeiter Bundes* in den Äther, demzufolge in Polen bereits 700 000 Juden ermordet worden seien – teilweise durch Gas, wie man Tage später erfuhr. Mitte Juli erhielt Mayer von Julius Kühl einen weiteren Beleg für diese Entwicklung: In Lemberg seien im Juni bei Pogromen 50 000 Juden ermordet worden. Dies habe er, schrieb Kühl, von einem nichtjüdischen polnischen Augenzeugen erfahren, der seine Gesandtschaft in Bern aufgesucht habe.[41]

Ende Juli 1942 wurde Benjamin Sagalowitz, der sich gerade in Lausanne an der Schweizer Schachmeisterschaft beteiligte, dringend nach Zürich zurückgerufen. Isidor Koppelmann, ein Basler Financier, wollte ihm eine Mitteilung machen, die er von einem deutschen Industriellen erhalten hatte und deren Weitergabe nicht den geringsten Aufschub duldete. Dies war der Anfang der Episode, die zum berühmten Riegner-Telegramm führen sollte und die einen Wendepunkt in der Berichterstattung über die «Endlösung» darstellte. Darüber ist bereits viel geschrieben worden. Unpubliziert blieb bisher hingegen eines der frühesten Zeugnisse, das einer der Hauptakteure in jenen Tagen selbst verfasst hatte. Am 13. August setzte der JUNA-Leiter nämlich einen Brief an seinen ehrenamtlichen, zu jener Zeit in den Ferien weilenden Vorgesetzten Georg Guggenheim auf, in dem er erklärte, warum er selbst kurz zuvor an seinen Wohnort Zürich zurückgekehrt war:[42]

«Ich erhielt von einer Seite, die über die Verhältnisse in Deutschland hervorragend informiert ist, in Ouchy einen telephonischen Anruf, ich sollte mich sofort nach Zürich begeben und möglichst einen oder mehrere Herren mitbringen, die sich mit jüdischen Fragen befassen und über Beziehungen zu den alliierten Mächten verfügen. Es handle sich um die Vereitelung eines Planes, der gegenwärtig in den massgebenden deutschen Kreisen höchst ernsthaft diskutiert werde: nämlich die Juden aus Deutschland und den besetzten Gebieten, und zwar alle, nach Polen zu deportieren und sie dort, unter irgend einem Vorwand, schlagartig auszulöschen. Als Termin sei der kommende Herbst in Aussicht genommen. Ich wusste, woher diese Information stammte, von einem Gewährsmann, dessen Mitteilungen bisher stets bestätigt worden sind und dessen Motive uneigennützig sind. Der Betreffende hat seine Sympathien für die Juden beibehalten und will uns durch die Preisgabe obenstehender Nachricht ganz offenbar die Möglichkeit geben, rechtzeitig zu reagieren, d. h. den Plan aufzudecken und ihn, etwa durch Androhung von schweren Repressalien durch die USA, England usw., möglicherweise zu vereiteln. Aus diesen Erwägungen heraus besprach ich mich mit Dr. Riegner, einmal weil er über die erforderlichen Verbindungen verfügt, im Kontakt mit Ihrem Bruder und Lichtheim steht, und Diskretion zu wahren versteht. Ich wollte absichtlich nicht zu viel Leute einweihen, weil sonst leicht ein Gerede entstehen könnte, das Zweifel an der Ernsthaftigkeit der Meldung aufkommen lassen könnte. Dr. Riegner und ich kamen dann am Sonntag mit dem Herrn, der mich angerufen hatte, in meinem Bureau in Zürich zusammen, wo er uns alles mitteilte, was ihm bekannt war. Dr. R. setzte sich mit Ihrem Bruder in Verbindung und hat bereits auch erreicht, dass die Mitteilung durch die zuständigen Instanzen zu jenen nichtjüdischen und jüdischen Kreisen gelangt ist, die am besten geeignet sind, die erforderlichen Schritte einzuleiten.»

Durch die Nachricht Koppelmanns beziehungsweise des deutschen Informanten (der Eduard Schulte hiess, wie erst vier Jahrzehnte später bekannt werden sollte) fiel es Riegner und Sagalowitz wie Schuppen von den Augen: Die zahlreichen, bisher widersprüchlichen und schwer begreiflichen Einzelinformationen der vergangenen Monate ergaben plötzlich einen neuen, ungeheuerlichen Sinn. Erschlagen von der Totalität dieser Erkenntnis, brauchten Riegner und Sagalowitz mehrere Tage gemeinsamer Beratungen und einsamer Selbstgespräche, bis sie sich von der Glaubwürdigkeit der Botschaft und der Richtigkeit ihrer daraus gezogenen Schlüsse überzeugt hatten. Rat suchend wandte sich – wie Sagalowitz erwähnte – Riegner in diesen Tagen auch an Paul Guggenheim. Dabei erhielt er vom WJC-Rechtsberater die Empfehlung, die Mitteilung vor einer Weitergabe mit dem Vorbehalt zu versehen, dass ihre «Richtigkeit von uns nicht überprüft werden» könne, dass die Quelle jedoch «in der Regel zuverlässig» sei – eine vorsichtige Klausel, die das Gewicht der Nachricht nicht gerade erhöhte. Am 8. August telegraphierte Riegner die Informationen über das amerikanische Konsulat in Genf an das amerikanische Aussenministerium in Washington, das sie an Stephen S. Wise, den Präsidenten des WJC, weitergeben sollte. Von diesem nahm man wiederum an, dass er über einen hervorragenden Zugang zu Präsident Roosevelt verfüge, der aufgrund der gravierenden Nachricht Massnahmen ergreifen würde. – Bekanntlich mussten Sagalowitz und Riegner dann erfahren, wie naiv sowohl ihr Glauben an eine umgehende Weiterleitung wie an schnelle Gegenmassnahmen war.[43]

Mit der Mitteilung des deutschen Industriellen lagen erstmals aus einer gut informierten Quelle aus dem «Reich» selbst Informationen vor, dass das NS-Regime nicht nur lokal Massenmorde beging, sondern die Vernichtung aller europäischen Juden plante. Dass sich das Vorhaben nicht mehr im Diskussionsstadium befand, sondern bereits im Gange war, hatte der Gewährsmann allerdings noch nicht realisiert. Hingegen wusste er bereits von Riesenkrematorien und grossflächigen Konzentrationslagern, was der WJC-Sekretär in seinem Telegramm jedoch nicht erwähnte – vermutlich, um nicht mit unglaublich scheinenden Angaben die Glaubwürdigkeit der Nachricht zu gefährden, war doch der Vorwurf der Gerüchtemacherei in diesen Kriegszeiten schnell zur Hand. Aus ähnlichen Motiven vermied man es, wie Sagalowitz in seinem Brief an Georg Guggenheim erklärte, die Nachricht breit zu streuen. Tatsächlich verzichtete der JUNA-Leiter schliesslich sogar darauf, seinen Vorgesetzten zu unterrichten, und schickte den zitierten Briefentwurf nie ab. Riegner seinerseits verheimlichte die Nachricht bis mindestens Ende August auch vor seinem Freund Lichtheim, mit dem er sonst eng zusammenarbeitete. So war von den Juden in der Schweiz ausser Paul Guggenheim und Isidor Koppelmann (der nicht in den Kreisen des Gemeindebunds verkehrte) vorläufig niemand eingeweiht.[44] Das war nicht ohne Bedeutung für die lokale Politik: Sagalowitz' Entwurf datierte vom 13. August 1942, dem Tag also, an dem die Schweizer Regierung ihre Grenze gegenüber den Zuflucht suchenden Juden hermetisch verschloss.

Am selben Tag und noch in Unkenntnis dieser Massnahme schrieb Richard Lichtheim in einem für ein amerikanisches Publikum bestimmten Artikel, die europäischen Juden befänden sich in gleicher Lage wie «das Wasser eines senkrecht in eine Schlucht stürzenden Baches oder der durch einen Tornado aufgewühlte und in alle Richtungen gejagte Wüstensand». Er wisse nicht einmal, wie viele Juden sich in dieser oder jener Stadt befänden, sie flüchteten gegenwärtig hierhin und dorthin, von einem Land zum nächsten. «Gefangene Mäuse, die im Kreise rennen.» – Lichtheim zog diese verzweifelten Bilder einer faktengesättigten Darstellung vor, weil er seit Monaten mit derart unfassbaren Informationen über das Schicksal seiner Glaubensgenossen überschwemmt wurde, dass ihm für eine analytische Beschreibung ihrer Situation die Worte fehlten. Gleichzeitig war er bisher noch nicht so weit gekommen, aus seinem Wissen auf eine «Endlösung» zu schliessen – dabei hatte er schon im November 1941 das jüdische Verhängnis mit den Massakern an den Armeniern verglichen, schon im März 1942 von einem «Plan» gesprochen und schon damals alle Juden von der Vernichtung bedroht gesehen. Fakten kannte er genug, aber die Schritte von der Faktenkenntnis zum Wissen, vom Wissen zum Verstehen und schliesslich vom Verstehen zur Gewissheit waren angesichts dieses noch nie da gewesenen Vorgangs selbst für ihn als einen ungewöhnlich ahnungsvollen Pessimisten noch zu gross. Auch er stand vor der generellen Schwierigkeit, das Ungeheuerliche zu rezipieren, die die Forschung später vielfach thematisieren wird.[45]

Die Nachricht, die für Lichtheims Verständnis entscheidend werden sollte, traf am 14. August 1942 in der Schweiz ein. An diesem Tag erhielt Julius Kühl von einem eben eingereisten Polen, einem prominenten und als sehr vertrauenswürdig geltenden Nichtjuden, Nachrichten aus seinem Heimatland. Der Informant berichtete über die «Hinschlachtung» von 50 000 Juden in Lemberg selbst sowie den Massenmord an Juden aus Warschau und anderen Orten, die zu diesem Zweck in eigens dafür eingerichtete Lager, eines davon in Belzec, gebracht worden seien. In ganz Ostpolen und dem besetzten Teil Russlands befänden sich bereits keine Juden mehr. Die Leichen würden «zur Fettherstellung bzw. deren Knochen als Düngemittel verwendet» (eine Angabe, die sich später als unrichtig erweisen sollte). Um im Ausland kein Aufsehen zu erregen, würden die Juden Polens nur Schritt für Schritt ermordet, während die Juden aus Deutschland,

Belgien, Holland, Frankreich und der Slowakei direkt «zur Hinschlachtung bereitgestellt» würden. «Immer wenn durch solche Hinrichtungen wieder Platz geschaffen ist, werden weitere Deportationen vorgenommen. Man trifft häufig ganze Züge solcher Deportierter, die in Viehwagen verschickt werden.»

Die Aussagen dieses Zeugen wurden am 15. August zu Papier gebracht und mit einer Reihe von Überlegungen ergänzt, wie die freie Welt den Verbrechen Einhalt gebieten könnte. Der Verfasser war wahrscheinlich Kühl, der den Bericht unter anderem an Alfred Silberschein, Richard Lichtheim und Gerhart Riegner weitergab. Es war nun genau dieses Zeugnis, das Lichtheim dazu befähigte, die Täuschungsstrategien der Nazis zu durchschauen und die Elemente seiner bisherigen Vermutungen und Informationen zu einem Ganzen zusammenzufügen, das einen fürchterlichen Sinn ergab: Die Deportationen bedeuteten systematischen Massenmord; es existierte tatsächlich ein Plan, wie er schon früher angenommen hatte. Dies erklärte, warum man von den Deportierten nichts mehr hörte, warum selbst Kranke und Kinder in den «Arbeitseinsatz» geschickt wurden usw. Damit war Lichtheim weltweit einer der Ersten, die die Dimension der NS-Verbrechen erfasst hatten. Er schickte Kühls Bericht an jüdische Organisationen weiter, stiess damit jedoch in England, Amerika und Palästina auf Unglauben.[46]

Gewaltigen Eindruck machte Kühls Augenzeuge hingegen auf die führenden Männer des Gemeindebunds: In Zürich fand laut Saly Mayer am 16. August eine «Konferenz mit vom Ausland anwesenden Personen statt», die ihn erschütterte. Wir müssen annehmen, dass der neu eingereiste Augenzeuge einer der ausländischen Berichterstatter war. Wer sonst noch an dieser Konferenz teilnahm, wissen wir nicht im Einzelnen. Feststellbar ist jedoch, dass seither sowohl Saly Braunschweig als auch Georges Brunschvig Informationen verwendeten, die nur von dieser Persönlichkeit stammen konnten und die ihre Wahrnehmung der Ereignisse radikalisierten. Es scheint, dass es die direkte Konfrontation mit den Augenzeugen war, die diesen Schweizer Juden die Augen öffnete: Erst jetzt verloren die früheren Nachrichten für sie ihre Unwirklichkeit und fügten sich zu einer grauenerregenden Totalität zusammen. Entscheidend war also vermutlich weniger das Mehr an neuen Informationen, sondern die direkte Begegnung mit Menschen, die das Unvorstellbare gesehen hatten und bezeugen konnten. Es herrschte damit seit Mitte August 1942 auch in der Spitze des SIG Klarheit darüber, dass Deportation gleichbedeutend war mit systematischem Massenmord – eine Klarheit freilich, die noch von massiven Zweifeln und trügerischen Hoffnungen begleitet war und nicht unserer heutigen Gewissheit entsprach. Noch ein Jahr später werden sich auch diese bestinformierten Juden der Illusion hingeben, dass die jüngeren Deportierten teilweise nur als Arbeitssklaven und Zwangsprostituierte missbraucht würden, und schon dies war ihnen eine ebenso unfassbare wie unerträgliche Schreckensvorstellung.[47]

Im September erhielt Isaac Sternbuch zwei weitere Meldungen aus Polen, die den systematischen Massenmord an den polnischen Juden und die Todesgefahr für alle anderen Glaubensgenossen bestätigten. Die eine Nachricht bestand aus einem codierten Brief, den ein polnischer Jude namens Jitzchak Domb (der dank seines Schweizer Passes ausserhalb des Ghettos leben durfte) am 4. September in Warschau abgeschickt hatte. Er berichtete vom Abtransport und von der Ermordung aller Juden aus dem Ghetto (mit Ausnahme der noch in der Rüstungsindustrie Beschäftigten). Eine Kopie dieses Briefs erreichte auf verschiedenen Wegen (unter anderem über Julius Kühl von der polnischen Gesandtschaft in Bern) das amerikanische Aussenministerium, eine andere auch Saly Mayer. Eine weitere Bestätigung der NS-Pläne lief ebenfalls über die Schweiz: Spätestens im Oktober erklärte der Vizepräsident des IKRK, Carl Jacob Burckhardt, seinem Universitätskollegen Paul Guggenheim, dass ein «Befehl Hitlers zur Ausrottung aller Juden» existiere. Dieser Meldung kam ein besonderes Gewicht zu – zum einen, weil sie von einem Nichtjuden, zudem einem international hoch angesehenen Diplomaten und Historiker, stammte, und zum anderen, weil dessen beide Informanten, wie Guggenheim erfuhr, direkt im Berliner Auswärtigen Amt und einem für die Wehrmacht zuständigen Ministerium sassen. Auch diese Meldung wurde an die amerikanische Regierung weitergeleitet. Wichtig für die Geschichte des Gemeindebunds ist, dass auch führende Schweizer Juden zu den ersten Instanzen gehörten, die diese Bestätigungen der Schreckensnachrichten erhielten.[48]

Als das amerikanische Aussenministerium im August das Telegramm Riegners empfing, tat es die Nachricht als «wildes, von jüdischen Ängsten inspiriertes Gerücht» ab und untersagte Stephen Wise eine Veröffentlichung – ein Verbot, das der WJC-Präsident aus patriotischer Loyalität nicht ignorieren wollte. Nachdem Staatssekretär Sumner Welles aufgrund der nachgereichten Beweise über ein Vierteljahr später von der Glaubwürdigkeit der Nachricht überzeugt war, konnte Wise am 24. November 1942 endlich reden und eine Pressekonferenz einberufen: Die Nazis hätten bereits zwei Millionen Juden ermordet, erklärte er, darunter achtzig Prozent aller Juden Warschaus; sie seien im Begriff, auch alle restlichen Juden Europas zu vernichten. Die grauenhafte Nachricht erschien in der Presse zwar nicht überall als Titelgeschichte, fand jedoch – verglichen mit früheren Artikeln – grosse Beachtung.[49]

Fast gleichzeitig kritisierte Richard Lichtheim in der Schweiz auf dem ordentlichen zionistischen Delegiertentag das amerikanische Judentum massiv. Laut Bericht des *Israelitischen Wochenblatts* vom 27. November 1942 warf er den Juden der USA vor, dass sie «die politischen Konsequenzen» der aktuellen Lage nicht erfassten, wo doch die stärksten Pessimisten von der Wirklichkeit übertroffen worden seien und das europäische Judentum bereits zu 75 Prozent vernichtet sei. «Heute gibt es keine lokalen Pogrome mehr, sondern eine systematische Vernichtungspolitik.» Am Ende dieses Winters würde die Zahl der Opfer vier Millionen betragen. – Damit erreichte die Nachricht von einer systematischen Vernichtung erstmals die breitere jüdische Öffentlichkeit der

Schweiz. Allerdings heisst dies keineswegs, dass sie vom Publikum schon in ihrer eigentlichen Bedeutung begriffen und geglaubt wurde. Dazu waren nicht einmal die zionistischen Delegierten imstande, obwohl sie sich doch nicht nur mit einer kurzen Zeitungsnotiz konfrontiert sahen, sondern einen kompetenten Referenten zur Verfügung hatten, der ausführlich Rede und Antwort stehen konnte. Dies zeigte sich einige Tage später, als sich die Schweizer Zionisten erneut zu einem – diesmal ausserordentlichen – Delegiertentag trafen und auch Alfred Silberschein über den «Vernichtungsfeldzug» informierte. Fast alle Teilnehmer hätten, so die Erinnerung des damals anwesenden Robert Wieler, den Redner als einen «Hysteriker» betrachtet und seine Berichte über die Vorgänge in Osteuropa nicht ernst genommen.[50]

Nachdem die amerikanischen Medien die Meldungen über die Judenvernichtung veröffentlicht hatten, mobilisierten die jüdischen Organisationen ihre Mitglieder: Am 2. Dezember 1942 begingen die Juden in dreissig Ländern einen Trauertag für die Opfer der Verfolgungen; in New York unterbrachen 500 000 Arbeiter und Angestellte ihre Tätigkeit für zehn Schweigeminuten; in Tel Aviv gingen 100 000 Menschen auf die Strasse; die jiddischen Zeitungen erschienen mit schwarzen Trauerrändern; jüdische und nichtjüdische Zeitungen forderten vielerorts Massnahmen der Alliierten gegen die Massenverbrechen; jüdische Repräsentanten appellierten an die Meinungsführer, Regierungen und Kirchen ihrer Länder. Aufgrund des öffentlichen Drucks publizierten die Alliierten am 17. Dezember zur «deutsche[n] Politik der Vernichtung der jüdischen Rasse» eine gemeinsame Erklärung, die «diese bestialische Politik kaltblütiger Ausrottung aufs Schärfste» verurteilte und die Entschlossenheit der Mächte bekräftigte, die Verbrecher zu bestrafen.[51]

Die Regierungen Grossbritanniens und der USA hatten mit dieser Erklärung beabsichtigt, dem öffentlichen Druck ein Ventil zu verschaffen, ohne etwas zugunsten der gefährdeten Juden tun zu müssen. Aber sie bewirkten das Gegenteil und kamen nun erst recht unter Zugzwang, so dass sich schliesslich am 19. April 1943 angelsächsische Delegationen zu einer Konferenz trafen, um Hilfsmassnahmen zu besprechen – auf der abgelegenen Insel Bermuda, unter Ausschluss der Öffentlichkeit und ohne Beteiligung jüdischer Organisationen. Eine symptomatische Abkapselung, denn das Ganze war nur ein heuchlerisches Ritual der leeren Gesten: Beschlossen wurde keine einzige substanzielle Massnahme. Die Juden, die enorme Erwartungen gehegt hatten, waren schockiert.

Eine der Rettungsmassnahmen, die von jüdischer Seite immer wieder und im Vorfeld der Konferenz noch vermehrt vorgeschlagen wurden, betraf auch die Schweiz: Die Alliierten sollten, lautete die Forderung, die neutralen Staaten bei der Aufnahme von Flüchtlingen unterstützen und ihnen versprechen, dass sie diese nach Kriegsende übernehmen würden. Die angelsächsischen Regierungen zeigten sich jedoch nicht gewillt, derartige Garantien abzugeben oder politischen Druck auf die Neutralen auszuüben. Gerade Grossbritannien

hatte sich bisher stets gehütet, die Schweizer für ihre Asylpolitik zu kritisieren
– sogar noch, als jene im Sommer 1942 mit ihrer brutalen Abweisungspolitik
begannen. An die Schweiz adressierte Forderungen oder Klagen hätten nur auf
die keineswegs rühmliche Politik der Briten gegenüber den Juden aufmerksam
gemacht, was natürlich tunlichst zu vermeiden war. Heinrich Rothmund, der
bei seinen Massnahmen schon immer auch ans Ausland gedacht hatte, und sein
neuer Vorgesetzter Bundesrat von Steiger beobachteten diese Haltung genau
und mit Erleichterung.[52]

Damit gab es für die jüdischen Flüchtlinge, die in der Schweiz Schutz vor der
«Endlösung» suchten, überhaupt keine potenten externen Fürsprecher. Ein Umstand, der nicht hoch genug veranschlagt werden kann, denn ihr Schicksal hing nun allein vom innenpolitischen Spiel der Kräfte und Interessen ab. Welche Rolle dabei der Gemeindebund spielte, erfahren wir in den folgenden Kapiteln.

Fragmentierte Welten

Ab Frühjahr 1942 spitzt sich die Situation für die Juden an verschiedenen Schauplätzen noch weiter zu. Die Ereignisse entwickeln in tief getrennten und doch miteinander korrespondierenden Welten eine ungeheure Dynamik. Ihrer Logik und ihren Konsequenzen für die Handelnden und Leidenden würde eine Gesamtschau aus scheinbar objektiver, distanzierter Warte nicht gerecht. Ist eine angemessene Darstellung überhaupt zu finden? Wo doch die Unvermitteltbarkeit der Erfahrung, das Unfassbare der Geschehnisse, die Unvereinbarkeit der Perspektiven, die Gegensätze der Interessen und die Diskrepanz der Lebenswelten schon damals den Gang der Geschichte entscheidend mitbestimmten? Vielleicht kann man sich den historischen Abläufen am ehesten annähern, indem man genau diese Phänomene aufgreift und versucht, einzelne Akteure in ihren disparaten und subjektiven Erfahrungen zu verfolgen. Dies ist denn auch mein Versuch in diesem Kapitel, wobei ich hoffe, gerade durch eine Beschreibung dieser dissonanten Vielstimmigkeit weiterführende Erklärungen zu finden.

«Verrückt»: die Agenda eines Einzelkämpfers

Abgesehen von seinem engsten privaten Umfeld und einzelnen Leuten in SIG und VSIA, konnte kaum jemand ermessen, mit wie vielen Angelegenheiten sich Saly Mayer Tag und Nacht befasste, zumal Transparenz und das Teilen von Verantwortung nicht zu seinen Stärken gehörten. Ohne sich auf die Infrastruktur eines effizienten Sekretariats stützen zu können, reiste er hektisch in der Schweiz herum: Sitzungen, Gespräche, Besuche ohne Unterlass. Daneben viele Briefe, Berichte, Telegramme, Telefongespräche. Es ging um Absprachen, organisatorische Details, Interventionen und Behördenkontakte in Einzelfällen. Saly Braunschweig qualifizierte Mayers Agenda im Mai 1942 als «verrückt» – und hatte damit keineswegs übertrieben. Nun nahmen dessen Aufgaben durch die Zusammenarbeit mit den jüdischen Vertretern in den besetzten Gebieten noch weiter zu. Meist wurde Mayer hier als Funktionär des Joint und nicht des SIG angesprochen, die Arbeitsfelder überlappten sich jedoch häufig – vor allem aber betraf die Belastung immer dieselbe Person. Im Folgenden seien nur einige zentrale Ausschnitte aus all den Tätigkeiten skizziert, die er in jener Zeit des sich immer dramatischer zuspitzenden Weltgeschehens zu bewältigen hatte. Eine ausführliche Darstellung findet sich bei Yehuda Bauer, der das Werk des Joint umfassend erforscht hat.[1]

In besonderem Masse war Mayer mit der Not der jüdischen Gemeinde in der Slowakei konfrontiert, über die ihn, wie wir gesehen haben, der Joint-Vertreter für dieses Land, Josef Blum, genau informierte. Zudem erhielt er über Nathan Schwalb immer wieder Botschaften von einer Gisi Fleischmann, die in Bratislava offenbar in verschiedenen jüdischen Männergremien eine führende Position einnahm, was für eine Frau ungewöhnlich war, gerade angesichts ihres orthodoxen Umfelds und ihrer zionistischen Einstellung. Mayer hatte die Aktivistin vermutlich am Vorabend des Krieges in Paris persönlich kennen gelernt; damals hatten sich die lokalen Vertreter des Joint und der HICEM, zu denen auch sie gehörte, ein letztes Mal getroffen.

Ende Juli 1942 schickte Gisi Fleischmann einen Kurier mit einem Lagebericht in die Schweiz, der wiederum auch an Mayer ging. Darin schilderte sie detailliert, wie sich wöchentlich tausend Juden zum Abtransport zur Verfügung stellen mussten, auch Greise und Kranke; wie die Schergen Tag und Nacht Razzien nach Versteckten machten und wie die Deportierten – so werde berichtet – massenhaft an Hunger und Epidemien starben, vor allem Kinder. Da die noch Verschonten über die Abtransportierten nur spärliche Informationen erhalten hatten, die in den letzten Wochen zudem gänzlich versiegten, schrieb Gisi Fleischmann: «Vielleicht besteht Ihrerseits die Möglichkeit, uns über das Schicksal dieser Menschen eine Nachricht zukommen zu lassen, denn begründeter Weise ist grösste Besorgnis am Platz.» Fleischmann war überzeugt, dass nur sofortige Hilfe aus dem Ausland Leben retten konnte, wozu sie ein dreiteiliges Programm vorschlug: Für die Arbeitslager in der Slowakei sollte man sie mit einem Jahresbudget von 420 000 US-Dollar ausrüsten, für die ins Generalgouvernement (vor allem in den Distrikt Lublin) Verschleppten bat sie um Direkthilfe aus der Schweiz, und schliesslich verlangte sie 100 000 Schweizer Franken für eine weitere Aktion, die allen herkömmlichen Moralvorstellungen widersprach. Was das Jahresbudget betraf, kennen wir Mayers Finanznöte. Aber noch gravierender war für ihn wahrscheinlich, dass diese Gelder nicht nur den jüdischen Opfern, sondern auch der slowakischen Wirtschaft direkt zugute gekommen wären, was den *Trade with the Enemy Act* verletzt hätte und infolgedessen auch Mayers Loyalitätsgefühl gegenüber dem Joint. Für den zweiten Programmpunkt, die Direkthilfe nach Lublin, übermittelte Fleischmann 2 000 Adressen von Deportierten, an die Hilfspakete zu schicken waren. Aber dies erwies sich ebenfalls als problematisch, denn die Deutschen erlaubten für ganz Polen nur zentralisierte Zusendungen an die *Soziale Selbsthilfe Krakau*.

Dass ihr dritter Programmpunkt in der Schweiz Befremden auslösen könnte, hatte sie schon geahnt: Was in normalen Zeiten moralische Bedenken verursachte, schrieb sie, müsse «heute akzeptiert werden, trotz aller Hemmungen und innerer Widerstände. Die grosse Tragik dieser Zeit liegt auch darin, dass unsere Feinde uns zwingen, Wege einzuschlagen, die gegen unsere bessere Auffassung sind.» – Was plante Fleischmann? Nichts anderes als eine kühne und gefährliche Aktion, um das Leben aller in der Slowakei noch verschonten Juden zu retten.

Dabei ging es nach ihrer Berechnung um 24000 Menschen. Wie aber sollte ein solches Vorhaben gelingen? Indem sie die Verantwortlichen auf slowakischer und deutscher Seite bestach, damit diese die Deportationen stoppten – ein Plan, der nur mit Geld aus dem Ausland zu verwirklichen war. Aber Mayer reagierte vorerst ablehnend: Er kam am 14. August mit Joseph Schwartz zum einhelligen Entschluss, dass kein Geld in deutsche Hände gelangen durfte. War für die beiden Männer das Fehlen der Dollars entscheidend? Bezweifelten sie die Erfolgsaussichten der geplanten Aktion? Blieben sie, wie von Fleischmann befürchtet, Gefangene ihrer überkommenen moralischen Prinzipien? Liessen sie sich durch ihre Loyalität zur Joint-Zentrale in New York blockieren, die derartige Machenschaften nie zulassen würde? Erschien es ihnen einfach taktisch falsch und gefährlich, ausgerechnet den Feind mit Geld zu unterstützen? Oder liessen sie sich nicht durch pragmatische Erwägungen bremsen, sondern durch die empörende Vorstellung, dass man mit dem Geld nicht irgendwelche konventionellen Gangster unterstützt hätte, sondern den an Niederträchtigkeit nicht zu überbietenden Todfeind des eigenen Volkes? Wurde Mayer durch seine Überanpassung an die Normen seiner Umwelt, seine Übervorsicht und Kleinkariertheit von Einsicht und Handeln abgehalten? Oder realisierten Mayer und Schwartz schlicht nicht, was die Deportationen bedeuteten und dass Tausende von Leben gefährdet waren?[2]

Während man in der Slowakei verzweifelt auf eine positive Antwort wartete, wurde Mayer mit zusätzlichen Schwierigkeiten konfrontiert: Dies betraf nicht in erster Linie die Ordre-public-Affäre, die noch immer viele Nerven kostete; nicht die Deblockierung des Dollartransfers, die trotz intensivster Bemühungen derartig schleppend vorankam, dass Schwartz nun sogar eine Reise nach New York erwog; nicht die Verwaltung der SIG-Kasse, die offenbar nach der Lahmlegung des Geschäftsausschusses ebenfalls in St. Gallen gelandet war; nicht die Korrespondenz mit den Joint-Vertretern in den anderen Ländern, die sich alle gleichfalls in Not befanden; nicht die Hilfe für einzelne Flüchtlinge in der Schweiz oder für einzelne Einreisewillige im Ausland, um die er sich persönlich kümmerte; nicht all die Probleme mit den Arbeitslagern in der Schweiz, von den Missständen bis zu den Sonderregelungen für die Orthodoxen; nicht die Intervention in konkreten Arisierungsfällen in Frankreich, in die Mayer seit diesem Juni direkt involviert war; nicht die Heimholung der jüdischen Schweizer aus Frankreich, um die Mayer die *Abteilung für Auswärtiges* seit Mai 1942 mehrfach vergeblich gebeten hatte.[3] Die grösste Herausforderung, vor die er sich gestellt sah, bestand vielmehr in den direkten Folgen der Deportationen in Westeuropa:

Am 9. August erfuhr Mayer von zahlreich an der Westgrenze eintreffenden jüdischen Flüchtlingen. Ein Ende des Zustroms war nicht abzusehen, und der Gemeindebund musste reagieren. Schon am nächsten Tag rief Mayer Schwartz an und verlangte eine Verdoppelung der Joint-Subventionen. Am 11. August sah er sich zusätzlich mit der Sorge für die jüdischen Kinder in Frankreich konfrontiert, worüber er an diesem Tag ausführlich mit Joseph Weill vom französischen *Œuvre de secours aux enfants* konferierte. Dieser war zusammen mit seinem Chef Lazar Gurvic aus dem Nachbarland eingereist und berichtete Erschütterndes von den dort angelaufenen Deportationen. Das wichtigste Anliegen Weills war es, Kinder, die in jüdischen Heimen lebten, über die Grenzen nach Spanien und in die Schweiz zu bringen. Dazu wollte er in Genf, wo Boris Tschlenoff für das OSE bereits eine Zweigstelle führte, in Zusammenarbeit mit anderen Organisationen ein Büro einrichten, das die Flucht der Kinder, ihren Aufenthalt in der Schweiz und ihre Weiterbringung in ein Drittland unterstützte. Das für die Rettungsmassnahmen benötigte Geld sollte teilweise vom Joint kommen, der SIG war primär vermittelnd involviert.[4]

Da Silvain S. Guggenheim in den Ferien weilte, übernahm Mayer auch in der Flüchtlingshilfe die Führung. Am 12. August orientierte er die VSIA-Zentrale in Zürich über die neue Lage und beauftragte diese, sich mit dem *Schweizerischen Roten Kreuz, Kinderhilfe*, und der *Schweizerischen Zentralstelle für Flüchtlingshilfe* in Verbindung zu setzen. Diesen war mitzuteilen, dass man angesichts der zahlreichen neuen Flüchtlinge und der eigenen Finanznot vor einer Aufgabe stehe, die nicht nur die Juden, sondern die ganze Schweiz angehe. Am gleichen Tag redigierte und verschickte er ein Rundschreiben an die Lokalcomités des VSIA, in dem es unter anderem hiess: «Ein Teil der jüdischen Flüchtlinge, der sich nicht sofort bei den Grenzstellen meldet, gelangt vor allem an unsere westschweizerischen Comités um Hilfe. Es ist selbstverständlich, dass wir aus Gründen der allgemeinen schweizerischen Sicherheit und auch, um die Flüchtlinge vor Unannehmlichkeiten zu bewahren, die Pflicht haben, solche Personen unverzüglich der zuständigen Polizeibehörde zu melden. Die Frage der Versorgung müssen wir den Behörden überlassen, da wir infolge unserer Ihnen bekannten prekären finanziellen Situation leider nicht für neue Fälle aufkommen können. Es scheint uns gegeben, dass Sie sich um die Personen, die sich an Sie gewandt haben, weiter bemühen, um ihnen ihre Situation in Bezug auf menschliche Anteilnahme, Kleidung, zusätzliche Lebensmittel usw. erträglich zu machen, wie es schweizerischer und jüdischer Tradition entspricht.» Am Nachmittag versuchte Mayer, auch Heinrich Rothmund telefonisch zu orientieren. Vergeblich. Am Abend erhielt er einen Anruf, er solle am nächsten Vormittag ins Bundeshaus kommen.[5]

Gisi Fleischmann und «Wilhelm»

Gisi (Gisela) Fleischmann war eine der überragenden Frauen des geknechteten Judentums: zupackend, klug und überaus mutig. Sie wurde 1892 in Bratislava geboren, wo sie in einem orthodoxen Umfeld aufwuchs und noch immer lebte.

Gisi Fleischmann, überragende Gestalt des slowakischen Judentums, versuchte seit 1942 unablässig Hilfe aus der freien Welt für ihre gefährdeten Glaubensgenossen zu erhalten. Aufnahme um 1941. (Privatbesitz, A. Fischer)

Schon als junge Frau entwickelte sie sich zur engagierten Zionistin und half, eine Sektion der *Women's Zionist Organization (Wizo)* zu gründen. In den späten dreissiger Jahren leitete sie die örtliche HICEM und betätigte sich für den WJC und in der Flüchtlingshilfe, teilweise auch bei illegalen Menschentransporten nach Palästina. Als Mitglied des Flüchtlingskomitees übernahm sie nun auch Aufgaben für den Joint.

Seit 1939 hatte sich die Situation für die Juden in der Slowakei, die nach der Zerschlagung der Tschechoslowakischen Republik entstanden war, zusehends verschlimmert. An der Macht sassen faschistische Marionetten von Deutschlands Gnaden und unter der Führung des katholischen Priesters Jozef Tiso. Ende 1941 richtete die Regierung einen Judenrat ein; angetrieben dazu wurde sie von SS-Hauptsturmführer Dieter Wisliceny, der im Auftrag von Eichmanns «Judenreferat» als Berater für jüdische Angelegenheiten nach Bratislava abgeordnet worden war. Im Jahr 1941 forderten die Slowaken die Nazis ausdrücklich zur Deportation ihrer Juden auf. Ähnlich initiativ verhielt sich in Europa kein anderes Land. Die Deutschen erklärten sich dazu bereit – gegen Bezahlung. Am 26. März 1942 begannen die Abtransporte der damals 90 000 im Land anwesenden Juden, wovon die jüdische Gemeinde schon im Voraus gerüchteweise erfahren hatte. Es herrschten Panik und Verzweiflung. Ausdruck davon war der bereits zitierte Notruf Josef Blums, den sein Kurier im Mai persönlich Saly Mayer überbringen wollte. Die Unglücklichen kamen ins Generalgouvernement, in die Gegend von Lublin und Auschwitz. Weiteres blieb vorerst im Dunkeln.

Im slowakischen Judenrat bildete sich unter der Bezeichnung *Arbeitsgruppe* eine Untergrundführung, die sich jeweils bei Gisi Fleischmann traf, welche dem Rat ebenfalls angehörte und nun in dieser geheimen Vereinigung die Leitung übernahm. Im Juni 1942 hatte der orthodoxe Rabbiner Michael Dov Ber Weissmandel, der auch zur Gruppe gestossen war, die Idee, mit Bestechung weitere Deportationen zu verhindern. Die *Arbeitsgruppe* erklärte sich einverstanden und nahm einerseits die involvierten slowakischen Beamten ins Visier, andererseits Wisliceny, der vor Ort die Abtransporte überwachte. Die Annäherung an den Gestapomann lief über einen jüdischen Verräter namens Karel Hochberg, der mit jenem zusammenarbeitete und alsbald mitteilte, Wisliceny verlange umgerechnet 100 000 Schweizer Franken für sein Entgegenkommen. Eine Summe, die die *Arbeitsgruppe* nicht besass, so dass Fleischmann am 27. Juli einen Emissär in die Schweiz schickte, wo man doch über ganz andere Möglichkeiten verfügen musste. Trotz weiterer Nachfragen bei Schwalb blieb diese Quelle aber zunächst verschlossen. Wahrscheinlich bekam die *Arbeitsgruppe* bis zum 17. August immerhin eine Teilzusage aus St. Gallen, so dass sie in der Slowakei Bargeld ausleihen und einen Teil der verlangten Summe an Hochberg ausbezahlen konnte.[6] Würde es auf diese Weise gelingen, den Abtransport von Tausenden in eine Zone, in der sie Schreckliches erwartete, zu stoppen?

Verschärfung einer «Farce»

Da seit Juni 1942 die illegalen Einreisen von Flüchtlingen, namentlich von Juden aus den Niederlanden und aus Belgien, zunahmen, beauftragte Rothmund im Juli seinen Stellvertreter Robert Jezler mit einem Bericht, der die bisherige

Fragmentierte Welten

Robert Jezler (links), der amtierende Stellvertreter von Polizeichef Rothmund, und
Oscar Schürch (Mitte rechts), der Leiter der Flüchtlingssektion in der Polizeiabteilung.
Aufnahme von 1946. (Privatbesitz)

Asylpraxis und die Richtlinien für die Zukunft darstellen sollte. In seiner Arbeit, die Jezler am Monatsende vorlegte, findet sich die mittlerweile viel zitierte Feststellung, dass man sich im Gegensatz zu früher in letzter Zeit nicht mehr zur Rückweisung von Juden habe entschliessen können, da man zuverlässige «grässliche» Berichte über die Deportationen und die Zustände in den Judenbezirken besitze. Tatsächlich waren die Bundesbehörden durch diplomatische Kanäle und Befragungen von Flüchtlingen sehr gut über die Deportationen und Massentötungen informiert. Auch die Polizeiabteilung: Sie arbeitete seit 1940 mit dem militärischen Nachrichtendienst zusammen, und Jezler selbst stand dort permanent als Milizoffizier im Einsatz. Wenngleich die Beamten im Juli 1942 über den Prozess der systematischen Vernichtung noch nicht im Bilde waren, wussten sie doch um die Todesgefahr für die abgewiesenen Flüchtlinge. Deren Schicksal gehörte jedoch nicht zu den Gesichtspunkten, die sie vordringlich beschäftigten – nach ihrer Ansicht hatte sich ihre Praxis nach ganz anderen Grundsätzen zu richten: Erstens könnten, schrieb Jezler, «selbstverständlich [...] ausschliesslich die schweizerischen Interessen massgebend sein, nicht die Interessen eines einzelnen Flüchtlings». Zweitens müsse man «in allem, was Ausländer betrifft, in der Schweiz unbedingt Ordnung wahren». Als Schlüsselgrösse nannte der Beamte dabei die «Aufnahmefähigkeit» des Landes, die er wegen der Ernährungslage als beschränkt einschätzte; zudem erwähnte er die Probleme der Unterbringung und der Weiterwanderung, die innere Sicherheit und eine eventuelle spätere Belastung des Arbeitsmarktes. Angesichts der 5 700 zu dieser Zeit anwesenden Emigranten sei bei weiteren Aufnahmen «grosse Zurückhaltung» angebracht, wobei die «Zahl der allenfalls noch zu erwartenden Flüchtlinge derselben Kategorie» ins Gewicht falle – das betraf vor allem die Juden. Zu bedenken sei auch, wie man «nach dem Kriege wieder zu möglichst allen Ländern gute Beziehungen» schaffen könne.

Als Rothmund am 30. Juli Jezlers Bericht an Bundesrat von Steiger, den Vorsteher des EJPD, weitergab, unterstrich er in seinem Begleitschreiben vor allem eine befürchtete massive Zunahme der illegalen Einreise von Juden und die Schwierigkeiten, diese zu verhindern. Auf die Gefährdung dieser Menschen kam er hingegen nur ein einziges Mal zu sprechen, nämlich als er darauf hinwies, dass der immer noch gültige Bundesratsbeschluss von 1933, demzufolge nur politische Flüchtlinge aufzunehmen seien, «heute fast zur Farce geworden» sei, da sich jeder Flüchtling «schon wegen der Flucht in Todesgefahr» befinde. Sein unmittelbar anschliessender Gedankengang ist jedoch von einer überraschenden Logik: «Rückweisung nur der Juden? Dies drängt sich fast auf. Die holländischen und belgischen Juden sind aber nicht, wie die deutschen und andere, von ihren Staaten aufgegeben. Ihre Gesandtschaften müssen für sie eintreten wie für Nichtjuden und können uns mit besserem Gewissen als der Pole erklären, dass sie später wieder in ihr Land zurückkehren können. Also Rückweisung insgesamt? Wir würden unserer Tradition ins Gesicht schlagen, wenn wir z.B. einen holländischen Offizier zurückstellen würden, der mit der einzigen festen Absicht zu uns kommt, von hier aus zu seiner Königin zu kommen und für sein Land zu kämpfen.»

Eine verblüffende Argumentation: Obwohl der Flüchtlingsbegriff, der ja in der Praxis vor allem die Juden ausschliesst, zur «Farce» geworden ist, schlägt Rothmund zuerst die Rückweisung ebendieser Gruppe von Menschen vor. Dies begründet er nirgends – ausser indirekt durch die von ihm in jedem zweiten Satz betonte Tatsache, dass die meisten Zuflucht Suchenden jüdisch seien – was mit Jezler korrespondiert, der mit der pro «Kategorie» zu erwartenden Menge argumentiert hatte. Aufhorchen lässt, dass sich dieser Vorschlag Rothmund «fast aufdrängt», wo doch seine eigene Interpretation der Fakten für das exakte Gegenteil spräche. Wenn nicht von den Fakten, muss dieser Drang also anderswo herkommen. Offenbar unterliegt der Chefbeamte einem Denkzwang, einem reflexartigen Rückgriff auf Routinen, Praktiken und Konzepte, die sich – in seiner Optik – bewährt haben: auf die altbekannte Annahme eben, dass die Ordnung nur durch die Fernhaltung der angeblich gefährlichen Juden zu bewahren sei. Für diese Vermutung spricht, dass er im selben Brief an von Steiger die Aussage eines holländischen Vertrauensmanns kolportiert, der, «ohne etwa Antisemit zu sein», die Ankunft von «immer weniger wertvollen

Leuten» ankündigt, die den Schweizern «keine Freude machen» würden. Ein unqualifiziertes, antisemitisches Gerücht, das zur nüchternen Information des Bundesrats nichts beiträgt – aber es passt zur Stossrichtung des Schreibens. Bemerkenswert ist auch, dass Rothmund gleich anschliessend seine erste Idee («Rückweisung nur der Juden») wieder verwirft: Ausschlaggebend ist nicht etwa die Gefährdung der Juden, diesen Aspekt erwähnt er gar nicht mehr, sondern allein die Perspektive, dass diese noch von einem Heimatstaat verteidigt werden «müssen» (Juden werden offenbar nicht freiwillig verteidigt), was – kann man mit Jezler schlussfolgern – in der Zukunft auch negative aussenpolitische Konsequenzen für die Schweiz haben könnte. Auch die Verwerfung von Rothmunds zweiter Idee («Rückweisung insgesamt») ist entlarvend einseitig: Als Schlag ins Gesicht der helvetischen Tradition empfindet er offenbar nur die potenzielle Zurückweisung holländischer Freiheitskämpfer, nicht jedoch die Zurückweisung von Juden, die weit eher und in viel grösserer Zahl die Gefährdung von Menschenleben impliziert hätte.

Rückweisung nur der Juden – Rückweisung aller – keine Rückweisung aller: Rothmund bringt innerhalb weniger Zeilen drei unterschiedliche Optionen ins Spiel. Ohne Begründungen, ohne fundierte Argumente, ohne jede Logik. Und seine Erwägungen bleiben ohne Ergebnis. Dennoch empfiehlt er gleich anschliessend – und auch dies ohne jede Erklärung –, den Beschluss des Bundesrats vom Oktober 1939 wieder strenger anzuwenden. Das bedeutet, dass illegal Einreisende, mit Ausnahme der «politischen Flüchtlinge» und der Deserteure, vermehrt zurückgewiesen werden müssen. Abzuwehren sind also fast ausschliesslich die Juden. Am 4. August 1942 sanktioniert Bundesrat Philipp Etter in einer Präsidialverfügung einen entsprechenden Antrag des EJPD und nimmt dabei explizit in Kauf, dass den Betroffenen «Gefahren für Leib und Leben» erwachsen könnten.

Das ist zunächst ein grundsätzlicher Entscheid, der noch in konkrete Massnahmen umgesetzt werden muss. Rothmund beschliesst, sich vorher noch persönlich an der französischen Grenze ein Bild von der Situation zu machen, zumal der Zustrom sich unterdessen noch verstärkt hat.[7]

Die Aufnahme der Familie Popowski

Sie verliessen ihr Haus ohne Gepäck, gerade so, erinnert sich später der damals zehnjährige Gaston, als würde man nur ins Kino gehen, und begaben sich zu einer Absteige – direkt gegenüber dem Gestapohauptquartier, wo sie die Nacht in Sicherheit verbrachten. Am nächsten Abend verliess die ganze Grossfamilie – ein Baby, Kinder, drei Elternpaare, Grosseltern, insgesamt etwa zwanzig Personen – mit einem Zug die Stadt. Das war am 2. August 1942. Zwei Tage später fuhren von Belgien die ersten Züge nach Auschwitz.

Die Popowskis waren in den zwanziger Jahren von Polen nach Brüssel gekommen und hatten es als Handschuhfabrikanten zu einigem Wohlstand gebracht. Beim Einmarsch der Deutschen im Mai 1940 waren sie zuerst nach Frankreich geflüchtet, glaubten dann aber, nach Brüssel zurückkehren zu können, wo jedoch die Nazis alsbald mit ihren antisemitischen Massnahmen begannen. Im Sommer 1942 wird die Situation immer unerträglicher: Ab Juni müssen sie den Stern tragen; im Juli erfahren die Kinder, dass sie nach den Sommerferien nicht mehr in die öffentliche Schule dürfen; zwei Tanten werden zum «Arbeitsdienst» eingezogen, wofür sie sich noch neue Dauerwellen machen lassen; im Quartier werden die ersten Juden abgeholt; es kursiert das Gerücht, dass der «Arbeitsdienst» eine Propagandalüge sei, die Schreckliches verberge. Die Popowskis beschliessen, sich dem Stellungsbefehl zu entziehen, kaufen bei einer Fluchthilfeorganisation für ein Vermögen falsche Papiere und eine begleitete Passage in die Schweiz, die in diesen Tagen den Ruf hat, auch illegal Einreisende nicht zurückzuweisen.

Es folgt eine mehrtägige Flucht durch das besetzte Belgien und Frankreich; dabei kommt es zu gefährlichen Kontrollen in den Zügen, zur Verhaftung eines der Fluchthelfer durch die Feldgendarmerie. In der Nacht auf den 8. August nehmen sie die letzte Wegstrecke Richtung Schweiz in Angriff: Betäubung des Babys mit Chloroform als Sicherheitsmassnahme; Sicherung der fünf Kinder durch Festbinden einer Hand an diejenige eines Erwachsenen; stundenlanger Fussmarsch durch den Wald; knappes Sich-Verbergen vor einer deutschen Patrouille; Nervenzusammenbruch von einem der Männer – endlich Ankunft in der Schweiz im Berner Jura. Aber der Empfang am Grenzposten Boncourt ist bestürzend: Die Grenzbeamten wollen sie sogleich in die Hände der Deutschen zurückweisen, die man nur Schritte entfernt schon warten sieht. Es setzt ein Wehklagen, Weinen und Flehen ein. Ein Mann schreit, er werde alle anderen und sich selbst erschiessen, wenn man die Gruppe ins Verderben schicke. In der Erinnerung der einen kam diese Drohung von einem Grenzwächter, der sich tief aufgewühlt seinen Vorgesetzten widersetzte, in der Erinnerung anderer von David Popowski, der Vater zweier Kinder war. Die Beamten wussten nicht, was tun, und es begann ein quälendes Warten.

Endlich fuhren zwei schwarze Autos vor, denen hohe Beamte in Zivil und Uniform entstiegen. Sie musterten die bewachte Gruppe: das Baby, das immer noch nicht aufgewacht war, weil es eine gefährlich hohe Dosis erhalten hatte; das kleine Mädchen mit den blutüberströmten Füssen, vom Verlust seiner Schuhe herrührend, den es aus Todesangst auf dem Nachtmarsch tapfer verschwiegen hatte; all die anderen Elenden, Verzweifelten, Erschöpften. Die hohen Herren entschieden schliesslich, dass die Gruppe bleiben durfte. Die Flüchtlinge kamen ins Gefängnis, aus dem die Frauen und Kinder, offenbar auf Intervention von jüdischer Seite – sie erinnern sich Jahrzehnte später an den Rabbiner von Pruntrut –, nach kurzer Zeit wieder entlassen und in Hotels, dann in Lager überführt wurden.[8]

«Vorbei die schlimmen Tage! Papa verdient Geld in Deutschland!», behauptete im Sommer 1942 ein Inserat in der belgischen Zeitung «Le Soir», mit dem die Nazis ihre Opfer über den wahren Charakter der Deportationen zu täuschen versuchten.

Rothmund an der Grenze und im Büro

Am Freitag, dem 7. August 1942, inspiziert Heinrich Rothmund, begleitet von Oscar Schürch, Leiter der Flüchtlingssektion in der Polizeiabteilung, sowie weiteren Beamten von Grenzwache und Polizei, die jurassische Grenze, wo seit Tagen zunehmend mehr Flüchtlinge ankommen. Wenig später schildert er seine Reise brieflich seinem Vorgesetzten von Steiger, der sich gegenwärtig in Zermatt in den Ferien befindet. Am Samstag sei er nach Boncourt gerufen worden, schreibt er, wo drei jüdische Familien aus Brüssel eingetroffen seien. Es habe sich «um eine recht wenig erfreuliche Gesellschaft» gehandelt, und er habe die Rückweisung erwogen. «Ich wollte aber nicht einen Entscheid aus dem Handgelenk treffen und hätte es offen gestanden auch nicht über mich gebracht, da zwei herzige Kinder dabei waren, da ich doch noch glauben musste, die Leute wären in Lebensgefahr bei einer Rückweisung.» (Sein Begleiter Schürch wird im September, nach einer weiteren Inspektion an der Grenze, erzählen, wenn man einmal zwei Tage an der Grenze die furchtbaren Szenen miterlebt habe, sei man von jedem Antisemitismus geheilt.)

Rothmund berichtet seinem Departementschef weiter, wie er sich den ganzen Tag von den lokalen Behörden über die Lage habe orientieren lassen und überall zu hören bekommen habe, dass die Flucht von «Passeuren» organisiert sei und auch die Bevölkerung auf beiden Seiten der Grenze den Flüchtlingen bereitwillig helfe. Zudem verhielte sich die deutsche Polizei den Juden gegenüber gleichgültig und würde diese nicht wirksam an der Flucht hindern. «Offenbar dritte Garnitur», urteilt Rothmund. Am Montag sei er nach Zürich gefahren, um sich mit dem Schweizer Dipolmaten Peter Anton Feldscher zu treffen, der aus Berlin zur Berichterstattung zurückgerufen worden war. Anscheinend waren die Juden kein wichtiges Thema. Jedenfalls erwähnt Rothmund nur, der Diplomat habe ihn darin bestärkt, dass man wegen möglicher Infiltration nazistischer Extremisten bei der Zulassung von Flüchtlingen vorsichtig sein müsse. Am Dienstag, dem 11. August, habe er zudem Unterkunftsfragen mit Otto Zaugg besprochen, der der *Zentralleitung der Arbeitslager* vorstand und extra aus den Ferien herbeigerufen worden war.[9]

In den vergangenen Tagen hatte sich Rothmund mit einer Entscheidung sehr schwer getan und mit seinen Mitarbeitern alle Aspekte diskutiert. Nach einer späteren Aussage dachte er damals einerseits an die «grossen Schwierigkeiten», die bereits überwunden hatten werden müssen (gemeint war wohl die Fluchtbewegung von 1938), und andererseits an die Bedürfnisse der Armee, die Ernährungslage, eine kommende Arbeitslosigkeit und Hunderttausende noch zu erwartende Flüchtlinge. Einen weiteren Gesichtspunkt, der ohne Zweifel auch eine Rolle gespielt hatte, verschwieg er in dieser Aufzählung: die Angst, dass die Aufnahme von Juden den Deutschen einen Vorwand für einen Übergriff auf die Schweiz bieten würde. Dieses Argument sah nach einem Kniefall vor dem übermächtigen Nachbarstaat aus und passte daher nicht gerade in das Konzept der geistigen Landesverteidigung. Ironischerweise hatte ausgerechnet diese tabuisierte Sorge eine gewisse Berechtigung, ist uns heute doch klar, dass das NS-Regime schon damals nicht nur die Juden in der eigenen Einflusssphäre im Visier hatte, sondern bereits die physische Vernichtung *aller* europäischen Juden plante, diejenigen in der Schweiz eingeschlossen, und sogar die Vernichtung derjenigen ausserhalb des Kontinents fantasierte. Tatsächlich übte Nazi-Deutschland aber nie wegen jüdischer Flüchtlinge Pressionen auf die Schweiz aus. Bei einem anderen Gang der Geschichte hätte es durchaus dazu kommen können.[10]

Dass Rothmund ausgerechnet das Schicksal der Juden nicht erwähnte, war hingegen mehr als eine Tabuisierung gegenüber Dritten: Davon hatte auch er selbst gar nichts wissen wollen. Zwar beauftragte er bei seiner Inspektionsreise einen Grenzwachtoffizier, sich bei deutschen Beamten nach der Behandlung der Abgewiesenen zu erkundigen, aber dies war eine reine Alibiübung: Schliesslich hätte er über eigene, weit verlässlichere Quellen verfügt. Bezeichnenderweise wartete er für seinen Entscheid das Resultat dieser Erkundigung gar nicht ab. (Die Deutschen gaben dann die voraussehbare Auskunft: Es geschehe den Juden nichts, sie kämen nur in den Arbeitsdienst – als Information war dies für den helvetischen Polizeichef wertlos, nicht jedoch als Argument für eine künftige Rechtfertigung.)[11]

Bereits vorher, nach der Unterhaltung mit Zaugg, wusste Rothmund genug, nämlich dass die Schweiz nicht «durchhaltefähig» sei – und er entschied auf «eigene Verantwortung», dass die Grenze für Zivilflüchtlinge hermetisch abgeschlossen werden sollte. Am 13. August 1942 ging an die ausführenden Organe die entsprechende Weisung, in der sich die explizite Vorschrift fand, dass «Flüchtlinge nur aus Rassengründen, z.B. Juden», nicht als «politische Flüchtlinge» galten und daher zurückzuweisen seien. Das Kreisschreiben war vertraulich, und der Inhalt sickerte erst nach einigen Tagen allmählich an die Schweizer Öffentlichkeit durch. Was die Flüchtlinge in den Herkunftsländern selbst betraf, unternahm Rothmund jedoch gezielte Anstrengungen, damit sie möglichst schnell von den «unerbittlichen» und «ausnahmslosen» Rückstellungen, so seine Ausdrucksweise, erfuhren. Denn am meisten Wirkung versprach er sich von einer Abschreckung: Die Verfolgten sollten gar nicht erst auf die Idee kommen, sich in Richtung Schweiz aufzumachen, wo sie nur für unerwünschte «üble Szenen» an der Grenze sorgen würden.

Der geschilderte Gang des Entscheidungsprozesses ist mehrfach aufschlussreich. Zuerst fällt auf, wie klein der Kreis der Involvierten war: Rothmunds Stellvertreter Robert Jezler war nach Abfassung seines Berichts krank geworden und ausgefallen; das bundesrätliche Plazet vom 4. August wurde mangels Regierungssitzung vom Bundespräsidenten allein erteilt; in den folgenden Tagen befand sich der direkt zuständige Departementschef von Steiger in den Ferien; die Armee wurde nur in Gedanken einbezogen; das Aussenministerium stellte bezüglich der jüdischen Flüchtlinge keine erwähnenswerten Forderungen; verwaltungsexterne Stellen wurden nicht nach ihrer Meinung gefragt, die führenden Juden, die der Polizeichef doch immer als Partner bezeichnet hatte, schon gar nicht.[12]

Weiter fällt auf, dass die von Rothmund oder Jezler vorgebrachten Kriterien beziehungsweise Argumente mehr als fragwürdig waren: Die Beamten verwiesen auf eine mögliche spätere Belastung des Arbeitsmarktes, obwohl sie wussten, dass es damals keine Arbeitslosigkeit gab und Flüchtlinge weder arbeiten noch dauerhaft im Land bleiben durften. Sie brachten den Nahrungsmittelmangel vor, obwohl schon eine einfache Kopfrechnung gezeigt hätte, dass selbst einige Zehntausend Flüchtlinge den immer noch wohlgenährten vier Millionen Einheimischen nicht mehr als wenige Krumen eines Brotlaibs weggegessen hätten. Die Unterbringung stellte ohne Zweifel ein Problem dar – aber nur, weil man sie eigentlich lieber weiterhin als Privatsache angesehen hätte und mitnichten bereit war, ähnliche Anstrengungen auf sich zu nehmen wie im Jahr 1940, als die Schweiz nach dem Zusammenbruch der französischen Armee *innerhalb von Stunden* 43 000 Mann zu internieren verstanden hatte. Andernfalls hätte man sich von nur 21 Flüchtlingen, die seit Ende Juli 1942 durchschnittlich *pro*

Tag ankamen, kaum alarmiert fühlen müssen. Was die eigene Armee betraf, erachteten es deren Verantwortliche offenbar als unnötig, zu diesem Zeitpunkt irgendwelche Forderungen bezüglich der Asylpolitik zu stellen. Bleibt einzig das vage Argument der inneren Sicherheit – bezogen auf Juden war dies bislang in der Polizeiabteilung nur ein Synonym für einen prophylaktischen Antisemitismus. Kurzum: Alle vorgebrachten Kriterien wurden nicht überprüft – und sie hätten einer Prüfung auch nicht standgehalten. Überdies ist erklärungsbedürftig, warum gerade diese Kriterien die entscheidenden gewesen sein sollen. Denn demgegenüber spielte die Frage, was denn mit den Unglücklichen nach ihrer Abweisung passieren würde, in diesem Prozess nicht die geringste Rolle. Überhaupt findet man in der Polizeiabteilung für die gesamte Nazi-Ära keine Hinweise, dass sie sich je ernsthaft um Informationen dazu bemüht hätte. Diese Beobachtung korrespondiert mit einer Aussage Rothmunds, der in den fünfziger Jahren einem Bundesrat freimütig gestand, dass man über die Judenvernichtung schon im Juli 1942 genug gewusst hatte, aber dieses Wissen wäre damals für die Entscheide nicht massgebend gewesen.[13]

Dass eine Institution bei ihren Beschlüssen fragwürdige Kriterien anwendet, dass sie bereits vorhandenes Wissen ignoriert oder höchst selektiv berücksichtigt, dass sie die Resultate von in Auftrag gegebenen Erkundigungen nicht abwartet, dass sie zuerst entscheidet und erst dann nach Begründungen sucht, dass sie unlogisch und sprunghaft argumentiert, dass sie intuitiv handelt – all dies sind übliche Phänomene, von der Organisationssoziologie vielfach erforscht und als «beschränkte Rationalität» beschrieben. Dass wir sie auch hier beobachten können, bei der in aussergewöhnlichem Masse innengeleiteten und durch keine externen Gegenkräfte kontrollierten Fremdenpolizei, erstaunt am wenigsten. Dies heisst jedoch keineswegs, dass das Ergebnis ihres Entscheidungsprozesses beliebig war. Gerade bei offenen Situationen, in denen die Verantwortlichen unter grossem Druck stehen und schnell zu agieren gezwungen sind, ist ausschlaggebend, was ihnen institutionell an Routinen zur Verfügung steht, an Denk- und Deutungsmustern, an Handlungsoptionen und Ressourcen. So gesehen, ist es alles andere als zufällig, dass sich Rothmund die «Rückweisung nur der Juden fast aufdrängt», dass er die Juden als Problem der inneren Sicherheit, aber nicht als Menschen in Lebensgefahr sieht (jedenfalls nicht vom gewohnten Schreibtisch aus), und dass er auf die Vergangenheit zurückgreift, um Lösungen für die Zukunft zu finden. Denn in seiner Optik hatte sich die bisherige Praxis bewährt, er konnte sie bis zu diesem Zeitpunkt ohne ernsthafte Widerstände von irgendwelcher Seite durchsetzen, und sie war in höchstem Grade konform mit den internen institutionellen Leitbildern und den herrschenden gesellschaftlichen Erwartungen.

Die Abweisungspolitik entsprach also einer langjährigen antisemitischen Strategie. Diese Feststellung steht nicht im Gegensatz zum Umstand, dass die Bundesbeamten tatsächlich vor einem Problem standen, das zwar zu jenem Zeitpunkt noch überschaubar, in seinen möglichen Weiterungen angesichts der bekannten nazistischen Terrormassnahmen aber schwer einzuschätzen war und für dessen Bewältigung sich die eigenen institutionellen Voraussetzungen denkbar schlecht eigneten. Als sie sich an der Grenze mit dem konkreten menschlichen Leid und den chaotischen Zuständen konfrontiert sahen, kamen sie sich, erinnert sich später einer der Begleiter Rothmunds, «wie die Ochsen am Berg» vor, entscheidungsunfähig wie Blinde, die über Farbe urteilen müssten. Was die Beamten als eigene «Farbenblindheit» wahrnahmen, wurzelte freilich nicht in der objektiven Situation, denn diese hatte eine klare Alternative zwischen humanem und inhumanem Verhalten geboten (deren sie sich im Konkreten auch bewusst waren, wie die unterlassene Zurückweisung zeigt). Ihre Lähmung resultierte vielmehr – wie schon der Bezug auf die Sehfähigkeit verrät – aus einer subjektiven Unfähigkeit und Voreingenommenheit: aus der selbst entworfenen und seit Jahrzehnten verfolgten bevölkerungspolitischen Strategie, die keine menschliche Antwort auf die Notrufe erlaubt hätte. Auf diesen Widerspruch von Bevölkerungspolitik und Humanität reagierten die Beamten mit Desorientierung und Ratlosigkeit – bis sie diese in ihren Büros wieder abwerfen konnten: Hier lieferte ihnen der institutionelle Haushalt an antisemitischen Deutungen und Routinen die mentale Festung, das entscheidende Rüstzeug und die einfache Richtlinie (auf die keine Bürokratie gerne verzichtet), um die tatsächlich schwierige und in allem neuartige Herausforderung auf ihre Art zu bewältigen.

Jahre später wird Rothmund seinen Entscheid gegenüber Carl Ludwig, der an seinem Weissbuch über die Flüchtlingspolitik schreibt, folgendermassen rechtfertigen: «Das hauptsächlichste Argument, *gegen das von niemandem etwas eingewendet werden kann*, ist die militärische Landesverteidigung.» Diese habe durch «Unordnung hinter der Front», «Zulassung von fremden Elementen auf dem Arbeitsmarkt» und Aufenthalten von Ausländern in militärischen Sperrgebieten nicht gestört werden dürfen. – Die Sprache verrät es: Der Akteur gibt *nachträglich* eine ganz bestimmte Begründung, weil er annimmt, dass sie auf Zustimmung stösst. Dass sie schon bei der Entscheidung im Sommer 1942 diese Rolle spielte, ist damit noch nicht gesagt: Tatsächlich mischte sich die Armee erst Ende jenes Jahres aktiv in die Asylpolitik ein und forderte erstmals eine rigidere Abwehrpraxis. Und damals konnte ihr Schreiben von Oscar Schürch sogleich ad acta gelegt werden, weil man schon vorher selbständig eine erneute Verschärfung der Praxis in die Wege geleitet hatte. Dass die Armeeführung an Rothmunds obsessiver und ausländerfeindlicher Ordnungsvorstellung seit Kriegsbeginn Gefallen fand, diese unterstützte und selbst verlangte, steht ausser Frage. Mit einem direkten Druck zugunsten einer *antijüdischen* Flüchtlingspolitik in der *aktuellen* Situation ist dies jedoch nicht zu verwechseln. Nachträgliche Begründungen entsprechen eben längst nicht immer den tatsächlichen Motiven und Zwängen, die zu einem Entscheid geführt haben; sie geben vor allem Aufschluss darüber, welche Deutungen in einer Institution zu einem bestimmten Zeitpunkt genehm und attraktiv sind.[14]

Und diese Begründungen unterscheiden sich im Übrigen je nach Publikum: Während die Verantwortlichen das Argument des Lebensmittelmangels oder der fehlenden Aufnahmekapazität bei jeder Gelegenheit benützten, klang es im September 1942 im vertrauten Kreis der Fremdenpolizisten ganz anders: Hier sprach Rothmund nicht nur in antisemitischen Klischees über die jüdischen Flüchtlinge, sondern warnte auch deutlich davor, dass deren Zustrom den «Kern» seines bevölkerungspolitischen Langzeitprojekts bedrohe – ein altes Argument, das beharrlich immer wieder vorgebracht wurde und wohl wenige Wochen zuvor seinen schicksalsschweren Beschluss massgeblich geformt und bestimmt hatte.

Bereits am 12. August hatte Rothmund den niederländischen und den belgischen Gesandten über die bevorstehende Sperre orientiert und ihnen versichert, dass Militärpersonen weiterhin aufgenommen würden. Die Reaktion des Niederländers schilderte Rothmund seinem Bundesrat mit Skepsis: «Ob sein intensives Klagelied über die armen Juden, die ja sozusagen ausschliesslich von den Massnahmen betroffen werden, ganz ehrlich war, möchte ich dahingestellt sein lassen. Auf jeden Fall schien die Kümmernis gross zu sein.» Es war für den Polizeichef offenbar undenkbar, dass sich ein Diplomat ernsthaft um die jüdischen Flüchtlinge sorgte. Rothmund orientierte auch einen Vertreter der Juden, der aber als Schweizer über keinen Rückhalt durch eine fremde Regierung verfügte, auf die man Rücksicht zu nehmen hatte, und der zudem Schützlinge vertrat, die zumeist staatenlos waren. So wundert es wenig, dass Saly Mayer erst am 13. August von Rothmund empfangen wurde, als man die neuen Abweisungsrichtlinien bereits umsetzte.

Unabhängig von Mayers Besuch bat Rothmund am 14. August das helvetische Generalkonsulat in Prag, sich für eine ehemalige Schweizerin im KZ Theresienstadt zu verwenden. Er begann in diesen Tagen, wenigstens für diejenigen jüdischen Frauen die Aufnahmen ausnahmsweise zu gestatten, die durch Heirat ihre Schweizer Staatsbürgerschaft verloren hatten und bisher an den Grenzen abgewiesen worden waren. Eine Episode, die uns den sozialpsychologischen Zusammenhang von Nähe und moralischem Verhalten bestätigt, der sich schon in der Begegnung des Polizeichefs mit den Popowskis manifestierte: Rothmund war mit dem Bruder der Frau persönlich bekannt.[15]

Improvisieren, zaudern, hoffen: Mayer in den Tagen nach der Grenzschliessung

Zwei Monate zuvor hatte Mayer in Rothmunds Büro gesessen und sich mit dem Polizeipräsidenten «harmonisch», so seine eigenen Worte, ausgesprochen; wenig später hatte er ihm auch seine Finanzschwierigkeiten offen gelegt und erklärt, man werde die Flüchtlingshilfe wohl noch für dieses, nicht aber für das nächste Jahr ohne fremde Hilfe bezahlen können. Die Antwort des Polizeichefs kennen wir nicht, aber es ist wahrscheinlich, dass dieser die seit Jahren versprochene staatliche Unterstützung nicht länger ausgeschlossen hatte.[16] Geld war nun auch an diesem Tag, dem 13. August 1942, ein Thema, aber nicht das wichtigste. Nachdem Rothmund seine Weisung zur Grenzsperre und die Gründe dafür bekannt gegeben hatte, widersprach Mayer: Er sei überhaupt nicht der Meinung, dass den Zurückgewiesenen nichts passiere; wer die Berichte kenne, sei unfähig, auch nur einen einzigen Menschen über die Grenze zurückzuschicken; das Asylrecht müsse als Staatsmaxime auf alle Fälle hochgehalten werden; man dürfe weder in- noch ausländischem Druck nachgeben; das Beispiel Frankreich, das Flüchtlinge ausliefere, sei nicht nachzuahmen, und wegen Geld allein dürfe man niemanden zurückweisen. Die Juden hätten schon 12 Millionen Schweizer Franken für die Flüchtlingshilfe aufgebracht; angesichts der Nachrichten aus Frankreich würden sie weitere Mittel auftreiben. Zudem müsse man die Basis verbreitern, wobei man auf den Beistand der anderen Hilfswerke zählen könne. Er selbst habe keine Vollmachten, irgendwelche finanziellen Verpflichtungen einzugehen, und könne Rothmunds Mitteilungen nur zur Kenntnis nehmen.

Mayer hatte den Eindruck, dass der Chefbeamte von den Hilfswerken weiterhin die Übernahme der Flüchtlinge erwartete – womit der VSIA eigentlich die gegenläufige Devise gleich wieder hätte zurücknehmen müssen, die er als Rundschreiben in ebendiesen Stunden allen Comités zukommen liess. Rothmund verglich die neue Flüchtlingswelle mit derjenigen von 1938, aber der SIG-Präsident wollte das Wagnis eines analogen Agreements nicht eingehen. Dabei glaubte Mayer, wie er Joseph Schwartz wenig später erklärte, dass es der Regierung weniger um das Geld als um das Prinzip ginge. Der Gemeindebund tue alles, um den Behörden nicht die «Entschuldigung» zu geben, die Schweizer Juden selbst hätten «die Nase voll» von den Flüchtlingen. Und er wiederholte gegenüber Schwartz sein Verlangen nach einer Verdoppelung der Joint-Subventionen. – Wir wissen nicht, wie deutlich sich Rothmund tatsächlich bezüglich einer künftigen finanziellen Verpflichtung geäussert hatte. Vielleicht hatte Mayer mehr gehört, als wirklich gesagt worden war, weil er die Verknüpfung von jüdischer Abgeltung und jüdischer Existenzberechtigung derart verinnerlicht hatte. Gewiss ist jedoch, dass ihm der Polizeichef den Auftrag erteilt hatte, Unterkünfte für die bereits eingetroffenen Frauen und Kindern zu organisieren, da man diese nicht wie die Männer in die Zuchthäuser Witzwil und Bellechasse stecken könne. So suchte Mayer am 14. August persönlich bei jüdischen Institutionen und Privatpersonen nach Plätzen für die Neuangekommenen, unter anderem auch für die Popowskis.

Trotz der neuen Weisung blieb Mayer in den nächsten Tagen weiterhin optimistisch und hoffte, dass alle eingetroffenen Flüchtlinge bleiben durften. Den Polizeichef sollte er sogar noch zwei Wochen später als «sehr verständnisvoll» bezeichnen. Saly Braunschweig war da skeptischer: Er habe heute den Eindruck, meinte er am 17. August, dass die «Freundschaft» zwischen Mayer, Silvain S. Guggenheim und Rothmund «etwas einseitig sei und auf der anderen Seite nicht in vollem Umfange erwidert werde».[17]

Braunschweig reagierte offenbar anders als Mayer auf die schrecklichen Nachrichten, die erst am Vortag in Zürich von Augenzeugen aus Polen präsentiert worden waren und die – wie wir gesehen haben – auch der SIG-Leitung auf einen Schlag klar gemacht hatten, dass die Deportationen systematischen Massenmord bedeuteten. An jenem 16. August hatte auch Mayer «Meldungen» erhalten, die, wie er später sagte, «jenseits menschlichen Verstehens lagen», so dass er vorläufig nicht darüber zu reden vermochte.[18]

Am gleichen Tag erhielt er von Nathan Schwalb weitere Nachrichten über die Bestechungsaktion in der Slowakei: Gisi Fleischmann schätze ihre bisherigen Verhandlungen mit Dieter Wisliceny positiv ein. «Wilhelm» – diesen Decknamen gab die *Arbeitsgruppe* dem Gestapomann – habe seit zehn Tagen die Deportationen eingestellt. Man könne die noch verschonten Juden einzig und allein vor dem Abgrund retten, wenn man *jetzt* die Hälfte der verlangten Summe bestätige. Fleischmann brauche bis zum Abend des 17. August Mayers Zusage für mindestens 10000 Dollar, sie könne die Verhandlungen nicht in die Länge ziehen, «Wilhelm» warte auf die Antwort. Schwalb glaubte ebenfalls, dass man auf diese Weise «ein ganzes Kollektiv vor Leiden und Untergang» bewahren konnte, und unterstützte Fleischmanns Begehren.[19]

Silvain S. Guggenheim war am 17. August noch immer nicht aus den Ferien zurück, deshalb befasste sich Mayer weiterhin direkt mit einzelnen Rückweisungen. Von verschiedenen Orten kamen alarmierende Anrufe, so von Georges Brunschvig aus Bern, wo die jüdische Gemeinde für das Asylrecht eines jungen Ehepaares kämpfte, oder aus Pruntrut, wo zwei Tage zuvor eine aufgebrachte Menschenmenge die Polizei daran gehindert hatte, eine Familie mit zwei Kindern auszuweisen. Regina Boritzer vom VSIA bat Mayer, diesen Vorfall, er betraf eine Familie Sonabend, im Bundeshaus zu «melden». Die beiden konnten nicht wissen, dass sowohl Schürch wie Rothmund bereits telefonisch in diese Angelegenheit involviert waren und kein Abweichen von ihrer Weisung duldeten. (Noch in derselben Nacht brachten die Behörden die Familie heimlich mit einem Taxi über die Grenze, wobei sie die Fahrspesen von den Unglücklichen begleichen liessen.)

Vielleicht datiert die folgende Episode, an die sich Boritzer später erinnern wird, vom gleichen Tag: Bundesbeamte und schliesslich Rothmund persönlich hätten sie in der VSIA-Zentrale angerufen und die polizeiliche Anmeldung der neuen Flüchtlinge verlangt. Sie habe sich geweigert, worauf der von Bern benachrichtigte Mayer sie telefonisch ebenfalls zur Erfüllung der Vorschrift aufgefordert habe: Dies sei unabdingbar, sonst entstünde ein grosser Schaden für alle (Juden). Sie habe sich weiterhin geweigert und ihre eigene Kündigung ausgesprochen. Zwei Stunden später habe Mayer erneut angerufen: «Hören Sie, eigentlich haben Sie doch Recht. Was müssen wir den Gojim alles nachgeben?! Nein! Sie haben Recht. Machen Sie es so, wie Sie es gemacht haben.»

Während die genaue Datierung dieser Episode unsicher bleiben muss, belegen die Quellen, dass der SIG-Präsident an jenem 17. August mehrfach mit Kühl telefonierte, der ihm bereits von den «Scheusslichkeiten» aus Polen berichtet hatte. Er nahm am gleichen Tag auch Kontakt mit Gertrud Kurz und Paul Vogt auf, die sich beide auf evangelisch-reformierter Seite um die Flüchtlingsbetreuung kümmerten und den Juden durch die Zusammenarbeit in der *Schweizerischen Zentralstelle für Flüchtlingshilfe* bekannt waren. Gleich zweimal sprach er auch mit Paul Dreyfus-de Gunzburg aus Basel, dem Sohn seines Amtsvorgängers. Es ging um Lösegeldverhandlungen für dessen Verwandte in Holland, ebenfalls um Rückweisungen sowie um die Idee, den liberal-konservativen Basler Nationalrat Albert Oeri für eine Intervention bei Bundesrat von Steiger zu gewinnen. Wegen der zwei letzten Punkte verliefen diese Gespräche hitzig: Dreyfus-de Gunzburg warf dem Präsidenten dessen Zaudern vor, wo er doch längst eine Sitzung des Centralcomités hätte einberufen müssen. Zu diesem Schritt entschloss dieser sich dann tatsächlich; und er bat sogleich Rothmund um seine Teilnahme, die dieser unter Auflage der Vertraulichkeit zusagte.

Vermutlich hatte sich Mayer bis zum Abend des 17. August auch dazu entschliessen können, der Bitte bezüglich des Lösegelds teilweise nachzukommen und vorläufig 5000 Dollar zu garantieren. Jedenfalls schickte Fleischmann drei Tage später ein verschlüsseltes Telegramm an Schwalb, in dem es hiess: «Danke Onkel Saly und Tante Saly für Heiratsbewilligung stop Josef Wilhelm erwarten baldige Nachricht». Offenbar dankte sie für eine Zusage durch Mayer; und Wisliceny und die slowakischen Beamten («Josef») zeigten sich vorläufig kooperativ.[20]

«Ins ungeheure Elend zurückgestossen»

Wahrscheinlich wurde Georges Brunschvig bereits am 14. August 1942 von seinem Freund Julius Kühl über die Berichte der zwei Augenzeugen informiert, die gerade aus Polen eingetroffen waren: Es dürfte kaum ein Zufall gewesen sein, dass er Saly Mayer am selben Tag brieflich vorschlug, an Jom Kippur in sämtlichen Synagogen in der Schweiz der zahllosen Opfer der fürchterlichen Verfolgungen zu gedenken und auch die nichtjüdische Öffentlichkeit auf diesen Trauerakt aufmerksam zu machen. Zu diesem Zeitpunkt wusste er noch nicht, dass die eigenen Behörden am Vortag die Landesgrenzen geschlossen hatten und damit die jüdische Solidarität auf eine noch ganz andere Weise gefordert war.

Der frühere lokale Aktionsobmann von Bern wurde 1908 in derselben Stadt als Sohn von Henri und Selma Brunschvig geboren; der Vater war ein Pferdehändler aus dem waadtländischen Avenches, die Mutter eine geborene Guggenheim aus Zürich. Der hochgewachsene, eloquente und energische Georges hatte Jurisprudenz studiert und schon 1933 eine eigene Kanzlei eröffnet. Sein Auftritt als Klägeranwalt im Prozess um die *Protokolle der Weisen von Zion* nur wenig später sollte nicht der letzte Anlass bleiben, bei dem er sich mit antisemitischen Widerwärtigkeiten auseinander setzen musste. Erst Monate zuvor, Ende April 1942, hatte er als Präsident der *Israelitischen Cultusgemeinde Bern*, der er seit zwei Jahren vorstand, eine bittere Pflicht zu erfüllen und die Totenrede für ein Gemeindemitglied, den Viehhändler Arthur Bloch, zu halten, der – zum Entsetzen nicht nur der jüdischen Öffentlichkeit – von fünf Antisemiten auf bestialische Weise ermordet und zerstückelt worden war: nur weil er Jude war. Der Ermordete sei ein Opfer unserer Zeit, sprach Brunschvig. Die Menschheit verrohe, eine ungeheure Verwirrung der Gefühle greife um sich.[21]

Am 17. August 1942 wurde Brunschvig vom Gärtner des *Israelitischen Friedhofs* in Bern um eine Intervention im Bundeshaus gebeten. In der vergangenen Nacht habe er, berichtete ihm dieser, auf dem Friedhof ein junges jüdisches Paar entdeckt, das aus Belgien und durch das besetzte Frankreich über die grüne Grenze in die Schweiz geflüchtet sei, aus Angst eine Anmeldung bei der Flüchtlingshilfe vermieden und sich stattdessen auf der heiligen Stätte versteckt habe, wo es sich am sichersten fühlte. Ein herbeigerufener Mitarbeiter der lokalen jüdischen Flüchtlingshilfe erklärte den beiden jedoch, sie könnten nicht dort bleiben und er sei verpflichtet, sie bei der Fremdenpolizei anzumelden. Mit dem Versprechen, dass er sein Möglichstes tun werde, um für sie Asyl zu erhalten, konnte der Flüchtlingshelfer sie schliesslich überreden, sich in einer Pension einzuquartieren. Am frühen Morgen wurden sie von der Polizei verhaftet.

Brunschvig alarmierte Mayer; dann wollte er zusammen mit Marcel Bloch, dem Aktuar seiner Gemeinde, persönlich bei Polizeichef Rothmund oder Bundesrat von Steiger vorsprechen, aber beide waren abwesend. Oscar Schürch, der neun Tage zuvor an der Grenze der Aufnahme der Popowskis beigewohnt hatte, versprach, die Flüchtlinge in Bern zu lassen, bis Brunschvig seine Chefs erreicht haben würde. Dieser begab sich ins Bezirksgefängnis, wo er die blassen und verängstigt zitternden jungen Menschen zu beruhigen suchte. Sie hiessen Simon und Céline Zagiel, waren 21 und 17 Jahre alt und hatten sich erst kurz vor ihrer Flucht aus Brüssel auf Wunsch ihrer strenggläubigen Eltern von einem Rabbiner trauen lassen. Der Anwalt begab sich zurück ins Bundeshaus, wo er Schürch vergeblich zur Aufnahme zu überreden suchte. Unter anderem wurde ihm vom Leiter der Flüchtlingssektion entgegengehalten, dass man eine Intervention Deutschlands verhindern müsse und dass schon einheimische Stimmen laut geworden seien, die Regierung dürfe nicht Fremde auf Kosten der Schweizer ernähren – worauf Brunschvig seine eigene Lebensmittelkarte und diejenigen seiner Gemeindemitglieder anbot. Als er später die Eingekerkerten ein weiteres Mal besuchen wollte, teilte ihm der Dienst habende Feldwebel mit Tränen in den

Augen mit, er habe auf Befehl des Bundeshauses die beiden bereits an die Grenze führen müssen. Wutentbrannt und entsetzt stürmte Brunschvig in Begleitung des Aktuars zu Schürch: Sogar Wilde hätten auf geweihte Erde Geflüchtete geschützt. Unmenschliche Schweiz! – das sage er als Schweizer, als Offizier, als Jude, als Mensch. Man solle dies dem Bundesrat und dem Polizeichef mitteilen. Nur mit Gewalt konnte der Aktuar seinen Präsidenten aus dem Büro ziehen, um Schlimmeres zu verhüten.

Brunschvig benachrichtigte Hermann Böschenstein, einen befreundeten Bundeshausredakteur der *National-Zeitung*. Der Journalist veröffentlichte hierauf am 20. August einen kürzeren grundsätzlichen Artikel, in dem er von zahlreichen Abweisungen berichtete, die eine nicht zu rechtfertigende Preisgabe des Asyls bedeuteten. «Es haben sich dabei unbeschreiblich grauenhafte Szenen abgespielt; niemand wird daran zweifeln, dass den rückgestellten Flüchtlingen der sichere Untergang droht.» Er erwähnte auch die am Publikationstag stattfindenden «Verhandlungen» zwischen Rothmund und dem Gemeindebund (wobei er unpräzise von der «Israelitischen Flüchtlingshilfe» sprach) und äusserte die Hoffnung, dass sie Erfolg haben mögen und sich der Bund nicht eine «furchtbare Verantwortung» auflade. Über die «Verhandlungen» war er ebenfalls durch Brunschvig informiert worden, der sich nicht mehr an den Geheimhaltungsplan des Polizeichefs gebunden fühlte.

Am gleichen Abend orientierte Gemeindepräsident Brunschvig seinen Vorstand über den konkreten Vorfall und über die generelle Katastrophe: «Nach eingetroffenen, absolut glaubwürdigen Augenzeugenberichten soll das Schicksal der Deportierten besiegelt sein, und zwar durch Massnahmen, die sich die zivilisierte Welt nicht vorstellen kann und die sich auch die grausamste Phantasie nicht ausmalen kann. Zu Hunderttausenden werden in Polen Menschen auf schrecklichste Weise zum Tode geführt und selbst vor den Leichen sollen die Schlächter jede menschliche Achtung verloren haben.» Das war nur Stunden, nachdem Brunschvig im gleichen Haus eine niederschmetternde Sitzung des Centralcomités mit Rothmund miterlebt hatte.

Vier Tage später schilderte Böschenstein in einem weiteren, ausführlicheren Artikel erstmals die Abschiebung der jungen Zagiels ins «graue Meer des ungeheuren Elends» und fragte: «Billigt das Schweizervolk diese Praxis?»

Die Unglücklichen waren bei Boncourt, dem gleichen Grenzort, wo das Elend der Popowskis ein Bürokratenherz hatte erweichen können, über die Grenze gejagt worden. Am 23. August befanden sie sich bereits in einem Güterzug von Drancy nach Auschwitz.[22]

Rothmund vor dem Centralcomité

Am Donnerstag, dem 20. August 1942, traf sich das Centralcomité des SIG in Bern zu der von Mayer endlich eiligst einberufenen Sitzung – nicht wie vorgesehen im Hotel Schweizerhof, sondern im jüdischen Gemeindehaus: Rothmund hatte die Verlegung von der belebten Stadtmitte in das unauffällige Quartier gewünscht, um die vereinbarte Vertraulichkeit zu wahren. Über ein Drittel der Comité-Mitglieder hatte sich entschuldigen lassen, unter anderem auch die regierungskritischen Georg Guggenheim und Max Gurny aus Zürich. Die meisten der Fernbleibenden hatten vermutlich keinen Anlass gesehen, ihre Ferien in diesen schönen Sommertagen zu unterbrechen, da Mayer in seiner vagen Einladung weder den aktuellen Anlass noch die Anwesenheit des Chefbeamten erwähnt hatte.

Der SIG-Präsident hatte seinen Bericht an die Versammlung über die Ereignisse der letzten Tage noch nicht abgeschlossen, als Rothmund in Begleitung von Oscar Schürch eintraf. Der Polizeichef begann seine Ausführungen mit der Erklärung, dass er sich früher stets schon *vor* einem Entscheid mit den jüdischen Organisationen in Verbindung gesetzt hätte, diesmal habe er die jüdische Gemeinschaft jedoch nicht «mit einer Verantwortung belasten» wollen. In einem einstündigen Referat rollte er sodann, beginnend mit August 1938, die Vorgeschichte der aktuellen Massnahme auf und führte aus, dass in der Flüchtlingspolitik allein die schweizerischen Interessen – Ruhe und Ordnung, Ernährungsfrage und Arbeitsbeschaffung – massgebend sein könnten. Der Entscheid vom 13. August sei ihm schwer wie noch keiner gefallen; er wisse wohl, «dass Hunderttausende von Juden in Gefahr sind und dass Millionen anderer Menschen sich in Gefahr fühlen. Die Schweiz aber wäre ausserstande, alle Flüchtlinge aus den Nachbarländern aufzunehmen.»

Saly Braunschweig entgegnete dem Chefbeamten als Erster. Er berichtete von der Verhaftung von 28 000 Juden im besetzten Frankreich, die angeblich ins Generalgouvernement deportiert werden sollten; aus den südfranzösischen Lagern seien bereits 5 000 Juden in Güterwagen nach Osten abtransportiert worden und seither spurlos verschwunden. Die Tatsache, dass man auch Alte, Kranke, von Hunger Geschwächte und frisch Operierte nicht verschont habe, spreche dagegen, dass man sie nur in einen Arbeitseinsatz schicke. «Es fehlt nicht an Gerüchten, die so grauenhaft sind, dass man ihnen nicht Glauben schenken kann. Wir sind jedoch bald daran gewöhnt, selbst das Unmögliche als geschehen feststellen zu müssen, sodass wir selbst das Grauenhafteste nicht mehr als unmöglich bezeichnen können. Ich würde nirgends diese Gerüchte weitergeben, hier will ich es tun, jedoch mit der Bitte, diese Dinge nicht weiterzuerzählen. Die Fama behauptet, dass die Alten und Kranken vergast und ihre Leichen für die chemische Verwendung benützt werden. Wenn das Letztere auch nicht wahr sein mag, wenn in Wirklichkeit das Endziel dieser Juden das

Generalgouvernement ist oder die Zwangsarbeit, so wissen wir bestimmt, nach all den früheren Erfahrungen, dass ihrer dort unter der deutschen Herrschaft ein Schicksal droht, das grauenhafter ist als der Tod. Die Verhältnisse im Generalgouvernement sind bekannt genug. Die Menschen gehen an den Seuchen oder am Hunger zugrunde. Nach einer Meldung des Primas von Polen sollen in den letzten Monaten in Polen über 700000 Juden erledigt worden sein.» Anders als bei den Wiener Flüchtlingen von 1938, die aus ökonomischen Gründen geflohen seien, betonte der ICZ-Präsident, gehe es heute um Menschen, die bereits jede Existenz verloren hätten und nur noch das nackte Leben retten wollten. Die besondere Verantwortung, die sich für die Schweiz daraus ergebe, illustrierte er mit dem Bild eines auf dem Meer treibenden Flosses, das bereits dreissig Schiffbrüchige berge. Wenn es mit dem Einunddreissigsten kentern würde, wäre dessen Abweisung notwendig. Wenn das Floss jedoch weitere vierzig bis sechzig Menschen aufnehmen könnte? Was dann? «Der Platz auf dem Floss wird nicht mehr so bequem sein, wenn noch mehr kommen. Das Wasser und die Lebensmittelvorräte werden noch knapper werden. Man kann nicht mehr so bequem sitzen oder gar sich hinlegen. Trotzdem wird niemand mehr ein Recht haben, diesen Neuankömmlingen auf die Finger zu treten, dann besässe er nicht unmenschliche Kraft, sondern wäre ein Unmensch.»

Silvain S. Guggenheim sekundierte Braunschweig und bat darum, von Rückweisungen abzusehen, da diese «den sicheren Tod» bedeuteten. Sein Hilfswerk habe sich bis zur Stunde loyal an die Verpflichtung gehalten, dass man die Flüchtlinge bei der Polizei anmelde und nur legal Anwesende unterstütze. Heute könne er derartige Anmeldungen weder mit seinem Gewissen vereinbaren noch seinen Mitarbeitern zumuten. «Wir können nicht zu Komplizen der Verfolger werden und mithelfen, die Flüchtlinge in den wahrscheinlichen oder ziemlich sicheren Tod zu jagen.»

Rothmund liess sich nicht erweichen und verstieg sich erneut zur Behauptung, die zurückgewiesenen Flüchtlinge würden nur zum Arbeitsdienst eingezogen, sonst geschehe ihnen nichts. Eine Aufhebung der Grenzsperre komme nicht in Frage. Hingegen wolle er prüfen, ob die vor dem 13. August Eingereisten bleiben dürften. Und den VSIA entbinde er von seiner Anmeldepflicht, da er die damit verbundenen seelischen Konflikte verstehe. Hierauf verliessen die beiden Bundesbeamten die Versammlung.²³

Die bestürzten Juden berieten, was zu tun sei. Alfred Goetschel beklagte sich darüber, dass die lokalen Hilfswerke nicht sofort nach dem 13. August über die neue Weisung orientiert worden waren, so dass diese weiterhin Flüchtlinge zur polizeilichen Anmeldung angehalten hätten. Marcus Cohn, der ebenfalls die Basler Gemeinde vertrat, verlangte dezidiert, dass die Behörden den fliehenden Juden Asyl als politisch Verfolgte gewähren müssten. – Mit seinem Votum fand erstmals seit der Machtübernahme Hitlers eine Kritik am amtlichen Flüchtlingsbegriff Eingang in ein Protokoll eines leitenden SIG-Gremiums.

Verschiedene Redner forderten, dass nun die Schweizer Bevölkerung aufgeklärt werde. Weitere Verhandlungen mit der *Eidgenössischen Polizeiabteilung* seien sinnlos, meinte Georges Brunschvig, man müsse alle Hebel in Bewegung setzen, um die öffentliche Meinung für die eigene Sache zu mobilisieren. Eine weitere Stimme beantragte eine «Richtigstellung» in der *National-Zeitung*, da diese in der heutigen Abendausgabe von einer «Konferenz» mit der «Israelitischen Flüchtlingshilfe» schreibe, wo man doch nur einen Beschluss Rothmunds habe entgegennehmen können.

Saly Mayer war schon in der Diskussion mit Rothmund stumm geblieben – zumeist stumm blieb er auch jetzt, nur drei Mal meldete er sich kurz zu Wort: Zuerst verteidigte er die Einladung des Polizeichefs. Dann dementierte er, dass Geld bei den Beratungen mit den Behörden eine Rolle gespielt hätte. Schliesslich wehrte er sich resolut gegen die verlangte Richtigstellung, da man Rothmund Vertraulichkeit versprochen habe – und nahm damit das Risiko in Kauf, dass die Öffentlichkeit einen falschen Eindruck von der jüdischen Haltung bezüglich der Grenzschliessung erhalten könnte. Niemand widersprach dem Präsidenten, und der Antrag wurde zurückgezogen, nachdem Brunschvig erklärt hatte, dass er auf eigene Verantwortung die *National-Zeitung* orientieren werde. Das Centralcomité, gelähmt durch die Ereignisse, blockiert durch ein handlungsunfähiges Präsidium, sah überhaupt davon ab, selbst an die Öffentlichkeit zu gehen. Auch eine eigene Intervention bei Bundesrat von Steiger oder eine schriftliche Stellungnahme gegenüber Rothmund hielt man für inopportun. Immerhin ermächtigte man Paul Dreyfus-de Gunzburg – persönlich nicht anwesend, da kein Mitglied des CC – dazu, Nationalrat Albert Oeri um eine Demarche beim Bundesrat zu ersuchen. Zudem wollte man die «Freunde der allgemeinen Flüchtlingshilfe» sofort genau informieren, womit die *Schweizerische Zentralstelle für Flüchtlingshilfe* gemeint war.

Brunschvig zögerte nicht lange und eilte nach der Sitzung zu Hermann Böschenstein von der *National-Zeitung*. Dieser beliess es nicht bei einer «Richtigstellung», die schon am Folgetag erschien, sondern legte wenig später mit seinem aufwühlenden Bericht über die Rückweisung der jungen Eheleute Zagiel nach. Am 22. August begannen auch die *Basler Nachrichten* die Praxis der Fremdenpolizei zu geisseln: Diese errege Entsetzen und schwäche die nationale Widerstandskraft. Als Chefredakteur dieser Zeitung amtierte Albert Oeri, der schon vor der CC-Sitzung durch Paul Dreyfus-de Gunzburg alarmiert worden war und der schon mehrfach gegen Antisemitismus Stellung genommen hatte. Zwei Tage später proklamierte das gleiche Blatt, jede Rückweisung bedeute Mord. Eine Protestwelle, die bald die gesamte Schweizer Presse erfassen sollte, war angelaufen.[24]

Privater Besuch auf dem Mont Pèlerin

Auch Paul Dreyfus-de Gunzburgs Familie besass Verwandte im Ausland, die sich in tödlicher Gefahr befanden. Seinem Schwiegervater hatte die Fremdenpolizei die Einreise in die Schweiz nach vorgängiger Ablehnung erst erlaubt, als ihm in Frankreich die Einweisung in ein Lager drohte. Die vierjährige Nichte Nadia de Vries, die in Amsterdam lebte, hatte im Frühjahr 1942 ebenfalls kein Visum für die Schweiz erhalten. Die Anstrengungen des Baslers beschränkten sich nicht auf seine Verwandten, denn er war in diesen Monaten als Privatmann und Bankier an zahlreichen Versuchen beteiligt, über Schweizer Vermittler Juden aus den Niederlanden von den deutschen Behörden loszukaufen. Als er sich in diesen Augusttagen darum bemühte, die Familie der erwähnten Nichte freizukaufen, weitete sich die Aktion aus, so dass Paul Dreyfus-de Gunzburg sich im September auf die Suche nach Millionenbeträgen zum Loskauf von 500 holländischen Juden machte. Der Rettungsversuch sollte schliesslich am Widerstand der niederländischen Exilregierung scheitern, die ihrem Feind aus kriegswirtschaftlichen Gründen keine Devisen zukommen lassen wollte. Wenigstens die verwandte Familie de Vries konnte – allerdings auf anderen Wegen – im Januar 1943 dennoch in die Schweiz gebracht werden. Der Bankier war nicht nur durch diese Verhandlungen gut über die aktuellen Ereignisse informiert. Er stand in diesen Wochen auch in direktem Kontakt mit holländischen Flüchtlingen in der Schweiz, die ihn über die Verfolgungen in ihrem Herkunftsland, das Schleppernetz in die Schweiz und die Rückweisungen an den Grenzen orientierten.

Seit Montag, dem 17. August 1942, besass er die Unterstützung des Nationalrats Albert Oeri, der sich ebenfalls entsetzt zeigte über die behördlichen Massnahmen und ihm dringend riet, direkt bei Bundesrat von Steiger, keinesfalls jedoch nur bei Rothmund zu intervenieren. Dreyfus-de Gunzburg konnte von Mayer noch am gleichen Tag die Zustimmung erhalten, dass er Oeri um eine Intervention bei von Steiger bitten durfte. Die Erlaubnis zu einer offiziellen oder offiziösen Demarche auch von jüdischer Seite konnte er dem SIG-Präsidenten jedoch nicht abringen, auch in den folgenden Tagen nicht. Dreyfus-de Gunzburg hatte den Eindruck, dass Mayer die Tragik der Situation noch immer nicht begriffen hatte und davor zurückscheute, sich über Rothmund hinwegzusetzen.[25] Schliesslich stritt man sich am Telefon derart, dass der Präsident – wie früher bei Paul Guggenheim – einfach den Hörer auflegte.

Auch Dreyfus-de Gunzburg begann zu zweifeln – vielleicht verstärkt durch sein Naturell, das ihn gelegentlich hin und her riss zwischen tief pessimistischen Stimmungen und euphorischen Phasen, in denen er das scheinbar Realistische und Erlaubte ignorierte und mit ungestümer Tatkraft kühne Pläne verfolgte. War sein Vorhaben wirklich sinnvoll? Albert Oeri zerstreute zumindest alle Bedenken und gab ihm jeden Rückhalt. Persönlich war es dem Nationalrat jedoch unmöglich, zu von Steiger zu reisen, der inzwischen auf dem Waadtländer Mont Pèlerin die Sommerfrische genoss. So suchte Dreyfus-de Gunzburg am Freitagabend, einen Tag nach der Sitzung des Centralcomités, telefonisch in der ganzen Schweiz nach einem jüdischen Begleiter, da er der Meinung war, keinesfalls allein bei von Steiger vorsprechen zu können. Die Zeit drängte, da die *Schweizerische Zentralstelle für Flüchtlingshilfe* Rothmund für den darauf folgenden Montag zu einer Sitzung eingeladen hatte und eine Intervention beim Bundesrat unbedingt vorher erfolgen sollte. Aber keines der CC-Mitglieder liess sich zum Mitmachen bewegen – stattdessen belehrten ihn Saly Braunschweig, Georges Brunschvig und Silvain S. Guggenheim lange über die Risiken seines Plans (die in den vorhandenen Dokumenten nicht weiter erläutert werden). Immerhin waren sie bereit, seine Intervention als Privataktion gutzuheissen. Sollte das Unternehmen daran scheitern, dass es alle Juden ablehnten, ihn zu begleiten?

Am frühen Samstagmorgen kam Dreyfus-de Gunzburg die «Erleuchtung», wie er es nannte, und er beschloss, sein «Glück bei Nichtjuden zu versuchen». Schliesslich stand er bereits in Kontakt mit anderen Gleichgesinnten: mit Alphons Koechlin, dem Präsidenten des *Schweizerischen Evangelischen Kirchenbunds,* einem Basler wie er selbst, sowie mit Gertrud Kurz, die als «Flüchtlingsmutter» in die Geschichte eingehen sollte. Koechlin hatte seit dem 19. August schriftlich und mündlich bei Rothmund gegen die Rückweisungen protestiert und, unzufrieden mit dem Ergebnis, auch von Steiger angeschrieben, mit dem er ein freundschaftliches Verhältnis pflegte. Koechlin war aber ebenfalls verhindert, so dass nur noch Gertrud Kurz blieb, die auf telefonische Anfrage sogleich zusagte – getreu ihrer Lebensmaxime, dass man sich stören lassen soll. Die «Flüchtlingsmutter» entstammte dem Bürgertum und entwickelte sich in diesen Jahren zu einer der grossen Persönlichkeiten im Schweizer Protestantismus. Sie war offen für Menschen anderer Denkart und Gruppenzugehörigkeit und hatte an Weihnachten 1938 in Bern die *Flüchtlingshilfe der Kreuzritter* gegründet. Dabei betreute sie – im Gegensatz zu den anderen Hilfswerken und angesichts des Namens ihres Werkes unerwartet – von Anfang an auch Flüchtlinge, die weder ihre Weltanschauung teilten noch ihrer Konfession angehörten, sondern Kommunisten oder Juden waren: eine vorurteilslose, unkomplizierte und unerschrockene Frau, die ihre Gegner mit grossem Charisma, aber auch mit List zu überzeugen vermochte. Welches Ausmass die Not inzwischen angenommen hatte, wusste sie unter anderem, weil sie über den RELICO-Leiter Alfred Silberschein von den Verbrechen im Osten erfahren hatte, über die auf der Zürcher Konferenz vom 16. August informiert worden war.[26]

Unter Druck gesetzt durch Oeri, der dem Bundesrat telegraphisch mit einer innenpolitischen Krise gedroht hatte, empfing von Steiger Kurz und Dreyfus-de Gunzburg schon am Sonntagmorgen in seinem Ferienhotel oberhalb des Genfersees. Wie wir dem Bericht ihres Begleiters entnehmen können, begann die «Flüchtlingsmutter» ihre halbstündigen Ausführungen mit dem Hinweis darauf,

Der Basler Bankier Paul Dreyfus-de Gunzburg, der Bundesrat von Steiger auf dem Mont Pèlerin besuchte. Aufnahme um 1950. (Privatbesitz, K. Guth)

wie viele Emigranten das Land bereits wieder verlassen und dadurch Platz für die Neuankömmlinge gemacht hätten. Dann referierte sie «verschiedene absolut zuverlässige Berichte» von den Deportationen und den Schrecken in den besetzten Gebieten. Wenn die Rückweisungen an der Grenze fortgesetzt würden, dann könne sie ihre Arbeit nicht mehr weiterführen, «weil sie dann ihres Privilegs als Schweizerin und Christin, in diesen schlechten Zeiten in der gesegneten Schweiz leben zu dürfen, nicht mehr würdig sei. Effektiv verlangte sie, dass jetzt niemand mehr ausgewiesen werde und für maximal 2 000 noch mögliche Einreisende wie bisher ein Auge zugedrückt werde, da sie ganz bestimmte Informationen hätte, wonach in Frankreich von Laval Befehl erteilt worden sei, bis zum 15. Oktober 150 000 Ausländer aus dem besetzten und unbesetzten Frankreich nach Polen abzutransportieren. Von diesem Datum an werde auch dieser letzte Weg in die gelobte Schweiz versperrt – allerdings wolle das nicht besagen, dass die dann vorhandenen Emigranten ewig dableiben würden, da ständig daran gearbeitet würde, Ausreisemöglichkeiten zu schaffen».

Dreyfus-de Gunzburg sprach als Zweiter und fast ebenso lange. Neben «den schauderhaften Zuständen in den besetzten Gebieten», von denen er aus erster Hand berichten konnte, schilderte er die Gefahren der Flucht und brachte unter anderem das Beispiel eines Flüchtlings, der für seine Passage nur wenig Geld bezahlt hatte – dies, um den (scheinheiligen) Einwand des Bundesrats zu kontern, dass die Kosten für die Fluchthilfe grosse Ungerechtigkeiten erzeugten. Er betonte dann, dass es Oeri gewesen sei, der zu dieser Demarche geraten habe, und dass es nicht um eine jüdische, sondern eine schweizerische Angelegenheit gehe. Bisher habe er allen Freunden von einer Pressekampagne abgeraten, falls die Haltung jedoch weiter unnachgiebig bliebe, sei diese nicht länger abzuwehren. «Ich erwähnte auch noch, dass ich den Standpunkt gewisser Glaubensgenossen nie geteilt habe, die aus der Anwesenheit jüdischer Emigranten für ihre eigene Stellung gebangt hätten, worauf er natürlich sofort erwiderte, dass die ganze Schweiz anerkenne, was die Juden für die Emigranten getan hätten und dass ich ja nicht etwa glauben solle, er sei Antisemit, und er wolle keine seiner Ausführungen irgendwie als antisemitisch aufgefasst haben, worauf er noch zweimal im Laufe der Unterhaltung zurückkam.» Dreyfus-de Gunzburg erklärte mit Nachdruck, dass finanzielle Rücksichten keine Rolle spielen dürften. Auch wenn es den Juden schwer fiele, ihren Kostenanteil aufzubringen, würde ihn selbst das nie dazu bewegen, Abweisungen zu verlangen. Auf die völkerrechtliche Belehrung durch von Steiger, dass die Juden im Gegensatz zu der 1940 internierten französischen Armee nicht aufgenommen werden müssten, erwiderte er, dass doch die Zulassung von 2000 Emigranten, wie sie Kurz maximal verlange, keine für die Bevölkerung untragbare Belastung darstellen würde, man könne die Flüchtlinge ja in speziellen Lagern isolieren.

Obwohl der Bundesrat nach Einschätzung des jüdischen Fürsprechers das «wirklich warme Herz» vermissen liess und von «masslosen Übertreibungen» sprach, wo er das Gehörte nicht mit seiner Vorstellung vom «Deutschland Goethes» zusammenbringen konnte, hatte das Gespräch Dreyfus-de Gunzburg beeindruckt. Die Besucher vermuteten nach ihrer zweieinhalbstündigen Audienz, dass von Steiger «nicht im Bilde war und wohl nur auf Anregung unterer Organe das Einverständnis zu rigorosester Handhabung des Gesetzes von 1939 gegeben» hatte. Konkrete Zusicherungen hatten sie nicht erhalten, aber auch nicht gefordert – einem der höchsten Regierungsvertreter die Lage von Angesicht zu Angesicht schildern zu können schien ihnen Erfolg genug. Zumal laut Dreyfus-de Gunzburg «alle Glaubensgenossen» sogar negative Auswirkungen der Demarche befürchtet hatten. Der Bundesrat wies – offenbar ohne dass er dies seinen Besuchern angekündigt hatte – die Polizeiabteilung noch am gleichen Tag an, «in besonderen Härtefällen keine Rückweisung mehr zu verfügen».

Der Basler Bankier war zufrieden mit der gemeinsamen Aktion und bewunderte Kurz, die nach seiner Ansicht beim Bundesrat kein Argument hatte durchgehen lassen, das gegen ihre ethische Überzeugung ging. Als Dank für ihre Hilfe gab er ihr 50 000 Franken, mit denen sie bei den Schweizer Behörden Kautionen für zehn Jüdinnen bezahlte, die so aus Frankreich einreisen und sich mit ihren Familien vereinen konnten. Für den Gemeindebund hatte die Audienz hingegen keine direkten Konsequenzen; Dreyfus-de Gunzburg und Saly Mayer hielten es nicht einmal für nötig, sich nachträglich darüber zu unterhalten.[27]

Das «volle» Rettungsboot

Am Montag, dem 24. August 1942, kommt es in Zürich zur bekannten Konferenz der *Schweizerischen Zentralstelle für Flüchtlingshilfe* mit Rothmund. Der SZF-Präsident Robert Briner hat sich schon fünf Tage zuvor, noch vor dem Auftritt des Polizeichefs vor dem Gemeindebund, mit Saly Braunschweig und dem eben erst aus den Ferien zurückgekehrten Silvain S. Guggenheim besprochen und die neue Weisung «sehr energisch» abgelehnt. Die jüdischen Delegierten – neben den Erwähnten war auch Saly Mayer abgeordnet – können also auf den Rückhalt des Zürcher Regierungsrats zählen, wenn Rothmund nun im Kreise der Hilfswerke erneut seine Massnahme verteidigt. Allerdings sind sich Guggenheim und Braunschweig einig, dass sie diesmal nicht Stellung beziehen wollen. Von Briner aufgefordert, besinnt sich Braunschweig in der Sitzung jedoch anders und wiederholt seine eindringlichen Argumente vom vergangenen Donnerstag. Er betont, dass heute ein Jude als *der* politische Flüchtling anzusehen sei, ein Standpunkt, der von den Vertretern der anderen Hilfswerke geteilt wird – nicht jedoch von Rothmund. Man müsse begreifen, erwidert dieser, dass die Schweiz kaum in der Lage sei, 170 000 Juden aus Frankreich und vielleicht gar eine Million aus weiteren Staaten aufzunehmen. Zudem behauptet er einmal mehr, den Zurückgewiesenen geschehe nichts. Anders gesagt: Die Juden sind abzuweisen, weil es zu viele werden könnten, deshalb dürfen sie nicht als politische Flüchtlinge deklariert werden, und deshalb passiert ihnen nach der Abweisung nichts. Die schon getroffene Entscheidung bestimmt das Problem, statt umgekehrt – und bringt es zum Verschwinden.[28]

Die Diskussion verläuft stürmisch, teilweise tumultartig. Besonderen Eindruck auf die jüdischen Teilnehmer macht der reformierte Pfarrer Paul Vogt, der sich seit 1933 dezidiert gegen den Antisemitismus gestellt hat und sich von nun an als einer der wichtigsten und aktivsten Fürsprecher der jüdischen Flüchtlinge hervortun wird. Rhetorisch gewandt und von einem christlichen Sendungsbewusstsein getragen, spart er nie mit deutlichen Worten. Nun droht er dem höchsten Polizisten gar, mit illegalen Methoden vorzugehen. Rothmund und sein Begleiter Oscar Schürch sind isoliert und ziehen sich schliesslich nach stundenlangem Ringen vor die Tür zurück, zusammen mit dem sozialistischen Nationalrat Walther Bringolf, der das Arbeiterhilfswerk vertritt. Rothmund ruft Bundesrat von Steiger an, und Bringolf erhält dessen Einverständnis, dass die vor dem 13. August Eingereisten nicht mehr ausgewiesen werden dürfen. Die seither im Landesinneren Aufgegriffenen dürfen vorerst bleiben, über sie soll erst nach Rücksprache mit den Kantonen entschieden werden.[29]

Die Hilfswerke sahen in dieser Konzession einen Sieg für ihre Sache, und am Folgetag konnte man in der Presse lesen: «Die Zentralstelle für Flüchtlingshilfe hat dankbar festgestellt, dass die eidgenössischen Instanzen bestrebt sind, eine Lösung zu suchen, die der heutigen Lage angemessen ist und dem schweizerischen Empfinden entspricht.» In Wirklichkeit war jedoch wenig gewonnen. Dies zeigt auch die Haltung ihres eigenen Präsidenten Briner, der vier Tage später in seiner Funktion als Zürcher Regierungsrat an der Konferenz der kantonalen Polizeidirektoren teilnahm und sich dort klar für die Schliessung der Grenze aussprach – seine «energische» Ablehnung der neuen Weisung hatte sich offenbar nur auf die Ausweisungen aus dem Inneren des Landes bezogen. Im Widerspruch zu seiner eigenen Forderung nach einer Abschliessung schlug Briner gleichzeitig vor, die Flüchtlingsdefinition hinsichtlich der Juden zu überprüfen – «als Demonstration», wie Rothmund notierte. Selbst diese bescheidene Forderung glaubte Briner, der beim Gemeindebund in hohem Ansehen stand, mit der Bemerkung einleiten zu müssen, er sei «kein Freund der Juden». Ob Taktik, Opportunismus oder Überzeugung: Diese Distanzierung zeigt jedenfalls, dass antisemitische Argumente in diesem Kreise etabliert waren. – Die Kantone wandten sich erwartungsgemäss gegen die Aufnahme von jüdischen Flüchtlingen, und Rothmund fand sich in seiner Politik bestätigt. Für die nächste Konferenz der Polizeidirektoren rüstete der Gemeindebund den SZF-Präsidenten mit Unterlagen zum Begriff des politischen Flüchtlings aus. Explizit den Einschluss der Juden ins Asylrecht zu fordern ging Briner aber auch diesmal zu weit. Die Vertreter des Bundes und der übrigen Kantone blieben ohnehin bei ihrer ablehnenden Haltung.

Am 30. August 1942 bekräftigte Bundesrat von Steiger die eingeschlagene Linie vor Tausenden von jungen Christen im Hallenstadion Zürich, als er die berühmt-berüchtigten Worte sprach, dass der Kommandant des «schon stark besetzten kleinen Rettungsbootes mit beschränktem Fassungsvermögen» eben gerade darum «menschlich» agiere, weil er vor «falschen Hoffnungen» warne und «wenigstens die schon Aufgenommenen zu retten» suche. – Während Saly Braunschweigs «Floss» noch viel Platz hat und die Geretteten zu Entbehrungen bereit sind, verfügt Eduard von Steigers «Boot» nur über ein klar definiertes Fassungsvermögen, das bereits voll ausgeschöpft ist. Während der SIG-Vizepräsident in der Abweisung Unmenschlichkeit erkennt, manifestiert sich beim Bundesrat gerade in dieser Tat Menschlichkeit. Während sich beim jüdischen Floss die Grenzen zwischen Geborgenen und Ertrinkenden auflösen, trennen die bundesrätlichen Bootswände klar zwischen Ordnung und Chaos, innen und aussen, uns und den anderen. Und während sich der jüdische Flösser fast auf gleiche Höhe mit den anderen Gefährdeten stellt und sich so mit diesen solidarisiert, beschreibt der nichtjüdische Bootsführer die hereindrängenden Juden aus Distanz, von oben herab und gar als existenzielle Gefahr für die Geretteten. – Zwei divergierende Metaphern, die ganz unterschiedliche Bilder von der Wirklichkeit zeichnen. Sie stehen für die Perspektiven und Positionen der Redner, für die Art, wie sie die Welt sehen, für ihre gesellschaftlichen Rollen und Funktionen, für die Grenzen ihrer moralischen Verpflichtung und für die Strategie, mit der sie die Krise bewältigen wollen.[30]

Isoliert, verstummt und überfordert: Mayer im Spätsommer 1942

Während die Presse, vor allem die deutschschweizerische, die Sozialdemokratie, der Evangelische Kirchenbund, verschiedene Frauenorganisationen und viele einzelne Persönlichkeiten ab Mitte August 1942 für mehrere Wochen einhellig und lautstark ihre Stimme gegen die Rückweisungen erhoben, blieb der Gemeindebund die ganze Zeit über völlig stumm. Der Gemeindebund? In jener Periode war es der Präsident allein, der die Organisation verwaltete und verkörperte, da der Geschäftsausschuss nach wie vor stillgelegt war und Mayer nach der Veranstaltung mit Rothmund vom 20. August für über einen Monat auch das Centralcomité nicht mehr zusammenrief, obwohl ihn Georg Guggenheim schon Anfang September darum gebeten hatte.[31]

Nicht, dass Mayer mit den Rückweisungen einverstanden gewesen wäre. Dafür gibt es keine Hinweise. Allerdings findet man von seiner Seite auch nirgends eine explizite Kritik. Vielleicht war er – wie so viele andere – geblendet durch zu viel Optimismus und gehemmt durch gewohnt niedrige Erwartungen. Jedenfalls hoffte er noch nach der Sitzung der *Schweizerischen Zentralstelle für Flüchtlingshilfe* vom 25. August, dass alle Flüchtlinge bleiben dürften. Und noch im Frühjahr 1943 schätzte er die Haltung des Polizeichefs positiv ein, was man nicht gerade als Ausdruck einer dezidierten Ablehnung der Grenzsperre verstehen kann. Vielleicht schwieg Mayer im August 1942 auch, weil er Rothmund gut genug kannte, um dessen Reaktion auf die Angriffe zu antizipieren: In der Tat zeigte sich der Polizeichef äusserst aufgebracht und verletzt. Er versuchte noch Monate später herauszufinden, wer hinter der «Kampagne» der *National-Zeitung* steckte – darauf nämlich reduzierte er die Protestwelle: als hätten Drahtzieher und nicht die inhumanen Taten selbst die allgemeine Empörung verursacht. Dabei suchte er die Schuld bei Juden wie Paul Dreyfus-de Gunzburg und beklagte sich noch Jahre später, man habe die Vertraulichkeit der Sitzung mit dem SIG missachtet – welche Enttäuschung! – und ihn als Antisemiten, ja als «Kettenhund der Gestapo» dargestellt. Dies habe ihm «fürchterlich zugesetzt». Umso überschwänglicher bedankte sich der Missverstandene dafür im September 1942 bei der Leitung der Caritas, die ihn ausgerechnet jetzt öffentlich verteidigte. Auch Bundesrat von Steiger reagierte verärgert und schob den Juden eine Verantwortung für die Angriffe zu, die ihm so ungewohnt widerfahren waren: Die jüdischen Flüchtlingsorganisationen hätten, obwohl durch die Behörden rechtzeitig eingehend aufgeklärt, unterlassen, «die Öffentlichkeit richtig zu informieren», behauptete er gegenüber den kantonalen Polizeidirektoren. Kurzum, die traditionelle Zusammenarbeit erfuhr ein abruptes Ende: Seit dem 20. August lief die Kommunikation zwischen den Spitzen des SIG und des VSIA einerseits und des EJPD andererseits fast nur noch über die SZF und deren Präsidenten Briner. Noch im Februar 1944 werden Saly Braunschweig, unterdessen SIG-Präsident geworden, und Silvain S. Guggenheim bedauern, dass der vorher so «harmonische Kontakt» zu Rothmund nicht wieder hergestellt worden sei.[32]

Die Beziehung zwischen Mayer und Rothmund blieb indes nach den Ereignissen vom Sommer 1942 unverändert «freundschaftlich» (so spätere Einschätzungen von beiden Seiten). Allerdings hatte sie nicht mehr die gleiche überragende Funktion wie in den neun Jahren zuvor: Rothmunds Freundlichkeiten galten nur noch dem Menschen, nicht mehr dessen scheinbar renitenter Gemeinde. So machte er künftig Mayer keinerlei Zugeständnisse, wenn dieser wegen der blockierten Dollars bei ihm vorsprach. Noch im Oktober 1943 war sein Groll nicht verklungen, und er erklärte Mayer, nun sollten doch «die jüdischen Banquiers in der Schweiz» zeigen, was sie sonst noch vermöchten, ausser nach der vermehrten Aufnahme von Flüchtlingen zu schreien. Auch die anderen Juden, die damals Forderungen gestellt hätten, sollten mehr spenden, so dass der SIG dem Joint das blockierte Geld vorschiessen könne. Jedenfalls könne er, Rothmund, die Verantwortung dafür nicht übernehmen, dass man dem Bund das Risiko dieses Transfers aufbürde. Was denn die Öffentlichkeit dazu sagen würde![33]

Mayer war nicht nur in der Frage des Dollartransfers, die ihn fortwährend und im Sommer 1942 besonders beschäftigte, sondern natürlich auch bezüglich der Aufnahme von Flüchtlingen weiterhin auf das Wohlwollen der Regierung angewiesen. Hauptsächlich ging es ihm dabei um Kinder aus Frankreich und um Ausnahmeregelungen für Verwandte von in der Schweiz niedergelassenen Juden. Die Kinderhilfe lief über das im August auf Initiative des OSE in Genf errichtete Büro, das die Zusammenarbeit zwischen verschiedenen Organisationen koordinierte, zu denen auf Schweizer Seite auch der SIG und das SHEK gehörten. Ziel der Genfer Arbeitsgruppe war es, bis zu 8000 jüdische Kinder, deren Eltern deportiert worden waren, aus Frankreich ins Ausland zu retten. Mayer hatte mit den OSE-Vertretern Joseph Weill und Lazar Gurvic für die nächsten acht Monate ein Budget von 150000 Schweizer Franken ausgehandelt, die vom Joint kommen sollten. Noch im August wurde bei den Bundesbehörden über das *Schweizerische Rote Kreuz, Kinderhilfe*, angefragt, ob sie einige Tausend Kinder in die Schweiz einreisen lassen würden, wobei man die Aufgenommenen temporär in einheimischen jüdischen Familien unterbringen wollte. So viel Grossherzigkeit ging Rothmund zu weit, aber er wäre immerhin nicht abgeneigt gewesen, 500 Kinder hereinzulassen – zumal ihm nach seiner Ansicht ein solches Entgegenkommen erleichtert hätte, dafür bei der generellen Grenzsperre hart zu bleiben. Wahrscheinlich war der Bundesrat schliesslich bereit, 1000 Kinder zu akzeptieren, für die die USA ihrerseits eine spätere Aufnahme garantiert hätten. Die Deutschen verhinderten jedoch diese Lösung endgültig, nachdem sie im November 1942 Vichy-Frankreich besetzt hatten.[34]

Als der SIG, sprich Mayer, im August zu sondieren begann, wie viele Plätze die Mitglieder der eigenen Gemeinden für die Kinder aus Frankreich zur Verfügung stellen könnten, wurde der Wunsch laut, doch auch an die Aufnahme verwandter Erwachsener zu denken. Das Problem ist uns von früher bekannt: Anfang November 1941 hatte das Centralcomité entschieden, künftig in derartigen Fällen Garantien zu leisten. Und nun hatte die Konferenz der kantonalen Polizeidirektoren am 28. August 1942 beschlossen, an den bisherigen Ausnahmeregelungen für Flüchtlinge mit Verwandten in der Schweiz festzuhalten. Am 10. September erkundigte sich Mayer mit einem Rundbrief bei den Mitgliedsgemeinden, mit wie vielen solchen Einreisen wohl zu rechnen wäre, denn er wollte gegenüber den Behörden über Grundlagen verfügen. Seine Umfrage wurde nur teilweise beantwortet, so dass wir keine gültigen Ergebnisse kennen. Aber am 26. September teilte die *Eidgenössische Polizeiabteilung* den lokalen Behörden mit, dass Flüchtlinge ausnahmsweise aufgenommen werden durften, falls sie «nahe Angehörige (Ehegatten, Kinder, Eltern) oder sonstwie enge Beziehungen zu der Schweiz (langjähriger Aufenthalt in der Schweiz)» glaubhaft machen konnten. Der SIG bemühte sich um die generelle Regelung, konnte sich aber nicht auch noch um die Einreisebewilligungen im Einzelfall kümmern, dies blieb Sache der Verwandten in der Schweiz. Es gibt auch keine Hinweise, dass er erneut dazu bereit gewesen wäre, Kautionen zu übernehmen. Hingegen wissen wir, dass die *Israelitische Gemeinde Basel* anstelle von Mitgliedern, die über keine Mittel verfügten, gegenüber der Fremdenpolizei Garantien abgab – eine verständliche Massnahme, denn nicht wenige jüdische Familien mussten gleich für mehrere Verwandte die hohen Kautionen bezahlen, manche verschuldeten sich gar deswegen. Die wenigsten waren so reich wie die Familie Dreyfus-de Gunzburg, die insgesamt 49 Kautionen hinterlegte.

Die Erhebung über die einreisewilligen Verwandten hatte Mayer weder mit seinen Kollegen abgesprochen noch hinsichtlich der praktischen Konsequenzen durchdacht, so dass sein Vorgehen intern auf massive Bedenken stiess.[35] Die Aktion war Ausdruck der zunehmenden Isolation und Überforderung des Präsidenten und des desolaten Zustands der gesamten SIG-Führung. Am 5. September 1942 sprach Paul Dreyfus-de Gunzburg in einem Brief an Mayer offen aus, was man andernorts, vor allem in Zürich, schon seit Monaten intern diskutierte und postulierte: «Legen Sie Ihr Amt, bevor Koterien und Intriganten die Sache für ihre persönlichen Ambitionen ausnutzen werden, in die Hände Ihres CC zurück, ohne formell und statuarisch den Termin von Neuwahlen abzuwarten. Gönnen Sie sich die wohlverdiente Ruhe – Sie haben in den letzten Jahren unter dem Einsatz Ihrer ganzen reichen Persönlichkeit Ihr Letztes hergegeben – im Interesse der Schweiz und der Schweizer Juden.» Dreyfus-de Gunzburg begründete seine Aufforderung damit, dass die Juden nicht mehr «auf der Höhe» seien, was in diesen Tagen, wo es um ihr «Sein oder Nichtsein» gehe, «einfach nicht mehr tragbar» sei. Als Nachfolger empfahl er im gleichen Zuge den bisherigen Vizepräsidenten Saly Braunschweig. Mayer, der sich der Vertrauenskrise längst bewusst war, entschied sich sofort zum Rücktritt, den er auch auf die Tagesordnung setzte, als er zum 24. September das Centralcomité endlich wieder zusammenrief.[36]

Hauptthema dieser Sitzung waren in erster Linie und wieder einmal die Finanzen, um die es schlechter stand denn je: Wegen der Dollarblockade blieb die Verdoppelung der Subventionen, die der Joint im August sogleich bewilligt hatte, vorläufig wirkungslos. Mayer hatte – was ausser Schwartz vielleicht niemand wusste – zwar die grosse Summe von 118 000 Schweizer Franken aus seinem Privatvermögen vorgeschossen, aber das Geld würde dennoch nicht einmal reichen, um die «alten» Flüchtlinge bis zum Ende des Jahres zu unterhalten. Das Centralcomité beschloss daher ohne Debatte, das gesamte Vermögen des Gemeindebunds dem VSIA als Vorschuss abzutreten. Aber auch so waren die künftigen Auslagen nicht gedeckt, schon gar nicht diejenigen für die neu angekommenen Flüchtlinge. Schon seit August hatte deshalb der VSIA gegenüber dem Bund und der SZF dezidiert den Standpunkt vertreten, dass der Unterhalt der Neueingereisten Sache der öffentlichen Hand sei. Mayer tat sich schwer mit diesem Gedanken und referierte über den «Dualismus, der darin besteht, dass wir nicht Stellung gegen die Flüchtlingsinvasion beziehen, aber für deren Folgen nicht aufkommen können» – soweit die auffällig defensive Formulierung im Protokoll, die mit dem Begriff der «Invasion» unterschwellig noch immer eine eigene Gefährdung implizierte. Er verwies auch einmal mehr darauf, dass sich die Juden mit der Flüchtlingshilfe in der Öffentlichkeit Achtung erworben hätten. Dem widersprach Georg Guggenheim, indem er auf die Asyldebatte im Nationalrat Bezug nahm, die am Vortag stattgefunden und in der Bundesrat von Steiger die jüdischen Leistungen verschwiegen hatte. Aber auch Mayer bestritt nicht, dass es mit der Finanzierung der Flüchtlingshilfe künftig anders als bisher weitergehen und man mit den Bundesbehörden «Rücksprache» nehmen müsse. Damit rang sich das CC nach neun Jahren Alleinfinanzierung erstmals dazu durch, den Staat um seine finanzielle Mithilfe zu bitten – freilich nur auf dem Umweg über die SZF, die entsprechende Verhandlungen mit Bern führen sollte. Im März 1943 beschloss dann der Bundesrat tatsächlich, dass der Bund und die Kantone die Kosten für die Unterbringung derjenigen Flüchtlinge übernehmen sollten, die seit dem 1. August 1942 eingereist waren.

Der als Sitzungsthema angekündigte Rücktritt Mayers wurde vom Centralcomité am 24. September nicht behandelt, da dieser, verzweifelt über den ergebnislosen Versuch, die alten, den Geschäftsausschuss betreffenden Streitereien zu einem Abschluss zu bringen, die Sitzung vorher eigenmächtig abgebrochen hatte.[37]

Mayer, Fleischmann und 20 000 Menschenleben

Die Hilferufe aus dem Ausland waren währenddessen nie verstummt: Noch im August 1942 hatte sich Mayer entschieden, Gisi Fleischmann monatlich 5 000 Dollar zukommen zu lassen, oder sogar das Doppelte – solange die Deportationen in der Slowakei unterblieben. Er erhält von Fleischmann einen Brief, den sie am 27. August geschrieben hat: «Es ist zum irrsinnig werden, wenn man bedenkt, dass dieses Massensterben unausgesetzt Fortsetzung findet. Die Nachrichten, die wir in der Vorwoche durch die Schlichim [Kuriere] erhielten, stehen einmalig in der Geschichte da. Ich glaube kaum, dass wir von unseren Chawerim [Kameraden] noch jemals jemanden sehen werden.» – Später als ihre Ansprechpartner in der Schweiz hat nun also auch Fleischmann, haben auch die Menschen vor Ort begriffen, dass die Deportationen Massenmord bedeuten. In der Slowakei haben sie nach eigener Schätzung bereits 60 000 Menschen endgültig verloren.

Umso wichtiger erschien deshalb die Bestechung des deutschen Judenbeauftragten Dieter Wisliceny und der slowakischen Behörden, denn Fleischmann glaubte, wie ebenfalls aus ihrem Schreiben hervorgeht, dass diese Aktion bisher die Deportationen suspendieren konnte. «Wilhelm» sei kein Mensch, der Verträge breche, berichtet sie im selben Brief, aber er sei «hart und unbeugsam». Die erste Rate sei seit zehn Tagen überfällig, und sie müssten ihren Versprechen nachkommen, um eine unbeschreibliche Katastrophe zu verhindern. Was die slowakischen Beamten betreffe, meldet sie Mayer am 28. September, habe sie mit «verbissener Zähigkeit» mit jedem einzelnen Verantwortlichen ausgehandelt, dass die restlichen 20 000 Juden in Arbeitslager kämen, womit sie vor der tödlichen Deportation nach Polen verschont blieben. Bedingung sei, dass diese Lager durch ausländische Hilfscomités bezahlt würden. In der Hoffnung auf Subventionen durch den Joint sei sie diese riskanten Verpflichtungen eingegangen. Sie brauche nun von Mayer – neben den Schmiergeldern – monatliche Beiträge für die Lager, allein zum Auftakt sofort 100 000 Schweizer Franken. «Ich weiss, dass wir nur ein[en] Tropfen des unendlich grossen Tränenmeeres bilden, welchen Hilfe geboten werden soll», schreibt sie. «Wenn keine Hilfe möglich ist, so muss man sich seinem Schicksale ergeben, wenn aber die Möglichkeit der Rettung gegeben ist und es lediglich daran scheitert, dass nicht die entsprechende Hilfsbereitschaft vorhanden ist, dann trägt man die Verantwortung für Menschenleben. In unserem Falle ist es so. Die Möglichkeit der Rettung ist gegeben und wir erwarten Ihre helfende Hand.»[38]

Wenn Mayer Fleischmanns Einschätzung der Lage trauen kann, hängt das Überleben ihrer Leute, einer Gemeinde, die so gross ist wie die schweizerische, von seinen Zahlungen ab. Mayer spürt die ungeheure Verantwortung, aber er zögert. Zum einen besitzt er für diesen Schritt noch immer nicht den notwendigen Rückhalt des Joint. Zum anderen stehen ihm einfach nicht derart bedeutende

Summen zur Verfügung. Er hat gerade am 25. September wegen der Dollarblockierung energisch beim Präsidenten der *Schweizerischen Nationalbank* interveniert: ergebnislos. Der Bankier wusste ihm nichts Besseres zu empfehlen, als den Weg über den amerikanischen Schatzminister zu nehmen: Als Jude habe man ja gute Beziehungen zu Henry Morgenthau. – Der unkorrigierbare Mythos der jüdischen Allmacht! Auch die todesmutige Gisi Fleischmann, die nicht weiss, wie beschränkt Mayers Mittel sind, möchte an diese Macht glauben, wenn auch aus ganz anderen Gründen.

Da sie ihre Rettungsaktion persönlich in der Schweiz vorantreiben will, bemüht sich ihr St. Galler Ansprechpartner darum, bei den eidgenössischen Behörden eine Einreisebewilligung für sie zu erhalten. Er selbst bleibt unterdessen mit seinen Problemen fast ganz allein und kann sich über seine Ohnmacht und Selbstvorwürfe nur telefonisch mit seinem Freund Joseph Schwartz in Lissabon aussprechen.[39]

Zaungäste der eigenen Geschichte: ein Blick auf die Debatten im Rettungsboot

Am 21. September 1942 war Jom Kippur gewesen, aber diesmal hatten die Juden der Schweiz ihren höchsten Feiertag als Trauertag für die Opfer der Nazis begangen. Am Tag darauf sassen Georg Guggenheim und Benjamin Sagalowitz auf der Tribüne des Nationalrats, in dem eine Debatte über die Asylpolitik im Gange war, die sich nach den aufwallenden Protesten der Öffentlichkeit nicht mehr hatte umgehen lassen und schliesslich zwei Tage dauern sollte. Hier figurierte man als Zaungast ohne Rederecht, vorher und in der Öffentlichkeit hatten sich die eigenen Oberen freiwillig ausgeschwiegen.

Im Bestreben, das Schweigen des SIG notdürftig zu korrigieren, hatte Sagalowitz in der vorangegangenen Woche seinem JUNA-Bulletin zwei Zeitungsartikel zum Asylrecht beigelegt, die alt Nationalrat David Farbstein und Georg Guggenheim als Privatpersonen publiziert hatten. Es war auch Georg Guggenheim gewesen, der rechtzeitig vor der nun laufenden Debatte den Plan verfolgt hatte, der eigenen Sache zugeneigten Parlamentariern entsprechende Fakten und Argumente zukommen zu lassen – ohne aber bei den Spitzen von VSIA und SIG die dafür unentbehrliche Hilfe zu finden. Soweit es dabei um die eigenen Leistungen ging, vertrat Mayer noch immer die Ansicht, dass man keine Aufmerksamkeit auf sich ziehen sollte; und Silvain S. Guggenheim fühlte sich nicht autorisiert, Informationsmaterial an den JUNA-Ressortleiter abzugeben. Sagalowitz und Georg Guggenheim konnten die wohlgesinnten Nationalräte daher nur mit Materialien der JUNA unterstützen. Als sie nun den Rednern zuhörten, war ihnen vielleicht nicht bewusst, dass ein anderer Zuhörer im Saal seine Lobbyarbeit bei den Fraktionen im Gegensatz zu ihnen hatte erledigen können – was eigentlich nicht ungewöhnlich war, wenn man, wie Rothmund, von Seiten des Chefs den nötigen Rückhalt besass.⁴⁰

Es sei ein Fehler, «nur nach dem Verstand oder nur nach dem Gefühl zu handeln», leitete Bundesrat von Steiger die Verteidigung seiner Politik ein, unterliess es dann jedoch nicht, mit emotional aufgeladenen Bildern die «Flüchtlinge» (das Wort «Jude» vermied er sorgfältig und konsequent) schlecht zu machen. Er diffamierte sie wegen ihrer geheimen Einreise und warf einem Teil von ihnen Faulheit oder Arroganz vor, zu der sie sich angeblich durch den Besitz von Dollars, Sterlings und Diamanten berechtigt fühlten. Er betonte auch, dass jene Ausländer bis zu diesem Zeitpunkt die grosse Belastung von 17 Millionen Franken verursacht hätten. Dabei erwähnte er zwar, dass der Bund an den bisherigen Gesamtausgaben mit 5,5 Millionen beteiligt gewesen sei, unterschlug aber, dass die Juden mit 12 Millionen die Hauptlast getragen hatten und die Bundesgelder hauptsächlich für die Arbeitslager ausgegeben worden waren, in denen die Flüchtlinge angesichts ihres geringen Solds faktisch Frondienst leisteten. Aus der Absicht des Bundesrats, die bisherige Abweisungspolitik fortzusetzen, machte er keinen Hehl; man werde auch künftig über das «Tragbare» nicht hinausgehen können. Alle drei grossen bürgerlichen Parteien (die damals zusammen auch die Regierung bildeten) stellten sich hinter den Magistraten. Die Sozialdemokraten lehnten hingegen die neue Praxis geschlossen ab. Nationalrat Ernest-Paul Graber ging – freilich als Einziger – sogar so weit, den Antisemitismus in der Verwaltung für diese Politik verantwortlich zu machen. Kritik äusserten auch einige bürgerliche Einzelstimmen, darunter der freisinnige Ludwig Rittmeyer, der sich seit Jahren für eine grosszügigere Asylpolitik eingesetzt hatte und auch an diesem Tag die unmenschlichen Rückweisungen brandmarkte. Deshalb befiel die beiden Juden auf der Zuhörertribüne eine umso tiefere Beklemmung, als sie ausgerechnet aus seinem Munde folgende Bemerkung vernehmen mussten: «Wenn etwa jüdische Organisationen selber einen gewissen Antisemitismus befürchten, so könnte ich diese Überlegungen nicht billigen und müsste sie als unangebrachten Egoismus ablehnen.» Auf wen bezog sich die Bemerkung

---

Am 30. September 1942 berichtet die «Schweizer Illustrierten Zeitung» über die Flüchtlingsdebatte, die eine Woche zuvor im Nationalrat stattgefunden hat. «Heute beherbergt die Schweiz 9 600 Flüchtlinge, während man ursprünglich 6 000–7 000 als tragbar erachtete», wird Eduard von Steiger zitiert. In der Debatte sei immer wieder spürbar geworden, heisst es weiter, «dass es nicht zwei unversöhnliche Lager gab: hie heiliger Egoismus – hie hilfreiches Mitgefühl, sondern innerhalb jeder einzelnen Rede spiegelte sich dieser Kampf zwischen vernunftbegründeter Selbstsucht und warmherziger Hilfsbereitschaft ab». Auf dem kleinen Photo oben links Rothmund (links), auf dem Photo darunter der Sozialist Pierre-Ernest Graber (links), auf dem mittleren Bild Bundesrat von Steiger, darunter der freisinnige Ludwig Rittmeyer (links). (Gretlers Panoptikum zur Sozialgeschichte, Zürich)

Die Jahre 1941–1945

Diese Menschen haben alles verloren. Für sie gilt nur noch ein Wort: fliehen! Aber wohin? Jeder Fleck Erde ist ihnen verschlossen; sie haben geradezu das Recht verloren, auf dieser Welt zu weilen. Was sollen sie tun? Sie retten sich in das Land, wo eine kleine Hoffnung besteht, dass sie unterkommen könnten, dass man Barmherzigkeit übe. Die Zeichen von Hunger, Not und Tränen stehen noch auf ihren Gesichtern. Dürfen wir sie - diese Frage wurde in der Parlamentsdebatte aufgeworfen - ihrem dunklen Schicksal einfach preisgeben? Wir haben doch noch unser Heim, unsere Geborgenheit. (Zensor Nr. VI Vi 11280)

Mit oder

Dr. Rothmund, der Chef der eidgenössischen Polizeiabteilung, im Gespräch mit Nat.-Rat. Felix Möschlin. Dr. Rothmund hatte 13. Aug. d. J. gestützt auf B.R.B. vom 17. 10. 39 verfügt, dass illegal einreisenden Ausländer mit Ausnahme der Deserteure und eigentlichen politischen Flüchtlinge zurückzuweisen seien. «Da wir mit einem jahrelangen Aufenthalt der einmal zugelassenen Flüchtlinge rechnen müssen, musste ich feststellen, dass wir für grosse Scharen vielleicht wohl aufnahmebereit, aber nicht durchhaltefähig sein würden.»

Nationalrat Graber (soz.) und sein [...] der ebenfalls einen Sitz im Rate [...] «Wenn es auch kein formelles Asyl [...] gibt, so ist es doch eine Staatsmaxime [...] höher steht als das Recht. Die Massnahmen [...] unserer Polizei waren von drakonischer [...] und verletzender Härte. Es gibt [...] die das menschliche Gewissen nicht erträgt [...]

Fragmentierte Welten

Die große Flüchtlingsdebatte im Nationalrat
eid Staatsraison?

Der Zustrom von Flüchtlingen an unserer Westgrenze hat diesen Spätsommer derart zugenommen, dass er unsere Behörden zu der harten Massnahme der Grenzsperre und der Ausweisung schon eingereister Flüchtlinge zwang. Die Regierung musste einer Ueberschwemmung unseres Landes mit Flüchtlingen vorbeugen. Das Schweizervolk reagierte auf diese Massnahmen mit einem «Aufschrei des Gewissens». Es hatte das Gefühl, dass sein heiligstes Recht, das Recht zur Menschlichkeit, aus dem das Rote Kreuz und die Asylgewährung hervorgegangen waren, missachtet wurde. Ist doch die Schweiz schon seit der Reformation immer eine Zufluchtsstätte für politische und religiöse Flüchtlinge gewesen. Es waren die 140 000 Hugenotten, die in die Schweiz strömten. Ein Flut von Flüchtlingen brachte die Französische Revolution von 1789 und die deutsche Reaktion von 1815–1848; während der 48er Aufstände in Süddeutschland wuchs die Zahl der deutschen Flüchtlinge auf 15 000. Unter diesen Flüchtlingen befanden sich viele geistig sehr hochstehende Persönlichkeiten, die auf das Geistesleben und die wirtschaftliche Entwicklung der Schweiz einen fördernden Einfluss ausübten. Andererseits wurde die Schweiz auch schon wiederholt gefährdet durch die Umtriebe politischer Exilierter, sodass in jüngster Zeit die Flüchtlinge überhaupt strenger gesiebt und beobachtet werden. Das Asylrecht ist in der Schweiz so verwurzelt, dass das Schweizervolk sehr hellhörig auf alle Verstösse dagegen reagiert. Als das Flüchtlingsproblem daher letzte Woche vor dem Nationalrat aufgerollt wurde, erwartete man mit allgemeinem Interesse die Stellungnahme der Volksvertreter. 17 Redner hatten sich eingeschrieben, wovon 9 den Standpunkt der Regierung, den Bundesrat von Steiger darlegte, nicht billigten und gegen die kalte Staatsraison die Stimme des Herzens erhoben. In der Debatte, die auf einem hohen Niveau stand, wurde es aber immer wieder spürbar, dass es nicht zwei unversöhnliche Lager sind: hier heiliger Egoismus – da hilfreiches Mitgefühl, sondern innerhalb jeder einzelnen Rede spiegelte sich dieser Kampf zwischen vernunftsbegründeter Selbstsucht und warmherziger Hilfsbereitschaft ab.

Bundesrat von Steiger verteidigte in seiner einleitenden Rede den Standpunkt der Regierung.

«Heute beherbergt die Schweiz 9600 Flüchtlinge, während man ursprünglich 6000–7000 als tragbar erachtete. Die Behörden haben die Pflicht, auch bei grundsätzlicher Hochhaltung des Asylgedankens durch geeignete Massnahmen den Zustrom in tragbaren Grenzen zu halten. Das Asylrecht ist ein Recht des Staates, das im Geiste der schweizerischen Ueberlieferung frei und unabhängig als ein Gebot der Menschlichkeit, aber nicht als eine rechtliche Pflicht ausgeübt wird.»

Nationalrat Rittmeyer (fr.) hat sich von seiner Fraktion, die die Massnahmen des Bundesrates billigte, distanziert. «In den letzten Entscheidungen hat nicht das Herz oder das Gemüt zu sprechen, sondern das Gewissen. Es sagt uns, dass bei der Behandlung der Emigranten schwere Fehler vorgekommen sind. – Auschg (unab.) – rechts stehend – ersucht den Bundesrat um Aktionen in Vichy und Washington, um die Weiterwanderung der Flüchtlinge zu ermöglichen.

Nationalrat Walther (k.k.) nimmt Dr. Rothmund in Schutz. «Immer wieder muss konstatiert werden, dass es sich beim Asylrecht um einen einseitigen Gnadenakt der Schweiz handelt, bei dem jeder Einzelfall geprüft werden muss. Jede dieser Prüfungen war ein Kampf zwischen Herz und Staatsraison, die oft Mühe hatte, sich durchzusetzen. Bei der Beurteilung des Problems muss man an die Zukunft denken und dem *sacro egoismo* muss dabei Rechnung getragen werden.»

Nationalrat Dr. Oeri (lib.) und Dr. Sonderegger (Freigeld) debattieren über die Flüchtlingsfrage. In seinem Votum sagte Oeri: «Gegenwärtig wollen wir nicht zu viele Flüchtlinge im Lande. Mit gutem Gewissen können wir noch mehr aufnehmen, ohne Angst vor Hunger und Arbeitslosigkeit. Müssen wir denn Unglücklichen und Verfolgten gegenüber grausam sein, weil unsere Zukunft sich vielleicht einmal ungünstiger gestaltet? Nein, von einer solchen «Grausamkeit auf Vorrat» wollen wir nichts wissen.»

Nationalrat Vodoz (lib.): «Die Behörden sind nicht hart an sich, sie müssen nur harte Vorschriften anwenden. Das Asylrecht soll möglichst weitherzig angewendet werden, aber unter Wahrung der staatlichen Notwendigkeit.»

Nationalrat Prof. Rappard, der bekannte Völkerrechtsgelehrte, hat sich an der Flüchtlingsdiskussion zwar nicht beteiligt, doch sieht man es seinem nachdenklichen Gesicht an, dass ihn all die schweren und schicksalsvollen Fragen stark beschäftigen. Völkerrecht und Flüchtlingsfrage sind zwei eng verbundene Probleme.

des St. Galler Abgeordneten? Etwa gar auf den Präsidenten des SIG, den er persönlich näher kannte? Der böse Verdacht sollte die jüdischen Gemüter noch lange beschäftigen.

Nur Tage später kam Georg Guggenheims Bruder Paul zufällig mit Nationalrat Markus Feldmann ins Gespräch, der zu den einflussreichsten Männern in von Steigers *Bauern-, Gewerbe- und Bürgerpartei* gehörte. Der Professor fand die einstündige Unterredung so erhellend, dass er anschliessend verschiedenen Gesinnungsgenossen davon berichtete: Was denn die Haltung der Schweizer Juden zur Asylpolitik sei, habe ihn der Parlamentarier gefragt. Es sei nicht Aufgabe der Juden, Vorschläge zum Ausmass der Aufnahmen zu machen, habe er, Guggenheim, erwidert. «Auf jeden Fall können wir nicht das Argument akzeptieren, dass der Antisemitismus durch das Hereinströmen vieler Juden erhöht würde. Wir müssten sogar ein Ansteigen des Antisemitismus in Kauf nehmen, da es sich um Leben und Tod verfolgter Glaubensbrüder handle.» Er sei auch nach den finanziellen Aspekten gefragt worden, worauf er über die Beiträge der Juden aus der Schweiz und den USA informiert habe. «Feldmann hatte keine Ahnung von den grossen Leistungen der jüdischen Gemeinschaft», bilanzierte Guggenheim, «die Mitteilungen erschienen ihm von äusserstem Interesse.»[41]

Die Auseinandersetzung unter der Kuppel des Bundeshauses war Teil eines Schauspiels, das in der Presse schon Wochen früher begonnen hatte und das nun nach dem Ende der Ratsdebatte in den Zeitungsberichten, die wiederum die Voten aus dem Parlament aufgriffen, seinen Abschluss fand. Im Kern kreisten alle Beiträge, in Rat wie Presse, um die gleichen Fragen: Welches Selbstverständnis besass die Schweiz, wofür stand sie, gegen welche Werte setzte sie sich ab, wodurch war ihre selbständige Existenz begründet, wodurch bedroht, welches Erbe hatte sie zu verteidigen, welche Mission zu erfüllen? Eine Debatte um die nationale Identität also, die angesichts der chaotischen Weltlage, der eigenen Gefährdung und der gegenüber den Achsenmächten willfährigen Regierung besonders willkommen war. Die Diskussion der Asylpolitik bot den verschiedenen Strömungen ein Forum, in dem sie ihre Vorstellungen von der Schweiz deklarieren konnten, und ebenso ihre eigenen Positionen und Abgrenzungen, ihre eigenen Werte und Visionen.

Abgesehen vom Gewicht des Themas mit all seinen politischen, ethischen und existenziellen Implikationen, handelte es sich um einen normalen Prozess der Sinngebung, wie er in allen Institutionen und jeder Gesellschaft gang und gäbe ist. Gravierend war jedoch, wie in diesem Diskurs die unmittelbar Betroffenen mehr und mehr in den Hintergrund gerückt wurden: Man sprach nur von den Ausweisungen aus dem Inneren der Schweiz, aber kaum von den unvergleichlich zahlreicheren Rückweisungen direkt an den Grenzen; nur von einer menschlichen Behandlung der Eingereisten, aber nie von einer Ausweitung des Begriffs des politischen Flüchtlings auf die Juden; nur abstrakt von den heiligen Prinzipien der Humanität und der hehren helvetischen Asyltradition, nicht aber von konkreten Forderungen und Massnahmen. Wo dennoch Forderungen gestellt wurden, blieb der Horizont des Denkbaren äusserst eng; eigentlich ging es immer nur darum, die Ausweisungen aus dem Landesinneren zu stoppen. Wir erinnern uns, wie selbst eine eigenständige Denkerin wie Gertrud Kurz, die – im Gegensatz zu den meisten Schweizern und Schweizerinnen – das konkrete Leiden der Hilfe Suchenden aus nächster Nähe kannte, auf dem Mont Pèlerin die Aufnahme von nur 2 000 weiteren Flüchtlingen als Maximalforderung deklariert hatte. Aus der gleichen defensiven Haltung heraus hatte sie damals auch nachdrücklich bekräftigt, dass sie die Transitmaxime akzeptiere. Auch der Präsident des *Schweizerischen Evangelischen Kirchenbunds*, Alphons Koechlin, hatte schon Mitte September einschränkend konstatiert: «Es konnte weder verlangt noch zugestanden werden, die Grenzen grundsätzlich zu öffnen.» Überlegungen, ob es zwischen den Extremen einer gänzlichen Schliessung oder einer unbefristeten Öffnung noch weitere Optionen gegeben hätte, äusserte er nicht. Auf eine grosse Zurückhaltung selbst in kritischen Kreisen deutet auch die vorsichtige Antwort Paul Guggenheims hin, es sei nicht an den Juden, eine Aufnahmezahl vorzuschlagen. Damit verzichtete hier immerhin ein Mann auf radikale Forderungen, der über die Dimensionen des Ungeheuerlichen Bescheid wusste wie kaum ein anderer.

In Anbetracht der geringen Erwartungen erstaunt es nicht, dass die Hilfswerke schon im August 1942 minimale Konzessionen als Sieg gewertet hatten. Ähnlich die Presse: Bereits nach der Konferenz der SZF mit Rothmund behauptete das *Israelitische Wochenblatt*, die öffentliche Meinung habe «einen Erfolg errungen». Nach der anschliessenden Konferenz der Polizeidirektoren, die ebenfalls keine effektiven Erleichterungen für die Flüchtlinge gebracht hatte, sprach es euphorisch von weiteren Fortschritten. Und auch nach der Debatte im Nationalrat zog es ein zuversichtliches Fazit. Als Resultat dieser symbolischen Aushandlungen präsentierte sich im Herbst 1942 der Öffentlichkeit das Bild einer Nation, in der sich die widerstreitenden Kräfte der Vormonate – Volk versus Regierung, Idealisten versus Realisten, Humane versus Hartherzige – wieder geeint hatten: eine Versöhnung, die sich in der ersten Presseverlautbarung zur bewegten Konferenz der SZF mit Rothmund vom 24. August schon abgezeichnet hatte. Diese Einstimmigkeit entsprach auch dem bewährten helvetischen Politikverständnis – und erst recht dem Konsensdruck der geistigen Landesverteidigung. Dafür verschwanden, ohne dass die Regierung ihre Politik wesentlich geändert hatte, die konkrete Praxis der Rückweisungen und das Schicksal der Verfolgten aus den Zeitungen – so vollständig, dass das *Israelitische Wochenblatt* Ende Dezember 1942 zu einzelnen Berichten über Ausweisungen zweifelnd fragte: «Sind diese Dinge wahr? Muss man sie glauben und geschehen sie wirklich?»[42]

Dass die nationale Einigkeit derart eklatant mit der Ausblendung der antisemitischen Abwehrpraxis und des Schicksals ihrer Opfer erkauft werden konnte, war Ausdruck einer antisemitischen Disposition, die offenbar nicht nur im Parlament, sondern auch in der breiteren Öffentlichkeit wirkungsmächtig wurde. Antisemitismus kann aber den Verlauf der geschilderten Auseinandersetzung nicht allein erklären. Zusätzlich zu berücksichtigen ist der Umstand, dass es für die jüdischen Zuflucht Suchenden keine starke Lobby gab – womit nicht nur der Gemeindebund gemeint ist, der tatsächlich diesbezüglich schlicht keine Rolle spielte, was wir noch näher beleuchten werden. Zur nationalen Versöhnung konnte es ausserdem nur kommen, weil sich auch der Gegensatz von Verstand und Gefühl, wie er durch Bundesrat von Steiger in die Diskussion geworfen worden war, scheinbar wieder aufgelöst hatte: Liess der Gang der Debatten und der Berichterstattung doch die Illusion aufkommen, es würde weiterhin eine humanitäre Asyltradition aufrechterhalten und die Behörden hätten die Postulate der Menschlichkeit in ihre angeblich durch die Staatsräson diktierte Politik integriert. Ein Herz besassen eben nicht nur die Protestierenden, sondern auch die Regierenden; die Schweiz verriet ihre humanitäre Bestimmung nicht. Vordergründig wurde damit der Gegensatz zwischen einer Moral der konkreten Fürsorge und einer Moral der (angeblich) weitsichtigen und rationalen Prinzipien aufgehoben – ein Gegensatz, der im Übrigen der klassischen Dichotomie der Geschlechtscharaktere entsprach. Wir werden jedoch gleich sehen, dass die versöhnliche humanitäre Rhetorik in Wirklichkeit nur deshalb überzeugen konnte, weil die Behörden exakt diese Unterscheidungen von Nähe und Distanz, von konkreter Ausnahme und allgemeinen Grundsätzen zur heimlichen Richtschnur ihrer Praxis machten.

Nähe und Distanz: behördliche Beschwichtigungen und Täuschungen

Es war ein geschickter Schachzug von Bundesrat von Steiger, nach der Sitzung der SZF vom 24. August 1942 die Ausweisung von Flüchtlingen zu stoppen, die bereits ins Landesinnere gelangt waren. Mit dieser Konzession brachte er genau diejenige Praxis zum Verschwinden, die sich vor Augen der lokalen Bevölkerung abgespielt und so die Empörung überhaupt erst ausgelöst hatte. Es ist kein Zufall, dass der erste kritische Zeitungsartikel in der *Sentinelle* erschienen war, die von Paul-Ernest Graber herausgegeben wurde, denn der sozialistische Nationalrat hatte schon zuvor vom Widerstand der Pruntruter Bevölkerung gegen die Ausweisung der Familie Sonabend erfahren. (Daraufhin hatte er persönlich bei den lokalen Behörden interveniert, war von diesen jedoch belogen worden, so dass die Unerwünschten wenig später heimlich über die Grenze deportiert werden konnten.)

Die zahlreichen Proteste der Einheimischen, naturgemäss vor allem in den Grenzregionen, hingen mit dem «animalischen Mitleid» zusammen, das laut Hannah Arendt «normale Menschen beim Anblick physischer Leiden nahezu unweigerlich befällt». Entscheidend war in diesem Fall die direkte Konfrontation mit den behördlichen Gewalttaten oder die persönliche Begegnung mit gefährdeten Individuen. Mit einer generell judenfreundlichen Haltung der Bevölkerung hatte dies nichts zu tun; schliesslich konnte sich auch Rothmund angesichts der Popowskis einer Regung von Mitleid nicht erwehren. Es ist also keineswegs gesagt, dass all die Menschen, die sich konkreten Ausweisungen widersetzten, vergleichbare Massnahmen auch bekämpft hätten, wenn sie von diesen nur gehört oder gelesen hätten; vielleicht hätten sie diese dann im Gegenteil sogar gebilligt – aus Gründen der Staatsräson oder der Überfremdungsbekämpfung oder aus Desinteresse. Wie wir gesehen haben, konnte Rothmund derartige Massnahmen im fernen Büro nicht nur akzeptieren, sondern sogar selbst ausdenken und beschliessen, wobei er eine unvergleichlich höhere Opferzahl in Kauf nahm, als er sie bei den Popowskis hätte verantworten müssen. Was die Behörden in Rechnung zu stellen hatten, war also dieser enge Zusammenhang zwischen moralischer Empörung einerseits und körperlicher oder sozialer Nähe anderseits.

Nachdem im Fall Sonabend der erste Ausweisungsversuch am Widerstand der Einheimischen gescheitert war, zogen die involvierten Beamten die Lehre, dass man künftig den Kontakt zwischen Flüchtlingen und Bevölkerung unterbinden und die Rückweisungen unbeobachtet vornehmen musste, am besten direkt an der Grenze. Aus derartigen Einsichten resultierte im Dezember 1942 schliesslich die allgemeine Anordnung der *Eidgenössischen Polizeiabteilung*, Flüchtlinge so zurückzuweisen, dass sie «mit niemandem (Verwandten, Bekannten, Anwälten, Gesandtschaften, Konsulaten, Flüchtlingsorganisationen usw.) direkt oder indirekt (namentlich telefonisch) Fühlung nehmen» konnten. Das Kontaktverbot behinderte die Hilfswerke massiv, aber Rothmund wies deren Proteste noch im Sommer 1943 als unbegründet zurück – die Bürokratie wollte sich in ihrer Arbeit eben nicht durch Aussenstehende stören lassen. Um «üble Szenen» mit der Bevölkerung zu vermeiden, legte die Polizeiabteilung am Jahresende zudem willkürlich eine Grenzzone von zwölf Kilometern fest, auf deren Bereich Ausweisungen zu beschränken waren. Flüchtlinge, die sich weiter im Landesinnern befanden oder sich schon länger als fünf bis sieben Tage in der Schweiz aufgehalten hatten, sollten nicht mehr zurückgeschickt werden.

Mit der Isolation der zurückzuweisenden Flüchtlinge und dem Verzicht auf Ausweisungen aus dem Landesinneren hatte die Behörde die anstössigen Symptome eliminiert, ohne dass sie die dahinter liegende Politik grundsätzlich hatte ändern müssen. Für viele Einheimische, die für das Flüchtlingselend nicht blind gewesen wären, war es unsichtbar geworden – was nur zu gut zu den Leerstellen der Zeitungen passte, denen zensurrechtliche Massnahmen nicht nur die Schilderung konkreter Einzelschicksale unmöglich machte, sondern auch die Aufklärung darüber, wer genau die Täter in den Herkunftsländern waren, vor denen sich diese Menschen in der Schweiz in Sicherheit zu bringen suchten. Nicht, dass man sich über die Verfolgungen nicht hätte informieren können (wenn man denn gewollt hätte), aber diese blieben gleichsam abstrakt, ohne Opfer und Täter.⁴³ Diese Leerstellen boten den Behörden überdies die Möglichkeit, ihre Phantasmagorien von der Amoralität, Gefährlichkeit und Untragbarkeit der Flüchtlinge ungehindert zu propagieren. Damit trat in den Augen der Bevölkerung an die Stelle des konkreten Anderen, dessen Zurückweisung sie nicht ertragen hatte, wieder der abstrakte Wesensfremde, dessen generelle Abwehr sie seit Jahrzehnten selbst forderte, unterstützte oder zumindest tolerierte. Unterdessen verklang das Flehen und Bitten der zu Schemen verblassten Abgewiesenen ungehört, ihr aufwühlendes Leiden verlor sich in der Ferne, und bald waren ihre Rückweisungen nur noch ein Gerücht.

Die Behörden verfolgten neben ihrer Strategie der Vermeidung und Verbergung noch eine zweite, die sich jedoch im Gegensatz zur ersten weniger an die gesamte Öffentlichkeit, sondern primär an direkt Betroffene und an die Hilfswerke richtete: Sie erstellten ein ganzes Set von Ausnahmeregelungen, bei denen die sozialpsychologischen Mechanismen von Nähe und Distanz gleichfalls zum Tragen kamen. Ein Element dieser Strategie war die bereits erwähnte Sonderbestimmung für die Aufnahme von Verwandten. Zusätzlich handelten die Bundesbehörden – in den gleichen Wochen, in denen sie jene Erleichterung zugestanden – mit einzelnen Vertretern der verschiedenen Konfessionen eine Regelung aus, um weitere Flüchtlinge als sogenannte Non-Refoulables (von frz. refouler = zurückweisen) von den Rückweisungen auszunehmen. Die Initiative zu dieser Idee kam Mitte September 1942 von protestantischer Seite, vor allem von Marc Boegner, der nicht nur der *Fédération protestante de France* vorstand, sondern auch dem CIMADE, das Flüchtlinge aus Frankreich in die Schweiz schmuggelte. Die Besprechung von Pastor Boegner Ende des gleichen Monats mit von Steiger und Rothmund enthüllt wesentliche Merkmale des geplanten Vorgehens: Grundidee war, dass Vertreter der Protestanten, Katholiken und Juden einzelne Personen angeben konnten, die ausnahmsweise mit einem sogenannten Visum C Aufnahme finden sollten. Das Verfahren sollte strikt geheim bleiben, was den Behörden erlaubte, ihre Abschreckungspolitik mit ostentativer Härte fortzusetzen. Die konfessionellen Organisationen ihrerseits versprachen sich von der Geheimhaltung Schutz vor der Frage, warum sie die einen retten, andere aber im Stich lassen würden. Rothmund erhoffte sich, wie er offen darlegte, eine grosse Erleichterung für die Grenzorgane, die gegenwärtig angesichts der zahlreich ankommenden Flüchtlinge bei ihrer Selektionstätigkeit überfordert waren. Wenn die Behörden in Zusammenarbeit mit den konfessionellen Organisationen eine «bestimmte Zahl aufnehmen», erklärte er, «könnten wir die übrigen zurückweisen. Damit hätten wir Ordnung u. erhielten auch wirklich die Interessanten.» Dieses Ausnahmeverfahren trat schon im Oktober 1942 in Kraft – mit Beteiligung der jüdischen Seite, die den Genfer Anwalt und Zionisten Erwin Haymann als Verantwortlichen nannte. Bis zum Sommer 1944 gelangten weit über tausend Namen auf die vereinbarten Listen. Darunter war auch eine beträchtliche Anzahl führender Juden, etwa aus der Fürsorge, dem Untergrund oder der jüdischen Armee. Wie viele davon tatsächlich Asyl erhielten, wurde noch nicht abschliessend untersucht.[44]

Die Ausnahmen für die Non-Refoulables und die Verwandten waren Teil einer umfassenderen Regelung, die auch den Einlass von Familien, Kranken, Alten, Kindern und Personen mit engen Beziehungen zur Schweiz vorsah. All diese Konzessionen brachten den Behörden verschiedene Vorteile: Wie Rothmund angedeutet hatte, erleichterten sie die Selektion und die Abweisung an der Grenze. Aus einer behördeninternen Diskussion über die Ausnahmeregelung für die Verwandten kann man überdies schliessen, dass das EJPD sich auch erhoffte, auf diese Weise das Problem der Illegalität in den Griff zu bekommen. Dabei dachten die Behörden weniger an die Schutz Suchenden selbst (wer nicht zu den Ausnahmen gehörte, würde zur Rettung seines Lebens weiterhin auch ungesetzliche Wege beschreiten) als an Hilfswerkvertreter und andere Einheimische, die sie mit Konzessionen von illegalen Methoden abhalten konnten. Solange die Behörden den Helfern im Einzelfall entgegenkamen, was sie mehrheitlich taten, konnten sie diese zur generellen Zusammenarbeit, Loyalität und Gefügigkeit zwingen. Die so erhoffte Eindämmung der Illegalität war das eine. Intern sprachen die Behörden aber offen davon, dass sie mit den Ausnahmeregelungen auch vermeiden konnten, «die Öffentlichkeit, d. h. die Leute, denen das Schicksal der Flüchtlinge nahesteht, zu brüskieren». Damit besänftigten sie genau diejenigen Kreise, die am meisten über ihre Praxis wussten und am direktesten betroffen waren. Mit anderen Worten: Sie zersetzten das einzige Potenzial der Empörung.

Den Hilfswerken wiederum eröffneten die erreichten Konzessionen einen Ausweg aus ihrer Ohnmacht, da sie wenigstens einzelne Menschen retten konnten. Kehrseite dieser Regelungen war, dass die Rettung der einen das faktische Todesurteil für die anderen bedeutete. Die Motive der Hilfswerke lassen sich gut nachvollziehen: Sie konnten nicht zwischen Wohl und Weh wählen, sondern nur zwischen einem grösseren und einem kleineren Übel, zwischen der Abweisung aller und der Abweisung der meisten. Aus Sicht der Akteure wäre es unverantwortlich gewesen, die Rettung der wenigen auch auszuschlagen. Aber diese Logik barg mehrere Gefahren: Erstens verstrickten sich die Hilfswerke noch tiefer in die behördliche Politik, da sie implizit die Selektion nun teilweise selbst vollzogen. Zweitens liess sie der Erfolg im Einzelfall vergessen, dass sie sich grundsätzlich dennoch *für* ein Übel, wenn auch für das kleinere, entschieden hatten. Das konnte so weit gehen wie bei jenem jüdischen Mitarbeiter des *Schweizerischen Arbeiterhilfswerks,* der von den geheimen C-Listen wusste und im März 1943 in einer Delegiertenversammlung der ICZ den Irrglauben vertrat, Abweisungen wären fast unmöglich geworden. Drittens absorbierten die Anstrengungen für die Ausnahmefälle alle Energie und Zeit, so dass für eine grundsätzliche Korrektur der Asylpraxis keine Widerstandskräfte übrig blieben. Und schliesslich hatte die Sonderregelung den Effekt, dass man sich gegenüber den Behörden kooperationsbereit und loyal verhalten musste, da man schliesslich Tag für Tag auf deren Entgegenkommen angewiesen war. So hatte Georges Brunschvig, der sich intensiv mit derartigen Einzelhilfen befasste, schon Anfang Oktober 1942 Bundesrat von Steiger aufgesucht und diesem anschliessend schriftlich versichert, er werde sich auch in Zukunft darum bemühen, «in loyaler Weise mit unseren Behörden zusammenzuarbeiten». Einige Monate später sollte er die Asylpraxis sogar coram publico wohlwollend beurteilen: Die Behörden und das Volk hätten, behauptet er in einer Rede vor seiner Gemeinde, «ihre Pflicht erfüllt», und die Anzahl der insgesamt aufgenommenen Flüchtlinge könne sich «in Berücksichtigung aller Umstände wohl sehen lassen». Kurzum, die Ausnahmeregelungen zugunsten der einzelnen Nächsten machten die prinzipielle Abweisung der fernen Mehrheit scheinbar harmloser und entzogen diese der Kritik.[45]

«Gegen die künstliche Stimmungsmache»: eine vaterländische Kampagne

Die wichtigste Wirkung entfaltete der *Schweizerische Vaterländische Verband* bis zu diesem Zeitpunkt vermutlich nicht in der Öffentlichkeit, sondern bei den Bundesbehörden, die er seit Jahr und Tag unablässig mit Eingaben, Mahnungen und Denunziationen aufzurütteln suchte. Seinen alten Obsessionen treu, warnte er noch immer vor all den angeblichen Landesgefahren, die von den Emigranten ausgingen, hauptsächlich vor bolschewistischer und jüdischer Infiltration. Er kolportierte den Behörden hässliche Klagen aus der Bevölkerung über jüdische Flüchtlinge und gab sich besorgt über die Volkswut, die früher oder später zwangsläufig ausbrechen würde, wenn man nicht endlich Remedur schaffte und die Eingereisten mit harter Hand aus dem «Volkskörper» eliminierte. Umsichtig wie der Verband war, dachte er bei seiner «Aufklärung» des Bundeshauses auch an die einheimischen Juden, etwa daran, wie diese im Mai 1940 angeblich sich selbst «und ihr Geld als erstes rücksichtslos in Sicherheit gebracht» oder wie sie sich im März 1942 in einer Versammlung erlaubt hätten, dem Bundesrat wegen seiner Haltung zur Schlechterstellung der Schweizer Juden in Frankreich vorzuwerfen, er würde die geistige Landesverteidigung vernachlässigen.[46]

Als die Regierung wegen der Grenzsperre unter Beschuss kam, stärkte ihr der Verband im August und September 1942 schriftlich und öffentlich den Rücken und forderte dringlich die Abschliessung der Grenze. Dabei waren die SVV-Spitzenleute überzeugt, dass diese schnelle Schützenhilfe noch unzureichend sei und weitere Schritte Not täten; zumal sie in den Protestbekundungen der Presse jüdischen Einfluss witterten. Das Land sei, glaubten die Vaterländischen, wegen der schrecklichen «Durchsetzung» mit jüdischen Emigranten in grösster Gefahr.

Schlimmer noch: Bevölkerung und Behörden agierten ahnungslos, geblendet durch die «künstliche Stimmungsmache» und den «einseitigen Appell an die humanitären Gefühle» und bräuchten daher umfassende und eilige Aufklärung; man müsse ihnen den Weg weisen.

Zentralsekretär Arnold Huber, der die Sache mit missionarischem Eifer vorantrieb, entwickelte in seinen internen Referaten eine Vision, die uns die intimen – später verschleierten – Beweggründe enthüllt: Im Zentrum stand immer eine panische Angst vor der «jüdisch-bolschewistischen» Gefahr, wobei Huber Details aufzählte, die ihm offenbar wahr und signifikant erschienen, nicht wenige davon aus der Zeit des Generalstreiks: Lenin, Radek und andere Rädelsführer hinter den Kulissen! Die Schieber und Wucherer im Ersten Weltkrieg! Die Einbürgerung von Linken wie Farbstein oder Dicker! Die heimtückische Änderung von Namen, etwa von Guggenheim zu Guggenbühl! Die Verdrängung der schweizerischen Arbeiter! Überhaupt das Überhandnehmen der Juden in Wirtschaft und Kultur! – Aber durfte man die Gefahr benennen? Durfte man von der «Judenfrage» reden? Wider alle Tabus und entgegen der gesellschaftlich etablierten Praxis? «Dürfen wir den Preis riskieren? Für das, was auf dem Spiel steht, ja: entweder wir werden von den Juden erdrückt. Also – lieber zuerst der Andere!» Mit diesen stichwortartig festgehaltenen Kampfparolen schloss Huber seinen Grundsatzvortrag im Zentralvorstand. Einhelliger Beifall.

Bevor der SVV zum Generalangriff überging, wollte er sich bei Bundesrat von Steiger absichern. In einer Audienz am 17. Oktober 1942 erklärten Sekretär Arnold Huber und Präsident Otto Heusser, welche Wirkung sie sich in der Öffentlichkeit von ihrer geplanten Kampagne hauptsächlich erhofften: einerseits die Billigung der Grenzsperre und der ausnahmslosen Internierung aller Flüchtlinge, anderseits die Verhinderung der Unterstützung für die Flüchtlinge, wobei sie in erster Linie an die «Sabotierung der Sammlung» dachten, die von der SZF gerade vorbereitet wurde (mit einem Antrag auf Verbot derselben waren sie beim Bundesrat im Vormonat nicht durchgedrungen). Ausserdem kündigten die Vaterländischen an, sie wollten die einheimischen Juden zwar schonen, «allzu viel Rücksicht» sei angesichts deren Arroganz jedoch «nicht angezeigt», und man prüfe eine mögliche Ausbürgerung derjenigen Juden, die «mit Kapital» ausgewandert seien. – Um es kurz zu machen: Was die Delegation präsentierte, war nichts anderes als ein umfangreicher antisemitischer Erguss. Und Bundesrat von Steiger fand es nicht nötig zu widersprechen. Immerhin schränkte er ein, das «Schweizervolk» werde schon von sich aus Halt sagen, nachdem es mit den ausländischen Juden seine eigenen Erfahrungen gemacht hätte. Aber ganz sicher schien er sich nicht zu sein, jedenfalls bat er den Verband, an der «notwendigen Reaktion des Volkes mitzuarbeiten», wobei er ihn jedoch ausdrücklich aufforderte – und dies war die einzige wesentliche Korrektur am vorgestellten Plan –, nur «getarnt» zu helfen und die «Judenfrage» nicht «als solche zu bringen».[47]

Anfang November 1942 – zeitgleich mit dem Beginn der SZF-Sammlung – erhielten alle kommunalen, kantonalen und eidgenössischen Behörden ein Pamphlet, das vor einer «Überschwemmung» durch «vollständig wesensfremde Elemente» warnte und eine weitere Verschärfung der Asylpolitik forderte. Die Schrift strotzte von antisemitischen Stereotypen, erwähnte aber die Juden nie – ausser in der lügnerischen Behauptung, dass der SVV nichts anderes beabsichtige, als die Entstehung einer «akuten Judenfrage» zu verhindern. Das Machwerk ging auch an die Zeitungen, nicht zuletzt über die *Schweizer Mittelpresse*, eine Agentur mit frontistischer Schlagseite, die damals 250 Redaktionen bediente und damit grossen Einfluss besass. Die Vaterländischen selbst begleiteten ihre Kampagne systematisch mit weiteren Zeitungsartikeln, anonymen Inseraten und organisierten Leserzuschriften. Der Verbandsgründer Eugen Bircher, der 1933 prophezeit hatte, dass man bei gleich bleibender Immigration in zehn Jahren eine «Judenfrage» haben werde, warnte zudem zweimal auf Grossveranstaltungen davor, dass die Emigranten «Gift ausstreuen» und «politische Gewandläuse» mitbringen würden. Seine neun Jahre zuvor ausgesprochenen Versicherungen gegenüber dem SIG hatte er nicht vergessen, und er behauptete nun, man wolle nur den Antisemitismus abwehren, wie er durch die gegenwärtige Politik «mit Sicherheit gezüchtet» werde. «Wenn wir unsere angestammte bodenständige Judenschaft erhalten wollen, und das wollen wir, dann müssen wir umso rigoroser gegen die Emigranten vorgehen.»

Ab Mitte November 1942 rief der Verein seine Sektionen mehrfach dringlich auf, bezüglich der internierten und der frei lebenden Emigranten einen «Beobachtungs- und Meldedienst» einzurichten, um die «akute Judengefahr» abzuwenden. Die Mitglieder erhielten nicht nur Listen mit Angaben über einzelne Lager, sondern auch genaue Instruktion, «alle Wahrnehmungen über die Flüchtlinge (Benehmen im allgemeinen, Äusserungen über Behandlungen, Verpflegung und Unterkunft, Versuche politischer oder wirtschaftlicher Tätigkeit, Verkehr mit Aussenstehenden, Verhältnis zur Zivilbevölkerung etc.) unverzüglich zu melden». Die Denunziationen gingen allerdings vorerst nur spärlich ein, so dass Bircher das Verbandssekretariat vergeblich um eine einschlägige Dokumentation bat, als die eigene Kampagne im Dezember 1942 zum Gegenstand einer parlamentarischen Anfrage geworden war. Es ging jedoch auch ohne diese Belege, da Bundesrat von Steiger ausnehmend viel Verständnis für die Vaterländischen bewies, als er im Januar 1943 im Nationalrat Stellung zu deren Umtrieben nehmen musste. (Im folgenden Februar attestierte er den Extremisten bei einer weiteren Audienz sogar, dass sie im vergangenen Herbst ihr Rundschreiben sachlich und diszipliniert abgefasst hätten; dem Volk gingen «die Augen täglich mehr auf».)[48]

Antisemitisch gesättigte Informationen erhielt Bircher stattdessen vom freisinnigen Regierungsrat Oskar Stampfli, der im Kanton Solothurn für das Polizeidepartement verantwortlich war und auch in der nationalen Asylpolitik eine führende Rolle spielte. Einem vertraulichen Brief vom 23. Dezember 1942 konnte Bircher unter anderem Folgendes entnehmen: «Übrigens ist hier ein Fall vorgekommen, in welchem durch Vermittlung eines Ungarn die Gestapo einem Schweizerjüngling von ganzen 22 Jahren eine ihm bekannte Jüdin, die deportiert ist, um 30 000 Schweizerfranken verkaufen wollte. Wir haben die ‹Einfuhr› verweigert. 30 000 Silberlinge gilt also ein Judenmädchen. Da war der Heiland wesentlich billiger!» Am Heiligen Abend ergänzte Stampfli, «dass der Kaufpreis von Fr. 30 000.– an die Gestapo ausgerechnet von der jüdischen Flüchtlingshilfe bezahlt worden wäre. Ein groteskes Gegenstück zu den Sammlungen, die allenthalben für die Flüchtlinge durchgeführt werden. Würde dies bekannt, dass die Juden für den Ankauf ihrer Artgenossen soviel Geld übrig haben, um sie in die Schweiz einzuschleppen, so würden wohl die Spenden der gutmütigen Schweizer bald einmal versiegen.» – Warum konnte für den Regierungsrat die Rettung eines jüdischen Lebens noch verwerflicher sein als der «jüdische Verrat» am Gottessohn? Weil es sich für ihn – denkt man seine Sprachbilder zu Ende – nur um unerwünschtes «Importvieh» handelte? Oder weil angeblich des Schweizers Gutmütigkeit und Spendenfreudigkeit missbraucht wurden?

Als im Februar 1943 die kantonalen Polizeidirektoren über eine eventuelle Beteiligung der Kantone an den Flüchtlingskosten des Bundes diskutierten, warnte Stampfli davor, dass die Hilfswerke «von der finanziellen Mitwirkung entlastet werden, nachdem sie an der Stimmungsmache im Herbst 1942 massgebend beteiligt» gewesen seien. Die Versammlung lehnte schliesslich eine Beitragspflicht der Kantone ab. Bircher wiederum gab die Freikauf-Geschichte (die im Übrigen auch von den Fakten her unhaltbar war) an den SVV-Sekretär Arnold Huber weiter, der sie unter anderem noch ein Jahr später verwenden wird, um sich bei nationalen Parlamentariern für eine härtere Asylpolitik einzusetzen.[49]

Eingeschüchterte Hilfswerke, isolierter Gemeindebund

Saly Mayer hatte die permanente Hetze des SVV schon im vergangenen Jahr registriert – freilich ohne ihren infamen Charakter erfassen zu wollen oder zu können: Nachdem das Verbandsblatt des SVV im März 1941 wieder einmal die «Humanitätsduselei» beklagt und «radikale Massnahmen» gegen die «landesfremden Elemente» gefordert hatte (begleitet von Rufen der *Schweizer Mittelpresse* nach einer Ausmerzung des «bolschewistischen Bazillus aus den Emigrantenlagern»), suchte Mayer das Gespräch mit den Verantwortlichen – um anschliessend seine Gemeinde mit der Erkenntnis zu beruhigen, der SVV würde die «Überfremdungsfrage» und die «Liquidation der Emigrantenfrage» «beobachten» sowie jeden Extremismus und Einfluss aus dem Ausland bekämpfen. Zur flüchtlingsfeindlichen Agitation und Demagogie kein Wort! Nach einer weiteren Polemik im vaterländischen Verbandsorgan reagierte Mayer dann doch besorgter und wandte sich sogleich an Rothmund, damit dieser das SVV-Zentralsekretariat mässige, was der Polizeichef auch versuchte. Mayer selbst hielt es nun für nötig, Huber über den Gemeindebund aufzuklären – vermutlich, um dem immer wieder erhobenen Vorwurf der kommunistischen Subversion zu begegnen. Vielleicht waren ihm unterdessen doch ernsthafte Zweifel an den Absichten des vermeintlich Verbündeten gekommen, jedenfalls zahlte er seinen persönlichen Mitgliedsbeitrag erst nach einer Mahnung, und zwar am 15. Oktober 1942 – drei Wochen, nachdem der Verband die antijüdische Grenzsperre öffentlich begrüsst und weitere Verschärfungen gefordert hatte.[50]

Trotzdem liess sich Mayer auch durch die Schmutzkampagne vom November nicht davon abhalten, weiterhin das Gespräch mit dem Honoratiorenclub zu suchen. Da er aber durch die Funktionäre nur hingehalten wurde (eine Behandlung, die er schon von früher kannte), platzte ihm am 9. November endlich der Kragen. Er suchte das Büro seiner Sektion auf, deponierte seine Mitgliedskarte und hielt dem anwesenden Sekretär vor, der SVV habe sein Wort gebrochen, das Verhalten einiger Herren sei unschweizerisch, undemokratisch und nicht offiziersgemäss; die Zukunft werde Leute wie Bircher, die ihre Weisheiten aus Berlin bezögen, ins Unrecht setzen. Für Wochen konnten die Vaterländischen kaum fassen, dass Mayer tatsächlich ausgetreten war. Als sie seine Botschaft endlich verstanden, reagierten sie harsch: Sein ehemaliger Obmann schrieb ihm, Mayers Stellungnahme beweise klar und deutlich, dass er nicht das Staatswohl in den Vordergrund stelle – womit sich ein vielfach gegen die Juden vorgebrachtes Argument bestätige. Mayers Beschimpfungen seien unverschämt; man behalte sich rechtliche Schritte vor, falls er diese nicht in gegebener Frist zurücknehme. «Ich glaube kaum, dass Sie unserem Staate die Dienste und die Opfer an Zeit und Geld geleistet haben, wie der Unterzeichnete und die anderen Herren unseres Vorstandes. *Ihre* Handlungsart entspricht nicht schweizerischem Denken, ist nicht demokratisch.» Es stehe Mayer «zuallerletzt an, das Wort ‹nicht offiziersmässig› nur zu denken, geschweige denn auszusprechen. Ich bitte Sie, zu prüfen, welche Leistungen vor, während und nach der Dienstzeit und auch sonst aus Ihrem Kreise freiwillig dem Lande gegenüber geleistet werden. Ich bitte Sie, ebenfalls zu prüfen, inwieweit die gesetzlichen Leistungen, zu denen jeder Schweizerbürger verpflichtet ist, restlos erfüllt werden aus einem gleichen Pflichtgefühl heraus.» – Das Schweizertum Mayers und seiner Glaubensgenossen war damit geprüft und für ungenügend befunden. Hätte sich einer noch mehr bemühen und unterwerfen und in seinem Streben nach Anerkennung und Zugehörigkeit noch eklatanter scheitern können?[51]

Der SIG reagierte weder auf die Kampagne des SVV noch auf das Verständnis, das Eduard von Steiger öffentlich für diese bekundet hatte. Auch ein Antrag der *Israelitischen Cultusgemeinde Zürich*, wenigstens beim Bundesrat zu intervenieren, fand beim (nun wieder funktionstüchtigen) Geschäftsausschuss keine Zustimmung. Die Reaktion des SIG beschränkte sich darauf, dass Mayer für die *Schweizerische Zentralstelle für Flüchtlingshilfe* einen Katalog von Argumenten zusammenstellte, in dem er die Unwahrheiten und perfiden Suggestionen der Hetzschrift Punkt für Punkt widerlegte – ohne dabei aber der antisemitischen Stossrichtung Beachtung zu schenken. Der Dachverband zeigte allerdings wenig Interesse an diesen Überlegungen. Auf Geheiss Präsident Briners vermied er vielmehr jede Polemik und veröffentlichte lediglich ein zahmes Pressecommuniqué, das zwar die gröbsten Lügen der Schrift korrigierte, aber deren Antisemitismus ebenfalls ignorierte.

Bestürzt über die Untätigkeit des Gemeindebunds, wandte sich der ICZ-Angehörige und «Reklameberater» Friedrich Frank an Mayer. «Ich habe Verwandte gehabt in Deutschland», schrieb er, «die Mitglieder der Herrenclubs in Berlin waren, die mit Ministern, Generälen und andern Reichsbonzen in Abendgesellschaften sassen und zur Jagd ritten und deshalb der Meinung waren, die Judenhetze gehe sie nichts an, sondern nur die polnischen Kleiderhändler hinter dem Alexanderplatz in Berlin. Es ist den betreffenden Vettern von mir trotz allerhöchster Beziehungen und jahrhundertelangem Wohnsitz der Familie in Deutschland (wir haben sogar einen grossen Stammbaum!) genau so dreckig gegangen, wie den Ostjuden am Alexanderplatz.» Er sei beunruhigt, dass man aus den deutschen Ereignissen nichts gelernt habe und sich über den SVV, seine Ziele und Bedeutung, «absolut keine Rechenschaft» gebe. «Ich vermute mit Schrecken, dass der SIG, genau wie die deutschen Juden, glauben könnte, Stillschweigen sei das beste. Nachdem sich dieses Rezept dort so ausgezeichnet bewährt hat, werden Sie meine Unruhe begreifen.» Frank berichtete später, er habe Mayer daraufhin persönlich getroffen, wobei ihm ein völlig konfuser Mann begegnet sei, der ihn mit Anekdoten überschüttet und sich gegen Vorwürfe verteidigt habe, er tue zu wenig. Mayer habe erklärt, ihm liege es, Abmachungen unter vier Augen zu treffen, nicht aber zu publizieren oder öffentlich zu reden. Es gehe nicht um das Fehlen einer öffentlichen Propaganda, resümierte Frank später seine Gegenposition. Man könne auch im Stillen wirken und Public Relations pflegen; Mayer müsse auch nicht selbst ausführen, was er offensichtlich nicht könne. Es sei jedoch ein grober Fehler, dass man weder die JUNA informiere noch Verbindungen zu den politischen Kreisen aufbaue noch sich fachmännisch beraten lasse.[52]

Franks Feststellungen trafen in dieser Zeitperiode in besonderem Masse zu: Als im Dezember 1942 in vielen Ländern jüdische Organisationen ihre eigenen Mitglieder zu Trauer und Protest aufriefen; als sie die Schreckensmeldungen zum öffentlichen Thema machten; als die britischen und amerikanischen Juden auf diese Weise schliesslich die Erklärung vom 17. Dezember erreichten, in der die Alliierten die NS-Verbrechen verurteilten; als sie in den Folgemonaten von ihren Regierungen Massnahmen zugunsten der Verfolgten forderten – als all dies geschah, blieb es in der Schweiz auffällig ruhig: Die Erklärung der Alliierten erschien zwar in den hiesigen Zeitungen – aber immer nur als Agenturmeldung, ohne einen redaktionellen Kommentar, der ihr das nötige Gewicht gegeben hätte. Dabei war diese übergreifende Mobilisierung doch nur zustande gekommen, weil die dafür grundlegenden Meldungen ausgerechnet aus der Schweiz in die freie Welt gelangt waren. Ohne der Diskussion vorzugreifen, ob die Schweizer Juden ihre Mitbürger tatsächlich aus ihrer desinteressierten Haltung hätten herausreissen können, lässt sich doch konstatieren, dass sie vollständig inaktiv und stumm blieben – eingeschüchtert durch den SVV, gelähmt durch interne Konflikte, isoliert von der demokratischen Öffentlichkeit, handlungsunfähig aufgrund des gewohnten Niedrigprofils.[53]

Anfang 1943 hörte der VSIA von auffällig vielen Rückweisungen und von zwei Selbstmordversuchen Abgewiesener. Hatten die Behörden in aller Heimlichkeit ihre Praxis geändert, ohne die Hilfswerke zu informieren? Aufklärung brachte ein anonymer Brief an SZF-Präsident Briner, der verschärfte neue Weisungen der Polizeiabteilung enthielt. Obwohl die Bundesbehörden Mitte Januar 1943 mit Vertretern der Zentralstelle (unter anderem auch Silvain S. Guggenheim) zu einer längeren Sitzung zusammengekommen waren, hatten sie bewusst verschwiegen, dass sie zum Jahresbeginn neue Massnahmen in Kraft gesetzt hatten: Bisher waren nicht nur Kinder unter 16 Jahren unter die aufzunehmenden Ausnahmen gefallen, sondern auch deren Eltern, wenn sie jene persönlich begleiteten. Nun hatten die Behörden diese Altersgrenze gesenkt, so dass die Eltern nur noch bei Kindern unter 6 Jahren akzeptiert wurden. Zudem hatten sie auch das Kontaktverbot, das schon seit längerem praktiziert worden war, schriftlich festgelegt. Auf Bitte des VSIA protestierte Briner im Bundeshaus – allerdings, was die Juden wohl noch nicht realisierten, nur gegen die unterlassene Informierung der Hilfswerke, nicht aber gegen die Verschärfungen selbst. Die Behörden rechtfertigten ihre Massnahmen damit, dass sie organisierte Transporte und die Zusammenstellung von fiktiven Familien (was Flüchtlingen die Aufnahme ermöglichte) hätten verhindern müssen. Intern verzichteten sie auf diese Kriminalisierung der Opfer und sagten offen, dass sie mit diesem Vorgehen die Aufnahmezahlen vermindern wollten.[54]

Es fällt auf, dass der Massenmord an den Juden in den Monaten nach der Grenzsperre vom August 1942 in den Protokollen der leitenden Gremien des Gemeindebunds nie explizit diskutiert wurde. Ohne Zweifel waren sich die führenden Männer bewusst, dass sich ihre Glaubensbrüder und -schwestern unter deutscher Herrschaft in Todesgefahr befanden, aber vom systematischen und umfassenden Charakter der Vernichtung ist nie die Rede. Anders als wir dies aufgrund unserer heutigen Kenntnisse vielleicht erwarten würden, war ihre Haltung nicht vollständig von der Gewissheit der Massenvernichtung dominiert, so dass sie diese zur einzigen Richtschnur allen Handelns gemacht und alle anderen Sorgen, Ängste, Rücksichtnahmen und Konflikte als nebensächlich zurückgestellt hätten. Weiter fällt auf, dass in der gleichen Phase auch die Rückweisungen an der Grenze intern nur marginal thematisiert und ein halbes Jahr lang keine konkreten Forderungen bezüglich der behördlichen Abweisungspolitik diskutiert wurden – vielleicht weil die tonangebenden

Juden, auch regierungskritische wie Paul Guggenheim, sich über die Wirkung der öffentlichen Proteste vom Sommer 1942 Illusionen machten. Diesen Eindruck vermitteln jedenfalls die Akten. Allerdings hatte die Marginalisierung der Flüchtlingsfrage, wie wir noch sehen werden, auch noch andere Ursachen. Am 25. Februar 1943 beschloss das Centralcomité dann endlich, dass man über die SZF von den Behörden verlangen wollte, die Rückweisungen einzustellen und Juden als politische Flüchtlinge zu akzeptieren.[55]

Als Silvain S. Guggenheim in der Sitzung des SZF vom 1. März diese Anträge einbrachte, stiess er jedoch auf den dezidierten Widerstand Robert Briners, der die geltenden Weisungen als notwendig bezeichnete und argumentierte, die Schweiz könne beim besten Willen nicht allen Schutz Suchenden Asyl gewähren. Er «verstehe zwar», dass die Hilfswerke für die Flüchtlinge den Kampf gegen die Behörden aufnehmen könnten, «ohne der Staatsraison und dem in unserem Land aufsteigenden Antisemitismus Rechnung zu tragen. Dies entspricht aber nicht der Richtlinie, die sich der Sprechende bei Übernahme des Präsidiums vorgenommen hat. Er sieht seine Aufgabe darin, zwischen den humanitären Bestrebungen der Organisation und dem ‹fremdenpolizeilichen› Standpunkt der zuständigen Behörde und der allgemeinen Politik des Bundesrates einen Mittelweg zu finden. Dies ist ihm während der letzten Jahre auch gelungen. Dr. Briner ist zutiefst beeindruckt und enttäuscht über den wachsenden Antisemitismus in der Schweiz. Er ist in Sorge um das Land und um die Juden selbst, denn die Bewegung kommt aus allen und den höchsten Kreisen.» Sollte er mit seiner Position unterliegen, drohte er, würde er sofort von seinem Amt zurücktreten. Verschiedene Rednerinnen und Redner teilten Guggenheims Gegenargument, dass eine Abweisung einem Todesurteil gleichkäme, unterstützten aber zugleich auch Briners Einschätzung eines zunehmenden Antisemitismus. Und auf seine Präsidentschaft wollte ohnehin niemand verzichten. Nachdem Briner das Menetekel des Antisemitismus noch mit dem Hinweis unterstrichen hatte, dass er als Regierungsrat «Einsicht in viele Dinge habe, die den Mitgliedern der Zentralstelle naturgemäss verschlossen» blieben, lehnte die Versammlung einen Vorstoss für einen Stopp der Rückweisungen mit 22 zu 2 Stimmen ab. Immerhin wollte sie auf die Einbeziehung der Juden in den Begriff des politischen Flüchtlings bestehen.[56]

Guggenheim hatte bei der Abstimmung nur von Erwin Schloss, der die *Landeskirchliche Flüchtlingshilfe Bern* leitete, Unterstützung erhalten. Der reformierte Pfarrer war selbst jüdischer Herkunft, und sein Hilfswerk betreute primär judenchristliche Flüchtlinge – sein Stimmverhalten ist damit ein weiteres Beispiel für den engen Zusammenhang von sozialer Nähe und moralischem Verhalten. In dieses Bild passt auch eine Erinnerung der aus Leipzig immigrierten Regina Boritzer, die sich auf den gleichen Zeitraum beziehen muss, vielleicht sogar auf die gleiche Sitzung. Da sie, erzählt Boritzer, sowohl mit Alfred Silberschein wie Nathan Schwalb gut befreundet gewesen sei, habe sie durch diese von der

«Endlösung» erfahren. Auf einer Konferenz der Zentralstelle habe sie von ihrem Wissen berichtet und als Ausländerin die Schweizer dringlich aufgefordert, endlich zu handeln, zu publizieren und öffentlich zu reden und das Asylrecht zu retten. Briner habe erwidert, er verstehe sie, aber sie sei zu sehr «involved», es handle sich bestimmt um Übertreibungen. Als Boritzer weinend zusammenbrach, traten verschiedene der Anwesenden zu ihr und sagten: «Wir schämen uns, denn das, was Sie gesagt haben, hätten wir sagen müssen.» – Dies seien aufrichtige, ehrliche Menschen gewesen, aber den durchdringenden Aufschrei, den nur Nichtjuden hätten tun können, hätten sie unterlassen.

Nach der Abstimmung in der Zentralstelle machte Briner eine diffuse Eingabe bei der Polizeiabteilung, in der er einerseits fragte, ob bei der Auslegung des Flüchtlingsbegriffs «nicht neue Wege versucht werden sollten», andererseits aber zugestand, dass nicht alle Flüchtlinge aufgenommen werden könnten. Die Behörden liessen sich für eine Antwort mehrere Monate Zeit. Nach einer Sitzung der Polizeiabteilung mit der SZF Mitte Juni 1943 schrieb Oscar Schürch seinem Departementsvorsteher, wider Erwarten sei von Seiten der Hilfswerke niemand auf das Anliegen zu sprechen gekommen. «Man könnte daher annehmen, die Zentralstelle für Flüchtlingshilfe habe nach den früheren mündlichen Besprechungen sich damit abgefunden und eingesehen, dass unsere Weisungen zurzeit nicht wesentlich geändert werden können. Die Eingabe (von Herrn Regierungsrat Briner unterschrieben) war auch derart abgefasst, dass man sich fragen musste, ob sie wirklich ernsthaft gemeint war, besonders da Herr Regierungsrat Briner wenige Wochen vorher erklärt hatte, die Weisungen seien absolut richtig. Wir fragen uns daher, ob man heute nicht besser auf eine Antwort verzichten würde.»[57]

Das Centralcomité des SIG hatte nach der Märzsitzung der SZF beschlossen, vorerst von weiteren Vorstössen abzusehen und abzuwarten, wie der Bundesrat zur Eingabe Stellung nehmen würde. Am 5. August 1943 teilte von Steiger endlich mit, dass er «keinen Anlass» sehe, die noch immer geltende Weisung vom Dezember «in wesentlichen Punkten zu ändern». Schon am Vortag hatte Rothmund die Einbeziehung der Juden in den Flüchtlingsbegriff mit dem Argument abgelehnt, man habe «bei jeder Gelegenheit dargelegt, dass die Asylpraxis mit den jeweils gegebenen Umständen im Einklang stehen» müsse. Weder der Gemeindebund noch die Zentralstelle unternahmen weitere Anläufe zur Korrektur der Flüchtlingsdefinition.[58]

Helfen und notdürftig korrigieren: der VSIA und die Betreuung der aufgenommenen Flüchtlinge

Von den rund 10 000 Flüchtlingen, die der VSIA im Juni 1943 in seinen Karteien registriert hatte, waren drei Viertel in den Monaten ab August 1942 angekommen – wegen der illegalen Einreisen und dank der Ausnahmeregelungen konnten doch eine beachtliche Anzahl Juden in der Schweiz Zuflucht finden. Damit vervielfachte sich für das jüdische Hilfswerk auch die Arbeit – laut Silvain S. Guggenheim auf nicht weniger als das Fünffache. Das mag auf den ersten Blick erstaunen, hatte doch der Bund für die Neueingereisten die Verantwortung übernommen. Eine Unmenge von Aufgaben erwuchs den Hilfswerken aber gerade aus dieser neuen Praxis:

Das von der Fluchtbewegung überforderte EJPD hatte die Armee mit dem Empfang der Neuankömmlinge beauftragt, die dafür sogenannte Auffang- und Quarantänelager einrichtete. Das Militär war für diese Aufgabe jedoch in jeder Hinsicht – mental, personell, materiell – unvorbereitet. Deshalb mussten sich der VSIA und der SIG seit Oktober 1942 mit vielen Missständen befassen, etwa mit ungenügender Verpflegung, schlechten hygienischen Verhältnissen, strengen und willkürlichen Disziplinarmassnahmen, einem überforderten Lagerpersonal, dem Fehlen einer Privatsphäre in den Massenschlafsälen, der lähmenden Untätigkeit, der Trennung der Eheleute usw. Diese Mängel fielen umso mehr ins Gewicht, als die Flüchtlinge mit schlimmen eigenen Erfahrungen und mit Sorgen um die Angehörigen belastet waren, die sie noch im Machtbereich der Nazis wussten. Zudem waren sie mit der Erwartung in die Schweiz geflüchtet, hier könnten sie sich in Freiheit bewegen – und nun fanden sie sich in bewachten Massenunterkünften, isoliert von der Bevölkerung. Die jüdischen Verantwortlichen schickten Rabbiner und Fürsorgerinnen in die Lager, die – sofern von der Leitung überhaupt zugelassen – mit den unterschiedlichsten Eindrücken zurückkamen: Teilweise herrschten miserable Zustände, andernorts war die Lagerleitung kompetent und freundlich und machte aus den prekären Bedingungen das Beste. Die jüdischen Gemüter wurden besonders durch die deprimierende Situation im Massenlager von Büren erregt, wo nicht nur materielle Missstände herrschten, sondern zudem unter dem Personal Antisemitismus grassierte. Als unwürdig empfand die jüdische Führung auch, dass man einen Teil der Flüchtlinge in die Zuchthäuser Witzwil und Bellechasse einquartierte und sie sogar Sträflingskleider tragen liess.

Der VSIA spielte die Probleme in der jüdischen Öffentlichkeit herunter, bemühte sich aber gleichzeitig um Verbesserungen, wobei er mit Interventionen einiges bewirken konnte, etwa die Einrichtung koscherer Küchen oder die vereinzelte Zusammenführung von Eheleuten. Aber diese Kleinarbeit war aufwändig und aufreibend, da man aus der Position eines Bittstellers agierte und nur notdürftig Details korrigieren konnte, wo man doch bei den Grundvoraussetzungen – Internierung und Entmündigung der Flüchtlinge, Arbeitsverbot – hätte ansetzen müssen. Dies zeigte sich etwa an den Bemühungen einer Fürsorgerin, für die Kinder der Popowskis warme Kleider zu organisieren, wozu sie zuerst an deren eigenes Geld herankommen musste, das die Behörden gemäss den Weisungen für die Dauer ihres Aufenthalts in der Schweiz konfisziert hatten – dabei hätten in diesem Fall die Eltern unter anderen Aufenthaltsbedingungen selbst für ihre Kinder sorgen können. Abgesehen von der massiven Mehrarbeit, verursachten die neuen Flüchtlinge dem VSIA auch einen Ausgabenanstieg um fast die Hälfte des bisherigen Budgets, da er für Urlaub, den Unterhalt aus dem Lager entlassener Flüchtlinge, zusätzliche Arzt- oder Spitalbehandlungen, Bekleidung, Taschengeld und anderes mehr aufkommen musste.[59]

Nach langen, viel zu langen Monaten konnten die Flüchtlinge endlich von den primitiven Auffanglagern in Arbeitslager wechseln. Eine Minderheit wurde sogar in spezielle Heime oder in Privatunterkünfte entlassen – die Alten, Kranken, Arbeitsunfähigen, Mütter mit Kleinkindern und die Kinder. Der VSIA hatte schon im Dezember 1942 derartige Entlassungen gefordert, wobei er den Behörden zusätzlich empfahl, Flüchtlinge zu berücksichtigen, die Verwandte in der Schweiz hatten oder für die finanzielle Garantien vorlagen. Die bürokratische Logik brachte es mit sich, dass die Familien weiterhin getrennt blieben oder erst recht auseinander gerissen wurden. Die Popowskis beispielsweise waren bald über die ganze Schweiz zersprengt und an einem Dutzend verschiedener Plätze einquartiert: der zehnjährige Gaston bei einer Pflegefamilie in Basel, seine fünfjährige Schwester in einem anderen Haushalt in der gleichen Stadt, seine Mutter in einem Interniertenheim im bernischen Sumiswald, sein Vater in einem Arbeitslager in Birmensdorf bei Zürich, ein Cousin im Jugendlager von Davesco im Tessin usw. Zudem litten die Popowskis nun unter dem gleichen Problem wie viele andere auch: Die Distanz zwischen den einzelnen Angehörigen einer Familie war teilweise so gross, dass sie sich nicht einmal im Urlaub besuchen konnten. Deshalb bemühte sich der VSIA regelmässig um die Umplatzierung von Familienmitgliedern in nahe beieinander liegende Unterkünfte.

Hauptsorge des VSIA waren die illegal eingereisten Kinder, die man zuerst ebenfalls in die Quarantänelager gesteckt hatte. Für die Kinder gestaltete sich dieser Aufenthalt noch unerträglicher als für die Erwachsenen, schon deshalb, weil es weder Spiel- noch Schulmöglichkeiten gab. So war es keine Frage, dass sie baldmöglichst entlassen werden sollten. Doch wohin? Wer würde ihre Betreuung übernehmen? Wer dafür bezahlen? Heinrich Rothmund wollte diese Aufgabe wie gewohnt den Schweizer Juden aufbürden, die jedoch dafür keinerlei freie Kapazitäten besassen. Da sprang ihnen das *Schweizer Hilfswerk für Emigrantenkinder* bei, das sich, wie wir wissen, schon seit Jahren um die jüngsten jüdischen Flüchtlinge gekümmert hatte und sich nun dazu bereit erklärte, für die neu eingereisten Kinder ebenfalls zu sorgen – unter der Bedingung, dass es diese auch in christlichen Familien unterbringen durfte. Bei den

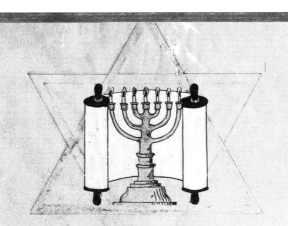

Dank der jüdischen Internierten von Petit-Saconnex an den Flüchtlingshelfer Armand Brunschvig im Dezember 1943. (Privatbesitz, Y. Brunschvig)

Verantwortlichen von SIG und VSIA war man sich einig, dass es zur partiellen christlichen Unterbringung mangels jüdischer Plätze keine Alternative gab. Am 1. Dezember 1942 übertrug der Bundesrat dem SHEK die Betreuung aller Kinder zwischen 6 und 16 Jahren (die kleineren blieben bei ihren Müttern). Die Kinderhilfe des *Schweizerischen Roten Kreuzes* hielt sich vorläufig zurück, da sie das Image scheute, ein Hilfswerk für Juden zu sein, sie beteiligte sich aber immerhin organisatorisch und finanziell. Erst ab Februar 1944 wird sie anstelle des inzwischen vollkommen überlasteten SHEK alle neu einreisenden Kinder in ihre Betreuung übernehmen.

Noch im Dezember 1942 riefen das SHEK, der SIG und weitere jüdische Organisationen die Bevölkerung dazu auf, gratis Pflegeplätze für mindestens sechs Monate zur Verfügung zu stellen. «Neunhundert jüdische Kinder suchen ein jüdisches Zuhause», titelte das *Israelitische Wochenblatt*. Es meldeten sich etwa 300 Familien – fast jeder zehnte jüdische Haushalt in der Schweiz. Das Angebot erweiterte sich im Laufe der Zeit noch ein wenig, aber auch die Anzahl der zu versorgenden Kinder wuchs weiter an. Damit gelang es nie, für mehr als einen Bruchteil von ihnen jüdische Familien zu finden – trotz später vielfach wiederholter Appelle an die jüdische Ehre und Solidarität. Ein grösserer Teil der Kinder kam daher in christliche Familien, und für weitere mussten zahlreiche Heime eingerichtet werden. Dies provozierte innerhalb der jüdischen Gemeinde immer wieder vorwurfsvolle Klagen über eine ungenügende Hilfsbereitschaft. Die Verantwortlichen erklärten den Mangel an Angeboten damit, dass die einheimischen Juden schon sehr viele Emigranten bei sich privat aufgenommen hätten oder auf andere Weise unterstützen würden und dass sie häufig in Gebieten lebten, in denen sie aus militärischen Gründen keine Flüchtlinge beherbergen durften. Allerdings waren die objektiven Bedingungen nicht allein ausschlaggebend: In der Zürcher Gemeinde *Agudas-Achim* betreuten nämlich etwa vierzig Prozent der Mitglieder Flüchtlingskinder bei sich zu Hause – obwohl sie selbst vielfach in ärmlichen Verhältnissen lebten. In den ostjüdischen und orthodoxen Kreisen fand man sich offenbar am ehesten bereit, dieses Opfer der Solidarität, das das eigene Alltagsleben beträchtlich beeinträchtigen konnte, auf sich zu nehmen.[60]

Im Herbst 1943 war von 3 700 Kindern ein grosser Teil, vielleicht fast die Hälfte, getrennt von den Eltern untergebracht. Die anderen Kinder lebten mit ihren Eltern in Familien- oder Mütterheimen. Die Zuweisung in Kinderheime oder fremde Familien lag nahe, wenn die Kinder ihre Angehörigen verloren hatten. Warum aber trennte man auch mehr oder minder vollzählige Familien? – Weil aus Sicht der Behörden und auch des SHEK Eltern, die zum Arbeitsdienst eingezogen wurden oder in nach Geschlechtern getrennten Unterkünften lebten, nicht selbst für ihre Kinder sorgen konnten. Für die Betroffenen war dies eine leidvolle Erfahrung. Die Eltern wurden vom Hilfswerk zwar um ihr Einverständnis gebeten, bevor man ein Kind wegnahm, aber eine wirkliche Wahl hatten sie nicht.

Oder hätten sie bestreiten können, dass in den bestehenden Arbeitslagern und Heimen ein behütetes Aufwachsen ihres Kindes unmöglich war? Oder dass es nicht anging, ihr Kind über Jahre vom Schulunterricht fernzuhalten? Manche Mutter musste sich auch ihre Erziehungsfähigkeit mit der Begründung absprechen lassen, dass ihre Nerven als Folge der Flucht zerrüttet seien.

Die Konflikte waren unter diesen Umständen vorprogrammiert: Die Eltern wollten natürlich weiterhin die Beziehung zu ihrem Kind pflegen – zumal es meistens das Einzige war, was ihnen in ihrem trostlosen und perspektivlosen Exil geblieben war. Nun wurden sie auch noch um die Rolle als massgebliche Erzieher gebracht, ohne dass sie bei der Wahl der Pflegeeltern ein Wort mitzureden hatten. Es lag nicht einmal in ihrer Macht, frei mit ihrem Kind zu verkehren, vielmehr brauchten sie dazu die Bewilligung des SHEK, das nur alle vier Monate ein familiäres Treffen vorsah. Diese Entmündigung führte fast zwangsläufig zu Auseinandersetzungen mit den Fürsorgerinnen – davor konnte auch der beste Wille auf beiden Seiten nicht bewahren. Konfliktanfällig war auch das Verhältnis zwischen den leiblichen Eltern und den Pflegeeltern. Wie sollte man einfach zuschauen, wenn das eigene Kind nach fremden Grundsätzen durch Dritte aufgezogen und sozialisiert wurde? Wie tatenlos hinnehmen, dass sich das eigene Kind unaufhaltsam von einem entfremdete? In dieser Situation konnten die Treffen von Eltern und Kind ein scheinbar gefundenes Gleichgewicht wieder zerstören und für Unruhe sorgen – so jedenfalls sah es das Hilfswerk. Um heimliche Besuche unmöglich zu machen, wurden daher die Kinder nicht zu nah bei ihren Eltern untergebracht. Die Pflegeeltern wiederum standen vor der anspruchsvollen Herausforderung, die spannungsreiche Beziehung zu den Eltern angemessen zu gestalten und zugleich den Bedürfnissen des Kindes gerecht zu werden, das durch die Erlebnisse der letzten Jahre häufig verstört oder traumatisiert war. Das SHEK und der VSIA bemühten sich zwar darum, potenzielle Pflegeplätze auf ihre Eignung zu prüfen und bei schwierigen Verhältnissen einzuschreiten. Häufige Wechsel liessen sich jedoch kaum vermeiden – auch dies nicht zum Wohle des Kindes. Dennoch dürfen wir annehmen, dass die Kinder in verständnisvollen Familien besser aufgehoben waren als in manchen Kinderheimen, in denen man in der Regel gemäss dem Stand der damaligen Pädagogik wenig von den enormen psychischen Schwierigkeiten dieser jungen Menschen verstand und stattdessen viel Wert auf Ordnung, Sauberkeit und Gehorsam legte.

Insgesamt machten die Freiwilligen (bekanntlich arbeiten auch die Mitarbeiterinnen des SHEK ehrenamtlich) mit ihrem grossen Engagement aus einer misslichen Situation das Beste. Individuelle Katastrophen waren in diesem System aber unvermeidlich, dies zeigt – zugegeben ein Extrembeispiel – Fanny Popowskis Geschichte: Das elfjährige Mädchen lief von seiner Freiplatzfamilie weg, um den schlimmen Erfahrungen, die sie mit ihrem Pflegevater gemacht hatte, zu entrinnen – Erfahrungen, die sie mit solcher Scham erfüllten, dass sie sich nicht einmal ihren Eltern anvertraute. Weil Fanny ausgerissen war, kam sie in ein Heim für Schwererziehbare, wo sie, unverstanden und allein gelassen, schrecklich litt. Als sich dann die jüdische Flüchtlingshilfe dafür einsetzte, dass Fanny zu ihrem frei lebenden Onkel nach Davos ziehen konnte, schmetterte das SHEK das Anliegen mit den Argumenten ab, dem Mädchen gefalle es im Heim ausgezeichnet und es bedürfe weiterhin der Nacherziehung, die durch den Onkel nicht gewährleistet sei, so dass man dem Gesuch im Interesse des Kindes nicht stattgeben könne. Abqualifiziertes Kind, abqualifizierte Familie, verkannte Not – auch eine wohlmeinende und wohltätige Bürokratie forderte ihre Opfer.[61]

Sowohl in Presseartikeln wie von einzelnen nichtjüdischen und jüdischen Hilfswerkvertretern wurde die generelle Trennung von Eltern und Kindern von Anfang an kritisiert, wobei nicht nur die dafür verantwortliche Polizeiabteilung, sondern auch das SHEK unter Beschuss geriet. Das Kinderhilfswerk stellte sich jedoch hinter die Behörden und hielt an seiner Praxis fest. Ähnlich verfuhr der VSIA, dessen Präsident im Dezember 1942 behauptete, die Massnahme erfolge «unter Voranstellung des Interesses der Kinder, die in der Emigration psychisch und auch erzieherisch stark gelitten» hätten. Später wird das jüdische Hilfswerk zwar eingestehen, dass die Trennung «vielfach mit schweren seelischen Nachteilen verbunden» sei, wird aber dennoch diese Lösung – mit resigniertem Verweis auf die gegebenen Verhältnisse – für die meisten Kinder als die «relativ glücklichste» bezeichnen.

Kritik löste damals nicht nur die Separierung aus, sondern auch der Umstand, dass viele Kinder in christliche Hände kamen. In diesem Sinne äusserten sich hauptsächlich orthodoxe Juden, die sich an die schmerzhafte historische Erfahrung der christlichen Bekehrung erinnerten und nun die fremd platzierten Kinder erneut dieser Gefahr ausgesetzt sahen. Die Klagen galten merkwürdigerweise nicht etwa den Hauptverantwortlichen, also vor allem den Behörden sowie dem SHEK, sondern dem VSIA, dem die ultraorthodoxe *Agudath Israel* schon früher den (haltlosen) Vorwurf gemacht hatte, er werde vollständig von unreligiösen Juden regiert und wolle Hunderte von jüdischen Mädchen in die Taufe treiben. Als nun im Herbst 1942 bekannt wurde, dass das interkonfessionelle SHEK für die Unterbringung der Kinder vorgesehen war, warnten agudistische Kreise vor einem nicht wieder gutzumachenden Fehler und erklärten, niemals habe «eine jüdische Gemeinschaft das Recht, schutzlose jüdische Kinder der nichtjüdischen Öffentlichkeit zu überlassen». Der HIJEFS, das Hilfswerk der Sternbuchs, wollte die Kinder – vorerst nur die polnischen und tschechischen – stattdessen selbst betreuen, stiess mit diesem Vorhaben jedoch beim SHEK, dem SIG und den Behörden auf Ablehnung.

Saly Mayer konnte Anfang 1943 darauf verweisen, dass nun 14 Lehrer und Rabbiner im Auftrag des Gemeindebunds die Lager besuchten. Das Problem der Kinder war damit aber nicht gelöst, und von einem Rabbiner, der seit April 1943 im Bernbiet systematisch die christlichen Pflegefamilien inspizierte, erhielt man alarmierende Berichte über Bekehrungsversuche. Als Gegenmassnahme richtete das jüdische Hilfswerk im Oktober des gleichen Jahres ein Ressort *Religiöse Betreuung* ein, das von Georges Bloch, dem Kassierer des SHEK, geleitet wurde. Künftig erhielten etwa 600 Kinder Religionsunterricht in den jüdischen Gemeinden, und rund 1 500 Kinder, die in ländlicher Gegend wohnten, wurden alle zwei Wochen von einem «Wanderlehrer» besucht. Ausserdem rief man die einheimischen Juden regelmässig dazu auf, Kinder an religiösen Feiertagen, besonders zur Chanukkafeier, zu sich einzuladen. Das SHEK und die gleichfalls beteiligte Freiplatzaktion von Pfarrer Vogt versuchten überdies, für die Kinder möglichst Pflegeplätze mit ähnlichem religiösem Hintergrund auszuwählen. Da man nicht für alle orthodox erzogenen Kinder passende Familien fand, richtete man für diese rituell geführte Heime ein. Zudem verboten sowohl das SHEK wie die evangelische Freiplatzaktion den Pflegeeltern jede Werbung für den eigenen Glauben. Sie unterschätzten aber die Sozialisationseffekte, die beim Aufwachsen in einem christlichen Milieu selbst dann eintraten, wenn die Gastfamilie die fremde Religion respektierte. Ganz abgesehen davon, dass wohl die wenigsten Christen gegen die Versuchung gefeit waren, ihre Religion in aller Selbstverständlichkeit als die wahre und normale zu betrachten, was natürlich ebenfalls nicht ohne Wirkung auf die Kinder blieb. – Vorerst schwelte der Taufkonflikt jedoch nur in jüdischen Kreisen, ohne offen auszubrechen und ohne die Christen zu verärgern, denen die Verantwortlichen von VSIA und SIG für ihre unentbehrliche Hilfe überaus dankbar waren. Diese oberflächliche Ruhe sollte jedoch nur bis 1944 anhalten.[62]

Die Hilfe des SHEK fand eine Parallele in der erwähnten Freiplatzaktion, deren Anfänge auf den dramatischen Sommer 1942 zurückgingen, als einigen nichtjüdischen Hilfswerken klar geworden war, dass sie sich nicht weiter nur auf die ihnen nahe stehenden Flüchtlinge beschränken durften, sondern auch gegenüber den Juden eine moralische Verpflichtung hatten. Die traditionellen Schranken der Gruppensolidarität wurden am schnellsten durch die Reformierten überwunden. Die Solidarität der Katholiken blieb hingegen weiterhin bescheiden. Und auch die sozialdemokratische Unterstützung für jüdische Anliegen beschränkte sich aufs Ideelle und wurde (wohl nicht zuletzt mangels Mitteln) nicht von einer praktischen Hilfe des Arbeiterhilfswerks begleitet. Der Kerngedanke der Freiplatzaktion bestand darin, in der Bevölkerung Gratisunterkünfte für Flüchtlinge zu finden, die die Lager verlassen durften. Die SZF erhielt im Oktober 1942 von der Polizeiabteilung den Auftrag, eine entsprechende Hilfe zu koordinieren. Eigentlicher Träger der Aktion wurde dann Paul Vogts Flüchtlingspfarramt, das im April 1943 einen ersten Aufruf lancierte. (Das EJPD hatte sich bei den erwachsenen Flüchtlingen – im Gegensatz zu den Kindern, bei denen es schnell gehandelt hatte – ganze fünf Monate Zeit gelassen, um die rechtlichen Voraussetzungen für diese privaten Unterbringungen zu schaffen.) Der Erfolg fiel allerdings geringer als erhofft aus – einerseits, weil das Echo aus der

Bevölkerung enttäuschend schwach war, andererseits, weil die Kantonsbehörden und die Armee für viele Freiplätze keine Bewilligung erteilten und den Helferwillen regelrecht mit bürokratischen Schikanen erstickten. Dennoch konnten im ersten Jahr auf diese Weise 1 000 Juden untergebracht werden, wobei Vogts Aktion über 500 Plätze beisteuerte, die restlichen hatte der VSIA organisiert, und zwar zumeist in jüdischen Familien. Die Nachfrage nach Privatunterkünften für jüdische Flüchtlinge belief sich allerdings auf das Vierfache. Diese Form der Unterbringung stellte an alle Beteiligte hohe Anforderungen – sowohl an die zur Untätigkeit verdammten Gäste wie an ihre für eine derart intime Betreuung kaum vorbereiteten Gastgeber. Silvain S. Guggenheim schätzte Anfang 1944 jedoch, dass es nur in etwa jedem zehnten Fall zu «Enttäuschungen» gekommen sei. Die neun Zehntel «gelungener Ehen» hätten «wachsende Sympathie und Verständnis für die Not der Flüchtlinge und die jüdische Frage geweckt». Wenn man heute in den Personenakten des Hilfswerks blättert, kommt man zu einer pessimistischeren Einschätzung.[63]

Betrachtet man die Aktivitäten des VSIA (und der anderen Hilfswerke) in den Monaten seit der Grenzsperre vom August 1942, fällt zum einen auf, dass die expandierende Betreuungsarbeit die fatale Realität der Abweisungen an den Rand drängte, obwohl jene doch zentrale Aufmerksamkeit verdient hätte. Zum anderen hatte diese Hauptbeschäftigung den Charakter einer Symptombehandlung, die zwar häufig Not linderte, jedoch die grundsätzlichen Fragwürdigkeiten des ganzen Unterbringungssystems unangetastet liess. Offenbar waren für die Hilfswerke aber nicht einmal bezüglich der gravierenden Missstände bei der Kinderbetreuung ernsthafte Modifikationen des Systems denkbar, etwa durch die konsequente Einrichtung von Familienheimen von Anfang an. – Warum verhielt sich (auch) der VSIA derart defensiv? Aus realistischer Einschätzung der eigenen Ohnmacht? Aus Opportunismus gegenüber den Behörden? Aus Blindheit für die Schwere der Probleme? Aus Arbeitsüberlastung, die keine Distanz zum traditionellen Betreuungsmuster und zum eigenen Handeln erlaubte? Aus der altbekannten Angst, mit Forderungen würde man Antisemitismus provozieren? Oder ganz einfach aus einer hergebrachten, eingefleischten Haltung, die nur Wohltätigkeit und Beziehungspflege bei den Behörden, aber keine offensiven Strategien vorsah?

Gewiss ist, dass sich im Winter 1942/43 bei den Hilfswerken und auch beim Gemeindebund die Einschätzung verbreitete, der Antisemitismus habe zugenommen. Auch die militärische Propagandaabteilung *Heer und Haus* kam im Dezember zu dieser Ansicht. Und die *Israelitische Gemeinde Basel* sorgte sich im gleichen Monat, dass die Neueingereisten eine «neue antisemitische Welle» provozieren könnten, und plante eine Aufklärung «über die Gefahr, die über uns schwebt». Gleichzeitig verlangte sie vom Gemeindebund dringend ein einheitliches Vorgehen für die ganze Schweiz. Dieser reagierte und gab im April 1943 ein «Handbüchlein» in Auftrag, das die Flüchtlinge über die Sitten des Asyllandes belehren sollte. Zur gleichen Zeit hatten alle Hilfswerke einen eindringlichen Aufruf an die Flüchtlinge erlassen, sich zu disziplinieren, da weitere Aufnahmen von Schutz Suchenden auch von ihrem Verhalten abhingen und schon ein einziger Fehltritt allen schaden könne. Im Mai erschien auch ein neuer Wehrbrief von *Heer und Haus*, der mit statistischen Daten (die man von Rabbiner Eugen Messinger aus Bern, dem Sohn des Predigers Joseph, erhalten hatte) und rationalen Argumenten zu widerlegen suchte, dass in der Schweiz eine «Judenfrage» existierte.[64]

Illegalität: die Haltung des Gemeindebunds

Im November 1942 kam die Heerespolizei im Berner Jura einer improvisierten Organisation auf die Spur, die Flüchtlinge bei ihrer illegalen Einreise in die Schweiz unterstützte: Der jüdische Fabrikant Armand Spira empfing die Schutz Suchenden in seinem Wohnort Pruntrut und schickte sie weiter zu Glaubensgenossen: zu Charles Picard nach Biel oder zu Charles Schoppig nach Delsberg. Erst dort riet man ihnen, sich bei den Behörden anzumelden – die involvierten einheimischen Juden wussten offensichtlich, dass die illegal Eingereisten erst im Landesinneren den Ausweisungen entgingen. Die Militärjustiz versuchte diese Fluchthilfe zu ahnden, musste jedoch einsehen, dass sie nicht strafbar war. Die Episode interessiert uns besonders wegen der Beteiligung von Charles Picard, denn der betagte Mann hatte schon bei der Gründung des Gemeindebunds mitgewirkt, hatte viele Jahre als dessen Vizepräsident amtiert und gehörte noch immer dem Centralcomité an. – Akzeptierte man in diesen Kreisen neuerdings illegale Aktivitäten? Betrieb man sie gar selbst?

Bekanntlich hatten sich die leitenden Männer von SIG und VSIA in den vergangenen Jahren stets sehr behördenkonform und gesetzestreu verhalten – was nicht weiter erstaunt, da Respekt vor den Autoritäten damals auch für nichtjüdische Schweizer eine Selbstverständlichkeit darstellte, es sei denn, man gehörte zur Minderheit der Sozialisten oder Kommunisten. Wie schwer den einheimischen Juden eine kritische Haltung gegenüber den eigenen Behörden fallen musste, illustriert die Erfahrung von Herbert Horowitz, der 1938 aus Wien in die Schweiz geflüchtet war: Der Leiter der *Jüdischen Flüchtlingshilfe Schaffhausen* sei ein rechtschaffener und hilfsbereiter Mann gewesen, berichtet Horowitz, aber er habe so unerschütterlich an Ordnung, Sicherheit und die Obrigkeit geglaubt, dass er anfänglich gar an der Unschuld der Flüchtlinge gezweifelt und erst allmählich habe begreifen können, dass im Nachbarland auch unbescholtene Bürger von der Staatsgewalt verfolgt wurden. Ungleich grössere innere Widerstände mussten die Schweizer Juden überwinden, wenn es galt, die Autorität der eigenen Regierung in Frage zu stellen, da diese schliesslich angesehen war und in ihr keine notorischen Verbrecher und Rassisten sassen.

Bevor der Gemeindebund überhaupt auf die Idee kommen konnte, illegale Methoden zu ergreifen, hätte er zuerst einmal die offizielle Flüchtlingspolitik grundsätzlich ablehnen müssen, was, wie wir wissen, bis 1942 nie der Fall war. Auch das Konzept der kontrollierten Emigration, das er verfolgte, orientierte sich ausschliesslich am legalen Rahmen. Wir können mit einiger Sicherheit annehmen, dass die jüdischen Leiter bis zum genannten Zeitpunkt alle Handlungen missbilligten, die gegen Schweizer Gesetze verstiessen. Diese Haltung schloss allerdings nicht aus, dass sich lokale Mitarbeiter anders verhielten, wie wir am Beispiel der St. Galler Flüchtlingshilfe gesehen haben, die 1938 mit Polizeihauptmann Grüninger kooperierte. Sie schloss auch nicht aus, dass die jüdischen Leiter bei der Weiterbringung von Flüchtlingen mitunter *ausländische* Bestimmungen verletzten: etwa wenn sie «schwarze» Ausreisen nach Frankreich und illegale Transporte nach Palästina organisierten oder Affidavits für Drittländer kauften. Die eigenen Behörden brüskierten sie mit diesen Praktiken nicht ernsthaft, da sie damit der Transitmaxime Rechnung trugen. Immerhin konnte die Beschaffung falscher ausländischer Visa oder Pässe eine behördliche Untersuchung nach sich ziehen – wie es auch einigen jüdischen Anwälten, unter ihnen Georges Brunschvig, im Sommer 1943 widerfuhr.

Die beiden anderen gesellschaftlichen Gruppierungen, die damals viele Flüchtlinge zu betreuen hatten, zeigten sich weniger behördenkonform: Dies gilt vor allem für die kommunistische *Rote Hilfe*, die sich während der gesamten Zeit systematisch illegal betätigte. Ihr Ausschluss aus der SZF hatte sie in dieser Haltung eher noch bestärkt. Die gewerkschaftlich-sozialdemokratische Flüchtlingshilfe wiederum hielt sich zwar offiziell konsequent an die behördlichen Vorgaben, tolerierte jedoch heimlich eine normwidrige Parallelstruktur: Diese wurde von einzelnen Sozialdemokraten (bis hinauf in die Parteileitung) gebildet, die Flüchtlinge bei illegalen Einreisen, Aufenthalten und Arbeiten unterstützten.[65]

Durch die Nachrichten über die Gräueltaten und durch die Abschreckungspolitik der Schweizer Regierung erhielt die Frage der Illegalität für die Juden im Jahr 1942 eine neue Bedeutung. Dabei müssen wir zwei Aktionsfelder grundsätzlich unterscheiden: einerseits die Fluchthilfe in die Schweiz, bei der man Vorschriften der eigenen Behörden unterlief, andererseits die Hilfe für die Verfolgten in den besetzten Gebieten, bei der man in Konflikt mit den Alliierten geriet – und damit indirekt mit der Neutralitätspolitik der eigenen Regierung.

Was die Tätigkeiten im Ausland betraf, ging es zum einen um die Verbesserung der prekären jüdischen Lebensbedingungen, zum anderen um Lebensrettungen durch Freikaufaktionen. Die erste Strategie – den Versand von Lebensmitteln, Kleidern und Medikamenten – verfolgte der Gemeindebund bekanntlich nur selten direkt, sondern hauptsächlich indirekt über die Europahilfe des Joint, die Mayer für viele Länder organisierte. Die Auslandshilfe fiel aber nicht etwa aus Rücksicht auf die Alliierten so bescheiden aus: Es fehlten einfach die finanziellen Mittel. Dass Mayer und Paul Dreyfus-de Gunzburg in Freikaufaktionen verwickelt waren, haben wir ebenfalls schon gesehen. Neben ihnen betätigten sich in diesem Bereich aber noch etliche andere Schweizer Juden – aus dem näheren Umfeld des Gemeindebunds etwa das damalige CC-Mitglied Marcus Cohn und der frühere SIG-Kassierer Lucien Levaillant. Freilich waren diese Aktivitäten nicht eigentlich illegal, sondern, wie gesagt, nur neutralitätspolitisch unerwünscht, weil man die Alliierten verärgerte. Als Geschäftsmann nahm man immerhin das gravierende Risiko auf sich, von jenen auf eine schwarze Liste gesetzt und damit von jedem ökonomischen Kontakt ausgeschlossen zu werden: eine Bestrafung, der das Bankhaus *Dreyfus Söhne & Cie.* nur knapp entging. Am schwierigsten war die Aufgabe wohl für Mayer, der weder seine Loyalitätspflicht gegenüber der äusserst legalistischen Joint-Zentrale in New York noch die Notrufe aus dem NS-Machtbereich ignorieren konnte. Ausserdem glaubte er, dass die Schweizer Behörden die Aktivitäten der jüdischen Organisationen nur im Rahmen ihrer Neutralitätspolitik dulden würden. Er suchte einen Ausweg aus diesen Dilemmata, indem er bewusst ignorierte, dass Schwalb und andere das Geld, das er ihnen gab, vorschriftswidrig einsetzten. Gegenüber dem Joint war er insofern abgesichert, als sein direkter Vorgesetzter, Joseph Schwartz, nicht immer genau wissen wollte, was er wirklich tat. Und dieser wiederum unterrichtete sein amerikanisches Hauptquartier ebenfalls nur selektiv. Mit der gleichen Taktik schützte sich Mayer auch vor Vorwürfen der Schweizer Behörden. Nach dem Krieg äusserte er die Ansicht, dass das hiesige Judentum nur wegen seiner offiziell strikt eingehaltenen Neutralität «zur Hälfte» eine andere Rolle zugunsten der im Ausland Verfolgten habe spielen können.[66]

Zu den Auslandstätigkeiten kann man auch die Fälschung südamerikanischer Pässe für Juden unter deutscher Herrschaft zählen. Von den SIG-Verantwortlichen war – neben dem schon erwähnten Georges Brunschvig – in solche Aktionen auch Marcus Cohn verwickelt. Indem die Polizeiabteilung und die Bundesanwaltschaft George Mantello und andere Akteure festnehmen liessen, torpedierten sie diese Rettungsstrategie. Hilfreicher verhielt sich die Schweizer *Abteilung für Fremde Interessen*, die im Krieg für über vierzig Regierungen den Kontakt mit deren feindlichen Partnern aufrechterhielt: Als die Inhaber von Gefälligkeitspässen die Nationalität von Staaten annahmen, die von der Schweiz als Schutzmacht vertreten wurden, setzten sich die zuständigen helvetischen Diplomaten häufig für sie ein. Hingegen war Saly Mayer – auf Anweisung des Joint, vielleicht auch aus eigener Überzeugung – anfänglich gegen diese illegale Methode. Er blieb auch später zurückhaltend und erwarb solche Papiere nur, wenn dies von ihm verlangt wurde. Immerhin verteidigte er Mantello gegenüber Rothmund und betonte dessen lautere Motive.[67]

Kommen wir zu Tätigkeiten, die – im Gegensatz zu den eben beschriebenen – auch Schweizer Gesetze tangierten: zum Menschenschmuggel in helvetisches Hoheitsgebiet. Derartige Aktionen gab es seit 1933, wobei in den Anfängen die konspirative Hilfe für sozialistische und kommunistische Flüchtlinge wichtiger war als diejenige für «rassisch» Verfolgte. Dies änderte sich ab 1938 und vor allem ab 1942, als illegale Passagen für Juden immer dringlicher wurden. Die Helfenden waren Juden und Nichtjuden, die sich von unterschiedlichsten Motive leiten liessen: humanitären oder ethischen, religiösen oder politischen oder auch kommerziellen – wobei längst nicht jede Bezahlung (vor allem nicht bei den lebensgefährlichen Aktionen auf deutscher Seite) moralisch verwerflich war, wie das von den helvetischen Behörden aus durchsichtigen Gründen gerne herausgestrichen wurde. Eine bedeutende Rolle spielte auch hier die soziale oder geographische Nähe, da oftmals Bewohner der Grenzregion involviert waren, vor allem aber auch Juden, die sich aus Gruppensolidarität oder aufgrund verwandtschaftlicher Beziehungen engagierten. Was die Organisationsform betraf, kam die Hilfe von Einzelpersonen, von ad hoc agierenden Gruppierungen oder von umfassenden Rettungssystemen.[68]

Die Fluchtlinie, an der Spira, Schoppig und Picard mitwirkten, begann in Belgien und brachte seit Juli 1942 vor allem Jugendliche in die Schweiz. Die Aktion ging vom *Haschomer Hazair* aus, der mit Nathan Schwalb in engem, wenn auch nicht konfliktfreiem Kontakt stand. Diese sozialistisch-zionistische Jugendorganisation beteiligte sich auch am weit bedeutenderen Schmuggelnetz für Kinder aus Frankreich, das in der Grenzregion von Genf endete. Diese Aktion stand unter der Schirmherrschaft des OSE, es waren jedoch auch mehrere andere, vorwiegend französische Organisationen involviert, allen voran die jüdische Pfadfinderorganisation EIF und die zionistische Jugendbewegung MJS. Auf Seiten der Empfänger in der Schweiz leisteten Helfer vom SHEK, insbesondere Georges Bloch und Nettie Sutro, unentbehrliche Dienste. Diese breit angelegten Rettungen waren bereits mit dem schon erwähnten Besuch von Joseph Weill und Lazar Gurvic im August 1942 vorbereitet worden. Beide OSE-Vertreter setzten ihre Bemühungen fort, nachdem sie sich selbst – Gurvic im Dezember 1942, Weill im April 1943 – nach Genf in Sicherheit gebracht hatten. Die eigentlichen Transporte begannen im Herbst 1942: zunächst illegal, später auch teilweise mit Duldung durch die Schweizer Behörden – auf Letzteres kommen wir noch zurück. Insgesamt konnten sich durch dieses Untergrundsystem zwischen 1 500 und 2 000 jüdische Kinder und Jugendliche auf Schweizer Territorium retten.[69]

Welche Haltung nahmen nun SIG und VSIA ein? Billigten sie illegale Fluchthilfen? Waren sie selbst beteiligt? In schriftlichen und mündlichen Quellen finden wir keine Anhaltspunkte für ihre Zustimmung zu derartigen Aktionen oder für ihre aktive Involvierung. Damit ist aber nichts bewiesen: Die leitenden Juden hätten sich gehütet, offen zu Gesetzesverstössen aufzurufen, wodurch sie fast automatisch die behördliche Aufmerksamkeit auf sich gelenkt und entsprechende Aktionen gefährdet hätten. Ausserdem pflegen Akteure von illegalen Handlungen belastende Spuren möglichst zu vermeiden. Allerdings ergeben auch

Memoiren und mündliche Erinnerungen, aus denen sich am ehesten ungesetzliche Aktivitäten rekonstruieren lassen, keine Hinweise in diese Richtung. Kein Ergebnis trotz systematischer und umfangreicher Suche[70] ist auch ein Ergebnis, und so erlaube ich mir, mit aller Vorsicht dennoch eine wahrscheinliche Position der jüdischen Verantwortlichen zu dieser Frage zu skizzieren:

Als den Spitzen der jüdischen Organisationen Mitte August 1942 der wahre Charakter der Deportationen bewusst wurde, konnten sie in Anbetracht der rigiden Abweisungspolitik die bisher gepflegte Zusammenarbeit mit den Behörden, die auch die Respektierung der Gesetze beinhaltete, nicht länger fortsetzen. Der Gewissenskonflikt muss enorm gewesen sein, sonst hätte ein so obrigkeitsgläubiger Mann wie Silvain S. Guggenheim sich nicht erlaubt, dem Polizeichef persönlich und direkt die Loyalität aufzukündigen. Wir können annehmen, dass der SIG und der VSIA seither illegale Aktivitäten tolerierten oder passiv unterstützten. Für die 1942 beginnende Phase gibt es – im Gegensatz zu den dreissiger Jahren – auch keinerlei Hinweise, dass sie jemals versucht hätten, Juden von der Flucht in die Schweiz abzuhalten. Inwiefern sich einzelne Mitarbeiter persönlich an illegaler Fluchthilfe beteiligten, lässt sich nicht anhand von Quellen belegen, doch scheint es wahrscheinlich, dass sie im Rahmen ihrer Möglichkeiten halfen. Kaum denkbar ist hingegen, dass die beiden Organisationen selbst aktiv und in grösserem Umfang solche Aktionen betrieben – denn dies hätte Spuren hinterlassen. Ihre Berührungsängste gegenüber den illegal Agierenden hatten unterdessen aber abgenommen: So unterstützte Saly Mayer Nathan Schwalb weiterhin finanziell, obwohl er über seine «unkonventionellen» Tätigkeiten teilweise Bescheid wusste. Er soll sogar im Bundeshaus interveniert haben, nachdem der Zionist im Dezember 1943 wegen «Schlepperei» verhaftet worden war. Mayer subventionierte auch das *Comité international pour le placement des intellectuels réfugiés,* obwohl dieses mit den Behörden wegen der Förderung illegaler Einreisen in Konflikt geraten war. Eine entscheidende Unterstützung leistete Mayer schliesslich für den erwähnten Kinderschmuggel des OSE, für den er ab Sommer 1943 aus der Joint-Kasse den grössten Teil des Finanzbedarfs deckte – und dieser war immens: Um ein einziges Kind von einem professionellen Passeur über die Grenze führen zu lassen, musste man eine Summe bezahlen, die ein bis zwei Monatsverdiensten eines Arbeiters entsprach. Mayer konnte jedoch nicht aus seiner Haut und blieb auch in den kommenden Jahren vorsichtig: Es ist kein Beispiel bekannt, in dem er eine Auseinandersetzung mit den Behörden riskiert hätte. Etwas mutiger war Saly Braunschweig: Als er im November 1943 mit Rothmund über die Aufnahme von 1500 Kindern verhandelte, verlangte dieser als Gegenleistung, dass der Gemeindebund gegen die Schlepperdienste gewisser jüdischer Organisationen in Genf vorgehe, damit später keine Kinder mehr in die Schweiz gebracht würden. Braunschweig wich jedoch aus und erwiderte, der SIG habe keine Kontrolle über jene selbständigen Vereinigungen, dies sei Sache der Behörden. Laut seinen Aufzeichnungen soll der

Polizeichef hierauf «in ziemlich kühlem Ton» bemerkt haben: «Ich nehme von Ihrer Stellungnahme Notiz. Sie wollen also nichts unternehmen. Ihre Antwort ist sehr wichtig.»[71] Es ist kaum spekulativ, wenn man hinter Braunschweigs Antwort – die überdies keine Lüge darstellte – eine Strategie vermutet, die in den Jahren 1942 bis 1944 für den SIG typisch gewesen sein dürfte: Man war vom Sinn der illegalen Aktion überzeugt und hiess sie heimlich gut, wollte jedoch die Behörden nicht offen herausfordern.

Es sind nicht allein die fehlenden Hinweise, die gegen die Vermutung sprechen, dass der SIG und der VSIA selbst in grösserem Umfang Schweizer Gesetze unterlaufen hätten. Dagegen spricht auch der Umstand, dass die jüdischen Verantwortlichen ein Interesse daran haben mussten, weiterhin von den eigenen Behörden als verlässliche Repräsentanten des einheimischen Judentums wahrgenommen zu werden. Da war Vorsicht am Platz – zumal man wusste, dass die telefonische, telegraphische und briefliche Kommunikation teilweise überwacht wurde.

Dass von aktivem Widerstand gegen die Behörden (geschweige denn von illegalen Handlungen) – zumindest in den Dokumenten – nie die Rede war, hatte jedoch kaum nur strategische Gründe. Wir dürfen nicht vergessen, dass ein Weltkrieg wütete und auch in der Schweiz die Mechanismen dominierten, die für eine sich bedroht sehende Gesellschaft typisch sind: Betonung von Pflichterfüllung und Patriotismus, Verwechslung der Treue zum eigenen Land mit der Treue zu den Behörden, Suspendierung jeder Kritik. Wenn sich nun fast die gesamte Nation in einem Asyldiskurs versöhnte, der die fortgesetzte Abweisung der Juden stillschweigend akzeptierte, wäre man bereits mit einer oppositionellen Haltung zum unpatriotischen Störenfried geworden – eine gerade für den Gemeindebund schwerlich denkbare Rolle. Noch weit verpönter wären da illegale Methoden gewesen, denn damit hätte man nicht nur gegen Recht und Gesetz verstossen, sondern auch gegen den Konsens, der zwar unter den Einschränkungen des Vollmachtenregimes, aber dennoch halbwegs demokratisch zustande gekommen war. Die in Harmonie endende asylpolitische Debatte vom Sommer 1942 zeigte überdies, wie die demokratischen Verfahren letztlich auch die vorübergehend massiv in Frage gestellte moralische Autorität der Behörden[72] konsolidieren konnten. Wer gegen diesen sozialen Druck, gegen diese Übereinstimmung im Dienste einer angeblich höheren Moral – Staatsräson genannt – aufbegehrte, vertraute dem eigenen Gewissen mehr als der allgemeinen Moral, der eigenen Urteilsfähigkeit mehr als allen etablierten Institutionen. Dazu bedurfte es eines hohen Masses an innerer Unabhängigkeit und Zivilcourage, über die auch in der nichtjüdischen Mehrheitsgesellschaft die wenigsten verfügten.

Es kann daher kaum überraschen, dass illegale Widerstandsaktionen nicht von den angepassten, von bürgerlichen Werten und Vorstellungen geprägten, äusserst patriotischen Leitern des Gemeindebunds ausgingen, sondern von Akteuren, die sich weniger von der nichtjüdischen Mehrheitsgesellschaft beeinflussen liessen und sich deren Normen weniger unterwarfen. Zum einen waren dies Zionisten, die statt ihrer Integration in der Schweizer Diaspora den Aufbau Palästinas anstrebten, zum anderen orthodoxe Juden, die relativ abgeschottet von der nichtjüdischen Umwelt lebten und sich aufgrund ihrer Interpretation der Thora dazu verpflichtet fühlten, Menschenleben auch dann zu retten, wenn sie dabei Gesetze verletzen mussten. Fast prototypisch verkörperte Veit Wyler – wir sind ihm als inoffiziellem Verteidiger des Gustloff-Attentäters bereits kurz begegnet – beide Haltungen, da er aus einer streng religiösen Familie stammte und sich als Erwachsener linkszionistisch zu engagieren begann. Wenn die Juden von den Nichtjuden schon als Fremde betrachtet würden, fasste er seine Position zusammen, könnten sie sich getrost auch so geben, wie sie seien. Bereits in den dreissiger Jahren half er dem Gesetz gelegentlich nach; beispielsweise, indem er eine fiktive jüdische Gemeinde gründete, damit er einem Berliner Religionslehrer mit dem Argument, die Gläubigen bräuchten einen Rabbiner, eine fremdenpolizeiliche Einreiseerlaubnis verschaffen konnte. Nach der Grenzsperre von 1942 hielt er dezidiert am Asylrecht fest, lehnte jeden Kompromiss ab und beteiligte sich unter anderem auch an der erwähnten Fluchthilfe im Pruntruter Grenzzipfel. Ein selbstbewusster «Paria», der aus seinem Aussenseitertum Stärke und Widerstand schöpfte, hätte vermutlich Hannah Arendt gesagt.

Es war jedoch nicht allein diese Unabhängigkeit von den Normen der Mehrheitsgesellschaft, die zu Widerstand disponierte. Auch hier wirkte sich die besondere Nähe der betreffenden Person zu den Opfern aus, so dass sich die daraus erwachsenden moralischen Imperative allem anderen überordneten. Ein gutes Beispiel für das Zusammenspiel beider Faktoren war der revisionistische Zionist George Mantello, der die Zustände in Rumänien selbst miterlebt hatte und nun in seinem Schweizer Exil rücksichtslos alle gesellschaftlichen Konventionen ignorierte, die ihn bei der Rettung von Leben behindert hätten. Der Zürcher Rabbiner Zvi Taubes nennt ihn deshalb rückblickend einen «Partisanen». Er sei ein Mensch gewesen, der «aus der Hölle» gekommen sei und sich jene schreckliche Erfahrung zu Herzen genommen habe. «Das ist für mich eine Erklärung für das Aussergewöhnliche und Unverständliche seines ganzen Verhaltens. Unter normalen Verhältnissen, wie in der Schweiz, versteht man die Arbeit eines Partisanen nicht.»[73]

Heimkehr der restlichen jüdischen Auslandschweizer

Spätestens seit Mai 1942 versuchte Saly Mayer, die Beamten der *Abteilung für Auswärtiges* davon zu überzeugen, dass es für die jüdischen Schweizer in Frankreich nur eine einzige Lösung gab: kollektive Heimtransporte. In den Berner Amtsstuben stiess er jedoch damals und bei weiteren Vorstössen in den kommenden Monaten auf taube Ohren. Die Beamten hatten generell wenig

Interesse an der Rückkehr bedürftiger Landsleute, welcher Konfession sie auch angehören mochten – und ihre antisemitische Grundhaltung verhinderte, dass sie wenigstens bei den besonders bedrohten Juden eine Ausnahme machten. Mayer und die helvetischen Diplomaten vor Ort konnten noch so eindringlich deren Diskriminierung und Gefährdung schildern, der Abteilungsleiter Pierre Bonna sah keinen Handlungsbedarf.

Von Anfang an bemühte sich Mayer auch um fremde Einzelschicksale, derentwegen man ihn um Hilfe bat. So nahm er sich in den dramatischen Sommertagen von 1942 Zeit, um Jean Rothschild bei der Suche nach dessen Mutter und Geschwistern zu unterstützen, die im besetzten Frankreich seit Wochen verschollen waren. Der SIG-Präsident versuchte selbst, das Aussenministerium zu mobilisieren, und empfahl dem Beistand Suchenden, «nicht zu ruhen, sondern alle paar Tage tel. in Bern anzufragen» – offenbar setzte er nicht viel Vertrauen in den Einsatzwillen der Beamten. Die Bemühungen blieben in diesem Fall ohne Erfolg, und Jean Rothschild sollte erst nach Kriegsende bittere Gewissheit über das Schicksal seiner Familie erhalten. Seit November 1942 unterstützte Mayer auch einen bereits heimgekehrten Schweizer Juden namens Etienne Schwabacher, dessen Frau und Kleinkind das besetzte Frankreich nicht verlassen durften. In diesem Fall machten die Beamten der *Abteilung für Auswärtiges* ebenfalls einen phlegmatischen Eindruck, und Mayer sah sich genötigt, auch noch Rothmund einzuschalten, obwohl dieser wegen Krankheit für längere Zeit vom Dienst beurlaubt war. Schliesslich konnten diese beiden Landsleute gerettet werden, wobei die Mutter aus einem Lager herausgeholt werden musste.[74]

Schwabachers Frau war nicht die einzige Schweizerin, die man verhaftet hatte: Im Dezember 1942 befanden sich etwa zwanzig jüdische Landsleute im Lager von Drancy, von wo bereits regelmässig Züge nach Auschwitz fuhren. Zwar hatten die Okkupationsbehörden der Schweizer Diplomatie schon im vergangenen Sommer zu verstehen gegeben, dass eine Repatriierung ihrer Bürger geboten war – jene erkannte den Ernst der Lage jedoch erst Anfang 1943, als die *Deutsche Gesandtschaft* in Bern die ausländischen Juden zum Sicherheitsrisiko erklärte und deren geplante Deportation andeutete. Erst auf diese Drohung hin befahl Pierre Bonna, die Schweizer in ihr Heimatland zurückzuholen. Es wurden Sammeltransporte zusammengestellt, und Ende Januar und Anfang Februar brachten zwei Sonderzüge die meisten noch in der Nordzone Frankreichs verbliebenen jüdischen Staatsbürger, darunter einige befreite Lagerinsassen von Drancy, in die Schweiz. Insgesamt wurden auf diesem Weg 191 Personen gerettet. Auch in der Südzone Frankreichs, die seit November 1942 ebenfalls besetzt war, spitzte sich die Lage für die Schweizer Juden zu. Im Januar 1943 schlug auch das Vichy-Regime die Rückführung vor – und abermals zeigte sich die *Abteilung für Auswärtiges* zunächst desinteressiert. Es sollte September werden, bis sie 167 jüdische Landsleute kollektiv nach Hause holen liess. Erst zu diesem Zeitpunkt bemühte sie sich endlich mit der Intensität, die schon seit

Jahren angebracht gewesen wäre, um den Schutz und die Heimkehr der noch unter deutscher Herrschaft befindlichen jüdischen Staatsbürger. Es waren nicht mehr viele; jedenfalls wussten die Schweizer Behörden im Juli 1943 nur von insgesamt 11 Personen in den verschiedenen Ländern. Nicht mitgezählt hatten sie allerdings die grössten Gruppen: in der Südzone Frankreichs (von wo im August 1944 nochmals 45 Personen heimkehrten) und im besetzten Italien. Für wie viele Schweizer Juden der Einsatz ihrer Behörden zu spät kam, wissen wir nicht. Insgesamt wurden in der Kriegszeit wohl mindestens ein Dutzend deportiert und zumeist ermordet.[75]

Der SIG hatte weder die Macht noch die personellen Kapazitäten, um sich wirksam in die Repatriierungen einzuschalten oder den Schutz seiner Landsleute im Ausland zu fördern – das wäre ja auch die alleinige Pflicht der Behörden gewesen. Seine Hauptaufgabe bestand darin, den Rückkehrern bei ihrer Integration in die angestammte Heimat beizustehen: Zu diesem Zweck war einerseits die Stellenvermittlung des Gemeindebunds aktiv, andererseits leistete das jüdische Hilfswerk – wie schon früher, aber diesmal in geringerem Umfang – fürsorgerische Unterstützung (wobei auch dies Aufgabe der Behörden gewesen wäre).[76]

Fleischmann, Mayer und der Europaplan

Ende November 1942 erhielt Saly Mayer einen erbitterten Brief aus Bratislava: Die *Arbeitsgruppe,* schrieb Gisi Fleischmann, hätte doch nicht «dieses wahnsinnige Risiko» der Verhandlungen (mit dem deutschen Gestapomann Wisliceny und den einheimischen Regierungsbeamten) auf sich genommen und wäre doch nicht Verpflichtungen für das Leben von über 20 000 jüdischen Seelen eingegangen, wenn sie nicht mit der Hilfe ihrer Freunde im Ausland gerechnet hätte. – Was war geschehen? Fleischmann hatte die Zusagen Mayers für Geldzahlungen ab August 1942 als Zustimmung zu ihrem Rettungsplan verstanden – vielleicht, weil Mayer seine Versprechen absichtlich nicht mit klaren Anweisungen verknüpft hatte. Nun hatte sie erfahren, dass der Joint-Vertreter aufgrund seiner Richtlinien nur eine einmalige Zahlung leisten wollte, dabei brauchte sie unbedingt regelmässige monatliche Beiträge. Sie war verzweifelt – und fassungslos: Ging es doch, wie sie Mayer schrieb, für Schweizer Verhältnisse nur «um relativ geringfügige Beträge». Wenn «Sie uns diesmal wieder im Stich lassen, sind die Folgen für uns alle die vollständige Katastrophe».

Mayer scheint sich daraufhin überzeugt zu haben, dass mit der Methode der *Arbeitsgruppe* die slowakischen Juden tatsächlich zu retten waren, und er sicherte Fleischmann am 1. Dezember einen Betrag von 20 000 Schweizer Franken zu, obwohl er nicht wusste, ob ihm der Joint das Geld zurückerstatten würde. Nur drei Tage später sahen er und Nathan Schwalb sich jedoch mit einer weiteren Forderung konfrontiert, der ein noch weitaus grösseres Programm zugrunde lag: Die *Arbeitsgruppe* hatte unterdessen die Idee entwickelt, sie könnte mit der gleichen Methode nicht nur ihre restliche slowakische Gemeinde, sondern auch alle anderen bedrohten Juden retten – in ganz Europa! Darüber wollte sie, vermittelt durch Wisliceny, mit Heinrich Himmler, dem Reichsführer SS, verhandeln. Dieses unerhörte Vorhaben, das den Namen «Europaplan» bekam, basierte auf ihrer Überzeugung, dass die lokalen Deportationen tatsächlich durch die Bestechung des Gestapsoschergen vorläufig gestoppt worden waren – eine Täuschung, wie wir heute wissen, denn dieser Aufschub verdankte sich allein der Bestechung der slowakischen Beamten.[77]

Mayer, angesichts dieser kühnen Idee zunächst fassungslos, zögerte, weitere Zusagen zu geben, und verwies stattdessen auf «schier unüberwindbare» Schwierigkeiten. Fleischmanns Verzweiflung und Empörung wuchsen, als sie auch von den Juden Ungarns, die sie deswegen persönlich aufgesucht hatte, kein Geld erhielt. Mitte Januar 1943 antwortete sie Mayer: «Sie schreiben mir, ich soll den Glauben nicht verlieren, doch bitte mich zu verstehen, es geht über die Kraft eines Menschen, einerseits soviel Leid zu sehen und [zu] erleben und andererseits den Mangel an Hilfsbereitschaft festzustellen. Meine Vorwürfe sind nicht an Sie gerichtet, denn ich weiss, Sie würden gerne helfen. Aber nie im Leben wird und kann es verantwortet werden, dass unser Hilferuf so ins Leere verhallt. Ich bitte Sie nur eines, kraft Ihrer Persönlichkeit, überzeugt von Ihrer Güte und Hilfsbereitschaft, schreien Sie dieses Unrecht hinaus und rütteln Sie das Gewissen der Harten und Unbeugsamen, der Satten, der Asozialen auf, vielleicht gelingt es doch, noch in letzter Stunde, dass Ihr Weckruf erhört wird. Schwer ist Unglück zu ertragen, auch wenn es von Feindeshand kommt, doch noch schwerer ist es, wenn die eigenen Brüder einen in der Stunde der Not im Stich lassen.»

Mayer schrie nicht. Und Fleischmann konnte nicht in die Schweiz fahren, um sich selbst Gehör zu verschaffen, da die Gestapo ihre Reise vereitelte, für die sie von Bern bereits ein Visum bekommen hatte. Dafür begann Mayer etwa ab Februar 1943 den Europaplan zu seiner Sache zu machen. – Weil er von den Erfolgsaussichten tatsächlich überzeugt war? Weil er es nicht übers Herz brachte, die verzweifelte Fleischmann erneut zu enttäuschen? Oder nur, weil er sich nicht späteren (Selbst-)Vorwürfen aussetzen wollte? Wir wissen es nicht. Richard Lichtheim von der *Jewish Agency* hielt hingegen den Plan für «Lüge und Täuschung». Und der Joint liess sich für derartige Aktionen ohnehin nicht gewinnen. Dennoch gelang es Mayer und der jüdischen Gemeinschaft in Palästina dank grosser Anstrengungen, bis zum Frühsommer erste geforderte Summen in beträchtlicher Höhe bereitzustellen. Der Plan scheiterte schliesslich trotzdem, weil Wislicenys Forderungen auf fiktiven Grundlagen beruhten und weil Himmler im Sommer 1943 – vorläufig! – sein Interesse an den Verhandlungen verlor. Bei den verzweifelten Juden in der Slowakei blieb am Ende der brennende Eindruck zurück, die Glaubensgenossen der freien Welt, darunter Mayer, hätten sie verraten.[78]

Zuspitzung der internen Krise, Machtwechsel ohne Folgen

Die Grenzsperre vom Sommer 1942 liess die interne Krise, die den Gemeindebund schon seit Jahren belastet hatte, vollends eskalieren. Die institutionelle Misere war insbesondere unter den kritischeren Mitgliedern der *Israelitischen Cultusgemeinde Zürich* ein Dauerthema: bei Georg Guggenheim und bei zionistischen Linken wie David Farbstein, Benjamin Sagalowitz und Max Gurny. Wichtige auswärtige Schützenhilfe erhielten die Zürcher von den beiden Genfern Paul Guggenheim und Erwin Haymann. Der Rechtsprofessor stand nicht nur in enger Verbindung mit der Zürcher Opposition, sondern war auch verwandt und befreundet mit Paul Dreyfus-de Gunzburg. Am 31. Oktober 1942, fast zwei Monate, nachdem Dreyfus-de Gunzburg den SIG-Präsidenten vertraulich, aber schonungslos zur Abdankung aufgefordert hatte, schritt auch sein Freund ein – dieser aber öffentlich und Aufsehen erregend, indem er in einem Vortrag vor den Zürcher Zionisten die Politik des Gemeindebunds grundsätzlich und in aller Schärfe attackierte. Dass Paul Guggenheim als Nichtzionist ausgerechnet dieses Forum für seinen Auftritt gewählt hatte und dass er seine Ausführungen in schriftlicher Form streuen liess, nahmen ihm die Parteigänger Mayers besonders übel. Vielleicht bewog ihn die Dringlichkeit der Angelegenheit zu diesem für Schweizer Verhältnisse ungewohnten Vorgehen, hatte er doch erst zwei Tage zuvor gegenüber dem amerikanischen Vizekonsul in Genf eidesstattlich erklärt, dass ihm Carl Jacob Burckhardt die Ausrottungspläne des NS-Regimes bestätigt hatte. Am 14. November griff auch Erwin Haymann, der eine Woche später zum Präsidenten des *Schweizerischen Zionistenverbands* gewählt werden sollte, die SIG-Politik öffentlich an, diesmal auf einer Veranstaltung der zionistischen Ortsgruppe von St. Gallen. Auch in Mayers Heimatgemeinde reagierte man empört. Angesichts der kritischen Entwicklung berief das Centralcomité eine ausserordentliche Delegiertenversammlung ein, die am 13. Dezember in Zürich stattfand und den ganzen Tag dauerte – bei hitziger Stimmung, begleitet von persönlichen Beleidigungen und tumultartigen Szenen.[79]

Die Argumente der Oppositionellen lauteten in diesen Monaten immer gleich, und sie zielten zunächst auf die Person Mayers, da hauptsächlich er die Politik des SIG repräsentierte. Es ging jedoch stets – wie schon in den früheren Konflikten bezüglich der JUNA und des Ordre public – um die Ausrichtung des Gemeindebunds überhaupt. Nach Paul Guggenheim bestand das Kernproblem im Gegensatz zwischen einer demokratischen und einer autokratischen Politik, wobei nach seiner Ansicht der Autokratismus sowohl die internen wie die externen Verhältnisse des SIG durchdrang: Intern fehle es seit Jahren an Vertrauen zwischen der Leitung und der Basis und an offenen Aussprachemöglichkeiten. Wichtige Schritte, etwa die Distanzierung vom *Jüdischen Weltkongress,* habe die Führung eigenmächtig getan, ohne die zuständigen Gremien zu befragen. Die Informationen seien mangelhaft, die Jahresberichte «jämmerlich und dürftig» – angemessen einem «Kegelklub», aber nicht «einer der wenigen freien jüdischen Gemeinschaften in Europa». Als gravierend beurteilte er auch das aktuelle Schweigen zur Flüchtlingspolitik: Ob sich die Leitung eigentlich bewusst sei, wie sehr sie damit das Schweizer Judentum desorientiere? – In der Tat kursierte unter den Juden das hartnäckige Gerücht, der Gemeindebund und vor allem dessen Präsident missbilligten die Presseproteste gegen die Ausweisungen und befürworteten die Grenzsperre.

Was die externen Verhältnisse betraf, bemängelte Guggenheim, dass die SIG-Spitze ihre politischen Bestrebungen seit Jahren auf Interventionen bei einflussreichen Bundesbeamten begrenze und mit diesen unter Ausschluss der Öffentlichkeit Dinge diskutiere, die doch alle Schweizer Juden als Grundfragen beschäftigten. Problematisch seien dabei nicht die guten Beziehungen zum Bundeshaus an sich, denn Vertrauen und Diskretion erwiesen sich manchmal durchaus als nützlich. Problematisch sei aber die gänzliche Beschränkung auf eine «geheime Kabinettspolitik». Damit habe man, wie eine Reihe von aktuellen Beispielen zeige, Schiffbruch erlitten. Dieser gescheiterten Politik stellte Guggenheim das Vertrauen in die demokratische Öffentlichkeit gegenüber, denn allein das «freie Schweizervolk» entscheide über die Rechte der Juden, über ihr Sein oder Nichtsein. Wenn das Volk die Juden nicht haben wolle, nützten alle guten Beziehungen zum Bundeshaus nichts; hingegen ziehe die «Freundschaft der grossen Mehrheit der öffentlichen Meinung» auch das Wohlwollen der Behörden nach sich. Die Wirkung auf diese Öffentlichkeit war der zweite Grund, warum Guggenheim das beharrliche Schweigen des SIG zu den Ausweisungen verurteilte. Infolge dieser Enthaltung werde einem auch von prominenter christlicher Seite ständig das Gerücht über eine flüchtlingsfeindliche Gesinnung der eigenen Leitung zugeraunt, und man frage sich, mit welcher Organisation man Nationalrat Rittmeyers Aussage über einen unangebrachten jüdischen Egoismus verbinden müsse. Es wäre zudem angezeigt gewesen, die Parlamentarier über die eigene Leistung und Haltung aufzuklären – wie dies die Interessenverbände üblicherweise täten. Gegenüber einem durch den Gemeindebund entsprechend informierten Rat hätte Bundesrat von Steiger nämlich anders auftreten müssen, und die Debatte wäre anders verlaufen. Auch in der Öffentlichkeit hätte man mehr bewirken können; der Anteil des Gemeindebunds an den Protesten sei sehr bescheiden gewesen. Schliesslich wäre auch die Kampagne der Mittelpresse und ihrer Gesinnungsgenossen anders ausgefallen, wenn der SIG systematisch über die Konsequenzen der Deportationen informiert und so die Kriminalisierung der Flüchtlinge verhindert hätte. David Farbstein äusserte sich noch schärfer als Guggenheim und nannte die systematische Zurückhaltung abschätzig eine «Erbschaft des alten Ghettos», weil man noch immer einen «Sonntagsgoy» vorschicke, statt die eigenen Interessen selbst zu vertreten.[80]

In der Delegiertenversammlung vom 13. Dezember 1942 brachte die Opposition all diese Vorwürfe (und weitere mehr) auf den Tisch. – Das Centralcomité wies sie alle zurück! Unter anderem dementierte Mayer, dass er selbst gegenüber Rittmeyer oder anderen Personen aus Furcht vor Antisemitismus die Schliessung der Grenze befürwortet habe. Sein Dementi gewann jedoch durch seine Reaktion auf zwei Anträge der Opposition nicht gerade an Glaubwürdigkeit:

Der erste oppositionelle Vorstoss kam von Farbstein, der mit einer Resolution die Hilfe für Flüchtlinge zur jüdischen Pflicht erklären lassen wollte. «Die Delegierten-Versammlung ist überzeugt», heisst es in seinem Vorschlag, «dass das Schweizervolk, seinen heiligen Traditionen getreu, auch den Flüchtlingen Asyl gewähren wird und dass durch den Zustrom von jüdischen Flüchtlingen in der Schweiz kein Antisemitismus aufkommen wird. Aber wenn es auch anders sein sollte, was nicht anzunehmen ist, so vertritt die Delegierten-Versammlung die Ansicht, dass jeder Schweizerjude als Mensch und Jude nicht vom unheiligen Egoismus, sondern vom Geist der Menschlichkeit beeinflusst und gemäss der jüdischen Moral für das Hereinlassen der gehetzten Flüchtlinge vom ganzen Herzen, von ganzer Seele und von ganzer Kraft eintreten soll.» Nachdem sowohl Georges Brunschvig wie Saly Mayer auf einen anwachsenden Antisemitismus hingewiesen und die Resolution abgelehnt hatten, wurde Farbsteins Antrag mit grosser Mehrheit verworfen.

Der zweite Antrag, der von Georg Guggenheim vertreten wurde, zielte ebenfalls auf die Haltung in den eigenen Reihen: Er verlangte eine Resolution, die die Mitgliedschaft beim *Schweizerischen Vaterländischen Verband* mit einer besoldeten oder ehrenamtlichen Funktion im Gemeindebund oder in einer Mitgliedsgemeinde als unvereinbar erklären sollte. In der anschliessenden Diskussion verharmloste Georges Brunschvig, damals SIG-Aktuar, den Verband, dem er eben noch selbst angehört hatte: Als er nach der Hetzkampagne gegen die Flüchtlinge ausgetreten sei, habe sich der SVV-Präsident bei ihm entschuldigt; auch würden sich die Sektionen von Bern und Zürich «von der Sache» distanzieren. (In Wirklichkeit hatte die Generalversammlung der Vaterländischen ihren Feldzug einstimmig beschlossen.) Auf Antrag Mayers erteilte man auch Guggenheims Vorstoss eine deutliche Abfuhr.

Am Schluss der bewegten Tagung kündigte der Präsident an, dass er bei der nächsten (ordentlichen) Delegiertenversammlung von seinem Amt zurücktreten werde. Damit wurde der Beschluss, den er bereits vor einem Vierteljahr gefasst, aber nur intern mitgeteilt hatte, auch einem breiteren Publikum zur Gewissheit.[81]

Die Abstimmungsergebnisse zeigten deutlich, dass die Opposition nur vereinzelt über die Delegation der ICZ hinausging und insgesamt nur eine kleine Minderheit ausmachte. Der Gemeindebund hatte sich immer als unpolitische und konsensorientierte Organisation verstanden, und so war den meisten Delegierten schon der konfrontative Stil der Kritiker völlig fremd, deren Vorwürfe mitunter schlicht als ungehörig empfunden wurden. SIG-Vizepräsident Saly Braunschweig disqualifizierte sie gar als «Brunnenvergiftung» und «Verleumdung».

Überdies erachtete man die Angriffe als verantwortungslos, da sie die leitenden Gremien ausgerechnet in diesen katastrophalen Zeiten lähmten. Die internen Konflikte seien nichts anderes als eine «groteske Lausbuberei», beklagte sich der andere Vizepräsident Paul-Maurice Blum aus La Chaux-de-Fonds. Hinzu kam, dass die meisten Akteure auch in der Sache mit den Oppositionellen nicht konform gingen. Hoch angesehene Flüchtlingshelfer wie Silvain S. Guggenheim oder Georges Bloch unterstrichen, dass bisher doch gerade die nun bekämpfte Politik des SIG Erfolg gebracht habe. Das erworbene Vertrauen der Behörden sei, wie Bloch im März 1943 erklärte, massgebend dafür gewesen, dass seit vergangenem Herbst 8 000 weitere «illegal Eingereiste» hätten bleiben dürfen und dass die jüdischen Kinder aus Frankreich nicht wieder ausgewiesen würden. (Wenn er offen hätte sprechen können, hätte er vielleicht erwähnt, dass sein Hilfswerk SHEK in diesen Wochen mit den Bundesbehörden in vertraulichen Verhandlungen stand, um für eine grosse Anzahl französischer Kinder in der Schweiz Asyl zu erhalten.)

Paul Guggenheims Postulat, sich der demokratischen Öffentlichkeit zuzuwenden, wurde ebenfalls von verschiedener Seite abgelehnt. Charles Bollag bezog sich darauf, als er Anfang November 1942 den Verzicht auf jede Forderung verlangte: «Wir leben auf einem Vulkan und wir müssen uns etwas ducken, wenn wir sehen, was anderen Judenheiten geschieht. Wir müssen froh sein, dass man mit uns als Gleichberechtigten verkehrt.» Nicht jede Ablehnung war so défätistisch motiviert. Robert Meyer, ein linker, keineswegs öffentlichkeitsscheuer Jurist, der damals für den VSIA arbeitete, wies im März 1943 Guggenheims Strategie mit dem Argument zurück, die Schweiz sei angesichts des Vollmachtenregimes nur noch «dem Namen nach eine Demokratie. [...] Das Volk hat herzlich wenig zu sagen. Will man heute positive Resultate erreichen, muss man sich an die Instanz halten, die die Macht ausübt. Das ist Saly Mayer so gegangen und wird vorläufig jedem seiner Nachfolger so ergehen. Wer etwas anderes behauptet, treibt graue Theorie. Die Opposition weist hin auf die Auflehnung der öffentlichen Meinung in der Flüchtlingsfrage. Ich gebe zu, das war ein erhebendes, stärkendes, ermutigendes Ereignis. Aber es wäre falsch, daraus Lehren zu ziehen, Rückschlüsse zu tun auf die Sympathie [für die] Juden in der Schweiz. Ich möchte sagen, dass die Reaktion der öffentlichen Meinung für die Flüchtlinge *trotz* der Juden erfolgt ist.» Robert Meyer betrachtete die Asyldebatte primär als Diskurs über die nationale Identität, da mit dem Asylrecht die «Unabhängigkeit der Schweiz» auf dem Spiel gestanden habe: «Und aus diesem Grund, aus Selbsterhaltungstrieb hat die schweizerische öffentliche Meinung reagiert. Nicht aus Sympathie für die Juden, sondern trotzdem es sich bei den Flüchtlingen um Juden handelt. [...] Ich warne vor der Illusion, dass das Volk rein jüdischen Begehren mehr entgegenkommen würde als die Regierung.» Mit dieser Einschätzung der Bevölkerung war Meyer unter den jüdischen Meinungsführern nicht allein.[82]

Alle eben zitierten Äusserungen fielen in der *Israelitischen Cultusgemeinde Zürich*, wo sich die Auseinandersetzungen um das eigene Selbstverständnis über mehrere lange und hitzige Versammlungen bis ins Frühjahr 1943 hinzogen. Dieselben Kontroversen prägten auch die Wahl des neuen ICZ-Präsidenten, bei der sich schliesslich der liberale Georg Guggenheim – im Gemeindebund für viele zum Inbegriff des Störenfrieds geworden – gegen einen rechtsgerichteten Gegner durchsetzte. Nachwehen gab es auch in Bern: Hier sah sich der Gemeindepräsident Georges Brunschvig durch ein kursierendes Gerücht veranlasst, im Februar 1943 eine Versammlung einzuberufen und die angebliche Billigung der Ausweisungen durch den Gemeindebund als «Lüge» zurückzuweisen. Er selbst habe am 17. August 1942 (als es um die jungen Zagiels ging) vehement gegen die unwürdige Asylpraxis gekämpft, und die anderen Herren in der SIG-Leitung teilten diese Haltung. Er selbst werde sich auch in Zukunft nie «von denjenigen jüdischen Kreisen beeinflussen lassen – und sie sind viel zahlreicher, als Sie glauben – die die Meinung vertreten, es wäre für uns Juden in der Schweiz viel besser, wenn man die Grenzen unseres Landes total abriegeln lassen würde».[83]

In der SIG-Delegiertenversammlung vom 28. März 1943 erklärte Saly Mayer seinen seit Monaten angekündigten Rücktritt, und Saly Braunschweig wurde mit überwältigender Mehrheit zum neuen Präsidenten gewählt. Damit vollzogen die Delegierten nicht etwa einen Richtungswechsel, denn der bisherige Vizepräsident hatte in den letzten Jahren die Politik seines Vorgängers meistens unterstützt und nie öffentlich kritisiert. Wie Mayer vertrat auch er die Devise, dass die jüdischen Interessen nicht den schweizerischen überzuordnen, sondern dass beide möglichst zu versöhnen seien. Kaum weniger vorsichtig als Mayer, war er der Ansicht, «dass man zuerst in weitestgehendem Masse vom persönlichen Kontakt mit den Behörden Gebrauch machen müsse und erst dann an die Öffentlichkeit gelangen dürfe, wenn diese Möglichkeiten erschöpft seien». Braunschweig sollte schon bei seinem Antrittsbesuch bei Bundesrat von Steiger mit unverhüllter Schärfe daran erinnert werden, dass genau dieses Verhalten von ihm auch erwartet wurde. Laut seinen Notizen erklärte ihm der Magistrat nämlich: «Der Zutritt ins Bundeshaus & die gemeinsamen Beratungen verpflichten Sie jedoch. Sie sind hypothekarisch belastet! Wenn wieder einmal eine Krise sich zeigen sollte, so müssen Sie zum BR stehen & dürfen ihn und seine Politik nicht hintenherum angreifen. Vertrauen muss sein, sonst wäre es aus, & dann fertig mit Audienzen! Und selbstverständlich Diskretion!» Seinen Aufzeichnungen zufolge fühlte Braunschweig sich wie von einem schweren Joch niedergedrückt. Die beklemmende Last sei erst wieder von ihm gefallen, nachdem er dem Bundesrat habe entgegnen können, dass er einen direkten, offenen Stil pflege und dass er eine explizite Mitteilung erwarte, wenn etwas vertraulich bleiben müsse. Unter diesen Prämissen erstaunt es wenig, dass sich die externe Politik unter der neuen Präsidentschaft kaum änderte. Intern kam es hingegen – angestossen vor allem durch Paul Guggenheim – zu einigen Strukturreformen, die die Führung gegenüber Mayers Regentschaft demokratischer und vor allem transparenter machten.

Aus Verärgerung über die «masslose Kritik» und über die nicht zu verantwortende «Uneinigkeit und Selbstzerfleischung» sowie aus «selbstverständlicher Solidarität» mit Mayer kündigte in der SIG-Delegiertenversammlung vom März 1943 auch Silvain S. Guggenheim seine Demission als VSIA-Präsident an. Er blieb dann jedoch noch bis Oktober 1944 im Amt, weil er eine Reorganisation des Hilfswerks, die infolge der ständigen Vergrösserung notwendig geworden war, zu Ende führen wollte. Dabei wehrte er zusammen mit seinem Vorstand auch erfolgreich Vorstösse aus dem Kreis um Paul Guggenheim ab, die darauf abzielten, die Autonomie seiner Organisation zu beschneiden und diese zu einem Ressort des SIG herabzustufen. Sein Argument war, dass man die Fürsorge nicht durch eine Integration in den Gemeindebund politisieren dürfe, während andererseits Paul Guggenheim befürchtete, dass ein autonomes Hilfswerk «unter dem Gesichtswinkel der sogenannten praktischen Arbeit grundsätzliche Lösungen einschmuggeln» würde. Sichtbarste Veränderung blieb schliesslich die Umbenennung in *Verband Schweizerischer Jüdischer Flüchtlingshilfen/Fürsorgen (VSJF)* im Sommer 1943: So wurde der nun längst dominant gewordenen Arbeit mit den Flüchtlingen, die weder in den ursprünglichen Aufgaben vorgesehen noch in der alten Bezeichnung «Armenpflege» ausgedrückt war, endlich auch im Namen Rechnung getragen. Was den rechtlichen Status betraf, blieb das Hilfswerk bis 1955 ein eigenständiger Verein – in finanziellen Belangen und in den politischen Entscheiden hing es jedoch, wie schon seit Jahren, vollständig vom Gemeindebund ab.[84]

Saly Mayer bemühte sich vor seinem Rücktritt um Versöhnung mit einzelnen Gegnern, insbesondere mit Paul Guggenheim, Erwin Haymann und David Farbstein. Sein Verhältnis zum SIG blieb jedoch bis an sein Lebensende belastet und kompliziert. Einerseits, weil ihn die vielen Streitereien, die Misstrauensbekundungen und einzelne Anwürfe – etwa, dass er gegenüber Flüchtlingen und Armen negativ eingestellt sei – nachhaltig verletzt hatten. Andererseits, weil er seine Tätigkeit für den Joint bis 1949 fortsetzte und damit weiterhin über diejenigen Subventionen entschied, von denen der Gemeindebund in den kommenden Jahren noch abhängiger wurde, als er es damals schon war. Mayer hatte Joseph Schwartz zwar seinen Rücktritt angeboten, aber dieser wollte davon nichts wissen und wertete ihn sogar zum offiziellen Joint-Repräsentanten für Zentraleuropa auf. Dieser Einfluss behagte im Gemeindebund nicht allen, und schon im Juli 1943 dachte man im Centralcomité laut darüber nach, ob das Joint-Amt nicht an den neuen SIG-Präsidenten übergehen sollte. Da das amerikanische Hilfswerk in der Wahl seiner Mitarbeiter jedoch frei war, verfolgte man die Sache nicht weiter. Mayer selbst arbeitete in seiner Funktion als Joint-Vertreter weiterhin täglich mit dem VSIA beziehungsweise dem VSJF zusammen. Den Kontakt zum SIG brach er hingegen für ein Jahr gänzlich ab, obwohl man zur Erleichterung der Amtsübergabe eine andere Abmachung getroffen hatte und sich Saly Braunschweig, der mit Mayer befreundet gewesen war, um eine weitere Zusammenarbeit bemühte.[85]

In gänzlich anderem Stil verabschiedete sich Mayer von Heinrich Rothmund – freilich nur als abtretender SIG-Präsident und damit nur pro forma, denn die Kontakte im Auftrag des Joint würden weitergehen. Der Polizeichef war gerade erst aus einem halbjährigen Krankenurlaub in sein Amt zurückgekehrt: Eine Kolitis (Dickdarmentzündung) hatte ihn niedergeworfen – ausgebrochen nur Stunden, nachdem er im Oktober 1942 das KZ Oranienburg besichtigt hatte, ohne hinter den herausgeputzten Fassaden etwas von der mörderischen Realität sehen zu wollen, und nachdem er ebendort bei einem «zwanglosen» Mittagsgespräch vor seinen deutschen Gastgebern die helvetische Methode im Kampf gegen die «Gefahr der Verjudung» gepriesen und zugleich die Methode Deutschlands als falsch und gefährlich kritisiert hatte. Die Krankheit, die ihn hier erstmals überfallen hatte, wurde chronisch und sollte ihn noch lange hartnäckig verfolgen und zu häufigen Dienstabsenzen zwingen.[86] Obwohl der Rekonvaleszent im Mai 1943 wieder arbeitete, war ihm Mayer im Bundeshaus nicht persönlich begegnet. Deshalb schrieb er Rothmund einen Brief, den er mit einer Erinnerung an den Juni 1942 einleitete:

«Wir haben uns anlässlich meines 60. Geburtstages in Ihrem mir so wohlvertrauten und im Laufe von 10jähriger Zusammenarbeit so lieb gewordenen Bureau so harmonisch ausgesprochen, dass das Echo dieses Tages in mir nie verklingen wird.
Der Zweck dieser Zeilen ist weder meinen eigenen Nekrolog noch meine Memoiren niederzuschreiben. Wäre dies der Fall, so würde manche Seite ausgefüllt sein mit der Wiedergabe unserer vielen Zusammenkünfte, unserer Besprechungen und Beratungen, den Konferenzen im Bundeshaus, der Reise nach London-Paris, Ihren Vorlesungen und so vieles mehr, das alles nur das einzige Ziel hatte: Gutes, Schönes und Liebes zu wollen und zu schaffen.
Sie haben so oft geduldig Silvain S. Guggenheim und mich angehört und für unsere so vielgestalteten Wünsche und Projecte grosses Verständnis gezeigt, dass ich in allen Lagen und Fragen meiner vielverzweigten Tätigkeiten jederzeit und ohne jede Hemmung zu Ihnen kommen durfte und dann mit neuem Mut an meine Arbeit zurückkehren durfte.
Lieber Herr Doktor, für all dies, auch wenn ich vieles nicht erwähnt habe, danke ich Ihnen aufrichtig und von ganzem Herzen. Ich möchte Sie noch bitten, diesen Dank auch an Ihre Mitarbeiter gefl. weiterzuleiten – [...] – ich bleibe ihnen allen dankbar.
Ich werde künftig die Arbeit für den Joint wie bisher führen [...] und ich hoffe gerne, dass unsere bisherigen Beziehungen auch auf diesem Gebiete im gleichen Geiste weiter bestehen bleiben.
Endlich bitte ich Sie, Ihr Wohlwollen auch auf meinen Nachfolger, Herrn Präsident Saly Braunschweig, Zürich, zu übertragen. Ich zweifle nicht, dass ihm

genau wie mir die gleichen Gefühle für unser liebes Vaterland als Wegleitung dienen werden.

Und nun, lieber Herr Doktor, grüsse ich Sie auch namens meiner lieben Gattin, die mir all die vielen Jahre hindurch eine so tapfere und geduldige Begleiterin war und ist.

Ich schliesse mit den besten Wünschen und freue mich Ihrer wiedergewonnenen Gesundheit.

Ich begrüsse Sie und Ihre liebe Frau Gemahlin und verbleibe in Freundschaft.

Ihr Saly Mayer»[87]

Der Brief erhellt nochmals – dabei weit über das Persönliche hinausweisend, da es sich um die massgebenden Vertreter ihrer Institutionen handelt – die besondere Beziehung zwischen diesen beiden Männern: Er zeugt von Mayers ungebrochenem Respekt vor Rothmund, von seiner Zuneigung und seinem Vertrauen jenem gegenüber. Mayers Dank dafür, dass er den Polizeichef ungehemmt aufsuchen und in diesem einen geduldigen Zuhörer finden durfte, unterstreicht das asymmetrische, paternalistische Verhältnis – und wie wenig selbstverständlich das erfahrene «Wohlwollen» für einen jüdischen Repräsentanten noch immer war. Sonst hätte Mayer nicht dessen Übertragung auf seinen Nachfolger erbeten. Die Erinnerung an die vertrauten Räume, die harmonische Aussprache und die gemeinsamen «schönen» Ziele waren schwerlich nur Resultat einer nostalgischen Trübung, sondern weit eher Ausdruck davon, dass er kaum je abweichende jüdische Standpunkte vertreten hatte oder zumindest jedem Konflikt ausgewichen war. Bezeichnend, dass er jeden Hinweis auf die aktuelle jüdische Not unterliess und es stattdessen für nötig hielt, die patriotische Ausrichtung des neuen SIG-Präsidenten zu erwähnen – offenbar nach Mayers Überzeugung für einen Juden die unentbehrliche, automatisch vorzuweisende Eintrittskarte fürs Bundeshaus.

Mit den Hinweisen auf seinen Nachfolger im Gemeindebund und seine eigene Fortsetzung der Joint-Arbeit gab Mayer Rothmund zu verstehen, dass er auch für die Zukunft auf eine gute Zusammenarbeit hoffte. Taktische Überlegungen dürften also durchaus wichtige Motive für seinen überschwänglichen Rückblick gewesen sein. Wir finden in den Archiven aber nirgends Andeutungen, dass er sich nur aus Berechnung angesichts der fortbestehenden Abhängigkeit von Rothmund so ausgedrückt hätte. Sein denkwürdiges Schreiben führt uns zurück zu den Anfängen im Herbst 1933, als er dem Polizeichef sein konstruktives Programm präsentiert hatte und es jenem im Verlauf einer einzigen Unterredung gelungen war, den SIG-Präsidenten auf seine Seite zu ziehen und ihm die meisten Anliegen aus dem Kopf zu schlagen. Das damals etablierte Verhältnis wurde seither durch nichts erschüttert – nicht einmal durch Rothmunds brutale Abweisungspolitik an den Grenzen. Für die Annahme, dass der weiterhin mächtigste Mann des ohnmächtigen Schweizer Judentums unter diesem Verhältnis bewusst gelitten hätte oder dass er es in der Zukunft verändern wollte, gibt uns sein Brief keinen Anhaltspunkt.

Kinderflüchtlinge, Flüchtlinge aus Italien und doch noch ein anderer Flüchtlingsbegriff

Am 31. Mai 1943 wurden der neue Präsident Saly Braunschweig und der ebenfalls noch nicht lange amtierende Aktuar Georges Brunschvig durch Eduard von Steiger und Heinrich Rothmund im Bundeshaus empfangen. Obwohl sie doch eigentlich wegen der anhaltenden Rückweisungen an den Grenzen um diese Audienz ersucht hatten und obwohl die Eingabe der *Schweizerischen Zentralstelle für Flüchtlingshilfe* bezüglich einer Neudefinition des Flüchtlingsbegriffs noch immer unbeantwortet war, stellten die beiden Besucher die geltende Weisung gar nicht erst in Frage, sondern baten nur um eine «weitherzige Praxis» und die Vermeidung «unnötiger Härten». Bei diesen resignierten Bitten, die laut Braunschweig «weder Postulate noch Anträge» sein sollten, erwähnten sie namentlich junge Leute, die nach ihrer Ansicht besonders gefährdet waren. Der Bundesrat und sein Chefbeamter entgegneten jedoch, dass eine «largere» Auslegung der Bestimmungen «kaum möglich» sei, da gegenwärtig pro Monat 600 neue Flüchtlinge, freilich nicht nur jüdische, von der Schweiz akzeptiert würden, was, verglichen mit der Bereitschaft Englands, monatlich 800 aufzunehmen, bestimmt keine kleine Leistung darstelle. Die Schweizer Behörden immunisierten sich also gegenüber allen Forderungen, indem sie auf das angelsächsische Desinteresse an den jüdischen Opfern verwiesen, das sich in der Farce auf Bermuda kurz zuvor wieder manifestiert hatte. Dies konstatierte in der nächsten Sitzung des Centralcomités auch Braunschweig, wobei er den Schluss zog, dass man «nicht zuviel verlangen» könne und sich auf Interventionen in Einzelfällen über die SZF beschränken müsse. Keiner der Anwesenden machte sich für ein offensiveres Vorgehen stark.[88]

Tatsächlich erachteten die Behörden das Schicksal der Abgewiesenen noch immer nicht als entscheidendes Kriterium für ihre Politik. Daran änderte sich auch nichts, nachdem der SIG-Präsident und sein Aktuar bei ihrem Besuch im Bundeshaus erneut auf die Verfolgungen hingewiesen hatten. Allerdings hatten sie dabei nicht die ungeheuerlichen und beispiellosen Aspekte thematisiert, sondern «nur» von den schrecklichen Verbrechen gesprochen, die mit den gewohnten Kategorien zu fassen waren – sei es, weil sie das Ungeheuerliche selbst noch nicht richtig glauben wollten, sei es in der taktischen Absicht, das Fassbarere und damit Glaubwürdigere als Argument vorzuziehen. Wie ausgezeichnet die Magistraten selbst bereits aus anderen Quellen informiert waren, dürften sie kaum gewusst haben.[89]

Dass für das EJPD nach wie vor die bevölkerungspolitische Optik den Ausschlag gab, fand der Gemeindebund im folgenden Herbst bestätigt. Ausnahmsweise wirkte diese Optik diesmal aber zugunsten der Verfolgten: Als nach dem Sturz des Mussolini-Regimes die Deutschen Italien besetzten und allein zwischen dem 20. und 23. September 1943 über 20 000 Menschen, vor allem Armeeangehörige, aber auch über 2 000 jüdische Zivilisten, in Panik über die Schweizer Grenze strömten, wies Rothmund die Grenzwache sogleich darauf hin, dass jüdische Flüchtlinge aufgenommen werden konnten. Das war nur eine Kann-Formulierung, aber dennoch eine bemerkenswerte Abweichung von der bisherigen Praxis. Entscheidend dürfte Rothmunds Gewissheit gewesen sein, dass er die Juden aus Italien – im Gegensatz zu denjenigen aus anderen Ländern – nach Kriegsende sogleich wieder «loswerden» würde, denn der italienische Gesandte hatte ihm deren Wiederaufnahme zugesichert. Damit waren die ankommenden Juden jedoch noch nicht gerettet – aus verschiedenen Gründen: Was er unter einem «aufzunehmenden Flüchtling» verstand, liess der Polizeichef absichtlich im Vagen, denn er wollte auf den Druck der lokalen Bevölkerung, die mit den Asyl Suchenden sympathisierte, flexibel reagieren können. Die Behörden der Grenzkantone Tessin und Wallis hielten sich zudem teilweise noch immer an die strengere Vorschrift vom Dezember 1942, obwohl sie für diesen Grenzabschnitt nun nicht mehr galt. Überdies waren sie durch die grosse Menge der Flüchtlinge völlig überfordert. Der Willkür wurde damit Tür und Tor geöffnet: Über Leben oder Tod entschieden Zufälle, die Launen oder Einstellungen der Beamten, die beherzte Einmischung Dritter oder der Widerstand der Flüchtlinge selbst (einige entzogen sich der Abweisung mit einem Selbstmordversuch). In dieser chaotischen Situation intervenierten der SIG und der VSJF Tag und Nacht: von den Zentralen aus und vor allem durch Vertrauensleute vor Ort selbst. Manches Leben wurde so gerettet. Erst im Dezember 1943 entschärfte sich die Situation, da die Behörden nun die meisten jüdischen Flüchtlinge aus Italien aufnahmen.[90]

Während der VSJF und der SIG für ihre Glaubensgenossen aus Italien noch immer alle Hände voll zu tun hatten, erhielten sie eine Anfrage wegen der Rettung von Kindern, die seit einem Jahr von dem OSE zu Tausenden in Frankreich versteckt gehalten wurden. Die Anfrage stammte von Rothmund, der Silvain S. Guggenheim am 25. November 1943 anbot, die Einreise von 1 000 bis 1 500 jüdischen Kindern (zumeist Waisen, deren Eltern deportiert worden waren) zu bewilligen. Da Rothmund eingeschmuggelte Minderjährige ohnehin nicht mehr zurückweisen konnte, weil er auf die Bevölkerung Rücksicht nehmen musste, wollte er offensichtlich mit einer Legalisierung der Einreisen die polizeiliche Autorität in diesem Bereich wieder herstellen. Ausserdem waren laut Georges Bloch die Behörden generell viel eher bereit, Kinder zu retten als Erwachsene. Und schliesslich bot sich Rothmund hier die Gelegenheit, die Schweizer Juden einmal mehr in die Pflicht zu nehmen, verlangte er doch als wichtigste Bedingung, dass der Gemeindebund für die Unterbringung dieser Kinder sorgen müsse. Für die jüdischen Leiter stand die Zustimmung zur Rettung ausser Frage

– doch wie sollten sie die damit verknüpfte Auflage erfüllen? Dass sie in der jüdischen Gemeinde auch nur einen Bruchteil der benötigten Freiplätze finden konnten, war ebenso ausgeschlossen wie die Möglichkeit, Heimplätze in dieser Grössenordnung zu finanzieren. Aber für ihr Gegenargument, dass es sich nicht allein um eine jüdische, sondern um eine schweizerische Angelegenheit handelte, hatte der sich enttäuscht zeigende Rothmund noch immer kein Verständnis. Da sprang dem Gemeindebund erneut das *Schweizer Hilfswerk für Emigrantenkinder* bei (das schon seit Monaten wegen eingeschmuggelter Kinder mit den Behörden verhandelte) und erklärte sich bereit, die jungen Flüchtlinge unter der Voraussetzung, dass sie auch bei Christen untergebracht werden durften, zu übernehmen. Am 28. November 1943 teilte eine Delegation des SIG dem Polizeichef persönlich mit, dass die Betreuung der Kinder durch das SHEK gesichert sei und man selbst intensiv, unter anderem mit einer Sonderkampagne für jüdische Freiplätze, mithelfen wolle. Faktisch musste Rothmund damit hinnehmen, dass er die Juden nicht wie geplant hatte verpflichten können. Ausserdem musste er – der betreffende Wortwechsel wurde bereits erwähnt – sich gefallen lassen, dass Saly Braunschweig seiner Forderung nach Unterbindung der «Schlepperei» nicht entgegenkam. Das Gespräch fand so auch, wie der SIG-Präsident notierte, in kalter und sehr gespannter Atmosphäre statt. Ein Jahr später konnte das CC konstatieren, dass das OSE unterdessen fast alle 1500 Kinder in die Schweiz gerettet hatte.[91]

Inzwischen – am 12. Juli 1944 – hatten die Behörden endlich, allerdings nur indirekt, auch die Juden in die Kategorie der aufzunehmenden Flüchtlinge eingeschlossen. Davon erfuhr der VSJF zusammen mit den anderen Hilfswerken aus der Presse. Er hatte soeben über die SZF von der Regierung die Beendigung der Rückweisungen verlangt. Damit fand die antisemitische Abweisungspraxis ihr Ende – kaum zufällig zu einem Zeitpunkt, als, wie wir noch sehen werden, eine massive Pressekampagne gegen die nazistische Vernichtungspolitik die Öffentlichkeit aufrührte.

Wie viele Menschen die Schweiz in den Jahren bis 1944 insgesamt im Stich gelassen hatte, wird sich nie genau feststellen lassen, da nicht alle Fälle erfasst wurden und die überlieferten Angaben unvollständig sind. Gewiss hat sie aber während des Zweiten Weltkriegs über 20 000 Flüchtlinge an den Grenzen abgewiesen oder aus dem Landesinneren zurückgestellt. Zudem hat sie zwischen 1938 und 1944 über 14 500 Einreisegesuche abgelehnt. Ein Grossteil aller Abweisungen betraf Juden. Mit ihrer Abschreckungspolitik haben die Behörden zudem Ungezählte davon abgehalten, überhaupt eine Rettung auf helvetischem Territorium zu versuchen. Aufgrund der Ausnahmeregelungen und der nun im Sommer 1944 erfolgten Korrektur, die fortan Aufnahmen ermöglichte, gewährte die Schweiz während der Kriegsjahre schliesslich circa 21 000 Juden Asyl.[92]

Weiterhin beschränkte Auslandshilfe und erste öffentliche Stellungnahme

Der Gemeindebund besass – wie schon vorher – auch in den Jahren, in denen die «Endlösung» in die Tat umgesetzt wurde, keine finanziellen Mittel, um seinen Glaubensgenossen im Ausland wirksam helfen zu können. Er musste sich auf kleinere Aktionen beschränken, die er über *Le Colis Suisse*, eine Versandstelle des *Schweizerischen Arbeiterhilfswerks*, und vor allem über das *Internationale Komitee vom Roten Kreuz (IKRK)* abwickelte. Diese Beschränkung galt auch bezüglich der schrecklichen Situation in Frankreich, über die er durch die Kinderhilfe des OSE besonders gut unterrichtet war. Seitdem dessen Zentraldirektion im Winter 1942/43 nach Genf geflüchtet war, intensivierten sich die Kontakte noch, und die französische Organisation hoffte auf Schweizer Unterstützung. Aber die SIG-Verantwortlichen sahen sich auch hier nicht in der Lage, mehr als eine symbolische Hilfe zu leisten, obwohl sie das Schicksal der Kinder im Nachbarland tief bewegte und sie die Rettungsaktionen des OSE als heldenhaft einschätzten. Man brauche, teilte man den enttäuschten und verstimmten Franzosen mit, den letzten Franken für das Flüchtlingswerk und die Kinderhilfe im eigenen Land. Während in Frankreich vergleichsweise geringe Summen beansprucht worden wären, hegte man in der Slowakei ganz andere Erwartungen. So erhielt der Gemeindebund gegen Ende 1943 über den *Va'ad Hahatzalah* einen Aufruf an die «Judenheit der Schweiz», der von Oberrabbiner Schmuel David Halevi Ungar, der obersten Autorität der slowakischen Juden, verfasst worden war: Rettung, insbesondere von Kindern, sei noch immer möglich, behauptete der Rabbiner. Deshalb sei jedermann «verpflichtet, einen grossen Teil seines Vermögens dieser heiligen Sache zu opfern, es ist sträflich, auch nur einen Moment zu zögern, denn jeder Tag fordert viele Menschenleben!»[93]

Auf derartige Hoffnungen wusste der SIG keine Antwort. Seine wichtigste Hilfe für die Juden unter NS-Herrschaft bestand seit 1942 darin, dass er sich auf verdeckte Finanzoperationen des Joint einliess – wobei seine Gremien meist nicht direkt involviert waren, da alles über Mayer lief. Eine Ausnahme stellte eine Aktion dar, mit der angeblich in Bratislava kostbare Ritualien gekauft werden sollten: Im Herbst 1942 fragte der slowakische Judenrat, dem bekanntlich auch Gisi Fleischmann angehörte, beim Gemeindebund an, ob er nicht höchst wertvolles jüdisches Kulturgut abkaufen wolle. Die slowakischen Behörden hätten ihm den Auftrag gegeben, sämtliche jüdischen Bücher und Kultusgegenstände der «aus der Slowakei ausgesiedelten Juden zu sammeln, fachmännisch zu sortieren, zu bewerten und sodann nach dem Auslande zu exportieren». Mit dieser Arbeit würden 400 Juden beschäftigt, ein Umstand, der «beim heutigen Stand der Dinge» nicht hoch genug eingeschätzt werden könne. Das ganze Exportgeschäft war offensichtlich ein Versuch des Judenrats, diese Menschen vor der Deportation zu retten, indem er gleichzeitig die slowakischen Beamten bestach. Hierauf deponierte der Gemeindebund für den eventuellen «Ankauf» in den Jahren 1943 und 1944 grössere Summen zugunsten des slowakischen Finanzministeriums auf einer Bank in Bratislava. Diese Kredite wurden von Saly Mayer gedeckt, der seine Vorgesetzten in Lissabon zu beruhigen hatte, dass in dieser Angelegenheit nur der SIG, nicht aber der Joint in Erscheinung trete. Doch das Geld wurde schliesslich nie gebraucht – vermutlich, weil die Bestechungen in der Slowakei nicht mehr funktionierten, seitdem dort die Deutschen im Frühjahr 1944 faktisch die Macht übernommen hatten – womit auch diese Juden verloren waren.[94]

Abgesehen von Bitten um materielle Hilfen wurde der Gemeindebund in den Jahren 1943 und 1944 häufig dazu aufgefordert, politische Vorstösse gegen die Judenverfolgungen im Ausland zu unternehmen. Aber bei wem hätte er, der bedeutungslose Privatverein aus der Schweiz, intervenieren sollen? Die eigene Regierung kam wegen ihrer offiziell neutralen (in Wirklichkeit opportunistisch deutschfreundlichen) Haltung vorläufig nicht in Betracht. Möglichkeiten boten allein Institutionen, die über mehr Gewicht verfügten als er selbst und mit deren Wohlwollen er rechnen konnte. Gehör schenkten ihm stets der päpstliche Nuntius Bernardini und die polnische Gesandtschaft, beide in Bern. Deren Einfluss blieb aber ebenfalls äusserst begrenzt. Für die praktische Hilfe wichtiger war das IKRK in Genf, das sich jedoch aus vielerlei Rücksichten (nicht zuletzt auf die Schweizer Regierung) nur unzureichend für die «rassisch» Verfolgten einsetze. Saly Mayer sprach in seinem letzten Amtsjahr beim IKRK wiederholt als SIG-Präsident vor; sein dortiger (beschränkter) Einfluss basierte jedoch primär auf seiner Funktion als Joint-Vertreter. Sein Nachfolger Saly Braunschweig, der insbesondere im letzten Kriegsjahr in ständigem Kontakt mit dem Genfer Komitee stand, hatte deshalb bei diesem nicht den gleichen Status. Alles in allem konnte der SIG nur sehr wenig tun. Dass man den Opfern der schrecklichen Verfolgungen letztlich keine Hilfe bringen könne, sei eine furchtbare Erkenntnis, schrieb Braunschweig im März 1944 einem Interpellanten. Das Wissen um die extreme Not veranlasste den Gemeindebund allerdings nicht zu radikalen Schritten: Sieht man von den Kontakten zu den drei erwähnten Partnern ab, befleissigte er sich bezüglich der Vorgänge im Ausland noch mehr als in der Vorkriegszeit einer mutlosen neutralitätspolitischen Zurückhaltung. Deshalb verzichtete er Anfang Oktober 1943, als die einzigartige Rettung der dänischen Juden über die Meerenge nach Schweden im Gange war, sogar darauf, eine öffentliche Solidaritätsadresse an das Judentum des Aufnahmelands zu schicken. Aus ähnlichen neutralitätspolitischen Bedenken verweigerte er noch im April 1944 seine Beteiligung an einer Demarche, mit der bei der amerikanischen Gesandtschaft in Bern zugunsten der Juden in Ungarn interveniert wurde.[95]

Dieser Appell ging vom *Schweizerischen Hilfskomitee für die Juden in Ungarn* aus, das von dem im salvadorianischen Konsulat in Genf arbeitenden George Mantello initiiert worden war, unmittelbar nachdem die Deutschen am 19. März 1944 Ungarn besetzt hatten und damit die letzte noch intakte Judengemeinde Osteuropas aufs Höchste bedrohten. Schlüsselfunktionen in dem Komitee hatten ausserdem der in Zürich tätige Rabbiner Zvi Taubes und der aus Ungarn stammende, eingebürgerte Kaufmann Mihály Bányai inne, der ebenfalls in Zürich wohnte. Bányai übernahm auch den Vorsitz und arbeitete seitdem kontinuierlich mit Saly Braunschweig zusammen.

Im April 1944 gelang es zwei slowakischen Juden, dem KZ Auschwitz zu entfliehen und die Slowakei zu erreichen, wo sie der Bratislaver *Arbeitsgruppe* alles berichteten, was sie wussten. Daraus entstanden die ersten authentischen Berichte aus einem Vernichtungslager, die sogenannten Auschwitz-Protokolle. Sie enthielten detaillierte Informationen über die Vergasungen, die katastrophalen Lebensverhältnisse, die Lagerorganisation und eine (zu hoch) geschätzte Opferstatistik. Rabbiner Weissmandel von der *Arbeitsgruppe* schrieb zudem eine Kurzfassung der Protokolle, die er um schwere Vorwürfe über die Gleichgültigkeit der freien Welt ergänzte, um inständige Bitten um Hilfe und um die berühmte und nie erfüllte Forderung, dass die Alliierten die Bahnlinien nach Auschwitz und das Lager selbst bombardieren sollten. Die Protokolle gingen an verschiedene jüdische Repräsentanten in der Schweiz, unter anderem an Nathan Schwalb, der sie nach Istanbul, Genf, London und Jerusalem weiterleitete. Wann genau diese Nachrichten ihre Adressaten erreichten, ist umstritten. Später wurde verschiedentlich der Vorwurf laut, die Juden der freien Welt hätten sie schon Ende April oder Anfang Mai erhalten, sie jedoch nicht sogleich publiziert und so die Chance vergeben, die Deportationen aus Ungarn früher zu stoppen. Auch der SIG erhielt laut Saly Braunschweig Ende Mai neue Berichte aus Ungarn. Da er keinen Versuch machte, publizistisch etwas zu unternehmen, würde der Vorwurf auch ihn betreffen – falls es sich tatsächlich um die Protokolle gehandelt hatte. Vielleicht hat Braunschweig aber andere Schreckensmeldungen gemeint, die ab diesem Zeitpunkt gehäuft in der Schweiz eintrafen.[96]

Entscheidend war schliesslich ein anderer Vorgang: Ohne dass George Mantello etwas von diesen Nachrichten wusste, die vielleicht bereits andere Juden in der Schweiz erreicht hatten, schickte er einen Diplomaten nach Budapest, der am 20. Juni 1944 mit der Kurzfassung der Auschwitz-Protokolle und einem weiteren alarmierenden Bericht über die Ghettoisierung und Deportation der ungarischen Juden zurückkam. Sogleich lancierte Mantello zusammen mit dem Bányai-Komitee eine grosse Aufklärungskampagne. In fiebriger Hast übersetzten sie die Berichte in verschiedene Sprachen und verteilten Tausende von Exemplaren an wichtige Persönlichkeiten und Institutionen. Dabei wurde das Komitee einerseits vom Zürcher Büro der Nachrichtenagentur *British Exchange Telegraph* unterstützt, andererseits von Pfarrer Paul Vogt, der allein 2000 Berichte verschickte. Die Autorität der Nachrichten erhöhte sich noch dadurch, dass sich weitere führende Protestanten – unter anderem Kirchenbundspräsident Alphons Koechlin sowie die renommierten Theologen Karl Barth und

Emil Brunner – die Sache leidenschaftlich zu Eigen machten. Der SIG hatte die Berichte ebenfalls sogleich erhalten und sie am 28. Juni über die JUNA den Schweizer Zeitungsredaktionen zugestellt, was laut Braunschweig erst für eine breitere Beachtung sorgte. Erstmals standen in diesem Bulletin nicht nur detaillierte Schilderungen der Deportationen in Ungarn, sondern auch bisher sorgsam vermiedene Wörter wie «Gaskammer», «Totenfabrik» oder «Ausrottung». Wie nicht anders zu erwarten, intervenierte die Pressezensur sowohl bei der JUNA wie bei anderen Publikationen. Aber die Zeitungen kümmerten sich erstmals nicht mehr um die Zensur, und die Kampagne war nicht mehr aufzuhalten: Sie erreichte landesweit – mit fast 500 Artikeln und mehreren öffentlichen Kundgebungen – eine einmalige Resonanz.[97]

Die Geschäftsleitung des SIG wurde ebenfalls aktiv und rief am 7. Juli 1944 den Bundesrat an, dass er nichts unversucht lassen möge, um die Juden Ungarns vor dem drohenden unmenschlichen Schicksal zu bewahren. Gleichzeitig wandte sich die Geschäftsleitung über die *Schweizerische Depeschenagentur* an die Öffentlichkeit und erklärte, schweigen hiesse, sich mitschuldig machen. Man appelliere «an das Gewissen der Welt, dass nichts unterlassen werde, um die vom Tode Bedrohten noch in letzter Stunde zu retten». Das Communiqué fand breite Beachtung und wurde von 59 Zeitungen abgedruckt.[98]

Die Veröffentlichung der detaillierten und authentischen Nachrichten über die Vernichtungslager in der Schweizer Presse löste ein weltweites Echo aus. Die schrecklichen Tatsachen waren nun nicht länger zu ignorieren. Dies galt auch für den ungarischen Reichsverweser Miklós Horthy, der vorher die Deportation von 437 000 seiner jüdischen Landsleute aus der Provinz nach Auschwitz noch stillschweigend geduldet hatte und nun seine spätere Bestrafung als Kriegsverbrecher befürchten musste. Zusammen mit den gleichzeitig erfolgten Interventionen des schwedischen Königs, des Papstes und des IKRK sowie der Vergeltungsdrohung Präsident Roosevelts (begleitet von schweren amerikanischen Luftangriffen auf die ungarische Hauptstadt) erreichte Mantellos Kampagne, dass Horty den Abtransport der bisher verschonten rund 250 000 Budapester Juden stoppte. Dass endlich auch das zögerliche IKRK gegen die NS-Verbrechen protestierte, war übrigens Paul Guggenheim (der als Vertreter des Weltkongresses vorgesprochen hatte) und namhaften Repräsentanten des Protestantismus zu verdanken, die beim Präsidenten des Genfer Komitees interveniert hatten.[99]

Die Kampagne zeigte auch Wirkung bei der Schweizer Regierung, die von Berichten über die Gräuel und Forderungen nach politischen Massnahmen geradezu überschwemmt wurde. Am 7. und 12. Juli 1944 orientierte das Aussenministerium den Schweizer Botschafter in Budapest über die Empörung der eigenen Bevölkerung und beauftragte ihn, dringlich beim Horthy-Regime gegen dessen Judenpolitik Protest einzulegen. Obwohl die eigene Flüchtlingspolitik nicht im Zentrum der öffentlichen Aufmerksamkeit stand, korrigierte das Bundeshaus am gleichen 12. Juli auch den bisherigen Ausschluss der Juden von der Asylwürdigkeit. Die eigene Beihilfe zum Massenmord war nun offensichtlich durch keine Staatsräson mehr zu decken. Kurz darauf fasste der Bundesrat sogar einen grundsätzlichen – aber nicht publizierten – Entscheid, eine grosse Zahl von Juden aufzunehmen. Polizeichef Rothmund wollte noch weiter gehen und Deutschland die Übernahme der Insassen des KZ Bergen-Belsen offerieren sowie beim NS-Regime selbst (und nicht nur bei einem Satellitenstaat wie Ungarn) generell gegen die Deportationen protestieren, was aber beides nicht verwirklicht wurde. Ohne Zweifel war Rothmund empört über diese «grösste aller Sauereien», wie er sich ausdrückte, gleichzeitig verstärkte sich sein Bedürfnis, seine Politik ins rechte Licht zu rücken: Er bat Georges Brunschvig im September 1944 um eine offene Aussprache, da man ihm zu Unrecht nachsage, er sei Antisemit. Es sei «bemühend» gewesen, hielt der SIG-Aktuar später fest, wie sich der Chef der Polizeiabteilung in einem zweistündigen Monolog Selbstvorwürfe wegen der Asylpolitik gemacht, diese aber zugleich gerechtfertigt und sich Absolution gegeben habe. – War Rothmund nur besorgt um sein Image? Oder geplagt von inneren Konflikten, von Schuld und Scham? Diese zwei Erklärungen schlössen sich nur dann gegenseitig aus, wenn man fälschlicherweise die sozialen Komponenten moralischen Empfindens ignorierte. Entscheidend für uns sind letztlich auch nicht die Beweggründe des Chefbeamten, sondern die Tatsache, dass ihm gerade jetzt ein möglicherweise durch seine Asylpolitik hervorgerufenes Image eines Antisemiten Anlass zur Sorge wurde.[100]

Die neuen Sensibilitäten im Bundeshaus passten zur veränderten internationalen Lage, wo sich die vor dem Sieg stehenden Alliierten – mit fataler Verspätung – endlich auch des Schicksals der Juden angenommen hatten. Deutlichster Ausdruck davon war die Gründung des *War Refugee Board (WRB)* durch die amerikanische Regierung im Januar 1944, das die Opfer des Nazismus unterstützte und zugleich Druck auf die alliierten und neutralen Staaten ausübte, damit sie energische Rettungsmassnahmen trafen. Ständiger Vertreter des WRB in der Schweiz war seit März 1944 Roswell McClelland, dem der SIG und der VSJF im Mai die noch immer praktizierten Rückweisungen schilderten. Sie fragten ihn, wie er die Schweizer Behörden zur Rettung gefährdeter Menschen bewegen könne, und baten um Abnahmegarantien der alliierten Regierungen für hierzulande aufgenommene Flüchtlinge. McClelland hatte bei der Schweizer Regierung natürlich mehr Gewicht als die Hand voll einheimischer Juden. Denn im Hinblick auf die Nachkriegszeit konnte der helvetischen Behörde nicht gleichgültig sein, wie man im Ausland über ihre Politik dachte. Ein eklatantes Beispiel für die neuen Opportunitäten war die Art und Weise, wie Bundesrat von Steiger am 21. September 1944 – nur Stunden, bevor Rothmund bei Brunschvig um ein Gespräch nachsuchen sollte – einer flüchtlingsfeindlichen Interpellation von Nationalrat Eugen Bircher im Parlament eine scharfe Abfuhr erteilte und damit die Machenschaften seiner früheren Freunde vom *Vaterländischen Verband* so vernichtend desavouierte, dass sich dieser von dem Imageschaden nie mehr erholen sollte.[101]

Der Gemeindebund hatte in seinen Appellen vom Juli 1944 zwar nach wie vor vermieden, die Täter zu nennen oder gar direkt zu kritisieren. Aber immerhin war es seit 1933 das erste Mal, dass er in einer eigenen Stellungnahme gegenüber der gesamten (auch nichtjüdischen) Öffentlichkeit die NS-Verfolgungen thematisierte. Mehr noch: Indem er ohne Rücksicht auf die Pressezensur die Inhalte der Auschwitz-Protokolle verbreiten half, betrieb der SIG erstmals auch eine Aufklärungsarbeit, die über die bisherige Praxis hinausging, nur andere Publikationen geschickt zu zitieren. Damit hatte er endlich sein Schweigen gebrochen. Den Ausschlag gab zum einen, dass er mit dieser neuen Haltung in eine breite öffentliche Strömung eingebettet war, die sich teilweise noch dezidierter als er selbst äusserte. Zum anderen riskierte er zu diesem Zeitpunkt mit seiner neuen Politik keine ernsthaften Konflikte mehr mit der eigenen Regierung, zumal er sich aus Rücksicht auf die «eingeengte Lage der Schweiz» nach wie vor jeder konkreten Forderung enthielt. Vor allem aber ging es nun nicht mehr um die Asylpolitik der eigenen Behörden; und was die Aussenpolitik betraf, tat die Schweiz gut daran, sich endlich auf die längst absehbare Niederlage des NS-Regimes einzustellen.[102]

Fragmentierte Welten: ein Fazit

Überblickt man die Jahre 1942 bis 1944, fallen einige Merkmale auf, die die jüdische Politik in dieser schwärzesten Phase der Schweizer Flüchtlingsgeschichte und der europaweiten NS-Verfolgungen wesentlich mitbestimmten. Was den Gemeindebund anbelangt, handelte es sich um eine vollständige Überforderung durch innere und äussere Umstände, eine Krise der Selbstdefinition, fehlende Handlungsalternativen sowie um das anhaltende öffentliche Schweigen der eigenen Leitung. Bezogen auf die gesamte Situation, waren die entscheidenden Merkmale das Fehlen einer starken Lobby für die jüdischen Opfer und die abgrundtiefe Kluft zwischen den Welten der Bystander, Opfer und Täter – beides Merkmale mit zum Teil antisemitischen Wurzeln.

VOLLSTÄNDIGE ÜBERFORDERUNG: Seit Sommer 1942 stürzten – in erschreckender Kadenz und oft gleichzeitig – zahlreiche Ereignisse auf die jüdischen Verantwortlichen ein und verlangten deren Reaktion: die Notrufe aus dem Ausland, die unfasslichen Nachrichten von den NS-Verbrechen, die abgewehrten Zufluchtversuche an der Schweizer Grenze, die Verhaftung der jüdischen Landsleute in Frankreich, das Drängen der einheimischen Juden auf die Aufnahme ihrer Verwandten, die Betreuung einer sprunghaft ansteigenden Anzahl von Flüchtlingen, die Folgeprobleme einer verfehlten behördlichen Internierungspraxis – um nur die wichtigsten Herausforderungen zu nennen. Allein schon die verzweifelten Hilferufe der Glaubensgenossen aus dem NS-Machtbereich bedeuteten für die direkt Involvierten eine unerträglich quälende Belastung, zumal der Gemeindebund kaum Möglichkeiten zur Rettung oder Unterstützung der Verfolgten hatte. Selbst eine gut gerüstete Institution mit mächtigen materiellen und personellen Ressourcen wäre schon durch diese einzige Aufgabe bei weitem überfordert gewesen.

«Gut gerüstet» war der Gemeindebund jedoch in keiner Weise: Als kleiner Verein verfügte er nur über geringe Finanzmittel und eine schwache Infrastruktur; und Saly Mayer hatte es zudem nie verstanden, seine interne Basis zu erweitern und die fähigsten Kräfte an den ehrenamtlichen Arbeiten zu beteiligen – was vielleicht der folgenreichste Mangel überhaupt war, da er den SIG auf diese Weise weitgehend auf einen – seinen – Einmannbetrieb reduzierte. Weit geschickter agierte das jüdische Hilfswerk, das in dieser Phase mit grossem organisatorischem Können eine plötzliche Vervielfachung der Zahl seiner Schützlinge bewältigte. Anfang 1944 betreute es dann bereits mehr Flüchtlinge, als das einheimische Judentum Köpfe zählte, fast die Hälfte davon unterstützte es auch materiell.[103] Aber so kompetent die Fürsorger und Fürsorgerinnen sich auch verhielten, die überbordende Arbeit absorbierte alle Energie, und für grundsätzliche oder strategische Überlegungen blieb keine Zeit – was allerdings auch primär Sache des SIG gewesen wäre.

Dieser war jedoch in programmatischen Fragen unerfahren, da man sich bisher vorwiegend auf pragmatische und kurzfristige Problemlösungen konzentriert hatte. Nun befand er sich plötzlich in einer eminent politischen Rolle, ohne aber von seinem Selbstverständnis und seinen Traditionen, von seinem Knowhow und seinen Mitteln her dafür vorbereitet zu sein. Besonders gravierend wirkte sich zudem aus, dass seine leitenden Gremien seit 1940 zerstritten und zunehmend handlungsunfähig geworden waren, was sich am eklatantesten in den dramatischen Monaten zwischen Sommer 1942 und Frühjahr 1943 offenbarte, in denen der Gemeindebund nahezu führungslos und gänzlich orientierungslos agierte. So viel der einzelgängerische und autoritäre Charakter Mayers auch zu dieser institutionellen Lähmung beitrug, wäre es doch falsch, seiner Person die Verantwortung für die Misere zuzuschreiben. Denn die Handlungsmuster, deren Scheitern die interne Krise eskalieren liess – autoritärer Führungsstil, Niedrigprofil und Distanzierung von der regierungskritischen Öffentlichkeit, Beschränkung auf Selbstdisziplinierung und auf eine vertrauliche Zusammenarbeit mit den Behörden –, gehörten, wie wir gesehen haben, schon vor Mayers Präsidentschaft zur habituellen Grundausstattung des SIG.

Aber auch diese Muster, so problematisch sie waren, bildeten nicht die eigentliche Ursache der Krise: Diese bestand vielmehr in der jüdischen Ohnmacht angesichts des Extremen – eine Ohnmacht, die auch durch die klügste Politik nicht zu überwinden gewesen wäre. Als Folgen davon zeigten sich in dieser Zeit sowohl innerhalb des gesamten Schweizer Judentums wie auch innerhalb des SIG gehäuft kompensatorische Verhaltensweisen. Es waren dies Muster, wie sie der Soziologe Sighard Neckel ganz allgemein als typisch für Akteure beschreibt, die in Machtverhältnissen unterlegene Positionen einnehmen: Herrschsucht gegenüber noch Schwächeren, neurotische Angst vor weiterer Konkurrenz sowie Ressentiments gegenüber allen, die sich den Mächtigeren nicht unterwerfen wollen oder müssen.

Am deutlichsten manifestierte sich die innerjüdische Krise im Umgang mit der Flüchtlingsfrage: Wo die Schweizer Regierung ihre restriktive Politik mit den Notwendigkeiten begründete, die sich aus einer angeblichen Staatsräson ergaben – und dabei eine klare Mehrheit der tonangebenden Kräfte hinter sich wusste –, musste für die regierungstreuen Juden ihre Loyalität zum Vaterland in Gegensatz zu ihrer Solidarität mit den gefährdeten Glaubensgenossen geraten. Ihr Dilemma verschärfte sich noch dadurch, dass sie – wie viele Nichtjuden auch – regelmässig die Loyalität zur Nation mit der Loyalität zu den staatlichen Organen verwechselten. Da sie Letztere überdies als die einzigen existierenden Garanten ihrer Sicherheit und Gleichberechtigung betrachteten, hätte für sie der Widerspruch zwischen den zwei imperativen Loyalitätsforderungen grösser nicht sein können. Eigentlich war dies kein neuer Konflikt: Wir kennen ihn bereits von den Auseinandersetzungen in den dreissiger Jahren, als es um die Boykottierung Nazi-Deutschlands ging. Damals wurden die extern nicht austragbaren Widersprüche gleichsam nach innen gewendet. Selbstdisziplin hiess die Losung, interne Streitereien waren die Folgen. Diese Mechanismen wiederholten sich nun auch während der «Endlösung»: Beispielsweise rief die Leitung des SIG seine Mitgliedsgemeinden Anfang September 1942 dazu auf, aus Solidarität mit den von der Vernichtung bedrohten Glaubensgenossen auf Veranstaltungen zu verzichten, die «mit Belustigung und Tanzvergnügen verbunden» seien. Ein mehr als verständlicher Appell, aber er stand in einem irritierenden Kontrast zu der Tatsache, dass man gleichzeitig zur Abweisungspolitik an den eigenen Grenzen hartnäckig schwieg, zur einzigen Praxis also, die man vielleicht (freilich nur mit nichtjüdischen Verbündeten zusammen) zugunsten der Verfolgten hätte beeinflussen können.[104] Verglichen mit den dreissiger Jahren, stand nun weit mehr auf dem Spiel, entsprechend fielen die wiederum nach innen gewendeten Konflikte ungleich heftiger aus, so dass erst der Präsidentenwechsel eine Beruhigung brachte.

KRISE DER SELBSTDEFINITION: Diese internen Konflikte waren nicht allein Konsequenzen der objektiven Ohnmacht, sondern auch Folgen widerstreitender Interpretationen der eigenen kollektiven Identität. Dabei wurde das erwähnte Dilemma zwischen patriotischer Loyalität und jüdischer Solidarität nicht von allen Juden als solches empfunden. Denn für die oppositionelle Minderheit verlief die Trennungslinie weniger zwischen einer jüdischen und einer patriotischen Orientierung als zwischen zwei unterschiedlichen Auffassungen der geistigen Landesverteidigung – wie sie auch in der nichtjüdischen Bevölkerung aufeinander prallten: Wir haben bereits besprochen, wie eine Mehrheit der Schweizer Gesellschaft einer neokonservativen, autoritären und antisozialistischen Strömung anhing, die sich gegenüber allem Fremden verschloss. Dies beschreibt jedoch nur die eine Seite: Auch die landesweiten Proteste gegen die Asylpolitik im Sommer 1942 waren ein Ausdruck der geistigen Landesverteidigung. Nur berief sich diese Strömung, die letztlich in der Minderheit blieb, auf das Erbe der Aufklärung, verteidigte die Demokratie und beharrte auf dem Ideal einer offenen, hilfsbereiten Schweiz. Diese zwei gegensätzlichen Spielarten der nationalen Selbstinterpretation fanden nun ihr Echo in den internen Auseinandersetzungen des SIG: Zwar gab es keine jüdischen Stimmen, die noch 1942 in den leitenden Gremien oder öffentlich einer Abschliessung des Landes das Wort geredet hätten, aber nur die oppositionelle Minderheit vertraute weiterhin dem Ideal einer liberalen Schweiz. Bezogen auf die politischen Erfolgschancen, hatte die pessimistische Mehrheit ohne Zweifel Recht, sie brachte sich damit aber gleichzeitig um die Möglichkeit, ihre jüdischen Anliegen im Einklang mit einer patriotischen Haltung offensiv zu vertreten, wie dies etwa der Zionist Erwin Haymann im *Israelitischen Wochenblatt* tat, als er im Oktober 1942 erklärte: «Wahrlich, wir wären nicht würdig, Schweizer zu sein, wenn wir uns nicht für unsere Brüder in dieser Notlage einsetzten.»[105]

Im August 1942 erwies sich das herkömmliche Selbstbild des Gemeindebunds auf einen Schlag als fragwürdig und den eigenen Interessen zuwiderlaufend, da es eine enge Zusammenarbeit mit einer Behörde implizierte, die, wie nun allen klar sein musste, auch vor Rückweisungen in den fast sicheren Tod nicht zurückschreckte. Damit waren den Akteuren von einem Tag auf den anderen die institutionellen Massstäbe und Richtlinien aus der Hand geschlagen, auf die sie bei ihrem Wahrnehmen und Urteilen, bei ihrem Reden und Tun keinesfalls verzichten konnten. Daher die Lähmung, das Schweigen, und die kraftlose Delegation der Politik an die *Schweizerische Zentralstelle für Flüchtlingshilfe*. Um einen Ausweg aus dieser Orientierungskrise zu finden und überhaupt wieder handlungsfähig zu werden, waren die nachfolgenden, hoch emotionalen internen Aushandlungsprozesse unausweichlich. Fatalerweise verdeckten sie aber – ähnlich wie auf nationaler Ebene die Asylrechtsdebatte vom Spätsommer 1942 – fast gänzlich den Anlass, der sie ausgelöst hatte. Tatsächlich wurden die Schweizer Abweisungspolitik und die Judenverfolgungen im Ausland sowie eventuelle Massnahmen, mit denen der SIG konkret auf beides hätte reagieren können, in den monatelangen internen Auseinandersetzungen nie diskutiert.[106] Die Selbstverständigung absorbierte so viel Energie, dass die Suche nach *zusätzlichen* Hilfsstrategien für die Opfer – die vielleicht trotz aller Beschränkungen möglich gewesen wären – in den Hintergrund trat. Verglichen mit diesen Themen, nahmen in den Jahren 1943 und 1944 die Strukturreformen von SIG und VSJF bezeichnenderweise weit mehr Platz auf der internen Agenda ein.

FEHLENDE HANDLUNGSALTERNATIVEN: Da sich die leitenden Männer des Gemeindebunds seit 1933 fast ausschliesslich auf die Zusammenarbeit mit den Bundesbehörden ausgerichtet hatten, besassen sie denkbar schlechte Voraussetzungen, um sich von der traditionellen Nähe zur amtlichen Politik zu lösen und zu dieser auf kritische Distanz zu gehen. Sie blieben durch diese strikte Ausrichtung auch blind für die antisemitische Schlagseite der behördlichen Politik, die eigentlich von Anfang an das Objekt kritischer Beobachtung hätte sein müssen. Die jüdischen Verantwortlichen kamen auch nie auf die Idee, zusammen mit anderen Verbündeten flankierende und komplementäre Handlungsoptionen zu entwickeln. Damit hätten sie sich zwar für ihr Handeln keine *Alternative* zu schaffen vermocht – diese gab es nicht. Aber sie hätten wenigstens ihren *Spielraum* vergrössern und ihre Abhängigkeit von den Behörden verringern können – auch wenn potenzielle Verbündete ausgesprochen rar blieben. So verfügten die leitenden Juden im Sommer 1942 über keine andere Strategie als diese einseitige und enge Zusammenarbeit mit den Behörden – und waren vollkommen blockiert und handlungsunfähig, nachdem diese Strategie durch den Entschluss zu einer Grenzschliessung mit offensichtlich tödlichen Folgen ihr Fundament verloren hatte. Sie konnten sich nun, wie Silvain S. Guggenheim, mit der schockierenden Realität konfrontieren und die Beihilfe zu den Ausweisungen in die Todesgefahr verweigern. Oder sie konnten diese Realitäten zu ignorieren suchen, wie Saly Mayer: Unfähig, behelfsmässige Ersatzstrategien auch nur zu denken, verstärkte er anfänglich nur die gewohnten Anstrengungen (Forderung nach mehr Joint-Subventionen, Bemühungen um Unterkünfte), zögerte sogar, das Centralcomité einzuberufen und entzog sich dem unausweichlichen Konflikt mit den Behörden durch die Flucht ins Schweigen. In den kommenden Monaten und Jahren klammerte er sich hartnäckig an die Illusion, die Behörden verhielten sich gegenüber den Zuflucht suchenden Juden wohlwollend und eine harmonische Zusammenarbeit mit Rothmund sei weiterhin möglich.

Die ausschliessliche Fixierung auf die *Eidgenössische Fremdenpolizei* erwies sich auch deshalb als fatal, weil sich der SIG damit auf die Interaktion mit einer Behörde einliess, die von ihrem ganzen Selbstverständnis her für das Leid der Flüchtlinge blind war und sich dafür unzuständig fühlte – ja mehr noch: die es als ihre Mission verstand, ebendiese Fremden, gerade weil sie Juden waren, als angebliche Landesgefahr abzuwehren. Dass diese antisemitische Grundausrichtung in den öffentlichen Debatten über die Grenzsperre nie diskutiert wurde, muss uns nicht erstaunen: Dies war der logische Ausdruck der generellen Tabuisierung der «Judenfrage», wie sie für die Schweiz der Nazi-Ära bereits Jacques Picard konstatiert hat. Erstaunlicher ist, dass damals auch die leitenden Gremien des Gemeindebunds die antisemitische Stossrichtung der Grenzsperre nie eingehend thematisierten. Ein Hinweis darauf, dass dieser zentrale Aspekt dort doch präsent gewesen sein könnte, findet sich nur in einem Dementi Mayers vor dem Centralcomité im November 1942. In jener Sitzung betonte der SIG-Präsident, dass die materiellen Kriterien ausschlaggebend dafür seien, wie viele Flüchtlinge für die Schweiz als «tragbar» erachtet würden – und fügte hinzu: «Die Judenfrage war nie Gegenstand der Debatte. Die Frage wurde ohne

Animosität als Asylrecht debattiert.» Damit nahm er die Behörden implizit vor dem Vorwurf des Antisemitismus in Schutz.

Problematisch war nicht die Zusammenarbeit mit den Behörden als solche. Dazu gab es schon im Interesse aller fremden und einheimischen Schützlinge für einen Dachverband der jüdischen Gemeinden keine Alternative. Ausserdem herrschte Kriegsgefahr, so dass die Zusammenarbeit mit der Regierung fast allen Bevölkerungsgruppen, nicht nur den Juden, zwingend und vordringlich erschien. Problematisch war allein der besondere Charakter dieser Kooperation: die Beschränkung auf insgesamt nur eine Hand voll Männer auf beiden Seiten, der Ausschluss der (jüdischen und nichtjüdischen) Öffentlichkeit, der Verzicht auf die Entwicklung ergänzender Strategien mit anderen Partnern. Dies alles führte dazu, dass die leitenden Juden ihr Denken und Handeln allein auf das Denken und Handeln ihrer behördlichen Gegenüber ausrichteten, wodurch sie sich von Anfang an deren Logik zu Eigen machten und die jüdischen Interessen teilweise aus den Augen verloren. Zu beobachten war dies schon seit 1933. Nicht ohne Grund schreibt der WJC-Sekretär Riegner in seinen Erinnerungen, der Präsident des Gemeindebunds habe sich statt als «Vertreter der Juden gegenüber den Behörden» immer mehr als «Vertreter der Regierung gegenüber den Juden» verhalten.[107]

DAS SCHWEIGEN ZUR EIGENEN LEISTUNG: Der SIG, der VSIA und weitere jüdische Organisationen der Schweiz setzten sich in ihrer praktischen Tätigkeit wie keine anderen gesellschaftlichen Gruppierungen für die verfolgten Juden im In- und Ausland ein. Gleichzeitig blieb der Gemeindebund jedoch in diesen dramatischen Jahren vollkommen stumm und äusserte sich öffentlich weder zur Politik der helvetischen Behörden noch zu den NS-Verfolgungen; auch seine eigenen Leistungen deutete er nur sehr dezent an.

Was den enormen Einsatz für die Flüchtlingshilfe betraf, scheute der SIG nach wie vor jede Aufmerksamkeit, weil er befürchtete, sonst Antisemitismus zu provozieren. Wenn er in knappen Pressecommuniqués doch gelegentlich auf dieses Thema einging, wies er weniger auf die eigene Leistung hin als darauf, dass die Juden (von den Nichtjuden war diesbezüglich nie die Rede) «im Geiste wahrster Schweizerischer und jüdischer Tradition» eine Pflicht zu erfüllen hätten.[108] In der Tat ist keineswegs ausgeschlossen, dass eine offensive Darstellung der eigenen Anstrengungen durch Antisemiten missbraucht worden wäre. Aber ein gleiches Risiko bestand auch beim gegenteiligen und überhaupt bei jedem Verhalten jüdischer Repräsentanten. Für die Verantwortlichen kam ein Paradox hinzu: Sie hatten den Grosseinsatz für die Flüchtlinge stets damit begründet, dass man sich auf diese Weise Achtung bei den Nichtjuden erwerben und die eigene Gleichberechtigung verteidigen würde. Mit ihrem Stummbleiben in der Öffentlichkeit unterliefen sie jedoch genau diese Strategie. Dabei handelte es sich wohl kaum um einen Denkfehler oder um einen Widerspruch, den sie nicht aufzulösen vermochten. Ihre Haltung resultierte vielmehr daraus, dass ihnen die Anerkennung durch die Behörden – auf die sie ja auch die meisten anderen Bemühungen ausrichteten – viel wichtiger erschien als der Rückhalt durch die Öffentlichkeit. Dass Eduard von Steiger anlässlich der Flüchtlingsdebatte im September 1942 ihre Finanzleistungen unterschlug, zeigte jedoch, wie wenig berechtigt dieses exklusive Vertrauen war.

DAS SCHWEIGEN ZUR SCHWEIZER ASYLPOLITIK: Abgesehen davon, dass die JUNA die kritischen Stimmen zur amtlichen Abweisungspolitik aus der Schweizer Presse sammelte und an die Redaktionen weitergab, so dass sie die Proteste vielleicht indirekt verstärkte, war von Seiten des SIG dazu nie etwas zu vernehmen. Dies hatte verschiedene Ursachen: Einmal fühlten sich die führenden Juden stark gehemmt, die Loyalität zur eigenen Regierung aufzugeben. Die zugrunde liegende Angst, dass sie mit jeder Form von Kritik die unabdingbare Zusammenarbeit mit den Behörden gefährden würden, war nicht abwegig, wie die gekränkten Reaktionen des EJPD auf die Presseproteste von 1942 bewiesen. Dies ist jedoch nicht die einzig mögliche Erklärung: Vermutlich waren die Empfindlichkeiten im Bundeshaus nicht nur *Vorbedingungen*, sondern ebenso sehr *Folgen* dieser Art der Zusammenarbeit. Bestand doch deren Grundmangel darin, dass sie systematisch das Politische aus dem öffentlichen Raum in die uneinsehbaren Kammern der Bürokratie versetzte und es damit ins Persönliche transzendieren liess. Gerade diese Verwechslung der Bereiche, seit Jahren eingeübt und zur Selbstverständlichkeit geworden, liess Angriffe auf die Politik Rothmunds als Angriffe auf seine Person erscheinen – und zwar in den Augen beider «Partner». So gesehen, waren Mayers Kritikunfähigkeit und Rothmunds Empfindlichkeit sowohl Folgen wie Ursachen der «Politik der guten Beziehungen». Diese Politik änderte sich unter Mayers Nachfolger wenigstens insofern, als Saly Braunschweig seine Verhandlungen im Bundeshaus gegenüber den SIG-Gremien transparent machte und zu Rothmund nie ein freundschaftliches Verhältnis entwickelte.

Bei Mayer ging die Loyalität zu den Behörden so weit, dass er sich auch nach seinem Rücktritt als Gemeindebundspräsident, ja bis zu seinem Tode im Jahr 1950, nie regierungskritisch äusserte. Auch an seinen freundschaftlichen Gefühlen zu Rothmund hielt er fest, wobei er – laut Gertrud Kurz, der er sein Herz ausschüttete – nicht verstand, dass der Mann, von dem er nach seiner Einschätzung so viel Gutes erfahren habe, auch zu anderem fähig war. Mayer dürfte als wichtigster Informant des Joint über die helvetische Politik auch dafür verantwortlich gewesen sein, dass dieser die Schweizer Bevölkerung und Regierung noch nach der Grenzschliessung von 1942 weiterhin in den höchsten Tönen für ihre «menschliche und grosszügige Haltung» gegenüber den Flüchtlingen lobte – aus Überzeugung und nicht nur aus Taktik, wie man der internen Korrespondenz entnehmen kann. Das amerikanische Hilfswerk sträubte sich auch keineswegs dagegen, dass der Schweizer Generalkonsul in New York Anfang 1944 Äusserungen, die Joseph Schwartz in diesem Sinne gemacht hatte, der helvetischen Presse zukommen liess. Hatte Mayer seinen Vorgesetzten nicht darüber informiert, dass die Schweiz noch immer jüdische Flüchtlinge abwies? Wir wissen es nicht. Gewiss hat aber Mayer auch nach dem August 1942 gegenüber Dritten stets nur die positiven Leistungen seines Landes herausgestrichen.[109]

Vielleicht war auch die Angst vor einem sich verstärkenden Antisemitismus ein Motiv für den SIG, zur behördlichen Asylpolitik zu schweigen. Jedenfalls standen die leitenden Juden seit Winter 1942/43 unter dem Eindruck, der Antisemitismus habe gerade auch in den einflussreichen Kreisen zugenommen. Sie blieben mit dieser Feststellung nicht allein: Um die Bedeutung des (antisemitischen) *Vaterländischen Verbandes* zu illustrieren, wies die *Schweizerische Zentralstelle für Flüchtlingshilfe* ihre Mitglieder darauf hin, dass jenem selbst Henri Guisan, damals der Inbegriff des nationalen Widerstands gegen Nazi-Deutschland, angehörte. Der Feldprediger Heinrich Urner (der, was die SZF vielleicht nicht wusste, ebenfalls SVV-Mitglied war) berufe sich bei seiner Hetze gegen die Flüchtlinge sogar auf angebliche Instruktionen des Generals. Ob diese Einschätzung der Antisemitismusgefahr nun einer tatsächlichen Entwicklung entsprach oder nicht, ist für uns kaum zu beurteilen, aber letztlich auch nicht massgeblich. Denn entscheidend bleibt allein, wie die Akteure selbst die Machtverhältnisse und ihren eigenen Handlungsspielraum wahrnahmen. Aber worin bestand zur Zeit der «Endlösung» diese Wahrnehmung? Welche negativen Folgen des Antisemitismus befürchteten die Juden? Auswirkungen auf ihre eigene Position? Auf die Situation der bereits anwesenden Flüchtlinge? Auf eine künftige Aufnahmepraxis? Die Quellen geben darauf keine Antwort. Jedenfalls findet sich nicht der geringste Hinweis dafür, dass ihr Schweigen zu den Abweisungen – wie vielfach kolportiert – Ausdruck der egoistischen Sorge um die eigene Position gewesen wäre.[110]

Welche Konsequenzen hatte es nun, dass sich mit dem SIG und dem VSIA ausgerechnet diejenigen Organisationen zur Behördenpolitik und ihren Folgen für die Opfer ausschwiegen, die darüber am besten Bescheid wussten? Erinnern wir uns zunächst daran, dass die Frage der Abweisungspraxis, abgesehen vom Proteststurm im Sommer 1942, während jener Jahre im Bewusstsein der Öffentlichkeit nie einen wichtigen Stellenwert besass. Dass die Presse ihre kritische Funktion als vierte Gewalt im Staat nicht ausübte, kann man gewiss nicht dem SIG vorwerfen. Ob er mit Reden statt Schweigen daran etwas zu ändern vermocht hätte, drängt sich als Frage dennoch auf. Hätte er in dieser buchstäblich totenstillen Phase die Abweisungen zum öffentlichen Thema machen können? Hätte dazu die systematische Informierung der befreundeten Journalisten ausgereicht? Hätte er gar eine Korrektur der Behördenpraxis bewirken können? Antworten auf diese Fragen bleiben Spekulation. Selbst wenn der SIG bei wichtigen Zeitungen auf offene Ohren gestossen wäre, was auch nicht als sicher vorausgesetzt werden kann, hätte er damit noch keineswegs unweigerlich die Politik zugunsten der Asyl Suchenden beeinflusst, denn auch die Wirkungsmacht der Printmedien war beschränkt: Sie konnten nur ein Thema auf die Tagesordnung setzen und alternative Lösungsansätze ins Spiel bringen – also allenfalls das leisten, was die Forschung als Agenda-Setting bezeichnet. Jedenfalls wären für den SIG drei Hauptschwierigkeiten schwerlich zu überwinden gewesen: Erstens war er ein politisches Leichtgewicht und besass daher nicht die Macht, von sich aus und im Alleingang ein öffentliches Thema zu definieren und zu besetzen. Zweitens hätte er in der damals parteipolitisch ausgerichteten Presse versuchen müssen, gerade in *den* bürgerlichen Milieus auf Resonanz zu stossen, die sich alle sehr deutlich hinter die bundesrätliche Politik gestellt hatten. Drittens eignete sich das Thema der Asylpolitik nicht dafür, an die damals ausführlich diskutierten Fragen – Sozialpolitik und Wirtschaftspolitik, Landesverteidigung und Landesversorgung – anzuschliessen. Dies wäre jedoch nötig gewesen, um die Debatte am Leben zu erhalten und mit Bedeutungen und Emotionen aufzuladen.[111] So bleibt es fraglich, ob sich Paul Guggenheims Hoffnung auf eine breite öffentliche Unterstützung erfüllt hätte – zu Skepsis Anlass gibt allein schon die Tatsache, dass damals auch die übrige freie Welt dem jüdischen Schicksal desinteressiert gegenüberstand.

Abgesehen von Spekulationen über die hypothetische Wirkung eines um Aufklärung bemühten SIG bleibt nur die Feststellung, dass er derartige Versuche nicht einmal gewagt und damit von vornherein auf die Chance verzichtet hat, die Flüchtlingspolitik einer demokratischen Kontrolle und Korrektur auch nur zugänglich zu machen. Dabei hätte er sich – statt eine direkte öffentliche Konfrontation mit den Behörden riskieren zu müssen – damit begnügen können, einige Redaktionen (und zuerst einmal die eigene Pressestelle!) vertraulich, aber engagiert und kontinuierlich zu informieren. Immerhin hätte er mit dem JUNA-Geschäftsführer Benjamin Sagalowitz über einen hoch kompetenten Journalisten verfügt, der selbst ausgezeichnete Verbindungen zu den wichtigsten Zeitungen besass. Aber an einer Aufklärungsarbeit durch Sagalowitz war die SIG-Leitung schon lange nicht mehr interessiert.[112]

Indem der Gemeindebund passiv blieb, überliess er die Meinungsbildung teilweise den Verfechtern einer rigiden Asylpraxis, nicht zuletzt den Behörden und den Fanatikern des *Schweizerischen Vaterländischen Verbandes*, die alle eine Desinformationspolitik betreiben. Bemerkenswert ist insbesondere die systematische und offensive Public-Relations-Arbeit des SVV, der der Gemeindebund nichts entgegenzusetzen verstand. Die behördliche und vor allem die vaterländische Strategie verharmlosten oder ignorierten nicht nur die Fluchtursachen, sondern zeichneten auch ein höchst diffamierendes Bild von den Flüchtlingen: als Landesgefahr, als Gesetzesbrecher, als Wesensfremde und revolutionäre Aufrührer. Der Diskurs legitimierte also in bekannter Manier die eigene inhumane Politik, indem er die Opfer moralisch disqualifizierte.[113]

Während sich kaum abschätzen lässt, wie sich das Schweigen des SIG zur Asylpolitik auf die Gesamtbevölkerung auswirkte, wissen wir bezüglich der sympathisierenden Kreise mehr: Schon damals stellte man fest, dass das Schweigen des SIG die Verbündeten der Juden irritierte, diese in einer wirksamen Lobbyarbeit behinderte und die Mobilisierung weiterer potenzieller Fürsprecher erschwerte. Es ist symptomatisch, dass die meisten wichtigen parlamentarischen Kritiker der Regierungspolitik – etwa die Nationalräte Walther Bringolf, Ernest-Paul Graber, Albert Oeri und Ludwig Rittmeyer – schon aus ihrer eigenen Tätigkeit über fundiertes Wissen zur aktuellen Asylpraxis verfügten und sich aus eigenem Antrieb für die Abgewiesenen einsetzten – wozu sie trotz fehlender Informierung durch den SIG in der Lage waren.[114]

Schliesslich hatte die stumme Haltung der jüdischen Verantwortlichen besonders gravierende innerjüdische Konsequenzen. Zunächst einmal wäre eine eindeutige und klare Kommunikation des eigenen Standpunkts Grundvoraussetzung gewesen, um überhaupt die eigenen Kräfte für eine liberalere Asylpolitik zu mobilisieren. Ausserdem wären die internen Streitereien kaum so eskaliert, wenn es nicht massive Unsicherheiten über die Position der eigenen Leitung gegeben hätte – Unsicherheiten, die sich im Übrigen nicht auf jene schlimmen Jahre beschränken, sondern in Form von Gerüchten bis heute bestehen. Das ist mehr als ein Nebenaspekt, denn durch die damalige Sprachlosigkeit entstand für Nichtjuden eine geeignete Leerstelle, so dass sie fortan die Verantwortung für die antisemitische Asylpolitik den einheimischen Juden selbst zuschreiben konnten.

DAS SCHWEIGEN ZU DEN NS-VERBRECHEN: Obwohl sich in seinem Kreise einige der weltweit bestinformierten Personen befanden, schwieg der Gemeindebund in der Öffentlichkeit auch zu den Judenverfolgungen im NS-Herrschaftsbereich sehr lange – bis zum Sommer 1944, als er seine Stimme gegen die Deportationen in Ungarn erhob. Allerdings erfolgte schon zwei Jahre zuvor ein fundamentaler Aufklärungsbeitrag aus seinen eigenen Reihen, als Sagalowitz die Nachricht von der «Endlösung» über Riegner erstmals an die Weltöffentlichkeit brachte. Dies geschah freilich unabhängig von der eigenen Leitung, die den JUNA-Geschäftsführer noch immer ignorierte und blockierte. Sagalowitz' Adressaten waren letztlich die Alliierten, weil er sich nur von dieser Seite wirksame Massnahmen zugunsten des in seiner Gesamtheit bedrohten europäischen Judentums erhoffen konnte. Aber die Schweiz hätte wenigstens ihre Asylpraxis korrigieren können. Unternahm Sagalowitz also Anstrengungen, um mit der Schreckensnachricht die eigene Regierung zu beeinflussen? Es gibt dafür keine Belege. Allerdings waren die Behörden schon durch die eigenen Dienste gut aufgeklärt. Vielleicht haben sie aber auch Sagalowitz' Information erhalten, da sein Partner Riegner in Genf mit dem Flüchtlingssekretariat des *Ökumenischen Rats der Kirchen* zusammenarbeitete, mit dem er im gleichen Gebäude sass. Dieser wiederum gab laut Riegner alle seine wichtigen Nachrichten an das Bundeshaus weiter.

In welchem Ausmass die anderen bestens informierten Repräsentanten des Gemeindebunds – insbesondere Saly Mayer, Saly Braunschweig und Georges

Brunschvig – ihr Wissen über die NS-Verfolgungen an die Bundesbehörden weiterleiteten, geht aus den Quellen ebenfalls nicht hervor. Wir sahen immerhin, dass Braunschweig Polizeichef Rothmund bereits bei dessen Auftritt vor dem Centralcomité am 20. August 1942 eindringlich die ungeheuerlichen Verbrechen geschildert hatte. Über die Schwere der Verfolgungen berichteten die leitenden Juden den Behörden auch bei anderen mündlichen Kontakten. Möglicherweise machten sie aber den spezifischen Charakter der «Endlösung» nie deutlicher als in jenen Augusttagen zum Thema; sehr wahrscheinlich informierten sie darüber auch nie in schriftlicher Form.[115] Die Betonung des Ungeheuerlichen hätte den Argumenten gegen die Rückweisungen mehr Gewicht gegeben – nötig waren diese aber nicht, denn das längst bekannte Wissen über die herkömmlichen Verfolgungs- und Tötungsmethoden hätte mehr als ausgereicht, um eine geänderte Flüchtlingsdefinition zu begründen – wenn diese moralische Dimension für die asylpolitischen Entscheidungen der Behörden massgeblich gewesen wäre.

Der SIG benutzte die ihm vorliegenden Berichte über die NS-Verbrechen auch nicht, um die jüdische und die nichtjüdische Öffentlichkeit aufzuklären. Zunächst fällt auf, dass derartige Nachrichten in den Protokollen der eigenen Gremien fast keine Erwähnung fanden. Man erhält den Eindruck, dass der am umfassendsten informierte Mayer sich höchstens mit seinen Freunden Pierre Bigar, Silvain S. Guggenheim und Saly Braunschweig besprach, ohne aber im Gemeindebund weitere Leute zu orientieren oder die Verfolgungen in Sitzungen zu thematisieren. Punktuelle Ausnahmen bildeten die Diskussionen über die Hilfen für Frankreich und Polen sowie über den Ankauf von Ritualien aus der Slowakei, in denen zwar die Gräuel auch nicht explizit protokolliert wurden, aber doch den schockierenden Hintergrund abgaben.[116] Was die Basis des Gemeindebunds betrifft, fehlte es dieser zwar kaum an Informationen über das Schicksal der ausländischen Glaubensgenossen, da das viel gelesene *Israelitische Wochenblatt* kontinuierlich darüber berichtete. Aber gleichwohl wären für die einheimischen Juden klare und aufklärende Stellungnahmen der eigenen Leitung von hoher symbolischer Bedeutung gewesen. Wenigstens empfahl der SIG seinen Gemeinden seit 1942 alljährlich, in den Synagogen Trauerkundgebungen für die NS-Opfer abzuhalten.

Bleibt die Frage, ob der SIG das Wissen der Schweizer Gesamtbevölkerung über den Vernichtungsprozess hätte beeinflussen können oder ob seine Informationen einfach als Gräuelpropaganda (wie man sie aus dem Ersten Weltkrieg zur Genüge kannte) abgetan worden wären. Tatsache ist, dass die Verbrechen der Nazis die Aufmerksamkeit der Schweizer Öffentlichkeit genauso wenig erregten wie die Abweisungspraxis der eigenen Regierung. Besonders gravierend war zudem, dass zwischen diesen beiden Geschehnissen nur selten eine Verbindung hergestellt wurde, womit die moralische Seite der Behördenpolitik weitgehend ausgeblendet blieb. In den Zeitungen konnte man zwar immer wieder kurze Artikel über die Judenverfolgungen lesen, aber die Redaktionen machten diese bis zum Sommer 1944 nie zu einem bedeutenden Thema. Dazu trug einmal die militärische Pressezensur bei, die keine Publikationen tolerierte, die sie als Beleidigung Deutschlands oder als alliierte Gräuelpropaganda einstufen konnte. Es fehlte damit die Möglichkeit, Täter und Tat explizit zu nennen und zu verurteilen – wodurch die Nachrichten entscheidend an aufrüttelnder Kraft verloren. Freilich wäre es zu einfach, das verbreitete Desinteresse am jüdischen Los hauptsächlich mit der Zensur zu erklären, schliesslich bestand es schon vor deren Einführung. Die Teilnahmslosigkeit bei diesen aussenpolitischen Belangen wurde wohl durch die gleichen Faktoren gefördert, die auch zum Desinteresse an der innenpolitischen Flüchtlingsfrage beitrugen, insbesondere also durch die fehlende Anschlussmöglichkeit an damals aktuelle Tagesthemen und durch das mangelnde politische Gewicht des Schweizer Judentums.[117]

Hätte nun der SIG die allgemeine Gleichgültigkeit durchbrechen können, wenn er mit seinem privilegierten Wissen über die NS-Verbrechen die Bevölkerung aufgeklärt hätte? Auch diese Frage ist nicht zu beantworten. Wir können nur konstatieren, dass seine Leitung bis Mitte 1944 keine derartige Strategie verfolgte: ein weiterer Ausdruck ihrer eingeübten Haltung, sich nicht öffentlich zu exponieren und keinesfalls mit der Neutralitätspolitik der Regierung zu kollidieren. Eine erhebliche Rolle dürften auch die bekannten mentalen Schwierigkeiten gespielt haben, das Unfassbare in seiner ganzen Dimension zu begreifen, als Wahrheit zu akzeptieren und daraus die Konsequenzen für das eigene Handeln zu ziehen. Sichtbar wurde dies bereits in Braunschweigs Entgegnung auf Rothmund in der CC-Sitzung vom 20. August 1942, als er bat, diese unglaublichen Berichte aus dem Osten nicht weiterzuerzählen.

Die einzige SIG-Stelle, die sich nicht vollständig in Schweigen hüllte, war die JUNA, die mit ihren Bulletins die Schweizer Zeitungsredaktionen regelmässig und ausführlich über die NS-Verfolgungen orientierte. Sie wurde in den Kriegsjahren von der Pressezensur insgesamt nur sechs Mal gerügt – was darauf beruhte, dass die Zensoren gegen Sagalowitz' Methode, sich auf die geschickte Zitierung anderer Publikationen zu beschränken, keine Handhabe fanden. Eine offensive Berichterstattung über die NS-Verbrechen unter Beiziehung eigener und unpublizierter Quellen wäre hingegen in Bern gewiss nicht hingenommen worden. Jüdische Organisationen beklagten sich auch darüber, dass die Angst der Schweizer Regierung, Deutschland zu provozieren, sie daran hindere, die Unterstützung sympathisierender (ausländischer) Diplomaten zu suchen.[118] Hätte sich der Gemeindebund also zu einer offenen Aufklärungsarbeit entschlossen, wäre mit behördlichem Missfallen oder gar Widerstand zu rechnen gewesen und er hätte auf andere Mobilisierungsmethoden zurückgreifen müssen, etwa auf Kundgebungen, wie sie seit Ende 1942 von den Juden in anderen Ländern durchgeführt wurden. Dabei wäre er allerdings auf nichtjüdische Verbündete angewiesen gewesen – diese jedoch waren dünn gesät.

FEHLEN EINER STARKEN LOBBY: Die verantwortlichen Leute des SIG und des VSIA konnten auch zur Zeit der «Endlösung» nur auf wenige nichtjüdische

Institutionen und Persönlichkeiten zählen, die ihre Anliegen unterstützten. Sie selbst bewegten sich, wie in den Jahren zuvor, in einem sehr kleinen Zirkel. Ausserhalb des jüdischen Milieus, das bekanntlich alles andere als homogen und geeint war, hatten sie am ehesten noch zu den Hilfswerken Kontakt. Aber diese waren zumeist winzige Organisationen und politisch sämtlich ohne Gewicht; zudem vertraten sie ausnahmslos – wie die SZF als ihr Dachverband – eine regierungsfreundliche Linie. Den wichtigsten Verbündeten besassen die Juden im Protestantismus, der seit Sommer 1942 seine moralische Verantwortung für die jüdische Not wahrzunehmen begann, was sich sowohl in der Flüchtlingsarbeit eines Paul Vogt oder einer Gertrud Kurz wie auch in den politischen Bemühungen der Leitung des Kirchenbundes ausdrückte. Im Katholizismus setzte hingegen eine ernsthafte Abkehr von einem – zu einem erheblichen Teil antisemitisch motivierten – Desinteresse am jüdischen Los erst im Sommer 1944 ein. Wie die Katholiken zeichneten sich auch alle anderen bedeutenden gesellschaftlichen Gruppierungen – bürgerliche Parteien, Wirtschaftsverbände, Gewerkschaften – durch eine hartnäckige Gleichgültigkeit aus. Selbst unter den Intellektuellen blieben verbündete Stimmen ausgesprochen rar – die Ignoranz und ängstliche Selbstbezogenheit, mit der der *Schweizerische Schriftsteller-Verein* seit 1933 für die «Verschweizerung» der heimischen Kultur und gegen den Einfluss der Emigranten kämpfte, waren dafür symptomatisch. Der *Zürcher Schriftsteller-Verein* sah sich noch nach der nationalrätlichen Flüchtlingsdebatte vom September 1942 dazu veranlasst, Bundesrat von Steiger «vorbehaltlos» seiner Unterstützung zu versichern. Man würde sich allerdings, räumte der Verein ein, «einer Grosstat des Edelmutes» nicht entgegenstellen, «sofern eine absolute Gewähr dafür bestände, dass sich nicht wiederholen würde, was wir zur Genüge mit allen jenen anderen Privilegierten erlebt haben, die mit Skrupellosigkeit und unvorstellbarer Anmassung wichtige kulturelle und zuweilen selbst auch wirtschaftliche Machtpositionen zu besetzen oder zu beeinflussen vermochten». Diese Gewähr hatten die eigentlich Edelmütigen offensichtlich nicht.[119]

Abgesehen vom Strohfeuer von 1942 blieben öffentliche oder politische Vorstösse für eine humanere Asylpolitik aus. Dabei fällt auf, dass sich der Gemeindebund kaum aktiv um Verstärkung durch weitere nichtjüdische Fürsprecher bemühte. Zwar erklärte Saly Braunschweig im September 1942, die Proteste seien Lichtblicke, da sie zeigten, dass man sich nicht mehr wie früher allein auf weiter Flur befinde. Es gibt jedoch nirgends Hinweise, dass die Leitung in diesen Jahren das Gespräch mit einflussreichen Personen oder Organisationen unter diesen Protestierenden gesucht hätte. Selbst zur Sozialdemokratie, immerhin seit langem die einzige grosse Partei, die sich halbwegs verlässlich für ein liberales Asylrecht und gegen ausländerfeindliche und antijüdische Tendenzen einsetzte, bestanden nach wie vor keine Kontakte. Wobei es jedoch nicht sicher ist, dass die Sozialdemokraten 1943 bei einer behördenkritischen Politik kooperiert hätten, da sie in jenem Jahr im Begriff waren, endlich einen

Bundesratsitz zu erlangen.[120] Es gibt auch keine Belege, dass der SIG versucht hätte, bei den mächtigsten Gruppierungen der schweigenden oder die Flüchtlinge offen ablehnenden Mehrheit Überzeugungsarbeit zu leisten – wenn man von Mayers hoffnungslosen Versuchen beim SVV absieht. Offenbar spielten auch in der bittersten Not eine traditionelle und resignative Abkapselung, die eigene Ohnmacht (wo hätte man die personellen Ressourcen für eine Überzeugungsarbeit hernehmen können, bei welchen Kreisen hätte man überhaupt Zugang erhalten?) und die Berührungsängste gegenüber linken Kräften in einem unseligen Dreiklang zusammen.

Da sich selbst die wichtigsten Verbündeten oder Sympathisanten – nichtjüdische Hilfswerke, Protestantismus, Sozialdemokratie – in ihren Forderungen bezüglich einer liberaleren Asylpolitik ausserordentlich zurückhielten, war mit Ausnahme vom Sommer 1942 die innenpolitische Lobby zugunsten der jüdischen Flüchtlinge äusserst schwach und in der Öffentlichkeit nicht wahrnehmbar. So bleibt theoretisch nur noch die Möglichkeit, dass sich im Ausland Fürsprecher zu Wort gemeldet hätten. Aber die Asyl suchenden Juden waren zumeist staatenlos gemacht worden, und es gab keine anderen Regierungen, die sich für sie einsetzten. Ein solcher Druck auf die Schweizer Aufnahmepolitik hätte nicht besonders gross sein müssen; es hätte vermutlich ausgereicht, wenn ein Land die spätere (Wieder-)Aufnahme dieser Unglücklichen garantiert hätte, wie das Ausnahmebeispiel der Juden aus Italien belegt. Aber dazu fand sich kein anderer Staat bereit. Hauptsächlich aus egoistischen Gründen verzichteten die westlichen Alliierten (die Sowjets waren an dieser Problematik ohnehin desinteressiert) bis 1944 auch darauf, die Neutralen zu einer judenfreundlicheren Asylpolitik zu bewegen. Kurzum, abgesehen von der kleinen und bedeutungslosen Schweizer Lobby erhob sich zugunsten der in der Schweiz Zuflucht suchenden Juden weltweit nirgends eine Stimme. Deren Verlassenheit war grenzenlos.

NÄHE UND MORAL: Die allgemeine Gleichgültigkeit gegenüber der jüdischen Not können wir zu einem wesentlichen Teil aus dem Mechanismus von Nähe und Distanz erklären, dem wir schon mehrfach begegnet sind. Hilfreich ist dabei der Begriff des «universe of obligation», mit dem Helen Fein den Kreis der Personen bezeichnet, die wechselseitig zum Schutz verpflichtet sind – ein soziales Terrain also, auf dem die gewohnten moralischen Regeln ihre Gültigkeit haben und Entscheide mit dem Gewissen zu vereinbaren sein sollten. Exemplarisch lässt sich das Problem am Beispiel der *Eidgenössischen Fremdenpolizei* illustrieren: Bekanntlich verstand sich diese seit ihrer Gründung als zuständig für die konsequente Abwehr der «Überfremdung» und «Verjudung». Damit erschien in ihrer Wahrnehmung ein jüdischer Flüchtling von vornherein als ein Fremdkörper in der heimischen Ordnung, eine Störung ihrer bevölkerungspolitischen Pläne, eine Gefährdung ihrer heiligen Mission. Er hatte damit a priori keine Chance, in ihr moralisches Bezugssystem aufgenommen zu werden, und besass nur den moralisch minderen Status eines belastenden oder gar gefährlichen Objekts.

Dieser diskursiv abgesicherte Ausschluss aus dem «universe of obligation» korrespondierte auf fatale Weise mit den Mechanismen einer bürokratischen Welt. Erinnern wir uns nochmals an die Episode vom August 1942: Rothmund bringt es nicht übers Herz, die Popowskis persönlich in den fast sicheren Tod zu schicken, kann im Büro jedoch eine gleiche Massnahme anordnen, die Tausende betrifft. Gleichzeitig versichert er den Beamten an den Grenzen, er wisse, «wie unendlich schwer» die Durchführung seiner Weisung sei, er würde aber «von hier aus die Verantwortung übernehmen». Mit anderen Worten: Die lokalen Beamten sollen die tödlichen Abweisungen exekutieren, weil sie diese nicht selbst verantworten müssen. Der Entscheidungsträger im Bundeshaus kann die Abweisungen verantworten, weil er diese nicht selbst exekutieren muss. Auf diese Weise unterminiert der arbeitsteilige Prozess bei allen beteiligten Tätern die moralische Verantwortung für ihr eigenes Tun. Den Entscheidungsträgern erlauben die dazwischen geschalteten Arbeitsschritte, das Endresultat ihrer Entscheide auszublenden. Ihre Opfer werden zu namenlosen, entfernten Objekten, deren verblassende Gesichter sich in anonyme Mengen und abstrakte Ziffern verwandeln. Je zahlreicher sie werden, desto weniger besitzen sie den Status eines Anderen, dessen Leid einen erschüttern könnte.[121]

Die Ausgrenzung der jüdischen Flüchtlinge aus dem «universe of obligation» wurde keineswegs exklusiv von der Fremdenpolizei betrieben. Zunächst basierte sie auf der Verfasstheit einer Welt, die die gesamte Erdoberfläche lückenlos in Nationalstaaten parzellierte und die keine wirksamen internationalen Abkommen kannte, um diejenigen Menschen zu schützen, die ihrer Staatsbürgerschaft beraubt und damit vollkommen rechtlos waren. In der Schweiz (und nicht nur hier) verschärfte sich diese Ausgrenzung zudem durch den seit Jahren in der ganzen Gesellschaft dominant gewordenen Überfremdungsdiskurs, der systematisch ein negatives Bild «des Fremden» (und ganz besonders «des Juden») zeichnete. Die allgemeine Gleichgültigkeit gegenüber dem jüdischen Schicksal entwickelte sich also nicht erst in dieser Zeit, sie war vielmehr das längst etablierte Resultat der xenophoben und antisemitischen Diskurse.

Nun waren es aber nicht fanatische Fremdenfeinde oder gewaltbereite Radau-Antisemiten aus der Bevölkerung, die eigenhändig die jüdischen Flüchtlinge ihren Schergen auslieferten. Dies geschah ausschliesslich durch Beamte, die ihrer Pflicht gehorchten – ob sie es mit heimlicher Freude taten oder unter Gewissensqualen oder unberührt und gedankenlos, spielte für das Ergebnis keine Rolle. Den Ausschlag gab also nicht die Hetze der antisemitischen Eiferer, sondern die Tatsache, dass eine zentralstaatliche und mit dem Gewaltmonopol ausgerüstete Institution eine antisemitische Politik beschliessen und durchführen konnte, ohne dass sie von irgendeiner Seite daran gehindert wurde. Dieser fehlende Einspruch ist von zentraler Wichtigkeit: Mir ist kein einziges Beispiel bekannt, bei dem die Behörden den Widerstand der lokalen Bevölkerung einfach ignoriert und eine Ausweisung mit Gewalt gegen die Protestierenden durchgesetzt hätten.[122] Entweder war der Widerstand erfolgreich und die betreffenden Flüchtlinge durften bleiben, oder die Beamten unterliefen ihn mit Lügen oder heimlichen Abschiebungen oder beidem zugleich (wie bei den Sonabends und Zagiels). Konkreter Widerstand hatte also eine erhebliche Erfolgschance. Das Problem war nur, dass sich die Ausweisungen in den seltensten Fällen direkt vor den Augen der Bevölkerung abspielten und die Behörden mit ihren Isolationsmassnahmen schliesslich auch diese Ausnahmen eliminierten. Sobald aber die physische Nähe zu den Opfern wegfiel, unterblieb jede moralische Reaktion von Seiten der Bevölkerung, der Politik und der Presse – obwohl weiterhin Abweisungen vorkamen, was von der Regierung auch nicht geleugnet wurde. Offenbar genügte der seit Jahren etablierte, antisemitisch unterfütterte Ausschluss der jüdischen Fremden aus dem «universe of obligation», um das Gewissen ruhig zu stellen. Man hatte eine abstrakte Ahnung von dem, was sich abspielte, aber Genaueres wollte niemand wissen.

Bedingung der Abweisungspolitik war also nicht die aktive Zustimmung der Bevölkerungsmehrheit. Es reichte aus, dass diese über Jahre indifferent blieb und der Fremdenpolizei bei der Weiterverfolgung ihrer sozialtechnologischen Ambitionen nicht in den Arm fiel, obwohl dies ungezählte Menschen tödlich gefährdete. Somit waren der Antisemitismus der Fremdenpolizei und das Desinteresse der Bevölkerung – unterschwellig antisemitisch und keineswegs neutral – gleichermassen entscheidend. Oder, um ein Bild Ian Kershaws[123] zu variieren: Die Abwehrmauern an den Schweizer Grenzen wurden gebaut von antisemitischer Xenophobie und verputzt mit Gleichgültigkeit.

Die Dialektik von Nähe und Distanz beeinflusste auch die Position der Schweizer Juden, die unterdessen – wenn man die der Zahl nach bedeutungslosen Gemeinden in Portugal, Spanien und Schweden beiseite lässt – die einzige freie jüdische Gemeinschaft in Kontinentaleuropa bildeten und sich ausrechnen konnten, dass die Nazis für sie das gleiche Schicksal wie für ihre ausländischen Brüder und Schwestern vorsahen. Sowohl ihre eigene Gefährdung wie auch ihre moralische Verpflichtung gegenüber den Glaubensgenossen wurden ihnen fast täglich vor Augen geführt: durch die ausführlich über die Verfolgung berichtende jüdische Presse (die von Nichtjuden kaum zur Kenntnis genommen wurde), durch das bekannte (oder unbekannte) Geschick ihrer Verwandten im Ausland, durch die Betreuung ihrer im eigenen Haushalt aufgenommenen Angehörigen oder durch die Hilfe für andere in die Schweiz geflüchtete Juden. Verglichen mit dem Wahrnehmungshorizont der einheimischen Nichtjuden, wurde der Alltag der Juden deshalb ganz anders durch die nazistischen Verbrechen beeinflusst, und es war, als würde diese kleine Gruppe innerhalb der Mehrheitsgesellschaft gleichsam einer zweiten Welt angehören. Diese Diskrepanz der Perspektiven lässt sich gut anhand der Interessen Markus Feldmanns illustrieren: Als sich der bürgerliche Nationalrat im Herbst 1942 länger mit Paul Guggenheim über die Abweisungspolitik und die jüdische Haltung in dieser Angelegenheit unterhielt, schien dies dem Genfer Professor so bedeutsam, dass er, wie erinnerlich, seinen Freunden sogleich Mitteilung davon machte. Liest man jedoch in Feldmanns ansonsten sehr ausführlichen Tagebüchern nach, ist darin weder diese Begegnung noch die Flüchtlingsdebatte im Parlament notiert. Überhaupt schenkte er in diesen Jahren der Asylfrage und den NS-Verfolgungen nicht die geringste Aufmerksamkeit. – Dabei beschäftigte er sich doch nicht nur als Parlamentarier, sondern auch als Chefredakteur der *Neuen Berner Zeitung* dauernd und aufs Intensivste mit Politik, gerade mit Aussenpolitik und insbesondere mit den Schweizer Beziehungen zum NS-Regime. Für ihn und die meisten anderen Nichtjuden vollzogen sich die Massenverbrechen an den Juden im «Dunkel des gelebten Augenblicks» (Ernst Bloch). Man wusste zwar von ihnen, aber sie blieben fern und bedeutungslos und drangen nicht wirklich ins Bewusstsein.[124]

Das eben Gesagte soll uns nicht zur Vorstellung verleiten, die Mehrheit der Juden in der kriegsverschonten Schweiz sei durch die Ereignisse im Ausland *permanent* in einen Ausnahmezustand versetzt worden. Auch ihr Alltag ging weiter, die alltäglichen Sorgen rückten nicht dauernd in den Hintergrund, das Leben stand nicht plötzlich still. Der Aufschrei des untergehenden Judentums konnte durchaus ignoriert werden oder zumindest ohne sichtbare Reaktionen bleiben. Bezeichnend, wie der Gemeindebund mit Oberrabbiner Ungars Appell umging, die Juden der Schweiz möchten doch zur Rettung der slowakischen Glaubensgenossen einen Grossteil ihres Vermögens opfern: Zuerst blieb sein verzweifelter Notruf wochenlang liegen, weil sich der Empfänger in den Ferien befand – und auch später erhielt er keine Antwort.[125] Weil die slowakische Not zu gross war und die eigenen Möglichkeiten so verschwindend gering blieben? Weil der berichtete Horror so unfasslich war? Oder nur zu weit weg? Vermutlich spielte alles zusammen. Auch im Bewusstsein der meisten einheimischen Juden traten die NS-Verbrechen nur phasenweise aus dem «Dunkel des gelebten Augenblicks».

Wiederum anders stellte sich die Situation dar für besonders exponierte Personen wie die Emissäre in Genf oder für einzelne Verantwortliche des Gemeindebunds wie Saly Mayer, Benjamin Sagalowitz oder Georges Brunschvig, die als Erste vom Ungeheuerlichen erfuhren. Diese Männer wurden mit Nachrichten konfrontiert, die die Grenzen ihrer Vorstellungskraft bei weitem überstiegen. Sie wurden Zeugen eines Verbrechens, das historisch beispiellos war und das moralisch unfassbare Abgründe aufriss: ein unerträgliches Wissen, das durch die Einsamkeit inmitten einer ungläubigen Mitwelt noch unerträglicher wurde.

Hinzu kam, dass die Nachrichten mit flehenden Bitten um Hilfe verknüpft waren – während die angesprochenen Männer in der Schweiz doch bis Ende 1942 ohne Rückhalt durch das zersplitterte Judentum der freien Welt und bis 1944 ohne Rückhalt durch die nichtjüdische Welt handeln mussten. War ihre Ohnmacht ohnehin unüberwindbar, verringerte Saly Mayer seine beschränkten Hilfsmöglichkeiten noch dadurch, dass er Wissen und Arbeit so schlecht mit anderen teilen konnte. So berührten sich in den Köpfen und Herzen dieser vereinzelten Juden zwei abgrundtief getrennte Welten: hier das schier ohnmächtige Judentum der freien Welt, dort das von den Nazis ins Nichts gestossene europäische Judentum – Berührungen wie überspringende Blitze, erhellend und blendend, brennend und betäubend, gleichwohl im Tageslicht ephemer und verblassend. Rufe von Verlorenen. «Tropfen des unendlich grossen Tränenmeeres» (Gisi Fleischmann), lautlos versickernd im lärmenden Alltag des freien Westens.[126]

Bis zum Kriegsende

Verhandlungen mit der SS und Abschiebung der Geretteten aus der Schweiz

Da mit dem Stopp der Deportationen im Juli 1944 die Gefahr für die Juden in Ungarn nicht gebannt war, verhandelten jüdische Vertreter fieberhaft mit der SS, um die noch verschonten Glaubensgenossen zu retten. Daraus sollte sich die bedeutendste und – im Nachhinein – umstrittenste aller Freikaufaktionen entwickeln. Yehuda Bauer hat sie bereits gründlich erforscht,[1] und sie wird im Folgenden nur rekonstruiert, insofern sie für die Geschichte des SIG von Bedeutung ist.

Schon 1943 existierte in Budapest ein Rettungskomitee mit dem hebräischen Namen *Va'adat Ezrah Vehatzalah,* das Zionisten unterschiedlicher Richtungen vereinigte und dessen zentrale Gestalt Rezsö (Rudolf) Kasztner war, ein linksliberaler, aus Transsilvanien stammender Journalist. Nur Wochen nach dem Einmarsch der Deutschen in Ungarn im März 1944 begann das Komitee – inspiriert durch die früheren Erfahrungen der slowakischen *Arbeitsgruppe* um Gisi Fleischmann, mit der es in Verbindung stand – Verhandlungen mit Eichmanns Leuten aufzunehmen. Bereits im April erhielt es das berüchtigte Angebot, 1 Million Juden würden gegen die Lieferung von 10 000 Lastwagen und anderen Gütern freigelassen. Ein irritierender Vorschlag, wenn man den fanatischen Willen der Nazis bedenkt, ausnahmslos alle Juden zu vernichten – aber nur auf den ersten Blick, wie Yehuda Bauers plausible Erklärung nahe legt: Das «Dritte Reich» war militärisch auf der Verliererstrasse und brauchte dringend eine Atempause, die sich eine Fraktion des polykratischen NS-Regimes, angeführt von Heinrich Himmler, durch einen Separatfrieden mit den westlichen Alliierten zu verschaffen suchte. Zu diesem Zweck hätten die Nazis ihr Hauptvorhaben, die Ermordung der Juden, zwar aufgeschoben – endgültig aufgegeben hätten sie es damit nicht. Die Verhandlungen mit den Juden erschienen ihnen als opportunes Mittel, um mit den Kriegsgegnern überhaupt ins Gespräch zu kommen, denn schliesslich beherrschte in den nazistischen Wahnvorstellungen das allmächtige Weltjudentum auch die feindlichen Regierungen.

Als Reaktion auf das Angebot der SS versuchte das ungarische Rettungskomitee zuerst über Istanbul von den Juden der freien Welt und den Westalliierten die verlangten Güter zu erhalten – vergeblich: Die Alliierten waren nur an der bedingungslosen Kapitulation Deutschlands interessiert und interpretierten das Freikaufangebot – zu Recht – als Versuch der Nazis, das Bündnis zwischen den Westmächten und der Sowjetunion zu spalten. Allerdings wollten die USA und Grossbritannien die Gespräche mit den Deutschen nicht vollends abbrechen lassen, um sich nicht dem Vorwurf der Gleichgültigkeit gegenüber dem jüdischen Schicksal auszusetzen. Dass eigene offizielle Repräsentanten oder auch nur Vertreter des privaten amerikanischen Joint direkt mit Deutschland verhandelten, lehnten sie jedoch gänzlich ab.[2]

Dem verzweifelten Kasztner blieb als einzig möglicher Verhandlungspartner nur noch Saly Mayer, mit dem er seit längerem in Kontakt stand und der Bürger eines neutralen Landes war. Am 21. August 1944 kam es zur ersten persönlichen Begegnung zwischen Mayer und Kasztner, der – faktisch als Geisel – eine deutsche Delegation begleitete, deren Leiter, Obersturmbannführer Kurt A. Becher, sich als Beauftragter des Reichsführers SS vorstellte. Das Treffen fand mitten auf der kleinen Rheinbrücke bei St. Margrethen statt – die Besucher besassen keine Einreiseerlaubnis für die Schweiz, und Mayer weigerte sich, reichsdeutschen Boden zu betreten. Auch für die darauf folgenden Gespräche traf man sich zunächst an der gleichen Stelle, da Rothmund bis Oktober die Einreise der SS-Leute strikt verweigerte. Mit den Worten, «kein Schwanz» werde eingelassen, und wenn der «ganze Schnee verbrenne», hatte er Mayers diesbezügliche Bitte abgeschmettert. – Verhandlungen ohne Sitzgelegenheit, Verhandlungen an einem Nichtort zwischen desinteressiertem Kleinstaat und totalitärem Verbrecherstaat: ein sinnfälliges Bild der jüdischen Lage.

In den gleichen Stunden, in denen man das erste Mal verhandelte, trafen im Basler Bahnhof acht Viehwagen mit insgesamt 318 Juden ein. Die Ankommenden gehörten zu einer Gruppe von fast 1700 Personen, die Kasztner im Juni 1944 gegen Lösegeld – die Betroffenen hatten den Betrag von sieben Millionen Schweizer Franken selbst aufbringen müssen – freigekauft hatte. Sie waren von Budapest ins Durchgangslager Bergen-Belsen bei Hannover transportiert worden, in Ungewissheit über ihr weiteres Schicksal. Mit ihrer Freilassung in die Schweiz wollten die SS-Leute nun demonstrieren, dass sie es mit den Verhandlungen tatsächlich ernst meinten. Die Angekommenen befanden sich in relativ guter körperlicher Verfassung, da man sie im KZ nicht auf «Vernichtungskost», sondern auf «Erhaltungskost» gesetzt hatte, wie ein Schweizer Bundesbeamter trocken notierte.

Bei Rothmund löste die Abschiebung Verärgerung aus, da sie von den Deutschen formlos und ohne Anfrage eingefädelt worden war.[3] Mayer hatte die *Eidgenössische Polizeiabteilung* und das *Politische Departement,* von deren Goodwill er abhängig war, schon am 8. August 1944 über die bevorstehenden Verhandlungen und die eventuelle Ankunft eines Transports mit Juden orientiert. Die Bundesbehörden reagierten auf seine Ankündigung der bizarren Gespräche mit Unglauben, Kopfschütteln und Distanzierung. Sie lehnten die «Vermischung» von «Humanität und Geschäft» grundsätzlich ab und weigerten sich, auch nur einen einzigen Schritt zu tun, der auf die Ehre der Schweizer Regierung den «kleinsten Schatten werfen könnte». Rothmund war auch dagegen, dass sich Mayer am 21. August nach St. Margrethen begab. Aber Mayer erklärte dem Polizeichef, dass auch er den «Austausch Ware gegen Menschen» als «unwürdig» empfinde, sich an der Angelegenheit nur sehr widerwillig beteilige und sie «dilatorisch behandeln» wolle. Damit wahrte er – zumindest verbal – die Konformität mit der neutralitätspolitischen Linie der eigenen Regierung und mit den Vorgaben der Alliierten.[4]

Mayers Lage blieb aber misslich. Er verfügte nur über unzureichende Informationen, und seine Verhandlungspartner waren schwer einzuschätzen: Wen vertraten Becher und Konsorten? Wo fanden diese Rückhalt im offenbar uneinigen NS-Regime? Worin bestanden ihre eigentlichen Absichten? Inwieweit war ihren Versprechen zu trauen? Es gab unzählige Fragen und nur Spekulationen, Befürchtungen und Hoffnungen als Antworten. Zudem konnte Mayer seine Verbindungen zu den Budapester Juden seit dem deutschen Einmarsch kaum aktivieren, so dass er auch hinsichtlich der genauen Ereignisse in Ungarn im Dunkeln tappte. Hinzu kam, dass er nicht im Namen des Joint agieren durfte und von dieser Seite nicht einmal klare Anweisungen erhielt. Sein Vorgesetzter und Vertrauter Schwartz in Lissabon liess sich sogar über Wochen telefonisch verleugnen. Von Enttäuschung, Einsamkeit und Verantwortung gequält, trat Mayer als Vertreter eines *Schweizerischen Jüdischen Unterstützungsfonds für Flüchtlinge* auf, der eigentlich nur aus ihm bestand, obgleich bei den Unterhandlungen teilweise seine Freunde Pierre Bigar und Marcus Wyler-Schmid, dieser zugleich in der Funktion eines Anwalts, assistierten. Vor allem aber verfügte er nur über minimale finanzielle Mittel, wo doch gigantische Summen, bis zu 300 Millionen Schweizer Franken, gefordert wurden. Und wenn doch Transaktionen auf sein Konto erfolgten, handelte es sich um Täuschungsmanöver: Die Verwendung der Gelder für den Freikauf wurde ihm sowohl durch den Joint wie durch die schweizerische und die amerikanische Regierung untersagt. Als einzige Taktik blieben ihm Bluffen und Spielen auf Zeit. Dabei versprach er den Nazis mehr, als er halten konnte, und auch mehr, als er den schweizerischen und amerikanischen Behörden sagen durfte. Die SS-Leute wiederum musste er im Glauben lassen, dass er tatsächlich Vertreter eines allmächtigen Weltjudentums war und Zugang zu grossen Geldsummen besass.[5]

Auch die Juden aus Ungarn konnte er vorerst nicht über seine Machtlosigkeit aufklären, wollte er nicht seine eigene Strategie zerstören. So wundert es nicht, dass er von dieser Seite alsbald mit bösen Vorwürfen überhäuft wurde, weil sein Verhalten unverständlich schien – besonders für jemanden wie Rezsö Kasztner, der das Schicksal aller noch verschonten Glaubensgenossen im ganzen NS-Bereich vor Augen hatte – nach seiner Schätzung 850 000 Menschen, die er alle retten wollte. Mayer sei, schrieb Kasztner nachträglich, ein «alter, ehrwürdiger und neurotischer Pensionär» gewesen, der den SS-Leuten moralische Predigten gehalten habe, aber keine konkreten Zusagen machen wollte. «Eitel und überheblich», habe er «zwischen Tränen und Tobsuchtsanfällen» vergessen, um wie viele Menschenleben es gegangen sei. Als im September 1944 in der Slowakei erneut die Deportationen einsetzten, erhielt Mayer fast täglich Telegramme von Kasztner, der ihn drängte, endlich substanzielle Zusagen zu machen. Gleichzeitig erhob aus Bratislava Gisi Fleischmann, die direkt betroffen und bedroht war und ebenfalls auf diese Verhandlungen gehofft hatte, schwere Anklagen und erhöhte brieflich den Druck auf Mayer: «Die Verzweiflung ist unbegrenzt und können wir nicht umhin, all jenen, die an unserem unglücklichen Los schuldtragend sind, in unserer letzten Stunde unseres Seins den Vorwurf [zu] machen, dass sie in der letzten Konsequenz an unserem Untergang schuldtragend sind. Die vom Onkel an Reszoe zugesagte Depesche hätte unser Los vereiteln können. Schliesslich ist es allzu verständlich, dass die dreimaligen Misserfolge, die anlässlich der Besuche von Aschkes [Nazis] bei Onkel Emil [Saly Mayer] stattgefunden haben, zu solchen Konsequenzen führen mussten. Ich beschwöre daher im Namen unserer unglücklichen Familie vor allem den Onkel, wie auch alle, die hierzu ein Wort haben, dass sie in diesen schweren Stunden uns beistehen sollen. Unverzüglich möge die Depesche an Reszoe abgeschickt werden, denn ansonsten lastet auf dem Gewissen der Verantwortlichen das Leben von unzähligen Seelen.»[6]

Doch die bisher noch nicht deportierten Juden in der Slowakei waren – obwohl Mayer noch im gleichen Monat telegraphisch eine frühere Zusage wiederholte – nicht zu retten. Dafür gelang es im weiteren Verlauf der Verhandlungen, wenigstens die restlichen 1352 Angehörigen des Kasztner-Zuges von Bergen-Belsen in die Schweiz zu bringen. Diese trafen in der Nacht vom 6. auf den 7. Dezember 1944 im Grenzort St. Margrethen ein. Exakt zwei Monate später erreichte ein weiterer Zug mit freigelassenen Juden die Schweiz, diesmal bei Kreuzlingen. Es handelte sich um 1210 vorwiegend ältere Personen, die in Theresienstadt inhaftiert gewesen waren, dem angeblichen «Musterghetto», das für die meisten Eingewiesenen zur tödlichen Endstation oder zur Vorstation der Vernichtungslager wurde. Diese Gruppe war freigekommen, nachdem alt Bundesrat Jean-Marie Musy im Auftrag der Sternbuchs – beziehungsweise ihres Hilfsvereins HIJEFS – zu Himmler gefahren war, mit diesem verhandelt und ein Lösegeld von fünf Millionen Schweizer Franken vereinbart (aber vermutlich nie bezahlt) hatte. Musy wollte sich mit seinem Engagement wohl seine Weste reinwaschen, die er in den vergangenen Jahren mit seinen offen bekundeten Sympathien für faschistische Regime befleckt hatte. Die Bundesbehörden erfuhren von seiner Aktion erst einen Tag, bevor die Flüchtlinge aus Theresienstadt die Schweizer Grenze erreichten. Saly Mayer war ebenfalls nicht direkt involviert. Dafür tauchte von Seiten der Sternbuchs, die Mayer damals erbitterter denn je befehdeten, schon wenige Tage später das nie bewiesene Gerücht auf, er habe die Fortsetzung ihrer Aktion eigensüchtig torpediert.[7]

Insgesamt fiel – trotz der jüdischen Ohnmacht – das Ergebnis all dieser Verhandlungen nicht gänzlich negativ aus: Laut Yehuda Bauer gelang es Mayer, Kasztner und den Sternbuchs, durch geschicktes Taktieren die Gegenseite hinzuhalten und zu täuschen, so dass ein grosser Teil der Budapester Juden gerettet

Ein jüdischer Flüchtling, der im Februar 1945 aus Theresienstadt in die Schweiz gekommen ist, schläft im Hadwigschulhaus in St. Gallen, das für wenige Tage als provisorisches Lager dient. (Photograph: Walter Scheiwiler; Keystone)

werden konnte. Entscheidend beteiligt an diesem Erfolg waren bekanntlich auch die ausländischen Diplomaten in der ungarischen Hauptstadt – Carl Lutz, Harald Feller, Raoul Wallenberg, Jorge Perlasca, um nur einige zu nennen –, die in Zusammenarbeit mit zionistischen Jugendorganisationen Zehntausende von Menschen vor dem mörderischen Zugriff der faschistischen Pfeilkreuzler schützten.[8]

All diese Gespräche mit den Nazis erfolgten unabhängig vom SIG. Mayer befand es nicht einmal für nötig, diesen zu informieren. Auf dem Laufenden hielt er hingegen die Bundesbehörden, den Joint, den War Refugee Board, den Evangelischen Kirchenbund, den päpstlichen Nuntius Bernardini und das IKRK – Institutionen, die in dieser Angelegenheit mehr Gewicht als der SIG besassen, dessen Präsident er früher gewesen war. Sein Nachfolger Saly Braunschweig stand nur mit den Leuten um Mihály Bányai und George Mantello in Verbindung, die ebenfalls eine (erfolglose) Freikaufaktion lancierten und dabei

Mayer vorwarfen, er tue zu wenig und gefährde mit seiner Verschleppungstaktik ihren eigenen Rettungsversuch. Involviert war hingegen, wie erwähnt, Pierre Bigar, der am 22. Oktober 1944 anstelle des zurückgetretenen Silvain S. Guggenheim zum Präsidenten des VSJF gewählt wurde. Er bekam regelmässig Mitteilungen von Mayer und war – ohne vom jüdischen Hilfswerk dazu beauftragt zu sein – schon seit September direkt an einzelnen Verhandlungen mit den SS-Leuten beteiligt.

Im November 1944 erfuhr der Gemeindebund aus der Presse von einem Beschluss des Bundesrats, 14 000 Juden die Einreise in die Schweiz zu gestatten. Auch wenn es klar war, dass allein die Behörden für die Grundversorgung dieser Personen aufkommen würden, hätte diese Zahl für den VSJF dennoch grosse Mehrarbeit nach sich gezogen, da das Hilfswerk in aller Selbstverständlichkeit auch die staatlich unterstützten Flüchtlinge zusätzlich betreute. So herrschte denn im SIG begreiflicher Unmut darüber, dass Mayer niemanden informiert hatte. Die Aufgaben wuchsen jedoch nicht wie erwartet an, da schliesslich nur die drei erwähnten Transporte mit insgesamt 2 880 Personen eintrafen.[9]

Die Freude über diese Rettungen wurde im Gemeindebund alsbald durch zwei Umstände getrübt, die beide den behördlichen Umgang mit den Aufgenommenen betrafen. Das harmlosere Problem ergab sich in der konkreten Behandlung der Schützlinge: Die kollektiv eingereisten Juden durften – im Gegensatz zu den anderen Internierten – mit ihren Familien zusammenbleiben, und die ersten zwei Gruppen wurden in leer stehende Nobelhotels auf der Sonnenterasse von Caux oberhalb des Genfersees einquartiert. Durch ungastliche Massnahmen wurde ihnen aber der Genuss dieser Wohnlage mit einmaliger Aussicht auf Alpen und See, inmitten pittoresker Winzerdörfchen und mittelalterlicher Adelssitze, bald verdorben: Schon im Januar 1945 häuften sich beim Gemeindebund Klagen über unzureichendes Essen, fehlende warme Kleidung und mangelhafte Heizungen trotz ungewöhnlicher Winterkälte sowie Beschwerden über antisemitische Feindseligkeiten des Lagerpersonals. Immerhin konnten diese Missstände durch Besuche und Interventionen von Seiten des SIG und des VSJF bald behoben werden.

Eine zweite Kontroverse sollte hingegen Monate andauern und immer erbitterter werden: Ebenfalls im Januar 1945 hatten die Flüchtlinge in Caux erfahren, dass die Schweizer Behörden zusammen mit den amerikanischen ihre baldige Abschiebung in ein Lager in der algerischen Mittelmeerstadt Philippeville (heute Skikda) planten. Sie reagierten bestürzt und empörten sich, dass man sie ohne Rücksicht auf ihre leidvollen Erfahrungen zwangsweise abtransportieren wolle. Eine «neuerliche Deportation!» Nie würden sie sich diesem Verdikt unterwerfen, da müssten die Behörden schon «Brachialgewalt» anwenden. In aller Eile forderten sie jüdische Organisationen, darunter den SIG, dazu auf, sie in ihrem Widerstand zu unterstützen. Was die Flüchtlinge so aufwühlte, war nicht die verlangte Wiederausreise an sich. Als unerträgliche Zumutung empfanden sie jedoch, dass sie, kaum den NS-Schergen entronnen, an einen Ort in Afrika verbracht werden sollten, über den sie abschreckende Gerüchte hörten und wo man sie womöglich vergessen würde. Stattdessen wollten sie in der Schweiz abwarten, bis sie Klarheit über ihr endgültiges Zielland hatten und dieses direkt ansteuern konnten, sei es Palästina, ihr Herkunftsland oder ein Drittland jenseits des Atlantiks.[10]

Der Plan der Abschiebung nach Philippeville hatte seine Vorgeschichte: Die Bundesbehörden hatten im August 1944 nur für solche Flüchtlinge die Aufnahme beschlossen, die Einreisezertifikate für Palästina besassen und somit nicht in der Schweiz bleiben würden. Zudem hatte es Rothmund in den folgenden Monaten nicht versäumt, sich vom WRB-Vertreter Roswell McClelland «Abnahmegarantien» geben zu lassen. Der für Empörung sorgende Plan stammte denn auch von den Amerikanern, die nun ihre Versprechen einlösen wollten. Die Schweizer Behörden ihrerseits hatten nie auch nur im Entferntesten daran gedacht, ihr heiliges Transitprinzip preiszugeben. Mit dem Verzicht auf den Abtransport nach Algerien hätten sie ihrer Ansicht nach nicht nur allen anderen Flüchtlingen, die sie ebenfalls loswerden wollten, ein falsches Signal gegeben, sondern auch den Alliierten, denn ohne deren Hilfe drohte die gesamte Schweizer Transitstrategie zu scheitern. Den Protestierenden aus Caux warfen sie zudem Egoismus vor: Schliesslich herrsche in der Schweiz Platzmangel, was weitere Aufnahmen betreffe. Man könne nicht verstehen, dass die bereits Aufgenommenen durch ihr Ausharren für die Rettung derjenigen Leidensgenossen den Platz versperrten, die sich gegenwärtig noch in einer weit schlimmeren Lage befänden, als dies bei ihnen jemals der Fall gewesen sei. Mit anderen Worten: Inhuman war nicht die eilige Abschiebung der eben erst Geretteten ins Ungewisse. Als inhumanen Egoismus deklarierte man vielmehr das existenzielle Bedürfnis der Geretteten, an ihrer ersten wiedergewonnenen Sicherheit festzuhalten – weil es angeblich jede künftige helvetische Humanität blockiere.[11]

Der Konflikt um die Wiederausreise schlug auch in der Öffentlichkeit einige Wellen und erreichte im April 1945 einen Höhepunkt. Der Zufall wollte es, dass das erste geplante Abschiebedatum – der 15. April – mit der Befreiung des KZ Bergen-Belsen durch die Briten zusammenfiel. Sogleich besuchten Hunderte von Journalisten und Photoreportern sowie Kamerateams das Lager in der Lüneburger Heide und berichteten in Wort und Bild von Zuständen, die jede menschliche Vorstellungskraft überstiegen: Durch eine entsetzliche Überfüllung war Belsen seit Ende 1944 von einer todbringenden Stätte des Leidens zum Inferno geworden. Hunger und Seuchen hatten innerhalb weniger Monate Zehntausende von Opfern gefordert. Einige Zehntausende lebten noch und vegetierten in allen Stadien der Auszehrung dahin. Überall lagen Leichen herum, verwesend, unbestattet, zusammen mit noch Lebenden auf der gleichen Pritsche, teilweise aufgestapelt oder in offenen Gruben. Weltweit herrschten Erschütterung, Empörung und Fassungslosigkeit. Endlich gingen der Weltöffentlichkeit die Augen für die Verbrechen der Nazis auf – lange schreckliche Jahre hatten zuerst vergehen müssen, nachdem sie 1942 erstmals von der Existenz von Vernichtungslagern erfahren hatte. Dabei war Belsen, das nun als Stätte der schlimmsten Gräueltaten betrachtet wurde, verglichen mit den Todesfabriken für lange Zeit geradezu ein idyllischer Ort gewesen, wo die Häftlinge weder durch Massenerschiessungen noch durch Gaskammern zu Tode gebracht worden waren, sondern «nur» durch Hunger und Krankheit. Die Photos, die nun die Welt schockierten, enthüllten gerade einen Grundzug dieses Grossverbrechens nicht, der ohne Beispiel war: die industrielle Massentötung. Ein doppeltes Paradox, das nochmals eindrücklich zeigt, wie schwer man sich generell damit tat, das Ungeheuerliche wahrzunehmen, und wie sehr die moralische Empörung mit Nähe und Konkretheit zusammenhing.

Das weltweite Erschrecken über das Ausmass der NS-Verbrechen war in der Schweiz von der lokalen Bevölkerung Ende Januar 1945 vorweggenommen worden, als die Amerikaner in einer Austauschaktion achtzig Gefangene, viele davon Juden, aus Bergen-Belsen nach St. Gallen gebracht hatten: Die Ankommenden waren in Lumpen gekleidet und in derart elender Verfassung, dass sie teilweise auf Tragbahren transportiert werden mussten, einer war bereits unterwegs verstorben, vier starben nach der Ankunft, weitere mussten in Krankenhäuser eingeliefert werden – ein Schock für die Grenzwächter, die lebende Skelette empfingen, die aus Erschöpfung weder Tee noch Zwieback zu sich nehmen konnten, aber beim Erreichen des Schweizer Hoheitsgebiets sangen, obwohl sie einen Toten mit sich führten; ein Schock für die untersuchenden Ärzte, die laut eigenem Bekunden noch nie mit vergleichbaren Körperzuständen konfrontiert worden waren; ein Schock für die Mitglieder der jüdischen Organisationen, die vor Ort versuchten, den Elendsgestalten beizustehen (woran sie allerdings durch die für den Transport verantwortlichen Amerikaner gehindert wurden). Erst jetzt begriffen viele der Anwesenden, dass die Nachrichten über die NS-Verbrechen tatsächlich keine Gräuelmärchen waren.[12]

Beim SIG und VSJF hatte man Verständnis für die Erbitterung und Verzweiflung der von der Abschiebung bedrohten Flüchtlinge aus Bergen-Belsen und Theresienstadt. Mit deren Protestmethoden – etwa Demonstrationen in Montreux und Genf mit angeheftetem gelbem Stern – konnte man sich allerdings wenig anfreunden und sprach intern von einem verantwortungslosen «Kesseltreiben», das man einigen Rädelsführern anlastete. In den Forderungen blieb der Gemeindebund zurückhaltend, da er befürchtete, dass die Behörden sonst die Einreise weiterer Flüchtlinge verweigern würden – das amtliche Argument mit dem Platzmangel hatte also verfangen. Stattdessen ergriff der SIG zwei andere Massnahmen: Zum einen intervenierte er bei der *Jewish Agency*, damit diese den Flüchtlingen mit Zielland Palästina zu den notwendigen Zertifikaten verhalf. (Die vor der Einreise in die Schweiz zugesicherten Zertifikate hatten sich nachträglich und zur grossen Verärgerung der sich betrogen fühlenden

Polizeiabteilung als ungültig erwiesen.) Diese Bemühungen waren erfolgreich: Die Bewilligungen wurden erteilt, und auf Bitte des SIG schoben die Behörden für die Betreffenden die Ausreise auf, bis sie im Sommer 1945 direkt nach Palästina fahren konnten. Vorher glaubte der SIG-Präsident allerdings noch die Gemüter im Bundeshaus besänftigen zu müssen, da dort eine weitere Eingabe, die die empörten und zum offenen Widerstand entschlossenen Flüchtlinge an den Bundesrat gerichtet hatten, als «unverschämt» taxiert worden war. Sekundiert wurde dem SIG vom früheren Nationalrat David Farbstein, der die Bundesräte Ernst Nobs und Eduard von Steiger in einem Privatschreiben darum bat, die Petenten zu entschuldigen, da die lange KZ-Haft sie «fast unzurechnungsfähig» gemacht habe. Die zweite Massnahme des Gemeindebunds bestand darin, dass er den neuen Aussenminister Max Petitpierre brieflich und anlässlich einer Audienz auch noch mündlich darum bat, doch wenigstens die «alten, gebrechlichen Leute» und die «Frauen mit kleinen Kindern, denen der Transport eine Gefahr» bedeute, mit der geplanten Abschiebung in ein weiteres Provisorium zu verschonen – was nicht die Forderung beinhaltete, auf die Abschiebung überhaupt zu verzichten, denn das Transitprinzip stellte der Gemeindebund auch bezüglich dieser Menschen (noch) nicht in Frage. Wenigstens bei den Alten und Gebrechlichen – nicht aber bei den Frauen und Kindern – hatte man im Bundeshaus dann tatsächlich ein Einsehen.[13]

Der SIG war bei weitem nicht der einzige Akteur, der sich für die Protestierenden eingesetzt hatte, denn diese konnten sich, da sie als Gruppe zusammenbleiben durften, leidlich organisieren und besassen Verbindungen zu vielen Institutionen und einflussreichen Persönlichkeiten im In- und im Ausland. Das Bundeshaus wurde deshalb von Interventionen geradezu überschwemmt. Der hartnäckige Widerstand der Flüchtlinge selbst, der öffentliche Druck, die veränderte internationale Lage und die beigebrachten Palästina-Zertifikate bewegten die Bundesbehörden schliesslich dazu, nicht stur an der Abschiebung in ein weiteres Durchgangslager festzuhalten. Ende 1945 wartete deshalb über ein Drittel der Flüchtlinge aus Theresienstadt und Bergen-Belsen noch immer auf die Weiterreise oder Repatriierung. Letztlich waren es also die gesamten Umstände und nicht allein die Bemühungen des SIG, die eine Kurskorrektur der Behörden erzwangen.

Die Entrüstung unter den Flüchtlingen von Caux hatte sich im März 1945 noch gesteigert, da sie beobachten konnten, wie auf einer Tagung in Montreux, nur einen Spaziergang von ihrem eigenen Aufenthaltsort entfernt, die Behörden allen Internierten Rechte zugestanden, von denen nur sie allein ausgenommen wurden.[14] Auch dies war, wie wir sehen werden, ein Ereignis mit Vorgeschichte.

In engen Grenzen: Mitbestimmung der Flüchtlinge

Die Erfahrung, dass sie über ihr Leben nicht selbst bestimmen durften und nur als Objekte behandelt wurden, hatten schon die ersten Flüchtlinge machen müssen, die wegen der NS-Verfolgungen in der Schweiz Schutz gesucht hatten. Und daran hatte sich in all den Jahren grundsätzlich nichts geändert. Ungezählte erfuhren es bereits an den Grenzen, wo Abwehr und Desinteresse für ihr Schicksal das Handeln der Beamten bestimmten. Selbst die glücklich Aufgenommenen erfuhren es Tag für Tag: durch das Erwerbsverbot, die Internierung in Lagern und die permanenten Aufforderungen zur Weiterreise; durch die Trennung der Eheleute, die vorübergehende Wegnahme der Kinder und die Behinderung der Ausbildung; durch die Einengung der Ausgangsmöglichkeiten, die Reisebeschränkungen und die partiellen Verbote von Kontakten mit der Bevölkerung; durch die Zwangsverwaltung von Vermögen und Einkommen, einen durch und durch reglementierten Alltag, rigide Disziplinarmassnahmen und eine rein administrative Justiz. All dies waren Bedingungen, die eine eigenständige und selbstbestimmte Existenz ausschlossen und die die psychische, manchmal auch die physische Gesundheit beeinträchtigten. Die vielfach «fast fatalistische Gewöhnung» an den Lageraufenthalt, gepaart mit der dadurch geprägten subjektiven Wahrnehmung der eigenen Existenz und des Weltgeschehens, habe «schwere Verkrümmungen des jeweiligen ‹Ichs› nach sich gezogen», konstatierte ein jüdischer Fürsorger 1944. Dennoch verstiessen die wenigsten dieser zum Teil verheerenden Zwänge gegen nationales oder internationales Recht, da beide für Landesfremde, staatenlose zumal, nur rudimentär ausgebildet waren. In welch schwacher Position sich die Flüchtlinge befanden, zeigte sich am Umstand, dass die Schweizer Behörden das Recht selbst dort, wo es diese geschützt hätte, ungehindert verletzen konnten, etwa beim Abkommen zum Judenstempel, beim partiellen, an der nazistischen Rassenlehre orientierten Heiratsverbot für Flüchtlinge oder bei gewissen Schikanen in den Lagern.[15] Auch die Tatsache, dass – mangels Einblick und Kontrolle durch Dritte – bei der Aufnahmepraxis häufig Willkür herrschte oder entgegen den Vorschriften abgewiesen wurde, illustriert die schwache Rechtsstellung der Flüchtlinge.

Diese fremdbestimmte Lage der Flüchtlinge tangierte zwangsläufig deren Verhältnis zu den Hilfswerken. Wie hätte es auch anders sein können, solange all ihre Existenzbereiche – zwischenmenschliche Beziehungen, Wohnen, Arbeiten, Ausbildung, Bewegungsmöglichkeiten, Zukunftsplanung – vollkommen durch behördliche Bedingungen determiniert waren. Der VSJF errichtete zu dieser administrierten Welt aber nicht etwa eine Gegenwelt – dazu wäre er gar nicht in der Lage gewesen –, sondern vielmehr ein spiegelbildliches Pendant in Form einer eigenen Bürokratie. Diese betreute Anfang 1945, zum Zeitpunkt ihrer grössten Ausdehnung, über 23 000 Flüchtlinge, von denen sie fast 10 000 auch materiell unterstützte. Allein im Zürcher Hauptquartier erledigten nun

75 Angestellte, fast alle Stenodaktylos, an einem durchschnittlichen Arbeitstag über 650 Korrespondenzen. Dazu kamen mehrere Hundert ehrenamtliche oder entlohnte Mitarbeiter und Mitarbeiterinnen in den unterdessen etwa zwanzig Lokalcomités.[16]

Im Fürsorgebereich sind Beziehungen zwischen Betreuten und Betreuenden generell asymmetrisch und konfliktträchtig – nicht zuletzt wegen der ambivalenten Mischung von Hilfe und Disziplinierung, von Unterstützung und Bevormundung, von Einfühlung und moralischer Erziehung, die diese Arbeit seit ihren historischen Anfängen kennzeichnet. In unserem Fall vergrösserte die bedrohliche Gesamtsituation das Potenzial an Spannungen noch zusätzlich: Einerseits war die Klientel den beschriebenen prekären Existenzbedingungen ausgesetzt und zudem schwer belastet durch all die Sorgen und psychischen Leiden, die mit ihrer Verfolgung, Flucht und ungewissen Zukunft zusammenhingen. Andererseits stand der VSJF selbst unter beträchtlichem Druck, weil ihm Menschen anvertraut wurden, die als unerwünscht galten und womöglich die ohnehin schwache Position der eigenen Gemeinde gefährdeten. Deshalb erstaunt es nicht, dass zwischen Flüchtlingen und Hilfswerk immer wieder Missstimmung aufkam, besonders ausgeprägt in den letzten beiden Kriegsjahren. Eine der wiederkehrenden Klagen von Seiten der Flüchtlinge betraf den Massenbetrieb und die damit einhergehende unpersönliche Behandlung. So beanstandete in Bern der Sprecher der Flüchtlinge die «wenig herzliche Einstellung» des lokalen Hilfswerks und konstatierte, jenes sei nicht mehr als eine «geschäftsmässige Auszahlungsstelle». Dies sei letztlich der Grund, warum in dieser Stadt so viele jüdische Emigranten lieber die verständnisvolle Gertrud Kurz aufsuchten, mit der sie «von Mund zu Mund» und «Auge im Auge» reden könnten. Für Verdruss sorgten auch – wie seit eh und je – die mangels Finanzen zu niedrigen Unterstützungssätze: Flüchtlinge, die gänzlich von den Leistungen des VSJF abhängig waren, mussten äusserst sparsam leben. Und auch die Tatsache, dass die auf Bundeskosten Internierten für ihre zusätzlichen Bedürfnisse (Körperpflege, Obst, Briefmarken usw.) vom Hilfswerk nur ein geringes Taschengeld erhielten, schuf laut Regina Boritzer «enorme Erbitterung». Andere Stimmen warfen dem VSJF eine mangelnde Distanz zu den Behörden vor oder beklagten sich über einen harschen, auf Disziplin bedachten Umgang mit seinen Schützlingen. Dass generell ein beträchtliches, freilich schwer abschätzbares Mass an Spannungen und Frustrationen, Groll und Ressentiments vorhanden war, lassen einzelne emotionale Ausbrüche vermuten – etwa das anonyme Flugblatt von 1943, in dem ein zorniger Flüchtling die Betreuer mit «Nazis» verglich, oder die Brandrede eines einheimischen Juden, der 1944 im VSJF ein «Monstrum» sah und diesem eine «Verachtung» der Anvertrauten, ja eine «bösartige Wohltätigkeit» unterstellte.[17]

Derartige Anwürfe waren masslos und beruhten teilweise auf völliger Unkenntnis der Leistungen und Rahmenbedingungen des Hilfswerks (woran dieses mit seiner Politik des Niedrigprofils nicht unschuldig war). Sie standen auch in krassem Gegensatz zu anderen Stimmen, die den Einsatz der Flüchtlingshelfer in den höchsten Tönen lobten. So dankten Ende 1943 die Insassen des *Camps Petit-Saconnex* dem Genfer Gemeindepräsidenten Armand Brunschvig dafür, dass er sie vor «viel seelischem und materiellem Leid» bewahrt habe. «Bei Ihrem Gang durch unser Lager glaubte man den sieghaften Schritt der Wohltat zu schauen, die nur das Gute will und es auch durchsetzt, trotz allem.» – Angesichts der offenkundigen Störungen in der Flüchtlingsbetreuung sah sich der VSJF in verschiedenen Bereichen zum Handeln gezwungen. Mit dem expliziten Ziel, die Spannungen zu vermindern, setzte er im November 1943 auf «vermehrten menschlichen Kontakt» und entschied sich dafür, halbjährige Ausbildungskurse für Fürsorgerinnen durchzuführen. Im Mai 1944 beschloss er zusätzlich die Einführung einer *Rechtsschutzstelle* für diejenigen Flüchtlinge, die mit dem VSJF in Konflikt standen. Die zu diesem Zweck gewählte Kommission nahm ihre Arbeit jedoch erst im März 1945 auf und sollte nicht mehr die erwartete Bedeutung als Ventilfunktion erlangen, da sich die Flüchtlinge inzwischen vor allem mit ihrer Zukunft beschäftigten.[18]

Im Herbst 1943 stellte der VSJF auch fest, dass er die Anfang des Jahres begonnene Betreuung der Internierten modifizieren und über den religiösen Bereich hinaus ausweiten musste: Es reichte nicht aus, dass Rabbiner und Fürsorger regelmässig die Lager besuchten und sich der materiellen Sorgen annahmen. Man musste eine geistig-kulturelle Betreuung in die Wege leiten, wie dies der *Christliche Verein Junger Männer* seit einem Jahr mit vielfältigen Angeboten vorexerzierte. Dieser hatte mit dem SARCIS eine eigene Organisation für die Freizeitgestaltung der Lagerinsassen gegründet und besass nach Einschätzung des VSJF auf diesem Feld einen grossen Vorsprung. Deshalb rief auch das jüdische Hilfswerk im Oktober 1943 eine *Abteilung für kulturelle und seelsorgerische Betreuung* ins Leben, die sich hauptsächlich um die in den Lagern und Heimen lebenden Flüchtlinge kümmern sollte. Die Abteilung übernahm zum einen die Verantwortung für die religiösen Aspekte, etwa indem sie für Urlaubsbewilligungen an hohen Feiertagen sorgte oder in den Lagern Gottesdienste abhalten liess, wobei sie auch die dazu notwendigen Ritualien (Gebetsbücher, Thorarolle, Gebetsmäntel, Schofar, Chanukka-Kerzen, Pessachbrot usw.) bereitstellte. Zum anderen initiierte sie ein (jüdisches) Kulturprogramm, bestehend aus Vorträgen und Kursen, einem Bücherdienst sowie jiddischen und deutschsprachigen Theatervorstellungen. Ihr Ziel sei es, deklarierte die Abteilung, die Wünsche der Flüchtlinge aufzunehmen, diese in ihrer «Persönlichkeitsgestaltung» zu unterstützen, ihr schweres Schicksal zu lindern und ihr Verhältnis zu den Lokalcomités zu verbessern.[19]

Das grösste Problem stellte vorerst allerdings nicht die Freizeit dar, sondern die Arbeits- und Ausbildungssituation. Durch das Erwerbsverbot und die Internierung in Arbeitslagern hatten die Flüchtlinge gänzlich den Zugang zu einer be-

Dank der Hilfe der ORT-Suisse konnten – wie in der hier abgebildeten Weberei – doch noch eine beachtliche Anzahl Flüchtlinge von einer beruflichen Aus- oder Weiterbildung profitieren. Aufnahme aus dem Schulungsheim in Morcote (Tessin) um 1946. (AfZ)

friedigenden und würdigen Tätigkeit verloren, mit der sie ihren Lebensunterhalt selbst hätten verdienen können. Zudem hatten sie Jahre ungenutzt verstreichen lassen müssen, statt sie in eine zukunftsgerichtete Ausbildung zu investieren. Da sich die Behörden auf diesem Gebiet bis 1944 untätig und blockierend verhielten, lag auch die Verantwortung für diesbezügliche Verbesserungen bei den einheimischen Juden – eine zusätzliche, äusserst aufwändige Aufgabe, für die der VSJF nicht gerüstet war. Glücklicherweise konnte er auf die Hilfe der *Organisation, Reconstruction, Travail* zählen, die sich bereits 1939 an einigen Ausbildungskursen in den damals noch von den Juden selbst geführten Lagern beteiligt hatte. Inzwischen stand die Tätigkeit der ORT unter der Leitung von Aaron Syngalowski, der selbst Anfang 1943 als Flüchtling aus Frankreich eingereist war. Der SIG hätte es – vermutlich aus innenpolitischen Bedenken – vorgezogen, das Programm der ausländischen ORT in seine eigene Institution zu integrieren, aber Syngalowski setzte schliesslich im November 1943 die Gründung einer unabhängigen Schweizer Sektion durch. Nach langwierigen Verhandlungen mit den eidgenössischen Behörden konnte die ORT-Suisse umfangreiche Ausbildungs- und Umschulungskurse durchführen – mit beachtlichem Erfolg: Bis zum Kriegsende ermöglichte sie 5 000 Jugendlichen und Erwachsenen, sowohl frei lebenden wie internierten, eine berufliche Schulung.[20]

Je deutlicher sich ein Ende der Kriegshandlungen abzeichnete, umso mehr wuchs unter den Flüchtlingen die Sorge um ihre Zukunft: Würden sie kollektiv abgeschoben werden? Würde man sie zur Rückkehr ins Herkunftsland zwingen, obwohl sie dort furchtbare Erfahrungen hatten machen müssen – nicht nur mit den deutschen Okkupanten, sondern auch mit den eigenen Landsleuten? Bei welchen Ländern hatten sie Chancen auf eine Einwanderung? Wo erhielten sie dazu verlässliche Informationen? Was war mit den Angehörigen, von denen seit langem jede Nachricht fehlte? Als Reaktion auf all diese Besorgnisse beschlossen die Hilfswerke, die Flüchtlinge nach ihren Wünschen und Bedürfnissen zu befragen. Im Mai 1944 führten sie unter der Leitung von Berta Hohermuth vom *Fürsorgedienst für Ausgewanderte* (der Schweizer Sektion des interkonfessionellen *International Migration Service*) eine erste Umfrage bei 500 Flüchtlingen durch (eine umfassendere folgte ein Jahr später), die bestätigte, wie sehr die Weiterwanderung die Gemüter beschäftigte und belastete. Als im Juni 1944 die Alliierten in der Normandie landeten und die Sowjetunion vom Osten her zur Grossoffensive ansetzte, so dass der Friede in greifbare Nähe zu rücken schien, begannen sich die frei lebenden Flüchtlinge selbst zu organisieren und bildeten in verschiedenen Städten *Initiativausschüsse,* die sich dieser brennenden Sorgen annahmen. Auch in den einzelnen Arbeitslagern fanden sich immer mehr Insassen, die ihre Anliegen artikulierten. Delegationen wandten sich an den VSJF und den SIG und forderten eine Mitsprache mittels allgemeiner Wahlen. Die Flüchtlinge sollten in den Gremien der Hilfswerke mitwirken dürfen. Zudem appellierten sie an den VSJF, sich bei den Behörden für ihr Recht auf Mitbestimmung bei der Freizeitgestaltung und der Weiterwanderung einzusetzen. Die SIG-Geschäftsleitung sprach sich am 23. August 1944 grundsätzlich für eine Mitwirkung im VSJF aus und unterstützte auch das Postulat einer allgemeinen Mitsprache, deren Umsetzung man über die *Schweizerische Zentralstelle für Flüchtlingshilfe* vorantreiben wollte. Während der VSJF über die interne Mitwirkung selbst bestimmen konnte und sie tatsächlich auch einführte (allerdings erst im kommenden Frühjahr, beschränkt auf die Weiterwanderung und nur mit konsultativem Charakter), war er bezüglich einer Mitwirkung auf nationaler Ebene auf die Zustimmung der SZF und vor allem der Polizeiabteilung angewiesen.[21]

Silvain S. Guggenheim hatte in der SZF und bei den eidgenössischen Behörden schon früher Vorstösse für eine bescheidene Mitwirkung der Flüchtlinge unternommen, war damit jedoch auf taube Ohren gestossen. Nun hielt er es für wichtiger denn je, dass die Flüchtlinge ein Mitspracherecht erlangten, da es schliesslich um ihre eigene Zukunft ging. Ende August vertrat er dieses Anliegen in einer Sitzung der SZF – «mit aller Kraft», wie er den Initiativausschüssen mitteilte. Bezüglich der Freizeitgestaltung war sein Einsatz erfolgreich: Die SZF gründete sogleich einen *Freizeitausschuss,* und im Oktober gleichen Jahres erliess die *Zentralleitung der eidgenössischen Arbeitslager (ZL)* in Zusammenarbeit mit der SZF ein Reglement, das den Lagerinsassen ein Vorschlagsrecht bei der Wahl von «Freizeitgestaltern» zugestand, die für Unterhaltungs- und Bildungsangebote organisatorisch verantwortlich sein sollten. Diese – aus heutiger Sicht – kleine Konzession hatte ZL-Leiter Otto Zaugg von sich aus gemacht (was ihm später massive Vorwürfe von dem sich übergangen fühlenden Rothmund eintrug). Was eine Mitbestimmung bei der Weiterwanderung betraf, verwies Zaugg die Hilfswerke jedoch von Anfang an auf die Polizeiabteilung, die dafür allein zuständig sei. Im Auftrag der SZF sprach deshalb Gertrud Kurz bei Rothmund vor und berichtete diesem von der zunehmenden Unruhe der Flüchtlinge und von deren Wunsch, «nicht mehr bloss Objekt» sein zu wollen. Zugleich unterbreitete sie ihm den Vorschlag der SZF, alle Flüchtlinge, frei lebende wie internierte, ihre eigenen Delegierten wählen zu lassen und diese zu einer Tagung zusammenzurufen, auf der sie einen festen Ausschuss aus etwa zehn Regionalvertretern bilden sollten. Rothmund war jedoch für keine Mitbestimmung zu haben und beschränkte sich auf die Empfehlung, dass Berta Hohermuth bei ihrer Enquete zur Besänftigung der Gemüter vermehrt Flüchtlinge als Fragesteller beiziehen könne – was dann auch geschah.[22]

Als hartnäckiger Befürworter einer Mitbestimmung der Flüchtlinge profilierte sich Robert Meyer – ein Mitglied des VSJF-Vorstands, dem wir bereits im Zusammenhang mit der internen Krise begegnet sind, in der er sich skeptisch über die nichtjüdische Öffentlichkeit geäussert hatte. Nachdem er schon bei der «Demokratisierung» der Freizeitgestaltung eine massgebliche Rolle gespielt hatte, tat er sich nun zusammen mit Pfarrer Paul Vogt als wichtigster Verfechter eines Vorschlags der SZF hervor, demzufolge die bereits demokratisch legitimierten Freizeitgestalter die Mitbestimmung auf einer nationalen Tagung behandeln sollten. In einer Sitzung der SZF vom 13. November 1944 präsentierten Vogt und Meyer ihre Vorstellung den anderen Hilfswerkvertretern und dem ebenfalls anwesenden Rothmund. Dieser war zwar einverstanden mit der Durchführung einer Tagung, wandte sich jedoch entschieden gegen die Teilnahme der Freizeitgestalter, da er dahinter den heimlichen Plan eines «Flüchtlingsparlaments» witterte. Stattdessen beharrte er darauf, diejenigen Flüchtlinge abzuordnen, die man bei Hohermuths Enquete als Fragesteller engagiert hatte. Unterstützung erhielt er vom Präsidenten des *Schweizerischen Arbeiterhilfswerks*, der vermutlich den Einfluss der gut organisierten kommunistischen Flüchtlinge fürchtete. Die zweite Schützenhilfe verblüfft nicht weniger: Sie kam vom neuen VSJF-Präsidenten Pierre Bigar, der zwar in der Sitzung schwieg, dann jedoch den Polizeichef im Bundeshaus aufsuchte und ihm mitteilte, er stehe ganz auf seiner Seite. Er lehnte, wie aus den Quellen hervorgeht, nicht nur die Mitbestimmung der Flüchtlinge ab, auch die Loyalität zu den Behörden war ihm wichtiger als die Loyalität zu seinen eigenen Mitarbeitern.[23]

Rothmund setzte sich schliesslich durch, und Ende Februar 1945 trafen sich in Montreux am Ufer des Genfersees 320 Flüchtlinge sowie Vertreter von Behörden und Hilfswerken, um mehrere Tage über Aspekte der Rück- und Weiterwanderung zu konferieren. Die Bandbreite der in zahlreichen Plenar- und Gruppenveranstaltungen behandelten Themen reichte von technischen und rechtlichen Fragen bis zu psychologischen, moralischen und politischen. Endlich konnten die Flüchtlinge, die über Jahre in die stumme Rolle von Befehlsempfängern und rechtlosen Subjekten gezwungen gewesen waren, selbst sprechen und ihre Wünsche und Forderungen direkt an die Behörden und Hilfswerke richten. Unter anderem verlangten sie eine weitgehende Selbstverwaltung in den Lagern, die Intensivierung der Berufsbildung und die Aufhebung zahlreicher Diskriminierungen. Besonderes Gewicht legten sie darauf, dass die Ausreisen individuell, nicht unter Zeitdruck und ohne das Aufzwingen eines bestimmten Ziellandes erfolgen sollten – alles Forderungen, die im Gegensatz zur bisher eisern praktizierten Politik standen. Was die Ausreise betraf, zeigten sich die anwesenden Chefbeamten – Rothmund, Jezler, Schürch – konzessionswillig und versprachen Rücksichtnahme. Allerdings nur in den Modalitäten: Im Grundsätzlichen beharrten sie auf ihren bekannten Überzeugungen und bläuten den Flüchtlingen gründlich ein, dass sie ein «Überfremdungsfaktor» seien und das Land baldmöglichst zu verlassen hätten. Aber diese Prinzipien wurden damals ohnehin von niemandem in Frage gestellt, weder von den Hilfswerken noch von den Betroffenen selbst. Die Wünsche der Flüchtlinge waren weit bescheidener: Schon die Zusicherung, dass sie nicht zwangsweise in Massentransporten abgeschoben würden, bedeutete für sie eine grosse Erleichterung und mehr, als sie hatten erwarten dürfen. Sie mussten nur an ihre Schicksalsgefährten aus Theresienstadt und Bergen-Belsen denken, die in den gleichen Monaten und sozusagen in Hörweite mit allen Mitteln gegen ihre Abschiebung nach Afrika kämpften, an der angeblich nicht zu rütteln war, wie Jezler auf derselben Tagung bekräftigte. Höhepunkt der Konferenz war die bei Eduard von Steiger eingeholte Erlaubnis, dass die Flüchtlinge nun doch durch demokratische Wahlen ihre Delegierten bestimmen durften, die sich in einer Kommission zusammen mit Vertretern der Behörden und der Hilfswerke mit der Rück- und Weiterwanderung befassen sollten. Als telefonisch die Zusage des Bundesrats eintraf, sei ein Aufatmen durch die Reihen der anwesenden Flüchtlinge gegangen, erinnert sich später SHEK-Leiterin Nettie Sutro, «das Tor zur Selbstbestimmung, zur Freiheit, zu einer besseren Zukunft» habe sich aufgetan. Damit war das hauptsächlich vom VSJF vorangetriebene Projekt doch noch zu einem erfolgreichen Abschluss gekommen. Allerdings hielt sich der Fortschritt in Grenzen, denn den künftigen Flüchtlingsvertretern hatte man von Anfang an nur eingeschränkte Kompetenzen zugestehen wollen, und nun wurden diese durch Bundesrat von Steiger noch weiter beschnitten.[24]

Alle Beteiligten werteten die Konferenz insgesamt als grossen Erfolg – nicht zuletzt wegen ihres symbolischen Gehalts und ihrer positiven Wirkung auf die bisher sehr gespannten Beziehungen zwischen den ungleichen Partnern. Im VSJF und im SIG wurde die Zufriedenheit über das Erreichte jedoch durch interne wie

Als sich Delegierte der Flüchtlinge im März 1945 im Kursaal von Montreux gemeinsam mit Vertretern von Hilfswerken und Behörden zu einer mehrtägigen Konferenz versammeln dürfen, fühlen sie sich erstmals nicht mehr als Objekte behandelt. In der vordersten Reihe rechts «Flüchtlingsmutter» Gertrud Kurz (mit Halskette). (Keystone)

externe Kritik erheblich getrübt. Der allgemeine Vorwurf lautete, dass die beiden jüdischen Organisationen in Montreux zu wenig Präsenz und Profil gezeigt hätten. Tatsächlich war keines der mehreren Dutzend Tagungsreferate von ihrer

Seite gekommen – wenn man von einem kurzen Dankeswort von Pierre Bigar an Behörden und Veranstalter absieht, in dem dieser die Flüchtlinge, Behörden und Hilfswerke als «eine grosse Familie» beschrieb. Der VSJF-Präsident hatte es auch abgelehnt, auf der Tagung die Leistungen seines Hilfswerks zu präsentieren. Und der SIG war, da nicht eingeladen, überhaupt nicht vertreten gewesen. Die anderen Organisationen hatten hingegen ihre prominenten Vertreter sprechen lassen oder hatten Informationsstände aufgestellt und Resolutionen veröffentlicht. – Heute herrsche der Eindruck vor, stellte der VSJF-Vorstand im Nachhinein konsterniert fest, dass Pfarrer Vogt und Fräulein Hohermuth die Zentren der Hilfswerke bildeten; der VSJF scheine hingegen gar nicht zu existieren. Dieser Eindruck entsprach in der Tat weder den eigenen Leistungen im Flüchtlingsbereich, die diejenigen aller anderen Organisationen um ein Vielfaches übertrafen, noch der massgeblichen Rolle, die man nicht zuletzt bei der Initiierung dieser Konferenz gespielt hatte.

Inhaltlich fusste die Kritik auf der Beobachtung, dass generell das «jüdische Element auf der Tagung zu kurz gekommen» sei, wie sich VSJF-Vizepräsident Otto H. Heim ausdrückte. Er spielte damit auf den Umstand an, dass sein Hilfswerk zu Themen geschwiegen hatte, die die Juden existenziell betrafen. Zum einen ging es um die damals auch international erbittert diskutierte Frage, ob Juden in ihre früheren Verfolgerstaaten – gemeint war hauptsächlich Deutschland, gelegentlich auch Österreich oder Polen – zurückkehren sollten oder durften. Die gut organisierten kommunistischen und sozialistischen Flüchtlinge hatten dies – da sie in ihrem Herkunftsland politische Aufbauarbeit leisten wollten – geschickt propagiert und so nach Meinung vieler Juden in der Öffentlichkeit ein verzerrtes Bild von der tatsächlichen Stimmung unter den Flüchtlingen erzeugt. Hinzu kam, dass auch prominente christliche Redner und Rednerinnen – etwa Gertrud Kurz und Paul Vogt, die ansonsten bei den Juden hoch geachtet waren – sich für eine Rückkehr ausgesprochen und Ideen vertreten hatten, die die zuhörenden Juden als Aufruf zur Versöhnung mit ihren bisherigen Verfolgern verstanden. Die jüdische Verärgerung und Empörung darüber waren nur zu begreiflich. Als Alternative zur Rückkehr bot sich die Einwanderung nach Palästina an. Deshalb sorgte bei den Zionisten für zusätzlichen Missmut, dass der VSJF-Präsident Bigar in seiner Diskussionsgruppe die Verabschiedung einer entsprechenden Resolution mit dem Argument blockiert hatte, diese trage einen politischen Charakter.[25]

Die leitenden Juden beschlossen, aus diesen Vorkommnissen Lehren zu ziehen: Die mangelnde Präsenz in Montreux interpretierten sie als Symptom eines Verdrängungsprozesses unter den Hilfswerken, den sie – zuletzt anlässlich der gross angelegten Flüchtlingsbefragung, die ganz in den Händen Hohermuths lag – seit einiger Zeit glaubten beobachten zu müssen. Silvain S. Guggenheim erklärte sich deshalb bereit, in der SZF das Amt des Ersten Vizepräsidenten zu übernehmen, um den verlorenen Einfluss zurückzuerobern. Man hinterfragte also nicht die eigene Tradition des Niedrigprofils, sondern setzte auf die altbewährte Strategie: noch mehr Fleiss und Engagement – zu leisten ausgerechnet durch den Mann, der eben erst die anstrengende VSJF-Präsidentschaft abgegeben hatte und gesundheitlich angeschlagen war.[26]

Die in Montreux aufgeworfenen Fragen betrafen jedoch nicht nur taktische Aspekte. Zur Debatte stand vielmehr, wie man das Flüchtlingsproblem einer definitiven Lösung zuführen und welche Haltung man dabei selbst einnehmen wollte.

Zurückkehren, weiterwandern, bleiben?

Emotional am eindringlichsten beschäftigte die Frage der Rückkehr. Im SIG und im VSJF war man allgemein verärgert darüber, dass die kommunistischen Flüchtlinge systematisch die Parole «Zurück nach Deutschland» propagierten, sei dies in den Initiativausschüssen, in der Flüchtlingszeitschrift *Über die Grenzen* oder nun besonders lautstark in Montreux. Laut Otto H. Heim hatten sie auf der Tagung am Genfersee suggeriert, dass 60 Prozent der deutschen und 90 Prozent der österreichischen Flüchtlinge in ihr Herkunftsland zurückkehren wollten, während nach Hohermuths Untersuchung nur 6 beziehungsweise 9 Prozent derartige Absichten verfolgten. Knapp zwei Wochen nach der Konferenz forderten die Lokalcomités des VSJF ihren Vorstand auf, ihre Schützlinge schleunigst darüber aufzuklären, «welche Gefahr die Rückkehr jüdischer Flüchtlinge nach Deutschland für die jüdische Gemeinschaft» bedeute. Dabei beriefen sie sich auf den *Jüdischen Weltkongress*, der in Atlantic City gebieterisch behauptet hatte, dass «keine Verbindung mehr zwischen Juden aus Deutschland und Deutschland» bestehe und jene Juden nicht in ihr Herkunftsland zurückkehrten.

Auch in den Gremien von SIG und VSJF herrschte Einigkeit, dass die Rückkehr zu missbilligen war. Dabei stand – wie schon bei den Lokalcomités – nicht die individuelle Zukunftsperspektive zur Debatte, sondern das kollektive jüdische Selbstverständnis, ausgedrückt im Verhältnis zur wichtigsten Täternation: Niemals werde der SIG «die Hand zum Frieden mit Deutschland reichen», meinte Präsident Saly Braunschweig, man könne über Jahrhunderte nicht vergessen, was es den Juden angetan habe. Kein Jude dürfe zurückkehren, wenn er sich nicht ausserhalb der jüdischen Gemeinschaft stellen wolle. «Wir hassen die Deutschen nicht – aber wir wollen sie sich selbst überlassen – sie sind für uns einfach nicht mehr da.» Einig war man sich auch, dass der SIG in dieser Frage seine gewohnte stumme Neutralitätspolitik aufgeben und Stellung beziehen müsse. Uneinigkeit bestand hingegen in der Frage, inwiefern Druck auf die Flüchtlinge ausgeübt werden dürfe. Robert Meyer sah schon in der Proklamation des *Jüdischen Weltkongresses*, dass kein Jude zurückkehren werde, eine «Diffamierung» und warnte davor, nun selbst moralischen Zwang auszuüben, wo man doch genau dies sonst immer bekämpft habe. Als Fürsorgeorganisation müsse man die Wünsche der Betreuten respektieren, auch wenn man diese für falsch halte. Ein anderes VSJF-Vorstandsmitglied sprach gar von «Gesinnungsterror». Dem wurde mit Heftigkeit entgegengehalten, dass man sich nicht hinter «humanitären Gedanken verschanzen» und unterstützen dürfe, was mit der «jüdischen Ehre» unvereinbar sei.[27]

Am 22. März 1945 sprach sich die SIG-Geschäftsleitung, «gewillt, die Würde und die Interessen der jüdischen Gesamtheit zu wahren», mit einer Resolution «gegen die Rückkehr von jüdischen Flüchtlingen nach Deutschland» aus. Um den moralischen Druck auf die Betroffenen abzuschwächen, erklärte sie weiter, dass sie es jedem Einzelnen überlasse, ob er nach allem, was geschehen sei, eine Rückkehr als Jude verantworten könne. Zur Begründung seiner Haltung verwies der SIG «auf das namenlose Elend, das Deutschland systematisch über den grössten Teil der europäischen Judenheit gebracht» habe, «auf die grauenhaften Verfolgungen, denen die Juden in Deutschland und in den von Deutschland besetzten Ländern ausgeliefert worden» seien, und «auf die Ermordung von Millionen unserer Glaubensbrüder und -schwestern». Damit brach der Gemeindebund nun auch erstmals sein bisher sorgsam beachtetes Tabu, die Täternation und deren Taten explizit zu benennen. Allerdings richtete sich seine Resolution ausdrücklich nicht an eine breite Öffentlichkeit, sondern nur an die Mitarbeiter des VSJF – und vor allem an die Flüchtlinge selbst, die man bei der bevorstehenden Wahl der ihnen in Montreux zugestandenen Flüchtlingsvertreter zu beeinflussen suchte. Mit Erfolg: Im Juni konnte der SIG erleichtert zur Kenntnis nehmen, dass der «jüdische Block» alle neun Sitze errungen hatte und die Propagandisten der Rückkehr leer ausgegangen waren.[28]

Als Folge der SIG-Resolution erhielten die Rückkehrer nach Deutschland im Gegensatz zu allen anderen vom VSJF kein «Zehrgeld» für die Rückreise. Damit stiess man bei den nichtjüdischen Hilfswerken auf Unverständnis, und auch unter den eigenen Fürsorgern, die mit der persönlichen Betreuung betraut waren, regte sich bald Widerstand gegen diese Diskriminierung, so dass Robert Meyer im November 1945 in einer Vorstandssitzung des VSJF die Überprüfung dieser Anordnung beantragte. Es sei nicht logisch, monierte er unter anderem, dass man gegenüber weiteren Ländern, die doch mindestens so antisemitisch wie Deutschland seien, etwa Polen, anders verfahre. Meyer fand Unterstützung bei anderen Rednern, insbesondere bei Silvain S. Guggenheim und Georges Bloch, die die «ehrenwerten Motive» der Rückkehrer unterstrichen. Was sie damit meinten, steht nicht in den Protokollen. Vermutlich dachten sie hauptsächlich an die Menschen, die – wie etwa Künstler und Journalisten – aus beruflichen Gründen auf die deutsche Sprache angewiesen waren, sowie an jene, die ihre verlorenen Besitztümer oder Beamtenrenten zu retten hofften, und an allein stehende, häufig ältere Personen, die zu Verwandten ziehen wollten, die in Deutschland überlebt hatten. Hingegen dürfte das Ziel des politischen Wiederaufbaus – das

Gegen Kriegsende werden wieder kollektive Weiterreisen möglich. Auf dem Bild kehren im April 1945 Zivilflüchtlinge nach Italien zurück. Sie verstauen ihre Habseligkeiten auf einem Pferdefuhrwerk, um sie nach Locarno bringen zu lassen, wo die Reise mit dem Autobus weitergeht. (Photograph: Fritz Weiss; Gretlers Panoptikum zur Sozialgeschichte, Zürich)

für die Verfechter der Rückkehr im Vordergrund gestanden hatte – bei den VSJF-Schützlingen kaum eine Rolle gespielt haben, da die sozialdemokratisch und kommunistisch engagierten Flüchtlinge in der Regel nicht vom jüdischen Hilfswerk betreut wurden. – Was auch immer der VSJF-Vorstand unter «ehrenwerten Motiven» verstand: Er liess sich davon überzeugen, dass die Ungleichbehandlung der Rückkehrer nach Deutschland falsch und zu korrigieren war. Und die SIG-Geschäftsleitung akzeptierte diesen Beschluss.[29]

All diese hoch emotionalen Auseinandersetzungen standen in keinem Verhältnis zur numerischen Bedeutung des Problems, kehrten doch in den Jahren 1945 und 1946 insgesamt nur 57 VSJF-Flüchtlinge nach Deutschland zurück. Es ging eben weniger um eine praktische Problemlösung als darum, symbolisch Stellung zu beziehen: Endlich, nach quälend langen Jahren, geprägt von hilflosem Schweigen und unterdrückter Wut, von Fassungslosigkeit und eigenen Zweifeln, von gleichgültig-ungläubigen Reaktionen der nichtjüdischen Umwelt, von grenzenloser deutscher Arroganz, Einschüchterung und Demütigung – endlich, nach all diesen Jahren, konnte man dem abgrundtiefen Abscheu Ausdruck geben, konnte Mörder Mörder nennen und Grossverbrechen Grossverbrechen, endlich durfte man laut verurteilen und verdammen, durfte die Würde der Juden, insbesondere aller Opfer, über die Verachtung der Täter wiederherstellen – ohne patriotische Rücksichtnahme, ohne ohnmächtige Kompromissbildung und ohne negative Folgen für sich und die europäischen Glaubensgenossen befürchten zu müssen.

Und das reale Problem? Welche Antworten fand der Gemeindebund auf die Frage nach dem künftigen Schicksal von immerhin 25 000 anwesenden jüdischen Flüchtlingen, die meisten vom eigenen Hilfswerk betreut? Dass die Schweiz stark «überfremdet» und deshalb am Transitprinzip festzuhalten sei, stellte der SIG noch immer nicht zur Debatte. Dies machte Präsident Braunschweig implizit bereits Anfang 1944 deutlich, als er ausschloss, dass die «jüdischen Menschenmassen» dort ein Leben aufbauen könnten, «wo der Zwang oder Zufall sie hingeführt» habe. Er dachte dabei primär an die Flüchtlinge im eigenen Land. Eine Preisgabe des Transitprinzips war auch später, in den Monaten vor und nach Kriegsende, kein Thema: weder beim SIG noch beim VSJF, weder bei den nichtjüdischen Hilfswerken noch in der schweizerischen Öffentlichkeit – und erst recht nicht bei den Behörden. In den jüdischen Organisationen war dieses Prinzip derart unumstritten, dass es kaum erwähnt wurde – es sei denn affirmativ, etwa wenn der VSJF sich im November 1944 gegen «Drückebergerei» bei der Ausreise wandte, der man nicht Vorschub leisten dürfe, oder wenn ein Jahr später Otto H. Heim, unterdessen als Nachfolger von Bigar VSJF-Präsident geworden, erklärte, man müsse die Flüchtlinge «immer wieder darauf aufmerksam machen, dass sie nicht hier bleiben» dürften. Statt von einem Widerstand der jüdischen Institutionen gegen die Transitpolitik, die teilweise einer erneuten Vertreibung gleichkam, müsste man also eher von deren aktiver Unterstützung sprechen – wenigstens in dieser Phase, in der es noch um viele Tausende von Personen ging und noch nicht wie später um ein Dauerasyl für nur wenige Hunderte. Der linkszionistische Veit Wyler, dessen Unkonventionalität sich schon bei der Verteidigung des Gustloff-Attentäters und bei seinen Fluchthilfeaktionen gezeigt hatte, warf dem VSJF im Herbst 1945 denn auch vor, er sei der «verlängerte Arm» der Polizeiabteilung – und blieb damit ein einsamer Kritiker. Eine Abweichung von der Transitmaxime stand vorerst nur bei den allein stehenden Alten und Kranken in Aussicht, da die *Eidgenössische Polizeiabteilung* der SZF schon im Oktober 1944 entsprechende Zusicherungen gegeben hatte – unter der Voraussetzung, dass die Hilfswerke den Lebensunterhalt der Betroffenen garantierten. Tatsächlich sollten diese Flüchtlinge zu den wenigen Ausnahmen gehören, die ab 1947 Dauerasyl erhielten. Aber auch bei diesen Personenkategorien verzichteten die jüdischen Verantwortlichen aus taktischen Gründen mindestens bis zum Frühjahr 1946 darauf, im Bundeshaus die Einlösung des Versprechens einzufordern.[30]

Da das Transitprinzip sakrosankt war und blieb, konnte es für den VSJF nur darum gehen, die eigenen Schützlinge bei ihrer Suche nach einem Zielland und bei ihrer Abreise zu unterstützen – oder sie gegebenenfalls mehr oder minder sanft dazu zu drängen. Aktuell geworden waren die Abreisen schon bald nach der Befreiung Frankreichs im Sommer 1944, da man nun erstmals seit 1940 wieder Kollektivtransporte aus der Schweiz organisieren konnte. Bereits am 21. August 1944 – drei Tage vorher hatte in Paris der Aufstand der Widerstandsbewegung begonnen, nur Tage später sollten die amerikanischen Truppen die Schweizer Westgrenze erreichen – verlangte Pierre Bigar, dass entsprechende Vorbereitungen intensiviert werden müssten. Und im Herbst bestand eine seiner ersten Amtshandlungen als neu gewählter VSJF-Präsident darin, in die französische Hauptstadt zu fahren, um beim Aussenministerium der soeben provisorisch eingesetzten Regierung de Gaulles die Beschleunigung der Repatriierungen aus der Schweiz zu erreichen. (Aufgrund langjähriger philanthropischer Tätigkeit für Frankreich – die vielleicht durch die französische Herkunft seiner Ehefrau motiviert war – besass er dort ausgezeichnete Beziehungen.) Nach Kriegsende hiess die Parole auch intern «Beschleunigung»: Um die Ausreisen zu «aktivieren», lade der VSJF die Flüchtlinge in seine Büros vor und bespreche mit ihnen die weiteren Pläne, berichtete Otto H. Heim dem CC im Herbst 1945. Die Polizeiabteilung stehe dieser Aktion «sehr wohlwollend» gegenüber.[31]

Und die Flüchtlinge selbst? Was waren ihre Pläne und Wünsche, Hoffnungen und Befürchtungen? Wie schon angedeutet, äusserten die wenigsten Flüchtlinge die Absicht, in der Schweiz zu bleiben. Dies kann kaum erstaunen, denn schliesslich hatten ihnen die Behörden von Anfang an unablässig eingetrichtet, dass sie baldmöglichst wieder zu verschwinden hätten. Die Dankbarkeit für die Lebensrettung mag manche daran gehindert haben, dieser Forderung zu widersprechen. Bei den Menschen, die aus einem von Deutschland besetzten Land vertrieben wurden, leuchtet zudem der Wunsch nach Rückkehr in ihr Herkunftsland unmittelbar ein: Die Hoffnung, in vormals vertrauten Verhältnissen eine neue Existenz aufbauen zu können, war für diese Flüchtlinge weitaus attraktiver als das Verbleiben in der Schweiz, wo sie sich nicht einmal ansatzweise in die Gesellschaft hatten integrieren dürfen. Viele Flüchtlinge brachen, in fiebriger Ungeduld und teilweise illegal, schon 1944 auf, unmittelbar nachdem die Deutschen in den entsprechenden Ländern das Feld geräumt hatten. Die Massen folgten bald darauf in organisierten Konvois, so dass ein Jahr nach Kriegsende die meisten Vertriebenen aus Frankreich, Italien, Belgien und Holland in ihre Heimat zurückgekehrt waren. Die Tatsache, dass es auch in diesen Ländern – insbesondere in Frankreich – virulenten Antisemitismus oder gar einheimische Unterstützung der Verfolgungen gegeben hatte, schien die Rückkehrer weniger abzuschrecken als die mühselige Suche nach einem Drittland.

Anders sah die Perspektive für diejenigen Flüchtlinge aus, die aus Deutschland, Österreich und Osteuropa vertrieben worden waren, wo der antijüdische Terror besonders radikal gewütet hatte: Wie sollten sie in das Land zurückkehren, in dem ihre Angehörigen zumeist ermordet worden waren? Wie den vormaligen Bekannten und Freunden begegnen, die sie damals plötzlich nicht mehr gegrüsst hatten? Wie in all die Gesichter schauen, die Mördern von Verwandten oder anderen Glaubensgenossen gehören konnten? Wie all die Stätten ertragen, in denen ihre verschwundenen Familien zu Hause gewesen waren und wo sie sich eine eigene, nun vernichtete Existenz aufgebaut hatten? Wie sich nicht abschrecken lassen vom mörderischen Antisemitismus, der in Osteuropa bereits vor Ende der Kriegshandlungen erneut seine Fratze zeigte? Angesichts dieser düsteren Aussicht blieb für die meisten Flüchtlinge aus Deutschland, Österreich und Osteuropa (insbesondere Polen) nur die Option der Weiterwanderung. Dies war noch immer kein einfaches Unterfangen, und deshalb stammte ein Grossteil der Flüchtlinge, die die Ausreise möglichst lange hinausschoben, aus den genannten Ländern. Es erstaunt auch nicht, dass diese Flüchtlinge mehr als andere den Wunsch äusserten, in der Schweiz bleiben zu dürfen.[32]

Wohin sollte die Weiterreise gehen, zu der man so unerbittlich gedrängt wurde? Für sehr viele Flüchtlinge hiess das Wunschziel Palästina oder die USA. Was «Erez Israel» betraf, hatte als Folge der Nachrichten über die Shoah auch im SIG ein Umdenken eingesetzt: Während der Zionismus früher nur bei einer Minderheit Unterstützung gefunden hatte, stimmten seinen Postulaten nun auch Juden zu, die nicht der Bewegung angehörten. Die SIG-Delegiertenversammlung vom Mai 1945 verabschiedete sogar einstimmig eine Resolution, die «die freie jüdische Einwanderung nach Palästina und die Errichtung eines souveränen jüdischen Gemeinwesens» forderte. Eingebracht worden war sie bezeichnenderweise von Paul Guggenheim, also einem Nichtzionisten. Die Hoffnungen auf «Erez Israel» erfüllten sich jedoch nicht, da Grossbritannien bis zur Beendigung seines Mandats im Mai 1948 an seiner strengen Quotenpolitik festhielt (und damit eine *illegale* Masseneinwanderung in Palästina provozierte). Auch die USA, die zweite grosse Hoffnung der Flüchtlinge, betrieben weiterhin eine restriktive Einwanderungspolitik – und alle anderen Staaten verhielten sich ähnlich.

Die Ausreise in ein Drittland wurde zudem durch die Folgen des Krieges massiv erschwert: durch Millionen von Vertriebenen in ganz Europa, die ebenfalls um die raren Ansiedlungsmöglichkeiten konkurrierten; durch blockierte Verkehrswege, da die Bahnhöfe und Bahnlinien, Brücken, Strassen und Seehäfen weitgehend zerstört waren; durch fehlende oder überteuerte Passagierplätze, da die noch vorhandenen Transportmittel für die Repatriierung der Armeen gebraucht wurden; durch einen aufwändigen Papierkrieg, da die Flüchtlinge unzählige Dokumente beschaffen mussten: Fahrkarten, Transitvisa, Einreiseerlaubnisse usw. Die Emigrationssituation glich derjenigen in den dreissiger Jahren, nur dass unterdessen durch die Verfolgungen und den Krieg viele Dokumente verloren gegangen waren, auf die man für eine Einwanderung und teilweise auch für die Repatriierung nicht verzichten konnte: Identitätspapiere, Geburtsscheine, Sterbedokumente, Ehescheidungsurteile, Studienzertifikate, Berufsdiplome, Leumundszeugnisse, Bestätigungen des früheren Wohnsitzes usw. Sie alle mussten irgendwie beschafft werden – obwohl der Postverkehr nur teilweise funktionierte, obwohl die die Dokumente ausstellenden Behörden noch nicht wieder oder nicht mehr arbeiteten oder die lokalen Archive ausgebombt, ausgelagert oder von den Siegermächten vereinnahmt waren. Das grösste Hemmnis bestand jedoch sowohl für zurückkehrende wie für weiterwandernde Flüchtlinge in der Ungewissheit über den Zustand der verlassenen Besitztümer und vor allem über das Schicksal der Familienangehörigen. Kaum jemand blieb von Todesnachrichten verschont. Fast noch schlimmer war aber das Ausbleiben von Nachrichten, wodurch sich das Bangen ins Unerträgliche verlängerte, die Trauer über Verstorbene hinausgeschoben und teilweise ein jahrelanges, quälendes Suchen nach den Verschwundenen ausgelöst wurde. Blockiert blieben so auch Entscheidungen über die Zukunft, da diese vom Wissen über das Los der Vermissten und von deren Mitentscheidung abhingen. Das Leiden unter derartigen Ungewissheiten traf alle: ein Massenproblem.[33]

Anfänglich verliess ein Grossteil der Flüchtlinge die Schweiz in Kollektivtransporten, die von der Polizeiabteilung organisiert wurden. So sank bis Anfang 1946 die Zahl der vom VSJF betreuten Flüchtlinge auf nur noch 6600 Personen, also auf ein Viertel des Vorjahresbestands. Die meisten der noch verbliebenen Schützlinge wurden in der internen Statistik als Polen, Deutsche, Österreicher oder Staatenlose geführt; sie waren also zumeist Personen, für die weltweit auf mühselige Weise individuelle Einwanderungsziele gesucht werden mussten. Der VSJF unterstützte die Ausreisen nach Kräften: durch Betreuung und Beratung, durch die Beschaffung von Dokumenten und die Organisation der Reisen sowie durch Interventionen bei ausländischen Vertretungen, damit auch Staatenlose in die westeuropäischen Länder zurückkehren konnten, in denen sie gelebt hatten. Auch die Recherchen nach Familienangehörigen verursachten dem VSJF einen beträchtlichen Aufwand; sie umfassten allein 1945 über 12 000 Fälle; wobei das Hilfswerk hier mit dem WJC zusammenarbeiten konnte, der in Genf eine umfangreiche *Jüdische Zentralkartothek* führte, die von SIG und VSJF mitfinanziert wurde. Der VSJF nahm auch die Kooperation mit der HICEM wieder auf, mit der er im Herbst 1945 eine eigene Abteilung für die Emigration der Erwachsenen gründete. Hingegen blieben die allein stehenden jüdischen Kinder vorläufig in der Obhut des SHEK und der Kinderhilfe des SRK. Angesichts ihrer traumatischen Erfahrungen hätten sie in ihrem Alter besonders einer schützenden, verständigen und stabilen Umgebung bedurft. Aber sie hatten die Schweiz ebenfalls zu verlassen, da laut Rothmunds einfühlsamer Erkenntnis «diese bedauernswerten Geschöpfe ihre Persönlichkeit» hierzulande nicht frei entfalten könnten. Ihre Emigration – die häufig eine komplizierte Suche nach Verwandten und nach geeigneten Pflegeplätzen erforderte – oblag dem *Fürsorgedienst für Ausgewanderte* in Genf und den jüdischen Organisationen.[34]

Kriegsende und Beginn einer langwierigen Nachgeschichte

Endlich hatte Deutschland kapituliert, und in Europa schwiegen die Waffen. Auch in der Schweiz feierte man am 8. Mai 1945 das seit Jahren ersehnte und seit Monaten absehbare Kriegsende: Freudenkundgebungen auf den Strassen, Tanz und spontane Umarmung fremder Menschen, zum Teil Beflaggung privater und öffentlicher Gebäude, schul- und arbeitsfreier Nachmittag, am Abend landesweit Glockengeläut und Dankgottesdienste, vereinzelte Ausschreitungen gegen Deutsche und Nazi-Sympathisanten. Damit wurde die im Voraus abgegebene Erklärung des Bundesrats, dass es sich für das «Schweizervolk [...] nicht um eine Siegesfeier» handle und eine Beflaggung «nicht am Platze zu sein» scheine, nur beschränkt respektiert – vor allem nicht in den grösseren Städten, am wenigsten in der Romandie.

Die bundesrätliche Vorgabe, darauf angelegt, die Neutralität zu wahren und Distanz zum Weltgeschehen zu markieren, fand am 8. Mai ihr Echo sowohl in Bundespräsident von Steigers Radioansprache wie in den meisten Reden der staatlichen und kirchlichen Funktionäre: Allenthalben sprach man vom «Wunder», vom «gnädigen Schicksal», dass die Schweiz vom Krieg verschont blieb, und dankte dafür der Armee und vor allem dem Allmächtigen: diesem ganz besonders und immer wieder. Hingegen schloss kaum ein Redner explizit die Alliierten in den Dank ein, obwohl doch letztlich diese einen ungeheuren Blutzoll zahlten, um auch die Schweiz vor dem Totalitarismus zu bewahren. Ebenso wenig Erwähnung fanden die Massenverbrechen an den Juden, obgleich doch erst Wochen zuvor Gräuelbilder aus Bergen-Belsen für einen weltweiten Aufschrei gesorgt hatten. – Der Glaube an den helvetischen Sonderfall: Er hatte sich in diesen Maitagen bereits voll entfaltet und zeigte sich in seiner ganzen Verblendung, da er die internationale Abhängigkeit ebenso leugnete wie die wirtschaftliche und finanzielle Kollaboration mit Nazi-Deutschland. Aufgrund der «hochgeheimen Vertraulichkeit» der Schweizer Aussenpolitik erscheine «unser verblüffendes Sonderschicksal als unzweideutiges Verdienst», hatte der hellsichtige Historiker Herbert Lüthy bereits im November 1944 festgestellt. «[E]s gab eine schweizerische Innenpolitik, und es gab eine Weltpolitik, aber zwischen beiden gab es im schweizerischen Bewusstsein keine Verbindung».[35]

An die Stelle dieser Verbindung trat in der Nachgeschichte alsbald der Réduit-Mythos, die Überzeugung also, die kriegerische Verschonung sei hauptsächlich der eigenen Wehrbereitschaft und dem militärischen Rückzug ins Gotthardmassiv (Réduit national) zu verdanken. Diese isolationistische Umdeutung trug wesentlich dazu bei, dass das Trauma des Zweiten Weltkriegs und der «Zivilisationsbruch Auschwitz» für die Schweiz keine Bedeutung erlangen sollten und vermeintlich keinen substanziellen Bestandteil ihrer Geschichte darstellten. So konnte hier – im Gegensatz zu anderen Ländern – die Politik einfach weitergehen: ohne Irritation, ohne Machtwechsel, ohne Bruch. Das drückte sich bei-

Die Bevölkerung von Lausanne feiert am 8. Mai 1945 mit Flaggen der alliierten Streitkräfte das Kriegsende – die Aufrufe von Bundesrat und Kirchen, den historischen Moment nur zurückhaltend zu begehen, werden vor allem in den Städten wenig befolgt. (Keystone)

spielsweise in der Kontinuität bei der *Eidgenössischen Polizeiabteilung* aus, wo auch in den folgenden Jahrzehnten die gleichen Figuren wie zuvor dominierten: Heinrich Rothmund als Chef bis 1954, Robert Jezler als Chef bis 1956, Oscar Schürch als Chef bis 1980. Ihre alte Parole der «Überfremdungsbekämpfung» sollte auch das Schlagwort der Zukunft bleiben.

Der Bundesrat hatte die Glaubensgemeinschaften brieflich gebeten, am Sonntag nach Beginn der Waffenruhe in den Gotteshäusern religiöse Feiern abzuhalten. Erstmals sei neben den staatlich anerkannten Religionsgemeinschaften auch die jüdische von den Bundesbehörden offiziell begrüsst worden, bemerkte SIG-Präsident Braunschweig stolz in seinem Rundschreiben, in dem er die Mitgliedsgemeinden dazu aufrief, der bundesrätlichen Bitte nachzukommen. Allerdings konnte der Gemeindebund des Kriegsendes schon vorher gedenken, da sein ordentlicher Delegiertentag zufällig auf den 10. Mai fiel, den Donnerstag vor der landesweiten Feier. Saly Braunschweig hielt bei dieser Zusammenkunft – sie fand im immer noch fahnengeschmückten Lausanne statt – eine ergreifende Eröffnungsrede. Zwar begann auch er mit dem üblichen Dank an den Allmächtigen, an Armee und Behörden. Ansonsten unterschied sich seine Perspektive aber deutlich vom landesweiten Tenor, gedachte er doch «mit einem heissen Dank der Opfer, die die alliierten Mächte gebracht» hätten, «um die Freiheit der Demokratien wieder zu errichten». Vor allem aber erinnerte er ausführlich an die «Hölle der Judenverfolgungen», an die «Millionen Juden, die unter furchtbaren Greueln ihr Leben» gelassen hätten. Im Gegensatz zu den nichtjüdischen Rednern, die in diesen Tagen zu einer Versöhnung mit Deutschland und gutnachbarlicher Hilfe aufriefen, wiederholte er seinen bekannten Standpunkt, nämlich, dass die Juden «diesem Volk und diesem Staat keine Hilfe» zu bringen hätten. Und im Gegensatz zu Eduard von Steiger, der in seiner Rede das Leiden im Ausland seltsam abstrakt abhandelte (so als wollte er am abschreckenden Beispiel eher eigene Rechtschaffenheit und Auserwähltheit als echte Empathie und eigene Hilfsverpflichtung demonstrieren), betonte der SIG-Präsident die konkrete jüdische Aufgabe: Es gelte, das jüdische Leben wiederaufzubauen; eine erste Aufgabe sei die «Hilfe für das jüdische Kind», und er freue sich ganz besonders, den Delegierten bekannt geben zu dürfen, dass der Bundespräsident 400 Waisenkindern aus dem KZ Buchenwald die Einreise bewilligt habe.[36]

Die angekündigten KZ-Häftlinge waren gleichsam Boten einer anderen, apokalyptischen Welt, die die abgeschirmte Schweiz umbrandete: Europa war weitgehend ein einziger riesiger Trümmerhaufen, ein gigantischer Friedhof, ein chaotisches Flüchtlingslager. Heerscharen von Menschen hatten in den letzten Jahren ihre Heimat verloren, weitere Heerscharen – insgesamt 30 Millionen Vertriebene – sollten sie nun als Folge des Krieges verlieren. Allein in Deutschland befanden sich kurz nach Kriegsende 8 Millionen Displaced Persons oder DPs, wie sie zumeist genannt wurden. Es waren Menschen verschiedenster Herkunft und jeglicher Couleur, die in Ruinen oder überfüllten Lagern hausten oder in endlosen Karawanen durch zerstörte Städte zogen: ehemalige Kriegsgefangene und Zwangsarbeiter, Nazi-Opfer und Nazi-Schergen, einstige Nazi-Sympathisanten und Nazi-Gegner, obdachlose Einheimische und vertriebene «Volksdeutsche» usw. Im Frühjahr 1946 gab es dann nur noch 800 000 DPs, die anderen waren in einer erstaunlichen Leistung bereits repatriiert worden. Die Verbliebenen erhielten jedoch ständig Zuwachs durch Millionen von (ethnischen) Deutschen, die in Anfällen von Wut und Rache aus Osteuropa vertrieben wurden und hauptsächlich in die amerikanisch besetzte Zone einströmten. Die vormalige «Herrenrasse», nun in schrecklicher Verfassung, wurde – «makabre Ironie» (Michael Marrus) – von Scharen von Juden begleitet, die gleichzeitig vor dem neu auflodernden osteuropäischen Antisemitismus Richtung Westen flüchteten. Bei Kriegsende war der jüdische Anteil der DPs gering gewesen, da im ehemaligen «Grossdeutschland» nur schätzungsweise 200 000 Juden die KZs und die Todesmärsche überlebt hatten. Viele von ihnen kehrten in ihre Herkunftsländer zurück, so dass sich im Frühjahr 1946 noch etwa 55 000 Juden in den DP-Lagern aufhielten. Zwei Jahre später hatte sich jedoch die Zahl der in Deutschland, Österreich und Italien anwesenden jüdischen DPs durch den Exodus aus dem Osten schon wieder verfünffacht.[37]

Während sich die Verheerungen in den umliegenden Ländern für viele Schweizer Zeitgenossen, allem inzwischen verfügbaren Wissen und aller geographischen Nähe zum Trotz, noch immer in abstrakter Ferne verloren, nahm man im VSJF schon bei Kriegsende alarmierende Berichte von Kontaktpersonen zur Kenntnis, die sich jenseits der Grenze vor Ort befanden: Berichte von freigelassenen jüdischen KZ-Häftlingen, die in ihren gestreiften Sträflingskleidern durch österreichische Wälder und Städte irrten; Berichte von körperlich enorm geschwächten und um Jahrzehnte gealterten Befreiten, die hungerten, aber zugleich keine normale Kost vertrugen und vom Tode bedroht waren, wenn nicht sofortige Hilfe kommen würde; Berichte von furchtbaren Zuständen in den Zelt- und Barackenlagern, wo Ruhr und Typhus wüteten; Berichte von der Weigerung der alliierten Besatzer, die Juden von den anderen Lagerinsassen zu trennen, so dass die Opfer mit ihren ehemaligen Peinigern zusammenleben mussten.

Regina Boritzer, die sich im November 1945 mit einer Delegation von *Hilfe und Aufbau,* wie eine neu gegründete Kommission des SIG hiess, nach Deutschland begeben hatte, berichtete vom Schock der Schweizer, die erstmals eine zerstörte Stadt sahen: ganze Häuserreihen in Schutt und Asche, zahllose Gebäude ohne Dächer, unter den Trümmern verwesende Leichen – ein gespenstischer Anblick, noch verstärkt durch das Grün und Grau der Fassaden, das als Tarnfarbe gegen Fliegerangriffe hätte schützen sollen. Sie berichtete von ihrem Besuch bei der ehemaligen Kultusgemeinde in München, die einmal fast so viele Mitglieder gezählt hatte wie das gesamte Schweizer Judentum und nun gerade noch 240 Seelen umfasste, die alle im KZ inhaftiert gewesen waren – mit Ausnahme von fünf Personen, die im Untergrund überlebt hatten. Vor allem aber berichtete sie von den DP-Lagern, in denen unfassliche Zustände herrschten: bedrückende Überfüllung, fehlende Winterkleider, fehlendes Heizmaterial, Apathie, Demoralisierung, Nervosität, Gereiztheit, viele psychische Krankheiten, rasend um sich greifende Tuberkulose. Sie berichtete von einem unglaublichen

Ausmass an Enttäuschung und Hoffnungslosigkeit, Verzweiflung und Ressentiments, da sich für die Überlebenden keine der vorherigen Erwartungen auf ein besseres Leben nach der Befreiung erfüllt hätten. «Alle fühlen sich – auch die klarsten und besten unter ihnen – betrogen und getäuscht, und dies sowohl von den Juden als auch von den Regierungen der ganzen Welt.»

Und schliesslich brachte im gleichen November Charlotte Spitz, die als VSJF-Delegierte in Paris und London jüdische, internationale und nationale Institutionen besucht hatte, die Erkenntnis nach Hause, dass man im Ausland von der verschonten Schweiz eine grössere Beteiligung an der Bewältigung der Nachkriegsprobleme erwarte. Vorläufig bestünde in den meisten Ländern keine Bereitschaft, die Flüchtlinge aus der Schweiz aufzunehmen, da diese akademisch und kaufmännisch gebildet sowie deutschstämmig und jüdisch seien. Die helvetische Regierung müsse darauf hingewiesen werden, dass sie ihre Flüchtlingspolitik zu ändern habe. Die «wahre Situation der Welt» sei in der Schweiz «absolut unbekannt» – man könne jedoch die Schweizer Schwierigkeiten, die für andere nur ein «problem on the border» seien, nur mit «Blick auf die Weite der Welt» lösen.[38]

Derartige Einsichten und Erfahrungen gaben dem VSJF Anstösse, um sich ab Frühjahr 1946 für eine *partielle* Abkehr von der bisherigen Transitpolitik einzusetzen. Die SZF reagierte positiv auf diese jüdische Initiative und machte sie sich sogleich zu Eigen, so dass schliesslich wenigstens einzelne Ausnahmekategorien – besonders alte, kranke und jugendliche Flüchtlinge – von der erneuten Vertreibung verschont wurden. Im *Grundsatz* hielten jedoch SIG, SZF und Behörden nach wie vor am Transitprinzip fest, und auch der VSJF förderte die Emigration weiterhin energisch, teilweise sogar durch Aufkündigung seiner Unterstützung, so dass zuletzt nur rund 1 600 jüdische Flüchtlinge definitiv in der Schweiz blieben.

Die Not in den Nachbarländern veranlasste den Gemeindebund auch dazu, seine Kommission *Hilfe und Aufbau* mit Hilfsmassnahmen zu betrauen. Dazu gehörten Sendungen von Kleidern, Medikamenten und Lebensmitteln ebenso wie die Aufnahme von besonders geschwächten Überlebenden, insbesondere von Tuberkulosekranken und erholungsbedürftigen Kindern. Aber auch diese Hilfsaktionen stiessen auf die von früher bekannten Hindernisse: Noch immer fehlte es an ausreichenden Geldmitteln, und noch immer verhielten sich die Behörden sehr restriktiv und wollten keine Juden aufnehmen, die sie nach erfolgter Kur unter Umständen nicht wieder abschieben konnten.[39]

Die Shoah hatte weitere Nachwirkungen, die den Gemeindebund über den Krieg hinaus und teilweise über viele Jahrzehnte beschäftigen sollten. Was Verfolgungsschäden von jüdischen Auslandschweizern und deren insgesamt unzulängliche diplomatische Verteidigung durch die eigene Regierung betraf, hielt sich das Engagement des SIG allerdings in Grenzen: Er verzichtete 1950 darauf, im Interesse von NS-Opfern bei den helvetischen Behörden zu inter-

Hilfe und Aufbau

Die Juden Europas wurden in den vergangenen 12 Jahren durch die Nazi in derart beispielloser Weise moralisch und physisch gemartert, daß jedermann erwartete, von den Siegerstaaten würde zuallererst den «überlebenden Opfern ausreichend Hilfe gebracht. Leider hat sich diese Erwartung nicht erfüllt, wohl infolge des allgemein verbreiteten Elends und der organisatorischen Schwierigkeiten. Es wurde bald klar. Den kleinen Überresten des europäischen Judentums kann unverzüglich Hilfe nur durch die verschonten jüdischen Gemeinschaften gebracht werden. Neben den großen Hilfsorganisationen wie American Joint Distribution Committee stellte sich in dieser Lage auch dem schweizerischen Judentum die selbstverständliche Aufgabe,

sofort unseren jüdischen Brüdern in den Lagern und Städten unserer Nachbarländer beizustehen im Rahmen des Möglichen.

Der Schweizerische Israelitische Gemeindebund hat bereits im Frühjahr 1945 die Kommission «Hilfe und Aufbau» zu diesem Zwecke ins Leben gerufen. In Zusammenarbeit mit verschiedenen jüdischen Organisationen bemüht sie sich, rasche und nützlichste Hilfe zu leisten. Dies ist nur möglich, wenn sie moralisch und finanziell von der gesamten schweizerischen Judenheit unterstützt wird. Nur wenige Wegstunden entfernt von unseren behüteten jüdischen Zentren befinden sich noch heute in Lagern und notdürftigen Unterkünften Tausende von Menschen, die Schwerstes in Konzentrations- und Arbeitslagern erlebt haben und nur wie durch ein Wunder dem Tode entronnen sind,

ohne Heimat, ohne Familie, ohne Ausbildung, ohne Existenz.

Ist es da nicht selbstverständliche Menschenpflicht jedes Juden in der Schweiz, dazu beizutragen, daß diese Menschen so rasch als möglich eine neue Heimat und Existenz erhalten, und nicht seelisch und körperlich zugrunde gehen, bevor sie dieses Ziel erreichen. Die Kommission «Hilfe und Aufbau» stand bei Beginn ihrer Tätigkeit im Juni 1945 einer Not gegenüber, die ihre finanziellen Hilfsmöglichkeiten bei weitem überstieg. Und doch sollte und mußte geholfen werden!

Bei Kriegsende gründete der SIG eine Kommission für Hilfe und Aufbau, für die er, wie mit dem abgebildeten Aufruf von 1946, Geld sammelte. (AfZ) venieren, da er die juristischen Erfolgschancen als aussichtslos einschätzte. Einen weit grösseren Einsatz leistete der VSJF in zahllosen Fällen von «Wiedergutmachung»: Er stand seinen Schützlingen beratend bei oder nahm mit Hilfe deutscher Anwälte deren Interessen gegenüber ausländischen Behörden selbst wahr, wobei er seinerseits auf die kompetente Rechtshilfe des SZF zählen konnte. Die langwierigste Angelegenheit betraf jedoch die Vermögenswerte, die scheinbar herrenlos bei Schweizer Banken und Versicherungen lagen, da die jüdischen Besitzer ermordet worden waren. Der SIG befasste sich mit dieser Frage seit 1944 und forderte bereits 1946 zusammen mit dem WJC – von dem die ersten Impulse in dieser Sache ausgegangen waren – die Herausgabe dieser scheinbar verwaisten Guthaben. Der SIG musste aber bis 1962 kämpfen, um gegen hartnäckige Widerstände von Seiten der Vermögensverwalter eine Pflicht zur amtlichen Anmeldung dieser Werte durchzusetzen. In der Dürftigkeit dieses sogenannten Meldebeschlusses und seiner Umsetzung drückte sich bereits die verstockt-arrogante Haltung der Finanzinstitute aus, die in den neunziger Jahren des 20. Jahrhunderts die grösste internationale Kontroverse auslösen sollte, in die der Schweizer Bundesstaat in seiner Geschichte je verwickelt war.[40]

Von den einzelnen Protagonisten, denen wir in diesem historischen Rückblick begegnet sind, hatte jeder sein ganz besonderes Schicksal:

Die Popowskis kehrten sogleich nach Kriegsende nach Brüssel zurück, wo sie erfahren mussten, dass fast alle ihre zahlreichen Angehörigen in Polen umgekommen waren. Was ihre eigene Aufnahme in die Schweiz betraf, begriffen sie erst 1997, als wir mit ihnen einen Dokumentarfilm drehten, dass der hohe Beamte, dem sie ihr Leben verdankten, der Polizeichef persönlich gewesen war.

Céline Zagiel, die zusammen mit Simon auf der geweihten Erde des Berner Friedhofs keinen Schutz gefunden hatte, wurde unmittelbar nach ihrer Ankunft in Auschwitz vergast. Ihr Ehemann überlebte drei KZs und einen Todesmarsch und liess sich 1950 in Brasilien nieder. In die Erinnerung Sybille Schürchs, der Ehefrau des Beamten, der damals unerbittlich und wortbrüchig die Ausweisung der beiden durchgesetzt hatte, hat sich das Schicksal der Zagiels in einer Version eingeschrieben, die genau diesen Zusammenhang verstellt. 1995 erzählte sie mir, sie habe später von Georges und Odette Brunschvig mit Erschütterung erfahren, dass sich die zwei Flüchtlinge damals auf dem Friedhof selbst das Leben genommen hätten, weil sie ausgewiesen werden sollten.

Gertrud Schild, um deren Auswanderung aus Deutschland sich der VSJF jahrelang bemüht hatte, bevor der Briefkontakt im November 1941 abbrach, lebte in Berlin zunächst unter falscher Identität und überstand dann auch Jahre der Inhaftierung.

Die Geschwister Grunkin, die vergeblich versucht hatten, eine Einreisebewilligung für die Schweiz zu erlangen, wurden im Sommer 1942 von Gurs nach Auschwitz deportiert. Marie wurde sogleich nach ihrer Ankunft vergast. Josef kam von dort in verschiedene andere Lager. Sein letzter bekannter Aufenthaltsort war das KZ Buchenwald, wo sich seine Spuren im Dezember 1944 verloren. Ein Jahr später wurde er für tot erklärt.

Else Lasker-Schüler hatte dank der Hilfe mehrerer Fürsprecher seit 1933 immer wieder die Bestrebungen der Fremdenpolizei, sie abzuschieben, unterlaufen können. Im Juni 1938 hatte Silvain S. Guggenheim sogar persönlich gegenüber Rothmund garantiert, dass sein Hilfswerk weiterhin für die Lyrikerin aufkommen würde. Im Herbst gleichen Jahres wurde sie auf Antrag der *Geheimen Staatspolizei* von Deutschland ausgebürgert (Begründung: «deutschfeindliche Einstellung» und «Verbreitung von Greuelmärchen» in Zürich). Hierauf lehnte die Zürcher Fremdenpolizei eine Verlängerung ihrer Aufenthaltsbewilligung ab, obwohl der VSIA erneut seine finanzielle Unterstützung der Dichterin zugesichert hatte und obwohl sich sogar der *Schweizer Schriftsteller-Verein* aus einer «gewissen Ritterlichkeit» genötigt sah, sich für eine – freilich vorerst auf ein Jahr zu befristende – Arbeitserlaubnis auszusprechen. Im März 1939 reiste sie, inzwischen siebzig Jahre alt, gezwungenermassen nach Palästina aus. Von der *Eidgenössischen Fremdenpolizei* wurde ihr die Rückkehrerlaubnis verweigert (Begründung: aus «vorsorglich armenpolizeilichen Gründen» und «Überfremdungsgefahr»). So blieb sie dort bis zu ihrem Tod am 22. Januar 1945.

Abraham Halbert, der aufgrund der Einsamkeit und der erzwungenen Untätigkeit im Schweizer Exil depressiv geworden war, durfte nach dem Krieg im Land bleiben und sogar publizieren – ohne dass er je wieder an seine früheren schriftstellerischen Erfolge anknüpfen konnte. Unter anderem schrieb er einen Familienratgeber mit dem selbsttherapeutisch anmutenden Titel «Lerne leichter leben!». Er kehrte 1960, über achtzigjährig, nach Deutschland zurück.

Jean Rothschild, der sich im August 1942 auch an Saly Mayer gewandt hatte, um für seine aus Frankreich deportierte Familie Beistand zu finden, musste drei Jahre später von einem KZ-Überlebenden erfahren, dass seine Angehörigen, die bei der Schweizer Diplomatie so wenig Schutz gefunden hatten, in Auschwitz ermordet worden waren.

George Mantello, der mit seinen Gefälligkeitspässen unzählige Menschenleben gerettet hatte, wurde 1945 von den Sternbuchs vorgeworfen, er habe sich dabei bereichert. Hierauf wandte sich der Angeschuldigte an den SIG, der in einem Schiedsgerichtsverfahren feststellte, dass die Anwürfe vollkommen haltlos waren.

Regina Boritzer übernahm, nachdem es vermutlich im VSJF zu Konflikten gekommen war, im April 1945 das Sekretariat der eben gegründeten Kommission *Hilfe und Aufbau*. Vier Jahre später wanderte sie nach Israel aus, wo sie weiterhin als Fürsorgerin arbeitete und 2003 verstarb.[41]

Der wegen der Ermordung Gustloffs im Zuchthaus sitzende David Frankfurter beauftragte Georges Brunschvig Ende 1943 mit der Revision seines Falls. Der Gemeindebund hatte seine offizielle Distanz zum Attentäter nie aufgegeben, unter den veränderten Zeitumständen aber deutlich verringert. Sonst hätte die

Rechtsanwalt Georges Brunschvig (rechts) begleitet seinen Klienten David Frankfurter, der vom Bündner Grossen Rat am 1. Juli 1945 begnadigt worden ist. Angesichts des Untergangs des NS-Regimes stellte es jetzt für den SIG kein Problem mehr dar, dass mit Brunschvig einer seiner Repräsentanten gemeinsam mit dem Gustloff-Attentäter in den Bildberichten der Presse auftrat. (AfZ)

Geschäftsleitung nicht ihr explizites Einverständnis gegeben, dass der SIG-Aktuar Brunschvig als privater Anwalt dieses Mandat übernahm. Im März 1945 reichte er ein Begnadigungsgesuch ein, dem das Bündner Kantonsparlament am 1. Juli mit grosser Mehrheit zustimmte. Die ausgesprochene «Landesverweisung» blieb bestehen, und Frankfurter wanderte im September nach Palästina aus, wo er 1982 starb.

Saly Braunschweig, damals noch amtierender Gemeindebundspräsident, starb am 10. März 1946 nach schwerer Krankheit, die bereits im Herbst 1944 entdeckt worden war und ihn in den letzten Monaten arbeitsunfähig gemacht hatte. Zu seinem Nachfolger wurde am 30. Mai 1946 Georges Brunschvig gewählt.

Silvain S. Guggenheim engagierte sich nach seiner Demission als VSJF-Präsident hauptsächlich in der Kommission *Hilfe und Aufbau*, anfänglich als deren Leiter. Er starb am 28. Januar 1948.

Heinrich Rothmund trat Ende 1954 von seinem Amt zurück. Er hätte gerne über das reguläre Pensionsalter hinaus weitergearbeitet, hatte jedoch dafür bei seinem damaligen Vorgesetzten, Bundesrat Markus Feldmann, kein Gehör gefunden. Denn nur wenige Monate zuvor war der Skandal um den Judenstempel aufgedeckt worden, für den man – Ironie der Geschichte – ihm, der sich doch gegen diese Massnahme gesträubt hatte, die Hauptverantwortung zuschrieb. Von seiner Flüchtlingspolitik, deren antisemitische und xenophobe Ausrichtung er weiterhin bestritt, distanzierte er sich nie. Er litt bis zu seinem Tod an Kolitis, zuletzt auch an schwerem Wundbrand, so dass man ihm ein Bein abnehmen musste. Vereinsamt und unterdessen zur öffentlichen Unperson geworden, starb er am 8. April 1961.

Gisi Fleischmann war Anfang Oktober 1944 verhaftet worden, als sie im Begriff war, an Saly Mayer einen weiteren Bericht zu schreiben – «Greuelnachrichten an das Ausland», wie es ein Handlanger Eichmanns formulierte. Sie wurde mit dem Aktenvermerk «RU» – Rückkehr unerwünscht – nach Auschwitz deportiert und dort unter unbekannten Umständen ermordet. (Als nach dem Krieg ihre Tochter Alice, die sich nach Palästina gerettet hatte, zur Auskurierung ihrer Tuberkulose in die Schweiz fuhr und sich mit Mayer traf, brach dieser weinend zusammen.)[42]

Saly Mayer hatte sich laut Elisabeth Bally, die seit Herbst 1944 ein Jahr lang als seine Sekretärin arbeitete, zu einem resignierten, verbitterten und äusserst verschlossenen Menschen gewandelt. Er vertrat den Joint in der Schweiz noch bis Ende 1949. Nach Kriegsende wurde Mayer durch das amerikanische Hilfswerk der jüdischen Öffentlichkeit als eine Art «Swiss superhero» präsentiert – wie er selbstironisch und mit ambivalenten Gefühlen bemerkte –, der im Alleingang 200 000 ungarische Juden gerettet habe. Diese Hochstilisierung – zu der auch die Erfindung gehörte, er habe in Deutschland eine lebensgefährliche Mission ausgeführt – unterschlug die entscheidenden Beiträge, die Personen wie Rezsö Kasztner oder die Genfer Emissäre zu diesen und weiteren Rettungsaktionen geleistet hatten. Begreiflicherweise erbosten sich darüber einige dieser Akteure – umso mehr, als sie Mayer als legalistischen Zauderer in Erinnerung hatten. Während der schlimmsten Jahre war er wegen der mangelhaften Unterstützung aus Übersee nur zu oft verzweifelt – nun machte ihn der Joint mit jenem Lob zu einem der Seinen und verdeckte damit elegant eigene Versäumnisse. Im Gegensatz dazu war Mayers Ansehen bei den führenden Leuten im SIG deutlich gesunken, und das gegenseitige Verhältnis blieb bis zu seinem Tod am 30. Juli 1950 so angespannt, dass sich das CC bei seinem Begräbnis nur durch zwei Mitglieder vertreten liess.

Die aufgenommenen jüdischen Kinder und Jugendlichen mussten, wie erwähnt, die Schweiz ebenfalls wieder verlassen. Gegen Kriegsende, als der erzwungene Exodus bereits im Gange war, flackerte der Konflikt um die ihnen drohende Taufgefahr, der seit Beginn ihrer Unterbringung in christlichen Familien geschwelt hatte, wieder auf und erhitzte viele Gemüter. Noch immer nahmen die innerjüdischen Kritiker nicht die Behörden unter Beschuss, die doch mit ihrer Politik der Familientrennung und Subventionsverweigerung den Hilfsorganisationen gar keine andere Wahl gelassen hatten. Stattdessen griffen sie hauptsächlich den SIG und den VSJF an, die diese problematische Lösung in Kauf hatten nehmen müssen, um Leben zu retten. Die Kritik und Anwürfe kamen von zionistischer Seite, und – besonders harsch und militant – aus dem orthodoxen Umfeld, wobei das HIJEFS selbst vor der Entführung eines Kindes aus einer christlichen Familie nicht zurückschreckte. Allerdings war die Missionsangst, wie einige tatsächlich erfolgte Taufen bewiesen, nicht aus der Luft gegriffen – eine umso schmerzhaftere Erfahrung für die Juden, als sie doch in jedem Kind 19 fehlende Kinder sahen, wie sich ein Redner in einer SIG-Delegiertenversammlung ausdrückte, der daran erinnerte, dass 95 Prozent aller jüdischen Kinder ermordet worden waren. Die Heftigkeit und Emotionalität dieser Streitereien, die Verschonung der eigentlichen Hauptverantwortlichen, die Instrumentalisierung der Kinderschicksale für ideologische Zwecke und die symbolische Gleichsetzung der Kinder mit der Zukunft des Judentums zeigen, dass es hier im Kern um eine stellvertretende Auseinandersetzung ging: Letztlich negierten die Beteiligten nicht allein den geringen Handlungsspielraum des Schweizer Judentums, sondern die weltweite jüdische Ohnmacht angesichts der NS-Verbrechen überhaupt – Selbstzerfleischung und Selbstvorwürfe schienen erträglicher als diese bittere Erkenntnis.[43]

Zusammenfassung und Schlussbetrachtungen

Die Leistungen des SIG und seines Hilfswerks 1933–1945

Die Politik des Gemeindebunds und seines Hilfswerks zur Zeit der NS-Herrschaft lässt sich in fünf Leistungsbereiche unterteilen: Flüchtlingshilfe, Auslandshilfe, Rechtsschutz für jüdische Auslandschweizer, Antisemitismusabwehr und Öffentlichkeitsarbeit. Die Flüchtlingshilfe nahm dabei den weitaus grössten Raum ein.

FLÜCHTLINGSHILFE: Von den etwa 20 000 Juden, die nach der Ernennung Hitlers zum Reichskanzler panikartig in die Schweiz geflüchtet waren, befand sich Ende 1933 nur noch rund ein Zehntel im Lande. Die bedürftigen Flüchtlinge erhielten in einigen Städten Unterstützung von jüdischen Comités, die von ehrenamtlich tätigen Frauen und Männern getragen wurden. Die Gesamtleitung der Hilfe lag vorerst in den Händen des *Centralcomités für Flüchtlingshilfe*, das am 2. April 1933 von Zürcher Juden gegründet worden war. Im Oktober 1934 betrachtete das Comité seinen Auftrag als durchgeführt, und der SIG übertrug Anfang 1935 die Flüchtlingshilfe dem *Verband Schweizerischer Israelitischer Armenpflegen*. Faktisch änderte sich wenig, da den damals neun Lokalcomités des VSIA dieselben Personen angehörten, die schon bisher geholfen hatten. Für die Finanzierung der Hilfe war nach wie vor der Gemeindebund zuständig. Da man die zunehmende Betreuungsarbeit auf der Basis der rein ehrenamtlichen Struktur nicht bewältigen konnte, wurde bereits im Herbst 1933 eine ausgebildete Fürsorgerin engagiert, die – zusammen mit der unentbehrlichen Schar freiwilliger Helfer und Helferinnen – die jüdischen Flüchtlinge und die bedürftigen einheimischen Juden der gesamten Schweiz versorgte. Für eine einzige Angestellte war dies ein beachtliches Tätigkeitsfeld.

Die Flüchtlingspolitik von VSIA und SIG wurde stark durch den internationalen und nationalen Kontext bestimmt. Der Gemeindebund nahm schon im März 1933 mit jüdischen Organisationen in anderen Ländern – hauptsächlich in Deutschland, Grossbritannien, Frankreich, Belgien und den Niederlanden – Kontakt auf. Zusammen mit diesen verfolgte er von Anfang an eine Strategie der geplanten und kontrollierten Emigration: Auswandern aus dem «Reich» sollte nur, wer dazu ausgewählt wurde und in einem anderen Land aufgrund der individuellen Voraussetzungen eine Existenzperspektive finden würde. Damit wollten die Verantwortlichen verhindern, dass infolge wilder Immigration in den fraglichen Ländern ein jüdisches Armenproletariat entstehen würde, das vom einheimischen Judentum auf die Dauer nicht zu unterhalten wäre und überdies Antisemitismus provozieren könnte. Letztlich sollte diese Strategie, mit der die Juden versuchten, Herr ihrer Lage zu bleiben, scheitern:

Den Ungeheuerlichkeiten der nationalsozialistischen Verfolgung konnte man mit keiner Rationalität begegnen, denn diese war auch in ihrer technokratischen Effizienz «gegenrational» (Dan Diner)[1] motiviert. Doch diese Entwicklung liess sich damals von niemandem voraussehen. Die Leiter des SIG beteiligten sich seit 1933 an den internationalen Strategiediskussionen und übernahmen für ihre eigene Praxis die gemeinsam festgelegten Richtlinien, wobei sie sich vor allem auf die HICEM und den *Hilfsverein der deutschen Juden* beriefen, mit denen sie am engsten zusammenarbeiteten.

Mindestens so wichtig wie die internationalen Bedingungen waren die Prämissen, die dem Gemeindebund durch die nationalen Behörden vorgegeben wurden: Die jüdischen Schutz Suchenden galten nicht als asylberechtigte «politische Flüchtlinge»; sie durften sich wegen einer angeblichen «Überfremdungsgefahr» nur vorübergehend in der Schweiz aufhalten und dort keine Erwerbstätigkeit aufnehmen. Der SIG brachte gegen keine dieser Prämissen ernsthafte Vorbehalte vor, auch nicht gegen die Unterscheidung zwischen politischen und wirtschaftlichen Flüchtlingen, die dem behördlichen Asylbegriff zugrunde lag und die in der Schweiz auch sonst von allen gesellschaftlichen Kräften mit Ausnahme der Kommunisten akzeptiert wurde. Erst nach dem Novemberpogrom von 1938 begann sich der Gemeindebund allmählich davon zu lösen, die Schutz suchenden Juden primär als Wirtschaftsflüchtlinge zu betrachten. Ohne Widerstreben kam er auch von Anbeginn an der Erwartung der Regierung nach, dass nicht der Staat, sondern das einheimische Judentum für die geflüchteten Glaubensgenossen aufzukommen hatte. Die Zusammenarbeit der jüdischen Verantwortlichen mit den Behörden, die ebenfalls bereits 1933 begann und im Verlauf der folgenden Jahre immer enger wurde, bot Anlass zu Gerüchten, die nie mehr verstummen sollten. Im Kern ging es immer um den Verdacht, die Juden selbst würden eine abweisende Flüchtlingspolitik unterstützen. Die mangelhafte Informationspolitik der SIG-Leitung, ihre vertrauliche Kooperation mit den Behörden unter Ausschluss der jüdischen Öffentlichkeit und ihre Verteidigung der fremdenpolizeilichen Praxis als «neutral» und «korrekt», erstmals aktenkundig in der SIG-Delegiertenversammlung 1934, leisteten diesen Gerüchten weiter Vorschub.

In der eigenen Arbeit unterschied der VSIA bis 1938 zwischen verschiedenen Kategorien von Personen: Die vermeintlichen «Wirtschaftsflüchtlinge» schickte er nach Deutschland zurück oder riet ihnen im Voraus davon ab, in die Schweiz zu kommen. Die sogenannten «Passanten», dies waren aus Osteuropa kommende Juden, schickte er in ihre Heimatstaaten zurück, ungeachtet der dortigen katastrophalen Lage, oder sorgte für eine möglichst schnelle Weiterreise an ihre «Zielorte». Die «wirklichen Flüchtlinge» – darunter verstand er nicht alle «rassisch» Verfolgten, sondern nur die wegen ihrer politischen Gesinnung oder Aktivität Gefährdeten – unterstützte er materiell, bot ihnen Beratung an und bemühte sich mit ihnen zusammen darum, baldmöglichst ein Land zu finden, wo sie sich endgültig niederlassen konnten. Für drei besondere Kategorien von

Glaubensgenossen war er während der gesamten Untersuchungsperiode nicht selbst zuständig: Für die gewerkschaftlich oder sozialdemokratisch engagierten Juden sorgte bis 1940 die *Schweizerische Flüchtlingshilfe*, dann das *Schweizerische Arbeiterhilfswerk*. Die wegen ihrer kommunistischen Tätigkeit verfolgten Juden wurden von der *Roten Hilfe* betreut; nach deren Verbot im Herbst 1940 blieben sie ohne «eigenes» Hilfswerk, teilweise kamen sie zu Gertrud Kurz' *Flüchtlingshilfe der Kreuzritter* und zur religiös-sozialen *Auskunftsstelle für Flüchtlinge* von Pfarrer Willi Kobe. Die jüdischen Minderjährigen schliesslich wurden vom interkonfessionellen *Schweizerischen Hilfswerk für Emigrantenkinder* betreut, bei dem sie seit 1935 etwa neunzig Prozent der Klientel ausmachten. Bei wichtigen Verhandlungen mit den Behörden, die die Kinder betrafen, waren VSIA und SIG jedoch trotzdem immer beteiligt. Einen gewissen Rückhalt erhielt der VSIA auch durch die 1936 gegründete *Schweizerische Zentralstelle für Flüchtlingshilfe*, die mit Ausnahme der unerwünschten kommunistischen *Roten Hilfe* alle in diesem Feld tätigen Organisationen umfasste und diese gegenüber den Behörden vertrat.

Schon in den ersten Jahren nach der Machtübernahme durch die Nazis wurden die Regeln der Fürsorgepraxis zweimal verschärft: Bereits im Mai 1934 kündigte das damals zuständige *Centralcomité für Flüchtlingshilfe* ostentativ die Schliessung seiner Büros an (betreute aber die «wirklichen Flüchtlinge» ohne Aufheben weiter). Dem lag als Hauptabsicht zugrunde, getreu der Strategie einer kontrollierten Emigration die Juden Deutschlands von der Auswanderung in die Schweiz abzuhalten. Anfang 1936 verschärfte auch der inzwischen mit der Fürsorge beauftragte VSIA die Umsetzung seiner Richtlinien – nicht zufällig ausgerechnet nach dem Schock der Nürnberger Rassengesetze, durch den sich die Zahl der zu betreuenden Flüchtlinge massiv erhöht hatte und die Aufwendungen auf das Doppelte angewachsen waren, so dass das Hilfswerk ein finanzielles Debakel befürchtete. Diese Finanznot blieb keine einmalige Erscheinung: Sie begleitete und beeinflusste das Schweizer Judentum in all seinen Tätigkeiten während der gesamten Nazi-Ära; schon bei der erwähnten Büroschliessung von 1934 hatte sie eine Rolle gespielt.

Von den in den Jahren 1933 bis 1937 betreuten rund 6500 Flüchtlingen konnte der VSIA nur für 1500 die Ausreise in ein Drittland erreichen, für vier Fünftel davon überdies nur in andere europäische Staaten, die sich bald als unsichere Zufluchtsstätten erweisen sollten. Das Haupthindernis bildete die restriktive Haltung der gesamten Staatenwelt, die jede jüdische Einwanderung als unerwünscht ablehnte. Entsprechend betrachtete das Hilfswerk damals das kostenintensive, unproduktive und sinnlose Abschieben der Flüchtlinge von einem Ort zum nächsten und von Land zu Land als seine grösste Sorge. Infolge der zumeist nur kurzen und transitorischen Aufenthalte musste der VSIA in der Regel immer nur etwa hundert Personen auf einmal betreuen. Dennoch betrugen die Ausgaben für die Flüchtlinge bereits in diesen Jahren das Zwei- bis

Dreifache der ordentlichen SIG-Budgets, und es herrschte die Befürchtung, dass eine derartige Belastung auf die Dauer das Gemeindeleben beschädigen würde. So war es mehr Wunschdenken als Realismus, dass man noch Anfang 1938 die Flüchtlingshilfe als eine nur vorübergehende Verpflichtung betrachtete, die man weiter reduzieren wollte.

Als die Nazis im Sommer 1938 begannen, die Juden im «angeschlossenen» Österreich systematisch auszuplündern und illegal über die Schweizer Grenze zu jagen, sahen die helvetischen Behörden vorerst von Rückstellungen ab, da SIG und VSIA sogleich dagegen intervenierten und für den Unterhalt der Angekommenen zu sorgen versprachen. Schon in der ersten Augusthälfte wurden jedoch die hauptsächlich betroffenen Lokalcomités durch den Ansturm derart überfordert, dass sie niemanden mehr aufnehmen konnten. Nur Tage später, am 16. August, nötigte Polizeichef Heinrich Rothmund dem SIG-Präsidenten Saly Mayer und dem VSIA-Präsidenten Silvain S. Guggenheim die mündliche Zusicherung ab, dass ihre Organisationen weiterhin für die Betreuung und Weiterreise der Flüchtlinge aufkommen würden. Andernfalls würde er, so seine Drohung, die illegal Anwesenden wieder ausweisen lassen. Am 17./18.August schloss Rothmund die Grenze für jüdische Flüchtlinge, wobei er sich verwaltungsintern unter anderem auf die Überlastung des Schweizer Judentums berief. Die Spitzenleute von SIG und VSIA riefen die jüdische Öffentlichkeit im In- und Ausland zum Verständnis für diese Massnahme auf.

Innerhalb des Gemeindebunds stiess die Finanzverpflichtung – die wegen ihres informellen Charakters bald als «Gentlemen's Agreement» bezeichnet wurde – auf keinen nennenswerten Widerstand, und es galt deshalb, in kürzester Zeit riesige Summen aufzutreiben. Vom *American Jewish Joint Distribution Committee* erhielt der SIG die Zusicherung, dass das amerikanische Hilfswerk zwei Drittel der entstehenden Auslagen übernähme, falls die Schweizer Juden das letzte Drittel selbst beisteuerten. Tatsächlich brachte die kleine helvetische Gemeinde in diesem Jahr durch insgesamt drei Sammlungen die gewaltige Summe von 1,8 Millionen Franken zusammen. Ein Ergebnis, das sie in Zukunft nie mehr erreichen sollte, auch wenn ihre Eigenleistungen enorm blieben. Die Subventionen des Joint machten künftig einen unentbehrlichen und fast kontinuierlich ansteigenden Anteil des Flüchtlingsbudgets aus.

Weil die Zahl seiner Schützlinge explosionsartig anwuchs – im Jahr 1938 betreute er insgesamt fast 9 000 Personen –, musste sich der VSIA in aller Eile vollkommen neu organisieren. War noch Anfang 1938 nur eine einzige Fürsorgerin gegen Bezahlung für das Hilfswerk tätig gewesen, beschäftigte man zwei Jahre später fast siebzig entlohnte Angestellte, die zudem durch Hunderte von Freiwilligen unterstützt wurden. An verschiedenen Orten entstanden Gemeinschaftsküchen, Kleiderkammern, Flickstuben, Schuhmachereien und Wäschereien, die den Flüchtlingen eine billigere Lebensführung ermöglichten und die finanzielle Unterstützung ergänzten, die der VSIA aus Geldmangel sehr niedrig halten musste. Sparabsichten verfolgte das Hilfswerk auch mit den Lagern und Heimen, die es ab Sommer 1938 in der deutschen und rätoromanischen Schweiz für einen Teil seiner Klientel einrichtete. Hauptmotiv für diese Massnahme war aber die Befürchtung der Behörden und der einheimischen Juden, die Flüchtlinge würden Antisemitismus erzeugen, wenn man sie nicht überwachte und ausserhalb der Städte und von der Bevölkerung isoliert unterbrächte.

Nachdem die Schweizer Regierung am 4. Oktober 1938 dem J-Stempel-Abkommen mit Deutschland zugestimmt hatte, dauerte es nur Tage, bis darüber auch der Gemeindebund im Bild war. Er wusste allerdings nicht, dass in dieser Vereinbarung Deutschland die Option zugestanden wurde, auch die Schweizer Juden mit der gleichen Massnahme behandeln zu dürfen. Bekannt war der SIG-Leitung nur die Diskriminierung der ausländischen Glaubensgenossen, die sie hell empörte – vor allem wegen ihrer rassistischen Fundierung, kaum aber wegen der damit verknüpften Absicht, die jüdischen Einreisen aus «Grossdeutschland» zu stoppen. Es wurde beschlossen, beim Bundesrat Protest einzulegen. Das Vorhaben geriet aber in Vergessenheit, nachdem Präsident Mayer eigenmächtig bei Bundesrat Baumann vorgesprochen hatte.

Unterdessen wuchs die Last des VSIA weiter an, einerseits weil – infolge der Ausdehnung der Vertreibungspolitik auf das ganze «Reich» – weitere Flüchtlinge illegal einreisten und andererseits weil Personen, die mit eigenen Mitteln ausgekommen waren, mangels Erwerbsmöglichkeit nun ebenfalls fürsorgebedürftig wurden. Im Dezember 1938 wussten die Verantwortlichen weder ein noch aus: Die Kosten drohten ins vollkommen Unbezahlbare zu wachsen. Die notwendige Weiterbringung der Flüchtlinge war durch die unkontrollierten Einreisen gefährdet, denn diese brachten statt ausgewählter Personen auch Alte und ganze Familien, für die man unmöglich ein Drittland finden würde. Und die stetig zunehmende Zahl der Judenflüchtlinge bedeutete in den Augen der jüdischen Leiter eine Gefahr, da sie Antisemitismus provozieren würde. Es war jedoch undenkbar, dass man von den Behörden die Rückweisung der Flüchtlinge verlangte. In diesem Dilemma übergab der VSIA auf Beschluss des Gemeindebunds dem Bundeshaus einen eingehenden Bericht, in dem er mit Zahlenangaben auf die unhaltbare Lage hinwies, die Beamten aber selbst ihre Schlüsse ziehen liess – was diese auch taten, indem sie die Kantone St. Gallen und Basel-Stadt, die sich nicht an die Einreiserestriktionen gehalten hatten, massregelten. Gleichzeitig entschied der SIG, künftig nur noch die Zureise von Verwandten und von «verdienten Persönlichkeiten», nicht aber von Unbemittelten zu fördern. Im Januar 1939 verfügte der SIG, dass sein Hilfswerk überhaupt keine weiteren Flüchtlinge mehr in die Betreuung aufnehmen und illegal Anwesende nur noch einmalig unterstützen sollte. Erst nachdem das NS-Regime im Oktober 1941 mit den Deportationen in den Osten begonnen hatte, korrigierte er diesen Entschluss – zumindest, was die legal Eingereisten betraf, die er nun grundsätzlich wieder auf eigene Kosten übernehmen wollte.

In der Logik der Transitmaxime hatte der VSIA von Anfang an dafür zu sorgen, dass die Flüchtlinge die Schweiz möglichst schnell wieder verliessen – eine extrem mühselige Aufgabe, da sich, wie erwähnt, der ganze Erdkreis der jüdischen Einwanderung verschloss. Nach der gescheiterten internationalen Konferenz von Evian im Juli 1938 und dann vor allem nach Kriegsbeginn vergrösserten sich diese Schwierigkeiten weiter. Gleichzeitig erhöhten die Schweizer Behörden ihren Auswanderungsdruck auf die Flüchtlinge und deren Hilfswerke. SIG-Präsident Mayer begleitete Polizeichef Rothmund im Juli 1939 nach London und Paris, um über ausländische Regierungsstellen und jüdische Organisationen Zielländer für die Weiterwanderung zu finden. Die Verantwortlichen von SIG und VSIA beschäftigten sich nun auch intensiver als vorher mit zahlreichen Kolonisationsprojekten, die an sie herangetragen wurden. Weiter planten sie im stillen Einverständnis mit den Bundesbehörden illegale Transporte nach Palästina. Da diese Projekte zur kollektiven Weiterbringung jedoch fast alle scheiterten, blieb dem jüdischen Hilfswerk nur die sehr aufwändige Einzelmigration. Dennoch konnte es dank eines gewaltigen Einsatzes in den Jahren 1938 und 1939 noch für die beachtliche Zahl von 2 300 Personen ein Drittland finden. Dann wurde die Schweiz von den Achsenmächten umschlossen, und die Ausreisen blieben gänzlich blockiert. Als sich im Jahr 1944 die Wege aus der Schweiz wieder öffneten, bemühte sich der VSIA erneut energisch und in aller Selbstverständlichkeit um die Einhaltung und Umsetzung des Transitprinzips. Die Perspektive, dass die aufgenommenen Glaubensgenossen in der Schweiz bleiben und die eigene Gemeinschaft verstärken könnten, war im SIG in all diesen Jahren nie ein Thema.

Die leitenden Juden wünschten seit 1938 die Einrichtung von eidgenössischen Lagern, da sie sich davon die Entschärfung mehrerer ernster Probleme – erzwungene Untätigkeit, untragbare Finanzlasten, drohender Antisemitismus – erhofften. Deshalb begrüssten sie zusammen mit den anderen Hilfswerken den entsprechenden Bundesratsbeschluss vom März 1940 lebhaft. Sie verteidigten die Lager auch dann noch, als diese wegen zahlreicher Missstände unter Beschuss gerieten. Auch die Trennung der Familien akzeptierten sie als unvermeidliches Übel. Gleichzeitig versuchten sie mit Interventionen bei den Behörden, die Mängel zu korrigieren. Da nur ein Teil der Flüchtlinge in Lager interniert wurde, oblag die Fürsorge der anderen weiterhin dem VSIA. Ausserdem erbrachte das Hilfswerk auch für die Lagerinternierten beträchtliche Leistungen: insbesondere die Finanzierung von Kleidern, Urlaub und Freizeitauslagen, zudem ab Herbst 1943 eine intensivierte religiöse, soziale und kulturelle Betreuung. Von all diesen Anstrengungen profitierten auch diejenigen Flüchtlinge, die ab August 1942 eingereist waren und deren Unterhalt in die Zuständigkeit des Bundes fiel. Anfang 1945 betreute der *Verband Schweizerischer Jüdischer Flüchtlingshilfen*, wie das Hilfswerk inzwischen hiess, über 23 000 Personen, von denen er fast 10 000 materiell unterstützte.

Die enormen Kosten für die Flüchtlingshilfe waren für den Gemeindebund kaum zu bewältigen. Da er im Gegensatz zu den Landeskirchen über keine Steuereinnahmen verfügte, konnte er nur die bescheidenen Mitgliederbeiträge erhöhen und zusätzlich systematisch und mit viel moralischem Druck Geld sammeln. Die Finanznot veranlasste ihn zudem zu Sammelkampagnen bei den jüdischen Auslandschweizern in den USA, die aber in Konkurrenz zu den Bemühungen des amerikanischen Judentums gerieten und bald wieder aufgegeben werden mussten. Der Geldmangel bewog ihn ab 1939 auch zu einer engen Zusammenarbeit mit der *Eidgenössischen Fremdenpolizei,* um die ausländischen Juden in der Schweiz zu disziplinieren, die bisher wenig gespendet und deshalb in den eigenen Reihen seit 1933 immer wieder Unmut ausgelöst hatten. Daraus resultierte schliesslich 1941 die rechtlich wie moralisch fragwürdige und umstrittene «Solidaritätssteuer». Trotz der permanenten Finanzknappheit unternahm der Gemeindebund während der gesamten untersuchten Periode nie einen eigenständigen Vorstoss, um staatliche Mittel für seine Flüchtlingshilfe zu erlangen – weder direkt bei den Behörden noch über das Parlament oder durch öffentlich erhobene Forderungen. Allerdings wurde ihm vermutlich in den Wochen *vor* der Flüchtlingswelle vom August 1942 durch Rothmund eine Finanzunterstützung zugesichert. Zum Entscheid, von den Behörden offiziell (wenn auch nur indirekt über die SZF) die staatliche Übernahme der Flüchtlingshilfe zu erbitten, konnte sich der SIG aber erst im September 1942 durchringen – nachdem die jüdische Seite diese Last mehr als neun Jahre allein getragen hatte. Seiner Forderung wurde insofern entsprochen, als die ab August 1942 Eingereisten rückwirkend auf Bundeskosten interniert wurden. Für die «alten» Flüchtlinge galt hingegen nach wie vor und bis in die Nachkriegszeit hinein das erwähnte «Gentlemen's Agreement». Wie erstaunlich die jüdischen Finanzleistungen waren, verdeutlicht der Vergleich mit dem Hilfswerk der Caritas, das auf ein rund hundert Mal grösseres Reservoir an Spendern – 1 700 000 einheimische Katholiken – zurückgreifen konnte als der SIG. Dennoch hatte das katholische Hilfswerk Mühe, bis 1942 für seine Schützlinge insgesamt 800 000 Franken aufzubringen, während die Juden, freilich mit Hilfe der amerikanischen Glaubensbrüder, schon zwölf Millionen gesammelt hatten. Lässt man die Joint-Beiträge ausser Acht und berücksichtigt nur die einheimischen Beiträge für die Flüchtlingshilfe in Höhe von fünf Millionen Franken, leisteten die Juden pro Kopf bis zu diesem Zeitpunkt das Sechshundertfache der Katholiken.[2]

Die Verantwortlichen des Gemeindebunds waren durch jüdische Emissäre stets hervorragend über die NS-Verfolgungen informiert. Unmittelbar nach der Grenzschliessung vom 13. August 1942 realisierten sie erschüttert, dass die Deportationen den Tod bedeuteten. Trotz ihres privilegierten Wissens brauchten sie jedoch noch Monate und Jahre, um den beispiellosen, ungeheuerlichen Massenmord wirklich zu glauben und zu erfassen. Auch wenn dieses Geschehen das Vorstellungsvermögen der meisten Zeitgenossen überforderte, war es doch unverkennbar, dass sich alle Schutz suchenden Flüchtlinge in einer tödlichen Gefahr befanden – was die Schweiz nicht davon abhielt, in ebendiesen Augusttagen ihre Rückweisungspolitik zu verschärfen und die Grenzen hermetisch abzuschliessen. Dies unterbrach eine Zusammenarbeit zwischen SIG und Bundesbehörden, die bisher beide Seiten immer als loyal und harmonisch gelobt hatten. Der VSIA liess sich von seiner Pflicht zur polizeilichen Anmeldung der Flüchtlinge entbinden und verkehrte in den folgenden Monaten fast nur noch über die SZF mit dem Bundeshaus. Unterdessen blieb die Leitung des SIG für Monate gelähmt – infolge der internen Konflikte, die schon seit Jahren geschwelt hatten, nun offen ausbrachen und im Rücktritt des Präsidenten im März 1943 kulminierten; gelähmt auch infolge der massiven Überforderung durch die in rascher Folge und häufig an verschiedenen Fronten gleichzeitig einbrechenden Ereignisse.

Im August 1942 stellten SIG-Exponenten intern und gegenüber Rothmund den geltenden Flüchtlingsbegriff in Frage – erstmals in all diesen Jahren überhaupt. Es sollte jedoch März 1943 werden, bis der VSIA bei der SZF einen konkreten Vorstoss unternahm, um von der Regierung die Einstellung der Rückweisungen und die Einbeziehung der Juden in den Flüchtlingsbegriff zu fordern. Diese Initiative scheiterte schon an der regierungsfreundlichen Haltung der SZF, erst recht dann an den Bundesbehörden, die bis zum 12. Juli 1944 an ihrer unmenschlichen Verordnung festhielten. Das jüdische Hilfswerk beschränkte sich in der Zwischenzeit auf Aktionen in Einzelfällen, bei denen Abweichungen vom generellen Abweisungsprinzip möglich waren. Eine grosse Bedeutung erlangten dabei die Listen der Non-Refoulables, die auf Initiative der Protestanten mit den Behörden ausgehandelt worden waren. Zudem retteten Interventionen von jüdischer Seite zahlreiche Leben, als im Herbst 1943 Tausende von Menschen aus Italien in die Schweiz flüchteten und bei ihrer Aufnahme Chaos und Willkür herrschten.

Die Entwicklung des jüdischen Hilfswerks von einem winzigen und losen Verband ehrenamtlicher Helfer und Helferinnen zu einer grossen Organisation, die seit 1943 mehr Schützlinge betreute, als das ganze einheimische Judentum Köpfe zählte, war eine überragende Leistung. Sie war bis 1942 die unentbehrliche materielle Voraussetzung dafür, dass überhaupt Tausende von jüdischen Verfolgten in der Schweiz ein temporäres Asyl finden konnten. In den kommenden Jahren trug der VSIA beziehungsweise VSJF mit unermüdlichem Einsatz dazu bei, dass viele Flüchtlinge trotz der generellen Abweisungspolitik bleiben durften. Auch sonst war er für die Geretteten unersetzlich, sei es bei der Bewältigung des alltäglichen Lebens, der Interessenvertretung bei Behördenkontakten, den späteren Familienzusammenführungen oder den Wiederausreisen. Zu den Schattenseiten zählten vor allem die strengen Disziplinierungen, mit denen die einheimischen Juden den auf ihnen lastenden Druck an ihre Schützlinge weitergaben, sowie der Massenbetrieb, der schlecht geeignet war, die Widrigkeiten einer unselbständigen und rechtlosen Exilexistenz zu mildern. Interne und externe Mitbestimmungsmöglichkeiten für die Flüchtlinge waren sinnvolle Gegenmassnahmen, aber sie erfolgten auch beim VSJF – obwohl er diesbezüglich unter den Hilfswerken eine Vorreiterrolle einnahm – nur spät und teilweise zögerlich.

AUSLANDSHILFE: Bereits im Oktober 1933 gründete der Gemeindebund eine *Kommission für Aufbau,* die sich mit der Weiterwanderung und der Ansiedlung von Flüchtlingen in Drittländern sowie mit ihrer Berufsbildung befasste. Es herrschte jedoch eine solche Finanzknappheit, dass von Anfang an nur Einzelhilfe im In- und Ausland möglich war und 1936 diese Arbeit in den VSIA integriert wurde. Im Januar 1945 bildete der SIG ein ähnliches Gremium, die *Kommission für Hilfe und Aufbau,* die nun den Juden im kriegsgeschädigten Ausland beistand. Aber auch diese Tätigkeit erreichte nur eine beschränkte Ausdehnung, da es noch immer an Geld mangelte.

Die durchgängige Finanznot veranlasste den SIG dazu, seine Mittel auf die Flüchtlingshilfe im eigenen Land zu konzentrieren und die Sammeltätigkeit für andere Zwecke (und durch konkurrierende Organisationen) möglichst zu begrenzen, wobei er seit Februar 1941 auch das *Eidgenössische Kriegsfürsorge-Amt* in seinem Sinne zu beeinflussen suchte, das seit diesem Zeitpunkt für die Erteilung aller Sammelbewilligungen zuständig war. Seine eigene Auslandshilfe konzentrierte der Gemeindebund vor allem auf Sendungen von Lebensmitteln, Kleidern und Medikamenten über *Le Colis Suisse* oder das IKRK. Die Hauptlast der Solidarität trugen somit jüdische Privatleute und die zahlreichen kleinen jüdischen Hilfsvereine, die sich zumeist nach Osteuropa orientierten. Die grösste Aktion betraf allerdings Südfrankreich, nachdem im Oktober 1940 die badischen und saarpfälzischen Juden dorthin deportiert worden waren. Auch hier leisteten lokale Komitees und Privatpersonen – nicht zuletzt, weil viele Verwandte von in der Schweiz ansässigen Juden zu den Opfern gehörten – den Hauptbeitrag. Der SIG beschränkte sich auf organisatorische und technische Unterstützung, zudem beteiligte er sich an Patenschaften für fünfzig deportierte Kinder, für die das OSE in Südfrankreich Heime einrichtete.

Internationale Bedeutung bei der Auslandshilfe erhielt der SIG nicht durch seine eigene Tätigkeit, sondern durch den Umstand, dass sein Präsident Mayer im Mai 1940 die ehrenamtliche Vertretung des Joint in der Schweiz übernahm. Für einen Bürger der isolationistischen Schweiz war ein solches Engagement, das Landesgrenzen überschritt und gar über den Atlantik reichte, damals keineswegs selbstverständlich. Im Februar 1942 schlug eine Gruppe um Mayer dem New Yorker Hauptquartier vor, dass einige Schweizer Juden, namentlich Mitglieder des Gemeindebunds, eine zentrale Hilfsorganisation für die in Europa leidenden Juden gründen sollten. Der Joint selbst sollte mit Subventionen beistehen. Realisiert wurde schliesslich aber nur eine Idee Mayers, bei der dieser als alleinige Drehscheibe für die Hilfe in den besetzten Gebieten fungierte: Die amerikanischen Gelder, die wegen des *Trade with the Enemy Act* für eine Direkthilfe blockiert waren, kamen auf Konten des SIG, während der SIG im gleichen Umfang eigene Gelder im Ausland einsetzte. Auf diese Weise entwickelte sich Mayer zu einer Schlüsselfigur der Hilfe für das verfolgte europäische Judentum. Allerdings wurde seine Tätigkeit 1942 und 1943 massiv durch die Dollarblockade behindert, durch die die schweizerischen und die amerikanischen Behörden gleichermassen ihr Desinteresse am jüdischen Schicksal demonstrierten. Der Gemeindebund war in Mayers Europahilfe fast nie direkt involviert, selbst bei den dramatischen Freikaufverhandlungen mit der SS blieb er, teilweise zu seinem Ärger, uninformiert aussen vor.

RECHTSSCHUTZ FÜR JÜDISCHE SCHWEIZER: Seit der Machtübernahme Hitlers waren jüdische Schweizer in Deutschland den NS-Verfolgungen ausgesetzt, wenn auch in der Regel weniger stark als ihre einheimischen Glaubensgenossen. In den ersten Jahren engagierte sich der SIG nicht für ihren Schutz – er hätte die defensive Haltung des Schweizer Aussenministeriums, das sich nur von Fall zu Fall einsetzte und prinzipiellen Konflikten mit dem NS-Regime auswich, auch kaum beeinflussen können. Diese Gleichgültigkeit der eigenen Behörden gegenüber dem Schicksal jüdischer Auslandschweizer musste der SIG spätestens im Juni 1938 zur Kenntnis nehmen, als er in der *Abteilung für Auswärtiges* das Gutachten zur «Arisierung» besprach, das er selbst bei Bundesrichter Robert Fazy in Auftrag gegeben hatte: Anders als der Gutachter vertraten die Bundesbeamten die Ansicht, dass sich die jüdischen Landsleute in Deutschland der rassistischen Anmeldepflicht zu unterwerfen hatten. Diese Erfahrung wiederholte sich drei Jahre später, als Nationalrat Paul-Ernest Graber ohne Wissen des SIG bei der Schweizer Regierung anfragte, wie sie ihre jüdischen Bürger in Frankreich gegen die «Arisierung» zu schützen gedachte. Die bundesrätliche Antwort alarmierte die Juden, weil sie ihre verfassungsmässige Gleichheit in Frage gestellt sahen. Der diesmal von Paul Guggenheim geschriebenen Expertise konnte die Regierung keine überzeugenden juristischen Argumente entgegensetzen. Ihre späte, substanzlose und herablassende Reaktion auf das Gutachten sowie der nur dank prominenter Vermittlung erreichte Kompromiss verrieten jedoch, dass der SIG als politisches Leichtgewicht dringend auf nichtjüdische Verbündete angewiesen war und dass sein immer wieder geäussertes Vertrauen in den Bundesrat keine solide Basis hatte.

Mangels Rechtsschutz blieb dem SIG nicht viel anderes übrig, als vom Schweizer Aussenministerium die rechtzeitige Heimholung seiner Landsleute zu fordern und deren Integration in der alten Heimat zu unterstützen. Tatsächlich kehrten aus Deutschland die meisten jüdischen Auslandschweizer im Verlauf der dreissiger Jahre individuell zurück. Bezüglich der in Frankreich Ansässigen ignorierten die Behörden die Appelle des SIG zur Repatriierung jedoch lange, und es waren schliesslich erst die deutschen und französischen Deportationsdrohungen, die Bern ab 1943 endlich zu kollektiven Rücktransporten veranlassten.

Neben der Rückkehr der Auslandschweizer unterstützten der SIG und der VSIA auch die generelle Aufnahme von Flüchtlingen, die mit in der Schweiz lebenden Juden verwandt waren. Als diese Frage nach der «Reichskristallnacht» erstmals akut wurde, beteiligten sie sich aus Finanzmangel jedoch nicht an den hohen Kautionen, ohne die solche Einreisen nicht bewilligt wurden. Ab Sommer 1942 bemühte sich der SIG erneut darum, dass Verwandte ausnahmsweise Aufnahme fanden – aber auch diesmal, ohne sich selbst zu Kautionszahlungen zu verpflichten.

ABWEHR DES ANTISEMITISMUS: Besorgt über die nationalsozialistische Machtübernahme in Deutschland und die Erfolge der Fröntler in der Schweiz, sah der Gemeindebund in der Abwehr des Antisemitismus und in der Verteidigung der jüdischen Gleichberechtigung zunächst seine vorrangigen Aufgaben, wichtiger noch als die Flüchtlingshilfe. Zu diesem Zweck rief er im Mai 1933 eine «Aktion» ins Leben, die von sieben Lokalsekretariaten mit zum Teil besoldeten Mitarbeitern getragen wurde. Das Programm richtete sich sowohl nach aussen wie nach innen. Unter den externen Aktivitäten galten die Schutzsuche bei Behörden und die Anrufung von Gerichten als die bedeutendsten Strategien – allerdings brachten hier schliesslich nur die Prozesse bezüglich der angeblichen *Protokolle der Weisen von Zion* einen Erfolg. Als wichtig erachtete man auch die Beobachtung von Presse und Veranstaltungen sowie die Kontaktpflege zu möglichen Fürsprechern (wobei die Linke, nicht jedoch die reaktionäre Rechte Tabu blieb). Das interne Programm, das als «innere Schädlingsbekämpfung» bezeichnet wurde, propagierte die Eingliederung in die Mehrheitsgesellschaft, die Distanzierung von den Linken, die Veränderung der Berufsstruktur von einer akademisch-kaufmännischen zu einer handwerklichen, die Schliessung der eigenen Reihen sowie die Verhinderung des sogenannten Geschäftsleuteantisemitismus durch Selbstdisziplin (da hier die Juden vermeintlich selbst die Verursacher waren).

Die Bekämpfung des Antisemitismus, meistens verkürzt als «Abwehr» bezeichnet, krankte während der gesamten Untersuchungsperiode an zwei Hauptschwächen: Zum einen erklärte man den Antisemitismus als Importprodukt, was zwar dessen Ablehnung als unschweizerisches Phänomen ermöglichte, aber zugleich verhinderte, dasjenige antisemitische Potenzial aufzuspüren und zu bekämpfen, das in der Schweizer Gesellschaft selbst, insbesondere im Überfremdungsdiskurs und in der geistigen Landesverteidigung, als bürgerlichhoffähige Variante angelegt war. Zum anderen zeigte die Aktion der «inneren Schädlingsbekämpfung», in welchem Ausmass die Juden die antisemitischen Stereotype selbst verinnerlicht hatten. Diese doppelte Schwäche verstärkte die Neigung zum Konformismus und entzog den Juden letztlich die Grundlage für ihre moralische Empörung: Die Opfer hatten die Verantwortung für ihre Diskriminierung sich selbst zuzuschreiben.

Die «Aktion» wurde bereits 1934 reduziert und schliesslich 1936 durch die *Jüdische Nachrichtenagentur* abgelöst. Die Gründe für die Beschränkung waren zunächst materieller Art, da die Flüchtlingshilfe ungeplant grosse finanzielle und personelle Ressourcen band. Dazu kam der Niedergang der helvetischen Frontenbewegung, den der Gemeindebund seit 1934 mit Erleichterung beobachten konnte. Die Verminderung der «Abwehr» korrespondierte aber auch mit der dominanter werdenden geistigen Landesverteidigung, die die «Judenfrage» gänzlich tabuisierte – obgleich (oder gerade weil) sie unterschwellig zugleich «das Jüdische» als unschweizerisch ausschloss.

Die Gerichte und Behörden, an die der SIG mehrfach wegen antisemitischer Umtriebe appellierte, unter anderem mit einer Eingabe an den Bundesrat im Jahr 1935, wiesen sich gegenseitig die Zuständigkeit zu, so dass die Juden faktisch ohne amtlichen Rückhalt blieben – und sich sogar mit dem Gegenteil konfrontiert sahen, da Entrechtungen ausgerechnet von dieser Seite drohten: Als 1939 die in grosser Zahl in der Schweiz wohnenden polnischen Juden ihre Staatsbürgerschaft verloren, entzogen ihnen die eidgenössischen und kantonalen Behörden systematisch und ohne Skrupel die Erlaubnis zur Niederlassung oder gar zum Aufenthalt. Die Leitung des SIG verhielt sich dabei jedoch zurückhaltend und intervenierte nur in Einzelfällen. Diese Haltung beruhte auf der richtigen Einschätzung, dass das Risiko von Ausweisungen gering sei. Man wollte zudem vermeiden, dass einzelne Gemeinden oder der Gemeindebund von den Behörden dazu verpflichtet würden, für «auf Toleranz gesetzte» Polen etwaige Fürsorgekosten zu übernehmen – was unbezahlbar hätte werden können. Der Zurückhaltung des SIG-Präsidenten lag allerdings noch ein anderes Motiv zugrunde: Statt die antisemitische Stossrichtung der Massnahme zu kritisieren, stufte Mayer diese verharmlosend als «korrekte Überfremdungsbekämpfung» ein.

Die Kriegsgefahr verstärkte den Loyalitätsdruck auf die Schweizer Juden noch weiter. Der defensive Charakter, der die «Abwehr» schon in den Anfängen geprägt hatte, wurde vollends bestimmend. Als beste Verteidigung galt nun der patriotische Einsatz, etwa ein freiwilliges Engagement für den militärischen Hilfsdienst. In diesem Sinne kam der Flüchtlingshilfe nun überragende Bedeutung zu. VSIA-Präsident Guggenheim behauptete im April 1940 gar, die diesbezügliche Opferbereitschaft habe den Juden bei den Behörden und der Bevölkerung mehr Achtung eingebracht als die letzten siebzig Jahre der Emanzipation.[3]

ÖFFENTLICHKEITSARBEIT: In den dreissiger Jahren stand die Öffentlichkeitsarbeit des SIG ganz im Zeichen der Antisemitismusabwehr, parallel zu dieser (und aus den gleichen Gründen) ging auch sie im Verlauf des Jahrzehnts zurück. Höhepunkt waren ohne Zweifel die international beachteten Prozesse um die *Protokolle der Weisen von Zion*, die 1935 insofern einen grossen Erfolg brachten, als das angerufene Gericht die weltweit verbreiteten und einflussreichen Verschwörungsschriften als eine Fälschung disqualifizierte. Generell war die öffentliche Präsenz des SIG aber von höchster Vorsicht und Zurückhaltung geprägt, dies gilt sowohl bezüglich der NS-Verfolgung und der Schweizer Asylpolitik wie auch bezüglich der eigenen Haltung und Leistung (insbesondere in der Flüchtlingshilfe):

Seit 1933 diskutierte der Gemeindebund zwar Protest- und Boykottmassnahmen gegen Deutschland. Er beliess es jedoch bei internen Aufforderungen, deutsche Produkte zu boykottieren, und hütete sich stets vor jeder öffentlichen Aktion unter eigenem Namen. Abgesehen von einem kurzen Pressecommuniqué im April 1933, nahm er gegenüber der nichtjüdischen Öffentlichkeit erst im Juli 1944, anlässlich der Deportationen aus Ungarn nach Auschwitz, Stellung gegen die NS-Verfolgung. Selbst bei dieser Wortmeldung, die Teil einer breiten, nicht nur von Juden getragenen Protestkampagne war, verzichtete er noch immer darauf, die Täter zu benennen. Auch machten die leitenden Männer des SIG – zum Kreis derer gehörend, die weltweit am besten über die «Endlösung» orientiert waren – keine Versuche, mit ihrem Wissen die Öffentlichkeit aufzuklären. – Welche Motive standen hinter dieser Zurückhaltung gegenüber dem NS-Regime? Bezüglich der Boykottmassnahmen befürchtete der Gemeindebund mögliche kontraproduktive Folgen für die Glaubensgenossen in Deutschland. Schon 1933 dürfte aber auch die Rücksicht auf die Neutralitätspolitik der eigenen Regierung eine massgebliche Rolle gespielt haben, später stellte sie stets das Haupthemmnis dar. Bezüglich der innerschweizerischen Vorgänge verhielt sich der SIG noch zurückhaltender: Gegenüber der nichtjüdischen Öffentlichkeit äusserte er sich in der gesamten Untersuchungsperiode nicht ein einziges Mal zur Flüchtlingspolitik der eigenen Behörden. Selbst gegenüber der jüdischen Öffentlichkeit liess er zu diesem Thema höchst selten etwas verlauten, und wenn überhaupt, dann nie mit kritischen Tönen. Was die enormen Leistungen des jüdischen Flüchtlingshilfswerks anbelangt, wurden diese zwar der eigenen Gemeinde vermittelt; mit einer noch intensiveren Informationsarbeit gegenüber einheimischen und aufgenommenen Juden hätte man aber vermutlich einige rufschädigende Missverständnisse und Spekulationen verhindern können. Gegenüber der nichtjüdischen Öffentlichkeit (übrigens auch gegenüber den jüdischen Organisationen im Ausland) wurde die eigene Flüchtlingsarbeit nicht wirklich kommuniziert, sie blieb daher dort weitgehend unbekannt. Erst 1944 gaben der VSJF und der SIG diese Zurückhaltung teilweise auf.[4]

Die uns heute selbstverständlich gewordene Regel, dass eine kohärente Informationspolitik zu den grundlegenden Massnahmen einer Krisenbewältigung gehört, hatte im Bewusstsein der damals bestimmenden Persönlichkeiten offenbar noch keinen Stellenwert. Dabei hätte der Gemeindebund mit der 1936 ins Leben gerufenen JUNA über ein geeignetes Instrument zur Pressearbeit verfügt. Dies galt besonders seit Ende 1938, als mit Benjamin Sagalowitz ein äusserst kompetenter Journalist die Leitung des kleinen Büros übernahm. Sagalowitz musste sich jedoch hauptsächlich auf die Beobachtung und Auswertung anderer Publikationen und das Erstellen von Bulletins beschränken, in denen er zwar mit geschickt zitierten Artikeln die Zensur unterlief, aber nie eine eigene Position des SIG oder des VSIA darstellen konnte. Statt von den Verantwortlichen beider Organisationen Informationen oder Aufträge zu erhalten, wurde er von ihnen nur gebremst. Diese Situation führte bereits im Mai 1941 zum offenen Konflikt, als Sagalowitz der SIG-Führung die fehlende Kooperation mit der JUNA und ihre Beschränkung auf eine vertrauliche Zusammenarbeit mit den Behörden vorwarf. Das permanente öffentliche Schweigen, etwa zu der «Solidaritätssteuer» oder den Arbeitslagern, warnte Sagalowitz, sei beredt und könne sich kontraproduktiv auswirken. Seine Kritik rüttelte an Verhaltensmustern und Grundstrategien, die im Gemeindebund eine lange Tradition hatten und eng an die gängige Selbstdefinition der Institution gebunden waren. Sie fand deshalb kein Gehör. Im folgenden Jahr erwies sich das hartnäckige Schweigen des SIG zur Berner Rückweisungspolitik schliesslich als eine der Hauptursachen für die Krise, die zu Mayers Rücktritt als Präsident führte. Dies bewegte seinen Nachfolger Saly Braunschweig jedoch nicht dazu, die Strategie des Niedrigprofils aufzugeben.

Grundbedingungen des Handelns

Die Politik des Gemeindebunds war in den Jahren 1933 bis 1945 hauptsächlich von drei Bedingungen bestimmt: erstens von einer weitgehenden eigenen Ohnmacht, zweitens von einer antisemitischen Gefährdung, die aus dem Inland und dem Ausland kam, und drittens von einer Abhängigkeit von den Bundesbehörden, die selbst einem «prophylaktischen Antisemitismus» (Riegner) anhingen. Am Beispiel der Flüchtlingshilfe kann man besonders deutlich sehen, wie diese Grundbedingungen das Handeln der führenden Schweizer Juden strukturierten:

OHNMACHT: Wenn wir Macht im Sinne von Anthony Giddens als Fähigkeit verstehen, mittels bestimmter Ressourcen (Einfluss, Wählerstimmen, Geld usw.) so in Ereignisse eingreifen zu können, dass man dabei eigene Interessen verwirklicht, war der SIG beinah machtlos: Als Wahl- und Stimmvolk stellte die jüdische Gemeinde eine Quantité négligeable dar. Zudem war sie sehr heterogen und zerstritten, keineswegs ein geschlossener Block. Ausserdem setzte sie sich zur Hälfte aus Ausländern zusammen, also aus Bürgern, die über wenig Rechte verfügten und überdies auch vollständig rechtlos gemacht werden konnten – nach Gutdünken der Behörden und abhängig von der Politik der betreffenden Herkunftsstaaten, wie der Umgang mit den polnischen Juden bewies. Auch die Finanzbasis des SIG war prekär, da seine Einkünfte nur aus freiwilligen Abgaben bestanden. Eine schlagkräftige und effiziente administrative Infrastruktur gab es ebenfalls nicht, und alle Tätigkeit beruhte auf dem schwerfälligen Prinzip der Ehrenamtlichkeit. Die Leitung wurde von politisch unerfahrenen Philanthropen gebildet, die sich aufopferten und nicht selten bei Geldmangel ihrer Institution in die eigene Tasche griffen. Und schliesslich waren die Beziehungen zu mächtigen gesellschaftlichen Gruppen schwach und einseitig ausgeprägt.

In der Flüchtlingspolitik verstärkte sich diese Ohnmacht noch weiter, da hier die Klientel des SIG aus den Menschen bestand, die von den Nazis, um einen Gedanken Hannah Arendts aufzugreifen, als «Auswurf der Menschheit» definiert, entrechtet und verjagt wurden und die daraufhin – in fataler Entsprechung – von den Schweizer Behörden als unerwünscht und rechtlos empfangen wurden. Hinzu kam, dass diese Flüchtlinge ausserhalb der jüdischen Gemeinde keine Lobby besassen, weder im Inland noch im Ausland. Dies war ein gravierendes Manko, denn die frühere Geschichte der Schweiz zeigt, dass Flüchtlinge immer nur dann Asyl erhalten hatten, wenn sie auf die Schützenhilfe einflussreicher politischer oder religiöser Sympathisanten hatten zählen können. Der SIG wirkte dem nicht entgegen, weil er kaum Lobbyarbeit machte und insbesondere dem Kontakt mit der Sozialdemokratie ängstlich auswich, obwohl sich diese von allen bedeutenden gesellschaftlichen Kräften am verlässlichsten für jüdische Rechte einsetzte. Zudem missachtete er aus Angst vor Antisemitismus die Gesetzmässigkeit, dass eine minoritäre Gruppe, die nicht öffentlich auftritt und sich nicht darstellt, im Bewusstsein der Öffentlichkeit nicht existiert und damit weder über Einfluss noch Gewicht verfügt. Oder in den Worten Pierre Bourdieus: «Vereinfacht liesse sich sagen, dass die Herrschenden immer schon ‹existieren› – die Beherrschten dagegen nur, wenn sie sich mobilisieren oder mit Mitteln zur Repräsentation ausstatten.»[5] Mit seiner fehlenden Präsenz in der Öffentlichkeit stellte der SIG nicht einmal mehr ein politisches Leichtgewicht dar, er war als Akteur schlicht nicht mehr vorhanden.

Statt auf Politik und Öffentlichkeit setzte der SIG allein auf Fleiss und Selbstausbeutung, vor allem in der Flüchtlingshilfe, wo er auf diese Weise den fehlenden Einfluss kompensieren wollte. Tatsächlich rettete er durch einen bewundernswerten Einsatz an personellen und finanziellen Ressourcen Tausende von Menschen. Diese Strategie hatte aber zwei Hauptnachteile: Selbstdisziplinierung und die Gefahr der Instrumentalisierung durch Dritte. Zum einen konnte der SIG, gefangen in dieser Logik, nur insofern asylpolitische Forderungen aufstellen, als er deren materielle Folgen allein zu tragen imstande war. Zum anderen erhielten die Behörden die Möglichkeit, die Verantwortung für ihre restriktiven Massnahmen immer wieder auf die überforderten Juden abzuwälzen, da es ja in deren Interesse lag, nicht noch mehr Flüchtlinge aufzunehmen. Tatsächlich verteidigten auch die leitenden Juden die Grenzsperre vom August 1938 und erhofften sich mit ihrem eingehenden Bericht vom Dezember gleichen Jahres, dass Bern sie mit einer strengen Abwehrpolitik vor einem nicht mehr zu bewältigenden weiteren Flüchtlingsansturm bewahre.

ANTISEMITISCHE GEFÄHRDUNG: Für die Juden der Schweiz war der Antisemitismus eine objektive Gefahr – auch der einheimische, ganz besonders aber der nationalsozialistische: Die Einverleibung der Schweiz ins «Dritte Reich» hätte für sie – anders als für die meisten ihrer nichtjüdischen Mitbürger – auch die physische Vernichtung bedeutet. Äusserst folgenreich wurde nun aber, dass sie den Antisemitismus nicht nur als objektive Gefahr fürchteten und bekämpften, sondern in wesentlichen Teilen auch internalisierten. Dies zeigte sich einerseits in der Maxime der «internen Schädlingsbekämpfung», bei der das jüdische Selbstbild des *schlechten* Juden dem antisemitischen Fremdbild *des* Juden schlechthin entsprach. Andererseits manifestierte sich die gleiche Internalisierung in der Blindheit führender SIG-Exponenten für den antisemitischen Kern des landesüblichen Überfremdungsdiskurses, den sie teilweise selbst übernahmen oder zumindest akzeptierten. Sie drückte sich auch im Umstand aus, dass führende SIG-Akteure dem *Schweizerischen Vaterländischen Verband* als Mitglieder angehörten und dessen Antisemitismus hartnäckig ignorierten. Man kann diese Internalisierungsmechanismen mit Bourdieu als «symbolische Gewalt» bezeichnen, als jene Form der Gewalt also, «die über einen sozialen Akteur unter Mittäterschaft dieses Akteurs ausgeübt wird».[6] Wesentlich ist dabei genau dieser Akt der Verkennung, durch den antisemitische Elemente – subjektiv – zu «natürlichen», selbstverständlichen und die Realität strukturierenden Aspekten werden und zugleich als Konstituenten der Wahrnehmung unsichtbar bleiben. Einer der Grundpfeiler dieses Antisemitismus bestand in der Behauptung, dass die Juden «wesensfremd» seien und im eigenen «Volk» ein «Fremdkörper» blieben: Jüdischsein als ein «ursprünglicher» Makel, unkorrigierbar und für Nichtjuden schädlich und gefährlich. In der internalisierten, das heisst akzeptierten Form führte diese Behauptung bei den Juden zu einem massiven Konformitätsdruck und zum verzweifelten Bemühen, sich die Zugehörigkeit zum Volk der Eidgenossen und die Gleichberechtigung mit den anderen gesellschaftlichen Gruppen stets aufs Neue durch Leistung, Wohlverhalten und Loyalität zu verdienen.

Frei nach Judith Butler lässt sich sagen, dass die Schweizer Juden nur öffentliche Subjekte werden konnten, indem sie die gesellschaftlich vorgegebenen Rollen annahmen. Es blieb ihnen also nichts anderes übrig, als Vorlagen zu performieren, die antisemitisch korrumpiert waren – und ihre emanzipatorische «Freiheit» bestand nur darin, in diesem Spiel Brüche und Unstimmigkeiten zu produzieren.[7] Bezogen auf den Gemeindebund war deshalb folgenreich, dass es ihm in keiner Weise gelang, in seinem Denken und Tun die Anliegen der dissonanten jüdischen Stimmen, der kritischeren Glaubensgenossen aufzugreifen. Den eigenen Handlungsspielraum hätte er so zwar nicht unbedingt vergrössert, aber vielleicht doch die innere Freiheit angesichts übermächtiger Zwänge.

In der Flüchtlingspolitik war der internalisierte Antisemitismus mitursächlich dafür, dass die führenden Juden die behördlichen Prämissen nicht allein aus Ohnmacht hinnahmen, sondern auch, weil sie deren antisemitische Stossrichtung nicht durchschauten. Dies traf sowohl auf die Transitmaxime wie auf das Erwerbsverbot zu, die beide auf dem erwähnten antisemitischen Kerngedanken gründeten, das Jüdische sei «wesensfremd». Auch der verbreitete und von vielen einheimischen Juden geteilte Glaube, die Präsenz von Juden würde per se Antisemitismus erzeugen, beruhte auf dem gleichen Argument. Dieser Irrglaube war mit ein Grund, warum die Leitung des SIG eine kontrollierte, also nur beschränkte Aufnahme jüdischer Flüchtlinge befürwortete – besonders ab 1938, als die Wiederausreisen immer schleppender verliefen und schliesslich ganz stockten. Er war auch mitverantwortlich dafür, dass die führenden Juden die strenge Disziplinierung der Flüchtlinge und ihre Isolation in Lagern selbst betrieben und ihre Fernhaltung vom Arbeitsmarkt als notwendig akzeptierten.

Besonders nachhaltig spielte der internalisierte Antisemitismus in die Finanzfragen hinein: Zwar war in jenen Jahren in der Schweiz die Privatfinanzierung der Flüchtlingshilfe auch bei nichtjüdischen Solidargruppen üblich. Diese Eigenleistung galt jedoch allein bei den Juden als eine Pflicht, von deren perfekter Erfüllung ihre Gleichberechtigung abhing. Damit bekräftigten sie indirekt das ungeschriebene Gesetz, dass sie nur Bürger auf Widerruf waren, die ihre Rechte stets neu zu verdienen hatten. Auch die Freiwilligkeit beruhte auf fragwürdigen Prämissen, da die Verantwortlichen fürchteten, durch ein «Judengesetz» zu Abgaben gezwungen zu werden, wenn sie nicht von sich aus bezahlten. Dennoch lobten sie in den Monaten, nachdem ihnen das Gentlemen's Agreement aufoktroyiert worden war, die Behörden für ihre angeblich entgegenkommende Haltung. Und bezogen auf die eigene Motivation sprach Saly Mayer noch im Rückblick von einem «grandios in die Tat umgesetzten Gedanken der Freiwilligkeit». Damit kaschierte er nicht nur die rassistische Nötigung durch die Behörden, sondern deutete auch die eigene Fügsamkeit um in Grandiosität. Der «Parvenü» begnügt sich eben, um nochmals mit Arendt zu sprechen, nicht mit blindem Gehorsam, sondern «muss immer so tun, als leiste er freiwillig und als Herr all das, was von Knechten und Untergebenen ohnehin erwartet wird».[8] Solange die leitenden Juden ihre eigene rassistische Ausbeutung durch die Behörden nicht erkannten, mussten sie auch blind dafür bleiben, dass sie sich mit ihren eigenen Initiativen zur «Solidaritätssteuer» selbst in eine weitere antisemitische Diskriminierung verstrickten.

Um kein Missverständnis aufkommen zu lassen: Die Schweizer Juden verfügten über keine Alternative zur finanziellen Selbstausbeutung. In ihrer weitgehenden Machtlosigkeit war dies für lange Zeit vermutlich der einzige – oder wenigstens der effektivste – Weg, um Menschenleben zu retten. Internalisierter Antisemitismus bewirkte jedoch, dass sie den rassistischen Charakter dieser behördlichen Zumutung nicht durchschauten und diese in vorauseilendem Gehorsam kritiklos hinnahmen, statt distanziert und strategisch mit ihr umzugehen. Internalisierter Antisemitismus liess sie auch bis 1942 zögern, überhaupt staatliche Subventionen für die Flüchtlingshilfe einzufordern. Dabei hatte man doch bereits im August 1935 intern angekündigt, dass die Flüchtlingshilfe vielleicht bald von der Öffentlichkeit übernommen werden müsste. Als nur Tage später die Nürnberger Rassengesetze verabschiedet wurden, verstummten diese Stimmen jedoch schlagartig und für Jahre gänzlich. Der Vorgang offenbart, dass die zunehmende Entrechtung im Nachbarland auch in der Schweiz einschüchternd wirkte und verhinderte, dass man mit hartnäckigen Forderungen wenigstens eine finanzielle Teilentlastung angestrebt hätte. Der internalisierte Antisemitismus war überdies auch Quelle permanenter Selbstvorwürfe und Beschämung, weil ein Teil der Juden angeblich versagte und nicht genug zahlte oder keine Freiplätze zur Verfügung stellte. Dabei richtete sich die Kritik statt gegen die Behörden nur an die eigenen Reihen – und die eigene Scham legitimierte das rassistische Verdikt der Unterwerfung.

ABHÄNGIGKEIT VON DEN BEHÖRDEN: Seit der Haskalah, der jüdischen Aufklärung, sahen die europäischen Juden im Staat die beste Garantie für ihre Sicherheit und ihr Überleben. Die NS-Gefährdung verstärkte bei den leitenden Juden in der Schweiz diese traditionelle identifikatorische Haltung massiv, da für sie nun die Existenz des unabhängigen Kleinstaates lebenswichtig wurde. In der Flüchtlingspolitik war der SIG in besonderem Masse auf die Behörden angewiesen, da er im Interesse seiner Schützlinge unweigerlich eng mit diesen zusammenarbeiten musste. Hauptpartner wurde dabei mit der *Eidgenössischen Fremdenpolizei* ausgerechnet diejenige Institution, die seit Jahrzehnten eine führende Rolle im Kampf gegen die «Verjudung» spielte und die ihren institutionellen Antisemitismus gleichzeitig vor sich selbst verbarg. (Dass andere Bundesämter oder einzelne Bundesräte nur selten mit dem SIG verkehrten, hatte dabei wenig mit Rothmunds Machtfülle zu tun. Jene Regierungsstellen manifestierten mit ihrer Abstinenz vielmehr, dass sie das Schweizer Judentum und das Schicksal der NS-Verfolgten als bedeutungslos erachteten und zudem die gleiche antisemitische Politik wie der Polizeichef vertraten.) Die Abhängigkeit des SIG von den Behörden verstärkte sich noch durch seine weitgehende Isolation und Selbstisolierung in der Mehrheitsgesellschaft sowie dadurch, dass er über den gesamten Zeitraum jeden Kontakt mit der demokratischen Öffentlichkeit vermied. Sein politischer Bewegungsraum reduzierte sich daher von Anfang an fast gänzlich auf die vertrauliche Interaktion mit dem Bundeshaus. Die Auswirkungen bei den leitenden Juden waren Blickverengung, Verzicht auf Kritik an amtlichen Massnahmen, Distanzlosigkeit gegenüber den Behörden und Übernahme von deren Positionen, Entfremdung von der eigenen Basis und die Illusion einer Partnerschaft mit den staatlichen Stellen.

Bereits am Beispiel von Mayers erster Begegnung mit Rothmund im Herbst 1933 liessen sich diese Mechanismen als «freundliche Herrschaft» beschreiben, da ihre Wirkung nicht auf expliziten Drohungen und Zwangsmassnahmen beruhte (die es natürlich, gerade in der polizeilichen Praxis, auch gab), sondern auf Gesprächen und Argumenten, Erwartungen und Lobesworten, vertraulichen Ratschlägen und Informationen, Bekundungen von Verständnis und Unterstützung. Wie die jüdischen Leiter durch diese vertrauliche Zusammenarbeit ihre

Wahrnehmung und ihren ohnehin kleinen Handlungsspielraum noch weiter einschränkten, enthüllte in drastischer Deutlichkeit das Dilemma von Ende 1938, als sie sich vor zwei gleichermassen bittere Alternativen gestellt sahen: Ihrer Ansicht nach mussten sie wählen zwischen dem Ruin der eigenen Institutionen und einem sie selbst gefährdenden Antisemitismus auf der einen Seite und der moralisch bedenklichen, unsolidarischen Forderung nach Rückweisungen auf der anderen Seite. In diese Sackgasse konnten sie nur geraten, weil sie weder ihre Finanzverpflichtung in Frage stellten noch das Gefängnis der Vertraulichkeit durch den Einbezug Dritter, gar der Öffentlichkeit, aufbrachen. Die Lähmung des SIG nach der Grenzsperre von 1942 demonstrierte dann ein weiteres Mal seine vollkommene Abhängigkeit von einer Behörde, die ihrerseits fatal innengeleitet und ohne jede öffentliche Kontrolle agierte. Fortan blieb ihm erst recht nur noch die Strategie, in Einzelfällen zu intervenieren, die zumindest ausnahmsweise Leben rettete, indirekt aber die antisemitischen Grundprinzipien der staatlichen Politik bestätigte.

Rationalität von Macht und Ohnmacht

Das Zusammenwirken von Ohnmacht, antisemitischer Gefährdung, verinnerlichtem Antisemitismus und Behördenabhängigkeit führte dazu, dass sich die Rationalität der leitenden Juden letztlich nicht selten gegen sie selbst wendete – ablesbar etwa in der kritiklosen Übernahme des Erwerbsverbots, der Finanzverpflichtung und der Lager.

Erwerbsverbot: Der SIG akzeptiert das Erwerbsverbot, damit die jüdischen Flüchtlinge trotz Überfremdungsdoktrin bleiben dürfen. Das Erwerbsverbot erzeugt Fürsorgeabhängige, die den VSIA finanziell unerträglich belasten. Diese Belastung macht es dem VSIA unmöglich, weitere Mittellose aufzunehmen, und die jüdische Führung sieht keine andere Alternative, als die illegalen Einreisen zu unterbinden. Die Behörden können nun die antijüdischen Rückweisungen mit den Interessen der überforderten einheimischen Juden verteidigen.

Finanzverpflichtung: Der SIG übernimmt die Finanzierung der Flüchtlingshilfe, um Glaubensgenossen vor der «rassischen» Verfolgung zu retten. Da diese Verpflichtung nach ethnischer Zugehörigkeit definiert wird, akzeptiert er damit eine verkappte «Judensteuer». Da das Geld nicht ausreicht, hütet er sich vor Forderungen nach einer liberaleren Aufnahmepraxis. Da es trotzdem weiter an Geld mangelt, setzt er sich sogar für eine Sondersteuer für Ausländer ein, die wiederum antisemitische Züge trägt.

Lager: Der SIG fordert zusammen mit den anderen Hilfswerken die Einrichtung von Lagern, um die schädlichen Auswirkungen der verordneten Untätigkeit zu beheben. Die Hilfswerke dürfen die Lager nicht in eigener Regie führen, und es kommt zu Missständen. Obwohl sie diese nicht zu verantworten haben, werden sie dafür von den eigenen Kreisen verantwortlich gemacht. Die ebenfalls angegriffenen Behörden verteidigen die umstrittenen Lager mit dem Hinweis, diese seien doch von den Hilfswerken selbst angeregt worden.

Die Reihe liesse sich fortsetzen. Sie zeigt einen Mechanismus, der sehr vielen Handlungen der leitenden Juden eigen war: Bei ihren Initiativen und Bemühungen gingen sie von Prämissen aus (in unseren Beispielen vom Erwerbsverbot oder von der jüdischen Finanzverpflichtung), deren Veränderung nicht in ihrer Macht lag, deren Berechtigung sie aber auch nicht hinterfragten. Ihr Ziel war die Verteidigung der Interessen der einheimischen oder Schutz suchenden Juden. Im weiteren Verlauf mussten sie jedoch häufig feststellen, dass die Ergebnisse letztlich ihren Interessen zuwiderliefen und stattdessen hauptsächlich den Behörden nützten. Die Rationalität der Unterlegenen entpuppte sich als ein Instrument der Herrschenden. – Dass diese Mechanismen von den jüdischen Verantwortlichen häufig nicht durchschaut wurden (weil sie schon die antisemitischen Prämissen nicht als solche erkannten), machte sie besonders wirksam. Auf diese Weise verstrickte sich der Gemeindebund – paradoxerweise ausgerechnet in der Absicht, Juden zu helfen und die jüdische Position zu verteidigen – in eine Behördenpolitik, die antisemitisch und letztlich für Ungezählte tödlich war.

Ohne die extremen Herausforderungen, die durch die Massnahmen des NS-Regimes ausgelöst wurden, hätten sich viele Muster der Gemeindebundspolitik nicht derart eindimensional und folgenschwer ausgeprägt. Dennoch wäre es falsch, jene ungeheure Katastrophe als alleinige Ursache zu begreifen. Vielmehr existierten im SIG manche zentralen Muster – vor allem die Schutzsuche bei den Behörden, die vertrauliche Kooperation mit dieser, die Rücksichtnahme auf deren Aussenpolitik, der internalisierte Antisemitismus, das Niedrigprofil, der interne Autoritarismus – schon vor der Nazi-Ära. Viele dieser Muster entstanden überdies durch die Verinnerlichung von Bildern, Werten und Verhaltensweisen, die auch in der nichtjüdischen Mehrheitsgesellschaft weit verbreitet waren. Die Politik des Gemeindebunds wurde also durch seine institutionelle Tradition ebenso bestimmt wie durch die aktuellen Ereignisse. Ja vermutlich hielten gerade die bereits etablierten und scheinbar bewährten Routinen und Normen die leitenden Juden davon ab, offensiver und radikaler auf die ungeheuerlichen Ereignisse zu reagieren und auch der Politik der eigenen Behörden reflektierter, distanzierter und mutiger zu begegnen.

Es wäre ebenso falsch, die Politik des SIG isoliert vom internationalen Kontext zu betrachten. Wenn man einen Vergleich mit den wichtigsten jüdischen Gemeinden vornimmt, die in den westeuropäischen Staaten ausserhalb des totalitären Machtbereichs verblieben – sei es in den dreissiger Jahren (Frankreich, Holland, Belgien) oder bis zum Kriegsende (Grossbritannien) –, zeigen sich bemerkenswerte Parallelen zur Situation in der Schweiz, und zwar sowohl im Umgang mit dem Antisemitismus wie in der Haltung gegenüber den Zuflucht suchenden Glaubensgenossen. Dass man auch in den anderen Ländern Phänomene eines internalisierten Antisemitismus findet, rührt in erster Linie daher, dass analoge Mechanismen generell bei Minderheiten verbreitet sind. Typische Parallelen in allen erwähnten jüdischen Gemeinschaften waren Aufrufe zur Selbstdisziplin, ein allgemeines Niedrigprofil (etwa bezüglich eines Deutschlandboykotts) und die Betonung des eigenen Patriotismus. In der Flüchtlingshilfe galt, wie wir wissen, in den dreissiger Jahren die kontrollierte Emigration international als tauglichste Lösungsstrategie. Das bedeutete, dass auch die anderen jüdischen Landesorganisationen von der Unterscheidung zwischen wirtschaftlichen und politischen Flüchtlingen ausgingen und dass sie Erstere von der Auswanderung aus Deutschland abhielten, ihnen keine Hilfe leisteten oder sie gar zurückschickten. Was die nationalen Kontexte betrifft, bestanden die Strategien in den anderen jüdischen Gemeinschaften ebenfalls in einer engen, kritiklosen Kooperation mit den Behörden und der Akzeptanz einer restriktiven Asylpolitik. Nach der «Reichskristallnacht» forderten führende Juden in allen genannten Ländern einen Aufnahmestopp für jüdische Flüchtlinge oder unterstützten ihre Regierungen in einer derartigen Politik. Eine Ausnahme machte hierin nur die jüdische Gemeinde Belgiens, die zusammen mit der Sozialdemokratie im Oktober 1938 eine öffentliche Asyldebatte provozierte und vorübergehend Rückweisungen verhinderte. Die Motive für die generelle Zurückhaltung waren bei den ausländischen Schwesterorganisationen ebenfalls vergleichbar: Sie hatten Bedenken wegen der Fürsorgelasten, da die jüdischen Gemeinschaften – auch dies eine fundamentale Parallele – in allen Ländern die Finanzierung der Flüchtlingshilfe übernahmen. Zudem befürchteten sie einen durch die Flüchtlinge ausgelösten Antisemitismus und standen im Konflikt zwischen jüdischer Solidarität und patriotischer Loyalität. Die Methoden zur Vermeidung von Antisemitismus glichen sich ebenfalls überall: Disziplinierung der Flüchtlinge, ihre Entfernung aus den Städten und die Einquartierung in Lagern.[9]

So summarisch dieser Vergleich ist, zeigt er doch, dass die Verhaltensmuster des Gemeindebunds keine Besonderheit darstellten. Er macht auch deutlich, dass sich die Handlungsweisen des SIG keinesfalls vereinfachend aus der Persönlichkeit seines damaligen Präsidenten Saly Mayer herleiten lassen, wie dies in der jüdischen Erinnerung und Geschichtsschreibung zuweilen getan wird. Die zum Teil bis in die Details gleichartigen Argumente und Verfahren mögen zunächst damit zusammenhängen, dass die jüdischen Verantwortlichen miteinander in Kontakt standen und wechselseitig Anregungen aufnahmen. Bedeutender war aber vermutlich, dass sie einerseits in allen Ländern mehr oder minder vor den nämlichen Herausforderungen standen und andererseits auf Voraussetzungen zurückgreifen mussten, die ebenfalls in gleichen Erfahrungen wurzelten: auf ein Arsenal an Deutungen, Normen, Routinen und Strategien, die sich eine kleine jüdische Minderheit in einem ihr ablehnend gesinnten Umfeld im Laufe der Jahrhunderte angeeignet hatte.

Selbstverständlich erklären die traditionellen Muster nicht vollständig, warum der Gemeindebund so und nicht anders auf die präzedenzlosen Ereignisse von 1933 bis 1945 reagiert hat. Keine ausreichende Antwort, aber vielleicht eine verdichtende Ahnung vom Kern des Problems erhalten wir, wenn wir uns als Momentaufnahme nochmals den 20. August 1942 vorstellen: In Bern schliesst sich Polizeichef Rothmund in seinem Büro ein, um seinen für diesen Nachmittag im abseits gelegenen jüdischen Gemeindehaus vorgesehenen Auftritt ungestört vorbereiten zu können. SIG-Präsident Mayer ist – wie fast täglich in diesen Jahren – unterwegs zu Sitzungen und damit für seine Basis schwer erreichbar. Viele CC-Mitglieder finden es nicht nötig, ihre Sommerferien für die kurzfristig in Bern einberufene Konferenz abzubrechen, da sie von Mayer nur vage orientiert wurden und den Ernst der Lage nicht begreifen. Im deutschbesetzten Teil Frankreichs irren die am Vortag ausgewiesenen Zagiels verängstigt umher oder sind von ihren Häschern bereits aufgegriffen worden. In der Schweiz versucht Paul Dreyfus-de Gunzburg fieberhaft per Telefon eine offizielle jüdische Demarche bei Bundesrat von Steiger zu organisieren. In Bratislava verhandelt Gisi Fleischmann mit der SS und setzt ein Telegramm an Schwalb und Mayer auf, da sie zur Bestechung «Wilhelms» dringend Geld braucht. – Der eingeschlossene Rothmund steht für eine radikal innengeleitete und ohne öffentliche Kontrolle agierende Polizeiabteilung. Der herumreisende Mayer für einen Gemeindebund ohne Position und Infrastruktur. Die in den Ferien weilenden CC-Männer für den unbegriffenen Augenblick, für einen den «Zivilisationsbruch» verschleiernden Alltag. Die Zagiels für die tödliche Gefährdung der Opfer und den Verrat der Behörden an den mit ihnen kooperierenden Juden. Der einsam seine Glaubensgenossen zu mobilisieren suchende Dreyfus-de Gunzburg für eine lähmende Ohnmacht des Schweizer Judentums, die oppositionelle Einzelkämpfer ins Leere laufen liess. Die mutige Gisi Fleischmann für die verzweifelte Lage der Juden und für die Illusion von der Macht des «Weltjudentums». – Einige Monate später wird Fleischmann an Mayer schreiben, nur die «geografische Entfernung» könne erklären, warum «unsere vielfachen Bitten so ins Leere verhallt» seien.[10] Aber die Entfernung bestand schon in den Köpfen – sie erwuchs vor allem aus hartnäckigen Diskursmustern und Wahrnehmungsroutinen im Bewusstsein der nichtjüdischen Mehrheitsgesellschaft, die einen hilflosen und politisch unbeholfenen Gemeindebund in seiner Not gänzlich im Stich liess.

Anmerkungen

Einleitung

1 Zur J-Stempel-Affäre vgl. Kreis, Rückkehr; Picard, Schweiz und die Juden, S. 145–217; M. Feldmann, Beantwortung der Interpellation von Nationalrat Dr. Hans Oprecht vom 8. Juni 1954 über die Flüchtlingspolitik, Stenographisches Bulletin vom 16. Juni 1954.
2 Antrag der ICZ, 7. Mai 1958, AfZ: NL Jean Nordmann, OP 1958. Die ICZ fragte vermutlich nicht explizit auch nach der Behandlung der jüdischen Flüchtlinge (durch die Behörden), weil dies bereits Ludwigs Thema gewesen war. Zur internen Diskussion: Prot. CC, 12. Dez. 1957, S. 10–13; 5. März 1959, S. 2f.; Prot. SIG-GL, 18. Febr. 1959, S. 5 (Zitat), alles in: AfZ; Wieler an Liatowitsch, 15. Apr. 1959; Liatowitsch an Wieler, 30. Apr. 1959 (hier auch zur einhelligen Zustimmung des CC, die aus dem Prot. nicht hervorgeht). Für die Überlassung der Kopien danke ich Robert Wieler, Jerusalem.
3 Allgemein zu den innerjüdischen Debatten: Michman, Leadership; Mantello: div. Akten in: AfZ: IB SIG, Hilfe und Aufbau, SIG-Untersuchungskommission betr. San (sic) Salvador-Pässe u. a. Mantello**; vgl. Kranzler, The Man, S. 242–248; zu Vorwürfen an Mayer im Nürnberger Prozess: Major Robert Haythoren, Testimony of Jean Marie Musy, 26. Okt. 1945; Vaad Hahatzala (J. Sternbuch) an das Präsidium des alliierten Nürnberger Gerichtshofes, 17. Nov. 1948, beides in: AfZ: MF S. Mayer, SM 21; vgl. IW, div. Nummern, Dez. 1948–Apr. 1949; zu Vorwürfen im Kasztner-Prozess: IW, 2. und 9. Juli 1954. Die Vorwürfe bezüglich einer Mitverantwortung der Leitungen von SIG und VSIA erhob Isaac Sternbuch in der Jüdischen Rundschau Maccabi. Zitiert in: Prot. CC, 18. Mai 1955, S. 8. Die Vorwürfe an Mayer wiederholten sich bis in die Gegenwart, etwa anlässlich des Eichmann-Prozesses von 1961/62 oder im Kontext der Grüninger-Affäre, vgl. u. a. div. Akten in: AfZ: IB SIG, Abwehr und Aufklärung, Geschäftsablage betr. Angriffe gegen Saly Mayer, 1950–1961; Curt Trümpy, «Heute, nach 15 Jahren, darf ich reden», Artikelserie in der Zeitschrift Sie und Er, Okt./Nov. 1961; IW, 17. Nov. 1961; B. Sagalowitz, Gerechtigkeit für Saly Mayer, in: Sie und Er, 11. Apr. 1963; Lancelot C. Sandor, Aktenzeichen Grüninger – ungelöst?, in: Tages-Anzeiger-Magazin, 41/1984; Kranzler, Thy Brother's, S. 56.
4 Vgl. zur Verleugnung der Ohnmacht: Bauer, Dunkle Seite, S. 291; ders., Geschichtsschreibung, S. 180; Zuroff, Response, S. 283–285; zu Liatowitsch und Heim: Prot. CC, 12. Dez. 1957, S. 11f., AfZ: IB SIG; Freundschaft Heim/Mayer: Martin Mayer an Marcus Wyler, 12. Juni 1955, AfZ: NL Marcus Wyler, Doss. 6.
5 Für eine umfassende Studie über die Alltagsarbeit böten hingegen die zu Tausenden erhaltenen Personendossiers des Hilfswerks eine gute Basis. Vgl. die Bestände der VSJF-Zentrale (im AfZ) und diejenigen der JG Bern (heute im Berner Staatsarchiv).
6 Für eine Übersicht über die Forschung vgl. Kreis, Georg, Die schweizerische Flüchtlingspolitik der Jahre 1933–1945, in: ders./Müller, Bertrand (Hrsg.), Die Schweiz und der Zweite Weltkrieg. Schweizerische Zeitschrift für Geschichte 47 (1997), S. 552–579. Hinweise zur neueren Literatur findet man überdies in den Publikationen der Unabhängigen Expertenkommission Schweiz (siehe unten). Ludwig, Flüchtlingspolitik; Lasserre, Frontières; Häsler, Boot; Picard, Schweiz und die Juden; Gast, Kontrolle; Kury, Über Fremde; Mächler, Kampf; vgl. auch: Mattioli (Hrsg.), Antisemitismus; Lupp, Klassensolidarität; Kocher, Menschlichkeit; Arnold, Caritasverband; ders., Transitprinzip; Schmidlin, Schweiz; Unabhängige Expertenkommission, Schweiz und die Flüchtlinge; Thürer/Haldemann, Recht, Bd. I; Imhof u. a., Flüchtlinge.
7 Bauer, American Jewry; ders., My Brother's Keeper; ders., Freikauf; Caestecker/Moore, Refugee Policies; Shatzkes, Holocaust; Caron, Asylum; Arad, America.
8 Picard, Schweiz und die Juden; Funk, Warum sollen wir; Sibold, Mit den Emigranten; Zweig, Farbstein.
9 Vgl. zum folgenden Problem auch: Arad, America, S. 3–5.

10 Bloch, Prinzip Hoffnung, Kap. 20.
11 Koselleck, Vergangene Zukunft. Zur Semantik geschichtlicher Zeiten, Frankfurt a. M. 1979, S. 349–375; Schleunes, Twisted Road.

Nach Hitlers Machtantritt

1 Prot. CC, 26. März 1933, AfZ: IB SIG.
2 IW, 3. Febr., 10., 17. und 24. März 1933. Zur jüdischen Wahrnehmung auch: (vermutlich Walter Bloch) Vortragsmanuskript, ca. März/Apr. 1933, JG Bern: Israelitische Cultusgemeinde, Allgemeines I, 1933.
3 Vgl. Dreifuss, Schweiz, S. 31–49, 69; Altermatt, Katholizismus, S. 208–210; Zimmer, Typisierung; Huber, Max, Geschichte der politischen Presse im Kanton Luzern von 1914–1945, Luzern/Stuttgart 1989, S. 196.
4 Prot. CC, 26. März 1933, S. 1, AfZ: IB SIG.
5 Vgl. Wolf, Faschismus; Glaus, Beat, Die Nationale Front. Eine Schweizer faschistische Bewegung 1930–1940, Zürich 1969; Stutz, Hans, Frontisten und Nationalsozialisten in Luzern 1933–1945, Luzern 1997.
6 Gelegentlich wird der Zweitname auch mit i statt y geschrieben, die Nachkommen schreiben Brodsky. Zur Biographie Dreyfus-Brodsky vgl. IW, 27. Febr. 1942; div. Materialien im Privatarchiv Dreyfus, Basel, u. a. Trauerrede von Alfred Goetschel, 20. Febr. 1942; Interviews mit K. Guth; Stiftungsrat Pro Juventute: L. Littmann an S. Braunschweig, 8. Aug. 1943, AfZ: IB SIG, 3.1.2. Handakten S. Braunschweig**; zu seinem Führungsstil vgl. Prot. CC, 3. Juni und 8. Juli 1923, beide AfZ: IB SIG, sowie das Prot. der Sitzung der ICZ-Delegierten zum SIG, 9. Sept. 1941, S. 5, ICZ; vgl. Zweig-Strauss, Farbstein, S. 165.
7 Ohne Verfasserangabe (Martin Bloch, Zürich), Entwurf einer SIG-Eingabe an Bundesrat Häberlein (sic!), 31. März 1933, AfZ: IB SIG, Flüchtlingspolitik, Einreise und Aufnahme von Flüchtlingen, 1933–1944**. Die Bereitschaft der Schweizer Juden zur Mithilfe wurde bereits am 22. März 1933 von einer Zürcher Versammlung erklärt, aus der dann das Centralcomité für Flüchtlingshilfe hervorgehen sollte: Auszug aus dem Prot. der Plenarsitzung vom 22. März 1933, AfZ: IB SIG, 9.2.1. Centralcomité für Flüchtlingshilfe**.
8 Compte-rendu d'une conversation entre le chef du Département de Justice et Police, H. Häberlin, et une Délégation du Parti socialiste suisse, 29. März 1933, DDS 10, S. 619.
9 Zur Abschiebung ins Ausland: EJPD, Heinrich Rothmund an das Polizeiinspektorat des Kantons Basel-Stadt, 6. Apr. 1933, BAR: E 2001 (C) -/4, Bd. 92, Politische Flüchtlinge aus Deutschland; zur Übernahme der Fürsorge: Prot. CC, 5. Apr. 1933, S. 2, AfZ: IB SIG.
10 Pressecommuniqué des EJPD, nach dem Prot. der Bundesratssitzung vom 31. März 1933, DDS 10, S. 623f. Die Regierung formuliert mit dem (eigentlich unpassenden) Konjunktiv bereits im Voraus, wie ihr Entscheid in der Presse dargestellt werden soll.
11 Zur zeitgenössischen Wahrnehmung des Boykotts bei Schweizer Juden vgl. IW, 7. Apr. 1933, und Prot. CC, 5. Apr. 1933, S. 4, AfZ: IB SIG; Zahlen zum Exodus: Moore, Refugees, S. 21; zu den Einreisen in Basel: EJPD (Häberlin) an das Eidgen. Politische Departement, 7. Apr. 1933, BAR: E 2001 (C) -/4, Bd. 92, Politische Flüchtlinge aus Deutschland.
12 Hilfskomitee in Basel für deutsche Flüchtlinge, Prot. der Sitzung, 24. Apr. 1933, StABS: IGB-REG H 11.2; Prot. IGB-VS, 2. Apr. 1933, S. 808, StABS: IGB-REG B 2.4; IW, 7. Apr. 1933.
13 Zu Messinger: Dreifuss, Emil, Familie Messinger in Bern (Typoskript, mir freundlicherweise von Eva und Simon Farberoff zur Verfügung gestellt); Funk, Warum sollen wir, Kap. 1.4; Zweig, Farbstein, S. 166.
14 J. Messinger an S. Mayer, 3. Apr. 1934, AfZ: IB SIG, Flüchtlingspolitik, Einreise u. Aufnahme v. Flüchtlingen, 1933–1944** (Sperrung im Original; das Fehlen von Kommata, das dem Text eine noch grössere Atemlosigkeit gibt, korrigiert von St. M.).

15 Prot. CC, 5. Apr. 1933, S. 1f., AfZ: IB SIG. Auf der Konferenz in Paris waren von Schweizer Seite neben Mayer auch Dreyfus-Brodsky und ein Genfer Vertreter anwesend, von französischer auch die Alliance Israélite Universelle.
16 Prot. CC, 5. Apr. 1933, S. 1f., 4–6, 10 (Zitat), AfZ: IB SIG.
17 Votum Brunschvigs: Prot. CC, 5. Apr. 1933, S. 3f., AfZ: IB SIG; Beschluss zum Communiqué: a.a.O., S. 5f., 10; Zitat nach: IW, 7. Apr. 1933; vgl. Picard, Schweiz und die Juden, S. 96.
18 Prot. CC, 5. Apr. 1933, S. 3; vgl. auch: Sitzungsprot. vom 17. Okt. 1935, S. 8–10, AfZ: IB SIG; zu den amerikanischen Juden: Arad, Cooptation; zur Rücksicht auf die Behörden seit 1915 vgl. Funk u. a., Geschichte, S. 28.
19 Prot. CC, 5. Apr. 1933, S. 2f., AfZ: IB SIG; zur positiven Einschätzung der Behördenpolitik vgl. Israelitische Cultusgemeinde Bern an J. Friedli-Wehrli, 28. Apr. 1933: «[W]ir sind unserm Bundesrat für seine freundliche Haltung gegenüber unsern so zu Unrecht bedrängten Glaubensgenossen aus Deutschland zu grossem Dank verpflichtet, & wissen auch dass der Grossteil aller Schweizer-Bürger diese freizügige Haltung billigt.» JG Bern: Korrespondenz Israelitische Cultusgemeinde, 1933–1934.
20 Prot. CC, 5. Apr. 1933, S. 3, AfZ: IB SIG; zu den weissrussischen Flüchtlingen vgl. Unabhängige Expertenkommission, Schweiz und die Flüchtlinge, S. 45f. Zur jüdischen Übernahme der Flüchtlingshilfe: Zumindest die Alliance Israélite Universelle – vgl. Anm. 15 – und der Board of Deputies machten ein entsprechendes Angebot schon in den Tagen, als der SIG mit ihnen im Kontakt war. Vgl. für Frankreich: Caron, Asylum, S. 97; für Grossbritannien: Shatzkes, Holocaust, S. 26; für Holland: Moore, Refugees, S. 29, 32f. Auch in Schweden war die Flüchtlingshilfe bis 1939 Privatsache, vgl. Nordlund, Sven, «The War is Over – Now You Can Go Home!» Jewish Refugees and the Swedish Labour Market in the Shadow of the Holocaust, in: Cesarani/Levine (Hrsg.), Bystanders, S. 171–198, 178.
21 Prot. CC, 5. Apr. 1933, S. 8, AfZ: IB SIG.
22 Zum asylrechtlichen Engagement der Sozialdemokratie: Lupp, Klassensolidarität, S. 156–160; Kury, Über Fremde, S. 173; zur Reaktion der Linken auf die nazistische Machtübernahme: Wichers, Kampf, S. 92f.; Audienz bei Häberlin: DDS 10, S. 617–623 (Zitat: S. 620, siehe Anm. 8).
23 Prot. CC, 5. Apr. 1933, S. 8, AfZ: IB SIG. Der Inhalt der Anfrage ist im CC-Prot. nicht dargelegt, vgl. aber Lupp, Klassensolidarität, S. 73, 199.
24 Zu den Anfängen der jüdischen Gemeinden in der Schweiz: Weingarten, Entwicklung, S. 138–140; Leitenberg, Laurence, Evolution et perspectives des communautés en Suisse romande, in: Rosenstein u. a. (Hrsg.), Lebenswelt, S. 153–166, v. a. 153–155; zu den Anfängen des SIG: Funk u. a., Geschichte, S. 23ff.; zum SIG allgemein: Picard, Schweiz und die Juden, S. 231–235 (Zitat: S. 231); generell zur Schächtinitiative: Mesmer, Beatrix, Das Schächtverbot von 1893, in: Mattioli (Hrsg.), Antisemitismus, S. 215–239.
25 Zur demographischen Entwicklung: Guth, Hans, Die Juden in der Schweiz im Spiegel der Bevölkerungsstatistik, in: Schweizerischer Israelitischer Gemeindebund (Hrsg.), Festschrift zum 50jährigen Bestehen, 1904–1954, Zürich 1954, S. 85ff.; zur Anzahl der Gemeinden und Mitglieder: Picard, Schweiz und die Juden, S. 232 (für 1904); Weingarten, Entwicklung, S. 139 (1904 tatsächlich am SIG beteiligte Gemeinden); Prot. CC, 8. Okt. 1933, S. 7 (Gemeindemitglieder), und Prot. SIG-DV, 3. Mai 1933, S. 1 (Gemeinden); das Prot. CC, 5. Apr. 1933, S. 7, schätzt die aktuelle Mitgliederzahl auf nur 2500, alles in: AfZ: IB SIG.
26 Zur Vielfalt der jüdischen Gemeinschaft in der Schweiz ausführlich: Picard, Schweiz und die Juden, Kap. 4; ausserdem: Littmann, Leo, Entwurf zu Eintrag in The Universal Jewish Encyclopedia, 1. Aug. 1957, AfZ: NL Jean Nordmann, OP 1957; zu Juden / Israeliten vgl. Michman, Leadership, S. 323f.
27 Zu den Schätzungen über die abseits stehenden Juden: Herbert Katzki, Memorandum, 20. Juni 1939, AfZ: MF Joint Switzerland, File 972; zur rechtlichen Situation: Prot. SIG-DV, 18. Juni 1933, S. 7, AfZ: IB SIG. In den Kantonen St. Gallen und Zürich war das Steuerregister öffentlich: Votum S. Braunschweigs bei der SIG-DV vom 26. März 1939, Beilage zum Prot., S. 2, AfZ: IB SIG.

28 Zu den Nachteilen der Ehrenamtlichkeit vgl. etwa: Briefwechsel zwischen Willi Burgauer und Mayer vom 31. Mai und 21. Juni 1934, JGSG: Div. Korrespondenz an Saly Mayer, 1934.

29 Zum Beginn seiner Aktuartätigkeit kursieren verschiedene Jahreszahlen, vgl. aber Prot. CC, 27. Nov. 1929, S. 11, AfZ: IB SIG.

30 Zur Biographie und Charakterisierung S. Mayers vgl. v. a. Bauer, Yehuda, «Onkel Saly» – Die Verhandlungen des Saly Mayer zur Rettung der Juden 1944/45, in: Vierteljahrshefte für Zeitgeschichte 25 (1977), S. 188–219, S. 216f.; ders., American Jewry, S. 218f.; Interview E. Bally (Sekretärin); Rede von Rabbiner Lothar Rothschild zu S. Mayers Beerdigung, 2. Aug. 1950, AfZ: IB SIG, Nachrufe II**; Riegner, Niemals, S. 221; zur Herkunft, der Geschäftstätigkeit seiner Familie, S. Mayers Rückzug aus dem Erwerbsleben: Interview mit Robert und Anna Wieler (Nichte von S. Mayer) durch H. Zweig am 8. Mai 2003 (mir freundlicherweise zur Verfügung gestellt); Auskünfte von H. Zweig; zum Exportgeschäft S. Mayers auch: tel. Auskunft Handelsregisteramt Kanton St. Gallen, 13. Nov. 2002; zum Engagement in Institutionen: IW, 1. Aug. 1975; zur parlamentarischen Tätigkeit (die Literatur schreibt S. Mayer fälschlicherweise oft ein Exekutivamt zu): ebd. und Auskunft Stadtarchiv St. Gallen, Marcel Mayer; zu Einbürgerung und Geburtsort (in der Literatur fälschlicherweise häufig als St. Gallen angegeben): Kopie Familienregister, Zivilstandsamt Stein, AfZ: MF S. Mayer, SM 7; zur Beziehung zum Englischen: Interview L. Littman; Interview G. Guggenheim; Interview O. Brunschvig; Raphael Levy, Pressemitteilung des Joint vom 31. Juni 1950, AfZ: MF S. Mayer, SM 6.

31 S. Mayer, Redeentwurf für die GV der Israelitischen Kultusgemeinde St. Gallen (IKG) vom 23. Febr. 1933 anlässlich seines Rücktritts aus dem Vorstand der IKG, JGSG: Div. Korrespondenz an Saly Mayer, 1931–1933. Für die Erklärung zum «Khalgedanken» danke ich Itta Shedletzky.

32 Prot. CC, 5. Apr. 1933, S. 6f., 9f., AfZ: IB SIG.

33 Aufforderung des EJPD: DDS 10, S. 630–633; Schreiben des Anwalts: (Unterzeichner unleserlich) an Dreyfus-Brodsky, 7. Apr. 1933, AfZ: IB SIG, 9.1.1.1. Flüchtlingspolitik, Einreise und Aufnahme von Flüchtlingen, 1933–1944**. Dreyfus-Brodsky gab das Schreiben an Mayer zur «sofortigen Abklärung» weiter. Zur schweizerischen und völkerrechtlichen Entwicklung des Asylrechts: Kälin, Rechtliche Aspekte.

34 Zur Einschätzung, dass die wenigsten politische Flüchtlinge seien: ohne Verfasserangabe (S. Mayer) an Armand Brunschvig, 9. Apr. 1933, AfZ: IB SIG, Abwehr und Aufklärung, SIG-Zentralsekretariat, Aktionskreis Genf, Vorfälle in Genf 1933, Korrespondenz, 1933 (Jahresangabe auf Doss. stimmt nicht)**; S. Mayer an J. Messinger, 9. Apr. 1933, AfZ: IB SIG, 9.1.1.1. Flüchtlingspolitik, Einreise und Aufnahme von Flüchtlingen, 1933–1944**.

35 Zur Entwicklung der Flüchtlingsdefinition: Wichers, Kampf, S. 46–53; Gast, Abwehr, S. 345–350; ausserdem: DDS 10, S. 626–633. Nicht beim Ausschluss der Juden vom Flüchtlingsbegriff, aber bei der Frage, ob bei den «politischen» Flüchtlingen auch die kommunistischen als asylwürdig gelten sollten (die Antwort war nein), war die Bundesanwaltschaft wesentlich mitbeteiligt. Ich danke Hermann Wichers für die Einsicht in die diesbezüglichen Dokumente. J. Messinger an S. Mayer, 10. Apr. 1933, AfZ: IB SIG, Flüchtlingspolitik, einzelne Geschäfte, allgemeine Korrespondenz**; zur asylpolitischen Haltung der Linken vgl. auch: Lupp, Klassensolidarität.

36 Zu seiner Biographie und seinem Lebenswerk allgemein: Mächler, Kampf; sowie: Roschewski, Rothmund; div. Dokumente in: BAR: E 4800 (A) 1, Bd. 9, und E 4800.1 (-) 1967/111, Bd. 337; zur Herkunft: Auskunft Einwohneramt St. Gallen; zu seinem Studium, der musikalischen Begabung, Fischer und Haskil: seine (erste) Ehefrau Rothmund-Trüssel an W. Bringolf, 15. Apr. 1965 (für die Kopie danke ich Uriel Gast). Zu seinem Charakter neben der Dokumentenanalyse u. a. Interview S. Schürch; Interview R. Boritzer, Juli 1983; Interview O. Brunschvig. Bei der zweiten Ehefrau handelte es sich um die geborene Ingeborg Ruvina, vgl. auch: Amrein, Los, S. 261.

37 Zur partiellen Fröntlersympathie vgl. Roschewski, Rothmund, S. 31; zur frühen Kritik an den Nazis: Rothmund, An den Vorsteher des EJPD, Bundesrat Baumann, 6. Aug. 1935, Notiz über

das Flüchtlingsproblem, BAR: E 4001 (B) 1970/187, Bd. 2, 22/6; zur Freundschaft mit Lesch und politischen Haltung des Cornichon: Gerber, Frank, «Es dürfte hier eingeschritten werden müssen...». Das Cabaret Cornichon und die Zensur 1939–1945, in: Kotte, Andreas (Hrsg.), Theater der Nähe, Zürich 2002, S. 343–426 (Zitat: S. 378); vgl. Vaucher, C. F., «Aus meiner linken Schublade». Erzählungen eines Lebens, mit Zwischentexten von Peter Kamber, Zürich 1996, S. 241, 379f.; zu Weissert: Hammer, Stephan, Otto Weissert, das Cabaret Cornichon und der Kampf ums Bleiberecht, in: Bundesamt für Flüchtlinge, Prominente, S. 100–135, v. a. S. 103, 110, 116f., 120; zu Leschs und Rothmunds Kampf für eine Verschweizerung: Amrein, Los, S. 269–272, 432, 470–474, 495.

38 Zur Bevölkerungspolitik und zum Aufbau der Fremdenpolizei: Mächler, Kampf; Gast, Kontrolle; Kury, Über Fremde.

39 Vgl. Mächler, Kampf, S. 357–360; ausserdem: Rothmunds Abschiedsrede an die Beamten und Angestellten der Polizeiabteilung, 30. Dez. 1954, BAR: 4800 (A) 1, Bd. 3; zu den Tränen: Rothmund, Abbau der Eidgen. Fremdenpolizei, 23. Jan. 1948, BAR: 4800 (A) 1, Bd. 6.

40 Zum Folgenden: Mächler, Kampf; ausserdem: Gast, Kontrolle; Kury, Über Fremde; Caestecker/Moore, Refugee Policies, S. 60f.

41 Weisungen des EJPD zum Bundesgesetz über Aufenthalt und Niederlassung der Ausländer vom 26. März 1931, 9. Dez. 1933, S. 15, BAR: E 21, 16054 (Hervorhebung im Original).

42 Vgl. etwa: Rothmund, Wir und die Ausländer, Referat vor der FDP, 23. Jan. 1939, BAR: E 4800.1 (-) 1967/111, Bd. 199.

43 Zu den ersten Amtsjahren: Mächler, Kampf, S. 370; Zitat nach: Roschewski, Rothmund, S. 29, vgl. die französische Übersetzung in: DDS 10, S. 624f.

44 Zur Zirkelbewegung: Weick, Karl E., Sensemaking in Organizations, London u. a. 1995, S. 13–15. Vgl. zum institutionellen Einfluss die Forschung des Neoinstitutionalismus, eine Übersicht in: Vollmer, Hendrik, Die Institutionalisierung lernender Organisationen, in: Soziale Welt 47 (1996), S. 315–343.

45 Vgl. Prot. CC, 26. März 1933, S. 2, AfZ: IB SIG.

Anfänge der Flüchtlingshilfe

1 Efraim Frisch an Ephraim Frisch, San Antonio, 16. Mai 1933, nach: Wende, Deutschsprachige Schriftsteller, S. 99.

2 Neben Horkheimer zogen Friedrich Pollock, Leo Löwenthal und Herbert Marcuse nach Genf; Erich Fromm ging zur Auskurierung einer Lungentuberkulose zunächt nach Davos: Wiggershaus, Frankfurter Schule, Kap. 2; zu Kerr: ders., Diktatur, S. 11, 29–34; Haarmann (Hrsg.), Abschied, S. 34f.; Huder, Alfred Kerr, S. 1268; Kerr, Als Hitler, S. 110; Kröger, Zürich, S. 346; zu Bloch: Wende, Deutschsprachige Schriftsteller, S. 54; zu Steckel: a. a. O., S. 294; Kröger, Zürich, S. 290f.; http://www.kuenstlerkolonie-berlin.de/bewohner/steckel1.htm, 26. Apr. 2003; zu Lasker-Schüler: Escherig, Verweigerung, S. 134f.; Klüsner, Lasker-Schüler, S. 110; Bauschinger, Lasker-Schüler; S. 351; zur Gleichschaltung: Evans, Das Dritte Reich, Kap. 5 und 6.

3 Rothmund soll gegenüber dem deutschen Generalkonsul in Zürich Anfang Mai 1933 von 20000 «meist jüdischen Emigranten» gesprochen haben: Amrein, Los, S. 55 (hier auch zu den Wiederausreisedestinationen). Von Mai bis September 1933 sollen allein in Basel 12 486 Juden (Geschäftsreisende und Touristen eingeschlossen) eingetroffen sein. Rothmund, Fugitifs d'Allemagne, 18. Sept. 1934, S. 3, BAR: E 4300 (B) 1, Bd. 12, E 11/1; vgl. Ludwig, Flüchtlingspolitik, S. 65; Jüdische Pressezentrale Zürich, 15. Juli 1938; Wichers, Kampf, S. 32; zu den jungen Männern: Koonz, Claudia, Courage and Choice among German-Jewish Women and Men, in: Paucker (Hrsg.), Juden, S. 283–293, 285; zur Wiederausreise: Wacker, Humaner, S. 75; DDS 10, S. 623; zu Zahlen der Flüchtlinge nach Aufenthaltsländern inkl. Schweiz: Moore, Refugees, S. 21; Simpson, Sir John Hope, The Refugee Problem. Report of a Survey, London u. a. 1939, S. 148f.

4 Zur Hochpreisinsel Schweiz: Amrein, Los, S. 53, 55; Kerr, Diktatur, S. 34; zur Abreise Kerrs: a.a.O., S. 36f.; Haarmann (Hrsg.), Abschied, S. 35, 72, vgl. S. 33; Huder, Alfred Kerr, S. 1268ff.; Kerr, Als Hitler; zu Bloch: Wende, Deutschsprachige Schriftsteller, S. 60; zur Abwehr von Kommunisten: Wichers, Kampf, S. 46–53; zur Emigrationsgeschichte von Horkheimer und Mitarbeitern: Wiggershaus, Frankfurter Schule, Kap. 2; zu Steckel: http://www.kuenstlerkolonie-berlin.de/bewohner/steckel1.htm, 26. Apr. 2003; zu Lasker-Schüler: Klüsner, Lasker-Schüler, S. 111–120; zu Frisch: Wende, Deutschsprachige Schriftsteller, S. 99–108.
5 Zu Empfang und Heimen: IW, 7. Apr. und 12. Mai 1933 (Zitat); Jahresbericht des Centralcomités für Flüchtlingshilfe, Zürich, vom 7. Apr. 1933 bis 30. Apr. 1934, AfZ: IB SIG, Centralcomité für Flüchtlingshilfe**; Zahl der 1933 insgesamt Unterstützten: Centralcomité für Flüchtlingshilfe, Zürich, 15. Dez. 1935, Unterstützungen 1933; S. S. Guggenheim, Rapport per 15. Dez. 1933, 28. Dez. 1933, beides in: BAR: E 4800.1 (-)-/3, Bd. 2, 40. Walter Bloch spricht Anfang Dezember von 800 Beratungsfällen. Im Tätigkeitsbericht von Dreyfus-Brodsky und Mayer ist von einer viel höheren Zahl (2821 Beratungsfällen) die Rede, allerdings bezüglich einer längeren Periode und mit Verweis auf Mehrfachzählungen. Genauere Angaben gibt es nicht. N. N. (W. Bloch) an Rothmund, 4. Dez. 1933, JG Bern: Israelitische Cultusgemeinde, Allgemeines II; Dreyfus-Brodsky und Mayer, Tätigkeitsbericht an die DV vom 10. Mai 1934 in Lausanne, S. 5, AfZ: NL I. Nordmann, FSCI, Procès-verbaux, 1937–1940**; zu den Unterstützten Ende 1933 (Schätzung): (S. Mayer) Ergänzungen zum Bericht der Londoner Hilfskonferenz für Deutsche Juden, 29. Okt.–2. Nov. 1933, S. 4, AfZ: IB SIG, 9.1.2. Dokumentation zur Londoner Hilfskonferenz, 1933**; vgl. auch oben den Tätigkeitsbericht von Dreyfus-Brodsky und Mayer an die DV, 1934.
6 Zur Gründung des Centralcomités: VSJF, Jahrzehnt, S. 4, 9–11; Auszug aus dem Prot. der Plenarsitzung vom 22. März 1933, AfZ: IB SIG, 9.2.1. Centralcomité für Flüchtlingshilfe**; Prot. Zürcher Delegierte zum SIG, 25. Apr. 1933, ICZ-Archiv; zu Braunschweig: div. Dokumente im Besitz der Enkelin Madeleine Erlanger, Zürich, u. a. die von Salys Tochter Roselies (Rosa) Wyler-Braunschweig aufgeschriebene Familiengeschichte; Interview Erlanger; Kerr, Diktatur, S. 36. Der Aufenthalt der Kerrs bei den Braunschweigs wird in der sonst detaillierten autobiographischen Exil-Erzählung der Tochter Judith (Kerr, Als Hitler) nicht erwähnt, vermutlich war er sehr kurz. Einhorn ist vom 8. bis 28. Apr. 1933 bei den Behörden als wohnhaft bei den Braunschweigs angemeldet, Döblin vom 23. Okt. bis 7. Nov. 1933 als wohnhaft bei den Schwiegereltern Hermann und Karoline Schmuklerski (Auskunft Stadtarchiv Zürich). IW, 15. März 1946; Prot. ICZ-GV, 30. Mai 1943 (siehe S. Braunschweigs Würdigung durch D. Farbstein), ICZ-Archiv.
7 Aufruf vom Apr. 1933, zitiert nach: VSJF, Jahrzehnt, S. 11.
8 Biographische Notizen in: Neue Zürcher Zeitung, 2. Febr. 1948; JUNA, Silvain S. Guggenheim, Zum Andenken an einen jüdischen Wohltäter, 17. Febr. 1948, AfZ: IB SIG, 9.2.2. Institutionelle Akten VSIA/VSJF**; Interview M. Erlanger; weitere Informationen von Hanna Zweig. Lasker-Schüler, Else, Prosa, 1921–1945. Nachgelassene Schriften, Bd. 4.1, bearbeitet von Karl J. Skrodzki und Itta Shedletzky, Frankfurt a. M. 2001, S. 436; Lasker-Schüler an S. S. Guggenheim, 23. Juni 1936, in: Kupper, Lieber gestreifter Tiger, Bd. 1, S. 271 (Interpunktion leicht korrigiert von St. M.); zu Guggenheims lebensgeschichtlicher Zäsur: Votum S. Braunschweigs in der SIG-DV vom 26. März 1939, Anhang, S. 3, AfZ: IB SIG.
9 S. S. Guggenheim an W. Bloch, Bern, 13. Nov. 1933, JG Bern: Israelitische Cultusgemeinde, Allgemeines II, VSIA. Meyerowitz trat ihre Stelle spätestens Anfang 1934 an.
10 Zur «Schicksalswende»: Prot. CC, 8. Okt. 1933, S. 1, AfZ: IB SIG; zur demographischen Entwicklung: (S. Mayer) Ergänzungen zum Bericht der Londoner Hilfskonferenz (wie Anm. 5); zur internationalen und deutschen Einschätzung: Shatzkes, Holocaust, S. 45f.; Bauer, Jewish Reactions, S. 28, 32–37; Margaliot, Problem of the Rescue, S. 251; ders., Emigration, S. 303–308; Diner, Katastrophe, S. 148f., 152.
11 Vgl. v. a. Caron, Asylum, Kap. 2 und 5; Bauer, Jewish Reactions, S. 31f.; Caestecker/Moore, Refugee Policies.

12 A. Goetschel, Vortrag zur Versammlung des SIG vom 15. Juni 1936, StABS: IGB-REG R 2.5; vgl. Joint Foreign Committee, Conference for the Relief of German Jewry. Reports & Resolutions, Nov. 1933, S. 26, AfZ: IB SIG, 9.1.2. Dokumentation zur Londoner Hilfskonferenz, 1933, I**.

13 Auf der Konferenz waren vor allem Delegationen aus Europa, zudem aus Amerika, Südafrika und Palästina vertreten. S. Braunschweig, Das deutsche Flüchtlings-Problem, Exposé vom 11. Sept. 1933, AfZ: IB SIG, einzelne Geschäfte, 9.1.1.2. Sofortprogramm zur Umsiedlung**. Das Referat wurde auf Englisch auf der Londoner Hilfskonferenz vom Okt./Nov. 1933 gehalten, vgl. AfZ: IB SIG, 9.1.2. Dokumentation zur Londoner Hilfskonferenz, 1933, I**. Vgl. zum befürchteten Antisemitismus: Rubinow und Cohen, Report of the Committee on Relief outside Germany, 31. Okt. 1933, S. 3f., AfZ: IB SIG, 9.1.2. Dokumentation zur Londoner Hilfskonferenz, 1933, I**; zu Braunschweigs Wasserfall-Metapher: Guggenheim-Fürst, Berichterstattung der ordentlichen Delegiertenversammlung des Gemeindebunds, 18. Juni 1933, AfZ: IB SIG, Ordner St. Gallen, 1933–1938, Korrespondenz Ia*+.

14 Zur Gesamtstrategie: Margaliot, Emigration, S. 316; zur Devise in der Schweiz: Centralcomité für Flüchtlingshilfe, Zirkular Nr. 9, An die Lokalcomités, 14. Dez. 1933, StABS: IGB-REG H 1.8; vgl. auch: Prot. CC, 3. Dez. 1933, S. 3f., AfZ: IB SIG.

15 Zu Flüchtlingsdefinitionen Frankreichs, Belgiens und der Niederlande: Caestecker/Moore, Refugee Policies, S. 72, 81f., 84f., 99f. Die Unterscheidung zwischen politischen und wirtschaftlichen Flüchtlingen findet sich etwa in: Centralcomité für Flüchtlingshilfe des SIG und VSIA, Prot. der gemeinsamen Tagung vom 7. Jan. 1934, S. 2–4, JG Bern: Israelitische Cultusgemeinde, Allgemeines II; A. Goetschel, Vortrag zur Versammlung des SIG vom 15. Juni 1936, StABS: IGB-REG R 2.5. Andeutungen einer Genfer Kritik findet man in: Prot. CC, 5. Apr. 1933, S. 3, und 27. Apr. 1933, S. 3, AfZ: IB SIG. In einem Schreiben an S. Mayer vom 18. Mai 1934 behauptet Albert Mayer, Genf, der SIG habe gegen die behördliche Unterscheidung zwischen jüdischen und nichtjüdischen Flüchtlingen vom März 1933 protestiert. Ein solcher Protest ist jedoch nicht zu belegen und entspricht auch nicht der Haltung, wie man sie in den CC-Prot. und bei S. Mayer findet. Wahrscheinlich hat Albert Mayer fälschlicherweise Genfer Proteste dem Gemeindebund zugeschrieben. AfZ: IB SIG, Abwehr und Aufklärung, SIG-Zentralsekretariat, Aktionskreis Genf, Vorfälle in Genf 1933, Korrespondenz, 1933 (Dossierbezeichnung stimmt bezüglich des Jahres nicht)**. Zur Schweizer Sozialdemokratie: Lupp, Klassensolidarität, S. 171, 176, 184, 251f., 266f.; zu den kommunistischen Organisationen: a.a.O., S. 410–421.

16 SIG (J. Dreyfus-Brodsky und S. Mayer), Hilfe- & Aufbau-Appell an die gesamte jüdische Bevölkerung der Schweiz, 3. Dez. 1933, AfZ: IB SIG, Hilfe und Aufbau, Kommission für Aufbau I**; (W. Bloch) an Comité International pour le Placement des Intellectuels Réfugiés, Genf, 30. Mai 1934, JG Bern: Israelitische Cultusgemeinde, Allgemeines II; Israelitische Cultusgemeinde Bern (Isidor Bloch) an Richard Cohn, 10. Apr. 1933. Der Gemeindepräsident nennt das Arbeitsverbot im gleichen Brief «begreiflich». JG Bern: Korrespondenz Israelitische Cultusgemeinde, 1933–1934. Rundschreiben des Centralcomités für Flüchtlingshilfe Zürich (S. Braunschweig und S. S. Guggenheim), 27. Apr. 1933, JG Bern: Israelitische Cultusgemeinde, Allgemeines I, 1933. Einen Aufruf des Gemeindebunds, sich strikt an die behördlichen Weisungen zu halten, findet man bereits im IW vom 7. Apr. 1933.

17 Ein Faksimile eines derartigen Formulars auf dem Buchrücken von: Klüsner, Lasker-Schüler, vgl. auch: a.a.O., S. 110; zu den ersten Ausweisungen: Rundschreiben des Centralcomités für Flüchtlingshilfe Zürich (S. Braunschweig und S. S. Guggenheim), 27. Apr. 1933, JG Bern: Israelitische Cultusgemeinde, Allgemeines I, 1933.

18 Zu Steckel: http://www.kuenstlerkolonie-berlin.de/bewohner/steckel1.htm, 26. Apr. 2003; Lasker-Schüler an S. S. Guggenheim, 29. Okt. 1934, in: Lasker-Schüler, Lieber gestreifter Tiger, Bd. 1, S. 263; Bauschinger, Lasker-Schüler, S. 384; zu Frisch: vgl. das persönliche Dossier des Ehepaars Frisch, AfZ: IB VSJF, 1.4. F. 625.

19 Zur jüdischen Hilfe für Lasker-Schüler etwa: Lasker-Schüler, Lieber gestreifter Tiger, Bd. 1, S. 234; Amrein, Los, S. 60; Escherig, Verweigerung, S. 159, 166; Bauschinger, Lasker-

Schüler, S. 354; zur Aufnahmerichtlinie des jüdischen Hilfswerks: (Kürzel BM) an Fernand Weil, Bern, 18. Okt. 1933, JG Bern: Israelitische Cultusgemeinde, Allgemeines I, 1933; zur Verantwortung für die «Politischen»: S. Mayer (ohne Datum, Nov. 1934), Auswirkungen auf die Schweiz und Postulate für Hilfe & Aufbau, BAR: E 4800.1 (-) - /3, Bd. 1. Bei den Protestanten konstituierten sich 1936 landeskirchliche Hilfswerke in Basel und Zürich. Zur Haltung der Protestanten gegenüber den Judenchristen: Kocher, Menschlichkeit, S. 54–66, 118f., 121, 124, 355–359, 362, 458f.; zu den protestantischen Hilfswerken: a. a. O., S. 78–82. Bei den katholischen Hilfen, die zuerst nur lokal waren und sich auf nationaler Ebene erst 1936 in der Caritas organisierten, scheint nicht klar, ob sie von Anfang an Judenchristen aufnahmen, vgl. Arnold, Caritasverband, S. 502, und ders., Transitprinzip, Kap. I.A.2. Ab 1938 betreuten die Hilfswerke die Flüchtlinge nach ihrer aktuellen Konfession: Prot. CC, 19. Sept. 1938, S. 2, AfZ: IB SIG; zur linken Hilfe: Lupp, Klassensolidarität, v. a. S. 350–359, 430–433.

20 (W. Bloch) an Fräulein Margarete Nehemias, Berlin, 23. Mai 1933, JG Bern: Israelitische Cultusgemeinde, Allgemeines I, 1933; zu den abschlägigen Antworten bis 1938 vgl. etwa: Israelitische Cultusgemeinde Bern an Elisabeth Vennos, Wien, 8. Apr. 1938, JG Bern: Korrespondenz Israelitische Cultusgemeinde, 1937–1938; zur Einschätzung als Wirtschaftsflüchtlinge und Auswahl durch deutsch-jüdische Organisationen: Centralcomité für Flüchtlingshilfe, Zirkular Nr. 9, An die Lokalcomités, 14. Dez. 1933, StABS: IGB-REG H 1.8; vgl. Sibold, Mit den Emigranten, S. 36; vgl. auch: Centralcomité für Flüchtlingshilfe des SIG und VSIA, Prot. der gemeinsamen Tagung vom 7. Jan. 1934, JG Bern: Israelitische Cultusgemeinde, Allgemeines II; zur Aufforderung des Hilfsvereins: Guggenheim-Fürst, Berichterstattung SIG-DV, 18. Juni 1933 (wie Anm. 14); zur Einschätzung des Rückkehr-Risikos: Prot. CC, 3. Dez. 1933, S. 4, AfZ: IB SIG; zur Einstellung der Hilfe: Centralcomité für Flüchtlingshilfe (S. S. Guggenheim), allgemeine Mitteilungen, Rundschreiben Nr. 4, 30. Mai 1933, JG Bern: Protokolle und Korrespondenzen des Lokalsekretariats, 1933–1934; Joint Foreign Committee (wie Anm. 12), S. 26.

21 Zum Repatriierungsbeschluss: Centralcomité für Flüchtlingshilfe (S. S. Guggenheim), allgemeine Mitteilungen, Rundschreiben Nr. 4, 30. Mai 1933, JG Bern: Protokolle und Korrespondenzen des Lokalsekretariats, 1933–1934; zu den Ostjuden: In Deutschland waren 70% aller ausländischen Juden polnischer Herkunft; vgl. Weiss, Ostjuden, S. 222. Der Anteil nichtdeutscher Flüchtlinge betrug in der Schweiz 1933 ca. 30%; vgl. S. S. Guggenheim, Rapport per 15. Dez. 1933, 28. Dez. 1933, BAR: E 4800.1 (-) - /3, Bd. 2, 40. Moore, Refugees, S. 21, spricht jedoch nur von 20%. Zu den Ausreisen: (W. Bloch) an Rothmund, 4. Dez. 1933, JG Bern: Israelitische Cultusgemeinde, Allgemeines II. Bloch schrieb, die anwesenden Flüchtlinge seien zurzeit «wohl ausschliesslich» Deutsche, vielleicht hat er aus taktischen Gründen etwas übertrieben. Zu den Kontrollen etwa: Centralcomité für Flüchtlingshilfe (S. S. Guggenheim), allgemeine Mitteilungen, Rundschreiben Nr. 4, 30. Mai 1933, JG Bern: Protokolle und Korrespondenzen des Lokalsekretariats, 1933–1934; Centralcomité für Flüchtlingshilfe Zürich (S. S. Guggenheim), Rundschreiben Nr. 2, 12. Mai 1933, JG Bern: Israelitische Cultusgemeinde, Allgemeines I, 1933; Nordmann, Basel, an S. Mayer, 20. Okt. 1933, AfZ: IB SIG, Flüchtlingspolitik, Einreise und Aufnahme von Flüchtlingen, 1933–1944**; Prot. der Besprechung der Lokalcomités Zürich, Basel, Bern, Luzern vom 15. Okt. 1933, JG Bern: Israelitische Cultusgemeinde, Allgemeines I, 1933.

22 VSJF, Jahrzehnt, S. 12f., 59. Die Statistik ist jedoch nicht zuverlässig, vgl. die widersprüchlichen Angaben zu Übersee: S. 13, 56.

23 Vgl. Prot. Zürcher Delegierten zum SIG, 25. Apr. 1933, ICZ-Archiv; Centralcomité für Flüchtlingshilfe, Zirkular Nr. 9, An die Lokalcomités, 14. Dez. 1933, StABS: IGB-REG H 11.8; SIG, Centralcomité für Flüchtlingshilfe, Verband Schweizerischer Israelitischer Armenpflegen, Einladung zur GV des VSIA und zur Orientierung und Aussprache der Lokalcomités für Flüchtlingshilfe, 15. Dez. 1933, StABS: IGB-REG H 11.8; Prot. Vorstandssitzung der IG Basel, 2. Apr. 1933, S. 807f., StABS: IGB-REG B 2.4.

24 Zur HICEM allgemein vgl. Picard, Schweiz und die Juden, S. 273–275. Die Zusammenarbeit

mit der HICEM geht aus den Rundschreiben des Centralcomités für Flüchtlingshilfe hervor, siehe auch: JG Bern: Israelitische Cultusgemeinde, Allgemeines IV. Die Finanzleistungen etwa in: Prot. des gemeinsamen Arbeitsausschusses & der Obmänner, 26. Sept. 1933, AfZ: IB SIG, Arbeitsausschuss der Obmänner**; Prot. CC, 8. Okt. 1933, S. 12, AfZ: IB SIG.

25 Bericht S. Braunschweigs: ICZ-GV, 19. Mai 1935, S. 6, ICZ-Archiv; zu S. S. Guggenheims Reise vgl.: Jüdische Pressezentrale Zürich, 4. Juni 1937 (für den Hinweis danke ich Itta Shedletzky); zu den Auswanderungszahlen: VSJF, Jahrzehnt, S. 59 (Statistik); vgl. zur Palästina-Auswanderung: Picard, Schweiz und die Juden, S. 308–311; zur Gründung des Schweizer Büros: Office Palestinien de Suisse (Scheps) an SIG, 4. Dez. 1945, AfZ: IB SIG, 8.3.8.10. Weitere Organisationen und Institutionen++; Sibold (Mit den Emigranten, S. 41) datiert die Gründung auf 1935. Beitritt Mayers: S. Mayer an Palästina-Amt Basel, 12. Apr. 1935, AfZ: IB SIG, 9.2.12.2.2. Lehrgüter**; zu den Subventionen: Neviasky an W. Bloch, 27. Sept. 1936, JG Bern: Israelitische Cultusgemeinde, Allgemeines IV.

26 Vgl. zur Einschätzung etwa: Prot. der Besprechung der Lokalcomités Zürich, Basel, Bern, Luzern vom 15. Okt. 1933, JG Bern: Israelitische Cultusgemeinde, Allgemeines I, 1933; zur Gewichtung der Probleme: Votum S. Braunschweigs, Prot. Zürcher Delegierte zum SIG, 25. Apr. 1933, S. 2, ICZ-Archiv.

Gegen den Antisemitismus

1 Bericht ohne Titel, Verfasser und Datum zur Veranstaltung des Kampfbundes der neuen und nationalen Front in Zürich vom 22. Apr. 1933, AfZ: IB SIG, Abwehr und Aufklärung, Lokalsekretariat Zürich, Beobachtung und Dokumentation antisemitischer Agitation**; vgl. Picard, Schweiz und die Juden, S. 58f.

2 Resolution und Entwürfe in der Beilage zum Prot. der ausserordentlichen SIG-DV, 3. Mai 1933, AfZ: IB SIG, Resolution auch abgedruckt im: IW, 12. Mai 1933. Die Zugehörigkeit zum Mittelstand hatte der ursprüngliche Entwurf der Resolution noch extra betont. Der Passus wurde vor der Verabschiedung gestrichen. Levaillant: Prot. CC, 27. Apr. 1933, S. 3, AfZ: IB SIG; zur Abwehraktion allgemein: Guggenheim, Abwehr; Picard, Schweiz und die Juden, S. 93–137.

3 Zur Organisation der Aktion: Prot. der ausserordentlichen SIG-DV, 3. Mai 1933, S. 8, AfZ: IB SIG; zur Anstellung eines persönlichen Sekretärs: Mayer an Braunschweig, 3. Apr. 1933, AfZ: IB SIG, Abwehr und Aufklärung, SIG-Zentralsekretariat, Aktionskreis Zürich II**; Prot. CC, 27. Apr. 1933, S. 7f., AfZ: IB SIG. Karl Hamburger hat als Mayers Hilfskraft vermutlich im Sommer 1933 die Arbeit aufgenommen. Zur Belastung: Lokalsekretariat Bern an S. Mayer, Wochenbericht, 24. Nov. 1933, AfZ: NL I. Nordmann, FSCI, Procès-verbaux, 1937–1940**; zur Anzahl der Geschäfte: Prot. der ordentlichen SIG-DV, 18. Juni 1933, S. 16, AfZ: IB SIG.

4 Zur Hakenkreuzwelle: Prot. CC, 3. Juni und 3. Juli 1923, AfZ: IB SIG; zu den Interventionen beim Bundesrat 1932: Zweig, Farbstein, S. 171; zur Audienz bei Motta und Häberlin: Prot. Zürcher Delegierte zum SIG, 25. Apr. 1933, S. 3, ICZ-Archiv (Zitat). Die Audienz fand am 26. Apr. 1933 statt, vgl. G. Brunschvig, Prot. über die Sitzung vom 25. Apr. 1933, JG Bern: Israelitische Cultusgemeinde, Allgemeines I, 1933. Im Prot. CC, 27. Apr. 1933, S. 1, heisst es wohl irrtümlich Musy statt Motta, AfZ: IB SIG; Votum S. Mayers: Prot. SIG-DV, 18. Juni 1933, S. 13, AfZ: IB SIG.

5 Levaillant: Prot. SIG-DV, 18. Juni 1933, S. 17, AfZ: IB SIG; vgl. Votum S. Braunschweigs, Prot. CC, 27. Apr. 1933, S. 2, AfZ: IB SIG, hier auf S. 1 auch die Absprache mit dem Bundesrat bezüglich der Resolution; Zitat des Pressecommuniqués vom 5. Mai 1933: IW, 12. Mai 1933; zur Zufriedenheit von Dreyfus-Brodsky und Mayer: Tätigkeitsbericht an die SIG-DV vom 10. Mai 1934, S. 10, AfZ: NL I. Nordmann, FSCI, Procès-verbaux, 1937–1940; zur nur angedeuteten negativen Einschätzung der bundesrätlichen Antwort: Prot. SIG-DV, 18. Juni

1933, S. 12; zu den erlahmenden Behörden: Prot. der gemeinsamen Tagung des Arbeits-Ausschusses & der Obmänner vom 26. Sept. 1933, S. 1, beides AfZ: IB SIG.

6 Zu den juristischen Bemühungen und gesetzlichen Bedingungen: Guggenheim, Abwehr, S. 60–72; zu den Individualklagen: Zweig, Hanna, Antisemitische Verbalinjurien vor Zürcher Gerichten 1920–1937 (unveröffentlichtes Manuskript); zu den Protokollprozessen: Lüthi, Mythos.

7 Mayer an die Aktionsobmänner, 24. Okt. 1933, AfZ: IB SIG, Sekretariat St. Gallen; Aktion zur Abwehr des Antisemitismus, Obmännerkonferenzen 1933 / 34**; vgl. auch: Prot. SIG-DV, 18. Juni 1933, S. 24; Prot. CC, 17. Okt. 1935, S. 9f., beides in: AfZ: IB SIG.

8 Prot. CC, 18. September 1935, S. 1; vgl. zur Bedeutung für das Selbstverständnis auch Prot. SIG-DV, 3. Nov. 1935, S. 2f., AfZ: IB SIG.

9 Zur früheren Haltung etwa: Zweig, Farbstein, S. 165; Sternbuch im IW, 19. Mai 1933; zur Haltung der Zionisten vgl. Zweig, Farbstein, Kap. IV, und Funk, Warum sollen wir, Kap. 2.2; zu weiteren Bedenken gegen einen Boykott, unter anderem zur Furcht vor antisemitischen Gegenreaktionen: Prot. CC, 3. Mai 1934, S. 10, AfZ: IB SIG.

10 Zur Einrichtung des Genfer Büros: Prot. CC, 5. Apr. 1933, S. 9f., AfZ: IB SIG; zur Auswertung des Protokollprozesses: Kurzer Rapport, 15. Mai 1933 bis Aug. 1934, AfZ: IB SIG, Abwehr und Aufklärung, Lokalsekretariat Zürich, allgemeine Unterlagen III**; vgl. aber Lüthi, Mythos, S. 69. Für das Zeitungsprojekt interessierte sich auch der bekannte Verleger Emil Oprecht (Europa-Verlag, Zürich), vgl. Zweig, Farbstein, S. 178. Zur publizistischen Arbeit generell: Guggenheim, Abwehr, S. 78–83; Funk, Warum sollen wir, Kap. 2.2 bis 2.4; vgl. zur Kritik am publizistischen Niedrigprofil etwa das Rücktrittschreiben des Basler Ressorts für Aufklärung (A. Goetschel, G. Bollag u. a.) an L. Levaillant, 20. Dez. 1933, AfZ: IB SIG, Abwehr und Aufklärung, Aktionskreis Basel II, Geschäftsablage, 1933**.

11 Besonders aktiv war das Zürcher Ressort VIA, vgl. Gerson, Sechshundert Jahre; sowie: Funk, Warum sollen wir, Kap. 2.1.

12 Zum Postulat für Fürsprecher: G. Brunschvig, Prot. über die Sitzung vom 25. Apr. 1933, JG Bern: Israelitische Cultusgemeinde, Allgemeines I, 1933; M. Braunschweig, Exposé betr. Abwehrmassnahmen gegen den Schweizer Antisemitismus, AfZ: IB SIG, Lokalsekretariat Zürich, 1933–1936, Briefe Gemeinden, Rapporte IIb*+; Prot. der gemeinsamen Tagung des Arbeits-Ausschusses & der Obmänner vom 26. Sept. 1933, S. 1, AfZ: IB SIG; zur jüdischen Parteizugehörigkeit: Kamis, Antisemitismus, S. 250–262; Picard, Schweiz und die Juden, S. 125f.; zur Distanz zu den Linken und zu Mayers Einschätzung: Prot. CC, 27. Apr. 1933, S. 1, AfZ: IB SIG; zum Bündnis mit den Fronten: Wolf, Faschismus, S. 140–148.

13 Kontaktnahme Mayers: S. Mayer an die Obmänner, 8. Aug. 1933, AfZ: IB SIG, Abwehr und Aufklärung, Lokalsekretariat Zürich, allgemeine Unterlagen III**; zu Scheiwiler: Altermatt, Katholizismus, S. 152–154, 157, 236; Bischof, Franz Xaver, Verkündigung zwischen Réduit-Denken und Weltverantwortung. Zu den Stellungnahmen des Schweizer Episkopats 1918–1945, in: Conzemius (Hrsg.), Schweizer Katholizismus, S. 461–494, v. a. 462–475.

14 Anfrage Littmann und Neujahrsbotschaft: Kocher, Menschlichkeit, S. 61–64; Prot. CC, 21. Jan. 1934, S. 1, 8, AfZ: IB SIG; Zitat «Machwerk», Protokollprozess: Prot. CC, 18. Juni 1935, S. 5, AfZ: IB SIG.

15 Zur Sorge um eine Gefahr im eigenen Milieu und zur Rückversicherung beim SVV: Prot. CC, 27. Apr. 1933, S. 1, AfZ: IB SIG; zum SVV generell: Kunz, Hans Beat, Weltrevolution und Völkerbund. Die schweizerische Aussenpolitik unter dem Eindruck der bolschewistischen Bedrohung 1918–1923, Bern 1981, S. 264–310; Engeler, Urs Paul, Grosser Bruder Schweiz. Wie aus wilden Demokraten überwachte Bürger wurden. Die Geschichte der Politischen Polizei, Zürich 1990, S. 87–106; Picard, Schweiz und die Juden, S. 54; Mächler, «Verjudet» und «bolschewistisch», in: Die Wochenzeitung WoZ, 5. Nov. 1998; zum Kampf des SVV gegen die «Überfremdung»: Wichers, Kampf, S. 38; zum Denunziantentum, a. a. O., S. 43, 82–87, 305; zur Zusammenarbeit mit den Behörden, etwa bei Einbürgerungen: Kury, Über Fremde, S. 176–179; zu den Hitlerkontakten vgl. auch: Kamis, Antisemitismus, S. 149.

16 Intervention Mayers und Reaktion des SVV: Prot. CC, 27. Apr. 1933, S. 1f., AfZ: IB SIG;

Heitz, Obmann der SVV-Sektion St. Gallen, an Oberstdivisionär E. Sonderegger, 28. Apr. 1933, BAR: J II.11 (-) -/1, Bd. 53; Interventionen beim Bundesrat: Prot. ICZ-GV, 29. Okt. 1933, S. 164, ICZ-Archiv; zu anderen Interventionen bei Sonderegger: Prot. CC, 25. Mai 1933, S. 8 (hier auch die negative Einschätzung seiner Position); Prot. SIG-DV, 3. Mai 1933, AfZ: IB SIG; Prot. ICZ-GV, 7. Mai 1933, ICZ-Archiv; Sonderegger an Frau H. Hemerdinger-Wyler, Bern, 18. Mai 1933 (Zitat seiner Antwort), JG Bern: Protokolle und Korrespondenzen des Lokalsekretariats, 1933–1934; zur konstatierten Mässigung Sondereggers: Prot. SIG-DV, 18. Juni 1933, S. 13, AfZ: IB SIG; zur jüdischen Haltung gegenüber Sonderegger auch: Zweig, Farbstein, S. 174f.

17 Zitiert nach: Werner, Wirtschaft, S. 105. Birchers Argumentation entspricht weitgehend der deutschen Auslandspropaganda, vgl. Weiss, Ostjuden, S. 218. Der erwähnte Levi hiess in Wirklichkeit Levien. Vgl. Evans, Das Dritte Reich, S. 232, 241–243, 258f.

18 Nordmann an Bircher, 5. Juli 1933; Mayer an Nordmann, 4. Juli 1933, mit Beilage, alles in: BAR: J II.11 (-) -/1, Bd. 53, 1.U.a.09. Die Kommunikation zwischen Mayer und Bircher lief ebenfalls über Nordmann. Die Betonung der Differenz zum Ausland findet man von Anfang an, etwa bei Dreyfus-Brodsky: Prot. CC, 27. Apr. 1933, S. 4, AfZ: IB SIG; Zitat Birchers nach: Gerson, Sechshundert Jahre, S. 311.

19 Bollag nach: Zweig, Farbstein, S. 56; Aktionschef an die Aktionsobmänner, 30. Nov. 1934, AfZ: IB SIG, 1.5.6. Div. Rundschreiben an die Mitgliedergemeinden, Mitglieder des Central-Comités und Aktionsobmänner**. Eine unvollständige Kartothek der SVV-Mitglieder befindet sich in: BAR: J II.11 (-) -/1.

20 VV-Obmann Heitz an S. Mayer, 25. Juli und 29. Juli 1933, AfZ: IB SIG, Ordner St. Gallen 1933–1938, Korrespondenz Ia, SVV Sektion St. Gallen *+; S. Mayer, Zirkular O an die Aktions-Obmänner, 31. Juli 1933, AfZ: IB SIG, Sekretariat St. Gallen, Aktion zur Abwehr des Antisemitismus, Obmännerkonferenzen 1933/34**.

21 Bollag zu den Zionisten: Prot. CC, 25. Mai 1933, S. 5, AfZ: IB SIG; zur gleichen Angst früher: Prot. CC, 8. Mai 1929, AfZ: IB SIG; vgl. Zweig, Farbstein, S. 65; «nützliche Glieder»: Mayer an die Aktionsobmänner, 30. Nov. 1934, AfZ: IB SIG, 1.5.6. Div. Rundschreiben an die Mitgliedergemeinden, Mitglieder CC, Aktionsobmänner**; «Fremde im Schweizerlande» auch: Prot. SIG-DV, 18. Juni 1933, S. 15, AfZ: IB SIG; zur Integration in die Gemeinde auch: Saly Braunschweig an S. Mayer betr. Zirkular M, 5. Juli 1933, AfZ: IB SIG, Abwehr und Aufklärung, SIG-Zentralsekretariat, Verkehr mit Aktionskreis Zürich**; S. Mayer und J. Dreyfus-Brodsky, Tätigkeitsbericht an die SIG-DV vom 10. Mai 1934, S. 8, AfZ: IB SIG; Prot. CC, 22. Aug. 1933, S. 4, AfZ: IB SIG.

22 Zur Gründung des BSJ: Werner, Wirtschaft, S. 102–104; Picard, Schweiz und die Juden, S. 109; zur Mitgliederzahl auch: Prot. ICZ-GV, 29. Okt. 1933, S. 162, ICZ-Archiv. Der BSJ glaubte angeblich, die Herren im CC seien alt und initiativlos und litten an Arterienverkalkung: E. B. Sadinsky an S. Mayer, 27. Sept. 1933, AfZ: IB SIG, (ungeordnete Dossiers) WJC, Flüchtlinge**.

23 Zu Programm und Auseinandersetzung mit dem SIG: AfZ: IB SIG, Abwehr und Aufklärung, Lokalsekretariat Zürich, Bund Schweizer Juden (in diesem Doss. auch die Zitate zum Treuebekenntnis: BSJ an den Präsidenten der SIG-DV vom 18. Juni 1933)**; vgl. auch: Prot. CC, 8. Okt. 1933, S. 13f., und: Picard, Schweiz und die Juden, S. 109.

24 Zahl der Studenten: Prot. CC, 8. Okt. 1933, S. 10, AfZ: IB SIG; Herausnahme zur Antisemitismus-Vermeidung: a.a.O., S. 3; Herausnahme in Heime: Nordmann, Basel, an Dreyfus-Brodsky, 29. Aug. 1933, AfZ: IB SIG, Abwehr und Aufklärung, SIG-Zentralsekretariat, Aktionskreis Basel III, Universität**. Der SIG subventionierte die Heime nur bis 1935, vgl. Prot. CC, 11. März 1936, S. 3, AfZ: IB SIG.

25 Herausnahme der Studenten und generelle Umschichtung: Prot. ICZ-GV, 29. Okt. 1933, S. 155, ICZ-Archiv; S. Mayer und J. Dreyfus-Brodsky, Tätigkeitsbericht an die SIG-DV vom 10. Mai 1934, S. 8, AfZ: IB SIG (Zitat); Dienstmädchen: vgl. Picard, Schweiz und die Juden, S. 333f.; Beispiele zum unkritischen Terminologiegebrauch: A. Goetschel an S. Mayer, 16. Mai 1936, StABS: IGB-REG R 2.5; S. Mayer an Dreyfus-Brodsky (ca. Ende 1933 oder 1934),

AfZ: Sekretariat St. Gallen, Aktion zur Abwehr des Antisemitismus, Obmännerkonferenzen 1933/34** (hier auch das Zitat zur willkürlichen Deutung der jüdischen Anteile sowie ein Cirkular D vom Frühjahr 1933 mit einer Übersicht über die jüdische Berufsstruktur); Prot. CC, 16. März 1937, S. 6, AfZ: IB SIG.

26 Aufruf in: SIG (Mayer, Dreyfus-Brodsky) an die Mitgliedergemeinden des SIG, 6. Mai 1933, AfZ: IB SIG, Abwehr und Aufklärung, Lokalsekretariat Zürich, allgemeine Unterlagen III**; zur Zurückhaltung bei Neuaufnahmen: Bolter, Antisemitismus, S. 29; Prot. CC, 16. März 1937, S. 4, AfZ: IB SIG.

27 Zur früheren Selbstdisziplin vgl. etwa: Prot. SIG-DV, 16. Dez. 1923; Zitat der Gemeindebundleitung: J. Dreyfus-Brodsky und S. Mayer an die SIG-Mitglieder, 16. Aug. 1932, AfZ: IB SIG, Beilage zum Prot. SIG-DV 1932; zur Institutionalisierung der «Schädlingsbekämpfung»: S. Mayer, Résumé und Beschlüsse der Obmännerkonferenz vom 17. Mai 1933 in Bern, JG Bern: SIG, Akten, Protokolle, 1931–1934; strikter Befehl: Rundschreiben des Lokalsekretariats Bern (G. Brunschvig), 8. Juni 1933, JG Bern: Israelitische Cultusgemeinde, Allgemeines I, 1933.

28 Vgl. etwa die Dossiers «Inneres» und «Stelle Internes (Schädlingsbekämpfung)» in: AfZ: IB SIG, Abwehr und Aufklärung, Lokalsekretariat Zürich**; zum nazistischen Kampf gegen die Sexualreformer: Evans, Das Dritte Reich, S.492–494.

29 Votum Bollags: Prot. SIG-DV, 18. Juni 1933, S. 22; zum Patriotismus auch: Keller, Bettag; zur Vortragsreise Jabotinskys: S. Mayer, Résumé und Beschlüsse der Obmännerkonferenz vom 17. Mai 1933 in Bern, S. 3, JG Bern: SIG, Akten, Protokolle, 1931–1934; Prot. CC, 25. Mai 1933, S. 6, AfZ: IB SIG.

30 Die wichtigsten linken Oppositionellen von 1942/43 waren David Farbstein, Max Gurny, Benjamin Sagalowitz und Veit Wyler. Auch Liberale wie Georg Guggenheim versuchten anfänglich, den Einfluss der Linken einzudämmen. Vgl. die Diskussion um eine Protestaktion gegen NS-Deutschland: Prot. ICZ-GV, 19. Nov. 1933, ICZ-Archiv. Vgl. zu Gurnys Ausscheiden aus dem CC das Prot. vom 7. Juni 1943, S. 2–4. Im VSIA/VSJF sah die Situation nicht wesentlich anders aus: In den leitenden Gremien war Robert Meyer der einzige Linke, er gehörte dem Vorstand spätestens ab 1944 an (Eintrittsdatum unbekannt). Eine Sozialistin war die Fürsorgerin Regina Boritzer, die ab 1936 eine zentrale Rolle in der praktischen Arbeit spielte.

31 Angst, mit den Linken in einen Topf geworfen zu werden, etwa in: Prot. der Sitzung des Lokalcomités Zürich vom 31. Mai 1934, AfZ: IB SIG, Abwehr und Aufklärung, Lokalsekretariat Zürich, allgemeine Unterlagen I**; zum Appell an Dicker: M. Braunschweig an S. Mayer, 22. Mai 1933, AfZ: IB SIG, Abwehr und Aufklärung, SIG-Zentralsekretariat, SM, Aktionskreis Zürich II**; vgl. zu Dicker: Kamis, Antisemitismus, S. 250–252, 480; S. Mayer an Dr. Oskar Grünbaum, 2. März 1934; Grünbaum an Mayer, 5. Apr. 1934, beides in: AfZ: IB SIG, einzelne Länder, Österreich**. Am 12. Febr. 1934 liess Bundeskanzler Engelbert Dollfuss die Gemeindebauten, in denen sich Sozialdemokraten verschanzt hatten, beschiessen und begann mit der Verhaftung von 10000 Parteimitgliedern. Sartre, Betrachtungen, S. 61 (das Original wurde 1944 niedergeschrieben).

32 Levaillant: Prot. der Geschäftsleuteversammlung vom 15. Febr. 1934 in Basel (Hervorhebung im Original), AfZ: IB SIG: Abwehr und Aufklärung, Aktionskreis Basel II**; zu S. Mayers Hoffnungen: Prot. SIG-DV, 18. Juni 1933, S. 14, AfZ: IB SIG; Zusammenfassung der in der Delegiertenversammlung behandelten Traktanden betr. Abwehr, Bern, 23. Juni 1933, JG Bern: Protokolle und Korrespondenzen des Lokalsekretariats, 1933–1934.

33 Zum jüdischen Anteil an den Warenhäusern und seiner antisemitischen Instrumentalisierung: Kamis, Antisemitismus, S. 158–167; zur Haltung des SIG: Prot. CC, 12. Okt. 1930; 5. Apr. 1933, S. 9; 27. Apr. 1933, S. 6; 25. Mai 1933, S. 6 und 8; 18. Juni 1933, S. 10f.; 18. Juni 1935, S. 10f.; 6. Mai 1937; 23. Juni 1937, S. 3f.; SIG-DV, 6. März 1938, S. 13f., alles in: AfZ: IB SIG; Prot. ICZ-Delegierte zum SIG, 25. Apr. 1933, S. 2, ICZ-Archiv; vgl. zur Warenhausfrage auch: Picard, Schweiz und die Juden, S. 102–105.

34 Zitat Mayers: Prot. der Obmännerkonferenz vom 7. Febr. 1934, AfZ: IB SIG, Sekretariat

St. Gallen, Aktion zur Abwehr des Antisemitismus, Obmännerkonferenzen 1933/34**; zum Verhältnis zwischen innerer und äusserer Aktion: (S. Mayer) Rapport über die «Aktion», S. 5, JG Bern: Protokolle und Korrespondenzen des Lokalsekretariats, 1933-1934; IW, 14. Juli 1933.

35 Zu früheren Argumentationen mit der Import-Erklärung: Prot. SIG-DV, 16. Dez. 1923, S. 4; 22. Mai 1932, S. 9, beides in: AfZ: IB SIG; Zitat Mayers: S. Mayer, Rapport über die «Aktion», an der SIG-DV vom 18. Juni 1933, JG Bern: Protokolle und Korrespondenzen des Lokalsekretariats, 1933-1934.

36 Vgl. für eine derartige offensive Aktion etwa das mit «Gemeindebund» unterzeichnete Flugblatt gegen die «Gleichschaltung der Schweiz», das das Zürcher Lokalsekretariat an alle Haushalte verteilte, JG Bern: Israelitische Cultusgemeinde, Allgemeines I, 1933, auch erwähnt in: IW, 28. Juli 1933.

37 Voten von Mayer und Bollag: Prot. CC, 31. Mai 1933, S. 9; zu Ruth und dessen Gesetzeskommentar: Mächler, Kampf, S. 372f.; Neue Zürcher Zeitung, 6. Nov. 1933, zitiert nach: Zimmer, Typisierung, S. 282.

38 Vgl. zur internalisierten Spaltung: Gilman, Sander L., Jüdischer Selbsthass. Antisemitismus und die verborgene Sprache der Juden, Frankfurt a. M. 1993, S. 12-17; Keller, Bettag, S. 136-138. Nationalrat Farbstein bemerkte 1930, die erste Frage der Juden sei immer: «Was wird der Goi sagen?» Nach: Zweig, Farbstein, S. 167.

39 Zum Wechsel in der Ausländerpolitik: Arlettaz, Gérald, Démographie et identité nationale (1850-1914). La Suisse et la «question des étrangers», in: Schweizerisches Bundesarchiv (Hrsg.), Studien und Quellen, Bern 1985, S. 83-180; ders./Burkart, Silvia, Naturalisation, «assimilation» et nationalité suisse: l'enjeu des années 1900-1930, in: Centlivres, Pierre (Hrsg.), Devenir Suisse, Genf 1990, S. 47-62; Kury, Über Fremde, Kap. 6; Gast, Kontrolle.

40 Zum Antisemitismus in der Schweiz allgemein: Kamis, Antisemitismus; Picard, Schweiz und die Juden, Kap. 1; Mächler, Kampf; Zimmer, Typisierung; zum Antisemitismus im christlichen Milieu: Altermatt, Katholizismus; Kocher, Menschlichkeit.

41 Tagebuch, 6. Febr. 1934, AfZ: NL G. Brunschvig, Doss. 4.1. Vgl. Neckel, Status, S. 165, 183.

42 Keller nach: IW, 11. Okt. 1935. Es handelt sich um einen Entwurf zum Bettagsmandat, das der eben zum Staatsschreiber ernannte Keller für die Zürcher Regierung schrieb. Georg Guggenheim nach: Keller, Bettag, S. 139. Das Keller-Zitat gebrauchte u. a. auch Georg Guggenheims Bruder Paul in seiner Geschichte der Schweizer Juden aus dem Jahr 1933. Daniel Gerson wies mich darauf hin, dass es bei den Juden neben dem Gefühl der eigenen Minderwertigkeit auch das stolze Bewusstsein gab, dass man den Nichtjuden eigentlich überlegen sei und eine besondere Sendung zu erfüllen habe. Dieses Phänomen ist zu komplex, als dass ich es hier behandeln könnte. Für meine Fragestellung scheint mir aber ein Aspekt zentral: Insofern dieses Überlegenheitsgefühl nur die externe Verachtung kompensierte und die eigene Isolation perpetuierte, besass es kein Potenzial, um die hier beschriebenen Mechanismen zu durchbrechen.

43 (S. Mayer) Rapport über die «Aktion», S. 1f., JG Bern: Protokolle und Korrespondenzen des Lokalsekretariats, 1933-1934.

44 Vgl. zur Vermeidungsstrategie: Neckel, Status, S. 164f.; zu den Ermüdungserscheinungen: Lokalsekretariat Bern an S. Mayer, 24. Nov. 1933, AfZ: NL I. Nordmann, FSCI, Procèsverbaux, 1937-1940**; Rücktrittsschreiben des Basler Ressorts für Aufklärung (A. Goetschel, G. Bollag u. a.) an L. Levaillant, 20. Dez. 1933, AfZ: IB SIG, Abwehr und Aufklärung, Aktionskreis Basel II, Geschäftsablage, 1933**; zum Niedergang der Fronten: Wolf, Faschismus, S. 230-245, 327-339; zur Auswirkung des Niedergangs: Alfred Goetschel, Referat zur GV der Israelitischen Gemeinde Basel am 8. Juli 1936, S. 4f., StABS: IGB-REG R 2.5; zur Reduktion der Aktion: Funk, Warum sollen wir, Kap. 2.1. Im Jahr 1936 wurde das Aktionscomité durch den SIG-GA ersetzt: Prot. CC, 23. Juni 1936, S. 6, AfZ: IB SIG. Zum Konformismus: Landweer, Hilge, Scham und Macht. Phänomenologische Untersuchungen zur Sozialität eines Gefühls, Tübingen 1999, S. 178.

Harmonie, Störungen und Gerüchte: der SIG und die Bundesverwaltung

1 Der SIG wurde von J. Dreyfus-Brodsky, S. Mayer, S. Braunschweig und A. Brunschvig vertreten. Vgl. zur Konferenz und den Resolutionen: AfZ: IB SIG, 9.1.2. Dokumentation zur Londoner Hilfskonferenz 1933, I**.
2 Allgemein: Doss. Kommission für Aufbau I und II, in: AfZ: IB SIG, Hilfe und Aufbau**; zu den Anfängen der Kommission auch: SIG, An die Mitglieder des Schweizerischen Israel. Gemeindebunds, 17. Okt. 1933, Zusammenfassung der gefassten Beschlüsse (Beilage), AfZ: NL I. Nordmann, FSCI, Procès-verbaux, 1937–1940; Prot. CC, 31. Mai 1934, S. 4, AfZ: IB SIG. Bei den Kolonien handelte es sich um Patenschaften für die Kinder- und Jugend-Alijah Berlin und um eine Kinder-Ansiedlung in Mishmar-Haemek: Kommission für Aufbau, an die Mitglieder des SIG-CC, 4. Juli 1934, AfZ: IB SIG, div. Rundschreiben an die Mitgliedergemeinden, Mitglieder CC, Aktionsobmänner**; vgl. VSJF, Jahrzehnt, S. 13; zur Reduktion wegen der Flüchtlingshilfe: Prot. SIG-DV, 24. März 1935, S. 2, AfZ: IB SIG; zur Integration in VSIA: Prot. CC, 19. Apr. 1936, S. 7, und 23. Juni 1936, S. 7f., AfZ: IB SIG.
3 Vorladung: Mayer an H. Hemmendinger (sic), 15. Dez. 1933, AfZ: IB SIG, 8.1.1.1. Flüchtlingspolitik, Einreise und Aufnahme von Flüchtlingen, 1933–1944**; Programm: Mayer (ohne Datum), Auswirkungen auf die Schweiz und Postulate für Hilfe & Aufbau (Rothmund hat das Dokument von Mayer ebenfalls erhalten, vgl. BAR: E 4800.1 (-) - /3, Bd. 1); zum Programm auch: Mayer (ohne Datum), Ergänzungen zum Bericht der Londoner Hilfskonferenz für deutsche Juden, beide Dokumente in: AfZ: IB SIG, 9.1.2.1. Dokumentation zur Londoner Hilfskonferenz, 1933, I**. Rothmund erhielt von Mayer auch die offiziellen Resolutionen der Londoner Konferenz, vgl. BAR: E 4800.1 (-) - /3, Bd. 1. Obwohl die Antworten Rothmunds nicht direkt erhalten sind, lässt sich seine Position aus zahllosen Dokumenten rekonstruieren, z. B.: Prot. CC, 3. Dez. 1933, S. 2 (Kontingente, Aufnahme von Kindern, behördlicher Druck betr. Eintritt in Gemeinden); Rothmund, Erster Bericht des Delegierten des Bundesrates im Verwaltungsrat des Hochkommissariates für die Flüchtlinge (Israeliten und andere) aus Deutschland (ohne Datum), BAR: E 4260 (C) 1, Bd. 6 (Ausnahmen für Alte und Juden, die Arbeitsplätze schaffen oder Beziehungen zur Schweiz haben); Prot. der Konferenz im Bundeshaus mit Rothmund, W. Bloch, S. Braunschweig und S. Mayer, 27. Sept. 1934, AfZ: IB SIG, 9.1.1.1. Flüchtlingspolitik, einzelne Geschäfte, allgemeine Korrespondenz** (Ausnahmen bei Mangelberufen); Rothmund an den Vorsteher des EJPD, 20. Mai 1936, BAR: E 4300 (B) 1, Bd. 12, E 11/1/b (antijüdische Politik ist nur Fortsetzung der Überfremdungsbekämpfung); handschriftliche Notiz ohne Verfasser und Datum, JG Bern: Israelitische Cultusgemeinde, Allgemeines II (zu den Identitätspapieren, die Rothmund offenbar in den Anfängen bewilligte). Der erste belegte Kontakt mit Rothmund: Mayer an Rothmund, 6. Apr. 1933, AfZ: IB SIG, Flüchtlingspolitik, Einreise und Aufnahme von Flüchtlingen, 1933–1944**.
4 Vgl. Mayer an H. Hemmendinger (sic), 15. Dez. 1933 (wie Anm. 3).
5 H. Hemerdinger an Rothmund, 21. Nov. 1933, JG Bern: Protokolle und Korrespondenzen des Lokalsekretariats, 1933–1934.
6 Zur von Mayer vermittelten Haltung: Mayer an H. Hemmendinger (sic), 15. Dez. 1933 (wie Anm. 3).
7 Vgl. zu den Mechanismen von Normen, Scham und Herrschaft: Neckel, Status, S. 99f., 106.
8 Nachschicken der Unterlagen: Rothmund an Mayer, 23. Nov. 1933, AfZ: IB SIG, Flüchtlinge allgemein 1*+; Mayer an H. Hemmendinger (sic), 15. Dez. 1933 (wie Anm. 3); Mayer an Rothmund, 28. Nov. 1933, AfZ: IB SIG, 8.1.1.1. Flüchtlingspolitik, Einreise und Aufnahme von Flüchtlingen, 1933–1944**.
9 Prot. CC, 3. Dez. 1933, S. 2 (Hervorhebung im Original).
10 Rothmund, Erster Bericht des Delegierten des Bundesrates (wie Anm. 3), S. 8f.; analoge Zitierung Blochs in: Rothmund, Fugitifs d'Allemagne, 18. Sept. 1934, S. 5, BAR: E 4300 (B) 1, Bd. 12, E 11/1.
11 Thomas, William I., Social Behavior and Personality, Chicago 1951, S. 81 (Übersetzung von St. M.).

12 Zitat Riegners nach: ders., Vorbeugender Antisemitismus, in: Dreyfus, Madeleine/Fischer, Jürg (Hrsg.), Manifest vom 21. Januar 1997. Geschichtsbilder und Antisemitismus in der Schweiz, Zürich 1997, S. 50; zu Riegners Biographie: ders., Niemals, S. 41ff.; Zitat aus der Hochwacht vom 4. Juli 1933 nach: Altermatt, Antisemitismus, S. 223; zum vorbeugenden Antisemitismus auch: a.a.O., S. 178–180; Picard, Schweiz und die Juden, S. 36–40.

13 Kommentar Ruths: Mächler, Kampf, S. 395 (hier auch das Zitat); zur Argumentation in der Fremdenpolizei: ebd. mit div. Beispielen, sowie: Rothmund an den Vorsteher des EJPD, 20. Mai 1936, BAR: E 4300 (B) 1, Bd. 12, E 11/1/b; zur These, dass die antisemitische Verfolgungspraxis der Argumentation vorausgeht: Reemtsma, Jan Philipp, Die Falle des Antirassismus, in: Bielefeld, Uli (Hrsg.), Das Eigene und das Fremde. Neuer Rassismus in der Alten Welt?, Hamburg 1991, S. 269–282.

14 Vgl. Prot. CC, 31. Mai 1933, S. 9; zu Bollags Haltung auch: Zweig, Farbstein, S. 162.

15 Zur verwaltungsinternen Verwendung vgl. – neben dem erwähnten Zitat Rothmunds über Bloch – etwa: (ohne Verfasserangabe) Rapport sur la lettre du Haut-Commissariat pour les réfugiés provenant d'Allemagne du 2 juin 1934 au Département politique fédéral, 11. Juni 1934, BAR: E 4300 (B) 1, Bd. 12, E 11/1. Zum umarmenden Verständnis gibt es ein analoges Phänomen beim amerikanischen Judentum: Arad, Cooptation, S. 35.

16 Zur Position Hermann Guggenheims: Prot. ICZ-GV, 19. Apr. 1923, ICZ-Archiv; Prot. CC, 3. Juni 1923, AfZ: IB SIG; Der Israelit (Frankfurt a. M.) Nr. 3, 1924; IW, 13. Jan. 1924; einige biographische Angaben zu seinem Sohn in: ICZ, 100 Jahre Israelitische Cultusgemeinde Zürich, S. 28–31, 77–80; AfZ: NL G. Guggenheim; zur VSIA-Präsidentschaft: VSIA (S. S. Guggenheim), an unsere Mitglieder, 2. Juli 1934, JGSG: Korrespondenz IKG, 1934–1937, St-Z.

17 Prot. SIG-DV, 10. Mai 1934, S. 4. Ein Teil des Antrags ist nicht protokolliert, vgl. Prot. Delegierte des ICZ zum SIG, 6. Mai 1934, S. 1f, AfZ: IB SIG, Abwehr und Aufklärung, Lokalsekretariat Zürich, allgemeine Unterlagen I**. Es zeigt sich bei dieser DV besonders deutlich, wie problematisch unvollständig und vage die offiziellen Protokolle des SIG unter Mayers Ägide waren. Siehe auch die nachfolgenden Anmerkungen.

18 Prot. SIG-DV, 10. Mai 1934, S. 4, 6, AfZ: IB SIG; vgl. zur Mehrleistung gegenüber anderen Ländern auch: Saly Mayer an Albert Mayer, 25. Jan. 1934, AfZ: IB SIG, Abwehr und Aufklärung, SIG-Zentralsekretariat, Aktionskreis Genf, Vorfälle in Genf 1933, Korrespondenz, 1933**; zur «objektiven und neutralen» Behandlung durch die Polizei und den Selbstinteressen: Guggenheim-Fürst (?), Bericht über die ordentliche Delegierten-Versammlung des Schweizerischen Israelitischen Gemeindebunds, Donnerstag, den 10. Mai 1934, JGSG: Div. Korrespondenz, u.a. auch SIG, Vorstand, 1933–1934. Im offiziellen DV-Prot. heisst es auf S. 6, man würde «gelegentlich» ein Gesuch ablehnen, bei Guggenheim-Fürst hingegen, das CC lehne «oft» ab. Zur Gefahr der «Nicht-Assimilierten»: Adolf Günther, Auszug eines Rapports über die Sitzung mit Herrn Saly Mayer, 21. Juni 1934, JGSG: Div. Korrespondenz an S. Mayer, 1934 (Günther bezieht sich auf die SIG-DV 1934).

19 Prot. SIG-DV, 10. Mai 1934, S. 5, AfZ: IB SIG; Rothmund an Hemerdinger, 2. Dez. 1933, AfZ: IB SIG, 8.1.1.1. Flüchtlingspolitik, Einreise und Aufnahme von Flüchtlingen, 1933–1944** (eine Abschrift auch in: JG Bern: Protokolle und Korrespondenzen des Lokalsekretariats, 1933–1934); zu Rothmunds Brief, den kritisierenden Anwälten und der «allgemeinen Überfremdungsfrage» auch: Bericht über die DV des SIG vom 10. Mai 1934, JG Bern: Protokollbuch; zu Mayers Meinung, dass die Fremdenpolizei keine antijüdische Tendenz habe: Prot. CC, 31. Mai 1934, S. 9, AfZ: IB SIG (mit Bezug auf seine Äusserung in der DV). Man vergleiche auch das Prot. CC, 3. Dez. 1933, S. 3, mit der – allerdings nicht explizit Mayer zugeschriebenen – Äusserung: «Ablehnung eines Gesuches darf aber nicht ohne Weiteres als Antisemitismus angesehen werden, sondern muss zurückgeführt werden auf die [...] Absperrung aus wirtschaftlichen Gründen».

20 «Objektiv und korrekt»: Guggenheim-Fürst, Bericht SIG-DV, 10. Mai 1934 (wie Anm. 18); zu Rothmund: Prot. SIG-DV, 10. Mai 1934, S. 5, AfZ: IB SIG.

21 IW, 25. Mai 1934; zu den Gerüchten vgl. etwa: Prot. SIG-GA vom 9. Juli 1936, S. 3, AfZ: IB

SIG; M. Nordmann-Schwob an A. Goetschel, 8. Juli 1936, AfZ: IB SIG, Flüchtlingspolitik, Einreise und Aufnahme von Flüchtlingen, 1933–1944**. Siehe auch S. 329f., 366f. und 369.

22 Vgl. March, James G., A Primer on Decision Making. How Decisions Happen, New York u. a. 1994, S. 232; Bauman, Dialektik, v. a. S. 198–214.

23 Vgl. Amrein, Los, S. 40f., 51–64; Linsmayer, Charles, Juden und Judentum im Schweizer Literatur- und Theaterschaffen, in: Rosenstein u. a. (Hrsg.), Lebenswelt, S. 179–192, 182–185.

24 Vgl. S. S. Guggenheim, Rapport per 15. Dez. 1933, 28. Dez. 1933, BAR: E 4800.1 (-) - /3, Bd. 2, 40.

25 Rothmund, Erster Bericht des Delegierten des Bundesrates (wie Anm. 3), S. 4, 8f.

26 Prot. der Konferenz im Bundeshaus mit Rothmund, Bloch, Braunschweig, Mayer (wie Anm. 3).

27 Vgl. Welzer, Harald, Massenmord und Moral. Einige Überlegungen zu einem missverständlichen Thema, in: Dabag, Mihran / Platt, Kristin (Hrsg.), Genozid und Moderne. Bd. 1: Strukturen kollektiver Gewalt im 20. Jahrhundert. Opladen 1998, S. 254–272, und: ders., Härte und Rollendistanz. Zur Sozialpsychologie des Verwaltungsmassenmordes, in: Leviathan 3/1993, S. 358–373.

28 Knowles, Louis L. / Prewitt, Kenneth (Hrsg.), Institutional Racism in America, Englewood Cliffs NJ 1969, S. 5. Die ersten, allerdings noch wenig ausgeführten Ansätze zur analytischen Trennung von Einstellung und Verhalten finden sich bereits bei: Merton, Robert K., Discrimination and the American Creed, in: Discrimination and National Welfare, hrsg. v. Robert MacIver, New York 1948, S. 99–126.

29 H. Hemerdinger an Mayer, 11. Dez. 1933, AfZ: IB SIG, Flüchtlingspolitik, Einreise und Aufnahme von Flüchtlingen, 1933–1944**.

30 Vgl. Parenti, Power, S. 212; Arad, Cooptation, S. 44f.

31 Vgl. zur Entfremdung: ebd.; «Josephs»: handschriftliche Notiz ohne Verfasserangabe (vermutlich Walter Bloch) und ohne Datum, JG Bern: Israelitische Cultusgemeinde, Allgemeines II.

32 Prot. SIG-DV, 10. Mai 1934, S. 5, AfZ: IB SIG.

33 Ablehnungen: Dreyfus-Brodsky und Mayer, Tätigkeitsbericht an die DV vom 10. Mai 1934 in Lausanne, S. 5, AfZ: NL I. Nordmann, FSCI, Procès-verbaux, 1937–1940**; Gesamtzahl der Gesuche (im Tätigkeitsbericht nicht erwähnt): Ludwig, Flüchtlingspolitik, S. 65. Die Ablehnungen beziehen sich auf die Periode bis Apr. 1934, die Gesamtzahl nur auf das Jahr 1933. Die gleichen Angaben und Zahlenverhältnisse findet man bei Rothmund für eine Periode von ca. März 1933 bis September 1934, mit dem Vorbehalt, dass die Zuverlässigkeit der Zahlen nicht abschätzbar sei. Hier ist auch erwähnt, dass 118 Juden erlaubt wurde, länger als 1 Jahr in der Schweiz zu bleiben. An der Grenze zurückgewiesen bzw. ausgewiesen wurden 97 Juden: Rothmund, Fugitifs d'Allemagne (wie Anm. 10).

34 Die hier beschriebenen sozialpsychologischen Mechanismen sind auch aus der empirischen Forschung bekannt: Tyler, Tom R., A Psychological Perspective on the Legitimacy of Institutions and Authorities, in: Jost / Major (Hrsg.), Psychology, S. 416–436.

35 IW, 18. Mai 1934. Offizielles Schliessungsdatum war der 15. Mai 1934. Der Entscheid war spätestens Anfang Mai bekannt: Handschriftliche Notiz von S. Mayer zur CC-Sitzung vom 1. Mai 1934, AfZ: IB SIG, Hilfe und Aufbau, Kommission für Aufbau I**.

36 Zur Erhöhung der Mitgliederbeiträge: Prot. SIG-DV, 18. Juni 1933, S. 20f., AfZ: IB SIG; «ungeheure Aufgabe»: Centralcomité für Flüchtlingshilfe des SIG und VSIA, Prot. der gemeinsamen Tagung vom 7. Jan. 1934, S. 1, JG Bern: Israelitische Cultusgemeinde, Allgemeines II; zu den Sammlungsschwierigkeiten: Prot. ICZ-GV, 29. Okt. 1933, S. 156, ICZ-Archiv; S. Braunschweig an S. Mayer, 11. März 1934, AfZ: IB SIG, Hilfe und Aufbau, Kommission für Aufbau I**; zum Anteil der Spender: Prot. CC, 31. Mai 1934, S. 2, AfZ: IB SIG; Darstellung der Sammlungsergebnisse inkl. Relation zu den Gemeindebudgets: Prot. Delegierte der ICZ zum SIG, 8. Mai 1934, S. 2, YV: P 13/67, II; zur Missstimmung: Prot. CC, 20. März 1935, S. 3, AfZ: IB SIG; «Misserfolg»: Prot. Delegierte der ICZ zum SIG, 4. März 1934, S. 2, YV: P 13/67, II.

37 Zu den erfolglosen Sammlungsbemühungen bei Deutschen: Prot. SIG-DV, 18. Juni 1933, S. 10; Zitat zu «Outsidern»: Ein Mitglied der Gemeinde St. Gallen an S. Mayer, 18. Sept. 1933, JGSG: Div. Korrespondenz, u. a. auch SIG, Vorstand, 1933-1934; «erkaufte Sicherheit»: Prot. des CC und des Centralcomités für Flüchtlingsfürsorge, 14. Nov. 1933, S. 5, AfZ: IB SIG, Beilage zum CC-Prot. (hier auch das Gerücht betr. Steuern: S. 3). Auch W. Bloch beklagte sich bei Rothmund wegen der nicht zahlenden Ausländer: Rothmund, Fugitifs d'Allemagne (wie Anm. 10), S. 5.

38 «Magnetwirkung»: Prot. der Konferenz im Bundeshaus mit Rothmund, Bloch, Braunschweig, Mayer, 27. Sept. 1934 (wie Anm. 3); zu Frankreich: Caron, Asylum, Kap. 5, v. a. S. 106ff.

39 Mayer (ohne Datum, ca. Nov. 1933), Ergänzungen zum Bericht der Londoner Hilfskonferenz (wie Anm. 3); vgl. auch: Prot. CC, 3. Dez. 1933, S. 1, AfZ: IB SIG.

40 Die Zahl der Betreuten bei der Schliessung ist nicht bekannt, im Febr. 1933 waren es 151 gewesen: Dreyfus-Brodsky und Mayer, Tätigkeitsbericht an die DV vom 10. Mai 1934 in Lausanne, S. 5, AfZ: NL I. Nordmann, FSCI, Procès-verbaux, 1937-1940; zum Abbau der Dauerfälle: Rabbiner Schlesinger, Bericht über die Sitzung für Flüchtlingshilfe in Zürich vom 5. Sept. 1934, JGSG: Div. Korrespondenz an W. Burgauer, Präs. IKG, 1935; zur lokalen Betreuung: Mayer an Dreyfus-Brodsky, 18. Mai 1934, AfZ: IB SIG, Hilfe und Aufbau, Kommission für Aufbau I**; zur Fortsetzung der Hilfe für die «wirklichen Flüchtlinge»: Jahresbericht des Centralcomités für Flüchtlingshilfe, Zürich, 7. Apr. 1933-30. Apr. 1934, JG Bern: Protokolle und Korrespondenzen des Lokalsekretariats, 1933-1934; Anzahl der Mittellosen im Sept.: Prot. der Konferenz im Bundeshaus mit Rothmund, Bloch, Braunschweig, Mayer (wie Anm. 3).

41 Wenige antijüdische Massnahmen: Schleunes, Twisted Road, S. 116; zum Antrag Braunschweigs: Prot. CC, 10. Oktober 1934, S. 3f., AfZ: IB SIG; zur Mandatierung auch: VSJF, Jahrzehnt, S. 13 (hier auch die frühere Unterstützung von Lungenkranken: S. 9); Hüttner, Präsident VSIA, an die Präsidenten der Israelitischen Armenpflegen, 24. Dez. 1934, AfZ: IB SIG, Institutionelle Akten VSIA / VSJF** (hier auch das Übernahmedatum vom 1. Jan. 1935; ursprünglich war die Übergabe bereits für Ende Oktober 1934 vorgesehen, was faktisch jedoch nicht geschah); zum früheren Hauptschwerpunkt Passantenhilfe: Prot. SIG-DV, 24. März 1935, S. 5, AfZ: IB SIG. Bereits 1908 wurde ein VSIA gegründet. Vgl. zu den Anfängen des Hilfswerks: Gerson / Hoerschelmann, Verband, S. 56ff.; ausserdem: Picard, Schweiz und die Juden, S. 235f. Bereits 1898 wurde ein Schweizerischer Israelitischer Wohltätigkeitsverein gegründet, vgl. IW, 11. Febr. 1898. Zur Tätigkeit vor 1925: W. Simon, Exposé zu Gunsten einer Zentralisation der Wohltätigkeitsinstitutionen, 8. Jan. 1923, AfZ: IB SIG, Beilage zu den CC-Prot. 1923; zur möglichst schnellen Weiterbeförderung: Zweig, Farbstein, S. 136.

42 Zur losen Struktur und fehlenden Eigenmitteln: Prot. SIG-DV, 29. Nov. 1936, S. 5, AfZ: IB SIG; zur Finanzbedingung: S. S. Guggenheim an S. Mayer, 12. Dez. 1934, AfZ: IB SIG, Hilfe und Aufbau, Kommission für Aufbau I**.

Schutz eigener Rechte im In- und Ausland

1 «Der hohe Rabbi Löw und sein Züricher Nachfolger. Wie ‹hintenrum› o Rabbi sind deine Wege!!» in: Der Stürmer, Jan. 1935, Nr. 4. Die aschkenasisch-jiddische Schreibweise «B'silo» für das hebräische «betula» spielt auf die dem Namen nach osteuropäische Herkunft von Thea Meyerowitz an und gibt ihrer Attribuierung eine zusätzliche abschätzige Note (für den Hinweis danke ich Itta Shedletzky).

2 Zu den Bemühungen des SIG: AfZ: IB SIG, Abwehr und Aufklärung, Lokalsekretariat Zürich, Interventionen, juristisches und politisches Vorgehen II, Vorgehen gegen «Der Stürmer»; Prot. CC, 18. Juni 1935, S. 1f., AfZ: IB SIG; zur Verbreitung und Auflage in Deutschland: Bytwerk, Randall, Julius Streicher: The Man Who Persuaded a Nation to Hate Jews, New York 1983.

3 Für die Audienz vorbereitetes Referat von S. Mayer, AfZ: Abwehr und Aufklärung, Sekretariat St. Gallen, Korrespondenz betr. Audienz bei Bundesrat Baumann, 17. Dez. 1934**; die Eingabe vom 18. Jan. 1935 in: AfZ: IB SIG, Abwehr und Aufklärung, SIG-Zentralsekretariat**.
4 Zum Fall Jacob: Rings, Schweiz, S. 33–46; vgl. zur sich seit 1933 anbahnenden aussenpolitischen Rücksichtnahme der Schweiz: Gast, Abwehr, S. 331ff.
5 (Auswärtiges Amt) Aufzeichnung zu einem Besuch von Dinichert, 31. März 1933, AfZ: NARA, RG 242 T 120, MF 4700.
6 Div. Akten zu Guggenheim und Sacks: AfZ: NARA, RG 242 T 120, MF 4700; vgl. zu Guggenheim: Gast, Abwehr, S. 336; zu Obermayer ausführliche Schilderung in: Broszat, Martin / Fröhlich, Elke, Alltag und Widerstand – Bayern im Nationalsozialismus, München / Zürich 1987, S. 424–481; vgl. Haldemann, Völkerrechtlicher Schutz, S. 531.
7 Zu den Pikards und ihrer Verfolgung: Emil Gisin an das Schweizerische Konsulat Mannheim, 25. Aug. 1935, in der Beilage eine Abschrift des «Alemanne» (ohne Datum), BAR: E 2001 (C) -/4, Bd. 130; Familienregister Simon Pikard auf dem Zivilstandsamt Endingen/AG.
8 Hüssy an Schweizerisches Konsulat Mannheim, 20. und 28. Aug. 1935; AfZ: IB SIG, Rechtsschutz für Schweizer Juden, Diverses**.
9 Ruth an Abt. für Auswärtiges, 8. Aug. 1935; vgl. auch: Bundesrat Baumann an EPD, 8. Okt. 1935, beides in: BAR: E 2001 (C) -/4, Bd. 130.
10 Dinichert an Abt. für Auswärtiges, Bern, 24. Aug. (Zitat) und 5. Nov. 1935, beides in: BAR: E 2001 (C) -/4, Bd. 130; antisemitische Einfälle: DDS 12, Nr. 298 (S. 699).
11 Motta an Schweizer Gesandten in Berlin, 12. Sept. 1935, BAR: E 2001 (C) -/4, Bd. 130. Motta beruft sich in seiner Kritik an Pikard auf eine Aussage Dinicherts, dass jener «besser beraten gewesen wäre, wenn er bei Besuchen von Wirtschaften eine gewisse Zurückhaltung ausüben würde. Es ist leider zu oft so, dass die Juden sich nicht Rechenschaft geben oder geben wollen über die Stimmung, die jetzt gegen sie herrscht.» Wiewohl diese Äusserung bereits einen Vorwurf an Pikard enthält, nimmt sie nicht Stellung gegen ihn. Es ist erst Motta, der Pikard die Verletzung deutscher Gefühle vorwirft. Dinichert an Abt. für Auswärtiges, Bern, 28. Aug. 1935, BAR: E 2001 (C) -/4, Bd. 130.
12 Zum Pogrom: Bauer, Jewish Reactions, S. 35; zu den vorangehenden Befürchtungen etwa: SIG an die Mitgliedergemeinden des SIG, Mitglieder des CC, Aktionsobmänner, 19. Aug. 1935, AfZ: NL I. Nordmann, FSCI, Procès-verbaux, 1937–1940**; zum Antrag der ICZ: Prot. der gemeinsamen Sitzung des Vorstands der ICZ, des Lokalcomités und der Delegierten der ICZ zum SIG, 23. Sept. 1935 (mit Bezug auf die Sitzung vom 16. Sept. 1935), ICZ-Archiv. Das Folgende nach: Prot. CC, 18. Sept. 1935, AfZ: IB SIG.
13 Vgl. neben dem – wie immer nur sehr summarischen – offiziellen CC-Prot. (S. 6): Karl Hamburger an Saly Braunschweig, 19. Sept. 1935, Beilage dazu mit Hamburgers (unzensierten) Sitzungsnotizen, AfZ: IB SIG, Abwehr und Aufklärung, SIG-Zentralsekretariat, SM, Aktionskreis Zürich II**; zum Völkerbund als «Weltgewissen»: SIG an die Mitgliedergemeinden, 20. Sept. 1935, AfZ: IB SIG, div. Rundschreiben an die Mitgliedergemeinden, Mitglieder des CC und Aktionsobmänner**.
14 S. Mayer und J. Dreyfus-Brodsky, vertrauliches Telegramm an Bundesrat Motta, Chef der Schweizerischen Delegation beim Völkerbund, Genf, 19. Sept. 1935, AfZ: NL I. Nordmann, FSCI, Procès-verbaux, 1937–1940**. Antwort Mottas vom 24. Sept. 1935: Beilage zum Prot. SIG-DV, 3. Nov. 1935, AfZ: IB SIG.
15 Zu Bern: Vorstandssitzung vom 23. Sept. 1935, JG Bern: Protokollbuch, S. 25; zu St. Gallen: Prot. VS, 26. Sept. 1935 (Referat S. Mayers) und 3. Okt. 1935 (Haltung des VS), JGSG. Stellungnahmen der anderen Gemeinden liegen nicht vor. Zur Vorgeschichte der ICZ-Begehren: Zweig, Farbstein, S. 175–178; zu den Gerüchten: S. Braunschweig an Armand Brunschvig, 4. Okt. 1935, AfZ: IB SIG, Abwehr und Aufklärung, SIG-Zentralsekretariat, SM, Aktionskreis Zürich II**; Wiederaufnahmeantrag: S. Braunschweig an J. Dreyfus-Brodsky, 24. Sept. 1935, AfZ: IB SIG, div. Rundschreiben an die Mitgliedergemeinden, Mitglieder des CC und Aktionsobmänner**.
16 Prot. CC, 17. Okt. 1935, S. 7f., AfZ: IB SIG; Zweig, Farbstein, S. 177f. In Basel sprachen

am 10. Nov. 1935 ausserdem: F. Hauser (Regierungspräsident), Karl Wick (Nationalrat und Vaterland-Redakteur), August Egger (Prof. für Privatrecht an der Universität Zürich und Vertreter der Völkerbundsvereinigung), Maria Fierz (Gründerin der Schule für Soziale Arbeit in Zürich, Präsidentin der Arbeitsgemeinschaft Frau und Demokratie). In Zürich sprachen am 18. Nov. 1935 ausserdem: August Egger, William Rappard (Prof. am Institut universitaire de hautes études internationales in Genf und Mitglied der Mandatskommission des Völkerbunds), Pfarrer Hans Rudolf Hauri (Präsident des Zürcher Kirchenrats), Otto Lang (Oberrichter), Eugen Curti (Jurist), Maria Waser (Schriftstellerin). Bischof Alois Scheiwiler liess eine Grussbotschaft verlesen. Siehe die Dokumentation des Jewish Central Information Office in: AfZ: IB SIG, Abwehr und Aufklärung, St. Gallen, Dokumentation und Interventionen I**.

17 Zitat Dreyfus-Brodskys: Prot. CC, 17. Okt. 1935, S. 8f.; Zitat Mayers: Prot. SIG-DV, 3. Nov. 1935, S. 3, beides in: AfZ: IB SIG.

18 Braunschweig an William Rappard, 1. Nov. 1935, AfZ: IB SIG, Abwehr und Aufklärung, Lokalsekretariat Zürich, Aufklärungs- und Öffentlichkeitsarbeit, Kundgebung gegen den Rassenhass**; zu «Verrat» und «Selbstmord»: Prot. SIG-DV, 3. Nov. 1935, S. 2, AfZ: IB SIG.

19 G. Brunschvig an Lokalsekretariat Zürich, 26. Sept. 1935, AfZ: IB SIG, Abwehr und Aufklärung, St. Gallen, Ausland, Dokumentation und Interventionen II**.

20 Ruth, Deutsche Rassengesetzgebung, handschriftliches Exposé vom 3. Okt. 1935, BAR: 4260 (C) 1969/146, 5. Ruth diskutiert die rechtliche Situation nur unter der impliziten Annahme, dass die Brautleute nicht in der Schweiz Wohnsitz haben. Eine Ausnahme scheint er für den Fall zu machen, dass eine deutsche Jüdin einen «arischen Schweizer» (mit Wohnsitz in der Schweiz) heiraten würde. Dann könne man, meint er, die Ehe vielleicht mit dem Argument der Zweckehe verhindern. Zur Praxis der Schweizer Zivilstandsämter: Unabhängige Expertenkommission, Die Schweiz, der Nationalsozialismus, S. 429f.; Mächler, Kampf, S. 392; vgl. auch: DDS 11, Nr. 171 und 175.

21 Hüssy an das Schweizer Konsulat Mannheim, 19. Sept. 1935; Hüssy an Burgauer, 19. Sept. 1935, beides in: AfZ: IB SIG, Rechtsschutz für Schweizer Juden, Diverses**.

22 Bonna an Schweizerische Gesandtschaft in Berlin, 4. Okt. 1935, BAR: E 2001 (C) -/4, Bd. 130, B.73.A.3.1.

23 Zu den grundsätzlichen Rechtsmöglichkeiten: Haldemann, Völkerrechtlicher Schutz, v. a. Kap. 5, zur Praxis der Schweizer Diplomatie auch Kap. 8.3; Haltung Dinicherts: ders. an Abt. für Auswärtiges, 24. Aug. 1935; Ablehnung der Berufung auf das allgemeine Völkerrecht: EPD an EJPD, 12. Sept. 1935, beides in: BAR: E 2001 (C) -/4, Bd. 130, B.73.A.3.1.

24 Zu Polen: vgl. Weiss, Ostjuden; zu den Gesamtzahlen der Schweizer: Rothmund, Notiz zu den Ausreiseschwierigkeiten in der Deutschland wohnenden Schweizer für Reisen nach der Schweiz, 2. Apr. 1940, BAR: E 4001 (B) 1970/187, Bd. 2, 22/3.

25 Zum Zusammenbruch eines Bruders von Simon Pikard: Hüssy an Burgauer, 29. Okt. 1935, AfZ: IB SIG, Rechtsschutz für Schweizer Juden, Diverses**; zu den SIG-Interventionen: W. Bloch an S. Mayer, 26. Okt. 1935, AfZ: IB SIG, Abwehr und Aufklärung, St. Gallen, Ausland, Dokumentation und Interventionen II**; Mayer an Hüssy, 26. Nov. 1935 (hier auch Bezug auf Stucki); Bloch an Mayer, 26. Nov. und 5. Dez. 1935; Mayer an Bloch, 4. Dez. 1935; alles in: AfZ: IB SIG, Rechtsschutz für Schweizer Juden, Diverses**. Die Familie Pikard zog am 11. Aug. 1938 ins aargauische Brugg: Auskunft Einwohnerkontrolle Brugg.

26 Das Abkommen erlaubte den Juden, die nach Palästina auswandern wollten, den Transfer (hebr. Haavara) ihres Vermögens: Sie zahlten auf einer deutschen Transferbank ihr Geld ein. Mit diesem Geld kauften Importeure deutsche Ware, die sie in Palästina wieder verkauften. Ebendort angekommen, erhielten die Auswanderer die Erträge der Aktionen, die sie mit ihrem Geld finanziert hatten. Vgl. etwa: Feilchenfeld, Werner / Michaelis, Dolf / Pinner, Ludwig, Haavara-Transfer nach Palästina und Einwanderung deutscher Juden 1933-1939, Tübingen 1972.

27 O. Meyer an S. Mayer, 20. Nov. 1935; Mayer an Meyer, 22. Nov. 1935; Mayer an Meyer, 10. Dez. 1935 (altertümliche Schreibweise im Original), alles in: AfZ: IB SIG, Abwehr und

Aufklärung, SIG-Zentralsekretariat, Aktionskreis Basel III**. Vgl. Friedländer, Das Dritte Reich, S. 188f.

28 Funk u. a., Geschichte, S. 30 (auch Zitat des Bundesrats); vgl. Guggenheim, Abwehr, S. 65f.; Zitat Mayers: S. Mayer an E. Marx, 9. Nov. 1936, AfZ: IB SIG, Abwehr und Aufklärung, Sekretariat, St. Gallen, Ausland, Dokumentation und Interventionen**.

29 Vgl. Marrus, Die Unerwünschten, S. 183–185.

30 Zu den Bemühungen des SIG um internationale jüdische Zusammenarbeit vgl. etwa: Prot. CC, 18. Juni 1935, S. 11–13; zur SIG-Wahrnehmung des Desinteresses der Staatenwelt: Prot. SIG-DV, 3. Nov. 1935, S. 7f., beides in: AfZ: IB SIG.

31 Zum Fall Frankfurter allgemein: Rings, Schweiz, S. 47–80; zur Haltung des SIG ausführlich: Chotjewitz, Mord, S. 148–155 (Zitate: S. 148f.); zur Freundschaft Wylers mit dem Bruder Frankfurters: an die Mitgliedgemeinden des SIG, 14. Febr. 1936 (handschriftliche Bemerkung auf diesem Exemplar), AfZ: IB SIG, 9.2.4. Div. Berichte und Unterlagen betr. Flüchtlingshilfe**; zur Verhinderung der Revision und der Nichtbeteiligung des SIG: Prot. SIG-DV, 6. Mai 1937, S. 1, AfZ: IB SIG; Interview V. Wyler; zur Rolle Wylers: vgl. dessen Curriculum Vitae, 12. Sept. 1995, S. 11, AfZ: NL V. Wyler, Schachtel 30; zur WJC-Resolution: Prot. SIG-GA, 3. Febr. 1937, S. 5, AfZ: IB SIG.

32 Lux an Eden, 1. Juli 1936, AfZ: IB SIG, Abwehr und Aufklärung, Sekretariat, St. Gallen, Ausland, Dokumentation und Interventionen I, Stephan Lux, Korrespondenz betr. Veröffentlichung seines letzten Briefes an den englischen Aussenminister, 1936–1937**.

33 Brunschvig: Prot. SIG-DV, 29. Nov. 1936, S. 6f. (altertümliche Schreibweise im Original), AfZ: IB SIG; zum Anschlag: Prot. ICZ-GV, 13. Dez. 1936, S. 165–167, ICZ-Archiv. Schon im vorangehenden Jahr wurde ein Petardenanschlag auf die Zürcher Synagoge den Juden selbst zugeschrieben, vgl. Der Stürmer, Jan. 1935, Nr. 2.

34 Eigentlich war die ordentliche Amtsperiode für Funktionäre im Gemeindebund bereits Ende 1934 abgelaufen. Neuwahlen wurden jedoch erst für die DV vom 21. Mai 1936 angesetzt. Vgl. Prot. SIG-DV, 3. Nov. 1935, S. 12, AfZ: IB SIG.

35 Vgl. S. Mayer in seiner rückblickenden Deutung gegenüber S. Erlanger, 29. Dez. 1939, AfZ: IB SIG, Eidgen. Volkswirtschaftsdepartement, Veterinäramt, S. Mayer, Korrespondenz mit Veterinäramt (Flückiger), 1939–1941**.

36 Vgl. zur Exilstadt Zürich etwa: Kröger, Zürich, v. a. S. 333–460; zum einheimischen jüdischen Kulturleben: Aufsatz von Karin Huser in: Brunschwig, Annette, u. a., Geschichte der Juden im Kanton Zürich. Von den Anfängen bis in die heutige Zeit, Zürich (in Vorbereitung), sowie die Aufsätze von Charles Linsmayer, Walter Labhart und Katarina Holländer in: Rosenstein u. a. (Hrsg.), Lebenswelt; zu den Reformvorschlägen: S. Braunschweig an S. Mayer, 3. Apr. 1933, AfZ: IB SIG, Abwehr und Aufklärung, Lokalsekretariat Zürich, allgemeine Unterlagen II**.

37 Zur Vorgeschichte der Wahlen: Prot. Delegierte der ICZ zum SIG, 19. Okt., 2. und 25. Nov. 1935, AfZ: IB SIG, Abwehr und Aufklärung, Lokalsekretariat Zürich; zu den Wahlen selbst: Prot. SIG-DV, 21. Mai 1936, S. 11f. Zweiter Vizepräsident wurde Armand Brunschvig. Zu den Anfängen der JUNA: Funk, Warum sollen wir, Kap. 2.3. Gründungsdatum: Tätigkeitsbericht JUNA vom 19. Apr. 1942, S. 1, Beilage zum Prot. SIG-DV, 19. Apr. 1942, AfZ: IB SIG.

Flüchtlinge nach Nürnberg

1 Zitate Gerhards nach: Schmidlin, Schweiz, S. 44f.; Eingabe an den Bundesrat vom Juli 1935, BAR: E 4001 (B) 1970/187, Bd. 2. Die Eingabe und die behördlichen Reaktionen darauf sind ausführlich dargestellt in: Kocher, Menschlichkeit, S. 66–69; Schmidlin, Schweiz, S. 46f.

2 Rothmund an Baumann, 6. Aug. 1935, BAR: E 4001 (B) 1970/187, Bd. 2.

3 An die Mitgliedergemeinden des SIG, Mitglieder des CC, Aktions-Obmänner, 19. Aug. 1935 (Hervorhebung im Original), AfZ: NL I. Nordmann, FSCI, Procès-verbaux, 1937–1940.

4 Der SIG musste von Prof. Schädelin, SHEK Bern, zur Teilnahme aufgefordert werden, vgl. W. Bloch an S. Braunschweig, 9. Juli 1935, JG Bern: Israelitische Cultusgemeinde, Allgemeines III. Jüdischer Vertreter bei der Audienz war Braunschweig, der sich nur einmal kurz zu Wort meldete und dabei alle Forderungen unterstützte.

5 Stierlin, Aufzeichnung über die Besprechung der Flüchtlingsfrage im Bureau von Bundesrat Baumann, am 28. Aug. 1935, BAR: E 4001 (B) 1970/187, Bd. 2; zu Gerhards Erinnerungen: Sitzung der Schweizerischen Zentralstelle für Flüchtlingshilfe, 14. Mai 1955, S. 2, AfZ: IB SFH, 5.1.1.3. Picard (Schweiz und die Juden, S. 215) schätzt die jüdischen Exschweizerinnen auf 400–500, wobei er sich vermutlich auf die Jahre 1933–1951 und auf das gesamte Ausland bezieht.

6 Rothmund, Über Fremdenpolizei und Flüchtlingsprobleme, Referat auf der Polizeidirektorenkonferenz, 4. und 5. Okt. 1935, S. 6, 9, BAR: E 4260 (C) 1969/146, Bd. 5.

7 Rothmund an den Vorsteher des EJPD, 20. Mai 1936, S. 5, BAR: E 4300 (B) 1, Bd. 12, E 11/1/b.

8 Vgl. für eine solche Position: Caestecker/Moore, Refugee Policies, S. 98f.

9 Vgl. Bauer, Jewish Reactions, S. 32, 34–37; Diner, Katastrophe, S. 149; Margaliot, Problem of the Rescue, S. 258–262; Friedländer, Das Dritte Reich, S. 185–187; Margaliot, Emigration, S. 309–312.

10 Zur Verdoppelung: VSJF, Jahrzehnt, S. 13; zur leeren Kasse und Kreditaufnahme: SIG, Aufruf an die Mitgliedergemeinden des SIG, 26. Febr. 1936, AfZ: IB SIG, 9.2.4. Div. Berichte und Unterlagen betr. Flüchtlingshilfe**; zur Sammlung: S. Mayer an Edmond Goetschel, 21. Nov. 1935, AfZ: IB SIG, Hilfe und Aufbau, Kommission für Aufbau II, Geschäftsablage, Sekretariat St. Gallen, 1935**; zur Schliessung der Büros: Prot. CC, 19. Apr. 1936, S. 1, AfZ: IB SIG. Meyerowitz' Tochter erwähnte die Angst vor dem provozierten Antisemitismus und die Ablehnung öffentlicher Subventionen, ohne dass sie danach gefragt worden wäre. Dies gibt der Aussage eine Glaubwürdigkeit, auch wenn sie aus zweiter Hand stammt. Die Tochter geht allerdings fälschlicherweise davon aus, die Juden hätten ein Anrecht auf kantonale Unterstützung gehabt. Auskunft Rachel Nathan Bar-Haim, Israel, 16. Okt. 2004 (hier auch zur Frustration von Meyerowitz); VSIA, Richtlinien für die Weiterbehandlung der Flüchtlingshilfe, 10. Febr. 1936, AfZ: IB SIG, 9.2.2.6. Rundschreiben und Merkblätter** (die Richtlinien sprachen irrtümlich vom «Hilfsverein der Juden in Deutschland»); Interview R. Boritzer durch Weingarten, Kassette 1, A; telefonische Auskunft ihres Bruders Arno Boritzer, New York, 10. Sept. 2004. Mit der Flüchtlingshilfe in Paris ist wohl die HICEM gemeint.

11 Zu den Flüchtlingszahlen und Beiträgen des SIG (die nur für 1937 vorliegen): VSIA, Ausgaben für die Flüchtlingshilfe, 1. Jan.–31. Dez. 1937, JG Bern: Israelitische Cultusgemeinde, Allgemeines IV; zur Situation in Polen: Bauer, Jewish Reactions, S. 33; Weiss, Ostjuden, S. 226f.; Zitat zur Not: Traktandenliste zu einer CC-Sitzung, Beilage zum Prot. SIG-GA, 24.Sept. 1936; Hüttner: Prot. ICZ-GV, 13. Dez. 1936, S. 160, ICZ-Archiv; vgl. Sibold, Mit den Emigranten, S. 37–40; zur innerjüdischen Ostjudenfeindschaft: Zweig, Farbstein, S. 134–136, 162; Kury, Man akzeptierte uns nicht; zum Bewusstsein der Not in Polen: Prot. SIG-DV, 6. Mai 1937, S. 2, AfZ: IB SIG.

12 Walter Bloch an Emil Ludwig, 25. Sept. 1935, JG Bern: Israelitische Cultusgemeinde, Allgemeines III.

13 VSIA, Bericht über die Wanderfürsorge-Konferenz in Wien vom 15./16. Nov. 1937, 13. Jan. 1938, AfZ: IB SIG, 9.2.4. Flüchtlingsbetreuung, div. Berichte und Unterlagen betr. Flüchtlingshilfe**; Zitate zur «bestgeleiteten» Landesorganisation nach: Die israelitische Fürsorge Basel im Jahre 1937, StABS: IGB-REG H 4.

14 Zur Geschichte des Joint: Bauer, My Brother's Keeper, und ders., American Jewry; zur Kontaktnahme mit dem Joint: VSIA (ohne Unterschrift, Hüttner) an Bernhard Kahn, Direktor JDC, Paris, 11. März 1937, StABS: IGB-REG R 2.5; SIG-Finanzen, 1937 (Akten A. Goetschel); Prot. VSIA-GV, 13. Febr. 1938, S. 2, JG Bern: Israelitische Cultusgemeinde, Allgemeines IV.

15 Zur Geschichte der SZF: Arnold, Transitprinzip, Kap. I.A.3; Lupp, Klassensolidarität,

S. 352–355; zum Zögern des VSIA: Schweizerische Zentralstelle für Flüchtlingshilfe, Prot. der vorbereitenden Sitzung vom 7. März 1936, S. 2, BAR: J II 55/1970/95, Bd. 30 (Zitat); Prot. VSIA-GV, 22. Febr. 1937, S. 5, AfZ: IB SIG, 9.2.2.5. VSJF-Protokolle**.

16 Vgl. zur Etablierung dieser Zusammenarbeit: ebd.; SZF, Prot. der 4. Sitzung des Arbeitsausschusses, 28. Okt. 1936 (Zitat: S. 7), Referat Rothmunds in der SZF-GV, 4. Nov. 1936, AfZ: IB SFH, 2.1.1.

17 Zur allgemeinen Entwicklung vgl. etwa: Bretscher-Spindler, Vom heissen zum kalten Krieg, Kap. 1; Im Hof, Ulrich u. a., Geschichte der Schweiz – und der Schweizer, Basel/Frankfurt a. M. 1983, Bd. III, S. 158–166.

18 Amrein, Los; vgl. auch: Mooser, Geistige Landesverteidigung.

19 (Ohne Verfasserangabe, Rothmund) an den Bundesrat, Bundesratsbeschluss über die Durchführung der Kontrolle der Emigranten, ohne Datum, frühestens Ende 1938, BAR: E 4260 (C) 1969/146, Bd. 6.

20 Zur Entfernung der Flüchtlinge: S. Mayer und S. S. Guggenheim an Joint Paris, 4. Okt. 1938, AfZ: MF S. Mayer, SM 2; Prot. ICZ-GV, 12. März 1939, S. 361, ICZ-Archiv; zur Abwesenheit der SZF in der Landi: Prot. der Sitzung des für die Sammelaktion ernannten engeren Komitees vom 15. März 1939, S. 2, BAR: E 4260 (C) 1974/34, Bd. 87, N 40/5/39/1; zur Abwesenheit des SIG: Prot. GA, 3. Febr. 1937, S. 2, AfZ: IB SIG. Der Gemeindebund war erstmals in der Landesausstellung 1964 präsent, vgl. AfZ: IB SIG, Präsidialressort, Repräsentationen (einzelne Geschäfte), expo 1964**.

21 Etter vor dem SVV: Amrein, Los, S. 112f.; Bretscher-Spindler, Vom heissen zum kalten Krieg, S. 11; zu den angeblich marxistischen Infiltrierungen: (ohne Verfasser und Datum) Einleitendes Exposé des SVV anlässlich der Besprechung vom 16. September 1936 mit einer Delegation des Bundesrats, BAR: J II.11 (-) -/1, Bd. 17, 1.C.b.01; zum SHEK: div. Korrespondenz in: BAR: J II.11 (-) -/1, Bd. 50, 1.S.08.

22 S. Mayer, März 1938, Aus der Tätigkeit des Schweizerischen Israelitischen Gemeindebunds 1938, S. 5, 8, AfZ: MF S. Mayer, SM 2; Musil an Kurt Pinthus, 30. Okt. 1941, zitiert nach: Musil, Robert, Briefe 1901–1942, hrsg. v. Adolf Frisé, Reinbek bei Hamburg 1981, S. 1358. Vgl. zum Verhältnis des SIG zur geistigen Landesverteidigung auch: Sibold, Mit den Emigranten, S. 70–75.

23 Prot. VSIA-GV, 13. Febr. 1938, S. 6, JG Bern: Israelitische Cultusgemeinde, Allgemeines IV.

24 Zur jüdischen Wahrnehmung des Bruchs von 1933: Votum S. Braunschweigs, Prot. ICZ-GV, 19. Mai 1935, S. 4f., ICZ-Archiv; zur JUNA: Funk, Warum sollen wir, Kap. 2.3 und 2.4.

25 Gesamtzahl der Flüchtlinge: VSJF, Jahrzehnt, S. 16 (Statistik zur Emigration: S. 59); zu den zunehmenden Emigrationsschwierigkeiten: Prot. VSIA-GV, 13. Febr. 1938, S. 5, JG Bern: Israelitische Cultusgemeinde, Allgemeines IV; zu Palästina: Marrus, Die Unerwünschten, S. 173f.; zu 1937: VSIA, Statistik der Flüchtlingshilfe, und: Ausgaben für die Flüchtlingshilfe, 1. Jan.–31. Dez. 1937, beides in: JG Bern: Israelitische Cultusgemeinde, Allgemeines IV; leicht abweichende Zahlen auch in: VSJF, Jahrzehnt, S. 15, 57.

26 Anzahl der Lokalcomités: Prot. VSIA-GV, 13. Febr. 1938, S. 6, JG Bern: Israelitische Cultusgemeinde, Allgemeines IV; zu den Arbeitsverhältnissen: Interview R. Boritzer durch Hartmann; vgl. VSJF, Jahrzehnt, S. 16.

27 Zur Wahrnehmung des Passantenproblems: Prot. VSIA-GV, 13. Febr. 1938, S. 3f., JG Bern: Israelitische Cultusgemeinde, Allgemeines IV; Zitat Hüttners: a. a. O., S. 5; Zitat S. S. Guggenheims: Jüdische Pressezentrale Zürich, 4. Juni 1937; zur Veränderung der jüdischen Wahrnehmung in Deutschland: Bauer, Jewish Reactions, S. 38f.; vgl. auch: Richarz, Monika, Bürger auf Widerruf. Lebenszeugnisse deutscher Juden 1780–1945, München 1989, S. 52f.

28 Kein Steuerabzug: Prot. der Zusammenkunft der Sammlungsleiter, 30. Aug. 1948, AfZ: IB SIG, 9.2.13.3. Sammlungen, 1946–1949**; zu verwandtschaftlichen Verpflichtungen: VSIA, Tätigkeit der Flüchtlingshilfe des Schweizerischen Israelitischen Gemeindebunds, 21. Nov. 1935, S. 1, JG Bern: Israelitische Cultusgemeinde, Allgemeines III. In der Stadt Zürich waren 1937 rund 400 Juden fürsorgebedürftig. Sie beanspruchten überdurchschnittlich häufig nicht

die öffentliche, sondern die jüdische Fürsorge. Im Jahr 1938 waren 9 % der jüdischen Bevölkerung ständig von der israelitischen Armenpflege abhängig. Vgl. Prot. ICZ-GV, 30. Jan. 1938, S. 297, ICZ-Archiv; IW, 11. Okt. 1935; SZF, Prot. der Sitzung des für die Sammelaktion ernannten engeren Komitees, 3. Okt. 1938, BAR: J II 55/1970/95, Bd. 30; Beitragszahlende in der ICZ: Prot. CC, 31. Jan. 1938, S. 7, AfZ: IB SIG. Im Jahr 1937 zahlte der Bund insgesamt 20 000 Franken an die SZF, der VSIA erhielt davon 5 660 Franken, wovon 3 530 für Dauerfälle und der Rest für Emigrationskosten ausbezahlt wurden. Vgl. Prot. VSIA-GV, 13. Febr. 1938, S. 3, JG Bern: Israelitische Cultusgemeinde, Allgemeines IV.

29 Selbständigmachen oder Einstellung der Flüchtlingshilfe sowie deren Gefahr für den SIG: Prot. SIG-GA, 24. Sept. 1936, S. 2, AfZ: IB SIG; zu den Befürchtungen bezüglich des SIG: VSIA, Tätigkeit der Flüchtlingshilfe des Gemeindebunds, 21. Nov. 1935, S. 3 (wie Anm. 28); Prot. CC, 24. Sept. 1936, S. 3, AfZ: IB SIG; Prot. SIG-GA, 31. Mai 1937, S. 5 (hier auch zu den Sparmassnahmen von 1937), AfZ: IB SIG; Prot. CC, 23. Juni 1937, S. 6, AfZ: IB SIG; zu den Budgetrelationen: vgl. die Jahresabschlüsse in den Prot. der SIG-DV; zur Selbsteinschätzung: Mayer spricht bezogen auf 1933–1937 von einer «schönen Leistung», wobei er im englischen Original «large dead» (statt «deed») schreibt; S. Mayer, The Refugees in Switzerland, 15. Jan. 1940, AfZ: MF Joint Switzerland, File 972; vgl. zu den Flüchtlingszahlen: Arnold, Transitprinzip, Kap. II.A.1.

30 Zur öffentlichen Nichtbeachtung: Referat S. Mayers in der VSIA-GV, 14. Apr. 1939, S. 1, AfZ: IB SIG, 9.2.3. Geschäftsablage betr. Flüchtlingsbetreuung**; Dankbarkeit für Modus Vivendi: Prot. ICZ-GV, 13. Dez. 1936, S. 161, ICZ-Archiv; zur Aufnahme geeigneter Flüchtlinge: Prot. VSIA-DV, 22. Febr. 1937, S. 5, AfZ: IB SIG, 9.2.2.5. VSJF-Protokolle**. Gerson/Hoerschelmann (Verband, S. 59) interpretieren das gleiche Statement als Kritik des Transitgebots «in seinen Ansätzen». Hüttner fordert aber hier nur ein Bleiberecht für «geeignete Menschen», also nur Ausnahmen. Grundsätzliche Kritik an der Transitmaxime findet man beim jüdischen Hilfswerk und beim Gemeindebund von 1933 bis 1945 nie. Die Behörden wären, anders als Hüttner impliziert, auch durch keine Gesetze daran gehindert gewesen, jüdischen Flüchtlingen Asyl oder einen unbefristeten Aufenthalt zu gewähren. Eine kritiklose Darstellung des Transitprinzips findet man auch in einer Stellungnahme des VSIA im IW vom 8. Juli 1938. Zur Distanz zum WJC: Mayer, Aus der Tätigkeit des SIG 1938 (wie Anm. 22), S. 4; Prot. CC, 15. Juni 1939, S. 10f., AfZ: IB SIG. Die Neutralitätskonzeption der Schweiz ist keine neue Entwicklung, sie hat ihre Wurzeln im Wiener Kongress von 1815. Ab 1940 wird der SIG auch die Bezahlung seines WJC-Mitgliederbeitrags aussetzen: Prot. CC, 16. Febr. 1941, S. 2; Eröffnungsrede des Präsidenten, S. 4, Beilage zum Prot. SIG-DV, 22. Mai 1941, beides in: AfZ: IB SIG.

31 Zitat zur Haltung von SIG und VSIA: Prot. VSIA-GV, 22. Febr. 1937, S. 3, AfZ: IB SIG, 9.2.2.5. VSJF-Protokolle**; zur Intervention Mayers im Bundeshaus wegen Gerüchten: (W. Bloch) an S. Mayer, 4. Febr. 1938; W. Bloch, Bericht über die Besprechung des Herrn Saly Mayer […] mit Herrn Dr. v. Reding, 22. Febr. 1938; Prot. VSIA-GV, 13. Febr. 1938, S. 3, alles in: JG Bern: Israelitische Cultusgemeinde, Allgemeines IV; zu den Sparmassnahmen von 1937: Prot. SIG-GA, 31. Mai 1937, S. 5, AfZ: IB SIG; Die israelitische Fürsorge Basel im Jahre 1937, S. 6, StABS: IGB-REG H 4; zu Budgets bzw. Ausgaben von 1937 und 1938: Prot. VSIA-GV, 13. Febr. 1938, S. 6, JG Bern: Israelitische Cultusgemeinde, Allgemeines IV.

Nach dem «Anschluss» Österreichs

1 IW, 18. und 25. März 1938; Rabinovici, Instanzen, S. 57–71; Friedländer, Das Dritte Reich, S. 261f. Die Misshandlung und Verhaftung von Frauen setzten erst 1938 ein. Vgl. Thalmann, Rita, R., Jüdische Frauen nach dem Pogrom 1938, in: Paucker (Hrsg.), Juden, S. 295–302, 296.

2 Rothmund sprach später bezüglich dieser Phase zwischen «Anschluss» und 1. Apr. 1938 mehr-

fach von 3 000–4 000 angekommenen Flüchtlingen – eine Zahl, die seit Ludwig (Flüchtlingspolitik, S. 75, 83) immer wieder genannt wird, aber übertrieben scheint, vgl. DDS 12, S. 817, und: Wacker, Humaner, S. 93, Fn. 50. Die Zahlen beim VSIA können diese Grössenordnung auch nicht bestätigen: Rothmund, Besprechung mit S. S. Guggenheim, 1. Apr. 1938, BAR: E 4800.1 (-) 1967/111, Bd. 206; zum Antrag des EJPD: Sitzung des Schweizer Bundesrates vom 28. März 1938, S. 4, BAR: E 4800 (A) 3, Bd. 2, 48; auch in: Ludwig, Flüchtlingspolitik, S. 76 (dort sprachlich nicht ganz korrekt zitiert). Mit den kurzfristigen Vorteilen meinte Rothmund ökonomische (Schaffung von Arbeitsplätzen durch Juden, Steuereinnahmen, Einnahmen durch jüdische Schüler an Privatschulen), vgl. Prot. der ausserordentlichen Polizeidirektorenkonferenz in Bern, 17. Aug. 1938, BAR: E 4260 (C) 1969/1946, Bd. 6.

3 Rothmund, Besprechung mit S. S. Guggenheim, 1. Apr. 1938, BAR: E 4800.1 (-) 1967/111, Bd. 206. Auch in einer Sitzung der Hilfswerke zeigte Guggenheim Verständnis für die Zurückhaltung der Schweizer Behörden, weil diese mit der Ungültigmachung der österreichischen Pässe und daher mit Staatenlosen rechnen müssten: Prot. einer Besprechung über die Flüchtlingshilfe in Zürich, 29. März 1938, S. 1, SL: Ar.20.412, Protokolle Vorstandssitzungen SAH.

4 Prot. ICZ-GV, 3. Apr. 1938, S. 309, ICZ-Archiv; zur Haltung der Reichsvertretung und der Kultusgemeinde Wien: Rabinovici, Instanzen, S. 115.

5 Zur Einberufung der Konferenz: VSIA (S. S. Guggenheim), Rundschreiben Nr. 9, 15. März 1938, JG Bern: Israelitische Cultusgemeinde, Allgemeines IV; zur Sammlung: SIG (S. Mayer) an die Mitglieder des Central-Comités, 8. Apr. 1938, AfZ: IB SIG, 9.2.4. Div. Berichte und Unterlagen betr. Flüchtlingshilfe**.

6 Vgl. die Bulletins der Jüdischen Informationszentrale Amsterdam vom 29. Apr. und 4. Mai 1938, AfZ: IB SIG, Rechtsschutz, Verordnung zur Vermögensanmeldung deutscher Juden II**; vgl. allgemein zum Schweizer Rechtsschutz bezüglich Deutschland: Picard, Schweiz und die Juden, S. 162–168.

7 Zum Schutzverband: G. Guggenheim an S. Mayer, 19. Mai 1938 (inkl. eines im IW, 6. Mai, inserierten Aufrufs); zur Initiative Guggenheims und Braunschweigs: G. Guggenheim an Mayer, 24. Mai 1938; alles in: AfZ: IB Rechtsschutz, Verordnung zur Vermögensanmeldung deutscher Juden I**; zum Gutachten Fazys: Haldemann, Völkerrechtlicher Schutz, S. 565f.; Picard, Jacques, Zwischen Recht und Politik, in: Tachles, 30. Nov. 2001; S. Mayer an das Politische Departement, 17. Juni 1938; Anregung für kollektive Aktion: S. Mayer an das Politische Departement, 27. Mai 1938, beides in: AfZ: IB SIG, Rechtsschutz, Verordnung zur Vermögensanmeldung deutscher Juden I** (hier auch div. Dokumente zur Zusammenarbeit P. Guggenheims und G. Riegners mit Fazy).

8 Zum Abkommen von 1937: Picard, Schweiz und die Juden, S. 167; zur schleppenden Transferabwicklung: EPD (Kohli) an S. Mayer, 19. Okt. 1938, AfZ: IB Rechtsschutz, Verordnung zur Vermögensanmeldung deutscher Juden I**; zu Dinicherts Erwägung und Ablösung: Haldemann, Völkerrechtlicher Schutz, S. 564; zur Bevorschussung: S. Mayer, An die Mitglieder des CC, 29. Juni 1938, AfZ: NL I. Nordmann, FSCI, Procès-verbaux, 1937–1940**; Chef der Abt. für Auswärtiges an Minister Frölicher, 20. Okt. 1938, BAR: E 2001 (D) -/2, Bd. 289, II; Exposé für Herrn Bundesrat Motta, 3. Mai 1938, BAR: E 2001 (D) -/2, Bd. 100, B.34.9.5.A.20; vgl. Picard, Schweiz und die Juden, S. 167f.; Exposé zur Situation der Schweizer Juden bezüglich der Vermögensanmeldung, 29. Mai 1938 (ohne Verfasser und Titel, vermutlich zuhanden von Fazy), AfZ: IB Rechtsschutz, Verordnung zur Vermögensanmeldung deutscher Juden I**.

9 Das Folgende nach den Aktennotizen zur Audienz vom 22. Juni 1938 von G. Guggenheim und S. Mayer, AfZ: IB SIG, Rechtsschutz, Verordnung zur Vermögensanmeldung deutscher Juden I**; vgl. auch: Haldemann, Völkerrechtlicher Schutz, S. 566–568.

10 Zur Anmeldepflicht: a. a. O., S. 564; Zitat: Bonna an Frölicher, 11. Aug. 1938, DDS 12, S. 824; zu von Burg: Spuhler, Gregor/Jud, Ursina/Melichar, Peter/Wildmann, Daniel, «Arisierungen» in Österreich und ihre Bezüge zur Schweiz. Veröffentlichungen der Unabhängigen Expertenkommission Schweiz – Zweiter Weltkrieg, Zürich 2002.

11 DDS 12, Nr. 274, Nr. 298 (Zitat Dinicherts: S. 699), Nr. 357 (Treffen mit von Bibra: S. 818).
12 Zum Strategiewechsel: Diner, Katastrophe, S. 144–146; vgl. Ludwig, Flüchtlingspolitik, S. 81; zur Weiterreise nach Frankreich und Italien: S. Mayer, Entwurf Bericht über die österreichisch-jüdischen Flüchtlinge, 23. Aug. 1938, S. 2, AfZ: Joint Switzerland, File 972; zur Situation in Zürich: VSIA (S. S. Guggenheim) Rundschreiben an die Comités Basel, Bern, Luzern, St. Gallen, Winterthur, 14. Juni 1938, JG Bern: Israelitische Cultusgemeinde, Allgemeines IV; Max Rosenthal an den Vorstand der IC St. Gallen, 20. Juni 1938, JGSG: Sichtmäppchen «Aufheben, ungeordnet». Genaue Flüchtlingszahlen liegen nicht vor. Am 25. Juli 1938 betreute der VSIA in Zürich 376, in Basel 150 österreichische Flüchtlinge. Vgl. S. Mayer, An die Mitglieder des CC, 29. Juli 1938, AfZ: NL I. Nordmann, FSCI, Procès-verbaux, 1937–1940**.
13 Zu Evian: Weingarten, Ralph, Die Hilfeleistung der westlichen Welt bei der Endlösung der deutschen Judenfrage. Das «Intergovernmental Committee on Political Refugees» (IGC) 1938–1939, Bern 1981, v. a. S. 83–87; Lasserre, Frontières, S. 60f.; Rabinovici, Instanzen, S. 114; Unterredung mit Löwenherz: DDS 12, Nr. 346 (S. 800). Bei dieser Unterredung war auch Heinrich Neumann von Hethars dabei, der von den Nazis den Auftrag hatte, den westlichen Delegationen ein Angebot zu unterbreiten: Sie konnten für 250 Dollar pro Person Juden freikaufen, ansonsten kämen 40000 Juden ins KZ. Es ist unbekannt, ob Neumann diesen Vorschlag auch gegenüber Rothmund thematisierte. Vgl. Bauer, Freikauf, S. 54f.; Jüdische Presszentrale Zürich, 15. Juli 1938; IW, 22. Juli 1938; zu den Hoffnungen des VSIA auf Evian: IW, 8. Juli 1938.
14 Eine Unterredung fand am 27. Juni, die andere zwischen dem 5. und 10. Juli 1938 statt: Agendanotizen Mayers, AfZ: IB SIG, 9.1.1. Einzelne Geschäfte, allgemeine Korrespondenz**; (ohne Verfasser und Datum, aber Ende Juli/Anfang August 1938) Unterredung S. Mayer mit Dr. Rothmund, AfZ: MF Joint Switzerland, File 972; vgl. zur dritten Unterredung auch Picard, Schweiz und die Juden, S. 298, mit teilweise abweichenden Interpretationen. Vgl. zur Idee von Lehrstellen auch: VSIA (S. S. Guggenheim) an Rothmund, 30. Juni 1938, BAR: E 4300 (B) 1, Bd. 12, E 11/1; sowie die handschriftliche Notiz von Rothmund vom 27. Juni 1938, wo er als eine der Bedingungen den Stopp weiterer Einreisen verlangt: BAR: E 4800.1 (-) -/3, Bd. 1.
15 Zur Fluchtbewegung seit Ende Juli: Ludwig, Flüchtlingspolitik, S. 82 (jüdische Garantien seit Juli 1938: S. 138); Wacker, Humaner, S. 94; DDS 12, Nr. 357; Battel, Wo es hell ist, S. 185–193 (öffentliche Abschiebungen: S. 189); Lob Mayers und jüdische Garantie: Mayer, Entwurf Bericht über die österreichisch-jüdischen Flüchtlinge, 23. Aug. 1938, S. 2 (wie Anm. 12); jüdische Interventionen und Garantie: Mitteilungen über den Stand der Flüchtlingsfrage, Referat Rothmunds in der SIG-DV, 26. März 1939, S. 10, Beilage zum DV-Prot., AfZ: IB SIG; jüdische Garantie auch in: VSJF, Jahrzehnt, S. 19.
16 Zum Folgenden: Mayer, Entwurf Bericht über die österreichisch-jüdischen Flüchtlinge, 23. Aug. 1938, S. 2 (wie Anm. 12); Interviews R. Boritzer durch Hartmann und Weingarten, Kassette 1; Agendanotizen Mayers, AfZ: IB SIG, 9.1.1. Einzelne Geschäfte, allgemeine Korrespondenz**; VSJF, Jahrzehnt, S. 17; Prot. IKG-VS, 31. Aug. 1938, JGSG; IW, 26. Aug. 1938; Sibold, Mit den Emigranten, S. 44–47.
17 «Abstoppen» Basels: Agendanotizen Mayers, AfZ: IB SIG, 9.1.1. Einzelne Geschäfte, allgemeine Korrespondenz**; S. Mayer, Prot. der Sitzung von SIG und VSIA, 10. Aug. 1938, StABS: IGB-REG R 2.5. SIG-CC, Aug.–Dez. 1938 (Akten A. Goetschel; Kongruenz- und Orthografiefehler von St. M. korrigiert); analoge Argumentation: «Die Anzahl der in der Schweiz legal und illegal anwesenden Flüchtlinge übersteigt die Kapazität der Schweiz und die verfügbaren Mittel und Kräfte, was Unterkunft, Verpflegung und Liquidation dieser Zahl von Flüchtlingen anbetrifft.» S. Mayer an Jewish Telegraphic Agency, London, 19. Aug. 1938, AfZ: IB SIG, Abwehr und Aufklärung, Sekretariat, St. Gallen, Ausland, Dokumentation und Interventionen II**.
18 Agendanotizen Mayers (Einträge zum 11.–16. Aug. 1938), AfZ: IB SIG, 9.1.1. Einzelne Geschäfte, allgemeine Korrespondenz**.
19 DDS 12, Nr. 357 (S. 822).

20 DDS 12, Nr. 357 (Zitate: S. 820, 823).
21 Die Sitzung vom 16. Aug. ist erwähnt in: Agendanotizen Mayers, AfZ: IB SIG, 9.1.1. Einzelne Geschäfte, allgemeine Korrespondenz**. Zum nur mündlichen Charakter der Abmachung: Rothmund an Bundesrat Feldmann, 7. Juli 1956, BAR: E 4800.1 (-) 1967/111, Bd. 410. Der Inhalt des Gesprächs geht hervor aus: S. S. Guggenheim und S. Mayer an Joint Paris, 1. Nov. 1938, AfZ: MF S. Mayer, SM 2; Mitteilung über die Beschlüsse der Polizeidirektorenkonferenz vom 17. Aug. 1938 (hier auch Zitat zum erwerbslosen Aufenthalt), BAR: E 6351 (F) 1, Bd. 522; vgl. auch: Neue Zürcher Zeitung, 18. Aug. 1938; Prot. der ausserordentlichen Polizeidirektorenkonferenz in Bern, 17. Aug. 1938, BAR: E 4260 (C) 1969/1946, Bd. 6; DDS 12, Nr. 363 (Zitat zu jüdischen Bedenken: S. 835); Prot. CC, 18. Aug. 1938.
22 Zur Polizeidirektorenkonferenz: Prot. wie Anm. 21 (Zitat Rothmunds: S. 4); Sitzung des Bundesrats vom 19. August 1938: DDS 12, Nr. 363 (Zitat: S. 835); zur Stellvertretung durch Motta: Bourgeois, Daniel: La porte se ferme: la Suisse et le problème de l'immigration juive en 1938, in: Relations internationales, Bd. 54, Sommer 1988, S. 181–204, 187, 194.
23 Prot. CC, 18. Aug. 1938 (Zitate: S. 1f., 6, 4, 8–10), AfZ: IB SIG.
24 Guggenheim erreicht mit dem Argument, er habe Mühe, seinen Leuten die Massnahme verständlich zu machen, dass die Behörden einige Flüchtlinge, die unmittelbar nach der Sperre mit dem Flugzeug in Kloten landen, nicht zurückschicken: Rothmund an Eugen Curti, 22. Aug. 1938, BAR: E 4800.1 (-) 1967/111, Bd. 102; Verständnis für die Sperre etwa in: Jahresbericht der israelitischen Fürsorge Basel 1938, S. 7, StABS: IGB-REG H 4; Prot. der Sitzung des IGB-Vorstands gemeinsam mit den Delegierten zum SIG vom 24. Aug. 1938, StABS: IGB-REG H 11.2. Div. Protokolle für Flüchtlingsfrage, 1938–1939.
25 Zur EJPD-Bitte: Ludwig, Flüchtlingspolitik, S. 90f.; zum VSIA-Telegramm: ebd.; Zitat nach: Wacker, Humaner, S. 98. Wacker nennt als Datum den 18., Ludwig den 19. Aug. 1938. S. Mayer an JTA, Jewish Telegraphic Agency, London, 19. Aug. 1938 (Klammerbemerkung im Original), AfZ: IB SIG, Abwehr und Aufklärung, Sekretariat, St. Gallen, Abwehrorganisationen II**; zur Bedeutung der JTA: Lookstein, Haskel, Were We Our Brothers' Keepers? New York 1985, S. 25f.; S. Braunschweig: IW, 26. Aug. 1938; Jüdische Pressezentrale Zürich, 2. Sept. 1938 (gleicher Artikel wie im IW); zum Zurückschicken durch ICZ: Schweizer Zollkreisdirektion Schaffhausen an Oberzolldirektion, 25. Aug. 1938, BAR: E 4320 (B), 1991/243, Bd. 17, C.13.1. Judenfrage, Korrespondenz, Allgemeines, 1937–1941; Votum S. Mayers: Prot. CC, 19. Sept. 1938, S. 4, AfZ: IB SIG. Die von ihm erwähnte Härte wurde Mayer auch schriftlich geschildert, vgl. Brief A. Gidions vom 29. Sept. 1942: Battel, Wo es hell ist, S. 157. Goetschel: Jüdische Pressezentrale Zürich, 18. Nov. 1938 und 1. Apr. 1939; National-Zeitung, 29. März 1939. Auch Charles Bollag, der allerdings im SIG kein Amt mehr bekleidet, dankt im Dezember 1938 den Behörden öffentlich «für die äusserst loyale und humane Haltung den Flüchtlingen gegenüber». Vgl. Bericht über einen Vortrag von Reg. Rat. Robert Briner über «Flüchtlingshilfe und geistige Landesverteidigung», 5. Dez. 1938, AfZ: IB SIG, 9.1.6. Berichte und Exposés**.
26 Zur Haltung der Schweizer Presse: Imhof u. a., Flüchtlinge, S. 27–38; zur SPS: Lupp, Klassensolidarität, S. 184, 193–196, 268, 273; vgl. Battel, Wo es hell ist, S. 152–157; Berner Tagwacht, 23. Aug. 1938; zum Absorbiertsein Meyers: Prot. SIG-GA, 24. Jan. 1939, S. 1, AfZ: IB SIG; Interview R. Boritzer durch Weingarten, Juli 1983, Kassette 1; Prot. ICZ-GV, 12. März 1939, S. 360, ICZ-Archiv; zur Zustimmung jüdischer Zeitungen: Jüdische Pressezentrale Zürich, 2. und 16. Sept. 1938; vgl. auch: IW, 26. Aug. und 2. Sept. 1938 (hier erste Kritik, die sich fortsetzt, vgl. 17. März 1939); zu gewaltsamen Rückweisungen: Unabhängige Expertenkommission, Schweiz und die Flüchtlinge, S. 142; zur Haltung der Bevölkerung: Rothmund, Wir und die Ausländer, Referat vom 23. Jan. 1939, S. 11, BAR: E 4800.1 (-) 1967/111, Bd. 199; Rothmund an von Steiger, Bericht zum Schreiben von Herrn Nationalrat Rittmeyer vom 24. Okt. 1941 über die Behandlung ausländischer Flüchtlinge, 23. Nov. 1941, BAR: E 4800.1 (-) 1967/111, Bd. 150. An der Schaffhauser Grenze kam es sogar zu aktivem Widerstand: Battel, Wo es hell ist, S. 160f. Vgl. auch: DDS 12, S. 834, und: Keller, Grüningers Fall, S. 59f., 71f.
27 Zitat nach: Wacker, Humaner, S. 101f., Anm. 77. Vgl. zur späteren Haltung etwa: Bericht

über Vortrag Briner (wie Anm. 25); Prot. Sitzung des SZF-Sammelkomitees vom 15. März 1939, S. 4, BAR: E 4260(C) 1974/34, Bd. 87, N 40/5/39/1; Prot. SZF-GV, 7. Nov. 1939, S. 4f., BAR: J II 55/1970/95, Bd. 30.

28 Prot. SZF-Sitzung, 7. Sept. 1938, SL: Ar 20.721; Eingabe: Fritz Wartenweiler, Georgine Gerhard, Adrian Häfeli und Georg Stamm (Erstunterzeichner) an Motta, 16. Sept. 1938, BAR: E 2001 (D) -/3, Bd. 484, B.55.42.3. Vgl. zu den beiden Aktionen Gerhards auch Arnold, Transitprinzip, Kap. II.A.2. Zur SVV-Eingabe: SVV (Präsident und Zentralsekretär) an das EJPD, 17. Sept. 1938, BAR: J II.11 (-) -/1, Bd. 53, 1.U.a.09. Die Diskussion über eine jüdische SVV-Mitgliedschaft findet man im gleichen Band. Vgl. die Korrespondenz zwischen Waldvogel und SVV-Zentralsekretär Huber, Zitat aus: Huber an Waldvogel, 17. Jan. 1939.

29 Heim, Deutschland, S. 68.

30 Vgl. zur jüdischen Strategie: Georges Bloch an den VSJF, 11. Aug. 1949, AfZ: IB SIG, Protokolle des VSJF-Vorstands 1949**; zu den institutionellen Sorgen auch: Prot. CC, 18. Aug. (S. 9) und 19. Sept. 1938 (S. 3), AfZ: IB SIG. Dass von beiden Seiten keine rechtliche Verpflichtung intendiert gewesen sei und sich die Juden freiwillig unterzogen hätten, betonten Rothmund und S. Braunschweig auch in der SIG-DV vom 26. März 1939: Prot. Nachmittag, S. 6, beigelegtes Votum S. Braunschweigs, S. 1, AfZ: IB SIG.

31 Ausführlich zur Finanzfrage: Picard, Schweiz und die Juden, S. 368–385 (hier S. 374); Zitat: VSJF, Jahrzehnt, S. 20; zum kurzfristigen Charakter der Joint-Hilfe: Prot. CC, 18. Dez. 1938, S. 3, AfZ: IB SIG; zur Realisierung der Langfristigkeit des Hilfswerks: Prot. SIG-GA, 27. Okt. 1938, S. 3, AfZ: IB SIG.

32 Ergebnis der ersten und zweiten Sammelaktion 1938: Prot. SIG-GA, 27. Okt. 1938, S. 2 (hier auch der für 1938 budgetierte Mitgliederbeitrag von Fr. 30), AfZ: IB SIG; Mayer und Guggenheim an Joint Paris, 4. Okt. 1938, S. 4, AfZ: MF Joint Switzerland, File 972; «gigantische Summe»: Mayer, Entwurf Bericht über die österreichisch-jüdischen Flüchtlinge, 23. Aug. 1938 (wie Anm. 12), S. 8; VSIA-Ausgaben 1938: Picard, Schweiz und die Juden, S. 370; Richtgrössen: Mayer, Aux Communautés Membres de la Fédération, 8. Sept. 1938, AfZ: NL I. Nordmann, FSCI, Procès-verbaux, 1937–1940**; zur konkreten Sammeltätigkeit: Prot. ICZ-VS, 5. Sept. 1938, ICZ-Archiv; Summen für 1938: Beilage zu Brief VSIA (S. S. Guggenheim) an Rothmund, 12. Juli 1939: Aufbringung der Mittel für unsere Flüchtlingshilfe, 12. Juli 1939, AfZ: IB SIG, (ungeordnete Dossiers) SIG Flüchtlinge, S. Mayer, 1937–1940**; Beitrag SZF: VSJF, Jahrzehnt, S. 23.

33 S. Mayer interpretierte das Sammlungsergebnis explizit als Ausdruck davon, dass die «Übernahme des Flüchtlingswerkes die Zustimmung der meisten Juden gefunden» habe: Prot. SIG-DV, 26. März 1939, Nachmittag, S. 1, AfZ: IB SIG; Rundbrief: S. Mayer, An die Mitglieder des SIG, 19. Aug. 1938, AfZ: IB SIG, 1.5.6. Div. Rundschreiben an die Mitgliedergemeinden, Mitglieder CC, Aktionsobmänner**. In Basel opponierten namentlich Gerhard Halff und Oskar Meyer. Letzterer fiel im SIG durch kritische Anregungen auf und galt bei Einzelnen als Enfant terrible. Ob noch weitere beteiligt waren, entzieht sich meiner Kenntnis. In anderen Gemeinden findet man keine Kritik. Vgl. Prot. der Sitzung des IGB-Vorstands gemeinsam mit den Delegierten zum SIG vom 24. August 1938, StABS: IGB-REG H 11.2. Div. Protokolle für Flüchtlingsfrage, 1938–1939. Vgl. Sibold (Mit den Emigranten, S. 61), die Basler «Stimmen gegen die finanzielle Erpressung» erwähnt.

34 Kein jüdischer Appell an Nichtjuden: Prot. CC, 18. Aug. 1938, S. 4, und 19. Sept. 1938, S. 3–5 (hier auch zur Haltung «Berns» und Ablehnung öffentlicher Gelder), AfZ: IB SIG; Prot. ICZ-VS, 5. Sept. 1938, S. 4, ICZ-Archiv; Prot. SIG-DV, 26. März 1939, separates Votum S. Braunschweigs, S. 1, AfZ: IB SIG.

35 Vgl. Picard, Schweiz und die Juden, S. 368–373; zu Mayers Zusammenbruch: Interview L. Littmann.

36 Zahlen: Picard, Schweiz und die Juden, S. 370. Meine Schätzung von 5 000 bezieht sich auf: Prot. SIG-GA, 13. Dez. 1938, S. 2, AfZ: IB SIG. Vermutlich wurde dort die Dunkelziffer der nicht vom VSIA Unterstützten eher überschätzt, vgl. Prot. CC, 19. Nov. 1939, S. 11, AfZ: IB SIG.

37 Zu den St. Galler Verhältnissen: Picard, Schweiz und die Juden, S. 301f.; zur Gründung in Schaffhausen: VSJF, Jahrzehnt, S. 17; Battel, Wo es hell ist, S. 127; Zahlen zu Zürich: Bericht (ohne Verfasserangabe) über den Kanton Zürich, 13. Juni 1939, AfZ: MF Joint Switzerland, File 972. Angestellte 1940 in ganzer Schweiz: Prot. CC, 11. Febr. 1942, S. 2, AfZ: IB SIG. Es ist unwahrscheinlich, dass alle vollzeitlich tätig waren, denn ein Jahressalär betrug im Schnitt nur Fr. 1800. Die Entlohnung der angestellten Flüchtlinge wurde, wohl als Vorsichtsmassnahme, als Unterstützung verbucht. Vgl. auch: Lupp, Klassensolidarität, S. 84.

38 Sibold, Mit den Emigranten.

39 Bericht (ohne Verfasserangabe) über den Kanton Zürich, 13. Juni 1939, AfZ: MF Joint Switzerland, File 972; VSJF, Jahrzehnt, S. 35f.; IW, 9. Sept. 1938; Interview R. Boritzer durch Weingarten, 1983, Kassette 1.

40 Im Juli 1939 waren es dann sogar 16 Lager und Heime, die nun 810 Personen beherbergten. Sie befanden sich in den Kantonen Zürich (Aegeri, Albis, Dietikon, Girenbad, Lengnau, Murgenthal, Nesslau, Stäfa), Basel-Stadt (Sommercasino, «Mädchenheim» an der Hammerstrasse), St. Gallen (Diepoldsau, Schönengrund, St. Peterzell), Schaffhausen (Buchberg, Büttenhard) und Graubünden (Passugg): VSIA, Übersicht «Lager», Stand per 31. Juli 1939, AfZ: IB VSJF, Einlage in Photoalbum «Arbeitsdienst der Emigranten»; vgl. auch: Ludwig, Flüchtlingspolitik, S. 151f.; Bericht über die Israelitische Flüchtlingshilfe in der Schweiz, 1938, S. 7–10, AfZ: IB SIG, SIG, Briefe, 1939–1940*+; Englischer Bericht des VSIA (ohne Datum, 1939), AfZ: MF Joint Switzerland, File 972; Heim, Jüdische soziale Arbeit, S. 34f.; Interview L. Littmann; Interview R. Boritzer durch Hartmann; Bericht (ohne Verfasserangabe) über den Kanton Zürich, (wie Anm. 39); VSJF, Jahrzehnt, S. 21; Prot. IKG-VS, 31. Aug. 1938, JGSG; Sibold, Mit den Emigranten, S. 48–55; Wacker, Humaner, S. 116–119; Keller, Grüningers Fall, S. 53–58, 76.

41 Einschätzung Rothmunds: vgl. seinen Kommentar vom 12. Dez. 1938 zu einem Brief von Beat Simeon an Bundesrat Baumann, 8. Dez. 1938, BAR: E 4001 (B) 1970/187, Bd. 2, 22/6; vgl. auch: Keller, Grüningers Fall, S. 150; «aufflammender Antisemitismus»: (ohne Verfasserangabe, Rothmund) an den Bundesrat, Bundesratsbeschluss über die Durchführung der Kontrolle der Emigranten, ohne Datum, vermutlich erst 1939, BAR: E 4260 (C) 1969/146, Bd. 6; zur Überschätzung der Flüchtlingszahlen: Prot. CC, 19. Nov. 1939, S. 11, AfZ: IB SIG. Die Zahl von 10000–12000 Flüchtlingen wurde von Bundesrat Baumann bereits im Dez. 1938 genannt, vgl. Ludwig, Flüchtlingspolitik, S. 140. Saly Mayer hält die polizeilichen Angaben ebenfalls für zu hoch, er schätzt die aktuell anwesenden jüdischen Flüchtlinge auf 8000–10000: Appenzeller Zeitung, 20. Juni 1939. Laut Ludwig, S. 164, befanden sich bei Kriegsausbruch etwa 5000 jüdische Flüchtlinge in der Schweiz. Vgl. auch: Wacker, Humaner, S. 149. Votum S. Braunschweigs: Prot. ICZ-GV, 12. März 1939, S. 353; G. Bloch: Prot. ICZ-VS, 21. Nov. 1938, beides in: ICZ-Archiv; zu Lagern fernab der Bevölkerung: Battel, Wo es hell ist, S. 124–130; Zitat Blums nach: Perrenoud, Attitudes, S. 25f. (Übersetzung von St. M.); SVV an die Bundesanwaltschaft, 18. Nov. 1938, BAR: J II.11 (-) -/1, Bd. 55, 1.U.b.03; zu vermehrten Forderungen der Behörden: S. Mayer und S. S. Guggenheim an Joint Paris, 4. Okt. 1938, AfZ: MF S. Mayer, SM 2 (englische Übersetzung in: Joint Switzerland, File 972); vgl. auch: Sibold, Mit den Emigranten, S. 76; Keller, Grüningers Fall, S. 75f.; zu den Einrichtungen von Lagern in Frankreich, Belgien und den Niederlanden: Caestecker / Moore, Refugee Policies, S. 96f.

42 Flüchtlingshilfe St. Gallen, Zirkulare Nr. 21 und Nr. 23 (beide Okt. 1938), AfZ: MF Joint Switzerland, File 972; Flüchtlingshilfe St. Gallen, Wichtige Mitteilung, 30. Aug. 1939, AfZ: MF Joint Switzerland, File 983; VSIA, Rundschreiben Nr. 84 an alle Comités, 29. Aug. 1939, AfZ: MF Joint Switzerland, File 1005; (S. Mayer) Referat in der VSIA-GV, 14. Apr. 1939, S. 4, AfZ: IB SIG, 9.2.3. Flüchtlingsbetreuung, Geschäftsablage betr. Flüchtlingsbetreuung**; vgl. Sibold, Mit den Emigranten, S. 76–84 und Anhang; Wacker, Humaner, S. 118; Binnenkade, Alexandra, Sturmzeit. Die Evangelisch-Reformierte Landeskirche des Kantons Aargau zwischen 1933 und 1948, Baden 1999, S. 66; Keller, Grüningers Fall, S. 53, 57f., 76f., 95, 122–125; Wende, Deutschsprachige Schriftsteller, S. 186; Battel, Wo es hell ist, S. 319. Rothmund schrieb

dem VSIA einen Brief, der offenbar zur Abgabe an die Flüchtlinge gedacht war. Darin heisst es, dass das Hilfswerk verpflichtet sei, alle ordnungswidrigen Verhalten der Emigranten der Polizeiabteilung zu melden. Strafen seien Verwarnung, Internierung und Ausweisung in das Herkunftsland: Rothmund an VSIA, 7. März 1940, SL: Ar.20.721, ZS, Korrespondenz, Rundschreiben, Mitteilungen etc. Weitere Aufschlüsse geben die Personendossiers des VSJF im AfZ. In den Personendossiers der Eidgen. Fremdenpolizei findet man das Formular «Erklärung» mit polizeilichen Vorschriften: BAR: E 4264, 1985/196 (N-Serie). Ein gemeinsamer Disziplinaufruf der Hilfswerke wurde von der SZF herausgegeben: Liebe Freunde, 15. Apr. 1943, Aufruf an die Lagerinsassen, von SZF, Kreuzritter, SAH, Caritas, SHEK, VSIA und Schweizerischer Hilfskommission für evangelische Flüchtlinge unterzeichnet, AfZ: MF Joint Switzerland, File 1005.

43 Zur Arbeitslosigkeit: Jost, Hans Ulrich, Politik und Wirtschaft im Krieg, Zürich 1998, S. 10; zu Verhandlungen mit ORT: Mayer an VSIA, 6. Febr. 1939, AfZ: IB SIG, 9.2.3. Geschäftsablage betr. Flüchtlingsbetreuung**; zur Beteiligung der ORT auch: Prot. VSIA-GV, 16. Apr. 1939, S. 8f., AfZ: MF Joint Switzerland, File 1003; zur ORT: Picard, Schweiz und die Juden, S. 275f. (zu Kursen in St. Galler Lagern: S. 302); zu Zusammenstellungen der Kurse: Statistik per Ende Juli 1939; englischer Bericht des VSIA (ohne Datum, 1939), S. 4, beides in: AfZ: MF Joint Switzerland, File 972; VSIA, Übersicht «Lager» (wie Anm. 40); zur Umschichtung ausführlich: Picard, Schweiz und die Juden, S. 330–343 (Berufsstruktur: S. 336); zur Anzahl der Kursabsolventen und zum Praktikaverbot: H. Katzki, Status of Jewish Refugees from Germany in Various European Countries, 5. Juli 1939, AfZ: MF Joint Switzerland, File 972; zum Widerstand der Gewerkschaften gegen Arbeit in Flüchtlingslagern: Prot. ICZ-Delegierte zum SIG, 19. Mai 1941, S. 6, ICZ-Archiv; vgl. zur Umschichtung auch: Sibold, Mit den Emigranten, S. 85–94.

44 Zur Absicht hinter der Begriffsbildung «Emigrant»: Rothmund in SZF, Flüchtlinge wohin, S. 144; zur Argumentationslinie der Hilfswerke: SZF-Spendenaufruf vom Herbst 1938, der in vielen Zeitungen wiedergegeben wurde, in: SL: AR 20.721, vgl. Imhof u. a., Flüchtlinge, S. 28f.; vgl. auch: Arnold, Transitprinzip, Kap. II.A.3.

45 Einen guten Einblick in die praktische Arbeit geben die VSJF-Personendossiers im AfZ. Vgl. auch die Interviews mit M. Lothar und R. Boritzer (im Interview durch Hartmann, auch die Geschichten zu den Bestechungen und zum Schmuck).

46 Zur Anzahl der Freiwilligen und zur Hilfsbereitschaft: Interview L. Littmann; zu S. S. Guggenheim und Bär: Interview R. Boritzer durch Hartmann (hier auch generell zur Hilfsbereitschaft); zu Georges Bloch: Prot. ICZ-VS, 22. Mai 1939, ICZ-Archiv; Walter J. Bär an Frau Dr. M. Hefti, 24. Febr. 1944, ICZ-Archiv, Ordner Privat; einige Hinweise auf den ehrenamtlichen Einsatz der Repräsentanten (Auswahl): W. Bloch an VSIA, 1. Juli 1936, JG Bern: Israelitische Cultusgemeinde, Allgemeines IV; Georges Bloch an div. Leute, die für Kinderhilfe in Frankreich Geld gespendet haben, 15. und 29. Apr. und 2. Juni 1942, BAR: J II 55/1970/95, Bd. 14; S. Mayer an Joe (Schwartz), 25. Nov. 1942, AfZ: MF S. Mayer, SM 7; Interview R. Boritzer durch Weingarten, 1983, Kassette 1.

47 Interviews R. Boritzer durch Weingarten, Kassette 1 von 1984 und orange Kassette ohne Jahr, Bd. 3, Seite B; Interviews L. Littmann und M. Lothar; vgl. Sibold, Mit den Emigranten, S. 46f.

48 Vgl. in Personendossiers des VSJF, AfZ; Philo-Atlas, div. Stichworte sowie S. 271–275; ausserdem: Rabinovici, Instanzen, S. 319.

49 Zu Halbert: Wende, Deutschsprachige Schriftsteller, S. 186–196; zu «Kraft durch Feuer»: Stern, Martin, Die letzte Insel deutscher Sprache, in: Rosenberger, Nicole/Staub, Norbert (Hrsg.), Prekäre Freiheit. Deutschsprachige Autoren im Schweizer Exil, Zürich 2002, S. 109–134, 111f.

50 Halbert an von Zühlsdorff, 12. Jan. 1939, nach: Wende, Deutschsprachige Schriftsteller, S. 188f.

51 A.a.O., S. 186, 192f. Die Erwähnung des Geschenks fehlt im gekürzten Zitat bei Wende, vgl. Boritzer an Halbert, 5. Dez. 1940, AfZ: IB VSJF, 1.4. Personendossier H. 87; zur Resolutheit Boritzers: Interview M. Erlanger.

52 Text ohne Datum, zitiert nach: Wende, Deutschsprachige Schriftsteller, S. 194f. (Hervorhebung im Original).
53 Interview R. Boritzer durch Weingarten, 1983, Kassette 1; vgl. auch: Interview E. Zweig; Prot. CC, 16. Febr. 1941, S. 4, AfZ: IB SIG (negative Stimmung gegenüber Flüchtlingen wegen Sorge um eigene Verwandte); VSIA, Rundschreiben Nr. 238 an alle Gemeinden und Comités, 20. Aug. 1942, AfZ: MF Joint Switzerland; vgl. positive Einschätzung im IW, 14. Okt. 1938; zur Isolierung und dem Gefühl der Belastung und Ablehnung: Votum Sagalowitz', ICZ-GV, 23. März 1943, ICZ-Archiv; Battel, Wo es hell ist, S. 124f.; Sibold, Mit den Emigranten, S. 83f.
54 Interview R. Boritzer durch Weingarten, 1983, Kassette 1.
55 Agendanotizen Mayers, AfZ: IB SIG, 9.1.1. Einzelne Geschäfte, allgemeine Korrespondenz**.
56 Zur Wahrnehmung in der Presse: IW, 30. Sept., 7. und 14. Okt. 1938; vgl. Kreis, Rückkehr, S. 35f., 38; ausführlich zur komplexen Geschichte des J-Stempels: ebd.; Ludwig, Flüchtlingspolitik, S. 95-151; ausserdem: Kälin, Rechtliche Aspekte, S. 478-484, 501f.
57 Zu den Darstellungen Baumanns vom 7. Dez. 1938: Ludwig, Flüchtlingspolitik, S. 138-140; vgl. Kreis, Rückkehr, S. 41-43; zur Sudetenkrise vgl. Friedländer, Das Dritte Reich, S. 287.
58 Rothmund an Bundespräsident Baumann, 15. Sept. 1938, DDS 12, Nr. 388 (Zitat: S. 886); vgl. Kreis, Rückkehr, S. 24f., 51.
59 DDS 12, S. 883; vgl. Rothmund an die Abt. für Auswärtiges, 23. Juni 1938, betr. 3. Verordnung zum Reichsbürgergesetz vom 14. Juni 1938, BAR: E: 4800.1 (-) -/3, Bd. 2; vgl. auch: DDS 11, Nr. 171 (S. 525).
60 Zitat Mottas zu den Skrupeln nach der Übersetzung aus dem Französischen in: Unabhängige Expertenkommission, Schweiz und die Flüchtlinge, S. 85. Motta sagt nicht explizit, dass sich Rothmunds Skrupel auf die verletzte Gleichberechtigung beziehen; dies scheint mir aber wahrscheinlich, da seine anderen Einwände nur technischer Art sind. Vgl. zu Rothmunds Bedenken auch: DDS 12, Nr. 414, S. 935.
61 Zitat Rothmunds nach: DDS 12, S. 886. Vgl. ein weiteres Zitat, in dem er analoge Fantasien bezüglich des jüdischen Einflusses äussert, in: Kreis, Rückkehr, S. 182f. Zum Besuch und Wissen Mayers: Agendanotizen Mayers, AfZ: IB SIG, 9.1.1. Einzelne Geschäfte, allgemeine Korrespondenz**.
62 Zur Informierung des SIG: Ludwig, Flüchtlingspolitik, S. 130, Fussnote; zur Besprechung: Eidgen. Polizeiabteilung, Äusserungen zur Einführung der Zusicherung auf mit besonderem Kennzeichen für Juden versehenen deutschen Pässen, 15. Okt. 1938, DDS 12, Nr. 429 (Zitat: S. 977).
63 Prot. IGB-VS, 12. Okt. 1938, StABS: IGB-REG B 2.4; zur Eigenmächtigkeit Mayers bei erster Amtshandlung: Prot. Sitzung des Lokalcomités Zürich des SIG, 11. Juni 1936, AfZ: IB SIG, Abwehr und Aufklärung, Lokalsekretariat Zürich, allgemeine Unterlagen I, Protokolle**.
64 Audienz und Rundschreiben: Prot. SIG-GA, 27. Okt. 1938, AfZ: IB SIG; zur führenden Rolle Mottas: Kreis, Rückkehr, S. 39f.; Mayer über Motta: seine Eröffnungsansprache in der SIG-DV vom 7. Apr. 1940, S. 1, AfZ: IB SIG.
65 Das Folgende nach: Prot. SIG-GA, 27. Okt. 1938, AfZ: IB SIG; vgl. auch: Kreis, Rückkehr, S. 37f.
66 Dass die SIG-Leitung Ende 1938 gegen weitere Einreisen war, wird auch durch andere Quellen bestätigt, etwa durch Mayers Brief an Wirth vom 6. Febr. 1939, vgl. Anm. 17, S. 488. Vgl. zur Verunmöglichung der legalen Emigration: Rabinovici, Instanzen, S. 131, 137, 151.
67 Mayer, An den Hohen Bundesrat, Entwurf vom 31. Okt. 1938, AfZ: IB SIG, 9.1.1.1. Flüchtlingspolitik, einzelne Geschäfte, allgemeine Korrespondenz**.
68 Rückweisung durch GA: Mayer, Aktennotiz Passvisum (ohne Datum), AfZ: IB SIG, 9.1.1.1. Flüchtlingspolitik, einzelne Geschäfte, allgemeine Korrespondenz**.
69 Dass Rothmund mit dem J-Stempel nicht einverstanden war, wusste z. B. Nationalrat Markus Feldmann: Sagalowitz, Aktennotiz zu tel. Mitteilung von Paul Guggenheim, 28. Sept. 1942, AfZ: IB JUNA, Arbeitsdossier Sagalowitz *+; Gespräch mit Ruth: Mayer, Aktennotiz Passvisum (ohne Datum), AfZ: IB SIG, 9.1.1.1. Flüchtlingspolitik, einzelne Geschäfte, allgemeine

Korrespondenz**; zum Verhältnis Mayer – Ruth: Ruth an Mayer, 30. Nov. 1943, AfZ: MF Joint Switzerland, File 975; Ruth an Mayer, 22. Jan. 1942, BAR E: 4260 (C) 1974/34, Bd. 87, N 40/5/39. Humbert bezeichnet die beiden als Klassenkameraden. Ihre Jahrgänge (Ruth: 1877, Mayer: 1882) machen das unwahrscheinlich: Ch. Humbert, Bemerkungen zur SIG-Eingabe betr. den Schutz der Schweizerjuden in Frankreich, 24. Dez. 1941, DDS 14, Nr. 134 (S. 402).

70 Gespräch mit Baumann und Zitat zu den Erleichterungen: Mayer, Aktennotiz Passvisum (ohne Datum), AfZ: IB SIG, 9.1.1.1. Flüchtlingspolitik, einzelne Geschäfte, allgemeine Korrespondenz**; zu Modifikationen: Ludwig, Flüchtlingspolitik, S. 136; Mayer an die Mitglieder des Gemeindebunds, 4. Nov. 1938, AfZ: NL I. Nordmann, FSCI, Procès-verbaux, 1937–1940**. Ausgenommen von der Erleichterung waren Juden in Deutschland, Italien, Polen, der Tschechoslowakei, Ungarn und den Balkanländern. Zu Interventionen der Hotellerie: Kreis, Rückkehr, S. 49f.

71 Zur Interpellation und Antwort: Ludwig, Flüchtlingspolitik, S. 137–141; zum Echo: Kreis, Rückkehr, S. 38f., 50.

72 Rothmund an Müller, 7. Dez. 1938, DDS 12, Nr. 471 (Zitat: S. 472); zur Belieferung Guggenheims: Rothmund an Mayer, 7. Dez. 1938, AfZ: IB SIG, (ungeordnete Dossiers) SIG Flüchtlinge, S. Mayer, 1937–1940**.

Nach dem Novemberpogrom

1 IW, 18. Nov. 1938; allgemein zum Novemberpogrom: Friedländer, Das Dritte Reich, Kap. 9; Rabinovici, Instanzen, Kap. 6.

2 SIG (S. Mayer) an die Mitgliedergemeinden des SIG, 14. Nov. 1938, AfZ: IB SIG, 1.5.6. Div. Rundschreiben an die Mitgliedergemeinden, Mitglieder des CC und Aktionsobmänner**.

3 Motta an Frölicher, DDS 12, Nr. 21 (Zitat: S. 1037); Anmeldung von Rechtsansprüchen: Kohli, Abt. für Auswärtiges, an S. Mayer, 24. Apr. 1939, AfZ: IB SIG, Abwehr und Aufklärung, Sekretariat St. Gallen, Ausland, Dokumentation und Interventionen I**.

4 Anzahl der Geschädigten: vgl. die Berichte der Konsule in DDS 12, Nr. 443, 444, 450, 451; ausserdem bezüglich der in der Schweiz lebenden Geschädigten: K. Hamburger an S. Braunschweig, 28. Apr. 1939, AfZ: IB SIG, Abwehr und Aufklärung, Sekretariat St. Gallen, Ausland, Dokumentation und Interventionen I**; zur Judenkartei: Aufzeichnung der Schweizerischen Gesandtschaft in Deutschland, 5. März 1938; Der Reichsführer SS an Abt. des Reichsministeriums des Innern in Berlin, 3. Okt. 1938, beides in: AfZ: NARA, RG 242 T 120, MF 4700; Rückkehrempfehlung: Frölicher an Bonna, 11. Nov. 1938, DDS 12, Nr. 443 (S. 1015); Zusage des SIG: Chef der Abt. für Auswärtiges an Frölicher, 20. Okt. 1938, BAR: E 2001 (D) -/2, Bd. 289, II.

5 Generelle Ablehnung rückkehrender Auslandschweizer sowie diese betreffende Zahlen: Stadelmann, Jürg, Umgang mit Fremden in bedrängter Zeit. Schweizer Flüchtlingspolitik 1940–1945 und ihre Beurteilung bis heute, Zürich 1998, S. 63–71; zur Verantwortung Blochs bzw. ICZ-Fürsorgekommission für Auslandschweizer: Prot. VSIA-GV, 3. Mai 1942, AfZ: MF Joint Switzerland, File 1003; zum Unterschied zwischen christlichen und jüdischen Heimkehrern: G. Bloch an S. Mayer, 22. März 1939, AfZ: IB SIG, 8.2.5. Rückkehr jüdischer Auslandschweizer++; zur Entlastungsstrategie VSIA, Unterstützungsleistung, Stellenvermittlung: VSIA (S. S. Guggenheim), Rundschreiben Nr. 31, Auslandschweizer, 9. Mai 1939, AfZ: MF Joint Switzerland, File 1005; zur Schonung der kleinen Gemeinden: Prot. ICZ-VS, 22. Mai 1939, ICZ-Archiv; vgl. S. Mayer an VSIA, 8. Nov. 1943, AfZ: IB SIG, 9.1.4. Einreisegesuche aus Frankreich**.

6 Zürcher Zahlen im Mai: Prot. ICZ-VS, 22. Mai 1939, ICZ-Archiv; Zürcher Zahlen im Nov.: Prot. CC, 19. Nov. 1939, S. 12 (hier auch Zahlen zu den Stellenvermittlungen und den Unterstützungsleistungen), AfZ: IB SIG. Das EPD schätzte die Zahl der in Deutschland lebenden

jüdischen Schweizer auf 500–1000, vermutlich waren es eher weniger, vgl. Picard, Schweiz und die Juden, S. 169 (hier auch zur jüdischen Abwanderung aus Deutschland; zur Situation in Italien: S. 184–187). Zu Italien: Moos, Carlo, Ausgrenzung, Internierung, Deportation. Antisemitismus und Gewalt im späten italienischen Faschismus (1938–1945), Zürich 2004, S. 42–48, 65, 76f., 90–101.

7 O. Meyer an K. M. Sandreuter, 1. Dez. 1938, AfZ: IB SIG, Abwehr und Aufklärung, Aktionskreis Basel VI**.

8 Zur Haltung der Behörden: Prot. SIG-GA, 27. Okt. 1938, S. 2, AfZ: IB SIG; Israelitische Gemeinde Basel, Rundschreiben an Gemeindemitglieder, 22. Nov 1938, StABS: IGB-REG H 11.2. Zentralleitung Flüchtlingshilfe, Zirkulare, 1938–1943; zu behördlichen Bedingungen: SZF, Prot. der Sitzung des für die Sammelaktion ernannten engeren Komitees vom 9. Dez. 1938, S. 1f., BAR: J II 55/1970/95, Bd. 30. Briner erwähnt hier, dass die Kautionsleistung – vermutlich im Kanton Zürich (sie waren je nach Kanton unterschiedlich) – Fr. 5 000 betrage. IW, 9. Dez. 1938; O. Meyer an K. M. Sandreuter, 1. Dez. 1938 (wie Anm. 7); zur Verfallsdrohung: Prot. ICZ-VS, 21. Nov. 1938, Trakt. 5, ICZ-Archiv (hier auch zum Druck der Basis auf VSIA). Allgemein zu den Kautionen: Unabhängige Expertenkommission, Schweiz und die Flüchtlinge, S. 220–224.

9 Prot. SIG-GA, 27. Okt. 1938, S. 2f., AfZ: IB SIG. Nach dem späteren VSJF-Präsidenten Heim übernahm der VSIA auch dann keine Verpflichtungen, wenn die einheimischen Gesuchsteller nicht zahlen konnten: O. H. Heim an M. Gurny, 19. Okt. 1951, AfZ: IB SIG, 9.2.3.10. SIG-Präsident Brunschvig 1951**.

10 Braunschweig: Prot. ICZ-GV, 12. März 1939, S. 350, ICZ-Archiv; Pressecommuniqué: Neue Zürcher Zeitung, 19. Nov. 1938. Die üblichen Argumente waren: Überfremdung, Arbeitslosigkeit und geographische Lage, womit wohl Überbevölkerung gemeint war.

11 Zu den Anfängen des SHEK: Schmidlin, Schweiz, S. 25–44; zur Ehrenamtlichkeit: Interview mit Liselotte Hilb, 11. Dez. 2002; zu den Kontakten und dem Anteil jüdischer Kinder: Prot. der Besprechung mit den Vertreterinnen jüdischer Frauenvereine, 13. Mai 1935, BAR: J II 55/1970/95, Bd. 1, Protokolle 1933–1942; zur Interkonfessionalität und zum Anteil jüdischer Kinder auch: Jehle-Wildberger, Gewissen, S. 58f.

12 Zum Anteil jüdischer Kinder: ebd. sowie SHEK an S. S. Guggenheim, 6. Nov. 1939, AfZ: IB SIG, 9.2.7. Betreuung der Flüchtlingskinder**; zur Entwicklung seit März 1938: Prot. CC, 19. Nov 1939, S. 12, AfZ: IB SIG; ausführlich zur 300-Kinder-Aktion: Schmidlin, Schweiz, S. 48–51; Kadosh, Children, S. 284f.; Haltung des GA: Prot. SIG-GA, 13. Nov. 1938, S. 3f., AfZ: IB SIG; Zusage Guggenheims: Rothmund an Gerhard, 19. Nov. 1938, BAR: 4800 (A) 1967/111, Bd. 102; zur behördlichen Forderung nach Heimeinweisung: Prot. CC, 19. Nov. 1939, S. 12, AfZ: IB SIG; zur Bereitschaft von Gastfamilien: Sutro, Jugend, S. 70.

13 Zur Konferenz: Prot. CC, 18. Dez. 1938, S. 1–3 (Zitat: S. 3), AfZ: IB SIG. Mayers Sprachgebrauch («Psychose») impliziert eine Pathologisierung, die das Gewicht der realen Fluchtursachen herabsetzt. Grossrabbiner Julien Weill am 19. Nov. 1938 in Le Matin, nach: Schor, Ralph, L'Antisémitisme en France pendant les années trente, Prélude à Vichy, Brüssel 1992, S. 215.

14 Prot. SIG-GA, 13. Dez. 1938, und Prot. CC, 18. Dez. 1938, beides in: AfZ: IB SIG. Das Folgende – soweit nicht anders vermerkt – nach diesen Dokumenten. Dem GA gehörten damals S. Mayer, S. Braunschweig, A. Goetschel und G. Guggenheim an, die alle in beiden Sitzungen anwesend waren. Der VSIA wurde in beiden Sitzungen durch G. Bloch und S. S. Guggenheim vertreten, am 13. Dez. kam von dieser Seite unter anderem noch E. Hüttner dazu, am 18. noch Sidney Dreifuss; in dieser zweiten Sitzung waren auch alle anderen CC-Mitglieder vertreten.

15 Prot. IKG-VS, 30. Aug. 1938, JGSG.

16 Versprechen der Einmaligkeit: S. S. Guggenheim und S. Mayer an Joint Paris, 1. Nov. 1938, AfZ: MF S. Mayer, SM 2.

17 Zitat: Prot. CC, 18. Dez. 1938, S. 3, AfZ: IB SIG. In einem Brief schreibt Mayer, es lasse sich «nicht bestreiten, dass die kleine Schweiz mit ihrer kleinen Judenschaft eine zu grosse Anzahl von Flüchtlingen aufgenommen hat». Mayer an J. Wirth, 6. Febr. 1939, StABS: IGB-

REG R 2.5. SIG-CC, 1939 (Akten A. Goetschel); vgl. auch: Keller, Grüningers Fall, S. 169; «Missverhältnis»: Vermutlich war der Sprecher erneut Mayer, aber das Prot. lässt es offen: Prot. SIG-GA, 13. Dez. 1938, S. 3, AfZ: IB SIG.

18 Prot. CC, 18. Dez. 1938, S. 4f., AfZ: IB SIG.

19 Einfluss Mayers auf das Prot.: Das GA-Prot. hat er vermutlich selbst geschrieben, es ist besonders vage gehalten. Das CC-Prot. wurde wahrscheinlich von seinem Sekretär K. Hamburger verfasst. Es war jedoch üblich, dass dem Präsidenten das Protokoll im Entwurfsstadium vorgelegt wurde. Zur finanziellen Verpflichtung: Nur einmal wurde – ohne Insistieren oder ohne Echo der Sitzungsteilnehmer – nach einer «behördlichen Beteiligung an den finanziellen Lasten» gefragt. Prot. SIG-GA, 13. Dez. 1938, S. 1, AfZ: IB SIG.

20 Nach Rothmund war die SZF mit der Rückweisung der Illegalen einverstanden, weil die Hilfswerke eine zu grosse Belastung und entstehende Feindseligkeiten befürchteten: Prot. einer Sitzung zum Problem der heimlichen Grenzübertritte von Flüchtlingen aus Deutschland, auf der Sûreté publique in Brüssel, am 3. Apr. 1939, mit Wester (Luxemburg), Tenkink (Niederlanden), de Foy (Belgien) und Rothmund, Archive générale du Royaume Bruxelles: Ministère de la Justice, police des étrangers, AADB 37C1 (für den Hinweis danke ich Frank Caestecker). Zwischen Dez. 1938 und Nov. 1939 diskutierte und beschloss auch die sozialdemokratisch-gewerkschaftliche Flüchtlingshilfe, ihre Unterstützung einzuschränken, da sie in Finanznöten war. Vgl. Lupp, Klassensolidarität, S. 103–107, 112.

21 Zur SPS: a.a.O., S. 184, 193–196, 268, 273; zu Basel: Wacker, Humaner, S. 132–141 (die «Angstpsychose» dort nach Fussnote 207); zu St. Gallen: Keller, Grüningers Fall (zur Israelitischen Flüchtlingshilfe St. Gallen v. a.: S. 104f., 146f., 158f., 161, 164, 167, 170f.).

22 Zum Gerücht: vgl. a.a.O., S. 127–129. Das Gerücht muss bereits in der hier anschliessend erwähnten Korrespondenz zwischen Farbstein und Keel eine Rolle gespielt haben. Zur Unterredung bei Rothmund: vgl. a.a.O., S. 130; Bezirksgericht St. Gallen, Sitzung vom 1. Okt. / 23. Dez. 1940, S. 5, JGSG, Unterlagen Grüninger; V. Keel an D. Farbstein, 18. Nov. 1942, YV: P13/66 (Zitat). In einem Schreiben an Keel vom 16. Nov. 1942 (YV: P13/66) erwähnt Farbstein auch einen – im Archiv nicht auffindbaren – Brief von Keel vom 10. Nov. 1942, laut dem S. Mayer gesagt haben soll, dass «ein weiterer Zustrom in der Schweiz einen Antisemitismus pflanzen könnte», der «den Juden sehr unangenehm werden könnte».

23 Zur VSIA-Zentrale als Rothmunds Quelle: Keel an Farbstein, 18. Nov. 1942, YV: P13/66. In einem Schreiben Rothmunds an die St. Galler Regierung wird explizit S. S. Guggenheim als Quelle der Zahlen zu den in diesem Kanton anwesenden jüdischen Flüchtlingen genannt. Zitiert in: HJEFS an VSJF, 8. Jan. 1946, S. 3, AfZ: IB SIG, Hilfe und Aufbau, Organisationen IX, HIJEFS**. Der eingehende Bericht wurde laut Mayer am 10. Jan. 1939 mündlich im Bundeshaus präsentiert. Dieses Datum irritiert ein wenig, da Rothmund schon vorher über die VSIA-Zahlen verfügte. Es ist jedoch bei dem damals fast täglichen Kontakt zwischen SIG und EJPD gut möglich, dass der Polizeichef die Zahlen schon vor der ausführlichen mündlichen Erläuterung erhalten hat. Vgl. Mayer an VSIA, 6. Febr. 1939, AfZ: IB SIG, 9.2.3. Geschäftsablage betr. Flüchtlingsbetreuung**; Fertigstellung des Berichts: Prot. SIG-GA, 24. Jan. 1939, S. 2, AfZ: IB SIG; zu anderen Quellen: Keller, Grüningers Fall, S. 129, 82.

24 A.a.O., S. 131, 146f., 158f., 167, 170f. Die «überaus herzlichen Dankesworte» der St. Galler Flüchtlingshilfe sind von A. Falk in einem Schreiben an die Israelitische Gemeinde St. Gallen vom 3. Jan. 1941 erwähnt worden, er legte davon eine (nicht erhaltene) Abschrift bei, vgl. AfZ: IB SIG, 9.1.1.8. Flüchtlingspolitik, Paul Grüninger, Korrespondenz SIG-Sekretariat St. Gallen, 1940–1941**.

25 Prot. CC, 18. Dez. 1938, S. 4, AfZ: IB SIG.

26 Über Grüninger: S. Mayer, The Refugees in Switzerland, 15. Jan. 1940, S. 5f., AfZ: MF Joint Switzerland, File 972 (Übersetzung aus dem Englischen von St. M.). Fast gleich lautende Vorwürfe äusserte 1941 auch Mayers Sekretär Karl Hamburger, vgl. Keller, Grüningers Fall, S. 194. Mayers kritisches Statement korrespondiert mit einer vorwurfsvollen Aussage von Grüninger selbst, die dieser – laut einer apologetischen und sonst nur mit Vorsicht zu gebrauchenden Darstellung zweier orthodoxer Historiker – 1945 gemacht haben soll: «He

[Mayer] was disappointed that so many people were constantly being brought in, and refused to have anything to do with it. Saly Mayer refused to be of assistance, he actually made the [illegal] work more difficult». Friedenson / Kranzler, Heroine, S. 36. Dass Mayer mit seiner «Humanitäts»-Kritik Grüninger, Keel (und wohl auch die Basler Kantonsregierung) meinte, lässt sich nicht beweisen, aber vermuten: Die Genannten sind die einzigen Behörden, die in dieser Periode durch den SIG kritisiert werden. Als wichtiger involvierter Akteur käme sonst nur noch die Eidgen. Polizeiabteilung in Frage, aber gerade über deren Chef findet man damals beim SIG – und bei Mayer erst recht – nur lobende Worte. Zudem «spielten» jene Beamten nicht die «Humanen» in dem Sinne, dass sie «weiterhin ganze Gruppen illegaler Flüchtlinge» zuliessen. Zu der Weichherzigkeit Keels und Grüningers: Keller, Grüningers Fall, S. 21, 65f., 126, 146, 148. Vgl. zu den Ressentiments bei Inferiorität: Neckel, Status, S. 168.

27 Prot. SIG-GA, 13. Dez. 1938, S. 3, AfZ: IB SIG; zu Rothmunds Einschätzung von Schleppermotiven gegenüber dem St. Galler Untersuchungsrichter, 9. Juli 1941: Unabhängige Expertenkommission, Schweiz und die Flüchtlinge, S. 88; zu Grüninger: Rothmund an Bundesrat von Steiger, 21. Jan. 1943, S. 1, BAR: E 4260 (C) 1, Bd. 254.

28 Zum Verhältnis Mayer – Guggenheim – Rothmund vgl. div. Korrespondenz in: BAR: 4800 (A) 1967/111, Nr. 206, Verkehr mit schweizerischen Judenschaft; ausserdem: Rothmund an Mayer, 30. Dez. 1938, AfZ: IB SIG, (ungeordnete Dossiers) SIG Flüchtlinge, S. Mayer, 1937–1940**; Rothmund an R. Schnorf-Maeder, 5. Sept. 1938, BAR: 4800 (A) 1967/111, Bd. 206; Prot. VSIA-GV, 16. Apr. 1939, S. 2, AfZ: MF Joint Switzerland, File 1003; Referat S. Mayers in der VSIA-GV, 14. Apr. 1939, S. 4, AfZ: IB SIG, 9.2.3. Flüchtlingsbetreuung, Geschäftsablage betr. Flüchtlingsbetreuung**; Prot. Conference of Various Committees held at JDC Paris, 23. Aug. 1939, AfZ: MF S. Mayer, SM 1; Mayer an Rothmund, 29. Dez. 1939; Rothmund an Mayer, 30. Dez. 1939, beides in: AfZ: IB SIG, 9.1.1.1. Flüchtlingspolitik, Einreise und Aufnahme von Flüchtlingen, 1933–1944**; Zitat Rothmunds: Rothmund an Mayer, 30. Dez. 1938, AfZ: IB SIG, (ungeordnete Dossiers) SIG Flüchtlinge, S. Mayer, 1937–1940**.

29 Zum Verhältnis Mayer – Rothmund etwa: Mayer an Rothmund, 22. Sept. 1940, AfZ: MF S. Mayer, SM 1 («Freundschaft»); Rothmund an Troper, 10. August 1941, AfZ: MF Joint Switzerland, File 973 («Freund und Philosoph»); Mayer an Rothmund, 14. Mai 1943, BAR: E 4800 (A) 1967/111, Nr. 206, Verkehr mit schweizerischen Judenschaft; Mayer, Notiz «Wegen Einreise Arba», 30. und 31. Aug. 1944, AfZ: MF S. Mayer, SM 13; B. Hohermuth an Rothmund, 5. Dez. 1954, BAR: E 4800 (A) 1, Bd. 9; Interview O. Brunschvig; zu Rothmunds Einschätzung der eigenen Politik: Rothmund an alt Bundesrat Häberlin (?), 29. Juni 1938, BAR: E 4800 (A) 1, Bd. 5; vgl. Lasserre, Frontières, S. 56; Rothmund an Pfarrer Rh. Gelpke, 11. Febr. 1939, BAR: E 4800 (A) 1967/111, Bd. 206; Rothmund in der SIG-DV vom 26. März 1939, Prot. Nachmittag, S. 5, AfZ: IB SIG; vgl. auch: Unabhängige Expertenkommission, Schweiz und die Flüchtlinge, S. 87.

30 Votum S. Braunschweigs, S. 3, Beilage zum Prot. SIG-DV, 26. März 1939, AfZ: IB SIG.

31 Rothmund, Mitteilungen über den Stand der Flüchtlingsfrage, Beilage zum Prot. SIG-DV, 26. März 1939 (Zitat: S. 2, zur Zusammenarbeit: S. 7, 11), AfZ: IB SIG. Rothmund spielt auf den BRB vom 5. Dez. 1938 zum Schutz der Demokratie und zum Kampf gegen staatsgefährdende Umtriebe an.

32 Prot. SIG-DV, Nachmittag, 26. März 1939, S. 5, AfZ: IB SIG; Prot. ICZ-Delegierte zum SIG, 13. März 1939, S. 4, ICZ-Archiv.

33 E. B. Sadinsky, Eindrücke und Betrachtungen im Lichte der Zeitgeschehnisse, S. 2–4 (Hervorhebung im zweiten Zitat im Original), AfZ: NL V. Wyler, Schachtel 11, SIG, div. Materialien.

34 Prot. SIG-GA, 24. Jan. 1939, S. 2, AfZ: IB SIG; zur VSIA-Richtlinie: Referat S. Mayers in der VSIA-GV, 14. Apr. 1939, S. 4f., AfZ: IB SIG, 9.2.3. Flüchtlingsbetreuung, Geschäftsablage betr. Flüchtlingsbetreuung**.

35 Zitat zum dringenden Ersuchen, keine Mittellosen mehr zuzuführen: Rothmund an Regierungsrat Brechbühl, 4. Apr. 1940, BAR: E 4800 (A) 1967/111, Bd. 206; ausserordentlich hohe jüdische Belastung: Rothmund an Stucki, 2. Okt. 1940, DDS 13, Nr. 391 (S. 961); auf

Dauer unerträgliche Belastung: Rothmund an Minister de Pury, 27. Jan. 1939, BAR: E 4800 (A) 1967/111, B. 19; Zusammenbruch des jüdischen Hilfswerks: Rothmund an A. Roemer, 15. Apr. 1940, AfZ: IB SIG, (ungeordnete Dossiers) SIG Flüchtlinge, S. Mayer, 1937–1940**; Rothmund an Keel, 11. Febr. 1939 (hier auch «Menschlichkeitsüberlegung»), BAR: E 6351 (F) 1, Bd. 522, 251 (1938), vgl. auch: Keller, Grüningers Fall, S. 150; Rothmund an Grimm, 19. Apr. 1939, BAR: E 4800 (A) 1967/111, Bd. 206.

36 Vgl. V. Keel an D. Farbstein, 18. Nov. 1942, YV: P13/66. Der Präsident des Kirchenrats der Evangelisch-Reformierten Kirche des Kantons St. Gallen, der damalige Regierungsrat und spätere Bundesrat Karl Kobelt, erwähnte bereits im September 1938, dass sich die Schweizer Juden aus Angst vor Antisemitismus bezüglich einer liberaleren Asylpolitik reserviert verhielten: Jehle-Wildberger, Gewissen, S. 70. Zur Verärgerung Brechbühls: (ohne Verfasserangabe) Notizen zur Besprechung der Zentralleitung, 5. März 1939, StABS: IGB-REG H 11.2. Zentralleitung für Emigrantenhilfe, Protokolle, 1939.

37 Zur Praxis der R. Sternbuch und den Vorwürfen gegen Mayer: Kranzler, Thy Brother's, S. 56, 195; Friedensohn/Kranzler, Heroine, S. 34–36; Keller, Grüningers Fall, S. 128 (Denunziationsvorwurf des HIJEFS), S. 202 (Untersuchung gegen Sternbuch); vgl. Picard, Schweiz und die Juden, S. 393. Im Herbst 1945 behauptete I. Sternbuch, die Verhaftung seiner Ehefrau sei die «Folge» der «eigenartigen Berichte des VSJF nach Bern mit Ziffern der illegal einreisenden Flüchtlinge in St. Gallen» gewesen. Diese Formulierung ist schwächer als der später von Kranzler erhobene Vorwurf der Denunziation. I. Sternbuch an VSJF, 14. Nov. 1945, S. 3f., Beilage zum Prot. VSJF-VS, 26. Nov. 1945, AfZ: IB VSJF.

38 Zu Keels Wahl und zur VV-Kampagne: Keller, Grüningers Fall, S. 152f., 161–164; zu Grüninger: a. a. O., S. 192–201 (zur Haltung des SIG: S. 193–195), S. 215–227; zu Keels Haltung und Grüningers sozialem Abstieg auch: Jehle-Wildberger, Gewissen, S. 66–68; zu Grüningers Rehabilitierung auch: Picard, Schweiz, Hilfe, Selbsthilfe, S. 245.

39 Zur Entwicklung in Polen: Heim, Deutschland, S. 69f.; Friedländer, Das Dritte Reich, S. 288f.; Marrus, Die Unerwünschten, S. 197; zur Unruhe unter den polnischen Juden in der Schweiz vgl. das Dossier in: AfZ: IB SIG, 9.1.3. Ausbürgerung v. a. polnischer Juden**.

40 Zur allgemeinen Angst vor Flüchtlingsmassen aus dem Osten: Marrus, Die Unerwünschten, S. 162–165, 196–202; Zitat: (ohne Verfasserangabe, Rothmund) an den Bundesrat, Bundesratsbeschluss über die Durchführung der Kontrolle der Emigranten, ohne Datum, vermutlich erst 1939, BAR: E 4260 (C) 1969/146, Bd. 6; Visarestriktion für jüdische Polen: EJPD (Baumann), Kreisschreiben an die schweizerischen Gesandtschaften und Konsulate, 31. Okt. 1938, BAR: E 4320 (B) 1991/243, Bd. 17, C.13.1. Judenfrage, Korrespondenz, Allgemeines, 1937–1941; zu Visa für alle sogenannten Emigranten: Unabhängige Expertenkommission, Schweiz und die Flüchtlinge, S. 110. Die Vorschrift richtete sich nicht explizit nur gegen Juden, faktisch waren sie aber am meisten betroffen.

41 Rothmund, Notiz über den Besuch des polnischen Gesandten Komarnicki, 9. Dez. 1938, BAR: E 4800.1 (-) 1967/111, Bd. 328; zur Anzahl der anwesenden polnischen Juden: Stauffer, Polen, S. 138; zur «Ausländerhetze»: Rothmund an alt Bundesrat Häberlin (?), 29. Juni 1938, BAR: E 4800 (A) 1, Bd. 5. Dass die Eidgen. Fremdenpolizei grundsätzlich alle ausländischen Juden «auf Toleranz setzen» wollte, behauptete auch M. Ruth: Notiz S. Mayers zu Telefongespräch mit Ruth, 9. Mai 1941, AfZ: MF Joint Switzerland, File 973. Die eidgen. Massnahmen erfolgten am 5. Sept. und 17. Okt. 1939. Entwürfe und Erläuterungen dazu finden sich in: BAR: E 4260 (C) 1974/34, Nr. 43.151; vgl. Lasserre, Frontières, S. 117f., und: Sibold, Mit den Emigranten, S. 66. Zur rechtlichen Fragwürdigkeit: Kälin, Rechtliche Aspekte, S. 445f., 500; Unabhängige Expertenkommission, Die Schweiz, der Nationalsozialismus, S. 414; zum generellen Auf-Toleranz-Setzen und als Disziplinierungsmittel: Notiz S. Mayers zu Telefongespräch mit Ruth, 9. Mai 1941 (wie oben); zum Arbeitsverbot: Prot. CC, 16. Febr. 1941, S. 10, AfZ: IB SIG; zur Auflage der Auswanderungsbemühung: Entwurf zu Referat von G. Guggenheim, Sitzung ICZ-Delegierte zum SIG, 24. März 1942, AfZ: NL G. Brunschvig, IV, Doss. 9.1.–9.2. Referate SIG, Diverses.

42 E. B. Sadinsky an S. Braunschweig, 25. Juli 1939, AfZ: IB SIG, 9.1.3. Ausbürgerung v. a.

polnischer Juden**; zur Austreibung nach Polen: Weiss, Ostjuden, 222f.; Friedländer, Das Dritte Reich, S. 289f.

43 Kautionen in Zürich: div. Korrespondenz in: AfZ: IB SIG, 9.1.3. Ausbürgerung v. a. polnischer Juden** (Einkommensverhältnisse ebenfalls nach einer Statistik hier); zu Basel: Sibold, Mit den Emigranten, S. 66; zum Standpunkt Mayers: Prot. CC, 15. Juni 1939, S. 7-9, AfZ: IB SIG; Prot. VSIA-GV, 21. Apr. 1940, S. 11, AfZ: MF Joint Switzerland, File 1003; zur Schwierigkeit der Abschiebung auch: Prot. CC, 19. Nov. 1939, S. 15, AfZ: IB SIG; siehe auch: div. Korrespondenz in: AfZ: IB SIG, 9.1.3. Ausbürgerung v. a. polnischer Juden**.

44 Votum S. Braunschweigs: Prot. ICZ-VS, 21. Aug. 1939, ICZ-Archiv; vgl. auch: Braunschweig, Aktennotiz über die Unterredung mit dem Chef der Städtischen Fremdenpolizei, 1. Sept. 1939, AfZ: IB SIG, 9.1.3. Ausbürgerung v. a. polnischer Juden**; zum Abkommen in Basel sowie zur Haltung Mayers und Guggenheims: Prot. VSIA-GV, 21. Apr. 1940, S. 10f., AfZ: MF Joint Switzerland, File 1003; vgl. Sibold, Mit den Emigranten, S. 66f.; zu Interventionen Mayers in Bern: Notiz Mayers zur Konferenz mit Hohl usw., 28. Aug. 1939, AfZ: IB SIG, 9.1.1.1. Flüchtlingspolitik, Einreise und Aufnahme von Flüchtlingen, 1933–1944**; Erwin Haymann an Pierre Bigar, 23. Okt. 1940; S. Mayer an Haymann, 17. Dez. 1940 (hier erwähnt Mayer auch, dass die konfessionelle Neutralität bei der Überfremdungsbekämpfung «zutrifft»), beides in: AfZ: MF Joint Switzerland, File 972; vgl. Prot. CC, 18. März 1941, S. 2, AfZ: IB SIG; Votum Haymanns (das auch Einzelerfolge Mayers erwähnt) und Mayers Replik: Prot. SIG-DV vom 19. Apr. 1942, S. 5f., AfZ: IB SIG; zur Einbürgerungspolitik (inkl. Numerus clausus): Mächler, Kampf, S. 382f.; Kury, Über Fremde, Kap. 10; Picard, Schweiz und die Juden, S. 67f. (Korrespondenz mit Haymann), S. 68–70 (Numerus clausus).

45 Zitat: A. Rummelsburg an SIG, 24. Aug. 1945, AfZ: IB SIG, 9.2.11.3.5. Eidgen. Sachverständigenkommission, Vermögensangelegenheiten**; Zahlen der Betroffenen: Bei den Polen sind allein in Basel bis Juli 1939 ca. 600 Juden ausgebürgert worden, in Zürich sprach man von 600–800 Juden, die ihren Status neu aushandeln mussten. Vgl. für Basel: Sibold, Mit den Emigranten, S. 65; für Zürich: S. Braunschweig an B. Bayram, 17. Aug. 1939, AfZ: IB SIG, 9.1.3. Ausbürgerung v. a. polnischer Juden**; Prot. CC, 15. Juni 1939, S. 9, AfZ: IB SIG.

46 Im Philo-Atlas, dem «Handbuch für die jüdische Auswanderung», das im Dezember 1938 als letztes jüdisches Buch in Deutschland veröffentlicht wurde, hiess es zur Schweiz nur noch lapidar: «wenig Möglichkeiten» (S. 174). Auf der darin wiedergegebenen Weltkarte mit allen Einreisedestinationen war das Land schon gar nicht mehr bezeichnet – wozu auch die gefährliche Nähe zu Deutschland beigetragen haben mag. Zu Rothmunds Angst, dass die Flüchtlinge die erreichte «Entjudung» zerstörten: Rothmund an Minister de Pury, 27. Jan. 1939, BAR: E 4800 (A) 1967/111, B. 19; vgl. Mächler, Kampf, S. 391; zur Angst vor Millionen von Juden aus dem Osten auch: Rothmund an Nationalrat R. Abt, 11. Juli 1939, BAR: E 4800 (A) 1967/111, Bd. 103; zur Vermeidung deutscher Einmischung: Rothmund an schweizerische Gesandtschaft in Vichy, 2. Okt. 1940, BAR: E 4320 (B) 1991/243, Bd. 17, C.13.1. Judenfrage, Korrespondenz, Allgemeines, 1937–1941; vgl. Rothmund an Stucki, 2. Okt. 1940, DDS 13, Nr. 391 (S. 961); zur Ablehnung öffentlicher Finanzierung wegen Antisemitismus der Soldaten: Rothmund an Karl Bruggmann, den Schweizerischen Gesandten in Washington, 20. Okt. 1939 (zur Kenntnisnahme an S. Mayer) (hier auch Zitat), AfZ: IB SIG, 9.1.1.1. Flüchtlingspolitik, Einreise und Aufnahme von Flüchtlingen, 1933–1944**; Rothmund, Über Kriegsaufgaben und Kriegsmassnahmen der Fremdenpolizei, Referat auf der Polizeidirektorenkonferenz, 6./7. Okt. 1939, S. 5f., 8f., BAR: E 4260 (C) 1969/146, 6; zur Arbeitslosigkeit, Angst der Soldaten und Antisemitismus: Prot. SZF, 7. Nov. 1939, S. 3, BAR: J II 55, 1970/95, Bd. 30; Lasserre, Frontières, S. 359; Mächler, Kampf, S. 396; zur NS-Strategie des Antisemitismus-Exports: a. a. O., S. 397; Wetzel, Juliane, Auswanderung aus Deutschland, in: Benz, Wolfgang (Hrsg.), Die Juden in Deutschland 1933–1945. Leben unter nationalsozialistischer Herrschaft, München 1988, S. 412–498, 425f.

47 «Einzigartige Überfremdung»: Rothmund an Jäger, 28. Juni 1939, BAR: E 4800 (A) 1967/111, Bd. 329; Zahlen: Rothmund und Zwerner, Bericht an den EJPD-Chef, 11. Aug. 1939, S. 7, 9, AfZ: MF Joint Switzerland, File 982; zum erhöhten Behördendruck: Division fédérale de po-

lice, Communiqué vom 20. Febr. 1939, AfZ: IB SIG, (ungeordnete Dossiers) SIG Flüchtlinge, S. Mayer, 1933–1940**; zum Konflikt Briners mit Rothmund: Briner an die Polizeiabteilung, 12. Sept. 1939 (hier auch Zitat), BAR: E 4001 (B) 1970/187, Bd. 2, 22/6; Prot. der Sitzung des für die Sammelaktion ernannten engeren Komitees der SZF vom 15. März 1939, S. 3f., BAR: E 4260 (C) 1974/34, Bd. 87, N 40/5/39/1; Rothmund an von Steiger, Bericht zum Schreiben von Herrn Nationalrat Rittmeyer, 24. Okt. 1941, S. 3, BAR: E 4800 (A) 1967/111, Bd. 150.

48 Zu der den Hilfswerken, besonders dem VSIA, zugedachten zentralen Rolle: (ohne Verfasser und Datum, vermutlich Rothmund) Entwurf Memo «Organisation der Weiterreise der Flüchtlinge aus Österreich», BAR: E 4300 (B) 1, Bd. 12, E 11/1/b; zur Beratungsstelle für Weiterwanderung: Prot. der Sitzung des für die Sammelaktion ernannten engeren Komitees der SZF vom 3. Okt. 1938, S. 2, BAR: J II 55/1970/95, Bd. 30; Zitat Mayers: Referat S. Mayers in der VSIA-GV, 14. Apr. 1939, S. 4, AfZ: IB SIG, 9.2.3. Flüchtlingsbetreuung, Geschäftsablage betr. Flüchtlingsbetreuung**. Im gleichen Referat fordert er aus «finanziellen, sozialen und politischen» Gründen dazu auf, die «übergrosse Belastung des schweizer. Judentums, der Schweiz überhaupt, möglichst rasch zu liquidieren». Zur Reduktion wegen Volkszählung: Prot. VSIA-GV, 21. Apr. 1940, S. 10, AfZ: MF Joint Switzerland, File 1003.

49 Zur aussenpolitisch distanzierten Haltung der Schweiz: Unabhängige Expertenkommission, Schweiz und die Flüchtlinge, S. 38–44; Lasserre, Frontières, S. 50–52, 59–61; zur Weigerung der britisch-jüdischen Organisationen: Rothmund und Zwerner, Bericht an den EJPD-Chef, 11. Aug. 1939, S. 12; Rothmund, Aide-mémoire sur les divers entretiens à Londres et à Paris, du 17 au 23 juillet 1939, S. 2, beides in: AfZ: MF Joint Switzerland, File 982; zu der jüdischen Flüchtlingshilfe in Grossbritannien: Shatzkes, Holocaust, S. 26, 84.

50 Mayer an O. Schiff, 12. Juli 1939; Aide-Mémoire Mayers, 9. Mai 1939; Mayer an Schweizerische Gesandtschaft London, 8. Juli 1939; alles in: AfZ: MF Joint Switzerland, File 982. Rothmund traf in London auf jüdischer Seite u. a. Otto Schiff (Präsident des German Jewish Committee), Mr. Finlavson (Emigration Joint Planning Committee), Salomon Adler-Rudel (Generaldirektor des Council for German Jewry). Mayer begleitete Rothmund in London auch zu Gesprächen mit dem Hochkommissar für Flüchtlinge, Sir Herbert Emerson, und dem Schweizer Botschafter Paravicini sowie mit der HICEM in Paris. Prot. VSIA-GV, 21. Apr. 1940, S. 5, AfZ: MF Joint Switzerland, File 1003; vgl. Picard, Schweiz und die Juden, S. 294, 296–298, 304.

51 Rothmund, Aide-mémoire sur les divers entretiens à Londres et à Paris, du 17 au 23 juillet 1939 (Zitat Tropers: S. 11); Rothmund und Zwerner, Bericht an den EJPD-Chef, 11. Aug. 1939, beides in: AfZ: MF Joint Switzerland, File 982. Zu guten Beziehungen zu Behörden: Prot. Conference of Various Committees, 23. Aug. 1939 (wie Anm. 28), S. 37. Zu Rothmunds positiver Einschätzung der Begegnung mit Troper auch: Rothmund an Mayer, 11. Aug. 1939, AfZ: MF Joint Switzerland, File 982.

52 Marrus, Die Unerwünschten, S. 209–215; ausserdem: Picard, Schweiz und die Juden, S. 322. Unmittelbar nach der Niederlage Frankreichs wurde dessen Kolonie Madagaskar für einige Monate zur grossen Hoffnung des NS-Regimes, das alle Juden dorthin zu verschicken plante. Die Wahnidee scheiterte schon an den fehlenden Transportmöglichkeiten; Browning, Endlösung, S. 130–141.

53 Zu den frühen Projekten: Picard, Schweiz und die Juden, S. 323; vgl. die div. Dossiers in: AfZ: IB SIG, 9.2.12.2.2. Geschäftsablage, SIG-Sekretariat St. Gallen**; zur Weitergabe an die HICEM: ebd., sowie Prot. VSIA-GV, 16. Apr. 1939, S. 6, AfZ: MF Joint Switzerland, File 1003; zu Jewish Colonisation Society, Bolivien, Ecuador, Frankreich, Abessinien (Gildemeester): AfZ: IB SIG, 9.2.12.2.3. Geschäftsablage, SIG-Sekretariat St. Gallen**; zu Bolivien: Picard, Schweiz und die Juden, S. 324–327; zu Gildemeester: Rabinovici, Instanzen, S. 182f.; zu Frankreich ausserdem: Prot. VSIA-GV, 16. Apr. 1939, S. 6, AfZ: MF Joint Switzerland, File 1003; Prot. CC, 15. Juni 1939, S. 5f.; Caron, Asylum, S. 215–219 sowie Kap. 7; zu Angola: AfZ: IB SIG, 9.2.12.2.1. Div. Projekte, div. Korrespondenz zu einem Kolonisationsprojekt in Angola**; Prot. CC, 31. Aug. 1941, S. 3f., AfZ: IB SIG.

54 Zu finanziellen Leistungen durch die Juden z. B.: Rothmund, Aide-mémoire sur les divers entretiens à Londres et à Paris, du 17 au 23 juillet 1939, S. 7; Rothmund an G. G. Kullmann,

11. Aug. 1939, S. 4, beides in: AfZ: MF Joint Switzerland, File 982; Rothmund an Paul van Zeeland, 14. Apr. 1940, AfZ: IB SIG, (ungeordnete Dossiers) SIG Flüchtlinge, S. Mayer, 1937–1940**; zur Bereitschaft des Bundes, für Emigration zu zahlen: Prot. CC, 12. März (S. 6) und 25. Juni 1940 (S. 3, 8), AfZ: IB SIG; Rothmund an Stucki, 2. Okt. 1940, DDS 13, Nr. 391 (S. 961). In diesem Dokument auch Ausführungen zur Genese des San-Domingo-Projekts (S. 959f.) und zum Transit durch Frankreich (S. 961f.); zu vorgesehenen 200000 Siedlern in San Domingo: Prot. VSIA-GV, 21. Apr. 1940, S. 3, AfZ: MF Joint Switzerland, File 1003; allgemein zum Projekt San Domingo: Picard, Schweiz und die Juden, S. 327–329; Bauer, American Jewry, S. 200f.; zum Dank an Rothmund z. B.: (Pierre Bigar) Merci à tous d'être venus (ohne Datum, 15. Jan. 1941), AfZ: MF S. Mayer, SM 2; zum Nachschicken von 500 Familien: Prot. der Konferenz der kantonalen Justiz- und Polizeidirektoren, 13./14. Sept. 1940, S. 68, BAR: E 4260 (C) 1969/146, Bd. 7. Die Gesamtzahl der Schweizer Siedler betrug laut Rothmund 130; Prot. Sachverständigenkommission IV, Sitzung vom 13. Apr. 1944, S. 2, AfZ: IB SFH, 5.2.1.1.5 (Picard, Schweiz und die Juden, nennt eine Zahl von 153 Personen: S. 328). Erster Erfahrungsbericht der Siedler: IW, 13. Dez. 1940.

55 Zu den illegalen Transporten: Rohwer, Jürgen, Jüdische Flüchtlingsschiffe im Schwarzen Meer – 1934 bis 1944, in: Das Unrechtsregime: Internationale Forschung über den Nationalsozialismus, hrsg. v. Büttner, Ursula/Johe, Werner/Voss, Angelika, Bd. 1–2, Hamburg 1986, S. 197–243; sowie Marrus, Die Unerwünschten, S. 212, 235, 310–314; zur Bevorzugung des Hechaluz: Prot. ICZ-VS, 22. Mai 1939, ICZ-Archiv. Laut Kroh (David, S. 35–37) finanzierte Saly Mayer mit Joint-Geldern im Herbst 1939 und im Herbst 1940 je einen grossen Gemeinschaftstransport des Hechaluz für jüdische Flüchtlinge aus verschiedenen Ländern (aber nicht aus der Schweiz). Beide Unternehmen scheiterten jedoch wegen englischer Gegenmassnahmen, und nur etwa die Hälfte der Passagiere kam in Palästina an. Im Herbst 1939 handelte es sich um 1100 zionistische Pioniere, die schliesslich in Jugoslawien strandeten; die meisten von ihnen sollten 1941 den Deutschen in die Hände fallen. Im Herbst 1940 wurde ein zweiter Transport mit drei Schiffen, insgesamt 1700 Menschen, von den Briten abgefangen. Die Haganah wollte mit einem Sabotageakt auf das Schiff «Patria» den Rücktransport der Aufgegriffenen verhindern; der Anschlag kostete jedoch versehentlich 254 Juden das Leben. Die Überlebenden durften in Palästina bleiben. Ob tatsächlich Mayer für die Finanzierungen zuständig war, scheint mir aber fraglich, da dieser erst ab Mai 1940 Joint-Vertreter war und mit dem Hechaluz meines Wissens erst ein weiteres Jahr später in Kontakt kam.

56 Zum Angebot Hechts: Carl Lutz an Rothmund, 17. Jan. 1939, BAR: E 4800 (A) 1967/111, Bd. 15. Die Splügenstrasse wurde von Ernst Fink und Gusti Bornstein-Fink geleitet; zu ihren Aktionen: Picard, Schweiz und die Juden, S. 312 (zu Hechts Aktion: S. 311f.); vgl. zu Hecht auch: Haas, Wenn man, S. 212–216.

57 Div. Dokumente zu Rothmunds Abwehr illegaler Aktionen im Juli und August 1939: BAR: E 4800 (A) 1967/111, Bd. 15; zum Gedankenspiel der Denunziation: Rothmund an Schweizerische Gesandtschaft in London, 16. Okt. 1939 (handschriftlicher Vermerk: «nicht abgeschickt»), BAR: E 4800 (A) 1967/111, Bd. 15.

58 Zu den Bemühungen des SIG um Zertifikate: S. Mayer und S. S. Guggenheim an Jewish Agency London, 5. Juli 1939, AfZ: IB SIG, 9.2.12.2.3. Flüchtlingsbetreuung, Geschäftsablage, SIG-Sekretariat St. Gallen, Schweizerisches Auswanderungsamt**; Zitat: Rothmund an Rüegger, Schweizer Gesandter in Rom, 24. Nov. 1939, BAR: E 4800 (A) 1967/111, Bd. 15. In diesem Band div. Dokumente zur Enttäuschung und zum Meinungswandel Rothmunds sowie zu den illegalen Versuchen des SIG. Vgl. Picard, Schweiz und die Juden, S. 312 (Zahlen zur Emigration nach Palästina: S. 293); zur Tolerierung von illegalen Grenzpassagen durch Rothmund auch: Bornstein, Insel Schweiz, S. 69.

59 Zu den Palästina-Hoffnungen: Prot. VSIA-GV, 21. Apr. 1940, S. 3, AfZ: MF Joint Switzerland, File 1003; Prot. CC, 21. Mai 1940, S. 3, AfZ: IB SIG; div. Unterlagen zu einem Vortrag Mayers vor der NHG-Ortsgruppe St. Gallen vom 1. Dez. 1939, u. a. mit den Titeln «Palästina» (hier zur Hoffnung auf Einwanderung) und «Einwanderung» (hier auch die Zitate), AfZ: IB SIG, 9.2.3. Flüchtlingsbetreuung, Geschäftsablage betr. Flüchtlingsbetreuung**.

60 Zu generellen Erschwernissen: VSJF, Jahrzehnt, S. 24, 28f. (Auswanderungszahlen: S. 22, 27, 59; Reisebeispiel Palästina: S. 28); zur Abriegelung der Staaten und zum Kontakt mit der HICEM: Prot. VSIA-GV, 21. Apr. 1940, S. 2f., 5, AfZ: MF Joint Switzerland, File 1003; zum Umzug der HICEM: Prot. CC, 19. Nov. 1939, S. 11, AfZ: IB SIG; vgl. auch: Picard, Schweiz und die Juden, S. 304–306; Marrus, Die Unerwünschten, S. 232–236; Lasserre, Frontières, S. 124f. (u. a. zu Restriktionen der USA).

Nach Kriegsausbruch

1 SIG (S. Mayer) an die Rabbiner, Gemeindepräsidenten und Mitglieder des CC, 11. Sept. 1939, AfZ: IB SIG, Präsidialressort, Handakten G. Brunschvig, Geschäftsablage betr. Präsidialsekretariat, S. Mayer, 1939**; zur Examinierung: vgl. Sartre, Betrachtungen, S. 76–79; zum Hilfsdienst: O. Weil-Oberdorff an S. Mayer, 18. Juli 1939; S. Mayer an die Mitgliedergemeinden zu Handen ihrer Mitglieder (ohne Datum, 1939), beides in: AfZ: IB SIG, (ungeordnete Dossiers) Freiwilliger Hilfsdienst**; zur Selbstzensur: Edith Sokolowski an Mayer, 19. Sept. 1939, AfZ: MF Joint Switzerland, File 994; Funk, Warum sollen wir, Kap. 3.3; zum Aussetzen der WJC-Zahlungen: Prot. ICZ-GV, 22. März 1943, Eingangsvotum G. Guggenheims, ICZ-Archiv.

2 P. Dreyfus-de Gunzburg an Mayer, 16. Sept. 1939; Mayer an Dreyfus-de Gunzburg, 18. Sept. 1939, beides in: AfZ: IB SIG, (ungeordnete Dossiers) Paul Dreyfus, Soziales**.

3 Prot. CC, 18. März 1941, S. 3, AfZ: IB SIG.

4 Vgl. Bauer, American Jewry, S. 35, 37, 52, 179; ausserdem: Troper an Mayer, 30. Jan. 1940, AfZ: MF S. Mayer, SM 1.

5 Zur Erhöhung der SIG-Subventionen: Mayer, Entwurf für den Bericht per 1. Juni 1944, AfZ: MF S. Mayer, SM 1; zum Spendenrückgang beim JDC: Bauer, American Jewry, S. 39; Troper an Mayer, 19. Dez. 1939, AfZ: MF S. Mayer, SM 1; zu Kürzungen der SIG-Subventionen: Troper an SIG, 30. Jan. 1940, AfZ: MF S. Mayer, SM 2; Troper an Mayer, 30. Jan. 1940, AfZ: MF S. Mayer SM 1. In einem Schreiben, das Rothmund in Kopie an Mayer schickte, erklärte er im Herbst 1939, dass der SIG bisher keine Bundessubvention gefordert habe. Damit war jener also nur indirekt, über die SZF-Eingabe vom 22. Dez. 1939, vorstellig geworden. Rothmund an Karl Bruggmann, 20. Okt. 1939, AfZ: IB SIG, 9.1.1.1. Flüchtlingspolitik, Einreise und Aufnahme von Flüchtlingen, 1933–1944**; zur internen Kritik betr. des mangelnden Einsatzes für Bundessubventionen: Referat S. S. Guggenheims in der SIG-DV, 7. Apr. 1940, S. 2, Beilage zum DV-Prot., AfZ: IB SIG; zur Ablehnung von Subventionsbegehren durch das EJPD: Rothmund, Über Kriegsaufgaben und Kriegsmassnahmen der Fremdenpolizei, Referat auf der Polizeidirektorenkonferenz, 6./7. Okt. 1939, S. 11, BAR: E 4260 (C) 1969/146, 6; SZF an das EJPD, 22. Dez. 1939, BAR: J II.55, 1970/95, Bd. 30; Bundesrat Baumann an die SZF, 20. Jan. 1940, AfZ: IB SIG, (ungeordnete Dossiers) Flüchtlinge, S. Mayer, 1937–1940**; vgl. Arnold, Transitprinzip, Kap. II.B.I.

6 Anwesend waren vom SIG S. Mayer, P. Bigar und G. Brunschvig, vom VSIA S. S. Guggenheim, zudem die Privatbankiers Paul Dreyfus-de Gunzburg, Basel, und Walter J. Bär, Zürich, sowie Armand Dreyfus, Zürich, einer der Vizedirektoren des Schweizerischen Bankvereins. Zur Konferenz: S. Mayer, Entwurf zu einem Prot. der Konferenz im Bundeshaus vom 11. Febr. 1940, AfZ: MF S. Mayer, SM 1; ausserdem das Statement von P. Bigar, im gleichen Dossier.

7 Troper, JDC Paris, an JDC New York, 25. Jan. 1940, AfZ: MF S. Mayer, SM 1; weitere Dokumente zum Ringen um die Joint-Subventionen im gleichen Dossier. 1940 betrug der Joint-Anteil an den VSIA-Auslagen 63 %, ein Jahr später 70 %: Unabhängige Expertenkommission, Schweiz und die Flüchtlinge, S. 205; Prot. CC, 21. Mai 1940, S. 4, AfZ: IB SIG.

8 VSIA, Rundschreiben Nr. 126, 12. März 1940, AfZ: MF Joint Switzerland, File 1005 (hier auch spontane Bereitschaftserklärungen von Emigranten während der Mobilisation); zur Genese

der Arbeitslager: Lasserre, Frontières, S. 133–136; Arnold, Transitprinzip, Kap. II.B.2 (hier auch zu den Argumenten der Hilfswerke); Kocher, Menschlichkeit, S. 174–177; Ludwig, Flüchtlingspolitik, S. 177–181; ein früher Vorstoss für Lager: SZF an Rothmund, 30. März 1938, BAR: E 4300 (B) 1, Bd. 12, E 11/1/b; zur Argumentation der SZF: Briner an Eidgen. Polizeiabteilung, 12. Sept. 1939, BAR: E 4001 (B) 1970/187, Bd. 2, 22/6; zum Militärkredit: Referat S. S. Guggenheims in der SIG-DV, 7. Apr. 1940, S. 2, Beilage zum DV-Prot., AfZ: IB SIG; zur Begrüssung der Lager durch Hilfswerke: Kocher, Menschlichkeit, S. 176f.; Referat S. S. Guggenheims in der VSIA-GV, 30. März 1941, AfZ: MF Joint Switzerland, File 1003 (auch begrüssende Haltung des VSIA); Begrüssung durch VSIA: Prot. ICZ-Delegierte zum SIG, 19. Mai 1941, ICZ-Archiv; zur Ablehnung durch Flüchtlinge: Lupp, Klassensolidarität, S. 225f.; zur Zustimmung der Flüchtlinge: VSIA an Briner, 29. Aug. 1939; VSIA an Kant. Kriegswirtschaft Zürich, 7. Sept. 1939, beides in: AfZ: IB SIG, 9.2.3. Geschäftsablage betr. Flüchtlingsbetreuung**; Halbert an Boritzer, Ostern 1940, AfZ: IB VSJF 1.4. Personendossier H. 87.

9 Zur Erwartung des VSIA seit August 1938: Prot. der Sitzung des IGB-Vorstands gemeinsam mit den Delegierten zum SIG, 24. Aug. 1938, StABS: IGB-REG H 11.2. Div. Protokolle für Flüchtlingsfrage, 1938–1939; zur Haltung der Regierung: Lasserre, Frontières, S. 133f.; Ablehnung: Bundesrat Baumann an die SZF, 20. Jan. 1940, AfZ: IB SIG, (ungeordnete Dossiers) Flüchtlinge, S. Mayer, 1937–1940**.

10 Zur Hoffnung der Hilfswerke auf Selbstbestimmung: Prot. SZF-Arbeitsausschuss, 7. Okt. 1939, BAR: J.II.55/1970/95, Bd. 30; vgl. Arnold, Transitprinzip, Kap. II.B.2; zur Ordnung und Disziplinierung: Erlanger, Simon, Lager und Weiterwanderung. Errichtung, Funktion und Wirkung der schweizerischen Arbeitslager für Flüchtlinge und Emigranten 1940–1945, unveröffentlichte Dissertation, Universität Basel 2003; Lasserre, Frontières, S. 135, 249. Die weitere finanzielle Verpflichtung veranlasste zumindest das Arbeiterhilfswerk – soweit ich sehe, nicht aber den VSIA – zu einem geharnischten Protest: vgl. Lupp, Klassensolidarität, S. 113, 190. Im Jahr 1940 waren von 3 062 VSIA-Flüchtlingen 445 in Lagern, 1941 sind es von 2 201 Flüchtlingen 380: Informationsschrift des SIG, An unsere Mitarbeiter, Hilfsaktion 1942, AfZ: IB SIG, 9.2.4. Div. Berichte und Unterlagen betr. Flüchtlingshilfe**.

11 Den Auftakt der Kritik in der Presse machte die National-Zeitung vom 17. Jan. 1941 mit dem Artikel «Die Schweiz und die Emigranten». Vgl. zur Kritik das Dossier in: AfZ: IB SIG, 9.2.8.2. Arbeitslager und Heime, Betreuung durch SIG/VSJF** (u. a. mit Hinweisen auf weitere Presseartikel); IW, 7. Nov. 1941; Referat S. S. Guggenheims in der VSIA-GV, 30. März 1941 (wie Anm. 8), S. 2–4; Prot. CC, 17. Nov. 1941, S. 3–6, AfZ: IB SIG (auch zu den Korrekturbemühungen); Prot. CC, 17. Nov. 1941, S. 3–6, AfZ: IB SIG (u. a. auch zu den Verbesserungsbemühungen); Kocher, Menschlichkeit, S. 175–177; Unabhängige Expertenkommission, Schweiz und die Flüchtlinge, S. 162–175; Picard, Schweiz und die Juden, S. 338f.; Arnold, Transitprinzip, Kap. II.B.2. und II.C.3. Das erste rituell geführte Lager war in Bad Schauenburg bei Liestal; es folgten später weitere, u. a. auch zwei entsprechende Heime für Kinder und Jugendliche. Vgl. div. Korrespondenz in: AfZ: IB SIG, 9.2.8.2. Arbeitslager und Heime, Betreuung durch SIG/VSJF**, sowie: Prot. VSIA-GV, 30. März 1941, S. 13, AfZ: IB SIG, 9.2.2.5. VSJF-Protokolle**.

12 Prot. VSIA-GV, 30. März 1941, S. 12f., und Prot. CC, 16. Sept. 1940, S. 4, und 16. Febr. 1941, S. 6, alles in: AfZ: IB SIG, 9.2.2.5. VSJF-Protokolle**; (S. Mayer) Vorlage zu einem Referat «Arbeitsdienst», 7. Febr. 1941; (S. Mayer) Referat ohne Titel, 16. Febr. 1941 (Zitat), beides in: AfZ: IB SIG, 9.2.8.2. Arbeitslager und Heime, Betreuung durch SIG/VSJF**; National-Zeitung, Nr. 90, 24. Febr. 1941 (Zitat E. von Steigers); Referat S. S. Guggenheims in der VSIA-GV, 30. März 1941 (wie Anm. 8), S. 2–4 (hier auch Zitat).

13 Vgl. Lasserre, Die dunklen Jahre, S. 87–100; Gautschi, Guisan, S. 190f.; Rings, Schweiz, S. 165–168.

14 Zum Fonds: Vorschlag M. Pruschys, Delsberg, 20. März 1939; Mayer an I. Lévy, 28. März 1939, beides in: AfZ: IB SIG, 3.1.1. Handakten S. Mayer**; Prot. CC, 15. Juni 1939, S. 2, AfZ: IB SIG; zur Flucht: Interview K. Guth; zum Gift: Interview L. Littmann; Interview O. Brunschvig; zu

Mayers Papieren neben Bett: R. Levy, Pressemitteilung, 31. Juli 1950, AfZ: MF S. Mayer, SM 6; zum SD: S. S. Guggenheim wurde beispielsweise Einfluss auf die Regierungen der Schweiz und Vichy-Frankreichs angedichtet; der VSIA, der mit beträchtlichen Geldmitteln illegale Dinge habe durchsetzen können, soll 220 Millionen sFr. nach Amerika verschoben haben. RSHA, Nachrichten aus der Schweiz, Jan. 1941, AfZ: NARA, RG 242 T 120, MF 4200; vgl. auch: Wildt, Michael (Hrsg.), Die Judenpolitik des SD 1935 bis 1938. Eine Dokumentation, Schriftenreihe der Vierteljahrshefte für Zeitgeschichte, München 1995, S. 156, 160.

15 Zu Reaktionen der jüdischen Gemeinden (auch zu den Vorwürfen an die Geflüchteten): Prot. IKG-VS, 15. Mai 1940, JGSG; Prot. Vorstand, 29. Mai 1940, StABS: IGB-REG B 2.4; Memo O. H. Heim, 19. Mai 1940; Prot. ICZ-VS, 28. Mai 1940, beides in: ICZ-Archiv; vgl. zur Situation in der jüdischen Gemeinde Basel (auch zu den Emigranten und den Vorwürfen an die Geflüchteten): Sibold, Mit den Emigranten, S. 107–111; zur VSIA-Kasse: Interview M. Lothar; zu «Angstpsychose» der Flüchtlinge und Diskussionen zur Evakuierung: Israelitische Flüchtlingshilfe St. Gallen an S. Mayer, 30. Okt. 1939, AfZ: MF Joint Switzerland, File 972; (S. Mayer) Notiz zu einer Konferenz mit Hohl u. a., Eidgen. Emigrantenbüro, 28. Aug. 1939, AfZ: IB SIG, 9.1.1.1. Flüchtlingspolitik, Einreise und Aufnahme von Flüchtlingen, 1933–1944**; M. Kater, Bericht über Sitzung der schweizerischen Landeskonferenz für soziale Arbeit vom 10. Apr. 1940, AfZ: MF Joint Switzerland, File 972; Prot. VSIA-GV, 21. Apr. 1940, S. 4, AfZ: MF Joint Switzerland, File 1003; Halbert an Boritzer, 19. Mai 1940, AfZ: IB VSJF 1.4. Personendossier H. 87.

16 Prot. CC, 21. Mai 1940, inkl. separater Zusammenfassung der Beschlüsse. Dass die SIG-Kasse nach Genf kam, wird nur deutlich im Prot. SIG-DV, 22. Mai 1941, S. 7, AfZ: IB SIG. Zum Ortswechsel des VSIA: Referat S. S. Guggenheims in der VSIA-GV, 30. März 1941 (wie Anm. 8), S. 1; VSJF, Jahrzehnt, S. 30; zum Archivtransfer der JUNA: Sagalowitz, Eingabe an das Localcomité Zürich, 15. Mai 1941, S. 3, AfZ: MF Joint Switzerland, File 994; zur Verlegung auf Anordnung: Prot. CC, Separatbeilage, 25. März 1942, S. 11 (zur Abwesenheit und Nichtkonsultierung Guggenheims am 21. Mai 1940: S. 5), AfZ: IB SIG; zu Bigar: Interview O. Brunschvig; Interview Th. Blum-Bigar; schriftliche Auskunft Nicole Bigars, Genf, 6. Nov. 2003; div. Dokumente im Privatarchiv Bigar, Genf; zu Goetschel: Interview mit seiner Tochter Jacqueline Guth-Goetschel, 18. Nov. 2004; «Alfred Goetschel erinnert sich», in: IW, 29. Febr. 1980. Vgl. zur Dreierexekutive auch: Picard, Schweiz und die Juden, S. 234. Der SIG-Sitz wurde nach einem Jahr wieder nach St. Gallen verlegt. Prot. CC, 18. März 1941, S. 1, AfZ: IB SIG.

17 Zu dieser Phase: Tanner, Ereignisse; Lasserre, Die dunkeln Jahre, S. 100–163, Pilet-Golaz' Rede im französischen Original in: DDS 13, S. 760–762, deutsche Übersetzung teilweise in: Rings, Schweiz, S. 175–178.

18 Memorandum ohne Angabe von Verfasser und Datum (vermutlich M. Ruth, etwa Sommer 1940), BAR: E 4260 (C) 1974/34, Bd. 87, N 40/5/39; Sartre, Jean-Paul, Was ist ein Kollaborateur?, in: ders., Paris unter der Besatzung, Artikel und Reportagen 1944–1945, Reinbek bei Hamburg 1980, S. 60–71, 67. Als die «Unabhängige Expertenkommission Schweiz – Zweiter Weltkrieg» beim Schweizerischen Bundesarchiv anfragte, ob Akten zu einem «Judengesetz» existierten, erhielt es eine negative Antwort.

19 Boritzer an Halbert, 18. Juni 1940, AfZ: IB VSJF 1.4. Personendossier H. 87; das Folgende, wo nicht anders vermerkt, nach: Prot. CC, 25. Juni 1940, AfZ: IB SIG.

20 Vgl. zur Position S. S. Guggenheims etwa: Prot. VSIA-GV, 21. Apr. 1940, S. 3, AfZ: MF Joint Switzerland, File 1003.

21 Im Bericht des St. Galler Delegierten über die CC-Sitzung heisst es, Mayer habe zu «politischer Wachsamkeit» aufgefordert, um ein «evtl. angestrebtes Judengesetz zu verhindern», Prot. Vorstandssitzung, 1. Juli 1940, S. 1, JGSG. Vgl. auch: Prot. VSIA-GV, 30. März 1941, S. 8, AfZ: IB SIG, 9.2.2.5. VSJF-Protokolle**.

22 Zu Rothmunds Tabuisierungspostulat: S. Mayer, Stand der Flüchtlingsfrage in der Schweiz, 28. Nov. 1940, S. 2f.; Prot. Sitzung SZF-Arbeitsausschuss, 1. Nov. 1940, S. 5, beides in: AfZ: MF Joint Switzerland, File 972; vgl. Prot. CC, 25. Juni 1940, S. 3.

23 IG Basel (A. Goetschel), Einladungsbrief an die Mitglieder div. Gemeindegremien, 27. Juni 1940, StABS: IGB-REG H 11.2; an die Mitgliedergemeinden des SIG, Aufruf zur Sammlung, 2. Juli 1940, unterzeichnet von S. Mayer, S. Braunschweig, P. Bigar und S. S. Guggenheim, AfZ: IB SIG, 9.2.4. Div. Berichte und Unterlagen betr. Flüchtlingshilfe**. In einem zweiten Aufruf vom 1. Aug. 1940 heisst es: «Es muss unter allen Umständen verhütet werden – und es liegt dies im Interesse jedes einzelnen von uns –, dass die grosszügige *freiwillige* und allerseits anerkannte Hilfeleistung von Massnahmen behördlicher Natur abgelöst wird.» Die Hervorhebung der Freiwilligkeit im Original könnte darauf hindeuten, dass es in dieser zweideutigen Aussage mehr um die Angst vor einer Judensteuer als vor einem durch Bundessubventionen provozierten Antisemitismus geht. AfZ: IB SIG, 9.2.13.3. Sammlungen, 1938–1942**.

24 Zum Stimmungsumschwung: Lasserre, Die dunkeln Jahre, S. 154 (zu Frontistenempfang: S. 110, 115, 119f.); zu Guisan und der Kooperation mit Deutschland: Tanner, Ereignisse, S. 269, 277; zu Empörung und Sorge im SIG: Prot. CC, 16. Sept. 1940, S. 1, 13f.; S. Mayer, Stand der Flüchtlingsfrage, 28. Nov. 1940 (wie Anm. 22), S. 2f.; Prot. VSIA-GV, 30. März 1941, S. 3f., AfZ: IB SIG, 9.2.2.5. Flüchtlingsbetreuung, VSJF-Protokolle**. Das Zitat aus dem Bundeshaus bezieht sich auf eine Aussage Rothmunds vom 23. Februar, vgl. National-Zeitung, Nr. 90, 24. Febr. 1941: Die Schweiz und die jüdischen Emigranten.

25 Seiler, Was wird aus uns, S. 67f.

26 Allgemein zur Oktoberdeportation: Laharie, Claude, Le Camp de Gurs 1939–1945. Un aspect méconnu de l'histoire de Vichy, Pau 1993; Schramm, Hanna / Vormeier, Barbara, Vivre à Gurs. Un camp de concentration français 1940–1941, Paris 1979; Wiehn, Oktoberdeportation; zur Reaktion der Schweiz: Picard, Ein Paket; etwas gekürzte Darstellung in: ders., Schweiz und die Juden, S. 396–405. Ein anschauliches Familienschicksal: Seiler, Was wird aus uns. Das IW berichtete ab 31. Okt. 1940 kontinuierlich über die Deportierten, am 22. Nov. 1940 sowie am 6., 13. (Zitat) und 20. Dez. 1940 auch über die «Methode des Totschweigens» (IW, 7. Febr. 1941) in der Schweizer Presse. Zur Verärgerung des Vichy-Regimes: Browning, Endlösung, S. 144–146.

27 A. Goetschel an S. Mayer und S. S. Guggenheim, 8. Nov. 1940, AfZ: IB SIG, Hilfe und Aufbau, Interventionen, Hilfs- und Rettungsaktionen, Frankreich, Hilfsaktion für notleidende Juden I**. Die Reichsvereinigung (früher Reichsvertretung) beschloss einen landesweiten Fasttag, einen den Deportierten gewidmeten Gottesdienst sowie die Absage der kulturellen Aktivitäten. Der Initiant der Aktion bezahlte dafür mit seinem Leben. Kulka, Otto D., The Reichsvereinigung and the Fate of the German Jews, 1938/1939–1943, in: Paucker (Hrsg.), Juden, S. 353–363, 360.

28 Generell zur Schweizer Solidarität mit Osteuropa: Picard, Schweiz und die Juden, S. 322f., 387–396; zur Polenhilfe des SIG: Traktandenliste des SIG-GA (1936), AfZ: IB SIG; Picard, Schweiz und die Juden, S. 390; zur Konkurrenz Auslandshilfe vs. Flüchtlingshilfe: SIG, Rundschreiben an die Mitgliedergemeinden, 1. Juni 1934, AfZ: IB SIG, 1.5.6. Div. Rundschreiben an die Mitgliedergemeinden, Mitglieder des Central-Comités und Aktionsobmänner**; S. Mayer an Gartenbauschule Lubelsky, 9. Aug. 1935, AfZ: IB SIG, 9.2.12.2.2. Lehrgüter, Geschäftsablage, SIG-Sekretariat St. Gallen**; SIG, Rundschreiben an die Mitgliedergemeinden des SIG und an die Mitglieder des CC, 8. Sept. 1937, AfZ: IB SIG, 9.2.4. Div. Berichte und Unterlagen betr. Flüchtlingshilfe**; zur Anfrage und Zurückhaltung betr. Polenhilfe im Herbst 1939: Prot. der von Herrn Dr. D. Farbstein einberufenen Sitzung vom 29. Okt. 1939 in der Pension Ivria Zürich (hier auch Argument mit Joint-Kürzung), AfZ: IB SIG, Hilfe und Aufbau, Hilfsaktion für notleidende Juden in Polen, Dokumente und Korrespondenz, 1939–1941**; Prot. CC, 19. Nov. 1939, S. 15f., und 16. Febr. 1941, S. 11, AfZ: IB SIG.

29 Zur VSIA-Überforderung betr. Kautionen: Prot. VSIA-GV, 30. März 1941, AfZ: IB SIG, VSJF-Protokolle**; zur Joint-Reduktion: Telegramm J. Schwartz an S. Mayer, 30. Aug. 1940; S. Mayer an S. Braunschweig, P. Bigar und S. S. Guggenheim, 11. März 1941, beides in: AfZ: MF S. Mayer, SM 2; zu Gurs-Hilfe vs. Flüchtlingshilfe: K. Hamburger an Joint Lissabon, 29. Okt. 1940; A. Goetschel an S. Mayer und S. S. Guggenheim, 8. Nov. 1940; S. Mayer an Kusiel Stern, 13. Nov. 1940 (hier auch Argument mit Bundessubventionen), alles in:

AfZ: IB SIG, Hilfe und Aufbau, Interventionen, Hilfs- und Rettungsaktionen, Frankreich, Hilfsaktion für notleidende Juden I**; S. Mayer an Immanuel Herz, 22. Jan. 1941, AfZ: IB SIG, Hilfe und Aufbau, Organisationen IV**; keine «Grossaktionen», Beschränkung auf Verwandtenhilfe: S. Mayer an die Mitgliedergemeinden des SIG, 8. Nov. 1940, AfZ: IB SIG, 1.5.6. Div. Rundschreiben an die Mitgliedergemeinden, Mitglieder CC, Aktionsobmänner**; Berichterstattung zu Gurs, S. 1, Beilage 6 zum Prot. SIG-DV, 22. Mai 1941, AfZ: IB SIG; zur Medikamentenspende: SIG, Rundbrief an die Mitgliedergemeinden des SIG, 28. Nov. 1940, AfZ: IB SIG, Hilfe und Aufbau, Hilfs- und Rettungsaktionen, Frankreich, Hilfsaktion für notleidende Juden I**; S. Mayer an S. Braunschweig und P. Bigar, 26. März 1941, AfZ: IB SIG, Hilfe und Aufbau, Organisationen IV**; zum Kredit von Fr. 20000: Prot. CC, 16. Febr. 1941, S. 11, 5. Febr. 1941, S. 7, 5. Febr. 1942, S. 7, und 11. Febr. 1942, S. 9, AfZ: IB SIG; zu A. Brunschvig: telefonisches Gespräch mit Schwiegertochter Yvonne Brunschvig, 12. Nov. 2004. Zuweilen schreibt die Literatur Brunschvig fälschlicherweise der Beruf eines Rechtsanwalts zu. Zur Angliederung an RELICO: IW, 7. Febr. 1941; zu Konflikten um Federführung: ebd., IW, 31. Jan. und 28. Febr. 1941, sowie: Picard, Ein Paket, S. 78f.

30 Zu Organisation und den Arten der Hilfe: Picard, Ein Paket, S. 76–81; vgl. Bauer, American Jewry, S. 161f.; kooperierende Organisationen waren u.a.: CCOJA, IKRK, JDC, Kreuzritter (Gertrud Kurz), OSE, RELICO (WJC), SAH, SAK, SHEK, Unitarian Service Committee (Quäker), VSIA; zur SAK: Schmidlin, Schweiz, S. 124–193, 361; zum Versand über Portugal und Jugoslawien auch: Wiehn, Oktoberdeportation, S. 689; zur Auslösung aus den Lagern: Berichterstattung zu Gurs, S. 1, Beilage 6 zum Prot. SIG-DV, 22. Mai 1941, S. 3, AfZ: IB SIG. Der SIG versuchte seit Mai 1941, für Idron konsularischen Schutz durch die Schweiz zu erhalten, was jedoch von Bern mit der Begründung abgelehnt wurde, die Verantwortlichen und Insassen seien Ausländer. Div. Korrespondenz in: BAR: E 2001 (D) -/3, Bd. 272, B.41.21.8; A. Brunschvig an Département Politique Fédéral, Bern, 12. Jan. 1942, AfZ: MF Joint Switzerland, File 974.

31 Zur Beschränkung auf Frankreich: Prot. CC, 11. Febr. 1942, S. 7f., AfZ: IB SIG; zur Anfrage des OSE: Mayer, Aus der Tätigkeit des Gemeindebunds, Nr. 2, 27. Aug. 1941, AfZ: IB SIG, 1.5.6. Div. Rundschreiben an die Mitgliedergemeinden, Mitglieder des CC und Aktionsobmänner**; zum OSE: Tschlenoff an Mayer, 29. Jan. 1942, AfZ: MF S. Mayer, SM 26; Picard, Schweiz und die Juden, S. 277f.; zur Kinderbefreiung: L. Gurvitch an G. Bloch, 26. März 1942, BAR: J II.55/1970/95, Bd. 14; zu Weill und zur Kinderbefreiung: http://www.ose-france.org/weill-joseph.html.10.11.2003; zu Patenschaften des SIG: G. Bloch, Notiz zu einer Besprechung im Büro der SAK, Rot-Kreuz, Kinderhilfe, 8. März 1942; Dankesschreiben von Bloch an div. Spender, vom 15. Apr. und 2. Juni 1942, alles in: BAR: J II.55/1970/95, Bd. 14. Schmidlin (Schweiz, S. 283) bezieht eine Unzufriedenheit Blochs mit dem Roten Kreuz fälschlicherweise auf den SIG.

32 Zu Hunderten von Einreisegesuchen aus Gurs: (Mayer) Notiz zu Gurs (ohne Datum, Mitte November 1940), AfZ: IB SIG, Hilfe und Aufbau, Hilfs- und Rettungsaktionen, Frankreich, Hilfsaktion für notleidende Juden I**; zur (Nicht-)Einreise der Familie Grunkin: Seiler, Was wird aus uns, S. 58f.; Intervention für betagte Gurs-Insassen: Mayer an V. Baumann, Emigrantenbüro, 31. Jan. 1941, AfZ: IB SIG, 9.1.1.1. Flüchtlingspolitik, Einreise und Aufnahme von Flüchtlingen, 1933–1944**.

33 Goetschel beklagte sich am 24. Juli 1942 gegenüber S. Mayer über die «furchtbare Unordnung» bei der Hilfe für Frankreich. «In jeder Stadt bestehen sogenannte Hilfen für Gurs, die meistens von der lokalen Fürsorge betreut werden. Ein Kontakt unter diesen lokalen Stellen besteht jedoch nicht. Ausserdem sammeln für Gurs die Israelitische Religionsgesellschaft Zürich und Basel, der Maccabi und andere mehr.» StABS: IGB-REG R 2.5. SIG-CC, 1941–1942 (Akten A. Goetschel). 1000 Schweizer Helferfamilien: Mayer an Raoul R. Lambert, 24. Dez. 1940, AfZ: IB SIG, Hilfe und Aufbau, Hilfs- und Rettungsaktionen, Frankreich, Hilfsaktion für notleidende Juden I**; Bilanz nach 3 Monaten: Prot. CC, 16. Febr. 1941, S. 10, AfZ: IB SIG; vgl. zur moralischen Bedeutung: Picard, Ein Paket, S. 81.

34 Die wichtigste Initiative stammte von einem Luzerner «Hilfscomité für notleidende Juden»,

das Anfang 1941 eine Art jüdisches Rotes Kreuz gründen wollte. Vgl. die Korrespondenz in: AfZ: IB SIG, Hilfe und Aufbau, Organisationen IV**. Mehr oder weniger direkt der Auslandshilfe oder der Flüchtlingshilfe zuzurechnen waren u. a. die regelmässigen Sammlungen für das SHEK, die Frauenvereine (u. a. für die Kinderhilfe Heiden), die TB-Sanatorien Pro Leysin in Lausanne und Etania in Davos, den Jüdischen Nationalfonds der Schweiz, Keren Hajessod, Versandaktionen (Mazzot, Lebensmittel, Medikamente, Kleider) für verschiedene Länder, das Altersheim Lengnau und das Waisenhaus Basel (die beide Flüchtlinge beherbergten). Zu den Bemühungen um Koordination und Disziplinierung: SIG, Rundschreiben an die Mitgliedergemeinden, 1. Juni 1934, AfZ: IB SIG, 1.5.6. Div. Rundschreiben an die Mitgliedergemeinden, Mitglieder des Central-Comités und Aktionsobmänner**; Prot. CC, 12. März 1940, S. 8f., und 7. Apr. 1940, S. 5, sowie Prot. SIG-DV, 19. Apr. 1942, S. 3f.; Mayer an Eidgen. Kriegsfürsorge-Amt, 11. März und 22. Apr. 1941 (in Beilage hier auch Zitate); weitere Korrespondenz betr. Ablehnung eines Zürcher Hilfscomités für Gurs, Okt.–Dez. 1941, alles in: AfZ: IB SIG, 9.2.13.3. Flüchtlingsbetreuung, Sammlungen, 1938–1942**; vgl. Picard, Ein Paket, S. 79.

35 Clearing: Brunschvig, Rundschreiben Nr. 26, 11. Juni 1941, AfZ: IB SIG, Hilfe und Aufbau, Interventionen, Hilfs- und Rettungsaktionen, Frankreich, Hilfsaktion für notleidende Juden I**; Haltung Berns zur Kleider- und Lebensmittelhilfe: Prot. CC, 11. Febr. 1942, S. 7–9; Tätigkeitsbericht SIG, Berichtsperiode 22. Mai 1941–12. Apr. 1942, S. 3, Beilage zum CC-Prot., 13. Apr. 1942, beides in: AfZ: IB SIG.

36 Seiler, Was wird aus uns, S. 109–115.

37 Zur Reise: Bigars Bericht mit dem Titel «Vers New-York» an S. Mayer, 26. Jan. 1941, AfZ: MF Joint Switzerland, File 983; S. S. Guggenheim an Clara Bloch-Nordschild, New York, 16. Okt. 1940, AfZ: IB VSJF, 1.4. Personendossier, S. 321; Zahlen der Auswanderer: Picard nennt für den Kanton Zürich, der von der jüdischen Abwanderung am meisten betroffen war, eine Zahl von über 300 Personen für die Periode 1939–1944, wobei wohl die (nicht sehr zahlreichen) Nichtjuden mitgezählt sind. S. Mayer schätzte im Herbst 1941 die Zahl der bis dahin aus der Schweiz fortgezogenen jüdischen Nichtemigranten auf 200. Picard, Schweiz und die Juden, S. 88, vgl. 91 (zu Finanzeinbussen: S. 88f.; zur Diskussion in der Zürcher Regierung: S. 90); Mayer an A. Hug, 15. Okt. 1941, AfZ: IB SIG, 8.2.3.2. Div. Geschäfte und Unterlagen, Mazzenversorgung++; zum Wegzug der Grossspender: Prot. CC, 19. Nov. 1939, S. 14, AfZ: IB SIG; Prot. ICZ-Delegierte zum SIG, 24. März 1942, S. 5, ICZ-Archiv; zum Anteil an der Sammlung von 1938: S. Mayer, Stand der Flüchtlingsfrage, 28. Nov. 1940 (wie Anm. 22), S. 1 (auch zur Bundesfluchtsteuer); zum Missfallen der Behörden: Prot. ICZ-GV, 12. März 1939, S. 357, ICZ-Archiv.

38 Zu Bemühungen um Adressen: Prot. CC, 19. Nov. 1939, S. 15, AfZ: IB SIG; SIG an die Mitgliedergemeinden, 18. Juli 1940, AfZ: IB SIG, 1.5.6. Div. Rundschreiben an die Mitgliedergemeinden, Mitglieder CC und Aktionsobmänner**; zur Absprache mit Rothmund: Prot. CC, 16. Febr. 1941, S. 5, AfZ: IB SIG. Rothmund wurde von Bigar auch über die Ergebnisse orientiert. Telegramm in Bigars Bericht «Vers New-York» (wie Anm. 37), im Original englisch; zur Freundschaft: Troper an Rothmund, Dez. 1940. Vgl. auch: Troper an Rothmund, 23. Juli 1941, wo er von S. Mayer als «our mutual friend» schreibt; beides in: AfZ: MF S. Mayer, SM 1.

39 Bigars Rede: Merci à tous, AfZ: MF S. Mayer, SM 2. Der Text basiert weitgehend auf einer Vorlage Mayers: Stand der Flüchtlingsfrage, 28. Nov. 1940 (wie Anm. 22). Zur Sammlung nur für den Joint und zur Gründung des Komitees: Bigar «Vers New-York», 26. Jan. 1941 (wie Anm. 37), S. 7–13; Sammlungsergebnisse: Picard, Schweiz und die Juden, S. 90. Zu weiteren Sammelbemühungen des SIG: S. Mayer an G. Brunschvig, 26. Juni 1942; Muster eines Spendenappells des SIG (hier auch Zitat), beides in: AfZ: IB SIG, 9.2.13.3. Sammlungen, 1938–1942**; Prot. CC, 31. Aug. 1941, S. 16 (erhoffte Einnahmen), und 5. Febr. 1942, S. 6f. (tatsächliche Einnahmen aus den USA 1941: 130 000 Fr.), beides in: AfZ: IB SIG. Ab 1942 wurde von der Schweiz aus vermutlich nicht mehr in den USA gesammelt: Prot. CC, 22. Juni 1942, S. 4f., AfZ: IB SIG (hier auch Warnung an potenzielle Rückkehrer). Mit der

Bestrafungsaktion ist die Motion Pestalozzi gemeint, vgl. Picard, Schweiz und die Juden, S. 85–93. Zu Hans Pestalozzis SVV-Mitgliedschaft siehe die Kartei in: BAR: J 2.11 (-) -/1. Zu Rückkehr und Eindrücken: Bigar «Vers New-York», 26. Jan. 1941 (wie Anm. 37), S. 10–14. Bigars damals in der Schweiz gebliebene Tochter Thérèse (Interview Th. Blum) ist der Ansicht, Ziel der Reise sei auch die Übersiedlung gewesen; die Familie sei nur zurückgekehrt, weil die Schweiz nicht angegriffen wurde. Bigar spricht in seinem Bericht aber nur von einem «Besuch» (S. 7), und seine Rückkehr war im Voraus geplant (S. 9).

40 Prot. CC, 16. Febr. 1941, S. 7–9, AfZ: IB SIG. Es handelte sich um den «plan de causerie d'éducation nationale No. 3» vom 28. Dezember 1940; der anstössige Text erschien nur auf Französisch. Die entscheidende Passage darin, Mülleners Brief an Rothmund vom 18. Febr. 1941 und dessen Antwort vom 19. Febr. 1941 (mit Kopien an Kobelt, General Guisan, den Generaladjutanten) sind abgedruckt in: Mysyrowicz, Ladislas, Le Dr. Rothmund et le problème juif, in: Schweizerische Zeitschrift für Geschichte 32 (1982), S. 348–355. Rothmund an Mayer, 19. Febr. 1941, AfZ: IB SIG, Abwehr und Aufklärung, plan de causerie No. 3, 1940–1941**; vgl. auch: Keller, Zsolt, «L'armée est en dehors de toutes questions de confession!» Jüdische Soldaten und Offiziere in der Schweizer Armee 1933–1945, in: Bulletin der Schweizerischen Gesellschaft für Judaistische Forschung SGJF, 11 (2002), S. 17–34; Kreis, Rückkehr, S. 53–55; Mächler, Kampf, S. 385. Mit dem «Judenstatut» meinten die Autoren des Wehrbriefs vielleicht die Situation in den beiden Gemeinden Lengnau und Endingen, in denen sich im 17. Jahrhundert Juden niederliessen und gegen Abgaben einen Schutz- und Schirmbrief des Landvogts erhielten, der ihren Aufenthalt genau reglementierte. Vgl. Weingarten, Entwicklung, S. 138. Bundesrat Kobelt hatte sich bereits im September 1938 als St. Galler Regierungsrat und evangelischer Kirchenratspräsident wohlwollend mit jüdischen Flüchtlingen befasst: Jehle-Wildberger, Gewissen, S. 70f.

41 Vgl. S. 134.

42 Prot. CC, 18. März 1941, S. 1, und 7. Mai 1941, S. 5, beides in: AfZ: IB SIG; Prot. ICZ-VS, 10. März 1941, S. 7, ICZ-Archiv: Statutenrevision ICZ; plan de causerie No. 9 vom 1. März (fälschlicherweise Mai in der Abschrift) 1941, AfZ: MF Joint Switzerland, File 973. Vgl. Senn, Hans, Armee und Antisemitismus im Zweiten Weltkrieg, in: Neue Zürcher Zeitung, 20. Okt. 1999 (Brief Kobelts an S. Mayer, 6. März 1941).

43 Kossodo: MS (Mayer), Notiz «Conc. Kossodo», 23. Apr. 1941; (Mayer) Notiz zu Telefongespräch mit Ruth, 9. Mai 1941, beides in: AfZ: MF Joint Switzerland, File 973; vgl. zu den ersten Klagen S. 108f.; Exposé der Kultusgemeinde St. Gallen, 3. Okt. 1935, AfZ: IB SIG, Ordner St. Gallen, 1933–1938; Korrespondenz Ia*+; vgl. auch: Israelitische Kultusgemeinde St. Gallen an S. Mayer, 26. Aug. und 11. Dez. 1935, JGSG; Bigar, Merci à tous (15. Jan. 1941), S. 2f., 8, AfZ: MF S. Mayer, SM 2.

44 Mayer an Rothmund, 1. Sept. 1938; Rothmund an Mayer, 4. Okt. 1938, beides in: BAR: E 4800.1 (-) 1967/111, Bd. 206; vgl. zur Forderung nach einem behördlichen Zwang auch: Prot. CC, 18. Aug. 1938, S. 4f.; Prot. SIG-DV, 26. März 1939, Nachmittag, S. 6 (Rothmund); Votum S. Braunschweigs in der Vormittagssitzung, S. 3, Beilage zum Prot., alles in: AfZ: IB SIG; (O. Weil-Oberdorff) Votum in der SIG-DV vom 26. März 1939, an alle Gemeinden verschickt, AfZ: IB SIG, Handakten G. Brunschvig, Geschäftsablage betr. Präsidialsekretariat, S. Mayer, 1939**; S. Mayer an Weil-Oberdorff, 27. Juli 1939 (Eindruck seines Referats auf Rothmund), AfZ: IB SIG, (ungeordnete Dossiers) Freiwilliger Hilfsdienst**.

45 Zu den Nachforschungen: Brunner, Eidgen. Fremdenpolizei, an S. Mayer, 10. Mai 1939; Notiz Mayers zu Telefongespräch mit Brunner, 19. Juni 1939; Mayer an Brunner, 9. Nov. 1939; sowie weitere Korrespondenz, alles in: AfZ: IB SIG, 9.2.13.2. Solidaritätsabgabe**; Aussagen Braunschweigs, Bigars und Mayers: Prot. CC, 19. Nov. 1939, S. 14f., AfZ: IB SIG. Beim BRB vom 17. Okt. 1939 handelte nur der Art. 12 von der Abgabe. Die Ausführungsbestimmungen erfolgten erst mit dem BRB vom 18. März 1941: vgl. Kälin, Rechtliche Aspekte, S. 472–478; Rothmund, Zur Emigrantenfrage, Vortrag vom 23. Jan. 1940, S. 18, BAR: E 4800 (A) 3, Bd. 4, 71; Prot. CC, 12. März 1940, S. 6, AfZ: IB SIG; zu Willkür und Beschleunigungswunsch: Mayer an Brunschvig, 19. Dez. 1940, AfZ: IB SIG, Handakten G. Brunschvig, Geschäftsablage

betr. Präsidialsekretariat, S. Mayer**; Unabhängige Expertenkommission, Schweiz und die Flüchtlinge, S. 238f.; Aufforderung an die Kantone: Rothmund, Kreisschreiben an kantonale Fremdenpolizei, 5. Febr. 1941. Die lokalen Behörden wandten sich ihrerseits zur Verhinderung der Abreise unbesteuerter Emigranten an die Juden: Polizeivorstand von Davos an Horst Brumlik, 7. Febr. 1941; VSIA an Mayer, 13. Febr. 1941, alles in: AfZ: MF Joint Switzerland, File 973.

46 Bundesrat Baumann lehnte mit Hinweis auf Niederlassungsverträge bereits 1936 eine Sondersteuer für Italiener und Deutsche ab: Baumann an Rudolf Schwarz, 26. Juni 1936, BAR: E 4300 (B) 1, Bd. 12, E 11/1; zu den behördlichen Bedenken gegen eine Einführung auch: (Ruth?) Memorandum «Die Solidaritätsabgabe», ohne Datum (ca. Aug. 1944); «Unicum», «rechtlich unmöglich»: Ruth an von Steiger, Briefentwurf, ca. Herbst 1943; «Probe aufs Exempel»: Ruth an von Steiger, 23. Apr. 1941, alles in: BAR: E 4260 (C) 1974/34, Bd. 87, N 40/5/39; zu den rechtlichen Problemen: Kälin, Rechtliche Aspekte, S. 472–478; «Judenhilfe»: Antrag EJPD an den Schweizerischen Bundesrat, 13. März 1941; Ruth an von Steiger, 23. Apr. 1941, beides in: BAR: E 4001 (C) 1, Bd. 19, 4/15/1; zu den moralischen Fragwürdigkeiten: Unabhängige Expertenkommission, Schweiz und die Flüchtlinge, S. 283; «Schicksalsgenossen»: Mitteilung des EJPD, 20. März 1941, AfZ: IB SIG, 9.2.13.2. Dollartransfer / Solidaritätsabgabe**.

47 Zu den Verteilungen der Solidaritätsabgaben: Unabhängige Expertenkommission, Schweiz und die Flüchtlinge, S. 240; Ruths Empfehlung «im Interesse der Juden»: Notiz von Mayer zu einer Unterredung mit Ruth und Maeder, 17. Febr. 1941; zur früheren Praxis der SZF: Eva Schläpfer, Grundsätzliches zum Verteilplan, 2. März 1939, BAR: E 4260 (C) 1974/34, Bd. 87, N 40/5/39/1. Bei der SZF bezog sich die jüdische Benachteiligung nicht auf den Einnahmeanteil, sondern auf den Anteil der zu betreuenden Flüchtlinge, der hier Bemessungsgrundlage war.

48 Zu den Schwierigkeiten der Taxierten und den hohen Einschätzungen: Unabhängige Expertenkommission, Schweiz und die Flüchtlinge, S. 238–240; National-Zeitung vom 29./30. März und 7. Apr. 1941. Mayer zur jüdischen Initiative bezüglich der Abgabe und zu deren Notwendigkeit: Prot. CC, 7. Mai 1941, S. 4; vgl. Prot. SIG-DV, 19. Apr. 1942, S. 14, beides in: AfZ: IB SIG. Mayer spricht – analog zum Art. 12 des BRB vom 17. Okt. 1939 – von einem «Art. 12 bis» für Schweizer Juden. Prot. VSIA-GV, 30. März 1941, S. 8, AfZ: IB SIG, 9.2.2.5. VSJF-Protokolle**. Braunschweig: Prot. ICZ-Delegierte zum SIG, 19. Mai 1941, S. 7, ICZ-Archiv. Vgl. auch sein Eingangsvotum zum Trakt. 2 in der ICZ-DV, 14. März 1943, in dem er behauptet, der Bundesrat habe bei seinem Erlass den SIG nicht befragt; die Abgabe sei jedoch nötig gewesen und bedeute keinen «Eingriff in die Rechtsgleichheit der Juden». ICZ-Archiv. Vgl. auch: IW, 6. Nov. 1942.

49 Sagalowitz, Eingabe an das Localcomité Zürich des SIG und an den Leiter des Ressorts JUNA im Centralcomité, 15. Mai 1941. Die Eingabe wurde am 19. Mai an Mayer verschickt. Kündigungsdrohung: Notiz Mayers zu einem Telefongespräch mit S. Braunschweig, 21. Mai 1941, alles in: AfZ: MF Joint Switzerland, File 994.

50 Zu der Biographie Sagalowitz', der Genese der JUNA und ihrer Arbeitsweise: Picard, Schweiz und die Juden, S. 131–134; Funk, Warum sollen wir, v.a. Kap. 2.3 und 3.2; vgl. zur Genese auch in diesem Buch S. 130; zur Intervention des SIG-Präsidenten: Rothmund, Notiz zu Besuch G. Brunschvigs, 24. Okt. 1952, BAR: E 4800.1 (-) 1967/111, Bd. 69, 304; zu Sagalowitz auch: Keller, Zsolt / Funk, Michael, Gegen eine «Politik des Schweigens», in: Neue Zürcher Zeitung, 2. Juni 2001; Laqueur / Breitman, Breaking, S. 125–128.

51 Sagalowitz, Eingabe an das Localcomité Zürich (wie Anm. 49).

52 Prot. CC, 2. Nov. 1941, S. 11f., und 25. März 1942, S. 5, 9, und: Prot. SIG-GA, 27. Aug. 1941, S. 2, alles in: AfZ: IB SIG; Prot. ICZ-Delegierte zum SIG, 9. Sept. 1941, S. 5f., 26. Nov. 1941, S. 7, und 2. März 1942, S. 11, alles in: ICZ-Archiv; Picard, Schweiz und die Juden, S. 134; Funk, Warum sollen wir, Kap. 3.4.

53 Prot. CC, 18. März 1941, S. 3–5 («mehr Respekt»: S. 5); 7. Mai 1941, S. 2f. (Rücktrittsdrohung); 31. Aug. 1941, S. 7–12 (Zitat zur Unhöflichkeit: S. 12); 2. Nov. 1941, S. 7–11, alles in: AfZ: IB SIG; Prot. Vorstandssitzung der Israelitischen Cultusgemeinde Bern, 25. Sept. 1941, S. 56 («Diktatur»), JG Bern.

Während die «Endlösung» beginnt

1 Schätzung der Anzahl von Schweizer Juden in Frankreich: DDS 14, S. 559; Papaux, Attitude, S. 22. Picard (Schweiz und die Juden, S. 190) spricht von 160 Familien. Zum Beginn der antijüdischen Massnahmen und der «Arisierung»: Hilberg, Vernichtung, S. 648–655; zur Haltung des Aussenministeriums: Picard, Schweiz und die Juden, S. 191; Haldemann, Völkerrechtlicher Schutz, S. 569.

2 Kleine Anfrage vom 12. Juni 1941; Antwort des Bundesrats vom 29. Sept. 1941, beides im französischen Original in: DDS 14, Nr. 134, S. 399. Grabers Anfrage bezog sich nur auf das besetzte Frankreich. In seiner Antwort wies der Bundesrat zu Recht darauf hin, dass die gleichen Arisierungsgesetze auch für die unbesetzte Zone galten. Die Ordre-public-Affäre wurde von Picard (Schweiz und die Juden, S. 194–208) erstmals und ausführlich dargestellt. Vgl. zu den rechtlichen Aspekten auch: Haldemann, Völkerrechtlicher Schutz, S. 568–574, 532–535 (deutsche Versionen der Anfrage und der Antwort: S. 569f.).

3 Engagement von P. Guggenheim: JUNA (G. Guggenheim) an Mayer, 13. Okt. 1941, AfZ: IB SIG, Repräsentationen, Ordre public**. Nicht unterzeichnender Mitverfasser war Sagalowitz, vgl. Prot. ICZ-Delegierte zum SIG, 26. Nov. 1941, S. 5, ICZ-Archiv. Mayer an P. Guggenheim, 10. Okt. 1941, AfZ: IB SIG, Rechtsschutz für Schweizer Juden, Ordre public II**; zur Person P. Guggenheim: Bonhage u. a., Nachrichtenlose Vermögen, S. 493 (akademische Kurzbiographie); Bretscher-Spindler, Vom heissen zum kalten Krieg, S. 254f. (Rolle in der Nachkriegszeit); Auskunft Thomas Guggenheim, Genf, 31. Okt. 2003 (Charakterisierung sowie Beziehungen zu Bonhoeffer, Dohnanyi, Horkheimer, Pollock, Huber, Calonder, Riegner); Stauffer, Polen, S. 95–97 (Calonder); Korrespondenz mit Horkheimer: ders., Gesammelte Schriften in achtzehn Bänden, hrsg. v. Alfred Schmid und Gunzelin Schmid Noerr, Frankfurt a. M. 1985ff., Bd. 16f., siehe Register in Bd. 18; Th. W. Adorno, Max Horkheimer, Briefwechsel, Bd. 1, 1927–1937, hrsg. v. Christoph Gödde und Henri Lonitz, Frankfurt a. M. 2003, S. 33f. (Rechtsvertretung Frankfurter Institut, Mitgliedschaft Guggenheim); einzelne Dokumente in Privatarchiv Th. Guggenheim, Genf; Wiggershaus, Frankfurter Schule, Kap. 2 (Exil in Genf); Interviews mit O. Brunschvig und K. Guth (Charakterisierung); Austritt aus Genfer Gemeinde: Beilage zum Prot. CC, 3. Dez. 1942, S. 1, AfZ: IB SIG.

4 Unterstützung durch Riegner: P. Guggenheim an Mayer, 1. Nov. 1941, AfZ: IB SIG, Rechtsschutz für Schweizer Juden, Ordre public II**; zum Gutachten Guggenheims: Picard, Schweiz und die Juden, S. 196–200; zu seiner Argumentation auch: Haldemann, Völkerrechtlicher Schutz, S. 571f.; Erklärung gegenüber CC, Referat P. Guggenheims, Beilage zum Prot. CC, 17. Nov. 1941, S. 3, AfZ: IB SIG. Auf den Grundwiderspruch der Menschenrechte, die trotz ihrer universellen Geltung von Nationalstaaten garantiert werden mussten, hat bekanntlich bereits Arendt (Elemente, S. 455) hingewiesen.

5 M. Wyler an Mayer, 20. Okt. 1941, inkl. eines «Notizen» genannten Gutachtens; Wyler an Mayer, 31. Okt. 1941; Exposé ohne Angabe von Verfasser (Ruth) und Datum, alles in: AfZ: MF Joint Switzerland, File 986. Ruth vertrat statt der Theorie der völkerrechtlichen Mindeststandards diejenige der Inländergleichbehandlung. Vgl. zur Beratung Ruths, die vor der SIG-Eingabe erfolgt sein muss, auch: DDS 14, Nr. 134, S. 402. Mayer über «illusorische» Interventionen: Aus der Tätigkeit des SIG, 1940, AfZ: MF S. Mayer, SM 2; Unverständnis Mayers: Referat G. Guggenheims, Prot. ICZ-Delegierte zum SIG, 1. Nov. 1942, S. 4, AfZ: NL G. Brunschvig, IV, Doss. 9.1–9.2; Referat G. Guggenheims in der ICZ-GV, 22. März 1943 (Zitat zu «Untertanen», hier auch Betonung von Bigars Unverständnis), ICZ-Archiv.

6 P. Guggenheim an Mayer, 5. Nov. 1941, AfZ: IB SIG, Rechtsschutz für Schweizer Juden, Ordre public II**; P. Guggenheim, Aktennotiz, 24. Nov. 1941, AfZ: IB SIG, Rechtsschutz für Schweizer Juden, Ordre public III**. P. Guggenheim wusste nicht, dass Mayer nicht nur einen, sondern zwei Experten angefragt hatte. Dass Ruth der Autor des ihm bekannten Gutachtens war, vermutete er nur. Eklat im GA vom 28. Nov. 1941, folgende Krise und Dispensierung des GA: Separatbeilage zum Prot. CC, 25. März 1941, AfZ: IB SIG; G. Guggenheim, Entwurf zu seinem Referat in der Sitzung der ICZ-Delegierten zum SIG, 24. März 1942, S. 2, AfZ:

NL G. Brunschvig, IV, Doss. 9.1–9.2; Prot. ICZ-DV, 22. März 1943, ICZ-Archiv; Prot. CC, 22. Juni 1942, S. 7, 20. Aug. 1942, S. 11, und 24. Sept. 1942, S. 5–8; SIG-DV, 13. Dez. 1942, Nachmittag, S. 2, 14–18, alles in: AfZ: IB SIG.

7 DDS 14, Nr. 134, S. 398–401 (Zitat: S. 400).

8 Bonna an SIG, 27. März 1942, DDS 14, Nr. 177, S. 557; E. von Steiger an Pilet-Golaz, 27. Jan. 1942, BAR: E 2001 (D) -/2, Bd. 101. Mayer erhielt, wohl von Ruth, eine Kopie der internen EJPD-Stellungnahme: AfZ: MF Joint Switzerland, File 986. Ruth erwähnt seine Autorschaft selbst: Mayer, Notiz zu Telefongespräch, 6. Mai 1942. Gewährsmann und Vermittlung: P. Guggenheim, Aktennotizen vom 17. und 29. Apr. 1942, alles in: AfZ: IB SIG, Rechtsschutz für Schweizer Juden, Ordre public II**; Feldmann, Tagebuch, Bd. XIII/3, S. 117; ausführlich zur blockierten Situation: Picard, Schweiz und die Juden, S. 204f.

9 Sondierung und Audienz Mayers: Besprechung von Legionsrat Kohli mit Mayer, 2. Mai 1942; Notiz von Pilet-Golaz, 16. Juli 1942, beides in: DDS 14, Nr. 235, S. 558f.; Mayer, handschriftliche Notizen zur Audienz vom 11. Mai 1942 (ohne Titel, auf Schreibpapier Hotel Schweizerhof, Bern), AfZ: MF Joint Switzerland, File 986; vorbereitendes Exposé Mayers zur Audienz; div. Korrespondenz mit P. Guggenheim zum anschliessenden Briefwechsel; SIG an Pilet-Golaz, 18. Aug. 1942; Pilet-Golaz an Mayer, 9. Okt. 1942; div. Korrespondenz zwischen Mayer und Farbstein, alles in: AfZ: IB SIG, Rechtsschutz für Schweizer Juden, Ordre public II**.

10 Notiz Mayers zu einem Gespräch mit P. Guggenheim (ohne Datum), AfZ: MF Joint Switzerland, File 986; Prot. SIG-DV, 19. Apr. 1942, S. 2f., AfZ: IB SIG.

11 Die Zahlen der abgewiesenen Einreisegesuche für die Periode 1938–1941 sind unbekannt. In den Jahren 1938–1944 waren es insgesamt 14 500. Für die Jahre 1938–1941 sind 212 Grenzübertritte von Zivilflüchtlingen bekannt. Die Zurückweisungen sind nicht alle erfasst worden; für 1940 und 1941 sind 1 235 Fälle bekannt. Bei all diesen Zahlen wurden die Juden nicht speziell erfasst; zumindest bei den Abgelehnten machten sie aber gewiss immer die grosse Mehrheit aus. Vgl. Koller, Entscheidungen, S. 97, 87, 94. Zu den Ausnahmebewilligungen vom Herbst 1941: (ohne Angabe des Verfassers) Bericht über die Einreisepraxis des Emigrantenbureaus an von Steiger, 12. Okt. 1942, BAR: E 4800 (A) 1967/111, Bd. 195; Geschäftsbericht des Bundesrats, 1941, S. 170; Ludwig, Flüchtlingspolitik, S. 212.

12 Einschätzung des Verhältnisses: Referat S. S. Guggenheims in der VSIA-GV, 30. März 1941, S. 2, AfZ: MF Joint Switzerland, File 1003; Prot. Vorstandssitzung der Israelitischen Cultusgemeinde Bern, 7. März 1942, S. 68, JG Bern. Ausbleibende Kritik der SZF an den Abweisungen: Rothmund an von Steiger, Bericht zum Schreiben von Nationalrat Rittmeyer, 23. Nov. 1941, S. 4, BAR: E 4800 (A) 1967/111, Bd. 150. Die Nichtaufnahme der Kinder aus Prag erwähnte E. Haymann in der SIG-DV vom 19. Apr. 1942. Vgl. Prot. S. 5. Haymanns Behauptung stiess in dieser DV auf keinen Widerspruch, jedoch im Spätherbst 1942, als er die Behauptung wiederholte. Nun wurde sie von S. Braunschweig als Verleumdung bezeichnet. Wahrscheinlich bezog Braunschweig die Äusserung fälschlicherweise auf die aktuelle Zeit: Prot. SIG-GA, 26. Nov. 1942, S. 3; AfZ: IB SIG; vgl. auch: Bolter, Kultusgemeinde St. Gallen, S. 104. Im Jahr 1941 nahm der Flüchtlingsbestand des VSIA um 57 Personen ab, es waren zwar mehr emigriert, aber es gab auch Zuzüge aus dem In- und Ausland: Tätigkeitsbericht SIG, S. 2, Beilage zum Prot. CC, 13. Apr. 1942; Rothmund an Troper, 10. Aug. 1941; Mayer an Joint Lissabon und New York, 18. Juli 1941, beides in: AfZ: MF S. Mayer, SM 1; vgl. Bauer, American Jewry, S. 233; Unabhängige Expertenkommission, Schweiz und die Flüchtlinge, S. 100.

13 Anfrage Rothmunds: Mayer, telefonisches Gespräch mit Joe (Schwartz), 26. Okt. 1941, AfZ: MF S. Mayer, SM 12; Haltung des SIG: Prot. CC, 2. Nov. 1941, S. 4–6, und 11. Febr. 1942, S. 2 (hier auch die Zahl von 200), beides in: AfZ: IB SIG; realisierte Einreisen: Prot. VSIA-GV, 3. Mai 1942, AfZ: MF Joint Switzerland, File 1003; Deportationen aus Deutschland, Österreich und Protektorat, zeitgleiches Auswanderungsverbot: Browning, Endlösung, S. 470, 507, 529f., 534, 537.

14 Zusammenarbeit mit der Reichsvereinigung (Nachfolgeorganisation der Reichsvertretung): S. S. Guggenheim, Entwurf zu seinem Referat in der VSIA-GV, 30. März 1941, AfZ: MF Joint Switzerland, File 1003; Übernahme der Generalvertretung: Prot. CC, 11. Febr. 1942,

S. 2, AfZ: IB SIG; das Folgende zu Schild nach ihrem Personendossier, AfZ: IB VSJF, 1.4, S. 321.
15 Entdeckung des Ausschlusses: Briefwechsel zwischen G. Brunschvig und S. Mayer, Juni 1941, AfZ: IB SIG, Hilfe und Aufbau, Organisationen I**; Anfänge der Kinderzüge: Schmidlin, Schweiz, S. 21–24; zur Badener Kinderhilfe: Dokumente in: AfZ: NL Rosa Wyler-Kahn, 2.2. Hilfstätigkeit, 1917–1932; zum SHEK: a. a. O., S. 25–37, und in diesem Buch S. 194; Neubeginn durch SAK: Schmidlin, S. 136f.
16 Ausschluss seit 1940: Schmidlin, Schweiz, S. 138; Zurückhaltung Mayers: Brief an G. Brunschvig, 13. Juni 1941, AfZ: IB SIG, Hilfe und Aufbau, Organisationen I**; Prot. CC, 11. Febr. 1942, S. 9; Prot. SIG-DV, 19. Apr. 1942, S. 4–7, beides in: AfZ: IB SIG.
17 Fusion von SAK und SRK: Schmidlin, Schweiz, S. 197–220; zur politischen Instrumentalisierung des SRK auch: Unabhängige Expertenkommission, Schweiz und die Flüchtlinge, S. 254–260; Pressekritik: a.a.O., S. 240; Imhof u.a., Flüchtlinge, S. 122–129; Sagalowitz: Prot. ICZ-Delegierte zum SIG, 12. März 1942, S. 5, ICZ-Archiv; Forderungen Rothmunds: Schmidlin, Schweiz, S. 241f.; Reaktion Mayers: Prot. VSIA-GV, 3. Mai 1942, S. 12, AfZ: MF Joint Switzerland, File 1003. Vermutlich war damals nicht bekannt, dass die Schweiz auch bei Kindertransporten aus anderen Ländern jüdische Einreisen ablehnte: Rothmund an Schweizerische Konsulatkanzlei Brüssel, 28. März 1942, BAR: E 4800 (A) 1967/111, Bd. 106, Korrespondenz Chef, A–L, 1942. Der Chefarzt des Roten Kreuzes, Oberst Hugo Remund, verteidigte die behördliche Massnahme mit dem Argument, bei einer unverantwortlichen Vermehrung der Juden entstehe Antisemitismus. Saly Mayer und «Kreise von anständigen und seit Generationen in der Schweiz ansässigen Juden sind in dieser Frage genau unserer Meinung». Nach: Haas, Wenn man, S. 239.
18 Konzessionen Rothmunds: Schmidlin, Schweiz, S. 240–242; deutsches Verbot: Schwabacher an EPD, 16. Okt. 1942, AfZ: IB SIG, 9.1.4. Flüchtlingspolitik, Einreisegesuche aus Frankreich**. Laut Schmidlin (Schweiz, S. 242) ist unklar, ob die schweizerischen Behörden am Ausschluss der Juden im Herbst eine Mitschuld trugen. Vgl. zur Aufnahme von Kindern auch S. 324 und 374f. Bitte Mayers: DDS 14, Nr. 177, S. 558f., inkl. Anm. 7.
19 Bauer, American Jewry, S. 42, 219 (Mayer als Joint-Vertreter), 43, 197–199 (Lissabon), 41f. (zu Schwartz), 220 (anfängliche Nichtinvolvierung Mayers), 182, 217 (Dilemma des Joint).
20 Vorschlag einer «Europahilfe» in 1941: Mayer, Entwurf für einen Bericht per 1. Juni 1944, AfZ: MF S. Mayer, SM 1; Mayers Vorschlag vom Febr. 1942 und dessen Akzeptanz: Bauer, American Jewry, S. 222f.; Cohen, Bein «scham», S. 180f.; Mayers Tätigkeitsfeld: Bauer, American Jewry, S. 180, 266; zu Frankreich: a.a.O., S. 243 sowie 152–177; ein Bsp. für den Glauben an den jüdischen Einfluss: a.a.O., S. 364f.; zu Mayers Zwangslage: Bauer, American Jewry, S. 223f.
21 Generell zur Dollarblockade: Bauer, American Jewry, S. 225f.; ders., Freikauf, S. 126f.; Picard, Schweiz und die Juden, S. 366f., 383f.; Unabhängige Expertenkommission, Schweiz und die Flüchtlinge, S. 213–219 (die im Dez. 1943 erfolgte Zustimmung Rothmunds zum Transfer: S. 218); Weigerung SNB: Chase National Bank an Joint New York, 19. März 1942, AfZ: MF S. Mayer, SM 4 (in diesem Dossier befinden sich weitere Dokumente zu den Deblockierungsversuchen des Joint); Besuch von Schwartz in der Schweiz: Mayer, Notiz mit dem Titel «1942» (ohne Angabe von Datum und Verfasser), AfZ: MF Joint Switzerland, File 989; Telegramm Schwartz an M. A. Leavitt, Joint New York, 14. Okt. 1942; Desinteresse der Behörden: Telegramm Schwartz an Leavitt, 1. Okt. 1942 (Übersetzung aus dem Englischen von St. M.); Mayer an Rothmund, 27. Okt. 1942, alles in: AfZ: MF S. Mayer, SM 4. Es ging darum, dass das EJPD dem EPD oder der SNB eine Begründung für den Transfer hätte geben sollen. Vgl. auch: Mayer, Notiz zu Telefongespräch mit Ruth, 3. Febr. 1943; Polizeiabteilung an Mayer, 15. Febr. 1943, AfZ: MF S. Mayer, SM 4; Ablehnung durch Rothmund: Mayer, Notiz zu Gespräch mit Kohli, 10. Sept. 1943, AfZ: MF S. Mayer, SM 22; Mayer, Notiz zu Audienz bei Rothmund, 24. Okt. 1943, AfZ: MF S. Mayer, SM 5; vgl. in diesem Buch S. 324. Nach Bauer (American Jewry, S. 225, und: Freikauf, S. 126f., 419) erhielt Mayer bis zum Sept. 1943 kein Geld aus den USA. Nach Mayer selbst war der Dollartransfer hingegen nur bis Febr. 1943 blockiert: Mayer, Notiz mit dem Titel «1942»; ders., handschriftliche Notiz,

beide Dokumente ohne Angabe von Datum und Verfasser, in: AfZ: MF Joint Switzerland, File 989; vgl. auch: Cohen, Bein «scham», S. 184.
22 Zu Mayers Denunziationen und der Erkundigung betr. Basler Steuerpflichtige: div. Dokumente vom Mai und Juni 1942, in: AfZ: MF Joint Switzerland, File 974; vgl. Sibold, Mit den Emigranten, S. 61f.; «Abwicklung danach»: Bauer, Freikauf, S. 126.
23 Picard, Schweiz und die Juden, Kap. 4.
24 Bauer, American Jewry, S. 220f.; Cohen, Bein «scham», S. 69-74, 84, 182-184; Cohen, Honour, S. 160; Bornstein, Insel Schweiz, S. 27-39, 194-197; Kroh, David, v. a. S. 34f., 191-197; ders. «Onkel Schwälbchen», Aufbau, 8. Apr. 2004. Mayer empfahl Schwalb, sich gegenüber Rothmund einer politischen Neutralität zu befleissigen und keine Haltung pro Palästina einzunehmen, ausserdem riet er zum Verzicht auf jeden öffentlichen Druck (er solle nicht «via Zeitung» an den Polizeichef gelangen): Mayer, Notiz zur Besprechung mit N. Schwalb, 4. Juni 1941, AfZ: MF S. Mayer, SM 24. Vgl. zur Beziehung Schwalb–Mayer auch die anderen Dokumente in diesem File.
25 Laqueur, Was niemand, S. 211-228; Cohen, Confronting; Cohen, Honour, S. 160; Kranzler, The Man, S. 25; Riegner, Niemals, S. 71; Laqueur/Breitman, Breaking, S. 136.
26 Zu Riegner: ders., Niemals, S. 47-55, 218f., 66; Cohen, Honour, S. 160f.; Cohen, Riegner-Telegramm, S. 303-305; Verhältnis JDC–WJC: Bauer, American Jewry, S. 36, 182-184; Riegner, Niemals, S. 218-220; Verhältnis SIG–WJC nach Mayers Abgang: Riegner, Die Führung der jüdischen Gemeinschaft in der Schweiz während des Zweiten Weltkrieges, in: Das Neue Israel, Nov. 1985, S. 21-24, 23; vgl. S. 430 und 538, Anm. 40. Zu den Organisationen im Palais Wilson gehörten etwa das Œuvre de secours aux enfants (OSE), die Aide aux Emigrés (ein Ableger des International Migration Service, der unter der Leitung von Bertha Hohermuth als Genfer Zweig des SHEK fungierte), Pasteur Adolf Freudenbergs Büro des Comité œcuménique d'aide aux réfugiés (das dem französischen CIMADE als wichtige Anlaufstelle diente) oder die Young Men's Christian Association (die amerikanische Vertretung des Christlichen Vereins Junger Männer, die von Donald Lowrie repräsentierte wurde). Vgl. Fivaz-Silbermann, Refoulement, S. 300f.
27 Cohen, Bein «scham», S. 168-176; Cohen, Honour, S. 163-165; Haas, Wenn man, S. 202-209; DDS 15, S. 53f.; vgl. Picard, Schweiz und die Juden, S. 395; Silberschein an Mayer, 20. Nov. 1940; Mayer an Silberschein, 21. Nov. 1940, beides in: AfZ: IB SIG, 9.2.8.2. Arbeitslager und Heime, Betreuung durch SIG/VSJF**; Mayer, Notiz zu Telefongespräch mit Schwartz, 13. März 1942, AfZ: MF S. Mayer, SM 7; Kamber, Verrat; Zeugin/Sandkühler, Lösegelderpressungen, S. 125f.; Interview R. Boritzer, Juli 1983, Kassette 1. Vgl. zur belasteten Beziehung zwischen Mayer und Silberschein div. Dokumente in: AfZ: MF S. Mayer, SM 56; zur britischen Blockadepolitik und der Auswirkung auf die jüdische Hilfe: Shatzkes, Holocaust, S. 164ff.; Wasserstein, Britain, S. 292f.
28 Kamber, Verrat; Kranzler, Thy Brother's, S. 200-203; ders., The Man, S. 18; Memoiren Kühls (Typoskript ohne Jahr), S. 30, 34, AfZ: NL G. Brunschvig; Stauffer, Polen, S. 143-151 (Zitat zu Rothmund: S. 150); Haas, Wenn man, S. 108-116 (zur Involvierung Brunschvigs in Passfälschungen: S. 109). Kühl setzte sich auch wegen helvetischem Antisemitismus mit Mayer auseinander: Er beklagte sich, dass die Eidgen. Fremdenpolizei den jüdischen Ehefrauen von polnischen Militärinternierten, die in Frankreich Aufenthaltsgenehmigungen hatten, keine Besuchserlaubnis für die Schweiz erteilte: Kühl an Mayer, 12. Okt. 1941, AfZ: MF S. Mayer, SM 51 (hier auch weitere Korrespondenz zu den Militärinternierten). Interview O. Brunschvig; Picard, Schweiz und die Juden, S. 392f.; Braunschweig, handschriftliche Notiz zur Audienz vom 31. Mai 1943, S. 5, AfZ: NL S. Braunschweig, Audienz bei Bundesrat von Steiger.
29 Zu den Sternbuchs: Kranzler, Thy Brother's, S. 68-74, 186-203; Kranzler, The Man, S. 17f., 26; Friedensohn/Kranzler, Heroine; Zuroff, Response, S. 266, 274; Keller, Grüninger, S. 181f.; Interview mit Elias Sternbuchs Ehefrau Gutta, Zürich, durch St. Mächler, 23. Okt. 2004; Picard, Schweiz und die Juden, S. 264-266, 392-394; zum Gedanken der Kahal Israel (bei Mayer «Khal») auch: Bauer, American Jewry, S. 221; Mayer, Notiz zu Telefongespräch mit

Lissabon, 13. Aug. 1944, AfZ: MF S. Mayer, SM 9. Zu den Gefälligkeitspässen auch: Wasserstein, Britain, S. 207ff. Die Umstrittenheit Isaac Sternbuchs geht aus einer ausführlichen Korrespondenz zwischen Charles Ullmann, New York, Simon Gutglück, Zürich, und Josef Mandel, Zürich, von 1946 hervor, in der auch Vorgänge aus früheren Jahren referiert werden. Für die Dokumentation danke ich Itta Shedletzky. Siehe auch die Akten zum Mantello-Schiedsgericht in: AfZ: IB SIG, Hilfe und Aufbau, SIG-Untersuchungskommission betr. San (sic) Salvador-Pässe u. a. Mantello**; ausserdem: Kranzler, The Man, S. 18.

30 Kranzler, The Man, S. xxii, xxiii, 10, 2f., 6, 26–42, 73f.; Zeugin/Sandkühler, Lösegelderpressungen, S. 125f.

31 Zu Tschlenoff: ders. an Mayer, 29. Jan. 1942, AfZ: MF S. Mayer, SM 26; http://www.ose-france.org/weill-joseph.html.10. Nov. 2003; zum Palais Wilson vgl. Anm. 26.

32 Liste tätiger Hilfscomités in: Hilfsverein für jüdische Auswanderung an S. Braunschweig, 26. Juli 1942, AfZ: IB SIG, Hilfe und Aufbau, Organisationen IX**; Ein- und Ausfuhrhindernisse: Tätigkeitsbericht SIG, 19. Apr. 1942–28. Febr. 1943, AfZ: IB SIG, Korrespondenz mit den Mitgliedern des CC, 1942/43**; Blockadepolitik: Zweig, Ronald W., Feeding the Camps: Allied Blockade Policy and the Relief of Concentration Camps in Germany, 1944–1945, in: Historical Journal 41 (1998), S. 825–851; problematische Rolle der Jüdischen Unterstützungsstelle: Bauer, American Jewry, S. 320–322, 331–334; Shatzkes, Holocaust, S. 195f. Auch das OSE in Genf und – teilweise über dieses – der Joint, die Hilfsaktion für notleidende Juden in Polen, der VSJF und der SIG arbeiteten mit der JUS zusammen. Vgl. Tschlenoff an Mayer, 7. Juli 1943, AfZ: MF S. Mayer, SM 26; VSJF an S. Braunschweig, 5. Aug. 1943; S. Braunschweig an VSJF, 24. Aug. 1943, beides in: AfZ: IB SIG, Hilfe und Aufbau, Hilfsverein für jüdische Auswanderung, Organisationen IX**.

33 Konflikt mit Sternbuch: Mayers Korrespondenz mit Kühl vom 19. und 27. Mai 1942, AfZ: MF S. Mayer, SM 51; Sternbuch an Mayer, 4. Juni 1942, AfZ: IB SIG, Handakten S. Braunschweig**; Mayers Korrespondenz mit Tschlenoff vom 5. und 7. Juni 1942, AfZ: MF S. Mayer, SM 21. Schon 1942 forderte der Hilfsverein für jüdische Auswanderung, dass sich der SIG um eine Koordination der Hilfstätigkeiten kümmere: Korrespondenz zwischen S. Braunschweig und dem Hilfsverein, vom 26. Juli und 4. Aug. 1942, AfZ: IB SIG, Hilfe und Aufbau, Interventionen, Hilfs- und Rettungsaktionen, allgemeine Unterlagen, Sekretariat St. Gallen**. Das OSE forderte Gleiches: B. Tschlenoff an S. Mayer, 7. Apr. 1942, AfZ: MF S. Mayer, SM 21. Zu einer Koordinationssitzung kam es jedoch erst am 26. Sept. 1943. Im Jahr 1944 bemängelte auch IKRK-Vizepräsident Burckhardt die fehlende jüdische Koordination. Weitere Dokumente zu Koordinationsbemühungen am gleichen Ort sowie in den Dossiers: AfZ: IB SIG, Hilfe und Aufbau, Organisationen I** und Organisationen IX**; Vermeidung eines weiteren «Fiaskos»: Prot. CC, 30. Nov. 1944, S. 10f.; Prot. SIG-GL, 12. Okt. 1944, S. 6, AfZ: IB SIG; vgl. zur schlechten Zusammenarbeit in der Schweiz: Picard, Schweiz und die Juden, S. 387f.; Kranzler, The Man, S. 7, 18, 24f. (u. a. zur Agudat Israel), 60–63.

34 Jüdische Haltung: Cohen, Honour, S. 160; ausführlich zum US-Judentum: Arad, America, Teil 4; zum Wissen der Alliierten: Breitman, Secrets; Vermeidung der Parteinahme für Juden: Bauer, Freikauf, S. 136.

35 Browning, Endlösung (Zitat: S. 508). Abweichende Interpretationen zur Genese der «Endlösung» findet man bei: Burrin, Philippe, Warum die Deutschen? Antisemitismus, Nationalsozialismus, Genozid, Berlin 2004; Gerlach, Christian, Krieg, Ernährung, Völkermord. Forschungen zur deutschen Vernichtungspolitik im Zweiten Weltkrieg, Zürich 2001.

36 Bericht Mantellos (ohne Datum) und Begleitbrief Braunschweigs an Mayer, 3. Jan. 1942, AfZ: MF S. Mayer, SM 58. Nach Kranzler (The Man, S. 2) stammte der Bericht von Wilhelm Filderman, dem Präsidenten der (unterdessen aufgelösten) Vereinigung der rumänischen Juden. Er sei u. a. an den WJC, die JA und das JDC geschickt worden. Keine Hilfe für Rumänien: Cohen, Bein «scham», S. 253.

37 Früherer Appell: Cohen, Bein «scham», S. 180; Mayer, Notizen zu Telefongespräche mit Schwartz, 18. Febr. 1942 (SOS, Bezahlung aus Privatvermögen), 1. Apr. 1942 (fantasierter Anschluss an WJC), 6. Apr. 1944 (Erinnerung an Hilfemöglichkeiten von 1942), alles in:

AfZ: MF S. Mayer, SM 7; vgl. Bauer, American Jewry, S. 224; Cohen, Bein «scham», S. 181; Projektidee: Tschlenoff an Schwartz, 16. Febr. 1942, AfZ: MF S. Mayer, SM 26.

38 Bericht eines polnischen Augenzeugen (ohne Verfasserangabe; ursprünglich auf Deutsch, aus dem Englischen von St. M. zurückübersetzt), von Schwalb (an Mayer) am 27. Febr. 1942 geschickt, AfZ: MF S. Mayer, SM 25.

39 Wahrnehmung Lichtheims im März, Interpretation des Memorandums: Cohen, Confronting, S. 351–356; Beteiligung Mayers: Kühl an Mayer, 19. März 1942, AfZ: MF S. Mayer, SM 51; Haas, Wenn man, S. 174f.; Memorandum vom 18. März 1942: a. a. O., S. 175f. (Auszüge), eine Kopie in der französischen Originalsprache in: AfZ: MF S. Mayer, SM 51.

40 Handschriftlicher Bericht vom 17. Mai 1942, AfZ: MF S. Mayer, SM 64.

41 Organisation der Hilfe: Mayer an Kühl, 28. Mai 1942, AfZ: MF S. Mayer, SM 64; Bund-Bericht: Bauer, Yehuda, When Did They Know?, in: Midstream, Apr. 1968, S. 57–63; Breitman, Secrets, S. 128. Kühls Informant war ein junger Mann namens Turski. Kühl an Mayer, 12. Juli 1942, AfZ: MF S. Mayer, SM 51.

42 Zur Geschichte des Riegner-Telegramms: Penkower, Jews, S. 59–97; Laqueur/Breitman, Breaking; Cohen, Riegner-Telegramm; Morse, Wasser, S. 15–33; Riegner, Niemals, S. 59–76; Sagalowitz an G. Guggenheim, 13. Aug. 1942, AfZ: IB JUNA, ungeordnetes Material zum Ludwig-Bericht, Dossier «Wissen»*+. Nach Laqueur/Breitman (S. 115, 123f.) erhielt Sagalowitz Koppelmanns Anruf am 30. Juli, nach Riegner (S. 59) muss das schon am 29. Juli gewesen sein. Nach Riegner (S. 64) und Cohen (S. 307, Fussnote 18) besprachen er und Sagalowitz sich mit Koppelmann am 3. August; nach Sagalowitz' Brief hingegen bereits am Sonntag, also am 2. August. Das im Brief erwähnte Ouchy ist das Hafenquartier von Lausanne.

43 Zu Schulte: Laqueur/Breitman, Breaking; zu den anfänglichen Zweifeln: Penkower, Jews, S. 63; Riegner, Niemals, S. 60–64; Beratung mit Guggenheim: a. a. O., S. 66; Cohen, Riegner-Telegramm, S. 308f.; deutsche Übersetzung des Telegramms in: Riegner, Niemals, S. 67. Zur Geschichte der Verzögerung ist viel publiziert worden, vgl. etwa: Penkower, Jews, S. 64–80; Arad, America, S. 215–220; Zuroff Response, S. 220–230; Breitman, Secrets, S. 139–145.

44 Die Nichtinformation G. Guggenheims ergibt sich aus Indizien: Erstens brach Sagalowitz seinen Briefentwurf unvollendet ab; man findet in den Archiven keine vollständige Version. Zweitens hätte Guggenheim wohl kaum ferienhalber bei der entscheidenden CC-Sitzung vom 20. Aug. 1942 gefehlt, wenn er einige Tage vorher über diese Radikalisierung orientiert worden wäre. Drittens erklärte G. Guggenheim später, durch Sagalowitz nicht über die «Wannseelösung» unterrichtet worden zu sein: Interview G. Guggenheim. Man findet zum «Riegner-Telegramm» auch in den Archiven des SIG und auf den Mikrofilmen des Saly-Mayer-Archivs keine Spuren. Zu Riegners Geheimhaltung: Riegner, Niemals, S. 66; Cohen, Riegner-Telegramm, S. 308, 310, Fussnote 26.

45 Lichtheim an Henry Montor, 13. Aug. 1942, nach: Friedländer, History, S. 63f. (Übersetzung aus dem Englischen von St. M.); vgl. Arad, America, S. 223f.; Cohen, Lichtheim, S. 363f., sowie diesen ganzen Aufsatz zur Entwicklung von Lichtheims Wahrnehmung; grundlegend zum Problem, die «Endlösung» zu begreifen: Laqueur, Was niemand; Penkower, Jews, S. 289–302; eine Zusammenfassung der Diskussion in: Bolchover, Jewry, S. 12–19.

46 Der Augenzeugenbericht wurde von Lichtheim, zusammen mit einem Begleitbrief, am 30. Aug. 1942 an Lauterbach nach Jerusalem weitergeschickt. Exemplare liegen in Jerusalem, nämlich im Central Zionist Archives, L 22/134 1, und in Yad Vashem, M 20/123. Der Bericht datiert vom 15. Aug., ist jedoch nicht signiert. Schon aus Lichtheims Begleitbrief geht indirekt hervor, dass der Augenzeuge wahrscheinlich von der polnischen Gesandtschaft empfangen wurde. Silberschein sagt laut Laqueur (Was niemand, S. 223, Fussnote) dann explizit, ihn von dort erhalten zu haben. Kranzler (The Man, S. 21) nennt ebenfalls Kühl als Quelle, jedoch ohne genauere Erklärung. Laqueur (S. 219) schreibt den Bericht Lichtheim zu, was aber wenig wahrscheinlich ist: Der Bericht wurde schon am 15. Aug. mit ausdrücklichem Hinweis auf die Ankunft des Zeugen am Vortag auf der Botschaft geschrieben. Es ist daher nahe liegend, dass die Niederschrift von jemandem stammt, der sich bereits auf der Gesandtschaft in Bern befand. Lichtheim wohnte hingegen in Genf. Die Art der Integration der Zeugenaussagen

von Turski (vgl. Anm. 41), der im Juli ebenfalls zu Kühl kam, spricht gleichfalls für diesen als Verfasser. Vermutlich hat Lichtheim in Genf den Bericht Kühls vor der Weiterverbreitung abgetippt, daher die offensichtlich verwendete Schreibmaschine mit französischer Tastatur (ohne Umlaute). Auch Cohen (Bein «scham», S. 61 und 227, Anm. 52) und Penkower (Jews, S. 66) ordnen den Bericht Kühl zu. Riegner (Niemals, S. 71f.) bezeichnet hingegen Lichtheim als den Verfasser. Dass Riegner den Bericht erhielt, erwähnt bereits Ludwig (Flüchtlingspolitik, S. 234f.), der das Zeugnis auch auszugsweise resümiert. Die entscheidende Bedeutung des Berichts für Lichtheims Wahrnehmung hat Cohen (Lichtheim, S. 360–363) herausgearbeitet. Laqueur nennt (S. 220) einige Unstimmigkeiten des Berichts sowie (S. 221), dass er auf Unglauben stiess. Zum Unglauben ausserdem: Arad, America, S. 217 (im WJC New York); Penkower, Jews, S. 74 (in der JA Jerusalem).

47 Kühls Bericht vom 15. Aug. ist in den Archiven des SIG nicht zu finden. Dennoch besteht kein Zweifel, dass es der eben eingereiste Augenzeuge war, der direkt oder indirekt (also über Kühl) den führenden SIG-Leuten die Augen öffnete. Dafür gibt es viele Hinweise: Einmal waren S. Mayer, S. Braunschweig und G. Brunschvig in diesen Tagen in ständigem Kontakt untereinander und mit Kühl. Thema ihrer Telefongespräche waren auch die von Kühl überbrachten «Scheusslichkeiten» aus Polen, so Mayer in seiner Agenda-Abschrift vom 17. Aug. 1942 (AfZ: IB SIG, Handakten S. Braunschweig**). G. Brunschvig hatte zu Kühl eine enge Freundschaft entwickelt, seitdem der Pole mit der Sekretärin des Schweizers eine Beziehung begonnen hatte. Odette Brunschvig kann sich auch, freilich ohne genau Datierung, daran erinnern, wie Kühl mit Meldungen über die Verbrechen ihren Ehemann schockierte (Interview O. Brunschvig). Es ist gut möglich, dass Kühl seinen Freund schon vor der Konferenz vom 16. August informiert hat. Brunschvig spielt überdies bereits wenige Tage nach Einreise des Zeugen vom 14. Aug. auf Elemente aus dessen Bericht an, auch auf die Falschinformation der Leichenverwertung. Vgl. JG Bern: Protokollbuch, 20. Aug. 1942, S. 76f. S. Braunschweig wiederum bezeichnete, wie wir gesehen haben, Kühl als Informanten über die Judenverfolgung in Polen. Er griff die Fehlinformation über die Leichenverwertung ebenfalls auf. Vgl. Prot. CC, 20. Aug. 1942, Beilage. Bereits Ludwig (Flüchtlingspolitik, S. 235) behauptete (vermutlich durch Sagalowitz informiert), dass Braunschweig auf den Bericht Bezug nahm. Mayer schliesslich erfuhr die Nachricht von Kühl laut Bauer (American Jewry, S. 367, und ders., Freikauf, S. 420) bereits am 15. Aug. 1942. Bauers Quelle (SM 52 im Joint-Archiv New York) fehlt allerdings in den entsprechenden Mikrofilmen des AfZ. Mayer sagt andernorts, gewisse Meldungen, «die jenseits menschlichen Verstehens lagen», seien auf der Konferenz vom 16. Aug. 1942 überbracht worden: Prot. SIG-DV, 13. Dez. 1942, S. 3, AfZ: IB SIG. Welche Augenzeugen sonst noch auf der Konferenz anwesend waren (die Rede ist von mehreren), ist unbekannt. Vielleicht gehörte Turski dazu, der Kühl schon im Juli informiert hatte (vgl. Anm. 41). Zur Annahme, es ginge z. T. nur um Sklaven- oder Bordellarbeit: Aktennotizen von G. Brunschvig und S. Braunschweig zur Audienz bei von Steiger, 31. Mai 1943, AfZ: IB SIG, 9.1.1.1. Flüchtlingspolitik, einzelne Geschäfte, allgemeine Korrespondenz**. Offenbar realisierte im August 1942 auch Nathan Schwalb die mörderischen Vorgänge: Laut Gad Beck, dessen Erinnerungen allerdings nicht in allen Teilen zuverlässig sind, riet er damals seinen Berliner Kameraden eindringlich davon ab, sich in den Osten abtransportieren zu lassen. Vgl. Kroh, David, S. 147.

48 Briefe an Sternbuch: Friedenson / Kranzler, Heroine, S. 90f.; Zuroff, Response, S. 220–226; Kranzler, Thy Brother's, S. 94 (hier auch Weitergabe an Mayer); vgl. Haas, Wenn man, S. 190f.; Morse, Wasser, S. 22f.; Bestätigung durch Burckhardt: a.a.O., S. 25–27; Stauffer, Sechs furchtbare Jahre, S. 227–231, 237–243; Cohen, Riegner-Telegramm, S. 317.

49 Zur Geschichte der Verzögerung: Zuroff, Response, S. 220–227; Breitman, Secrets, S. 139–145 (Zitat: S. 139, aus dem Englischen übersetzt von St. M.; Pressereaktion: S. 145); Arad, America, S. 215–218.

50 Vgl. Picard, Schweiz und die Juden, S. 413 (irrtümlich wird hier für das IW als Publikationsdatum der 17. Nov. 1942 angegeben); Wieler an Charles Liatowitsch, 15. Apr. 1959. Für die Überlassung des Dokuments danke ich R. Wieler. Der ausserordentliche Delegiertentag fand am 6. Dez. 1942 statt. Vgl. IW, 11. Dez. 1942.

51 Ebd.; Zuroff, Response, S. 227–229; Penkower, Jews, S. 83; Riegner, Niemals, S. 101, 83–85 (hier auch deutsche Übersetzung der Erklärung); Wasserstein, Bernard, Patterns of Jewish Leadership in Great Britain During the Nazi Era, in: Braham (Hrsg.), Leadership, S. 29–43, 38f. (hier ist erwähnt, dass in Grossbritannien erst am 13. Dez. 1942 getrauert wurde), 42; Wyman, David S., The American Jewish Leadership and the Holocaust, in: Braham (Hrsg.), Leadership, S. 1–27, 7; Shatzkes, Holocaust, S. 116f., 237.

52 Zu Bermuda: Penkower, S. 98–129 (zu den Neutralen: S. 99, 110); Riegner, Niemals, S. 101–107; zu den (jüdischen) Vorstössen betr. Neutralen: Breitman, Secrets, S. 154, 168, 172, 180, 185; Shatzkes, Holocaust, S. 122, 124; zum britischen Einverständnis mit der Schweizer Politik: Wylie, Neville, Britain, Switzerland, and the Second World War, Oxford 2003, S. 308–315, 330; zur sorgsamen Schweizer Beobachtung der britischen Asylpolitik: ebd.; vgl. die Berichte von Minister Thurnheer, Schweizerische Gesandtschaft in London, an von Steiger vom März bis Mai 1943, alle in: BAR: E 4001 (C) 1, Bd. 253, 702/1.

Fragmentierte Welten

1 Vgl. zu Mayers Tätigkeit die auszugsweise Abschrift aus seiner Agenda vom 15. März bis 14. Nov. 1942 (hier auch Braunschweigs Qualifizierung), AfZ: IB SIG, 3.1.2. Handakten S. Braunschweig**; Bauer, American Jewry; ders., Freikauf.

2 Zu den Kontakten Fleischmanns mit Schwalb und Mayer: AfZ: MF S. Mayer, SM 64; zur Konferenz in Paris: Bauer, Dunkle Seite, S. 216; ders., American Jewry, S. 34; zum Hilfsprogramm: Fleischmann an Silberschein, 27. Juli 1942, AfZ: MF S. Mayer, SM 64. Der Brief ging an Schwalb weiter, am 8. Aug. auch an Mayer. Aus diesem Brief stammt auch das Zitat. Vgl. Bauer, Freikauf, S. 129, 160; zur Unmöglichkeit der Individualhilfe: Mayer an Simon Ascher, 28. Aug. 1942, AfZ: MF S. Mayer, SM 64. Die Soziale Selbsthilfe Krakau war vermutlich identisch mit der Jüdischen Unterstützungsstelle für das Generalgouvernement (JUS), der die Deutschen ab November 1942 nur noch zu Propagandazwecken eine weitere Tätigkeit erlaubten. Vgl. Bauer, American Jewry, S. 320–322, 331–334; Shatzkes, Holocaust, S. 195f.; zur Ablehnung der Bestechung: Notiz eines Telefongesprächs von Mayer mit Schwartz, 14. Aug. 1942, AfZ: MF S. Mayer, SM 4. Eine Notiz Mayers ohne Datumsangabe (ca. 1944) deutet darauf hin, dass er die Notlage in der Slowakei unterschätzte und dass er sich nicht allein aus Finanzknappheit von weiter gehenden Massnahmen abhalten liess. «Man hat sich», schreibt er zur Dollarblockade und zum ganzen Jahr 1942, «beholfen, so gut es ging, und damals waren auch die Anforderungen kleiner als später, da man sich noch in div. Ländern selbst helfen konnte. [...] Man glaubte damals, die Situation in der Hand zu haben. Ungarn half Slowakei, Slowakei half Polen, Rumänien war stabil.» Mayer, Notiz mit dem Titel «1942», AfZ: MF Joint Switzerland, File 989 (Rechtschreibung und Interpunktion korrigiert).

3 Zu den Repatriierungs-Interventionen: Besprechung Mayers in der Abt. für Auswärtiges, 2. Mai 1942: DDS 14, S. 559. Die erste Intervention für einen Einzelfall bei der «Arisierung» betraf einen Georges Goldschmidt. Div. Dokumente dazu in: AfZ: IB SIG, 9.1.4. Einreisegesuche aus Frankreich**; im gleichen Dossier auch Erwähnung weiterer Repatriierungs-Interventionen beim EPD vom 21. Juli und 13. Aug. 1942; zur Erwägung einer Reise nach New York: Mayer, Notiz zu Telefongespräch mit Schwartz, 10. Aug. 1942, AfZ: MF S. Mayer, SM 7; Kasse bei Mayer: Prot. CC, 24. Sept. 1942, S. 6, AfZ: IB SIG.

4 Zu den Flüchtlingen an der Westgrenze: Prot. CC, 20. Aug. 1942, S. 2; Mayer, Notiz, 14. Aug. 1942, AfZ: MF S. Mayer, SM 12a; zur Verdoppelung der Subventionen: Mayer, Notiz zu Telefongespräch mit Schwartz, 10. Aug. 1942, AfZ: MF S. Mayer, SM 7. Weill kam am 8. Aug. in die Schweiz, eine erste Besprechung fand am 11. Aug. in Zürich statt: S. Mayer an S. Braunschweig, 8. Aug. 1942, AfZ: IB SIG, Hilfe und Aufbau, Interventionen, Hilfs- und Rettungsaktionen, allgemeine Unterlagen, Sekretariat St. Gallen**; Prot. CC, 20. Aug. 1942, S. 2, AfZ: IB SIG; Notiz zum Telefongespräch zwischen Mayer und Schwartz, 14. Aug. 1942,

AfZ: MF S. Mayer, SM 4; keine Finanzhilfe vom SIG: Mayer an Israelitische Gemeinde Basel, 27. Aug. 1942, AfZ: IB SIG, 9.2.13.3. Sammlungen, 1938–1942**.

5 Prot. CC, 20. Aug. 1942, S. 2, AfZ: IB SIG; VSIA an alle Comités, Rundschreiben Nr. 235, 12. Aug. 1942, AfZ: MF Joint Switzerland, File 1005.

6 Zur Persönlichkeit Fleischmanns: Bauer, Dunkle Seite, Kap. 8; ders., American Jewry, S. 357; Campion, Lions's Mouth; zur Slowakei und den Deportationen: Bauer, Freikauf, S. 107–115; Bestechungsidee: a.a.O., S. 123; zur Auszahlung an Hochberg: a.a.O., S. 156f.; ders., Dunkle Seite, S. 222.

7 R. Jezler, Bericht der Polizeiabteilung zum Flüchtlingsproblem, 30. Juli 1942, S. 14, 16, 18, 23, BAR: E 4800 (A) 1967/111, Bd. 412, auch in: DDS 14, Nr. 222; zum Wissen der Bundesbehörden: Haas, Wenn man; vgl. Unabhängige Expertenkommission, Schweiz und die Flüchtlinge, S. 88–92; Jezler im Nachrichtendienst: Interview L. Jezler; Rothmund an von Steiger, 30. Juli 1942, BAR: E 6351 (F) 1, 251/58; zum BRB vom 4. Aug. 1942: Ludwig, Flüchtlingspolitik, S. 204; vgl. Lasserre, Frontières, S. 160f.

8 Zur Situation in Belgien: Hilberg, Vernichtung, S. 631–641; Steinberg, Maxime, L'Étoile et le Fusil, 3 Bände, Brüssel 1983–1987; zur Geschichte der Familie Popowski: Kasics/Mächler, Closed Country (Film); div. Interviews mit Angehörigen der Familien Popowski und Karp-Popowski; Personendossier der Familien: BAR: E 4264, 1985/196, N-Serie. Die beiden Erinnerungsversionen bezüglich des Vorfalls an der Grenze sind weniger widersprüchlich, als sie auf den ersten Blick erscheinen, da sie vielleicht mehrere Aspekte in einer einzigen Figur verdichten: Einerseits ist es wahrscheinlich, dass ein Beamter Widerstand leistete, da die Gruppe sonst sogleich zurückgewiesen worden wäre. Andererseits ist auch von anderen Fällen bekannt, dass Flüchtlinge mit Selbstmorddrohungen ihre Zurückweisung verhindern wollten.

9 Rothmund an von Steiger, 13. Aug. 1942 (Zitate: S. 2f.), BAR: E 4800 (A) 1967/111, Bd. 336; zu Schürchs Grenzerlebnis: Paul Guggenheim, Aktennotiz betr. Dr. Schürch, 28. Sept. 1942, Privatarchiv Guth-Dreyfus.

10 Zu den damaligen Erwägungen: Referat Rothmunds zur Flüchtlingsfrage, 22. Sept. 1942, S. 7f., BAR: E 4800 (A) 1967/111, Bd. 412; zur Angst vor einer deutschen Intervention: Rothmund an von Steiger, 30. Juli 1942, S. 2, BAR: E 6351 (F) 1, 251/58; Rothmund an Minister W. Thurnheer, London, 23. Aug. 1942, BAR: E 4800 (A) 1967/111, Bd. 107. Wenig später sagte Bundesrat von Steiger in einer vertraulichen Besprechung über die Flüchtlingspolitik: «Die grösste Sorge ist die aussenpolitische Belastung, von der öffentlich gar nicht gesprochen werden darf.» Nach: Stierlin, Aktennotiz über die Besprechung zw. Bundesrat von Steiger und einer Delegation des SVV, 17. Okt. 1942, S. 4, BAR: E 4001 (C) 1, Bd. 253, 702/1. Vgl. die verräterische Abstreitung einer aussenpolitischen Rücksichtnahme von Rothmund und von Bundesrat von Steiger bei der entsprechenden Anfrage Saly Braunschweigs: G. Brunschvig, Aktennotiz zur Besprechung im Bundeshaus am 31. Mai 1943, S. 4, AfZ: IB SIG, Handakten G. Brunschvig im SIG, Tätigkeit für den SIG vor der Präsidentschaft IV, Geschäftsablage betr. Geschäftsausschuss, 1942/43**; zu Plänen der NS-Führung: vgl. Browning, Endlösung, S. 288, 293, 455, 529f., 535, 581, 588. Als die Nazis am 20. Jan. 1942 in Berlin in der Villa am Grossen Wannsee konferierten, vergassen sie bei den mit der «Endlösung» zu Behandelnden auch die 18 000 Juden der Schweiz (ohne Flüchtlinge) nicht, vgl. Pätzold, Verfolgung, S. 339.

11 Rothmund an von Steiger, 13. Aug. 1942, S. 7, BAR: E 4800 (A) 1967/111, Bd. 336; Debrunner an Rothmund, 13. Aug. 1942, BAR: E 6351 (F) 1, 251, 58.

12 Zu den Erkenntnissen aus dem Gespräch mit Zaugg, zur eigenen Verantwortung: Referat Rothmunds zur Flüchtlingsfrage, 22. Sept. 1942, S. 7f., BAR: E 4800 (A) 1967/111, Bd. 412; zur neuen Weisung: Kreisschreiben der Polizeiabteilung vom 13. Aug. 1942, BAR: E 4001 (C) 1, Bd. 259; vgl. Ludwig, Flüchtlingspolitik, S. 205. Mit der Kommunikation der Abschreckung beauftragte Rothmund schon am 12. Aug. einen Armeeoffizier. Vgl. Rothmund an von Steiger, 13. Aug. 1942, S. 4, BAR: E 4800 (A) 1967/111, Bd. 336 (auch zur Krankheit Jezlers: S. 8); Rothmund an Konsularkanzlei Brüssel, 23. Aug. 1942, BAR: E 4260 (C) 1974/34, Bd. 67.

Am 23. Aug. schickte er bereits ein Telegramm, von hier auch Rothmunds Ausdruck, siehe Antwort des Konsulats vom 25. Aug. 1942 im gleichen Dossier. Mit den Schweizer Konsulaten in Holland, Belgien und Polen hat er schon am 12. Aug. Kontakt aufgenommen: Prot. CC, 20. Aug. 1942, S. 2, AfZ: IB SIG. Vgl. zum Entscheidungsprozess vom Sommer 1942 auch: Mächler, Kampf, S. 393–401, 411f.

13 Das Nahrungsmittelargument wurde schon damals zurückgewiesen: Ludwig, Flüchtlingspolitik, S. 221; zur Aufnahme des französischen Armeekorps am 19./20. Juni 1940: Gautschi, Guisan, S. 197, vgl. im vorliegenden Buch S. 320; zum Tagesdurchschnitt ankommender Flüchtlinge (zwischen 29. Juli und 13. Aug. 1942): Ludwig, Flüchtlingspolitik, S. 205; zum bedeutungslosen Wissen: Rothmund an Feldmann, 3. Dez. 1956, nach: Laqueur, Was niemand, S. 56; Rothmund, Notiz über eine Besprechung mit von Steiger, 22. Okt. 1956, BAR: E 4800 (A) 1967/111, Bd. 410.

14 Zum Problem der beschränkten Rationalität vgl. etwa: March, James G. (Hrsg.), Entscheidung und Organisation: Kritische und konstruktive Beiträge, Entwicklungen und Perspektiven, Wiesbaden 1990, sowie: March, Institutional Perspectives; zur Inspektion an der Grenze: Gaston Delaquis in: ex libris, Nr. 6, Juni 1967, S. 17; vgl. Mächler, Kampf, S. 411; Rothmund zu Ludwig in: ders., Flüchtlingspolitik, S. 381 (Hervorhebung von St. M.); Schürch, Notiz zu Telefongespräch mit Oberst Monnod, 28. Dez. 1942, BAR: E 4800 (A) 1967/111, Bd. 336 (hier auch eine umfassende Dokumentation der Verhandlungen zwischen Armee und EJPD). Vgl. auch: Studer, Brigitte, Die «Ausländerfrage» zwischen militärischem Sicherheitsdenken und rechtsstaatlichen Garantien zu Beginn des Zweiten Weltkriegs, in: Studien und Quellen 29 (2003), Bern, S. 161–187 (für den Hinweis danke ich Uriel Gast).

15 Rothmund vor der Konferenz der kantonalen Fremdenpolizeichefs, 25. und 26. Sept. 1942: Mächler, Kampf, S. 393, 401; Rothmund an von Steiger, 13. Aug. 1942 (Zitat: S. 5; zum Beginn der Rückweisungen: S. 6; zum Aufgebot Mayers: S. 8), BAR: E 4800 (A) 1967/111, Bd. 336; zur Staatenlosigkeit der meisten neuen Flüchtlinge: Rothmund auf der Sitzung des CC, 20. Aug. 1942, Prot. S. 7, AfZ: IB SIG; zur Anfrage ans Generalkonsulat Prag: Rothmund an Huber, 14. Aug. 1942, BAR: E 4800 (A) 1967/111, Bd. 106; zur Aufnahmemöglichkeit von Exschweizerinnen seit Sommer 1942: Zentralsekretariat SP (Hrsg.), mit dem Rücken, S. 34; vgl. Picard, Schweiz und die Juden, S. 214.

16 Zur «harmonischen» Aussprache Anfang Juni 1942: Mayer an Rothmund, 14. Mai 1943, BAR: E 4800 (A) 1967/111, Nr. 206, Verkehr mit schweizerischen Judenschaft; zur Offenlegung der Finanzen im Juli 1942: Prot. CC, 20. Aug. 1942, S. 1, und Prot. SIG-DV, 13. Dez. 1942, Nachmittag, S. 3, beides in: AfZ: IB SIG; zur vermuteten Zusage staatlicher Hilfe: Darauf deutet das VSIA-Rundschreiben vom 12. Aug. 1942 (siehe Anm. 5) hin, in dem Mayer für die Aufnahme neuer Flüchtlinge auf den Staat verwiesen hatte. Ohne eine entsprechende Zusage hätte dies der immer äusserst vorsichtige Mayer kaum gemacht.

17 Zum Gespräch vom 13. Aug. 1942: Prot. CC, 20. Aug. 1942, S. 2f.; Prot. SIG-DV, 13. Dez. 1942, vormittags, S. 3, beides in: AfZ: IB SIG; Prot. ICZ-VS, 17. Aug. 1942, S. 7, ICZ-Archiv (hier auch Braunschweigs Zitat zur «Freundschaft»). Es gibt kein Protokoll des Gesprächs vom 13. August, nur die nachträglichen Aussagen Mayers. Wir wissen nicht, ob er seine Stellungnahme später dezidierter darstellte, als sie tatsächlich ausgefallen war, weil er unterdessen, am 15. Aug., den systematischen Charakter der Vernichtung realisiert hatte oder weil er bald darauf wegen seines Schweigens unter Beschuss geraten war. Zur Prinzipienfrage und zum Vorwand: Mayer, Notiz zu Telefongespräch mit Schwartz (ohne Datum, ca. 14. Aug. 1942), AfZ: MF S. Mayer, SM 7; zur Unterkunftssuche: Mayer, Notiz, 14. Aug. 1942, AfZ: MF S. Mayer, SM 12a; Prot. CC, 20. Aug. 1942, S. 3, AfZ: IB SIG; Rothmund an von Steiger, 14. Aug. 1942, S. 3, BAR: E 4800 (A) 1967/111, Bd. 336; zum verständnisvollen Rothmund (im Original «very sympathetic»): Telefongespräch zwischen Mayer und Schwartz, 25. Aug. 1942, AfZ: MF S. Mayer, SM 7. Ähnlich positiv hat Mayer Schwartz offenbar schon vorher orientiert: J. Schwartz an Joint New York, 15. Aug. 1942, AfZ: MF S. Mayer, SM 2. Die Haltung Rothmunds bezüglich der Finanzierung bleibt unklar: Gegenüber seinem Gemeindevorstand erklärt S. Braunschweig am 17. Aug. 1942 laut Protokoll (siehe oben), Mayer habe gegenüber

Rothmund keinen Hehl daraus gemacht, dass der SIG keine neuen Lasten übernehmen könne. Die Fremdenpolizei habe sich grundsätzlich bereit erklärt, (neu) Eingereiste zu tolerieren und die Kosten zu übernehmen, habe sich jedoch dann «nicht durchwegs» an diese Zusage gehalten. Vermutlich bezieht sich diese «Zusage» auf die Zeit vor dem 13. August, was zu meiner Interpretation des VSIA-Briefs vom 12. Aug. passen würde (siehe vorgängige Anm.). Aus Mayers Telefonnotizen ohne Datum (ca. 14. Aug., siehe oben) und Schwartz' Brief vom 15. Aug. (siehe oben) geht hingegen hervor, dass die Juden nach dem 13. Aug. weiter (oder erneut) an ihre Finanzverpflichtung glauben. Das ist nicht unbedingt Rothmunds Plan. Jedenfalls erwähnt er im Brief an von Steiger vom 14. Aug., S. 3 (siehe oben), dass man für die etwaige Zurverfügungstellung des «Judenlagers in Lengnau» eine geringe Bezahlung leisten würde. Vielleicht war die Unklarheit von Rothmund gewollt (siehe dazu Anm. 37); vielleicht wollte Mayer aus seiner verinnerlichten Verpflichtung heraus bei Schwartz Druck machen. Zum Subventionsbegehren auch: Telegramm Schwartz an Moses A. Leavitt, Joint New York, 21. Aug. 1942, AfZ: MF S. Mayer, SM 2.

18 Zitat Mayers: Prot. SIG-DV, 13. Dez. 1942, S. 3., AfZ: IB SIG; vgl. zum Informationsstand der SIG-Spitze S. 289.
19 Schwalb an Mayer, 15. Aug. 1942, AfZ: MF S. Mayer, SM 64.
20 Zu Mayers Tätigkeit vom 17. Aug. 1942: Agenda-Abschrift, AfZ: IB SIG, Handakten S. Braunschweig**; zum Fall Sonabend: Mächler, Abgrund; Kasics / Mächler, Closed Country (Film); Interview R. Boritzer durch Weingarten, Juli 1983, Kassette 1; zu Kühl auch Anm. 19; zu Dreyfus-de Gunzburg auch sein Aide-mémoire, 24. Aug. 1942, Privatarchiv Guth-Dreyfus; Prot. CC, 20. Aug. 1942, S. 3; Telegramm Fleischmann an Schwalb, 20. Aug. 1942. Darauf, dass Mayer bereits jetzt die Zusage gemacht hat, deuten drei weitere Dokumente hin: Mayer an Schwalb, 23. Aug. 1942; Schwalb an Mayer, 23. Aug. 1942; Mayer, Notiz zu Telefongespräch mit Schwalb, 28. Aug. 1942; alle in: AfZ: MF S. Mayer, SM 64.
21 Zu den Augenzeugenberichten via Kühl: Laqueur, Was niemand, S. 221–223. Kranzler (Thy Brother's, S. 200f.) schreibt, dass Brunschvig «Ende Sommer 1942» auch den schriftlichen Bericht vom 15. Aug. 1942 erhielt. Zum Vorschlag für Jom Kippur: Brunschvig an Mayer, 14. Aug. 1942, AfZ: IB SIG, Handakten G. Brunschvig, Geschäftsablage betr. Präsidialsekretariat, S. Mayer, 1942**. Das CC stimmte auf der Sitzung vom 20. Aug. 1942 Brunschvigs Vorschlag zu: Prot. CC, S. 10, AfZ: IB SIG. Zu Brunschvig: IW, 26. Okt. 1974; Interview O. Brunschvig; Stutz, Hans, Der Judenmord von Payerne, Zürich 2000, S. 15–17 (hier auch zur Beerdigungsansprache); weitere bibliographische Angaben im Historischen Lexikon der Schweiz.
22 Zur Geschichte der Zagiels: JUNA, Zur schweizerischen Asylrechtspolitik gegenüber den jüdischen Flüchtlingen, 24. Aug. 1955, S. 16f., 115–118, AfZ: IB JUNA*+; G. Brunschvig, Bundesrat von Steiger, Dr. Rothmund und die Flüchtlingspolitik (Entwurf ohne Datum), AfZ: NL G. Brunschvig, Doss. 10–15, Flüchtlingsprobleme; Prot. SIG-DV, 13. Dez. 1942, S. 3; Prot. CC, 12. Dez. 1957, S. 12, beides in: AfZ: IB SIG; Spira, Henry, L'hospitalité suisse en 1942: un exemple édifiant, Revue Juive 9, 26. Juli 1996; National-Zeitung, 20. und 24. Aug. 1942; Interview H. Böschenstein. Für weitere Materialien zu Zagiels danke ich H. Spira. Vgl. auch: Häsler, Boot, S. 13f. Zu Brunschvigs Information des Vorstands: JG Bern: Protokollbuch, 20. Aug. 1942, S. 76f. (hier auch Schürchs Argument bezüglich einer befürchteten deutschen Intervention).
23 Zum Geheimhaltungswunsch: Rothmund an von Steiger, 5. Sept. 1942, BAR: E 4800 (A) 1, Bd. 6; zur vagen Einladung: Das einzige angekündigte Thema hiess «Aussprache über die Lage»: G. Guggenheim an die Delegierten des ICZ zum SIG, 2. Okt. 1942, ICZ-Archiv, ICZ-Delegierte zum SIG; vgl. Prot. CC, 24. Sept. 1942, S. 1f., AfZ: IB SIG; zum Referat Rothmunds und den Repliken: Prot. CC, 20. Aug. 1942 (Zitate Braunschweigs nach der Beilage mit seinem Votum), AfZ: IB SIG.
24 Prot. CC, 20. Aug. 1942, S. 7–10, AfZ: IB SIG. Dass Mayer eine Richtigstellung nicht akzeptierte, dass das CC sich dem Präsidenten fügte und dass Brunschvig nur in persönlicher Verantwortung eine «Richtigstellung» machen würde, geht aus dem CC-Prot. nicht eindeutig

hervor. Vgl. aber Georges Brunschvig, Bundesrat von Steiger und die Flüchtlingspolitik der Schweiz (Entwurf ohne Datum, ca. 1972), S. 9f., AfZ: NL G. Brunschvig, Schachtel mit Doss. 10–15, Flüchtlingsprobleme; Prot. ICZ-Delegierte zum SIG, 1. Nov. 1942, S. 7, ICZ-Archiv (Hier wird auch deutlich, dass das CC nur eine jüdische Intervention bei Oeri, nicht jedoch bei von Steiger akzeptierte). Dass das CC eine Intervention beim Bundesrat ablehnte, bestätigt Brunschvig bereits in seiner Notiz zur «Besprechung im Bundeshaus am 31. 5. 1943», S. 2, AfZ: IB SIG, 9.1.1.1. Flüchtlingspolitik, einzelne Geschäfte, allgemeine Korrespondenz**. Picard (Schweiz und die Juden, S. 417f.) spricht dem CC mehr Initiative bei der anlaufenden Kampagne zu. Zur Welle der Pressekritik: Häsler, Boot, S. 140–147, 154–159; Imhof u. a., Flüchtlinge, S. 47–61, 167–79. Zu Oeris Zurückweisung des Antisemitismus: Kreis, Zensur, S. 208ff. Der erste kritische Artikel erschien bereits am 17. Aug. 1942 in der sozialdemokratischen Zeitung La Sentinelle von Nationalrat E.-P. Graber.

25 Zur Aufnahme der Nichte und des Grossvaters: Auskunft K. Guth, Basel, 26. Aug. 2004; Vera Dreyfus-de Gunzburg an Otto H. Heim, 14. Dez. 1954, AfZ: IB JUNA, ungeordnetes Material zum Ludwig-Bericht*+; zur Involvierung in Freikaufaktionen: Zeugin / Sandkühler, Lösegelderpressungen, S. 66f., 85–90, 97f., 103, 105, 153 sowie Anhang; S. Mayer, Agenda-Abschrift vom 17. Aug. 1942, AfZ: IB SIG, Handakten S. Braunschweig**; zu den holländischen Kontakten: P. Dreyfus-de Gunzburg, Aide-mémoire, 24. Aug. 1942, S. 5f., Privatarchiv Guth-Dreyfus; zur Zustimmung Mayers: Prot. CC, 20. Aug. 1942, S. 3. Das Folgende zur Intervention – soweit nicht anders vermerkt – nach: Dreyfus-de Gunzburg, Aide-mémoire.

26 Vgl. zur Ablehnung eines Mandats für Dreyfus-de Gunzburg auch: Mayer, Notiz zu Telefongespräch mit S. Braunschweig, 22. Aug. 1942, AfZ: MF S. Mayer, SM 12a. Dass er selbst eine Begleitung ablehnte, wiederholte Braunschweig in seiner handschriftlichen Notiz zur Audienz bei von Steiger vom 31. Mai 1943, AfZ: NL S. Braunschweig, Audienz bei Bundesrat von Steiger. Zu Koechlins Freundschaft mit von Steiger: Gysling u. a. (Hrsg.), 1945, S. 52; zu dessen Interventionen: Kocher, Menschlichkeit, S. 209–212; zur Persönlichkeit von Gertrud Kurz: a. a. O., siehe dort Personenregister; ausserdem: Boss, Catherine u. a., Streitfall Friede, 50 Jahre Zeitgeschichte, hrsg. vom Christlichen Friedensdienst, Bern 1988. Aus dem Kreuzritter-Hilfswerk entstand in der Nachkriegszeit der Christliche Friedensdienst, der sich seit den neunziger Jahren als dezidiert feministisches Werk versteht. Zur Nachricht von Silberschein: Häsler, Boot, S. 138. In den bisherigen Darstellungen – siehe Häsler, S. 136–139, Kocher, S. 214f., und Picard, Schweiz und die Juden, S. 418 – kommt der Rolle von Dreyfus-de Gunzburg als Initiator und treibende Kraft zu kurz, während man Oeri und Kurz viel Gewicht gibt. Dies hängt damit zusammen, dass sich diese Darstellungen stark auf die Erinnerungen der «Flüchtlingsmutter» stützen, während das bereits im August 1942 geschriebene und verlässlichere Memorandum Dreyfus-de Gunzburgs den Autoren nicht vorlag.

27 Der Audienzverlauf – soweit nicht anders vermerkt – nach: P. Dreyfus-de Gunzburg, Aidemémoire, 24. Aug. 1942, Privatarchiv Guth-Dreyfus; zu den «masslosen Übertreibungen»: G. Kurz, Flüchtlingspolitik der Schweiz, S. 1, AfZ: IB SFH, 5.1.1.3. Voten und Berichte zuhanden des Ludwig-Berichts; zum «Deutschland Goethes»: Häsler, Boot, S. 137; zu den Kautionen: Kocher, Menschlichkeit, S. 574; zum Verzicht auf Rückweisung in besonderen Härtefällen: Zentralsekretariat SP (Hrsg.), mit dem Rücken, S. 50; zur Bewunderung für Kurz: P. Dreyfus-de Gunzburg an S. Mayer, 5. Sept. 1942, Privatarchiv Guth-Dreyfus. Die Dankbarkeit Dreyfus-de Gunzburgs stieg im September weiter, weil die «Flüchtlingsmutter» mit einer ihrer zahllosen Interventionen jener Tage im Bundeshaus für die Nichte Nadia de Vries die Einreiseerlaubnis erwirken konnte: Vera Dreyfus-de Gunzburg an G. Kurz, 5. Sept. 1942, AfZ: Flüchtlingsarchiv Gertrud Kurz; vgl. Anm. 25. Zur Kontaktunterbrechung nach der Audienz: P. Dreyfus-de Gunzburg an Mayer, 5. Sept. 1942, Privatarchiv Guth-Dreyfus.

28 Prot. ICZ-VS, 7. Sept. 1942, S. 8f., ICZ-Archiv; Referat S. S. Guggenheims, Beilage zum Prot. CC, 24. Sept. 1942, S. 1, AfZ: IB SIG.

29 Zu Vogts Stellungnahme von 1933: Jehle-Wildberger, Gewissen, S. 46; zu Vogts Engagement generell: Kocher, Menschlichkeit, siehe Index (zur Illegalitätsdrohung: S. 216); zum Anruf Bringolfs: Rothmund, Notiz für Bundesrat Feldmann zu Angelegenheit Beobachter, 26. Mai

1954, BAR: E 4800 (A) 1967/111, Bd. 25; von Steiger in: Ludwig, Flüchtlingspolitik, S. 384; Bringolf, Walther, Mein Leben. Weg und Umweg eines Schweizer Sozialdemokraten, Bern 1965, S. 304; Zentralsekretariat SP (Hrsg.), mit dem Rücken, S. 12f.; vgl. Lasserre, Frontières, S. 168.

30 Zur Einschätzung der Hilfswerke, sich durchgesetzt zu haben: Kocher, Menschlichkeit, S. 215f.; Pressemeldung zur Sitzung der SZF: Basler Nachrichten, Nr. 232, 25. Aug. 1942; zum Zitat Briners: Abschrift handschriftliche Notizen von Rothmund über die Konferenz von Lausanne, 28. Aug. 1942, BAR E 4800 (A) 1967/111, Bd. 412; zu den Grundlagen zum Flüchtlingsbegriff für die Polizeidirektorenkonferenz vom 12./13. Sept. 1942: Referat S. S. Guggenheims, Beilage zum Prot. CC, 24. Sept. 1942, S. 3, AfZ: IB SIG; zu Briners Statement: Prot. der Konferenz der kantonalen Polizeidirektoren, 11. und 12. Sept. 1942, S. 14f., BAR: E 4260 (C) 1969/146, Bd. 7; von Steiger in: Ludwig, Flüchtlingspolitik, S. 394.

31 Zur öffentlichen Kritik: Imhof u. a., Flüchtlinge, S. 47–61, 165–178; Kocher, Menschlichkeit, S. 209–231; Häsler, Boot; Lasserre, Frontières, S. 167–172; zur Aufforderung durch Guggenheim: Prot. Delegierte der ICZ zum SIG, 1. Nov. 1942, S. 8, ICZ-Archiv. Kritik vermieden SIG und VSIA auch in ihrem Sammlungsaufruf, in dem sie die behördliche Politik nur in einer positiven Formulierung erwähnten: «Hinter den Behörden, die den unglücklichen Verfolgten auf schweizerischem Boden Zuflucht gewähren, muss ein helfendes und opferbereites Volk stehen, das die erforderlichen Mittel bereitstellt.» IW, 16. Okt. 1942.

32 Zu Mayers Hoffnung: Notiz zu seinem Telefongespräch mit Schwartz, 25. Aug. 1942; zur positiven Einschätzung Rothmunds: Telefongespräch mit Schwartz, 31. Mai 1943, beides in: AfZ: MF S. Mayer, SM 7; vgl. Mayer an Rothmund, 14. Mai 1943, BAR: E 4800 (A) 1967/111, Nr. 206, Verkehr mit schweizerischen Judenschaft; zu Mayers Haltung gegenüber der Asylpolitik: Prot. SIG-GA, 16. Nov. 1942, S. 2f., AfZ: IB SIG, vgl. Anm. 81; zur Verärgerung Rothmunds und von Steigers: P. Guggenheim, Aktennotiz betr. Dr. Schürch, 28. Sept. 1942, Privatarchiv Guth-Dreyfus; zum «Kettenhund»: G. Brunschvig, Aktennotiz betr. Konferenz mit Rothmund vom 23. Sept. 1944, nach: Picard, Judenfrage, S. 155 (zur Kluft zwischen SIG und EJPD: S. 156); Stellungnahme der Caritas in den Zürcher Nachrichten, 11. Sept. 1942; Korrespondenz zwischen M. Engeler (Caritaszentrale Luzern) und Rothmund vom 18. und 19. Sept. 1942, mit Kopie an Bundesrat Etter, BAR: E 4800 (A) 1967/111, Bd. 106, Korrespondenz Chef, A–L, vgl. Ludwig, Flüchtlingspolitik, S. 214f.; vgl. zur anhaltenden Gereiztheit Rothmunds auch: S. Braunschweig, handschriftliche Notiz zur Audienz vom 31. Mai 1943, AfZ: NL S. Braunschweig, Audienz bei Bundesrat von Steiger; zur jüdischen «Unterlassung»: von Steiger: Prot. der Konferenz der kantonalen Polizeidirektoren, 11. und 12. Sept. 1942, S. 22, BAR: E 4260 (C) 1969/146, Bd. 7; zum fehlenden harmonischen Kontakt: Prot. CC, 10. Febr. 1944, S. 12, AfZ: IB SIG.

33 Dass Mayer weiterhin mit Rothmund verkehrte, zeigt sein Besuch beim Polizeichef im Oktober 1942 wegen des Dollartransfers. Vgl. S. 273. Wenn G. Brunschvig einige Monate später den Kontaktabbruch nur auf den VSIA bezieht, deutet dies ebenfalls darauf hin, dass SIG-Präsident Mayer von diesem Konflikt wenig betroffen war: G. Brunschvig, Notiz zur Besprechung im Bundeshaus am 31. Mai 1943, S. 2, AfZ: IB SIG, 9.1.1.1. Flüchtlingspolitik, einzelne Geschäfte, allgemeine Korrespondenz**. Zur freundschaftlichen Beziehung zwischen Rothmund und Mayer: Brunschvig, Aktennotiz betr. Konferenz mit Rothmund vom 23. Sept. 1944, nach: Picard, Judenfrage, S. 155; vgl. auch: Mayer, Notiz zu Telefongespräch mit Schwartz, 18. Jan. 1943, AfZ: MF S. Mayer, SM 4; sowie Mayer, Notiz vom 30./31. Aug. 1944 zur Einreise Arba (wo Mayer von der «altbekannten freundschaftlichen Harmonie» redet), AfZ: MF S. Mayer, SM 13; Rothmund zum Dollartransfer: Notiz Mayer (ohne Verfasser und Datum), Eingabe an das polit. Dept. i/S Dollartransfer Joint USA Suisse. Mit den Bankiers war primär Dreyfus-de Gunzburg gemeint: Mayer, Notiz zu Audienz bei Rothmund, 24. Aug. 1943, beides in: AfZ: MF S. Mayer, SM 5.

34 Zum Genfer Zusammenschluss: Schmidlin, Schweiz, S. 264–267; zum Rettungsplan für 8 000 Kinder: Prot. ICZ-VS, 14. Sept. 1942, S. 2, ICZ-Archiv. Sutro (Jugend, S. 91) spricht von der geplanten Rettung von mindestens 5 000 Kindern. Zum Budget: Mayer, Notiz zu Telefon-

gespräch mit Schwartz, 25. Aug. 1942, AfZ: MF S. Mayer, SM 7. Offenbar ging jedoch bis zum Sommer 1943 kein Geld direkt von Mayer zum OSE: Bericht (von Braunschweig) zur Besprechung zwischen S. Braunschweig, L. Gurvic und J. Weill, 17. Aug. 1943 in Zürich, AfZ: IB SIG, Hilfe und Aufbau, Organisationen VII, OSE**; zur Anfrage des OSE: Rothmund, Besprechung mit Oberst Remund und Direktor Saxer, 1. Sept. 1942, BAR: E 4800 (A) 167/111, Bd. 195; zum Vorschlag betr. 500 Kinder und zum Veto des Bundesrats: DDS 14, Nr. 237, S. 775–777. Aus diesem Dokument geht auch hervor, dass Pilet-Golaz aus aussenpolitischen Gründen gegen diese Aktion war. Die zögerliche Haltung der Schweiz hat die Erfolgschancen des Plans gewiss nicht gefördert. Entscheidend waren jedoch vermutlich die Behinderungen durch Deutschland, das schon vor der Besetzung Südfrankreichs gegen diese Transporte war: Feldmann, Tagebuch, Bd. XIII/3, 7. Okt. 1942 (S. 124). Schweizer Aufnahmebereitschaft für 1000 Kinder und Garantie der USA: Simmen, Prot. der Besprechung vom 15. Febr. 1943 von Bundesrat von Steiger mit einer SVV-Delegation, 16. Febr. 1943, S. 4, BAR: E 4001 (C) 1, Bd. 253, 702/1.

35 Zum Kontext Kinderhilfe bei der Verwandtenaufnahme: Prot. ICZ-VS, 14. Sept. 1942, ICZ-Archiv (hier auch massive Kritik an Mayers Vorgehen); zum Beschluss des CC vom Nov. 1941: vgl. in diesem Buch S. 265f.; zum Beschluss der Polizeidirektoren: Referat S. S. Guggenheims, Beilage zum Prot. CC, 24. Sept. 1942, S. 2, AfZ: IB SIG; Rundbrief an die Mitgliedergemeinden, 10. Sept. 1942, AfZ: IB SIG, Mitteilungen an die Mitgliedergemeinden**; Eidgen. Polizeiabteilung, tel. Weisung, 26. Sept. 1942, BAR: E 4800.1 (-) 1967/111, Bd. 336. Die Israelitische Gemeinde Basel hatte die Fremdenpolizei davon überzeugen können, dass ihre Garantie anstelle von Barkautionen ausreichte: A. Goetschel an SIG St. Gallen, 20. Okt. 1942, StABS: IGB-REG R 2.5. SIG-CC, 1941–1942 (A. Goetschel); zu den Verschuldungen: L. Levaillant an A. Goetschel, 5. Jan. 1943; StABS: IGB-REG R 2.5. SIG-CC, 1943 (A. Goetschel); zu den Kautionen der Familie Dreyfus-de Gunzburg: Interview K. Guth. Die Dimensionen der Verwandteneinladungen werden deutlich in: AfZ: IB SIG, 9.1.1.1. Einreisegesuche aus Frankreich**.

36 Dreyfus-de Gunzburg an Mayer, 5. Sept. 1942, Privatarchiv Guth-Dreyfus; zum unmittelbaren Rücktrittsentscheid: Mayer, Notiz zu Telefongespräch mit Schwartz, 6. Sept. 1942, AfZ: MF S. Mayer, SM 7. Am 9. Sept. teilte Mayer seinen Rücktritt auch der Dreierkommission mit, die eingesetzt worden war, um die Ausschussprobleme zu behandeln: Prot. CC, 25. Febr. 1943, S. 13, AfZ: IB SIG.

37 Zum Privatkredit: Mayer, Notiz zu Telefongespräch mit Schwartz, 22. Nov. 1942, AfZ: MF S. Mayer, SM 7; Mayer, Aktennotiz, 24. Nov. 1942; zur Verdoppelung der Joint-Subvention: Mayer, Notiz zu Telefongespräch mit Schwartz, 29. Aug. 1942, beides in: AfZ: MF S. Mayer, SM 4; zum Zitat Mayers und zu den Beschlüssen: Prot. CC, 24. Sept. 1942, S. 2–4, AfZ: IB SIG; BRB vom 12. März 1942: Ludwig, Flüchtlingspolitik, S. 272–275; Unabhängige Expertenkommission, Schweiz und die Flüchtlinge, S. 211. Offenbar geht man beim SIG und VSIA bis Ende November 1942 weiterhin davon aus, dass man selbst für die Flüchtlinge sorgen müsste, die nicht arbeitslagertauglich waren: Mayer, Notiz Flüchtlinge, 24. Nov. 1942; vgl. aber Prot. CC, 3. Dez. 1942, S. 2, AfZ: IB SIG. Die Behörden informierten die Öffentlichkeit absichtlich lange nicht über die geplante Bundeshilfe, angeblich, um die SZF-Sammlung nicht zu schädigen: Mayer, Notiz zu Telefongespräch mit Ruth, 3. Febr. 1943, beides in: AfZ: IB SIG, 9.2.13.3. Sammlungen**; zum Sitzungsabbruch: Prot. ICZ-Delegierte zum SIG, 2. Okt. 1942, ICZ-Archiv; (ohne Verfasser, G. Guggenheim) Bemerkungen zur Einberufung einer ausserordentlichen DV, S. 3, AfZ: NL G. Brunschvig, Doss. 9.1–9.2. Referate SIG, Diverses. Im gleichen Dossier auch Notizen G. Brunschvigs zur CC-Sitzung vom 24. Sept. 1942.

38 Zu den monatlichen Zahlungen: Mayer, Notiz zu Telefongespräch mit Schwartz, 25. Aug. 1942, AfZ: MF S. Mayer, SM 7; Fleischmann an Mayer, 27. Aug. 1942 (vgl. auch: Laqueur, Was niemand, S. 181); Fleischmann an Mayer, 28. Sept. 1942, beides in: AfZ: MF S. Mayer, SM 64.

39 Zu Mayers Zögern: Mayer an Schwalb, 10. Sept. 1942, AfZ: MF S. Mayer, SM 64. Den fehlenden Rückhalt des Joint erkennt man etwa daran, dass Mayer noch Monate später nur auf eigenes Risiko Geld nach Bratislava gibt: Mayer, Notizbuch, 11. Nov. 1942, AfZ: MF S. Mayer, SM 11.

Zum Gespräch mit der SNB (Gottlieb Bachmann) vom 25. Sept. 1942: Notiz Mayers (ohne Titel, Datum und Verfasser), AfZ: MF S. Mayer, SM 4; vgl. Schwartz an Moses A. Leavitt, Joint, Telegramm 7073, 14. Okt. 1942, AfZ: MF S. Mayer, SM 4; vgl. auch: Picard, Schweiz und die Juden, S. 364f.; zu den Einreisebemühungen: Mayer an Generalkonsulat Bratislava, 23. Sept. 1942; zu den Selbstvorwürfen: Mayer, Notiz zu Telefongespräch mit Schwartz, 25. Aug. 1942, AfZ: MF S. Mayer, SM 7.

40 Zur Präsenz auf der Tribüne: Prot. ICZ-DV, 22. März 1943, Eingangsvotum G. Guggenheims (hier auch Bemühungen um VSIA-Material) und Votum Sagalowitz'; zu den JUNA-Beilagen: Funk, Warum sollen wir, Kap. 4.2. Farbstein hatte seinen Artikel zuvor am 1. Sept. im Volksrecht und am 11. Sept. 1942 im IW publiziert (Nachdruck in: Zweig, Farbstein, S. 272f.), G. Guggenheim ebenfalls am 11. Sept. im IW. Zur fehlenden Unterstützung: S. Braunschweig verwies G. Guggenheim an die «Zentralstelle» (es ist unklar, ob der VSIA oder die SZF gemeint war): Notizen G. Brunschvigs zu CC vom 24. Sept. 1942, AfZ: NL G. Brunschvig, Doss. 9.1–9.2. Referate SIG, Diverses; ausserdem: Votum Guggenheims (wie oben); zur Vermeidung von Aufmerksamkeit: Prot. CC, 24. Sept. 1942, S. 3, AfZ: IB SIG; zur Alimentierung mit JUNA-Material: Vorschläge zum Ausbau der Pressestelle JUNA. Entwurf zuhanden des GA, 23. Sept. 1943, AfZ: IB JUNA, I 1, nach: Funk, Warum sollen wir, Kap. 4.4; zur Anwesenheit Rothmunds: Schweizer Illustrierte Zeitung, Nr. 43, Sept. 1942; zur Lobbytätigkeit: Rothmund an von Steiger, 22. Sept. 1942, BAR: E 4001 (C) 1, 259, 702/15.

41 Die Protokolle der nationalrätlichen Debatte befinden sich in: BAR: E 1301 (-) 1, Bd. 352. Eine Zusammenstellung wichtiger Voten in: Zentralsekretariat SP (Hrsg.), mit dem Rücken (zu von Steiger: S. 27–42, 147–153; Rittmeyer: S. 57–69, Zitat: S. 65); einige Auszüge auch in: Häsler, Boot, S. 160–184; französisches Originalzitat zu Graber in: Perrenoud, Attitudes, S. 29. Lupp (Klassensolidarität, S. 222f.) weist darauf hin, dass die SPS aus unbekannten Gründen keine Fraktionserklärung abgab. Mayer wohnte in der Nachbarschaft von Rittmeyer: Telefongespräch mit dem Sohn Heinrich Rittmeyer, 10. Jan. 2002. Die beiden Männer gehörten überdies der gleichen Partei an. Rittmeyers Ehefrau Dora war zudem Präsidentin der SHEK-Sektion St. Gallen, in der sich auch Mayers Ehefrau betätigte. Vgl. Jehle-Wildberger, Gewissen, S. 133–141; P. Guggenheim, Notiz zur Unterredung mit Nationalrat M. Feldmann, 27. Sept. 1942; Sagalowitz, Aktennotiz zu tel. Mitteilung von P. Guggenheim, 28. Sept. 1942, beides in: AfZ: IB JUNA: SIG, ZH, JUNA, Arbeitsdossier BS 1938–1944*+.

42 Eine ausführliche Analyse der Medienberichterstattung in: Wehrli, Diskurs; vgl. auch: Imhof u. a., Flüchtlinge, S. 47–61, 166–179; zur generellen Bedeutung der symbolischen Prozesse: March, Institutional Perspectives, S. 252–254, 266f.; zu Koechlin: Kocher, Menschlichkeit, S. 232; IW, 28. Aug., 4. Sept., 9. Sept. und 30. Dez. 1942 (vgl. auch: 13. Nov. und 18. Dez. 1942). Die Frage nach der Wahrheit bezog sich nur auf Ausweisungen aus dem Landesinneren; direkte Rückweisungen an den Grenzen waren offenbar wenig bekannt oder keine Aufregung wert.

43 Zum Fall Sonabend: Mächler, Abgrund, S. 150–153 (hier auch die Weisung der Polizeiabteilung vom 29. Dez. 1942), S. 170–173; Arendt, Eichmann, S. 140; vgl. zu den Kontaktbehinderungen: Guinand an EJPD, 20. Apr. 1943, BAR: E 4800 (A) 1967/111, Bd. 412; Müller an Rothmund, 1. Okt. 1942, BAR: E 4001 (C) 1, 257; zur 12-km-Zone: Schürch, Interpretation der Weisungen vom 29. Dez. 1942, 11. Mai 1943, BAR: E 4800 (A) 1, Bd. 6; zum Protest der Hilfswerke: Rothmund an SZF, 4. Aug. 1943, BAR: E 4800 (A) 1967/111, Bd. 147; zu den Isolationsmechanismen auch: Mächler, Normalität; Ludwig, Flüchtlingspolitik, S. 230, Anm.; Arnold, Transitprinzip, Kap. II.C.1. Auf sichtbare Ausweisungen zu verzichten lernten die Schaffhauser Behörden bereits 1938: Battel, Wo es hell ist, S. 160–163. Zur Nichtdarstellung von Einzelschicksalen: Kreis, Georg, Flüchtlingspolitik und Pressepolitik, in: Neue Zürcher Zeitung, 4. Mai 1979; zur Ausblendung der Nazi-Täterschaft: Wehrli, Diskurs, S. 219.

44 Zu Boegner und zum CIMADE: Lazare, Lucien (Hrsg.), Dictionnaire des Justes de France, Paris 2003, S. 101f.; Unabhängige Expertenkommission, Schweiz und die Flüchtlinge, S. 122f.; zur Genese der Liste der Non-Refoulables: Kocher, Menschlichkeit, S. 235–239; Koller, Entscheidungen, S. 68–72; handschriftliches Prot. (ohne Verfasserangabe), Sitzung

mit Bundesrat von Steiger, Rothmund, Pastor Boegner und K (vielleicht Alphons Koechlin oder Pfr. Cavert), 28. Sept. 1942, BAR: E 4800 (A) 1967/111, Bd. 195; vgl. Rothmund, Notiz zu Telefongespräch mit Frau Leuenberger, 3. Okt. 1942, BAR: E 4001 (C) 1, Bd. 253, 702/1, Korrespondenz. Haymann bildete mit Henry-Louis Henriod und Mgr. Petit zusammen die verantwortliche Delegation der drei Konfessionen: Henriod an Rothmund, 3. Okt. 1942, BAR: E 4260 (C) 1974/34, Bd. 114. Laut S. S. Guggenheim setzte sein Hilfswerk «Verwandte von Gemeindemitgliedern» und «besonders exponierte Menschen» auf die Liste: Tätigkeitsbericht VSJF, 1943, S. 2, Beilage zur SIG-DV, 23. Jan. 1944, AfZ: IB SIG. Eine erste Auswertung der Listen hat Fivaz-Silbermann (Refoulement, S. 315) vorgenommen. Nach ihren Angaben gab es Listen «ouest», «sud» und «nord». Die Liste «ouest» sei mit 1350 Namen die umfangreichste gewesen. Koller (Entscheidung, S. 70) spricht hingegen von insgesamt nur 800 Namen.

45 Zu der mit der Verwandtenaufnahme verfolgten Absicht: Prot. der Konferenz der kantonalen Polizeidirektoren, 11. und 12. Sept. 1942, S. 14, BAR: E 4260 (C) 1969/146, Bd. 7; zur Konzessionsbereitschaft: Von Ende Aug. bis zum 10. Okt. 1942 bewilligte die Eidgn. Fremdenpolizei 153 Einreisegesuche von Verwandten, 36 lehnte sie ab: Bericht (ohne Verfasserangabe) über die Einreisepraxis des Emigrantenbüros an von Steiger, 12. Okt. 1942, BAR: E 4800 (A) 1967/111, Bd. 195; vgl. JUNA, Aus dem Dossier Armand Brunschvig, Beilage 33, AfZ: SIG-Archiv Zürich, Unterlagen an Prof. Ludwig,*+; zur Vermeidung einer Brüskierung der Öffentlichkeit: O. Schürch, Bericht über die Entwicklung der illegalen Einreisen, 9. Dez. 1942, S. 2, BAR: E 4001 (C) 1, Bd. 253, 702/1; vgl. zum Problem des kleineren Übels: Arendt, Nach Auschwitz, S. 85f.; zur vermeintlichen Unmöglichkeit der Rückweisungen: Votum Joseph Ormianers (der nur ehrenamtlich im SAH mitarbeitete), Prot. ICZ-DV, 22. März 1943, ICZ-Archiv; Brunschvig an von Steiger, 11. Okt. 1942, BAR: E 4001 (C) 1, Bd. 253, 702/1, Korrespondenz; G. Brunschvig, Referat über die Aufgaben des Schweizerischen Judentums in der heutigen Zeit, 20. Febr. 1943, S. 7, 14, AfZ: NL G. Brunschvig, Schachtel mit Doss. 10–15, Diverses.

46 Zu den kolportierten Klagen: Zentralsekretariat SVV an Bundesanwaltschaft, 10. Okt. 1939; zu den Vorwürfen bezüglich Mai 1940: Auszug aus der SVV-Eingabe vom 13./25. Juli 1940 an den Bundesrat, Kritik betr. Ordre public: SVV an von Steiger, 20. März 1942, alles in: BAR: J II.11 (-) -/1, Bd. 55. Hier finden sich viele weitere antisemitische Eingaben und Denunziationen, weitere in den Bänden 8, 50, 55.

47 SVV an den Bundesrat, 29. Sept. 1942 (hier auch die Forderung nach einem Sammlungsverbot), BAR: J II.11 (-) -/1, Bd. 55. Am 27. August 1942 schickte der SVV der Regierung überdies ein Telegramm: Haas, Wenn man, S. 129. Zur «künstlichen Stimmungsmache»: SVV an die Sektionen, 12. Okt. 1942; zu den Zitaten Hubers: Notiz «Emigranten- und Judenfrage (Z.–V. v. 10.10.42)»; zu den Argumenten des SVV bei der Audienz: (ohne Verfasserangabe, vermutlich Huber) Besprechung vom 17. Okt. 1942 mit dem Chef des EJPD, alles in: BAR: J II.11 (-) -/1, Bd. 55; zur Haltung von Steigers: Stierlin, Aktennotiz über die Besprechung zwischen von Steiger und einer Delegation des SVV, 17. Okt. 1942, BAR: E 4001 (C) 1, Bd. 253, 702/1; vgl. Mächler, Kampf, S. 376f.

48 Zum SVV-Pamphlet: BAR: E 4001 (C) 1, Bd. 253, 702/1. Es ist beinahe vollständig zitiert in Häsler (Boot, S. 211–220), auszugsweise faksimiliert in Kury (Über Fremde, S. 180f.). Zur Mittelpresse: Werner, Wirtschaft, S. 110–114; zur Wirkung in der Presse (inkl. Mittelpresse): Häsler, Boot, S. 220–226; SZF, Dokumentation zur Polemik des SVV, AfZ: IB SFH, 9.1.1; zu Birchers «Gewandläusen»: Auftritt auf der Bauernlandsgemeinde von Muri, am 27. Okt., zitiert nach der Innerschweizer Bauernzeitung vom 30. Okt. 1942; zum Antisemitismus nach Bircher: Brief an Nationalrat Arthur Schmid, SP Aargau, 6. Nov. 1942; zur «bodenständigen Judenschaft»: Brief an Huber, 27. Okt. 1942; Denunziationsaufrufe: SVV-Rundschreiben vom 18. Nov. und 11. Dez. 1942, alles in: BAR: J II.11 (-) -/1, Bd. 55; zur kleinen Anfrage: eingereicht von Jacques Schmid, SP Solothurn, am 9. Dez. 1942; vgl. Häsler, Boot, S. 221; zum fehlenden Material: SVV-Zentralsekretariat an Bircher, 26. Dez. 1942, BAR: J II.11 (-) -/1, Bd. 55; zur Audienz bei von Steiger: Simmen, Prot. der Besprechung vom 15. Febr. 1943 mit Vertretern des SVV, 16. Febr. 1943, S. 1, BAR: E 4001 (C) 1, Bd. 253, 702/1.

49 Stampfli leitete ab Febr. 1944 den Arbeitsausschuss IV für Weiterwanderung der Eidgen. Sachverständigenkommission und 1945 die Konferenz der kantonalen Polizeidirektoren: BAR: E 4260 (C) 1969/146, Bd. 5; zum Freikauf: Stampfli an Bircher, 23. und 24. Dez. 1942, BAR: J II.11 (-) -/1, Bd. 56; zur Ablehnung kantonaler Beiträge: Prot. Konferenz der Polizeidirektoren, 8. Febr. 1943, BAR: E 4001 (C) 1, Bd. 259, 702/16; vgl. Lasserre, Frontières, S. 226; zu Huber, Referat auf der Konferenz mit Parlamentariern, 8. Dez. 1943, BAR: J II.11 (-) -/1, Bd. 55.

50 «Emigrantenfrage und Landesinteresse», Verbandszeitung des SVV, März 1941; Mittelpresse, «Politisierende Emigranten», 30. März 1941, BAR: J II.11 (-) -/1, Bd. 55, 1.U.b.02; Mayer, an die Mitgliedsgemeinden und Mitglieder des CC, 7. Apr. 1941, Tätigkeitsbericht Nr. 1, Aus unserer Tätigkeit seit 18. März 1941, AfZ: IB SIG, 1.5.6. Div. Rundschreiben an die Mitgliedsgemeinden, Mitglieder des Central-Comités und Aktionsmänner**; Artikel «Die Emigranten – eine Landesgefahr», Verbandszeitung SVV, März 1942; zur Involvierung Rothmunds: Karl Hamburger an Rosa Ubert, 13. März 1942, Mayer an IG Basel, 30. März 1942; Mayer, (ohne Datum, März 1942) Notiz zu Telefongespräch mit Huber; zur Anmahnung des Mitgliedsbeitrags: SVV an Mayer, 21. Sept. 1942; zur Bezahlung des Beitrags: Mayer an SVV, Sektion St. Gallen, 15. Okt. 1942, alles in: AfZ: IB SIG, 9.2.5. Flüchtlingsbetreuung, div. Geschäfte**; Pressecommuniqué des SVV vom 22. Sept. zitiert in: SVV an den Bundesrat, 29. Sept. 1942, BAR: J II.11 (-) -/1, Bd. 55.

51 Zum Datum der Kartenabgabe: Mayer, Agenda, 9. Nov. 1942, AfZ: MF S. Mayer, SM 11; handschriftliche Notiz auf: Kobler an Mayer, 5. Nov. 1942, AfZ: IB SIG, 9.2.5. Flüchtlingsbetreuung, div. Geschäfte**; zu den Vorwürfen Mayers: Kobler an SVV-Zentralsekretariat, 4. Febr. 1943; zu den Vorwürfen des SVV: G. Huber, SVV St. Gallen, an Mayer, 5. Febr. 1943, BAR: J II.11 (-) -/1, Bd. 53 (Hervorhebung im Original).

52 Zum Antrag der ICZ: Prot. CC vom 21. Jan. 1943, S. 10, vom 25. Febr. 1943, S. 1, und vom 18. März 1943, S. 1; (Mayer) Circular des SVV, Nov. 1942; (S. Braunschweig, ohne Datum), Bericht Rücksprache mit Briner, beides in: AfZ: IB SIG, 9.2.5. Flüchtlingsbetreuung, div. Geschäfte**; Communiqué der SZF, Eine Klarstellung zur Flüchtlingsfrage, 26. Nov. 1942, BAR: E 4001 (C) 1, Bd. 253, 702/1. Die Ignorierung des Antisemitismus erfolgte vielleicht nicht nur aus Taktik, denn die christlichen Hilfswerke waren selbst gegen antisemitische Vorurteile nicht gefeit, wie gerade ihre Reaktion auf den SVV zeigte. Vgl. Kocher, Menschlichkeit, S. 247–250. Frank an Mayer, 2. Febr. 1943, AfZ: IB JUNA, II 167, Flüchtlingshetze*+; Votum Franks in der ICZ-DV, 22. März 1943, ICZ-Archiv.

53 Die Alliiertenerklärung findet man etwa in: Neue Zürcher Zeitung, 18. Dez.; Bund, 18. Dez.; La Suisse, 19. Dez.; Volksrecht, 21. Dez.; IW, 23. Dez. 1942. Heini Bornstein, der damals als junger Mann in der Schweiz für den Haschomer Hazair aktiv war, behauptet heute, der SIG habe damals Druck auf den Bundesrat ausgeübt, damit dieser eine ähnliche Erklärung abgebe. Dazu finden sich in den Archiven des SIG und der Bundesverwaltung keine Hinweise. Vielleicht verwechselt Bornstein die angebliche Aktion des SIG mit den zwei Interventionen, die im Dezember 1942 Delegationen orthodoxer Juden beim Schweizer Konsulat in Jerusalem unternahmen. Vgl. Haas, Wenn man, S. 103f.; Tschuy, Lutz, S. 109. Bornsteins Darstellung weist generell die üblichen Schwächen von Erinnerungen auf. So spricht er etwa davon, wie er sich am 20. August 1942 im Hotel Schweizerhof in Bern in einer SIG-DV persönlich «an der harten Diskussionen mit Dr. Rothmund» beteiligt habe. Er kann nur den Auftritt des Polizeichefs vor dem CC im jüdischen Gemeindehaus meinen, der zwar tatsächlich an diesem Tag stattfand, an dem Bornstein jedoch mit Sicherheit nicht teilnahm. Es gibt in der Geschichte des SIG nur einen einzigen Auftritt Rothmunds vor der SIG-DV, nämlich im März 1939 in Zürich, damals gab es keine kontroversen Diskussionen, und Bornstein wäre als 19-Jähriger noch nicht Delegierter gewesen: Bornstein, Insel Schweiz, S. 53 und 57.

54 Zu den Verschärfungsmeldungen: S. S. Guggenheim an R. Briner, 18. Jan. 1943, AfZ: IB SIG, 9.1.1.1. Flüchtlingspolitik, Einreise und Aufnahme von Flüchtlingen**; zur anonymen Benachrichtigung: O. Schürch an von Steiger, Besprechung mit Briner nach der Polizeidirektorenkonferenz vom 8. Febr. 1943, BAR: E 4260 (C) 1974/34, Bd. 114 (hier auch Briners

Einverständnis mit der neuen Weisung); zur vorgeschobenen Begründung der Weisung: Votum S. S. Guggenheims in VSIA-Sitzung vom 4. Febr. 1943; zum Verschweigen gegenüber der SZF: S. S. Guggenheim, Aktennotiz zur Sitzung mit von Steiger, Polizeiabteilung, SZF, 13. Jan. 1943; beides in: AfZ: IB SIG, 9.1.1.10. Flüchtlingspolitik, einzelne Geschäfte, Geschäftsablage betr. Bundesrat von Steiger**; zur Verminderung der Aufnahmezahlen: von Steiger an Polizeiabteilung, 22. Apr. 1943; Schürch, Neue Weisungen, 7. Dez. 1942, beides in: BAR: E 4001 (C) 1, Bd. 253, 702/1; vgl. Koller, Entscheidungen, S. 89, mit eindeutigen Aussagen Jezlers.

55 Was die Haltung des VSIA betrifft, fehlen die Vorstandsprotokolle aus dieser Phase. Grundsätzliche Vorstösse von dieser Seite wären aber in anderen Akten ersichtlich. Zur Einschätzung P. Guggenheims: Prot. SIG-DV, 13. Dez. 1942, vormittags, S. 10, Prot. CC, 25. Febr. 1943, S. 3–5, beides in: AfZ: IB SIG. Auch im Joint war man zu optimistisch: Vermutlich durch Mayer informiert, telegraphierte Schwartz am 26. Okt. 1942 an Moses A. Leavitt, Joint New York, es seien fast keine Flüchtlinge zurückgeschickt worden: AfZ: MF S. Mayer, SM 4.

56 Sitzung SZF vom 1. März 1943: Aktennotizen von G. Bloch (hier auch Zitat über Briners Mittelposition) und S. S. Guggenheim (Zitat über privilegierte Einsicht), beides in: AfZ: IB SIG, Handakten G. Brunschvig, Tätigkeit vor Präsidentschaft IV**; vgl. auch: Bericht S. S. Guggenheim, Beilage zum Prot. SIG-DV, 28. März 1943, S. 2f., AfZ: IB SIG.

57 Zu Schloss: Kocher, Menschlichkeit, S. 80f.; SZF-Sitzung: Interview R. Boritzer, Juli 1983, Kassette 1; Eingabe: SZF (Briner) an Polizeiabteilung, 18. März 1943, AfZ: IB SIG, SFH 1943/45*+; Schürch an von Steiger, 10. Juli 1943 (Bemerkung in Klammern im Original); vgl. auch: R. Jezler an von Steiger, 17. Apr. 1943, beides in: BAR: E 4800 (A) 1967/111, Bd. 195.

58 Prot. CC, 18. März 1943, S. 4f., AfZ: IB SIG; Antwort von Steigers vom 5. Aug. 1943 nach: SZF, Überblick über die Entwicklung und die Aufgaben der privaten schweizerischen Flüchtlingshilfen, 10. Mai 1955, S. 20, AfZ: IB SFH 5.1.1.3; Rothmund an SZF, 4. Aug. 1943, BAR: E 4800 (A) 167/111, Bd. 147. Die gleiche Haltung vertrat von Steiger tatsächlich schon im Sept. 1942: Zentralsekretariat SP (Hrsg.), mit dem Rücken, S. 31; Ludwig, Flüchtlingspolitik, S. 222.

59 Zu den Flüchtlingszahlen: Prot. VSIA-GV, 6. Juni 1943, S. 2, 4, AfZ: IB SIG, 9.2.2.5. Flüchtlingsbetreuung, VSJF-Protokolle**; zur Verfünffachung: Guggenheim sagt nicht, auf welche Zeitspanne er sich bezieht, doch in den Jahren vor Sommer 1942 war der Arbeitsumfang stabil gewesen: a.a.O., S. 10. Zu den Zuständen in Auffanglagern: Prot. SIG-GA, 16. Nov. 1942, S. 2, und Prot. CC, 3. Dez. 1942, S. 4–7; beides in: AfZ: IB SIG; S. S. Guggenheim an R. Briner, 18. Jan. 1943, AfZ: IB SIG, 9.1.1.1. Flüchtlingsbetreuung, allgemeine Korrespondenz**; JUNA, Aus dem Dossier Armand Brunschvig, v. a. Beilagen 6–26, AfZ: SIG-Archiv Zürich, Unterlagen an Prof. Ludwig*+; div. Dokumente (auch zu Kleiderwunsch der Popowskis) ausserdem in: AfZ: IB SIG, 9.2.9. Flüchtlingsbetreuung, Auffang-, Sammel- und Quarantänelager**; ausführlich zur Thematik: Unabhängige Expertenkommission, Schweiz und die Flüchtlinge, S. 162–166; Arnold, Transitprinzip, Kap. II.C.3; zum Kostenanstieg: Prot. VSIA-GV, 6. Juni 1943, S. 2, 9 (wie oben); vgl. Prot. SIG-DV, 13. Dez. 1942, Vormittag, S. 6, AfZ: IB SIG. Für das ganze Jahr 1943 gab der VSJF bei Gesamtausgaben von sFr. 3 320 000 für die seit Sommer 1942 Eingereisten sFr. 935 000 aus: Tätigkeitsbericht VSJF, 1943, S. 7 (zur Art der Auslagen: S. 8.), Beilage zum Prot. SIG-DV, 23. Jan. 1944, AfZ: IB SIG.

60 Zum Entlassungspostulat: Prot. SIG-DV, 13. Dez. 1942, S. 5, AfZ: IB SIG; Guggenheim an Briner, 18. Jan. 1943 (wie Anm. 59); zur Einquartierungen der Popowskis: Personendossier der Familien: BAR: E 4264, 1985/196, N-Serie; zur Übernahme durch das SHEK: Schmidlin, Schweiz, S. 244f.; SIG und VSIA zur christlichen Platzierung: Prot. CC, 3. Dez. 1942, S. 6f.; zum BRB zur Kinderbetreuung durch SHEK: Georges Bloch an Georges Brunschvig, 18. Febr. 1943, AfZ: IB SIG, 9.2.7. Flüchtlingsbetreuung, Betreuung der Flüchtlingskinder**. Hier ist auch erwähnt, dass sich der Bund Schweizerischer Israelitischer Frauenvereine, jüdische Jugendorganisationen und der Zionistenverband an den Freiplatz-Aufrufen beteiligten. Zur Übernahme durch das SRK, KH: Fürsorgedienst für ausgewanderte, Tätigkeitsbericht, 1944,

S. 8, AfZ: MF Joint Switzerland, File 988; Prot. CC, 10. Febr. 1944, S. 12, AfZ: IB SIG; zu den Aufrufen: IW vom 4., 18. (Zitat) und 30. Dez. 1942; 8. und 29. Jan. 1943; 17. und 24. Sept. 1943; zu den Freiplätzen und Heimen: Kadosh, Children, S. 287f.; Picard, Schweiz und die Juden, S. 440–442. Zu den 300 jüdischen Pflegeplätzen kamen im Januar 400 christliche hinzu: Prot. CC, 21. Jan. 1943, S. 9. Ende des Jahres waren die christlichen Pflegeplätze auf über 700 angewachsen: Kadosh, Children, S. 287. Im März 1944 waren von 1 300 Kindern 800 in nichtjüdischen Haushalten; es gab nun 30 Heime, wovon 13 durch das SHEK geführt wurden: Prot. VSJF, Religiöse Betreuung, Sitzung vom 29. März 1944, S. 1f., AfZ: IB SIG, 9.2.7. Flüchtlingsbetreuung, Betreuung der Flüchtlingskinder**. Im Apr. 1945 befanden sich 900 jüdische Kinder in 26 Heimen, 500 in christlichen und 300 in jüdischen Familien: Lasserre, Frontières, S. 325. Zur Erklärung der niedrigen Anzahl jüdischer Plätze: Fischli, Notiz Sitzung Arbeitsausschuss der SZF vom 9. Juni 1943, BAR: E 4800.1 (-) 1967/111, Bd. 32, DNR 145; SZF, Broschüre «Hilfe für Flüchtlinge und Militärinternierte in der Schweiz», S. 25; zur Agudas-Achim: E. B. Sadinsky an S. Braunschweig, 20. Dez. 1944, beides in: AfZ: NL J. Nordmann, OP 1945. Auch eine damalige VSJF-Mitarbeiterin erinnert sich später, dass die religiösen Juden aus dem «Osten» eher Kinder aufgenommen hätten als die Westjuden: Interview E. Zweig. Vgl. auch: Interview mit Gusty Bornstein-Fink, durch Claude Kupfer, 15. März 1984, AfZ: IB SIG, Geschichte der Juden in der Schweiz. In der Regel erhielten die orthodoxen Familien für die Aufnahme von Pflegekindern eine finanzielle Unterstützung durch das SHEK. Kadosh, Children, S. 291.

61 Vollständige Statistiken über die jüdischen Kinder fehlen. Laut Koller (Entscheidung, S. 88) hielten sich während der Kriegsjahre rund 10 000 Kinder, davon ca. 90 % jüdische, in der Schweiz auf. Ende November 1943 befanden sich von 3 728 Kindern 1 641 in Freiplätzen oder Heimen, für weitere 184 war die Internierung bereits ausgesprochen. 1 272 waren unter 7 Jahre alt und blieben deshalb vermutlich bei ihren Müttern: (ohne Verfasserangabe) Aktennotiz betr. Besprechung vom 28. November 1943 im Bundeshaus, AfZ: IB SIG, Handakten G. Brunschvig im SIG, Tätigkeit für den SIG vor der Präsidentschaft IV, Geschäftsablage betr. Geschäftsausschuss, 1942/43**. S. S. Guggenheim erwähnt Anfang 1944 die Zahl von 7 Familienheimen. Die gegenwärtig rund 1 500 Kinder unter 6 Jahren befänden sich grösstenteils zusammen mit ihren Müttern in Heimen der ZL: Tätigkeitsbericht VSJF, 1943, S. 4f., Beilage zum Prot. SIG-DV, 23. Jan. 1944, AfZ: IB SIG. Zur Trennung der Familien: Kadosh, Children, S. 287, 289; vgl. zu den Konflikten und der Unterbindung der Besuche: einzelne Personendossiers beim SHEK, BAR: J II.55 1; ausserdem: Lasserre, Frontières, S. 326f. Zeder stellt die Praxis in Lilly Volkarts Kinderheim dar, die sich durch eine ungewöhnliche Empathie und Fortschrittlichkeit auszeichnete. Zeder, Zuhause, S. 65–67. Zu Fannys Geschichte: Interviews mit ihr sowie ihr Dossier in: BAR: J II.55 1, Bd. 157.

62 Zur Kritik an der Trennung: IW, 20. und 27. Nov., 23. Dez. 1942; Kadosh, Children, S. 289; Picard, Schweiz und die Juden, S. 445; Lasserre, Frontières, S. 327; Unabhängige Expertenkommission, Schweiz und die Flüchtlinge, S. 167f.; zur Haltung des SHEK: Schmidlin, Schweiz, S. 245; vgl. Sutro, Jugend, S. 130; zur Begründung Guggenheims: Prot. SIG-DV, 13. Dez. 1942, S. 6, AfZ: IB SIG; Haltung VSIA: VSJF, Ein Jahrzehnt, S. 52f.; vgl. Picard, Schweiz und die Juden, S. 446 (hier auch Verteidigung der Trennung durch Sutro); zum angeblich unreligiösen VSIA: M. Pappenheim an Rabbiner Leo Jung, 8. Okt. 1941; B. Kahn an L. Jung, 24. Okt. 1941, beides in: AfZ: MF Joint Switzerland, File 973. S. Mayer hatte auf die Vorwürfe, dass die Flüchtlingshilfe areligiös sei, geantwortet, das Bedürfnis der Flüchtlinge nach einer derartigen Betreuung sei «praktisch nil», vonnöten sei hingegen Hilfe: S. Mayer an B. Kahn, 14. Nov. 1941, AfZ: MF Joint Switzerland, File 973; vgl. Bauer, American Jewry, S. 221. Zur Kritik an der Beauftragung des SHEK: F. Goldschmidt-Lewenstein an G. Brunschvig, 11. Dez. 1942, AfZ: IB SIG, Korrespondenz mit den Mitgliedern des CC, 1942/43; zur Forderung des HIJEFS: J. Sternbuch an O. H. Heim, 4. Okt. 1945, AfZ: IB SIG, Hilfe und Aufbau, Organisationen IX, HIJEFS**; zu den Lagerbesuchen der Rabbiner: S. Mayer an Agudas Iisroel, 11. Jan. 1943; zu Bekehrungsversuchen: Berichte von Jacques Messinger; zur religiösen Betreuung: (ohne Angabe von Verfasser und Datum) Bericht «Die religiöse

Betreuung der jüdischen Flüchtlingskinder», alles in: AfZ: IB SIG, 9.2.7. Flüchtlingsbetreuung, Betreuung der Flüchtlingskinder**; Kadosh, Children, S. 289; zur Haltung des SHEK: Lasserre, Frontières, S. 328f.; Sutro, Jugend, S. 99, 115f.; Zeder, Zuhause, S. 63–65; zur evangelischen Freiplatzaktion: Kocher, Menschlichkeit, S. 296; zum Taufkonflikt generell: Kadosh, Children, S. 287, 289–291; Picard, Schweiz und die Juden, S. 444–447.

63 Zur Beschränkung des SAH auf ihre Solidargruppe: Lupp, Klassensolidarität, S. 447; zum Auftrag an die SZF: Arnold, Transitprinzip, Kap. II.C.1; zur Anzahl der Freiplätze von Mai 1943 bis Aug. 1944: a.a.O., Kap. II.C.3; ausführlich zur evangelischen Freiplatzaktion: Kocher, Menschlichkeit, S. 291–300; Guggenheim zum Erfolg der Freiplatzaktion: Tätigkeitsbericht VSJF, 1943, S. 5, Beilage zum Prot. SIG-DV, 23. Jan. 1944, AfZ: IB SIG.

64 Zur Einschätzung von Heer und Haus: Prot. SIG-GA, 13. Dez. 1942, S. 1f., AfZ: IB SIG (auch Belieferung der Sektion mit Statistiken); zur Basler Aufforderung: A. Goetschel an Mayer, 10. Dez. 1942, AfZ: IB SIG, Handakten G. Brunschvig, Tätigkeit vor Präsidentschaft IV**; vgl. auch: Prot. SIG-DV, 13. Dez. 1942, Nachmittag, S. 12f., AfZ: IB SIG, und das Votum Farbsteins über G. Brunschvigs Einschätzung eines zunehmenden Antisemitismus: Prot. ICZ-DV, 31. Jan. 1943, ICZ-Archiv; zum Handbüchlein: Prot. SIG-GA, 14. Apr. 1943, S. 4, AfZ: IB SIG. Später erstellte der VSJF in Absprache mit der Polizeiabteilung und ebenfalls zur Disziplinierung der Flüchtlinge zusätzlich ein «Vademecum del rifugiato civile»: AfZ: IB SIG, 8.2.2.6. Rundschreiben u. Merkblätter++; vgl. Schürch an von Steiger, 11. Jan. 1945, BAR: E 4260 (C) 1974/34, Bd. 96; Aufruf der SZF mit der Anrede «Liebe Freunde», 15. Apr. 1943, AfZ: MF Joint Switzerland, File 1005; zum Wehrbrief: Lasserre, Die dunkeln Jahre, S. 352–354.

65 Zur heerespolizeilichen Untersuchung: BAR: E 5330 (-) 1975/95, Bd. 236; vgl. Unabhängige Expertenkommission, Schweiz und die Flüchtlinge, S. 123f.; zu Picard: Prot. CC, 26. Febr. 1936, S. 1, AfZ: IB SIG; SIG, Tätigkeitsbericht zur SIG-DV vom 25. Mai 1933, S. 1, JG Bern: Akten, Protokolle, 1931–1934; zu Horowitz' Erinnerungen: Battel, Wo es hell ist, S. 325, vgl. S. 125; zur jüdischen Haltung vgl. Anm. 70. Laut einem Bericht der Bundesanwaltschaft vom 1. Juni 1943 waren neben G. Brunschvig die Anwälte Willy Hirschel und Boris Lifschitz in die Passfälschungen durch den Konsul von Paraguay, Rudolf Hügli, involviert. Strafrechtliche Konsequenzen sind mir nicht bekannt: Haas, Wenn man, S. 109; zur Illegalität bei linken Hilfswerken: Lupp, Klassensolidarität, S. 269f., 292, 416–427, 443; vgl. Frischknecht/Knauer, Spur.

66 Zu Cohn und Levaillant: Zeugin/Sandkühler, Lösegelderpressungen, S. 173, 197, 215; zu Cohn bezüglich Freikauf (bzw. Visakauf): Korrespondenz zwischen Veit Wyler, Cohn und Willy Dreifuss betr. die Familie Philipp, Fritz Siegfried und Heinz Lange, Okt./Nov. 1942, alles in: AfZ: NL V. Wyler, Bd. 44, Auswanderungsbemühungen Amsterdam, 1942. Für den Hinweis danke ich H. Zweig. Zu den schwarzen Listen: Zeugin/Sandkühler, Lösegelderpressungen, S. 68–71, 89f., 98; zu Mayer und dem legalistischen Joint: Bauer, American Jewry, S. 34, 52, 62f., 169, 177, 179, 182, 223, 225, 232; Cohen, Bein «scham», S. 180–185, vgl. in diesem Buch S. 270; zur Neutralitätspolitik als Deckmantel: Prot. Country Director's Conference, Apr. 1948, S. 65, AfZ: MF S. Mayer, SM 6.

67 Zu Brunschvig und den südamerikanischen Papieren: Haas, Wenn man, S. 109. Seine Ehefrau kann sich allerdings nicht an illegale Aktivitäten ihres Mannes erinnern: Interview O. Brunschvig. Zu Cohn vgl. Anm. 66; zum Umgang der Schweizer Behörden mit Gefälligkeitspässen: Zeugin/Sandkühler, Lösegelderpressungen, S. 122–135; vgl. auch: Wasserstein, Britain, S. 207ff.; zu Mayers Distanzierung von den Fälschungen: Kranzler, The Man, S. 27; Bauer, American Jewry, S. 223, vgl. S. 63; Zuroff, Response, S. 284; zur Zeugenvernehmung in Sachen Mantello, 1. Febr. 1946, Aussagen Silberscheins (inkl. Aussagen Mantellos), AfZ: IB SIG, Hilfe und Aufbau, SIG-Untersuchungskommission betr. San (sic) Salvador-Pässe u.a. Mantello**; Silberschein an Mayer, 13. Mai 1943, AfZ: IB SIG, Hilfe und Aufbau, Interventionen, Hilfs- und Rettungsaktionen, Geschäftsablage, SIG ZH, 1943/44**; zur Verteidigung Mantellos: Rothmund, Notiz betr. Besuch Mayers, 8. Aug. 1944, BAR: E 4320 (B) 1990/266, Bd. 91.

68 Zur linken Fluchthilfe: Wichers, Kampf; Frischknecht / Knauer, Spur. Eine Regionalstudie zur linken und jüdischen Fluchthilfe bietet: Battel, Wo es hell ist (u. a. mit Beispielen von jüdischen Einzelhelfern und Ad-hoc-Gruppierungen unter jüdischer Leitung). Zur Einzelhilfe: Seiler, Lukrezia / Wacker, Jean-Claude, «Fast täglich kamen Flüchtlinge». Riehen und Bettingen – zwei Schweizer Grenzdörfer in der Kriegszeit. Erinnerungen an die Jahre 1933–1948, Riehen 1996; vgl. auch: Ludi, Fluchthilfe, und: Keller, Stefan, Emigrantenschmuggler 1933–1945, in: Hersche (Hrsg.), Geschichtsbilder, S. 25–40; eine Übersicht zur Fluchthilfe mit weiterer Literatur in: Unabhängige Expertenkommission, Schweiz und die Flüchtlinge, S. 114–132.

69 Zur Fluchtlinie der Haschomer: Bornstein, Insel Schweiz, S. 94–102; Kroh, David, S. 63f.; vgl. Wyler, Erinnerungen eines zionistischen Schweizer Juden, 11. Juli 1990, S. 28–30, AfZ: NL V. Wyler, Schachtel 30; Unabhängige Expertenkommission, Schweiz und die Flüchtlinge, S. 123–126; zum Kinderschmuggel aus Frankreich: a. a. O., S. 120–122; Fivaz-Silbermann, Refoulement, S. 309–314 (Flucht von Weill und Gurvic: S. 301); Picard, Schweiz und die Juden, S. 435–438.

70 Ich habe systematisch alle relevanten Archivbestände des SIG und des VSJF im AfZ sowie die Archive einzelner jüdischer Gemeinden durchgesehen, ohne entsprechende Anhaltspunkte zu finden. Nach Auskunft der Mitarbeiter des AfZ, die den riesigen Bestand der Personendossiers der VSJF-Flüchtlingsbetreuung erfassten, findet man auch dort keine Spuren illegaler Aktivität. In den Akten der Militärjustiz im BAR, die auch bei Zivilpersonen den Strafbestand der Fluchthilfe ahndete, fand ich – abgesehen vom erwähnten Fall – ebenfalls keine Hinweise, dass weitere Funktionäre des SIG oder des VSIA bei einer derartigen Tätigkeit erwischt worden wären. Das schliesst natürlich unentdeckte Aktionen nicht aus. Ehemalige Mitarbeiter oder Amtsträger von VSIA oder SIG aus dieser Zeit – Regina Boritzer, Leo Littmann, Georg Guggenheim, Joseph Wyler, Edith Zweig – erwähnen in späteren Interviews jedoch keine illegalen Tätigkeiten. Da das problematische Verhältnis zu den Behörden immer ausführliches Gesprächsthema war, hätten sie diese kaum verschwiegen, wenn sie davon gewusst hätten. Die VSIA-Mitarbeiterin Marianne Lothar meinte (Kassette 2), dass man im VSIA Angst vor Illegalem gehabt habe, allerdings bezieht sie sich kaum auf die uns interessierende Zeit, da sie nur bis Nov. 1940 als Leiterin der Zürcher Flüchtlingshilfe gearbeitet hat. Für Veit Wyler, der selbst in der Fluchthilfe tätig war, ist es undenkbar, dass S. Mayer oder S. S. Guggenheim etwas Illegales unternommen hätten. Er erinnert sich auch, wie ihn Mayer ca. in den Jahren 1941–1942 (jedenfalls bevor Wyler im Apr. 1942 aus seinem Elternhaus auszog) vor derartigen Aktivitäten gewarnt habe; dessen Ehefrau habe ihn deswegen sogar des Nachts angerufen: Interview V. Wyler. Robert Wieler, damals in Kreuzlingen sehr aktiv, weiss ebenfalls nichts von illegalen Handlungen des SIG oder VSIA: Telefongespräch mit Wieler, 4. Aug. 2004.

71 Zur Intervention Mayer betr. Schwalb: Interview L. Littmann, Kassette 2. Möglicherweise handelte es sich jedoch um eine Intervention zugunsten von Schwalbs Komplizen Daniel Willner, vgl. Schwalb an Mayer, 10. Juli 1944, AfZ: MF Joint Switzerland, File 975; zur Verwicklung Schwalbs in «Emigrantenschlepperei»: JUNA, Aus dem Dossier Armand Brunschvig, Beilage 27, AfZ: SIG-Archiv Zürich, Unterlagen an Prof. Ludwig*+. Veit Wyler, der bei dieser «Emigrantenschlepperei» die Retter vor Gericht verteidigte, schlug auch S. S. Guggenheim als Zeugen vor. Dies hätte er kaum getan, wenn er mit einer die «Schlepperei» ablehnenden Haltung des VSJF-Präsidenten gerechnet hätte: Wyler an M. Willner, 19. Mai 1944, AfZ: NL V. Wyler, Schachtel 39, Prozess Willner u. Konsorten, Korrespondenz mit Willner**. Für den Hinweis danke ich H. Zweig. Zum Comité international: Bauer, American Jewry, S. 232; zur Finanzhilfe für die Fluchthilfe des OSE: Fivaz-Silbermann, Refoulement, S. 311–313; Bauer, American Jewry, S. 243f. Rothmund zur Unterbindung der «Schlepperei»: (ohne Verfasserangabe) Aktennotiz betr. Besprechung vom 28. Nov. 1943 im Bundeshaus, AfZ: IB SIG, Handakten G. Brunschvig im SIG, Tätigkeit für den SIG vor der Präsidentschaft IV, Geschäftsablage betr. Geschäftsausschuss, 1942/43**.

72 Es ist aufschlussreich, wie Bundesrat von Steiger reagierte, als seine moralische Haltung am heftigsten unter Beschuss geraten war. Verteidigte er doch seine Position in seiner Rede vom 30. August 1942, indem er sich als Kommandant des kleinen Rettungsbootes gerierte und

damit in aller Selbstverständlichkeit für sich die alleinige Befehlsgewalt beanspruchte und ausübte. Eigentliche Kernaussage seiner Metapher war also nicht die Behauptung, dass das Boot voll sei, sondern dass ihm die Autorität des wissenden, weitsichtigen Kommandanten zukam. Da diese Behauptung nur implizit – durch die Grundstruktur der Metapher und durch den Sprechakt selbst – erfolgte, wurde sie auch von denjenigen nicht bestritten, die die inhaltlichen Ausführungen des Bundesrats gänzlich ablehnten.

73 Vgl. zum Problem der moralischen Urteilskraft: Arendt, Nach Auschwitz, S. 81–97; Bauman, Dialektik, S. 184ff.; ausserdem: Cesarani, David, Mad Dogs and Englishmen: Towards a Taxonomy of Rescuers in a «Bystander» Country – Britain 1933–45, in: ders./Levine (Hrsg.), Bystanders, S. 28–56, 28–30; zur Haltung der Orthodoxen: Kranzler, Thy Brother's, S. 3, 24; Picard, Schweiz und die Juden, S. 265f; zu Wylers List: Interview mit Wyler (hier auch Beteiligung an der Pruntruter Aktion). Wylers Erinnerung an seine List korrespondiert mit einem Schreiben der Agudas-Achim Zürich an Louis Wyler, 30. Apr. 1939, AfZ: NL L.Abt. für Wyler, 1.1.3.2. Private Korrespondenz (für den Hinweis danke ich H. Zweig). Zu Wylers Aktivitäten auch: Zeugin/Sandkühler, Lösegelderpressungen, S. 15, 81, 92f.; zum jüdischen Selbstbewusstsein: Wylers Votum in der ICZ-GV vom 22. März 1943, ICZ-Archiv; zum Paria: vgl. Arendt, Varnhagen, v. a. S. 166–211; zum «Partisanen»: Zeugenvernehmung in Sachen Mantello, 1. Febr. 1946, Aussagen Taubes, AfZ: IB SIG, Hilfe und Aufbau, SIG-Untersuchungskommission betr. San (sic) Salvador-Pässe u. a. Mantello**.

74 Intervention Mayers im Mai: vgl. in diesem Buch S. 269; ausführlich zur Haltung des EPD bezüglich der Heimschaffung: Papaux, Attitude. Erstmals wegen eines Einzelfalls intervenierte Mayer vermutlich am 8. Mai 1942, es ging um die Verhaftung Gaston Blochs in Paris: DDS 14, S. 558. Zur Involvierung Mayers im Fall Rothschild: Rothschild an Mayer, 25. Aug. 1942, Mayer an Rothschild, 26. Aug. und 1. Sept. (Zitat) 1942, alles in: AfZ: IB SIG, 9.1.4. Flüchtlingspolitik, Einreisegesuche aus Frankreich**; ausführlich zu diesem Fall: Speck, Rothschild, v. a. S. 44–86. Der Autor scheint die Involvierung Mayers ab August 1942 nicht gekannt zu haben. Dokumente zum Fall Schwabacher in: AfZ: IB SIG, 9.1.4. Flüchtlingspolitik, Einreisegesuche aus Frankreich**.

75 Zu den Repatriierungen: Papaux, Attitude, S. 54–61 (aus der Nordzone, am 31. Jan. und 1. Febr. 1943), 63–71 (aus der Südzone, am 23. Sept. 1943), 80 (aus der Südzone, am 21. Aug. 1944); vgl. div. Dokumente in AfZ: NARA RG 242T120, MF 4354, sowie Picard, Schweiz und die Juden, S. 193; zu den Schweizer Juden im deutschen Bereich: Frölicher an Abt. für Auswärtiges, 23. Juli und 9. Dez. 1943; Kappeler an Abt. für Auswärtiges, 18. Aug. 1943, alles in: BAR: E 2001 (D) -/3, Bd. 457, B.51.334.2.A; zur Schätzung der Deportierten: vgl. Papaux, Attitude, S. 82.

76 Aufruf an alle Zürcher Arbeitgeber, AfZ: IB SIG, 9.1.4. Flüchtlingspolitik, Einreisegesuche aus Frankreich**. Für 1943 betrugen die VSJF-Fürsorgeleistungen für die Auslandschweizer sFr. 16400: Prot. SIG-GL, 22. Jan. 1945, S. 5, AfZ: IB SIG.

77 Vgl. zu Fleischmanns Fehlinterpretation: Cohen, Bein «scham», S. 191; Fleischmann an Mayer, 30. Nov. 1942; zur Haltung bezüglich der Methode der Arbeitsgruppe: Mayer, Notiz zu Telefongespräch mit Herbert (Katzki), 24. Febr. 1943; zur Finanzzusage vom 1. Dez.: Schwalb an Mayer, 2. und 4. Dez. 1942, alles in: AfZ: MF S. Mayer, SM 64; keine Garantie des Joint für Rückzahlung: Mayer, Notizbuch, 11. Nov. 1942, AfZ: MF S. Mayer, SM 11; zum Europaplan: Bauer, Freikauf, S. 133f.; zur Täuschung: a. a. O., S. 154, 157–159, 164f.

78 Zur Klage Fleischmanns: Brief an Mayer, 14. Jan. 1943 (hier auch Mayers Erwähnung der unüberwindbaren Schwierigkeiten), AfZ: MF S. Mayer, SM 64. Mayer scheint sich wegen des Europaplans auch mit S. Braunschweig und S. S. Guggenheim besprochen zu haben, vgl. Schwalb an Mayer, 4. Dez. 1942, AfZ: MF S. Mayer, SM 64; zur verhinderten Einreise: Bornstein, Insel Schweiz, S. 112; zur Haltung Lichtheims: Bauer, Freikauf, S. 134, 140; zu den Bemühungen Mayers: a. a. O., S. 133–148; zur Haltung des Joint: a. a. O., S. 133, 143f.; zum Scheitern des Plans: a. a. O., S. 145–148, 163–165; Bauer, Dunkle Seite, S. 224.

79 Beziehung zu Dreyfus-de Gunzburg: Interview K. Guth; Vortrag P. Guggenheim, Aktuelle Probleme des Judentums in der Schweiz, am 31. Okt. 1942 vor der Zionistischen Ortsgruppe Zürich, AfZ: IB SIG, SIG Zürich, Korrespondenz, 1943*+; vgl. IW, 6. Nov. 1942; zur eides-

stattlichen Erklärung vom 29. Okt. 1942: Morse, Wasser, S. 25f.; Stauffer, Sechs furchtbare Jahre, S. 228; zum Vortrag Haymanns: Bolter, Kultusgemeinde St. Gallen, S. 102–105; vgl. IW, 30. Okt. 1942; zur Wahl des Präsidenten: IW, 27. Nov. 1942. Die Emotionalität der DV kommt, wie in den SIG-Protokollen üblich, nur sehr gefiltert zum Ausdruck. Vgl. dazu aber die ICZ-GV, v. a. die Voten von Max Dreifuss und Saly Guggenheim am 31. Jan. 1943 und von S. Braunschweig am 14. März 1943, ICZ-Archiv. Vgl. zur Krise im SIG auch Picard, Schweiz und die Juden, S. 422–426.

80 Vortrag Guggenheims (wie Anm. 79), S. 11 (Kernkonflikt), 6f. (Mangel an Vertrauen und Aussprachen, Jahresberichte), 7f. (Gerüchte um SIG-Haltung, Schweigen, Rittmeyer), 4 («Kabinettspolitik»), 3 (Öffentlichkeit vs. Verwaltung), 8 (Information der Räte); Prot. SIG-DV, 13. Dez. 1942, Vormittag, S. 7f. (WJC), 10 (Lobbyarbeit durch andere Verbände, Anteil an Protesten, Mittelpresse), 11 (Gerüchte, Schweigen); Prot. Nachmittag, S. 4 (Schweigen, Antichambrieren durch Nichtjuden), beides in: AfZ: IB SIG; zu den Gerüchten: Prot. ICZ-Delegierte zum SIG, 1. und 3. Nov. (hier auch «Ghettopolitik») 1942, ICZ-Archiv; G. Brunschvig, Referat über die Aufgaben des Schweizerischen Judentums in der heutigen Zeit, 20. Feb. 1943, S. 8f., AfZ: NL G. Brunschvig, Schachtel mit Doss. 10–15, Diverses; Zitat zur Ghettopolitik: Prot. ICZ-DV, 31. Jan. 1943, ICZ-Archiv.

81 Prot. SIG-DV, 13. Dez. 1942, Nachmittag, S. 2 (Dementi Mayers), 5–13 (Resolutionen und Diskussion), 18 (Rücktritt), AfZ: IB SIG. Mayer hatte schon früher dementiert: «Es ist unrichtig, dass ich die Campagne der schweizerischen Presse, die zugunsten der Asylgewährung geführt wurde, gegenüber Behörden oder Drittpersonen als nicht wünschenswert bezeichnet habe. Ebensowenig habe ich mich gegenüber Behörden oder Drittpersonen aus Furcht vor antisemitischer Auswirkung oder aus Gründen finanzieller Schwierigkeiten dahin geäussert, dass die Grenzen für weitere Flüchtlinge zu schliessen seien.» Mayer sagt nur, was er *nicht* gesagt haben will. Er sagt aber auch hier nicht explizit, dass er die Grenzsperre ablehnt und die Pressekampagne sowie eine grosszügigere Asylpolitik befürwortet. Prot. SIG-GA, 16. Nov. 1942, S. 2f., und CC, 3. Dez. 1942, S. 8, AfZ: IB SIG. Rittmeyer wurde von verschiedenen Seiten um Aufklärung gebeten, wen er mit seiner Aussage gemeint habe. Er erklärte jedoch, er könne diese Frage nicht beantworten: L. Rittmeyer an SIG, 18. Nov. 1942, AfZ: IB SIG, Handakten G. Brunschvig, Tätigkeit vor der Präsidentschaft IV, Geschäftsablage betr. GA, 1942/43; zum einstimmigen Beschluss der SVV-DV: Stierlin, Aktennotiz über die Besprechung zwischen Bundesrat von Steiger und einer Delegation des SVV, 17. Okt. 1942, S. 2, BAR: E 4001 (C) 1, Bd. 253, 702/1. Vgl. zu Mayers Rücktritt auch Anm. 36.

82 Braunschweig auf der Sitzung der ICZ-Delegierten zum SIG, 1. Nov. 1942, S. 6f., ICZ-Archiv; Blum an René Meyer-Lang, 2. Okt. 1942, AfZ: IB SIG, Handakten G. Brunschvig im SIG, Geschäftsablage betr. Präsidialsekretariat, S. Mayer**; Voten von G. Bloch (Erfolg der SIG-Politik) und R. Meyer (zur Öffentlichkeit, Hervorhebung im Original) auf der ICZ-GV vom 22. März 1943, ICZ-Archiv; zu den Verhandlungen des SHEK im März 1943: Fivaz-Silbermann, Refoulement, S. 311; Bollag: Prot. ICZ-Delegierte zum SIG, 3. Nov. 1942, S. 16, ICZ-Archiv. Eine ähnliche Meinung wie Meyer vertrat S. Braunschweig in der gleichen Versammlung. Noch dezidierter in diesem Sinne: G. Brunschvig, Über die Aufgaben des Schweizerischen Judentums, S. 11f., wie Anm. 80.

83 Vgl. zu den ICZ-Auseinandersetzungen die Prot. der ICZ-Gemeindeversammlungen und der Sitzungen der ICZ-Delegierten zum SIG. Wahl Guggenheims: Prot. ICZ-GV, 30. Mai 1943, alle Dokumente in: ICZ-Archiv. Gegenkandidat Guggenheims war Saly Levy, der bei der Redaktion des SVV-Verbandsorgans gegen dessen Emigrantenhetze protestierte, aber jener zugleich versicherte, dass er als «treuer Leser» «die von Ihnen vorgetragenen Gedanken weitgehend» teile und selbst «in ähnlichem Sinne» wirke. Brief vom 19. März 1941, BAR: J II.11 (-) -/1, Bd. 55, 1.U.b.02. G. Brunschvig: Referat über die Aufgaben des Schweizerischen Judentums, S. 8f., wie Anm. 80; vgl. IW, 26. Febr. 1943.

84 Wahl Braunschweigs: Prot. SIG-DV, 28. März 1943, S. 10. Die Position Braunschweigs in den letzten Jahren wird am besten in den Prot. der ICZ-Delegierten zum SIG sowie der ICZ-Gemeindeversammlungen sichtbar. Seine Haltung gegenüber G. Guggenheim blieb kritisch,

was sich u. a. daran zeigte, dass er dessen Kandidatur für seine Nachfolge als ICZ-Präsident nicht unterstützte. Braunschweig über jüdische und schweizerische Interessen: Prot. VSJF-GV, 22. Okt. 1944, S. 7 (hier auch endgültige Demission S. S. Guggenheims; zum Abschluss der Reorganisation: S. 3–6), AfZ: IB SIG, 9.2.2.5. VSJF-Protokolle**; zur Beziehungspflege statt Öffentlichkeitsarbeit: Prot. ICZ-Delegierte zum SIG, 12. Juli 1943, S. 6, ICZ-Archiv; Braunschweig, handschriftliche Notiz zur Audienz vom 31. Mai 1943, AfZ: NL S. Braunschweig, Audienz bei Bundesrat von Steiger; Demission Guggenheim: Beilage zum Prot. SIG-GV (wie oben), S. 6. Er hat seine Absicht bereits früher bekannt gegeben: Prot. CC, 25. Febr. 1943, S. 7 (hier auch seine Warnung vor einer Politisierung des VSIA), AfZ: IB SIG; zur Amtsweiterführung während der Reorganisation, zur Namensänderung: Prot. VSIA-GV, 6. Juni 1943, S. 9f.; zum Kampf um Autonomie: Prot. der ausserordentlichen VSJF-GV, 8. Mai 1944, beides in: AfZ: IB SIG, 9.2.2.5. VSJF-Protokolle**; Prot. ICZ-Delegierte zum SIG, 14. Dez. 1943, ICZ-Archiv; Prot. Kommission für Nachkriegsprobleme des SIG, 26. Okt. 1944 (Zitat P. Guggenheims), AfZ: IB SIG, Hilfe und Aufbau, Kommission für Nachkriegsprobleme, allgemeine Unterlagen, Sitzungsprotokolle, Geschäftsablage, SIG ZH**; zur Integration in den SIG: Franz Wieler, Bericht zuhanden des Präsidenten des VSJF über die Inkraftsetzung des neuen Reglements des VSJF, 1. Juni 1955, AfZ: IB VSJF, Vorstandsprotokolle**; D. Lack an Ch. H. Jordan, 25. Apr. 1966, AfZ: MF Joint Switzerland, File 922.

85 Versöhnung: Prot. SIG-GA, 7. Jan. 1943, S. 4; zum komplizierten Verhältnis zum SIG: H. Katzki an R. Pilpel, 12. Aug. 1949, AfZ: MF S. Mayer, SM 6; zu den Vorwürfen an Mayer: Agendaeintrag «Schwalb in St. Gallen» vom 11. Nov. (Tag unsicher) 1942, AfZ: MF S. Mayer, SM 11; zu Mayers Rücktrittsangebot und zu seiner Aufwertung: Picard, Schweiz und die Juden, S. 428 (hier auch Versuche von 1944, Mayer die Joint-Funktion wegzunehmen); zum Gedankenspiel betr. Joint: Prot. CC, 8. Juli 1943, S. 6, AfZ: IB SIG; zum Kontakt mit dem VSJF: Mayer, Notiz Telefongespräch mit Schwartz, 21. März 1944, AfZ: MF S. Mayer, SM 9; zum Kontaktabbruch zum SIG: (Braunschweig) Aktennotiz über meine Besprechung mit Mayer vom 16. März 1944, AfZ: IB SIG, Geschäftsverkehr GL–CC; vgl. Prot. CC, 12. Mai 1943, S. 2, AfZ: IB SIG; zur Freundschaft mit Braunschweig: Mayer an H. Katzki, 1. Juli 1943, AfZ: MF S. Mayer, SM 5.

86 Zur Rückkehr aus dem Urlaub vgl. Rosa Ubert an Walter Lesch, 9. März 1943, BAR: E 4800.1 (-) 1967/111, Bd. 107. Zum Gespräch vom 21. Okt. 1942 in Oranienburg: Rothmund, Notiz über meine Besprechungen in Berlin, Ende Januar 1943, BAR: E 4260 (C) 1974/34, Bd. 132. Der Besuch und die korrekten Angaben zu den Gesprächspartnern sind auch erwähnt im Journal «Darstellung der Tätigkeit sowie wichtige Ereignisse», Staatl. Militärarchiv Moskau, 1367/1/8. Für den Hinweis danke ich Dorothee Wein, Gedenkstätte Sachsenhausen. Zum Ausbruch der Krankheit am 26. Okt. 1942: Rothmund an Bundesrat von Steiger, 27. Okt. 1942, BAR: E 4001 (C) 1, Bd. 10. Zu seiner Krankengeschichte findet sich viel Material in: BAR: E 4800 (A) 1, Bd. 9, ausserdem in den Bde. 5 (Korrespondenz mit A. Gottlieb) und 6. Für die Beratung bei der Interpretation dieser Akten danke ich der Medizinerin Hanna Zweig. Sie schliesst aufgrund der ausführlichen Akten eine Ansteckung im KZ, etwa durch Flecktyphus oder Typhus, «mit an Sicherheit grenzender Wahrscheinlichkeit» aus und vermutet ein psychosomatisches Leiden, ausgelöst durch Überforderung.

87 Mayer an Rothmund, 14. Mai 1943, BAR: E 4800 (A) 1967/111, Bd. 206, Verkehr mit schweizerischer Judenschaft.

88 Zur Bitte um Weitherzigkeit, zum Argument bezüglich England: Prot. CC, 7. Juni 1943, S. 5f., AfZ: IB SIG; zur Verneinung des Postulatcharakters: S. Braunschweig, handschriftliche Notiz, 31. Mai 1943, AfZ: NL S. Braunschweig, Audienz bei Bundesrat von Steiger.

89 S. Braunschweig und G. Brunschvig wiesen laut ihren Notizen zur Audienz besonders auf die Sklavenarbeit und die Zwangsprostitution hin. In einem zur Abgabe an den Bundesrat vorgesehenen Entwurf sprach Brunschvig allerdings davon, dass die Behandlung der Deportierten «jenseits menschlichen Verstehens» liege (ohne dies genauer zu erläutern) und dass in Frankreich, abgesehen von den Versteckten, in einigen Monaten nicht mehr viele Juden am Leben sein würden. Eine definitive Version dieses Memorandums ist im SIG-Archiv nicht zu

finden, und es fanden sich auch keine Belege dafür, dass es dem Bundesrat tatsächlich übergeben wurde – wobei, wie wir von Picard wissen, die EJPD-Akten im BAR ausgerechnet zum Verkehr mit jüdischen Stellen merkwürdige Lücken aufweisen. G. Brunschvig, Notiz über die Unterredung im Bundeshaus vom 31. Mai 1943; G. Brunschvig, Entwurf Memorandum an den Bundesrat, 17. Apr. 1943, beides in: AfZ: IB SIG, 9.1.1.1. Flüchtlingspolitik, einzelne Geschäfte, allgemeine Korrespondenz**. S. Braunschweig über die Audienz: Prot. CC, 7. Juni 1943, S. 5f., AfZ: IB SIG; Picard, Schweiz und die Juden, S. 153, 480, Anm. 14; zum Wissen der Behörden: vgl. Haas, Wenn man; vgl. in diesem Buch S. 299 und 306. Bundesrat von Steiger hatte erst wenige Wochen zuvor, Mitte März 1943, vom Schweizer Botschafter in London erfahren, dass «zwischen 1 und 2 Millionen» Juden durch die Nazis ermordet worden waren: Stadelmann, Umgang, S. 205.

90 Zu den Flüchtlingen aus Italien: Ludwig, Flüchtlingspolitik, S. 260–269. Zwischen dem 20. und 23. Sept. 1943 waren von 2500 Zivilflüchtlingen 90% Juden. Auch sonst machten die Juden in dieser Phase unter den Zivilpersonen die grosse Mehrheit aus: S. S. Guggenheim, Tätigkeitsbericht VSJF, 1943, S. 1 (hier auch italienische Rückkehrgarantie und Interventionen); Beilage zum Prot. SIG-DV, 23. Jan. 1944. Rothmund hat laut eigener Darstellung bereits am 18. Sept. 1943 der Grenzwache mündlich die Aufnahmemöglichkeit für Juden mitgeteilt. Rothmund an von Steiger, 8. Okt. 1943, BAR: E 4260 (C) 1, Bd. 254. Laut Unabhängiger Expertenkommission (Schweiz und die Flüchtlinge, S. 153) erfolgte diese Weisung erst am 22. Sept. 1943. Rothmund war aber weiterhin einverstanden, wenn Juden zurückgewiesen wurden. Vgl. Broggini, Renata / Viganò, Marino, I sentieri della memoria nel Locarnese 1939–1945, Locarno 2004, S. 54. Zur italienischen Rückkehrgarantie im Herbst 1943: Rothmund, Notiz über Besuch des ital. Gesandten Magistrati, 28. Aug. 1944, BAR: E 4320 (B) 1991/243, Bd. 17, C.13.1. Ital. Flüchtlinge, Allgemeines 1943; zur bewusst vagen Flüchtlingsdefinition: Armeekommando, Prot. der Konferenz zur Erzielung einer einheitlichen Auffassung im Flüchtlings-Wesen, 26. Nov. 1943, S. 2f., BAR: E 27/14468, Bd. 1; zum Festhalten an Weisung vom Dez. 1942: Prot. CC, 7. Okt. 1943, S. 2 (hier auch zu Interventionen), AfZ: IB SIG; Willkür: Broggini, Renata, Terra d'asilo. I rifugiati italiani in Svizzera 1943–1945, Bologna 1993, S. 128; zu Selbstmordversuchen: Notiz von A. Arov und R. Arditti, 16. Nov. 1943, zu den Interventionen: Società Israelitica di Soccorso, Lugano (Ort auf Dokument durchgestrichen), Nov. 1943, beides in: AfZ: NL P. Vogt, 3.2.1; Prot. Verbandsausschuss SJF, 9. Nov. 1943, S. 2, AfZ: MF Joint Switzerland, File 975; G. Brunschvig, Aktennotiz (ohne Datum) betr. erfolgreiche Interventionen im Herbst 1943, AfZ: IB SIG, Handakten G. Brunschvig, Geschäftsablage betr. SIG-Präsident S. Braunschweig, 1943/44**; zur Aufnahme ab Ende 1943: Schürch, Bericht der Polizeiabteilung zum Flüchtlingsproblem, 15. Apr. 1944, S. 14, BAR: E 4260 (C) 1, Bd. 255; vgl. Lasserre, Frontières, S. 195; Koller, Entscheidungen, S. 37f.

91 Rothmunds Angebot fiel, kaum zufällig, in eine Phase, in der sich verschiedene Länder um die Rettung von jüdischen Kindern bemühten. So hatte die Schweizer Gesandtschaft in Berlin schon Anfang 1943 einen Vorschlag Grossbritanniens an Deutschland weitergeleitet, 5000 Kinder nach Palästina ausreisen zu lassen. Auch Schweden und Rumänien bemühten sich in diesen Monaten um die Rettung von Kindern. Aber alle diese Versuche scheiterten. Vgl. Bauer, Freikauf, S. 182f., 185. Zu Rothmunds Einsicht in die Unmöglichkeit der Rückweisung von Kindern: Armeekommando, Prot. der Konferenz zur Erzielung einer einheitlichen Auffassung (wie Anm. 90), S. 2; zum behördlichen Entgegenkommen bei Kindern: L. Littmann, Bericht an die SIG-GL betr. Dokumentierung Prof. Ludwig, 20. Jan. 1955, S. 1, AfZ: IB JUNA, ungeordnetes Material zum Ludwig-Bericht+*; zum Angebot Rothmunds und zum CC-Beschluss: Prot. CC, 28. Nov. 1943; zur Rolle des SHEK: Fivaz-Silbermann, Refoulement, S. 311–314; zur Mitteilung an Rothmund: (ohne Verfasserangabe) Aktennotiz betr. Besprechung vom 28. November 1943 im Bundeshaus, AfZ: IB SIG, Handakten G. Brunschvig im SIG, Tätigkeit für den SIG vor der Präsidentschaft IV, Geschäftsablage betr. Geschäftsausschuss, 1942/43**; S. Braunschweig an Rothmund, 29. Nov. 1943, AfZ: IB JUNA, ungeordnetes Material zum Ludwig-Bericht*+; zum Erfolg der Kinderaktion: Prot. CC, 31. Aug. 1944, S. 9, AfZ: IB SIG. Am 2. Sept. 1944

schrieben Marc Jarblum (Fédération des sociétés juives) und G. M. Riegner (WJC), dass seit Oktober 1943 aus Frankreich 1350 Juden unter 20 Jahren in die Schweiz gerettet worden waren: Eppler, Elizabeth E., The Rescue Work of the World Jewish Congress During the Nazi Period, in: Gutmann, Yisrael / Zuroff, Efraim (Hrsg.), Rescue Attempts During the Holocaust. Proceedings of the Second Yad Vashem International Historical Conference, Jerusalem 1977, S. 47–69, 65.

92 Der VSJF-Vorstoss gegen die Rückweisungen erfolgte aufgrund eines Beschlusses der SIG-GL: Prot. GL, 5. Juli 1944, S. 2, AfZ: IB SIG; vgl. S. Braunschweig an E. Haymann, 11. Juli 1944, AfZ: IB SIG, 9.1.1.12. Flüchtlingspolitik, einzelne Geschäfte, allgemeine Korrespondenz, SIG-Sekretariat Zürich, 1944/45**; Prot. CC, 31. Aug. 1944, S. 8f., AfZ: IB SIG; zur Orientierung via Presse: Prot. der Sitzung der ZS, 21. Juli 1944, S. 2, AfZ: IB SIG, 9.2.14.10. Schweizerische Zentralstelle für Flüchtlingshilfe**; zum impliziten Einschluss der Juden in die Flüchtlingsdefinition: Ludwig, Flüchtlingspolitik, S. 293; zu den Abweisungen und Aufnahmen: Koller, Entscheidungen, S. 87–101, vgl. auch: Unabhängige Expertenkommission, Die Schweiz, der Nationalsozialismus, S. 118–121.

93 Colis Suisse: SIG, Rundbrief an die Mitgliedergemeinden, 27. Aug. 1942, StABS: IGB-REG R 2.5 (A. Goetschel). Hier ist auch die Rede von einer Auslandshilfe über das SRK, das vermutlich mit dem IKRK verwechselt wird. IKRK: Mayer an Simon Ascher, 28. Aug. 1942, AfZ: MF S. Mayer, SM 64; zur Flucht nach Genf: Fivaz-Silbermann, Refoulement, S. 301; vgl. OSE an S. Braunschweig, 5. Juli 1943: AfZ: IB SIG, Hilfe und Aufbau, Organisationen VII, OSE**; L. Gurvic an Mayer, 26. März 1943, AfZ: MF S. Mayer, SM 26; zur nur symbolischen Hilfe an das OSE: Prot. CC, 12. Mai 1943, S. 6, 7. Okt. 1943, S. 9, AfZ: IB SIG; div. Dokumente in: AfZ: IB SIG, Hilfe und Aufbau, Organisationen VII, OSE**; Aufruf Ungars als Beilage zu Leo Rubinfeld (Va'ad Hahatzalah) an S. Braunschweig, 11. Dez. 1943, AfZ: IB SIG, Hilfe und Aufbau, Interventionen, Hilfs- und Rettungsaktionen, Geschäftsablage, SIG ZH, 1943/44**. Ungar war der Schwiegervater von Rabbiner Weissmandel (slowakische Arbeitsgruppe).

94 Zitat zum Ankauf: Ústredňa Židov (Judenrat der Slowakei) an Frau F. Guggenheim, 2. Nov. 1942. Auf einen negativen Ausgang der Aktion verweist ein Schreiben S. Braunschweigs vom 9. Mai 1945 an S. Mayer, in dem es heisst, dass die Angelegenheit «leider nicht zu einem Resultat geführt» habe. Beide Dokumente in: AfZ: IB SIG, Hilfe und Aufbau, Ritualien aus Bratislava. In diesem Dossier befindet sich viel Material zu dieser Aktion. Während dort verschiedentlich von 400 Menschen die Rede ist, nennt Fleischmann nur die Zahl von 120: S. Mayer, Notiz zu Telefongespräch mit H. Katzki, 29. Juli 1943, AfZ: MF S. Mayer, SM 5 (hier auch Beruhigung über Nichterwähnung des Joint). Vgl. Prot. CC, 18. März 1943, S. 8; 11. Nov. 1943, S. 15; 30. Nov. 1944, S. 9; Prot. SIG-GA, 21. Jan. 1943, S. 2; 3. Febr. 1944, S. 1; 18. März 1943, S. 2; 14. Apr. 1944, S. 5; Prot. SIG-GL, 12. Okt. 1944, S. 6; alles in: AfZ: IB SIG; vgl. auch: L. Littmann an S. Braunschweig, 8. Aug. 1943, AfZ: IB SIG, Handakten S. Braunschweig**.

95 Mayers Interventionen beim IKRK als SIG-Präsident erwähnt Riegner; sie sind noch nicht erforscht. Vgl. G. M. Riegner an S. Braunschweig, 3. Mai 1943, AfZ: IB SIG, Jüdischer Weltkongress**; vgl. zum Verhältnis zwischen Joint bzw. Mayer und IKRK: Bauer, American Jewry (siehe dort Index); Favez, Mission (siehe dort Index); Riegner, Niemals, S. 184; zur Haltung des IKRK: ebd. Im Dezember 1943 intervenierte die SIG bei Bernardini und bei der polnischen Gesandtschaft in Bern zugunsten von 347 spanischen Juden, die am 2. Aug. 1943 von Griechenland (Saloniki) nach Bergen-Belsen deportiert worden waren. Kurz darauf, im Febr. 1944, wurden sie befreit und kamen nach Barcelona. Von dort war – vermutlich weil die spanische Regierung kein Interesse an ihren jüdischen Staatsbürgern hatte – ihre Abreise nach Casablanca vorgesehen. Ob die SIG-Intervention die Rettung dieser Juden direkt beeinflusste, ist mir nicht bekannt. Vielleicht handelte es sich bei dieser Gruppe um jene, die laut Hilberg (Vernichtung, S. 747f.) als einzige von den in Saloniki wohnhaften spanischen Juden gerettet wurden. Vgl. L. Benveniste an S. Braunschweig, 28. Febr. 1944; Braunschweig an Benveniste, 7. März 1944 (hier auch Zitat zur Unmöglichkeit, etwas zu tun), beides in:

AfZ: IB SIG, Hilfe und Aufbau, Interventionen, Hilfs- und Rettungsaktionen, allgemeine Unterlagen, Geschäftsablage, SIG-Sekretariat ZH, 1943/44**; vgl. Prot. SIG-GA, 20. Dez. 1943, S. 1, AfZ: IB SIG; SIG an Bernardini (ohne Datum, Dez. 1943), AfZ: IB SIG, Handakten G. Brunschvig, Tätigkeit vor der Präsidentschaft**; Prot. SIG-GA, 3. Febr. 1944, AfZ: IB SIG. Zum ständigen Kontakt mit dem IKRK: S. Braunschweig an S. Rotmann, 12. Febr. 1945, AfZ: IB SIG, Hilfe und Aufbau, Interventionen, Hilfs- und Rettungsaktionen, Algerien, Deutschland**; zu den dänischen Juden: Prot. CC, 7. Okt. 1943, S. 7, AfZ: IB SIG; zur Ablehnung der Demarche betr. Juden in Ungarn: div. Dokumente in: AfZ: IB SIG, Hilfe und Aufbau, Interventionen, Hilfs- und Rettungsaktionen, Ungarn, 1944/45**.

96 Zur Gründung des Bányai-Komitees: Kranzler, The Man, S. 59; zu Bányai: Fischli, Einreise ungarischer Juden, 26. Sept. 1944, BAR: 4800 (A) 1967/111, Bd. 330; zur Flucht der beiden Häftlinge aus Auschwitz: Vrba, Rudolf, Die missachtete Warnung. Betrachtungen über den Auschwitz-Bericht von 1944, in: Vierteljahresheft für Zeitgeschichte 44 (1996), S. 1–24; zum Inhalt der Auschwitz-Protokolle: Bauer, Dunkle Seite, S. 278; zum unklaren Weg der Protokolle: a.a.O., S. 279–287; Kranzler, The Man, S. 69–71, 238. Nach Kranzler kamen die Protokolle bereits am 17. Mai 1944 zu Schwalb. Nach Vrba (S. 2, 18f.) erreichten die Protokollinhalte, integriert in einen von M. Weissmandel und G. Fleischmann am 22. Mai 1944 geschriebenen Brief, über einen Kurier die Schweiz. Nach Braham (Politics, S. 710, 715, 719) kamen die Protokolle zwischen Ende Apr. und Anfang Mai 1944 in die Hände der jüdischen Repräsentanten in der Schweiz. Nach Bauer (S. 287) erreichten sie die Schweiz erst Anfang Juni 1944. Der Brief von Weissmandel und Fleischmann vom 16. Mai ist vollständig abgedruckt in: Kroh, David, S. 67–69. Zum Vorwurf der Nichtreaktion: Braham, a.a.O., S. 715. Braunschweig: Prot. CC, 31. Aug. 1944, S. 3; zu den gehäuften Meldungen: Kranzler, The Man, S. 74–81.

97 Zur Kampagne: Kranzler, The Man, S. 82–143; Lévai, Jenö, Abscheu und Grauen vor dem Genocid in aller Welt, New York u.a. 1968, S. 31–44, 57–61 (zur Zensurierung des SIG), 61–182; Altermatt, Katholizismus, S. 261–268; zur Rolle der Protestanten ausserdem: Kocher, Menschlichkeit; S. 270–283; zur Involvierung des SIG und der JUNA: Prot. SIG-GA, 5. Juli 1944, S. 1; Prot. CC, 31. Aug. 1944, S. 3 (hier auch zu Vogt), AfZ: IB SIG; vgl. zu SIG und JUNA: Funk, Warum sollen wir, Kap. 4.4; Tschuy, Lutz, S. 180.

98 SIG an den Bundesrat und Presseerklärung in: AfZ: IB SIG, Hilfe und Aufbau, Interventionen, Hilfs- und Rettungsaktionen, Ungarn, 1944/45**; zur Anzahl der Abdrucke: Funk, Warum sollen wir, Kap. 4.4.

99 Zur weltweiten Resonanz der Kampagne und zu Horthys Reaktion: Kranzler, The Man, S. 144–195; Bauer, Dunkle Seite, S. 288f.; Tschuy, Lutz, S. 181f. Tschuy (S. 409, Anm. 18) merkt zu Recht an, dass der Pressesturm für Horthys Meinungsumschwung nicht massgebend sein konnte, da dieser den Höhepunkt erst nach seinem Entscheid (vom 8. Juli 1944) erreicht hat. Allerdings ist Mantellos Wirkung trotzdem nicht zu unterschätzen, da «seine» Berichte u.a. durch den British Exchange Telegraph seit dem 24. Juni verbreitet wurden. Vgl. Kanzler, The Man, S. 97f.; zu den internationalen Interventionen: Bauer, Freikauf, S. 286–288. IKRK: Stauffer, Sechs furchtbare Jahre, S. 284f.; Kranzler, The Man, S. 155–172 (ohne Erwähnung von Guggenheim).

100 Zu der Intervention in Budapest: Walther, Juifs de Hongrie, 9. Okt. 1944, BAR: E 4001 (C) 1, Bd. 262, 702/31; Lasserre, Réfugiés, S. 308; vgl. Kranzler, The Man, S. 161; Unabhängige Expertenkommission, Schweiz und die Flüchtlinge, S. 268. Der bundesrätliche Aufnahmeentscheid geht aus einem Schreiben Rothmunds an P. Bonna vom 14. Aug. 1944 hervor, in dem sich dieser ausserdem darauf bezieht, dass Bonna von «1 2000 Kindern und gegebenenfalls von 8000 Familien, das heisst, 30–40000 Personen» mit Palästina-Zertifikaten gesprochen habe: BAR: E 4800 (A) 1967/111, Bd. 330. Die Idee zur Übernahme der Juden aus Bergen-Belsen entwickelte Rothmund im Gespräch mit Hans Bachmann vom IKRK: Fischli, Besprechungsnotiz vom 6. Sept. 1944, BAR: E 4800 (A) 1967/111, Bd. 330. Den generellen Protest gegen die Deportationen schlug er am 24. Sept. 1944, also unmittelbar nach dem Gespräch mit Brunschvig vor. Der Schweizer Gesandte in Berlin hatte aber Zweifel, ob dies «würdig»

sei, «jetzt, wo wir vor Deutschland keine Angst mehr zu haben brauchen». Vgl. DDS 15, S. 634, 710, 735f., 747 (Zitat). Zu den «Sauereien»: Rothmund an Eugen Bircher, 3. Febr. 1944, BAR: E 4800 (A) 1967/111, Bd. 206, vgl. zu Rothmunds Rettungswillen im Aug. 1944: Lasserre, Frontières, S. 206f.; zur Einschätzung des Gesprächs mit Rothmund: Brunschvig, Bundesrat von Steiger, Dr. Rothmund und die Flüchtlingspolitik, Entwurf ohne Datum, S. 10d–f, AfZ: NL G. Brunschvig, Flüchtlingsprobleme; vgl. die beiden Gesprächsprot. in: Picard, Judenfrage, S. 152–156.

101 Zum WRB: Morse, Wasser, Kap. 17, 18; zum Gespräch mit McClelland vom 10. Mai 1944: S. Braunschweig an R. McClelland, 23. Mai 1944 (inkl. Frageliste ohne Titel vom 10. Mai 1944), AfZ: IB SIG, 9.1.1.12. Flüchtlingspolitik, einzelne Geschäfte, allgemeine Korrespondenz, SIG-Sekretariat ZH, 1944/45**; vgl. Prot. GL, 11. Mai 1944, und CC, 11. Mai 1944, S. 58f., beides in: AfZ: IB SIG; zur Interpellation Birchers: Stadelmann, Umgang, S. 249–253; Broda, May, Verbotene Beziehungen. Separatdruck aus: Appenzellische Jahrbücher 1991, S. 44f.; zur für den SVV vernichtenden Wirkung der Desavouierung durch von Steiger vgl. div. Dokumente in: BAR: J II.11 (-) -/1, Bd. 57, 1.U.c.2; zur Anfrage Rothmunds nur Stunden nach von Steigers Rede: Brunschvig, Bundesrat von Steiger, Dr. Rothmund und die Flüchtlingspolitik (wie Anm. 100), S. 10d; vgl. zu den aussenpolitischen Motiven der asylpolitischen Korrekturen von 1944: Favez, Prochain; Unabhängige Expertenkommission, Schweiz und die Flüchtlinge, S. 263–271.

102 Meines Wissens war das Pressecommuniqué vom 5. Apr. 1933 – vgl. S. 38 – die einzige explizite Stellungnahme zum NS-Regime, mit der sich der SIG im eigenen Namen an ein nichtjüdisches Publikum wandte. An das gleiche Publikum richtete sich auch die Resolution der SIG-DV von 1934. Thema war dort aber nicht die NS-Verfolgung im Allgemeinen, sondern nur die Verleumdungen des «Stürmers». Eine deutschland-kritische Zusammenfassung der DV von 1935 war nicht für die nichtjüdische Öffentlichkeit bestimmt: Prot. SIG-DV, 10. Mai 1934, S. 12, und 3. Nov. 1935, Anhang, beides in: AfZ: IB SIG. Zur Schweizer Asylpolitik äusserte sich der SIG bis zu diesem Zeitpunkt ausschliesslich in der jüdischen Presse, zudem nie im kritischen Sinne. Dass seine Informationspolitik im Sommer 1944 eine neue Qualität annahm, ersieht man auch daran, dass die JUNA Ende des gleichen Jahres in den Schweizer Zeitungen erstmals namentlich als Quelle von Nachrichten über die Verfolgungen in Erscheinung trat. Vgl. Funk, Warum sollen wir, Kap. 4.4. Zum Verzicht auf deutliche Forderungen im Sommer 1944: Prot. GL, 5. Febr. 1945, S. 2, AfZ: IB SIG.

103 Mehr Flüchtlinge als einheimische Juden: S. S. Guggenheim, Bericht über die Tätigkeit des VSJF, 1943, S. 8f., Beilage zum Prot. SIG-DV, 23. Jan. 1944, AfZ: IB SIG. Ende 1944 betreut der VSJF 23 267 Flüchtlinge, davon unterstützt er 9 694: Jahresbericht und Rechnungs-Ablage des SIG, 1950, AfZ: MF S. Mayer, SM 6.

104 Neckel, Status, S. 168; SIG an die Mitgliedsgemeinden, 4. Sept. 1942, AfZ: IB SIG, Handakten G. Brunschvig, Tätigkeit vor Präsidentschaft III**. Mayer kopierte damit eine Idee von S. Braunschweig, der den gleichen Aufruf am 27. Aug. 1942 den Vereinen der ICZ zugeschickt hatte.

105 IW, 30. Okt. 1942.

106 Zu unterschiedlichen Strömungen der Schweizer Politik: Mooser, Geistige Landesverteidigung; zur Bedeutung kollektiver Identitätsgebote: March, Institutional Perspectives, S. 252–254, 266f.

107 Picard, Schweiz und die Juden, S. 41; Zitat Mayers vom November 1942: Beilage zum Prot. CC, 3. Dez. 1942, S. 2, AfZ: IB SIG; Riegner, Niemals, S. 219.

108 Zitat der Resolution der SIG-DV in: Burgdorfer Tagblatt, 12. Mai 1942. Eine Übersicht über die schwache öffentliche Präsenz erhält man in: AfZ: IB JUNA, Jüdische Flüchtlingshilfe, Pressedokumentation, 1938–1950.

109 Tonband-Prot. Gespräch G. Kurz mit Rosmarie Kurz, S. 12, AfZ: NL G. Kurz; zum Lob des Joint: Generalkonsul Victor Nef an Schwartz, 12. Jan. 1944; J. C. Hyman, Vizevorsitzender Joint, an Nef, 14. Jan. 1944, beides in: AfZ: MF Joint Switzerland, File 975. Auch der Kurzwellendienst des Schweizer Radios zitierte Schwartz. Vgl. auch Mayers Lob der Schweizer Behörden und Bevölkerung gegenüber Herbert Katzki, Joint: Notiz zu Telefongespräch vom

9. Apr. 1943, AfZ: MF S. Mayer, SM 8. Mayers patriotische Loyalität zeigte sich später auch gegenüber der amerikanischen Regierung. So wehrte er das Lob eines Beamten für seinen «remarkable rescue job» mit dem Verweis ab, dass dieses Verdienst der Schweizer Regierung und hauptsächlich Rothmund zukomme. AfZ: MF Joint Switzerland, File 922, Moses A. Leavitt an Moses W. Beckelmann, 4. Juni 1954.

110 SVV und Guisan, Argumentation Urners: SZF, Mitteilungen Nr. 11 an die Kantonalen Komitees, 30. Okt. 1942, S. 3, AfZ: NL P. Vogt, 3.1.1. Urner war beruflich Stadtpfarrer von Liestal. Zu seiner SVV-Mitgliedschaft: BAR: J II.11 (-) -/1, Bd. 55, 1.U.b.02. Guisan spielte – offenbar nur in den dreissiger Jahren – im SVV eine aktive Rolle, wie sein Biograph Willi Gautschi (Guisan, S. 54–59) darlegt. Der Historiker kommt auch zum Schluss, dass der General vom damals verbreiteten latenten Antisemitismus «kaum frei gewesen» sei.

111 Zur Berichterstattung über die Flüchtlingspolitik: Imhof u. a., Flüchtlinge; Wehrli, Diskurs; Kreis, Zensur; allgemein zur Wirkungsmöglichkeit der Medien: McLeod, Jack / Kosicki, Gerald M. / Pan, Zhongdang, On Understanding and Misunderstanding Media Effects, in: Curran, James / Gurevitch, Michael (Hrsg.), Mass Media and Society, London u. a. 1992, S. 235–266; ausserdem: Gerhards, Jürgen / Neidhardt, Friedhelm, Strukturen und Funktionen moderner Öffentlichkeit. Fragestellungen und Ansätze, in: Langenbucher, Wolfgang R. (Hrsg.), Politische Kommunikation. Grundlagen, Strukturen, Prozesse, Wien 1993, S. 52–89; zu den Faktoren der fehlenden Berichterstattung über die Flüchtlingspolitik: Ettinger, Aussenwirtschaftspolitik.

112 Mayer behauptete kurz vor seinem Rücktritt, die Journalistik sei nie sein Ressort gewesen, dafür gebe es im SIG die JUNA und einen Ressortchef. Damit versuchte er die Verantwortung für das Schweigen auf Sagalowitz und Georg Guggenheim, der bis zum 5. Nov. 1942 das Ressort leitete, abzuschieben, dabei ignorierend, dass eine offene Informationspolitik von der SIG-Leitung hätte ausgehen müssen. Mayer an S. Braunschweig, 7. März 1943, AfZ: IB SIG, Handakten S. Braunschweig**.

113 Vgl. Crandall, Christian S. / Beasley, Ryan K., A Perceptual Theory of Legitimacy. Politics, Prejudice, Social Institutions, and Moral Value, in: Jost / Major (Hrsg.), The Psychology of Legitimacy, S. 77–102.

114 Die Genannten stammten alle aus Grenzkantonen, und die meisten von ihnen intervenierten häufig bei den Behörden wegen Einzelschicksalen. Bringolf war überdies für das Arbeiterhilfswerk tätig. Graber war auch als bekannter Anhänger des Internationalismus Ansprechpartner von Flüchtlingen. Oeri kennen wir von seinen Kontakten zu Paul Dreyfus-de Gunzburg und zu Gertrud Kurz. Rittmeyer war als Territorialkommandant für Aufnahmen und Rückweisungen zuständig, ausserdem war seine Ehefrau Dora Sektionspräsidentin des SHEK St. Gallen. Vgl. Unabhängige Expertenkommission, Schweiz und die Flüchtlinge, S. 96, 99, 143; Mächler, Abgrund, S. 150, 170–204; Jehle-Wildberger, Gewissen, S. 133–141; Zentralsekretariat SP (Hrsg.), mit dem Rücken.

115 Zur Vermittlung des Weltkirchenrats: Riegner, Niemals, S. 222; Haas, Wenn man, S. 195f., 201, 267. Den Umstand, dass man im Bundesarchiv keine schriftlichen Mitteilungen des SIG über die «Endlösung» findet, könnte man noch mit den dubiosen Lücken im Bestand des EJPD erklären (vgl. Anm. 89). Es ist jedoch sehr unwahrscheinlich, dass Berichte von dieser Wichtigkeit gemacht worden wären, ohne dass man davon heute im SIG-Archiv Spuren (Doppel, Erwähnung in Protokollen) finden würde.

116 Man könnte vermuten, Mayer habe vielleicht ausführlich über die NS-Verbrechen und seine Joint-Aktivitäten orientiert, hätte aber aus Vorsicht Spuren in den Protokollen vermieden. Dies ist jedoch unwahrscheinlich: Man bekommt aus späteren Akten vielmehr den Eindruck, dass man im SIG erst in der Nachkriegszeit allmählich von Mayers Joint-Tätigkeiten erfuhr. Und zur vorsichtigen Verschweigung der Verbrechen in internen Gremien gab es keinen Grund. Entweder wurde also darüber nicht referiert oder man fand ihre Protokollierung nicht relevant – was beides signifikant wäre. Zumindest für die Periode zwischen Herbst 1941 und Winter 1942/43 kann man auch nicht davon ausgehen, dass dem CC, dem GA sowie der DV das Ausmass und der Charakter der Verbrechen so bekannt waren, dass sich das Reden darüber erübrigt hätte.

117 Zur Schweizer Presse: Imhof u. a., Flüchtlinge; Wehrli, Diskurs; Kreis, Zensur; Dreifuss, Schweiz; eine Erklärungsskizze bei Ettinger, Aussenwirtschaftspolitik.
118 Zensurierung der JUNA: Picard, Schweiz und die Juden, S. 130–133; Funk, Warum sollen wir, Kap. 3.3; Klagen jüdischer Organisationen: Breitman, Secrets, S. 174.
119 Zum Katholizismus vgl. Altermatt, S. 261–268; zum Schweizer Schriftsteller-Verein: Amrein, Los; Zürcher Schriftsteller-Verein an von Steiger, 29. Sept. 1942, BAR: E 4001 (C) 1, Bd. 259, 702/15. Wie selten sich Intellektuelle zugunsten der Flüchtlinge exponierten, ersieht man im IW, das fortlaufend alle nichtjüdischen Fürsprecher registrierte.
120 Braunschweig: Prot. ICZ-VS, 7. Sept. 1942, S. 10, ICZ-Archiv. Offenbar bestand auch zum Sozialdemokraten Valentin Gitermann kein Kontakt, der damals der einzige jüdische Vertreter im Nationalrat war (David Farbstein war 1938 zurückgetreten). Vgl. zu den Zusammenhängen bei der SPS zwischen Integrationsstrategie und Flüchtlingspolitik: Lupp, Klassensolidarität, S. 272–277.
121 Rothmund an von Steiger, 13. Aug. 1942, BAR: E 4800 (A) 1967/111, Bd. 336; Fein nach: Bauman, Dialektik, S. 41; vgl. zu den moral. Implikationen der Bürokratie: a. a. O., S. 113–119.
122 Battel (Wo es hell wird, S. 297) ist sogar «kein einziges Beispiel bekannt, wo der Einsatz der Bevölkerung zugunsten von gefährdeten Flüchtlingen nichts gefruchtet hätte».
123 Kershaw erklärte bezüglich Deutschland: «the road to Auschwitz was built by hate, but paved with indifference»: Kershaw, Ian, German Popular Opinion and Political Dissent in the Third Reich, Bavaria, 1933–1945, Oxford 1983, S. 277.
124 Die jüdischen Gemeinden zählten damals in Schweden 8000, in Spanien 6000 und in Portugal 3000 Personen – also zusammen so viele wie das Schweizer Judentum, vgl. Pätzold, Verfolgung, S. 339. P. Guggenheim, Notiz zur Unterredung mit Nationalrat M. Feldmann, 27. Sept. 1942; B. Sagalowitz, Aktennotiz zu tel. Mitteilung von P. Guggenheim, 28. Sept. 1942, beides in: AfZ: IB JUNA: SIG, ZH, JUNA, Arbeitsdossier BS 1938–1944*+; Feldmann, Tagebuch, Bd. XIII/3; Bloch, Prinzip Hoffnung, Kap. 20.
125 Leo Rubinfeld an S. Braunschweig, 11. Dez. 1943; Braunschweig an Rubinfeld, 18. Jan. 1944, beides in: AfZ: IB SIG, Hilfe und Aufbau, Interventionen, Hilfs- und Rettungsaktionen, Geschäftsablage, SIG ZH, 1943/44**. Obwohl Braunschweig versprach, den Aufruf im GA zu besprechen, wird er in den entsprechenden Protokollen nicht erwähnt.
126 Fleischmann an Mayer, 28. Sept. 1942, AfZ: MF S. Mayer, SM 64. Vgl. zum Gegensatz der Welten auch Cohen, Bein «scham».

Bis zum Kriegsende

1 Bauer, Freikauf, sowie: ders., American Jewry, Kap. 18.
2 Va'adat: Bauer, Freikauf, S. 242; zu Kasztner: a. a. O., S. 241; zum Lastwagen-Vorschlag: a. a. O., S. 258f.; zu den Kontakten mit der Arbeitsgruppe: Kasztner, Bericht, S. 24; zu Separatfrieden und jüdischer «Macht»: Bauer, Freikauf, S. 266f., 397, 400; zur alliierten Position: a. a. O., S. 203, 293–299, 302f.
3 Gespräch am 21. Aug.: Kasztner, Bericht, S. 91; zur Einreiseverweigerung: Mayer, Notiz wegen Einreise Arba, 30. und 31. Aug. 1944 (Zitat), AfZ: MF S. Mayer, SM 13; Kasztner, Bericht, S. 110; Kasztner-Zug: Bauer, Freikauf, S. 311–315. Kasztner (Bericht, S. 75) und viele Historiker sprechen von 1684 Personen, die nach Belsen kamen. Addiert man die Zahlen der zeitgenössischen Schweizer Quellen nach der Ankunft der Transporte in der Schweiz, kommt man auf 1670 Personen. Abgesehen von Ungenauigkeiten in den Quellen ist auch denkbar, dass nicht alle Personen Belsen wieder verliessen. Vgl. Anm. 7. Zur Ankunft in Basel: Bauer, Freikauf, S. 346; DDS 15, Nr. 219, S. 585; Fischli, Notizen über die Einreise ungarischer Juden in Basel, 22. Aug. 1944; zur Erhaltungskost: Fischli, Besprechung mit Bachmann, 6. Sept. 1944, beides in: BAR: E 4800 (A) 1967/111, Bd. 330; zur Verärgerung Rothmunds: DDS 15, Nr. 242, S. 633; R. Ubert, Notiz zu Telefongespräch Rothmunds mit Mayer, 4. Sept. 1944.

4 Zur Taktik Mayers: Rothmund, Notiz zu Besuch Mayers, 8. Aug. 1944, beides in: BAR: E 4800 (A) 1967/111, Bd. 330; DDS 15, Nr. 242, S. 633; zur Haltung der Bundesbehörden: (Mayer) Memorandum ohne Titel, 29. Okt. 1944, AfZ: MF S. Mayer, SM 14; M. Wyler(-Schmid), Grundsätzliche Momente, 12. Sept. 1944, S. 5, AfZ: MF S. Mayer, SM 13; Fischli, Notizen, 22. Aug. 1944 (wie Anm. 3), S. 1.

5 Schlechter Informationsstand: M. Wyler(-Schmid), Concerning the attempt to rescue (ohne Jahresangabe), S. 3f. (zu 300 Mio. sFr.: S. 11), AfZ: MF S. Mayer, SM 17; zu Schwartz' Verleugnung: Abhörprotokoll der Telephon-Zensurstelle Bern, 27. Okt. 1944, BAR: E 4320 (B), 1990/266, Bd. 91; zu den beschränkten Finanzen: Bauer, Freikauf, S. 344f.; zu den restriktiven Vorschriften der USA und Schweiz: a. a. O., S. 345f., 353; zum Hintergehen der amerikanischen und Schweizer Regierung und der SS: a. a. O., S. 347f., 352.

6 Kasztners Plan, 850 000 Juden zu retten: Benz, Gedächtnisprotokoll, 5. Sept. 1944, BAR: E 4320 (B) 1990/266, Bd. 91; zur Einschätzung Mayers: Kasztner, Bericht, S. 88f., 92, 95f.; zum täglichen Urgieren: a. a. O., S. 97; Fleischmann an Schwalb (und Mayer), 24. Sept. 1944, AfZ: MF S. Mayer, SM 24. Mayer erstellte selbst eine Zusammenfassung aller Vorwürfe gegen ihn: Notiz zu Telefongespräch mit Robert Pilpel, 9. Okt. 1944, AfZ: MF S. Mayer, SM 9.

7 Zur Zusage Mayers und zur Slowakei: Bauer, Freikauf, S. 352, Kasztner, Bericht, S. 97f.; zu den Flüchtlingen aus Bergen-Belsen: Caviezel, Bericht betr. Judentransport organisiert durch Kettliz-Trümpi (sic), 7. Dez. 1944, BAR: E 4320 (B) 1990/266, Bd. 91. Die Angaben über die Zahl der Ankommenden divergieren. Während Caviezel und weitere Schweizer Quellen von 1352 Personen sprechen, sind es bei Kasztner (Bericht, S. 137) 1368. Bei Bauer (Freikauf, S. 361) findet man die gleiche Zahl. Bei Ludwig (Flüchtlingspolitik, S. 300) sind es 1552 Gerettete. Die Zahlen aus dem ersten Transport (318) und aus dem zweiten ergeben zusammen bei keiner Variante genau die Anzahl von 1684 Personen, die laut Kasztner (S. 75) von Budapest nach Bergen-Belsen kamen und diese zwei Transporte bildeten, vgl. Anm. 3. Zu den Flüchtlingen aus Theresienstadt: Dieckhoff, Alain, Rescapés du Génocide. L'action Musy: une opération de sauvetage de Juifs européens en 1944–1945, Basel / Frankfurt a. M. 1994; Bauer, Freikauf, S. 353f., 362f.; Stroppini, Roberto, Fritzi Spitzer – «Dal ghetto dei vecchi a Lugano», in: Bundesamt für Flüchtlinge, Prominente, S. 266–316, 277–295; Ziegler, Ernst, Jüdische Flüchtlinge in St. Gallen – zwei Beispiele, in: Rorschacher Neujahrsblatt 1998, S. 3–30, S. 15f.; zum Konflikt Mayer–Sternbuchs: Kasztner, Bericht, S. 140; Zuroff, Response, S. 280–283, Dieckhoff, Rescapés, S. 25–27; Stauffer, Sechs furchtbare Jahre, S. 475.

8 Bauer, Freikauf, S. 364–375; vgl. Tschuy, Lutz.

9 Informierte Institutionen: (Mayer) Memorandum ohne Titel, 29. Okt. 1944, AfZ: MF S. Mayer, SM 14; zum Rettungsversuch des Bányai-Komitees (auch Kritik an Mayer): Fischli, Einreise ungarischer Juden in Basel, 26. Sept. 1944, BAR: E 4800 (A) 1967/111, Bd. 330; zur Kritik Bányais an Mayer: Prot. SIG-GL, 12. Okt. 1944, S. 5, AfZ: IB SIG; Wahl Bigars: S. S. Guggenheim an Rothmund, 26. Okt. 1944, AfZ: Beilage zum Prot. VSJF-VS**; zur Beteiligung Bigars: Mayer, Notiz vom 15. Dez. 1944, AfZ: MF S. Mayer, SM 13; M. Wyler, Concerning the attempt (wie Anm. 5), S. 22; zur Ankündigung von 14 000 Aufnahmen: Prot. GL, 16. Nov. 1944, S. 3, AfZ: IB SIG. Bigar und S. S. Guggenheim waren über den BRB schon früher informiert: Mayer, Notiz vom 3. Nov. 1944, AfZ: MF S. Mayer, SM 14. Zum Unmut über Mayers Nichtinformation auch: Prot. CC, 21. März 1945, S. 10, AfZ: IB SIG. Auch den Sternbuchs machte man Vorwürfe wegen ihrer Nichtinformation. Vgl. a. a. O., S. 16.

10 Die Flüchtlinge von Theresienstadt kamen nicht nach Caux, sondern in verschiedene andere Lager; sie waren von den Konflikten um den erneuten Abtransport ebenfalls betroffen. Ausführlich zu den hier behandelten Ereignissen: Lasserre, Réfugiés. Klagen betr. Missstände: Zucker an Braunschweig, 23. Jan. 1945, AfZ: IB SIG, 9.2.3. Flüchtlingsbetreuung, SIG/SB, 1944/45**; Prot. VSJF-VS, 5. Febr. 1945, S. 1, AfZ: IB VSJF, Vorstandsprotokolle**; SIG an Oberst E. Münch. 28. Jan. 1945; Münch an SIG, 10. Febr. 1942; S. Braunschweig, Aktennotiz zu ungar. Flüchtlingen, 26. Jan. 1945, alles in: AfZ: IB SIG, Hilfe und Aufbau, Interventionen, Hilfs- und Rettungsaktionen, Ungarn, 1944/45**; Widerstandsbeschluss in Caux: Prot.

Flüchtlingsausschuss, 17. Jan. 1945; Josef Fischer an SIG, 17. Jan. 1945, beides in: AfZ: IB SIG, 9.2.3. Flüchtlingsbetreuung, SIG/SB, 1944/45**.

11 Bedeutung der Palästina-Zertifikate: Rothmund an Bonna, 14. Aug. 1944, BAR: E 4800 (A) 1967/111, Bd. 330. Vor der Übernahme des ersten Konvois vom 21. Aug. 1944 bestritt Rothmund die Notwendigkeit einer amerikanischen Garantie für eine Zustimmung zur Aufnahme: Rothmund, Notiz Telefongespräch mit Schwarzenberg, 14. Aug. 1944, BAR: E 4800 (A) 1967/111, Bd. 330. Während des Konflikts um die Wiederausreise behauptete O. Schürch hingegen, die Alliierten hätten schon damals eine derartige Erklärung abgegeben: Schürch an von Steiger, 9. Apr. 1945, S. 3, BAR: E 4260 (C) 1974/34, Bd. 109. Alliierte Zusicherungen im Herbst 1944: DDS 15, S. 710, 715; Rothmund, Notiz Besuch McClelland, 14. Dez. 1944, BAR: E 4800 (A) 1967/111, Bd. 330; vgl. aber Lasserre, Réfugiés, S. 311f. Zu den behördlichen Abreiseargumenten: Schürch an von Steiger, 9. Apr. 1945, BAR: E 4260 (C) 1974/34, Bd. 109 (hier auch weitere Dokumente); Favez, Prochain, S. 401.

12 Abreisedatum: Braunschweig an von Steiger, 8. Apr. 1945, AfZ: IB SIG, Hilfe und Aufbau, Interventionen, Hilfs- und Rettungsaktionen, Ungarn, 1944/45**; zur Rezeption des befreiten Bergen-Belsen: Laqueur, Was niemand, S. 7-9; Cesarani, David/Kushner, Tony/Reilly, Jo/Richmond, Colin, Belsen in History and Memory, Abingdon 1997; zum Austauschtransport: Sekretariat SIG an die GL, 2. Febr. 1945, AfZ: IB SIG, Hilfe und Aufbau, div. Geschäfte, Austausch Zivilinternierte, Geschäftsablage, ZH**; Prot. GL, 5. Febr. 1945, S. 2f., AfZ: IB SIG; M. Wyler, Concerning the attempt (wie Anm. 5), S. 29f.; Interview mit dem ehemaligen Grenzwachtoffizer Ulrich Götz, 5. Dez. 1995, durch Stefan Mächler.

13 Interne Kritik an den Protestierenden: Prot. VSJF-GV, 17. Juni 1945, S. 29, AfZ: IB VSJF; zur bedrohten Bereitschaft für weitere Aufnahmen und der Intervention für Zertifikate: S. Braunschweig, Aktennotiz betr. ungarische Flüchtlinge, 26. Jan. 1945, AfZ: IB SIG, Hilfe und Aufbau, Interventionen, Hilfs- und Rettungsaktionen, Ungarn, 1944/45**; Prot. GL, 1. März 1945, S. 2; Prot. CC, 18. Juni 1945, S. 17, beides in: AfZ: IB SIG; zur behördlichen Verstimmung über ungültige Zertifikate: O. H. Heim an die Mitglieder des VSJF-GA, 11. Jan. 1945, AfZ: IB VSJF, Geschäftsausschuss, 1945**; Prot. der Sitzung der Abt. Nachkriegsprobleme, 23. Jan. 1945, AfZ: IB SIG, Hilfe und Aufbau, Kommission für Nachkriegsprobleme, allgemeine Unterlagen, Sitzungsprotokolle, Geschäftsablage, SIG ZH**; zur «unverschämten Eingabe»: Schürch an von Steiger, 31. Mai 1945, BAR: E 4260 (C) 1974/34, Bd. 109; Braunschweig an von Steiger, 31. Mai 1945; Farbstein an von Steiger, 31. Mai 1945, beides in: AfZ: IB SIG, Hilfe und Aufbau, Interventionen, Hilfs- und Rettungsaktionen, Ungarn, 1944/45**; Zweig, Farbstein, S. 193f.; vgl. Lasserre, Réfugiés, S. 316; zum ausnahmsweisen Aufschub: Prot. GL, 12. Apr. 1945, S. 2f.; (Braunschweig) Aktennotiz über Besprechung mit Bundesrat Petitpierre, 16. Apr. 1945 (Zitat); SIG an Petitpierre, 16. Apr. 1945, beides in: AfZ: IB SIG, Handakten S. Braunschweig**.

14 Interventionen: div. Dokumente in: BAR: E 4260 (C) 1974/34, Bd. 109, N 42/39; zu den zionistischen Interventionen auch: Bornstein, Insel Schweiz, S. 184–189; Zahlen und Daten zu den Ausreisen: Lasserre, Réfugiés, S. 312f., 314, 316; zur Wahrnehmung von «Montreux»: a.a.O., S. 315f.

15 «Verkrümmtes Ich»: Josef Brumlik, Referat «Zur fürsorgerischen Lagerbetreuung», Sept. 1944, S. 4, AfZ: IB SIG, 9.2.3.2. Flüchtlingsbetreuung, Lokalsekretariat Zürich und JUNA, 1938–1940**; zur juristischen Zulässigkeit: Kälin, Rechtliche Aspekte, v.a. S. 478–491, 500–503. Heiratseinschränkungen werden bei Kälin nicht behandelt, vgl. aber Unabhängige Expertenkommission, Die Schweiz, der Nationalsozialismus, S. 429f.; Mächler, Kampf, S. 392; SZF, Flüchtlinge wohin, S. 291 (hier auch eine Aufzählung weiterer Diskriminierungen). Ein Beispiel vorschriftswidriger Abweisung in: Ludi, Fluchthilfe, S. 23f.

16 Anzahl der Flüchtlinge: Jahresbericht und Rechnungs-Ablage des SIG, 1950, AfZ: MF S. Mayer, SM 6; Statistik Hauptquartier: Entwurf VSJF-Tätigkeitsbericht, 1945, S. 23, AfZ: IB SIG, 8.2.2.4. Tätigkeitsberichte VSIA/VSJF++; zu den Stenodaktylos (nur in der Schweiz üblich für Stenotypisten): Interview E. Zweig; zu den Mitarbeitenden in den Lokalcomités (wobei unklar ist, wie viele hauptamtlich tätig waren): SIG-Sekretariat an Mitglieder GL,

9. Nov. 1944, AfZ: IB SIG, Geschäftsverkehr GL–CC I**. Mehrheitlich ist für 1945 von 19 VSJF-Lokalcomités die Rede, etwa in: SIG-Jahresbericht 1945, S. 7, AfZ: NL S. Braunschweig. Andernorts heisst es, es seien zurzeit 21 Lokalcomités: SIG-Bulletin, 23. Jan. 1945, S. 2, AfZ: MF Joint Switzerland, File 976.

17 Exposé von Herman Friedmann für die Sitzung des VS und der Flüchtlingskommission, 9. März 1944, JG Bern: Protokollbuch, S. 105f.; Boritzer an Mayer, 14. Febr. 1944, AfZ: MF Joint Switzerland, File 975; Flugblatt «Juden unter Juden», in: AfZ: IB SIG, 9.1.4. Einreisegesuche aus Frankreich**; Redeentwurf von Sigi S. Bollag, AfZ: IB SIG, 9.2.4. Div. Berichte und Unterlagen betr. Flüchtlingshilfe**.

18 Zum Dank an Brunschvig: Jacob Hirschberg im Namen der jüdischen Internierten des Lagers Petit-Saconnex, 21. Dez. 1943 (für das Dokument danke ich Yvonne Brunschvig, Chêne-Bougeries); zu Schulungskursen: Prot. Verbandsausschuss SJF, 9. Nov. 1943, S. 5f.; zur Beschwerdestelle: Prot. der ausserordentlichen VSJF-GV, 8. Mai 1944, beides in: AfZ: MF Joint Switzerland, File 975; IW, 13. Apr. 1945; SIG-Jahresbericht 1945, S. 9, AfZ: NL S. Braunschweig, Jahresbericht 1945.

19 Tätigkeitsbericht VSJF, 1943, S. 5f., Beilage zum Prot. SIG-DV, 23. Jan. 1944, AfZ: IB SIG; Tätigkeitsbericht VSJF, 1945, S. 18–21, AfZ: IB SIG, 8.2.2.4. Tätigkeitsberichte VSIA/VSJF++; Prot. Verbandsausschuss SJF, 9. Nov. 1943 (wie Anm. 18), S. 3f.; vgl. S. 347 und 352. Die ICZ und der VSIA hatten schon vorher die «Kulturgemeinschaft der Emigranten in Zürich e. V.» unterstützt. Diese überkonfessionelle und überparteiliche Organisation wurde am 17. Aug. 1942 unter dem Vorsitz der Schriftstellerin und Tänzerin Jo Mihaly (siehe S. 55) gebildet. Sie bot bis Juli 1945 regelmässig kulturelle Veranstaltungen für Flüchtlinge an. Kröger, Zürich, S. 456f.

20 Tätigkeitsbericht ohne Angabe von Verfasser und Datum (ca. 1946), AfZ: IB SIG, Hilfe und Aufbau, Organisationen V, ORT**; vgl. Picard, Schweiz und die Juden, S. 340–343.

21 Genese der Flüchtlingsbefragungen: Arnold, Transitprinzip, Kap. III.B.I (auch zu den Initiativausschüssen); zu den Ergebnissen: Picard, Schweiz und die Juden, S. 356–364; Initiativausschüsse: SZF, Flüchtlinge wohin, S. 84f.; Initiativausschuss Zürich an S. S. Guggenheim, 11. Juli 1944, AfZ: IB SIG, 9.2.5. Flüchtlingsbetreuung, div. Geschäfte**; Zustimmung GL: Prot. CC, 21. Aug. 1944, S. 11f., AfZ: IB SIG; interne Mitwirkung: Prot. VSJF-GA, 24. Nov. 1944, 7. Dez. 1944, 7. März 1945, AfZ: IB VSJF**.

22 S. S. Guggenheim scheiterte 1943 insbesondere mit der Idee, die Einrichtung der Sozialausschüsse auf die Lager zu übertragen. Der VSJF hatte mit solchen Ausschüssen, in denen ein Flüchtlingsvertreter sass, gute Erfahrungen gemacht: Fischli, Notiz Arbeitsausschuss SZF, 9. Juni 1943, S. 7, BAR: E 4800.1 (-) 1967/111, Bd. 32, DNR 145; Prot. Arbeitsausschuss SZF, 9. Juni 1943, S. 6, AfZ: IB SFH, 2.1.1. Zur Entwicklung der Freizeitausschüsse: ZL, Bericht an den Chef der Polizeiabteilung, 5. Jan. 1945, AfZ: NL Zaugg, 6.1.41; Arnold, Transitprinzip, Kap. III.B.I; zu den Vorwürfen an Zaugg: Rothmund, Notiz zum Freizeitreglement, 27. Nov. 1944; Rothmund an Zaugg, 29. Dez. 1944, beides in: AfZ: NL Zaugg, 6.1.41; Kurz bei Rothmund: Rothmund an von Steiger, 20. Jan. 1945, BAR: E 4800.1 (-) 1967/111, Bd. 62; S. S. Guggenheim an SIG-GL, 6. Sept. 1944 (hier auch Abschrift seines Briefs an die Flüchtlinge), AfZ: NL J. Nordmann, OP 1944.

23 Prot. der SZF-Sitzung vom 13. Nov. 1944, BAR: E 4800.1 (-) 1967/111, Bd. 32, DNR 145; vgl. Rothmund an von Steiger, 20. Jan. 1945, BAR: E 4800.1 (-) 1967/111, Bd. 62; Unterstützung durch das Arbeiterhilfswerk und Bigar: Rothmund an von Steiger, 16. Nov. 1944, BAR: E 4800.1 (-) 1967/111, Bd. 62, DNR 273. Der VSJF-GA belehrte Bigar nachträglich, dass er laut Abmachung mit dem SIG in grundsätzlichen Fragen nicht allein mit dem Bundeshaus hätte verhandeln dürfen. In der gleichen Sitzung wird deutlich, dass Bigar selbst das vom VSJF-Vorstand beschlossene interne Mitspracherecht der Flüchtlinge ablehnte. Vgl. Prot. VSJF-GA, 7. Dez. 1944, AfZ: IB VSJF. In der Polizeiabteilung notierte man fast gleichzeitig auch Bigars Zusicherung, er werde keine Mitarbeiter dulden, die sich gegenüber den Behörden illoyal verhielten, und wenn Robert Meyer Schwierigkeiten mache, müsse man ihn, Bigar, nur benachrichtigen, und er werde für Ordnung sorgen. Bei der Kampfabstimmung über

den neuen VSJF-Präsidenten im Okt. 1944 hatten die gleichen Kreise, die früher gegen Saly Mayer opponiert hatten, bezweifelt, dass (sein Freund) Bigar die nötige politische Klugheit für dieses Amt besitze und zwischen jüdischen und schweizerischen Interessen zu unterscheiden vermöge. Sie erhielten ihre Bestätigung – falls sie überhaupt von Bigars Auftritten im Bundeshaus erfuhren – schneller, als ihnen lieb sein konnte. Vgl. dazu: Schürch an von Steiger, 11. Jan. 1945, BAR: E 4260 (C) 1974/34, Bd. 96; Zaugg an Rothmund, 5. Jan. 1945, AfZ: NL Zaugg, 6.1.41; Prot. VSJF-GV, 22. Okt. 1944, S. 7, AfZ: IB VSJF; Paul Guggenheim an S. Braunschweig, 31. Okt. 1944, AfZ: IB SIG, Geschäftsverkehr GL–CC I**.

24   Neben den Enquete-Mitarbeitern nahmen weitere Flüchtlinge teil, wobei die Auswahlkriterien unklar sind: Lasserre, Frontières, S. 297. Zur Tagung liegt mit allen Reden und Resolutionen vor: SZF, Flüchtlinge wohin; vgl. ausserdem: Arnold, Transitprinzip, Kap. IV.B.2; Lasserre, Réfugiés, S. 297–300; Kocher, Menschlichkeit, S. 265f., 325–328; Picard, Schweiz und die Juden, S. 346–350. Zitat nach: Sutro, Jugend, S. 155. Der VSJF (Vorstandsmitglied Meyer und Vizepräsident Heim, nicht aber Präsident Bigar) setzten sich im Vorfeld der Tagung weiterhin für die Flüchtlingswahl ein: Prot. VSJF-VS, 22. Jan. 1945, S. 1–4, AfZ: IB VSJF; Prot. Vorbesprechung über Mitspracherecht der Flüchtlinge, 10. Febr. 1945, AfZ: IB SFH, 5.2.3.3.

25   Vgl. zum Programm von Montreux: SZF, Flüchtlinge wohin (Zitat Bigars: S. 278). Paul Guggenheim hielt zwar ein Referat, aber trat nicht als CC-Präsident auf (zu dem er unterdessen gewählt worden war), sondern als Jurist. Klagen über SIG und VSJF in Montreux: Prot. VSJF-VS, 5. März 1945, S. 1–7, AfZ: IB VSJF; Prot. SIG-GL, 12. Apr. 1945, S. 3f.; Prot. CC, 21. März 1945, S. 12–16, beides in: AfZ: IB SIG; vgl. Picard, Schweiz und die Juden, S. 348f. Vogt und Kurz: Kocher, Menschlichkeit, S. 324–328.

26   Prot. Abt. für Nachkriegsprobleme, 23. Jan. 1945, AfZ: IB SIG, Hilfe und Aufbau, Kommission für Nachkriegsprobleme, allgemeine Unterlagen, Sitzungsprotokolle, Geschäftsablage, SIG ZH**; Prot. SIG-GL, 12. Apr. 1945, AfZ: IB SIG.

27   Prot. VSJF-VS, 19. März 1945, AfZ: IB VSJF (Zitat Heims: S. 1; Zitat Braunschweigs: S. 3f.); vgl. zu Hohermuths tatsächlichen Resultaten: SZF, Flüchtlinge wohin, S. 53; Resolution der VSJF-Arbeitstagung vom 14. März 1945 (hier auch Zitat des WJC), AfZ: IB SIG, 9.2.12.2.1. Flüchtlingsbetreuung, div. Projekte**; Prot. CC, 21. März 1945, S. 13–15, AfZ: IB SIG; vgl. zur allgemeinen innerjüdischen Rückkehrdebatte auch: Picard, Schweiz und die Juden, S. 349f.

28   Resolution SIG-GL, 22. März 1945, AfZ: IB SIG, 9.2.12.2.2.1. Flüchtlingsbetreuung, div. Projekte**. Über das Datum der Resolution kursieren in den Akten unterschiedliche Versionen, vgl. z. B. das Prot. SIG-DV, 10. Mai 1945, S. 6, die die Resolution bestätigt (S. 12). Zum ausschliesslich internen Charakter: a.a.O., S. 12; S. Braunschweig an VSJF, 27. März 1945, AfZ: IB SIG, 9.2.12.2.2.1. Flüchtlingsbetreuung, div. Projekte**; zur Wahl der Flüchtlingsvertreter: Prot. SIG-GL, 12. Apr. 1945, S. 2; Prot. CC, 18. Juni 1945, S. 1, beides in: AfZ: IB SIG.

29   Zehrgeld: Prot. VSJF-VS, 12. Nov. 1945, S. 2–4, AfZ: IB VSJF; VSJF-Rundschreiben vom 23. Nov. 1945, AfZ: IB SIG, 9.2.2.6. Rundschreiben und Merkblätter II**; vgl. zu den Rückkehrmotiven: Krauss, Marita, Heimkehr in ein fremdes Land. Geschichte der Remigration nach 1945, München 2001, S. 11, 125, 130.

30   Anzahl der Rückkehrer: Lasserre, Frontières, S. 302; Festhalten an Überfremdungsbehauptung: VSJF, Jahrzehnt, März 1944, S. 6; Braunschweig: Referat (ohne Verfasserangabe) «Jüdische Nachkriegsprobleme», Febr. 1944, S. 9, AfZ: NL S. Braunschweig, Manuskripte und Reden des SIG-Präsidenten; Festhalten des EJPD am Transitprinzip: Mächler, Kampf, S. 401–405; «Drückebergerei»: Prot. VSJF-GA, 28. Nov. 1944, AfZ: IB VSJF; Heim: Prot. CC, 25. Okt 45, S. 5 (hier auch Wylers Kritik), AfZ: IB SIG. Heim wurde am 17. Juni 1945 zum Präsidenten gewählt. Er blieb bis 1968 im Amt. Wie so viele SIG-Exponenten handelte auch er mit Textilien: Er war Kleiderfabrikant. Vor seiner Präsidentschaft war er ICZ-Kassierer und Vorstandsmitglied der lokalen Flüchtlingshilfe. Politisch war er sehr konservativ, in den dreissiger Jahren gehörte er zu den führenden Leuten im Bund Schweizer Juden. Er

war eng mit Georges Bloch befreundet. Prot. VSJF-GV, 17. Juni 1945, und Prot. VSJF-VS, 21. Sept. 1967 (Ankündigung des Rücktritts zum Mai 1968), beides in: AfZ: IB VSJF; Paul Braunschweig an Lokalsekretariat Zürich, 23. Okt. 1935, AfZ: IB SIG, Abwehr und Aufklärung, Lokalsekretariat Zürich, Bund Schweizer Juden; Interviews mit M. Erlanger und L. Littmann; zu Ausnahmen für Alte und Kranke: Rapport des Flüchtlingskommissärs zur SZF-Sitzung vom 23. Okt. 1944, S. 1–3, BAR: E 4800 (A) 1967/111, Bd. 145; Dauerasyl: Ludwig, Flüchtlingspolitik, S. 342. Im Okt. 1945 teilte der SIG der Israelitischen Gemeinde Kreuzlingen mit, dass der Zeitpunkt nicht mehr fern sei, an dem man in Bern eine Demarche unternehmen wolle zugunsten der alten Flüchtlinge, «die keine Auswanderungsmöglichkeiten zu Verwandten haben». Es ging dem SIG also noch nicht um ein Bleiberecht für alle alten Flüchtlinge. Zur entsprechenden Demarche kam es vermutlich im Frühjahr 1946, und zwar im Rahmen der SZF-Bestrebungen um das Dauerasyl: Kommission Hilfe und Aufbau an R. Wieler, 15. Okt. 1945, AfZ: IB SIG, Kommission Hilfe und Aufbau, allgemeine Unterlagen I**; vgl. Arnold, Transitprinzip, Kap. IV.C.

31 Intensivierte Auswanderung: Prot. VSJF-VS, 21. Aug. 1944, S. 1, AfZ: IB VSJF; Bigar in Paris: Rothmund, Notiz Rückkehr franz. jüd. Flüchtlinge nach Frankreich, 3. Nov. 1944, BAR: E 4800.1 (-) 1967/111, Bd. 62, DNR 273; philanthropische Tätigkeiten: zahlreiche Dokumente im Privatarchiv Bigar, Genf; Aufbietung zum VSJF: Prot. CC, 25. Okt. 1945, S. 6, AfZ: IB SIG.

32 Laut Picard (der wohl Bezug auf die erste Enquete Hohermuths von 1944 nimmt) wollten 248 Flüchtlinge (Nichtjuden vermutlich eingeschlossen) in der Schweiz bleiben. Laut der Enquete von 1946 (S. 51f.) waren es bereits 540 von 6100 antwortenden Flüchtlingen. Die Zahlen sind nach oben zu korrigieren, da – zumindest im Fragebogen von 1944 (siehe AfZ: IB SIG, 9.2.12.2.1. Flüchtlingsbetreuung, div. Projekte**) – diese Frage bezeichnenderweise gar nicht gestellt worden war. B. Hohermuth erklärte in Montreux, die Flüchtlinge seien «nicht ausdrücklich nach dem Verbleiben in der Schweiz gefragt» worden. Zwei Prozent hätten aber spontan diesen Wunsch geäussert. SZF, Flüchtlinge wohin, S. 55. Zu den Zahlen zurückgekehrter bzw. noch in der Schweiz anwesender Flüchtlinge: VSJF-Tätigkeitsberichte, 1945 (S. 14f.) und 1946 (S. 12), beide in: AfZ: IB SIG, 8.2.2.4. Tätigkeitsberichte VSIA/VSJF++; Lasserre, Frontières, S. 302; Enquete 1946 der SZF. Befragung der in der Schweiz weilenden Flüchtlinge über ihre Weiterwanderungspläne, März 1947, S. 19, AfZ: IB SIG, 9.2.14.10. Schweiz. Zentralstelle für Flüchtlingshilfe**; eine Diskussion der Enquete-Resultate in: Picard, Schweiz und die Juden, S. 358–364; zur abgelehnten Rückkehr nach Deutschland, Österreich und Osteuropa: SZF, Flüchtlinge wohin, S. 62f.; Marrus, Die Unerwünschten, S. 380; Unabhängige Expertenkommission, Schweiz und die Flüchtlinge, S. 181.

33 Prot. SIG-DV, 10. Mai 1945, S. 6, 12, AfZ: IB SIG. Dass im Jahr 1945 immerhin 1234 Flüchtlinge aus der Schweiz nach Palästina auswandern konnten, war hauptsächlich der Sonderregelung für die Kollektivtransporte aus Bergen-Belsen zu verdanken, deren Abschiebung nach Afrika durch die vergleichsweise grosszügige Erteilung von Einreisezertifikaten verhindert worden war. Im folgenden Jahr gelangten aus der Schweiz nur noch 110 Flüchtlinge nach Palästina. In die USA konnten 1945 nur 132 vom VSJF betreute Personen auswandern, ein Jahr später immerhin 687 Personen. Vgl. VSJF-Tätigkeitsberichte, 1945 (S. 14, 18) und 1946 (S. 12), beide in: AfZ: IB SIG, 8.2.2.4. Tätigkeitsberichte VSIA/VSJF++; zu den allgemeinen Schwierigkeiten: VSJF-Tätigkeitsbericht, 1945, S. 17; Tätigkeitsberichte des Fürsorgedienstes für Ausgewanderte, 1943–1946, AfZ: MF Joint Switzerland, File 988.

34 Flüchtlinge nach Nationalitäten am 31. Jan. 1946: Polen: 1121; Deutschland: 1036; Österreich: 651; staatenlose: 2567; andere: 1217; insgesamt: 6592. Die hier gebrauchte Definition der Staatenlosigkeit ist unklar, vermutlich wurden die kollektiven Ausbürgerungen durch das «Dritte Reich» nicht berücksichtigt. VSJF-Tätigkeitsbericht, 1945 (S. 24, hier auch Vermisstenrecherche), AfZ: IB SIG, 8.2.2.4. Tätigkeitsberichte VSIA/VSJF++. Die Zentralkartothek war das einzige positive Resultat der Koordinationsbemühungen von 1943 unter den jüdischen Organisationen in der Schweiz. S. Braunschweig an RELICO, 20. Okt. 1943, AfZ: IB SIG, Hilfe und Aufbau, Suchdienst**; Prot. SIG-GL, 24. Jan. 1944, S. 1, und 12. Okt. 1944,

S. 5, beides in: AfZ: IB SIG; SIG, Tätigkeitsbericht und Rechnungsablage für das Jahr 1945, S. 15, AfZ: MF S. Mayer, SM 3; Emigrationsabteilung: Prot. CC, 25. Okt. 1945, S. 3 (zur Kartothek: S. 6), AfZ: IB SIG; Sekretariat SIG an Mitglieder der GL, 5. Okt. 1945, AfZ: NL J. Nordmann, OP 1945; Zitat Rothmunds: Mächler, Wilkomirski, S. 197; Kinderemigration: Tätigkeitsberichte des Fürsorgedienstes für Ausgewanderte, 1943–1946, AfZ: MF Joint Switzerland, File 988; Zeder, Zuhause, S. 68f. Laut Kadosh (Children, S. 292) bildete die Schweizer Regierung eine aus dem OSE, dem JDC, der JA und der HICEM bestehende Kommission zur Auswanderung der Kinder.

35 Ausführlich zum Kriegsende in der Schweiz: Gysling u. a., 1945 (Zitat des bundesrätlichen Schreibens vom 2. Mai 1945 an die Kantone: S. 54f.; zur offiziellen Haltung v. a. der Aufsatz von König, S. 99f.; Zitat Lüthys: S. 33); ausserdem: Mai 1945, Beilage zu traverse 1995/2.

36 Kontinuität bei der Polizeiabteilung: Mächler, Kampf. Braunschweig an die Mitgliedgemeinden, 4. Mai 1945, AfZ: NL J. Nordmann, OP 1945; Prot. SIG-DV, 10. Mai 1945, S. 3, AfZ: IB SIG; ein Auszug der Rede des Bundespräsidenten von Steiger vom 8. Mai 1945 findet sich in: Gysling u. a., 1945, S. 58f.

37 Eine Übersicht über die jüdische Lage ab 1945: Brenner, Michael, Nach dem Holocaust. Juden in Deutschland 1945–1950, München 1995. Vgl. Bauer, Dunkle Seite, S. 297–330; Marrus, Die Unerwünschten, S. 335–391.

38 Erich Ehrenkranz, Bericht über die Lage der Juden in Linz u. Umgebung, 28. Mai 1945; Boritzer, Bericht über eine Studienreise der Delegation der Kommission Hilfe und Aufbau nach Deutschland, 2.–8. Nov. 1945, beides in: AfZ: IB SIG, Kommission Hilfe und Aufbau, allgemeine Unterlagen III**; Ch. Spitz, Bericht über die Reise nach Paris und London, ohne Datum, AfZ: IB SIG, 9.2.12.2.1. Flüchtlingsbetreuung, div. Projekte**.

39 Vorstoss zum Daueryl: Prot. VSJF-VS, 30. Apr. 1946; zur Entwicklung des Daueryls: Arnold, Transitprinzip, Kap. IV; zur aufgekündigten VSJF-Unterstützung: u. a. div. Dokumente in: AfZ: MF Joint Switzerland, File 977; verbleibende Flüchtlinge: Picard, Schweiz und die Juden, S. 364. Im Jahre 1955 befanden sich noch 2000 jüdische Flüchtlinge in der Schweiz (einige hundert davon waren vermutlich erst in der Nachkriegszeit eingereist), ein Viertel von diesen wurde noch immer vom VSJF unterstützt. SIG-Jahresbericht 1955), S. 37, AfZ: IB SIG, Tätigkeits- und Jahresberichte**; zu Hilfe und Aufbau v. a. die Dossiers der entsprechenden Kommission in: AfZ: IB SIG.

40 «Wiedergutmachung» für Auslandschweizer: vgl. Ludi, Regula, Ein vergessenes Kapitel «Vergangenheits-Bewältigung», IW, 29. Dez. 2000, und dies., Diese «Schlussstrich-Mentalität», IW, 12. Jan. 2001; zu den «Wiedergutmachungen» existieren umfangreiche Aktenbestände im AfZ. Vgl. auch: Gerson/Hoerschelmann, Verband, S. 65. Das Problem der verschollenen Kontoinhaber wurde bereits in der Broschüre «Jüdische Nachkriegsprobleme» behandelt (S. 29–32, 44), die der SIG am 26. Okt. 1944 verabschiedete und 1945 publizierte. Redakteur war bezeichnenderweise G. Riegner, mit dem der SIG nach Saly Mayers Rücktritt die Beziehungen normalisierte. Ein Exemplar in: AfZ: IB SIG, Kommission für Nachkriegsprobleme**. Zur Rolle von SIG und WJC: S. Braunschweig, Aktennotiz betr. Wiedergutmachung von Persekutionsschäden, 11. Sept. 1945, AfZ: IB JUNA, 1.2.2. Einzelne Schadenersatzmeldungen**; allgemein: Picard, Jacques, Die Schweiz und die Vermögen verschwundener Nazi-Opfer. Die Vermögen rassisch, religiös und politisch Verfolgter in der Schweiz und ihre Ablösung von 1946 bis 1973, in: Die Schweiz und die Flüchtlinge, 1933–1945, Studien und Quellen, 22 (1996), S. 271–324; Bonhage u. a., Nachrichtenlose Vermögen.

41 Frankfurter: Prot. CC, 21. März 1945, S. 7f.; Prot. GL, 17. Juni 1945, S. 2, beides in: AfZ: IB SIG; vgl. G. Brunschvig, (Entwurf ohne Datum) War David Frankfurter tatsächlich ein Mörder? AfZ: NL G. Brunschvig, Doss. 6–8, Begnadigung Frankfurters; Chotjewitz, Mord, S. 196–199; Popowskis: Kasics/Mächler, Closed Country; Zagiels: Spira, Henry, L'hospitalité suisse en 1942: un exemple édifiant, Revue Juive 9, 26. Juli 1996; Interview Schürch; Schild: Personendossier, AfZ: IB VSJF, 1.4. S.321; Seiler, Was wird aus uns, S. 114f.; Lasker-Schüler: Escherig, Verweigerung, S. 159–168 (Zitat der Gestapo: S. 160); Amrein, Los, S. 60–62; Klüsner, Lasker-Schüler, S. 120, 129; Halbert: Wende, Deutschsprachige Schriftsteller, S. 193;

Speck, Rothschild, S. 62, 80–83; div. Akten zum Schiedsgericht in: AfZ: IB SIG, Hilfe und Aufbau, SIG-Untersuchungskommission betr. San (sic) Salvador-Pässe u. a. Mantello**; vgl. Kranzler, The Man, S. 242–248; Boritzer: Prot. SIG-GL, 12. Apr. 1945, S. 5, AfZ: IB SIG; Prot. Kommission Hilfe und Aufbau, 4. Juni 1945, S. 1, AfZ: IB SIG, Kommission Hilfe und Aufbau, allgemeine Unterlagen I**; Auskunft Arno Boritzer, 10. Sept. 2004.

42 Braunschweig: Interview Erlanger; IW, 15. März 1946; Wahl Brunschvig: SIG-DV, 30. Mai 1946, AfZ: IB SIG; Guggenheim: Neue Zürcher Zeitung, 2. Febr. 1948, Morgenausgabe; Auskunft Stadtarchiv Zürich; Rothmund: Interview S. Schürch; Interview H. Böschenstein; Rothmund an Ehepaar E. F. Gottlieb, 28. Mai 1954, BAR: E 4800 (A) 1, Bd. 5; Rothmund an K. H. Brunner, 14. Okt. 1954, BAR: E 4800 (A) 1, Bd. 9; Jacquier, Claude, L'aventure vétérinaire, 1950–1980, Genf 1982, S. 64 (für den Hinweis danke ich H. Spira); Fleischmann: Kasztner, Bericht, S. 98f.; Enzyklopädie des Holocaust. Die Verfolgung und Ermordung der europäischen Juden, hrsg. von Jäckel, Eberhard/Longerich, Peter/Schoeps, Julius H., Berlin 1993, Bd. 1, S. 464; Bauer, Dunkle Seite, S. 226f.; Campion, Lions's Mouth, S. 91.

43 Mayer: Interview E. Bally; Pressemitteilung des Joint, 4. Okt. 1945; Kastzner an J. C. Hyman, 30. Okt. 1945; S. Mayer (ohne Angabe von Verfasser und Datum, ca. Nov. 1945), Notiz zu einer Grussadresse für das Joint Annual Meeting vom 8. Dez. 45; Raphael Levy, Publicity Director des Joint, Pressemitteilungen, 6. Apr. und 31. Juli 1950; Begräbnis Mayers: James P. Rice an M. W. Beckelman, 4. Dez. 1950, alles in: AfZ: MF S. Mayer, SM 6; vgl. Cohen, Bein «scham», S. 203f.; Cohen, Lost Honour, S. 166f.; Taufkonflikt allgemein: Picard, Schweiz und die Juden, S. 444–455; Kadosh, Children, S. 289–293; Mächler, Wilkomirski, S. 201f.; Entführung: Personendossier Henri Zygmond, AfZ: IB VSJF, 1.4.Z.174; Prot. CC, 28. Febr. 1946, S. 3, AfZ: IB SIG; zu ermordeten Kindern: Prot. SIG-DV, 14./15. Mai 1947, S. 16, AfZ: IB SIG.

Zusammenfassung und Schlussbetrachtungen

1 Diner, Dan, Die Perspektive des «Judenrats». Zur universellen Bedeutung einer partikularen Erfahrung, in: Kiesel, Doron/Kugelmann, Cilly/Loewy, Hanno/Neuhauß, Dietrich (Hrsg.), «Wer zum Leben, wer zum Tod ...» Strategien jüdischen Überlebens im Ghetto, Frankfurt a. M./New York 1992, S. 11–35.

2 Laut CC (Prot. CC, 24. Sept. 1942, S. 3, AfZ: IB SIG) brachten 1 700 000 Katholiken bis dahin 1 Mio. sFr. auf. Laut Arnold (Caritasverband, S. 514) beliefen sich die Kosten der Caritas bis Ende 1942 auf 864 000 sFr. Laut Picard (Schweiz und die Juden, S. 370) sammelte der SIG bis 1942 über 5 Mio. sFr.

3 Prot. VSIA-GV, 21. Apr. 1940, S. 3, AfZ: MF Joint Switzerland, File 1003.

4 Bezeichnenderweise erschien 1944 erstmals eine Broschüre mit einer ausführlichen Selbstdarstellung: VSJF, Jahrzehnt; vgl. die Zeitungsausschnitte in: AfZ: IB JUNA, Jüdische Flüchtlingshilfe, Pressedokumentation, 1938–1950.

5 Giddens, Anthony, Die Konstitution der Gesellschaft, Frankfurt a. M./New York 1992, S. 65ff.; Arendt, Elemente, S. 425f.; Bourdieu, Pierre, Delegation und politischer Fetischismus, in: Ebbighausen, Rolf/Neckel, Sighard (Hrsg.), Anatomie des politischen Skandals, Frankfurt a. M. 1989, S. 36–54, 37.

6 Bourdieu, Pierre/Wacquant, Loïc J. D., Reflexive Anthropologie, Frankfurt a. M. 1996, S. 204.

7 Für die Anregung danke ich Annette Hug.

8 S. Mayer, Exposé nach Telefongesprächen mit Brunschvig, Heim, Zucker, 3. Mai 1950, S. 3, AfZ: MF S. Mayer, SM 6; Arendt, Varnhagen, S. 186.

9 Zu Belgien: Caestecker/Moore, Refugee Policies, v. a. S. 91–95; zu Frankreich: Cohen, Asylum, v. a. S. 10, 16, 60, 94–116, 165, 208f., 213, 232, 306–320; Weinberg, David H., Les juifs à Paris de 1933 à 1939, Paris 1974, v. a. S. 40–45, 70f., 104–110, 114f., 120–123, 229–232,

250f., 265f.; zu Grossbritannien: Bolchover, Jewry, v.a. S. 49–52; Shatzkes, Holocaust, v.a. S. 3f., 28, 35, 49, 51, 239; zu Holland: Michman, Dan, The Committee for Jewish Refugees in Holland (1933–1940), in: Yad Vashem Studies, Bd. 14, 1981, S. 205–232; Moore, Refugees, v.a. S. 29f.

10 Einschliessung: Rothmund an von Steiger, 5. Sept. 1942, BAR: E 4800 (A) 1, Bd. 6; Telegramm: Schwalb an Mayer, 20. Aug. 1942; «Entfernung»: Fleischmann an Mayer, 30. Nov. 1942, beides in: AfZ: MF S. Mayer, SM 64.

Quellen und Literatur

Archive

Archiv für Zeitgeschichte der ETH Zürich (AfZ)

- Flüchtlingsarchiv Gertrud Kurz (zum Zeitpunkt der Recherche noch im Privatarchiv Rosmarie Kurz, Habstetten)

- Jüdische Nachrichtenagentur (IB JUNA)

- Nachlass Braunschweig, Saly
- Nachlass Brunschvig, Georges
- Nachlass Nordmann, Isidor
- Nachlass Nordmann, Jean
- Nachlass Vogt, Paul
- Nachlass Wyler, Louis
- Nachlass Wyler, Veit
- Nachlass Zaugg, Otto

- Mikrofilme (MF) American Jewish Joint Distribution Committee Archives, New York
  - Saly Mayer Collection, SM 1–66
  - Joint Switzerland AR 33/34
- Mikrofilme (MF) National Archives and Records Administration, Washington D. C. (NARA)

- Schweizerischer Israelitischer Gemeindebund (IB SIG)
Zum Zeitpunkt der Recherche waren die Bestände noch nicht definitiv erschlossen. Meine Markierung in den Anmerkungen gibt den Status meiner Quellenerfassung an: Die Anmerkung ** bedeutet: erfasst nach der provisorischen Klassifikation (nicht Signatur) während der AfZ-Erschliessung; *+ bedeutet: erfasst nach dem Standort im alten Archiv des SIG in der Gotthardstrasse 65 in Zürich. Einige Dokumente waren bei meiner Archivrecherche noch nirgends zugeordnet. Diese habe ich entweder als «ungeordnete Dossiers» bezeichnet oder mit ++ markiert und angegeben, wo sie sich nach der definitiven Klassifikation vermutlich befinden dürften.

- Schweizerische Zentralstelle für Flüchtlingshilfe (IB SFH)

- Verband Schweizerischer Jüdischer Flüchtlingshilfen / Fürsorgen (IB VSJF)
VSJF, bis Mitte 1943 VSIA: Hier gilt eine analoge Regelung bezüglich der Sonderzeichen wie beim SIG, wobei +* die Erfassung nach dem alten Standort in der Gerechtigkeitsgasse 14 in Zürich bedeutet.

Schweizerisches Bundesarchiv, Bern (BAR)

- Eidgenössisches Finanz- und Zolldepartement (EFZD)
  E 6351 (F) Oberzolldirektion

- Eidgenössisches Justiz- und Polizeidepartement (EJPD)
  E 21 Polizeiwesen
  E 4001 (B) Departementssekretariat, Magistratur Bundesrat Baumann
  E 4001 (C) Departementssekretariat, Magistratur Bundesrat von Steiger
  E 4260 (C) Polizeiabteilung
  E 4264 (-) Bundesamt für Polizeiwesen, Personenregistratur
  E 4300 (B) Eidgenössische Fremdenpolizei
  E 4320 (B) Bundesanwaltschaft
  E 4800 (A) Handakten Heinrich Rothmund
  E 4800.1 (-) Handakten Heinrich Rothmund

- Eidgenössisches Militärdepartement (EMD)
  E 27 (-) Landesverteidigung
  E 5330 (-) Oberauditorat

- Eidgenössisches Politisches Departement (EPD)
  E 2001 (C) Abteilung für Auswärtiges
  E 2001 (D) Abteilung für Auswärtiges
  E 2001 (E) Abteilung für Auswärtiges / Politische Direktion

- Depositen und Schenkungen
  J II.11 (-) -/1 Schweizerischer Vaterländischer Verband (SVV)
  J II.55 Schweizerisches Hilfswerk für Emigrantenkinder (SHEK)

Archiv der Israelitischen Cultusgemeinde Zürich (ICZ)

Archiv der Jüdischen Gemeinde St. Gallen (JGSG)

Archiv der Jüdischen Gemeinde Bern (JG Bern)

Privatarchiv Katia Guth-Dreyfus, Basel

Privatarchiv Claude Bigar, Genf

Schweizerisches Sozialarchiv, Zürich (SL)
  AR 20.721 Schweizerisches Arbeiterhilfswerk (SAH)

Staatsarchiv Basel-Stadt (StABS)
  Akten der Israelitischen Gemeinde Basel (IGB), Privatarchiv

Yad Vashem Archives, Jerusalem (YV)
  P 13 Benjamin Sagalowitz

Mündliche Quellen

Bally-Wyler, Elisabeth, telefonisches Interview durch Stefan Mächler, 14. Nov. 2004.
Blum-Bigar, Thérèse (Tochter von Pierre Bigar), telefonisches Interview durch Stefan Mächler, 16. Nov. 2004.
Boritzer, Regina, Interviews durch Frau Hartmann, 19. Juli 1984; durch Ralph Weingarten, Juli 1983; durch dens., o. J. (orange Kassette), alles in: AfZ: IB SIG, Geschichte der Juden in der Schweiz.
Böschenstein, Hermann, Interview durch Stefan Mächler in Bern, 20. Sept. 1995.
Brunschvig, Odette, Interview durch Stefan Mächler in Bern, 5. Dez. 2002.
Erlanger, Madeleine, Interview durch Stefan Mächler in Zürich, 27. Sept. 2004.
Guggenheim, Georg, Interviews durch Claude Kupfer, 13. Sept. 1984 und 25. Jan. 1985, AfZ: IB SIG, Geschichte der Juden in der Schweiz.
Guth, Katia (Tochter von Paul Dreyfus-de Gunzburg), Interviews durch Stefan Mächler in Basel, 19. Feb. und 12. Apr. 2003.
Jezler Rouiller, Lili (Ehefrau von Robert Jezler), Interview durch Stefan Mächler in Bern, 5. Okt 1995.
Liatowitsch, Charles, Interview, ohne Angabe des Datums und des Interviewers, AfZ: IB SIG, Geschichte der Juden in der Schweiz.
Littmann, Leo, Interview durch Ralph Weingarten, vermutlich Nov. 1985, AfZ: IB SIG, Geschichte der Juden in der Schweiz.
Lothar, Marianne, Interview durch Ralph Weingarten, Nov. 1984, AfZ: IB SIG, Geschichte der Juden in der Schweiz.
Popowski-Karp, Charles-Maxime und Mindla, Interview durch Stefan Mächler und Kaspar Kasics in Brüssel, 17. Sept. 1996.
Popowski, Fanny, Interviews durch Stefan Mächler und Kaspar Kasics in Brüssel, 18. Sept. 1996, 17. und 19. Feb. 1997.
Popowski, Gaston, Interviews durch Stefan Mächler und Kaspar Kasics in Brüssel, 17. und 18. Sept. 1996, 17. Feb. 1997.
Popowski, Isaak, Interviews durch Stefan Mächler und Kaspar Kasics in Brüssel, 17. Sept. 1996 und 17. Feb. 1997.
Popowski, Max, Interview durch Stefan Mächler und Kaspar Kasics in Brüssel, 19. Feb. 1997.
Schürch, Sybille, Interviews durch Stefan Mächler in Bern, 22. Sept. 1995 und 29. Juni 1997.
Wyler, Joseph, Interview durch Claude Kupfer, 22. Mai 1984, AfZ: IB SIG, Geschichte der Juden in der Schweiz.
Wyler, Veit, Interview durch Stefan Mächler in Zürich, 12. Okt. 1995.
Zweig, Edith, Interview durch Claude Kupfer, 25. Mai 1984, AfZ: IB SIG, Geschichte der Juden in der Schweiz.

Filme

Kasics, Kaspar / Mächler, Stefan, Closed Country, Dokumentarfilm, Schweiz 1999, 82 Min., 35 mm.

Gedruckte Quellen

Diplomatische Dokumente der Schweiz (DDS), Bde. 10–15 (1933–1945), Bern 1982–1992.
Feldmann, Markus, Tagebuch 1923–1958, hrsg. von der Schweizerischen Gesellschaft für Geschichte, bearbeitet von Peter Moser, Basel 2001.
Haarmann, Hermann (Hrsg.), Abschied und Willkommen. Briefe aus dem Exil, 1933–1945, Berlin 2000.
Kasztner, Rezsö, Der Bericht des jüdischen Rettungskomitees aus Budapest, 1942–1945. Hektographierter Bericht o. J. (ca. 1946) (Exemplare u. a. im AfZ: IB JUNA, Majdanek, Rettungsaktionen).
Kerr, Alfred, Die Diktatur des Hausknechts, Brüssel 1934.
Kerr, Judith, Als Hitler das rosa Kaninchen stahl, Ravensburg 1987.
Philo-Atlas. Handbuch für die jüdische Auswanderung. Reprint der Ausgabe von 1938. Mit einem Vorwort von Susanne Urban-Fahr, Bodenheim bei Mainz 1998.
Sutro, Nettie, Jugend auf der Flucht, 1933–1948. Fünfzehn Jahre im Spiegel des Schweizer Hilfswerks für Emigrantenkinder, Zürich 1952.
SVV, Der Schweizerische Vaterländische Verband, 1941–1942 (Mitteilungsblatt des SVV, zugänglich in der Schweizerischen Landesbibliothek, Bern).
SZF (Hrsg.), Flüchtlinge wohin? Bericht über die Tagung für Rück- und Weiterwanderungs-Fragen in Montreux. Aussprache zwischen Behörden, Hilfswerken und Flüchtlingen, 25. Feb. bis 1. März 1945, Zürich o. J.
VSJF, Ein Jahrzehnt Schweizerische Jüdische Flüchtlingshilfe 1933–1943, Zürich 1944 (AfZ: NL Veit Wyler, Schachtel 10).
Zentralsekretariat SP Schweiz (Hrsg.), … mit dem Rücken an der Wand … Flüchtlingsdebatte des Nationalrates vom September 1942, Schaffhausen 1979.

Sekundärliteratur

Altermatt, Urs, Katholizismus und Antisemitismus. Mentalitäten, Kontinuitäten, Ambivalenzen. Zur Kulturgeschichte der Schweiz 1918–1945, Frauenfeld u. a. 1999.
Amrein, Ursula, «Los von Berlin!» Die Literatur- und Theaterpolitik der Schweiz und das «Dritte Reich», Zürich 2004.
Arad, Gulie Ne'eman, America, Its Jews, and the Rise of Nazism, Bloomington 2000.
Arad, Gulie Ne'eman, Cooptation of Elites: American Jewish Reactions to the Nazi Menace, 1933, in: Yad Vashem Studies, 25 (1996), S. 31–64.
Arendt, Hannah, Eichmann in Jerusalem. Ein Bericht von der Banalität des Bösen, München/Zürich 1986.
Arendt, Hannah, Elemente und Ursprünge totaler Herrschaft, München/Zürich 1986.
Arendt, Hannah, Nach Auschwitz, Essays & Kommentare 1., hrsg. v. Eike Geisel und Klaus Bittermann, Berlin 1989.
Arendt, Hannah, Rahel Varnhagen. Lebensgeschichte einer deutschen Jüdin aus der Romantik, München 1962.
Arnold, Jonas, Die Auslands- und Flüchtlingshilfe des Schweizerischen Caritasverbandes 1933–1945, in: Conzemius (Hrsg.), Schweizer Katholizismus, S. 499–525.
Arnold, Jonas: Vom Transitprinzip zum Dauerasyl. Die schweizerische Flüchtlingshilfe 1933–1951, unveröffentlichte Lizentiatsarbeit, Universität Freiburg/Schweiz 1997.

Battel, Franco, «Wo es hell ist, dort ist die Schweiz». Flüchtlinge und Fluchthilfe an der Schaffhauser Grenze zur Zeit des Nationalsozialismus, Zürich 2001.
Bauer, Yehuda, American Jewry and the Holocaust: The American Jewish Joint Distribution Committee, 1939–1945, Detroit 1981.
Bauer, Yehuda, Die dunkle Seite der Geschichte. Die Shoah in historischer Sicht. Interpretationen und Re-Interpretationen, Frankfurt a. M. 2001.
Bauer, Yehuda, Freikauf von Juden? Verhandlungen zwischen dem nationalsozialistischen Deutschland und jüdischen Repräsentanten von 1933 bis 1945, Frankfurt a. M. 1996.
Bauer, Yehuda, Jewish Reactions to the Holocaust, Tel Aviv 1989.
Bauer, Yehuda, My Brother's Keeper. A History of the American Jewish Joint Distribution Committee 1929–1939, Philadelphia 1974.
Bauman, Zygmunt, Dialektik der Ordnung. Die Moderne und der Holocaust, Hamburg 1992.
Bauschinger, Sigrid, Else Lasker-Schüler. Biografie, Göttingen 2004.
Bloch, Ernst, Das Prinzip Hoffnung, Frankfurt a. M. 1959, Bd. 1.
Bolchover, Richard, British Jewry and the Holocaust, Cambridge 1993.
Bolter, Wilhelm Alfred, Antisemitismus und Abwehr im Spiegel der Israelitischen Kultusgemeinde St. Gallen 1933 bis 1945, unveröffentlichte Lizentiatsarbeit, Universität Zürich 1999.
Bonhage, Barbara/Lussy, Hanspeter/Perrenoud, Marc, Nachrichtenlose Vermögen bei Schweizer Banken: Depots, Konten und Safes von Opfern des nationalsozialistischen Regimes und Restitutionsprobleme in der Nachkriegszeit, hrsg. v. der Unabhängigen Expertenkommission Schweiz – Zweiter Weltkrieg, Zürich 2001.
Bornstein, Heini, Insel Schweiz, Hilfs- und Rettungsaktionen sozialistisch-zionistischer Jugendorganisationen 1939–1946, Zürich 2000.
Braham, Randolph L. (Hrsg.), Jewish Leadership During the Nazi Era: Patterns of Behavior in the Free World, New York 1985.
Braham, Randolph L., The Politics of Genocide. The Holocaust in Hungary, Bd. 2, New York 1981.
Breitman, Richard, Official Secrets, What the Nazis Planned. What the British and Americans Knew, New York 1998.
Bretscher-Spindler, Katharina, Vom heissen zum kalten Krieg. Vorgeschichte und Geschichte der Schweiz im Kalten Krieg 1943 bis 1968, Zürich 1997.
Browning, Christopher, Die Entfesselung der «Endlösung». Nationalsozialistische Judenpolitik 1939–1942. Mit einem Beitrag von Jürgen Matthäus, Berlin 2003.
Bundesamt für Flüchtlinge (Hrsg.), Prominente Flüchtlinge im Schweizer Exil, Bern 2003.
Caestecker, Frank/Moore, Bob, Refugee Policies in Western European States in the 1930s. A Comparative Analysis, in: IMIS-Beiträge, 7 (1998), hrsg. v. Institut für Migrationsforschung und Interkulturelle Studien (IMIS) der Universität Osnabrück, S. 55–103.
Campion, Joan, In the Lions's Mouth. Gisi Fleischmann & the Jewish Fight for Survival, San Jose u. a. 2000 (1987).
Caron, Vicki, Uneasy Asylum. France and the Jewish Refugee Crisis, 1933–1942, Stanford 1999.
Cesarani, David/Levine, Paul A. (Hrsg.), «Bystanders» to the Holocaust: A RE-evaluation, London/Portland 2002.
Chotjewitz, Peter O., Mord als Katharsis, in: Ludwig, Emil/Chotjewitz, Peter O.,

Der Mord in Davos. Texte zum Attentatsfall David Frankfurter – Wilhelm Gustloff, hrsg. v. Helmut Kreuzer, Herbstein 1986, S. 119-209.

Cohen, Raya, Bein «scham» le-«kan»: sipurim schel edim la-churban, Schweiz 1939–1942 (Zwischen «dort» und «hier». Berichte von Zeugen der Vernichtung. Schweiz 1939–1942), Tel Aviv 1999.

Cohen, Raya, Confronting the Reality of the Holocaust: Richard Lichtheim, 1939–1942, in: Yad Vashem Studies, 23 (1993), S. 335-368.

Cohen, Raya, Das Riegner-Telegramm: Text, Kontext und Zwischentext, in: Tel Aviver Jahrbuch für deutsche Geschichte, 23 (1994), S. 301-324.

Cohen, Raya, The Lost Honour of Bystanders? The Case of Jewish Emissaries in Switzerland, in: Cesarani / Levine (Hrsg.), «Bystanders», S. 146-170.

Conzemius, Victor (Hrsg.), Schweizer Katholizismus 1933–1945. Eine Konfessionskultur zwischen Abkapselung und Solidarität, Zürich 2001.

Diner, Dan, Die Katastrophe vor der Katastrophe: Auswanderung ohne Einwanderung, in: Blasius, Dirk / Diner, Dan, Zerbrochene Geschichte. Leben und Selbstverständnis der Juden in Deutschland, Frankfurt a. M. 1991, S. 138-160.

Dreifuss, Eric, Die Schweiz und das Dritte Reich. Vier deutschschweizerische Zeitungen im Zeitalter des Faschismus 1933–1939, Frauenfeld/Stuttgart 1971.

Escherig, Manfred, Verweigerung der Einreise- und Aufenthaltsbewilligung, Betr. Z 182.979, Else Lasker-Schüler und die Schweiz, in: Kirsch, Sarah/Serke, Jürgen/ Jahn, Hajo (Hrsg.), Meine Träume fallen in die Welt, Ein Else Lasker-Schüler-Almanach, Wuppertal 1995, S. 125-170.

Ettinger, Patrik, Die schweizerische Flüchtlings- und Aussenwirtschaftspolitik in der öffentlichen politischen Kommunikation der Schweiz 1938–1947. Paper für das SwissGIS-Graduiertenkolleg vom 20. Oktober 2000 in Bern.

Evans, Richard J., Das Dritte Reich, Bd. 1: Aufstieg, München 2004.

Favez, Jean-Claude, Le prochain et le lointain. L'accueil et l'asile en Suisse au printemps 1945, in: Schweizerische Zeitschrift für Geschichte, 4 (1988), S. 390-402.

Fivaz-Silbermann, Ruth, Refoulement, accueil, filières: les fugitives juifs à la frontière franco genevoise entre 1942 et 1944, in: Schweizerische Zeitschrift für Geschichte 51 (2001), S. 296-317.

Friedenson, Joseph/Kranzler, David, Heroine of Rescue. The Incredible Story of Recha Sternbuch Who Saved Thousands from the Holocaust, New York 1984.

Friedländer, Saul, Das Dritte Reich und die Juden. Die Jahre der Verfolgung 1933–1939, München 2000.

Friedländer, Saul, History, Memory, and the Historian. Dilemmas and Responsibilities, in: Tanner, Jakob/Weigel, Sigrid (Hrsg.), Gedächtnis, Geld und Gesetz. Vom Umgang mit der Vergangenheit des Zweiten Weltkrieges, Zürich 2002, S. 63-76.

Frischknecht, Jürg/Knauer, Mathias, Die unterbrochene Spur. Antifaschistische Emigration in der Schweiz von 1933 bis 1945, Zürich 1983.

Funk, Michael/Gast, Uriel / Keller, Zsolt, Eine kleine Geschichte des Schweizerischen Israelitischen Gemeindebunds (1904–2004), in: Rosenstein u. a. (Hrsg.), Lebenswelt, S. 23-55.

Funk, Michael, «Warum sollen wir die Sprache erst wieder finden, wenn wir geschlagen werden?» Die Öffentlichkeitsarbeit des Schweizerischen Israelitischen Gemeindebundes von 1933 bis 1944, unveröffentlichte Lizentiatsarbeit, Universität Freiburg / Schweiz 2002.

Gast, Uriel, Von der Kontrolle zur Abwehr. Die eidgenössische Fremdenpolizei im Spannungsfeld von Politik und Abwehr, Zürich 1997.
Gautschi, Willi, General Henri Guisan. Die schweizerische Armeeführung im Zweiten Weltkrieg, Zürich 1994.
Gerson, Daniel/Hoerschelmann, Claudia, Der Verband Schweizerischer Jüdischer Fürsorgen/Flüchtlingshilfen (VSJF), in: Rosenstein u. a. (Hrsg.), Lebenswelt, S. 56–71.
Gerson, Daniel, «Sechshundert Jahre lang sind wir antisemitisch gewesen, und es ist uns weiss Gott nicht schlecht bekommen.» Antisemitische Agitation der faschistischen «Frontenbewegung» in den Berichten schweizerisch-jüdischer Beobachter (1933–1935), in: Graml, Hermann/Königseder, Angelika/Wetzel, Juliane (Hrsg.), Vorurteil und Rassenhass. Antisemitismus in den faschistischen Bewegungen Europas, Berlin 2001, S. 297–311.
Guggenheim, Georg, Abwehr und Aufklärung, in: Schweizerischer Israelitischer Gemeindebund (Hrsg.), Festschrift zum 50jährigen Bestehen, 1904–1954, Zürich 1954, S. 57–84.
Gysling, Erich/König, Mario/Ganz, Michael T., 1945 – Die Schweiz im Friedensjahr, Zürich 1995.
Haas, Gaston, «Wenn man gewusst hätte, was sich drüben im Reich abspielte ...». 1941–1943. Was man in der Schweiz von der Judenvernichtung wusste, Basel/Frankfurt a. M. 1994.
Haldemann, Frank, Der völkerrechtliche Schutz des Privateigentums im Kontext der NS-Konfiskationspolitik. «Schwache» Schweizer Diplomatie? Eine rechtshistorische Analyse, in: Thürer/Haldemann, Die Schweiz, der Nationalsozialismus und das Recht, Bd. 1, S. 517–598.
Häsler, Alfred A., Das Boot ist voll. Die Schweiz und die Flüchtlinge, 1933–1945, Zürich 1967.
Heim, Otto H., Jüdische soziale Arbeit und Flüchtlingshilfe in der Schweiz, in: Schweizerischer Israelitischer Gemeindebund (Hrsg.), Festschrift zum 50jährigen Bestehen, 1904–1954, Zürich 1954, S. 25–51.
Heim, Susanne, «Deutschland muss ihnen ein Land ohne Zukunft sein». Die Zwangsemigration der Juden 1933 bis 1938, in: Arbeitsmigration und Flucht. Vertreibung und Arbeitskräfteregulierung im Zwischenkriegseuropa. Beiträge zur nationalsozialistischen Gesundheits- und Sozialpolitik, hrsg. v. Eberhard Jungfer u. a., Bd. 11, Berlin 1993, S. 48–81.
Hersche, Otmar (Hrsg.), Geschichtsbilder, Widerstand, Vergangenheitspolitik, Zürich 2002.
Hilberg, Raul, Die Vernichtung der europäischen Juden, 3 Bde., Frankfurt a. M. 1991.
Huder, Walther, Alfred Kerr. Ein Deutscher im Exil, in: Sinn und Form, 18 (1966), S. 1262–1279.
ICZ (Hrsg.), 100 Jahre Israelitische Cultusgemeinde Zürich, Zürich 1962.
Imhof, Kurt/Ettinger, Patrik/Boller, Boris, Flüchtlinge als Thema der öffentlichen politischen Kommunikation in der Schweiz 1938–1947. Beiheft zu: Die Schweiz und die Flüchtlinge zur Zeit des Nationalsozialismus, hrsg. v. der Unabhängigen Expertenkommission Schweiz – Zweiter Weltkrieg, Bern o. J. (1999).
Jehle-Wildberger, Marianne, «Das Gewissen sprechen lassen». Die Haltung der St. Galler Kirche zu Kirchenkampf und Flüchtlingsnot 1933–1945, Zürich 2001.
Jost, John T./Major, Brenda (Hrsg.), The Psychology of Legitimacy.

Emerging Perspectives on Ideology, Justice, and Intergroup Relations, Cambridge u. a. 2001.

Kadosh, Sara, Jewish Refugee Children in Switzerland 1939–1950, in: Roth, John K./ Maxwell, Elisabeth (Hrsg.), Remembering for the Future. The Holocaust in an Age of Genocide, New York u. a. 2001, S. 281–297.

Kälin, Walter, Rechtliche Aspekte der schweizerischen Flüchtlingspolitik im Zweiten Weltkrieg. In Zusammenarbeit mit Martina Caroni, Jörg Künzli und Andreas Rieder, in: Thürer/Haldemann, Die Schweiz, der Nationalsozialismus und das Recht, Bd. 1, S. 261–515.

Kamber, Peter, Der Verrat von Vittel. Wie fiktive Pässe aus Übersee hätten vor der Deportation retten sollen, in: Basler Magazin, Nr. 16, 24. Apr. 1999.

Kamis-Müller, Aaron, Antisemitismus in der Schweiz, 1900–1930, Zürich 1990.

Keller, Stefan, Grüningers Fall. Geschichten von Flucht und Hilfe, Zürich 1993.

Keller, Zsolt, Der Eidgenössische Bettag als Plattform nationaler Identität der jüdischen und katholischen Schweizer, in: Altermatt, Urs (Hrsg.), Katholische Denk- und Lebenswelten. Beiträge zur Kultur- und Sozialgeschichte des Schweizer Katholizismus im 20. Jahrhundert, Freiburg/Schweiz 2003, S. 135–150.

Klüsener, Erika, Else Lasker-Schüler. Mit Selbstzeugnissen und Bilddokumenten, Reinbek bei Hamburg 1998.

Kocher, Hermann, «Rationierte Menschlichkeit». Schweizerischer Protestantismus im Spannungsfeld von Flüchtlingsnot und öffentlicher Flüchtlingspolitik der Schweiz 1933–1948, Zürich 1996.

Koller, Guido, Entscheidungen über Leben und Tod. Die behördliche Praxis in der schweizerischen Flüchtlingspolitik während des Zweiten Weltkrieges, in: Die Schweiz und die Flüchtlinge 1933–1945, Studien und Quellen, 22 (1996), Bern u. a., S. 17–136.

Kranzler, David, The Man Who Stopped the Trains to Auschwitz. George Mantello, El Salvador, and Switzerland's Finest Hour, Syracuse (N. Y.) 2000.

Kranzler, David, Thy Brother's Blood. The Orthodox Jewish Response During the Holocaust, New York 1987.

Kreis, Georg, Die Rückkehr des J-Stempels. Zur Geschichte einer schwierigen Vergangenheitsbewältigung, Zürich 2000.

Kreis, Georg, Zensur und Selbstzensur. Die schweizerische Pressepolitik im Zweiten Weltkrieg, Frauenfeld/Stuttgart 1973.

Kröger, Ute, «Zürich, du mein blaues Wunder». Literarische Streifzüge durch eine europäische Kulturstadt, Zürich 2004.

Kroh, Ferdinand, David kämpft. Vom jüdischen Widerstand gegen Hitler, Reinbek bei Hamburg 1988.

Kury, Patrick, «Man akzeptierte uns nicht, man tolerierte uns!» Ostjudenmigration nach Basel 1890–1930, Basel/Frankfurt a. M. 1998.

Kury, Patrick, Über Fremde reden. Überfremdungsdiskurs und Ausgrenzung in der Schweiz 1900–1945, Zürich 2003.

Laqueur, Walter/Breitman, Richard, Breaking the Silence, New York 1986.

Laqueur, Walter, Was niemand wissen wollte: Die Unterdrückung der Nachrichten über Hitlers «Endlösung», Frankfurt a. M. u. a. 1981.

Lasker-Schüler, Else, Lieber gestreifter Tiger. Briefe von Else Lasker-Schüler, hrsg. v. Margarete Kupper, Bd. 1, München 1969.

Lasserre, André, Frontières et camps. Le refuge en Suisse de 1933 à 1945, Lausanne 1995.

Lasserre, André, Les réfugiés de Bergen-Belsen et Theresienstadt ou Les déboires d'une politique d'asile en 1944–1945, in: Schweizerische Zeitschrift für Geschichte, 40 (1990), S. 307–317.
Lasserre, André, Schweiz. Die dunkeln Jahre. Öffentliche Meinung 1939–1945, Zürich 1992.
Ludi, Regula, Fluchthilfe und Vergangenheitspolitik, in: Hersche, Otmar (Hrsg.), Geschichtsbilder, S. 15–24.
Ludwig, Carl, Die Flüchtlingspolitik der Schweiz in den Jahren 1933 bis 1955. Bericht an den Bundesrat zuhanden der eidgenössischen Räte, Bern 1957.
Lupp, Björn, Zwischen Klassensolidarität und humanitärer Hilfe. Die Flüchtlingshilfe der politischen Linken in der Schweiz zwischen 1990 und 1950 im Kontext der Integration in das politische System, unveröffentlichte Dissertation, Universität Basel 2003. (Publikation in Vorbereitung)
Lüthi, Urs, Der Mythos von der Weltverschwörung. Die Hetze der Schweizer Frontisten gegen Juden und Freimaurer – am Beispiel des Berner Prozesses um die «Protokolle der Weisen von Zion», Basel/Frankfurt a. M. 1992.
Mächler, Stefan, Der Fall Wilkomirski, Über die Wahrheit einer Biographie, Zürich/ München 2000.
Mächler, Stefan, Ein Abgrund zwischen zwei Welten. Zwei Rückweisungen jüdischer Flüchtlinge im Jahre 1942, in: Die Schweiz und die Flüchtlinge 1933–1945, Studien und Quellen, 22 (1996), Bern, S. 137–232.
Mächler, Stefan, Kampf gegen das Chaos. Die antisemitische Bevölkerungspolitik der eidgenössischen Fremdenpolizei und Polizeiabteilung 1917–1954, in: Mattioli (Hrsg.), Antisemitismus, S. 357–421.
Mächler, Stefan, Normalität und Katastrophe. Warum in der Schweiz das Boot für die Juden voll war, in: Neue Wege, Nr. 9, Sept. 1997, S. 263–269.
Mächler, Stefan, Warum das Boot für die Juden voll war. Kontinuität und Bruch in der schweizerischen Fremdenpolitik, in: traverse 1995/2, Beilage «Mai 1945», S. 29–34.
March, James G., Institutional Perspectives on Governance, in: Derlien, Hans-Ulrich / Gerhardt, Uta / Scharp, Fritz W. (Hrsg.), Systemrationalität und Partialinteresse, Baden-Baden 1994, S. 249–270.
Margaliot, Abraham, Emigration – Planung und Wirklichkeit, in: Paucker, Arnold (Hrsg.), Die Juden im nationalsozialistischen Deutschland 1933–1943, Tübingen 1986, S. 303–316.
Margaliot, Abraham, The Problem of the Rescue of German Jewry During the Years 1933–1939. The Reasons for the Delay in Their Emigration from the Third Reich, in: Gutmann, Yisrael / Zuroff, Efraim (Hrsg.), Rescue Attempts During the Holocaust. Proceedings of the Second Yad Vashem International Historical Conference, Jerusalem 1977, S. 247–265.
Marrus, Michael R., Die Unerwünschten. Europäische Flüchtlinge im 20. Jahrhundert, Berlin u. a. 1999.
Mattioli, Aram (Hrsg.), Antisemitismus in der Schweiz 1848–1960, Zürich 1998.
Michman, Dan, Jewish Leadership in Extremis, in: Stone, Dan (Hrsg.), The Historiography of the Holocaust, New York u. a. 2004, S. 319–340.
Moore, Bob, Refugees from Nazi Germany in the Netherlands 1933–1940, Dordrecht u. a. 1986.
Mooser, Josef, Die «Geistige Landesverteidigung» in den 1930er Jahren, in: Kreis,

Georg/Müller, Bertrand (Hrsg.), Die Schweiz und der Zweite Weltkrieg, Schweizerische Zeitschrift für Geschichte, 47 (1997), Sonderausgabe, S. 685–708.

Morse, Arthur D., Die Wasser teilten sich nicht. Bern/München 1968.

Neckel, Sighard, Status und Scham. Zur symbolischen Reproduktion sozialer Ungleichheit, Frankfurt a. M./New York 1991.

Papaux, Estelle, L'attitude des autorités suisses face aux Suisses Juifs dans la France de Vichy, 1940–1944, unveröffentlichte Lizentiatsarbeit, Universität Lausanne 2000.

Pätzold, Kurt (Hrsg.), Verfolgung, Vertreibung, Vernichtung. Dokumente des faschistischen Antisemitismus 1933 bis 1942, Leipzig, 1991.

Paucker, Arnold (Hrsg.), Die Juden im nationalsozialistischen Deutschland, 1933–1945, Tübingen 1986.

Penkower, Monty Noam, The Jews Were Expendable: Free World Diplomacy and the Holocaust, Urbana/Chicago 1983.

Perrenoud, Marc, Attitudes suisses face aux réfugiés à l'époque du national-socialisme: la politique de la Confédération et le canton de Neuchâtel, in: Les réfugiés en Suisse durant la Second Guerre mondiale, Actes de la Société jurassienne d'émulation, 2002, Sonderdruck, S. 20–36.

Picard, Jacques, Die Schweiz und die «Judenfrage» 1933–1945. Quellen und Materialien zur Geschichte eines Dilemmas, in: Wiehn, Erhard R. (Hrsg.), Judenfeindschaft. Eine öffentliche Vortragsreihe an der Universität Konstanz 1988/89, Konstanz 1989, S. 119–162.

Picard, Jacques, Die Schweiz und die Juden 1933–1945. Schweizerischer Antisemitismus, jüdische Abwehr und internationale Migrations- und Flüchtlingspolitik, Zürich 1994.

Picard, Jacques, Die Schweiz. Hilfe, Selbsthilfe und Solidarität entlang der Grenze, in: Benz, Wolfgang/Wetzel, Juliane (Hrsg.), Solidarität und Hilfe für Juden während der NS-Zeit, Regionalstudien 1, Berlin 1996, S. 233–270.

Picard, Jacques, Ein Paket aus der Schweiz. Die jüdische Hilfsaktion für Gurs und die politische Lage der Juden in der Schweiz 1940–1942, in: Wiehn (Hrsg.), Oktoberdeportation 1940, S. 73–104.

Rabinovici, Doron, Instanzen der Ohnmacht. Wien 1938–1945. Der Weg zum Judenrat, Frankfurt a. M. 2000.

Riegner, Gerhart M., Niemals verzweifeln. Sechzig Jahre für das jüdische Volk und die Menschenrechte, Gerlingen 2001.

Rings, Werner, Schweiz im Krieg, 1933–1945. Ein Bericht, Zürich 1974.

Roschewski, Heinz, Rothmund und die Juden. Eine historische Fallstudie des Antisemitismus in der schweizerischen Flüchtlingspolitik 1933–1957, Basel/Frankfurt a. M. 1997.

Rosenstein, Gabrielle u. a. (Hrsg.), Jüdische Lebenswelt Schweiz. 100 Jahre Schweizerischer Israelitischer Gemeindebund (SIG), Zürich 2004.

Sartre, Jean-Paul, Betrachtungen zur Judenfrage. Psychoanalyse des Antisemitismus, Zürich 1948.

Schleunes, Karl A., The Twisted Road to Auschwitz, Urbana u. a. 1970.

Schmidlin, Antonia, Eine andere Schweiz. Helferinnen, Kriegskinder und humanitäre Politik, 1933–1942, Zürich 1999.

Seiler, Lukrezia (Hrsg.), Was wird aus uns noch werden? Briefe der Lörracher Geschwister Grunkin aus dem Lager Gurs 1940–1942, Zürich 2000.

Shatzkes, Pamela, Holocaust and Rescue: Impotent or Indifferent? Anglo-Jewry 1938–1945, Basingstoke/New York 2002.
Sibold, Noëmi, «... Mit den Emigranten auf Gedeih und Verderb verbunden.» Die Flüchtlingshilfe der Israelitischen Gemeinde Basel in der Zeit des Nationalsozialismus, Zürich 2002.
Speck, Anton-Andreas, Der Fall Rothschild. NS-Judenpolitik, Opferschutz und «Wiedergutmachung» in der Schweiz 1942–1962, Zürich 2003.
Stadelmann, Jürg, Umgang mit Fremden in bedrängter Zeit. Schweizer Flüchtlingspolitik 1940–1945 und ihre Beurteilung bis heute, Zürich 1998.
Stauffer, Paul, «Sechs furchtbare Jahre ...» Auf den Spuren Carl J. Burckhardts durch den Zweiten Weltkrieg, Zürich 1998.
Stauffer, Paul, Polen – Juden – Schweizer. Felix Calonder (1921–1937), «Exilpolens» Berner Emissäre (1939–1945). Die Schweiz und Katyn (1943), Zürich 2004.
Tanner, Jakob, «Die Ereignisse marschieren schnell». Die Schweiz und das Ereignis des Zweiten Weltkriegs, in: Suter, Andreas/Hettling, Manfred (Hrsg.), Struktur und Ereignis, Göttingen 2001, S. 257–282.
Thürer, Daniel/Haldemann, Frank (Konzept und Redaktion), Die Schweiz, der Nationalsozialismus und das Recht, Bd. 1: Öffentliches Recht, hrsg. v. der Unabhängigen Expertenkommission Schweiz – Zweiter Weltkrieg, Zürich 2001.
Tschuy, Theo, Carl Lutz und die Juden von Budapest, Zürich 1995.
Unabhängige Expertenkommission Schweiz – Zweiter Weltkrieg (Hrsg.), Die Schweiz und die Flüchtlinge zur Zeit des Nationalsozialismus, Bern 1999.
Unabhängige Expertenkommission Schweiz – Zweiter Weltkrieg, Die Schweiz, der Nationalsozialismus und der Zweite Weltkrieg. Schlussbericht, Zürich 2002.
Wacker, Jean-Claude, Humaner als Bern! Schweizer und Basler Asylpraxis gegenüber den jüdischen Flüchtlingen von 1933 bis 1943 im Vergleich, Basel 1992.
Wasserstein, Bernard, Britain and the Jews of Europe, 1939–1945, London/New York 1999.
Wehrli, Katharina, Der Diskurs über die Shoah in der Schweizer Presse. Unveröffentlichte Lizentiatsarbeit, Universität Zürich 1998.
Weingarten, Ralph, Entwicklung und Perspektiven der jüdischen Gemeinden in der deutschen Schweiz, in: Rosenstein u. a. (Hrsg.), Lebenswelt, S. 138–152.
Weiss, Yfaat, «Ostjuden» in Deutschland als Freiwild. Die nationalsozialistische Aussenpolitik zwischen Ideologie und Wirklichkeit, in: Tel Aviver Jahrbuch für deutsche Geschichte, 23 (1994), S. 215–232.
Wende, Frank, Deutschsprachige Schriftsteller im Schweizer Exil 1933–1950. Eine Ausstellung des Deutschen Exilarchivs, Wiesbaden 2002.
Werner, Christian, Für Wirtschaft und Vaterland. Erneuerungsbewegungen und bürgerliche Interessengruppen in der Deutschschweiz 1928–1947, Zürich 2000.
Wichers, Hermann, Im Kampf gegen Hitler. Deutsche Sozialisten im Schweizer Exil 1933–1940, Zürich 1994.
Wiehn, Erhart R. (Hrsg.), Oktoberdeportation 1940, Konstanz 1990.
Wiggershaus, Rolf, Die Frankfurter Schule. Geschichte. Theoretische Entwicklung. Politische Bedeutung, München 1991.
Wolf, Walter, Faschismus in der Schweiz. Die Geschichte der Frontenbewegung in der deutschen Schweiz 1930–1945, Zürich 1969.
Zeder, Eveline, Ein Zuhause für jüdische Flüchtlingskinder. Lilly Volkhart und ihr Kinderheim in Ascona 1934–1947, Zürich 1998.

Zeugin, Bettina / Sandkühler, Thomas, Die Schweiz und die deutschen Lösegelderpressungen in den besetzten Niederlanden. Vermögensentziehung, Freikauf, Austausch 1940–1945, hrsg. v. der Unabhängigen Expertenkommission Schweiz – Zweiter Weltkrieg, Zürich 2001.

Zimmer, Oliver, Zur Typisierung der Juden in der Schweizer Tagespresse 1933–1934. Aspekte eines Fremdbildes im Prozess nationaler Identitätskonstruktion, in: Imhof, Kurt/Kleger, Heinz/Romano, Gaetano (Hrsg.), Zwischen Konflikt und Konkordanz. Analyse von Medienereignissen in der Schweiz der Vor- und Zwischenkriegszeit. Krise und sozialer Wandel, Bd. 1, Zürich 1993, S. 247–288.

Zuroff, Efraim, The Response of Orthodox Jewry in the United States to the Holocaust. The Activities of the Vaad ha-Hatzala Rescue Committee 1939–1945, New York 2000.

Zweig-Strauss, Hanna, David Farbstein (1868–1953). Jüdischer Sozialist – sozialistischer Jude, Zürich 2002.

Register

Reine Quellenangaben wurden für die Register nicht berücksichtigt.

Personenregister

Adler-Rudel, Salomon 493
Amrein, Ursula 142
Antonescu, Ion 283
Arad, Gulie Ne'eman 22
Arendt, Hannah 334, 361, 449, 451, 503
Arnold, Jonas 22
Avenol, Joseph A. 128
Bachmann, Hans 328, 529
Bally-Wyler, Elisabeth 433
Bányai, Mihály 378, 403
Bär, Familie 177
Bär, Walter J. 177, 495
Barth, Karl 378
Bauer, Yehuda 22, 139, 293, 399, 402, 509
Baumann, Johannes 112, 126, 131–134, 161f., 182–184, 188f., 226, 439, 484, 502
Becher, Kurt A. 400f.
Beck, Gad 509
Bernardini, Filippo 285, 377, 403, 528
Bibra, Hans Sigmund Freiherr von 157
Bigar, Familie 231, 241, 244, 533
Bigar, Pierre 230f., 234, 241–244, 249f., 256, 262, 284, 391, 401, 404, 413, 416, 420f., 495, 501, 535f.
Bircher, Eugen 78f., 87, 98, 340–342, 380, 467
Bloch, Arthur 312
Bloch, Ernst 25, 55f., 397
Bloch, Gaston 524
Bloch, Georges 143, 172, 177, 192, 195, 239, 353, 358, 368, 374, 418, 488, 537
Bloch, Marcel 312f.
Bloch, Walter 64f., 97, 124, 138, 147, 462, 464
Bloch, Werner 101f., 107
Blum, Josef 283–285, 294, 298
Blum, Paul-Maurice 173, 368

Blum-Bigar, Thérèse 501
Boegner, Marc 336
Bollag, Charles 79f., 83f., 86f., 99, 368, 482
Bonhoeffer, Klaus 260
Bonna, Pierre 122f., 156, 263, 269, 362, 529
Boritzer, Regina 136f., 145, 159, 170, 176f., 180f., 226, 230, 233, 278, 310f., 345f., 409, 427f., 431, 468, 523
Bornstein, Heini 519
Böschenstein, Hermann 313, 316
Bourdieu, Pierre 449f.
Braunschweig, Alfred 57
Braunschweig, Saly 40, 57, 62, 67f., 73, 102, 107–110, 117–120, 129f., 152, 154, 165, 172, 194, 198, 205, 210, 216, 230, 239, 250, 252, 255f., 262, 278, 282–284, 289, 293, 310, 314f., 318, 321–325, 359f., 367–373, 375, 377–379, 387, 390–393, 403, 417, 420, 426, 432, 448, 462, 470, 477, 483, 488, 502, 504, 509, 511–514, 517, 524–528, 530f.
Braunschweig, Simon 57
Braunschweig-Schmuklerski, Elsa 57
Braunschweig-Weil, Rosalie 57
Brechbühl, Fritz 200, 207
Breitmann, Richard 508
Briner, Robert 166, 213, 321–323, 343–346, 488
Bringolf, Walther 321, 390, 531
Browning, Christopher 282
Bruggmann, Karl 495
Brunner, Emil 379
Brunschvig, Armand 38f., 117, 238–241, 410, 470, 476, 499
Brunschvig, Georges 90, 121, 128, 204, 235, 252, 255f., 262, 278, 289, 310–313, 316, 318, 338, 356f., 367, 369, 373, 380, 390f., 397, 430–432, 495, 509, 511, 513–515, 522, 526, 529
Brunschvig, Henri 311f.
Brunschvig, Odette 204, 430, 509
Brunschvig-Guggenheim, Selma 311f.
Burckhardt, Carl Jacob 290, 365, 507
Burg, Walter von 156
Burgauer, Willi 80, 122
Butler, Judith 450

Caestecker, Frank 22
Calonder, Felix-Louis 260
Canaris, Wilhelm 260
Caron, Vicki 22
Caviezel *533*
Chamberlain, Neville 183
Chotjewitz, Peter O. 126
Cohen, Raya *508f.*
Cohn, Marcus 315, 357
Curti, Eugen 127, 130, *475*
de Gunzburg, Schwiegervater von Paul Dreyfus 317
Delaquis, Gaston 307, *512*
Dicker, Jacques 84, 339
Dinichert, Paul 114, 116f., 123, 154, 156, *474*
Döblin, Alfred 57, *462*
Dohnanyi, Hans von 260
Dollfuss, Engelbert 84, *468*
Domb, Jitzchak 290
Dreifuss, Sidney 202, 215, *488*
Dreyfus, Armand 224, 242, *495*
Dreyfus-Brodsky, Jules 32–35, 39f., 64, 70, 100, 118, 120, 128–130, 184, *458–460, 462, 470, 473*
Dreyfus-Brodsky, Marie 143
Dreyfus-de Gunzburg, Familie 324
Dreyfus-de Gunzburg, Paul 221f., 234, 311, 316–320, 323, 325, 357, 365, 456, *495, 514f., 531*
Dym, Ella 267
Eden, Anthony 128
Egger, August *475*
Eichmann, Adolf 157, 167, 298f., 433, *457*
Einhorn, Bruno 57, *462*
Emerson, Sir Herbert *493*
Etter, Philipp 143, 301
Ettinger, Max 57
Falk, Albert *489*
Farbstein, David 22, 129, 264, 328, 339, 365–367, 370, 407, *468f., 489, 517, 532*
Fazy, Robert 154f., 444
Fein, Helen 394
Feldmann, Markus 17f., 332, 396f., 432, *486*
Feldscher, Peter Anton 304
Feller, Harald 403

Fierz, Maria 475
Finlayson 493
Fischer, Edwin 47
Fivaz-Silbermann, Ruth 518
Fleischmann, Alice 433
Fleischmann, Gisi (Gisela) 294–298, 310f., 327f., 363f., 376, 398f., 402, 433, 456, 529
Ford, Henry 35
Frank, Friedrich 343
Frankfurter, David 127f., 130, 431f.
Freudenberg, Adolf 506
Frisch, Efraim 55f., 65f.
Frölicher, Hans 154, 191f.
Fromm, Erich *461*
Funk, Michael 22
Fürnberg, Hermann 216
Gast, Uriel 21
Gaulle, Charles de *421*
Gautschi, Willi 531
Gerhard, Georgine 131, 133, 166, 194
Gerson, Daniel *469*
Giddens, Anthony 448
Gitermann, Valentin *532*
Goetschel, Alfred 61, 165, 231, 235, 255, 262, 315, *488, 499*
Goldmann, Nahum 275
Goldschmidt, Georges *510*
Graber, Ernest-Paul 259–264, 329, 334, 390, 444, *503, 531*
Grimm, Robert 207
Grüninger, Paul 200–204, 208, 356, *457, 489f.*
Grunkin, Fanny 236, 240
Grunkin, Josef 236, 241, 430f.
Grunkin, Marie 236, 241, 430
Guggenheim, Georg 90, 100–102, 107, 130, 154–156, 187f., 206, 231f., 255, 259, 262, 286f., 314, 323, 326, 328f., 332, 365, 367, 369, *468f., 471, 488, 508, 517, 523, 525, 531*
Guggenheim, Paul 154, 259–264, 276, 286–288, 290, 317, 332f., 345, 365–370, 379, 389, 396f., 422, 444, 469, *503, 536*
Guggenheim, Silvain Samuel 59f., 65, 67, 110, 138, 140f., 143–145, 151f., 161–164, 167, 176f., 184, 189, 195, 198, 204, 206, 210, 214f., 228, 230, 233,

235f., 239, 242, 284, 296, 310, 315, 318, 321, 323, 328, 344f., 347, 354, 359, 368, 370f., 374, 385, 391, 404, 412, 416–418, 431f., 438, 446, *480*, *482*, *488f.*, *495*, *497*, *518*, *520–524*, *533*, *535*
Guggenheim, Willy 114, 115
Guggenheim-Nordmann, Hermann 100
Guggenheim-Wyler, Berty 59, 176
Guisan, Henri 235, 244, 388, *531*
Gurny, Max 84, 129, 255, 314, 365, *468*
Gurvic, Lazar 296, 324, 358
Gustloff, Wilhelm 126, 361, 420, 431
Gutglück, Simon 507
Häberlin, Heinrich 33–35, 39f., 70, 100
Halbert, Abraham 179–181, 226, 230, 233, 431
Halff, Gerhard *483*
Hamburger, Karl 253, *465*, *489*
Hari, Mata 111
Haskil, Clara 47
Häsler, Alfred A. 21
Hauri, Hans Rudolf *475*
Hauser, F. *475*
Haymann, Erwin 211, 276, 336, 365, 370, 384, *504*, *518*
Hecht, Rudolf Reuben 217f.
Heim, Otto H. 20, 416f., 420f., *536*
Hemerdinger, H. 95f., 101, 105f.
Henriod, Henry-Louis *518*
Heusser, Otto 339
Himmler, Heinrich 19, 364, 399, 402
Hirschel, Willy *522*
Hitler, Adolf 31, 42, 55, 77, 86, 114, 126, 147, 181, 216, 260, 282, 290, 315, 435, 444
Hochberg, Karel 298
Hofer, Walter 155f.
Hohermuth, Berta 412f., 416, 417, *506*, *537*
Horkheimer, Max 55f., 260, *461*
Horowitz, Herbert 355
Horty, Miklós 379, *529*
Huber, Arnold 339, 341f.
Huber, Max 260
Hügli, Rudolf *522*
Humbert, Ch. *487*
Hüssy, Fritz 116, 122–125
Hüttner, Erwin 110, 138f., 144–147, *479*, *488*

Jabotinsky, Zeev Vladimir 84
Jacob, Berthold 114, 118, 123
Jarblum, Marc *528*
Jezler, Robert 298–301, 305, 414, 425
Kahn, Bernhard 139, 167, 214, 242
Kasser, Elsbeth 239
Kasztner, Rezsö (Israel, Rudolf) 19, 399–402, 433, *532f.*
Keel, Valentin 200–203, 207f., *489f.*
Keller, Gottfried 90, *469*
Keller, Stefan 202
Kerr, Alfred 55–57
Kerr, Familie 56f., *462*
Kerr, Judith 56, *462*
Knowles, Louis L. 105
Kobe, Willi 437
Kobelt, Karl 245, 248, *491*, *501*
Köcher, Carl Otto 48
Kocher, Hermann 21
Koechlin, Alphons 318, 333, 378
Köhler, Ludwig 76
Kohli, Robert 155f.
Koller, Guido *521*
Komarnicki, Tytus 209
König Edward VIII. von England 128
König Gustaf V. von Schweden 379
Koppelmann, Isidor 286–288, *508*
Koselleck, Reinhart 26
Kossodo, Helmut 249
Kranzler, David *491*, *508*
Kroh, Ferdinand *494*
Kühl, Julius (Juliusz) 278, 286, 288–290, 311, *508f.*
Kury, Patrick 21
Kurz, Gertrud 311, 318–320, 333, 387, 393, 409, 413, 416, 437, *531*
Ładoś, Aleksander 278
Landweer, Hilge 92
Lang, Fernand 251f.
Lang, Otto *475*
Laqueur, Walter *508f.*
Lasker-Schüler, Else 55f., 60, 65f., 431
Lasserre, André 21
Lauterbach *508*
Laval, Pierre 319
Leavitt, Moses A. 520
Lenin, Wladimir Iljitsch 339
Lesch, Walter 48

Levaillant, Lucien 70, 72, 85, 357
Levien, Max 78, 467
Leviné, Eugen 78
Levy, Saly 525
Liatowitsch, Charles 18, 20
Lichtheim, Richard 275, 284–286, 288–290, 364, 508f.
Lifschitz, Boris 522
Littmann, Leo 523
Littmann, Martin 76, 111, 143, 169
Loosli, Carl Albert 75
Löwenherz, Josef 157
Löwenthal, Leo 461
Lowrie, Donald A. 506
Ludwig, Carl 17f., 21, 307, 457, 480, 484, 509, 533
Lupp, Björn 21
Lüthy, Herbert 424
Lutz, Carl 403
Lux, Stephan 127f.
Mandel, Josef 507
Mann, Erika 48
Mantello, George (Mandl, György) 19, 279, 282f., 357, 361, 377–379, 403, 431, 529
Marcuse, Herbert 461
Marrus, Michael 427
Mayer, Albert 463
Mayer, Max (Bruder von Saly) 43
Mayer, Max (Sohn von Saly) 43f.
Mayer, Saly 17–20, 22, 24, 31, 35–38, 42–46, 60f., 64, 67f., 70, 72f., 76–82, 84–87, 90, 93–97, 100–109, 117–119, 122, 124–130, 144, 147, 154–156, 158–165, 167–170, 182, 184–189, 192, 196f., 199, 202–208, 210f., 213–219, 221f., 228–236, 238–242, 245, 248–250, 252–256, 260–266, 268–273, 275–280, 283–286, 289f., 293–296, 298, 308–312, 314, 316f., 320f., 323–328, 341–343, 352, 357–372, 376f., 382, 385–391, 394, 397f., 400–404, 431, 433, 438–440, 442–444, 446, 448, 451f., 455f., 457, 459–463, 465, 470f., 473, 482–490, 492–97, 499–510, 512f., 515–517, 520–525, 528, 530f., 533, 536, 538
Mayer-Ebstein, Jeanne 43, 372, 517

McClelland, Roswell 380, 405
McDonald, James G. 104, 125
Messinger, Eugen 355
Messinger, Joseph 35–37, 45f., 52, 108, 111, 355
Meyer, Jenny 165
Meyer, Oskar 119, 124f., 193, 483
Meyer, Robert 368, 413, 417f., 468, 535
Meyerowitz, Thea 60, 111, 136, 473
Mihaly, Jo 55, 535
Moore, Bob 22
Morgenthau, Henry 328
Motta, Giuseppe 70, 114, 117–119, 122f., 132f., 162, 166, 183–185, 191, 232, 474, 486
Müllener, Oberstleutnant 245, 247f.
Müller, Guido 188f.
Musil, Robert 144
Mussolini, Benito 192, 216, 374
Musy, Jean-Marie 19, 402
Nathan Bar-Haim, Rachel (Tochter von Thea Meyerowitz) 136, 477
Neckel, Sighard 382
Neumann von Hethars, Heinrich 481
Neviasky 68
Niessen 78
Nordmann, Isidor 78, 245
Obermayer, Leopold 115
Oeri, Albert 311, 316–319, 390, 531
Oprecht, Emil 466
Papst Pius XII. 285, 379
Paravicini, Charles Rudolf 493
Penkower, Monty Noam 509
Perlasca, Jorge 403
Pestalozzi, Hans 501
Petit, Mgr. 518
Petitpierre, Max 407
Picard, Charles 355, 358
Picard, Jacques 21f., 169, 214, 274, 385, 500, 503, 527, 537
Pikard, Bruder von Simon 124
Pikard, Ehefrau von Simon 116
Pikard, Familie 115f., 122, 124
Pikard, Simon 115–117, 122f., 474
Pilet-Golaz, Marcel 232f., 235, 259, 263f., 278, 516
Pollock, Friedrich 260, 461
Popowski, David 302

Popowski, Familie 301f., 308f., 312f., 335, 348, 395, 430
Popowski, Fanny 351
Popowski, Gaston 301
Prewitt, Kenneth 105
Rabbi Löw 111, *473*
Radek, Karl 339
Rappard, William E. 75, *475*
Remund, Oberst Hugo *505*
Riegner, Gerhart M. 98, 154, 198, 260, 275–277, 285–290, 386, 390, 448, *508f., 528, 538*
Rittmeyer, Dora *517, 531*
Rittmeyer, Ludwig 329, 332, 366f., 390, *517, 525, 531*
Roosevelt, Franklin Delano 157, 287, 379
Rosenbaum, Vladimir 129
Rothmund, Heinrich 17, 24, 35–37, 45–53, 64, 93–109, 131–135, 140–142, 146, 151f., 157–162, 164, 167, 169, 172, 183f., 187–189, 195, 199–202, 204–209, 211–214, 216–218, 222–224, 227, 234, 242, 245–250, 252, 265f., 269, 273, 275, 278, 292, 296, 298–318, 321–324, 329, 333, 335–337, 342, 346, 348, 357, 359f., 362, 371–375, 380, 385, 387, 391f., 395, 400, 405, 413f., 423, 425, 430–433, 438, 440–442, 452, 456, *461*, 470, 472, *479–484, 486, 489, 493, 495, 498, 506, 511–515, 518f., 527, 529, 531, 534*
Rothmund-Ruvina, Ingeborg 48, 372, 460
Rothschild, Familie von Jean 362, 431
Rothschild, Jean 362, 431
Rottenberg, Mordechai 208
Ruth, Max 86f., 99, 116, 121, 188, 209, 211, 232f., 250f., 261–263, 273, *475, 487, 491, 503f.*
Sacks, Heinrich 115
Sadinsky, Elias Benzion 206, 209
Sagalowitz, Benjamin 252–255, 259, 269, 276, 286–288, 328f., 365, 389f., 392, 397, 447f., *468, 503, 508f., 531*
Sartre, Jean-Paul 84, 233
Schäublin-Grunkin, Rosa 236, 240f.
Scheiwiler, Alois 76, *475*
Schiff, Otto *493*

Schild, Gertrud 266f., 430
Schleunes, Karl 26
Schloss, Erwin 345
Schmidlin, Antonia 22, *505*
Schmuklerski, Hermann 57, *462*
Schmuklerski, Karoline 57, *462*
Schoppig, Charles 355, 358
Schulte, Eduard 286f.
Schulthess, Edmund 263
Schürch, Oscar 303, 307, 310, 312–314, 321, 346, 414, 425, *534*
Schürch, Sybille 430
Schwabacher, Etienne 362
Schwabacher, Familie von Etienne 362
Schwalb (Dror), Nathan 274f., 284, 294, 298, 310f., 345, 357–359, 363, 378, 456, *506, 509f.*
Schwartz, Joseph 270–273, 284, 295, 309, 326, 328, 357, 370, 387, 401, *512f.*, 520
Shatzkes, Pamela 22
Sibold, Noëmi 22, 170
Silberschein, Alfred (Abraham) 275–278, 280, 289, 291, 318, 345, 508
Simon, Simi 111
Sonabend, Familie 310, 334f., 396
Sonderegger, Emil 69f., 77f., 81
Spengler, Oswald 69
Spira, Armand 355, 358
Spitz, Charlotte 428
Stampfli, Oskar 340f., *519*
Steckel, Leonard 55f., 65
Steiger, Eduard von 48, 228, 292, 300, 303, 305, 308, 311f., 316–323, 326, 329, 332, 334, 336, 338–340, 342, 346, 366, 369, 373, 380, 387, 393, 407, 414, 424, 426, 456, *509, 511, 513f., 520, 523, 527*
Sternbuch, Elias 73f., 208, 278–280
Sternbuch, Familie 278f., *533*
Sternbuch, Isaac 208, 278f., 289f., *457, 491, 507*
Sternbuch, Recha 208, 278f., *491*
Stucki, Walter 124
Susman, Margarete 57
Sutro-Katzenstein, Nettie 195, 358, 414
Syngalowski, Aaron 411
Taubes, Zvi 230, 361, 378
Thomas, William I. 98f.
Tiso, Jozef 285, 298

Troper, Morris C. 214, 222–224, 242, 266, 270
Trujillo, Rafael L. 216
Tschlenoff, Boris 280, 284, 296
Turski 509
Ullmann, Charles 507
Ungar, Schmuel David Halevi 376
Urner, Heinrich 388
Vogt, Paul 311, 321, 353f., 378, 393, 413, 416
Volkart, Lilly 521
Vries, Familie de 317
Vries, Nadia de 317, 514
Wallenberg, Raoul 403
Warburg, Felix M. 139
Waser, Maria 475
Weill, Joseph 239, 296, 324, 358, 510
Weissert, Otto 48
Weissmandel, Michael Dov Ber 298, 378, 529
Welles, Sumner 290
Wick, Karl 475
Wieler, Robert 18, 291, 523
Wise, Stephen S. 287, 290
Wisliceny, Dieter («Willy», «Wilhelm») 296, 298, 310f., 327, 363f., 456
Wolf, Daniel 215
Wyler, Joseph 523
Wyler, Veit 84, 127, 129f., 276, 361, 420, 468, 523
Wyler-Braunschweig, Roselies (Rosa) 57
Wyler-Schmid, Marcus 261, 401
Zagiel, Céline 310, 312f., 316, 369, 396, 430, 456
Zagiel, Simon 310, 312f., 316, 369, 396, 430, 456
Zaugg, Otto 304f., 413
Zeder, Eveline 521
Zucker, Jacob 129
Zweig, Edith 523
Zweig, Hanna 22

Institutionenregister

Abteilung für Auswärtiges (Schweiz) 122f., 155, 156, 183, 192, 204, 263, 269, 295, 361f., 444, siehe auch Eidgenössisches Politisches Departement
Abteilung für Fremde Interessen 357
Agudas-Achim Zürich 206, 209, 350
Agudath Israel 279f., 352
Allgemeiner Jüdischer Arbeiter Bund, «Bund» 286
Alliance Israélite Universelle 459
American Jewish Joint Distribution Committee, «Joint» 19, 22, 139, 146, 167f., 196f., 203, 214–216, 222–224, 237f., 242, 244, 269–273, 275f., 278f., 283f., 293–297, 309, 324, 326f., 356f., 359, 363f., 370–372, 376f., 385, 387, 400f., 403, 433, 438, 441, 443, 494, 507, 516, 531
Amerikanisches Konsulat, Genf 287, 365
Amt für Kriegswirtschaft des Kantons Genf 231
Arbeitsausschuss IV für Weiterwanderung der Eidgenössischen Sachverständigenkommission 519
Arbeitsgemeinschaft Frau und Demokratie 475
Arbeitsgruppe (Slowakei) 298, 310, 363f., 378, 399
Armee (Frankreich) 305, 320
Armee (Italien) 374
Armee (jüdische) 337
Armee (Schweiz) 32, 69, 77f., 212, 221, 226, 228, 232, 235, 245, 247, 304–307, 347, 353, 424, 426, 531
– Heer und Haus 245–248, 254, 354f., 501
– Heerespolizei (Schweiz) 355
– Nachrichtendienst 299
Auskunftsstelle für Flüchtlinge, Zürich 437
Aussenministerium der USA 269, 287, 290
Auswärtiges Amt (Deutschland) 114, 122, 192, 290
Basler Hilfsstelle 140
Basler Nachrichten 316

Bauern-, Gewerbe- und Bürgerpartei 78, 332
BBC 286
Belgische Gesandtschaft, Bern 308
Bellechasse (Zuchthaus) 309, 347
Berner Tagwacht 165
Betar 217
Bezirksgericht St. Gallen 208
Board of Deputies of British Jews 37f., 42, 459
British Exchange Telegraph 378
Bund für Volk und Heimat 78–80
Bund Schweizer Juden 77, 80–82, 88, 467, 536
Bund Schweizerischer Israelitischer Frauenvereine 59, 520
Bundesrat (Gesamtbehörde) 18, 46, 72, 77, 97, 113, 118, 125, 131, 143, 151, 155, 162f., 166, 182f., 186f., 205f., 224, 226–228, 232, 250, 260, 262, 300f., 324, 326, 329, 338f., 342, 345, 350, 379f., 394, 404, 407, 424, 426, 439f., 444, 446, 529
Cabaret Cornichon 48
Cabaret Pfeffermühle 48
Caritas Schweiz 21, 140, 323, 441, 464
Centralcomités für Flüchtlingshilfe siehe Flüchtlingspraxis (Sachregister)
Christlicher Friedensdienst siehe Kurz, Gertrud (Personenregister)
Christlicher Verein Junger Männer, Young Men's Christian Association 410, 506
CIMADE, Comité inter-mouvements auprès des évacués 336, 506
Comité international pour le placement des intellectuels réfugiés 359
Comité œcuménique d'aide aux réfugiés siehe Vorläufiger Ökumenischer Rat der Kirchen
Committee for Relief of the War-Stricken Jewish Population, RELICO 238, 277, 284, 318
Communauté Israélite de Genève 38f., 41, 63, 74, 92, 108, 260, 410, 463
Communauté Israélite de La Chaux-de-Fonds 173
Communauté Israélite de Lausanne 41

Consistoire Central des Israélites de France 37f., 42, 196
Council for German Jewry 214, 493
Demokratische Partei Zürich 166
Der Alemanne 115, 122
Der Eiserne Besen 29
Der Nebelspalter 243
Der Stürmer 75, 111–113, 115, 122, 137
Der Völkische Beobachter 152
Deutsche Gesandtschaft, Bern 48, 362
Deutscher PEN Club 55
Deutsches Generalkonsulat, Zürich 461
Diepoldsau (Lager) 159, 175
Drancy (Lager) 313, 362
Dreyfus Söhne & Cie., Basel 45, 357
Eidgenössische Fremdenpolizei 18, 21, 24, 36f., 46–52, 64, 77, 97, 99–107, 140, 162, 183, 186, 193, 195, 201, 205–208, 211, 234, 236, 240f., 249, 250–252, 265, 268f., 306, 316f., 364, 385, 394–396, 431, 441, 452, 513, siehe auch Fremdenpolizei
Eidgenössische Polizeiabteilung 35, 47–49, 86, 97, 104f., 116, 121, 133, 169, 183, 187, 198, 204, 210, 217, 227, 232, 261, 273, 299, 303, 306, 310, 316, 320, 325, 335, 344, 346, 352f., 357, 380, 400, 407, 412f., 420, 421, 423, 425, 456, 522, 535
Eidgenössische Steuerverwaltung 273
Eidgenössisches Justiz- und Polizeidepartement 33f., 45, 112, 121, 126, 151, 164, 202, 228, 251, 263, 300f., 323, 337, 347, 353, 373, 387, 527
Eidgenössisches Kriegsfürsorge-Amt 238, 240, 443
Eidgenössisches Militärdepartement 245, 248
Eidgenössisches Politisches Departement (Aussenministerium) 113f., 122f., 154–156, 183, 192, 194, 259, 263, 305, 362, 379, 444, 499, siehe auch Abteilung für Auswärtiges
Eidgenössisches Volkswirtschaftsdepartement 124
EIF, Éclaireurs israélites de France 358
Emigration Joint Planning Committee 493

Etania, Davos (TB-Sanatorium) 43, 500
Europa-Union 120
Europa-Verlag Zürich *466*
Fédération des sociétés juives *528*
Fédération protestante de France 336
Flüchtlingshilfe der Kreuzritter 318, 437
Flüchtlingshilfen (jüdischer Lokalcomités)
- Basel 22, 35, 56, 58, 61, 157–160, 170, 173f., 180, 195
- Bern 58, 64, 97, 310, 409
- Genf 58
- Luzern 58
- Schaffhausen 170, 355
- St. Gallen 58, 159f., 170, 174, 197, 201f., 215, 406
- Zürich 56, 58, 111, 143, 151, 157–160, 164f., 170–174, 179, 230, *523*
- *siehe auch* Flüchtlingspraxis (Sachregister)
Flüchtlingssektion der Polizeiabteilung 299, 303, 312
Französisches Aussenministerium 421
Frauenverein Baden, Israelitischer 268
Frauenverein der Israelitischen Cultusgemeinde Zürich 59
Frauenvereine (jüdische) 170f., 195, 240, 500
Frauenvereine (nichtjüdische) 268
Frauenvereine *siehe auch* Bund Schweizerischer Israelitischer
Freiplatzaktion von Pfarrer Paul Vogt 353f.
Freisinnig-Demokratische Partei der Schweiz 76
Freisinnig-Demokratische Partei St. Gallen 43, *517*
Freisinnig-Demokratische Partei Zürich 76
Fremdenpolizei der Stadt Bern 312
Fremdenpolizei des Kantons Basel-Stadt 210, 325
Fremdenpolizei des Kantons Zürich 193, 210, 431
Fremdenpolizei *siehe* Eidgenössische
Fürsorgedienst für Ausgewanderte, Aide aux Émigrés, International Migration Service 412f., 416, 423, 506

Gemischte Kommission (der SZF, mit Flüchtlingsvertretung) 414, 418
German Jewish Committee 214, *493*
Gesandtschaft der USA, Bern 377
Gestapo, Geheime Staatspolizei 114, 158, 192, 298, 301, 310, 323, 341, 363f., 431
Gewerkschaften (Schweiz) 34, 141, 174, 393
Gewerkschaftsbund, Schweizerischer 40
Gildemeester Auswanderer-Hilfsaktion 216
Grenzwachtkorps (Schweiz) 374
Grosser Rat des Kantons Graubünden 432
Gurs (Lager) 236–241
Haganah *494*
Haschomer Hazair 358, *519*
Hechaluz 217, *494, siehe auch* Weltzentrale des Hechaluz, Genf
Heilsarmee 159
HICEM, Hias-Ica-Emigdirect 37f., 67, 136, 139f., 145, 170, 176, 196, 215, 219, 266, 294, 297, 423, 436, *464f., 493*
Hilfscomité für notleidende Juden *499f.*
Hilfsverein der deutschen Juden 65, 136, 436
Hilfsverein für jüdische Auswanderung 507
Hilfsverein für jüdische Flüchtlinge in Schanghai, HIJEFS 279, 352, 402, 434
Hilfswerk der Kreuzritter *siehe* Kurz, Gertrud (Personenregister)
Hochkommissariat für Flüchtlinge (Israeliten und andere) aus Deutschland 96, 102, 104, 125f., 140
Hochwacht (Zeitung) 98
Initiativausschüsse (der Flüchtlinge) 412, 417
Institut für Sozialforschung, Frankfurt 55f., 260
Institut universitaire de hautes études internationales, Genf 75, 259, *475*
Intergovernmental Committee on Refugees 213f., 216
International Jewish Colonisation Society 215
Internationales Komitee vom Roten

Kreuz 238, 260, 274, 285f., 290, 376f., 379, 403, 443, *507*, 529
Israelitische Cultusgemeinde Bern 41, 64, 72, 83, 90, 119, 312–314, 369, *459, 463*
Israelitische Cultusgemeinde Zürich 17f., 20, 33, 40f., 57f., 76, 89, 92, 100, 108, 117–120, 129f., 146, 152, 168, 172, 179f., 206, 210, 230, 268, 315, 325, 337, 342f., 365, 367–369, *457, 530, 535f.*
Israelitische Flüchtlingshilfen und Fürsorgen siehe Flüchtlingshilfen
Israelitische Gemeinde Basel 33, 41, 61, 119f., 168, 207, 210, 231, 273, 315, 325, 354, *483*
Israelitische Gemeinde Kreuzlingen 537
Israelitische Gemeinden in der Romandie siehe Communauté Israélite …
Israelitische Kultusgemeinde München 427
Israelitische Kultusgemeinde St. Gallen 80, 119, 122, 197, 249
Israelitische Kultusgemeinde Wien 84, 152, 157, 164
Israelitischer Friedhof Wankdorf in Bern 312, 430
Israelitisches Wochenblatt für die Schweiz 31, 73, 85, 102, 157f., 182, 191, 236, 269, 282, 290, 333, 350, 384, 391
Italienische Gesandtschaft, Bern 374
Jewish Agency for Palestine 218, 275, 284, 364, 406, *507*
Jewish Central Information Office, Amsterdam 126f.
Jewish Telegraphic Agency 164
Jüdische Flüchtlingshilfen und Fürsorgen siehe Flüchtlingshilfen
Jüdische Gemeinde Freiburg 78
Jüdische Gemeinden *siehe auch* Israelitische …
Jüdische Pressezentrale Zürich 157, 165
Jüdische Unterstützungsstelle Krakau 280, *507*
Jüdischer Friedhof Davos 44
Jüdischer Nationalfonds der Schweiz (Keren Kajemet le'Israel) 500
Jüdischer Turnverein Basel 35

Jüdischer Weltkongress 98, 127, 147, 154, 221, 238, 260, 275–277, 284, 287, 290, 297, 365, 379, 386, 417, 423, 430, *507*, 528
Jüdisches Waisenhaus Basel 500
Jüdisches Waisenhaus Frankfurt 195
JUNA, Jüdische Nachrichtenagentur 22, 74, 130, 144, 165, 221, 231, 252–256, 264, 286–288, 328, 343, 365, 379, 387, 389f., 392, 445, 447f.
Kantonspolizei St. Gallen 159, 200
Kantonspolizei Thurgau 35
Kantonsrat Zürich (Parlament) 244
Katholische Landeskirche 76, 393
Keren Hajessod 500
Kinderheim Waldeck in Langenbruck/BL 195
Kinderheim Wartheim Heiden/AR 59, 195, 500
Kommission für Aufbau 93, 443
Kommission für Hilfe und Aufbau 429, 431, 443
Kommission für Minderheiten im Völkerbund 118
Kommunistische Partei der Schweiz 21, 47, 64, 436
Konferenz der kantonalen Polizeidirektoren 133, 162, 166, 322f., 325, 333, 341, *519*
Konsulat der USA, Genf 287, 365
Konsulat von El Salvador, Genf 279, 377
Kraft durch Freude, KdF 115
Kulturgemeinschaft der Emigranten in Zürich e. V. *535*
Künstlerkolonie Berlin 55
KZ Auschwitz 193, 298, 301, 313, 362, 378f., 381, 430f., 433, 447
KZ Belzec 288
KZ Bergen-Belsen 380, 400, 402, 405–407, 414, 424, *528, 532f.*, 537
KZ Buchenwald 426, 431
KZ Mauthausen 115
KZ Oranienburg, Sachsenhausen 371, *526*
KZ Theresienstadt 308, 402f., 406f., 414, *533*
La Sentinelle (Zeitung) 334
Landesgruppe Schweiz der NSDAP 126

Landeskirchliche Flüchtlingshilfe Bern 345
Le Soir (Zeitung) 303
Ligue contre l'antisémitisme, Paris 126
Makkabi, Wien 215
Misrachi, Zürich 217f.
MJS, Mouvement de la jeunesse sioniste 358
Murimoos/AG (Lager) 224f.
Nationale Front 69, *457*
Nationalrat (Parlament) 188f., 259, 326, 328–334, 340, 366, 380, 397, 444
Nationalsozialistische Deutsche Arbeiterpartei, NSDAP 114, 116f., 135, 157
National-Zeitung 251f., 313, 316, 323
Neue Berner Zeitung 397
Neue Zürcher Zeitung 87
Niederländische Gesandtschaft, Bern 308
Œuvre de secours aux enfants, OSE 239, 271, 280, 284, 296, 324, 358f., 374–376, 443, *506f.*, *516*
Organisation, Reconstruction, Travail, ORT 174, 411
Palästina-Amt, Basel 67f.
Päpstliche Nuntiatur, Bern 285, 377, 403, *528*
Petit-Saconnex (Lager) 349, 410
Polnische Gesandtschaft, Bern 208f., 278, 286, 377, *508*, *528*
Polnisches Rotes Kreuz 284
Pro Juventute 32, 43
Pro Leysin (TB-Sanatorium) *500*
Regierungsrat des Kantons Zürich 242, 469
Reichssicherheitshauptamt, RSHA *497*
Reichstag 118
Reichsvereinigung Berlin 266
Reichsvereinigung der Juden in Deutschland (ab 1939) 237, *498*
Reichsvertretung der Juden in Deutschland (1935–1939) 136, 145, 152
Revisionisten (Zionisten) 84, 279, *siehe auch* Betar
Rivesaltes (Lager) 239
Rote Hilfe Schweiz 64f., 140, 356, 437
SA (Sturmabteilung) 55, 115
SARCIS, Service d'aide aux réfugiés civils internés en Suisse 410

Schatzamt der USA (Treasury) 272f.
Schloss Idron bei Pau 239, *499*
Schule für Soziale Arbeit Zürich *475*
Schweizer Botschaft, Budapest 379
Schweizer Generalkonsulat, New York 387
Schweizer Hilfswerk für Emigrantenkinder 22, 131, 140, 143, 194f., 239, 268, 324, 348, 350–353, 358, 368, 375, 414, 423, 437, *500*, *506*, *517*, *521*, *531*
Schweizer Mittelpresse 78, 340f., 366
Schweizerische Arbeitsgemeinschaft für kriegsgeschädigte Kinder, SAK 239, 268
Schweizerische Ärztegesellschaft 78
Schweizerische Bundesanwaltschaft 77, 357, *460*, *522*
Schweizerische Depeschenagentur 379
Schweizerische Flüchtlingshilfe 34, 65, 140f., 356, 437
Schweizerische Gesandtschaft, Berlin 114, 116, 154, 156, 191f., *529f.*
Schweizerische Gesandtschaft, Den Haag *512*
Schweizerische Gesandtschaft, Warschau *512*
Schweizerische Gesandtschaft, Wien 156
Schweizerische Nationalbank 272f., 328
Schweizerische Offiziersgesellschaft 78
Schweizerische Vereinigung für den Völkerbund 120, *475*
Schweizerische Verrechnungsstelle 238, 241
Schweizerische Zentralstelle für Flüchtlingshilfe 65, 140f., 143, 146, 166, 168f., 200, 213, 226, 251, 296, 311, 316, 318, 321–323, 326, 333f., 339–346, 353, 356, 373, 375, 384, 388, 393, 412, 413, 416, 420, 428, 430, 437, 441f.
Schweizerischer Bankverein 242, *495*
Schweizerischer Evangelischer Kirchenbund 318, 323, 333, 378, 393, 403
Schweizerischer Israelitischer Gemeindebund *siehe* Sachregister
Schweizerischer Jüdischer Unterstützungsfonds für Flüchtlinge 401
Schweizerischer Kurzwellendienst *530*
Schweizerischer Schriftsteller-Verein

103, 393, 431, *siehe auch* Zürcher Schriftsteller-Verein
Schweizerischer Vaterländischer Verband 77–80, 143, 166, 173, 194, 244, 338–344, 367, 380, 388f., 394, 450, 525, 531, *siehe auch* Vaterländischer Verband, St. Gallen
Schweizerischer Zionistenverband 129, 290f., 365, 520, *siehe auch* Zionistische Ortsgruppe *sowie* Zionismus (Sachregister)
Schweizerisches Arbeiterhilfswerk 21, 321, 337, 353, 413, 437, 496, 531
– Le Colis Suisse 376, 443
Schweizerisches Generalkonsulat, Prag 308
Schweizerisches Hilfskomitee für die Juden in Ungarn 377f., 403
Schweizerisches Hilfskomitee für evangelische Flüchtlinge *siehe* Freiplatzaktion von Pfarrer Paul Vogt *sowie* Vogt, Paul (Personenregister)
Schweizerisches Israelitisches Altersasyl, Lengnau 500, 513
Schweizerisches Konsulat, Amsterdam 512
Schweizerisches Konsulat, Brüssel 511f.
Schweizerisches Konsulat, Mannheim 116
Schweizerisches Rotes Kreuz 43, 268
Schweizerisches Rotes Kreuz, Kinderhilfe 268, 296, 324, 350, 423, 505
SD (Sicherheitsdienst) 230, 282
Société internationale de recherches sociales 260
Sozialdemokratische Arbeiterpartei (Österreich) 84, 468
Sozialdemokratische Partei der Schweiz 21, 34, 39f., 63, 74, 80, 119, 141, 165f., 188, 200, 323, 329, 356, 393f., 449, 517
Soziale Selbsthilfe Krakau 294
SS, Schutzstaffel 158, 230, 282, 298, 364, 399–401, 404, 444, 456
Ständiger Internationaler Gerichtshof 154
Über die Grenzen (Zeitschrift) 417
Unabhängige Expertenkommission Schweiz – Zweiter Weltkrieg 22

United Jewish Appeal 244
Universität Zürich 76, 475
Universitäten (Schweiz) 74, 82
Ústredňa Židov (Judenrat der Slowakei) 298, 376
Va'ad Hatzalah 279, 376
Va'adat Ezrah Vehatzalah 399
Vaterland (Zeitung) 475
Vaterländischer Verband, St. Gallen 77, 208, 342
Verband Schweizerischer Israelitischer Armenpflege(n) *siehe* Sachregister
Verband Schweizerischer Jüdischer Flüchtlingshilfen/Fürsorgen *siehe* Sachregister
Völkerbund 96, 118, 124–128, 131, 133, *siehe auch* Hochkommissariat
Vorläufiger Ökumenischer Rat der Kirchen (Flüchtlingssekretariat), Genf 390, 506
War Refugee Board 380, 403, 405
Wehrmacht (Deutschland) 151, 221, 282, 290
Weltzentrale des Hechaluz, Genf 274f.
Wirtschaftsverbände (Schweiz) 393
Witzwil (Zuchthaus) 309, 347
Women's Zionist Organization, Wizo 297
Zentralleitung der eidgenössischen Arbeitslager 227f., 304f., 412f.
Zentralstelle für jüdische Auswanderung 167
Zionistische Ortsgruppe St. Gallen 365
Zionistische Ortsgruppe Zürich 365
Zionistisch-Sozialistische Partei (Polen) 277
Zürcher Kirchenrat (der evangelischen Landeskirche) 76, 475
Zürcher Schriftsteller-Verein 393

Sachregister

Alliiertenpolitik gegenüber Judenverfolgung 270, 272f., 277, 280f., 290–292, 317, 343, 356f., 373, 380, 394, 399f., 401, 444, 456

antisemitische Angriffe aus Deutschland gegen Schweizer Juden 75, 111–113, 473, 476

Antisemitismus in der Schweiz 21, 24, 33f., 41f., 70, 74–80, 85f., 88, 111–113, 125, 128, 133, 142f., 166, 173, 212, 233, 235, 244, 278, 312, 333f., 338–343, 345, 354f., 367, 385, 388, 393, 395f., 446, 449f., 518f.
- Abwehr des SIG 32, 35, 38, 45, 70–92, 99f., 103–105, 108, 112f., 126f., 130, 144, 206, 245, 248, 341–343, 345, 385, 445, 467
- bei Schweizer Behörden 17f., 24, 34, 48, 86f., 94–107, 116, 121–123, 132–135, 156, 165, 169, 182f., 189, 209, 211, 227, 232–236, 245–248, 250–252, 260, 263f., 267–269, 278, 300f., 306–308, 320, 322, 329, 339–341, 347, 361f., 371, 375, 380, 385f., 388, 390, 394–396, 404, 408, 433, 439, 446, 450–454, 471, 475, 497f., 501, 506, 531
- Frontenbewegung, Fröntler 29, 32, 69–74, 77f., 81, 89–92, 97f., 113, 128, 144, 161, 235, 445f.
- Internalisierung bei Juden 79–92, 99, 119, 144, 206, 233–235, 244, 248f., 251f., 309, 341f., 445f., 450–452, 454, 468
- J-Stempel
  - Behördenpolitik 17, 156, 182–184, 188f., 408, 432, 486
  - Reaktion des SIG 17, 20, 184–189, 205, 439
- «prophylaktischer» Antisemitismus
  - Akzeptanz bei Juden 62, 97–101, 109, 119, 136, 162f., 168f., 172f., 181, 197–199, 202, 205f., 213, 224, 234, 255, 320, 326, 329, 332, 354, 366f., 369, 388, 435, 439f., 449–451, 453, 455, 477, 481, 488f., 491, 498, 505, 525
  - bei Behörden 99f., 133–135, 142f., 151, 156, 161f., 165, 169, 172, 200, 202, 209, 212, 234f., 251, 300, 306, 345, 439, 448
  - bei Nichtjuden 98f., 142f., 200, 226, 245, 340, 345, 489
  - Schutz durch Schweizer Behörden 33, 70–73, 80, 90, 100, 103, 111–113, 125f., 128, 206, 235f., 446
  - Verteidigung der jüdischen Gleichberechtigung durch den SIG 36, 69f., 83, 91, 99f., 144, 154–156, 188, 206, 210f., 233–235, 244–248, 383, 386, 444–446, *siehe auch* Auslandschweizer/Ordre public in Frankreich
  - *siehe auch* «Assimilation» *und* «Überfremdung» sowie «Verjudung»

«Assimilation» (als Forderung) 50–53, 79f., 87–91, 97, 101, 166, 209, 245–248

Auslandschweizer, jüdische 192f., 259, 487f.
- Ordre public in Frankreich 259–265, 295, 444, 503
- Rechtsschutz durch Schweizer Diplomatie 115–117, 121–124, 154–156, 191f., 206, 428, 431, 444, 474
- Rückkehr in die Schweiz 124, 154f., 192f., 262, 269, 295, 361–363, 444
- Unterstützung durch SIG/VSIA 155, 192, 269, 295, 361–363, 428, 430, 444
- Verfolgung durch NS-Regime 114–116, 122, 192, 362f., 444

Auslandshilfe
- der Juden in der Schweiz 237, 274–281, 284, 397f., 426, 499f., 507
- Gurs 236–241, 443, 499
- von SIG und VSIA/VSJF 237–241, 277, 286, 356, 376f., 381f., 397f., 428, 443, 499, *siehe auch* Flüchtlingspolitik des SIG/Kinderhilfe sowie Flüchtlingspraxis des VSIA/Kinderhilfe
- Hilfe und Aufbau 93, 428f., 431f., 443, 470
- *siehe auch* Judenverfolgungen in Europa/Interventionen des SIG

Auswanderung einheimischer Juden aus der Schweiz 210–212, 229, 241–245, 339, 500

Dauerasyl in der Schweiz *siehe* Rückkehr und «Weiterwanderung» von Flüchtlingen
Displaced Persons 426–428
«Endlösung»: Wissen und Rezeption
- bei Schweizer Behörden 299–301, 304–306, 314f., 319–321, 346, 371, 373, 379, 391
- im SIG 275, 278, 282–291, 294f., 309–311, 313–315, 327, 333, 344f., 365, 373, 378f., 381, 384, 390–392, 396–398, 406, 426f., 441, 447, *508–510, 526f., 531*
- in freier Welt 274, 278, 281f., 284–291, 343f., 378f., 405f., *508f.,* 529
- in Schweizer Öffentlichkeit 282, 313, 318, 378f., 391f., 396f., 424
- *siehe auch* Judenverfolgungen in Europa

Finanzen des SIG und des VSIA/VSJF 73, 93, 130, 136, 139, 144, 146, 162, 167f., 210, 273, 326, 356, 376, 382, 428, 443, 446, 448
- Sammlungen 45, 58, 108f., 152, 167f., 197, 222f., 233–235, 237, 240–242, 244, 249–252, 257, 273, 341, 438, 441, 443, 500, *515*
- *siehe auch* Flüchtlingspolitik des SIG/ Finanzen der Flüchtlingshilfe *sowie* Joint *und* «Solidaritätsabgabe»

Flüchtlinge (jüdische)
- Fluchtbewegungen in die Schweiz 33–35, 55–57, 132f., 145, 151, 158f. 194, 295f., 300–304, 373f., 435, 438f. *461, 464, 479f.*
- (illegale) Fluchthilfe in die Schweiz 197, 200–204, 207f., 274, 276, 296, 302, 304, 319, 336f., 355–361, 374f., *siehe auch* Illegalität: Haltung des SIG und VSIA/VSJF
- Situation im Schweizer Exil 56, 61, 64–67, 138, 144, 169–182, 224–227, 230, 249, 302, 347–355, 404, 408–414, 421–423, 431
- *siehe auch* Flüchtlingspolitik der Schweizer Behörden *sowie* Flüchtlingspraxis des VSIA/VSJF

Flüchtlingspolitik der nichtjüdischen Hilfswerke 39f., 63–65, 131–133, 140–143, 165f., 176, 195, 200, 213, 226f., 265, 318–323, 333, 336f., 343–346, 348, 350, 353–356, 393f., 420, 428, 436, 442, *464, 489*

Flüchtlingspolitik der Schweizer Behörden
- Aufnahmen und Rückweisungen von Flüchtlingen 408
  - ab 1933: 56, 64f., 94, 107, 133, 139, 205, 436, *472*
  - ab 1938: 151, 158f., 161–164, 182–184, 188f., 193–195, 204–206, 236, 240, 265f., 438, *504*
  - ab 1942: 288, 299–315, 319–325, 329, 332–339, 344, 346, 373–375, 379f., 442, 445, *504, 511, 518, 523f.*
  - ab 1944: 400, 402, *529f.*
- Ausnahmeregelungen 64f., 94, 139, 265f., 325, 334–338, 344, 347, 375, 442, 445
- Disziplinierung der Flüchtlinge 64, 227, 408, *484f., 522*
- Entscheidungsprozesse 52f., 135, 151, 160–162, 299–301, 303–308, 314, 321, 373f., 379f., 391, *460, 511*
- Erwerbsverbot 34, 36, 56, 64f., 94, 131–133, 161, 174, 212, 408, 410f., 436, 439
- Familientrennungen 348, 350–354, 408, 433f.
- Flüchtlingsdefinitionen 34, 45–47, 56, 62, 94, 300, 305, 321, 346, 373–375, 379f., 391, 436, *460*
- Lager und Heime 159, 172f., 224–228, 304f., 326, 329, 347–354, 408, *533*
- Mitbestimmung der Flüchtlinge 227, 404–408, 410–414
- Privatfinanzierung der Flüchtlingshilfe 34, 39, 94, 131–133, 146, 158, 161f., 212, 216, 222–224, 226f., 234f., 246, 308f., 324, 326, 329, 341, 374, 387, 420, 441, 479, *512f.*
- Transitmaxime 34–36, 175f., 178, 180, 195, 213f., 240, 246, 324, 374, 394, 404–407, 414, 420, 423, 428, 450, *534*
- Zahlen zu den aufgenommenen und abgewiesenen jüdischen Flüchtlingen

107, 172, 213, 329, 373, 375, 400, 402, 420, 435, 440, 504, 518
- *siehe auch* Rückkehr und «Weiterwanderung» von Flüchtlingen

Flüchtlingspolitik des SIG *481*
- Aufnahme von Verwandten 158, 193f., 203, 240, 266, 324f., 439, 445, 516, 518
- Aus- und Weiterbildung der Flüchtlinge 93, 158
- Finanzen und Finanzierung der Flüchtlingshilfe 32–34, 39, 62f., 92, 94, 108–110, 132, 136–139, 144–147, 155, 157–160, 172, 180, 195, 197f., 207, 226, 233, 237f., 242, 244, 267, 273, 296, 309, 326, 332, 348, 370, 376, 409, 435–441, 449, 451f., *458, 477, 479, 495, 512f.,* 516, 525
- Gentlemen's Agreement 158f., 161–164, 167–169, 199f., 221–224, 232–235, 241, 244, 296, 308f., 316, 320, 326, 438, 441, 450f., 453f., *489*
- Haltung zu Aufnahme und Rückweisung von Flüchtlingen 93, 97, 100f., 104, 158–160, 164f., 185–187, 194–200, 207, 222, 265, 296, 309–316, 321–323, 326, 328f., 332, 338, 344–346, 355f., 366f., 369, 373, 380f., 383f., 388–390, 436, 438f., 448f., 451, *471,* 512, 525
- Haltung zu Familientrennungen und Taufkonflikten 348, 350–354, 433f., 440, 452, *siehe auch* Freiplatzaktion
- Haltung zu Lagern und Heimen 227f., 255, 309, 404, 440, 448, 453f.
- Haltung zum Begriff des Flüchtlings 39, 45–47, 62f., 93, 109, 147, 158–160, 164f., 315, 321f., 345f., 373, 436, 442, *463*
- Haltung zum Erwerbsverbot 34–37, 39, 63f., 97, 199, 436, 450f., 453f., *463*
- Haltung zur Rückkehr nach Deutschland (ab 1945) 417–420
- Haltung zur Transitmaxime 34–37, 39, 63f., 97, 109, 147, 158f., 213, 265, 407, 420, 436, 450, 479
- Kinderhilfe 195, 239, 280, 296, 324f., 358–360, 368, 374–376, 443
  - Ferienkinder 267–269

- Mitbestimmung der Flüchtlinge 406f.
- religiöse und kulturelle Betreuung 227f., 295, 352f., 433f., *521*
- *siehe auch* Zusammenarbeit von SIG und VSIA/VSJF mit den Behörden *sowie* Flüchtlingspraxis des VSIA/VSJF

Flüchtlingspolitik und Schweizer Gesellschaft
- Haltung der jüdischen Bevölkerung 56, 138, 146, 157, 159, 176–178, 180f., 268, 304, 350, 396f., *521*
  - Verwandtenhilfe 57, 96, 105, 146, 151, 170, 178, 193f., 196, 213, 233, 236–241, 251, 265f., 311, 317, 325, 348, 350, 381, 396
- Haltung der nichtjüdischen Bevölkerung 25, 63f., 133, 165, 173, 193, 268, 310, 333–336, 338–340, 353, 368, 374, 395–397, 420
- Haltung der Presse 157f., 165, 189, 265, 313, 316, 323, 332–336, 338, 340f., 388f., 396, *514, 517*
- Lobby/Fürsprecher für Juden 39f., 65, 75f., 134, 166, 200, 254f., 292, 317–321, 323, 328f., 333f., 383, 385, 390, 392–394, 449, *474f., 532*
- *siehe auch* Nähe und moralisches Verhalten

Flüchtlingspraxis des Centralcomités für Flüchtlingshilfe 35, 45, 56–60, 64–68, 93, 102, 104, 108–110, 435, 437, *458*
- Anzahl betreute Flüchtlinge 56, 109f.

Flüchtlingspraxis des VSIA/VSJF
- Anzahl betreute Flüchtlinge 144f., 147, 151, 157, 159, 169f., 196f., 347, 382, 408, 437f., 440, 442, *481*
- Aufnahme von Verwandten 193f., 198, 238, 266, 348
- Aus- und Weiterbildung der Flüchtlinge 93, 174, 410f.
- Begriff des Flüchtlings 136–138, 145, 345f., 436, 442
- Betreuung und Unterstützung der Flüchtlinge 136f., 157, 159–161, 170–182, 266f., 347–355, 404, 408, 410, 421, 423, 428, 436–440, 442, 449
- eigene Lager und Heime 159, 172f., 175, 179, *516*

- Haltung zur Aufnahme und Rückweisung von Flüchtlingen 151f., 161–164, 195–200, 207, 265, 310f., 315, 318, 321, 380, 438, 442, *479f.*, *482*
- Haltung zur Rückkehr nach Deutschland (ab 1945) 417–420
- Haltung zur Transitmaxime 147, 151f., 195, 265, 356, 420, 428, 436, 440, 450, 479, 504, 537
- Hilfe zur Auswanderung aus Deutschland 266f., *siehe auch* Rückkehr und «Weiterwanderung» von Flüchtlingen
- Kinderhilfe 143, 159, 195, 239, 241, 265, 348, 350–353, 374f., 428, 437, *520f.*
- Passantenhilfe 110, 136–139, 145, 436
- religiöse und kulturelle Betreuung 347, 352f., 410, 440, 535
- Umgang mit dem Erwerbsverbot 170, 172–174, 226, 440, *484*
- Umgang mit eidgenössischen Lagern und Heimen 224, 226–228, 347–354, 404, 440, *516*
- Umgang mit Familientrennungen und Taufkonflikten 347f., 350–354, 452, *siehe auch* Freiplatzaktion
- Verhältnis zu den Flüchtlingen 180–182, 267, 349, 408–410
  - Disziplinierung der Flüchtlinge 160, 173f., 180f., 354f., 409, 420, 442, 451, *463*, *484f.*, *522*
  - Mitbestimmung der Flüchtlinge 408f., 412–414, 417–419, 443, *535f.*
- *siehe auch* Flüchtlingspraxis des Centralcomités für Flüchtlingshilfe *und* Flüchtlingspolitik des SIG *sowie* Rückkehr und «Weiterwanderung» von Flüchtlingen

Freikauf von Juden 19, 294f., 298, 310f., 317, 327f., 341, 356f., 363f., 399–404, 433, 444, *532f.*

Freiplatzaktion für Flüchtlinge 195, 348, 350–354, 375, 452, *520f.*

Freiwilligenarbeit und Wohltätigkeit von Juden 26, 43, 53, 56, 59f., 70, 92, 102, 110, 157, 159, 170–172, 176–178, 197, 239f., 270, 283, 326, 363, 435, 438, 442f., 448f., *siehe auch* Finanzen/Sammlungen *sowie* Flüchtlingspolitik und Schweizer Gesellschaft/Haltung der jüdischen Bevölkerung

Frontenbewegung/Schweizer Faschisten *siehe* Antisemitismus

Gefälligkeitspässe südamerikanischer Staaten 278–280, 356f., 431, *522*

geistige Landesverteidigung 120, 140–144, 147, 246f., 268f., 304, 316, 332–334, 338, 383f., 445f.

Gleichberechtigung der Juden in der Schweiz *siehe* Antisemitismus

Illegalität: Haltung des SIG und VSIA/VSJF 64, 93f., 140f., 160, 176, 198, 200–204, 207f., 218, 278f., 296, 310–312, 315, 355–361, 375, *463*, *489–491*, *522f.*, *siehe auch* Zusammenarbeit von SIG und VSIA/VSJF mit den Behörden

institutionelle Voraussetzungen und organisatorische Entwicklung des
- SIG 23, 26, 41–44, 82f., 102, 146, 230f., 293, 295, 323, 369, 382, 384, 445f., 448f., *478f.*
- VSIA/VSJF 23, 59f., 100, 110, 136f., 139, 144–146, 157, 159, 170, 197, 230f., 370, 382, 384, 408f., 435, 438, 442, *484*
- *siehe auch* Freiwilligenarbeit und Wohltätigkeit von Juden

Joint 269–273, 324, 363f., 371f., 387f., 400f., 433, 443
- Dollarblockade 272f., 283f., 295, 324, 326, 328, 444, *510*
- Europahilfe 270–273, 284, 293–296, 327, 356f., 359, 376f., 443f.
- Subventionen für den SIG 139, 167, 197, 214, 222–224, 237f., 271, 295, 309, 326, 332, 370, 438, 441
- Zusammenarbeit mit den Schweizer Behörden 214, 216, 222–224, 242, 265f., 271, 273, 324, 371f., 387f.
- Zusammenarbeit mit dem SIG 216, 222, 242, 244, 284, 370f., 433

Judenverfolgungen in Europa 285
- «Endlösung» 26f., 241, 265f., 269, 281–290, 294–296, 304, *siehe auch* «Endlösung»: Wissen und Rezeption *sowie* Freikauf von Juden

- Interventionen des SIG 285, 377, 379
- Verfolgungen in
  - Belgien 289, 302f.
  - den Niederlanden 289
  - der Slowakei 285, 289, 294f., 298, 310, 327, 364, 377, 433
  - der Sowjetunion 282, 286, 288
  - Frankreich 236f., 241, 259, 289, 296, 314, 431, *503*
  - «Grossdeutschland» 31, 34, 36, 55, 60f., 117, 135f., 151–154, 157f., 167, 191, 193, 195, 236f., 265f., 281, 430, *481*, 498, *503*
  - Italien 192f., 374
  - Polen 138, 208, 237, 281f., 284, 286, 288–290, 313, 315, 422, 427, 430f.
  - Rumänien 282f.
  - Ungarn 377–379

Nähe und moralisches Verhalten 23, 25, 103, 105f., 236–241, 284, 286, 289, 302f., 306–308, 312f., 334–338, 345f., 358, 361, 394–398, 405f., 430, 456, *siehe auch* Flüchtlingspolitik und Schweizer Gesellschaft

Öffentlichkeitsarbeit des SIG 32, 92, 126f., 129f., 221, 252–256, 343, 366, 368f., 431f., 446–449, 452f., *531*
- Abwehr des Antisemitismus 36, 45, 74, 144, 342f., 445f., *siehe auch* Antisemitismus/Abwehr des SIG
- Darstellung der eigenen Leistung 146, 328, 332, 366, 386, 415f., 447
- Haltung bezüglich Behördenpolitik 17f., 146, 164f., 200, 246, 254f., 269, 316, 323, 328, 366, 381, 383, 386–390, 438, 447, *513f.*, *519*, *525*, *530*
- Proteste gegen NS-Verfolgung 32, 38f., 73, 117–120, 191, 237, 343f., 377–379, 381, 386, 390–392, 418–420, 426, 447, *468*, *474f.*, *530*

Ohnmacht und politischer Einfluss des SIG 18–20, 24, 27, 42, 74f., 82f., 91, 103, 122, 125f., 160, 169, 196–200, 205–207, 254, 264, 308, 337f., 366–368, 377, 381–385, 394, 434, 442, 448f., 452f.
- Rationalität von Macht und Ohnmacht 199f., 452–454

Rückkehr und «Weiterwanderung» von Flüchtlingen (in der Schweiz)
- Abschiebung der Flüchtlinge aus Bergen-Belsen und Theresienstadt, ab 1945: 404–407
- Dauerasyl in der Schweiz, ab 1945: 407, 420, 428, *537*
- internationale Abschottung gegenüber Flüchtlingen 61, 126, 138, 145, 157, 176, 197, 212, 216–219, 422, 428, 437, 440
- Kolonisationsprojekte, 1933–1941: 67f., 93, 145, 214–219, 440, *475*
- Rückkehr (und Zurückschicken) von Flüchtlingen
  - in diverse Länder, ab 1944: 421
  - nach Deutschland, 1933–1938: 56, 61, 66, 104, 136–139, 145, 165, 421
  - nach Deutschland und Österreich, ab 1945: 416–419, 421f., 431
  - nach Osteuropa, 1933–1938: 66, 137–139
  - nach Osteuropa, ab 1945: 416, 421f.
- Strategie jüdischer Organisationen zur kontrollierten Emigration 60–62, 65f., 93, 109, 136, 139, 145, 152, 160, 164, 186, 196, 202f., 356, 435–437, 439
- «Weiterwanderung»
  - 1933–1941: 34, 56, 61, 66–68, 93, 104, 109f., 144f., 157–159, 161, 174–176, 178, 196f., 213, 218f., 223, 226f., 265, 275, 296, 356, 437, 439f., 443, *siehe auch* Kolonisationsprojekte
  - ab 1944: 412–414, 417–423, 428, *537f.*
- *siehe auch* Flüchtlingspolitik der Schweizer Behörden/Transitmaxime

Selbstverständnis des SIG 37, 39, 73, 76, 103, 107f., 120, 144, 322
- institutionelle Traditionen, Habitus 25, 92, 129f., 254–256, 296, 360, 365–367, 382, 384, 454
- Krisen im SIG 119f., 184, 230–235, 252–256, 262, 323, 325f., 342, 344, 365–371, 381–386, 390, 442, 448, *525f.*
- Patriotismus der Schweizer Juden 43, 57, 80f., 83f., 120, 129, 204, 221, 231,

242–245, 249, 342, 372, 383f., 386–388, 446, *531*
- Rücksichtnahme auf Schweizer Behörden 38f., 73, 96f., 113, 118–120, 129, 131, 147, 155, 221f., 276, 317f., 320, 357, 369, 377, 381, 383, 387f., 392, 447, *535f.*, *siehe auch* Ohnmacht und politischer Einfluss des SIG
- transnationale Muster 39, 454f., *459*
- Unterlegenheit und Konformität 86–92, 168f., 221f., 264, 386, 450–453
- *siehe auch* Antisemitismus/Internalisierung *sowie* Freiwilligenarbeit und Wohltätigkeit von Juden

«Solidaritätsabgabe» 95, 108f., 248–252, 255, 273, 441, 448, 451

Staatenlose 94, 261, 308, 394f., 449, *503*, *537*
- Niederlassungsentzug durch Schweizer Behörden 208–212, 446, *492*

«Überfremdung» 21, 24, 34, 37, 39f., 50–53, 77, 86–88, 94, 98, 102f., 105f., 133–135, 142f., 157, 162, 176, 181, 183, 195, 198, 205f., 209, 211–213, 232f., 306–308, 335f., 341, 394–396, 414, 420, 425, 431, 436, 445f., 450, *siehe auch* «Assimilation» *sowie* Antisemitismus *und* «Verjudung»

Vergangenheit: Umgang des SIG
- eigene Politik 17–20, *457*
- nachrichtenlose Vermögen 428
- Schiedsgerichtsverfahren Mantello 431
- Verfolgungsschäden 427f.
- «Wiedergutmachung» 428

«Verjudung» 76, 82, 121, 135, 183, 212, 245, 247, 371, 394, 452, *siehe auch* Antisemitismus *und* «Überfremdung»

Zionismus: Haltung des SIG 84, 216f., 275, 416, 422

Zusammenarbeit innerhalb des SIG 129f., 184, 188, 253–256, 293, 320, 365–370, 382f.

Zusammenarbeit von SIG und VSIA/VSJF (bzw. Centralcomité für Flüchtlingshilfe) mit
- anderen jüdischen Organisationen im Inland 237f., 279–281, 378, 403, 411, 434, *507*, *537*
- ausländischen Regierungsstellen 285, 328, 377, 380
- jüdischen Emissären in der Schweiz 274–291, 310, 357, 359, 378, 403, 441
- jüdischen Organisationen im Ausland (oder des Auslands) 31f., 37f., 44f., 53, 60–62, 66–68, 124–127, 136–139, 145, 152, 163f., 176, 196, 214–219, 238f., 266, 276, 296, 324, 358, 365, 376, 411, 423, 430, 435f., *463–465*, *499*
- nichtjüdischen Organisationen in der Schweiz 39f., 65, 77–80, 132, 140, 143, 168, 188, 195, 200, 238f., 251, 296, 311, 316, 321f., 324, 326, 336f., 341f., 344–346, 348, 350–354, 375f., 384f., 390, 413, 416f., 437, 443, 449, 452f., *477*, *499*
- Schweizer Behörden 17–20, 23f., 31–37, 70, 92–108, 125, 129, 132, 140f., 151f., 158–162, 167f., 184, 188f., 199, 202–206, 211, 214, 216, 228, 231–234, 240f., 245–252, 254–256, 261f., 264f., 269, 273, 296, 308–318, 320, 323f., 336–338, 344, 355f., 361f., 366, 368f., 371–373, 382–387, 409, 413, 420f., 436, 438–440, 442, 452f., *459*, *477*, *482*, *491*, *513–515*, *519*, *525*, *535f.*

Zusammenarbeit zwischen SIG und VSIA/VSJF (bzw. Centralcomité für Flüchtlingshilfe) 45, 110, 296, 370